KU-021-601

GREEK · ENGLISH
ENGLISH · GREEK
DICTIONARY

ΛΕΞΙΚΟ
ΕΛΛΗΝΙΚΑ · ΑΓΓΛΙΚΑ
ΑΓΓΛΙΚΑ · ΕΛΛΗΝΙΚΑ

COLLINS
GEM
DICTIONARY

GREEK · ENGLISH
ENGLISH · GREEK

ΕΛΛΗΝΙΚΑ · ΑΓΓΛΙΚΑ
ΑΓΓΛΙΚΑ · ΕΛΛΗΝΙΚΑ

Harry T. Hionides

New Edition by / Νέα Έκδοση
Niki Watts, Helen George-Papageorgiou

Collins
London and Glasgow

first published in this edition 1987

© William Collins Sons & Co. Ltd. 1987

latest reprint 1989

ISBN 0 00 458548 8

Harry T. Hionides

new edition by / *νέα έκδοση*
Niki Watts, Helen George-Papageorgiou

consultant / *σύμβουλος*
Roger Green

editorial staff / *εκδοτικό προσωπικό*
Val McNulty, Susan Dunsmore

Printed in Great Britain
Collins Clear-Type Press

ΕΙΣΑΓΩΓΗ

Ο χρήστης που επιθυμεί να διαβάσει και να καταλάβει Αγγλικά θα βρει σ' αυτό το λεξικό έναν περιεκτικό και σύγχρονο κατάλογο λέξεων, καθώς και σημαντικό αριθμό φράσεων που χρησιμοποιούνται σήμερα. Επίσης θα βρει σε αλφαβητική σειρά τους κύριους ανώμαλους τύπους με παραπομπή στο βασικό τους τύπο, καθώς και μερικές από τις συνηθέστερες συντομογραφίες, αρκτικόλεξα και γεωγραφικές ονομασίες.

Ο χρήστης που επιθυμεί να εκφραστεί και να επικοινωνήσει στα Αγγλικά θα βρει όλους τους τρόπους χρήσης των βασικών λέξεων. Όπου μια λέξη έχει πολλές σημασίες, οι αντίστοιχες μεταφράσεις δίνονται κατά σειρά προτεραιότητας ανάλογα με τη συχνότητα των Ελληνικών εννοιών,

INTRODUCTION

The user whose aim is to read and understand Greek will find a comprehensive and up-to-date wordlist which includes the most common scientific and technical terms. The official ("monotonic") accent system has been used throughout, and a high proportion of Demotic words and Demotic versions of words which also have Katharevousa forms have been included.

The user who wants to communicate and express himself in Greek will find clear and detailed treatment of all the basic words, with numerous indicators pointing to the appropriate translation and helping him to use it correctly.

ABBREVIATIONS

a	adjective	επίθετο
abbr	abbreviation	συντομογραφία
ad	adverb	επίρρημα
AGR	agriculture	γεωργία
ANAT	anatomy	ανατομία
ARCH	archeology	αρχαιολογία
ARCHIT	architecture	αρχιτεκτονική
ASTR	astronomy	αστρονομία
attr	attributive	επίθετο
AUT	automobile	αυτοκίνητο
AVIAT	aviation	αεροπορία
BIBL	biblical	βιβλικός
BIOL	biology	βιολογία
BOT	botany	βοτανική
Brit	British usage	Αγγλισμός
CARP	carpentry	ξυλουργική
CHEM	chemistry	χημεία
CINE	cinema	κινηματογράφος
cj	conjunction	σύνδεσμος
col	colloquial	κοινός
collect	collective	περιληπτικός
COMM	commercial	εμπορικός
comp	comparative	συγκριτικός
compd	compound	σύνθετος
COMPUT	computers	ηλεκτρονικοί υπολογιστές
dim	diminutive	υποκοριστικό
DIP	diplomacy	διπλωματία
ECCL	ecclesiastical	εκκλησιαστικός
ECON	economics	οικονομία
ELEC	electricity	ηλεκτρισμός
esp	especially	ειδικά
excl	exclamation	επιφώνημα
f	feminine noun	θηλυκό
fig	figuratively	μεταφορικά
FIN	finance	οικονομία
GEOG	geography	γεωγραφία
GEOL	geology	γεωλογία
GRAM	grammar	γραμματική
HUNT	hunting	κυνήγι
impers	impersonal	απρόσωπο
infin	infinitive	απαρέμφατο
interj	interjection	επιφώνημα
inv	invariable	αμετάβλητος
irreg	irregular	ανώμαλο
LING	linguistics	γλωσσολογία
lit	literal	κυριολεκτικός
LITER	literature	λογοτεχνία
m	masculine noun	αρσενικό
MATH	mathematics	μαθηματικά
MECH	mechanical	μηχανισμός
MED	medical	ιατρική

MIL	military	στρατιωτικός
MUS	music	μουσική
n	noun	ουσιαστικό
NAUT	nautical, naval	ναυτικός
nt	neuter	ουδέτερο
num	numeral	αριθμός
old	old-fashioned	απαρχαιωμένος
o.s.	oneself	εαυτός
PARL	Parliament	κοινοβούλιο
part	participle	μετοχή
pej	pejorative	υποτιμητικός
pers	personal	προσωπικός
PHIL	philosophy	φιλοσοφία
PHON	phonetics	φωνητική, φωνολογία
PHOT	photography	φωτογραφία
PHYS	physics	φυσική
pl	plural	πληθυντικός
POET	poetry	ποίηση
POL	politics	πολιτική
poss	possessive	κτητικός
pp	past participle	μετοχή αορίστου
pred	predicative	κατηγορούμενο
prep	preposition	πρόθεση
PRINT	printing, typography	τυπογραφία
pron	pronoun	αντωνυμία
pt	past tense	αόριστος, παρατατικός
(R)	registered trademark	σήμα κατατεθέν
RAD	radio	ραδιοφωνία
RAIL	railways	σιδηρόδρομος
REL	religion	θρησκεία
SCH	school	σχολείο
sing	singular	ενικός
sl	slang	λαϊκός
s.o.	someone, somebody	κάποιος
sth	something	κάτι
sup	superlative	υπερθετικός
TECH	technical	τεχνικός
TEL	telecommunications	τηλεπικοινωνίες
TEX	textiles	υφαντά
THEAT	theatre	θέατρο
TV	television	τηλεόραση
UNIV	university	πανεπιστήμιο
US	American usage	Αμερικανισμός
	verb	ρήμα
	intransitive verb	ρήμα αμετάβατο
	transitive verb	ρήμα μεταβατικό
	transitive and intransitive verb	ρήμα μεταβατικό και αμετάβατο
ZOOL	zoology	ζωολογία

ΣΛΝΤΟΜΟΓΡΑΦΙΕΣ

αθλητ	αθλητικά	athletics, sport
αερο	αεροπορία	aviation
αιτ	αιτιατική	accusative
αμ, αμετ	ρήμα αμετάβατο	intransitive verb
ανατ	ανατομία	anatomy
αρνητ	αρνητικός	negative
αρχιτεκ	αρχιτεκτονική	architecture
αστρον	αστρονομία	astronomy
βλ	βλέπε	see (cross-reference)
βοτ	βοτανική	botany
γεωγρ	γεωγραφία	geography
γεωμ	γεωμετρία	geometry
γραμμ	γραμματική	grammar
εκκλ	εκκλησιαστικός	religion
εμπόρ	εμπόριο	commerce
επίθ	επίθετο	adjective
επίρ	επίρρημα	adverb
επιφ	επιφώνημα	exclamation
ζωολ	ζωολογία	zoology
πλεκ, πλεκτ	πλεκτρισμός	electricity
ιατρ	ιατρική	medicine
κτλ	και τα λοιπά	et cetera
μαθημ	μαθηματικά	mathematics
μηχαν	μηχανισμός	mechanical
μεταφ	μεταφορικά	figuratively
μουσ	μουσική	music
ναυτ	ναυτικός	nautical, naval
νομ	νομική	law
οικ, οικον,	οικονομικά	economics
όνομ, ουσ	όνομα, ουσιαστικό	noun
πλ	πληθυντικός	plural
πολιτ	πολιτική	politics
πρόθ	πρόθεση	preposition
π.χ.	παραδείγματος χάρη	e.g. (for example)
στρατ	στρατιωτικός	military
σύνδ	σύνδεσμος	conjunction
τεχν	τεχνολογία	technical
τηλεπ	τηλεπικοινωνίες	telecommunications
τυπογρ	τυπογραφία	printing, typography
φιλοσ	φιλοσοφία	philosophy
φωτογρ	φωτογραφική	photography
χημ	χημεία	chemistry

PRONUNCIATION OF MODERN GREEK

Each letter in Greek nearly always represents the same sound. The few exceptions are listed below and on page viii. The pronunciation system used in the text (given in brackets after each Greek main entry) transcribes the letters of Greek into the English alphabet, with one special character used to represent a less obvious sound. A list of the sounds which the English alphabet is used to represent is given below. When you read out the pronunciation you should sound the letters as if you were reading an English word.

GREEK LETTER		CLOSEST ENGLISH SOUND	SHOWN BY	EXAMPLE	PRONOUNCED
Α	α	hand	a	άνθρωπος	anthropos
Β	β	vine	v	βούτυρο	vooteero
Γ	γ	*see page viii*	g	γάλα	gala
		yes	y	για	ya
Δ	δ	*th*is	ð	δάκτυλος	ðakteelos
Ε	ε	met	e	έτοιμος	eteemos
Ζ	ζ	zone	z	ζώνη	zonee
Η	η	meet	ee*	ήλιος	eeleeos
Θ	θ	*th*in	th	θέατρο	theatro
Ι	ι	meet	ee*	ίππος	eepos
Κ	κ	key	k	και	ke
Λ	λ	log	l	λάδι	laðee
Μ	μ	mat	m	μάτι	matee
Ν	ν	not	n	νύχτα	neehta
Ξ	ξ	rocks	ks	ξένος	ksenos
Ο	ο	cot	o	όχι	ohee
Π	π	pat	p	πόλη	polee
Ρ	ρ	carrot *see page viii*	r	ρόδα	roða
Σ	σ,ς	sat	s	σήμα	seema
Τ	τ	top	t	τράπεζα	trapeza
Υ	υ	meet	ee*	ύπνος	eepnos
Φ	φ	fat	f	φούστα	foosta
Χ	χ	*see page viii*	h	χάνω	hano
				χέρι	heree
Ψ	ψ	lapse	ps	ψάρι	psaree
Ω	ω	cot	o	ώρα	ora

The letter *i* is used to represent the "ee" sound a) when two such sounds occur together; b) when "ee" is followed by "e"; c) before a stressed vowel; e.g.

ικανοποίηση	eekanop*i*eesee
βίαιος	v*i*eos
κριός	kr*i*os

COMBINATIONS OF LETTERS

The combinations of letters shown below are pronounced as listed.

GREEK LETTERS	CLOSEST ENGLISH SOUND	SHOWN BY	EXAMPLE	PRONOUNCED
ει	meet	ee	είδος	eeðos
οι			οίκοι	eekee
αι	met	e	αίμα	ema
ου	food	oo	που	pou
μπ	beer	b	μπύρα	beera
	or amber	mb	κάμπος	kambos
	or ample	mp	σύμπαν	seempan
ντ	door	d	ντομάτα	domata
	or bent	nt	συναντώ	seenanto
	or bend	nd	πέντε	pende
γκ	good	g	γκάζι	gazee
γγ	angle	ng	Αγγλία	angleea
γξ	links	ks	σφιγξ	sfeenks
τζ	adze	dz	τζάμι	dzamee

The pairs of vowels shown above are pronounced separately if the first has an acute accent (´) or the second a dieresis (¨); e.g.

παιδάκι	peðakee	πάϊδάκι	paeeðakee
καιρός	keros	Κάιρο	kaeero

Some Greek consonant sounds have no English equivalent.

GREEK LETTER	REMARKS	EXAMPLE	PRONOUNCED
Ρ,ρ	slightly trilled *r*	ρόδα	roda
Χ,χ	like *ch* in *loch*	χάνω	hano
	or like a rough *h*	χέρι	heree
Γ,γ	like a rough *g*	γάλα	gala
	or like *y*	για	ya

STRESS

All Greek words of two or more syllables have an acute accent which indicates where the stress falls. For instance, άγαλμα is pronounced *agalma* and αγάπη is pronounced *agapee*.

ΑΓΓΛΙΚΗ ΠΡΟΦΟΡΑ

Φωνήεντα και δίφθογγοι

	Αγγλικό παράδειγμα
ɑ:	father
ʌ	but, come
æ	man, cat
ə	father, ago
ɜ:	bird, heard
ɛ	get, bed
ɪ	it, big
i:	tea, see
ɒ	hot, wash
ɔ:	saw, all
ʊ	put, book
u:	too, you
aɪ	fly, high
aʊ	how, house
ɛə	there, bear
eɪ	day, obey
ɪə	here, hear
əʊ	go, note
ɔɪ	boy, oil
ʊə	poor, sure

Σύμφωνα

	Αγγλικό παράδειγμα
b	bat, baby
d	mended
f	fine, raffle
g	get, big
dʒ	gin, judge
ŋ	sing
h	house, he
j	young, yes
k	come, mock
l	little, place
m	ram, mummy
n	ran, nut
p	pat, pope
r	red, tread
s	sand, yes
t	tab, strut
v	vine, river
z	rose, zebra
ʃ	she, machine
tʃ	chin, rich
w	water, which
ʒ	vision
θ	think, myth
ð	this, the

Το σημείο * σημαίνει ότι το τελικό 'r' δεν προφέρεται στα Αγγλικά εκτός αν η λέξη που ακολουθεί αρχίζει με φωνήεντο. Το σημείο ['] καθορίζει την τονιζόμενη συλλαβή.

GREEK-ENGLISH
ΕΛΛΗΝΙΚΑ-ΑΓΓΛΙΚΑ

Α, α

α-, αν- (negative particle) in-, un-, il-, ir-, -less.
αβαθής [avathees] shallow.
αβάπτιστος [avapteestos] unbaptised.
αβάσιμος [avaseemos] groundless || (υποψία) unfounded.
αβάστακτος [avastaktos] unbearable || (δύναμη) uncontrollable.
άβατος [avatos] inaccessible || untrodden.
άβγαλτος [avgaltos] inexperienced.
αβγό, το [avgo] egg.
αβγολέμονο, το [avgolemono] sauce or soup with eggs and lemon.
αβέβαιος [aveveos] doubtful || uncertain.
αβίαστος [aveeastos] unforced, natural.
αβίωτος [aveeotos] unbearable, intolerable.
αβλαβής [avlavees] (έντομο κτλ) harmless.
αβοήθητος [avoeetheetos] without help.
άβολος [avolos] inconvenient || (κάθισμα κτλ) uncomfortable.
άβυσσος, η [aveesos] abyss.
αγαθός [agathos] good, kind || (αφελής) naive || (τίμιος) honest.
άγαλμα, το [agalma] statue.
άγαμος [agamos] unmarried, single.
αγανακτώ [aganakto] be irritated.
αγανάκτηση, η [aganakteesee] indignation, anger.
αγάπη, η [agapee] love, affection.
αγαπημένος [agapeemenos] dear, beloved || (πράγμα) favourite.
αγαπητός [agapeetos] βλ **αγαπημένος**.
αγαπώ [agapo] love || (μου αρέσει) like.
αγγαρεία, η [angareea] chore || drudgery.
αγγείο, το [angeeo] vase || (πήλινο) pot || (ανατ) blood vessel.
αγγειοπλαστική, η [angeeoplasteekee] pottery.
αγγελία, η [angeleea] announcement || (εμπορ) advertisement.
αγγελιαφόρος, ο, η [angeleeaforos] messenger || (στρατ) orderly.
αγγελικός [angeleekos] angelic(al).
αγγέλω [angelo] announce, declare.
άγγελμα, το [angelma] message, notice.
άγγελος, ο [angelos] angel.
αγγίζω [angeezo] touch.
Αγγλία, η [angleea] England.
αγγλικά, τα [angleeka] English (language).
αγγλικός [angleekos] English.
Αγγλίδα, η [angleeđa] Englishwoman.
'Αγγλος, ο [anglos] Englishman.
αγγούρι, το [angouree] cucumber
αγελάδα, η [ayelađa] cow.
αγέλαστος [ayelastos] morose, sullen.
αγέλη, η [ayelee] herd || (προβάτων) flock || (λύκων) pack.

αγένεια, η [ayeneea] rudeness.
αγενής [ayenees] rude, impolite.
αγέραστος [ayerastos] ever young.
αγέρωχος [ayerohos] haughty, arrogant.
αγιάζι [ayazee] hoarfrost, cold || (αύρα) breeze.
αγιάζω [ayazo] (γίνομαι άγιος) become a saint.
αγιασμός, ο [ayasmos] blessing with holy water.
αγιάτρευτος [ayatreftos] incurable.
αγίνωτος [ayeenotos] (φρούτο) unripe, raw.
άγιος [ayos] holy || (πρόσωπο) saint.
αγκαζάρω [angazaro] reserve, book || hire.
αγκαζέ [angaze] arm in arm || (πιασμένο) engaged, taken, occupied.
αγκάθι, το [angathee] thorn, prickle.
αγκαλιά, η [angalia] embrace || (επιρ) armful.
αγκαλιάζω [angaliazo] embrace, hug.
αγκίδα, η [angeeδa] splinter, thorn.
αγκινάρα, η [angeenara] artichoke.
αγκίστρι, το [angeestree] hook.
αγκομαχώ [angomaho] gasp, pant.
αγκύλες, οι [angeeles] brackets.
άγκυρα, η [angeera] anchor || σηκώνω ~ weigh anchor.
αγκυροβολία, η [angeerovoleea] mooring.
αγκυροβολώ [angeerovolo] anchor, drop anchor.
αγκώνας, ο [angonas] elbow.
αγναντεύω [agnantevo] see from a distance.
άγνοια, η [agneea] ignorance.
αγνός [agnos] chaste, modest.
αγνοώ [agnoo] be ignorant of || (περιφρονώ) ignore.
αγνωμοσύνη, η [agnomoseenee] ingratitude.
αγνώμων [agnomon] ungrateful.
αγνώριστος [agnoreestos] unrecognizable.
άγνωστος [agnostos] unknown || (ουσ) stranger.
άγονος [agonos] infertile, barren || ~ **γραμμή** unprofitable shipping line.
αγορά, η [agora] (το μέρος) market || (η πράξη) purchase.
αγοράζω [agorazo] purchase, buy.
αγοραίος [agoreos] for hire || (μεταφ) vulgar, common.
αγορανομία, η [agoranomeea] market inspection police.
αγοραπωλησία, η [agorapoleeseea] transaction.
αγοραστής, ο [agorastees] buyer, purchaser.
αγορεύω [agorevo] make a speech || (με στόμφο) harangue.
αγόρι, το [agoree] boy, lad.
άγουρος [agouros] unripe, green, sour.
αγράμματος [agrammatos] illiterate, uneducated.
άγραφος [agrafos] unwritten.
αγριάδα, η [agriaδa] fierceness, savageness.
αγριεύω [agrievo] be infuriated, become angry.
αγρίμι, το [agreemee] wild animal || (μεταφ) rude fellow.
άγριος [agreeos] wild || savage.
αγροίκος [agreekos] coarse, unrefined.
αγρόκτημα, το [agrokteema] farmland.
αγρός, ο [agros] field || country.
αγρότης, ο [agrotees] farmer || peasant.
αγροφυλακή, η [agrofeelakee] agrarian police.
αγρυπνώ [agreepno] stay awake, lie awake || (επαγρυπνώ) be watchful.
αγύμναστος [ageemnastos] untrained, unexercised.

αγχιστεία, η [anghisteea] relationship by marriage.
αγχόνη, η [anghonee] gallows, hanging.
άγχος, το [anghos] anxiety.
άγω [ago] lead, conduct, guide.
αγωγή, η [agoyee] breeding, conduct || (νομ) lawsuit.
αγώγι, το [agoyee] fare.
αγωγός, ο [agogos] conductor || (σωλήνας) pipe, conduit.
αγώνας, ο [agonas] struggle, fight || (αθλητ) game, contest || **αγώνες** πλ games, sporting events.
αγωνία, η [agoneea] agony || anxiety.
αγωνίζομαι [agoneezome] struggle, fight, strive.
αγωνιστής, ο [agoneestees] contestant, fighter || (πολιτ) militant.
αγωνιώ [agoneeo] be in agony || be anxious.
αγωνιώδης [agoneeoðees] anxious, troubled.
αδαής [aðaees] inexperienced, unfamiliar (with).
αδάμαστος [aðamastos] untamed || (λαός) unconquered || (θάρρος) unbroken.
άδεια, η [aðeea] leave, permission || (γάμου κτλ) licence, permit.
αδειάζω [aðeeazo] empty || (ευκαιρώ) have time.
άδειος [aðeeos] empty, unoccupied.
αδέκαστος [aðekastos] incorruptible || (αμερόληπτος) impartial, unbiased.
αδελφή, η [aðelfee] sister.
αδέλφια, τα [aðelfeea] πλ brothers, brother and sister.
αδελφικός [aðelfeekos] (αγάπη) brotherly || (φίλος) dear.
αδελφός, ο [aðelfos] brother.
αδένας, ο [aðenas] gland.
αδέξιος [aðekseeos] awkward, clumsy.
αδέσμευτος [aðesmeftos] (μεταφ) under no obligation || (χώρα) non-aligned.
αδέσποτος [aðespotos] stray, without an owner.
άδηλος [aðeelos] uncertain, doubtful || **άδηλοι πόροι** invisible income.
αδήλωτος [aðeelotos] undeclared.
'Αδης, ο [aðees] Hell || Hades.
αδηφάγος [aðeefagos] voracious || (μεταφ) greedy.
αδιάβαστος [aðiavastos] (βιβλίο) unread || (μαθητής) unprepared.
αδιάβατος [aðiavatos] impassable.
αδιάβροχο, το [aðiavroho] raincoat.
αδιάθετος [aðiathetos] (υγεία) unwell || (κεφάλαιο) unspent.
αδιαίρετος [aðieretos] indivisible || undivided.
αδιάκοπος [aðiakopos] uninterrupted, continuous.
αδιάκριτος [aðiakreetos] imperceptible || (χαρακτήρας) indiscreet.
αδιάλλακτος [aðialaktos] implacable, uncompromising.
αδιάλυτος [aðialeetos] indissoluble, undissolved.
αδιάντροπος [aðiantropos] brazen || (ενέργεια) impudent.
αδιαπέραστος [aðeeaperastos] impenetrable.
αδιάρρηκτος [aðeeareektos] unbreakable || (μεταφ) indissoluble.
αδιάσπαστος [aðiaspastos] unbroken || inseparable.
αδιάφορος [aðiaforos] indifferent.
αδιαχώριστος [aðeeahoreestos] inseparable.
αδίδακτος [aðeeðaktos] untaught.
αδιέξοδος, η [aðieksoðos] impasse || (δρόμος) cul de sac, dead end.
αδικία, η [aðeekeea] injustice, wrongdoing, offence.

άδικος [aδeekos] unjust, unfair || **έχω άδικο** I'm in the wrong.
αδικώ [aδeeko] do wrong || (κάποιον) be unjust to.
αδιόρθωτος [aδeeorthotos] irreparable || (χαρακτήρας) incorrigible.
αδίσταχτος [aδeestahtos] unhesitating, resolute.
άδολος [aδolos] guileless, innocent.
άδοξος [aδoksos] inglorious.
αδούλευτος [aδouleftos] unwrought, raw || (αγρός) uncultivated.
αδράνεια, η [aδraneea] inertia || (μεταφ) indolence.
αδράχτι, το [aδrahtee] spindle.
αδύνατος [aδeenatos] thin || (δεν γίνεται) impossible.
αδυναμία, η [aδeenameea] (πνεύματος) deficiency || (σώματος) weakness.
αδυνατώ [aδeenato] be unable to.
αδυσώπητος [aδeesopeetos] relentless, implacable.
άδυτο, το [aδeeto] (εκκλ) sanctuary.
αειθαλής [aeethalees] evergreen.
αεικίνητος [aeekeeneetos] in perpetual motion.
αείμνηστος [aeemneestos] late, fondly remembered.
αεράμυνα, η [aerameena] air defence.
αεραγωγός, η [aeragogos] air duct.
αέρας, ο [aeras] air, wind.
αερίζω [aereezo] ventilate, air.
αερισμός, ο [aereesmos] ventilation, airing.
αέριο, το [aereeo] gas.
αεριούχος [aereeouhos] aerated, gaseous.
αεριστήρας, ο [aereesteeras] ventilator.
αεροδρόμιο, το [aeroδromeeo] airport.
αερόλιθος, ο [aeroleethos] meteorite.
αερολιμένας, ο [aeroleemeenas] airport.
αεροπλάνο, το [aeroplano] aeroplane.
αεροπορία, η [aeroporeea] air force.
αεροπορικώς [aeroporeekos] by air.
αερόστατο, το [aerostato] balloon.
αετός, ο [aetos] eagle || (μεταφ) clever person || (χαρταετός) kite.
αζήτητος [azeeteetos] unclaimed || (εμπορ) not in demand.
άζυμος [azeemos] unleavened.
άζωτο, το [azoto] nitrogen.
αηδής [aeeδees] loathsome, sickening.
αηδία, η [aeeδeea] disgust, loathing.
αηδιάζω [aeeδeeazo] feel disgust for, loathe.
αηδόνι, το [aeeδonee] nightingale.
αήττητος [aeeteetos] undefeated, unbeatable.
αθανασία, η [athanaseea] immortality, eternity.
αθάνατος [athanatos] immortal, deathless.
αθέατος [atheatos] invisible, unseen.
άθελα [athela] unintentionally.
αθέμιτος [athemeetos] illegal, unlawful.
άθεος [atheos] godless || (ουσ) atheist.
αθεόφοβος [atheofovos] impious || (ουσ) rogue.
αθεράπευτος [atherapevtos] incurable || (μεταφ) incorrigible.
αθετώ [atheto] break one's word, violate.
άθικτος [atheektos] untouched, unharmed.
αθλητής, ο [athleetees] athlete.
αθλητικός [athleeteekos] athletic || (σώμα) robust.

αθλητισμός, ο [athleeteesmos] athletics.
άθλιος [athleeos] wretched, miserable.
άθλος, ο [athlos] feat, exploit.
αθόρυβος [athoreevos] quiet, silent.
άθραυστος [athravstos] unbroken || (αντικείμενο) unbreakable.
άθρησκος [athreeskos] irreligious.
αθροίζω [athreezo] add up, count || (στρατ) gather, assemble.
άθροισμα, το [athreesma] sum, total.
αθυμία, η [atheemeea] dejection, depression.
αθυρόστομος [atheerostomos] indiscreet, impertinent.
αθώος [athoos] innocent.
αθωώνω [athoono] acquit, exonerate.
αίγλη, η [eglee] splendour || (ονόματος κτλ) grandeur, glory.
αιγόκλημα, το [egokleema] honeysuckle.
Αίγυπτος, η [eyeeptos] Egypt.
Αιγύπτιος, ο [eyeepteeos] Egyptian.
αιγυπτιακός [eyeepteeakos] Egyptian.
αιθέριος [ethereeos] ethereal, essential.
αιθήρας, ο [etheeras] (χημ) ether || air.
αίθουσα, η [ethousa] large room, hall || (σχολική) schoolroom.
αίθριος [ethreeos] clear, bright || (καιρός) fair.
αίμα, το [ema] blood.
αιματηρός [emateeros] bloody, bloodstained.
αιματοχυσία, η [ematoheeseea] bloodshed.
αιμοβόρος [emovoros] bloodthirsty || (μεταφ) ferocious, cruel.
αιμοδοσία, η [emoðoseea] blood donation.
αιμομιξία, η [emomeekseea] incest.
αιμορραγία, η [emorayeea] haemorrhage.
αιμοσφαίριο, το [emosfereeo] blood corpuscle.
αίνιγμα, το [eneegma] enigma, riddle.
άιντε [aeede] (επιφ) come now!, come on!
αίρεση, η [eresee] heresy.
αιρετικός [ereteekos] heretical.
αισθάνομαι [esthanome] feel.
αίσθημα, το [estheema] sensation, feeling || **αισθήματα** πλ feelings.
αισθηματικός [estheemateekos] sentimental.
αίσθηση, η [estheesee] sense, sensation.
αισθητικός [estheeteekos] aesthetic || **ο** ~ beautician.
αισθητός [estheetos] perceptible, noticeable.
αισιόδοξος [eseeoðoksos] optimistic.
αίσχος, το [eshos] shame, disgrace.
αισχροκέρδεια, η [eshrokerðeea] profiteering.
αισχρολογία, η [eshroloyeea] obscenity, filthy talk.
αισχρός [eshros] shameful, infamous.
αίτηση, η [eteesee] application, petition, request.
αιτία, η [eteea] cause, reason, motive.
αιτιατική, η [eteeateekee] (γραμμ) accusative (case).
αίτιο, το [eteeo] cause || (εγκλήματος) motive.
αιτιολογία, η [eteeoloyeea] explanation || (οίκον) particulars.
αίτιος [eteeos] responsible.
αιτώ [eto] request (κάτι) || **αιτούμαι** beg (κάτι).
αιφνιδιασμός, ο [efneeðeeasmos] surprise.

αιχμαλωτίζω [ehmaloteezo] capture || (μεταφ) captivate.
αιχμάλωτος, ο [ehmalotos] captive, prisoner.
αιχμή, η [ehmee] (βελόνας) point || (βέλους) head.
αιώνας, ο [eonas] age, century.
αιώνιος [eoneeos] eternal || perpetual.
ακαδημία, η [akaðeemeea] academy.
ακαθαρσία, η [akatharseea] filth, dirt.
ακάθαρτος [akathartos] dirty, filthy.
ακάθεκτος [akathektos] unrestrained, unchecked.
ακαθόριστος [akathoreestos] undefined.
ακακία, η [akakeea] (δένδρο) acacia.
άκακος [akakos] harmless, innocent.
ακαλαισθησία, η [akalestheeseea] lack of taste.
ακάλεστος [akalestos] uninvited.
ακαλλιέργητος [akalyergeetos] uncultivated || (άνθρωπος) uncultured.
ακαμάτης, ο [akamatees] loafer.
άκαμπτος [akamptos] unbending.
ακανθώδης [akanthoðees] thorny, prickly.
ακανόνιστος [akanoneestos] unregulated || (σχήμα) irregular || (σφυγμός) uneven.
ακαριαίος [akareeayos] instantaneous.
άκαρπος [akarpos] unfruitful || (μεταφ) fruitless.
ακατάβλητος [akatavleetos] indomitable || (χρέη) unpaid.
ακατάδεκτος [akataðektos] disdainful, haughty.
ακατάληπτος [akataleeptos] incomprehensible.
ακατάλληλος [akataleelos] unsuitable, unfit.
ακαταλόγιστος [akatalogeestos] not responsible (for) || irrational.
ακατανόητος [akatanoeetos] inconceivable, unintelligible.
ακατάπαυστος [akatapavstos] unceasing, endless.
ακατάστατος [akatastatos] untidy || (καιρός) changeable.
ακατοίκητος [akateekeetos] uninhabited.
ακατόρθωτος [akatorthotos] unfeasible, impossible.
ακέραιος [akereos] integral, whole || (τίμιος) upright || ~ **αριθμός** integer.
ακεφιά, η [akefia] dejection, gloom.
ακίνδυνος [akeenðeenos] safe, harmless.
ακίνητος [akeeneetos] immovable || (περιουσία) estate, property.
άκλιτος [akleetos] indeclinable.
ακμάζω [akmazo] flourish, thrive.
ακμαίος [akmeos] vigorous, sturdy || (γερός) robust.
ακμή, η [akmee] height, peak || (ιατρ) acne.
ακοή, η [akoee] hearing || **εξ ακοής** by hearsay.
ακοινώνητος [akeenoneetos] unsociable || (εκκλ) not having taken first communion.
ακολασία, η [akolaseea] debauchery, excess.
ακολουθία, η [akoloutheea] retinue, suite || (εκκλ) church service || **κατ' ~ν** in consequence.
ακόλουθος [akolouthos] (ουσ) attendant || (στρατ) attaché || (επίθ) following, next.
ακολουθώ [akoloutho] follow.
ακολούθως [akolouthos] consequently, afterwards || **ως ~** as follows.
ακόμα [akoma] yet, more || ~ **και** even if.

ακονίζω [akoneezo] sharpen, whet.
ακόντιο, το [akonteeo] javelin, dart.
άκοπος [akopos] not cut || (εύκολος) easy || (ξεκούραστα) untiring.
ακόρεστος [akorestos] insatiable.
ακουμπώ [akoumbo] lean.
ακούραστος [akourastos] indefatigable, unwearied.
ακούρδιστος [akourðeestos] not tuned || (ρολόι) not wound up.
ακούσιος [akouseeos] unintentional || involuntary.
ακουστικό, το [akousteeko] (τηλεφ) receiver.
ακουστικός [akousteekos] acoustic.
ακουστός [akoustos] famous, celebrated.
ακούω [akouo] hear, listen to || (εισακούω) obey.
άκρα, η [akra] end, tip, extremity.
ακραίος [akreos] extreme, utmost.
ακρατής [akratees] intemperate, incontinent.
ακράτητος [akrateetos] impetuous, rash, unrestrained.
άκρη, η [akree] βλ **άκρα.**
ακριβά [akreeva] dearly.
ακρίβεια, η [akreeveea] (ωρολογίου) accuracy, precision || (μεταφράσεως κτλ) exactness || (τιμής) costliness.
ακριβής [akreevees] exact || (ωρολόγιο κτλ) accurate || (υπολογισμός) correct || (σε ραντεβού) punctual.
ακριβός [akreevos] dear, expensive.
ακριβώς [akreevos] precisely, accurately.
ακρίδα, η [akreeða] locust, grasshopper.
ακρόαση, η [akroasee] hearing, listening || (συνάντηση) audience, interview.
ακροατήριο, το [akroateereeo] audience.
ακροατής, ο [akroatees] listener || (πανεπιστημίου) auditor.
ακροβάτης, ο [akrovatees] acrobat.
ακρογιάλι, το [akroyalee] seashore.
ακρόπολη, η [akropolee] acropolis || citadel.
ακρωτηριάζω [akroteereeazo] maim, mutilate.
ακρωτήριο, το [akroteereeo] cape, promontory.
ακτή, η [aktee] shore, beach, coast.
ακτίνα, η [akteena] ray, beam || (ελπίδος) gleam || (ενεργείας) range || (τροχού) spoke || (κύκλου) radius.
ακτινοβολία, η [akteenovoleea] radiation.
ακτινογραφία, η [akteenografeea] X-ray.
ακτινοθεραπεία, η [akteenotherapeea] radiotherapy.
ακτοπλοΐα, η [aktoploeea] coastal shipping.
άκυρος [akeeros] invalid, void.
ακυρώνω [akeerono] nullify, invalidate || cancel.
αλάβαστρο, το [alavastro] alabaster.
αλάδωτος [alaðotos] (φαγητό) without oil.
αλαζονεία, η [alazoneea] arrogance, boastfulness
αλάθητος [alatheetos] infallible.
άλαλος [alalos] speechless, dumb.
αλάνθαστος [alanthastos] infallible, certain.
αλάργα [alarga] far off.
αλάτι, το [alatee] salt || **αλατιέρα** saltcellar.
αλατίζω [alateezo] salt.
Αλβανία, η [alvaneea] Albania.
αλβανικός [alvaneekos] Albanian.
Αλβανός, ο [alvanos] Albanian.
άλγεβρα, η [alyevra] algebra.
Αλγερία, η [alyereea] Algeria.

Αλγερινός, ο [alyereenos] Algerian man || **α~** (επιθ) Algerian.
αλγερίνικος [alyereeneekos] Algerian.
αλέθω [aletho] grind.
αλείβω [aleevo] coat, smear, rub.
αλείφω [aleefo] βλ **αλείβω.**
αλεξικέραυνο, το [alekseekeravno] lightning conductor.
αλεξιπτωτιστής, ο [alekseeptoteestees] parachutist.
αλεξίπτωτο, το [alekseeptoto] parachute.
αλεπού, η [alepou] fox || (μεταφ) sly person.
άλεσμα, το [alesma] grinding.
αλέτρι, το [aletree] plough.
αλεύρι, το [alevri] flour.
αλήθεια, η [aleetheea] truth || (επιρ) really, indeed.
αληθεύω [aleethevo] be true.
αληθινός [aleetheenos] real, genuine, true.
αλησμόνητος [aleesmoneetos] unforgettable.
αλήτης, ο [aleetees] vagabond, vagrant.
αλιεία, η [alieea] fishing || fishery.
αλιεύς, ο [alievs] fisherman.
αλιεύω [alievo] fish (for).
αλκοολικός [alkooleekos] alcoholic.
αλκυόνα, η [alkeeona] kingfisher, halcyon.
αλλά [ala] but, however, yet.
αλλαγή, η [alayee] change || variation.
αλλάζω [alazo] change, alter.
αλλαντικά, τα [alanteeka] πλ sausages.
αλλεπάλληλος [alepaleelos] repeated, successive.
αλλεργία, η [aleryeea] allergy.
αλληλεγγύη, η [aleelenyiee] mutual help, solidarity.
αλληλένδετος [aleelenðetos] interdependent, bound together.
αλληλογραφία, η [aleelografeea] correspondence.
αλλοδαπός, ο [aloðapos] foreigner, alien.
αλλοίθωρος [aleethoros] cross-eyed.
αλλοίμονο [aleemono] (επιφ) oh dear!
αλλοιώνω [alleeono] alter, change.
αλλοιώς [alios] otherwise, in a different way.
αλλοίωση, η [aliosee] change, alteration || (τροφίμων) adulteration.
αλλοιώτικος [alioteekos] different, unlike || (πρόσωπο) odd, strange.
αλλόκοτος [alokotos] queer, strange, odd.
άλλος [alos] (an)other, else || (επόμενος) next || (διαφορετικός) different || (επί πλέον) more || **κάθε άλλο!** anything but!
άλλοτε [allote] formerly || sometime.
αλλού [alou] elsewhere.
άλλωστε [aloste] besides, on the other hand.
άλμα, το [alma] jump, leap || **~τώδης** by leaps and bounds.
άλμη, η [almee] brine, pickle.
αλμυρός [almeeros] salty || (μεταφ) costly.
άλογο, το [alogo] horse || **αλογόμυγα** horsefly.
αλοιφή, η [aleefee] ointment.
αλουμίνιο, το [aloumeeneeo] aluminium.
άλσος, το [alsos] grove, thicket.
αλύγιστος [aleeyeestos] inflexible.
αλύπητος [aleepeetos] pitiless, cruel.
αλυσίδα, η [aleeseeða] chain.
άλυτος [aleetos] (που δεν ελύθη) unsolved || (δεν μπορεί να λυθεί) unsolvable.
άλφα, το [alfa] the letter A.

αλφάβητο, το [alfaveeto] alphabet.
αλώνι, το [alonee] threshing floor || **αλωνίζω** thresh || (σκορπώ) scatter.
άλωση, η [alosee] fall, capture, conquest.
άμα [ama] as soon as || (εάν) if.
αμαζόνα, η [amazona] amazon.
αμάθεια, η [amatheea] ignorance, illiteracy.
αμαθής [amathees] ignorant, illiterate.
αμάν [aman] (επιφ) for heaven's sake!
αμαξάς, ο [amaksas] coachman, cab driver.
αμάξι, το [amaksee] carriage || (αυτοκίνητο) car.
αμαξοστοιχία, η [amaksosteeheea] train.
αμαρτάνω [amartano] sin.
αμαρτία, η [amarteea] sin || **είναι ~ απ' το Θεό** it's a pity!
άμαχος [amahos] non-combatant.
άμβωνας, ο [amvonas] pulpit.
αμέ [amme] (επιφ) why not? || of course!
αμείβω [ameevo] reward, compensate.
αμείλικτος [ameeleektos] implacable, inexorable.
αμείωτος [ameeotos] undiminished.
αμέλεια, η [ameleea] negligence, carelessness.
αμελής [amelees] negligent || (μαθητής) lazy.
αμελώ [amelo] neglect.
άμεμπτος [amemptos] irreproachable, blameless.
αμερικάνικος [amereekaneekos] American.
Αμερικανός, ο [amereekanos] American.
Αμερική, η [amereekee] America.
αμέριμνος [amereemnos] carefree, heedless.
αμερόληπτος [ameroleeptos] impartial.
άμεσος [amesos] direct, immediate.
αμέσως [amesos] at once, immediately.
αμετάβλητος [ametavleetos] unchanged || immutable.
αμετάκλητος [ametakleetos] irrevocable.
αμεταχείριστος [ametaheereestos] unused, new.
αμέτοχος [ametohos] exempt, not participating in.
αμέτρητος [ametreetos] countless, immeasurable.
αμήχανος [ameehanos] perplexed, embarrassed.
αμηχανία [ameehaneea] perplexity, confusion.
αμίαντος, ο [ameeantos] asbestos.
αμίλητος [ameeleetos] silent, quiet.
άμιλλα, η [ameela] emulation, rivalry.
αμίμητος [ameemeetos] inimitable.
άμισθος [ameesthos] unsalaried, without pay.
άμμος, η [ammos] sand.
αμμουδιά, η [amouðia] sandy beach.
αμμώδης [amoðees] sandy.
αμμωνία, η [amoneea] ammonia.
αμνησία, η [amneeseea] amnesia.
αμνηστία, η [amneesteea] amnesty.
αμνός, ο [amnos] lamb.
αμοιβαίος [ameeveyos] mutual, reciprocal.
αμοιβή, η [ameevee] reward, recompense.
άμοιρος [ameeros] unfortunate, destitute.
αμόνι, το [amonee] anvil.
άμορφος [amorfos] shapeless.
αμόρφωτος [amorfotos] uneducated, unrefined.
αμπαζούρ, το [ambazour] lampshade.
αμπάρι, το [ambaree] storeroom || (ναυτ) hold.

αμπέλι, το [ambelee] vine || vineyard.
αμπραγιάζ, το [ambrageeaz] clutch.
άμπωτη, η [ambotee] ebb tide.
αμυγδαλές, οι [ameegðales] πλ tonsils.
αμύγδαλο, το [ameegðalo] almond.
αμυδρός [ameeðros] dim, faint.
άμυλο, το [ameelo] starch.
άμυνα, η [ameena] defence.
αμφιβάλλω [amfeevalo] doubt.
αμφίβιος [amfeeveeos] amphibious.
αμφίβολος [amfeevolos] doubtful, dubious.
αμφίεση, η [amfiesee] dress, attire, clothing.
αμφιθέατρο, το [amfeetheatro] amphitheatre.
αμφίρροπος [amfeeropos] undecided, in the balance, wavering.
αμφισβητώ [amfeesveeto] dispute.
αμφορέας, ο [amforeas] amphora, pitcher.
αμφότεροι [amfoteree] πλ both.
αν [an] if, whether || ~ **και** although, though.
ανά [ana] along, over || ~ **εις** one by one || ~ **την πόλη** through the city.
αναβαίνω [anaveno] βλ **ανεβαίνω.**
αναβάλλω [anavalo] put off, postpone, delay.
ανάβαση, η [anavasee] ascent.
αναβολή, η [anavolee] postponement, adjournment.
αναβρασμός, ο [anavrasmos] agitation, excitement || fermentation.
ανάβω [anavo] light || (φως κτλ) turn on, switch on || (θυμώνω) get provoked.
αναγγέλλω [anangelo] announce, make known.
αναγγελία, η [anangeleea] announcement, notice.
αναγέννηση, η [anageneesee] revival, renaissance.
αναγκάζω [anangazo] force, compel.
αναγκαίος [anangeyos] necessary, essential, needed.
αναγκαστικός [anangasteekos] compulsory || (προσγείωση κτλ) forced.
ανάγκη, η [anangee] need, necessity, want.
ανάγλυφο, το [anagleefo] bas-relief.
αναγνωρίζω [anagnoreezo] recognize || (παραδέχομαι) admit.
αναγνώριση, η [anagnoreesee] recognition, acknowledgement.
ανάγνωση, η [anagnosee] reading.
αναγνώστης, ο [anagnostees] reader.
αναγούλα, η [anagoula] nausea, disgust.
ανάγω [anago] raise || (μετατρέπω) reduce, convert.
ανάγωγος [anagogos] ill-bred, ill-mannered.
αναδάσωση, η [anaðasosee] reafforestation.
αναδιοργανώνω [anaðeeorganono] reorganize.
αναδιπλασιασμός, ο [anaðeeplaseeasmos] (γραμμ) reduplication.
ανάδοχος, ο [anaðohos] godparent, sponsor.
αναδρομικός [anaðromeekos] retroactive, retrospective.
αναζητώ [anazeeto] search for, seek.
αναζωογονώ [anazoogono] revive, invigorate.
αναζωπυρώ [anazopeero] relight, rekindle || (μεταφ) revive.
ανάθεμα, το [anathema] curse || (εκκλ) excommunication.
αναθέτω [anatheto] commission, entrust || (αφιερώνω) dedicate.

αναθεώρηση, η [anatheoreesee] revision, review.
αναθυμίαση, η [anatheemeeasee] stench, exhalation, fumes.
αναίδεια, η [aneδeea] impudence.
αναιδής [aneδees] impudent, shameless.
αναίμακτος [anemaktos] bloodless.
αναιμία, η [anemeea] anaemia.
αναίρεση, η [aneresee] refutation.
αναισθησία, η [anestheeseea] unconsciousness || (μεταφ) insensibility.
αναισθητικό, το [anestheeteeko] anaesthetic.
αναίσθητος [anestheetos] insensitive || (στους πόνους) unconscious, insensible || (ασυγκίνητος) unmoved.
ανακαινίζω [anakeneezo] renovate, renew.
ανακαλύπτω [anakaleepto] discover, detect.
ανακαλώ [anakalo] recall || (άδεια, διάταγμα) repeal, abrogate || (διαταγή κτλ) cancel, withdraw || (υπόσχεση) retract.
ανακατώνω [anakatono] mix, stir || (συγχέω) confuse.
ανακάτωμα, το [anakatoma] mixing || (φασαρία) confusion || (στομάχου) nausea.
ανακεφαλαίωση, η [anakefaleosee] recapitulation.
ανακηρύσσω [anakeereeso] proclaim, declare.
ανακινώ [anakeeno] stir up || (μεταφ) bring up, raise.
ανάκληση, η [anakleesee] revocation, recalling.
ανακοινώνω [anakeenono] announce.
ανακοπή, η [anakopee] checking || (νομ) reprieve || (ιατρ) heart failure.
ανακουφίζω [anakoufeezo] relieve, alleviate, lighten.
ανακριβής [anakreevees] inaccurate.
ανάκριση, η [anakreesee] interrogation, inquiry.
ανακριτής, ο [anakreetees] examining magistrate.
ανάκτορο, το [anaktoro] palace.
ανακωχή, η [anakohee] armistice, truce.
αναλαμβάνω [analamvano] undertake || recover.
ανάλατος [analatos] (μεταφ) dull.
ανάληψη, η [analeepsee] (εργασίας) resumption, undertaking || (του Χριστού) ascension.
αναλλοίωτος [analeeotos] unchanging, constant, unaltered.
αναλογία, η [analoyeea] relation, proportion, ratio || portion.
αναλογικός [analoyeekos] proportionate.
ανάλογος [analogos] proportionate || (μαθημ) proportional.
αναλόγως [analogos] proportionately, according to.
ανάλυση, η [analeesee] analysis.
αναλυτικός [analeeteekos] analytical || detailed.
αναλφάβητος [analfaveetos] illiterate, ignorant.
αναμένω [anameno] wait for, expect.
ανάμεσα [anamesa] in between, among.
αναμεταξύ [anametaksee] between, among || **στο** ~ in the meantime, meanwhile.
αναμιγνύω [anameegneeo] mix, blend || implicate.
ανάμικτος [anameektos] mixed.
ανάμιξη, η [anameeksee] mixing, interfering.
άναμμα, το [anama] lighting || (προσώπου) inflammation || (έξαψη) excitement || (μοτέρ κτλ) ignition.
αναμμένος [anamenos] alight, burning.

ανάμνηση, η [anamneesee] recollection, memory.
αναμονή, η [anamonee] expectation, waiting.
αναμφισβήτητος [anamfeesveeteetos] indisputable, unquestionable.
ανανάς, ο [ananas] pineapple.
ανανεώνω [ananeono] renew, renovate.
ανανέωση, η [ananeosee] renewal, renovation.
ανάξιος [anakseeos] unworthy, unfit, inefficient.
αναπαράσταση, η [anaparastasee] representation || (εγκλήματος) reconstruction.
ανάπαυλα, η [anapavla] respite, rest.
ανάπαυση, η [anapavsee] rest, repose || (στρατ) stand easy!
αναπαυτικός [anapavteekos] comfortable, restful.
αναπαύομαι [anapavome] rest, relax.
αναπηδώ [anapeeδo] jump up, leap up, start.
ανάπηρος [anapeeros] disabled || (διανοητικώς) deficient.
ανάπλαση, η [anaplasee] reforming, remodelling.
αναπληρώνω [anapleerono] replace || substitute || refill.
αναπνέω [anapneo] breathe.
αναπνοή, η [anapnoee] breath, breathing, respiration.
ανάποδα [anapoδa] backwards || (μέσα έξω) inside out, topsy-turvy.
αναποδιά, η [anapoδia] reverse, bad luck || contrariness.
αναποδογυρίζω [anapoδogeereezo] turn upside down.
ανάποδος, [anapoδos] reversed || (άνθρωπος) difficult, cantankerous.
αναπόφευκτος [anapofevktos] inevitable, unavoidable.
αναπτήρας, ο [anapteeras] cigarette lighter.
ανάπτυξη, η [anapteeksee] development || (εξήγηση) explanation.
αναπτύσσω [anapteeso] unfold, develop || (λόγο) expound, explain.
αναρίθμητος [anareethmeetos] countless, innumerable.
ανάρπαστος [anarpastos] quickly bought up.
ανάρρωση, η [anarrosee] convalescence, recovery.
αναρχία, η [anarheea] anarchy.
αναρχικός [anarheekos] anarchical || (ουσ) anarchist.
αναρωτιέμαι [anarotieme] ask o.s., wonder.
ανάσα, η [anasa] breath, breathing || rest, respite.
ανασηκώνω [anaseekono] lift up, raise.
ανασκαφή, η [anaskafee] excavation.
ανάσκελα [anaskela] on one's back.
ανασκόπηση, η [anaskopeesee] review, weighing up.
ανασταίνω [anasteno] revive, restore to life.
ανασταλτικός [anastalteekos] restraining, holding back.
ανάσταση, η [anastasee] resurrection.
ανάστατος [anastatos] in disorder, agitated, excited.
αναστατώνω [anastatono] disturb, upset.
αναστέλλω [anastelo] stop, stay, suspend.
αναστενάζω [anastenazo] sigh, groan.
αναστηλώνω [anasteelono] restore, erect.
αναστήλωση, η [anasteelosee] restoration, erection.
ανάστημα, το [anasteema] height, stature.

αναστολή, η [anastolee] reprieve || suspension || restraint.
ανασυγκρότηση, η [anaseengroteesee] reconstruction.
ανασύρω [anaseero] raise, pull out, pull up, draw up.
αναταράσσω [anataraso] stir up, upset.
ανατέλλω [anatelo] (ήλιος) rise || appear.
ανατίμηση, η [anateemeesee] price rise || revaluation.
ανατινάζω [anateenazo] blow up || spring up.
ανατίναξη, η [anateenaksee] explosion.
ανατοκισμός, ο [anatokeesmos] compound interest.
ανατολή, η [anatolee] east || (ήλιου) sunrise || **'Απω 'Α~** Far East || **Μέση 'Α~** Middle East.
ανατολικός [anatoleekos] eastern || oriental.
ανατομία, η [anatomeea] anatomy.
ανατρέπω [anatrepo] upset || (βάρκα κτλ) overturn, capsize.
ανατρέφω, [anatrefo] rear, bring up, raise.
ανατρέχω [anatreho] refer back to, go back to.
ανατριχιάζω [anatreeheeazo] shiver, shudder.
ανατροπή, η [anatropee] upset, overthrow || (νομ) refutation, reversal.
ανατροφή, η [anatrofee] upbringing, breeding.
ανάτυπο, το [anateepo] offprint, reprint.
άναυδος [anavðos] speechless, dumbfounded.
αναφέρω [anafero] mention, cite || report || relate.
αναφλέγω [anaflego] inflame, ignite.
ανάφλεξη, η [anafleksee] combustion, ignition.
αναφορά, η [anafora] report || (αίτηση) petition.
αναχαιτίζω [anaheteezo] check, restrain || (επίθεση) repel.
αναχρονισμός, ο [anahroneesmos] anachronism.
ανάχωμα, το [anahoma] mound, bank, dyke.
αναχώρηση, η [anahoreesee] departure.
αναχωρώ [anahoro] leave, depart, go.
αναψυκτικά, τα [anapseekteeka] πλ refreshments.
αναψυχή, η [anapseehee] recreation.
ανδρεία, η [anðreea] bravery, valour.
ανδρείος [anðreeos] brave, courageous.
ανδρικός [anðreekos] manly, virile, male.
ανεβάζω [anevazo] raise, lift up || (θέατρο) put on.
ανεβαίνω [aneveno] ascend, climb, go up.
ανέβασμα, το [anevasma] going up || lifting || (έργου) production.
ανεβοκατεβαίνω [anevokateveno] go up and down || (τιμές) fluctuate.
ανέγγιχτος [anengeehtos] untouched, new.
ανέγερση, η [aneyersee] erection || (σήκωμα) getting up.
ανειλικρινής [aneeleekreenees] insincere || false.
ανέκαθεν [anekathen] always, ever, from the beginning.
ανέκδοτο, το [anekðoton] anecdote, funny story.
ανεκμετάλλευτος [anekmetalevtos] unexploited.
ανεκτικός [anekteekos] tolerant, patient, indulgent.
ανεκτίμητος [anekteemeetos] priceless, inestimable.

ανεκτός [anektos] bearable, tolerable.
ανέκφραστος [anekfrastos] inexpressible, indescribable || (ηθοποιός) expressionless || (βλέμμα) vacant.
ανελλιπής [aneleepees] flawless || (οργάνωση) complete || (φοίτηση) continuous.
ανέλπιστος [anelpeestos] unexpected || (γεγονός) unforeseen.
ανεμίζω [anemeezo] ventilate, air || (σίτο) winnow.
ανεμιστήρας, ο [anemeesteeas] fan, ventilator.
ανεμοβλογιά, η [anemovloya] chickenpox.
ανεμόμυλος, ο [anemomeelos] windmill.
άνεμος, ο [anemos] wind.
ανεμοστρόβιλος, ο [anemostroveelos] whirlwind.
ανεμπόδιστος [anemboðeestos] unhindered, unimpeded.
ανεμώνα, η [anemona] anemone.
ανένδοτος [anenðotos] unyielding, inflexible.
ανενόχλητος [anenohleetos] undisturbed.
ανεξάντλητος [aneksantleetos] inexhaustible.
ανεξαρτησία, η [aneksarteeseea] independence.
ανεξάρτητος [aneksarteetos] independent.
ανεξέλεγκτος [anekselengtos] unconfirmed || (δαπάνη κτλ) unexamined.
ανεξήγητος [anekseeyeetos] inexplicable.
ανεξίτηλος [anekseeteelos] indelible.
ανεπαίσθητος [anepestheetos] imperceptible, slight.
ανεπαρκής [aneparkees] insufficient, inadequate.
ανέπαφος [anepafos] untouched, intact.
ανεπηρέαστος [anepeereastos] unaffected, uninfluenced.
ανεπιθύμητος [anepeetheemeetos] undesirable.
ανεπίσημος [anepeeseemos] unofficial.
ανεπιτυχής [anepeeteehees] unsuccessful.
ανεπιφύλακτος [anepeefeelaktos] unreserved.
ανεπτυγμένος [anepteegmenos] (άνθρωπος) cultured || (σωματικώς) developed.
άνεργος [anergos] unemployed, idle.
ανέρχομαι [anerhome] ascend, climb || (λογαριασμός) amount to.
άνεση, η [annesee] ease, comfort.
ανεστραμμένος [anestramenos] reversed, inverted.
άνετος [anetos] comfortable, easy.
άνευ [anev] without.
ανεύθυνος [anevtheenos] irresponsible.
ανεφάρμοστος [anefarmostos] inapplicable || (μη εφαρμοσθείς) unapplied.
ανέφικτος [anefeektos] unattainable, impossible.
ανεφοδιάζω [anefoðeeazo] provision, restock.
ανέχομαι [anehome] tolerate.
ανεψιά, η [anepsia] niece.
ανεψιός, ο [anepsios] nephew.
ανήθικος [aneetheekos] immoral, corrupt.
άνηθο, το [aneetho] dill, anise.
ανήκουστος [aneekoustos] unheard of, incredible.
ανήκω [aneeko] belong (to).
ανήλικος [aneeleekos] under age || minor.
ανήμερα [aneemera] on the same day.

ανήμπορος [aneemboros] indisposed.
ανησυχία, η [aneeseeheea] uneasiness, concern.
ανήσυχος [aneeseehos] uneasy, anxious.
ανησυχώ [aneeseeho] be anxious, be worried.
ανήφορος, ο [aneeforos] uphill road || ascent.
ανθεκτικός [anthekteekos] endurable, resistant.
ανθίζω [antheezo] blossom, flourish.
ανθίσταμαι [antheestame] resist, oppose.
ανθοδέσμη, η [anthoðesmee] bouquet, nosegay.
ανθοδοχείο, το [anthoðoheeo] flowerpot, vase.
ανθολογία, η [antholoyeea] anthology.
ανθοπώλης, ο [anthopolees] florist.
άνθος, το [anthos] flower.
άνθρακας, ο [anthrakas] coal || (ιατρ) anthrax.
ανθρακικός [anthrakeekos] carbonic.
ανθρακωρυχείο, το [anthrakoreeheeo] coalmine.
ανθρωπιά, η [anthropia] civility || good breeding.
ανθρώπινος [anthropeenos] human.
ανθρωπιστής, ο [anthropeestees] humanist.
ανθρωποκτονία, η [anthropoktoneea] homicide.
ανθρωπολόγος, ο [anthropologos] anthropologist.
άνθρωπος, ο [anthropos] man, person.
ανθρωπότης, η [anthropotees] mankind, humanity.
ανθυγιεινός [antheeyeeinos] unhealthy, unwholesome.
ανία, η [aneea] boredom, weariness, ennui.
ανίατος [aneeatos] incurable.
ανίδεος [aneeðeos] unsuspecting || ignorant.
ανικανοποίητος [aneekanopieetos] unsatisfied.
ανίκανος [aneekanos] incapable, unable, unfit || impotent.
ανισόρροπος [aneesoropos] unbalanced.
άνισος [aneesos] unequal, uneven.
ανίσχυρος [aneesheeros] powerless, weak, feeble.
ανίχνευση, η [aneehnevsee] tracking, searching.
άνοδος, η [anoðos] ascent, accession.
ανοησία, η [anoeeseea] folly, foolishness, nonsense.
ανόητος [anoeetos] foolish, silly, absurd.
ανόθευτος [anothevtos] unadulterated, pure.
άνοιγμα, το [aneegma] opening, aperture.
ανοίγω [aneego] open || (βρύση) turn on || (σύρτη) draw || (ομπρέλλα) put up || (φώτα κτλ) turn on, switch on || (συζήτηση) open, broach || (χάρτιη) unfold || (χορό) lead, open || (πηγάδι) dig || (κουρτίνες) draw || (για χρώμα) fade.
ανοίκιαστος [aneekeeastos] unlet, unrented.
ανοικοδομώ [aneekoðomo] rebuild.
ανοικτός [aneektos] open || (επί χρωμάτων) light.
άνοιξη, η [aneeksee] spring, springtime.
ανοιχτόκαρδος [aneehtokarðos] open-hearted, cheerful.
ανοιχτοχέρης [aneehtoherees] open-handed, magnanimous.
ανομβρία, η [anomvreea] drought.
ανόμοιος [anomeeos] dissimilar, unlike.
ανοξείδωτος [anokseeðotos] stainless, rustproof.

ανοργάνωτος [anorganotos] unorganized.
ανορεξία, η [anorekseea] loss of appetite || (μεταφ) half-heartedness.
ανορθογραφία, η [anorthografeea] misspelling.
ανοσία, η [anoseea] immunity.
άνοστος [anostos] insipid, unsavoury || (μεταφ) ugly, disagreeable.
ανοχή, η [anohee] forbearance, tolerance || **οίκος ανοχής** brothel.
ανταγωνίζομαι [antagoneezome] compete, vie (with).
ανταγωνισμός, ο [antagoneesmos] competition, contest, rivalry.
ανταλλαγή, η [antalayee] exchange.
αντάλλαγμα, το [antalagma] thing exchanged, recompense.
ανταλλακτικό, το [antalakteeko] spare part, refill.
ανταλλάσσω [antalaso] exchange.
ανταμείβω [antameevo] reward, recompense.
ανταμώνω [antamono] meet, join.
αντάμωση [antamosee] : **καλή ~** goodbye, farewell.
αντανάκλαση, η [antanaklasee] reflection.
αντανακλώ [antanaklo] reflect.
αντάξιος [antakseeos] worthy, deserving.
ανταποδίδω [antapoðeeðo] return, repay.
ανταποκρίνομαι [antapokreenome] be like, correspond to, respond, suit.
ανταπόκριση, η [antapokreesee] correspondence || (εφημερίδας) dispatch.
ανταποκριτής, ο [antapokreetees] correspondent, reporter.
ανταρσία, η [antarseea] rebellion, revolt, mutiny.
αντάρτης, ο [antartees] rebel, insurgent, guerrilla.
άντε [ante] (έπιφ) come on!, get a move on!
αντένα, η [antena] aerial, antenna.
αντεπίθεση, η [antepeethesee] counterattack.
αντεπιτίθεμαι [antepeeteetheme] counterattack.
άντερο, το [antero] intestine.
αντέχω [anteho] endure, hold firm, last.
αντζούγια, η [andzouyeea] anchovy.
αντηλιά, η [anteelia] glare.
αντηχώ [anteeho] resound, echo.
αντί [antee] instead of, in exchange for || (τιμή) for || **~ για** instead of || **~ να** instead of.
αντιαεροπορικός [anteeaeroporeekos] anti-aircraft.
αντιγραφή, η [anteegrafee] copy, copying.
αντίγραφο, το [anteegrafo] copy, transcript.
αντιγράφω [anteegrafo] copy, imitate || (στο σχολείο) crib.
αντίδι, το [anteeðee] endive.
αντίδικος, ο [anteeðeekos] opponent.
αντίδοτο, το [anteeðoto] antidote.
αντίδραση, η [anteeðrasee] reaction, opposition.
αντιδραστικός [anteeðrasteekos] reactionary, reactive.
αντιδρώ [anteeðro] react, counteract, oppose.
αντίδωρο, το [anteeðoro] (εκκλ) holy bread.
αντίζηλος [anteezeelos] rival.
αντίθεση, η [anteethesee] contrast || opposition.
αντίθετος [anteethetos] contrary, opposite.
αντίκα, η [anteeka] antique.
αντικαθιστώ [anteekatheesto] replace, substitute || relieve.
αντικανονικός [anteekanoneekos] irregular, against the rules.

αντικατάσταση [anteekatastasee] replacement || substitution.
αντικαταστάτης, ο [anteekatastatees] substitute || successor.
αντίκειμαι [anteekeeme] be opposed to.
αντικειμενικός [anteekeemeneekos] objective.
αντικείμενο, το [anteekeemeno] object, thing || topic.
αντικλείδι, το [anteekleeðee] passkey.
αντικοινωνικός [anteekeenoneekos] unsocial.
αντικρούω [anteekrouo] oppose, refute.
αντίκρυ [anteekree] opposite, face to face.
αντικρύζω [anteekreezo] face, front || meet.
αντίκτυπος, ο [anteekteepos] repercussion, effect, result.
αντίλαλος, ο [anteelalos] echo.
αντιλαμβάνομαι [anteelamvanome] understand || perceive, notice.
αντιλέγω [anteelego] object, contradict.
αντιληπτός [anteeleeptos] perceptible || understandable.
αντίληψη, η [anteeleepsee] understanding, opinion || quickness of mind.
αντιλυσσικός [anteeleeseekos] anti-rabies.
αντιμετωπίζω [anteemetopeezo] confront, face.
αντιμέτωπος [anteemetopos] face to face, facing.
αντιναύαρχος, ο [anteenavarhos] vice-admiral.
αντίο [anteeo] (επιφ) goodbye!
αντιπάθεια, η [anteepatheea] antipathy, aversion.
αντιπαθητικός [anteepatheeteekos] repulsive, repugnant.
αντιπαθώ [anteepatho] dislike.
αντίπαλος, ο [anteepalos] adversary, opponent || (στρατ) enemy.
αντιπερισπασμός, ο [anteepereespasmos] distraction || (στρατ) diversion.
αντίποινα, τα [anteepeena] πλ reprisals.
αντιπολίτευση, η [anteepoleetevsee] opposition.
αντίπραξη, η [anteepraksee] opposition, thwarting.
αντιπρόεδρος, ο [anteeproeðros] vice-president, deputy chairman.
αντιπροσωπεία, η [anteeprosopeea] representation || delegation.
αντιπροσωπεύω [anteeprosopevo] represent, stand for.
αντιπρόσωπος, ο [anteeprosopos] representative || (εμπορικός) agent.
αντίρρηση, η [anteereesee] objection, contradiction.
αντισηπτικός [anteeseepteekos] antiseptic.
αντισταθμίζω [anteestathmeezo] balance || (μηχανική) compensate.
αντίσταση, η [anteestasee] resistance, opposition.
αντιστέκομαι [anteestekome] resist, oppose.
αντίστοιχος [anteesteehos] corresponding, equivalent.
αντιστράτηγος, ο [anteestrateegos] lieutenant-general.
αντιστρέφω [anteestrefo] invert, reverse.
αντίστροφος [anteestrofos] reverse, inverse.
αντισυνταγματικός [anteeseentagmateekos] unconstitutional.

αντιτίθεμαι [anteeteetheme] be opposed.
αντίτιμο, το [anteeteemo] value, price.
αντιτορπιλλικό, το [anteetorpeeleeko] destroyer.
αντίτυπο, το [anteeteepo] copy.
αντίφαση, η [anteefasee] contradiction, discrepancy.
αντιφάσκω [anteefasko] contradict o.s.
αντίχειρας, ο [anteeheeras] thumb.
αντλία, η [antleea] pump.
αντλώ [antlo] pump, draw (off) || derive.
αντοχή, η [antohee] endurance, strength, resistance.
άντρας, ο [antras] man || husband.
αντρίκιος [antreekeeos] βλ **ανδρικός**.
αντρόγυνο, το [antroyeeno] married couple.
αντωνυμία, η [antoneemeea] pronoun.
ανύπανδρος [aneepanðros] unmarried, single.
ανύπαρκτος [aneeparktos] non-existent.
ανυπαρξία, η [aneeparkseea] non-existence, lack.
ανυπολόγιστος [aneepoloyeestos] incalculable.
ανυπόμονος [aneepomonos] impatient, anxious.
ανυπόπτος [aneepoptos] unsuspecting || not suspect.
ανυπόστατος [aneepostatos] groundless, unfounded || unsubstantial.
ανυπότακτος [aneepotaktos] insubordinate || (λαός) unsubdued.
ανυπόφορος [aneepoforos] intolerable.
ανυψώνω [aneepsono] raise || (μεταφ) praise, elevate, extol.
άνω [ano] up, above || ~ **κάτω** in confusion, upset || (μέρος) above, over.
ανώδυνος [anoðeenos] painless.
ανωμαλία, η [anomaleea] irregularity, unevenness || anomaly.
ανώμαλος [anomalos] (επιφάνεια) irregular, uneven || (άνθρωπος) erratic, eccentric.
ανώνυμος [anoneemos] anonymous || ~ **εταιρεία** limited company.
ανώτατος [anotatos] supreme, uppermost.
ανώτερος [anoteros] superior, higher, upper || ~ **χρημάτων** above money.
άξεστος [aksestos] uncouth, rough, unpolished.
αξέχαστος [aksehastos] unforgotten || unforgettable.
αξία, η [akseea] worth, value, price.
αξιαγάπητος [akseeagapeetos] amiable, lovable.
αξιέπαινος [aksiepenos] praiseworthy, laudable.
αξίζω [akseezo] be worth, cost || merit || **αξίζει να τιμωρηθεί** he deserves to be punished.
αξίνα, η [akseena] pickaxe.
αξιοθαύμαστος [akseeothavmastos] wonderful, admirable.
αξιοθέατος [akseeotheatos] worth seeing || **τα αξιοθέατα** the sights.
αξιοθρήνητος [akseeothreeneetos] lamentable, deplorable.
αξιόλογος [akseeologos] remarkable || distinguished.
αξιόπιστος [akseeopeestos] trustworthy, reliable.
αξιοπρεπής [akseeoprepees] dignified, decent.
άξιος [akseeos] capable || deserving || worthy, worth.
αξιοσημείωτος [akseeoseemeeotos] noteworthy, notable, remarkable.

αξιότιμος [akseeoteemos] estimable, honourable.
αξιωματικός, ο [akseeomateekos] officer.
άξονας, ο [aksonas] axis || axle, pivot, shaft.
αξύριστος [akseereestos] unshaven.
άοπλος [aoplos] unarmed.
αόριστος [aoreestos] invisible, indefinite || (γραμμ) aorist.
άοσμος [aosmos] odourless, scentless.
απαγγελία, η [apangeleea] recitation, declamation || diction.
απαγόρευση, η [apagorevsee] prohibition.
απαγορεύω [apagorevo] prohibit, forbid.
απαγωγή, η [apagoyee] abduction || (παιδιού) kidnapping.
απάθεια, η [apatheea] indifference, apathy.
απαισιόδοξος [apeseeoðoksos] pessimist.
απαίσιος [apeseeos] frightful, sinister, horrible.
απαίτηση, η [apeteesee] claim || demand.
απαιτητικός [apeteeteekos] demanding, exacting, importunate.
απαιτώ [apeto] claim, demand, require.
απαλλαγή, η [apalayee] deliverance || release || dismissal.
απαλλάσσω [apalasso] deliver, free || (καθήκοντα) relieve.
απαλλοτριώ [apalotreeo] expropriate, alienate.
απαλός [apalos] soft || gentle.
απάνθρωπος [apanthropos] inhuman, cruel.
άπαντα, τα [apanta] πλ complete works.
απάντηση, η [apanteesee] reply, answer, response.
απαντώ [apanto] answer, reply || meet.
απάνω [apano] up, above || upstairs || ~ **κάτω** approximately || **από πάνω** on top, from above || **έως** ~ to the top || ~ **που** at the moment when || ~ **από** above, more than || ~ **σε** at the moment of.
απαράδεκτος [aparaðektos] unacceptable, inadmissible.
απαραίτητος [apareteetos] indispensable.
απαράλλακτος [aparalaktos] identical || unchanged.
απαράμιλλος [aparameelos] unrivalled, incomparable, peerless.
απαρατήρητος [aparateereetos] unnoticed, unobserved.
απαρέμφατο, το [aparemfato] (γραμμ) infinitive.
απαρηγόρητος [apareegoreetos] inconsolable.
απαριθμώ [apareethmo] enumerate, count.
απαρνούμαι [aparnoume] renounce, deny, disavow, disown.
απαρτίζω [aparteezo] form, constitute.
απασχόληση, η [apasholeesee] occupation.
απασχολώ [apasholo] occupy, busy.
απατεώνας, ο [apateonas] cheat, deceiver, swindler.
απάτη, η [apatee] deceit, fraud || illusion.
απατηλός [apateelos] deceptive, false, fraudulent.
απατώ [apato] deceive, cheat, defraud.
απεγνωσμένος [apegnosmenos] desperate.
απειθαρχία, η [apeetharheea] insubordination, lack of discipline.
απεικονίζω [apeekoneezo] represent, portray, depict.
απειλή, η [apeelee] threat, menace.

απειλητικός [apeeleeteekos] threatening.
απειρία, η [apeereea] inexperience || (μέτρο) infinity, immensity.
άπειρος [apeeros] inexperienced || (αριθμός) infinite, boundless.
απέλαση, η [apelasee] deportation, expulsion.
απελευθερώνω [apeleftherono] set free, emancipate.
απελευθέρωση, η [apeleftherosee] liberation, emancipation.
απελπίζομαι [apelpeezome] despair.
απελπισία, η [apelpeeseea] despair || **είναι ~** it's hopeless!
απέναντι [apenantee] opposite.
απεναντίας [apenanteeas] on the contrary.
απένταρος [apentaros] penniless, broke.
απέραντος [aperantos] immense, boundless, endless.
απεργία, η [aperyeea] strike.
απερίγραπτος [apereegraptos] indescribable.
απεριόριστος [apereeoreestos] unlimited.
απεριποίητος [apereepieetos] neglected, untidy.
απερίσκεπτος [apereeskeptos] thoughtless, foolish, heedless.
απερίσπαστος [apereespastos] undistracted.
απέριττος [apereetos] simple, plain, concise.
απεσταλμένος, ο [apestalmenos] envoy, minister, delegate.
απευθύνομαι [apeftheenome] apply, appeal, address.
απεχθάνομαι [apehthanome] detest, abhor.
απεχθής [apehthees] odious, repulsive, detestable.
απέχω [apeho] abstain || be distant, be far from.
απήχηση, η [apeeheesee] effect || echo.
άπιαστος [apeeastos] not caught || intact, intangible.
απίθανος [apeethanos] unlikely, improbable.
απίστευτος [apeestevtos] unbelievable, incredible.
απιστία, [apeesteea] infidelity || incredulity.
άπιστος [apeestos] unbelieving || faithless, infidel.
απιστώ [apeesto] be unfaithful.
άπλα, η [apla] spaciousness.
απλά [apla] simply.
άπλετος [apletos] abundant.
απλήρωτος [apleerotos] unfilled || unpaid.
απλησίαστος [apleeseeastos] unapproachable.
άπληστος [apleestos] insatiable, greedy, avid.
απλοϊκός [aploeekos] naïve, simple.
απλός [aplos] simple || (εισιτήριο) single || (ντύσιμο) plain.
απλότητα, η [aploteeta] simplicity, naivety, plainness.
απλούστατα [aploustata] simply.
άπλυτος [apleetos] unwashed || **τα άπλυτα** dirty linen.
άπλωμα, το [aploma] spreading, unfolding || (χεριών) stretching || (ρούχων) hanging out.
απλώνω [aplono] spread, stretch || (ρούχα) hang out.
απλώς [aplos] simply, merely, plainly.
άπνοια, η [apneea] lack of wind.
από [apo] from, of || by || through || than || **~ καιρού σε καιρόν** from time to time || **~ φόβο** out of fear || **~ μνήμης** by heart || **~ τον ίδιο δρόμο** by the same road || **~ το παράθυρο** through the window || **ξέρω περισσότερα ~ σένα** I know more than you || (προθ) **μέσα ~** out of || **πριν ~** before.

αποβάθρα, η [apovathra] pier, wharf.
αποβάλλω [apovalo] reject, expel, dismiss || (μωρό) miscarry.
απόβαση, η [apovasee] disembarkation, landing.
αποβιβάζω [apoveevazo] disembark, unload.
αποβλέπω [apovlepo] consider || aim at, look forward to || regard.
αποβολή, η [apovolee] dismissal || (μωρού) miscarriage, abortion.
αποβραδίς [apovraðees] yesterday evening, since last night.
απογειώνομαι [apoyeeonome] take off.
απογείωση, η [apoyeeosee] takeoff.
απόγεμα, το [apoyema] afternoon.
απόγνωση, η [apognosee] despair, desperation.
απογοήτευση [apogoeetevsee] disappointment, disillusionment.
απογοητεύω [apogoeetevo] disappoint, disillusion.
απόγονος, ο [apogonos] offspring, descendant.
απογραφή, η [apografee] (πληθυσμού) census || (εμπορ) inventory.
αποδεικνύω [apoðeekneeo] prove, demonstrate.
αποδεικτικό, το [apoðeekteeko] certificate.
απόδειξη, η [apoðeeksee] proof || receipt.
αποδεκατίζω [apoðekateezo] decimate.
αποδεκτός [apoðektos] acceptable || accepted.
αποδέχομαι [apoðehome] accept || admit.
απόδημος [apoðeemos] living abroad, migrant.
αποδίδω [apoðeeðo] give back, return || (τιμές) grant, award || (κάτι σε κάτι) attribute || (ελευθερία) restore || (μετάφραση) express || (έργο) produce.
αποδοκιμάζω [apoðokeemazo] disapprove of || demonstrate against.
αποδοκιμασία, η [apoðokeemaseea] disapproval, rejection || booing.
απόδοση, η [apoðosee] (επιστροφή) return, repayment || (μηχανής κτλ) efficiency, capacity || (εργοστασίου) output || (της γης) yield, produce || (έργου) rendering.
αποδοχή, η [apoðohee] acceptance || acceptation || **αποδοχές** πλ salary, fees.
απόδραση, η [apoðrasee] escape.
αποδυτήριο, το [apoðeeteereeo] changing room.
αποζημιώνω [apozeemeeono] compensate, indemnify.
αποζημίωση, η [apozeemeeosee] compensation, indemnity.
αποθαρρύνω [apothareeno] discourage.
απόθεμα, το [apothema] deposit || stock, reserve.
αποθέωση, η [apotheosee] apotheosis || (μεταφ) rousing reception.
αποθηκεύω [apotheekevo] store up.
αποθήκη, η [apotheekee] storage room, storehouse, warehouse.
αποθρασύνομαι [apothraseenome] become arrogant.
αποικία, η [apeekeea] colony, settlement.
αποκαθιστώ [apokatheesto] rehabilitate, restore || (κόρη) marry.
αποκαλύπτω [apokaleepto] disclose, unveil, reveal.
αποκάλυψη, η [apokaleepsee] revelation || (θρησκεία) Apocalypse.
αποκαρδιωτικός [apokarðeeoteekos] disheartening.

αποκατάσταση, η [apokatastasee] restoration, resettlement || (κόρης) marriage.
απόκεντρος [apokentros] outlying, remote, out-of-the-way.
αποκέντρωση, η [apokentrosee] decentralization.
αποκεφαλίζω [apokefaleezo] decapitate, behead.
αποκήρυξη, η [apokeereeksee] denunciation, proscription.
αποκηρύσσω [apokeereeso] renounce, disavow || proscribe, outlaw.
αποκλεισμός, ο [apokleesmos] exclusion, blockade, boycott.
αποκλειστικός [apokleesteekos] exclusive.
αποκλείω [apokleeo] exclude || debar || boycott || **αποκλείεται** it's out of the question.
αποκληρώνω [apokleerono] disinherit.
αποκλίνω [apokleeno] lean, diverge, incline.
αποκοιμίζω [apokeemeezo] lull to sleep.
αποκοιμούμαι [apokeemoume] fall asleep.
αποκομίζω [apokomeezo] carry away || derive.
απόκομμα, το [apokoma] press-cutting || (κομμάτι) bit.
αποκοπή, η [apokopee] cutting off || amputation.
απόκρημνος [apokreemnos] precipitous, steep, abrupt.
αποκριές, οι [apokries] πλ carnival.
αποκρίνομαι [apokreenome] answer, reply.
απόκρουση, η [apokrousee] repulsion || (κατηγορίας) refutation.
αποκρούω [apokrouo] repulse || reject.
αποκρύπτω [apokreepto] conceal, hide, cover.
απόκρυφος [apokreefos] secret || (εκκλ) apocryphal.
απόκτηση, η [apokteesee] acquisition.
αποκτώ [apokto] obtain, get || (παιδί) have.
απολαβή, η [apolavee] gain, profit, income.
απολαμβάνω [apolamvano] gain, earn || (διασκεδάζω) enjoy.
απόλαυση, η [apolavsee] enjoyment.
απολίθωμα, το [apoleethoma] fossil.
απολογία, η [apoloyeea] defence, plea, excuse.
απολογισμός, ο [apoloyeesmos] financial statement, account, report.
απολογούμαι [apologoume] justify o.s., apologize.
απολύμανση, η [apoleemansee] disinfection.
απόλυση, η [apoleesee] release || dismissal.
απολυτήριο, το [apoleeteereeo] discharge certificate || (σχολείου) school leaving certificate, diploma.
απόλυτος [apoleetos] absolute || (αριθμός) cardinal.
απολύτως [apoleetos] absolutely || entirely.
απολύω [apoleeo] release || (διώχνω) dismiss || (από το στρατό) discharge.
απομακρύνω [apomakreeno] remove, send away, keep off.
απόμαχος, ο [apomahos] veteran, pensioner.
απομεινάρια [apomeenaria] πλ remains, left-overs, remnants.
απομένω [apomeno] remain, be left || (κατάπληκτος) be left speechless.
απομίμηση, η [apomeemeesee] imitation, copy.
απομνημονεύματα, τα [apomneemonevmata] πλ memoirs.

απομονώνω [apomonono] isolate || (ηλεκτ) insulate.
απονέμω [aponemo] bestow, allot || confer, award.
απονομή, η [aponomee] award.
αποξενώνω [apoksenono] alienate, estrange.
αποξήρανση, η [apokseeransee] draining, drying.
απόπειρα, η [apopeera] attempt, trial.
αποπεράτωση, η [apoperatosee] completion.
αποπλάνηση, η [apoplaneesee] seduction || (φωτός) aberration.
αποπλέω [apopleo] set sail, sail away.
απορία, η [aporeea] doubt || uncertainty, perplexity.
άπορος [aporos] needy, poor.
απορρέω [aporeo] flow, stem (from), emanate.
απόρρητος [aporeetos] secret.
απορρίματα, τα [aporeemata] πλ rubbish, refuse.
απορρίπτω [aporeepto] cast off || (προσφορά κτλ) reject, refuse || (στις εξετάσεις) fail.
απορροφώ [aporofo] absorb.
απορρυπαντικό, το [aporeepanteeko] detergent.
απορώ [aporo] be at a loss, wonder, be surprised.
απόσβεση, η [aposvesee] extinguishing || (χρέους) liquidation (of debt).
αποσιωπητικά, τα [aposeeopeeteeka] πλ points of omission.
αποσιωπώ [aposeeopo] hush up, pass in silence.
αποσκοπώ [aposkopo] aim, have in view.
απόσπασμα, το [apospasma] extract, excerpt || (στρατ) detachment || **εκτελεστικό ~** firing squad.
αποσπώ [apospo] detach, tear || (στρατ) detach.
απόσταξη, η [apostaksee] distillation.
αποστασία, η [apostaseea] revolt, defection || apostasy.
απόσταση, η [apostasee] distance || remoteness.
αποστειρώνω [aposteerono] sterilize.
αποστέλλω [apostelo] dispatch, send, transmit.
αποστερώ [apostero] deprive.
αποστηθίζω [aposteetheezo] learn by heart.
απόστημα, το [aposteema] abscess.
αποστολέας, ο [apostoleas] sender, shipper.
αποστολή, η [apostolee] sending, consignment || (εμπορική κτλ) mission.
αποστομώνω [apostomono] silence.
αποστράτευση, η [apostratevsee] demobilization.
απόστρατος, ο [apostratos] retired officer, ex-serviceman, veteran.
αποστρέφω [apostrefo] avert, turn away.
αποστροφή, η [apostrofee] repugnance, aversion, abhorrence.
απόστροφος, η [apostrofos] apostrophe.
αποσύνθεση, η [aposeenthesee] decay, decomposition || disorganization.
αποσύρω [aposeero] withdraw || retract.
αποταμιεύω [apotamievo] save, put aside || (τρόφιμα) lay up.
αποτελειώνω [apoteleeono] complete || finish off.
αποτέλεσμα [apotelesma] result, effect || **αποτελεσματικός** effective.

αποτελούμαι [apoteloume] consist of, be composed of.
αποτεφρώνω [apotefrono] reduce to ashes, burn down.
απότομος [apotomos] sudden, abrupt || (στροφή) steep, sheer || (τρόπος) curt, gruff.
αποτραβιέμαι [apotravieme] withdraw, give up.
αποτρέπω [apotrepo] avert, turn aside, ward off.
αποτρόπαιος [apotropeos] abominable, hideous, horrible.
αποτροπή, η [apotropee] averting, warding off, dissuasion.
αποτσίγαρο, το [apotseegaro] cigarette end, stub, fag end.
αποτυγχάνω [apoteenghano] fail, fall through, miss.
αποτυπώνω [apoteepono] impress, imprint.
αποτυχία, η [apoteeheea] failure, reverse.
απουσία, η [apouseea] absence || **απουσιάζω** be absent.
αποφασίζω [apofaseezo] decide, resolve, determine.
απόφαση, η [apofasee] decision, resolution || (νομ) verdict || **το παίρνω ~ν** make up one's mind.
αποφασιστικός [apofaseesteekos] decisive, determined.
αποφέρω [apofero] yield, bring in || produce.
αποφεύγω [apofevgo] avoid, keep clear of || (κάπνισμα κτλ) abstain from.
απόφοιτος [apofeetos] school leaver || university graduate.
αποφυγή, η [apofeeyee] avoidance, evasion.
αποφυλακίζω [apofeelakeezo] release from prison.
απόφυση, η [apofeesee] excrescence || protuberance.
αποχαιρετίζω [apohereteezo] wish goodbye, bid farewell.
αποχαιρετισμός, ο [apohereteesmos] farewell, goodbye.
αποχέτευση, η [apohetevsee] draining, drainage.
απόχρωση, η [apohrosee] shade, tone || (χρώματος) fading.
αποχώρηση, η [apohoreesee] withdrawal, retirement, departure.
αποχωρητήριο, το [apohoreeteerio] W.C., lavatory || (στρατ) latrine.
αποχωρίζομαι [apohoreezome] part with, be separated from.
αποχωρισμός, ο [apohoreesmo] separation, parting.
αποχωρώ [apohoro] withdraw, retire, leave.
απόψε [apopse] tonight, this evening.
αποψινός [apopseenos] tonight's.
άποψη, η [apopsee] view, sight || (μεταφ) view, idea.
άπρακτος [apraktos] unsuccessful || unachieved.
απραξία, η [aprakseea] inactivity || (οικ) stagnation, standstill.
απρέπεια, η [aprepeea] indecency, bad manners.
απρεπής [aprepees] indecent, improper, unbecoming.
Απρίλης, ο [apreelees] April.
απρόβλεπτος [aprovleptos] unforeseen, unexpected.
απροετοίμαστος [aproeteemastos] unprepared, unready.
απροθυμία, η [aprotheemeea] reluctance, hesitancy.
απρόθυμος [aprotheemos] unwilling, reluctant, hesitant.
απρόοπτος [aprooptos] unforeseen, unexpected.
απρόσβλητος [aprosvleetos] unassailable || invulnerable.
απροσδόκητος [aprosðokeetos] unexpected, unforeseen, sudden.

απρόσεκτος [aprosektos] inattentive, careless, remiss.
απροσεξία, η [aprosekseea] inattention, inadvertence.
απρόσιτος [aproseetos] inaccessible, unapproachable.
απροστάτευτος [aprostatevtos] unprotected || forlorn.
απρόσωπος [aprosopos] impersonal.
απροχώρητο, το [aprohoreeto] limit, dead end.
άπτερος [apteros] wingless.
απτόητος [aptoeetos] undaunted, intrepid.
απύθμενος [apeethmenos] bottomless.
απωθώ [apotho] repel, repulse, thrust back || (μεταφ) reject.
απώλεια, η [apoleea] loss || (θάνατος) bereavement.
απώλητος [apoleetos] unsold.
απών [apon] absent, missing.
απώτατος [apotatos] furthest, remotest, most distant.
απώτερος [apoteros] farther, further || ~ **σκοπός** ulterior motive.
άρα [ara] so, thus, therefore, consequently.
άρα [ara] I wonder if, can it be that?
αραβικός [araveekos] Arabian, Arabic.
αραβόσιτο, ο [aravoseeto] maize, corn.
άραγε [araye] is it?, can it be?, I wonder if.
άραγμα, το [aragma] anchoring, mooring.
αραδιάζω [araðeeazo] put in a row, line up || (ονόματα κτλ) enumerate.
αράζω [arazo] moor, anchor, drop anchor.
αραιός [areos] sparse, scattered || (επισκέψεις) infrequent, rare.
αραιώνω [areono] (σάλτσα κτλ) thin down || (γραμμές κτλ) spread out || (επισκέψεις) lessen, cut down.
αρακάς, ο [arakas] (common) pea.
αράπης, ο [arapees] negro, dark person || (φόβητρο) bogey.
αράπινα, η [arapeena] negress, dark woman.
αράχνη, η [arahnee] spider || cobweb.
'Αραβας, ο [aravas] Arab.
αργά [arga] slowly || late.
αργαλειός, ο [argalios] loom.
αργία, η [aryeea] holiday, closing day || idleness.
άργιλλος, η [aryeelos] clay.
αργοκίνητος [argokeeneetos] slow-moving, sluggish.
αργομισθία, η [argomeestheea] sinecure.
αργοπορία, η [argoporeea] slowness, delay.
αργός [argos] slow || idle, inactive.
αργόσχολος [argosholos] idle, unoccupied.
αργότερα [argotera] later, then.
άργυρος, ο [aryeeros] silver.
αργώ [argo] be late || (μαγαζί) be closed.
άρδευση, η [arðevsee] irrigation.
'Αρειος [areeos] : ~ **Πάγος** Supreme Court.
αρεστός [arestos] agreeable, pleasing, gratifying.
αρέσω [areso] please, delight, like || **μου αρέσει** I like it.
αρετή, η [aretee] virtue.
αρετσίνωτος [aretseenotos] unresinated.
αρθρίτιδα, η [arthreeteeða] arthritis.
αρθρογράφος, ο [arthrografos] journalist.
άρθρο, το [arthro] article, clause, term.
άρθρωση, η [arthrosee] articulation, joint || good articulation.

αρίθμηση, η [areethmeesee] numbering, counting, pagination.
αριθμητική, η [areethmeeteekee] arithmetic.
αριθμός, ο [areethmos] number.
αριθμώ [areethmo] count, enumerate.
άριστα [areesta] very well || (βαθμολογία) excellent.
αριστερά [areestera] left hand || (επιρ) on the left, to the left.
αριστερός [areesteros] left, left-handed || left-wing.
αριστοκρατία, η [areestokrateea] aristocracy.
αριστούργημα, το [areestouryeema] masterpiece.
αρκετά [arketa] enough, sufficiently.
αρκετός [arketos] enough, sufficient, adequate.
αρκούδα, η [arkouða] bear.
αρκτικός [arkteekos] Arctic, northern.
αρκώ [arko] be enough, suffice || **αρκεί να** as long as.
αρλούμπα, η [arloumba] foolish talk, nonsense.
άρμα, το [arma] chariot || (στρατ) ~ **μάχης** tank.
αρματώνω [armatono] arm || equip.
αρμέγω [armego] milk || (μεταφ) fleece.
Αρμένης, ο [armenees] Armenian.
αρμενίζω [armeneezo] set sail, sail.
άρμη, η [armee] brine.
αρμόδιος [armoðeeos] qualified, competent || propitious.
αρμοδιότης, η [armoðeeotees] province, jurisdiction.
αρμόζω [armozo] fit || befit, be becoming, be proper.
αρμονία, η [armoneea] harmony, concord.
αρμός, ο [armos] joint.
αρμοστής, ο [armostees] high commissioner, governor.
αρμύρα, η [armeera] saltiness.
αρμυρός [armeeros] salty.
άρνηση, η [arneesee] refusal || denial || negation.
αρνί, το [arnee] lamb || (μεταφ) docile person.
αρνούμαι [arnoume] refuse, deny, decline || disown.
άροτρο, το [arotro] plough.
αρουραίος, ο [aroureos] field mouse, rat.
άρπα, η [arpa] harp.
αρπαγή, η [arpayee] rapine || rape || stealing.
αρπάζομαι [arpazome] take hold of || come to blows.
αρπάζω [arpazo] grab, snatch || steal, pinch || (ευκαιρία) seize || (λέξεις) catch, pick up.
αρπακτικός [arpakteekos] greedy || (ζώο) rapacious, predatory.
αρραβώνες, οι [aravones] engagement.
αρραβωνιάζω [aravoneeazo] betroth (old), engage.
αρραβωνιαστικιά, η [aravoneeasteekia] fiancée.
αρραβωνιαστικός, ο [aravoneeasteekos] fiancé.
αρρενωπός [arenopos] manly, masculine.
άρρην [areen] male.
αρρωσταίνω [arosteno] make sick || fall ill.
αρρώστια, η [arosteea] illness, sickness.
άρρωστος [arostos] ill, sick, unwell.
αρσενικός [arseneekos] male || (γραμμ) masculine.
άρση, η [arsee] removal, lifting || (μεταφ) raising, abrogation.
αρτηρία, η [arteereea] artery || (οδός) thoroughfare.
άρτιος [arteeos] whole, entire || (αριθμός) even.
αρτοποιείο, το [artopieeo] bakery, baker's shop.

αρτοπωλείο, το [artopoleeo] baker's shop.
άρτος, ο [artos] bread.
άρτυμα, το [arteema] seasoning, sauce.
αρχαιοκαπηλία, η [arheokapeeleea] illicit trade in antiquities.
αρχαιολόγος, ο [arheologos] archeologist.
αρχαιολογία, η [arheoloyeea] archeology.
αρχαίος [arheos] ancient || antiquated.
αρχαιότης, η [arheotees] antiquity || (στα γραφεία) seniority.
αρχάριος [arhareeos] beginner, novice, apprentice.
αρχείο, το [arheeo] archives, records.
αρχέτυπο, το [arheteepo] archetype, original.
αρχή, η [arhee] beginning, start || (φιλοσ) principle || (διοίκ) authority || **κατ' αρχήν** in principle.
αρχηγείο, το [arheeyo] headquarters.
αρχηγία, η [arheeyeea] command, leadership.
αρχηγός, ο [arheegos] commander, leader, chief || (οικογενείας) head.
αρχιεπίσκοπος, ο [arhiepeeskopos] archbishop.
αρχιερέας, ο [arhiereas] prelate, high priest.
αρχίζω [arheezo] begin, start, commence.
αρχικός [arheekos] initial, first, original.
αρχιστράτηγος, ο [arheestrateegos] commander-in-chief, generalissimo.
αρχισυντάκτης, ο [arheeseentaktees] editor-in-chief.
αρχιτέκτων, ο [arheetekton] architect.
άρχοντας, ο [arhontas] lord, master, elder.
αρχοντιά, η [arhontia] distinction, nobility || wealth.
αρχοντικός [arhonteekos] fine, of distinction, lordly.
αρωγή, η [aroyee] help, assistance, aid.
άρωμα, το [aroma] aroma, perfume, odour || **αρωματικός** scented.
ας [as] let, may || ~ **είναι** so be it, let it be.
ασανσέρ, το [asanser] lift, elevator.
ασαφής [asafees] obscure, vague.
ασβέστης, ο [asvestees] lime.
ασβεστώνω [asvestono] whitewash.
ασέβεια, η [aseveea] disrespect || impiety.
ασεβής [asevees] disrespectful || impious.
ασέλγεια, η [aselya] lewdness, debauchery.
άσεμνος [asemnos] indecent, obscene, immodest.
ασήκωτος [aseekotos] unraised || (βαρύς) impossible to lift.
ασήμαντος [aseemantos] insignificant, unimportant.
ασημένιος [aseemeneeos] silver(y).
ασήμι, το [aseemee] silver || **ασημικά** πλ silverware.
άσημος [aseemos] obscure, insignificant, unimportant.
ασθένεια, η [astheneea] sickness, illness.
ασθενής [asthenees] ill, weak || (ο άρρωστος) patient.
ασθενικός [astheneekos] sickly.
ασθενώ [astheno] be ill, fall sick, get sick.
άσθμα, το [asthma] asthma.
ασιτία, η [aseeteea] undernourishment.
άσκηση, η [askeesee] exercise, practice || drill.
ασκητής, ο [askeetees] hermit.

άσκοπος [askopos] pointless, aimless, purposeless.
ασκός, ο [askos] (skin) bag || wineskin.
ασκούμαι [askoume] exercise, practise.
ασκώ [asko] exercise, practise.
ασπάζομαι [aspazome] kiss, embrace || (μεταφ) adopt, espouse.
ασπασμός, ο [aspasmos] embrace, kiss || greeting.
άσπαστος [aspastos] unbroken || unbreakable.
άσπιλος [aspeelos] immaculate, spotless.
ασπιρίνη, η [aspeereenee] aspirin.
ασπίδα, η [aspeeðα] shield.
άσπλαγχνος [asplanghnos] hard-hearted, pitiless, unmerciful.
άσπονδος [asponðos] irreconcilable, relentless.
ασπούδαστος [aspouðastos] uneducated, ignorant.
ασπράδι, το [aspraðee] white spot || (ματιού, αυγού) white.
ασπρειδερός [aspreeðeros] whitish.
ασπρίζω [aspreezo] whiten, bleach || (γίνομαι άσπρος) turn white.
ασπρομάλλης [aspromalees] white-haired.
ασπροπρόσωπος [asproprosopos] uncorrupted || successful.
ασπρόρουχα, τα [asprorouha] πλ underclothes, linen.
άσπρος [aspros] white.
άσσος, ο [assos] ace.
αστάθεια, η [astatheea] instability, inconstancy, fickleness.
ασταθής [astathees] unsteady, fickle, unstable.
άστακός, ο [astakos] lobster.
άστατος [astatos] fickle, unstable.
άστεγος [astegos] homeless || roofless.
αστειεύομαι [astievome] joke, jest.
αστείο, το [asteeo] joke, pleasantry.
αστείος [asteeos] humorous, funny.
αστείρευτος [asteerevtos] inexhaustible, limitless.
αστέρι, το [asteree] star.
αστερισμός, ο [astereesmos] constellation.
αστεροσκοπείο, το [asteroskopeeo] observatory.
αστήρικτος [asteereektos] unsupported || (μεταφ) untenable.
αστιγματισμός, ο [asteegmateesmos] astigmatism.
αστικός [asteekos] urban || civic || ~ **κώδικας** civil code.
αστοιχείωτος [asteeheeotos] unlearned, ignorant.
αστόχαστος [astohastos] thoughtless, imprudent.
αστοχία, η [astoheea] failure || carelessness.
αστοχώ [astoho] miss the mark, fail || (λησμονώ) forget.
αστράγαλος, ο [astragalos] anklebone.
αστραπή, η [astrapee] lightning.
αστραπιαίος [astrapieos] lightning, quick.
αστράπτω [astrapto] lighten || flash, glitter.
αστρικός [astreekos] stellar, astral.
άστριφτος [astreeftos] not twisted.
άστρο, το [astro] star.
αστρολογία, η [astroloyeea] astrology.
αστρολόγος, ο [astrologos] astrologer.
αστροναύτης, ο [astronaftees] astronaut.
αστρονομία, η [astronomeea] astronomy.
αστρονόμος, ο [astronomos] astronomer.
αστροπελέκι, το [astropelekee] thunderbolt.

αστροφεγγιά, η [astrofengia] starlight.
άστρωτος [astrotos] (κρεββάτι) unmade || (τραπέζι) unlaid || (πάτωμα) bare || (δρόμος) unpaved.
άστυ, το [astee] city.
αστυνομία, η [asteenomeea] police.
αστυνομικός [asteenomeekos] policeman, of the police.
αστυνόμος, ο [asteenomos] police officer.
αστυφύλακας, ο [asteefeelakas] police constable.
ασυγκίνητος [aseengkeeneetos] unmoved, unfeeling.
ασυγκράτητος [aseengkrateetos] unsuppressible.
ασύγκριτος [aseengkreetos] incomparable.
ασυγύριστος [aseeyeereestos] untidy, disarranged.
ασυγχώρητος [aseenghoreetos] inexcusable, unforgivable.
ασυζήτητος [aseezeeteetos] unquestionable, incontrovertible.
ασυλία, η [aseeleea] asylum, immunity, inviolability.
ασύλληπτος [aseeleeptos] elusive, not caught || (μεταφ) inconceivable.
ασυλλόγιστος [aseeloyeestos] rash, thoughtless.
άσυλο, το [aseelo] shelter, refuge, asylum.
ασυμβίβαστος [aseemveevastos] irreconcilable, incompatible.
ασύμμετρος [aseemetros] disproportionate.
ασυμπλήρωτος [aseembleerotos] uncompleted, incomplete.
ασύμφορος [aseemforos] disadvantageous, not profitable.
ασυναγώνιστος [aseenagoneestos] unbeatable, unrivalled.
ασυναίσθητος [aseenestheetos] unconscious, inconsiderate.
ασυναρτησία, η [aseenarteeseeea] incoherence || inconsistency.
ασυνάρτητος [aseenarteetos] incoherent || inconsistent.
ασυνείδητος [aseeneeðeetos] unscrupulous, unconscionable.
ασυνέπεια, η [aseenepeea] inconsequence, inconsistency.
ασυνεπής [aseenepees] inconsistent.
ασυνήθιστος [aseeneetheestos] unusual, uncommon.
ασυρματιστής, ο [aseermateestees] wireless operator.
ασύρματος, ο [aseermatos] wireless || **σταθμός ασυρμάτου** wireless station.
ασύστολος [aseestolos] impudent, brazen.
άσφαιρος [asferos] blank.
ασφάλεια, η [asfaleea] security, safety || (ζωής κτλ) insurance || (αστυνομία) police || (ηλεκτ) fuse || (όπλου) safety catch.
ασφαλής [asfalees] safe, secure, sure.
ασφαλίζω [asfaleezo] secure, assure || (ζωήχ κτλ) insure.
ασφαλιστήριο, το [asfaleesteereeo] insurance policy.
ασφάλιστρο, το [asfaleestro] insurance premium.
άσφαλτος, η [asfaltos] asphalt || (δρόμος) tarred road.
ασφαλώς [asfalos] surely, certainly || safely.
ασφυκτικός [asfeekteekos] suffocating.
ασφυξία, η [asfeekseea] suffocation, asphyxia.
άσχετος [ashetos] irrelevant, unrelated, unconnected.
ασχήμια, η [asheemeea] ugliness, deformity.
άσχημος [asheemos] ugly || unsightly || bad.

ασχολία, η [asholeea] occupation, business, job.
ασχολούμαι [asholoume] be occupied with, keep busy.
άσωτος [asotos] dissolute || prodigal, wasteful.
αταίριαστος [atereeastos] incompatible || dissimilar.
άτακτος [ataktos] irregular || disorderly || (παιδί) naughty, unruly.
αταξία, η [atakseea] confusion, disorder || unruliness.
ατάραχος [atarahos] calm, composed, quiet.
αταραξία, η [atarakseea] composure, calmness, serenity.
άταφος [atafos] unburied.
άτεκνος [ateknos] childless.
ατέλεια, η [ateleea] defect || (δασμού) exemption || (χαρακτήρος) imperfection.
ατελείωτος [ateleeotos] endless || unfinished, incomplete.
ατελής [atelees] incomplete || defective || (φόρου) tax-free.
ατελώνιστος [ateloneestos] duty-free || not cleared through customs.
ατενίζω [ateneezo] gaze, stare at, look fixedly at.
ατζαμής [adzamees] unskilled || awkward, clumsy.
ατίθασος [ateethasos] stubborn || (άλογο) difficult to tame.
ατιμάζω [ateemazo] dishonour, disgrace || (βιάζω) rape, ravish.
ατιμία, η [ateemeea] dishonour, disgrace, infamy.
άτιμος [ateemos] dishonest, infamous, disreputable || (συμπεριφορά) disgraceful.
ατιμώρητος [ateemoreetos] unpunished.
ατμάκατος, η [atmakatos] small steamboat.
ατμάμαξα, η [atmamaksa] locomotive.
ατμοκίνητος [atmokeeneetos] steam-driven.
ατμομηχανή, η [atmomeehanee] steam engine, locomotive.
ατμοπλοΐα, η [atmoploeea] steam navigation.
ατμόπλοιο, το [atmopleeo] steamship.
ατμός, ο [atmos] steam, vapour || (κρασιού) fume.
ατμόσφαιρα, η [atmosfera] atmosphere.
άτοκος [atokos] without interest.
άτολμος [atolmos] timid, faint-hearted.
ατομικιστής [atomeekeestees] egoist.
ατομικός [atomeekos] personal || (ενέργεια κτλ) atomic.
ατομικότητα, η [atomeekoteeta] individuality.
άτομο, το [atomo] (Φυσική) atom || (άνθρωπος) individual, person.
ατονία, η [atoneea] langour, weakness, dejection.
άτονος [atonos] languid, dull || (γραμμ) unaccented.
ατού, το [atoo] trump.
ατόφυος [atofeeos] solid, massive.
άτριφτος [atreeftos] not rubbed, not grated.
ατρόμητος [atromeetos] bold, dauntless, daring.
ατροφία, η [atrofeea] atrophy.
ατροφικός [atrofeekos] atrophied, emaciated.
ατρύγητος [atreeyeetos] ungathered, unharvested.
άτρωτος [atrotos] unwounded, unhurt || invulnerable.
ατσαλένιος [atsaleneeos] of steel, steely.
ατσάλι, το [atsalee] steel.
άτσαλος [atsalos] untidy, disorderly, unkempt || (ζωή) riotous, lawless.

ατσίδα, η [atseeδa] alert person, wide-awake person.
ατύχημα, το [ateeheema] mishap, accident, misfortune, injury.
ατυχής [ateehees], **άτυχος** [ateehos] unfortunate, unlucky, wretched.
ατυχία, η [ateeheea] misfortune, bad luck.
ατυχώ [ateeho] fail, have bad luck, meet with misfortune.
αυγερινός, ο [avgereenos] morning star.
αυγή, η [avyee] dawn, daybreak.
αυγό, το [avgo] egg.
αυγολέμονο, το [avgolemono] lemon and egg sauce or soup.
αυγοτάραχο, το [avgotaraho] botargo.
αυγουλιέρα, η [avgouliera] eggcup.
Αύγουστος, ο [avgoustos] August.
αυθάδεια, η [avthaδeea] audacity, insolence.
αυθάδης [avthaδees] impertinent, saucy.
αυθαιρεσία, η [avthereseea] high-handed act.
αυθαίρετος [avtheretos] arbitrary, high-handed.
αυθεντία, η [avthenteea] authority, authenticity.
αυθεντικός [avthenteekos] authentic, authoritative.
αυθημερόν [avtheemeron] on the very same day.
αυθόρμητος [avthormeetos] spontaneous.
αυθυποβολή, η [avtheepovolee] auto-suggestion.
αυλαία, η [avlea] curtain.
αυλάκι, το [avlakee] channel, ditch, trench || (ξύλου κτλ) groove.
αυλακωτός [avlakotos] grooved, furrowed, scored.
αυλή, η [avlee] yard, courtyard || (βασιλέως) court.
αυλόγυρος, ο [avloyeeros] enclosure, surrounding wall.
αυλός, ο [avlos] pipe, flute, reed.
άυλος [aeelos] immaterial, incorporeal.
αυξάνω [avksano] increase, augment || (ταχύτητα) accelerate.
αύξηση, η [avkseesee] increase || (γραμμ) augment.
αυξομείωση, η [avksomeeosee] fluctuation, variation.
αύξων [avkson] increasing || ~ **αριθμός** serial number.
αϋπνία, η [aeepneea] sleeplessness, insomnia.
άυπνος [aeepnos] sleepless, wakeful.
αύρα, η [avra] breeze.
αυριανός [avreeanos] of tomorrow.
αύριο [avreeo] tomorrow.
αυστηρός [avsteeros] severe, rigorous, austere.
αυστηρότητα, η [avsteeroteeta] severity, strictness, austerity.
Αυστραλία, η [avstraleea] Australia.
αυστραλιακός [avstraleeakos] Australian.
Αυστραλός, ο [avstralos] Australian.
Αυστρία, η [avstreea] Austria.
Αυστριακός, ο [avstreeakos] Austrian.
αυταπάρνηση, η [avtaparneesee] self-abnegation.
αυταπάτη, η [avtapatee] self-delusion, self-deception.
αυταρέσκεια, η [avtareskeea] complacency.
αυτάρκεια, η [avtarkeea] contentment.
αυτάρκης [avtarkees] self-sufficient, satisfied.
αυταρχικός [avtarheekos] authoritative, dictatorial.
αυτί, το [avtee] ear.

αυτοβιογραφία, η [avtoveeografeea] autobiography.
αυτόγραφο, το [avtografo] autograph.
αυτοδημιούργητος [avtoðeemeeouryeetos] self-made.
αυτοδιάθεση, η [avtoðeeathesee] self-determination.
αυτοδικαίως [avtoðeekeos] of right, de jure.
αυτοδιοίκηση, η [avtoðieekeesee] self-government.
αυτοθυσία, η [avtotheeseea] self-sacrifice.
αυτοκέφαλος [avtokefalos] independent || (εκκλ) autocephalous.
αυτοκινητιστής, ο [avtokeeneeteestees] motorist.
αυτοκίνητο, το [avtokeeneeto] car, automobile (*US*).
αυτοκινητόδρομος, ο [avtokeeneetoðromos] motorway, highway.
αυτοκρατορία, η [avtokratoreea] empire.
αυτοκράτωρας, ο [avtokratoras] emperor.
αυτοκτονία, η [avtoktoneea] suicide.
αυτοκτονώ [avtoktono] commit suicide.
αυτόματος [avtomatos] automatic.
αυτονόητος [avtonoeetos] self-explanatory, obvious.
αυτοπεποίθηση, η [avtopepeetheesee] self-confidence, self-reliance.
αυτοπροσώπως [avtoprosopos] personally.
αυτόπτης, ο [avtoptees] eyewitness.
αυτός [avtos] he || **ο** ~ the same.
αυτοσυντήρηση [avtoseenteereesee] self-preservation.
αυτοσυντήρητος [avtoseenteereetos] self-supporting.
αυτοσχεδιάζω [avtosheðeeazo] improvise, extemporize.
αυτοσχέδιος [avtosheðeeos] improvised, impromptu, makeshift.
αυτοτελής [avtotelees] self-sufficient || independent.
αυτού [avtou] there.
αυτουργός, ο [avtourgos] perpetrator.
αυτοφυής [avtofiees] indigenous, natural.
αυτόφωρος [avtoforos] in the very act, red-handed.
αυτόχειρας, ο [avtoheeras] suicide.
αυτόχθων, ο [avtohthon] indigenous, aboriginal, native.
αυτοψία, η [avtopseea] (ιατρ) autopsy || (νομ) local inspection.
αυχένας, ο [avhenas] nape of the neck || cervix || (μεταφ) neck.
αφάγωτος [afagotos] uneaten || not having eaten || untouched.
αφαίμαξη, η [afemaksee] bloodletting.
αφαίρεση, η [aferesee] deduction, subtraction || (φιλοσ) abstraction.
αφαιρούμαι [aferoume] be absent-minded.
αφαιρώ [afero] deduct, subtract || (κλέβω) steal, rob.
αφαλός, ο [afalos] navel.
αφάνεια, η [afaneea] obscurity, oblivion.
αφανής [afanees] obscure, unknown || invisible.
αφανίζω [afaneezo] ruin, destroy.
αφάνταστος [afantastos] unimaginable.
άφαντος [afantos] invisible, unseen.
αφασία, η [afaseea] muteness, aphasia.
αφειδής [afeeðees] lavish, extravagant.
αφελής [afelees] simple, ingenuous, guileless.

αφέντης, ο [afentees] master, boss || owner.
αφεντικό, το [afenteeko] governor, boss, employer.
αφερέγγυος [aferengeeos] insolvent.
άφεση, η [afesee] remission || discharge.
αφετηρία, η [afeteereea] starting point || beginning.
αφή, η [afee] sense of touch || (αίσθηση) feeling.
αφήγηση, η [afeeyeesee] narration, account.
αφηγούμαι [afeegoume] narrate, relate, tell.
αφηνιάζω [afeeneeazo] bolt || (για ανθρώπους) run amok.
αφήνω [afeeno] let, permit || (μόνος) let alone || (ελευθερώνω) let go of || (εγκαταλείπω) abandon.
αφηρημάδα, η [afeereemaðа] absentmindedness.
αφηρημένος [afeereemenos] absentminded || (φίλος) abstract.
αφθαρσία, η [aftharseea] indestructibility, incorruptibility.
άφθαρτος [afthartos] incorruptible, indestructible.
άφθαστος [afthastos] unsurpassed, incomparable, unexcelled.
αφθονία, η [afthoneea] abundance, profusion.
άφθονος [afthonos] abundant, plentiful, profuse.
αφθονώ [afthono] abound with, teem with, be plentiful in.
αφιέρωμα, το [afieroma] offering, dedication.
αφιερώνω [afierono] dedicate, devote || (βιβλίο κτλ) inscribe.
αφιέρωση, η [afierosee] dedication, devotion.
αφιλοκερδής [afeelokerðees] disinterested, selfless.
αφιλότιμος [afeeloteemos] wanting in self-respect, mean.
αφίνω [afeeno] βλ **αφήνω.**
άφιξη, η [afeeksee] arrival, coming.
αφιόνι, το [afonee] poppy || opium.
άφλεκτος [aflektos] nonflammable.
άφοβος [afovos] intrepid, fearless, bold.
αφομοιώνω [afomeeono] assimilate.
αφομοίωση, η [afomeeosee] assimilation.
αφοπλίζω [afopleezo] disarm || (φρούριο κτλ) dismantle.
αφοπλισμός, ο [afopleesmos] disarmament.
αφόρετος [aforetos] unworn, new.
αφόρητος [aforeetos] intolerable, insufferable.
αφορίζω [aforeezo] excommunicate.
αφορισμός, ο [aforeesmos] excommunication.
αφορμή, η [aformee] motive, pretext, cause.
αφορολόγητος [aforoloyeetos] untaxed, free from taxation.
αφορώ [aforo] concern || regard || **όσον αφορά** as regards.
αφοσιώνομαι [afoseeonome] devote o.s., be attached to.
αφοσίωση, η [afoseeosee] devotion, attachment, affection.
αφότου [afotou] since, as long as.
αφού [afou] since, after.
άφρακτος [afraktos] unfenced, unwalled.
αφράτος [afratos] light and crisp || frothy, foamy || (δέρμα) soft.
αφρίζω [afreezo] foam || (μεταφ) be furious.
αφρικανικός [afreekaneekos] African.
Αφρικανός, ο [afreekanas] African.
Αφρική, η [afreekee] Africa.
αφροδισιολόγος, ο [afroðeeseeologos] venereal disease specialist.

αφροδίσιος [afroðeeseeos] venereal.

αφρόντιστος [afronteestos] neglected, uncared for.

αφρός, ο [afros] foam || (κοινωνίας) cream || (σαπουνιού) lather.

αφρώδης [afroðees] frothy, foamy.

άφρων [afron] foolish, thoughtless, rash.

αφυδάτωση, η [afeeðatosee] dehydration.

αφύπνιση, η [afeepneesee] awakening || (μεταφ) dawning.

αφύσικος [afeeseekos] unnatural || (προσποιητός) affected.

άφωνος [afonos] mute, speechless, silent.

αφώτιστος [afoteestos] dark || (άνθρωπος) unenlightened.

αχ [ah] (επιφ) ah!, oh!, alas!

αχαΐρευτος [ahaeerevtos] scoundrel.

αχανής [ahanees] immense, enormous, vast.

αχαρακτήριστος [aharakteereestos] unprincipled, indescribable.

αχαριστία, η [ahareesteea] ingratitude.

αχάριστος [ahareestos] ungrateful.

άχαρος [aharos] ungraceful, awkward, unsightly || unpleasant.

αχηβάδα, η [aheevaða] cockle, sea shell, shellfish.

αχθοφόρος, ο [ahthoforos] porter.

αχινός, ο [aheenos] sea urchin.

αχλάδι, το [ahlaðee] pear.

άχνα, η [ahna] βλ **αχνός**.

αχνάρι, το [ahnaree] footprint || (μεταφ) pattern.

άχνη, η [ahnee] mist, evaporation || (χημ) corrosive sublimate.

αχνίζω [ahneezo] evaporate || steam.

αχνός, ο [ahnos] vapour, steam || (χρώμα) pale, colourless.

αχόρταγος [ahortagos] insatiable, greedy || (ζώο) voracious.

αχούρι, το [ahouree] stable, stall || (μεταφ) untidy place, pigsty.

αχρείαστος [ahreeastos] unnecessary, needless.

αχρείος [ahreeos] wicked, vile.

αχρησιμοποίητος [ahreeseemopieetos] unused.

αχρηστεύω [ahreestevo] make useless.

αχρηστία, η [ahreesteea] obsoleteness, uselessness.

άχρηστος [ahreestos] useless, worthless.

αχρονολόγητος [ahronoloyeetos] undated.

αχρωμάτιστος [ahromateestos] unpainted, uncoloured, plain.

άχρωμος [ahromos] colourless, uncoloured.

άχτι, το [ahtee] yearning, longing.

αχτίδα, η [ahteeða] ray, beam.

αχτένιστος [ahteneestos] uncombed, unkempt || (λόγος κτλ) unpolished.

άχυρο, το [aheero] straw, hay.

αχυρώνας, ο [aheeronas] barn, hayloft.

αχώνευτος [ahonevtos] undigested || indigestible.

αχώριστος [ahoreestos] inseparable.

άψητος [apseetos] not cooked, underdone.

αψηφώ [apseefo] disregard, disdain, scorn.

αψιμαχία, η [apseemaheea] skirmish.

αψίδα, η [apseeða] arch, vault || apse.

άψογος [apsogos] faultless, irreproachable.

αψυχολόγητος [apseeholoyeetos] ill-considered, impolitic.

άψυχος [apseehos] lifeless || (δειλός) cowardly, timid.

άωτον, το [aoton]: **άκρον** ~ acme, height of.

Β, β

βαγόνι, το [vagonee] carriage || (εμπορικό) wagon, truck || (βαγκόν-λι) sleeping car.

βάδην [vaδeen] at a walking pace.

βαδίζω [vaδeezo] walk || (στρατ) march || (πηγαίνω) go.

βάδισμα, το [vaδeesma] step, walk, gait.

βαζελίνη, η [vazeleenee] vaseline.

βάζο, το [vazo] vase.

βάζω [vazo] put, set, place || (φορώ) put on || (φόρους κτλ) impose, lay || ~ **εμπρός** start, begin || ~ **χέρι** lay hands on || ~ **τα δυνατά μου** do my best.

βαθαίνω [vatheno] deepen || βλ και **βαθύνω**.

βαθειά [vatheea] deep(ly), profoundly.

βαθμηδόν [vathmeeδon] by degrees, gradually.

βαθμιαίος [vathmieos] gradual, progressive.

βαθμίδα, η [vathmeeδa] step, stair || (μεταφ) rank.

βαθμολογία, η [vathmologeea] (οργάνου) graduation || (μαθήματος) grades, marks.

βαθμός, ο [vathmos] degree || (στρατ) grade, rank || (μαθήματος) mark.

βάθος, το [vathos] depth, bottom || (φόντο) back, background.

βαθούλωμα, το [vathouloma] hollow, depression.

βαθουλώνω [vathoulono] hollow out || become hollow.

βάθρο, το [vathro] (βάση) basis, foundation || (αγάλματος κτλ) pedestal || (γεφύρας) pillar.

βαθύνω [vatheeno] deepen, hollow out, become deeper.

βαθύπλουτος [vatheeploutos] opulent.

βαθύς [vathees] deep || (σκότος κτλ) heavy, deep || (ύπνος) sound || (αίσθημα) profound || (πνεύμα) penetrating, sagacious.

βαθύτητα, η [vatheeteeta] depth, profundity, deepness.

βαθύφωνος [vatheefonos] bass, deep-voiced.

βάιο, το [vaeeo] palm branch.

βακαλάος, ο [vakalaos] cod.

βάκιλλος, ο [vakeelos] bacillus.

βακτηρίδιο, το [vakteereeδeeo] bacillus.

βαλανίδι, το [valaneeδee] acorn || **βαλανιδιά** oak tree.

βάλανος, ο [valanos] acorn.

βαλβίδα, η [valveeδa] valve.

βαλές, ο [vales] knave (in cards).

βαλίτσα, η [valeetsa] suitcase, (hand)bag.

βαλκάνια, τα [valkaneea] πλ the Balkans.

βάλς, το [vals] waltz.

βάλσαμο, το [valsamo] balsam, balm || (μεταφ) consolation.

βαλσαμώνω [valsamono] embalm || (μεταφ) console, comfort.

βάλσιμο, το [valseemo] placing, setting, laying.

βάλτος, ο [valtos] marsh, fen, bog.

βαλτός [valtos] instigated, planted.

βαμβακερός [vamvakeros] of cotton.

βαμβάκι, το [vamvakee] cotton.

βάμμα, το [vamma] tincture, dye.

βαμμένος [vamenos] dyed, painted.

βάναυσος [vanavsos] rough, coarse, rude.

βάνδαλος, ο [vandalos] vandal.

βανίλ(λ)ια, η [vaneeleea] vanilla.

βαπόρι, το [vaporee] steamship.

βαπτίζω [vapteezo] baptize, christen || dip, plunge.

βάπτιση, η [vapteesee] βλ **βάπτισμα.**
βάπτισμα, το [vapteesma] baptism, christening.
βαπτιστικός [vapteesteekos] baptismal || (ουσ) godchild.
βάπτω [vapto] (χάλυψ) temper || (μπογιά) paint || (παπούτσια) polish.
βάραθρο, το [varathro] abyss, gulf, chasm.
βαραίνω [vareno] weigh down, make heavier || (κουράζω) weary || (αισθάνομαι βάρος) feel heavy || (μεταφ) carry weight.
βαράω [varao] βλ **βαρώ.**
βαρβαρικός [varvareekos] barbaric.
βάρβαρος [varvaros] barbarous, brutal, savage.
βάρδια, η [varðeea] watch, duty, shift.
βαρέλι, το [varelee] barrel, cask.
βαρετός [varetos] annoying, boring, tedious.
βαρήκοος [vareekoos] hard of hearing.
βαριά, η [varia] (σφυρί) hammer || (επιρ) seriously.
βαρίδι, το [vareeðee] (counter)weight.
βαριέμαι [varieme] be bored, be tired (of) || (δε θέλω) not want (to) || **δε βαριέσαι** never mind!, don't bother!
βάρκα, η [varka] small boat, rowing boat, dinghy.
βαρκάρης, ο [varkarees] boatman.
βαρόμετρο, το [varometro] barometer.
βάρος, το [varos] weight, load, burden || **σε ~ του** at his expense.
βαρύθυμος [vareetheemos] sad, depressed.
βαρύνω [vareeno] weigh down, lie heavy || βλ και **βαραίνω.**
βαρύς [varees] heavy || (ποινή) severe, harsh || (σφάλμα) serious || (ύπνος) deep, heavy || (ζυγός) oppressive || (ευθύνη) grave || (άνθρωπος) slow, dull-witted.
βαρυσήμαντος [vareeseemantos] significant, grave, momentous.
βαρύτιμος [vareeteemos] precious, costly, valuable.
βαρύτονος [vareetonos] baritone || (γραμμ) with a grave accent.
βαρύφωνος [vareefonos] deep-voiced, bass.
βαρώ [varo] beat, hit, shoot || (σάλπιγγα) sound || (καμπάνα) toll.
βασανίζω [vasaneezo] torture, torment || (ένα θέμα κτλ) examine thoroughly, go into || (το μυαλό) rack.
βασανιστήριο, το [vasaneesteereeo] rack, torture chamber.
βάσανο, το [vasano] pain, trial, ordeal || (μεταφ) nuisance.
βασίζω [vaseezo] base.
βασικός [vaseekos] primary, basic, fundamental.
βασιλεία, η [vaseeleea] kingdom || reign.
βασίλειο, το [vaseeleeo] kingdom.
βασιλέας, ο [vaseeleas] king.
βασιλεύω [vaseelevo] reign, rule.
βασιλιάς, ο [vaseelias] βλ **βασιλέας.**
βασιλική, η [vaseeleekee] basilica.
βασιλικός [vaseeleekos] royal, royalist || (ούσ) basil.
βασίλισσα, η [vaseeleesa] queen.
βασιλομήτωρ, η [vaseelomeetor] queen mother.
βασιλόπηττα, η [vaseelopeeta] New Year's cake.
βασιλόφρων [vaseelofron] royalist.
βάσιμος [vaseemos] sound, trustworthy.
βάση, η [vasee] base, foundation || (βαθμών) pass mark.
βασκανία, η [vaskaneea] evil eye.
βαστώ [vasto] (φέρω) bear, hold,

support || (συγκρατώ) hold, control || (ύφασμα κτλ) keep, wear || (κρατώ) carry, hold.
βατ(τ), το [vat] watt.
βατόμουρο, το [vatomouro] blackberry.
βατός [vatos] (δρόμος) passable || (ποτάμι) fordable || (ύψωμα) accessible.
βάτραχος, ο [vatrahos] frog, toad.
βαυκαλίζω βαφή, η [vafee] dyeing || shoe polish || dye.
βάφομαι [vafome] make-up.
βαφτίσια, τα [vafteeseea] πλ christening.
βαφτισιμιός, ο [vafteeseemios] godson.
βάφω [vafo] βλ **βάπτω.**
βάψιμο, το [vapseemo] painting, make-up.
βγάζω [vgazo] take off, raise, draw out || (εξαλείφω) get out, wash out || (λάδι, χυμό κτλ) press, squeeze || (πόδι, χέρι) dislocate || (καπνό κτλ) give off || (παράγω) produce || (χρήματα) make, earn || (βουλευτή κτλ) elect || (διακρίνω) make out, read || (δίδω όνομα) name, call || (αποδεικνύω) prove || (αφαιρώ) take from || (εφημερίδα κτλ) publish || (περίπατο) take for a walk.
βγαίνω [vgeno] go out, come out, get out || (ανατέλλω) rise || (κυκλοφορώ) be out || (εκλέγομαι) be elected || (εξαλείφομαι) fade, come out.
βγαλμένος [vgalmenos] taken off, removed.
βγάλσιμο, το [vgalseemo] extraction, removal || (κοκκάλου) dislocation.
βδέλλα, η [vðella] leech.
βέβαιος [veveos] certain, sure, convinced.
βεβαιώνω [veveono] confirm, affirm, assure || certify.
βεβαίως [veveos] certainly, surely.
βεβαίωση, η [veveosee] confirmation || (χαρτί) certificate.
βεβαρημένος [vevareemenos] marked || (συνείδηση) heavy.
βέβηλος [veveelos] profane, sacrilegious, impious.
βεβιασμένος [veveeasmenos] forced.
βελάζω [velazo] bleat.
βελανίδι, το [velaneeðee] acorn.
βελγικός [velyeekos] Belgian.
Βέλγιο, το [velyo] Belgium.
Βέλγος ο [velgos] Belgian.
βέλο, το [velo] veil.
βελόνα, η [velona] needle.
βελονιά, η [velonia] stitch.
βέλος, το [velos] arrow, dart.
βελούδο [velouðo] velvet.
βελτιώνω [velteeono] improve, better.
βελτίωση, η [velteeosee] improvement.
βενζινάκατος, η [venzeenakatos] small motorboat.
βενζίνη, η [venzeenee] petrol.
βεντάλια, η [ventaleea] fan.
βεντέττα, η [venteta] vendetta || (ηθοποιός) star.
βέρα, η [vera] wedding ring.
βεράντα, η [veranta] veranda, porch.
βέργα, η [verga] stick, rod, switch, twig.
βερεσέ [verese] on credit, on trust.
βερίκοκκο, το [vereekoko] apricot.
βερνίκι, το [verneekee] varnish, polish || (μεταφ) veneer.
βέρος [veros] genuine, true, real.
βέτο, το [veto] veto.
βήμα, το [veema] step, pace || (βίδας) pitch, thread || (έλικος) twist || (έδρα) rostrum.
βηματίζω [veemateezo] step, pace, walk.
βήτα, το [veeta] the letter B.
βήχας, ο [veehas] cough.

βήχω [veeho] cough.
βία, η [veea] force, violence || hurry || (μετά βίας) with difficulty.
βιάζομαι [veeazome] be in a hurry, be rushed.
βιάζω [veeazo] force, compel || (παραβιάζω) break open || (παραβαίνω) violate || (ασελγώ) rape, ravish.
βίαιος [vieos] violent, forcible || fiery, passionate.
βιαιότητες, οι [vieoteetes] πλ acts of violence.
βιαίως [vieos] violently, forcibly.
βιασμός, ο [veeasmos] rape, violation.
βιαστής, ο [veeastees] ravisher, rapist.
βιαστικός [veeasteekos] urgent, pressing, hurried.
βιασύνη, η [veeaseenee] haste, urgency.
βιβλιάριο, το [veevleeareeo] booklet, card, bank book.
βιβλικός [veevleekos] biblical.
βιβλιογραφία, η [veevleeografeea] bibliography.
βιβλιοθηκάριος, ο [veevleeotheekareeos] librarian.
βιβλιοθήκη, η [veevleeotheekee] bookcase || library.
βιβλίο, το [veevleeo] book.
βιβλιοπώλης, ο [veevleeopolees] bookseller.
βίβλος, η [veevlos] Bible.
βίδα, η [veeδa] screw || (μεταφ) whim, caprice.
βιδώνω [veeδono] screw.
βίζα, η [veeza] visa.
βίζιτα, η [veezeeta] visit, call || visitor.
βίλλα, η [veela] villa.
βιογραφία, η [veeografeea] biography.
βιολέττα, η [veeoleta] violet.
βιολί, το [veeolee] violin, fiddle || **αλλάζω** ~ change one's tune.
βιολόγος, ο [veeologos] biologist.
βιομηχανία, η [veeomeehaneea] industry || manufacture.
βιομηχανικός [veeomeehaneekos] industrial.
βιοπαλαιστής, ο [veeopalestees] breadwinner.
βιοπάλη, η [veeopalee] working hard to make a living.
βίος, ο [veeos] life.
βιός, το [veeos] wealth, property.
βιοτεχνία, η [veeotehneea] handicraft.
βιοχημεία, η [veeoheemeea] biochemistry.
βιταμίνη, η [veetameenee] vitamin.
βιτρίνα, η [veetreena] shop window, showcase.
βίτσιο, το [veetseeo] bad habit.
βιώσιμος [veeoseemos] viable, feasible.
βλαβερός [vlaveros] harmful || (έντομο) noxious.
βλάβη, η [vlavee] harm, damage || (μηχανής) motor trouble, breakdown.
βλάκας, ο [vlakas] blockhead, fool, idiot.
βλακεία, η [vlakeea] nonsense, silliness.
βλακώδης [vlakoδees] stupid, silly.
βλάπτω [vlapto] harm, injure, damage.
βλαστάρι, το [vlastaree] sprout, bud || (οικογενείας) scion.
βλάστηση, η [vlasteesee] sprouting || (φυτεία) vegetation.
βλαστός, ο [vlastos] shoot, sprout || (μεταφ) scion, offspring.
βλασφημία, η [vlasfeemeea] blasphemy, curse.
βλασφημώ [vlasfeemo] curse, revile.
βλάχος, ο [vlahos] (μεταφ) bumpkin, boor.

βλέμμα, το [vlemma] look, glance, eye.
βλεννόρροια, η [vlenoreea] gonorrhoea.
βλέπω [vlepo] see, look at.
βλεφαρίδα, η [vlefareeða] eyelash.
βλέφαρο, το [vlefaro] eyelid.
βλήμα, το [vleema] projectile.
βλογιά, η [vloya] smallpox.
βλοσυρός [vloseeros] fierce, stern, grim.
βόας, ο [voas] boa.
βογγητό, το [vongeeto] groan, moan.
βογγώ [vongo] moan, groan || roar.
βόδι, το [voðee] ox.
βοδινό, το [voðeeno] beef.
βοή, η [voee] shout, cry, humming, roaring || (όχλου) clamour.
βοήθεια, η [voeetheea] help, aid, assistance.
βοήθημα, το [voeetheema] help, assistance, relief.
βοηθητικός [voeetheeteekos] auxiliary || (άνεμος) favourable, fair.
βοηθός, ο [voeethos] assistant, helper, collaborator.
βοηθώ [voeetho] help, aid, give a hand, relieve.
βόθρος, ο [vothros] cesspool, ditch.
βολάν, το [volan] steering wheel, driving wheel.
βολβός, ο [volvos] bulb, kind of onion || (ματιού) eyeball.
βολεύομαι [volevome] get comfortable || get fixed up.
βολεύω [volevo] accommodate, fit in, suit || **τα** ~ get along, do well.
βολή, η [volee] throw, blow, stroke, shot || (απόσταση) range.
βόλι, το [volee] ball, bullet.
βολιδοσκοπώ [voleeðoskopo] sound.
βολικός [voleekos] convenient, handy, easy.
βολίδα, η [voleeða] sounding lead || (αστρο) meteor || (σφαίρα) bullet, ball.
βόλτα, η [volta] walk || (στροφή) revolution || (κοχλίου) thread || **κόβω βόλτες** I stroll about.
βόμβα, η [vomva] bomb.
βομβαρδίζω [vomvarðeezo] bomb, bombard || (μεταφ) assail.
βομβαρδισμός, ο [vomvarðeesmos] bombing.
βομβαρδιστικό, το [vomvarðeesteeko] (αερο) bomber.
βόμβος, ο [vomvos] hum, buzz, buzzing.
βορειοανατολικός [voreeoanatoleekos] northeast(ern).
βορειοδυτικός [voreeoðeeteekos] northwest(ern).
βόρειος [voreeos] north(ern).
βορείως [voreeos] northwards, to the north, north.
βοριάς, ο [vorias] north wind.
βορράς, ο [vorras] north.
βοσκή, η [voskee] pasture.
βοσκός, ο [voskos] shepherd.
βοσκοτόπι, το [voskotopee] pasture land.
βόσκω [vosko] graze || (μεταφ) drift.
βοτάνι, το [votanee] plant, herb.
βοτανικός [votaneekos] botanic(al).
βότανο, το [votano] herb, plant.
βοτανολόγος, ο [votanologos] botanist.
βότρυς, ο [votrees] bunch of grapes.
βότσαλο, το [votsalo] pebble.
βουβάλι, το [vouvalee] buffalo.
βουβός [vouvos] dumb, mute.
βουδδιστής, ο [vouðeestees] Buddhist.
βουή [vouee] βλ **βοή.**
βουίζω [voueezo] buzz, hum.
Βουλγαρία, η [voulgareea] Bulgaria.

Βουλγαρικός [voulgareekos] Bulgarian.
Βουλγαρός, ο [voulgaros] Bulgarian.
βούλευμα, το [voulevma] decision, ordinance, decree.
βουλευτής, ο [voulevtees] member of parliament, deputy.
βουλή, η [voulee] parliament, chamber || (θέληση) will, volition.
βούληση, η [vouleesee] desire, will || **κατά** ~ at will.
βούλιαγμα, το [vouleeagma] sinking, submergence || collapse.
βουλιάζω [vouleeazo] sink || (μεταφ) ruin, be ruined.
βουλιμία, η [vouleemeea] insatiable appetite.
βουλλοκέρι, το [voulokeree] sealing wax.
βούλλωμα, το [vouloma] sealing, stamping || (το αντικείμενο) cork, stopper.
βουλλώνω [voulono] seal || (πωματίζω) stop, choke up, fill.
βουνήσιος [vouneeseeos] mountainous || (ουσ) highlander.
βουνό, το [vouno] mountain.
βούρδουλας, ο [vourðoulas] whip, lash.
βούρκος, ο [vourkos] mud, mire || (μεταφ) mire, gutter.
βουρκώνω [vourkono] fill with tears.
βούρλο, το [vourlo] (bul)rush.
βούρτσα, η [vourtsa] (hair)brush || (ρούχων) clothes brush || (δοντιών) toothbrush.
βουρτσίζω [vourtseezo] brush, brush down.
βουστάσιο, το [voustaseeo] ox stall, cowshed.
βούτηγμα, το [vouteegma] plunging, dipping || (μεταφ) plundering, stealing.
βούτημα, το [vouteema] hard biscuit.
βουτηχτής, ο [vouteehtees] diver || (μεταφ) thief.
βουτιά, η [voutia] dive || (μεταφ) snatching, stealing.
βούτυρο, το [vouteero] butter.
βουτώ [vouto] plunge, dip || (κλέβω) steal, snatch.
βραβείο, το [vraveeo] prize.
βραβεύω [vravevo] award, reward.
βράγχια, τα [vrangheea] πλ gills || (ιατρ) branchiae.
βραδιά, η [vraðia] evening.
βραδιάζω [vraðeeazo]: **βραδιάζει** it's getting dark.
βραδινός [vraðeenos] evening.
βράδυ, το [vraðee] evening.
βραδύνω [vraðeeno] be late, be slow.
βραδύς [vraðees] slow, sluggish, tardy.
βραδύτης, η [vraðeetees] slowness, tardiness.
βράζω [vrazo] boil, ferment, seethe.
βρακί, το [vrakee] trousers || underpants.
βράσιμο, το [vraseemo] boiling, fermentation.
βράση, η [vrasee] boiling || (μούστου κτλ) fermentation.
βρασμός, ο [vrasmos] boiling || (μεταφ) agitation, excitement.
βραστός [vrastos] boiled || boiling, hot.
βραχιόλι, το [vraheeolee] bracelet.
βραχίονας, ο [vraheeonas] arm, forearm || branch.
βραχνιάζω [vrahneeazo] become hoarse.
βραχνός [vrahnos] hoarse.
βράχος, ο [vrahos] rock.
βραχυκύκλωμα, το [vraheekeekloma] short circuit.
βραχυπρόθεσμος [vraheeprothesmos] short-dated || short-term.
βραχύτητα, η [vraheeteeta] shortness, brevity, conciseness.

βραχώδης [vrahoðees] rocky.
βρε [vre] (επιφ) you there!, hey, you!
βρεγμένος [vregmenos] wet, moist.
βρέξιμο, το [vrekseemo] wetting, watering, moistening.
βρεφοκομείο, το [vrefokomeeo] foundling hospital, public nursery.
βρέφος, το [vrefos] baby, infant.
βρέχω [vreho] water, wet, dampen, rain.
βρίζω [vreezo] abuse, swear at, insult || outrage.
βρισιά, η [vreesia] abuse, insult, outrage.
βρισίδι, το [vreeseeðee] stream of abuse.
βρίσκομαι [vreeskome] be, find o.s.
βρίσκω [vreesko] find || (τυχαίως) come across, discover || (σκέπτομαι) think, deem || (παίρνω) get, procure || (μαντεύω) guess.
βρογχίτιδα, η [vrongheeteeða] bronchitis.
βροντερός [vronteros] thundering, noisy.
βροντή, η [vrontee] thunder.
βρόντος, ο [vrontos] noise, roar || heavy fall || **στο βρόντο** in vain.
βροντώ [vronto] (μεταφ) knock, make a noise.
βροχερός [vroheros] wet, rainy.
βροχή, η [vrohee] rain || **~ ψιλή** drizzle.
βρυκόλακας, ο [vreekolakas] vampire, ghost.
βρύο, το [vreeo] moss || seaweed.
βρύση, η [vreesee] fountain, spring || (μεταλλική) tap.
βρυχώμαι [vreehome] roar, bellow.
βρώμα, η [vroma] filth, stink || (για πρόσωπο) hussy, bitch, slut.
βρωμερός [vromeros] stinking, smelly || (υπόθεση) nasty, odious, vile || (άτομο) stinking, dirty, slovenly.
βρώμη, η [vromee] oats.
βρωμιά, η [vromia] filth, dirt || (μεταφ) nasty business, corruption.
βρωμίζω [vromeezo] stink, dirty, sully.
βρώμικος [vromeekos] dirty, grubby || (μεταφ) nasty, odious, vile.
βρωμώ [vromo] give off a stench, smell badly, stink.
βυζαίνω [veezeno] suckle || (μεταφ) suck.
βυζαντινός [veezanteenos] Byzantine.
βυζί, το [veezee] breast.
βυθίζω [veetheezo] sink, plunge, dip.
βύθιση, η [veetheesee] sinking, submersion.
βύθισμα, το [veetheesma] (ναυτ) draught || sinking.
βυθοκόρος, η [veethokoros] dredger, dredge.
βυθός, ο [veethos] bottom of the sea.
βυρσοδεψείο, το [veersoðepseeo] tannery.
βύσσινο, το [veeseeno] sour cherry.
βυτίο, το [veeteeo] cask, barrel.
βωβός [vovos] dumb, mute, silent.
βώλος, ο [volos] clod || **βώλοι** πλ marbles.
βωμολοχία, η [vomoloheea] obscenity, scurrility.
βωμός, ο [vomos] altar.

Γ, γ

γαβάθα, η [gavatha] earthenware vessel || wooden bowl.
γάγγλιο, το [gangleeo] ganglion.
γάγγραινα, η [gangrena] gangrene || (μεταφ) canker.
γάδος, ό [gaðos] cod(fish).
γάζα, η [gaza] gauze.
γαζί, το [gazee] stitch || (της χειρός)

handstitch || (της μηχανής) machine-stitch.
γάζωμα, το [gazoma] stitching.
γάιδαρος, ο [gaeeðaros] ass, donkey || (μεταφ) boor, ass.
γαϊδουράγκαθο, το [gaeeðourangatho] thistle.
γαϊδουριά, η [gaeeðouria] rudeness.
γαιοκτήμονας, η [geokteemonas] landowner.
γάλα, το [gala] milk.
γαλάζιος [galazeeos] azure, blue.
γαλαζοαίματος [galazoematos] blue-blooded.
γαλαζόπετρα, η [galazopetra] turquoise.
γαλακτερός [galakteros] milky, of milk.
γαλακτικός [galakteekos] lactic.
γαλακτοκομείο, το [galaktokomeeo] dairy farm.
γαλακτοπωλείο, το [galaktopoleeo] dairy.
γαλακτώδης [galaktoðees] milky, milk-white.
γαλάκτωμα, το [galaktoma] emulsion.
γαλανόλευκος, η [galanolevkos] the Greek flag.
γαλανομμάτης [galanomatees] blue-eyed.
γαλανός [galanos] blue.
Γαλαξίας, ο [galakseeas] Milky Way.
γαλαρία, η [galareea] gallery.
γαλατάς, ο [galatas] milkman.
γαλβανίζω [galvaneezo] galvanize || (μεταφ) electrify, rouse, stimulate.
γαλέρα, η [galera] galley.
γαλέττα, η [galeta] hard tack.
γαληνεύω [galeenevo] calm, quieten down.
γαλήνη, η [galeenee] calm, peace, serenity.
γαλήνιος [galeeneeos] calm, composed, serene.
Γαλλία, η [galeea] France.
γαλλικός [galeekos] French.
Γάλλος, ο [galos] Frenchman.
γαλόνι, το [galonee] (μέτρο) gallon || (στρατ) stripe, pip.
γαλοπούλα, η [galopoula] turkey hen.
γάμα, το [gama] the letter G.
γαμήλιος [gameeleeos] nuptial, bridal || **γαμήλιο ταξίδι** honeymoon.
γάμπα, η [gamba] calf, leg.
γαμπρός, ο [gambros] bridegroom || son-in-law || brother-in-law.
γαμψός [gampsos] hooked, crooked.
γάντζος, ο [ganðzos] hook, grapple.
γαντζώνω [ganðzono] hook.
γάντι, το [gantee] glove.
γαργαλίζω [gargaleezo] tickle || (μεταφ) tempt, allure.
γαργάρα, η [gargara] gargle.
γαρδένια, η [garðeneea] gardenia.
γαρίδα, η [gareeða] shrimp, prawn.
γαρνίρισμα, το [garneereesma] adornment, garnishing, decoration.
γαρνίρω [garneero] garnish, trim.
γαρνιτούρα, η [garneetoura] garniture, trimming.
γαρυφαλιά, η [gareefalia] carnation || (μπαχαρικού) clove tree.
γαρύφαλλο, το [gareefalo] carnation || (μπαχαρικό) clove.
γαστραλγία, η [gastralyeea] stomachache.
γαστρικός [gastreekos] gastric.
γαστρίτιδα, η [gastreeteeða] gastritis.
γαστρονομία, η [gastronomeea] gastronomy.
γάτα, η [gata] cat.
γαυγίζω [gavyeezo] bark.
γαύγισμα, το [gavyeesma] barking, baying.
γδάρσιμο, το [gðarseemo] (πράξη) flaying || (αποτέλεσμα) scratch.

γδέρνω [gðerno] flay, skin || (μεταφ) fleece.
γδύνομαι [gðeenome] get undressed, strip.
γδύνω [gðeeno] undress || (μεταφ) rob.
γεγονός, το [yegonos] event, fact.
γειά, η [ya] health || ~ **σας** hello || so long, goodbye.
γείσο, το [yeeso] (αρχιτεκ) eaves || cornice || (κασκέτου) peak.
γειτονεύω [yeetonevo] be close to, be adjoining.
γειτονιά, η [yeetonia] neighbourhood, vicinity.
γελαστός [yelastos] smiling, pleasant, cheerful.
γελάω [yelao] βλ **γελώ.**
γελιέμαι [yelieme] be deceived, be mistaken.
γέλιο, το [yeleeo] laugh, laughter.
γελοιογραφία, η [yeleeografeea] caricature, cartoon.
γελοιοποίηση, η [yeleeopieesee] ridicule, derision.
γελοιοποιούμαι [yeleeopeeoume] make o.s. ridiculous.
γελοιοποιώ [yeleeopeeo] make ridiculous, ridicule.
γελοίος [yeleeos] ludicrous, ridiculous.
γελώ [yelo] laugh || (μάτια κτλ) smile, twinkle || (εξαπατώ) deceive, take in.
γεμάτος [yematos] full || (δρόμος κτλ) crowded, swarming || (όπλο, δένδρο κτλ) loaded || (δωμάτιο κτλ) packed, crammed || (παχύς) stout, plump.
γεμίζω [yemeezo] fill up || (πλοίο) load || (μαξιλάρι κτλ) stuff || (συμπληρώνω) fill out.
γέμισμα, το [yemeesma] filling || (στρώματος) stuffing || (φεγγαριού) waxing || (όπλου) charging, loading.
γεμιστός [yemeestos] stuffed.
Γενάρης [yenarees] January.
γενεά, η [yenea] race, generation, breed.
γενεαλογία, η [yenealoyeea] genealogy, lineage, pedigree.
γενέθλια, τα [yenethleea] πλ birthday, anniversary.
γενειάς, η [yenias] beard.
γενειοφόρος, ο [yeneeoforos] bearded.
γένεση, η [yenesee] origin, birth || (έκκλ) Genesis.
γενέτειρα, η [yeneteera] native country, birthplace.
γενετή, η [yenetee]: **εκ γενετής** from birth.
γενετήσιος [yeneteeseeos] productive, generative, sexual.
γενίκευση, η [yeneekevsee] generalization.
γενικεύω [yeneekevo] generalize.
γενική [yeneekee] general, universal, wide || (γραμμ) genitive (case) || βλ και **γενικός.**
γενικός [yeneekos] general || βλ και **γενική.**
γενικότητα, η [yeneekoteeta] generality.
γέννα, η [yena] birth, childbirth || (μεταφ) breed.
γενναιοδωρία, η [yeneoðoreea] generosity.
γενναιόδωρος [yeneoðoros] generous, magnanimous.
γενναίος [yeneos] courageous, brave.
γενναιότητα, η [yeneoteeta] courage, bravery.
γενναιοφροσύνη, η [yeneofroseenee] generosity, liberality.
γενναιόφρων, ο [yeneofron] magnanimous, liberal.
γενναιόψυχος [yeneopseehos] generous, brave.
γέννημα, το [yeneema] offspring, product || (μωρό) progeny.
γέννηση, η [yeneesee] birth.

γεννητικός [yeneeteekos] genital, sexual.
γεννήτρια, η [yeneetreea] generator.
γεννώ [yeno] (για γυναίκα) give birth to, bring forth || (για άλογα) drop a foal || (για κουνέλια, γουρούνια) litter || (για πτηνά) lay || (μεταφ) create, breed, cause.
γεννώμαι [yenome] be born.
γένος, το [yenos] race, family, line || **το ανθρώπινο ~** mankind || (ζώων, φυτών) kind, species || (γραμμ) gender.
γερά [yera] strongly, hard, vigorously.
γεράκι, το [yerakee] hawk.
γεράματα, τα [yeramata] πλ old age.
γεράνι, το [yeranee] geranium.
γερανός, ο [yeranos] (πτηνό) crane || (μηχάνημα) crane, winch.
γερατειά [yeratia] βλ **γεράματα**.
Γερμανία, η [yermaneea] Germany.
γερμανικός [yermaneekos] German.
Γερμανός, ο [yermanos] German.
γέρνω [yerno] lean, bend || (για βάρκα κτλ) lean, tilt || (για ήλιο κτλ) go down, sink.
γερνώ [yerno] age, grow old.
γεροντικός [yeronteekos] senile.
γεροντοκόρη, η [yerontokoree] old maid, spinster.
γεροντοπαλήκαρο, το [yerontopaleekaro] old bachelor.
γέρος, ο [yeros] old man.
γερός [yeros] (άνθρωπος) vigorous, sturdy || (κράση) sound, healthy || (τροφή) solid, substantial, hearty || (ξύλο) sound || (πάτωμα) solid, firm || (τοίχος) strong || (επιχείρημα) strong, valid.
γερουσία, η [yerouseea] senate.
γερουσιαστής, ο [yerouseeastees] senator.
γεύμα, το [yevma] meal, dinner.
γεύομαι [yevome] taste, try.
γεύση, η [yevsee] taste, flavour.
γέφυρα, η [yefeera] bridge.
γεφυρώνω [yefeerono] bridge || build a bridge.
γεωγραφία, η [yeografeea] geography.
γεωγράφος, ο [yeografos] geographer.
γεώδης [yeoδees] earthy.
γεωλογία, η [yeoloyeea] geology.
γεωλόγος, ο [yeologos] geologist.
γεωμετρία, η [yeometreea] geometry.
γεωμετρικός [yeometreekos] geometric(al).
γεωπονία, η [yeoponeea] agriculture.
γεωργία, η [yeoryeea] agriculture, farming.
γεωργικός [yeoryeekos] agricultural.
γεωργός, ο [yeorgos] farmer.
γεώτρηση, η [yeotreesee] drilling.
γεωτρύπανο, το [yeotreepano] drill.
γη, η [yee] earth, land, ground.
γηγενής [yeegenees] native, indigenous.
γήινος [yeeinos] earthly, terrestrial.
γήπεδο, το [yeepeδo] ground, sportsground.
γήρας, το [yeeras] old age.
για [ya] for, because of, on behalf of || **γι' αυτό** therefore || **~ καλά** for certain, for good || **~ την ώρα** for the time being || **~ πού** whither? || **~ το Θεο** for God's sake || (επίρ) as, for || (συνδ) **~ να** in order to || **~ φαντάσου!** fancy that! || **~ πες μου** tell me.
γιαγιά, η [yayia] grandmother.
γιακάς, ο [yakas] collar.
γιαλός, ο [yalos] seashore.
γιαούρτι, το [yaourtee] yoghurt.
γιασεμί, το [yasemee] jasmine.

γιατί [yatee] why? || (συνδ) because.
γιατρεύω [yatrevo] cure, heal, treat.
γιατρός, ο [yatros] doctor.
γιγάντιος [yeeganteeos] gigantic.
γιγαντόσωμος [yeegandosomos] huge (in size).
γίγας, ο [yeegas] giant.
γίδα, η [yeeða] goat.
γιδοβοσκός, ο [yeeðovoskos] goatherd.
γιλέκο, το [yeeleko] waistcoat.
γίνομαι [yeenome] be done, become || (μεγαλώνω) grow || (στρέφω) turn || (γεγονός κτλ) happen, occur || (ωριμάζω) ripen || ~ **καλά** recover || **τι γίνεσαι**; how are you?
γινόμενο, το [yeenomenon] product.
Γιουγκοσλαβία, η [yougoslaveea] Yugoslavia.
γιουγκοσλαβικός [yougoslaveekos] Yugoslavian.
Γιουγκοσλάβος, ο [yougoslavos] Yugoslav.
γιουχαΐζω [youhaeezo] hoot, jeer.
γιρλάντα, η [yeerlanta] garland, wreath.
γιώτ, το [yot] yacht.
γκαβός [gavos] cross-eyed || (κατ επέκτασιν) blind.
γκάζι, το [gazee] gas || **πατώ** ~ step on the gas.
γκαζιέρα, η [gaziera] cooking stove, primus stove.
γκαζόζα, η [gazoza] lemonade.
γκαρίζω [gareezo] bray.
γκαρσόνι, το [garsonee] waiter.
γκαρσονιέρα, η [garsoniera] bachelor flat.
γκάφα, η [gafa] blunder.
γκέμι, το [gemee] bridle, reins.
γκίνια, η [geeneea] bad luck.
γκιώνης, ο [geeonees] (scops) owl.
γκουβερνάντα, η [gouvernanta] governess.
γκρεμίζω [gremeezo] demolish, pull down, wreck.
γκρεμίζομαι [gremeezvome] fall, crumble, collapse.
γκρεμνός [gremnos] sheer drop, crag.
γκρίζος [greezos] grey.
γκρίνια, η [greeneea] grumble, nag, murmur.
γκρινιάζω [greeneeazo] complain, nag, grumble.
γλάρος, ο [glaros] seagull.
γλάστρα, η [glastra] flowerpot.
γλαύκωμα, το [glavkoma] glaucoma.
γλαφυρός [glafeeros] elegant, graceful.
γλείφω [gleefo] lick.
γλεντζές, ο [glenðzes] fun-loving person, reveller.
γλέντι, το [glenðee] party, feast.
γλεντώ [glenðo] amuse || (απολαμβάνω) enjoy || (επί χρημάτων) squander.
γλεύκος, το [glevkos] must.
γλιστερός [gleesteros] slippery.
γλίστρημα, το [gleestreema] slide, slip || (μεταφ) blunder, mistake.
γλιστρώ [gleestro] slide, slip || (μεταφ) slip away.
γλοιώδης [gleeoðes] slimy, sticky || (πρόσωπο) slippery.
γλόμπος, ο [glombos] globe.
γλουτός, ο [gloutos] buttock, rump.
γλύκα, η [gleeka] sweetness.
γλυκά, τα [gleeka] πλ pastries, confectionery.
γλυκαίνω [gleekeno] sweeten, make mild, soften.
γλυκάνισο, το [gleekaneeso] anise.
γλύκισμα, το [gleekeesma] cake, pastry.
γλυκομίλητος [gleekomeeleetos] soft-spoken, affable.
γλυκομιλώ [gleekomeelo] speak tenderly, speak kindly.
γλυκό, το [gleeko] jam, sweetmeat.

γλυκόξινος [gleekokseenos] bittersweet.
γλυκοχάραγμα, το [gleekoharagma] daybreak, twilight.
γλυκός [gleeko] affable, sweet || (καιρός) mild || (φως) subdued, mellow || (χρώμα) delicate || (ήχος) soft, sweet || (κρασί) sweet || (όνειρα) pleasant.
γλύπτης, ο [gleeptees] sculptor.
γλυπτική, η [gleepteekee] sculpture.
γλυπτός [gleeptos] sculptured, carved.
γλυτώνω [gleetono] save, deliver || (αμεταβ) escape.
γλύφω [gleefo] βλ **γλείφω.**
γλώσσα, η [glossa] tongue, language || (ψάρι) sole.
γλωσσάς, ο [glossas] chatterbox, gossip.
γλωσσικός [glosseekos] linguistic.
γλωσσολογία, η [glossologeea] linguistics.
γλωσσολόγος, ο [glossologos] linguist.
γλωσσομαθής [glossomathees] polyglot, linguist.
γνάθος, ο [gnathos] jaw.
γνέθω [gnetho] spin.
γνήσιος [gneeseeos] genuine, real || (παιδί) legitimate.
γνησίως [gneeseeos] genuinely, authentically.
γνωμάτευση, η [gnomatevsee] opinion, adjudication.
γνώμη, η [gnomee] opinion, view.
γνωμικό, το [gnomeeko] maxim, saying, adage.
γνωμοδότης, ο [gnomoðotees] adviser, councillor.
γνωμοδοτώ [gnomoðoto] give one's opinion, judge.
γνώμων, ο [gnomon] set square, level || (μεταφ) criterion, model.
γνωρίζω [gnoreezo] let it be known, inform || (έχω γνώση) know, be aware of || (αναγνωρίζω) discern, distinguish || (έχω σχέσεις) know, be acquainted with || (παρουσιάζω κάποιο) introduce.
γνωριμία, η [gnoreemeea] acquaintance, familiarity.
γνώριμος [gnoreemos] known, intimate.
γνώρισμα, το [gnoreesma] sign, mark, indication.
γνώση, η [gnosee] knowledge, notion || **γνώσεις** πλ knowledge, learning.
γνώστης, ο [gnostees] expert, connoisseur, specialist.
γνωστικός [gnosteekos] prudent.
γνωστοποίηση, η [gnostopieesee] notification, announcement.
γνωστοποιώ [gnostopeeo] notify, inform, advise.
γνωστός [gnostos] known || (φίλος) acquaintance.
γογγύλη, η [gongeelee] turnip.
γοερός [goeros] plaintive, woeful.
γόης, ο [goees] charmer.
γοητεία, η [goeeteea] charm || attractiveness.
γοητευτικός [goeetevteekos] charming, captivating.
γοητεύω [goeetevo] charm, attract.
γόητρο, το [goeetro] prestige, reputation.
γομάρι, το [gomaree] load || (μεταφ) simpleton, beast.
γόμμα, η [gomma] gum || (σβυσήματος) india rubber, eraser.
γόμωση, η [gomosee] stuffing || (όπλο) charge.
γονατίζω [gonateezo] (make to) kneel || (μεταφ) humble || (αμεταβ) kneel down || (μεταφ) give way, yield.
γονατιστά [gonateesta] on one's knees, kneeling.
γόνατο, το [gonato] knee.

διορθώνω [ðeeorthono] correct, put straight || (πανταλόνι) patch, mend || (μεταφ) remedy, make good.
διόρθωση, η [ðeeorthosee] correction, putting right.
διορθωτής, ο [ðeeorthotees] (τυπογρ) proofreader.
διορία, η [ðeeoreea] time limit, term, delay.
διορίζω [ðeeoreezo] appoint || order, fix.
διορισμένος [ðeeoreesmenos] appointed.
διορισμός, ο [ðeeoreesmos] appointment.
διόροφος [ðeeorofos] two-storeyed.
διόρυξη, η [ðeeoreeksee] digging, excavation.
διότι [ðeeotee] because.
διουρητικός [ðeeoureeteekos] diuretic.
διοχέτευση, η [ðeeohetevsee] (ηλεκ) conduct || (ύδατος) conveyance.
διοχετεύω [ðeeohetevo] conduct, convey || (μεταφ) transmit, divert.
δίπατος [ðeepatos] two-storeyed.
δίπλα, η [ðeepla] fold, pleat, wrinkle.
δίπλα [ðeepla] (επιρ) by, near, next door, close.
διπλά [ðeepla] twice as much.
διπλανός [ðeeplanos] nearby, next-door, adjacent.
διπλαρώνω [ðeeplarono] accost || (ναυτ) come alongside.
διπλασιάζω [ðeeplaseeazo] double.
διπλασιασμός, ο [ðeeplaseeasmos] reduplication.
διπλάσιος [ðeeplaseeos] double, twice as much.
διπλός [ðeeplos] double.
διπλότυπο, το [ðeeploteepo] duplicate, stub, counterfoil.
δίπλωμα, το [ðeeploma] diploma, degree || (τύλιγμα) folding, wrapping.
διπλωμάτης, ο [ðeeplomatees] diplomat.
διπλωματία, η [ðeeplomateea] diplomacy.
διπλωματικός [ðeeplomateekos] diplomatic.
διπλωματούχος [ðeeplomatouhos] having a diploma, holding a degree.
διπλώνω [ðeeplono] fold.
δίπλωση [ðeeplosee] folding, wrapping.
δίποδος [ðeepoðos] two-legged, two-footed.
διπρόσωπος [ðeeprosopos] two-faced, deceitful.
δίς [ðees] twice.
δισάκκι, το [ðeesakee] saddlebag, travelling bag.
δισέγγονο, το [ðeesengono] great-grandchild.
δισεκατομμύριο, το [ðeesekatomeereeo] billion.
δίσεκτο, το [ðeesekto]: ~ **έτος** leap year.
δισκίο, το [ðeeskeeo] (ιατρ) tablet.
δισκοβόλος, ο [ðeeskovolos] discus thrower.
δίσκος, ο [ðeeskos] tray || (ζυγού) pan, scale || (αθλητ) discus || (ηλίου κτλ) disk || (έκκλ) collection plate || (γραμμοφώνου) record.
δισταγμός, ο [ðeestagmos] hesitation, doubt.
διστάζω [ðeestazo] hesitate, doubt.
διστακτικός [ðeestaktikos] hesitant, irresolute.
δίστηλος [ðeesteelos] two-columned.
δίστιχο, το [ðeesteeho] distich, couplet.
δισύλλαβος [ðeeseelavos] of two syllables.
δίτροχος [ðeetrohos] two-wheeled.
διϋλίζω [ðieeleezo] filter, distil, strain.
διϋλιση [ðieeleesee] filtering, straining.

διϋλιστήριο, το [ðieeleesteereeo] filter, strainer || (πετρελαίου) refinery.

διφθερίτιδα, η [ðeefthereeteeða] diphtheria.

δίφθογγος, η [ðeefthongos] diphthong.

διφορούμενος [ðeeforoumenos] ambiguous.

δίφραγκο, το [ðeefrango] two-drachma piece.

δίφυλλος [ðeefeelos] two-leaved.

διχάζομαι [ðeehazome] (μεταφ) become disunited, disagree.

διχάζω [ðeehazo] divide, split || (μεταφ) estrange, disunite.

διχάλη, η [ðeehalee] pitchfork.

διχαλωτός [ðeehalotos] forked, cloven.

διχασμός, ο [ðeehasmos] division || disagreement.

διχόνοια, η [ðeehoneea] dissension, discord.

διχοτόμος [ðeehotomos] bisector.

διχοτομώ [ðeehotomo] bisect.

δίχρονος [ðeehronos] (μηχανή) two-stroke (engine).

δίχως [ðeehos] without || ~ **άλλο** without fail.

δίψα, η [ðeepsa] thirst.

διψασμένος [ðeepsasmenos] thirsty, eager (for).

διψώ [ðeepso] feel thirsty || thirst for, be eager for.

διωγμός [ðeeogmos] persecution.

διώκω [ðeeoko] pursue, chase, expel, persecute || (μεταφ) banish, dispel.

δίωξη, η [ðeeoksee] persecution, hunting.

διώρυγα, η [ðeeoreega] canal.

διώχνω [ðeeohno] βλ **διώκω**.

δόγμα, το [ðogma] dogma, creed, doctrine.

δογματικός [ðogmateekos] dogmatic(al).

δόκανο, το [ðokano] trap || (μεταφ) lure, snare.

δοκάρι, το [ðokaree] beam, rafter, girder.

δοκιμάζω [ðokeemazo] taste, try out || (αυτοκίνητο) test, try || (ρούχα) fit || (υποφέρω) undergo, suffer.

δοκιμασία, η [ðokeemaseea] suffering.

δοκιμαστικός [ðokeemasteekos] trial, test || ~ **σωλήνας** test tube.

δοκιμή, η [ðokeemee] trial, test, testing || (θέατρο) rehearsal || (ρούχα) fitting.

δοκίμιο, το [ðokeemeeo] treatise || (τυπογρ) printer's proof.

δόκιμος [ðokeemos] esteemed, first-rate || **ο** ~ cadet.

δοκός, η [ðokos] girder, beam.

δόλιος [ðoleeos] fraudulent, crafty.

δόλιος [ðoleeos] wretched, unlucky, poor.

δολιότης, η [ðoleeotees] deceit, fraudulence, fraud.

δολοπλόκος [ðoloplokos] treacherous, artful.

δόλος, ο [ðolos] fraud, deceit, guile.

δολοφονία, η [ðolofoneea] murder.

δολοφονικός [ðolofoneekos] murderous.

δολοφόνος, ο, η [ðolofonos] assassin, murderer.

δολοφονώ [ðolofono] murder, assassinate.

δόλωμα, το [ðoloma] bait, decoy.

δόνηση, η [ðoneesee] vibration || (σεισμός) tremor, shock.

δόντι, το [ðontee] tooth || (ελέφαντος) tusk || (μηχαν) cog.

δονώ [ðono] vibrate, shake.

δόξα, η [ðoksa] glory.

δοξάζω [ðoksazo] glorify, celebrate, extol.

δοξάρι, το [ðoksaree] (μουσ) bow.

δοξολογία, η [ðoksoloyeea] doxology, Te Deum.

δόρυ, το [ðoree] spear.

δορυφόρος, ο [ðoreeforos] satellite.
δοσίλογος [ðoseelogos] quisling.
δόση, η [ðosee] portion || dose || (πληρωμή) instalment.
δοσοληψία, η [ðosoleepseea] transaction.
δοτική, η [ðoteekee] (γραμμ) dative (case).
δούκας, ο [ðoukas] duke.
δούκισσα, η [ðoukeesa] duchess.
δουλεία, η [ðouleea] slavery, servitude.
δουλειά, η [ðoulia] work, affair, business.
δούλεμα, το [ðoulema] teasing.
δουλευτής, ο [ðoulevtees] hard worker, industrious worker.
δουλεύω [ðoulevo] work, operate || (έχω δουλειά) have a job || (ρολόι κτλ) work, operate || (περιπαίζω) tease.
δούλη, η [ðoulee] slave.
δουλικός [ðouleekos] servile, slavish.
δουλοπρεπής [ðouloprepees] servile, mean.
δούλος, ο [ðoulos] slave || servant.
δουλώνω [ðoulono] enslave, subjugate.
δούπος, ο [ðoupos] thump, bump.
δοχείο, το [ðoheeo] receptacle, vessel, pot.
δρακόντειος [ðrakonteeos] (μεταφ) severe, harsh.
δράκος, ο [ðrakos] ogre, dragon.
δράμα, το [ðrama] drama || (μεταφ) trouble.
δραματική, η [ðramateekee] πλ dramatics.
δραματικός [ðramateekos] dramatic, tragic.
δράμι, το [ðrameeo] dram || (μεταφ) tiny amount.
δραπετεύω [ðrapetevo] escape.
δραπέτης [ðrapetees] fugitive.
δράση, η [ðrasee] activity, action || **άμεσος ~** flying squad.
δραστήριος [ðrasteereeos] active, energetic, vigorous.
δραστηριότητα, η [ðrasteereeoteeta] activity, energy, effectiveness.
δράστης, ο, η [ðrastees] perpetrator, culprit.
δραστικός [ðrasteekos] efficacious, drastic, effective.
δραχμή, η [ðrahmee] drachma.
δρεπάνι, το [ðrepanee] sickle.
δριμύς [ðreemees] sharp, bitter, severe, keen.
δρομάς, η [ðromas] dromedary.
δρομέας, ο [ðromeas] runner.
δρομολόγιο, το [ðromoloyeeo] itinerary || timetable.
δρόμος, ο [ðromos] road, street || (αθλητ) race || (απόσταση) distance.
δροσερός [ðroseros] cool, fresh.
δροσιά, η [ðrosia] freshness || dew.
δροσίζομαι [ðroseezome] refresh o.s., cool down.
δροσίζω [ðroseezo] cool, refresh || get cool.
δροσιστικός [ðroseesteekos] refreshing.
δρυμός, ο [ðreemos] forest, wood.
δρυοκολάπτης, ο [ðreeokolaptees] woodpecker.
δρύς, η [ðrees] oak.
δρώ [ðro] act, do, take effect.
δυάδα, η [ðeeaða] couple, pair.
δυαδικός [ðeeaðeekos] binary || dual.
δυϊκός [ðieekos] (γραμμ) dual (number).
δύναμαι [ðeename] can, may || be able to.
δυναμική, η [ðeenameekee] dynamics.
δυναμικός [ðeenameekos] energetic, dynamic.
δύναμη, η [ðeenamee] strength, might, power, force.

δυναμίτιδα, η [ðeenameeteeða] dynamite.
δυναμό, το [ðeenamo] dynamo.
δυνάμωμα, το [ðeenamoma] intensification, strengthening.
δυναμώνω [ðeenamono] strengthen, make stronger || (υγεία) become stronger.
δυναμωτικός [ðeenamoteekos] fortifying, strengthening || (ιατρ) tonic.
δυναστεία, η [ðeenasteea] dynasty, regime, rule.
δυνάστης, ο [ðeenastees] ruler, potentate || (μεταφ) oppressor, despot.
δυνατά [ðeenata] strongly, hard || loudly.
δυνατός [ðeenatos] strong, powerful || (κυβέρνηση) powerful || (φωνή) loud || (άνοδος) possible || **δυνατό**! possibly!, maybe!
δυνατότητα, η [ðeenatoteeta] possibility.
δύο [ðeeo] two.
δυόσμος, ο [ðeeosmos] mint, spearmint.
δυσανάγνωστος [ðeesanagnostos] illegible.
δυσανάλογος [ðeesanalogos] disproportionate.
δυσανασχετώ [ðeesanasheto] be anxious, be indignant, get angry.
δυσαρέσκεια, η [ðeesareskeea] displeasure, discontent.
δυσάρεστος [ðeesarestos] unpleasant, disagreeable.
δυσαρεστημένος [ðeeasaresteemenos] displeased, dissatisfied.
δυσαρεστώ [ðeesaresto] displease, dissatisfy.
δυσβάστακτος [ðeesvastaktos] unbearable, heavy, overwhelming.
δύσβατος [ðeesvatos] inaccessible, rough.
δυσειδής [ðeeseeðees] ugly, unsightly.
δυσεντερία, η [ðeesentereea] dysentery.
δισεπίλυτος [ðeesepeeleetos] difficult to solve.
δισεύρετος [ðeesevretos] difficult to find.
δυσθυμία, η [ðeestheemeea] sadness, depression.
δύσθυμος [ðeestheemos] depressed, sad.
δύση, η [ðeesee] west || (ηλίου) setting || (μεταφ) decline.
δύσκαμπτος [ðeeskambtos] rigid, stiff, inflexible.
δυσκινησία, η [ðeeskeeneeseea] sluggishness.
δυσκοιλιότητα, η [ðeeskeeleeoteeta] constipation.
δυσκολεύομαι [ðeeskolevome] find difficult, find hard, be hard put (to).
δυσκολεύω [ðeeskolevo] make difficult, make hard.
δυσκολία, η [ðeeskoleea] difficulty.
δυσκολο- [ðeeskolo] (first component) difficult, hard.
δύσκολος [ðeeskolos] difficult || (άνθρωπος) hard to please.
δυσμένεια, η [ðeesmeneea] disfavour, disgrace.
δυσμενής [ðeesmenees] adverse, unfavourable.
δύσμορφος [ðeesmorfos] deformed, ugly.
δυσνόητος [ðeesnoeetos] difficult to understand.
δυσοίωνος [ðeeseeonos] inauspicious, ill-omened.
δυσοσμία, η [ðeesosmeea] bad smell, stench, offensive odour.
δύσπεπτος [ðeespeptos] indigestible.
δυσπιστία [ðeespeesteea] mistrust, incredulity.
δύσπιστος [ðeespeestos]

incredulous, distrustful, unbelieving.
δυσπιστώ [ðeespeesto] distrust, mistrust.
δύσπνοια, η [ðeespneea] difficult breathing.
δυσπρόσιτος [ðeesproseetos] inaccessible.
δυστοκία, η [ðeestokeea] difficult birth || (μεταφ) indecision.
δύστροπος [ðeestropos] perverse, peevish.
δυστροπώ [ðeestropo] behave peevishly.
δυστύχημα, το [ðeesteeheema] accident, stroke of bad luck.
δυστυχής [ðeesteehees] unhappy, unfortunate.
δυστυχία, η [ðeesteeheea] unhappiness, adversity, poverty.
δυστυχισμένος [ðeesteeheesmenos] βλ **δυστυχής**.
δυστυχώ [ðeesteeho] be unhappy, be unfortunate, be poor.
δυσφημίζω [ðeesfeemeezo] defame, slander.
δυσφήμιση, η [ðeesfeemeesee] calumny, slander.
δυσφόρητος [ðeesforeetos] hard to endure.
δυσφορώ [ðeesforo] be displeased || (με κάτι) be discontented.
δυσχεραίνω [ðeeshereno] impede, make difficult.
δυσχέρεια, η [ðeeshereea] difficulty || hardship.
δυσχερής [ðeesherees] difficult.
δύσχρηστος [ðeeshreestos] unwieldy, inconvenient, awkward.
δυσωδία, η [ðeesoðeea] stench, stink.
δύτης, ο [ðeetees] diver.
δυτικός [ðeeteekos] west(ern).
δύω [ðeeo] set || (μεταφ) decline, wane.
δώδεκα [ðoðeka] twelve.
δωδεκάγωνο, το [ðoðekagono] dodecagon.
δωδεκαδάκτυλο, το [ðoðekaðakteelo] duodenum.
δωδεκάδα, η [ðoðekaða] dozen.
δωδεκαετής [ðoðekaetees] twelve years old.
δωδεκαπλάσιος [ðoðekaplaseeos] twelve-fold.
δωδέκατος [ðoðekatos] twelfth.
δώμα, το [ðoma] flat roof, terrace || apartment.
δωμάτιο, το [ðomateeo] room || (ύπνου) bedroom.
δωρεά, η [ðorea] bequest, present, gift || **~ν** (επιρ) gratis, free, for nothing.
δωροδοκία, η [ðoroðokeea] bribery, corruption.
δωροδοκώ [ðoroðoko] bribe, corrupt.
δώρο, το [ðoro] gift, present.
δωσίλογος [ðoseealogos] responsible, answerable.

Ε, ε

έ [e] (επιφ) well!, hey!, hallo!
εάν [ean] βλ **αν**.
έαρ, το [ear] spring.
εαυτός [eaftos] oneself || **καθ'εαυτού** really, exactly, precisely.
εβδομάδα, η [evðomaða] week.
εβδομαδιαίος [evðomaðieos] weekly.
έβδομος [evðomos] seventh.
εβραϊκός [evraeekos] Jewish.
Εβραίος, ο [evreos] Hebrew, Jew.
έγγαμος [engamos] married.
εγγίζω [engeezo] draw near || (μεταφ) touch.
εγγλέζικος [englezeekos] English.
Εγγλέζος, ο [englezos] Englishman.
εγγόνι, το [engonee] grandchild.

εγγονός, ο [engonos] grandson.
εγγραφή, η [engrafee] registration, record, entry.
έγγραφο, το [engrafo] document.
εγγράφω [engrafo] register, enrol || (μαθημ) inscribe.
εγγύηση, η [engieesee] security, guarantee, bail.
εγγύς [engees] near, at hand.
εγγυώμαι [engeeome] guarantee, vouch for.
εγείρω [eyeero] raise, build.
έγερση, η [eyersee] raising, building || (από ύπνο) awakening.
εγκαθίσταμαι [engkatheestame] settle, put up, settle o.s.
εγκαθιστώ [engkatheesto] set up, settle, establish.
εγκαίνια, τα [engkeneea] πλ inauguration, opening.
έγκαιρος [engkeros] timely, opportune.
εγκάρδιος [engkarðeeos] cordial, affectionate.
εγκάρσιος [engkarseeos] transverse, slanting, oblique.
εγκαταλείπω [engkataleepo] abandon, desert.
εγκατάσταση, η [engkatastasee] installation, establishing.
έγκαυμα, το [engkavma] burn.
έγκειται [engkeete]: **σε σας ~** it rests with you.
εγκέφαλος, ο [engkefalos] brain.
εγκλείω [engkleeo] enclose || confine || lock up.
έγκλημα, το [engkleema] crime || sin || **~τίας, ο** criminal || **~τικός** criminal || **~τικότης, η** delinquency, wrongdoing, crime.
εγκοπή, η [engkopee] incision, notch, groove.
εγκόσμιος [engkosmeeos] mundane, worldly || social.
εγκράτεια, η [engkrateea] sobriety, moderation, temperance.
εγκρίνω [engkreeno] approve, ratify.
έγκριση, η [engkreesee] approval, sanction.
εγκύκλιος, η [engkeekleeos] circular letter.
εγκυκλοπαίδεια, η [engkeeklopeðeea] encyclopaedia.
έγκυος [engkeeos] pregnant.
έγκυρος [engkeeros] valid, sound, well-grounded.
εγκώμιο, το [engkomeeo] praise.
έγνοια, η [egneea] care, anxiety, concern.
εγχείρηση, η [engheereesee] operation.
εγχειρίδιο, το [engheereeðeeo] manual.
έγχρωμος [enghromos] coloured.
εγχώριος [enghoreeos] local, native, domestic.
εγώ [ego] I || (ουσ) **το ~** ego || **εγωισμός, ο** pride, conceit, selfishness.
έδαφος, το [eðafos] ground, earth, soil.
έδρα, η [eðra] seat, chair || (ανατ) bottom || (εκκλ) see.
εδραιώνω [eðreono] establish, strengthen, make firm.
εδρεύω [eðrevo] reside, have one's seat.
εδώ [eðo] here || **~ και τρία χρόνια** three years ago.
εδώλιο, το [eðoleeo] bench, seat.
εθελοντής, ο [ethelontees] volunteer.
εθελουσίως [ethelouseeos] voluntarily.
έθιμο, το [etheemo] custom, tradition || habit.
εθιμοτυπία, η [etheemoteepeea] formality, etiquette.
εθνάρχης, ο [ethnarhees] national leader.
εθνικός [ethneekos] national.

εθνικότητα, η [ethneekoteeta] nationality.
εθνικόφρων [ethneekofron] patriotic, nationalistic.
έθνος, το [ethnos] nation.
ειδάλλως [eeðalos] if not, otherwise.
ειδεμή [eeðemee] otherwise.
ειδήμων [eeðeemon] expert, skilled, well-informed.
ειδήσεις, οι [eeðeesees] πλ news.
ειδικός [eeðeekos] special, particular || (άνθρωπος) specialist.
ειδοποίηση, η [eeðopieesee] notification, notice.
ειδοποιώ [eeðopeeo] notify, inform, advise.
είδος, το [eeðos] sort, kind, type || (βοτ) species || **τα είδη** goods, wares || kinds.
ειδύλλιο, το [eeðeeleeo] love affair || idyll.
ειδωλολάτρης, ο [eeðololatrees] pagan, heathen.
είδωλο, το [eeðolo] idol || image.
είθισται [eetheeste] it is the custom.
εικασία, η [eekaseea] conjecture, guess.
εικαστικός [eekasteekos] conjectural || **εικαστικαί τέχναι** fine arts.
εικόνα [eekona] image, picture || (εκκλ) icon.
εικονίζω [eekoneezo] portray, depict, represent.
εικονικός [eekoneekos] figurative || (επίθεση) sham || (πράξη) bogus || (τιμή) conventional.
εικόνισμα, το [eekoneesma] portrait || (αγιογραφία) icon.
εικονογραφία, η [eekonografeea] illustration || (εκκλ) iconography.
εικονοστάσι(ο), το [eekonostasee(o)] (εκκλ) shrine, screen.
είκοσι [eekosee] twenty.
εικοστός [eekostos] twentieth.
ειλικρίνεια, η [eeleekreeneea] sincerity, frankness.
ειλικρινής [eeleekreenees] sincere, candid.
είμαι [eeme] I am, I'm.
είναι [eene] be, is, it is || **το** ~ being.
ειρήνη, η [eereenee] peace.
ειρηνικός [eereeneekos] peaceful.
ειρηνοδικείο, το [eereenoðeekeeo] magistrate's court.
ειρμός, ο [eermos] train of thought, continuity.
ειρωνεύομαι [eeronevome] speak derisively, speak ironically.
ειρωνεία, η [eeroneea] irony, mockery.
εις [ees] in, among, at || (χρόνος) within || to, into, on.
εισαγγελέας, ο [eesangeleas] public prosecutor || district attorney (*US*).
εισάγω [eesago] import || (νομοσχέδιο) introduce || (φέρω πρώτα) introduce for the first time || (παρουσιάζω) present ||
εισαγωγέας, ο importer ||
εισαγωγή, η importation || (παρονσίαση) introduction ||
εισαγωγικά, τα inverted commas.
εισβάλλω [eesvalo] invade || (ποταμός) flow into.
εισβολή, η [eesvolee] invasion.
εισέρχομαι [eeserhome] come in, enter, go in.
εισήγηση, η [eeseeyeesee] report || suggestion.
εισηγούμαι [eeseegoume] propose, move || introduce.
εισιτήριο, το [eeseeteereeo] ticket.
εισόδημα, το [eesoðeema] income, revenue.
είσοδος, η [eesoðos] entry, entrance || admission.
εισπνέω [eespneo] inhale, breathe in.

εισπράκτορας, ο [eespraktoras] conductor || collector.
είσπραξη, η [eespraksee] collection || receipt.
εισπράττω [eesprato] collect.
εισφορά, η [eesfora] contribution.
εισχωρώ [eeshoro] penetrate, intrude, get in.
είτε [eete]: ~ ... ~ either ... or, whether ... or.
εκ [ek] from, out of, by, of || **εξ ανάγκης** of necessity || ~ **νέου** again || **εξ ίσου** equally.
εκ-, εξ- [ek, eks] out, off || completely, wholly.
έκαστος [ekastos] each, every one || **καθ' εκάστην** every day || **τα καθ'έκαστα** the details.
εκάστοτε [ekastote] each time.
εκατέρωθεν [ekaterothen] on both sides, mutually.
εκατό [ekato] hundred || **τά** ~ per cent.
εκατομμύριο, το [ekatomeereeo] million.
εκατομμυριούχος, ο [ekatomeereeouhos] millionaire.
εκατονταετηρίδα, η [ekatontaeteereeδa] century || centenary.
εκατονταπλάσιος [ekatontaplaseeos] hundredfold.
εκατοστάρι, το [ekatostaree] hundred-drachma note.
εκατοστόμετρο, το [ekatostometro] centimetre.
εκατοστός [ekatostos] hundredth.
εκβάλλω [ekvalo] take out, extract || (απομακρύνω) repudiate || (εχθρό) drive out || (επί ποταμών) flow into.
έκβαση, η [ekvasee] issue, outcome, result.
εκβιάζω [ekveeazo] (κάποιο) force, compel || blackmail || (διάβαση κτλ) force.
εκβολή η [ekvolee] ejection || (ποταμού) mouth, estuary.
έκδηλος [ekδeelos] manifest, evident, obvious.
εκδηλώνω [ekδeelono] show, reveal.
εκδίδω [ekδeeδo] issue, publish || (απόφαση) pronounce || (συναλλαγματική) draw || (εγκληματία κτλ) extradite.
εκδίκηση, η [ekδeekeesee] vengeance, revenge.
εκδικητικός [ekδeekeeteekos] revengeful, vindictive.
εκδικούμαι [ekδeekoume] take revenge on, get even with.
εκδιώκω [ekδeeoko] expel, oust || (στρατ) dislodge, drive out.
εκδορά, η [ekδora] abrasion || skinning.
έκδοση, η [ekδosee] publication, edition || (χαρτονομίσματος) issue || (παραλλαγή) version, story || (εγκληματία κτλ) extradition.
εκδότης, ο [ekδotees] publisher, editor.
εκδοτικός [ekδoteekos] publishing || ~ **οίκος** publishing house.
εκδοχή, η [ekδohee] interpretation, version.
εκδρομή η [ekδromee] excursion, outing, trip.
εκεί [ekee] there || ~ **που** instead of, while, whereas.
εκείνος [ekeenos] he, that one there.
εκεχειρία, η [ekeheereea] truce, armistice.
έκθαμβος [ekthamvos] dazzled, astounded.
έκθεμα, το [ekthema] exhibit.
έκθεση, η [ekthesee] (στο ύπαιθρο) exposure || (ανθέων κτλ) exhibition || (εμπορευμάτων) display, exposition || (γραπτή) composition.
εκθέτης, ο [ekthetees] exhibitor || (μαθημ) exponent.
έκθετος [ekthetos] exposed.
εκθέτω [ektheto] expose, display,

exhibit || (την ζωή) expose, imperil || (τέκνο) abandon || (σχέδια) state, disclose || (μεταφ) lay bare, expose.

εκθρονίζω [ekthroneezo] dethrone.

εκκαθαρίζω [ekathareezo] clear out, clean || (λογαριασμό) liquidate, settle.

εκκεντρικός [ekentreekos] eccentric.

εκκενώ [ekeno] empty (out), vacate || (ποτήρι κτλ) drain || (όπλο) fire || (οικία) leave.

εκκένωση, η [ekenosee] evacuation, emptying || (ηλεκ) discharge.

εκκίνηση, η [ekeeneesee] departure, starting off.

εκκλησία, η [ekleeseea] church || **εκκλησιαστικός** ecclesiastic(al).

έκκληση, η [ekleesee] appeal.

εκκρεμής [ekremees] unsettled, pending.

εκκωφαντικός [ekofanteekos] deafening.

εκλέγω [eklego] choose, pick out || elect.

έκλειψη, η [ekleepsee] eclipse || (μεταφ) disappearance.

εκλεκτικός [eklekteekos] choosy, selective.

εκλεκτός [eklektos] choice, select, picked || **οι εκλεκτόι** élite.

εκλιπαρώ [ekleeparo] entreat, implore.

εκλογέας, ο [eklogeas] elector, voter.

εκλογή, η [ekloyee] choice, selection || election.

εκλογές, οι [ekloges] πλ elections.

εκλογικός [ekloyeekos] electoral.

εκμαγείο, το [ekmayeeo] (plaster) cast.

εκμαιεύω [ekmeyevo] extract, elicit.

εκμεταλλεύομαι [ekmetalevome] exploit.

εκμηδενίζω [ekmeeðeneezo] annihilate.

εκμίσθωση, η [ekmeesthosee] leasing, lease.

εκμισθωτής, ο [ekmeesthotees] lessor, hirer.

εκμυστηρεύομαι [ekmeesteerevome] confide a secret, confess.

εκνευρίζω [eknevreezo] annoy, exasperate.

εκούσιος [ekouseeos] voluntary || willing.

εκπαίδευση, η [ekpeðevsee] education, training.

εκπαιδευτήριο, το [ekpeðevteereeo] school, institute.

εκπαιδευτικός [ekpeðevteekos] educational || (δάσκαλος) schoolteacher.

εκπαιδεύω [ekpeðevo] educate, train, instruct.

εκπατρίζω [ekpatreezo] expatriate.

εκπέμπω [ekpembo] send forth, emit || (από ραδιοφώνου) broadcast.

εκπίπτω [ekpeepto] decline, fall || (μεταφ) deduct, reduce, lower.

εκπληκτικός [ekpleekteekos] astonishing, surprising.

έκπληξη, η [ekpleeksee] surprise, astonishment.

εκπληρώ [ekpleèro] fulfil, perform.

εκπλήσσω [ekpleeso] surprise, astonish.

εκπνέω [ekpneo] exhale || (πεθαίνω) die || (μεταφ) expire, terminate.

εκποιώ [ekpeeo] sell, dispose of.

εκπομπή, η [ekpombee] emission || (ραδιοφώνου) broadcast.

εκπρόθεσμος [ekprothesmos] overdue.

εκπρόσωπος, ο [ekprosopos] representative.

εκπροσωπώ [ekprosopo] represent.

έκπτωση, η [ekptosee] decline, fall || (δικαιωμάτων) loss || (τιμής κτλ)

reduction, rebate, discount, deduction.
εκρήγνυμαι [ekreegneeme] explode, erupt, burst.
εκρηκτικός [ekreekteekos] explosive.
έκρηξη, η [ekreeksee] explosion, eruption, outburst.
εκσκαφή, η [ekskafee] excavation, cutting.
έκσταση, η [ekstasee] ecstasy, rapture.
εκστρατεία, η [ekstrateea] expedition, campaign.
εκσφενδονίζω [eksfenδoneezo] fling, throw, hurl.
έκτακτος [ektaktos] temporary, emergency || (ειδικός) special, exceptional, excellent.
εκτάκτως [ektaktos] temporarily || extraordinarily, unusually.
έκταση, η [ektasee] extent, stretch.
εκτεθειμένος [ektetheemenos] exposed || compromised.
εκτείνω [ekteeno] stretch, extend, prolong.
εκτέλεση, η [ektelesee] execution || performance, fulfilment.
εκτελεστικός [ektelesteekos] executive.
εκτελώ [ektelo] execute || perform, carry out.
εκτενής [ektenees] extensive, lengthy.
εκτεταμένος [ektetamenos] extensive, long.
εκτίθεμαι [ekteetheme] be embarrassed || display.
εκτίμηση, η [ekteemeesee] esteem, estimation, appreciation.
εκτιμώ [ekteemo] esteem, value, appreciate, estimate.
εκτοξεύω [ektoksevo] shoot, cast, hurl.
εκτοπίζω [ektopeezo] displace, dislodge || (εξορίζω) exile.
εκτόπισμα, το [ektopeesma] displacement.
έκτος [ektos] sixth.
εκτός [ektos] outside, save (for) || ~ **της πόλεως** outside the city || ~ **από** apart from, besides, except for || ~ **αν** unless || ~ **κινδύνου** out of danger.
έκτοτε [ektote] ever since, since then.
εκτρέπομαι [ektrepome] deviate from || (μεταφ) go astray.
εκτρέπω [ektrepo] deflect, turn aside, divert.
εκτροχιάζομαι [ektroheeazome] become derailed || (μεταφ) go astray.
έκτρωμα, το [ektroma] monster, freak.
έκτρωση, η [ektrosee] abortion, miscarriage.
εκτυλίσσομαι [ekteeleesome] develop, evolve.
εκτυπώνω [ekteepono] print || emboss.
εκτυφλωτικός [ekteefloteekos] blinding.
εκφέρω [ekfero] express.
εκφοβίζω [ekfoveezo] intimidate, frighten.
εκφορά, η [ekfora] funeral, burial.
εκφορτωτής, ο [ekfortotees] unloader, docker.
εκφράζω [ekfrazo] express, reveal.
έκφραση, η [ekfrasee] expression.
εκφραστικός [ekfrasteekos] expressive.
εκφυλισμός, ο [ekfeeleesmos] degeneration.
εκφωνώ [ekfono] deliver a speech || read aloud.
εκχύλισμα, το [ekheeleesma] extract.
εκχωρώ [ekhoro] transfer, assign, cede || (θέση) make way.
έλα [ela] (επιφ) come, come now.

ελαιογραφία, η [eleografeea] oil painting.
ελαιόλαδο, το [eleolaðo] olive oil.
έλαιο, το [eleo] olive oil, oil.
ελαιοτριβείο, το [eleotreeveeo] olive press.
ελαιόχρωμα, το [eleohroma] oil paint.
ελαιώνας, ο [eleonas] olive grove.
έλασμα, το [elasma] metal plate, sheet iron.
ελαστικό, το [elasteeko] tyre || rubber, elastic.
ελαστικός [elasteekos] flexible, elastic.
ελατήριο, το [elateereeo] spring || (μεταφ) incentive, motive.
έλατο, το [elato] fir, fir tree.
ελάττωμα, το [elatoma] defect, fault.
ελαττώνω [elatono] diminish, lessen, decrease.
ελάττωση, η [elatosee] decrease, curtailment.
ελάφι, το [elafee] deer.
ελαφρόπετρα, η [elafropetra] pumice stone.
ελαφρός [elafros] light, slight || (καφές κτλ) mild, thin, weak.
ελαφρώνω [elafrono] reduce, lighten || feel relieved.
ελάχιστα [elaheesta] very little.
ελάχιστος [elaheestos] least, very little || **του' λάχιστο(ν)** at least.
Ελβετία, η [elveteea] Switzerland.
Ελβετίδα, η [elveteeða] Swiss woman.
ελβετικός [elveteekos] Swiss.
Ελβετός, ο [elvetos] Swiss man.
ελεγκτής, ο [elengtees] inspector, auditor.
έλεγχος, ο [elenghos] inspection, examination || (λογαριασμού) verification, control, auditing || (μηχανής) testing, overhauling || (μεταφ) censure, check, reproach.
ελέγχω [elengho] check, control, test.
ελεεινός [eleyeenos] pitiful, wretched, vile.
ελεημοσύνη, η [eleyeemoseenee] alms, charity.
έλεος, το [eleos] mercy, pity.
ελευθερία, η [eleftherea] liberty, freedom.
ελεύθερος [eleftheros] free || (εργένης) unmarried.
ελευθερώνω [eleftherono] redeem, set free, release, rid.
ελεφαντόδοντο, το [elefantoðonto] tusk || ivory.
ελέφας, ο [elefas] elephant.
ελεώ [eleo] give alms to, commiserate with || **Κύριε ελέησον** (επιφ) Lord have mercy!, for Heaven's sake!
ελιά, η [elia] olive, olive tree || (προσώπου κτλ) mole.
ελιγμός, ο [eleegmos] twisting, winding || (στρατ) manoeuvre, movement.
έλικα(ς),η, ο [eleeka(s)] coil, spiral || (προπέλλα) screw, propeller || (βοτ) tendril.
ελικόπτερο, το [eleekoptero] helicopter.
ελίσσομαι [eleesome] wind, coil, twist || (στρατ) manoeuvre.
έλκηθρο, το [elkeethro] sledge, sled.
ελκυστικός [elkeesteekos] attractive, winsome.
ελκύω [elkeeo] charm, attract || draw, pull.
έλκω [elko] draw, pull, haul.
Ελλάδα, η [elaða] Greece.
Ελλάς, η [elas] Greece.
έλλειμμα, το [eleema] deficit, shortage.
έλλειψη, η [eleepsee] lack, want, deficiency || (μαθημ) ellipse.
'Ελλην(ας), ο [eleen(as)] Greek (person).

Ελληνίδα, η [eleeneeðа] Greek woman.
ελληνικά, τα [eleeneeka] πλ Greek (language).
ελληνικός [eleeneekos] Greek.
ελληνισμός, ο [eleeneesmos] the Greek people.
ελληνιστί [eleeneestee] in Greek.
ελλιπής [eleepees] defective, wanting.
έλξη, η [elksee] pulling, traction, drawing, attraction.
ελονοσία, η [elonoseea] malaria.
έλος, το [elos] marsh, swamp, morass.
ελπίδα, η [elpeeða] hope, expectation || **παρ' ~** contrary to expectation.
ελώδης [eloðees] marshy, swampy.
εμβαδό, το [emvaðo] area.
εμβαθύνω [emvatheeno] (μεταφ) examine thoroughly, probe deeply.
έμβασμα, το [emvasma] remittance (of money).
εμβατήριο, το [emvateereeo] march.
έμβλημα, το [emvleema] emblem, crest, symbol.
εμβολιάζω [emvoleeazo] (φυτό) graft || (άνθρωπο) vaccinate, inoculate.
εμβόλιο, το [emvoleeo] vaccine || (φυτό) graft.
έμβολο, το [emvolo] piston, rod || (πλοίου) ram.
εμβρόντητος [emvronteetos] thunderstruck, stupefied.
έμβρυο, το [emvreeo] embryo, foetus.
εμένα [emena] me.
εμείς [emees] we.
εμετικός [emeteekos] emetic.
εμετός, ο [emetos] vomiting.
εμμένω [emeno] adhere to || persist, insist.
έμμεσος [emesos] indirect.
έμμηνα, τα [emeena] πλ menstruation.
έμμισθος [emeesthos] salaried, paid.
έμμονος [emonos] persistent, obstinate, persevering.
εμπάθεια, η [empatheea] animosity, ill feeling.
εμπαίζω [empezo] tease, mock, deceive.
εμπειρία, η [embeereea] experience, skill.
εμπειρογνώμων, ο, η [embeerognomon] expert, specialist.
έμπειρος [embeeros] experienced, skilled (in), able.
εμπιστεύομαι [embeestevome] (en)trust, confide.
εμπιστευτικός [embeestevteekos] confidential.
έμπιστος [embeestos] trustworthy, reliable, faithful || **εμπιστοσύνη, η** trust, confidence.
εμπλοκή, η [emblokee] (στρατ) engagement || (μηχανής) jamming || gear of car.
εμπλουτίζω [emblouteezo] enrich.
εμπνέομαι [embneome] feel inspired.
έμπνευση, η [embnevsee] inspiration.
εμπνέω [embneo] inspire.
εμποδίζω [emboðeezo] hinder, obstruct, prevent || hold back, impede.
εμπόδιο, το [emboðeeo] obstacle, impediment, obstruction.
εμπόρευμα, το [emborevma] merchandise.
εμπορεύομαι [emborevome] engage in commerce || deal in, trade in.
εμπορικός [emboreekos] commercial, mercantile.
εμπόριο, το [emboreeo] trade, commerce.

έμπορος, ο [emboros] merchant, trader, vendor.

εμποροϋπάλληλος, ο, η [emboroeepaleelos] shop assistant || clerk (*US*).

εμπρησμός, ο [embreesmos] arson.

εμπρηστικός [embreesteekos] incendiary || (μεταφ) fiery.

εμπρόθεσμος [embrothesmos] within the time limit.

εμπρός [embros] forward(s), before, in front of || **~ σε** compared with || **πηγαίνω ~** to succeed || **~ από** in front of || **το ρολόι πάει ~** the clock is fast || **~ μου** in front of me || **~!** hallo, come in || **βάζω ~** to start.

εμφανής [emfanees] apparent, obvious, clear.

εμφανίζομαι [emfaneezome] appear, present o.s., make an appearance.

εμφανίζω [emfaneezo] exhibit, reveal || (φωτογρ) develop.

εμφάνιση, η [emfaneesee] appearance, presentation || (φωτογρ) development.

έμφαση, η [emfasee] stress, emphasis.

εμφύλιος [emfeeleeos]: **~ πόλεμος** civil war.

έμφυτος [emfeetos] innate, inherent, intuitive.

εμψυχώνω [empseehono] encourage, stimulate.

εν [en] in, at, within || **~ τούτοις** however, nevertheless || **~ τάξει** all right.

έν(α), το [en(a)] one || a, an.

εναγόμενος [enagomenos] defendant.

ενάγω [enago] sue, bring action against.

εναγωνίως [enagoneeos] anxiously, with anguish.

εναέριος [enaereeos] aerial, overhead || airy.

εναλλαγή, η [enalayee] permutation, exchange, interchange.

εναλλάξ [enalaks] alternately, in turn.

εναλλάσσω [enalaso] alternate, exchange.

έναντι [enantee] towards, against || βλ και **απέναντι.**

ενάντια [enanteea] adversely, contrarily || **~ σε** against.

εναντίο(ν) [enanteeo(n)] against || contrary to.

εναντίο(ν), το [enanteeo(n)] the contrary.

ενάντιος [enanteeos] adverse, contrary, opposite || **απ' εναντίας** on the contrary.

εναπόκειται [enapokeete]: **σε σένα ~** it's up to you.

ενάρετος [enaretos] virtuous, upright.

έναρθρος [enarthros] articulate, jointed.

εναρκτήριος [enarkteereeos] inaugural.

εναρμονίζω [enarmoneezo] harmonize.

έναρξη, η [enarksee] opening, beginning, inauguration.

ένας, ο [enas] one || a, an || **~ ~** one by one || **~ κι ~** especially good, very bad || **ο ~ τον άλλο** one another.

ενασχόληση, η [enasholeesee] occupation, employment.

ένατος [enatos] ninth.

ένδεια, η [enðeea] deficiency || poverty.

ενδεικνύομαι [enðeekneeome] be called for, be necessary.

ενδεικνύω [enðeekneeo] indicate.

ενδεικτικό, το [enðeekteeko] certificate.

ενδεικτικός [enðeekteekos] indicative.
ένδειξη, η [enðeeksee] indication, sign.
ένδεκα [enðeka] eleven.
ενδέχεται [enðehete] it is possible, it is likely.
ενδεχόμενο, το [enðehomeno] eventuality, possibility.
ενδιάμεσος [enðeeamesos] intermediate, in-between.
ενδιαφέρομαι [enðeeaferome] be interested in.
ενδιαφέρον, το [enðeeaferon] interest, concern.
ενδιαφέρω [enðeeafero] concern, interest || **~ν** interesting.
ενδίδω [enðeeðo] give way to || give way, bend.
ένδικος [enðeekos] legal, judicial.
ενδοιάζω [enðeeazo] hesitate, waver.
ένδο- [enðo] (combining form) within, in.
ένδοξος [enðoksos] celebrated, glorious, illustrious.
ενδότερος [enðoteros] inner, interior.
ενδοχώρα, η [enðohora] hinterland.
ένδυμα, το [enðeema] dress, garment, clothes || **~σία, η** suit, dress, garb.
ενέδρα, η [eneðra] ambush.
ένεκα [eneka] on account of, because of.
ενενήντα [eneneenta] ninety.
ενέργεια, η [enerya] energy, action || (φαρμάκου) efficacy.
ενεργητικός [eneryeeteekos] energetic, active || (φάρμακο) effective.
ενεργός [energos] active || effective.
ενεργούμαι [energoume] move the bowels || take place.
ενεργώ [energo] act, take steps || (φάρμακο κτλ) take effect, work || (καθαρτικό) purge.
ένεση, η [enesee] injection.
ενεστώς, ο [enestos] (γραμμ) present tense.
ενετικός [eneteekos] Venetian.
ενεχυροδανειστής, ο [eneheeroðaneestees] pawnbroker.
ενήλικας [eneeleekas] of age, adult.
ενηλικιούμαι [eneeleekeeoume] come of age, reach majority.
ενήμερος [eneemeros] aware, informed.
ενημερώνω [eneemerono] inform, bring up to date.
ενθάρρυνση, η [enthareensee] encouragement, cheering up.
ενθαρρύνω [enthareeno] encourage, cheer up, hearten.
ένθερμος [enthermos] ardent, warm, hearty.
ενθουσιάζομαι [enthouseeazome] be enthusiastic about.
ενθουσιασμός, ο [enthouseeasmos] enthusiasm.
ενθύμιο, το [entheemeeo] keepsake, souvenir, memento.
ενθυμούμαι [entheemoume] recall, remember, recollect.
ενιαίος [enieos] single, uniform.
ενικός [eneekos] (γραμμ) singular (number).
ενίσχυση, η [eneesheesee] reinforcement, strengthening || (ηλεκ) amplification.
ενισχύω [eneesheeo] support, reinforce, assist.
εννέα [ennea] nine || **~ κόσιοι** nine hundred.
εννιά [ennia] nine.
έννοια, η [enneea] sense, concept, meaning, interpretation.
έννοια, η [enyeea] concern, worry || (σκοτούρα) anxiety || **~ σου** (επιφ) take care!, don't worry!
έννομος [ennomos] lawful, legal, legitimate.

εννοείται [ennoeete] it is understood, certainly.
εννοώ [ennoo] understand, mean, intend.
'ενοικιάζεται' [eneekeeazete] 'to let', 'for rent'.
ενοικιάζω [eneekeeazo] rent, let, hire.
ενοικιαστής, ο [eneekeeastees] tenant || (νομ) lessee.
ενοίκιο, το [eneekeeo] rent.
ένοικος, ο [eneekos] tenant, lodger.
ένοπλος [enoplos] armed, in arms.
ενορία, η [enoreea] parish.
ενόρκως [enorkos] under oath, on oath.
ενόσω [enoso] as long as.
ενότητα, η [enoteeta] unity, concord.
ενοχή, η [enohee] guilt, culpability.
ενόχληση, η [enohleesee] trouble, annoyance, inconvenience.
ενοχλητικός [enohleeteekos] troublesome, inconvenient, annoying.
ενοχλώ [enohlo] trouble, annoy, pester, inconvenience.
ενσάρκωση, η [ensarkosee] incarnation, embodiment.
ένσημο, το [enseemo] stamp.
ενσκήπτω [enskeepto] happen suddenly, break out || break into.
ένσταση, η [enstasee] objection.
ένστικτο, το [ensteekto] instinct.
ένταλμα, το [entalma] warrant, writ.
ένταση, η [entasee] strain, tension || intensity, intensification.
εντατικός [entateekos] intensive.
ενταύθα [entavtha] here || (ένδειξη επιστολής) in town, local.
εντείνω [enteeno] stretch || (τις προσπάθειες) intensify || (τις σχέσεις) overstrain.
έντεκα [enteka] eleven.
εντέλεια, η [enteleea] perfection.
εντελώς [entelos] completely, entirely, totally.
εντερικός [entereekos] intestinal.
έντερο, το [entero] intestine.
εντεταλμένος [entetalmenos] responsible for, charged with || (ουσ) delegate.
έντεχνος [entehnos] skilful, artistic, ingenious.
έντιμος [enteemos] honest || (οικογένεια κτλ) respectable, honourable.
έντοκος [entokos] with interest.
εντολή, η [entolee] order, mandate || authorization, commission.
εντομοκτόνο, το [entomoktono] insecticide.
έντομο, το [entomo] insect.
έντονος [entonos] (προσπάθεια) strenuous, intense || (φως) strong || (χρώμα) bright, deep.
εντοπίζω [entopeezo] localize || (πυρκαϊά) restrict, confine.
εντόπιος [entopeeos] local, native, indigenous.
εντός [entos] within, inside, in, into || ~ **ολίγου** soon.
εντόσθια, τα [entostheea] πλ entrails, intestines.
εντριβή, η [entreevee] massage || (μηχανική) friction.
έντυπο, το [enteepo] printed matter.
έντυπος [enteepos] printed.
εντυπωσιακός [enteeposeeakos] impressive, striking.
εντύπωση, η [enteeposee] impression, sensation, feeling.
ενώ [eno] while, whereas, since.
ενώνω [enono] unite, join, connect.
ενώπιο [enopeeo] in the presence of, in front of.
ένωση, η [enosee] union || (ηλεκτ) short circuit.
εξ [eks] βλ **εκ**.
εξαγοράζω [eksagorazo] buy off, redeem, ransom, obtain by bribery.

εξαγριώνω [eksagreeono] infuriate, enrage.
εξάγω [eksago] take out, extract || (εμπόριο) export || (φιλοσ) deduce.
εξαγωγή, η [eksagoyee] export || (οδόντος) extraction.
εξάδελφος, ο [eksaðelfos] cousin.
εξαερίζω [eksaereezo] ventilate, air.
εξαεριστήρας, ο [eksaereesteeras] ventilator.
εξαίρεση, η [ekseresee] exception, exemption (from), immunity (from).
εξαιρετικός [ekseretеekos] exceptional, unusual, excellent, remarkable.
εξαίρετος [ekseretos] excellent, remarkable.
εξαιρώ [eksero] except, exempt.
εξαίσιος [ekseseeos] excellent, splendid.
εξακολουθώ [eksakoloutho] continue.
εξακόσιοι [eksakosiee] six hundred.
εξακριβώνω [eksakreevono] verify, ascertain, establish, clear up.
εξαλείφω [eksaleefo] efface, rub out, remove, obliterate.
έξαλλος [eksalos] beside o.s., frenzied.
εξάμβλωμα, το [eksamvloma] monstrosity.
εξαναγκάζω [eksanangazo] compel, force, coerce.
εξάνθημα, το [eksantheema] rash, pimples.
εξανίσταμαι [eksaneestame] rebel, protest.
εξαντλώ [eksantlo] exhaust.
εξαπατώ [eksapato] cheat, deceive, delude || be unfaithful to.
εξάπλωση, η [eksaplosee] spreading out, extension.
εξαπολύω [eksapoleeo] let loose, hurl.
εξάπτω [eksapto] excite, provoke || (περιέργεια κτλ) rouse, stir.
εξαργυρώνω [eksargeerono] cash, turn into money.
εξάρθρωση, η [eksarthrosee] dislocation.
έξαρση, η [eksarsee] (μεταφ) elevation, exaltation.
εξαρτήματα, τα [eksarteemata] πλ gear, tackle, rigging, accessories.
εξάρτηση, η [eksarteesee] dependence.
εξαρτώμαι [eksartome] depend on, turn on.
εξασθένηση, η [eksastheneesee] weakening, enfeeblement.
εξάσκηση, η [eksaskeesee] exercise, practice, training.
εξασκώ [eksasko] exercise, practise || (πίεση) exert.
εξασφαλίζω [eksasfaleezo] assure || (θέση) book, reserve.
εξατμίζω [eksatmeezo] evaporate || (μεταφ) vanish, melt away.
εξάτμιση, η [eksatmeesee] evaporation || (αυτοκινήτου) exhaust.
εξαφανίζομαι [eksafaneezome] disappear, vanish.
εξαφανίζω [eksafaneezo] eliminate, wipe out, destroy.
έξαφνα [eksafna] all of a sudden.
έξαψη, η [eksapsee] fit of anger || excitement, elation.
εξεγείρομαι [ekseyeerome] rise, rebel.
εξέδρα, η [ekseðra] platform, stand || (λιμανιού) pier.
εξελιγμένος [ekseleegmenos] developed, evolved.
εξέλιξη, η [ekseleeksee] evolution, development.
εξελίσσομαι [ekseleesome] unfold, evolve, develop.
εξερευνητής, ο [ekserevneetees] explorer.

εξερευνώ [ekserevno] investigate, explore.

εξέρχομαι [ekserhome] go out, leave || βλ και **βγαίνω.**

εξετάζω [eksetazo] examine, interrogate, investigate.

εξέταση, η [eksetasee] examination, inspection.

εξεύρεση, η [eksevresee] discovery, finding out, invention.

εξευτελίζω [eksevteleezo] cheapen, lower, humiliate.

εξέχω [ekseho] stand out, project || excel.

έξη, η [eksee] habit, custom, use.

εξήγηση, η [ekseeyeesee] explanation, interpretation.

εξηγούμαι [ekseegoume] explain, make clear, give an explanation.

εξηγώ [ekseego] explain || interpret.

εξή(κο)ντα [eksee(ko)nta] sixty.

εξημερώνω [ekseemerono] tame.

εξηντλημένος [ekseentleemenos] exhausted, used up.

εξής [eksees]: **ως ~** as follows || **τα ~** the following || **στο ~** henceforth || **και ούτω καθ'~** and so on.

εξιλεώνω [ekseeleono] appease, pacify || atone for.

εξίσταμαι [ekseestame] be astonished, wonder at.

εξίσωση, η [ekseesosee] balancing, equalizing || (μαθημ) equation.

εξόγκωμα, το [eksongoma] swelling, tumour, bulge.

εξογκώνω [eksongono] swell || (μεταφ) exaggerate.

έξοδο, το [eksoðo] expense.

έξοδος, η [eksoðos] opening, emergence || (πόρτα) exit || (στρατ) sortie || (έκκλ) exodus.

εξοικειώνω [ekseekeeono] familiarize, accustom.

εξολοθρεύω [eksolothrevo] exterminate, destroy.

εξομαλύνω [eksomaleeno] smooth down || level.

εξομοιώνω [eksomeeono] assimilate to, liken to, rank together.

εξομολόγηση, η [eksomoloyeesee] confession, acknowledgement.

εξομολογώ [eksomologo] confess.

εξοντόνω [eksontono] annihilate, exterminate.

εξοπλίζω [eksopleezo] arm, equip.

εξοργίζω [eksoryeezo] enrage, make angry.

εξορία, η [eksoreea] banishment, exile.

εξορίζω [eksoreezo] exile, banish.

εξορκίζω [eksorkeezo] conjure, exorcise.

εξουδετερώνω [eksouðeterono] neutralize.

εξουσία, η [eksouseea] power, authority, government.

εξουσιοδοτώ [eksouseeoðoto] give authority to, authorise, empower.

εξοφλώ [eksoflo] (λογαριασμό) pay off, liquidate || (μεταφ) fulfil.

εξοχή, η [eksohee] countryside || (εδαφική) eminence, protrusion || **κατ' ~** preeminently, par excellence.

εξοχικός [eksoheekos] country, rural, rustic.

έξοχος [eksohos] excellent, eminent, notable.

εξοχότης, η [eksohotees] excellence || **η αυτού ~** His Excellency.

εξύβριση, η [ekseevreesee] abuse, insult, offence.

εξυμνώ [ekseemno] praise, celebrate.

εξυπακούεται [ekseepakouete] it is understood, it follows.

εξυπηρέτηση, η [ekseepeereteesee] assistance, service, attendance.

εξυπηρετικός [ekseepeereteekos] helpful, useful.
εξυπηρετώ [ekseepeereto] serve, assist, attend upon.
εξυπνάδα, η [ekseepnaδa] cleverness, shrewdness.
έξυπνος [ekseepnos] clever, intelligent, smart, witty.
εξυψώνω [ekseepsono] elevate, raise || (μεταφ) exalt, extol, glorify.
έξω [ekso] out, outside, without, abroad || **απ'** ~ from outside || (μάθημα) by heart || ~ **από** outside, except for || **μια και** ~ at one go.
εξώγαμος [eksogamos] illegitimate, bastard.
εξώθυρα, η [eksotheera] outside door, gateway.
εξωθώ [eksotho] drive, push, force.
εξωκκλήσι, το [eksokleesee] chapel, (country) church.
εξώπορτα, η [eksoporta] βλ **εξώθυρα.**
εξωραΐζω [eksoraeezo] beautify, decorate, embellish.
έξωση, η [eksosee] eviction, expulsion.
εξώστης, ο [eksostees] balcony.
εξωτερικό, το [eksotereeko] exterior || foreign country, abroad.
εξωτερικός [eksotereekos] external || foreign.
εξωτικό, το [eksoteeko] spook, spectre, wraith.
εξωτικός [eksoteekos] exotic || outlandish.
εξωφρενικός [eksofreneekos] crazy || maddening || unreasonable, absurd.
εξώφυλλο, το [eksofeelo] cover, flyleaf || (παραθύρου) shutter.
εορτάζω [eortazo] celebrate.
εορτή, η [eortee] holiday || name day || festival.
επάγγελμα, το [epangelma] profession, vocation ||
επαγγελματίας, ο craftsman, businessman.
έπαθλο, το [epathlo] prize, trophy.
έπαινος, ο [epenos] praise.
επαινώ [epeno] praise, speak highly of.
επακόλουθα, τα [epakoloutha] πλ consequences.
επακολουθώ [epakoloutho] follow, come after.
έπακρο, το [epakro]: **στο** ~ extremely, to the extreme.
επαλείφω [epaleefo] smear (with), anoint (with).
επαληθεύω [epaleethevo] establish, verify.
επάλληλος [epaleelos] successive, one after another.
επανάγω [epanago] bring back (again).
επανακτώ [epanakto] recover.
επαναλαμβάνω [epanalamvano] repeat, resume.
επανάληψη, η [epanaleepsee] resumption, repetition.
επανάσταση, η [epanastasee] revolution.
επαναστάτης, ο [epanastatees] revolutionary, rebel.
επαναστατικός [epanastateekos] revolutionary.
επαναστατώ [epanastato] revolt, rebel.
επαναφέρω [epanafero] restore, bring back.
επανειλημμένος [epaneeleemenos] repeatedly.
επανέρχομαι [epanerhome] return.
επάνοδος, η [epanoδos] return.
επανόρθωση, η [epanorthosee] reparation, restoration.
επαξίως [epakseeos] deservedly, worthily.
επάρατος [eparatos] (μεταφ) hateful, abominable.
επάρκεια, η [eparkeea] sufficiency, adequacy.

έπαρση, η [eparsee] conceit, haughtiness.
επαρχία, η [eparheea] province, district.
επαρχιώτης, ο [eparheeotees] provincial.
έπαυλη, η [epavlee] villa || country house.
επαφή, η [epafee] contact, touch.
επείγομαι [epeegome] be in a hurry, make haste.
επειγόντως [epeegontos] urgently.
επείγων [epeegon] urgent, pressing.
επειδή [epeeδee] because, as, for, since.
επεισόδιο, το [epeesoδeeo] episode, incident || (καυγάς) quarrel, dispute.
έπειτα [epeeta] next, then, afterwards || moreover || ~ **από** after.
επέκταση, η [epektasee] extension.
επεκτείνω [epekteeno] extend, prolong.
επεμβαίνω [epemveno] interfere, intervene.
επέμβαση, η [epemvasee] intervention, interference || (ιατρ) operation.
επένδυση, η [epenδeesee] lining, covering || (οικον) investment.
επεξεργασία, η [epeksergaseea] processing, elaboration.
επεξήγηση, η [epekseeyeesee] explanation, elucidation.
επέρχομαι [eperhome] come suddenly, occur, happen.
επέτειος, η [epeteeos] anniversary.
επευφημώ [epefeemo] cheer, applaud.
επηρεάζω [epeereazo] influence, affect.
επί [epee] on, upon, over, above || (διάρκεια) for || ~ **πλέον** furthermore || ~ **τέλους** at last.
επιβάλλομαι [epeevalome] assert o.s. || be indispensable.
επιβάλλω [epeevalo] impose, inflict.
επιβαρύνω [epeevareeno] burden.
επιβατηγό, το [epeevateego] passenger ship.
επιβάτης, ο [epeevatees] passenger.
επιβατικό, το [epeevateeko] passenger vehicle, passenger ship.
επιβεβαιώνω [epeeveveono] confirm, corroborate.
επιβιβάζομαι [epeeveevazome] embark, go on board.
επιβιβάζω [epeeveevazo] put aboard.
επιβλαβής [epeevlavees] harmful.
επιβλέπω [epeevlepo] supervise.
επιβλητικός [epeevleeteekos] imposing.
επιβολή, η [epeevolee] imposition, infliction.
επιβουλεύομαι [epeevoulevome] plot against.
επιβραδύνω [epeevraδeeno] retard, delay.
επίγειος [epeeyeeos] earthly, worldly.
επίγνωση, η [epeegnosee] knowledge, understanding.
επίγραμμα, το [epeegrama] epigram.
επιγραφή, η [epeegrafee] inscription || (βιβλίου) title.
επιδεικνύομαι [epeeδeekneeome] show off, be pompous.
επιδεικνύω [epeeδeekneeo] display || show off.
επιδεικτικός [epeeδeekteekos] showy.
επιδείνωση, η [epeeδeenosee] aggravation.
επίδειξη, η [epeeδeeksee] display || showing off.
επιδέξιος [epeeδekseeos] skilful.
επιδερμίδα, η [epeeδermeeδa] complexion || epidermis.
επίδεσμος, ο [epeeδesmos] bandage.

επιδέχομαι [epeeðehome] allow, be susceptible to, tolerate.
επιδημία, η [epeeðeemeea] epidemic.
επιδιόρθωση, η [epeeðeeorthosee] repair, mending.
επιδιώκω [epeeðeeoko] aim at, pursue, seek.
επιδοκιμάζω [epeeðokeemazo] approve.
επίδομα, το [epeeðoma] allowance, extra pay.
επίδοση, η [epeeðosee] presentation, delivery || (νομ) deposit || (μεταφ) progress, development || (αθλητ) record.
επίδραση, η [epeeðrasee] effect, influence.
επιδρομή, η [epeeðromee] invasion, raid.
επιδρώ [epeeðro] influence, act upon.
επιεικής [epieekees] lenient, indulgent.
επιζήμιος [epeezeemeeos] harmful, injurious.
επιζώ [epeezo] survive, outlive.
επίθεση, η [epeethesee] attack || application.
επιθετικός [epeetheteekos] aggressive.
επίθετο, το [epeetheto] adjective || surname.
επιθεώρηση, η [epeetheoreesee] inspection || (περιοδικό) review || (θέατρο) revue.
επιθυμία, η [epeetheemeea] desire, wish.
επιθυμώ [epeetheemo] wish for, desire.
επίκαιρος [epeekeros] timely, opportune || topical.
επικαλούμαι [epeekaloume] invoke.
επίκειμαι [epeekeeme] be imminent || impend.
επικερδής [epeekerðees] profitable.
επικεφαλίδα, η [epeekefaleeða] headline || title.
επικίνδυνος [epeekeenðeenos] dangerous, hazardous.
επικοινωνία, η [epeekeenoneea] contact, communication.
επικοινωνώ [epeekeenono] communicate.
επικός [epeekos] epic.
επικράτεια, η [epeekrateea] state, dominion.
επικρατώ [epeekrato] prevail, predominate.
επικρίνω [epeekreeno] criticize, censure.
επικροτώ [epeekroto] approve.
επικυρώνω [epeekeerono] ratify, confirm, sanction.
επιλαχών, ο [epeelahon] runner-up.
επιληψία, η [epeeleepseea] epilepsy.
επιλογή, η [epeeloyee] selection, choice.
επίλογος, ο [epeelogos] epilogue || conclusion.
επιλοχίας, ο [epeeloheeas] sergeant-major.
επίμαχος [epeemahos] disputed || controversial.
επιμελής [epeemelees] diligent, industrious, careful.
επιμελητήριο, το [epeemeleeteereeo] (εμπορικό) chamber of commerce.
επιμελητής, ο [epeemeleetees] superintendent || (university) tutor.
επιμελούμαι [epeemeloume] take care of.
επιμένω [epeemeno] insist, persist.
επιμήκης [epeemeekees] oblong, elongated.
επιμονή, η [epeemonee] insistence, perseverance.
επίμονος [epeemonos] persistent, stubborn, obstinate.

επινοώ [epeenoo] invent, contrive, devise.
επίπεδο, το [epeepeðo] level || (βιοτικό) standard of living.
επίπεδος [epeepeðos] plane, level, flat || even.
επιπίπτω [epeepeepto] fall upon.
έπιπλα, τα [epeepla] πλ furniture.
επιπλέω [epeepleo] float || (μεταφ) keep afloat.
επίπληξη, η [epeepleeksee] reproach, rebuke.
επιπλήττω [epeepleeto] reproach, chide.
επιπλοκή, η [epeeplokee] complication.
επιπλώνω [epeeplono] furnish.
επίπλωση, η [epeeplosee] furnishing.
επιπόλαιος [epeepoleos] superficial || frivolous.
επίπονος [epeeponos] laborious, toilsome.
επίρρημα, το [epeereema] adverb.
επιρροή, η [epeeroee] influence.
επίσημος [epeeseemos] official, formal.
επίσης [epeesees] likewise, also, too.
επισιτισμός, ο [epeeseeteesmos] provisioning, provisions.
επισκεπτήριο, το [epeeskepteereeo] visiting card || visiting hour.
επισκέπτης, ο [epeeskeptees] visitor.
επισκέπτομαι [epeeskeptome] visit, call upon.
επισκευάζω [epeeskevazo] repair, mend.
επισκευή, η [epeeskevee] repairing, mending.
επίσκεψη, η [epeeskepsee] visit, call.
επίσκοπος, ο [epeeskopos] bishop.
επισπεύδω [epeespevðo] hasten, rush.
επιστάτης, ο [epeestatees] supervisor || overseer || attendant.
επιστήθιος [epeesteetheeos]: ~ **φίλος** bosom friend.
επιστήμη, η [epeesteemee] science.
επιστημονικός [epeesteemoneekos] scientific.
επιστήμων, ο, η [epeesteemon] scientist, professional (person) || expert.
επιστολή, η [epeestolee] letter.
επιστράτευση, η [epeestratevsee] mobilization, call-up.
επιστρέφω [epeestrefo] return.
επιστροφή, η [epeestrofee] return.
επίστρωμα, το [epeestroma] covering.
επισυνάπτω [epeeseenapto] annex, attach.
επισύρω [epeeseero] attract, draw, catch one's eye.
επισφαλής [epeesfalees] precarious, risky || unstable.
επιταγή, η [epeetayee] order || cheque.
επιτακτικός [epeetakteekos] imperative.
επίταξη, η [epeetaksee] requisition.
επιτάφιος, ο [epeetafeeos] Good Friday procession.
επιταχύνω [epeetaheeno] accelerate, speed up.
επιτελείο, το [epeeteleeo] (general) staff.
επιτετραμμένος, ο [epeetetramenos] chargé d'affaires.
επίτευγμα, το [epeetevgma] achievement.
επίτευξη, η [epeetevksee] attainment || obtaining.
επιτήδειος [epeeteeðeeos] suitable for || clever, skilful.
επίτηδες [epeeteeðes] on purpose, purposely.
επιτηδευμένος [epeeteeðevmenos] affected.

επιτηρώ [epeeteero] supervise, oversee, watch.
επιτίθεμαι [epeeteetheme] attack, assail, assault.
επίτιμος [epeeteemos] honorary.
επιτόκιο, το [epeetokeeo] compound interest.
επίτομος [epeetomos] abridged, shortened, condensed.
επί τόπου [epeetopou] on the spot.
επιτρέπω [epeetrepo] allow, permit.
επιτροπή, η [epeetropee] committee, commission.
επίτροπος, ο [epeetropos] guardian, trustee || commissioner.
επιτυγχάνω [epeeteenghano] attain, get || get right || (κατά τύχην) meet, find || (στη δουλειά) succeed.
επιτυχής [epeeteehees] successful.
επιτυχία, η [epeeteeheea] success.
επιφάνεια [epeefaneea] surface.
επιφανής [epeefanees] eminent, prominent.
Επιφάνια, τα [epeefaneea] πλ Epiphany.
επιφέρω [epeefero] bring about, cause.
επιφυλακή, η [epeefeelakee]: **σε** ~ at the ready, on the alert.
επιφύλαξη, η [epeefeelaksee] circumspection || reservation.
επιφυλάσσομαι [epeefeelasome] reserve, intend.
επιφώνημα, το [epeefoneema] (γραμμ) interjection.
επιχείρημα, το [epeeheereema] argument || attempt.
επιχειρηματίας, ο [epeeheereemateeas] businessman.
επιχείρηση, η [epeeheereesee] undertaking || (οικον) enterprise, business || (στρατ) operation.
επιχρυσώνω [epeehreesono] gild.
εποικοδομητικός [epeekoðomeeteekos] constructive, edifying.
επόμενος [epomenos] next, following.
επομένως [epomenos] consequently, therefore.
επονομάζω [eponomazo] surname, name.
εποπτεύω [epoptevo] supervise, oversee, inspect.
επουλώνω [epoulono] heal.
εποχή, η [epohee] epoch, era || (του έτους) season.
επτά [epta] seven.
επτακόσιοι [eptakosiee] seven hundred.
επώδυνος [epoðeenos] painful.
επωμίδα, η [epomeeða] epaulette.
επωμίζομαι [epomeezome] shoulder (a burden).
επωνυμία, η [eponeemeea] (nick)name || surname || (εταιρείας) title.
επώνυμο, το [eponeemo] surname, family name.
επωφελής [epofelees] profitable, beneficial, useful.
επωφελούμαι [epofeloume] take advantage, avail o.s., profit.
έρανος, ο [eranos] fund, collection.
ερασιτέχνης, ο [eraseetehnees] amateur.
εραστής, ο [erastees] lover.
εργάζομαι [ergazome] work || function.
εργαλείο, το [ergaleeo] tool, implement.
εργασία, η [ergaseea] work, job, business || (επιδεξιότητα) workmanship.
εργαστήριο, το [ergasteereeo] laboratory || studio || workshop.
εργάτης, ο [ergatees] labourer, worker || (ναυτ) windlass.
εργατιά, η [ergateea] working class.
εργατικός [ergateekos] industrious, of the working class.
εργένης, ο [ergenees] bachelor.

εργοδηγός, ο [ergoδeegos] foreman.
εργοδότης, ο [ergoδotees] employer.
εργολάβος, ο [ergolavos] contractor.
έργο, το [ergo] work || act, deed || (βιβλίο) book || (σινεμά) film.
εργοστάσιο, το [ergostaseeo] factory || works.
εργόχειρο, το [ergoheero] handiwork || (κέντημα) embroidery.
ερεθίζω [eretheezo] irritate, excite.
ερεθισμός, ο [eretheesmos] irritation.
ερείπιο, το [ereepeeo] ruin, wreck.
έρευνα, η [erevna] (re)search, investigation.
ερευνητής, ο [erevneetees] researcher || explorer.
ερευνώ [erevno] search, investigate.
ερημιά, η [ereemeea] solitude || wilderness.
έρημος, η [ereemos] desert || (επιθ) desolate, deserted.
ερημώνω [ereemono] lay waste, devastate.
έριδα, η [ereeδa] dispute, quarrel.
ερίφι, το [ereefee] kid.
έρμαιο, το [ermeo] prey || victim.
ερμηνεία, η [ermeeneea] interpretation.
ερμηνεύω [ermeenevo] interpret.
ερμητικός [ermeeteekos] hermetic.
ερπετό, το [erpeto] reptile.
έρπω [erpo] crawl, creep.
ερυθρόδερμος, ο [ereethroδermos] redskin.
ερυθρός [ereethros] red.
έρχομαι [erhome] come.
ερχόμενος [erhomenos] coming, next.
ερχομός, ο [erhomos] coming, arrival.
ερωμένη, η [eromenee] mistress.
ερωμένος, ο [eromenos] lover.
έρωτας, ο [erotas] love, passion.
ερωτευμένος [erotevmenos] in love.
ερωτεύομαι [erotevome] fall in love.
ερώτημα, το [eroteema] question, problem.
ερωτηματικό, το [eroteemateeko] question mark.
ερωτηματολόγιο, το [eroteematoloyeeo] questionnaire.
ερώτηση, η [eroteesee] question, query.
ερωτικός [eroteekos] erotic || amatory.
ερωτύλος [eroteelos] amorous.
ερωτώ [eroto] ask, inquire || question.
εσκεμμένος [eskemenos] premeditated || deliberately.
εσοδεία, η [esoδeea] crop, harvest.
έσοδο, το [esoδo] income, revenue, receipt.
εσοχή, η [esohee] recess, indentation.
εσπεριδοειδή, τα [espereeδoeeδee] πλ citrus fruits.
εσπερινός, ο [espereenos] vespers.
εσπευσμένος [espevsmenos] hasty, hurried.
εστία, η [esteea] hearth, fireplace || (σπίτι) home || (λίκνος) cradle || (σόμπας) burner.
εστιατόριο, το [esteeatoreeo] restaurant.
έστω [esto] so be it || ~ **και** even, if.
εσύ [esee] you.
εσχάρα, η [eshara] grill, gridiron, grid.
έσχατος [eshatos] extreme, utmost, last.
έσω [eso] within, inside.
εσωκλείω [esokleeo] enclose.
εσώρρουχα, τα [esorouha] πλ underclothes, underwear.

εσωτερικός [esotereekos] interior, inner, internal || domestic.
εταιρεία, η [etereea] company, society, firm, partnership.
ετερογενής [eterogenees] heterogeneous.
έτερος [eteros] (an)other || **αφ' ετέρου** on the other hand.
ετήσιος [eteeseeos] annual, yearly.
ετικέττα, η [eteeketa] label, price tag.
ετοιμάζομαι [eteemazome] get ready, prepare.
ετοιμάζω [eteemazo] prepare, make ready.
ετοιμασία, η [eteemaseea] preparation.
έτοιμος [eteemos] ready.
έτος, το [etos] year.
έτσι [etsee] thus, so, like this, like that, in this way || ~ **κι** ~ middling || in any case, || ~ **κι αλλοιώς** in any case, either way.
ετυμηγορία, η [eteemeegoreea] verdict.
ετυμολογία, η [eteemoloyeea] etymology.
ευ- [ev] well, easily.
ευαγγέλιο, το [evangeleeo] gospel.
Ευαγγελισμός, ο [evangeleesmos] Annunciation.
ευάερος [evaeros] well-ventilated, airy.
ευαισθησία, η [evestheeseea] sensitivity.
ευαίσθητος [evestheetos] sensitive.
ευανάγνωστος [evanagnostos] legible.
εύγε [evye] (επιφ) bravo!, good show!
ευγένεια, η [evgeneea] courtesy, politeness.
ευγενικός [evyeneekos], **ευγενής** [evyenees] polite, courteous.
εύγευστος [evyevstos] palatable, tasty.
ευγλωττία, η [evgloteea] eloquence.
ευγνωμοσύνη, η [evgnomoseenee] gratitude.
ευγνώμων [evgnomon] grateful, thankful.
ευδαιμονία, η [evðemoneea] prosperity || happiness.
ευδιάθετος [evðeeathetos] in good humour.
ευδιάκριτος [evðeeakreetos] discernible, distinct.
ευδοκιμώ [evðokeemo] succeed || thrive || prosper.
ευδοκώ [evðoko] be pleased to, deign, consent.
ευέξαπτος [eveksaptos] irritable, excitable.
ευεργέτης, ο [everyetees] benefactor.
ευεργετικός [everyeteekos] beneficial, beneficent, charitable.
εύζωνας, ο [evzonas] evzone.
ευήλιος [eveeleeos] sunny.
ευημερώ [eveemero] prosper.
ευθεία, η [evtheea] straight line || **κατ'** ~ direct, straight.
εύθετος [evthetos] suitable, proper, convenient.
εύθικτος [evtheektos] touchy, sensitive.
εύθραυστος [evthravstos] fragile, brittle.
ευθύγραμμος [evtheegramos] straight, rectilinear.
ευθυμία, η [evtheemeea] gaiety, cheerfulness.
εύθυμος [evtheemos] merry, gay, cheerful.
ευθύνη, η [evtheenee] responsibility.
ευθύνομαι [evtheenome] be responsible, be accountable.
ευθύς [evthees] (επιρ) immediately, at once.
ευθύς [evthees] straight, upright || (τίμιος) honest, straightforward.

ευκαιρία, η [evkereea] opportunity, chance || (εμπόριο) bargain.
εύκαιρος [evkeros] opportune || (ελεύθερος) available, free.
ευκάλυπτος [evkaleeptos] eucalyptus.
εύκαμπτος, ο [evkambtos] flexible, pliable.
ευκατάστατος [evkatastatos] well-to-do, well-off.
ευκίνητος [evkeeneetos] agile, nimble.
ευκοιλιότητα, η [evkeeleeoteeta] diarrhoea.
ευκολία, η [evkoleea] ease, convenience || (χάρη) favour.
εύκολος [evkolos] easy || convenient.
ευκολύνω [evkoleeno] facilitate.
ευκρατής [evkratees] temperate, mild.
ευλαβής [evlavees] devout, pious.
ευλογία, η [evloyeea] blessing, benediction.
ευλογιά, η [evloya] smallpox.
ευλογώ [evlogo] bless.
ευλύγιστος [evleeyeestos] flexible, supple, pliant.
ευμενής [evmenees] benevolent, kind, well-disposed.
ευμετάβλητος [evmetavleetos] changeable, inconstant.
ευνόητος [evnoeetos] easily understood || intelligible.
εύνοια, η [evneea] favour, goodwill.
ευνοϊκός [evnoeekos] propitious, favourable.
ευνοούμενος [evnooumenos] favourite.
ευνοώ [evnoo] favour.
ευπαθής [evpathees] sensitive, delicate.
ευπαρουσίαστος [evparouseeastos] presentable, imposing.
εύπιστος [evpeestos] credulous, gullible.
εύπορος [evporos] well-off, prosperous.
ευπρέπεια, η [evprepeea] propriety || decency.
ευπρεπίζω [evprepeezo] put in order || adorn, embellish.
ευπρόσδεκτος [evprosδektos] welcome, acceptable.
ευπρόσιτος [evproseetos] accessible, approachable.
ευρετήριο, το [evreteereeo] index, catalogue.
ευρέως [evreos] widely, largely.
εύρημα, το [evreema] find, discovery.
ευρίσκω [evreesko] βλ **βρίσκω.**
ευρύς [evrees] wide, extended, broad.
ευρύχωρος [evreehoros] spacious, roomy.
ευρωπαϊκός [evropaeekos] European.
Ευρώπη, η [evropee] Europe.
ευσέβεια, η [evseveea] piety, devoutness.
ευσεβής [evsevees] pious, devout.
ευσπλαγχνία, η [evsplanghneea] compassion, pity.
ευστάθεια, η [evstatheea] stability, firmness.
εύστοχος [evstohos] well-aimed, proper.
εύστροφος [evstrofos] agile, nimble, versatile.
ευσυνείδητος [evseeneeδeetos] conscientious || scrupulous.
εύσωμος [evsomos] well-built, stout, sturdy.
ευτέλεια, η [evteleea] meanness, baseness, cheapness.
ευτελής [evtelees] cheap, mean, worthless.
ευτύχημα, το [evteeheema] good luck, lucky thing.
ευτυχής [evteehees] lucky, fortunate, happy.

ευτυχία, η [evteeheea] happiness, good fortune.
ευτυχισμένος [evteeheesmenos] βλ **ευτυχής**.
ευτυχώς [evteehos] luckily, happily, fortunately.
ευυπόληπτος [eveepoleeptos] reputable, esteemed.
εύφλεκτος [evflektos] inflammable.
ευφορία, η [evforeea] fruitfulness, fertility.
ευφράδεια, η [evfraðeea] eloquence.
ευφυής [evfiees] intelligent, witty, clever.
ευφυΐα, η [evfieea] intelligence, wit, ingenuity.
ευχαρίστηση, η [evhareesteesee] satisfaction, pleasure.
ευχαριστίες, οι [evhareesties] πλ thanks.
ευχάριστος [evhareestos] pleasant, agreeable.
ευχαρίστως [evhareestos] gladly, with pleasure.
ευχαριστώ [evhareesto] thank || please, gratify || thank you.
ευχέρεια, η [evhereea] ease, facility.
ευχή, η [evhee] prayer || wish || blessing.
εύχομαι [evhome] wish, hope.
εύχρηστος [evhreestos] useful, handy || in general use.
εφ [ef] βλ **επί**.
εφάμιλλος [efameelos] equal to, on a par with, a match for.
εφάπαξ [efapaks] in a lump sum, once only.
εφαπτόμενη, η [efaptomenee] tangent.
εφαρμογή, η [efarmoyee] application, fitting.
εφαρμόζω [efarmozo] fit || apply || enforce.
έφεδρος, ο [efeðros] reservist.
εφεξής [efeksees] henceforth, hereafter.
έφεση, η [efesee] (νομ) appeal.
εφετείο, το [efeteeo] court of appeal.
εφέτος [efetos] this year.
εφεύρεση, [efevresee] invention.
εφευρετικός [efevreteekos] inventive, ingenious.
έφηβος, ο [efeevos] youth, adolescent.
εφηβικός [efeeveekos] of youth, of puberty || **εφηβική ηλικία** adolescence.
εφημερεύω [efeemerevo] be on duty.
εφημερίδα, η [efeemereeða] newspaper, journal, gazette.
εφιάλτης, ο [efeealtees] nightmare.
εφικτός [efeektos] possible, attainable, feasible.
εφιστώ [efeesto]: ~ **την προσοχή** draw attention to.
εφόδια, τα [efoðeea] πλ supplies, equipment || **εφοδιάζω** supply, equip, furnish.
έφοδος [efoðos] charge, assault, attack.
εφοπλιστής, ο [efopleestees] shipowner.
εφορεία, η [eforeea] tax office, revenue department.
έφορος, ο [eforos] inspector, director, keeper, curator.
εφτά [efta] βλ **επτά**.
εφτακόσιοι [eftakosiee] βλ **επτακόσιοι**.
εχεμύθεια, η [ehemeetheea] secrecy, discretion || **υπό ~ν** under pledge of secrecy.
εχθές [ehthes] yesterday.
έχθρα, η [ehthra] enmity, hostility.
εχθρεύομαι [ehthrevome] hate, dislike.
εχθρικός [ehthreekos] hostile, (of the) enemy, inimical.

εχθρικότητα, η [ehthreekoteeta] hostility.
εχθροπραξίες, οι [ehthropraksies] πλ hostilities.
εχθρός, ο [ehthros] enemy, foe.
έχιδνα, η [eheeðna] viper, adder.
έχω [eho] have, keep || consider || cost, be worth || ~ **δίκιο** I am right || **τι έχεις;** what's wrong?, what's the matter?
εψιλο, το [epseelo] the letter E.
έως [eos] till, until, to || as far as.

Ζ, ζ

ζαβολιά, η [zavolia] cheating, trickery.
ζαβός [zavos] crooked, perverse || clumsy.
ζακέτα, η [zaketa] jacket.
ζαλάδα, η [zalaða] giddiness, dizziness || headache.
ζάλη, η [zalee] dizziness.
ζαλίζομαι [zaleezome] become dizzy, become confused.
ζαλίζω [zaleezo] make dizzy, confuse, daze, stun.
ζαμπό, το [zambo] ham.
ζάπλουτος [zaploutos] very rich, opulent.
ζάρα, η [zara] crease, wrinkle.
ζάρια, τα [zareea] πλ dice.
ζαρκάδι, το [zarkaðee] roe(buck).
ζάρωμα, το [zaroma] creasing, wrinkling || crease, wrinkle.
ζαρώνω [zarono] crease, wrinkle || shrink.
ζαφείρι, το [zafeeree] sapphire.
ζαχαρένιος [zahareneeos] sugary || (μεταφ) honeyed.
ζάχαρη, η [zaharee] sugar.
ζαχαροκάλαμο, το [zaharokalamo] sugar cane.
ζαχαροπλαστείο, το [zaharoplasteeo] confectioner's (shop), cake shop.
ζαχαρωτά, τα [zaharota] πλ sweets.
ζεματίζω [zemateezo] scald || be very hot.
ζεματιστός [zemateestos] scalding, boiling.
ζενίθ, το [zeneeth] zenith.
ζερβός [zervos] left-handed || left.
ζέση, η [zesee] boiling || (μεταφ) warmth, fervour.
ζεσταίνομαι [zestenome] get warm, feel hot.
ζεσταίνω [zesteno] heat up, warm.
ζεστασιά, η [zestasia] warmth, heat.
ζέστη, η [zestee] heat, warmth || **κάνει** ~ it's hot, it's warm.
ζεστός [zestos] hot, warm.
ζευγαράκι, το [zevgarakee] pair (of lovers).
ζευγάρι, το [zevgaree] pair, couple || (βοδιών) yoke.
ζευγνύω [zevgneeo] yoke, harness, link.
ζεύγος, το [zevgos] pair, couple.
ζεύξη, η [zevksee] yoking || bridging, junction.
ζέφυρος, ο [zefeeros] light breeze.
ζήλεια, η [zeeleea] envy, jealousy.
ζηλευτός [zeelevtos] enviable, desirable || much desired.
ζηλεύω [zeelevo] envy, be jealous of.
ζηλιάρης [zeeleearees] envious, jealous.
ζήλος, ο [zeelos] zeal, ardour, eagerness.
ζηλότυπος [zeeloteepos] βλ **ζηλιάρης**.
ζημία, η [zeemeea] damage, loss, injury || harm.
ζημιώνω [zeemeeono] damage, cause a loss, injure.
ζήτα, το [zeeta] the letter Z.
ζήτημα, το [zeeteema] question, subject, matter || **είναι** ~ it's doubtful (whether).

ζήτηση, η [zeeteesee] demand || search, pursuit.
ζητιανεύω [zeeteeanevo] beg, ask for alms.
ζητιάνος, ο [zeeteeanos] beggar.
ζήτω [zeeto] (επιφ) long live!, up with!
ζητώ [zeeto] seek, ask for, look for, demand || beg.
ζητωκραυγή, η [zeetokravgee] cheer.
ζιζάνιο, το [zeezaneeo] (μεταφ) naughty person || (βοτ) weed.
ζόρι, το [zoree] force, violence || difficulty || **με το ~** against one's will.
ζορίζω [zoreezo] force, exert pressure on.
ζόρικος [zoreekos] hard, difficult || (επι άνθρωπος) hard to please, irksome.
ζούγκλα η [zoungla] jungle.
ζουζούνι, το [zouzounee] insect.
ζούλισμα, το [zouleesma] squeezing, crushing.
ζουμερός [zoumeros] juicy, succulent.
ζουμί, το [zoumee] juice || broth || (ψητού) gravy.
ζουμπούλι, το [zoumboulee] hyacinth.
ζούρλα, η [zourla] lunacy, folly.
ζουρλομανδύας, ο [zourlomanðeeas] strait jacket.
ζοφερός [zoferos] dark, gloomy.
ζοχάδα, η [zohaða] peevishness, sourness, sullenness.
ζυγαριά, η [zeegaria] pair of scales, balance.
ζυγίζομαι [zeeyeezome] hover over.
ζυγίζω [zeeyeezo] weigh.
ζυγός, ο [zeegos] yoke || (παλάντζας) scale, beam.
ζυγός [zeegos] even (number) || **μονά ζυγά** odd or even.
ζυγώνω [zeegono] draw near.
ζύθος, ο [zeethos] beer, ale.
ζυμάρι, το [zeemaree] dough || **ζυμαρικά** pastry, pies, cakes.
ζύμη, η [zeemee] leaven, dough.
ζύμωμα, το [zeemoma] kneading.
ζυμώνομαι [zeemonome] ferment.
ζυμώνω [zeemono] knead || ferment.
ζύμωση, η [zeemosee] fermentation.
ζω [zo] live, experience || lead a life.
ζωγραφιά, η [zografia] painting, drawing.
ζωγραφική, η [zografeekee] painting.
ζωγραφιστός [zografeestos] painted.
ζωγράφος, ο [zografos] painter, artist.
ζώδιο, το [zoðeeo] sign of the zodiac.
ζωέμπορος, ο [zoemboros] cattle dealer.
ζωή, η [zoee] life, living || lifetime.
ζωηρεύω [zoeerevo] become lively || brighten up.
ζωηρός [zoeeros] lively, vivid || (θερμός) warm, animated || (χρώματος) bright || (εύθυμος) gay, full of life.
ζωηρότητα, η [zoeeroteeta] heat, warmth || (κινήσεως) quickness, promptness || (βλέμματος) vivacity, brightness.
ζωικός [zoeekos] animal || vital, necessary.
ζωμός, ο [zomos] broth, soup.
ζωνάρι, το [zonaree] belt, sash, girdle, waistband.
ζώνη, η [zonee] zone || βλ και **ζωνάρι.**
ζωντανεύω [zontanevo] revive, return to life.
ζωντάνια, η [zontaneea] liveliness, alertness.
ζωντανός [zontanos] living, live, vivid || lively.

ζωντοχήρα, η [zontoheera] divorced woman, divorcée.
ζωντοχήρος, ο [zontoheeros] divorced man, divorcé.
ζωογονώ [zoogono] animate || (μεταφ) stimulate, excite.
ζωοκλοπή, η [zooklopee] cattle rustling, sheep stealing.
ζωολογία, η [zooloyeea] zoology.
ζώο, το [zoo] animal || (μεταφ) fool, ass.
ζωοτροφές, οι [zootrofes] πλ animal fodder, food stuffs.
ζωόφιλος [zoofeelos] fond of animals.
ζωπυρώ [zopeero] rekindle, revive.
ζωτικός [zoteekos] vital.
ζωτικότητα, η [zoteekoteeta] vitality || (μεταφ) vital importance.
ζωύφιο, το [zoeefeeo] insect, louse || πλ vermin.

Η, η

η [ee] the.
ή [ee] or || ~ ... ~ either ... or || (συγκριτικός) than.
ήβη, η [eevee] puberty.
ηγεμόνας, ο [eeyemonas] prince, sovereign || governor.
ηγεσία, η [eeyeseea] leadership.
ηγέτης, ο [eeyetees] leader, chief.
ηγούμαι [eegoume] lead, command.
ηγούμενος, ο [eegoumenos] abbot.
ήδη [eeðee] already, even now.
ηδονή, η [eeðonee] delight, sensual pleasure, lust.
ηδονικός [eeðoneekos] delightful || sensual.
ηθική, η [eetheekee] ethics || morality.
ηθικό, το [eetheeko] morale || morality, morals.
ηθικός [eetheekos] ethical, moral || virtuous, modest.
ηθογραφία, η [eethografeea] folk customs, folklore.
ηθοποιία, η [eethopieea] acting.
ηθοποιός, ο, η [eethopeeos] actor, actress.
ήθη, τα [eethee] πλ manners, habits, customs.
ήθος, το [eethos] character, nature, manner.
ηλεκτρίζω [eelektreezo] electrify.
ηλεκτρικό, το [eelektreeko] electricity.
ηλεκτρικός [eelektreekos] electric.
ηλεκτρισμός, ο [eelektreesmos] electricity.
ηλεκτρολόγος, ο [eelektrologos] electrician.
ηλεκτρονική, η [eelektroneekee] πλ electronics.
ηλεκτρόνιο, το [eelektroneeo] electron.
ηλεκτροπληξία, η [eelektropleekseea] electric shock.
ηλιακός [eeleeakos] of the sun, solar.
ηλίαση, η [eeleeasee] sunstroke.
ηλίθιος [eeleetheeos] idiotic, stupid, silly.
ηλικία, η [eeleekeea] age.
ηλικιωμένος [eeleekeeomenos] aged, advanced in years.
ηλιοβασίλεμα, το [eeleeovaseelema] sunset.
ηλιοθεραπεία, η [eeleeotherapeea] sunbathing.
ηλιοκαμένος [eeleeokamenos] sunburnt, tanned.
ήλιος, ο [eeleeos] sun || (φυτό) sunflower.
ημέρα, η [eemera] day || **της ~ς** fresh, today's.
ημερεύω [eemerevo] tame, domesticate || calm down, appease.
ημερήσιος [eemereeseeos] daily, everyday.
ημερολόγιο, το [eemeroloyo]

calendar, almanac || (πλοίου) logbook || (ατόμου) diary.
ημερομηνία, η [eemeromeeneea] date.
ημερομίσθιο, το [eemeromeestheeo] daily wage.
ήμερος [eemeros] domesticated || tame, gentle.
ημερώνω [eemerono] tame || calm down, pacify.
ημιαργία, η [eemeearyeea] half-day (holiday).
ημιεπίσημος [eemiepeeseemos] semi-official.
ημιθανής [eemeethanees] half-dead.
ημίθεος, ο [eemeetheos] demigod.
ημικύκλιο, το [eemeekeekleeo] semicircle.
ημιμαθής [eemeemathees] half-learned (person), having a smattering of learning.
ημίμετρα, τα [eemeemetra] πλ half-measures.
ημιπληγία, η [eemeepleeyeea] stroke, paralysis.
ημισέληνος, η [eemeeseleenos] crescent.
ήμισυ, το [eemeesee] half.
ημισφαίριο, το [eemeesfereeo] hemisphere.
ημιτελής [eemeetelees] half-finished.
ημίφως, το [eemeefos] twilight || dim light.
ημίχρονο, το [eemeehrono] (αθλητ) half-time.
ημίωρο, το [eemeeoro] half-hour.
ηνίο, το [eeneeo] rein, bridle.
ηνωμένος [eenomenos] united, joint || **Ηνωμένο Βασίλειο** United Kingdom || **Ηνωμένες Πολιτείες (Αμερικής)** United States (of America).
ήπαρ, το [eepar] liver.
ήπειρος, η [eepeeros] continent || mainland, land.
ηπειρωτικός [eepeeroteekos] continental.
ήπιος [eepeeos] mild, indulgent || (ασθένεια) benign.
ηρεμία, η [eeremeea] quietness, tranquility, serenity.
ήρεμος [eeremos] calm, tranquil, peaceful, still.
ηρεμώ [eeremo] be calm || keep quiet, keep still.
ηρωικός [eeroeekos] heroic.
ηρωίνη, η [eeroeenee] heroin.
ήρωας, ο [eeroas] hero.
ηρωίδα, η [eeroeeδa] heroine.
ηρωισμός, ο [eeroeesmos] heroism.
ησυχάζω [eeseehazo] grow quiet, rest, calm down.
ησυχία, η [eeseeheea] quietness, peace, serenity.
ήσυχος [eeseehos] quiet, peaceful, composed.
ήτα, το [eeta] the letter Η.
ήττα, η [eeta] defeat, beating.
ηττοπάθεια, η [eetopatheea] defeatism.
ήττον, το [eeton] less.
ηττώμαι [eetome] be defeated, succumb.
ηφαίστειο, το [eefesteeo] volcano.
ηχηρός [eeheeros] loud, ringing, resonant.
ηχητικός [eeheeteekos] producing sound, resounding.
ήχος, ο [eehos] sound.
ηχώ, η [eeho] echo, sound || (μεταφ) repercussion.
ηχώ [eeho] ring, sound, strike, reverberate.

Θ, θ

θα [tha] shall, will, should, would.
θάβω [thavo] bury, inter || (μεταφ) hide.

θαλαμηγός, η [thalameegos] yacht.
θάλαμος, ο [thalamos] room || (νοσοκομείου) ward || (ποηλάτου κτλ) inner tube || (όπλου) chamber.
θάλασσα η [thalassa] sea || **τα κάνω ~** mess up, fail.
θαλασσινά, τα [thalaseena] πλ shellfish.
θαλασσοδέρνω [thalassoðerno] buffet || (μεταφ) struggle against (adversity).
θαλασσόλυκος, ο [thalasoleekos] sea dog, mariner.
θαλασσοπόρος, ο [thalasoporos] navigator, seafarer.
θαλασσώνω [thalasono]: **τα ~** turn things topsy-turvy, mess it up.
θαλερός [thaleros] green, in bloom || (μεταφ) fresh, vigorous.
θάμβος, το [thamvos] astonishment, wonder.
θάμνος, ο [thamnos] bush, shrub, scrub.
θαμπός [thambos] (χρώμα) lifeless, without lustre || dim, cloudy.
θάμπωμα, το [thamboma] dazzle || astonishment || (ματιού) dimness || (μυαλού) confusion.
θαμπώνω [thambono] dazzle || tarnish, blur, dim || grow dim.
θαμώνας, ο [thamonas] habitué, regular customer, frequent visitor.
θανάσιμος [thanaseemos] deadly, fatal.
θανατηφόρος [thanateeforos] deadly, murderous.
θανατικός [thanateekos] capital, of death.
θάνατος, ο [thanatos] death.
θανατώνω [thanatono] execute.
θανή, η [thanee] death || funeral.
θαρραλέος [tharaleos] plucky, daring, bold.
θαρρετός [tharetos] βλ **θαρραλέος**.
θαρρεύω [tharevo] venture, dare, hazard.
θάρρος, το [tharos] daring, courage, spunk, mettle.
θαρρώ [tharo] believe, think.
θαύμα, το [thavma] miracle, wonder.
θαυμάζω [thavmazo] wonder at, admire, be amazed at.
θαυμάσιος [thavmaseeos] admirable, marvellous, superb.
θαυμασμός, ο [thavmasmos] wonder, admiration, astonishment.
θαυμαστής, ο [thavmastees] admirer, fan.
θαυμαστικό, το [thavmasteeko] exclamation mark.
θαυμαστικός [thavmasteekos] admiring.
θαυμαστός [thavmastos] admirable, astonishing.
θαυματουργός [thavmatourgos] wondrous, miracle-making, miraculous.
θάψιμο, το [thapseemo] burial.
θεά, η [thea] goddess.
θέα, η [thea] view, sight, aspect.
θέαμα, το [theama] spectacle, show || **θεαματικός** spectacular, wonderful.
θεατής, ο [theatees] spectator, onlooker.
θεατός [theatos] visible, perceptible.
θεατρικός [theatreekos] theatrical || (μεταφ) pompous, showy.
θεατρίνος, ο [theatreenos] actor.
θέατρο, το [theatro] theatre, stage.
θεία, η [theea] aunt.
θειάφι, το [theeafee] sulphur.
θεϊκός [theyeekos] divine.
θείος, ο [theeos] uncle.
θείος [theeos] divine, holy, sacred.
θέλγητρο, το [thelyeetro] charm, enchantment, attraction.
θέλγω [thelgo] charm, enchant, fascinate.

θέλημα, το [theleema] will, wish, desire || **θεληματικός** voluntary || willing.
θέληση, η [theleesee] will, volition, will power.
θελκτικός [thelkteekos] seductive, attractive, captivating.
θέλω [thelo] wish, want, require, need || be willing || ~ **να πω** I mean to say || **θέλει δεν θέλει** whether he likes it or not.
θέμα, το [thema] subject, point, topic || (γραμμ) stem, theme.
θεμέλιο, το [themeleeo] foundation || (μεταφ) basis, groundwork.
θεμιτός [themeetos] lawful, legal || permissible.
θεόγυμνος [theoyeemnos] stark naked.
θεοκρατία, η [theokrateea] theocracy.
θεολογία, η [theoloyeea] theology.
θεολογικός [theoloyeekos] theological.
θεολόγος, ο [theologos] theologian.
θεομηνία, η [theomeeneea] natural disaster, calamity.
θεοποιώ [theopeeo] (μεταφ) idolize, praise, laud.
θεόρατος [theoratos] enormous, colossal.
θεός, ο [theos] god.
θεοσεβής [theosevees] pious, devout.
θεότητα, η [theoteeta] deity.
Θεοτόκος, η [theotokos] the Virgin Mary.
θεοφάνεια, τα [theofaneea] πλ the Epiphany.
θεοφοβούμενος [theofovoumenos] godly, pious.
θεραπεία, η [therapeea] cure, treatment || recovery.
θεραπευτήριο, το [therapevteereeo] hospital, clinic || (σχολής) infirmary.
θεραπευτικός [therapevteekos] curative.
θεραπεύω [therapevo] cure, treat || (μεταφ) satisfy.
θεράπων, ο [therapon] servant || attendant.
θέρετρο, το [theretro] resort || country house.
θερίζω [thereezo] mow, cut || reap || (μεταφ) annihilate.
θερινός [thereenos] summer, summery.
θεριό, το [therio] beast.
θερισμός, ο [thereesmos] reaping, mowing, cutting.
θεριστής, ο [thereestees] reaper, mower.
θεριστικός [thereesteekos] of reaping, for mowing || sweeping.
θερμαίνομαι [thermenome] be feverish.
θερμαίνω [thermeno] heat up, warm up || (μεταφ) revive.
θέρμανση, η [thermansee] heating, warming.
θερμαστής, ο [thermastees] stoker.
θερμάστρα, η [thermastra] (heating) stove, furnace.
θέρμες, οι [therme] πλ hot springs.
θέρμη, η [thermee] fever || (μεταφ) ardour, zeal.
θερμίδα, η [thermeeδa] calorie.
θερμόαιμος [thermoemos] hot-blooded, irritable, touchy.
θερμοκήπιο, το [thermokeepeeo] hot house, greenhouse.
θερμοκρασία, η [thermokraseea] temperature.
θερμόμετρο, το [thermometro] thermometer.
θερμός [thermos] warm || (μεταφ) passionate, fervent, heated.
θερμοσίφωνας, ο [thermoseefonas] water heater.
θερμοστάτης, ο [thermostatees] thermostat.

θερμότητα, η [thermoteeta] heat, warmth || (μεταφ) zeal, earnestness.
θερμοφόρος, η [thermoforos] hot-water bottle.
θέρος, ο [theros] harvest.
θέρος, το [theros] summer.
θέση, η [thesee] place, seat || position || (στρατ) emplacement, location || (εργασίας) employment, job, office || (χώρος) room, space || (κατηγορία) class.
θεσμός, ο [thesmos] institution, law, decree.
θεσπίζω [thespeezo] decree, legislate, enact (laws).
θετικός [theteekos] positive, real, actual || (πληροφορία) definite.
θετός [thetos] adopted || foster.
θέτω [theto] put, set || impose.
θεωρείο, το [theoreeo] (θεάτρου) box || (τύπου κτλ) gallery.
θεώρημα, το [theoreema] theorem.
θεώρηση, η [theoreesee] visa || (εγγράφου) certification.
θεωρητικός [theoreeteekos] theoretical || imposing.
θεωρία, η [theoreea] theory.
θεωρώ [theoro] consider, regard, look at || certify, visa.
θήκη, η [theekee] box, case || (εργαλείων) toolbag.
θηλάζω [theelazo] suckle, nurse.
θηλαστικό, το [theelasteeko] mammal.
θηλειά, η [theelia] noose, loop, slipknot || buttonhole.
θηλή, η [theelee] nipple, teat.
θηλυκό, το [theeleeko] female.
θηλυκός [theeleekos] female || (γραμμ) feminine.
θηλυκότητα, η [theeleekoteeta] femininity.
θηλυπρεπής [theeleeprepees] effeminate, womanish.
θημωνιά, η [theemonia] stack, pile || (σανού) haystack.
θήρα, η [theera] chase, hunt || (κυνήγι) game, quarry.
θήραμα, το [theerama] game, prey.
θηρίο, το [theereeo] wild beast, brute || (μεταφ) monster, fiend.
θηριώδης [theereeoδees] fierce, savage, brutal, bestial.
θησαυρίζω [theesavreezo] hoard up, accumulate || become wealthy.
θησαυρός, ο [theesavros] treasure || (μεταφ) storehouse, thesaurus.
θησαυροφυλάκιο, το [theesavrofeelakeeo] treasury.
θήτα, το [theeta] the letter **Θ**.
θητεία, η [theeteea] military service || term of office.
θιασάρχης, ο [theeasarhees] manager, impresario.
θίασος, ο [theeasos] cast, troupe.
θίγω [theego] touch (upon) || (μεταφ) offend, insult.
θλάση, η [thlasee] breaking || (ιατρ) fracture, bruise.
θλιβερός [thleeveros] sad || (γεγονότα) deplorable, painful.
θλίβω [thleevo] press, crush || (μεταφ) afflict, distress.
θλιμμένος [thleemenos] distressed, afflicted || in mourning.
θλίψη, η [thleepsee] crushing || (μεταφ) grief, sorrow.
θνησιμότητα, η [thneeseemoteeta] death rate, mortality.
θνητός [thneetos] mortal.
θόλος [tholos] (αρχιτεκ) vault, dome || (ουρανίσκου) roof.
θολός [tholos] dull, blurred || (κρασί) turbid || (κατάσταση) confused.
θολώνω [tholono] make dull || (το μυαλό) confuse, disturb || (νερό κτλ) muddy || (ουρανός) get overcast.
θολωτός [tholotos] vaulted.
θόρυβος, ο [thoreevos] noise, turmoil, clamour.

θορυβούμαι [thoreevoume] worry, be uneasy.
θορυβώ [thoreevo] create a disturbance || disturb.
θορυβώδης [thoreevoðees] noisy, boisterous.
θρανίο, το [thraneeo] (school) desk, bench, seat.
θράσος, το [thrasos] impudence, insolence.
θρασύς [thrasees] impudent, brazen, saucy, bold.
θραύση, η [thravsee] fracture || destruction, ruin.
θραύσμα, το [thravsma] fragment || (λίθου) splinter.
θραύω [thravo] break, smash, crack.
θρεμμένος [thremenos] well-fed.
θρεπτικός [threpteekos] nourishing, nutritious.
θρέφω [threfo] βλ **τρέφω**.
θρέψη, η [threpsee] feeding, nourishing.
θρήνος, ο [threenos] lamentation, wailing.
θρηνώ [threeno] lament, mourn || complain.
θρησκεία, η [threeskeea] religion.
θρησκευτικός [threeskevteekos] religious || (ακρίβεια) scrupulous.
θρησκόληπτος [threeskoleeptos] fanatically religious.
θρήσκος [threeskos] religious.
θριαμβευτικός [threeamvefteekos] triumphant, triumphal.
θριαμβεύω [threeamvevo] triumph || (μεταφ) excel, prevail.
θρίαμβος, ο [threeamvos] triumph, victory.
θρόϊσμα, το [throeesma] rustle.
θρόμβωση, η [thromvosee] thrombosis.
θρόνος, ο [thronos] throne.
θρούμπα, η [throumba] ripe olive.
θρυλικός [threeleekos] legendary.
θρύλος, ο [threelos] legend || rumour.
θρύμμα, το [threema] fragment, scrap || **θρυμματίζω** break to pieces, shatter.
θυγατέρα, η [theegatera] daughter.
θυγατρικός [theegatreekos]: ~ **ή εταιρεία** subsidiary.
θύελλα, η [thiela] storm.
θυελλώδης [thieloðees] stormy.
θύλακας, ο [theelakas] satchel, pouch.
θύμα, το [theema] victim.
θυμάμαι [theemame] βλ **θυμούμαι**.
θυμάρι, το [theemaree] thyme.
θύμηση, η [theemeesee] memory, remembrance.
θυμητικό, το [theemeeteeko] memory.
θυμίαμα, το [theemeeama] incense.
θυμιατό, το [theemeeato] censer.
θυμίζω [theemeezo] remind, recall.
θυμός, ο [theemos] anger, rage.
θυμούμαι [theemoume] remember, recall.
θυμώνω [theemono] make angry, infuriate || get angry, flare up.
θύρα, η [theera] door, gate, doorway.
θυρίδα, η [theereða] small window || (θεάτρου) box office || (τραπέζης) counter.
θυρωρός, ο [theeroros] hall porter, concierge.
θύσανος, ο [theesanos] crest, tuft || tassel.
θυσία, η [theeseea] sacrifice || **θυσιάζω** sacrifice.
θωπεία, η [thopeea] petting, patting, stroking, caress(ing).
θωρακίζω [thorakeezo] plate with steel.
θώρακας, ο [thorakas] cuirass, breastplate || thorax.

θωρηκτό, το [thoreekto] battleship.
θωριά, η [thoria] air, appearance || colour, complexion.
θωρώ [thoro] see, look.

Ι, ι

ιαματικός [yamateekos] curative, medicinal.
ιαμβος, ο [eeamvos] iambus.
Ιανουάριος, ο [yanouareeos] January.
Ιάπωνας, ο [yaponas] Japanese (man).
ιαπωνέζικος [yaponezeekos] Japanese.
Ιαπωνία, η [yaponeea] Japan.
ιάσιμος [yaseemos] curable.
ίαση, η [eeasee] cure, healing, recovery.
ιατρείο, το [yatreeo] doctor's surgery, clinic || infirmary.
ιατρική, η [yatreekee] medicine.
ιατρικός [yatreekos] medical.
ιατρός, ο, η [yatros] doctor, physician.
ιβίκος, ό [eeveeskos] hibiscus.
ιδανικό, το [eeðaneeko] ideal.
ιδανικός [eeðaneekos] ideal.
ιδέα, η [eeðea] idea || notion, thought.
ιδεαλιστής, ο [eeðealeestees] idealist.
ιδεολογία, η [eeðeoloyeea] ideology.
ιδεολόγος, ο, η [eeðeologos] idealist.
ιδεώδης [eeðeoðees] ideal.
ιδιάζων [eeðeeazon] typical, singular.
ιδιαίτερος [eeðieteros] special, characteristic || **ο** ~ private secretary || **τα ιδιαίτερα** private affairs.
ιδιαιτέρως [eeðieteros] in particular || privately.
ιδιοκτησία, η [eeðeeokteeseea] ownership || property, estate.
ιδιοκτήτης, ο [eeðeeokteetees] owner, proprietor || landlord.
ιδιόκτητος [eeðeeokteetos] privately owned.
ιδιοποιούμαι [eeðeeopeeoume] appropriate, usurp.
ιδιόρρυθμος [eeðeeoreethmos] peculiar, original, eccentric.
ίδιος [eeðeeos] same || own, oneself || particular || ~ **με** same as || **εγώ ο** ~ I myself.
ιδιοσυγκρασία, η [eeðeeoseengkraseea] temperament, idiosyncrasy.
ιδιοτελής [eeðeeotelees] selfish, self-centred.
ιδιότητα, η [eeðeeoteeta] property, quality, characteristic.
ιδιότροπος [eeðeeotropos] peculiar, eccentric || singular.
ιδιοφυής [eeðeeofiees] talented, gifted.
ιδίωμα, το [eeðeeoma] idiom, dialect || property, characteristic || **ιδιωματικός** idiomatic.
ιδιωματισμός, ο [eeðeeomateesmos] idiom.
ιδίως [eeðeeos] specially, particularly.
ιδιωτικός [eeðeeoteekos] private, particular.
ιδιώτης, ο [eeðeeotees] individual, layman.
ιδού [eeðou] (επιφ) look!, behold!, here it is!
ίδρυμα, το [eeðreema] institution, foundation || establishment.
ίδρυση, η [eeðreesee] establishment, founding.
ιδρυτής, ο [eeðreetees] founder.
ιδρύω [eeðreeo] found, establish.
ιδρώνω [eeðrono] perspire, sweat.
ιδρώτας, ο [eeðrotas] sweat.

ιεραπόστολος, ο [ierapostolos] missionary.
ιερέας, ο [iereas] priest.
ιεροκήρυκας, ο [ierokeereekas] preacher, missionary.
ιερό, το [iero] sanctuary, holy of holies.
ιερός [ieros] holy, sacred.
ιεροσυλία, η [ieroseeleea] sacrilege.
ίζημα, το [eezeema] sediment.
ιθαγένεια, η [eethageneea] nationality, citizenship.
ιθαγενής [eethagenees] native, indigenous.
ικανοποίηση, η [eekanopieesee] satisfaction, contentment.
ικανοποιητικός [eekanopieeteekos] satisfactory, sastisfying.
ικανοποιώ [eekanopeeo] satisfy, please || (τα πάθη) satiate || (πείνα) appease.
ικανός [eekanos] capable, able || sufficient || (εργάτης) skilful.
ικανότητα, η [eekanoteeta] capacity, competence, skill.
ικετεύω [eeketevo] implore, beg.
ίκτερος, ο [eekteros] jaundice.
ιλαρά, η [eelara] measles.
ιλιγγιώδης [eeleengeeoðees] giddy, dizzy.
ίλιγγος, ο [eeleengos] giddiness, dizziness.
ιμάντας, ο [eemandas] strap || (μηχανής) belt, band.
ιματιοθήκη, η [eemateeotheekee] wardrobe || cloakroom.
ίνα, η [eena] fibre, filament.
ίνδαλμα, το [eenðalma] ideal || illusion, fancy.
Ινδία, η [eenðeea] India.
Ινδιάνος, ο [eenðeeanos] (Red) Indian || ι~ turkey.
ινδικός [eenðeekos] Indian.
Ινδονησία, [eenðoneeseea] Indonesia.
ινδονησιακός [eenðoneeseeakos] Indonesian.
Ινδονήσιος, ο [eenðoneeseeos] Indonesian.
Ινδός, ο [eenðos] Indian.
ινστιτούτο, το [eensteetouto] institute || ~ **καλλονής** beauty salon.
ίντσα, η [eentsa] inch.
ινώδης [eenoðees] fibrous || (κρέας) stringy.
ιξώδης [eeksoðees] glutinous, sticky, gummy.
ιός, ο [yos] venom || (ιατρ) virus || (μεταφ) malice, spite.
Ιούλιος, ο [youleeos] July.
Ιούνιος, ο [youneeos] June.
ιππασία, η [eepaseea] horsemanship || riding.
ιππέας, ο [eepeas] rider, horseman || (σκακιού) knight.
ιππικό, το [eepeeko] cavalry.
ιπποδρομίες, οι [eepoðromies] πλ races.
ιππόδρομος, ο [eepoðromos] racecourse || hippodrome.
ιπποδύναμη, η [eepoðeenamee] horsepower.
ιπποπόταμος, ο [eepopotamos] hippopotamus.
ίππος, ο [eepos] horse.
ιππότης, ο [eepotees] knight, chevalier.
ίπταμαι [eeptame] fly, soar.
ιπταμένη, η [eeptamenee] air hostess.
ιπτάμενος, ο [eeptamenos] flyer.
Ιράν, το [eeran] Iran.
ίριδα, η [eereeða] rainbow || (ματιού) iris.
ιριδισμός, ο [eereeðeesmos] iridescence.
Ιρλανδία, η [eerlanðeea] Ireland.
ιρλανδικός [eeerlanðeekos] Irish.
Ιρλανδός, ο [eerlanðos] Irishman.
ίσα [eesa] equally, as far as ||

straight, directly || ~ ~ exactly, precisely || ~ **με** up to, until.
ίσαμε [eesame] βλ **ίσα με**.
ισάξιος [eesakseeos] equivalent (to).
ισάριθμος [eesareethmos] equal in number.
ισημερία, η [eeseemereea] equinox.
ισημερινός, ο [eeseemereenos] equinoctial || (ουσ) equator.
ισθμός, ο [eesthmos] isthmus.
ίσια [eeseea] βλ **ίσα**.
ίσιος [eeseeos] straight, erect || honest || equal to.
ισ(ι)ώνω [ees(ee)ono] straighten || make even, smooth.
ίσκιος, ο [eeskeeos] shade, shadow.
ισόβιος [eesoveeos] for life, lifelong.
ισόγειο, το [eesoyo] ground floor.
ισοδύναμος [eesoðeenamos] equivalent || equal in force.
ισοδυναμώ [eesoðeenamo] be equivalent to.
ισοζύγιο, το [eesozeeyo] balancing, balance || ~ **πληρωμών** balance of payments.
ισολογισμός, ο [eesoloyeesmos] balance sheet.
ισόπαλος [eesopalos] evenly matched, of equal strength.
ισοπεδώνω [eesopeðono] level up, level down, smooth.
ισόπλευρος [eesoplevros] equilateral.
ισορροπημένος [eesoropeemenos] well-balanced.
ισορροπία, η [eesoropeea] balance, equilibrium.
ισορροπώ [eesoropo] balance.
ίσος [eesos] equal to, the same as || **εξ ίσου** likewise.
ισότητα, η [eesoteeta] equality.
ισότιμος [eesoteemos] equal in rank || equal in value.
ισοφαρίζω [eesofareezo] equal, make equal || be equal to.
Ισπανία, η [eespaneea] Spain.
ισπανικός [eespaneekos] Spanish.
Ισπανός, ο [eespanos] Spaniard.
Ισραήλ, το [eesraeel] Israel.
ισραηλινός [eesraeeleenos] Israeli.
Ισραηλίτη, ο [eesraeeleetee] Israeli.
ιστιοπλοΐα, η [eesteeoploeea] sailing.
ιστιοφόρο, το [eesteeoforo] sailing ship.
ιστορία, η [eestoreea] history || story, tale.
ιστορίες, οι [eestories] πλ trouble, scene, quarrel.
ιστορικός [eestoreekos] historic(al) || (ουσ) historian.
ιστός, ο [eestos] mast, pole || (βιολ) tissue.
ισχιαλγία, η [eesheealyeea] sciatica.
ισχίο, το [eesheeo] hip.
ισχνός [eeshnos] lean, thin || (βλάστηση) scanty, sparse.
ισχυρίζομαι [eesheereezome] assert, maintain, declare.
ισχυρισμός, ο [eesheereesmos] assertion, contention, allegation.
ισχυρογνώμων [eesheerognomon] stubborn, headstrong, obstinate.
ισχυρός [eesheeros] strong, sturdy || (φωνή) loud || (άνεμος) stiff, strong.
ισχύς, η [eeshees] strength, power, force || (νόμου κτλ) validity.
ισχύω [eesheeo] have validity || be in force.
ισώνω [eesono] βλ **ισ(ι)ώνω**.
ίσως [eesos] perhaps, probably, maybe.
Ιταλία, η [eetaleea] Italy.
ιταλικός [eetaleekos] Italian.
Ιταλός, ο [eetalos] Italian (person).
ιτιά, η [eetia] willow tree.
ιχθυοπωλείο, το [eehtheeopoleeo] fishmonger's shop.
ιχθύς, ο [eehthees] fish.

ιχνογραφία, η [eehnografeea] sketching, drawing.
ίχνος, το [eehnos] footprint, track || trace, vestige || (μεταφ) mark, sign.
ιώδιο, το [yoδeeo] iodine.
ιωνικός [yoneekos] Ionic, Ionian.
ιώτα, το [yota] the letter I.

Κ, κ

κάβα, η [kava] wine cellar.
καβαλιέρος, ο [kavalieros] escort, partner.
καβάλλα, η [kavala] riding || (επιρ) on horseback || (σε τοίχο κτλ) astride.
καβαλλάρης, ο [kavalarees] rider, horseman || (εγχόρδου) bridge.
καβαλλέτο, το [kavaleto] easel.
καβαλλικεύω [kavaleekevo] mount a horse || (μεταφ) dominate.
καβαλλώ [kavalo] βλ **καβαλλικεύω.**
καβγαδίζω [kavgaδeezo] quarrel, wrangle, squabble.
καβγάς, ο [kavgas] row, quarrel.
καβγατζής, ο [kavgatzees] grouch, wrangler.
κάβος, ο [kavos] cape, headland || (ναυτ) cable.
καβούκι, το [kavoukee] shell.
κάβουρας, ο [kavouras] crab || crawfish.
καβουρδίζω [kavourδeezo] roast, brown || scorch.
καβούρι, το [kavouree] βλ **κάβουρας.**
καγκελάριος, ο [kangelareeos] chancellor.
κάγκελο, το [kangelo] (παραθύρου κτλ) bar || (σκάλας) balustrade || (κήπου) railings || (δικτυωτό) grille.
καγχάζω [kanghazo] guffaw.
κάδος, ο [kaδos] bucket, vat, tub, small barrel.
κάδρο, το [kaδro] (πλαίσιο) frame || (πίνακα) frame || (χάρτου) border || (φωτογραφία) framed picture.
καημένος [kaeemenos] (μεταφ) miserable, wretched.
καημός, ο [kaeemos] longing, yearning.
καθαίρεση, η [katheresee] dismissal, degradation.
καθαιρώ [kathero] dismiss, discharge || (ιερέα) unfrock.
καθαρεύουσα, η [katharevousa] formal Greek (language).
καθαρίζω [kathareezo] clean, clear || (κουκιά, φρούτα) peel, pare, shell || (μεταλλικά είδη) burnish || (ποτήρια) polish || (εξηγώ) explain, clarify || (λογαριασμούς) settle, clear up.
καθαριότητα, η [kathareeoteeta] cleanness, cleanliness || brightness.
καθάρισμα, το [kathareesma] cleaning || peeling || polishing.
καθαριστήριο, το [kathareesteereeo] dry cleaner's.
καθαρίστρια, η [kathareestria] charwoman, cleaning lady.
κάθαρμα, το [katharma] (μεταφ) rogue, rascal, scamp.
καθαρόαιμος [katharoemos] thoroughbred.
καθαρός [katharos] (πρόσωπο κτλ) neat, tidy || (φωνή) clear, distinct || (χρυσός) pure || (ουρανός) clear || (απάντηση) plain, straightforward || (ιδέα) clear, distinct || (κέρδος) clear, net || (έννοια) obvious, manifest, evident.
καθαρότητα, η [katharoteeta] cleanness, purity || clearness.
κάθαρση, η [katharsee] cleansing, refining || catharsis || quarantine.
καθαυτό [kathavto] exactly, precisely || really.
κάθε [kathe] each, every || ~ **άλλο** far from it || **το ~ τι** everything.
κάθειρξη, η [katheerksee] βλ **φυλάκιση.**

καθέκαστα, τα [kathekasta] πλ details, particulars.
καθελκύω [kathelkeeo] (ναυτ) launch.
καθένας [kathenas] everyone, each one, everybody.
καθεξής [katheksees] so forth, so on.
καθεστώς, το [kathestos]: **το ~** regime, status quo.
κάθετος [kathetos] vertical, perpendicular, upright.
καθηγητής, ο [katheeyeetees] professor, teacher.
καθήκι, το [katheekee] chamberpot || (μεταφ) rogue, vicious person.
καθήκον, το [katheekon] duty, task || **καθήκοτα** πλ functions, duties.
καθηλώνω [katheelono] pin down, fix || immobilize.
καθημερινός [katheemereenos] daily, everyday.
καθημερινώς [katheemereenos] daily.
καθησυχάζω [katheeseehazo] (ένα φόβο) calm, reassure, pacify || become calm.
καθιερώνω [kathierono] consecrate, dedicate || establish, validate.
καθίζηση, η [katheezeesee] subsidence, landslide.
καθίζω [katheezo] seat, place || (πλοίο) run aground.
καθισιό, το [katheesio] idleness, unemployment, inactivity.
κάθισμα, το [katheesma] chair, seat || (πλοίο) stranding.
καθίσταμαι [katheestame] become, get, grow.
καθιστός [katheestos] sitting (down).
καθιστώ [katheesto] (εγκαθιστώ) establish, install || (κάποιο) make, render || (διορίζω) appoint.
καθοδηγώ [kathoðeego] instruct, guide, lead.
κάθοδος, η [kathoðos] descent || alighting.
καθολικός [katholeekos] catholic || (γνώμη) unanimous || universal.
καθόλου [katholou] generally || (διόλου) not at all, no way.
κάθομαι [kathome] be seated, sit down, sit.
καθομιλουμένη, η [kathomeeloumenee] the spoken language.
καθορίζω [kathoreezo] determine, define, fix, decide.
καθορισμός, ο [kathoreesmos] defining, fixing, determination.
καθόσο [kathoso] as || according to what || being.
καθρέφτης, ο [kathreftees] mirror, looking-glass.
καθρεφτίζω [kathrefteezo] reflect, mirror.
καθυστερημένος [katheestereemenos] backward || late.
καθυστέρηση, η [katheestereesee] delay, lateness.
καθυστερούμενα, τα [katheesteroumena] πλ arrears.
καθώς [kathos] as well as, like, as || **~ πρέπει** proper.
και [ke] and, also, too || **~** ... **~** both ... and || **~ να** even if.
καΐκι, το [kaeekee] caique, sailing boat.
καΐμάκι, το [kaeemakee] cream || (του καφέ) froth.
καινοτομία, η [kenotomeea] innovation.
καινούργιος [kenouryos] new, fresh.
καιρικός [kereekos] of the weather.
καίριος [kereeos] timely || (πλήγμα) deadly, mortal || (σημείο) vital, important.
καιρός, ο [keros] time, period ||

weather || **με τον καιρό** in course of time.
καιροσκοπώ [keroskopo] wait for an opportunity, be an opportunist.
καισαρικός [kesareekos] Caesarean.
καίτοι [ketee] though, although.
καίομαι [keome] be on fire.
καίω [keo] burn.
κακά [kaka] badly, ill || bad things.
κακάο, το [kakao] cocoa.
κακαρίζω [kakareezo] cluck, gobble.
κακεντρέχεια, η [kakentreheea] malevolence, spite.
κακία, η [kakeea] wickedness, malice.
κακίζω [kakeezo] reproach, blame, reprimand.
κακοβαλμένος [kakovalmenos] untidy || badly placed.
κακόβουλος [kakovoulos] malicious.
κακογλωσσιά, η [kakogloseea] slander, calumny || gossip.
κακοήθης [kakoeethees] dishonest, vile || (ιατρ) malignant, serious.
κακόηχος [kakoeehos] dissonant, unpleasant to hear.
κακοκαιρία, η [kakokereea] bad weather.
κακοκεφιά, η [kakokefia] depression, bad mood.
κακομαθαίνω [kakomatheno] (μωρό κτλ) spoil || acquire bad habits.
κακομαθημένος [kakomatheemenos] ill-bred, spoilt, rude.
κακομεταχειρίζομαι [kakometaheereezome] maltreat, abuse.
κακομοίρης [kakomeerees] hapless, wretched.
κακό, το [kako] evil, harm, wrong, bad, mischief.
κακοπέραση, η [kakoperasee] privation, hardship.
κακοπιστία, η [kakopeesteea] perfidy, faithlessness.
κακοποιός [kakopeeos] criminal, ill-doer.
κακοποιώ [kakopeeo] maltreat || rape.
κακός [kakos] bad, wicked || (παιδί) mischievous || nasty, serious.
κακοσμία, η [kakosmeea] stench, stink.
κακοσυνηθίζω [kakoseeneetheezo] πλ **κακομαθαίνω**.
κακοτυχία, η [kakoteeheea] misfortune, bad luck.
κακούργημα, το [kakouryeema] crime, villainy, felony.
κακουργιοδικείο, το [kakouryoðeekeeo] criminal court.
κακούργος, ο [kakourgos] criminal || (μεταφ) villain, rogue.
κακουχία, η [kakouheea] hardship, privation.
κακοφαίνεται [kakofenete]: **μου ~** it displeases me, it offends me.
κακοφτιαγμένος [kakofteeagmenos] badly made, badly wrought.
κακόφωνος [kakofonos] discordant, dissonant.
κάκτος, ο [kaktos] cactus.
κακώς [kakos] badly, wrongly.
κάκωση, η [kakosee] ill treatment || (αποτέλεσμα) suffering, hardship.
καλά [kala] well, all right || properly, thoroughly.
καλάθι, το [kalathee] basket || **~ αχρήστων** wastepaper bin.
καλαισθησία, η [kalestheeseea] good taste, elegance.
καλαμάρι, το [kalamaree] inkstand, inkpot || (ψάρι) cuttlefish, squid.
καλαματιανός [kalamateeanos] (dance) of Kalamata.
καλάμι, το [kalamee] reed, cane || (ψαρέματος) fishing rod || (ανατ) shinbone.

καλαμοζάχαρο, το [kalamozakharo] cane sugar.
καλαμπόκι, το [kalambokee] maize, corn.
καλαμπούρι, το [kalambouree] joke, pun.
κάλαντα, τα [kalanta] πλ carols.
καλαπόδι, το [kalapoðee] (shoemaker's) last, shoe last.
καλαφατίζω [kalafateezo] caulk.
κάλεσμα, το [kalesma] invitation.
καλεσμένος [kalesmenos] invited || (ουσ) guest.
καλημαύκι, το [kaleemavkee] priest's high hat.
καλημέρα [kaleemera] (επιφ) good morning.
καληνύχτα [kaleeneehta] (επιφ) good night.
καληνυχτίζω [kaleeneehteezo] bid good night.
καλησπέρα [kaleespera] (επιφ) good afternoon || good evening.
κάλι, το [kalee] potash.
καλιακούδα, η [kaleeakouða] crow.
καλλιέργεια, η [kalierya] cultivation, tilling || (μεταφ) cultivation.
καλλιεργώ [kaliergo] cultivate, till, grow.
καλλικάντζαρος, ο [kaleekandzaros] sprite, spook, goblin.
καλλιστεία, τα [kaleesteea] πλ beauty competition.
καλλιτέχνης, ο [kaleetehnees] artist.
καλλιτεχνικός [kaleetehneekos] of art, of artists, artistic.
καλλονή, η [kalonee] beauty.
κάλλος, το [kalos] beauty, charm.
καλλυντικά, τα [kaleenteeka] πλ cosmetics, make-up.
καλλωπίζω [kalopeezo] beautify, decorate, adorn.
καλμάρω [kalmaro] become calm, relax.
καλντερίμι, το [kalntereemee] cobbled street, paving stone.
καλό, το [kalo] good, benefit || favour || blessing || **στο ~!** so long!
καλοαναθρεμμένος [kaloanathremenos] well brought up.
καλοβαλμένος [kalovalmenos] well turned out, well-groomed, tidy.
καλόβολος [kalovolos] accommodating, easy-going, complaisant.
καλόγερος, ο [kaloyeros] monk || (σπυρί) boil, carbuncle || (παιχνίδι) hopscotch.
καλόγρια, η [kalogreea] nun.
καλοζώ [kalozo] live well || support comfortably.
καλοήθης [kaloeethees] moral, virtuous || (ιατρ) benign.
καλοθρεμμένος [kalothremenos] well-nourished || well-bred.
καλοκάγαθος [kalokagathos] kind-natured, good.
καλοκαίρι, το [kalokeree] summer || **καλοκαιρία** fine weather || **καλοκαιρινός** summer, summery.
καλοκαμωμένος [kalokamomenos] well-made || handsome.
καλόκαρδος [kalokarðos] good-hearted, cheerful.
καλοκοιτάζω [kalokeetazo] look closely at || look after well || ogle.
καλομαθαίνω [kalomatheno] spoil, pamper, pet || develop good habits.
καλομαθημένος [kalomatheemenos] pampered.
καλοντυμένος [kalonteeménos] well-dressed.
καλοπέραση, η [kaloperasee] comfort, happy life, good life.
καλοπερνώ [kaloperno] lead a pleasant life || be well treated.
καλοπιάνω [kalopeeano] coax, treat gently.

καλοπροαίρετος [kaloproeretos] well-disposed, obliging.
καλοριφέρ, το [kaloreefer] central heating || radiator, heater.
καλορρίζικος [kaloreezeekos] lucky.
κάλος, ο [kalos] corn.
καλός [kalos] (άνθρωπος) kind, good || (εργάτης) skilful || (υπάλληλος) able, efficient || (νέα) good, favourable || (τροφή) wholesome || (καρδιά) kind.
καλοσυνηθίζω [kaloseeneetheezo] βλ **καλομαθαίνω.**
καλούπι, το [kaloupee] form, mould.
καλούτσικος [kaloutseekos] not bad, passable, adequate.
καλπάζω [kalpazo] gallop || walk fast, run.
κάλπη, η [kalpee] ballot box.
κάλπικος [kalpeekos] counterfeit, false || (μεταφ) worthless.
κάλτσα, η [kaltsa] sock, stocking.
καλύβι, το [kaleevee] hut, cabin, hovel.
κάλυμμα, το [kaleema] wrapper, cover || (κρεββατιού) blanket, coverlet || (κεφαλής) cap, headdress || (τραπεζιτικό) margin, cover.
κάλυκας, ο [kaleekas] (βοτ) calyx || (στρατ) cartridge || (ανατ) calix.
καλύπτω [kaleepto] cover, veil, hide || (προθέσεις) cloak, mask, conceal.
καλύτερα [kaleetera] better.
καλυτερεύω [kaleeterevo] improve || get better.
καλύτερος [kaleeteros] better.
κάλυψη, η [kaleepsee] covering.
καλώ [kalo] call, beckon, name || (σε δείπνο) invite || (νομ) summon.
καλώδιο, το [kaloðeeo] rope || cable.
καλώς [kalos] well || rightly, properly || **έχει ~** good, agreed || **~ ωρίσατε** (επιφ) welcome!
καλωσορίζω [kalosoreezo] welcome.
καλωσύνη, η [kaloseenee] goodness, kindness || (καιρός) fine weather.
καμάκι, το [kamakee] harpoon, fish spear.
κάμαρα, η [kamara] room.
καμάρα, η [kamara] arch, archway, arcade || (θόλου) vault.
καμάρι, το [kamaree] pride, boast.
καμαριέρα, η [kamariera] chambermaid, parlourmaid.
καμαρότος, ο [kamarotos] steward, cabin boy.
καμαρώνω [kamarono] take pride in, glory in.
καμαρωτός [kamarotos] (αρχιτεκ) arched, vaulted || (υπερηφάνεια) proud, haughty.
καμέλια, η [kameleea] camellia.
καμήλα, η [kameela] camel.
καμηλοπάρδαλη, η [kameeloparðalee] giraffe.
καμινάδα, η [kameenaða] chimney, smokestack || funnel.
καμινέτο, το [kameeneto] spirit lamp.
καμίνι, το [kameenee] furnace, kiln.
καμιόνι, το [kameeonee] lorry, truck.
καμμιά [kamia] βλ **κανένας.**
καμουτσίκι, το [kamoutseekee] whip.
καμουφλάζ, το [kamouflaz] camouflage, disguise.
καμουφλάρω [kamouflaro] camouflage, disguise.
καμπάνα, η [kambana] bell.
καμπαναριό, το [kambanario] belfry, steeple.
καμπαρντίνα, η [kambarndeena] gabardine.
καμπή, η [kambee] bend, turn || (σωλήνα κτλ) elbow, knee.
κάμπια, η [kambeea] caterpillar.

καμπίνα, η [kambeena] cabin.
καμπινές, ο [kambeenes] toilet, rest room, W.C.
κάμπος, ο [kambos] plain, flat country.
κάμποσος [kambosos] considerable, some.
καμπούρα, η [kamboura] hump, hunch.
καμπούρης, ο [kambourees] hunchback.
καμπουριάζω [kamboureeazo] hunch || stoop.
κάμπτομαι [kambtome] bow || yield, sag || (τιμές) go down.
κάμπτω [kambto] bend, turn, curve.
καμπύλη, η [kambeelee] curve, bend.
καμπύλος [kambeelos] curved, rounded || crooked.
καμφορά, η [kamfora] camphor.
κάμψη, η [kampsee] bending, flexion || (τιμών) fall, drop.
καμώματα, τα [kamomata] πλ affected manners, antics.
καμώνομαι [kamonome] pretend, feign.
καν [kan] at least, even || **ούτε ~** not even || ~ ... ~ either ... or.
Καναδας, ο [kanaðas] Canada.
καναδικός [kanaðeekos] Canadian.
Καναδος, ο [kanaðos] Canadian.
κανακάρης [kanakarees] petted, spoilt || (ουσ) only child.
κανάλι, το [kanalee] channel, canal.
καναπές, ο [kanapes] sofa.
καναρίνι, το [kanareenee] canary.
κανάτα, η [kanata] jug, pitcher.
κανείς [kanees] someone, anyone || no one, nobody.
κανέλλα, η [kanela] cinnamon.
κανένας [kanenas] anyone, one, some || no, no one.
κανναβάτσο, το [kanvatso] canvas, pack cloth.
καννάβι, το [kanavee] hemp.
κάννη, η [kanee] barrel of a gun.
καννίβαλος, ο [kaneevalos] cannibal.
κανόνας, ο [kanonas] rule || (εκκλ) canon.
κανόνι, το [kanonee] cannon.
κανονίζω [kanoneezo] regulate || (υποθέσεις) settle, arrange || (λογαριασμούς) settle, close, pay off.
κανονικός [kanoneekos] regular, usual, ordinary || (εκκλ) canonical.
κανονισμός, ο [kanoneesmos] regulation, rule(s), by-laws.
κάνουλα, η [kanoula] tap || faucet (*US*).
καντάδα, η [kantaða] serenade.
καντήλι, το [kanteelee] small olive-oil light, nightlight.
καντίνα, η [kanteena] canteen.
κάνω [kano] do, make, create, build || (υποκρίνομαι) play, sham || **τα ~ θάλασσα (η σαλάτα)** to make a mess of it || ~ **παιδί** to have a child || ~ **νερά** to leak || (μεταφ) to hedge || ~ **πως** to pretend that || **τι κάνετε;** how are you?
κάπα, η [kapa] peasant's cloak.
καπάκι, το [kapakee] lid, cover.
καπάρο, το [kaparo] deposit.
καπαρώνω [kaparono] give a deposit || book, engage.
καπέλλο, το [kapelo] hat.
καπετάνιος, ο [kapetaneeos] captain, skipper, chief.
καπηλεία, η [kapeeleea] (μεταφ) huckstering, exploiting.
καπηλειό, το [kapeelio] wine shop, taverna.
καπίστρι, το [kapeestree] bridle, halter.
καπλαμάς, ο [kaplamas] veneer.
καπνέμπορος, ο [kapnemboros] tobacco dealer, tobacconist.
καπνιά, η [kapnia] soot, lampblack.
καπνίζω [kapneezo] smoke || cure.
κάπνισμα, το [kapneesma] smoking.

καπνιστής, ο [kapneestees] smoker || (κρέατος) curer.
καπνιστός [kapneestos] smoked, smoke-cured.
καπνοδόχος, η [kapnoðohos] chimney || (πλοίου) funnel.
καπνοπώλης, ο [kapnopolees] tobacconist.
καπνός, ο [kapnos] smoke || tobacco || (μεταφ) **έγινε ~** he vanished (into thin air).
κάποιος [kapeeos] someone || a certain.
καπότα, η [kapota] shepherd's cloak.
κάποτε [kapote] from time to time, now and again, sometimes || once.
κάπου [kapou] somewhere || **~ ~** once in a while || **~ δέκα** about ten.
κάππα, το [kappa] the letter K.
κάππαρη, η [kapparee] caper.
καπρίτσιο, το [kapreetseeo] caprice, whim, fancy.
κάπως [kapos] somehow, somewhat.
καραβάνα, η [karavana] mess tin || platter.
καραβάνι, το [karavanee] caravan.
καράβι, το [karavee] ship, boat, vessel.
καραβίδα, η [karaveeða] crawfish.
καραβοκύρης, ο [karavokeerees] owner of a vessel || captain.
καραγκιόζης, ο [karangeeozees] (μεταφ) comical person, comedian.
καραδοκώ [karoðoko] watch for, look out for || waylay.
καρακάξα, η [karakaksa] magpie.
καραμέλα, η [karamela] sweet || caramel.
καραμούζα, η [karamouza] toy flute || (αυτοκινήτου) horn.
καραμπίνα, η [karambeena] carbine.
καραντίνα, η [karanteena] quarantine.
καράτι, το [karatee] carat.
καρατομώ [karatomo] behead, decapitate.
καράφα, η [karafa] carafe || (κρασιού) decanter.
καράφλα, η [karafla] baldness.
καρβέλι, το [karvelee] (round) loaf.
καρβουνιάρης, ο [karvouneearees] coal merchant || coalman.
κάρβουνο, το [karvouno] coal, charcoal.
κάργα [karga] quite full || tightly, closely.
κάρδαμο, το [karðamo] cress.
καρδιά, η [karðia] heart || (φρούτου) core, centre.
καρδιακός [karðiakos] affected with heart disease.
καρδιολόγος, η [karðiologos] heart specialist.
καρδιοχτύπι, το [karðiohteepee] heartbeat || (μεταφ) anxiety.
καρέκλα, η [karekla] chair, seat.
καρίνα, η [kareena] keel.
καρκίνος, η [karkeenos] cancer || crab.
καρκίνωμα, το [karkeenoma] carcinoma.
καρμανιόλα, η [karmaneeola] guillotine || (στα χαρτιά) dishonest card game.
καρμπό, το [karbo] carbon paper.
καρναβάλι, το [karnavalee] carnival.
καρότο, το [karoto] carrot.
καρούλι, το [karoulee] reel, spool || pulley.
καρούμπαλο, το [karoumbalo] bump (on the head).
καρπαζιά, η [karpazia] clout on the head.
καρπός, ο [karpos] fruit || (ανατ) wrist.
καρπούζι, το [karpouzee] watermelon.
καρπούμαι [karpoume] reap the fruits of || (μεταφ) benefit by.

καρποφόρος [karpoforos] fruitful || effective || lucrative.
καρποφορώ [karpoforo] produce fruit || (μεταφ) succeed.
καρρέ, το [karre] (στα χαρτιά) foursome || (φουστανιού) open neck of dress.
καρρό, το [karo] (στα χαρτιά) diamond || (σχεδίου) check.
κάρρο, το [karo] cart, wagon.
καρροτσάκι, το [karotsakee] handcart, barrow || (μωρού) pram.
κάρτα, η [karta] postcard || visiting card.
καρτέρι, το [karteree] βλ **ενέδρα.**
καρτερώ [kartero] persevere, persist || wait for, expect.
καρύδι, το [kareeðee] walnut || Adam's apple || **καρυδιά, η** walnut tree, walnut (wood).
καρύκευμα, το [kareekevma] seasoning || (το μπαχαρικό) condiment, spice.
καρυοθραύστης, ο [kareeothravstees] nutcracker.
καρυοφύλλι, το [kareeofeelee] clove || (όπλου) flintlock.
καρφί, το [karfee] nail.
καρφίτσα, η [karfeetsa] pin || (κόσμημα) brooch.
καρφώνω [karfono] nail, pin || (μεταφ) fix.
καρχαρίας, ο [karhareeas] shark.
κασετίνα, η [kaseteena] (σχολική) pencil box || (κοσμημάτων) jewellery box.
κάσ(σ)α, η [kasa] case, box || (χρηματοκιβώτιο) safe || (μεταφ) coffin, bier.
κασέλα, η [kasela] wooden chest, trunk.
κασκέτο, το [kasketo] cap.
κασμήρι, το [kasmeeree] cashmere.
κασόνι, το [kasonee] packing case.
κασσίτερος, ο [kaseeteros] tin.
καστανιά, η [kastania] chestnut tree.
κάστανο, το [kastano] chestnut.
καστανός [kastanos] chestnut-coloured, maroon.
καστόρι, το [kastoree] beaver || felt.
κάστρο, το [kastro] castle, fortress.
κατά [kata] against, upon, during, according to, by, about || ~ **τύχη** by chance || ~ **βάθος** at bottom || **καθ' εκάστην** every day || ~ **διαβόλου** to the devil, to hell.
καταβαίνω [kataveno] βλ **κατεβαίνω.**
καταβάλλω [katavalo] overthrow, overcome, exhaust || (προσπάθειες) strive, endeavour || (χρήματα) pay, put down.
κατάβαση, η [katavasee] descent, alighting, getting off.
καταβιβάζω [kataveevazo] let down, take down || (ύψος) lower, reduce.
καταβολή, η [katavolee] (χρημάτων) paying in, deposit.
καταβρέχω [katavreho] sprinkle, soak, water.
καταβροχθίζω [katavrohtheezo] devour, eat ravenously, gulp down.
καταγγελία, η [katangeleea] denunciation || annulment, revocation.
καταγής [katayees] on the ground, on the floor.
καταγίνομαι [katayeenome] busy o.s. with, see to.
κάταγμα, το [katagma] fracture.
κατάγομαι [katagome] be descended from, come from.
καταγωγή, η [katagoyee] descent, origin, lineage.
καταγώγιο, το [katagoyo] hovel, hideout, den of vice.
καταδέχομαι [kataðehome] deign, condescend.

κατάδηλος [kataðeelos] evident, clear.
καταδίδω [kataðeeðo] denounce, betray.
καταδικάζω [kataðeekazo] condemn, sentence || (μεταφ) doom, proscribe.
καταδίκη, η [kataðeekee] sentence, conviction || censure, blame.
κατάδικος, ο, η [kataðeekos] prisoner, condemned person.
καταδιωκτικό, το [kataðeeokteeko] fighter (plane).
καταδιώκω [kataðeeoko] pursue, chase || (πολιτικώς) persecute, oppress.
κατάδοση, η [kataðosee] betrayal, denunciation.
καταδρομή, η [kataðromee] pursuit.
καταδρομικό, το [kataðromeeko] cruiser.
καταδυναστεύω [kataðeenastevo] oppress.
καταδύομαι [kataðeeome] dive, plunge.
καταζητώ [katazeeto] pursue, chase.
καταθέτω [katatheto] deposit, lay down || (σαν μάρτυρας) give evidence || (οπλα) lay down || (σχέδιο) introduce.
καταθλιπτικός [katathleepteekos] crushing, overwhelming.
καταιγίδα, η [kateyeeða] tempest, storm, hurricane.
καταΐφι, το [kataeefee] kind of oriental cake.
κατακάθι, το [katakathee] residue, sediment, dregs.
κατάκειμαι [katakeeme] lie flat, lie down.
κατάκαρδα [katakarða] deeply, seriously, profoundly, to heart.
κατακέφαλα [katakefala] headlong, on the head.
κατακλύζω [katakleezo] flood, inundate || (μεταφ) invade, overrun.
κατακλυσμός, ο [katakleesmos] flood.
κατάκοιτος [katakeetos] bedridden.
κατάκοπος [katakopos] exhausted, deadbeat, dog-tired.
κατακόβω [katakovo] cut to pieces, cut up, lacerate.
κατακόρυφο, το [katakoreefo] zenith || (μεταφ) acme.
κατακόρυφος [katakoreefos] vertical, perpendicular.
κατακρατώ [katakrato] withhold, keep illegally.
κατακραυγή, η [katakravyee] outcry || protestation.
κατακρεουργώ [katakreourgo] butcher, massacre.
κατακρημνίζω [katakreemneezo] demolish, pull down.
κατακρίνω [katakreeno] blame, criticize, condemn.
κατάκτηση, η [katakteesee] conquest, subjugation.
κατακτώ [katakto] conquer, subjugate.
καταλαβαίνω [katalaveno] understand.
καταλαμβάνω [katalamvano] take, lay hold of, seize || (χώρο) take up.
καταλήγω [kataleego] end in, come to, result in, come to an end.
κατάληξη, η [kataleeksee] termination, ending.
καταληπτός [kataleeptos] comprehensible, intelligible, clear.
κατάληψη, η [kataleepsee] occupation, capture || (ιδέας) understanding, comprehension.
κατάλληλος [kataleelos] suitable, appropriate, fit, proper.
καταλογίζω [kataloyeezo] attribute, impute, ascribe.
κατάλογος, ο [katalogos]

catalogue, list || (φαγητών) menu || (τιμών) inventory, register, roll.

κατάλοιπα, τα [kataleepa] waste || **ραδιενεργά** ~ radioactive waste.

κατάλυμα, το [kataleema] lodging, housing || (στρατ) barracks, billeting.

κατάλυση, η [kataleesee] abolition || (χημ) catalysis.

καταλύω [kataleeo] abolish, do away with || take up lodging.

καταμερίζω [katamereezo] share out, distribute, apportion.

καταμεσής [katamesees] in the very middle.

κατάμεστος [katamestos] quite full, crowded.

καταμετρώ [katametro] measure, survey, gauge.

κατάμουτρα [katamoutra] point-blank.

καταναλίσκω [katanaleesko] consume, spend, use up || (ποτό) drink.

κατανάλωση, η [katanalosee] consumption.

καταναλωτής, ο [katanalotees] consumer, customer.

κατανέμω [katanemo] distribute || (ευθύνες) allot, assign, share.

κατανόηση, η [katanoeesee] understanding, comprehension.

κατανοώ [katanoo] understand, comprehend.

κατάντημα, το [katanteema] wretched state.

καταντώ [katanto] be reduced to, bring to, end up as.

κατάνυξη, η [kataneeksee] compunction, piety.

καταπακτή, η [katapaktee] trap, pitfall.

καταπατώ [katapato] violate, encroach upon.

κατάπαυση, η [katapavsee] cessation, stopping, halting.

καταπέλτης, ο [katapeltees] catapult.

καταπέτασμα, το [katapetasma]: **τρώω το** ~ to eat to bursting point.

καταπιάνομαι [katapeeanome] undertake, enter upon, engage upon.

καταπιέζω [katapiezo] oppress, crush, harass.

καταπίνω [katapeeno] swallow, gobble up || (για κύματα) engulf.

καταπίπτω [katapeepto] fall down, come down || collapse || (λιγοστεύω) diminish.

καταπλακώνω [kataplakono] flatten, crush.

κατάπλασμα, το [kataplasma] poultice.

καταπλέω [katapleo] sail in, sail down.

καταπληκτικός [katapleekteekos] amazing, wonderful, marvellous, astonishing.

κατάπληκτος [katapleektos] stupefied, amazed.

κατάπληξη, η [katapleeksee] surprise, astonishment.

καταπλήσσω [katapleeso] astonish, surprise, amaze, stupefy.

καταπνίγω [katapneego] strangle, throttle, suffocate || (εξέγερση) suppress, put down.

καταποντίζομαι [kataponteezome] go down, sink.

καταπραΰνω [katapraeeno] pacify, mollify, appease, calm, assuage.

κατάπτυστος [katapteestos] despicable, abject, low, villainous.

κατάπτωση, η [kataptosee] downfall || (εδάφους) landslide || (μεταφ) prostration, exhaustion || dejection, depression.

κατάρα, η [katara] curse, imprecation || (μεταφ) hell, woe, damnation.

καταραμένος [kataramenos] cursed, damned.
καταργώ [katargo] abolish, annul, cancel.
καταριέμαι [katarieme] curse, damn, call down curses on.
καταρράκτης, ο [kataraktees] cascade, waterfall || (τεχν) sluice.
καταρρέω [katareo] collapse, fall down || (μεταφ) give out.
καταρρίπτω [katareepto] (κάποιο) knock down || (τοίχο) pull down, demolish || (επιχείρημα) prove to be wrong || (ρεκόρ) beat, break || (αερο) shoot down.
καταρροή, η [kataroee] catarrh, head cold.
κατάρτι, το [katartee] mast.
καταρτίζω [katarteezo] organize, establish, form, prepare, construct.
καταρώμαι [katarome] βλ **καταριέμαι**.
κατάσβεση, η [katasvesee] extinction, blowing out || (μεταφ) suppression || (δίψας) slaking, quenching.
κατασκευάζω [kataskevazo] construct, make, erect, build || (ιστορία κτλ) invent, concoct, fabricate || (έργο τέχνης) fashion, model.
κατασκεύασμα, το [kataskevasma] fabrication, concoction || construction, creation.
κατασκευή, η [kataskevee] making, construction || (έργο) structure, edifice, building || (εφεύρεση) invention, fabrication.
κατασκήνωση, η [kataskeenosee] camp, encampment || camping.
κατάσκοπος, ο [kataskopos] spy, secret agent.
κάτασπρος [kataspros] pure white, white as a sheet.
κατασταλάζω [katastalazo] (μεταφ) end in, conclude, settle on.
κατάσταση, η [katastasee] situation, condition, state || (περιουσία) wealth, property || (ονομαστική) register, list.
καταστατικό, το [katastateeko] (εταιρείας) statute.
καταστέλλω [katastelo] suppress, overcome || curb, control, contain.
κατάστημα, το [katasteema] establishment, institution || shop, store || **καταστηματάρχης** shopkeeper.
κατάστιχο, το [katasteeho] accounts book || register.
καταστολή, η [katastolee] suppression || checking, bridling, controlling.
καταστρεπτικός [katastrepteekos] destructive, devastating, ruinous.
καταστρέφω [katastrefo] destroy, ruin, devastate || spoil, damage.
καταστροφή, η [katastrofee] destruction, ruin, disaster, catastrophe.
κατάστρωμα, το [katastroma] deck.
καταστρώνω [katastrono] draw up, make up, frame || lay down.
κατάσχεση, η [katashesee] seizure, confiscation || (λόγω χρέους) attachment.
κατάταξη, η [katataksee] classification, sorting, grading || (στρατ) induction.
κατατάσσομαι [katatasome] enlist.
κατατομή, η [katatomee] profile || vertical section, cutoff.
κατατόπια, τα [katatopeea] πλ locality, every nook and cranny.
κατατοπίζομαι [katatopeezome] find one's bearings.
κατατοπίζω [katatopeezo] direct, explain, inform.
κατατρέχω [katatreho] persecute, harass.
καταφανής [katafanees] obvious, evident, manifest.

καταφατικός [katafateekos] affirmative, positive.
καταφέρνω [kataferno] persuade, convince, manage, accomplish, succeed || **τα ~** succeed, manage.
καταφέρω [katafero] deal, strike || βλ και **καταφέρνω**.
καταφθάνω [katafthano] arrive || overtake, catch up, overhaul.
κατάφορτος [katafortos] overloaded.
καταφρονώ [katafrono] scorn, despise.
καταφύγιο, το [katafeeyo] refuge, hiding place.
κατάφυτος [katafeetos] covered with vegetation.
κατάφωτος [katafotos] profusely illuminated.
κατάχαμα [katahama] on the ground, on the floor.
καταχθόνιος [katahthoneeos] infernal, fiendish, devilish.
καταχραστής, ο [katahrastees] embezzler, defaulter.
καταχρεωμένος [katahreomenos] deep in debt.
κατάχρηση, η [katahreesee] abuse, misuse, breach of trust.
καταχρώμαι [katahrome] abuse, take advantage of, presume upon.
καταχωρώ [katahoro] enter in a register, insert, register, record.
καταψηφίζω [katapseefeezo] vote against, oppose.
κατάψυξη, η [katapseeksee] refrigeration.
κατεβάζω [katevazo] let down || (αποσκευές) take *or* bring down || (θερμοκρασία κτλ) lower, reduce || (κόστος) lessen, decrease || (αυλαία) drop.
κατεβαίνω [kateveno] come down, go down, descend.
κατέβασμα, το [katevasma] descent, lowering, taking down.
κατεβασμένος [katevasmenos] (τιμή) reduced || (κατηφής) depressed.
κατεδαφίζω [kateðafeezo] demolish, pull down, raze.
κατειλημμένος [kateeleemenos] occupied, reserved.
κατεργάζομαι [katergazome] elaborate, work out, shape, fashion.
κατεργάρης, ο [katergarees] rascal, rogue || (επιθ) cunning, tricky.
κατέρχομαι [katerhome] βλ **κατεβαίνω**.
κατεύθυνση, η [kateftheensee] direction, line, course.
κατευθύνομαι [kateftheenome] turn, head (for).
κατευθύνω [katefteeno] direct, guide, aim, turn.
κατευνάζω [katevnazo] calm, pacify, appease, mollify.
κατέχω [kateho] possess, own, have, hold || (θέση) occupy || (γνωρίζω) know.
κατεψυγμένος [katepseegmenos] frozen, icy, frigid, polar.
κατηγορηματικός [kateegoreemateekos] categorical, explicit.
κατηγορητήριο, το [kateegoreeteereeo] indictment.
κατηγορία, η [kateegoreea] accusation, charge || category, class, division.
κατήγορος, ο [kateegoros] plaintiff, accuser || **δημόσιος ~** public prosecutor.
κατηγορούμενο, το [kateegoroumeno] (γραμμ) complement || attribute.
κατηγορούμενος [kateegoroumenos] the accused || defendant.
κατηγορώ [kateegoro] accuse, charge || blame, criticize.
κατηφής [kateefees] gloomy, depressed.

κατήφορος, ο [kateeforos] descent, slope.

κατηχώ [kateeho] (εκκλ) catechize || (σε οργάνωση) initiate.

κάτι [katee] something || some.

κατοικία, η [kateekeea] dwelling, residence, home.

κατοικίδιος [kateekeeðeeos] domesticated.

κατοικώ [kateeko] live in, dwell in, inhabit, reside.

κατολίσθηση, η [katoleestheesee] landslide.

κατόπι(ι) [katop(i)ee] after, close after || then || behind || **~ν από** after.

κατοπτρίζω [katoptreezo] reflect, mirror || (μεταφ) represent.

κατόρθωμα, το [katorthoma] achievement, feat.

κατορθώνω [katorthono] succeed in, perform well.

κατορθωτός [katorthotos] feasible, possible, practicable.

κατουρλιό, το [katourlio] urine, piss (*col*).

κατουρώ [katouro] piss (*col*), urinate.

κατοχή, η [katohee] possession || (στρατ) occupation || (νομ) detention.

κάτοχος, ο [katohos] possessor, occupier || experienced person.

κατοχυρώνω [katoheerono] fortify || (μεταφ) secure, safeguard.

κατρακυλώ [katrakeelo] bring down, tumble down, come down.

κατράμι, το [katramee] tar, asphalt.

κατσαβίδι, το [katsaveeðee] screwdriver.

κατσάδα, η [katsaða] scolding, dressing-down, reprimand.

κατσαρίδα, η [katsareeða] cockroach.

κατσαρόλα, η [katsarola] saucepan.

κατσαρός [katsaros] curly, curled, fuzzy.

κατσίκα, η [katseeka] goat.

κατσικήσιος [katseekeeseeos] of a goat.

κατσίκι, το [katseekee] kid.

κατσουφιάζω [katsoufeeazo] look sour, look sullen, frown.

κάτω [kato] down, under, underneath, below || on the ground || **στο ~ ~** after all || **απάνω ~** approximately, about || **άνω ~** upset, in a turmoil.

κατώτατος [katotatos] lowest, least, undermost.

κατώτερος [katoteros] lower || poorer (quality), inferior.

κατώφλι, το [katoflee] threshold, doorstep || (μεταφ) eve.

καυγάς, ο [kavgas] quarrel, wrangle, squabble, argument.

καύκαλο, το [kavkalo] skull || shell, carapace.

καύσιμα, τα [kavseema] πλ fuel.

καύσιμος [kavseemos] combustible, inflammable.

καύση, η [kavsee] burning || (χημ) combustion.

καυστικός [kavsteekos] caustic.

καύσωνας, ο [kavsonas] heatwave.

καυτερός [kavteros] hot || (υγρό) scalding || (μεταφ) caustic, biting.

καυτηριάζω [kavteereeazo] cauterize || (ζώα) brand || (μεταφ) stigmatize.

καυτός [kavtos] scalding, boiling, hot.

καύχημα, το [kavheema] boast, pride, glory.

καυχιέμαι [kavhieme] boast of, be proud of.

καφάσι, το [kafasee] trellis, lattice || (για φρούτα) crate.

καφενείο, το [kafeneeo] coffee house.

καφές, ο [kafes] coffee.

καφετζής, ο [kafetsees] coffee-house keeper.
καφετιέρα, η [kafetiera] coffee pot.
καχεκτικός [kahekteekos] sickly (person), weakly (person).
καχύποπτος [kaheepoptos] suspicious, distrustful.
κάψα, η [kapsa] excessive heat.
καψαλίζω [kapsaleezo] singe, broil || toast.
κάψιμο, το [kapseemo] burning || scald.
καψούλι, το [kapsoulee] (ιατρ) capsule.
κέδρος, ο [keðros] cedar tree, cedar (wood).
κείμενο, το [keemeno] text.
κειμήλιο, το [keemeeleeo] heirloom, treasure.
κελαϊδώ [kelaeeðo] sing, warble, chirp.
κελεπούρι, το [kelepouree] bargain || windfall, godsend.
κελευστής, ο [kelevstees] petty officer.
κελλάρι, το [kelaree] cellar || larder.
κελλί, το [kelee] cell || honeycomb.
κέλυφος, το [keleefos] shell, husk, bark.
κενό, το [keno] void, empty space, vacuum || (μεταφ) gap.
κενός [kenos] empty || (οικία) unoccupied, vacant.
κέντημα, το [kenteema] sting, bite || embroidery || (μεταφ) exhortation.
κεντρί, το [kentree] sting || thorn.
κεντρίζω [kentreezo] (βόδι) prick, goad || (άλογο) spur || (δένδρο) graft || (μεταφ) rouse, stir up.
κεντρικός [kentreekos] central, middle || principal.
κεντρομόλος [kentromolos] centripetal.
κέντρο, το [kentro] (πόλης) centre || (γεωμ) centre || (διασκέδασης) (night) club, taverna || **τηλεφωνικό ~** telephone exchange.
κεντρόφυγος [kentrofeegos] centrifugal.
κεντώ [kento] embroider || (μεταφ) incite, rouse, awaken, stir up.
κενώνω [kenono] empty || (δρόμο) drain || (συρτάρι) clean out || (σπίτι) evacuate.
κένωση, η [kenosee] emptying, clearing out || bowel movement.
κεραία, η [kerea] antenna, feeler || (ασυρμάτου) aerial.
κεραμίδι, το [kerameeðee] tile, slate || **κεραμίδα** roof.
κεραμική, η [kerameekee] ceramics.
κεράσι, το [kerasee] cherry || **κερασιά, η** cherry tree.
κέρασμα, το [kerasma] treat.
κερατάς, ο [keratas] cuckold.
κέρατο, το [kerato] horn || (για άνθρωπο) obstinate, perverse.
κεραυνοβόλος [keravnovolos] like lightning.
κεραυνός, ο [keravnos] thunderbolt.
κερδίζω [kerðeezo] win, earn || get, gain || profit by.
κέρδος, το [kerðos] earnings, winnings || advantage.
κερδοσκοπώ [kerðoskopo] speculate.
κερένιος [kereneeos] wax, waxen.
κερί, το [keree] wax || taper, wax candle.
κερκίδα, η [kerkeeða] tier of seats.
κέρμα, το [kerma] fragment || coin || (για μηχάνημα) token.
κερνώ [kerno] treat || stand *or* buy a drink.
κετσές, ο [ketses] felt.
κεφαλαιοκρατία, η [kefaleokrateea] capitalism.
κεφάλαια, τα [kefalea] πλ funds, capital.

κεφάλαιο, το [kefaleo] capital, funds || (βιβλίου) chapter.
κεφαλαίο, το [kefaleo] capital (letter).
κεφαλαιώδης [kefaleoðees] essential, fundamental.
κεφαλή, η [kefalee] head || leader, chief.
κεφάλι, το [kefalee] head || (μεταφ) brains.
κεφάτος [kefatos] well-disposed, merry, jovial.
κέφι, το [kefee] good humour, gaiety || **στο ~** merry, mellow.
κεφτές, ο [keftes] meatball, rissole.
κεχρί, το [kehree] millet.
κεχριμπάρι, το [kehreembaree] amber.
κηδεία, η [keeðeea] funeral (procession).
κηδεμώνας, ο [keeðemonas] guardian || curator.
κήλη, η [keelee] hernia, rupture.
κηλιδώνω [keeleeðono] stain, dirty || (μεταφ) sully, tarnish.
κηλίδα, η [keeleeða] spot, stain || (μεταφ) slur, blemish.
κήπος, ο [keepos] garden.
κηπουρική, η [keepoureekee] gardening, horticulture.
κηπουρός, ο [keepouros] gardener.
κηρήθρα, η [keereethra] honeycomb.
κηροπήγιο, το [keeropeeyo] candlestick, taper-stand.
κήρυγμα, το [keereegma] proclamation || (εκκλ) sermon, preaching.
κήρυκας, ο [keereekas] herald || (εκκλ) preacher.
κηρύσσω [keereeso] proclaim, announce || (εκκλ) preach.
κήτος, το [keetos] cetacean, whale.
κηφήνας, ο [keefeenas] drone || (μεταφ) idler, loafer.
κιάλια, τα [kialeea] πλ binoculars, opera glasses.
κίβδηλος [keevðeelos] adulterated, counterfeit || (μεταφ) fraudulent.
κιβώτιο, το [keevoteeo] chest, box || **~ ταχύτητων** gearbox.
κιγκλίδωμα, το [keengleeðoma] (φράκτης) barrier, fence || (σιδερένιο) grating || (ξύλινο) lattice work || (παραθύρου) bar.
κιθάρα, η [keethara] guitar.
κιλό, το [keelo] kilogram.
κιμάς, ο [keemas] minced meat.
κιμωλία, η [keemoleea] chalk.
Κίνα, η [keena] China.
κινδυνεύω [keenðeenevo] endanger || be in danger, risk, venture.
κίνδυνος, ο [keenðeenos] danger, peril, hazard, jeopardy.
κινέζικα, τα [keenezeeka] πλ Chinese language.
κινέζικος [keenezeekos] Chinese.
Κινέζος, ο [keenezos] Chinese, Chinaman || **οι κινέζοι** the Chinese.
κίνημα, το [keeneema] movement || (μεταφ) rebellion, revolt.
κινηματογράφος, ο [keeneematografos] cinema.
κίνηση, η [keeneesee] movement || (κυκλοφορίας) flow of traffic || (αξιών) transactions.
κινητήρας, ο [keeneeteeras] motor.
κινητός [keeneetos] movable.
κίνητρο, το [keeneetro] motive.
κινίνη, η [keeneenee] quinine.
κινούμαι [keenoume] move.
κινώ [keeno] set in motion, move, rouse, make go, set going.
κιόλα(ς) [keeola(s)] already, also, even.
κιονοστοιχία, η [keeonosteeheea] colonnade.
κιόσκι, το [keeoskee] kiosk.
κίσσα, η [keesa] magpie.

κισσός, ο [keesos] ivy.
κιτρινίζω [keetreeneezo] go yellow, make yellow, pale.
κίτρινος [keetreenos] yellow || sallow, pale.
κίτρο, το [keetro] citron.
κλαδευτήρι, το [klaðevteeree] pruning hook, pruning scissors.
κλαδεύω [klaðevo] prune, trim.
κλάδος, ο [klaðos] branch, sector.
κλαίγομαι [klegome] complain, gripe.
κλαίω [kleo] cry, weep || feel sorry for, weep for.
κλάμα, το [klama] crying, wailing, weeping.
κλάνω [klano] break wind, fart (*col*).
κλαρί, το [klaree] small branch.
κλάση, η [klasee] class, age group, category.
κλάσμα, το [klasma] fraction || fragment.
κλασσικός [klaseekos] classic(al) || (μεταφ) standard, standing.
κλαψιάρης [klapseearees] given to complaining || tearful, plaintive.
κλάψιμο, το [klapseemo] crying, grumbling.
κλέβω [klevo] βλ **κλέπτω**.
κλειδαριά, η [kleeðaria] lock || (ασφαλείας) safety lock || (κρεμαστή) padlock.
κλειδαρότρυπα, η [kleeðarotreepa] keyhole.
κλειδί, το [kleeðee] key.
κλειδώνω [kleeðono] lock up || (περιορίζω) confine, coop up.
κλείδωση, η [kleeðosee] joint.
κλείνω [kleeno] close, shut, shut up, seal || (με σύρτη) bolt || (βρύση) turn off || ~ **το μάτι** wink || ~ **τα εξήντα** I'm nearing sixty.
κλείσιμο, το [kleeseemo] closing, locking up || (μεταφ) conclusion.
κλεισούρα, η [kleesoura] pass || mustiness.
κλειστός [kleestos] shut, closed.
κλέπτης, ο [kleptees] thief, burglar || (πορτοφολιών) pickpocket.
κλέπτω [klepto] (κάτι) steal || (κάποιο) rob || (με απάτη) cheat, swindle.
κλεφτά [klefta] furtively, stealthily || hurriedly.
κλέφτης, ο [kleftees] thief || klepht.
κλεφτοπόλεμος, ο [kleftopolemos] guerrilla warfare.
κλεφτός [kleftos] stolen || furtive, stealthy.
κλεψιά, η [klepseea] βλ **κλοπή**.
κλέψιμο, το [klepseemo] theft, robbery, burglary.
κλεψύδρα, η [klepseeðra] water clock, sandglass.
κλήμα, το [kleema] vine || **κληματαριά, η** vine arbour, climbing vine || bower || **κληματόφυλλο, το** vine leaf.
κληρικός [kleereekos] clerical, of the clergy.
κληροδότημα, το [kleeroðoteema] legacy, bequest.
κληρονομιά, η [kleeronomeea] inheritance || heritage, legacy.
κληρονομικός [kleeronomeekos] hereditary.
κληρονόμος, ο, η [kleeronomos] heir, heiress.
κληρονομώ [kleeronomo] inherit, come into an estate.
κλήρος, ο [kleeros] lot, fate || (εκκλ) clergy || (μεταφ) lot, fortune.
κλήρωση, η [kleerosee] drawing of lottery, prize drawing.
κλήση, η [kleesee] call, calling || writ of summons.
κλητήρας, ο [kleeteeras] clerk || (δικαστικός) bailiff.
κλίβανος, ο [kleevanos] oven, kiln, furnace.
κλίμα, το [kleema] climate || (μεταφ) atmosphere.
κλίμακα, η [kleemaka] staircase,

stairs, ladder || scale || (μουσ) gamut, scale.
κλιμακωτός [kleemakotos] graduated.
κλιματισμός, ο [kleemateesmos] air conditioning.
κλινήρης [kleeneerees] bedridden.
κλινική, η [kleeneekee] clinic, (private) hospital.
κλίνω [kleeno] lean, bend || (έχω τάση προς) tend || (γραμμ) decline, conjugate.
κλίση, η [kleesee] inclination, slope || proneness, tendency || (γραμμής) slope || (γραμμ) declension, conjugation || (στέγης) slant.
κλονίζομαι [kloneezome] stagger || (μεταφ) hesitate, falter, waver.
κλονίζω [kloneezo] shake, unsettle || (υγεία) damage, ruin.
κλονισμός, ο [kloneesmos] shaking, concussion || (μεταφ) hesitation, wavering.
κλοπή, η [klopee] theft, robbery, burglary.
κλοπιμαίος [klopeemeos] stolen || furtive, stealthy.
κλουβί, το [klouvee] cage.
κλούβιος [klouveeos] bad, rotten || (μεταφ) empty-headed, stupid.
κλύσμα, το [kleesma] enema.
κλώθω [klotho] spin.
κλωνάρι, το [klonaree] branch (of tree) || shoot.
κλώσιμο, το [kloseemo] spinning.
κλώσσα, η [klosa] (brooding) hen.
κλωστή, η [klostee] thread, string.
κλωτσιά, η [klotsia] kick.
κλωτσώ [klotso] kick.
κνήμη, η [kneemee] shin || leg.
κόβομαι [kovome] cut o.s.
κόβω [kovo] (ψωμί) cut, slice || (μαλλιά) cut, trim || (νύχια) pare || (κρέας) carve || (νομίσματα) coin, mint || (νερό) turn off || (καφέ, σιτάρι) grind, mill || (κεφάλι) behead || (εφόδια) cut off || ~ **μονέδα** make money || ~ **εισιτήριο** buy a ticket || ~ **δεξιά** turn right.
κόγχη, η [konghee] marine shell || (ματιού) eye socket || (αρχιτεκ) niche.
κοιλάδα, η [keelaða] valley, vale.
κοιλιά, η [keelia] belly, abdomen || (τοίχου) bulge.
κοίλος [keelos] hollow, sunken.
κοιλότητα, η [keeloteeta] hollowness || concavity.
κοιμάμαι [keemame] sleep, be asleep.
κοίμηση, η [keemeesee] (εκκλ) Assumption || sleeping.
κοιμητήριο, το [keemeeteereeo] cemetery, graveyard.
κοιμίζω [keemeezo] put to sleep || quiet, lull, beguile.
κοιμισμένος [keemeesmenos] (μεταφ) sluggish, stupid, dull.
κοιμούμαι [keemoume] βλ **κοιμάμαι**.
κοινοβουλευτικός [keenovoulevteekos] parliamentary, parliamentarian.
κοινοβούλιο, το [keenovouleeo] parliament || (στην Αγγλία) Houses of Parliament.
κοινό, το [keeno] the public.
κοινοποιώ [keenopeeo] notify, inform, announce || serve (a notice).
κοινοπολιτεία, η [keenopoleeteea] commonwealth.
κοινός [keenos] common || ordinary, vulgar || (εργασία κτλ) collective || (γραμμ) common (noun) || **κοινή γνώμη** public opinion || **από κοινού** in common, together.
κοινότητα, η [keenoteeta] community || parish || **Βουλή των Κοινοτήτων** House of Commons.
κοινοτοπία, η [keenotopeea] commonplace || banality.
κοινωνία, η [keenoneea] society,

community, association || (εκκλ) Holy Communion.
κοινωνικός [keenoneekos] social, sociable || **κοινωνικός λειτουργός** social worker.
κοινωνώ [keenono] receive Holy Communion || administer Holy Communion.
κοιτάζω [keetazo] look at, pay attention to || consider, see || attend.
κοίτασμα, το [keetasma] layer, deposit, stratum.
κοιτίδα, η [keeteeδa] cradle || (μεταφ) origin, birthplace.
κοιτώνας, ο [keetonas] bedroom || dormitory.
κοκεταρία, η [koketareea] smartness, coquetry, stylishness.
κόκκαλο, το [kokalo] bone || (παπουτσιού) shoehorn || **έμεινε** ~ he was astounded.
κοκκινέλι, το [kokeenelee] red wine.
κοκκινίζω [kokeeneezo] redden, blush, turn red.
κοκκινογούλι, το [kokeenogoulee] beetroot, beet.
κοκκινομάλλης [kokeenomalees] red-haired.
κόκκινος [kokeenos] red, scarlet || (μάγουλα) ruddy, rosy.
κόκκος, ο [kokos] grain || (καφέ) bean || (σκόνης) speck.
κοκκύτης, ο [kokeetees] whooping cough.
κόκορας, ο [kokoras] cock, rooster.
κοκορέτσι, το [kokoretsee] sheep's entrails.
κολάζω [kolazo] punish, chastise.
κολακεία, η [kolakeea] flattery, softsoaping.
κολακευτικός [kolakevteekos] complimentary.
κολακεύω [kolakevo] flatter, fawn upon.
κόλακας, ο [kolakas] flatterer, wheedler.
κόλαση, η [kolasee] hell.
κολατσιό, το [kolatsio] snack.
κολικός, ο [koleekos] colic.
κολιός, ο [kolios] kind of mackerel.
κόλλα, η [kola] glue, gum, paste || (κολλαρίσματος) starch || (χαρτιού) sheet of paper.
κολλάρο, το [kolaro] collar.
κολλέγιο, το [koleyo] college.
κόλλημα, το [koleema] glueing, sticking || soldering.
κολλητικός [koleeteekos] contagious, infectious.
κολλητός [koleetos] soldered || close-fitting || (εφαπτόμενος) contiguous.
κολλιέ, το [kolie] necklace.
κόλλυβα, τα [koleeva] πλ boiled wheat (given after funerals).
κολλώ [kolo] glue, stick, paste || solder, fuse || (αρρώστεια) get, catch || (σε κάποιο) stick to, attach to.
κολοκύθι, το [kolokeethee] vegetable marrow, pumpkin.
κολόνα, η [kolona] βλ **κολώνα**.
κολόνια, η [koloneea] eau de Cologne.
κολοσσιαίος [kolosieos] colossal, enormous.
κολοσσός, ο [kolosos] colossus, giant.
κόλπο, το [kolpo] trick, artifice, deceit.
κόλπος, ο [kolpos] breast, bosom || (γεωγραφικός) gulf, bay.
κολυμβήθρα, η [koleemveethra] font.
κολυμβητής, ο [koleemveetees] swimmer.
κολύμπι, το [koleembee] swimming.
κολυμπώ [koleembo] swim.
κολώνα, η [kolona] pillar, column.
κόμβος, ο [komvos] knot || junction.
κόμης, ο [komees] count, earl.
κομητεία, η [komeeteea] county, shire.

κομήτης, ο [komeetees] comet.
κομιστής, ο [komeestees] carrier, bearer.
κόμιστρα, τα [komeestra] πλ carriage fees.
κόμμα, το [koma] (πολιτικό) party || (γραμμ) comma || (μαθημ) decimal point.
κομματάρχης, ο [komatarhees] party leader.
κομμάτι, το [komatee] piece || (ψωμί) slice || (ζάχαρη) lump || fragment, chip || (επιρ) a bit.
κομματιάζω [komateeazo] cut up, parcel out, tear, break.
κομμένος [komenos] sliced, cut || (κουρασμένος) exhausted.
κομ(μ)οδίνο, το [komoðeeno] bedside table.
κομμουνιστής, ο [komouneestees] communist.
κόμμωση, η [komosee] hairdressing, hair style.
κομμωτήριο, το [komoteereeo] hairdressing salon.
κομπιάζω [kombeeazo] (μεταφ) hesitate.
κομπίνα, η [kombeena] racket (*col*).
κομπιναιζό, το [kombeenezo] slip, petticoat.
κομπόδεμα, το [komboðema] hoard of money, savings.
κομπολό(γ)ι, το [kombolo(y)ee] string of beads, worry beads.
κόμπος, ο [kombos] βλ **κόμβος**.
κομπόστα, η [kombosta] compote.
κομπρέσσα, η [kombresa] compress.
κομφόρ, τα [komfor] πλ home comforts, necessities.
κομψός [kompsos] fashionable, stylish, smart.
κονδύλιο, το [konðeeleeo] item, entry.
κονιάκ, το [koneeak] cognac, brandy.
κονίαμα, το [koneeama] mortar || plaster.
κονσέρβα, η [konserva] tinned food, canned food, preserve(s).
κονσέρτο, το [konserto] concert.
κοντά [konta] close to, close by, near || almost, nearly || **~ σε** near, next to || **~ στα άλλα** moreover.
κονταίνω [konteno] shorten, curtail || get shorter.
κοντάρι, το [kontaree] pole || (σημαίας) staff || (ναυτ) mast.
κοντεύω [kontevo] be about to, be nearly finished, be on the verge (of) || (πλησιάζω) approach, come near, draw near.
κόντημα, το [konteema] shortening, shrinking.
κοντινός [konteenos] neighbouring, near(by) || (δρόμος) short, quick.
κοντός [kontos] short || (ουσ) pole, post, stake.
κοντοστέκω [kontosteko] pause || hesitate, waver.
κόντρα [kontra] against, opposite.
κοπάδι, το [kopaðee] flock || herd, drove || (λύκων) pack || (ανθρώπων) crowd, throng.
κοπάζω [kopazo] calm down, grow quiet, subside.
κοπανίζω [kopaneezo] beat, pound, grind.
κόπανος, ο [kopanos] pestle, crusher || (μεταφ) fool, idiot.
κοπέλλα, η [kopela] girl || (υπηρεσίας) servant, maid.
κοπή, η [kopee] cutting || stoppage.
κόπια, η [kopeea] copy, transcript.
κοπιάζω [kopeeazo] labour, toil || take the trouble (to).
κοπιαστικός [kopeeasteekos] wearisome, hard, fatiguing, troublesome.
κοπίδι, το [kopeeðee] chisel.
κόπος, ο [kopos] fatigue, toil, labour, trouble, effort.

κόπρανα, τα [koprana] πλ excrement.
κοπριά, η [kopreea] dung, manure.
κοπρόσκυλο, το [koproskeelo] (μεταφ) worthless person, scoundrel.
κοπτήρας, ο [kopteeras] incisor || (χαρτοκοπτήρας) cutter.
κοπτική, η [kopteekee] cutting, tailoring.
κόπτω [kopto] βλ **κόβω**.
κόπωση, η [koposee] fatigue, weariness, toil.
κόρακας, ο [korakas] crow, raven.
κοράλλι, το [koralee] coral.
κορδέλλα, η [korðela] ribbon, band, tape || (μεταφ) zigzag, twist and turn.
κορδόνι, το [korðonee] cord, string.
κορδώνομαι [korðonome] strut, swagger, put on airs.
κορδώνω [korðono] tighten, stretch, extend.
κορεσμός, ο [koresmos] satisfaction, satiety.
κόρη, η [koree] girl || (παρθένα) virgin || (παιδί) daughter || (οφθαλμού) pupil.
κοριός, ο [korios] bedbug.
κοριτσάκι, το [koreetsakee] little girl.
κορίτσι, το [koreetsee] girl || virgin.
κορμί, το [kormee] body || trunk.
κορμός, ο [kormos] trunk.
κορμοστασιά, η [korṁostasia] stature, bearing, figure.
κορνάρω [kornaro] sound one's horn, hoot.
κορνίζα, η [korneeza] frame || cornice.
κοροϊδεύω [koroeeðevo] scoff at, laugh at, ridicule || deceive.
κορόιδο, το [koroeeðo] laughing stock, butt, scapegoat.
κορσές, ο [korses] corset.
κορτάρω [kortaro] flirt, court.
κορυδαλλός, ο [koreeðalos] skylark, lark.
κορυφαίος, ο [koreefeos] leader, chief.
κορυφή, η [koreefee], **κορφή, η** [korfee] top || (όρους) top, peak || (γωνίας) vertex || (μεταφ) leading person, outstanding person.
κόρφος, ο [korfos] bosom.
κορώνα, η [korona] crown, coronet || ~ **γράμματα** heads or tails.
κοσκινίζω [koskeeneezo] sift, screen || (μεταφ) sift carefully.
κόσκινο, το [koskeeno] sieve, sifter.
κοσμάκης, ο [kosmakees] the man in the street.
κόσμημα, το [kosmeema] decoration, jewel || **κοσμήματα** πλ jewellery.
κοσμήτορας, ο [kosmeetoras] dean (of university).
κοσμικός [kosmeekos] lay || mundane || (γεγονός) social.
κόσμιος [kosmeeos] decent, modest, proper.
κόσμος, ο [kosmos] universe, world || (άνθρωποι) people || (στόλισμα) embellishment.
κοσμώ [kosmo] adorn, embellish.
κοστίζω [kosteezo] cost, be expensive.
κόστος, το [kostos] cost, price.
κοστούμι, το [kostoumee] suit.
κότερο, το [kotero] sailboat, yacht || (ναυτ) cutter.
κοτέτσι, το [kotetsee] hen coop.
κοτόπουλο, το [kotopoulo] chicken.
κοτρώνι, το [kotronee] large stone, boulder.
κοτσάνι, το [kotsanee] stem, stalk.
κότσι, το [kotsee] anklebone.
κότσια, τα [kotseea] πλ guts, strength.
κοτσίδα, η [kotseeða] tress, braid, pigtail.

κότσυφας, ο [kotseefas] blackbird.
κότ(τ)α, η [kota] hen || fowl.
κουβαλώ [kouvalo] carry, bring, transport.
κουβάρι, το [kouvaree] ball.
κουβαριάζω [kouvareeazo] wind into a ball || crumple || (μεταφ) cheat.
κουβαρίστρα, η [kouvareestra] bobbin, spool.
κουβάς, ο [kouvas] bucket, pail.
κουβέντα, η [kouventa] conversation, chat.
κουβεντιάζω [kouventeeazo] converse, discuss, chat.
κουβέρ, το [kouver] service charge, cover charge.
κουβέρτα, η [kouverta] blanket, coverlet || (ναυτ) deck.
κουδούνι, το [kouðounee] bell || (εισόδου) doorbell.
κουδουνίζω [kouðouneezo] ring, tinkle, jingle.
κουδουνίστρα, η [kouðouneestra] rattle.
κουζίνα, η [kouzeena] kitchen || (για μαγείρευμα) stove.
κουκέτα, η [kouketa] berth.
κουκί, το [koukee] broad bean || grain.
κούκλα, η [koukla] doll || (ράφτη) dummy || (καλαμποκιού) corn cob || (μεταφ) lovely child || pretty woman.
κούκος, ο [koukos] cuckoo || bonnet, cap.
κουκουβάγια, η [koukouvaya] owl.
κουκούλα, η [koukoula] cowl, hood || (τσαγιού) tea cosy.
κουκούλι, το [koukoulee] cocoon.
κουκουλώνω [koukoulono] keep secret || bury || wrap warmly.
κουκουνάρι, το [koukounaree] pine cone || seed of pine cone.
κουκούτσι, το [koukoutsee] stone, kernel, pip || (μεταφ) morsel, scrap.
κουλούρα, η [kouloura] roll, French roll || (ναυτ) lifebuoy.
κουλούρι, το [koulouree] ring-shaped biscuit.
κουλουριάζω [kouloureeazo] coil, roll up, fold.
κουμάντο, το [koumanto] order, control.
κουμπάρα, η [koumbara] godmother || matron of honour.
κουμπαράς, ο [koumbaras] moneybox, piggy bank.
κουμπάρος, ο [koumbaros] godfather || (σε γάμο) best man.
κουμπί, το [koumbee] button, stud || (φώτων) switch.
κουμπότρυπα, η [koumbotreepa] buttonhole.
κουμπώνω [koumbono] button up, fasten.
κουνάβι, το [kounavee] marten, ferret.
κουνέλι, το [kounelee] rabbit.
κούνημα, το [kouneema] shaking, swinging, wagging || (μεταφ) swaying.
κούνια, η [kouneea] cradle, cot, crib || (κήπου) swing.
κουνιάδα, η [kouneeaða] sister-in-law.
κουνιάδος, ο [kouneeaðos] brother-in-law.
κουνιστός [kouneestos] rocking || (μεταφ) swaying.
κουνούπι, το [kounoupee] mosquito.
κουνουπίδι, το [kounoupeeðee] cauliflower.
κουνιέμαι [kounieme] move, shake || get moving.
κουνώ [kouno] move, shake || (μαντήλι) wave || (ουρά) wag || (μωρό) rock || (κεφάλι) shake.
κούπα, η [koupa] cup, bowl, glass || (σε χαρτιά) heart.
κουπί, το [koupee] oar || **τραβώ ~** to row.

κούρα, η [koura] cure || medical attendance.
κουράγιο, το [kourayo] bravery, fearlessness.
κουράζομαι [kourazome] get tired, tire o.s.
κουράζω [kourazo] tire, weary || bore || (όραση) strain.
κούραση, η [kourasee] weariness, fatigue || (μηχανής) wear and tear.
κουρασμένος [kourasmenos] tired, weary || (πρόσωπο) drawn.
κουραστικός [kourasteekos] tiresome, trying, troublesome.
κουραφέξαλα, τα [kourafeksala] πλ bullshit (*col*), balls (*col*).
κουρδίζω [kourðeezo] wind up || (βιολί) tune || (μεταφ) stir up, incite.
κουρέας, ο [koureas] barber.
κουρείο, το [koureeo] barber's shop.
κουρέλι, το [kourelee] rag, tatter, shred.
κούρεμα, το [kourema] haircut || shearing, clipping.
κουρεύω [kourevo] cut the hair of, trim, clip || (πρόβατο) shear || (χλόη) mow.
κουρκούτι, το [kourkoutee] batter || pap.
κούρσα, η [koursa] race || (διαδρομή) ride || (αμάξι) car.
κουρσάρος, ο [koursaros] pirate.
κουρσεύω [koursevo] plunder, raid.
κουρτίνα, η [kourteena] curtain.
κουσούρι, το [kousouree] defect, fault.
κουτάβι, το [koutavee] puppy.
κουτάλι, το [koutalee] spoon.
κουταμάρα, η [koutamara] foolishness, nonsense.
κούτελο, το [koutelo] forehead.
κουτί, το [koutee] box, case || (σπίρτων) matchbox || (κονσέρβας) tin.
κουτός [koutos] silly, foolish, slow-witted.
κουτουλώ [koutoulo] nod drowsily || butt.
κουτουρού [koutourou]: **στα ~** heedlessly, haphazardly, by chance.
κουτρουβάλα, η [koutrouvala] somersault.
κουτσαίνω [koutseno] limp || cripple.
κουτσομπολεύω [koutsombolevo] gossip, spread reports, tittle-tattle.
κουτσομπολιό, το [koutsombolio] gossip, tittle-tattle.
κουτσός [koutsos] crippled, limping.
κούτσουρο, το [koutsouro] log, stump.
κουφαίνομαι [koufenome] go deaf.
κουφαίνω [koufeno] deafen, make deaf.
κουφαμάρα, η [koufamara] deafness.
κουφάρι, το [koufaree] body || corpse.
κουφέτο, το [koufeto] sugared almond.
κούφιος [koufeeos] hollow, empty || (δόντι) decayed || (ήχος) muffled || (άνθρωπος) not serious, frivolous.
κουφόβραση, η [koufovrasee] sweltering heat.
κουφός [koufos] hard of hearing.
κούφωμα, το [koufoma] hollow, cavity || opening.
κοφίνι, το [kofeenee] basket, hamper, pannier.
κοφτά [kofta]: **ορθά ~** frankly, categorically.
κοφτερός [kofteros] sharp, cutting.
κόφτω [kofto] βλ **κόβω.**
κόχη, η [kohee] βλ **κώχη.**
κοχλάζω [kohlazo] boil, bubble || (μεταφ) seethe.
κοχλίας, ο [kohleeas] snail || (ήλος) screw.
κοχύλι, το [koheelee] sea shell.
κόψη, η [kopsee] cutting, slicing, clipping || edge.

κόψιμο, το [kopseemo] cut, gash || cutting || (ασθένια) bellyache (col).
κραγιόν, το [krayon] crayon || lipstick.
κραδαίνω [kraðeno] flourish, wave, vibrate.
κράζω [krazo] croak, caw || cry out || call.
κραιπάλη, η [krepalee] riot, orgy || drunkenness.
κράμα, το [krama] mixture, blend || alloy, amalgam.
κρανίο, το [kraneeo] cranium || skull.
κράνος, το [kranos] helmet.
κράξιμο, το [krakseemo] crowing, cawing.
κρασί, το [krasee] wine.
κράση, η [krasee] (σώματος) temperament, make-up.
κράσπεδο, το [kraspeðo] (λόφου) foot || (πεζοδρομίου) kerb || curb (*US*).
κρατήρας, ο [krateeras] crater.
κράτηση, η [krateesee] confinement, arrest || (μισθού) deduction(s).
κρατιέμαι [kratieme] hold one's own, be well preserved.
κρατικοποίηση, η [krateekopieesee] nationalization.
κρατικός [krateekos] national.
κράτος, το [kratos] influence, power, authority || the state.
κρατώ [krato] last, keep || (επιβάλλομαι) hold in check, rule || (κατάγομαι) be descended from || (βαστώ) have, hold || (υποβαστώ) support.
κραυγάζω [kravgazo] cry, howl, shout, scream.
κραυγή, η [kravyee] shout, cry, outcry.
κρέας, το [kreas] meat, flesh.
κρεββάτι, το [krevatee] bed.
κρεββατοκάμαρα, η [krevatokamara] bedroom.
κρεββατώνω [krevatono] confine to bed, lay up.
κρέμα, η [krema] cream.
κρεμάζω [kremazo] hang, suspend.
κρεμάλα, η [kremala] gallows, gibbet.
κρέμασμα, το [kremasma] suspension, hooking on || hanging.
κρεμαστός [kremastos] suspended.
κρεμάστρα, η [kremastra] hanger || hat rack || portmanteau.
κρεμιέμαι [kremieme] hang, be suspended.
κρεμμύδι, το [kremeeðee] onion.
κρεμ(ν)ώ [krem(n)o] hang, hook up, suspend.
κρεοπώλης, ο [kreopolees] butcher.
κρεουργώ [kreourgo] butcher || massacre.
κρεπ, το [krep] crêpe rubber || crape.
κρημνίζομαι [kreemneezome] fall, crumble, collapse.
κρημνίζω [kreemneezo] hurl down, pull down, wreck.
κρήνη, η [kreenee] fountain.
κρηπίδωμα, το [kreepeeðoma] foundation, base, groundwork || (ναυτ) breakwater || (σταθμού) railway platform.
κρησφύγετο, το [kreesfeeyeto] hideaway, retreat.
κριάρι, το [kreearee] ram.
κριθαράκι, το [kreetharakee] barley-shaped noodle || (ματιού) stye.
κριθάρι, το [kreetharee] barley.
κρίκος, ο [kreekos] link, buckle, ring || (ανυψώσεως) jack.
κρίμα, το [kreema] sin, guilt || pity, misfortune || **τι** ~! what a pity!, what a shame!
κρίνος, ο [kreenos] lily.
κρίνω [kreeno] judge, consider || (αποφασίζω) decide.
κριός, ο [krios] ram.

κρίσιμος [kreeseemos] critical, grave, momentous || trying.
κρίση, η [kreesee] judgment, view || (οικονομική) crisis, depression || (έλλειψη) deficiency, shortage || (πνεύματος) judgment.
κριτήριο, το [kreeteereeo] criterion, test.
κριτής, ο [kreetees] judge.
κριτική, η [kreeteekee] criticism, review.
κριτικός [kreeteekos] discerning, critical || (ουσ) critic.
κροκόδειλος, ο [krokoðeelos] crocodile.
κρόκος, ο [krokos] crocus || (αυγού) yolk.
κρόσσι, το [krosee] fringe.
κρόταφος, ο [krotafos] (ανατ) temple.
κρότος, ο [krotos] crash, bang, noise || (μεταφ) sensation.
κρουαζιέρα, η [krouaziera] cruise.
κρούση, η [krousee] striking, sounding || (στρατ) encounter.
κρούσμα, το [krousma] (ιατρ, νομ) case.
κρούστα, η [krousta] crust, rind || scab.
κρούω [krouo] strike, sound || knock on || (κουδούνι) ring.
κρυάδα, η [kreeaða] cold, chill.
κρύβομαι [kreevome] go into hiding.
κρύβω [kreevo] βλ **κρύπτω.**
κρυμμένος [kreemenos] concealed.
κρύο, το [kreeo] cold.
κρυολόγημα, το [kreeoloyeema] (ιατρ) cold.
κρυοπάγημα, το [kreeopayeema] frostbite.
κρύος [kreeos] cold || indifferent, phlegmatic, cool.
κρύπτω [kreepto] hide, conceal || cover, screen || (μεταφ) withhold, hold back.
κρυστάλλινος [kreestaleenos] like crystal, very clear.
κρύσταλλο, το [kreestalo] crystal (glass).
κρυφά [kreefa] secretly, clandestinely, stealthily.
κρυφός [kreefos] private, secluded || (χαρά) secret, inner || (άνθρωπος) discreet, reticent.
κρύψιμο, το [kreepseemo] concealing, hiding.
κρυψίνους [kreepseenous] deceitful, underhand, sneaky.
κρυψώνας, ο [kreepsonas] hideout, lurking place.
κρυώνω [kreeono] grow cold, feel cold || cool down, chill.
κτένι, το [ktenee] comb || (τσουγκράνα) rake || **κτενίζω** to comb || (μεταφ) brush up, finish in detail || **~σμα** combing || hair-dressing.
κτήμα, το [kteema] estate, land || **κτηματίας, ο** landowner, proprietor.
κτηνίατρος, ο [kteeneeatros] veterinary surgeon.
κτήνος, το [kteenos] brute, beast, animal || **κτήνη** cattle.
κτηνοτροφία, η [kteenotrofeea] stockbreeding.
κτηνώδης [kteenoðees] beastly, bestial || (όρεξη) hoggish.
κτήση, η [kteesee] acquisition, occupation, occupancy.
κτητικός [kteeteekos] (γραμμ) possessive || acquisitive.
κτίζω [kteezo] construct, erect, build.
κτίριο, το [kteereeo] building, edifice.
κτίσιμο, το [kteeseemo] building, erection.
κτίστης, ο [kteestees] builder, mason.
κτυπώ [kteepo] beat, strike, flog, thrash.

κυάνιο, το [keeaneeo] cyanide.
κυβέρνηση, η [keeverneesee] government, management.
κυβερνήτης, ο [keeverneetees] governor || (ναυτ) commander.
κυβερνητικός [keeverneeteekos] governmental.
κυβερνώ [keeverno] govern || (πλοίο) steer || (σπίτι) manage, direct.
κύβος, ο [keevos] cube || die.
κυδώνι, το [keeðonee] quince || (όστρακο) kind of shellfish.
κύηση, η [kieesee] pregnancy || gestation.
κυκλάμινο, το [keeklameeno] cyclamen.
κυκλικός [keekleekos] circular.
κύκλος, ο [keeklos] circle || (ηλιακός κτλ) cycle, period || (προσώπων) set.
κυκλοφορία, η [keekloforeea] circulation || (αυτοκινήτων) traffic flow.
κυκλοφορώ [keekloforo] put into circulation, spread || go about.
κύκλωμα, το [keekloma] electric circuit || encirclement.
κυκλώνας, ο [keeklonas] cyclone.
κυκλώνω [keeklono] surround, encircle, envelop.
κύκνος, ο [keeknos] swan.
κυλάω [keelao] roll.
κυλιέμαι [keelieme] roll over || (χοίρος) wallow.
κυλικείο, το [keeleekeeo] buffet, sideboard || refreshment room.
κύλινδρος, ο [keeleenðros] cylinder || roller, barrel.
κυλότα, η [keelota] panties.
κύμα, το [keema] wave.
κυμαίνομαι [keemenome] undulate, wave, ripple || (μεταφ) fluctuate, waver, hesitate.
κυματίζω [keemateezo] wave, flutter || ripple.
κυματοθραύστης, ο [keematothravstees] breakwater.
κύμινο, το [keemeeno] cumin.
κυνήγι, το [keeneeyee] hunting, shooting, chase || game.
κυνηγός, ο [keeneegos] hunter, shooter.
κυνηγώ [keeneego] hunt, chase, run after || go shooting.
κυνικός [keeneekos] cynic(al).
κυοφορώ [keeoforo] be pregnant.
κυπαρίσσι, το [keepareesee] cypress tree.
κύπελλο, το [keepelo] cup, goblet, tumbler.
κυπριακός [keepreeakos] Cypriot.
Κύπριος, ο [keepreeos] Cypriot.
Κύπρος, η [keepros] Cyprus.
κύπτω [keepto] bend, bow || slant || (μεταφ) give way.
κυρά, η [keera] missus (*col*).
κυρία, η [keereea] lady, mistress || Mrs.
Κυριακή, η [keereeakee] Sunday.
κυριαρχία, η [keereearheea] sovereignty, dominion.
κυριαρχώ [keereearho] dominate, exercise authority || be sovereign.
κυριεύω [keerievo] subjugate, capture, dominate || (πάθος) seize, possess.
κυριολεκτικώς [keereeolekteekos] exactly, precisely, to the letter.
κύριος, ο [keereeos] master, sir, gentleman || Mr.
κύριος [keereeos] essential, vital || main, chief, leading.
κυριότητα, η [keereeoteeta] ownership.
κυρίως [keereeos] principally, chiefly, mainly, especially.
κύρος, το [keeros] authority, power || validity, weight.
κυρτός [keertos] bent, crooked || convex, bulging.
κυρώνω [keerono] confirm || (νόμο)

sanction, approve || (απόφαση) ratify, validate.
κύρωση, η [keerosee] confirmation, sanction || penalty.
κύστη, η [keestee] bladder, cyst.
κύτος, το [keetos] (ναυτ) hold.
κυττάζω [keetazo] βλ **κοιτάζω.**
κύτταρο, το [keetaro] cell.
κυψέλη, η [keepselee] swarm (of bees) || beehive || (αυτιού) earwax.
κώδικας, ο [koðeekas] code || codex.
κωδωνοκρουσία, η [koðonokrouseea] chiming, ringing, pealing.
κωδωνοστάσιο, το [koðonostaseeo] belfry, church steeple.
κώκ, το [kok] coke.
κώλος, ο [kolos] arse (*col*), bottom, backside (*col*) || ~ **και βρακί** intimate.
κωλοφωτιά, η [kolofotia] glow-worm.
κώλυμα, το [koleema] obstacle, impediment.
κωλυσιεργώ [koleesiergo] obstruct, hinder.
κωλύω [koleeo] stop, prevent, hinder.
κώμα, το [koma] coma.
κωματώδης [komatoðees] comatose, lethargic.
κωμικός [komeekos] comic(al), funny || (ουσ) comedian.
κωμόπολη, η [komopolee] market town.
κωμωδία, η [komoðeea] comedy.
κώνος, ο [konos] cone.
κωπηλασία, η [kopeelaseea] rowing.
κωπηλάτης, ο [kopeelatees] rower.
κωφάλαλος [kofalalos] deaf-and-dumb.
κώχη, η [kohee] corner, nook, recess || (πανταλονιού) crease.

Λ, λ

λάβα, η [lava] lava.
λαβαίνω [laveno] βλ **λαμβάνω.**
λάβαρο, το [lavaro] banner, standard.
λαβείν, το [laveen] credit || **δούναι και** ~ debit and credit.
λαβή, η [lavee] handle, grip || pretext, excuse, reason.
λαβίδα, η [laveeða] grip, nippers, hold || (χειρουργική) forceps.
λάβρα, η [lavra] excessive heat, suffocating heat.
λαβράκι, το [lavrakee] bass fish.
λαβύρινθος, ο [laveereenthos] labyrinth.
λαβωματιά, η [lavomatia] wound.
λαβώνω [lavono] wound.
λαγάνα, η [lagana] unleavened bread.
λαγκάδι, το [langaðee] ravine, narrow valley, defile.
λάγνος [lagnos] lewd, lascivious, wanton.
λαγός, ο [lagos] hare.
λαγωνικό, το [lagoneeko] hunting dog || greyhound, pointer.
λαδερός [laðeros] oily, greasy || cooked with oil.
λάδι, το [laðee] olive oil.
λαδομπογιά, η [laðomboya] oil paint.
λαδόχαρτο, το [laðoharto] greaseproof paper.
λαδώνω [laðono] apply oil || lubricate || (μεταφ) bribe.
λαδωτήρι, το [laðoteeree] cruet stand.
λάθος, το [lathos] error, mistake, slip, fault || **κατά** ~ by mistake.
λαθραίος [lathreos] furtive, clandestine, secret.
λαθραίως [lathreos] secretly, furtively, stealthily.

λαθρεμπόριο, το [lathremboreeo] smuggling || contraband.
λαθρέμπορος, ο [lathremboros] smuggler, contrabandist.
λαθρεπιβάτης, ο [lathrepeevatees] stowaway.
λαίδη, η [leðee] (τίτλος) lady.
λαϊκός [laeekos] popular, familiar, vulgar || current, common || lay.
λαίμαργος [lemargos] gluttonous, greedy || (ουσ) gourmand.
λαιμός, ο [lemos] neck, throat, gullet || (μεταξύ βουνών) gorge, pass.
λακέρδα, η [lakerða] salted tunny fish.
λακές, ο [lakes] lackey, flunkey.
λακκάκι, το [lakakee] dimple.
λάκκος, ο [lakos], **λακκούβα, η** [lakouva] hole, pit || grave.
λακτίζω [lakteezo] kick, boot, lash out.
λακωνικός [lakoneekos] laconic, terse, brief.
λαλιά, η [lalia] voice || speech || (για πουλιά) singing, warbling.
λαλώ [lalo] speak, talk || crow || sing.
λάμα, η [lama] sheet, thin plate || (μαχαιριού) blade.
λαμαρίνα, η [lamareena] sheet iron, iron plate.
λαμβάνω [lamvano] take hold of, take || receive, obtain || ~ **την τιμή** I have the honour || ~ **χώρα** to take place, occur.
λάμδα, το [lamða] the letter Λ.
λάμπα, η [lamba] lamp || (ηλεκτρική) electric lamp, bulb.
λαμπάδα, η [lambaða] torch || candle, taper.
λαμποκοπώ [lambokopo] shine, gleam.
Λαμπρή, η [lambree] Easter.
λαμπρός [lambros] brillant, splendid, excellent, superb.
λαμπρώς [lambros] (επιφ) splendid!, excellent! || (επίρ) brilliantly.
λαμπτήρας, ο [lambteeras] βλ **λάμπα.**
λάμπω [lambo] shine, glitter, gleam || (μεταφ) excel.
λάμψη, η [lampsee] brightness, brilliance || glaze.
λανθάνω [lanthano] be latent || escape notice.
λανθασμένος [lanthasmenos] mistaken, wrong.
λανσάρω [lansaro] launch, advertise, present.
λαξεύω [laksevo] hew, chisel, carve.
λαογραφία, η [laografeea] folklore.
λαός, ο [laos] people, multitude, masses.
λαούτο, το [laouto] lute.
λαπάς, ο [lapas] pap, boiled rice || poultice || (μεταφ) indolent person.
λαρδί, το [larðee] lard, fat.
λαρύγγι, το [lareengee] throat, larynx, windpipe, gullet.
λαρυγγίτιδα, η [lareengeeteeða] laryngitis.
λαρυγγολόγος, ο [lareengologos] throat specialist.
λασκάρω [laskaro] slacken, loosen || (ναυτ) cast off.
λάσπη, η [laspee] mud, mire || mortar || **έκοψε** ~ he escaped || he disappeared.
λασπώνω [laspono] cover with mud, dirty, soil.
λαστιχένιος [lasteeheneeos] rubber || elastic.
λάστιχο, το [lasteeho] rubber || elastic || rubber band || (αυτοκινήτου) tyre || (παιδιού) catapult, sling.
λατέρνα, η [laterna] barrel organ.
λατινικά, τα [lateeneeka] πλ Latin.
λατινικός [lateeneekos] Latin.
λατομείο, το [latomeeo] quarry.
λατρεία, η [latreea] adoration, worship || (αγάπη) fervent love.
λατρευτός [latrevtos] adorable, adored.

λατρεύω [latrevo] adore || idolize.
λάτρης, ο [latrees] worshipper || fan.
λάφυρο, το [lafeero] booty, spoils, loot.
λαχαίνω [laheno] meet, come across || (συμβαίνω) happen, occur || (στον κλήρο) fall to, win.
λαχαναγορά, η [lahanagora] vegetable market.
λαχανιάζω [lahaneeazo] pant, gasp.
λαχανικό, το [lahaneeko] vegetable, green.
λάχανο, το [lahano] cabbage.
λαχείο, το [laheeo] lottery, raffle.
λαχνός, ο [lahnos] lot, chance || prize, share.
λαχτάρα, η [lahtara] anxiety || (επιθυμία) yearning || (φόβος) dread, fright.
λαχταρώ [lahtaro] be impatient || (επιθυμώ) yearn, desire || (φοβάμαι) be frightened.
λέαινα, η [layena] lioness.
λεβάντα, η [levanta] lavender.
λεβέντης, ο [leventees] fine man, gentleman || brave man.
λεβεντιά, η [leventia] manliness.
λέβητας, ο [leveetas] cauldron || boiler.
λεβιές, ο [levies] lever.
λεγάμενος [legamenos]: **ο ~** you know who || the so-called.
λεγεώνα, η [leyeona] legion || great number.
λέγω [lego] say, tell, speak || (πιστεύω) think || (εννοώ) mean || **δεν σου ~** I do not deny it, but || **τι λες** (επιφ) you don't say!, fancy that! || **που λες** well! || **λες και** as if.
λεηλασία, η [leyeelaseea] plundering, looting, pillage.
λεηλατώ [leyeelato] plunder, loot.
λεία, η [leea] prey || booty, loot.
λειαίνω [lieno] smooth, level, plane, polish.
λειβάδι, το [leevaδee] pasture land, meadow.
λείος [leeos] smooth, even, level.
λείπω [leepo] be absent, be missing, want, lack || **μου λείπει** I am missing, I lack || **μας έλειψες** we missed you || **λίγο έλειψε να** he nearly, he almost.
λειρί, το [leeree] cockscomb, crest.
λειτουργία, η [leetouryeea] function, operation || (εκκλ) mass, liturgy.
λειτουργός, ο, η [leetourgos] officer, official, civil servant.
λειτουργώ [leetourgo] function, work || (εκκλ) celebrate mass.
λείψανα, τα [leepsana] πλ remnants, remains || (εκκλ) relics.
λειψός [leepsos] deficient, defective.
λειώνω [leeono] melt, liquefy || (συνθλίβω) crush, smash || (διαλύω) dissolve || (παθαίνω φθορά) wear out, spoil.
λεκάνη, η [lekanee] basin, washbowl || pan.
λεκές, ο [lekes] stain, splash, spot || (μελάνης) blot.
λεκιάζω [lekeeazo] stain, soil, spot.
λελέκι, το [lelekee] stork || (μεταφ) tall person.
λεμβοδρομία, η [lemvoδromeea] regatta, boat race.
λέμβος, η [lemvos] rowboat || launch.
λεμονάδα, η [lemonaδa] lemonade.
λεμόνι, το [lemonee] lemon || **λεμονιά** lemon tree.
λεξικογραφία, η [lekseekografeea] lexicography.
λεξικό, το [lekseeko] lexicon, dictionary.
λεξιλόγιο, το [lekseeloyo] vocabulary || glossary.
λέξη, η [leksee] word.
λεοντάρι, το [leontaree] lion.

λεοπάρδαλη, η [leoparðalee] leopard.
λέπι, το [lepee] (ψαριού) scale (of fish).
λεπίδα, η [lepeeða] blade.
λέπρα, η [lepra] leprosy.
λεπρός [lepros] leprous.
λεπτά, τα [lepta] πλ money.
λεπταίνω [lepteno] thin, make slender || refine.
λεπτοκαμωμένος [leptokamomenos] delicate, frail || thin, slim.
λεπτολογώ [leptologo] scrutinize, examine carefully, sift.
λεπτομέρεια [leptomereea] detail, particular || **λεπτομερειακός** detailed, of detail.
λεπτομερώς [leptomeros] minutely, closely, in detail.
λεπτό, το [lepto] (της ώρας) minute || (νόμισμα) lepton (one hundredth of a drachma).
λεπτός [leptos] thin, fine, slight, slim || (στη σκέψη) subtle || (ρουχισμός) light || (των αισθήσεων) keen.
λεπτότητα, η [leptoteeta] delicacy, weakness || tactfulness, tact || subtlety.
λέρα, η [lera] dirt, filth || (άνθρωπος) rogue, rascal.
λερωμένος [leromenos] dirty, filthy, grubby, grimy.
λερώνομαι [leronome] get dirty.
λερώνω [lerono] dirty, soil, stain || (μεταφ) tarnish, taint.
λέσχη, η [leshee] club || casino.
λεύκα, η [levka] poplar.
λευκαίνω [levkeno] whiten || bleach || (τοίχο) whitewash.
λευκός [levkos] white, clean || blank.
λευκοσίδηρος [levkoseeðeeros] tin.
λευκόχρυσος, ο [levkohreesos] platinum.
λεύκωμα, το [levkoma] album || (ιατρ) albumin.
λευτεριά, η [levteria] freedom, liberty.
λευχαιμία, η [levhemeea] leukaemia.
λεφτά [lefta] βλ **λεπτά**.
λεφτό [lefto] βλ **λεπτό**.
λεχώνα, η [lehona] woman who has just given birth.
λέω [leo] βλ **λέγω**.
λεωφορείο, το [leoforeeo] bus, omnibus, coach.
λεωφόρος, η [leoforos] avenue, boulevard.
λήγω [leego] come to an end, terminate || (οικο) mature, fall due.
λήθαργος, ο [leethargos] lethargy, drowsiness, stupor.
λήθη, η [leethee] forgetfulness, forgetting, oversight.
λημέρι, το [leemeree] retreat, hiding place, hideout, den.
ληξιαρχείο, το [leekseearheeo] registry office, parish register.
λήξη, η [leeksee] termination, conclusion || expiration date.
λησμονώ [leesmono] forget, neglect, omit.
ληστεία, η [leesteea] holdup, robbery.
ληστεύω [leestevo] rob, hold up.
ληστής, ο [leestees] brigand, bandit, robber.
λήψη, η [leepsee] receipt, receiving.
λιάζομαι [leeazome] sunbathe, lie in the sun.
λιακάδα, η [leeakaða] sunshine.
λίαν [leean] much, very much, too.
λιανίζω [leeaneezo] cut to pieces, mince.
λιανικός [leeaneekos] retail.
λιανός [leeanos] thin, slender.
λιβάδι, το [leevaðee] βλ **λειβάδι**.
λιβανέζικος [leevanezeekos] Lebanese.

Λιβανέζος, ο [leevanezos] Lebanese.
λιβάνι, το [leevanee] incense, frankincense.
λιβανίζω [leevaneezo] burn incense || (μεταφ) flatter basely.
Λίβανο, το [leevano] Lebanon.
λίβρα, η [leevra] pound.
Λιβύη, η [leeviee] Libya.
λιβυκός [leeveekos] Libyan.
Λίβυος, ο [leeveeos] Libyan.
λιγάκι [leegakee] a little, a bit.
λίγδα, η [leegδa] fat, grease || dirt, stain.
λιγνίτης, ο [leegneetees] lignite.
λιγνός [leegnos] skinny, thin, slim.
λίγο [leego] a little, a bit || ~ **πολύ** more or less.
λίγος [leegos] a little, a bit || **παρά λίγο** nearly, almost.
λιγοστεύω [leegostevo] lessen, decrease.
λιγοστός [leegostos] very little, hardly enough.
λιγότερος [leegoteros] less.
λιγούρα, η [leegoura] nausea || faintness from hunger.
λιγοψυχία, η [leegopseeheea] faintheartedness || faintness.
λιγώνομαι [leegonome] long for, be impatient || be faint from desire.
λιγώνω [leegono] nauseate || make faint.
λιθάρι, το [leetharee] stone.
λίθινος [leetheenos] of stone.
λιθοβολώ [leethovolo] pelt with stones, stone.
λιθογραφία, η [leethografeea] lithography.
λιθόκτιστος [leethokteestos] built in stone.
λίθος, ο, η [leethos] stone || (ιατρ) calculus.
λιθόστρωτο, το [leethostroto] pavement, paved way.
λιθόστρωτος [leethostrotos] paved with stones.
λικέρ, το [leeker] liqueur.
λικνίζω [leekneezo] rock, lull to sleep || swing.
λίκνο, το [leekno] cradle, cot, crib.
λίμα, η [leema] (εργαλείο) file.
λιμάνι, το [leemanee] port, harbour.
λιμάρω [leemaro] file || chatter, gossip.
λιμενάρχης, ο [leemenarhees] harbour master.
λιμενικός [leemeneekos] of the port, of the harbour.
λιμήν, ο [leemeen] βλ **λιμάνι**.
λίμνη, η [leemnee] lake.
λιμνοθάλασσα, η [leemnothalasa] lagoon.
λιμοκτονώ [leemoktono] starve, famish.
λινάρι, το [leenaree] flax.
λινάτσα, η [leenatsa] sacking.
λινέλαιο, το [leeneleo] linseed oil.
λινός [leenos] linen.
λιοντάρι, το [leeontaree] lion.
λιπαίνω [leepeno] lubricate, grease || (με λίπασμα) manure, fertilize.
λιπαρός [leeparos] greasy, fatty || (γόνιμος) fat, rich.
λίπασμα, το [leepasma] fertilizer, manure.
λιποθυμία, η [leepotheemeea] faint(ing), swooning.
λιποθυμώ [leepotheemo] faint, lose consciousness.
λίπος, το [leepos] fat, lard || grease.
λιποτάκτης, ο [leepotaktees] deserter.
λίρα, η [leera] pound, sovereign.
λιρέττα, η [leereta] Italian lira.
λίστα, η [leesta] list, catalogue.
λιτανεία, η [leetaneea] religious procession.
λιτός [leetos] temperate, frugal || plain.
λιτότητα, η [leetoteeta] temperance, moderation || (οικον) austerity.

λίτρα, η [leetra] (βάρος) pound || litre.
λίτρο, το [leetro] βλ **λίτρα.**
λιχουδιά, η [leehouðia] titbit || appetizer.
λοβός, ο [lovos] lobe || husk || (αρχιτεκ) foil.
λογαριάζω [logareeazo] count, measure, compute || rely on, look to || (λαμβάνω υπόψη) consider || (πρόθεση να) count on, aim to, mean to.
λογαριασμός, ο [logareeasmos] count, calculation, computation || bill || accounts.
λογάριθμος, ο [logareethmos] logarithm.
λογάς, ο [logas] gossip, babbler, longwinded talker.
λόγγος, ο [longos] thicket.
λόγια, τα [loya] πλ words.
λογιάζω [loyazo] take into consideration.
λογική, η [loyeekee] logic.
λογικός [loyeekos] rational, logical, sensible || right, fair.
λόγιος, ο [loyos] scholar, man of letters.
λογισμός, ο [loyeesmos] reasoning, thought || reckoning || (μαθημ) calculus.
λογιστήριο, το [loyeesteereeo] bursar's office || bursary.
λογιστής, ο [loyeestees] accountant, bookkeeper || (ναυτ) purser.
λογιστική, η [loyeesteekee] accountancy.
λογοδιάρροια, η [logoðeeareea] unrestrained talkativeness, chattering.
λογοδοτώ [logoðoto] give an account, account for.
λογοκρισία, η [logokreeseea] censorship.
λογομαχία, η [logomaheea] dispute, wrangle, controversy.
λογοπαίγνιο, το [logopegneeo] pun.
λόγος, ο [logos] (ομιλία) speech || (φράση κτλ) word, saying || (μνεία) mention || rumour || (αίτιο) cause, reason, purpose || (παράδειγμα) instance, supposition || (αγόρευση) speech, discourse || (λογοδοσία) explanation, account || (υπόσχεση) promise || (αναλογία) ratio, proportion.
λογοτέχνης, ο [logotehnees] author, writer.
λογοτεχνία, η [logotehneea] literature.
λόγχη, η [longhee] bayonet || spear, lance.
λοιμός, ο [leemos] pestilence, pest, plague.
λοιμώδης [leemoðees] contagious.
λοιπόν [leepon] then, thus, and so || well!, what then!
λοιπός [leepos] left, remaining || **και τα λοιπά** and so forth, and so on.
λόξα, η [loksa] whim, mania, fancy.
λοξά [loksa] on the slant, obliquely || in an underhand way.
λοξοδρομώ [loksoðromo] shift course, deviate || (ναυτ) tack || (μεταφ) go astray.
λοξός [loksos] oblique, slanting, inclined.
λόξυγγας, ο [lokseengas] hiccup.
λόρδος, ο [lorðos] lord.
λοσιόν, η [losion] lotion.
λοστός, ο [lostos] crowbar, iron bar.
λοστρόμος, ο [lostromos] boatswain.
λούζομαι [louzome] wash one's hair.
λούζω [louzo] wash, bathe || (μεταφ) reproach severely.
λουκάνικο, το [loukaneeko] sausage, hot dog, frankfurter.
λουκέτο, το [louketo] padlock.

λούκι, το [loukee] pipe, conduit || gutter.
λουκούμι, το [loukoumee] Turkish delight || (μεταφ) delicious (*attr*).
λουλάκι, το [loulakee] indigo.
λουλούδι, το [loulouðee] flower, blossom.
λουξ [louks] luxurious, posh.
Λουξεμβούργο, το [louksemvourgo] Luxembourg.
λουρί, το [louree] strap || (μηχανής) belt, band.
λουρίδα, η [loureeða] strip, belt, band.
λούσιμο, το [louseemo] washing one's hair || (μεταφ) reprimanding.
λούσο, το [louso] smart clothes || sumptuousness, luxury.
λουστράρω [loustraro] gloss, glaze || (παπούτσια) polish.
λουστρίνια, τα [loustreeneea] πλ patent leather shoes.
λούστρος, ο [loustros] shoeblack, boot black.
λουτρά, τα [loutra] πλ baths, hot springs.
λουτρό, το [loutro] bath || (δωμάτιο) bathroom.
λουτρόπολη, η [loutropolee] bathing resort, spa.
λουφάζω [loufazo] remain silent || cringe with fear.
λοφίο, το [lofeeo] plume || (πτηνού) tuft, crest || (στρατ) pompom.
λόφος, ο [lofos] hill, height.
λοχαγός, ο [lohagos] captain.
λοχίας, ο [loheeas] sergeant.
λόχος, ο [lohos] company.
λυγερός [leeyeros] slim, lithe, graceful.
λυγίζω [leeyeezo] bend, curve || yield.
λυγμός, ο [leegmos] sob, sobbing.
λύκειο, το [leekeeo] private secondary school, lyceum.
λύκος, ο [leekos] wolf.
λυκόφως, το [leekofos] evening twilight, dusk.
λυμαίνομαι [leemenome] ravage, devastate, lay waste.
λυντσάρω [leentsaro] lynch.
λύνω [leeno] βλ **λύω.**
λύομαι [leeome] come undone.
λυπάμαι [leepame] be sorry, regret || pity.
λύπη, η [leepee] grief, chagrin, sorrow || pity, commiseration.
λυπημένος [leepeemenos] sad, grieved, distressed.
λυπούμαι [leepoume] βλ **λυπάμαι.**
λύσιμο, το [leeseemo] undoing, loosening || solution, solving || taking to pieces.
λύση, η [leesee] answer, solution || untying || dismantling.
λύσσα, η [leesa] rabies || (μεταφ) rage, fury, wrath.
λυσσά(ζ)ω [leesa(z)o] rage, go mad.
λυσσώ [leeso] (μεταφ) be furious.
λυτός [leetos] loose, untied, unfastened.
λύτρα, τα [leetra] πλ ransom money.
λυτρώνω [leetrono] deliver, free, set free.
λυτρωτής, ο [leetrotees] liberator, redeemer, rescuer.
λύω [leeo] unloose || (δεσμό κτλ) untie, unfasten || (διαλύω) dismantle || (βρίσκω λύση) resolve || (παύω) close, discharge || (καταργώ) annul, break off.
λυώνω [leeono] βλ **λειώνω.**
λωλαίνω [loleno] drive mad, bewilder.
λωλός [lolos] foolish, crazy, mad.
λωποδύτης, ο [lopoðeetees] thief, blackleg.
λωρίδα, η [loreeða] strip, band, belt.

Μ, μ

μα [ma] but || by || ~ **το Θεό** by God!, God be witness!
μαγαζί, το [magazee] shop, store.
μαγγάνι, το [manganee] (εργαλείο) tool, vice || (πηγαδιού) wheel || winch.
μαγγάνιο, το [manganeeo] manganese.
μαγγανοπήγαδο, το [manganopeegaðo] wheel well (*for water*).
μαγγώνω [mangono] grip, squeeze, clip.
μαγεία, η [mayeea] sorcery, witchcraft, magic || charm, fascination.
μάγειρας, ο [mayeeras] cook.
μαγειρεύω [mayeerevo] cook || (μεταφ) plot, manipulate.
μαγειρική, η [mayeereekee] cooking, cookery.
μαγευτικός [mayevteekos] charming, enchanting, delightful.
μαγεύω [mayevo] charm, fascinate, delight, attract.
μάγια, τα [maya] πλ witchcraft, spell, charm.
μαγιά, η [maya] yeast, leaven.
μαγικός [mayeekos] magic(al), fascinating, bewitching.
μαγιό, το [mayo] bathing suit, swimsuit.
μαγιονέζα, η [mayoneza] mayonnaise.
μάγισσα, η [mayeesa] witch, enchantress.
μαγκάλι, το [mangalee] brazier, firepan.
μάγκας, ο [mangas] urchin, rascal, bum.
μαγκούρα, η [mangoura] crook, heavy stick.
μαγνήσιο, το [magneeseeo] magnesium.
μαγνήτης, ο [magneetees] magnet.
μαγνητίζω [magneeteezo] magnetize || attract, captivate.
μαγνητικός [magneeteekos] magnetic || attractive.
μαγνητισμός, ο [magneeteesmos] magnetism.
μαγνητόφωνο, το [magneetofono] tape recorder.
μάγος, ο [magos] magician, wizard.
μαγουλάδες, οι [magoulaðes] mumps.
μάγουλο, το [magoulo] cheek (*of face*).
μάδημα, το [maðeema] plucking, depilation || (μεταφ) fleecing.
μαδώ [maðo] pluck, pluck off, remove the hair || (μεταφ) fleece.
μαέστρος, ο [maestros] conductor || (μεταφ) authority.
μάζα, η [maza] paste || lump || (ανθρώπων) mass, crowd.
μάζεμα, το [mazema] collecting, gathering || (υφάσματος) shrinking.
μαζεύομαι [mazevome] collect || nestle || settle down.
μαζεύω [mazevo] gather, collect || (μαλλί) wind || (για ρούχα) shrink.
μαζί [mazee] together, with, in one lot, jointly.
μαζικός [mazeekos] of the mass, collective.
Μάης, ο [maees] May.
μαθαίνω [matheno] learn || teach, train || (νέα) hear || learn.
μάθημα, το [matheema] lesson.
μαθηματικά, τα [matheemateeka] πλ mathematics.
μαθηματικός [matheemateekos] mathematical || (ουσ) mathematician.
μαθημένος [matheemenos] used to.
μάθηση, η [matheesee] learning, education.
μαθητευόμενος

[matheetevomenos] apprentice, novice.

μαθητής, ο [matheetees] student, pupil || (φιλοσόφου) disciple.

μαία, η [mea] midwife.

μαίανδρος, ο [meanðros] meander, in-and-out.

μαιευτήρας, ο [mayevteeras] obstetrician.

μαιευτήριο, το [mayevteereeo] maternity hospital.

μαιευτική, η [mayevteekee] obstetrics.

μαϊμού, η [maeemou] monkey, ape.

μαίνομαι [menome] rage, be furious.

μαϊντανός, ο [maeentanos] parsley.

Μάιος, ο [maeeos] May.

μακάβριος [makavreeos] macabre, gruesome, ghastly.

μακάρι [makaree] (επιφ) would to God!.

μακαρίζω [makareezo] regard as fortunate, envy.

μακάριος [makareeos] happy, fortunate, blessed || calm, serene.

μακαρίτης [makareetees] late, deceased.

μακαρόνια, τα [makaroneea] πλ macaroni.

μακελλειό, το [makelio] (μεταφ) slaughter, massacre.

μακέτα, η [maketa] model, drawing, plan.

μακραίνω [makreno] make longer || grow taller.

μακριά [makria] (a)far, far off, at a distance.

μακρινός [makreenos] far distant, far off || (ταξίδι) long.

μακρόβιος [makroveeos] long-lived.

μάκρος, το [makros] length || duration.

μακρύνω [makreeno] βλ **μακραίνω**.

μακρύς [makrees] long, lengthy, extensive.

μαλάζω [malazo] massage, knead || soften, mollify, pacify || (πόνο) alleviate.

μαλάκιο, το [malakeeo] mollusc.

μαλακός [malakos] soft || mild, gentle || (κλίμα) genial.

μαλάκυνση, η [malakeensee] softening, enervation.

μαλακώνω [malakono] soften, get milder || assuage || become calmer.

μάλαμα, το [malama] gold.

μαλάσσω [malaso] βλ **μαλάζω**.

μαλθακός [malthakos] soft, effeminate, delicate.

μάλιστα [maleesta] more especially, particularly || yes, indeed || even.

μαλλί, το [malee] wool, fleece || hair.

μαλλιά, τα [malia] πλ hair (of the head) || ~ **κουβάρια** upside down.

μαλλιαρός [maleearos] hairy, long-haired || woolly.

μάλλινος [maleenos] woollen.

μάλλον [malon] more, better, rather.

μαλώνω [malono] argue || chide, reprimand, rebuke.

μαμά, η [mama] mother, mummy.

μάμμη, η [mamee] grandmother.

μαμμή, η [mamee] midwife.

μαμμούνι, το [mamounee] small insect, grub.

μανδύας, ο [manðeeas] mantle, cloak || (στρατ) greatcoat.

μάνι μάνι [maneemanee] quickly, in a jiffy.

μανία, η [maneea] fury, passion, mania || whim, fancy || **έχω ~ με** to be crazy about.

μανιακός [maneeakos] raving, frenzied || (παίκτης) inveterate.

μανιβέλλα, η [maneevela] starting handle || lever, bar.

μανικέτι, το [maneeketee] cuff.

μανίκι, το [maneekee] sleeve.
μανιτάρι, το [maneetaree] mushroom.
μανιώδης [maneeoδees] passionate, inveterate || furious, raging.
μάνα, η [mana] mother, mamma.
μανούλα, η [manoula] mummy || mom (*US*).
μανουάλιο, το [manoualeeo] candelabrum.
μανούβρα, η [manouvra] manoeuvre.
μανούρι, το [manouree] kind of white cheese.
μανταλάκι, το [mantalakee] clothes peg.
μάνταλο, το [mantalo] latch, bolt, bar.
μανταλώνω [mantalono] latch, lock up, bolt.
μανταρίνι, το [mantareenee] tangerine.
μαντάρισμα, το [mantareesma] darning || (υφάσματος) mending.
μαντάρω [mantaro] darn, mend.
μαντάτο, το [mantato] information, news.
μαντείο, το [manteeo] oracle.
μαντεύω [mantevo] foretell || guess || find out, fathom.
μαντήλι, το [manteelee] handkerchief.
μάντης, ο [mantees] wizard, prophet.
μαντινάδα, η [manteenaδa] rhyming couplet.
μάντρα, η [mantra] pen, fold, sty || (περίφραγμα) enclosure, wall || yard.
μαντράχαλος, ο [mantrahalos] lanky fellow.
μαξιλάρι, το [makseelaree] pillow, cushion.
μάππας, ο [mapas] stupid fellow, imbecile.
μαραγκός, ο [marangos] carpenter || joiner.
μαράζι, το [marazee] pining, depression, languor.
μάραθ(ρ)ο, το [marath(r)o] fennel.
μαραίνομαι [marenome] fade, wither away, shrivel || (μεταφ) waste away.
μαραίνω [mareno] wither, dry up, fade.
μαρασμός, ο [marasmos] withering, fading away || (μεταφ) decay.
μαργαρίνη, η [margareenee] margarine.
μαργαρίτα, η [margareeta] daisy.
μαργαριτάρι, το [margareetaree] pearl.
μαρίδα, η [mareeδa] whitebait, small fry.
μάρκα, η [marka] (εμπορ) make || (αυτοκινήτου) model || (νόμισμα) mark || (μεταφ) cunning fellow.
μαρμαρένιος [marmareneeos] of marble.
μάρμαρο, το [marmaro] marble.
μαρμελάδα, η [marmelaδa] marmalade.
Μαροκινός, ο [marokeenos] Moroccan || **μ**～ (επιθ) Moroccan.
Μαρόκο, το [maroko] Morocco.
μαρούλι, το [maroulee] lettuce.
Μάρτης, ο [martees] March.
μαρτυρία, η [marteereea] deposition, giving of evidence || proof, token.
μαρτυρικός [marteereekos] insufferable, unbearable.
μαρτύριο, το [marteereeo] torment, suffering.
μαρτυρώ [marteero] give evidence, testify || (προδίδω) betray, inform against || (ενδεικνύω) show, indicate || (γίνομαι μάρτυς) suffer martyrdom (*for Christ*).
μάρτυς, ο [martees] witness || (εκκλ) martyr.
μας [mas] us || our.
μασέλα, η [masela] false teeth.

μασιά, η [masia] πλ tongs, fire-tongs || pincers.
μάσκα, η [maska] mask || **μασκαράς, ο** masquerader || (μεταφ) impostor, rascal, scoundrel.
μασόνος, ο [masonos] freemason.
μασουλώ [masoulo] chew, munch.
μασούρι, το [masouree] spool, bobbin || tube.
μάστιγα, η [masteega] whip || (μεταφ) curse, plague.
μαστίγιο, το [masteeyo] whip || switch.
μαστιγώνω [masteegono] whip, lash, flog.
μαστίζω [masteezo] infest, devastate, desolate.
μαστίχα, η [masteeha] mastic || (ποτό) mastic brandy.
μάστορας, ο [mastoras] artisan, workman || (μεταφ) expert, skilful person.
μαστορεύω [mastorevo] work || mend, repair.
μαστός, ο [mastos] breast || (μεταφ) hillock.
μαστροπός, ο, η [mastropos] procurer, procuress, pimp.
μασχάλη, η [mashalee] armpit.
μασώ [maso] chew, masticate || (τα λόγια) stammer.
ματαιόδοξος [mateoðoksos] vain, self-conceited.
μάταιος [mateos] vain, useless, unavailing || conceited.
ματαιώνω [mateono] frustrate, foil, cancel, stop.
μάτι, το [matee] eye || (φύλλου κτλ) bud || **αυγό ~** fried egg (sunny-side up) || **βάζω στο ~** to set one's heart on || **έχω στο ~** to covet || **κλείνω το ~** to wink || **μάτια μου!** my darling!
ματιά, η [matia] glance, gaze, eye, look || **~ζω** cast an evil eye on, bewitch.
ματόκλαδο, το [matoklaðo] eyelash, lash.
ματόφυλλο, το [matofeelo] eyelid.
μάτσο, το [matso] truss, bunch, bundle || (ξύλων) faggot.
ματσούκα, η [matsouka] club, cudgel.
ματώνω [matono] bleed.
μαυραγορίτης, ο [mavragoreetees] black marketeer.
μαυρειδερός [mavreeðeros] blackish || brown.
μαυρίζω [mavreezo] blacken, darken || (από ήλιο) get tanned || (μεταφ) blackball, vote against.
μαυρίλα, η [mavreela] blackness, darkness, gloominess.
μαυροδάφνη, η [mavroðafnee] kind of sweet wine.
μαυροπίνακας, ο [mavropeenakas] blackboard || blacklist.
μαύρος [mavros] black || brown || (νέγρος) negro || (μεταφ) miserable, luckless.
μαχαίρι, το [maheree] knife || **στα ~α** at loggerheads.
μαχαιριά, η [maheria] stab.
μαχαιροβγάλτης, ο [maherovgaltees] cut-throat || bully.
μαχαιροπήρουνα, τα [maheropeerouna] πλ cutlery.
μαχαιρώνω [maherono] stab.
μαχαλάς, ο [mahalas] quarter, district, neighbourhood.
μάχη, η [mahee] battle, combat || struggle, fight.
μαχητής, ο [maheetees] combatant, fighter, soldier.
μαχητικός [maheeteekos] warlike, martial || combative, ready to fight.
μάχομαι [mahome] fight, combat, struggle || hate, abhor.
με [me] with, by, through, by means of, on, of || **~ τα πόδια** on foot || **~ το καλό** God willing || **~ το μήνα** by the month || **δύο ~ τρία** two by

three (*feet etc*) || ~ **τον καιρό** eventually, in the course of time || **δύο ~ τρεις** between two and three o'clock || **έχω μανία ~ το** to be mad on, be crazy about || **γελώ ~** to laugh at || ~ **τη σειρά** in turn || **ανάλογα ~** according to whether.

μεγάθυμος [megatheemos] generous, magnanimous.

μεγαλείο, το [megaleeo] splendour, grandeur || (μεταφ) splendid.

μεγαλειότητα, η [megaleeoteeta] majesty, grandeur || **η Αυτού ~** His Majesty.

μεγαλειώδης [megaleeoðees] magnificent, superb, majestic.

μεγαλέμπορος, ο [megalemboros] wholesaler.

μεγαλεπήβολος [megalepeevolos] grandiose, imposing.

μεγαλοποιώ [megalopeeo] magnify, exaggerate, overdo.

μεγαλοπρεπής [megaloprepees] majestic, stately, splendid, magnificent.

μεγάλος [megalos] great, large, big, long.

μεγαλουργώ [megalourgo] achieve great things.

μεγαλόφρονας [megalofronas] generous, magnanimous || boastful, arrogant.

μεγαλοφυής [megalofiees] gifted, ingenious.

μεγαλόψυχος [megalopseehos] magnanimous, generous.

μεγαλύνω [megaleeno] magnify, exalt.

μεγαλώνω [megalono] increase, enlarge || (ανατρέφω) bring up, raise || (μεγαλοποιώ) magnify, exaggerate || grow up.

μέγαρο, το [megaro] mansion, palace, imposing building.

μέγας [megas] βλ **μεγάλος**.

μεγάφωνο, το [megafono] (ραδιοφώνου) loudspeaker || megaphone.

μέγγενη, η [mengenee] (εργαλείο) vice.

μέγεθος, το [meyethos] size, greatness, height, magnitude, extent, length.

μεγέθυνση, η [meyetheensee] enlargement, increase, extension.

μεγιστάνας, ο [meyeestanas] magnate, seigneur.

μέγιστος [meyeestos] greatest, largest || enormous, colossal.

μεδούλι, το [meðoulee] marrow.

μέδουσα, η [meðousa] kind of jellyfish.

μεζές, ο [mezes] titbit, snack.

μεζούρα, η [mezoura] tape measure.

μεθαύριο [methavreeo] the day after tomorrow.

μέθη, η [methee] intoxication, drunkenness || (μεταφ) enthusiasm.

μεθοδικός [methoðeekos] systematic, methodical.

μέθοδος, η [methoðos] method, system, process.

μεθόριος, η [methoreeos] boundary, frontier.

μεθύσι, το [metheesee] βλ **μέθη**.

μεθυσμένος [metheesmenos] drunk.

μεθώ [metho] make drunk, intoxicate || get drunk.

μειδίαμα, το [meeðeeama] smile.

μείζων [meezon] larger, greater || (μουσ) major.

μειοδοτώ [meeoðoto] bid the lowest price.

μείον [meeon] less, minus.

μειονέκτημα, το [meeonekteema] disadvantage, inconvenience.

μειονότητα, η [meeonoteeta] minority.

μειοψηφία, η [meeopseefeea] minority of votes.

μειώνω [meeono] lessen, diminish, reduce, decrease.
μείωση, η [meeosee] decrease, reduction || (μεταφ) humiliation.
μελαγχολία, η [melangholeea] melancholy, dejection, gloominess.
μελαγχολικός [melangholeekos] sad, depressed, gloomy.
μελαγχολώ [melangholo] become sad.
μελάνη, η [melanee] ink.
μελανιά, η [melania] inkstain || bruise || **~ζω** bruise || turn blue with cold.
μελανοδοχείο, το [melanoðoheeo] inkstand, inkpot.
μελάτος [melatos] (αυγό) soft-boiled.
μελαχροινός [melahreenos] dark, brown, swarthy.
μελαψός [melapsos] dark-skinned, swarthy.
μέλει [melee]: **δεν με ~** I don't care, I'm not interested.
μελέτη, η [meletee] (πραγματεία) treatise || study || (κτιρίου) plan, design || mediation, contemplation.
μελετηρός [meleteeros] studious.
μελετώ [meleto] study || (ερευνώ) search, investigate || (σκοπεύω) have in mind, intend || (πιάνο) practise.
μέλημα, το [meleema] concern, care, solicitude, duty.
μέλι, το [melee] honey.
μελίγγι, το [meleengee] (ανατ) temple.
μέλισσα, η [meleesa] bee.
μελίσσι, το [meleesee] beehive || swarm.
μελισσοκομία, η [meleesokomeea] beekeeping.
μελιτζάνα, η [meleedzana] eggplant.
μέλλον, το [melon] future || outlook.
μελλόνυμφος, ο, η [meloneemfos] husband-/wife-to-be.
μέλλω [melo] intend, be about to.
μέλλων [melon] future || **ο ~** (γραμμ) future tense.
μέλος, το [melos] member || (μουσ) melody, air || (του σώματος) member, limb.
μελτέμι, το [meltemee] north wind, trade wind.
μελωδία, η [meloðeea] melody, tune.
μελωδικός [meloðeekos] melodious, tuneful.
μεμβράνη, η [memvranee] membrane || (χαρτί) parchment.
μεμονωμένος [memonomenos] isolated, lonely, alone.
μεν [men] on the one hand || **οι ~ ... οι δε** some ... others.
μενεξές, ο [menekses] violet.
μένος, το [menos] fervour, zeal, eagerness || wrath, anger, fury.
μέντα, η [menta] mint, peppermint.
μένω [meno] remain, stop, stay || (απομένω) be left, survive || (διαμένω) reside, live || **~ από** run out of, be short of.
μέρα, η [mera] βλ **ημέρα**.
μεράκι, το [merakee] ardent desire, yearning || (λύπη) regret, sorrow.
μεραρχία, η [merarheea] division.
μεριά, η [meria] place || side.
μερίδα, η [mereeða] ration, portion, helping.
μερίδιο, το [mereeðeeo] share, portion.
μερικός [mereekos] partial, some, a few || **μερικά** πλ some, certain, a few.
μέριμνα, η [mereemna] care, anxiety, solicitude, concern.
μεριμνώ [mereemno] look after, care for, be anxious about.
μέρισμα, το [mereesma] dividend || allotment, part.

μερμήγκι, το [mermeengee] ant.
μεροκάματο, το [merokamato] day's wages.
μεροληπτώ [meroleepto] take sides, be partial, be one-sided.
μέρος, το [meros] part, party || (μερίδα) portion, share || (τόπος) place, spot || (πλευρά) side || (ρόλος) role || (γραμμ) part of speech || (αποχωρητήριο) W.C. || **κατά ~** aside, apart.
μέσα [mesa] in(to) || inside || within || among || (πολιτ) means || **~ σε** inside, within || in, into.
μεσάζω [mesazo] mediate, intercede.
μεσαίος [meseos] middle.
μεσαίωνας, ο [meseonas] Middle Ages || **μεσαιωνικός** medieval.
μεσάνυχτα, τα [mesaneehta] πλ midnight.
μέση, η [mesee] middle || (σώματος) waist || **αφήνω στη ~** to leave incomplete, leave undone.
μεσήλικας [meseeleekas] middle-aged.
μεσημβρινός [meseemvreenos] of noon || (νότιος) southern || (ουσ) meridian.
μεσημέρι, το [meseemeree] noon || **μέρα ~** in broad daylight || **μεσημεριανός** midday || **μεσημεριανός ύπνος** siesta.
μεσίστιος [meseesteeos] half-mast.
μεσιτεύω [meseetevo] intercede, intervene || be a broker.
μεσίτης, ο [meseetees] mediator || agent, broker.
μεσιτικό [meseeteeko]: **~ γραφείο** house agency.
μεσογειακός [mesoyakos] Mediterranean.
Μεσόγειος, η [mesoyos] the Mediterranean.
μεσόκοπος [mesokopos] βλ **μεσήλικας.**
μεσολαβώ [mesolavo] intercede, intervene || (σε χρόνο) come between.
μέσο, το [meso] middle, midst || (τρόπος) method, means, way || **μέσα** πλ influence, pull, power.
μέσος [mesos] middle || medium || (όρος) mean, average.
μεσοφόρι, το [mesoforee] petticoat, underskirt.
μεστός [mestos] full, replete, crammed with || (ώριμος) ripe.
μεστώνω [mestono] mature, ripen, mellow.
μέσω [meso] through, via.
μετά [meta] with || after, in || (επίρ) afterwards.
μεταβαίνω [metaveno] go, proceed.
μεταβάλλω [metavalo] change, convert, transform.
μετάβαση, η [metavasee] going, passage, transference.
μεταβατικός [metavateekos] transitional, provisory || (γραμμ) transitive (verb).
μεταβιβάζω [metaveevazo] (διαταγή) transmit, hand on || (μεταφέρω) transport || (ιδιοκτησία) transfer, hand over.
μεταβλητός [metavleetos] variable, unsettled, changeable.
μεταβολή, η [metavolee] alteration, change || (στρατ) about-turn, half-turn.
μετάγγιση, η [metangeesee] transfusion, drawing off || (κρασιού κτλ) decanting.
μεταγενέστερος [metayenesteros] posterior, subsequent, later.
μεταγραφή, η [metagrafee] transfer.
μεταγωγικό, το [metagoyeeko] (ναυτ) transport ship.
μεταδίδω [metaðeeðo] impart, transmit || (ραδιοφωνία) broadcast || (αρρώστια) infect.
μετάδοση, η [metaðosee] transmission || (αρρώστιας)

contagion, spreading || αγία ~ Holy Communion.

μεταδοτικός [metaðoteekos] contagious, infectious.

μετάθεση, η [metathesee] transfer, removal.

μεταθέτω [metatheto] transpose, transfer, remove, move.

μετακινώ [metakeeno] move, shift, displace.

μετακομίζω [metakomeezo] transport, transfer, remove || (σπίτι) move, change residence, move out.

μεταλλείο, το [metaleeo] mine.

μετάλλευμα, το [metalevma] ore.

μεταλλικός [metaleekos] metallic || mineral.

μετάλλινος [metaleenos] of metal.

μετάλλιο, το [metaleeo] medal.

μέταλλο, το [metalo] metal.

μεταμέλεια, η [metameleea] repentance, regrets.

μεταμόρφωση, η [metamorfosee] transformation, reformation || (εκκλ) transfiguration.

μεταμόσχευση, η [metamoshevsee] transplantation.

μεταμφίεση, η [metamfiesee] disguise, masquerade.

μεταμφιεσμένος [meemfiesmenos] disguised.

μετανάστευση, η [metanastevsee] emigration, (im)migration.

μεταναστεύω [metanastevo] (e)migrate, immigrate.

μετανάστης, ο [metanastees] (e)migrant, immigrant.

μετάνοια, η [metaneea] repentance, regret || (εκκλ) penance || (γονυκλισιά) genuflexion.

μετανοώ [metanoo] repent, regret, be sorry (for).

μετάξι, το [metaksee] silk.

μεταξοσκώληκας, ο [metaksoskoleekas] silkworm.

μεταξύ [metaksee] between, among, amongst, amid(st) || ~ μας between ourselves, between you and me || εν τω ~ meanwhile.

μεταξωτό, το [metaksoto] silk material, silk stuff.

μεταπείθω [metapeetho] dissuade, prevail upon.

μεταποιώ [metapeeo] transform, alter, convert.

μεταπολεμικός [metapolemeekos] postwar.

μετάπτωση, η [metaptosee] change, relapse.

μεταπωλώ [metapolo] resell, sell again.

μεταρρυθμίζω [metareethmeezo] reform, rearrange.

μετασχηματιστής, ο [metasheemateestees] transformer.

μετατοπίζω [metatopeezo] shift, displace.

μετατόπιση, η [metatopeesee] shifting || displacement.

μετατρέπω [metatrepo] transform, turn, change, alter || (για ποινή) commute.

μεταφέρω [metafero] transport, carry, convey || (οικον) transfer, carry over.

μεταφορά, η [metafora] transportation, conveyance || (γραμμ) metaphor.

μεταφορικά, τα [metaforeeka] πλ carriage fees.

μεταφράζω [metafrazo] translate.

μετάφραση, η [metafrasee] translation.

μεταφραστής, ο [metafrastees] translator.

μεταφυτεύω [metafeetevo] transplant.

μεταχειρίζομαι [metaheereezome] use, employ || treat, behave towards.

μεταχειρισμένος [metaheereesmenos] worn, used || (δεύτερο χέρι) secondhand.

μετεκπαίδευση, η

[metekpeðevsee] postgraduate study.
μετέπειτα [metepeeta] after, afterwards, subsequently || **οι ~** posterity, the descendants.
μετέχω [meteho] take part, participate || partake.
μετέωρο, το [meteoro] meteor, shooting star.
μετέωρος [meteoros] dangling, in the air || (μεταφ) hesitant, undecided || in suspense.
μετοικώ [meteeko] emigrate || (σπίτι) move house.
μετόπισθεν [metopeesthen]: **τα ~** the rear.
μετοχή, η [metohee] (οικον) stock, share || (γραμμ) participle.
μετοχικός [metoheekos] (οικον) of a share, of joint stock || (γραμμ) participial.
μέτοχος, ο [metohos] participant, sharer || (οικον) shareholder.
μέτρα, τα [metra] πλ measurements || proceedings, steps || **λαμβάνω ~** to take measures.
μέτρημα, το [metreema] measuring, mensuration || counting, numbering.
μετρημένος [metreemenos] measured, limited || (άνθρωπος) temperate, discreet, moderate.
μετρητά, τα [metreeta] πλ: **τα ~** cash, money || **τοις μετρητοίς** in cash, (for) ready money.
μετρητής, ο [metreetees] meter, counter, gauge.
μετρητός [metreetos] measurable, calculable.
μετριάζω [metreeazo] moderate, diminish, slacken, lessen.
μετρικός [metreekos] metric(al).
μετριοπάθεια, η [metreeopatheea] moderation, temperance.
μετριοπαθής [metreeopathees] moderate, sober, temperate.
μέτριος [metreeos] ordinary, moderate || mediocre || (καφές) semi-sweetened.
μετριόφρονας [metreeofronas] modest, unassuming, decent, retiring.
μετριοφροσύνη, η [metreeofroseenee] modesty, decency.
μέτρο, το [metro] measure, metre || (μεταφ) measure, step || (μουσ) bar, measure || (ποιητικό) metre, foot.
μετρώ [metro] measure, count, number, gauge.
μέτωπο, το [metopo] forehead, brow || (πρόσοψη) face, front, facade || (μάχη) front, battlefront.
μέχρι(ς) [mehree(s)] till, until, down to, up to || as far as || **~ ενός** to the last man || **~ τούδε** until now.
μη [mee] don't || not, no || lest.
μηδαμινός [meeðameenos] worthless, of no account, insignificant, trivial.
μηδέν, το [meeðen] nothing || zero || cipher.
μηδενίζω [meeðeneezo] nullify || mark with a zero.
μηδενικό, το [meeðeneeko] zero || cipher.
μηδενιστής, ο [meeðeneestees] nihilist.
μήκος, το [meekos] length || (γεωγραφικό) longitude || **κατά ~** in length, lengthwise.
μηλίγγι, το [meeleengee] (ανατ) temple.
μήλο, το [meelo] apple || (πρόσωπο) cheekbone || **μηλίτης** cider.
μηλόπηττα, η [meelopeeta] apple pie.
μην, ο [meen], **μήνας, ο** [meenas] month.
μηνιαίος [meenieos] monthly || month's.
μηνιάτικο, το [meeniateeko] month's wages || month's rent.

μηνίγγι, το [meeneengee] βλ **μηλίγγι.**
μηνιγγίτιδα, η [meeneengeeteeδa] meningitis.
μήνις, η [meenees] rage, anger, fury, wrath.
μήνυμα, το [meeneema] message, notice, announcement.
μήνυση, η [meeneesee] summons, charge.
μηνυτής, ο [meeneetees] plaintiff, complainant.
μηνύω [meeneeo] give notice || bring a charge against.
μήπως [meepos] lest in any way, in case || I wonder if.
μηρός, ο [meeros] thigh, leg.
μηρυκάζω [meereekazo] chew the cud, ruminate.
μήτε [meete] βλ **ούτε.**
μητέρα, η [meetera] mother.
μήτρα, η [meetra] uterus, womb || (χυτηρίου) mould, matrix, form.
μητρική [meetreekee]: ~ **γλώσσα** mother tongue, native language.
μητρόπολη, η [meetropolee] metropolis, capital || (εκκλ) cathedral.
μητροπολιτικός [meetropoleeteekos] metropolitan.
μητροπολίτης, ο [meetropoleetees] metropolitan bishop.
μητρότητα, η [meetroteeta] motherhood.
μητρυιά, η [meetria] stepmother.
μητρυιός, ο [meetrios] stepfather.
μητρώο, το [meetroo] register, roll, official list of names.
μηχανεύομαι [meehanevome] contrive, engineer, plot, bring about.
μηχανή, η [meehanee] machine, engine, works || (μεταφ) typewriter || camera.
μηχάνημα, το [meehaneema] machine, apparatus, contrivance.
μηχανική, η [meehaneekee] engineering, mechanics.
μηχανικός [meehaneekos] mechanical || (ουσ) engineer || mechanic || architect.
μηχανισμός, ο [meehaneesmos] mechanism, machinery.
μηχανοκίνητος [meehanokeeneetos] motorized || machine-operated.
μηχανοποιώ [meehanopeeo] mechanize.
μηχανορραφία, η [meehanorafeea] machination || intrigue.
μία, μια [meea, mia] one || a, an || ~ **και** since, seeing that || ~ **που** as, since.
μίασμα, το [meeasma] miasma, infection.
μιγάδας, ο [meegaδas] half-caste, mulatto || hybrid.
μίγμα, το [meegma] mixture, blend.
μίζα, η [meeza] (μηχανής) self-starter || (στα χαρτιά) stake.
μιζέρια, η [meezereea] misery, wretchedness || (τσιγγουνιά) meanness.
μικραίνω [meekreno] curtail, lessen || shorten, grow smaller.
μικρόβιο, το [meekroveeo] microbe.
μικρογραφία, η [meekrografeea] miniature.
μικροπρά(γ)ματα, τα [meekropra(g)mata] πλ trifles.
μικροπρεπής [meekroprepees] mean, base.
μικρός [meekros] small, little || short || young || (διαφορά) trivial.
μικροσκοπικός [meekroskopeekos] minute.
μικροσκόπιο, το [meekroskopeeo] microscope.
μικρόφωνο, το [meekrofono] microphone.

μικρόψυχος [meekropseehos] faint-hearted.
μικρύνω [meekreeno] βλ **μικραίνω.**
μικτό [meekto]: **~ βάρος** gross weight.
μικτός [meektos] mixed, composite || (σχολείο) coeducational.
μιλιά, η [meelia] speech, word.
μίλι, το [meelee] mile.
μιλώ [meelo] speak.
μίμηση, η [meemeesee] imitation.
μιμητής, ο [meemeetees] imitator.
μιμητικός [meemeeteekos] imitative.
μιμόζα, η [meemoza] mimosa.
μίμος, ο [meemos] mimic, jester.
μιμούμαι [meemoume] imitate, copy, mimic.
μινιατούρα, η [meeneeatoura] miniature.
μίξη, η [meeksee] mixing, mixture, blend.
μισαλλόδοξος [meesaloðoksos] intolerant.
μισάνθρωπος, ο [meesanthropos] misanthrope.
μισητός [meeseetos] hated, hateful, odious.
μισθοδοτώ [meesthoðoto] pay a salary to, hire.
μισθολόγιο, το [meestholoyo] payroll || rate of pay.
μισθός, ο [meesthos] salary, wages, pay.
μισθοφόρος, ο [meesthoforos] mercenary, hired man.
μισθώνω [meesthono] hire, rent || let out, hire out.
μισθωτής, ο [meesthotees] tenant || hirer.
μισθωτός [meesthotos] salaried, paid.
μισό, το [meeso] half || **στα μισά** halfway, in the middle.
μισογύνης, ο [meesoyeenees] woman-hater, misogynist.
μίσος, το [meesos] hatred, aversion.
μισός [meesos] half.
μισοφέγγαρο, το [meesofengaro] halfmoon, crescent.
μίσχος, ο [meeshos] stalk (*of leaf*).
μισώ [meeso] hate, detest, loathe.
μίτρα, η [meetra] mitre.
μνεία, η [mnea] mention.
μνήμα, το [mneema] grave, tomb, sepulchre.
μνημείο, το [mneemeeo] monument, cenotaph.
μνήμη, η [mneemee] memory, mind, recollection.
μνημονεύω [mneemonevo] celebrate, commemorate || quote, mention || learn by heart.
μνημονικό, το [mneemoneeko] βλ **μνήμη.**
μνημόσυνο, το [mneemoseeno] requiem.
μνησίκακος [mneeseekakos] spiteful, vindictive.
μνηστεύομαι [mneestevome] get engaged.
μνηστή, η [mneestee] fiancée.
μνηστήρας, ο [mneesteeras] fiancé || (μεταφ) claimant.
μόδα, η [moða] fashion, custom, habit, way || **της ~ς** fashionable.
μοδίστρα, η [moðeestra] dressmaker, seamstress.
μοιάζω [meeazo] look like.
μοίρα, η [meera] fate, destiny, fortune || (αερο) squadron || (γεωμ) degree.
μοιράζομαι [meerazome] share with.
μοιράζω [meerazo] share out, divide, distribute || (ρόλους) allot, assign || (διανέμω) deliver || (χαρτιά) deal || **~ τη διαφορά** to split the difference.
μοιραίος [meereos] unavoidable || fatal, deadly.

μοιραίως [meereos] inevitably, fatally.
μοίραρχος, ο [meerarhos] captain of the gendarmerie.
μοιρολατρία, η [meerolatreea] fatalism.
μοιρολόγι, το [meeroloyee] dirge, lamentation.
μοιρολογώ [meerologo] lament, mourn.
μοιχεία, η [meeheea] adultery.
μολαταύτα [molatavta] nevertheless, yet, still.
μόλη [molee] barely, hardly, scarcely || as soon as.
μολονότι [molonotee] although, though.
μόλυβδος, ο [moleevδos] lead.
μολύβι, το [moleevee] lead || pencil.
μόλυνση, η [moleensee] contamination, infection, pollution.
μολύνω [moleeno] infect, contaminate, pollute.
μόλυσμα, το [moleesma] infection, contagion.
μομφή, η [momfee] blame, reproach, reprimand.
μονάδα, η [monaδa] unit.
μοναδικός [monaδeekos] unique, singular, only.
μοναξιά, η [monaksia] solitude, isolation, loneliness.
μονάρχης, ο [monarhees] monarch, sovereign.
μοναρχία, η [monarheea] monarchy.
μοναρχικός, ο [monarheekos] monarchist.
μοναστήρι, το [monasteeree] monastery.
μονάχα [monaha] only.
μοναχή, η [monahee] nun.
μοναχικός [monaheekos] monastic || (ερημικός) isolated, solitary, lonely.
μοναχοπαίδι, το [monahopeδee] only child.
μονάχος [monahos] alone, single, only, sole || real, authentic.
μοναχός, ο [monahos] monk.
μονή, η [monee] βλ **μοναστήρι.**
μόνιμος [moneemos] permanent, lasting, durable, fixed.
μονογαμία, η [monogameea] monogamy.
μονογενής [monoyenees] one and only.
μονόγραμμα, το [monograma] monogram, initials.
μονογραφή, η [monografee] initials.
μονόδρομος, ο [monoδromos] one-way street.
μονοιάζω [moneeazo] agree with, get on well with || reconcile.
μονοκατοικία, η [monokateekeea] one-family house.
μονοκόμματος [monokomatos] in one piece || stiff || forthright || massive.
μονομαχία, η [monomaheea] duel.
μονομερής [monomerees] one-sided, partial.
μονομιάς [monomias] all at once.
μόνο [mono] only, alone, solely, merely, nothing but || ~ **που** except that || ~ **να** provided that.
μονοπάτι, το [monopatee] footpath, pathway.
μονόπλευρος [monoplevros] one-sided, partial.
μονοπώλιο, το [monopoleeo] monopoly.
μονοπωλώ [monopolo] monopolize.
μόνος [monos] alone, single, by o.s., apart || ~ **μου** of my own accord, by myself.
μονός [monos] single || simple || (αριθμός) odd.
μονότονος [monotonos] monotonous, unvaried || (μεταφ) wearisome.

μονόφθαλμος [monofthalmos] one-eyed.
μοντέλο, το [montelo] model.
μοντέρνος [monternos] modern, up-to-date.
μονώνω [monono] set apart, cut off || insulate.
μόνωση, η [monosee] insulation || solitude, isolation.
μονωτικός [monoteekos] insulating.
μόριο, το [moreeo] particle || molecule.
μόρτης, ο [mortees] hooligan, blackguard.
μορφάζω [morfazo] grimace, make faces || (από πόνο) wince.
μορφασμός, ο [morfasmos] grimace || wince.
μορφή, η [morfee] shape, form || look, face, aspect || phase.
μορφίνη, η [morfeenee] morphine.
μορφολογία, η [morfoloyeea] morphology.
μορφώνω [morfono] shape, form || (εκπαιδεύω) train, educate, teach.
μόρφωση, η [morfosee] education, learning.
μορφωτικός [morfoteekos] cultural || instructive.
μόστρα, η [mostra] shop window, display || specimen, sample.
μοσχάρι, το [mosharee] calf || veal.
μοσχοβολώ [moshovolo] smell sweetly, be fragrant.
μοσχοκάρυδο, το [moshokareeδo] nutmeg.
μοσχολίβανο, το [mosholeevano] frankincense.
μοτοσυκλέτα, η [motoseekleta] motorbike, motorcycle.
μου [mou] me || my.
μουγγός [moungos] dumb, mute.
μουγγρίζω [moungreezo] roar, bellow || (άνεμος) howl, wail || (από πόνο) moan, groan.
μουδιάζω [mouδeeazo] become numb.
μουλάρι, το [moularee] mule.
μούμια, η [moumeea] mummy || shrivelled person.
μουντζούρα, η [mountzoura] smudge, stain, smear || (μεταφ) blemish.
μουντός [mountos] dull, dim.
μούρη, η [mouree] face || snout.
μούρλια, η [mourleea] madness || **είναι** ~ it's perfect!, it's a dream!
μουρλός [mourlos] mad, insane || bewildered.
μουρμουρητό, το [mourmoureeto] murmuring || grumbling.
μουρμουρίζω [mourmoureezo] mutter, murmur || (μεταφ) whisper || babble.
μούρο, το [mouro] mulberry || **μουριά, η** mulberry tree.
μουρούνα, η [mourouna] codfish.
μούσα, η [mousa] muse.
μουσακάς, ο [mousakas] moussaka, minced meat with vegetables.
μουσαμάς, ο [mousamas] oilcloth, linoleum || mackintosh.
μουσαφίρης, ο [mousafeerees] guest, visitor.
μουσείο, το [mouseeo] museum.
μούσι, το [mousee] beard, goatee.
μουσική, η [mouseekee] music.
μουσικός [mouseekos] musical || (ουσ) musician.
μούσκεμα, το [mouskema] wetting, soaking || **τα κάνω** ~ to make a mess of.
μουσκεύω [mouskevo] soak, wet, damp || get wet.
μούσμουλο, το [mousmoulo] loquat.
μουσουργός, ο, η [mousourgos] composer.
μουστάκι, το [moustakee] moustache.

μουστάρδα, η [moustarða] mustard.
μούστος, ο [moustos] must.
μούτρα, τα [moutra] πλ: **έχω ~ να** I dare to || **πέφτω με τα ~** to apply o.s. enthusiastically || to tuck in.
μούτρο [moutro]: **είναι ~** he's a thief, he's deceitful.
μούτσος, ο [moutsos] cabin boy.
μούχλα, η [mouhla] mould, mildew.
μουχλιάζω [mouhleeazo] make mouldy || become mouldy.
μοχθηρός [mohtheeros] wicked, mischievous, malicious.
μόχθος, ο [mohthos] pains, fatigue, trouble.
μοχλός, ο [mohlos] lever, (crow)bar || (μεταφ) promoter, instigator.
μπαγιάτικος [bayateekos] (ψωμί) stale || rancid.
μπάγκος, ο [bangos] bench || counter.
μπάζα, τα [baza] πλ debris, rubble.
μπάζω [bazo] usher in, thrust || (συμμαζεύομαι) shrink.
μπαίνω [beno] go into, get in, enter || (υφάσματ) shrink || (μεταφ) catch on, understand || **~ μέσα** to fall into debt || **~ σε μια σειρά** to settle down, fall into line.
μπακάλης, ο [bakalees] grocer.
μπακάλικο, το [bakaleeko] grocer's shop || grocery (*US*).
μπακαλιάρος, ο [bakaleearos] salted codfish.
μπακίρι, το [bakeeree] copper.
μπακλαβάς, ο [baklavas] pastry of almonds and honey.
μπαλαντέρ, ο [balanðer] (στα χαρτιά) joker.
μπαλκόνι, το [balkonee] balcony.
μπάλα, η [bala] ball || bullet.
μπαλέτο, το [baleto] ballet.
μπαλόνι, το [balonee] balloon.
μπαλντάς, ο [baltnas] axe, hatchet.
μπάλωμα, το [baloma] mending, patching, repairing.
μπαλώνω [balono] patch, mend, repair || **τα ~** to make excuses || to make up.
μπάμιες, οι [bamies] πλ okra, gumbo, lady's fingers.
μπαμπάκι, το [bambakee] cotton.
μπαμπάς, ο [bambas] daddy, papa.
μπάμπουρας, ο [bambouras] hornet.
μπανάνα, η [banana] banana.
μπανιέρα, η [baniera] bathtub.
μπάνιο, το [baneeo] bath || bathing, swimming || (λεκάνη) tub || (δωμάτιο) bathroom.
μπάντα, η [banta] (ήσυχη γωνιά) corner || (πλευρά) side || (μουσ) band || (συμμορία) gang, band || **βάζω στη ~** to save || **κάνε στη ~** make room, stand aside.
μπαντιέρα, η [bantiera] banner, standard.
μπαξές, ο [bakses] garden.
μπαούλο, το [baoulo] trunk, chest.
μπαρκάρω [barkaro] go on board || ship.
μπάρμπας, ο [barbas] old man || uncle.
μπαρμπούνι, το [barbounee] red mullet.
μπαρούτι, το [baroutee] gunpowder || **έγινε ~** he got furious.
μπάρρα, η [bara] bar, crowbar.
μπασμένος [basmenos] aware || knowledgeable || (ρούχα) shrunk.
μπάσταρδος, ο [bastarðos] bastard.
μπαστούνι, το [bastounee] walking stick, cane || (χαρτιά) club.
μπαταρία, η [batareea] battery.
μπατζανάκης, ο [batzanakees] brother-in-law.
μπάτσος, ο [batsos] slap, smack || (*sl*) policeman.
μπαχαρικό, το [bahareeko] spice.

μπεζ [bez] beige.
μπεκάτσα, η [bekatsa] woodcock.
μπεκρής, ο [bekrees] drunkard, tippler, boozer.
μπελάς, ο [belas] trouble, embarrassment, annoyance.
μπέμπης, ο [bembees] baby.
μπενζίνα, η [benzeena] petrol || (πλοιάριο) motorboat.
μπέρδεμα, το [berðema] tangle, entanglement, confusion, disorder.
μπερδεύομαι [berðevome] get implicated, become entangled || be confused.
μπερδεύω [berðevo] involve || confuse, make a muddle of || entangle.
μπερμπάντης, ο [bermbantees] rascal, scoundrel.
μπετό, το [beto] concrete.
μπετούγια, η [betouya] latch, catch.
μπήζω [beezo] drive in, hammer in || (βελόνα) stick in, thrust in.
μπιζέλι, το [beezelee] pea.
μπίρα, η [beera] beer.
μπισκότο, το [beeskoto] biscuit.
μπίτ(ι) [beet(ee)] entirely || not in the least.
μπιφτέκι, το [beeftekee] hamburger, steak.
μπλάστρι, το [blastree] plaster.
μπλε [ble] blue.
μπλέκω [bleko] complicate, perplex || get implicated.
μπλέξιμο, το [blekseemo] entanglement, involvement, complication.
μπλοκάρω [blokaro] blockade || block.
μπλούζα, η [blouza] blouse.
μπλόφα, η [blofa] bluff, deception.
μπογιά, η [boya] paint, dye || (παπουτσιών) boot polish.
μπόγιας, ο [boyas] dog-catcher || hangman.
μπογιατζής, ο [boyadzees] painter || polisher.
μπογιατίζω [boyateezo] paint, colour, coat || polish.
μπόι, το [boee] height, size.
μπόλι, το [bolee] graft || **μπολιάζω** vaccinate, inoculate || graft.
μπόλικος [boleekos] plentiful, abundant, numerous.
μπόμπα, η [bomba] bomb.
μπόρα, η [bora] rain squall, shower, storm.
μπορώ [boro] can, be able, may.
μπόσικος [boseekos] loose, slack || (μεταφ) trifling || unreliable.
μποστάνι, το [bostanee] melon field.
μποτίλια, η [boteeleea] bottle || **μποτιλιάρω** bottle || (μεταφ) block up, jam.
μπότα, η [bota] boot.
μπουγάδα, η [bougaða] family wash, washing.
μπουζί, το [bouzee] spark plug.
μπουζούκι, το [bouzoukee] kind of mandolin, bouzouki.
μπούκα, η [bouka] hole, mouth, entrance || muzzle.
μπουκάλα, η [boukala] big bottle || **έμεινε ~** he was left in the lurch.
μπουκάλι, το [boukalee] bottle.
μπουκιά, η [boukia] mouthful.
μπουκώνω [boukono] fill the mouth || (μεταφ) bribe.
μπουλούκι, το [bouloukee] crowd || band, troop.
μπουμπούκι, το [boumboukee] bud, sprout.
μπουμπουνητό, το [boumbouneeto] thundering, roll of thunder, rumble.
μπουνάτσα, η [bounatsa] fine weather || calm sea.
μπουνιά, η [bounia] punch, blow with the fist.
μπούρδα, η [bourða] rubbish, hot air.

μπουρμπουλήθρα, η [bourmbouleethra] bubble.
μπουσουλώ [bousoulo] crawl.
μπούστος, ο [boustos] bust.
μπούτι, το [boutee] thigh || (αρνήσιο) leg of lamb.
μπουφές, ο [boufes] sideboard || buffet.
μπούφος, ο [boufos] horned owl || (μεταφ) booby.
μπουχτίζω [bouhteezo] have enough of || eat one's fill.
μπόχα, η [boha] stink, foul smell.
μπράβο [bravo] (επιφ) good show!, bravo!, good for you!
μπράτσο, το [bratso] arm.
μπριζόλα, η [breezola] chop, cutlet.
μπρίκι, το [breekee] coffee pot.
μπρος [bros] forward(s), in front of || βλ και **εμπρός**.
μπροστινός [brosteenos] in front || former.
μπρούμυτα [broumeeta] flat on one's face.
μπρούντζος, ο [broundzos] bronze, brass.
μπύρα, η [beera] βλ **μπίρα**.
μυ, το [mee] the letter M.
μυαλό, το [meealo] brain(s) || (γνώση) mind, intellect.
μυαλωμένος [meealomenos] learned, wise.
μύγα, η [meega] fly.
μύδι, το [meeδee] mussel.
μυελός, ο [mielos] marrow (*of bone*).
μυζήθρα, η [meezeethra] kind of white soft cheese.
μύηση, η [mieesee] initiation.
μυθικός [meetheekos] mythical, legendary || incredible.
μυθιστόρημα, το [meetheestoreema] novel, romance, story.
μυθιστοριογράφος, ο [meetheestoreeografos] novelist.
μυθολογία, η [meetholoyeea] mythology.
μύθος, ο [meethos] fable || myth || legend.
μυθώδης [meethoδees] fabled, legendary || untrue || incredible.
μυϊκός [mieekos] muscular.
μυκηθμός, ο [meekeethmos] bellowing, howling || lowing.
μύκητας, ο [meekeetas] fungus, mushroom.
μύλος, ο [meelos] mill || (ανεμόμυλος) windmill.
μυλωνάς, ο [meelonas] miller.
μύξα, η [meeksa] snot || mucus.
μυρίζω [meereezo] smell.
μύριοι [meeriee] ten thousand || (μεταφ) numberless.
μυρμήγκι, το [meermeengee] ant.
μυρτιά, η [meertia] myrtle.
μυρωδάτος [meeroδatos] aromatic, fragrant.
μυρωδιά, η [meeroδia] smell, scent, odour || (αρωματικό) fragrance, perfume || **παίρνω ~** to get wind of.
μυς, ο [mees] muscle.
μυσαρός [meesaros] abominable, detestable, odious.
μυσταγωγία, η [meestagoyeea] initiation || holy ceremony.
μυστήριο, το [meesteereeo] mystery, secret.
μυστήριος [meesteereeos] mysterious, inexplicable.
μυστηριώδης [meesteereeoδees] mysterious, dark.
μυστικιστής, ο [meesteekeestees] mystic.
μυστικό, το [meesteeko] secret.
μυστικός [meesteekos] secret(ive) || reticent, discreet || (αστυνομικός) undercover man || **~ δείπνος** Last Supper.
μυστικότητα, η [meesteekoteeta] secrecy, discretion.
μυστρί, το [meestree] trowel.

μυτερός [meeteros] pointed.
μύτη, η [meetee] nose || (άκρη) tip || (παπουτσιού) toe || (πένας) nib || (βελόνας) point.
μυώ [meeo] initiate into, admit into.
μυώδης [meeoδees] muscular, brawny, powerful.
μύωπας [meeopas] near-sighted, short-sighted.
μωαμεθανός, ο [moamethanos] Mohammedan.
μώβ [mov] mauve.
μώλος, ο [molos] mole, jetty, pier.
μωλωπίζω [molopeezo] bruise, contuse.
μώλωπας, ο [molopas] bruise, contusion.
μωρέ [more] (επιφ) hey you!, you!, I say!
μωρία, η [moreea] stupidity, foolishness.
μωρό, το [moro] baby, infant.
μωσαϊκό, το [mosaeeko] mosaic.

Ν, ν

να [na] that, to, in order to, so as to || here it is!
ναι [ne] yes, indeed, certainly.
νάιλον, το [naeelon] nylon.
νάνος, ο [nanos] dwarf.
νανουρίζω [nanoureezo] lull to sleep || (στην κούνια) rock || (στην αγκαλιά) nurse.
νανούρισμα, το [nanoureesma] lullaby || rocking to sleep.
ναός, ο [naos] church || temple.
ναργιλές, ο [naryeeless] hubble-bubble, hookah.
νάρθηκας, ο [nartheekas] (εκκλ) nave, narthex || (βοτ) fennel.
ναρκαλιευτικό, το [narkalievteeko] minesweeper.
νάρκη, η [narkee] numbness, torpor || (ναυτ) mine || (πνεύματος) sluggishness.
νάρκισσος, ο [narkeesos] narcissus.
ναρκώνω [narkono] numb || (μεταφ) dull, stupefy.
νάρκωση, η [narkosee] numbness || torpidity, sluggishness.
ναρκωτικά, τα [narkoteeka] πλ drugs, narcotics.
νάτριο, το [natreeo] sodium.
ναυάγιο, το [navayo] shipwreck || (μεταφ) wreck.
ναυαγός, ο [navagos] shipwrecked person.
ναυαρχείο, το [navarheeo] admiralty.
ναύαρχος, ο [navarhos] admiral.
ναύκληρος, ο [navkleeros] boatswain.
ναύλα, τα [navla] πλ fare, passage money.
ναυλώνω [navlono] charter, freight.
ναυμαχία, η [navmaheea] sea battle, naval action.
ναυπηγείο, το [navpeeyeeo] shipyard, dockyard.
ναυσιπλοΐα, η [navseeploeea] sailing, shipping || navigation.
ναύσταθμος, ο [navstathmos] dockyard, naval arsenal.
ναύτης, ο [navtees] sailor, seaman, mariner.
ναυτία, η [navteea] seasickness || nausea.
ναυτικό, το [navteeko] navy.
ναυτικός [navteekos] maritime || nautical || (άνδρας) seafarer.
ναυτιλία, η [navteeleea] navigation || shipping || **ναυτιλιακός** marine, naval, nautical.
ναυτολογώ [navtologo] enlist a crew, muster seamen.
νέα, η [nea] girl.
νέα, τα [nea] πλ news.
νεανικός [neaneekos] youthful, juvenile.
νεαρός [nearos] young || youthful, juvenile.

νέγρος, ο [negros] negro.
νέκρα, η [nekra] dead silence, stagnation.
νεκρικός [nekreekos] of death, funereal || gloomy.
νεκροθάπτης, ο [nekrothaptees] gravedigger.
νεκροκεφαλή, η [nekrokefalee] skull.
νεκρολογία, η [nekroloyeea] obituary.
νεκρός [nekros] dead, lifeless || (ουσ) **ο** ~ dead person.
νεκροταφείο, το [nekrotafeeo] cemetery, graveyard.
νεκροτομείο, το [nekrotomeeo] mortuary, morgue.
νεκροφόρα, η [nekrofora] hearse.
νεκροψία, η [nekropseea] autopsy, post-mortem.
νεκρώνω [nekrono] deaden || (τα πάθη) subdue.
νεκρώσιμος [nekroseemos] funeral.
νέκταρ, το [nektar] nectar.
νέμω [nemo] distribute, share.
νέο, το [neo] piece of news.
νεογέννητος [neoyeneetos] newborn.
νεογνό, το [neogno] newborn animal || newborn baby.
νεοελληνικά, τα [neoeleeneeka] πλ modern Greek (language).
νεοελληνικός [neoeleeneekos] of modern Greece.
νεόκτιστος [neokteestos] newly constructed.
νεολαία, η [neolea] youth.
νεόνυμφος, ο, η [neoneemfos] recently married man or woman.
νεόπλουτος [neoploutos] nouveau riche, parvenu.
νέος [neos] young || (καινούργιο) new, fresh || (επιπρόσθετο) further, additional || (σύγχρονος) modern || (ουσ) a young man.
νεοσσός, ο [neosos] nestling, chick.
νεοσύλλεκτος, ο [neoseelektos] recruit.
νεοσύστατος [neoseestatos] newly-established, newly-founded.
νεότητα, η [neoteeta] βλ **νεολαία.**
νεράιδα, η [neraeeða] fairy, Nereid.
νεράντζι, το [nerandzee] bitter orange.
νερό, το [nero] water || urine.
νερόβραστος [nerovrastos] boiled in water || (μεταφ) insipid, tasteless.
νερομπογιά, η [neromboya] watercolour.
νεροποντή, η [neropontee] shower of rain, downpour.
νερουλός [neroulos] watery, thin.
νεροχύτης, ο [neroheetees] kitchen sink.
νερώνω [nerono] mix with water.
νέτα σκέτα [netasketa] frankly, flatly.
νέτος [netos] net || (μεταφ) done, finished, completed.
νεύμα, το [nevma] sign, nod, wink, beckoning.
νευραλγία, η [nevralyeea] neuralgia.
νευραλγικός [nevralyeekos]: **νευραλγικό σημείο** weak spot.
νευριάζω [nevreeazo] make angry, irritate, vex || become angry.
νευρικός [nevreekos] nervous || excitable, highly strung.
νεύρο, το [nevro] nerve || muscle || vigour.
νευρόσπαστος, ο [nevrospastos] (μεταφ) nervous person.
νευρώδης [nevroðees] sinewy || nervous || (μεταφ) strong, spirited.
νευρωτικός [nevroteekos] neurotic.
νεύω [nevo] nod, make a sign, beckon, wink.
νεφελώδης [nefeloðees] cloudy, nebulous || (μεταφ) vague, hazy.

νέφος, το [nefos] cloud || (μεταφ) gloom, shadow.
νεφοσκεπής [nefoskepees] cloudy, overcast.
νεφρό, το [nefro] kidney.
νέφτι, το [neftee] turpentine, turps.
νεώριο, το [neoreeo] dry dock, dockyard.
νεωτερισμός, ο [neotereesmos] innovation || novelty, fashion.
νεώτερα, τα [neotera] πλ latest news.
νεώτερος [neoteros] younger || (γεγονός) recent, later || (νέα) fresh.
νήμα, το [neema] thread || (βαμβακερό) cotton thread || (μάλλινο) yarn.
νηνεμία, η [neenemeea] calmness, stillness.
νηολόγιο, το [neeoloyo] register of merchant shipping.
νηοπομπή, η [neeopombee] convoy, escort of ships.
νηπιαγωγείο, το [neepeeagoyeeo] kindergarten.
νήπιο, το [neepeeo] infant, baby, newborn child.
νησί, το [neesee] island.
νησιώτης, ο [neeseeotees] islander.
νήσος, η [neesos] βλ **νησί.**
νηστεία, η [neesteea] fast, fasting.
νηστεύω [neestevo] fast.
νηστικός [neesteekos] hungry.
νηφάλιος [neefaleeos] sober || (μεταφ) calm, cool, composed.
νιαουρίζω [neeaoureezo] miaow, mew.
νιάτα, τα [neeata] πλ youth.
νικέλιο, το [neekeleeo] nickel.
νίκη, η [neekee] victory, triumph.
νικητής, ο [neekeetees] victor || (σε παιχνίδι) winner.
νικηφόρος [neekeeforos] victorious, triumphant.
νικώ [neeko] (τον εχθρό) defeat, vanquish || (ανταγωνιστή) beat, surpass || (εμπόδια κτλ) surmount, overcome.
νίλα, η [neela] practical joke || calamity, ruin.
νιπτήρας, ο [neepteeras] washbasin, washstand.
νίπτω [neepto] wash || (μεταφ) wash out.
νισάφι, το [neesafee] mercy, compassion, pity.
νιφάδα, η [neefaδa] snowflake.
Νοέμβρης, ο [noemvrees], **Νοέμβριος, ο** [noemvreeos] November.
νοερός [noeros] mental, intellectual.
νόημα, το [noeema] reflection, thought || (έννοια) sense, meaning || (νεύμα) sign, wink.
νοημοσύνη, η [noeemoseenee] intelligence, intellect.
νοήμων [noeemon] intelligent, smart.
νόηση, η [noeesee] understanding, intellect || mind, wit.
νοητός [noeetos] comprehensible, conceivable.
νοθεία, η [notheea] falsification, adulteration.
νόθευση, η [nothevsee] adulteration, forgery.
νοθεύω [nothevo] falsify, forge, adulterate.
νόθος [nothos] bastard || (για ζώα κτλ) hybrid || (μεταφ) unstable.
νοιάζει [neeazee]: **με** ~ I care, I am anxious about.
νοιάζομαι [neeazome] care about, look after || be anxious about.
νοίκι, το [neekee] rent || **νοικιάζω** rent, hire, let out || **νοικάρης, ο** tenant.
νοικοκυρά, η [neekokeera] housewife, mistress of the house || landlady.
νοικοκύρης, ο [neekokeerees]

landlord || owner || (αυτεξούσιος) independent || wise.
νοικοκυριό, το [neekokeerio] housekeeping.
νοιώθω [neeotho] understand || feel, perceive || know.
νομαδικός [nomaðeekos] nomadic, roving.
νομαρχείο, το [nomarheeo] prefecture.
νομάρχης, ο [nomarhees] prefect, governor.
νομίζω [nomeezo] believe, think || suppose, presume.
νομικά, τα [nomeeka] πλ law studies, jurisprudence.
νομική, η [nomeekee] law.
νομικός [nomeekos] of the law, legal, lawful.
νομιμοποιώ [nomeemopeeo] legitimize, legalize, validate.
νόμιμος [nomeemos] legal, lawful, rightful.
νομιμότητα, η [nomeemoteeta] legitimacy, legality.
νομιμόφρονας [nomeemofronas] law-abiding, obedient, loyal.
νόμισμα, το [nomeesma] money, coin, currency.
νομοθεσία, η [nomotheseea] legislation, law-making.
νομοθέτης, ο [nomothetees] legislator, lawgiver.
νομομαθής, ο [nomomathees] jurist, legist.
νομός, ο [nomos] prefecture, province.
νόμος, ο [nomos] law, act (of Parliament), enactment.
νομοσχέδιο, το [nomosheðeeo] bill, draft of a law.
νομοταγής [nomotayees] law-abiding, loyal.
νονός, ο [nonos] godfather, sponsor.
νοοτροπία, η [nootropeea] mentality, mental character.
Νορβηγία, η [norveeyeea] Norway.
νορβηγικός [norveeyeekos] Norwegian.
Νορβηγός, ο [norveegos] Norwegian.
νοσηλεία, η [noseeleea] nursing, treatment, care of the sick.
νοσηλεύω [noseelevo] treat, tend, nurse.
νοσηρός [noseeros] unhealthy, sickly, weakly || (περιέργεια) morbid.
νοσοκομείο, το [nosokomeeo] hospital, infirmary.
νοσοκόμος, ο, η [nosokomos] nurse || (στρατ) hospital orderly.
νόσος, η [nosos] illness, disease, sickness.
νοσταλγία, η [nostalyeea] nostalgia || homesickness.
νοσταλγικός, [nostalyeekos] nostalgic || homesick.
νοσταλγώ [nostalgo] feel nostalgic for || crave for || be homesick.
νοστιμάδα, η [nosteemaða] tastiness || prettiness || piquancy.
νοστιμεύω [nosteemevo] flavour, make tasty || make attractive.
νόστιμος [nosteemos] tasty || attractive, charming.
νότα, η [nota] (διπλωματική) note || (μουσ) note.
νοτιά, η [notia] south || south wind.
νοτίζω [noteezo] moisten, dampen || become damp.
νοτιοανατολικός [noteeoanatoleekos] south-eastern.
νοτιοδυτικός [noteeoðeeteekos] south-western.
νότιος [noteeos] southern.
νότος, ο [notos] south.
νουθεσία, η [noutheseea] admonition, advice, counsel.
νουθετώ [noutheto] admonish, advise, give advice to.
νούμερο, το [noumero] number || (θεάτρου) act || odd character.

νουνός, ο [nounos] godfather, sponsor.
νους, ο [nous] mind, wit, intelligence, sense.
νούφαρο, το [noufaro] water lily.
νοώ [noo] comprehend, understand || think, reflect.
νταής, ο [daees] bully, ruffian.
ντάμα, η [dama] lady || partner || (στα χαρτιά) queen || (παιχνίδι) game of draughts.
νταμιτζάνα, η [dameedzana] demijohn.
νταμπλάς, ο [damblas] apoplexy || (μεταφ) amazement, stupefaction.
νταντά, η [danda] child's nurse, nanny.
νταντέλα, η [dantela] lace.
νταούλι, το [daoulee] drum.
νταραβέρι, το [daraveree] relation, dealing || (φασαρία) fuss, trouble.
ντε [de]: **έλα** ~ (επιφ) come on!, hurry up!
ντεπόζιτο, το [depozeeto] cistern || tank.
ντέρτι, το [dertee] regret, pain, sorrow || longing, yearning.
ντιβάνι, το [deevanee] divan.
ντολμάς, ο [dolmas] stuffed vine *or* cabbage leaves.
ντομάτα, η [domata] tomato.
ντόμπρος [dombros] sincere, candid, frank, honest.
ντόπιος [dopeeos] local, native.
ντόρος, ο [doros] trouble, din || (μεταφ) sensation.
ντουβάρι, το [douvaree] wall || (μεταφ) fool.
ντουέτο, το [doueto] duet.
ντουζίνα, η [douzeena] dozen.
ντουλάπα, η [doulapa] wardrobe.
ντουλάπι, το [doulapee] cupboard.
ντουνιάς, ο [dounias] people, mankind, humanity.
ντούς, το [dous] shower bath.
ντρέπομαι [drepome] be bashful || be ashamed.
ντροπαλός [dropalos] shy, modest, timid.
ντροπή, η [dropee] shame || modesty, bashfulness.
ντροπιάζω [dropeeazo] shame.
ντυμένος [deemenos] dressed.
ντύνομαι [deenome] get dressed.
ντύνω [deeno] dress || (έπιπλα) upholster.
ντύσιμο, το [deeseemo] dressing || attire, outfit, dress.
νυ, το [nee] the letter N.
νυκτερινός [neektereenos] of night, nocturnal.
νυκτόβιος [neektoveeos] living by night.
νυκτοφύλακας, ο [neektofeelakas] night watchman.
νυμφεύω [neemfevo] marry, wed.
νύμφη, η [neemfee] bride || (μυθολογία) nymph || (ζωολ) larva.
νύξη, η [neeksee] hint, allusion.
νύστα, η [neesta] sleepiness, drowsiness.
νυστάζω [neestazo] be sleepy, feel sleepy.
νυσταλέος [neestaleos] sleepy || (μεταφ) dull, sluggish.
νύφη, η [neefee] βλ **νύμφη.**
νυφικός [neefeekos] bridal, nuptial.
νυφίτσα, η [neefeetsa] weasel.
νυχθημερόν [neehtheemeron] day and night.
νύχι, το [neehee] nail || (ποδιών) toenail || (ζώου) claw, talon || **νύχια** πλ clutches.
νύχτα, η [neehta] night, darkness || (επιρ) at night, by night.
νυχτερίδα, η [neehtereeδa] bat.
νυχτικό, το [neehteeko] nightgown.
νυχτώνω [neehtono]: **νυχτώνει** night falls.
νωθρός [nothros] sluggish, lazy, slothful.

νωπός [nopos] fresh, new, recent || (για ρούχα) still damp.
νωρίς [norees] early.
νώτα, τα [nota] πλ back || (στρατ) rear.
νωχελής [nohelees] indolent, idle, slothful.

Ξ, ξ

ξαγρυπνώ [ksagreepno] stay awake || watch over || burn the midnight oil.
ξαδέρφη, η [ksaðerfee] cousin.
ξάδερφος, ο [ksaðerfos] cousin.
ξακουστός [ksakoustos] renowned, celebrated, famous.
ξαλαφρώνω [ksalafrono] lighten the load of, help || (μεταφ) relieve || relieve one's mind.
ξανά [ksana] again, afresh, anew.
ξαναβάζω [ksanavazo] put back again, replace.
ξανάβω [ksanavo] irritate || become annoyed, get furious.
ξαναγυρίζω [ksanayeereezo] return, send back || turn again.
ξανακάνω [ksanakano] redo, remake, repeat.
ξαναλέω [ksanaleo] repeat, reiterate.
ξανανιώνω [ksananeeono] rejuvenate || become young again.
ξαναπαθαίνω [ksanapatheno] be taken in again || suffer again.
ξαναπαίρνω [ksanaperno] take again || (θάρρος) pluck up again || (υπάλληλος) take on again, rehire || (θέση) go back to.
ξαναπαντρεύομαι [ksanapanðrevome] remarry.
ξανασαίνω [ksanaseno] recover, refresh o.s., relax.
ξαναφορτώνω [ksanafortono] reload.
ξανθίζω [ksantheezo] become fairer.
ξανθομάλλης [ksanthomalees] fair-haired.
ξανθός [ksanthos] blond, fair, light || (στάχυ) yellow, golden.
ξάνοιγμα, το [ksaneegma] clearing up, brightening || launching out.
ξανοίγομαι [ksaneegome] confide one's secrets || spend freely.
ξανοίγω [ksaneego] (μεταφ) look, see || clear up.
ξάπλα, η [ksapla] sprawling around || lying down.
ξάπλωμα, το [ksaploma] lying down || stretching out, spreading.
ξαπλώνομαι [ksaplonome] spread || lie down.
ξαπλώνω [ksaplono] spread out || lie down.
ξαποσταίνω [ksaposteno] rest, relax.
ξαποστέλνω [ksapostelno] send off, forward || dismiss.
ξασπρίζω [ksaspreezo] whiten || blanch, pale, fade.
ξάστερα [ksastera] frankly, flatly, categorically.
ξάστερος [ksasteros] cloudless, bright || (μεταφ) lucid, clear.
ξαφνιάζομαι [ksafneeazome] be taken by surprise, be frightened.
ξαφνιάζω [ksafneeazo] startle, surprise, frighten, scare.
ξαφνικά [ksafneeka] all of a sudden.
ξαφνικό, το [ksafneeko] surprise || accident, mishap.
ξαφρίζω [ksafreezo] skim || (μεταφ) steal.
ξάφρισμα, το [ksafreesma] skimming || frothing.
ξεβάφω [ksevafo] fade || lose colour, discolour.
ξεβγάζω [ksevgazo] wash out || (προπέμπω) show out, get rid of.
ξεβράκωτος [ksevrakotos] trouserless || (μεταφ) penniless.

ξεγελώ [kseyelo] cheat, dupe, deceive.

ξεγεννώ [kseyeno] deliver a child || be delivered of.

ξεγνοιάζω [ksegneeazo] be free from care.

ξεγράφω [ksegrafo] efface, strike out || (μεταφ) wipe out || write off.

ξεδιαλέγω [kseðeealego] select, choose, sort.

ξεδιαλύνω [kseðeealeeno] get to the bottom of, unravel.

ξεδιάντροπος [kseðeeantropos] immodest, brazen.

ξεδιπλώνω [kseðeeplono] unfurl, open out, spread.

ξεδιψώ [kseðeepso] quench one's thirst || refresh.

ξεθαρρεύω [ksetharevo] become too bold.

ξεθεώνω [ksetheono] wear out, exhaust, harass, worry.

ξεθυμαίνω [ksetheemeno] escape, leak out || (μεταφ) calm down, abate.

ξεθωριάζω [ksethoreeazo] fade || lose colour, discolour.

ξεκαθαρίζω [ksekathareezo] liquidate, settle accounts || elucidate || kill off.

ξεκάνω [ksekano] sell off || kill, exterminate.

ξεκαρδίζομαι [ksekarðeezome] burst out laughing.

ξεκάρφωτος [ksekarfotos] (μεταφ) unconnected, irrelevant.

ξεκινώ [ksekeeno] set off, start, depart || drive off.

ξεκλείδωτος [ksekleeðotos] unlocked.

ξεκοκκαλίζω [ksekokaleezo] eat to the bone || (μεταφ) spend foolishly.

ξεκομμένα [ksekomena] to the point, frankly.

ξεκουμπώνω [ksekoumbono] unbutton, unfasten.

ξεκουράζομαι [ksekourazome] relax, rest.

ξεκουράζω [ksekourazo] rest, relieve, refresh, repose.

ξεκουφαίνω [ksekoufeno] deafen, stun.

ξελιγωμένος [kseleegomenos] be hungry for, hunger for.

ξελιγώνω [kseleegono] (μεταφ) wear o.s. out, tire.

ξελογιάζω [kseloyazo] seduce, lead astray, fascinate.

ξεμαλλιασμένος [ksemaleeasmenos] dishevelled.

ξεμοναχιάζω [ksemonaheeazo] take aside.

ξεμπαρκάρω [ksembarkaro] land || unload.

ξεμπερδεύω [ksemberðevo] unravel, disentangle || get clear of, get rid of.

ξεμπλέκω [ksembleko] free o.s. || ~ **από** get free of.

ξεμυαλίζω [ksemeealeezo] infatuate, turn the head of, lead astray.

ξένα, τα [ksena] πλ foreign parts.

ξεναγός, ο, η [ksenagos] tourist guide.

ξενιτειά, η [kseneetia] foreign parts, foreign country.

ξενιτεύομαι [kseneetevome] live abroad.

ξενίζω [kseneezo] surprise, astonish.

ξενικός [kseneekos] foreign, alien, outlandish.

ξενοιάζω [kseneeazo] be free from cares.

ξενοδοχείο, το [ksenoðoheeo] hotel.

ξενοδόχος, ο [ksenoðohos] hotelier, innkeeper.

ξενοικιάζομαι [kseneekeeazome] become vacant.

ξένος [ksenos] foreign, strange,

unfamiliar || (ουσ) ~ foreigner, stranger || visitor.
ξενοφοβία, η [ksenofoveea] xenophobia.
ξενόφωνος [ksenofonos] foreign-speaking.
ξεντύνω [ksenteeno] undress, disrobe.
ξενυχτώ [kseneehto] stay up late, stay out all night.
ξενώνας, ο [ksenonas] spare room, guest room.
ξεπαγιάζω [ksepayazo] freeze || get frozen.
ξεπαστρεύω [ksepastrevo] exterminate, wipe out.
ξεπερασμένος [kseperasmenos] out-of-date, old-fashioned.
ξεπερνώ [kseperno] surpass, overtake || (σε δρόμο) outrun || (σε ύψος) be taller.
ξεπεσμός, ο [ksepesmos] decay, decline || (τιμών) fall || (νομίσματος) depreciation.
ξεπετιέμαι [ksepetieme] jump up suddenly, shoot up.
ξεπέφτω [ksepefto] reduce, abate || (τιμών) fall || (μεταφ) fall into disrepute.
ξεπλένω [kseplenο] rinse.
ξεπληρώνω [ksepleerono] pay off, discharge (*a debt*).
ξεπούλημα, το [ksepouleema] sale, sellout, liquidation || fire sale (*US*).
ξεπουλώ [ksepoulo] sell off || sell out, liquidate.
ξεπροβοδίζω [kseprovoδeezo] escort off, say goodbye to.
ξέρα, η [ksera] (θάλασσας) rock, reef || (καιρού) drought, dryness.
ξεραΐλα, η [kseraeela] aridity, dryness, drought.
ξεραίνομαι [kserenome] dry up, wither, get parched.
ξεραίνω [ksereno] dry up || parch, bake || (φυτά) wither.
ξερνώ [kserno] vomit, bring up || belch out.
ξερόβηχας, ο [kseroveehas] dry cough.
ξεροκαταπίνω [kserokatapeeno] swallow with embarrassment.
ξεροκέφαλος [kserokefalos] thickheaded || obstinate, stubborn.
ξερονήσι, το [kseroneesee] barren island, desert island.
ξερός [kseros] arid, dry, barren || (γλώσσα) parched || (ύφος) curt, snappish || **έμεινε ~** he was stumped || he dropped dead || **έπεσε ~ στον ύπνο** he dropped off to sleep.
ξεριζώνω [ksereezono] pull up, uproot || root out, wipe out.
ξέρω [ksero] know how to, understand, be aware of.
ξεσηκώνω [kseseekono] rouse, excite || (σχέδιο) transfer, copy.
ξεσκάζω [kseskazo] refresh o.s., relax.
ξεσκεπάζω [kseskepazo] unveil, uncover || reveal, disclose, let out.
ξεσκίζω [kseskeezo] rip up.
ξεσκονίζω [kseskoneezo] dust, give a dusting to.
ξεσκονόπανο, το [kseskonopano] duster, dust rag.
ξεσπάζω [ksespazo] (μεταφ) burst into, burst out.
ξεσπαθώνω [ksespathono] unsheathe one's sword || (μεταφ) speak out.
ξεστομίζω [ksestomeezo] utter, launch, hurl.
ξεστραβώνω [ksestravono] straighten out || become straight.
ξεστρώνω [ksestrono] take up, remove || (τραπέζι) clear away.
ξεσχίζω [ksesheezo] tear to pieces, lacerate.
ξετινάζω [kseteenazo] toss, shake, beat || (μεταφ) reduce to poverty.

ξετρελαίνω [ksetreleno] drive mad, bewilder || (από έρωτα) bewitch.
ξετρυπώνω [ksetreepono] appear suddenly, crop up.
ξετσίπωτος [ksetseepotos] shameless.
ξεύρω [ksevro] βλ **ξέρω**.
ξεφαντώνω [ksefantono] live fast, feast, revel.
ξεφεύγω [ksefevgo] elude || slip out.
ξεφλουδίζω [kseflouðeezo] peel || pare || shell || (το δέρμα) lose the skin.
ξεφορτώνομαι [ksefortonome] get rid of, shake off.
ξεφορτώνω [ksefortono] unload || (μεταφ) get rid of.
ξεφτέρι, το [ksefteree] sharp person, witty person.
ξεφτίζω [ksefteezo] fray out || (νήμα) pull out, unweave.
ξεφυλλίζω [ksefeeleezo] skim over, run through || strip the leaves, pluck.
ξεφυτρώνω [ksefeetrono] sprout, shoot up || appear suddenly.
ξεφωνητό, το [ksefoneeto] yell, shout, outcry, scream.
ξεφωνίζω [ksefoneezo] shout, bawl, yell, scream.
ξεχαρβαλωμένος [kseharvalomenos] shaky, loose, falling apart.
ξεχασμένος [ksehasmenos] forgotten.
ξεχειλίζω [kseheeleezo] overflow, run over.
ξεχειμωνιάζω [kseheemoneeazo] pass the winter, winter.
ξεχνώ [ksehno] forget, leave out, neglect.
ξεχρεώνω [ksehreono] pay up, discharge || settle, fulfil.
ξεχύνομαι [kseheenome] overflow.
ξεχύνω [kseheeno] pour out, overflow.
ξέχωρα [ksehora] apart, separately || ~ **από** apart from.
ξεχωρίζω [ksehoreezo] separate || single out || distinguish, discern || make one's mark.
ξεχωριστά [ksehoreesta] separately.
ξεχωριστός [ksehoreestos] separate || distinct, peculiar || distinguished, exceptional.
ξεψυχώ [ksepseeho] die, expire, give up the ghost.
ξηλώνω [kseelono] take apart, unstitch.
ξημερώματα [kseemeromata] πλ daybreak, dawn.
ξημερώνομαι [kseemeronome] stay awake till morning.
ξηρά, η [kseera] dry land, mainland.
ξηραίνω [kseereno] dry, drain.
ξηραντήριο, το [kseeranteereeo] drier.
ξηρασία, η [kseeraseea] aridity || drought.
ξηροί [kseeree]: ~ **καρποί** πλ dried fruit and nuts.
ξι, το [ksee] the letter Ξ.
ξινίζω [kseeneezo] turn sour, get sour.
ξινίλα, η [kseeneela] bitterness, acidity, tartness, sharpness.
ξινός [kseenos] sour, acid, sharp || (για φρούτα) unripe, green.
ξιπασμένος [kseepasmenos] vain, conceited.
ξιφασκία, η [kseefaskia] fencing, swordplay.
ξιφίας, ο [kseefeeas] swordfish.
ξιφολόγχη, η [kseefolonghee] bayonet.
ξιφομαχώ [kseefomaho] fence.
ξίφος, το [kseefos] sword.
ξοδεύομαι [ksoðevome] spend, incur expenses.
ξοδεύω [ksoðevo] spend, use up, consume, expend.

ξόρκι, το [ksorkee] exorcism || entreaty.
ξύγκι, το [kseengee] fat, lard, grease, tallow.
ξυδάτος [kseeðatos] pickled.
ξύδι, το [kseeðee] vinegar.
ξυλάνθρακας, ο [kseelanthrakas] charcoal.
ξυλεία, η [kseeleea] timber, lumber.
ξύλινος [kseeleenos] wooden, wood.
ξύλο, το [kseelo] wood || **τρώω ~** to receive a beating || **έπεσε ~** there was a fight.
ξυλοκάρβουνο, το [kseelokarvouno] charcoal.
ξυλοκόπος, ο [kseelokopos] woodcutter, lumberjack.
ξυλοκοπώ [kseelokopo] thrash, beat soundly.
ξυλοπόδαρο, το [kseelopoðaro] stilt.
ξυλουργική, η [kseelouryeekee] joinery, carpentry.
ξυλουργός, ο [kseelourgos] joiner, carpenter.
ξυλοφορτώνω [kseelofortono] thrash, leather, lick.
ξύνομαι [kseenome] scratch (o.s.).
ξύνω [kseeno] scratch, scrape || (μολύβι) sharpen || scrape off.
ξύπνημα, το [kseepneema] awakening, waking up.
ξυπνητήρι, το [kseepneeteeree] alarm clock.
ξύπνιος [kseepneeos] wakeful, awake || (μεταφ) alert, clever, intelligent.
ξυπνώ [kseepno] wake up, rouse.
ξυπόλυτος [kseepoleetos] barefooted, shoeless.
ξυράφι, το [kseerafee] razor.
ξυραφάκι, το [kseerafakee] razor blade.
ξυρίζομαι [kseereezome] shave, get shaved, have a shave.
ξυρίζω [kseereezo] shave.
ξύρισμα, το [kseereesma] shave, shaving.
ξυριστική [kseereesteekee]: **~ μηχανή** safety razor.
ξύσιμο, το [kseeseemo] scratching, scraping || rubbing, erasing || sharpening.
ξυστός [kseestos] grated, scratched.
ξύστρα, η [kseestra] grater, scraper, rasp || pencil sharpener.
ξωκκλήσι, το [ksokleesee] country chapel.
ξωτικό, το [ksoteeko] ghost, spirit, goblin.
ξώφυλλο, το [ksofeelo] book cover || (παραθύρου) outside shutter.

Ο, ο

ο [o] the.
όαση, η [oasee] oasis.
οβελίας, ο [oveleeas] lamb on the spit.
οβίδα, η [oveeða] explosive shell.
οβολός, ο [ovolos] mite, contribution.
ογδόντα [ogðonda] eighty.
ογδοηκοστός [ogðoeekostos] eightieth.
ογδοντάρης, ο [ogðontarees] octogenarian.
όγδοος [ogðoos] eighth.
ογκόλιθος, ο [ongoleethos] block of stone.
όγκος, ο [ongos] volume, mass, bulk, lump || (ιατρ) tumour.
ογκούμαι [ongoume] swell, grow fatter || (μεταφ) increase, swell.
ογκώδης [ongoðees] voluminous, massive || (άτομο) stout, portly.
οδεύω [oðevo] walk, tramp, trudge || accompany || (προς) proceed, advance.
οδηγητής, ο [oðeeyeetees] guide.
οδηγία, η [oðeeyeea] direction,

guidance || instruction, directions, orders.

οδηγός, ο [oðeegos] guide, conductor || (αυτοκινήτου) driver, chauffeur.

οδηγώ [oðeego] guide, lead || (αυτοκίνητο κτλ) drive || show how to, instruct.

οδοιπορία, η [oðeeporeea] walk, journey || march.

οδοιπορικά, τα [oðeeporeeka] πλ: ~ **έξοδα** travelling expenses.

οδοιπόρος, ο, η [oðeeporos] traveller, voyager.

οδοιπορώ [oðeeporo] walk, tramp || march || travel.

οδοκαθαριστής, ο [oðokathareestees] street sweeper.

οδοντιατρείο, το [oðonteeatreeo] dentist's surgery, dental clinic.

οδοντιατρική, η [oðonteeatreekee] dentistry.

οδοντίατρος, ο, η [oðonteeatros] dentist.

οδοντόβουρτσα, η [oðontovourtsa] toothbrush.

οδοντογλυφίδα, η [oðontogleefeeða] toothpick.

οδοντόπαστα, η [oðontopasta] dentifrice, toothpaste.

οδοντοστοιχία, η [oðontosteeheea] (set of) false teeth.

οδοντωτός [oðontotos] toothed, jagged, cogged || ~ **σιδηρόδρομος** funicular railway.

οδοποιία, η [oðopieea] road construction, roadmaking.

οδός, η [oðos] street || (ευρεία) main street, thoroughfare || (εθνική) state highway || (εμπορική) trade route || **καθ' οδόν** on the way, along the road.

οδόστρωμα, το [oðostroma] road surface.

οδοστρωτήρας, ο [oðostroteeras] steamroller.

οδόφραγμα, το [oðofragma] barricade, roadblock, barrier.

οδύνη, η [oðeenee] pain, suffering || (ηθική) grief || affliction.

οδυνηρός [oðeeneeros] (πληγή) painful || (μέρος) sore || (θέαμα) harrowing.

οδυρμός, ο [oðeermos] lamentation, wailing.

οδύρομαι [oðeerome] lament, complain, moan.

όζον, το [ozon] ozone.

όζος, ο [ozos] knot || (των δακτύλων) knuckles.

οζώδης [ozoðees] knotty, gnarled.

οθόνη, η [othonee] screen.

Οθωμανός, ο [othomanos] Ottoman.

οίδημα, το [eeðeema] swelling.

οικειοθελώς [eekeeothelos] (υπακούω) voluntarily || (κάνω κάτι) purposely, wilfully.

οικειοποίηση, η [eekeeopieesee] appropriation.

οικειοποιούμαι [eekeeopeeoume] appropriate to o.s., usurp.

οικείος [eekeeos] intimate, familiar || sociable, affable || **οι οικείοι** relatives, close relations.

οικειότητα, η [eekeeoteeta] familiarity, closeness.

οίκημα, το [eekeema] dwelling, lodging, habitation.

οικία, η [eekeea] house, home.

οικιακός [eekeeakos] domestic, home || (ζώο) domesticated.

οικίζω [eekeezo] inhabit, colonize, settle.

οικισμός, ο [eekeesmos] settling, colonizing.

οικογένεια, η [eekoyeneea] family.

οικογενειακός [eekoyeneeakos] of the family.

οικογενειακώς [eekoyeneeakos] with the entire family.

οικοδέσποινα, η [eekoðespeena] lady of the house, hostess.

οικοδεσπότης, ο [eekoðespotees] master of the house, host.
οικοδομή, η [eekoðomee] construction, act of building || building under construction.
οικοδόμημα, το [eekoðomeema] building, structure.
οικοδόμηση, η [eekoðomeesee] construction, building, erection.
οικοδομική, η [eekoðomeekee] building.
οικοδομικός [eekoðomeekos] constructive.
οικοδομώ [eekoðomo] build, construct, raise.
οικοκυρά [eekokeera] βλ **νοικοκυρά.**
οικοκύρης [eekokeerees] βλ **νοικοκύρης.**
οίκον [eekon]: **κατ'** ~ at home.
οικονομία, η [eekonomeea] economy, husbandry, thrift || saving.
οικονομικά, τα [eekonomeeka] πλ finances || (επιρ) reasonably, cheaply.
οικονομικός [eekonomeekos] economic, financial || (φθηνά) reasonable, cheap.
οικονόμος, ο, η [eekonomos] steward, stewardess || (μεταφ) thrifty person.
οικονομώ [eekonomo] save, economize || find, get hold of || **τα** ~ make ends meet, make money.
οικόπεδο, το [eekopeðo] building site, plot.
οίκος, ο [eekos] house || business house.
οικοτροφείο, το [eekotrofeeo] boarding school.
οικότροφος, ο, η [eekotrofos] boarder.
οικουμένη, η [eekoumenee] world, universe.
οικουμενικός [eekoumeneekos] ecumenical.
οικτείρω [eekteero] feel compassion for, pity || despise, scorn.
οίκτος, ο [eektos] compassion, pity || contempt, scorn.
οικτρός [eektros] deplorable || wretched, miserable.
οινόπνευμα, το [eenopnevma] alcohol || **οινοπνευματώδης** alcoholic.
οίνος, ο [eenos] wine.
οιοσδήποτε [eeosðeepote] any(body) || any kind of, whoever, whichever.
οισοφάγος, ο [eesofagos] oesophagus.
οίστρος, ο [eestros] gadfly || (μεταφ) inspiration, goading.
οιωνός, ο [eeonos] omen, presage, portent.
οκνηρός [okneeros] lazy, idle, sluggish.
οκνός [oknos] nonchalant, languid, slack.
οκρίβαντας, ο [okreevantas] easel.
οκτάγωνος [oktagonos] octagonal.
οκτακόσιοι [oktakosiee] eight hundred.
οκταπόδι, το [oktapoðee] octopus.
οκτώ [octo] eight.
Οκτώβριος, ο [oktovreeos] October.
όλα, τα [ola] πλ everything || ~ **κι** ~ anything else but.
ολάκερος [olakeros] whole, entire, total, complete.
ολέθριος [olethreeos] ominous, disastrous, destructive.
όλεθρος, ο [olethros] calamity, destruction, ruin.
ολημερίς [oleemerees] all day long.
ολιγάριθμος [oleegareethmos] few in number, a few.
ολιγαρκής [oleegarkees] temperate, frugal, moderate.
ολιγαρχία, η [oleegarheea] oligarchy.

ολιγόλογος [oleegologos] concise, succinct || taciturn.
ολίγο [oleego] (a) little.
ολίγος [oleegos] short, a little, a few || **ολίγον κατ' ολίγον** gradually || **παρ' ολίγο να** nearly, almost.
ολιγοστεύω [oleegostevo] diminish, decrease, lessen.
ολιγοστός [oleegostos] scarcely enough, scanty, inconsiderable.
ολιγοψυχία, η [oleegopseeheea] timidity.
ολιγωρία, η [oleegoreea] negligence, neglect, indifference.
ολικός [oleekos] total, whole, complete.
ολικώς [oleekos] totally, utterly.
ολισθαίνω [oleestheno] slip, slide || (μεταφ) lapse into, slip into.
ολίσθημα, το [oleestheema] slip(ping), slide || mistake, fault.
ολισθηρός [oleestheeros] slippery, greasy.
ολκή, η [olkee] attraction, pull, weight || calibre, bore.
Ολλανδέζος, ο [olanðezos] Dutchman.
Ολλανδία, η [olanðeea] Holland.
ολλανδικός [olanðeekos] Dutch.
όλμος, ο [olmos] mortar.
όλο [olo] all || ~ **και περισσότερο** more and more, always.
ολογράφως [olografos] written in full.
ολόγυρα [oloyeera] all round, in a circle.
ολοένα [oloena] incessantly, constantly.
ολοήμερος [oloeemeros] lasting a whole day.
ολόιδιος [oloeeðeeos] the spitting image.
ολόισιος [oloeeseeos] direct, straight || upright.
ολοκαύτωμα, το [olokavtoma] holocaust || sacrifice.
ολόκληρος [olokleeros] entire, whole, full, complete.
ολοκληρώνω [olokleerono] complete, finish || (μαθημ) integrate.
ολοκληρωτικός [olokleeroteekos] full, entire, complete || totalitarian || (μαθημ) integral.
ολόμαλλος [olomalos] all wool, pure wool.
ολομέλεια, η [olomeleea] total membership, all members present.
ολομερής [olomerees] entire, whole, complete.
ολομόναχος [olomonahos] quite alone.
ολονυχτίς [oloneehtees] the whole night long.
ολόρθος [olorthos] straight, upright, standing.
όλος [olos] all, whole || **όλοι** everyone, everybody || **όλοι μας** all of us, altogether || **όλα όλα** altogether, the total.
ολοσχερής [olosherees] utter, complete, full, entire.
ολοταχώς [olotahos] at full speed, at top speed.
ολότελα [olotela] entirely, altogether, completely.
ολοφάνερος [olofaneros] obvious, plain, clear.
ολόχαρος [oloharos] joyful, happy.
ολόχρυσος [olohreesos] all gold, solid gold.
ολόψυχος [olopseehos] wholeheartedly.
Ολυμπιακός [oleembeeakos] Olympic.
όλως [olos] wholly, altogether, totally || ~ **διόλου** completely, wholly || ~ **υμέτερος** yours truly.
ομάδα, η [omaða] group, company, band, gang || (αθλητική) team.
ομαδικός [omaðeekos] collective.
ομαδικώς [omaðeekos] in a body, collectively.

ομαλός [omalos] even || level || smooth, regular || (βίος) uneventful || flat.
ομαλότητα, η [omaloteeta] regularity, smoothness, evenness.
ομελέτα, η [omeleta] omelette.
ομήγυρη, η [omeeyeeree] party, meeting, assembly, circle.
όμηρος, ο [omeeros] hostage.
όμικρο, το [omeekro] the letter O.
ομιλητής, ο [omeeleetees] speaker, lecturer.
ομιλητικός [omeeleeteekos] sociable, affable.
ομιλία, η [omeeleea] talk, conversation || speech, lecture.
όμιλος, ο [omeelos] company, group, club.
ομιλώ [omeelo] speak, talk.
ομίχλη, η [omeehlee] fog, mist.
ομιχλώδης [omeehloðees] foggy, misty.
ομοβροντία, η [omovronteea] salvo, volley.
ομογένεια, η [omoyeneea] homogeneity || fellow Greeks.
ομογενής [omoyenees] similar || of the same race || expatriate Greek.
ομοεθνής [omoethnees] of the same nation, fellow (*countryman*).
ομοειδής [omoeeðees] of the same kind || uniform, similar.
ομόθρησκος [omothreeskos] of the same religion.
ομόθυμος [omotheemos] unanimous.
ομοιάζω [omeeazo] resemble, look like || be like.
ομοιογενής [omeeoyenees] homogeneous || uniform.
ομοιοκαταληξία, η [omeeokataleekseea] rhyme, rime.
ομοιόμορφος [omeeomorfos] uniform, unvarying.
ομοιοπαθής [omeeopathees] fellow (*sufferer*), in the same boat.
όμοιος [omeeos] similar, (a)like, same, in conformity with.
ομοιότητα, η [omeeoteeta] resemblance, similarity, likeness.
ομοίωμα, το [omeeoma] likeness, image || effigy.
ομοιωματικά, τα [omeeomateeka] πλ ditto marks.
ομόκεντρος [omokentros] concentric.
ομολογία, η [omoloyeea] confession, avowal, acknowledgement, admission || (οικον) bond, share.
ομόλογο, το [omologo] bond, promissory note, obligation.
ομολογουμένως [omologoumenos] avowedly, admittedly.
ομολογώ [omologo] acknowledge, confess, admit.
ομόνοια, η [omoneea] concord, agreement, accord, peace.
ομόρρυθμος [omoreethmos]: ~ **εταιρεία** partnership (*in business*).
ομορφαίνω [omorfeno] beautify || become beautiful.
ομορφιά, η [omorfia] beauty, handsomeness.
όμορφος [omorfos] handsome, beautiful, nice.
ομοσπονδία, η [omosponðeea] federation, confederacy.
ομότιμος [omoteemos]: ~ **καθηγητής** professor emeritus.
ομόφρονας [omofronas] having the same ideas, thinking alike.
ομοφυλοφιλία, η [omofeelofeeleea] homosexuality.
ομοφωνία, η [omofoneea] unanimity.
ομόφωνος [omofonos] unanimous.
ομπρέλλα, η [ombrella] umbrella.
ομφαλός, ο [omfalos] navel || (μεταφ) centre.
ομώνυμος [omoneemos] having the same name.

όμως [omos] yet, nevertheless, but, however.
ον, το [on] creature, being.
ονειρεύομαι [oneerevome] dream, have visions.
ονειροκρίτης, ο [oneerokreetees] dream interpreter.
όνειρο, το [oneero] dream || vision, imagination.
ονειροπολώ [oneeropolo] daydream || dream (of), build castles in the air.
ονειρώδης [oneeroðees] dreamlike, fantastic || grand.
όνομα, το [onoma] name || (γραμμ) noun || fame, reputation || **βγάζω ~** gain renown, become famous || **~ και πράμα** in every sense || **ονόματι** by name of.
ονομάζω [onomazo] name, call || appoint.
ονομασία, η [onomaseea] name, appellation || designation, appointment.
ονομαστική, η [onomasteekee] (γραμμ) nominative (case) || **~ εορτή** name day.
ονομαστικός [onomasteekos] nominal.
ονομαστός [onomastos] famous, famed, celebrated.
ονοματεπώνυμο, το [onomateponeemo] name and surname.
ονοματολογία, η [onomatoloyeea] nomenclature, terminology.
οντότητα, η [ontoteeta] entity, being || personality.
όντως [ontos] really, truly, in truth.
οξεία, η [okseea] (γραμμ) acute accent.
οξείδιο, το [okseeðeeo] oxide.
οξείδωση, η [okseeðosee] oxidation || corrosion, rusting.
οξικός [okseekos] acetic.
όξινος [okseenos] sour, bitter, acid.
οξύ, το [oksee] acid.
οξυά, η [oksia] beech tree || beech.
οξυγονοκόλληση, η [okseegonokoleesee] oxyacetylene welding.
οξυγόνο, το [okseegono] oxygen.
οξυδέρκεια, η [okseeðerkeea] perspicacity, acumen || (μεταφ) discernment.
οξύθυμος [okseetheemos] irritable, touchy.
οξύνους [okseenous] sagacious, acute, keen, clever.
οξύνω [okseeno] sharpen, whet || (το νου) sharpen || (αισθήματα) stir up, arouse, provoke.
οξύς [oksees] sharp, pointed || piercing, shrill || (γεύση) sour, strong.
οξύτητα, η [okseeteeta] sharpness || keenness, acuteness.
οξύφωνος, ο [okseefonos] (μουσ) tenor.
όξω [okso] βλ **έξω**.
οπαδός, ο, η [opaðos] adherent, partisan, supporter.
όπερα, η [opera] opera.
οπή, η [opee] opening, aperture, hole, gap.
όπιο, το [opeeo] opium.
όπισθεν [opeesthen] behind, in the rear || **κάνω ~** go backwards, put in reverse.
οπίσθιος [opeestheeos] hind, posterior, back.
οπισθογραφώ [opeesthografo] endorse (*a cheque*).
οπισθοδρομικός [opeesthoðromeekos] retrogressive || (στις απόψεις) reactionary.
οπισθοφυλακή, η [opeesthofeelakee] rearguard.
οπισθοχώρηση, η [opeesthohoreesee] retreat, withdrawal.
οπίσω [opeeso] behind, back || again.
όπλα, τα [opla] βλ arms.
οπλή, η [oplee] hoof.

οπλίζω [opleezo] arm || (μεταφ) reinforce, strengthen.
οπλισμός, ο [opleesmos] armament, equipment || (καλωδίου) sheathing.
οπλιταγωγό, το [opleetagogo] troopship.
οπλίτης, ο [opleetees] soldier.
όπλο, το [oplo] arm, weapon || rifle || (αμύνης) branch of army.
οπλοπολυβόλο, το [oplopoleevolo] light machine gun.
οπλοστάσιο, το [oplostaseeo] arsenal, armoury.
οπλοφορία, η [oploforeea] carrying of arms.
όποιος [opeeos] whoever, whichever || ~ **κι'** whosoever, anybody.
οποίος [opeeos] of what kind || **ο** ~ who, which.
οποιοσδήποτε [opeeosðeepote] whoever, whatsoever.
οπόταν [opotan] whenever, when.
όποτε [opote] whenever, at any time.
οπότε [opote] at which time, when.
όπου [opou] where, wherever.
οπουδήποτε [opouðeepote] wheresoever, wherever.
οπτασία, η [optaseea] vision, apparition.
οπτική, η [opteekee] optics.
οπτικός [opteekos] optic(al) || (ουσ) optician.
οπωρικά, τα [oporeeka] πλ fruit.
οπωροπωλείο, το [oporopoleeo] fruit market.
οπωροφόρος [oporoforos] bearing fruit, fruit-producing.
όπως [opos] as, like || ~ ~ somehow or other, after a fashion || (συνδ) in order that, so as.
οπωσδήποτε [oposðeepote] howsoever, anyway, without fail || definitely.
όραμα, το [orama] vision ||
οραματίζομαι have visions, visualize.
όραση, η [orasee] sense of sight, vision.
ορατός [oratos] visible, perceptible.
ορατότητα, η [oratoteeta] visibility.
οργανικός [organeekos] organic.
οργανισμός, ο [organeesmos] organism || organization.
όργανο, το [organo] organ || (μουσ) instrument || implement, tool || (κατασκοπείας) agent.
οργανώνω [organono] organize, constitute, form.
οργάνωση, η [organosee] organization, arranging.
οργασμός, ο [orgasmos] orgasm, heat || (μεταφ) feverish activity.
οργή, η [oryee] anger, rage || **να πάρει η** ~ damn it!, damnation!
όργια, τα [orya] πλ orgies || (μεταφ) corrupt practices || **οργιάζω** revel, debauch.
οργίζω [oryeezo] anger, enrage, irritate.
οργυιά, η [orya] fathom.
όργωμα, το [orgoma] ploughing, tilling, tillage.
οργώνω [orgono] plough, till, furrow.
ορδή, η [orðee] horde, host, rabble.
ορειβασία, η [oreevaseea] mountain climbing.
ορειβάτης, ο [oreevatees] mountain climber.
ορειβατικός [oreevateekos] of climbing, of mountaineering.
ορεινός [oreenos] mountainous, hilly || of the mountains.
ορείχαλκος, ο [oreehalkos] brass, bronze.
ορεκτικό, το [orekteeko] appetizer, titbit || drink.
ορεκτικός [orekteekos] appetizing savoury || tempting.

όρεξη, η [oreksee] appetite || desire, liking.
ορθά [ortha] right, rightly || upright || ~ **κοφτά** flatly, frankly.
ορθάνοιχτος [orthaneehtos] wide open.
όρθιος [ortheeos] on end, upright, erect, standing.
ορθογραφία, η [orthografeea] spelling, orthography || dictation.
ορθογώνιο, το [orthogoneeo] rectangle.
ορθογώνιος [orthogoneeos] right-angled || rectangular.
ορθοδοξία, η [orthoðokseea] orthodoxy.
ορθόδοξος [orthoðoksos] orthodox.
ορθολογισμός, ο [ortholoyeesmos] rationalism.
ορθοπεδική, η [orthopeðeekee] orthopaedics.
ορθοποδώ [orthopoðo] walk straight || stand on sure ground, thrive.
ορθός [orthos] light || correct || proper || upright, erect, standing.
ορθοστασία, η [orthostaseea] standing.
ορθότητα, η [orthoteeta] accuracy || soundness || aptness.
όρθρος, ο [orthros] (εκκλ) matins || dawn, daybreak.
ορθώνομαι [orthonome] rise, get up || (άλογο) rear up.
ορθώνω [orthono] raise, pull up, lift up || redress.
ορθώς [orthos] βλ **ορθά**.
οριζόντιος [oreezonteeos] horizontal, level.
ορίζω [oreezo] mark, bound, delimit || fix, settle, define || rule, control, govern.
ορίζων, ο [oreezon] horizon.
όριο, το [oreeo] boundary, limit, border || (μεταφ) scope, boundary.
ορισμένος [oreesmenos] defined, fixed || certain, special.
ορισμός, ο [oreesmos] designation, fixing || definition || order, instruction.
ορίστε [oreeste] I beg your pardon? || come in, take a seat || may I help you? || **καλώς ορίσατε** (επιφ) welcome!
οριστική, η [oreesteekee] (γραμμ) indicative (mood).
οριστικός [oreesteekos] definitive, final.
ορκίζομαι [orkeezome] swear, take the oath.
ορκίζω [orkeezo] put on oath, swear in.
όρκος, ο [orkos] oath || vow.
ορκωμοσία, η [orkomoseea] swearing (in).
ορκωτός [orkotos] sworn || **οι ορκωτοί** the jury.
ορμή, η [ormee] vehemence || impulse, impetus || passion.
ορμητήριο, το [ormeeteereeo] starting place || motive.
ορμητικός [ormeeteekos] impetuous, hot-tempered, fiery.
ορμόνη, η [ormonee] hormone.
όρμος, ο [ormos] bay, inlet.
ορμώ [ormo] dash, rush || ~**μαι** be urged || come from.
όρνεο, το [orneo] bird of prey.
όρνιθα, η [orneetha] hen, chicken, fowl.
ορνιθοσκαλίσματα, τα [orneethoskaleesmata] πλ scrawl, scribble.
ορνιθοτροφείο, το [orneethotrofeeo] poultry farm.
ορνιθώνας, ο [orneethonas] chicken coop, henhouse, hen roost.
όρνιο, το [orneeo] bird of prey || (μεταφ) dullard, dolt.
οροθεσία, η [orotheseea] fixing of boundaries.
ορολογία, η [oroloyeea] terminology.

οροπέδιο, το [oropeðeeo] plateau, tableland.
όρος, το [oros] mountain.
όρος, ο [oros] term, condition, stipulation, proviso || limit, end || (επιστημονικός) term, definition.
ορρός, ο [oros] serum.
οροσειρά, η [oroseera] mountain range, mountain chain.
ορόσημο, το [oroseemo] boundary mark, boundary stone.
οροφή, η [orofee] ceiling, roof.
όροφος, ο [orofos] floor, storey.
ορτύκι, το [orteekee] quail.
όρυζα, η [oreeza] rice.
ορυκτέλαιο, το [oreekteleo] petroleum || lubricant.
ορυκτολογία, η [oreektoloyeea] mineralogy.
ορυκτό, το [oreekto] mineral, ore.
ορυκτός [oreektos] mineral, dug-up.
ορύσσω [oreeso] dig, excavate || (**πηγάδι**) bore, sink.
ορυχείο, το [oreeheeo] mine.
ορφανός [orfanos] orphan.
ορφανοτροφείο, το [orfanotrofeeo] orphanage.
όρχης [orhees] testicle || (λουλούδι) orchid.
ορχήστρα, η [orheestra] orchestra.
όσιος [oseeos] holy, blessed || saint.
οσμή, η [osmee] odour, smell, scent.
όσο [oso] as, as far as, as long as || ~ **για** as for || ~ **αφορά** as regards, with regard to || **εφ** ~ as long as, inasmuch as || ~ **νάρθει** until he comes || ~ **νάναι** nevertheless.
όσος [osos] as much as, as many as, all.
όσπριο, το [ospreeo] pulse, legume.
οστούν, το [ostoun] bone.
οστρακιά, η [ostrakia] scarlet fever.
όστρακο, το [ostrako] shell || (αρχαιολογία) potsherd.
οσφραίνομαι [osfrenome] smell, scent || (μεταφ) feel.
όσφρηση, η [osfreesee] sense of smell.
οσφύς, η [osfees] waist, loins, haunches.
όταν [otan] when, at the time when, whenever.
ότι [otee] (συνδ) that || (επιρ) as soon as || just (now).
ό, τι [otee] what(ever).
οτιδήποτε [oteeðeepote] whatsoever || anything at all.
όπου [otou]: **έως** ~ until || **μέχρις** ~ until || **αφ** ~ since.
Ουγγαρία, η [oungareea] Hungary.
ουγγιά, η [oungia] ounce.
ουγγρικός [oungreekos] Hungarian.
Ούγγρος, ο [oungros] Hungarian.
ουδέ [ouðe] βλ **ούτε**.
ουδείς [ouðees] no(body), no one, none.
ουδέποτε [ouðepote] never.
ουδέτερος [ouðeteros] neither || (επίθ) neutral || (γραμμ) neuter.
ουδόλως [ouðolos] by no means, no wise, by no manner of means.
ούζο, το [ouzo] ouzo.
ουλή [oulee] scar.
ούλο, το [oulo] (ανατ) gum.
ούρα, τα [oura] πλ urine, piss (*col*).
ουρά, η [oura] tail || train of dress || queue || (φάλαγγας) rear || **λεφτά με** ~ loads of money.
ουραγός, ο [ouragos] person bringing up the rear, the last one.
ουρανής [ouranees] sky-blue.
ουράνιο, το [ouraneeo] uranium.
ουράνιο [ouraneeo]: ~ **τόξο** rainbow.
ουράνιος [ouraneeos] heavenly, celestial.
ουρανίσκος, ο [ouraneeskos] palate.
ουρανοκατέβατος

[ouranokatevatos] heaven-sent || (μεταφ) unexpected.
ουρανοξύστης, ο [ouranokseestees] skyscraper.
ουρανός, ο [ouranos] sky, heaven || canopy.
ουρητήριο, το [oureeteereeo] urinal, john (*col*).
ουρικός [oureekos] uric, urinary.
ούριος [oureeos] (άνεμος) tail, favourable, fair.
ουρλιάζω [ourleeazo] howl, roar || (από πόνο) yell, scream || (από θυμό) bellow.
ούρλιασμα, το [ourleeasma] howl(ing), bellowing, yelling.
ουρώ [ouro] urinate.
ους, το [ous] ear.
ουσία, η [ouseea] matter, substance || essence || (μεταφ) gist, main point.
ουσιαστικό, το [ouseeasteeko] (γραμμ) substantive, noun.
ουσιαστικός [ouseeasteekos] substantial, essential.
ουσιώδης [ouseeoδees] essential, vital, indispensable, capital.
ούτε [oute] not even || ~ ... ~ neither ... nor.
ουτοπία, η [outopeea] Utopia.
ούτω(ς) [outo(s)] so, such, thus || ~ **ώστε** so that, in order that.
ουχί [ouhee] βλ **όχι**.
οφειλέτης, ο [ofeeletees] debtor.
οφειλή, η [ofeelee] debt, sum due || (μεταφ) obligation, duty.
οφείλομαι [ofeelome] be due.
οφείλω [ofeelo] owe || be obliged to || ~ **να πάω** I should go.
όφελος, το [ofelos] profit, advantage, benefit.
οφθαλμαπάτη, η [ofthalmapatee] optical illusion.
οφθαλμίατρος, ο, η [ofthalmeeatros] eye specialist, oculist.
οφθαλμός, ο [ofthalmos] eye || (βιολ) bud.
οφθαλμοφανής [ofthalmofanees] obvious, manifest, evident.
όφις, ο [ofees] snake, serpent.
όχεντρα, η [ohentra] βλ **οχιά**.
οχέτευση, η [ohetevsee] drainage.
οχετός, ο [ohetos] drain, sewer || conduit, pipe.
όχημα, το [oheema] vehicle, carriage, coach.
όχθη, η [ohthee] (ποταμού) bank || (λίμνης) shore.
όχι [ohee] no || not.
οχιά, η [ohia] viper.
οχλαγωγία, η [ohlagoyeea] disturbance, riot, tumult.
οχληρός [ohleeros] tiresome, unpleasant, burdensome.
οχλοβοή, η [ohlovoee] uproar, din, hubbub.
οχλοκρατία, η [ohlokrateea] mob rule.
όχλος, ο [ohlos] populace, mob, crowd, rabble.
οχυρό, το [oheero] strong point, fort, stronghold.
οχυρώνομαι [oheeronome] (μεταφ) find an excuse, justify.
οχυρώνω [oheerono] fortify, entrench.
όψη, η [opsee] aspect, appearance, look || view, sight || countenance || face || **λαμβάνω υπ** ~ take into account || **εξ όψεως** by sight || **εν όψει** in view of || in view.
οψιγενής [opseeyenees] posthumous || late, belated.
όψιμος [opseemos] tardy, late, of a late season.

Π, π

παγανισμός, ο [paganeesmos] paganism.
παγερός [payeros] icy cold, freezing || (μεταφ) chilly, frigid.
παγετός, ο [payetos] frost.

παγετώδης [payetoðees] icy, icy cold, freezing.
παγετώνας, ο [payetonas] glacier.
παγίδα, η [payeeða] trap, snare || (τάφρος) pitfall.
παγίδευμα, το [payeeðevma] ensnaring, trapping.
παγιδεύω [payeeðevo] snare, catch, entice.
πάγιος [payos] fixed, stable, firm || (καθεστώς) secure, durable || (δάνειο) consolidated loan || (πρόσοδος) steady income.
παγιώνω [payono] consolidate, make secure.
παγίως [payeeos] firmly, securely.
πάγκος, ο [pangkos] bench, seat.
παγκόσμιος [pangkosmeeos] universal,world-wide.
πάγκρεας, το [pangkreas] pancreas.
παγόβουνο, το [pagovouno] iceberg.
παγόδα, η [pagoða] pagoda.
παγοδρομία, η [pagoðromeea] skating.
παγοθραύστης, ο [pagothravstees] icebreaker.
παγοπέδιλο, το [pagopeðeelo] iceskate.
πάγος, ο [pagos] ice, frost.
παγούρι, το [pagouree] can, tin, flask || (στρατ) canteen.
παγωμένος [pagomenos] frozen, frostbitten.
παγώνι, το [pagonee] peacock.
παγωνιά, η [pagonia] frost.
παγώνω [pagono] freeze, congeal, frost.
παγωτό, το [pagoto] ice cream.
παζαρεύω [pazarevo] haggle over, bargain for.
παζάρι, το [pazaree] market, bazaar || bargaining, haggling.
παθαίνω [patheno] undergo, suffer, be injured.
πάθημα, το [patheema] mishap, accident.
πάθηση, η [patheesee] complaint, sickness, affliction.
παθητικός [patheeteekos] passive, submissive || (γραμμ) passive (voice) || charged with passion || (οικ) debit.
παθολογία, η [patholoyeea] pathology.
παθολογικός [patholoyeekos] pathological.
παθολόγος, ο [pathologos] general practitioner.
πάθος, το [pathos] illness, passion || suffering || (έχθρα) animosity.
παιδαγωγείο, το [peðagoyeeo] children's school.
παιδαγωγία, η [peðagoyeea] education, pedagogy.
παιδαγωγικός [peðagoyeekos] educational, pedagogical.
παιδαγωγός, ο, η [peðagogos] tutor, preceptor, pedagogue.
παιδαγωγώ [peðagogo] educate, instruct, teach.
παιδάκι, το [peðakee] little child.
παιδαριώδης [peðareeoðees] puerile, childish || (εύκολο) quite simple, trivial.
παιδεία, η [peðeea] education, learning, instruction, culture.
παίδεμα, το [peðema] torture, trial, ordeal.
παιδεύομαι [peðevome] try hard, struggle.
παιδεύω [peðevo] pester, torture, torment.
παιδί, το [peðee] child, boy || chap.
παιδιαρίζω [peðeeareezo] act like a child.
παιδίατρος, ο, η [peðeeatros] paediatrician, child specialist.
παιδικός [peðeekos] child's, of children || childish || ~ **σταθμός** day nursery.
παίζω [pezo] play || (παιχνίδι)

speculate, gamble || (μεταφ) swing, sway.
παίκτης, ο [pektees] player || gambler, gamester.
παινεύω [penevo] βλ **επαινώ.**
παίξιμο, το [pekseemo] playing || (με κάτι) toying with || (θεάτρου) performance || (παιχνίδι) gaming, gambling.
παίρνω [perno] receive, take hold of, get, contain || (πόλη κτλ) capture || (διά της βίας) wrench from || (υπηρέτη) hire, take on || (καφέ κτλ) take, have || (κρύο κτλ) catch, get || (σαν παράδειγμα) take, draw || (σημείωση) take (a note) || (κάτι για κάτι) take for, consider (as) || (με κάποια έννοια) understand, interpret || (χρήματα) be paid, draw, receive || (για γυναίκα) marry, wed || **τον ~** fall asleep || **~ από πίσω** follow closely.
παιχνίδι, το [pehneeðee] play, game, sport || (για παιδιά) toy, plaything.
παιχνιδιάρης [pehneeðeearees] playful, gay, mirthful.
πακετάρω [paketaro] pack, box.
πακέτο, το [paketo] pack, packet, parcel, box, bundle.
παλαβομάρα, η [palavomara] madness, lunacy, foolish act.
παλαβός [palavos] mad, insane, stupid || (παράτολμος) foolhardy.
παλαίμαχος [palemahos] veteran.
παλαιογραφία, η [paleografeea] pal(a)eography.
παλαιοπωλείο, το [paleopoleeo] secondhand shop, antique shop.
παλαιοπώλης, ο [paleopolees] secondhand dealer.
παλαιός [paleos] old || (μνημείο κτλ) ancient, old || (άλλοτε) former.
παλαιστής, ο [palestees] wrestler.
παλαίστρα, η [palestra] arena, ring.
παλαιώνω [paleono] wear out, become antiquated.
παλαμάκια, τα [palamakeea] πλ clapping, applause.
παλαμάρι, το [palamaree] (ναυτ) cable, mooring line.
παλάμη, η [palamee] palm || (μέτρο) span.
παλάτι, το [palatee] palace || mansion.
παλεύω [palevo] wrestle, struggle, fight.
πάλη, η [palee] wrestling || (μεταφ) struggle, strife, contest.
παλιανθρωπιά, η [palianthropia] villainy, meanness, roguery.
παλιάνθρωπος, ο [palianthropos] rogue, rascal, scamp.
παλιάτσος, ο [paliatsos] clown, buffoon.
πάλι [palee] again, once more, over again.
παλινδρομικός [paleenðromeekos] alternating, reciprocating, recoiling.
παλινόρθωση, η [paleenorthosee] restoration, re-establishment.
παλιόπαιδο, το [paliopeðo] bad boy, young scamp.
παλίρροια, η [paleereea] tide, floodtide.
παλληκαράς, ο [paleekaras] bully.
παλληκάρι, το [paleekaree] young man, brave person || (εργένης) bachelor.
παλληκαρίσια [paleekareeseea] boldly, bravely.
πάλλω [palo] throb, beat, palpitate || (ηλεκτ) vibrate.
παλμός, ο [palmos] oscillation, vibration || palpitation, throbbing || (ενθουσιασμού) feeling, eagerness.
παλούκι, το [paloukee] stake, pole || (μεταφ) difficulty.
παλτό, το [palto] overcoat.
παμπάλαιος [pampaleos] ancient || out-of-date.

πάμπλουτος [pamploutos] extremely wealthy.
παμπόνηρος [pamponeeros] very cunning, very sly.
πάμπτωχος [pamptohos] very poor, very needy.
πάμφθηνος [pamftheenos] very cheap, extremely cheap.
παμψηφεί [pampseefee] unanimously.
παν, το [pan] the whole world || (τα κεφαλαιώδες) essentials, everything.
πανάγαθος [panagathos] merciful || extremely virtuous.
Παναγία, η [panayeea] the Virgin Mary.
πανάδα, η [panaða] brown patch, freckle.
πανάθλιος [panathleeos] wretched, miserable.
πανάκεια, η [panakeea] panacea.
πανάρχαιος [panarheos] very ancient.
πανδαιμόνιο, το [panðemoneeo] pandemonium.
πάνδεινος [panðeenos] disastrous, most terrible.
πανδοχείο, το [panðoheeo] inn.
πανδρειά, η [panðria] marriage, matrimony.
πανδρεύω [panðrevo] marry.
πανελλήνιος [paneleeneeos] panhellenic.
πανεπιστημιακός [panepeesteemeeakos] of the university.
πανεπιστήμιο, το [panepeesteemeeo] university.
πανέρι, το [paneree] wide basket.
πανευτυχής [panefteehees] very happy.
πανηγυρίζω [paneeyeereezo] celebrate, fête.
πανηγυρικός [paneeyeereekos] festive || (ουσ) oration, panegyric.
πανηγύρι, το [paneeyeeree] festival, festivity || (εμπορικό) fair.
πανηγυρισμός, ο [paneeyeereesmos] celebration.
πάνθηρας, ο [pantheeras] panther.
πανί, το [panee] cloth, linen || (ναυτ) sail.
πανίδα, η [paneeða] fauna.
πανικόβλητος [paneekovleetos] panic-stricken.
πανικός, ο [paneekos] panic.
πανίσχυρος [paneesheeros] all-powerful.
πάνινος [paneenos] of cloth, of linen, of cotton.
πανόμοιος [panomeeos] similar, alike.
πανομοιότυπο, το [panomeeoteepo] facsimile.
πανοπλία, η [panopleea] arms, armour.
πανόραμα, το [panorama] panorama.
πανούκλα, η [panoukla] plague, pestilence.
πανουργία, η [panouryeea] ruse, trick, cunning.
πανούργος [panourgos] malicious, tricky, wily, cunning.
πανσέληνος, η [panseleenos] full moon.
πανσές, ο [panses] pansy.
πάντα [panta] forever, always || anyway, in any case.
πανταλόνι, το [pantalonee] trousers || pants, knickers.
πανταχού [pantahoo] everywhere.
παντελής [pantelees] complete, absolute, entire.
παντελώς [pantelos] utterly, absolutely, totally.
παντζάρι, το [pandzaree] beetroot.
παντιέρα, η [pantiera] banner, flag.
παντοδύναμος [pantoðeenamos] omnipotent, all-powerful.
παντοειδώς [pantoeeðos] in every way.
παντοιοτρόπως [panteeotropos] in every way, by every means.

Παντοκράτορας, ο [pantokratoras] the Almighty.
παντομίμα, η [pantomeema] pantomime.
παντοπωλείο, το [pantopoleeo] grocer's shop || grocery (*US*).
παντοπώλης, ο [pantopolees] grocer.
πάντοτε [pantote] always, at all times, forever.
παντοτεινά [pantoteena] perpetually, everlastingly.
παντού [pantou] everywhere.
παντούφλα, η [pantoufla] slipper.
παντρειά, η [pantria] βλ **πανδρειά**.
παντρεύω [pantrevo] βλ **πανδρεύω**.
πάντως [pantos] anyhow, in any case, at any rate.
πανωλεθρία, η [panolethreea] heavy loss, total ruin.
πανώλη, η [panolee] plague, pestilence.
πανωφόρι, το [panoforee] overcoat.
παξιμάδι, το [pakseemaδee] rusk || (για βίδα) nut (*of screw*).
παπαδιά, η [papaδia] priest's wife.
παπάκι, το [papakee] duckling.
παπαρούνα, η [paparouna] poppy.
Πάπας, ο [papas] Pope.
παπάς, ο [papas] priest.
παπί, το [papee] young duck || **γίνομαι** ~ get wet to the skin.
πάπια, η [papeea] duck || bedpan || **κάνω την** ~ to act the innocent.
πάπλωμα, το [paploma] cotton quilt.
παπουτσάδικο, το [papoutsaδeeko] shoemaker's shop.
παπουτσής, ο [papoutsees] shoemaker, bootmaker.
παπούτσι, το [papoutsee] shoe.
παππούς, το [papoos] grandfather.
παρά [para] than || but || (προθ) near, close, by || (προσθήκη) in spite of, against my will || (αντίθεση) against, contrary to || (αφαίρεση) by, almost, nearly.
παραβαίνω [paraveno] break, violate, infringe.
παραβάλλω [paravalo] compare.
παραβάν, το [paravan] (folding) screen.
παραβαρύνω [paravareeno] overload, overburden || become very heavy.
παράβαση, η [paravasee] violation, transgression, breach.
παραβάτης, ο [paravatees] violator, transgressor.
παραβιάζω [paraveeazo] (πόρτα κτλ) force entry, break open || (νόμο) violate, infringe.
παραβλέπω [paravlepo] neglect, omit || turn a blind eye (to), ignore.
παραβολή, η [paravolee] comparison, collation || (εκκλ) parable || (μαθημ) parabola.
παράβολο, το [paravolo] fee, deposit.
παραγάδι, το [paragaδee] large fishing net.
παραγγελία, η [parangeleea] command, commission, order || (μήνυμα) message || **επί** ~ made to order.
παραγγέλω [parangelo] order, command || inform.
παραγεμίζω [parayemeezo] fill up || become too full || (μαγειρική) stuff || cram.
παραγίνομαι [parayeenome] grow too much || go too far || get overripe || ~ **χοντρός** grow too fat.
παράγκα, η [paranga] wooden hut, shack.
παραγκωνίζω [parangoneezo] elbow, thrust aside.
παραγνωρίζω [paragnoreezo] ignore || misinterpret || mistake identity of.

παράγομαι [paragome] be derived from.
παράγοντας, ο [paragontas] βλ **παράγων**.
παράγραφος, ο [paragrafos] paragraph.
παράγω [parago] produce, bear || derive.
παραγωγή, η [paragoyee] production || output, generation || (γραμμ) derivation.
παραγωγικός [paragoyeekos] productive.
παραγωγός, ο [paragogos] producer, grower.
παράγων, ο [paragon] agent, factor || (μαθημ) factor.
παράδειγμα, το [paraðeegma] example || **παραδείγματος χάρη** for example, for instance.
παραδειγματίζω [paraðeegmateezo] set an example, exemplify.
παράδεισος, ο [paraðeesos] paradise.
παραδεκτός [paraðektos] admitted, accepted || acceptable, admissible.
παραδέχομαι [paraðehome] admit, acknowledge, confess, allow.
παραδίδομαι [paraðeeðome] surrender, submit, yield.
παραδίδω [paraðeeðo] hand over || surrender || (μάθημα) teach, give lessons.
παράδοξος [paraðoksos] peculiar, odd, singular || unusual.
παραδόπιστος [paraðopeestos] greedy, extremely fond of money.
παράδοση, η [paraðosee] delivery, surrender || (της χώρας) tradition || (μαθήματος) teaching.
παραδουλεύτρα, η [paraðoulevtra] charwoman.
παραδρομή, η [paraðromee] carelessness, oversight.
παραείμαι [paraeeme] be beyond measure, be too much.
παραζάλη, η [parazalee] confusion, agitation, turmoil.
παραθαλάσσιος [parathalaseeos] by the sea, coastal.
παραθερίζω [parathereezo] spend the summer.
παραθεριστής, ο [parathereestees] summer holidaymaker.
παραθέτω [paratheto] contrast, compare || (αναφέρω) cite, quote.
παράθυρο, το [paratheero] window.
παραθυρόφυλλο, το [paratheerofeelo] shutter.
παραίσθηση, η [parestheesee] hallucination, illusion.
παραίτηση, η [pareteesee] resignation, renunciation || abdication.
παραιτούμαι [paretoume] resign, give up || (αποφεύγω) avoid.
παραιτώ [pareto] give up, leave, desert.
παράκαιρος [parakeros] unseasonable, inopportune, untimely.
παρακάλια, τα [parakaleea] πλ supplications, pleading.
παρακαλώ [parakalo] ask, beg, entreat || ~! don't mention it!, please!, a pleasure!
παρακάμπτω [parakampto] get round, surpass || (ένα θέμα) evade.
παρακάνω [parakano] exaggerate, go too far.
παρακαταθήκη, η [parakatatheekee] consignation, deposit || stock || provisions || (παράδοση) heritage.
παρακάτω [parakato] lower down || at a lower price.
παρακείμενος [parakeemenos] adjoining, adjacent || **ο** ~ (γραμμ) perfect tense.
παρακινώ [parakeeno] exhort, urge || instigate.

παρακλάδι, το [parakladeee] shoot, bough || (ποταμού) branch.
παράκληση, η [parakleesee] request, plea || (εκκλ) prayer.
παρακμή, η [parakmee] decay, decline.
παρακοή, η [parakoee] disobedience, insubordination.
παρακολουθώ [parakoloutho] follow, come behind || watch || go after || (την έννοια) understand.
παρακούω [parakouo] hear wrongly || (απειθαρχώ) disobey.
παρακρατώ [parakrato] retain || keep back || (για χρόνο) last too long.
παράκτιος [parakteeos] coastal, inshore.
παραλαβή, η [paralavee] receipt, receiving, delivery.
παραλαμβάνω [paralamvano] receive, take delivery of || take possession of.
παραλείπω [paraleepo] leave out, miss, neglect, omit.
παράλειψη, η [paraleepsee] omission, neglect(ing).
παραλέω [paraleo] exaggerate, overcolour.
παραλήπτης, ο [paraleeptees] payee, addressee, consignee.
παραλήρημα, το [paraleereema] delirium, frenzy.
παραλία, η [paraleea] seashore, shore, coast, beach || **παραλιακός** of the seashore, of the coast.
παραλλαγή, η [paralayee] change, variation || (αστρον) deviation.
παράλληλος [paraleelos] parallel.
παραλογίζομαι [paraloyeezome] talk irrationally, rave.
παράλογος [paralogos] illogical, absurd, foolish.
παράλυση, η [paraleesee] paralysis || helplessness.
παράλυτος [paraleetos] paralytic, stiff, crippled || (ιατρ) paralyzed.
παραλύω [paraleeo] make loose, make shaky || slacken, relax || (ιατρ) paralyze.
παραμάνα, η [paramana] nurse, nanny || (καρφίτσα) safety pin.
παραμελώ [paramelo] neglect, leave undone, disregard.
παραμένω [parameno] stay by || remain, continue to exist || sojourn.
παράμερα [paramera] out of the way, apart.
παραμερίζω [paramereezo] set aside || get out of the way || fend off.
παραμιλώ [parameelo] speak too much || rave.
παραμονεύω [paramonevo] watch for, waylay.
παραμονή, η [paramonee] stay || eve.
παραμορφώνω [paramorfono] deform, disfigure, twist.
παραμύθι, το [parameethee] fable, story, fairy tale.
παρανόηση, η [paranoeesee] misunderstanding.
παρανομία, η [paranomeea] illegality || breach of the law.
παράνομος [paranomos] illegal, unlawful.
παρανομώ [paranomo] transgress a law.
παρανοώ [paranoo] misunderstand.
παράνυμφος, η [paraneemfos] bridesmaid.
παρανυχίδα, η [paraneeheeða] hangnail.
παράξενα [paraksena] oddly, strangely.
παραξενεύομαι [paraksenevome] be astonished, be amazed (at).
παραξενιά, η [paraksenia] caprice, fancy, whim.
παράξενος [paraksenos] peculiar, singular, odd.
παραξηλώνω [parakseelono] unsew, unstitch || **το ~** I go too far, I exaggerate.

παραπανήσιος [parapaneeseeos] superfluous, to spare || (τιμή) excess, overly much.

παραπάνω [parapano] higher up || (επιπρόσθετα) in addition || **με το ~** enough and to spare || **~ από** over, more than, greater than.

παραπάτημα, το [parapateema] false step || (μεταφ) misconduct.

παραπατώ [parapato] slip, stumble || stagger.

παραπέμπω [parapembo] refer to || send, hand over.

παραπέρα [parapera] further on, over there.

παραπεταμένος [parapetamenos] thrown away || (μεταφ) disdained, scorned.

παραπέτασμα, το [parapetasma] curtain || (πολιτ) Iron Curtain.

παραπέτο, το [parapeto] parapet, breastwork.

παράπηγμα, το [parapeegma] wooden hut, shack, shanty.

παραπλανώ [paraplano] seduce, mislead, lead astray.

παραπλεύρως [paraplevros] next door || next to, beside.

παραπλήσιος [parapleeseeos] next to, nearby || (όμοιος) very like, similar.

παραποιώ [parapeeo] counterfeit || forge, tamper with.

παραπομπή, η [parapombee] referring || (σε βιβλίο) reference, footnote.

παραπονετικός [paraponeteekos] doleful, whining.

παραπονιάρης [paraponeearees] grumbling, grousing.

παραπονιέμαι [paraponieme] complain, grumble.

παράπονο, το [parapono] complaint, grievance.

παράπτωμα, το [paraptoma] fault, mistake || breach.

παράρτημα, το [pararteema] annexe, supplement || outbuilding || (τράπεζας) branch || (εφημερίδας) special edition, extra.

παράς, ο [paras] money, cash.

παράσημο, το [paraseemo] decoration, medal, order, insignia.

παρασημοφορώ [paraseemoforo] decorate, invest with an order.

παράσιτα, τα [paraseeta] πλ atmospherics || parasites.

παράσιτος, ο [paraseetos] sponger, hanger-on, parasite.

παρασιωπώ [paraseeopo] pass over in silence.

παρασκευάζω [paraskevazo] prepare, get ready, arrange.

παρασκεύασμα, το [paraskevasma] substance prepared, preparation.

παρασκευή, η [paraskevee] preparation || (ημέρα) Friday.

παρασκήνια, τα [paraskeeneea] πλ (θέατρο) wings || **παρασκηνιακός** behind the scenes.

παράσταση, η [parastasee] representation, portrayal || (παρουσία) presence, demeanour || (θεάτρου) show, performance || (νομ) appearance.

παραστατικός [parastateekos] expressive, descriptive, vivid.

παραστέκω [parasteko] assist, help, support.

παράστημα, το [parasteema] carriage, bearing, figure.

παραστράτημα, το [parastrateema] straying, misconduct.

παρασύνθημα, το [paraseentheema] password.

παρασύρω [paraseero] drag along, sweep away || run over || (σε σφάλμα) lead astray, carry away.

παράταξη, η [parataksee] array, parade, order || pomp, ceremony || (πολιτ) political party.

παράταση, η [paratasee] extension, protraction || renewal.
παρατάσσω [parataso] arrange, set in order, line up.
παρατατικός, ο [paratateekos] (γραμμ) imperfect tense.
παρατείνω [parateeno] prolong, lengthen || extend, defer.
παρατήρηση, η [parateereesee] observation, remark || (κουβέντα) comment || reproach, reprimand.
παρατηρητής, ο [parateereetees] observer, watcher, spotter.
παρατηρητικός [parateereeteekos] observing, keen || reproachful.
παρατηρώ [parateero] observe, perceive, notice || (επιτιμώ) reproach, blame.
παράτολμος [paratolmos] reckless, audacious, bold.
παρατραβώ [paratravo] draw out, prolong || last too long || (μεταφ) go too far.
παρατράγουδο, το [paratragouðo] untoward incident.
παρατσούκλι, το [paratsouklee] nickname.
παρατυπία, η [parateepeea] breach of formalities || irregularity.
πάραυτα [paravta] immediately, at once, forthwith.
παραφέρνω [paraferno] carry more than necessary || resemble.
παραφέρομαι [paraferome] flare up, lose one's temper.
παραφθορά, η [parafthora] alteration, corruption, change.
παραφορά, η [parafora] frenzy, outburst || rage.
παράφορος [paraforos] hotheaded, hasty, furious.
παραφορτώνω [parafortono] overload, overburden || (μεταφ) drive too hard.
παράφραση, η [parafrasee] paraphrase, free translation.
παραφρονώ [parafrono] become insane, go mad.
παραφροσύνη, η [parafroseenee] madness, insanity, foolish act.
παραφυάδα, η [parafiaða] sprout, shoot.
παραφυλάω [parafeelao] lie in wait for || be on the watch for.
παραφωνία, η [parafoneea] dissonance || (μεταφ) discord, disagreement.
παραχαράκτης, ο [paraharaktees] forger, counterfeiter.
παραχωρώ [parahoro] grant, yield, concede || (παραδίδω) surrender, resign.
παρδαλός [parðalos] spotted || multicoloured, gaudy.
παρέα, η [parea] company, set, party || **κάνω ~ με** keep company with.
παρειά, η [paria] cheek || (μεταφ) wall.
παρείσακτος [pareesaktos] intrusive, intruding.
παρέκβαση, η [parekvasee] digression.
παρέκει [parekee] further on, a little further.
παρεκκλήσι, το [parekleesee] chapel.
παρεκκλίνω [parekleeno] deviate from, turn aside from || diverge.
παρεκτείνω [parekteeno] prolong, extend.
παρεκτός [parektos] except, save, besides.
παρεκτροπή, η [parektropee] aberration, deviation || (ηθική) misconduct, dissoluteness.
παρέλαση, η [parelasee] parade, march-past, procession.
παρελαύνω [parelavno] march past, parade.
παρέλευση, η [parelevsee] passage of time, passing.
παρελθόν, το [parelthon] the past.

παρεμβαίνω [paremveno] interfere, intervene, meddle with.
παρεμβάλλω [paremvalo] insert, interpose.
παρέμβαση, η [paremvasee] intervention, mediation.
παρεμβολή, η [paremvolee] insertion.
παρεμπιπτόντως [parempeeptontos] by the way.
παρεμφερής [paremferees] similar, of the same nature, resembling.
παρενέργεια, η [parenerya] side effect.
παρένθεση, η [parenthesee] insertion || (γραμμ) parenthesis.
παρενοχλώ [parenohlo] inconvenience, trouble, harass.
παρεξήγηση, η [parekseeyeesee] misunderstanding.
παρεξηγώ [parekseego] misunderstand, misinterpret, misconstrue.
παρεπόμενα, τα [parepomena] πλ consequences, issues.
παρερμηνεία, η [parermeeneea] misinterpretation.
παρέρχομαι [parerhome] elapse, pass || (τελειώνω) come to an end || (πηδώ) pass over || omit.
παρευρίσκομαι [parevreeskome] be present at, attend.
παρεφθαρμένος [pareftharmenos] defective (*linguistically*).
παρέχω [pareho] procure || give, supply || (ευκαιρία) occasion, bring about.
παρηγοριά, η [pareegoreea] consolation, comfort, solace.
παρηγορώ [pareegoro] console, comfort.
παρθενία, η [partheneea] virginity, maidenhood || chastity.
παρθενικός [partheneekos] virginal || (μεταφ) pure || maiden.
παρθένος, η [parthenos] virgin, maiden.
Παρθενώνας, ο [parthenonas] Parthenon.
παρίσταμαι [pareestame] be present at, assist (at) || arise.
παριστάνω [pareestano] represent, portray, depict || (ρόλο) perform || pretend to be.
πάρκο, το [parko] park.
παρμπρίζ, το [parbreez] (αυτοκινήτου) windscreen.
παρντόν [parnton] pardon me!
παροδικός [paroðeekos] passing, fleeting, momentary.
πάροδος, η [paroðos] side street || (χρόνου κτλ) passing, course.
παροικία, η [pareekeea] colony, quarter.
παροιμία, η [pareemeea] proverb, adage, saying.
παροιμιώδης [pareemeeoðees] proverbial || famous, renowned.
παρομοιάζω [paromeeazo] compare, liken || resemble, be similar.
παρόμοιος [paromeeos] similar, alike.
παρόν, το [paron] the present.
παρονομαστής, ο [paronomastees] (μαθημ) denominator.
παροξυσμός, ο [parokseesmos] fit, attack || incitement.
παρόρμηση, η [parormeesee] prompting, instigation || stimulation, exhortation.
παροτρύνω [parotreeno] βλ **παρακινώ**.
παρουσία, η [parouseea] presence, attendance || **δευτέρα ~** second coming, doomsday.
παρουσιάζομαι [parouseeazome] appear || introduce o.s.
παρουσιάζω [parouseeazo] present, show, introduce.
παρουσιαστικό, το

[parouseeasteeko] presence, demeanour, bearing.

παροχή, η [parohee] furnishing || contribution, donation || granting.

παρρησία, η [pareeseea] frankness, candour.

πάρσιμο, το [parseemo] capture, taking || (ελάττωση) trimming, lessening.

παρτέρι, το [parteree] flower bed.

παρτίδα, η [parteeða] part, portion || (παιγνιδιού) game (of cards).

παρωδία, η [paroðeea] parody, farce, travesty.

παρών [paron] present, actual.

παρωνυμία, η [paroneemeea] nickname || surname.

παρωπίδα, η [paropeeða] blinker, blind.

παρωχημένος [paroheemenos] past, gone by.

πας [pas] any, all, every || (οι πάντες) everybody, everyone.

πασαλείβομαι [pasaleevome] be smeared || get a smattering of knowledge.

πασαλείβω [pasaleevo] smear, daub || smudge.

πασάς, ο [pasas] pasha.

πασίγνωστος [paseegnostos] well-known, notorious.

πασιέντζα, η [pasiendza] patience, solitaire (*card game*).

πασπαλίζω [paspaleezo] sprinkle, powder (with).

πασπατεύω [paspatevo] pry about, feel, finger.

πάσσαλος, ο [passalos] stake, post, pole.

πάσσο, το [passo] stride, step || **πάω ~** (στα χαρτιά) pass (*at cards*).

πάστα, η [pasta] dough, paste || (γλυκό) pastry, cake || (χαρακτήρας) character, sort.

παστέλι, το [pastelee] concoction of honey and sesame.

παστίτσιο, το [pasteetseeo] baked macaroni.

παστός [pastos] salted.

παστουρμάς, ο [pastourmas] seasoned cured meat.

παστρεύω [pastrevo] clean, cleanse || (μεταφ) destroy, exterminate.

παστρικός [pastreekos] clean, neat || (μεταφ) dishonest, depraved.

Πάσχα, το [pasha] Easter.

πασχαλιά, η [pashalia] lilac.

πασχίζω [pasheezo] try hard to, strive, endeavour.

πάσχω [pasho] be ill, suffer || **ο πάσχων** the patient, the sufferer.

πάταγος, ο [patagos] din, noise, bang || (μεταφ) sensation, stir.

παταγώδης [patagoðees] uproarious, noisy, loud.

πατάρι, το [pataree] loft, attic.

πατάτα, η [patata] potato.

πατέρας, ο [pateras] father.

πατερίτσα, η [patereetsa] crook, crutch || bishop's staff.

πατηκώνω [pateekono] press down, crush, compress.

πάτημα, το [pateema] step, footstep || (ίχνος) footprint || (σταφυλιών) treading, pressing || excuse.

πατημασιά, η [pateemasia] footprint, trace, track.

πατινάρω [pateenaro] skate.

πάτος, ο [patos] bottom.

πατούσα, η [patousa] (ανατ) sole.

πατριάρχης, ο [patreearhees] patriarch.

πατριαρχείο, το [patreearheeo] patriarchate.

πατρίδα, η [patreeða] native country, birthplace.

πατρικός [patreekos] paternal || fatherly.

πάτριος [patreeos] paternal, ancestral || native.

πατριώτης, ο [patreeotees] compatriot || patriot.

πατριωτικός [patreeoteekos] patriotic.
πατριωτισμός, ο [patreeoteesmos] patriotism.
πατρόν, το [patron] pattern (*in dressmaking*).
πατροπαράδοτος [patroparaðotos] usual, customary, traditional || hereditary.
πατρυιός, ο [patreeos] stepfather.
πατσαβούρα, η [patsavoura] dish cloth, rag || (μεταφ) rag (*newspaper*).
πατσάς, ο [patsas] (soup of) tripe.
πάτσι [patsee] even, quits.
πατώ [pato] step on || (κουδούνι κτλ) press || press down || (μεταφ) violate || run over || ~ **πόδι** I put my foot down.
πάτωμα, το [patoma] floor, ground || storey.
πατώνω [patono] lay a floor || touch bottom, reach bottom.
παύλα, η [pavla] dash (*punctuation*).
παύση, η [pavsee] stoppage, cessation, discharge || (μουσ) rest, pause.
παύω [pavo] cease, stop || cause to cease || (απολύω) dismiss || (σταματώ) stop, finish, give up.
παφλασμός, ο [paflasmos] splashing, gushing || bubbling up.
παχαίνω [paheno] βλ **παχύνω**.
παχιά [pahia] πλ: ~ **λόγια** empty words, empty promises.
πάχνη, η [pahnee] hoarfrost, rime.
παχνί, το [pahnee] manger, crib.
πάχος, το [pahos] plumpness || thickness || (λίπος) fat, grease || (στρώματος) depth.
παχουλός [pahoulos] plump, chubby.
παχύδερμος [paheeðermos] (μεταφ) insensitive.
παχύνω [paheeno] fatten || grow fat.
παχύς [pahees] trick || fleshy, fat || (σε λίπος) rich in fat || (λειβάδι) rich.
παχύσαρκος [paheesarkos] fat, stout, obese.
πάω [pao] go || take || carry || **τα ~ καλά** I get along well with || ~ **περίπατο** it's a washout || I go for a walk || ~ **να σκάσω** I'm ready to burst.
πεδιάδα, η [peðeeaða] plain, flat country.
πέδιλο, το [peðeelo] sandal.
πεδινός [peðeenos] flat, level || (έδαφος) even, smooth.
πεδίο, το [peðeeo] plain, flat country, ground || (μάχης) field of battle || (οπτικό) field.
πεζεύω [pezevo] dismount.
πεζή [pezee] on foot.
πεζικό, το [pezeeko] infantry.
πεζογραφία, η [pezografeea] prose.
πεζογράφος, ο, η [pezografos] prose writer, novelist.
πεζοδρόμιο, το [pezoðromeeo] pavement || sidewalk (*US*).
πεζοναύτης, ο [pezonavtees] marine.
πεζοπορία, η [pezoporeea] walking, walk || (στρατ) march.
πεζός [pezos] pedestrian || (της πρόζας) in prose || (μεταφ) banal, trivial, common.
πεζούλι, το [pezoulee] parapet || bench || (σε λόφο) terrace.
πεθαίνω [petheno] die || (μεταφ) perish || be fond of, be mad about.
πεθερά, η [pethera] mother-in-law.
πεθερικά, τα [pethereeka] πλ in-laws.
πεθερός, ο [petheros] father-in-law.
πειθαρχία, η [peetharheea] discipline.
πειθαρχικός [peetharheekos] disciplinary || (υπάκουος) obedient, docile, submissive.
πειθαρχώ [peetharho] be obedient, obey one's superiors.

πειθήνιος [peetheeneeos] docile, obedient, submissive.
πείθω [peetho] convince, persuade.
πειθώ, η [peetho] persuasion, conviction.
πείνα, η [peena] hunger, famine, starvation || **πειναλέος** starving, famished, ravenous || **πεινασμένος** hungry, famished.
πεινώ [peeno] be hungry, be starving.
πείρα, η [peera] experience, background.
πείραγμα, το [peeragma] teasing || annoyance || (ασθένεια) malady.
πειραγμένος [peeragmenos] hurt, offended || (κρέας) tainted, spoilt.
πειράζει [peerazee]: ~; is it all right?, is it important?
πειράζω [peerazo] trouble, anger, annoy || tease || (την υγεία) upset, be bad for || (ενοχλώ) disturb.
πειρακτικός [peerakteekos] irritating, offensive, cutting.
πείραμα, το [peerama] experiment || trial, test || **πειραματικός** experimental.
πειρασμός, ο [peerasmos] temptation.
πειρατής, ο [peeratees] pirate, corsair || pirate taxi.
πείσμα, το [peesma] obstinacy, stubbornness || **πεισματάρης** obstinate, stubborn || **πεισματώδης** headstrong, stubborn || **πεισματώνομαι** be unyielding || **πεισματώνω** make obstinate, irritate || become obdurate.
πειστήριο, το [peesteereeo] proof.
πειστικός [peesteekos] convincing, persuasive.
πέλαγος, το [pelagos] open sea.
πελαγώνω [pelagono] (μεταφ) lose one's way, be at a loss, feel at sea.
πελαργός [pelargos] stork.
πελατεία, η [pelateea] clientèle, customers, patronage.
πελάτης, ο [pelatees] customer, patron, client || (ξενοδοχείου) guest.
πελεκάνος, ο [pelekanos] pelican.
πελεκούδι, το [pelekouδee] chip, paring, shaving.
πελεκώ [peleko] axe, hew, cut into shape, carve || (μεταφ) thrash.
πέλμα, το [pelma] (ανατ) sole || (τεχνική) shoe, flange.
Πελοπόννησος, η [peloponeesos] the Peloponnese.
πελτές, ο [peltes] tomato purée || (φρούτων) jelly.
πελώριος [peloreeos] enormous, mammoth || (σφάλμα) gross.
Πέμπτη, η [pemptee] Thursday.
πέμπτος [pemptos] fifth.
πενήντα [peneenta] fifty.
πεννηνταριά, η [peeneentaria]: **καμιά** ~ about fifty.
πενθήμερος [pentheemeros] of five days.
πένθυμος [pentheemos] sorrowful, mournful, dismal || in mourning.
πένθος, το [penthos] bereavement || mourning.
πενθώ [pentho] lament, mourn || be in mourning.
πενία, η [peneea] poverty, want.
πενιχρός [peneehros] poor, mean || (γεύμα) poor, scant || paltry.
πέννα, η [pena] pen || (μουσ) plectrum || (νόμισμα) penny.
πένσα, η [pensa] tweezers, forceps || (ραπτικής) dart.
πεντάγραμμο, το [pentagramo] (μουσ) stave, staff.
πεντακόσιοι [pentakosiee] five hundred.
πεντάμορφος [pentamorfos] extremely beautiful.
πεντάρα, η [pentara] (μεταφ) farthing || nickel (*US*).
πεντάρι, το [pentaree] figure 5 || (στα χαρτιά) five (*at cards*).

πέντε [pente] five.
Πεντηκοστή, η [penteekostee] Whit Sunday.
πέος, το [peos] penis.
πεπειραμένος [pepeeramenos] experienced, versed in.
πεπεισμένος [pepeesmenos] convinced, certain, sure.
πέπλο, το [peplo] veil.
πεποίθηση, η [pepeetheesee] conviction, certainty, assurance.
πεπόνι, το [peponee] melon.
πεπτικός [pepteekos] digestive, peptic.
πέρα [pera] beyond, over, on the other side, over there || **εκεί ~** yonder || **~ για ~** through and through || **εδώ ~** here || **~ από** beyond, across || **τα βγάζω ~** manage, make out.
περαιτέρω [peretero] further || moreover.
πέραμα, το [perama] passage, ford || ferry.
πέρας, το [peras] end, extremity || completion, close.
πέρασμα, το [perasma] crossing, passage || (βελόνας) threading || (ασθενείας) passing || (τόπος) much-visited spot.
περασμένος [perasmenos] past, gone, last, by.
περαστικά [perasteeka]: ~! get well soon!
περαστικός [perasteekos] passing by || transient, transitory || (δρόμος) frequented, busy.
περατώνω [peratono] finish, bring to an end, complete.
περβάζι, το [pervazee] doorframe, frame, cornice.
περγαμηνή, η [pergameenee] parchment.
πέρδικα, η [perðeeka] partridge.
πέρδομαι [perðome] fart (*col*), break wind.
περηφάνεια, η [pereefaneea] βλ **υπερηφάνεια.**
περηφανεύομαι [pereefanevome] βλ **υπερηφανεύομαι.**
περήφανος [pereefanos] βλ **υπερήφανος.**
περί [peree] about, concerning, regarding, of || (με αιτ) round, near || round about, approximately || **~ τίνος πρόκειται;** what's it all about?
περιαυτολογία, η [pereeavtoloyeea] boasting, bragging.
περιαυτολογώ [pereeavtologo] boast.
περιβάλλον, το [pereevalon] environment, surroundings.
περιβάλλω [pereevalo] encircle, surround || (ρούχα) clothe, dress.
περίβλημα, το [pereevleema] wrapper || (καρπού) shell, husk || casing.
περιβόητος [pereevoeetos] famous, renowned, infamous.
περιβολάρης, ο [pereevolarees] gardener.
περιβολή, η [pereevolee] garment, dress || surrounding.
περιβόλι, το [pereevolee] garden, orchard.
περίβολος, ο [pereevolos] enclosure, yard || (τοίχος) surrounding wall || park.
περιβρέχω [pereevreho] bathe, wash.
περίγελος, ο [pereeyelos] laughing stock.
περιγελώ [pereeyelo] mock, ridicule, derive || dupe, trick.
περιγιάλι, το [pereeyalee] seashore, coast.
περιγραφή, η [pereegrafee] description, account.
περιγράφω [pereegrafo] describe, portray.

περίδοξος [pereeðoksos] illustrious, famous.

περιεκτικός [periekteekos] capacious || (τροφή) substantial || (λόγος) comprehensive, concise, succinct.

περιεργάζομαι [periergazome] examine carefully.

περιέργεια, η [perierya] curiosity.

περίεργος [periergos] curious, strange, inquiring.

περιεχόμενο, το [periehomeno] contents || (σημασία) meaning.

περιέχω [perieho] contain, hold.

περιζήτητος [pereezeeteetos] in great demand, greatly prized.

περιηγητής, ο [perieeyeetees] tourist, traveller.

περιθάλπω [pereethalpo] attend, look after, treat.

περίθαλψη, η [pereethalpsee] attendance, care, relief.

περιθώριο, το [pereethoreeo] margin, room.

περικάλυμμα, το [pereekaleema] wrapper, covering, shell.

περικεφαλαία, η [pereekefalea] helmet.

περικλείω [pereekleeo] enclose, include.

περικοκλάδα, η [pereekoklaða] climbing plant || convolvulus.

περικοπή, η [pereekopee] cutting off, deduction || (από βιβλίο) extract, passage.

περικυκλώνω [pereekeeklono] surround.

περιλαίμιο, το [pereelemeeo] animal's collar || necklace.

περιλάλητος [pereelaleetos] celebrated, famous, renowned.

περιλαμβάνω [pereelamvano] contain, have, hold || (περιέχω) include, comprise.

περιληπτικός [pereeleepteekos] comprehensive || concise, succinct.

περίληψη, η [pereeleepsee] summary, précis, résumé.

περίλυπος [pereeleepos] sad, sorrowful || (έκφραση) gloomy, doleful.

περιμαζεύω [pereemazevo] gather up || (από τον δρόμο) rescue, harbour || (περιορίζω) check, control.

περιμένω [pereemeno] wait || wait for, expect.

περίμετρος, η [pereemetros] circumference, perimeter.

πέριξ [pereeks] about, round || **τα** ~ the environs, suburb.

περιοδεία, η [pereeoðeea] tour, travelling, trip.

περιοδικό, το [pereeoðeeko] magazine, periodical.

περιοδικός [pereeoðeekos] periodic(al).

περίοδος, η [pereeoðos] period, era, age || season || (γυναικών) (menstrual) period.

περίοπτος [pereeoptos] overlooking, rising, conspicuous || noticeable.

περιορίζω [pereeoreezo] limit, restrict || (ελέγχω) control || (ελαττώνω) reduce, cut down, curtail.

περιορισμός,ο [pereeoreesmos] limitation || detention, restriction || (ελάττωση) reduction.

περιουσία, η [pereeouseea] property, estate || (πλούτη) fortune, wealth.

περιοχή, η [pereeohee] area, region, district || extent, expanse.

περιπαίζω [pereepezo] ridicule, mock || dupe, trick, take in.

περίπατο [pereepato]: **πάω** ~ go for a stroll || (μεταφ) be a failure.

περίπατος, ο [pereepatos] walk, ride, drive, spin.

περιπέτεια, η [pereepeteea]

adventure || (μεταφ) misadventure, incident.

περιπετειώδης [pereepeteeoδees] full of adventures || (ιστορία) of adventure.

περιπλανώ [pereeplano] send long way round || **~μαι** wander, rove, lose one's way.

περιπλέκω [pereepleko] interlace, entangle || complicate, confuse, muddle.

περιπλέω [pereepleo] circumnavigate.

περιπλοκή, η [pereeplokee] complication, complexity, intricacy.

περίπλοκος [pereeplokos] complex, involved.

περιποίηση, η [pereepieesee] care, attendance, looking after.

περιποιητικός [pereepieeteekos] considerate, obliging.

περιποιούμαι [pereepeeoume] take care of || (ασθενή) nurse.

περίπολος, η [pereepolos] patrol.

περίπου [pereepou] about, nearly, almost.

περίπτερο, το [pereeptero] pavilion, kiosk.

περιπτώσει [pereeptosee]: **εν πάσει ~** in any case, anyway.

περίπτωση, η [pereeptosee] case, condition, circumstance.

περίσκεψη, η [pereeskepsee] prudence, caution, discretion.

περισπασμός, ο [pereespasmos] diversion, distraction.

περίσεια, η [pereeseea] excess, superabundance.

περίσσευμα, το [pereesevma] surplus, excess.

περισσεύω [pereesevo] be in excess, be left over.

περίσσιος [pereeseeos] (άφθονος) abundant || (περιττός) unnecessary.

περισσότερο [pereesotero] more.

περισσότερος [pereesoteros] more || **ο ~** most.

περίσταση, η [pereestasee] circumstance, event, fact, occasion, situation.

περιστατικό, το [pereestateeko] incident, event.

περιστέλλω [pereestelo] repress, check, restrain, reduce.

περιστέρι, το [pereesteree] pigeon, dove.

περιστοιχίζω [pereesteeheezo] surround, encircle.

περιστολή, η [pereestolee] limitation, decrease, restriction, checking.

περιστρέφομαι [pereestrefome] revolve, spin, turn.

περιστρέφω [pereestrefo] (ρόδα κτλ) turn, rotate || (κλειδί) turn, twist.

περιστροφή, η [pereestrofee] revolution, turn, rotation.

περίστροφο, το [pereestrofo] revolver.

περισυλλέγω [pereeseelego] collect, gather.

περιτειχίζω [pereeteeheezo] build a wall round.

περιτομή, η [pereetomee] circumcision.

περίτρανος [pereetranos] obvious, clear, evident.

περιτριγυρίζω [pereetreeyeereezo] surround, encircle, border.

περίτρομος [pereetromos] terrified, frightened.

περιτροπή, η [pereetropee]: **εκ περιτροπής** by turns, in turn.

περιττός [pereetos] (προσπάθεια) useless, unavailing || superfluous, unnecessary, needless || **~ αριθμός** odd number.

περιτύλιγμα, το [pereeteeleegma] wrapper, wrapping.

περιτυλίσσω [pereeteeleeso] wrap up || roll up.

περιφέρεια, η [pereeferеea] (δένδρου) girth || (γεωμ) circumference || (χώρος) district, region.

περιφέρομαι [pereeferome] stroll, walk up and down, hang about || (η γη κτλ) turn round, rotate.

περιφέρω [pereefero] turn, revolve, rotate.

περίφημος [pereefeemos] famous, admirable, celebrated.

περίφραγμα, το [pereefragma] enclosure, hedge, fencing.

περίφραξη, η [pereefraksee] enclosing, fencing.

περιφραστικός [pereefrasteekos] periphrastic(al).

περιφρόνηση, η [pereefroneesee] contempt, scorn.

περιφρονητικός [pereefroneeteekos] disdainful, contemptuous, haughty.

περιφρονώ [pereefrono] hold in contempt, despise, spurn.

περιχαρής [pereeharees] cheerful, merry, joyful, gay.

περίχωρα, τα [pereehora] πλ neighbourhood, environs || (πόλη) suburb, outskirts.

περιωπή, η [pereeopee] eminence || (μεταφ) importance.

περνώ [perno] (ποτάμι, γέφυρα κτλ) pass, cross, go over || (κάτι σε κάποιο) pass, hand over || (κάτι μέσα σε κάτι) pass through || (τον καιρό) spend || (βελόνα) thread (*a needle*) || (υγρό από φίλτρο) filter, strain || (νόμο) get voted, pass || (στο δρόμο) pass, leave behind || ~ **για** mistake for || ~ **από** call at, go via.

περονιάζω [peroneeazo] pierce, go through.

περονόσπορος, ο [peronosporos] mildew.

περούκα, η [perouka] wig.

περπάτημα, το [perpateema] walking || gait.

περπατώ [perpato] walk || go across || (σκύλο κτλ) take for a walk.

Πέρσης, ο [persees] Iranian.

Περσία, η [perseea] Iran.

περσικός [perseekos] Iranian.

πέρ(υ)σι [per(ee)see] last year || **περ(υ)σινός** of last year.

πέσιμο, το [peseemo] falling, fall.

πεσμένος [pesmenos] fallen || impaired, worsened.

πέστροφα, η [pestrofa] trout.

πέταγμα, το [petagma] flying, flight || throwing away, casting.

πετάγομαι [petagome] fly up || rush || butt in.

πετάλι, το [petalee] pedal.

πεταλίδα, η [petaleeδa] limpet.

πέταλο, το [petalo] petal || (αλόγου) horseshoe.

πεταλούδα, η [petalouδa] butterfly || (λαιμοδέτου) bow, bow tie.

πεταλώνω [petalono] shoe (a horse).

πέταμα [petama] βλ **πέταγμα**.

πεταχτά [petahta]: **στα** ~ hastily, hurriedly, quickly.

πεταχτός [petahtos] nimble || sticking out.

πετεινός, ο [peteenos] cock || (επιπλου) hammer.

πετ(ι)μέζι, το [pet(ee)mezee] must turned into syrup || (επίθ, μεταφ) very sweet.

πέτο, το [peto] lapel.

πετονιά, η [petonia] fishing line.

πέτρα, η [petra] stone, rock || precious stone.

πετράδι, το [petraδee] pebble || precious stone.

πετρέλαιο, το [petreleo] petroleum, oil || (ακάθαρτο) crude oil.

πετρελαιοπηγή, η [petreleopeeyee] oil well.

πετρελαιοφόρο, το [petreleoforo] oil tanker.
πέτρινος [petreenos] made of stone.
πετροβολώ [petrovolo] pelt with stones.
πέτσα, η [petsa] skin || (γάλακτος) cream.
πετσέτα, η [petseta] table napkin || towel.
πετσί, το [petsee] skin, pelt, hide || leather, dressed skin.
πέτσινος [petseenos] leather.
πετσοκόβω [petsokovo] cut up, carve || cut badly, butcher.
πετυχαίνω [peteeheno] βλ **επιτυγχάνω.**
πετώ [peto] fly || (από χαρά) jump for joy || (στα σκουπίδια) throw away || ~ **έξω** throw out || kick out (*col*).
πεύκο, το [pefko] pine.
πέφτει [peftee]: **δε σου ~ λόγος** you've got no say in the matter.
πέφτω [pefto] tumble, fall || drop, come down, subside || come off || occur || ~ **στο κρεββάτι** I go to bed || ~ **έξω** make a mistake || (ναυτ) run aground || ~ **δίπλα** make up to || ~ **με τα μούτρα** apply o.s., take up eagerly.
πέψη, η [pepsee] digestion.
πηγάδι, το [peegaðee] well.
πηγάζω [peegazo] spring from, originate, emanate.
πηγαινοέρχομαι [peeyenoerhome] go to and fro.
πηγαίνω [peeyeno] go || escort, take || βλ και **πάω.**
πηγή, η [peeyee] spring, source || (μεταφ) origin, cause.
πηγούνι, το [peegounee] chin.
πηδάλιο, το [peeðaleeo] rudder || helm || wheel.
πηδαλιούχος, ο [peeðaleeouhos] helmsman.
πήδημα, το [peeðeema] jump(ing), spring || sudden rise.
πηδώ [peeðo] leap, jump, vault || jump over || (παραλείπω) skip, leave out.
πήζω [peezo] coagulate, thicken, curdle.
πηκτός [peektos] coagulated, thick, curdled.
πηλάλα, η [peelala] quick running || (επίρ) at full speed.
πηλίκο, το [peeleeko] quotient.
πήλινος [peeleenos] earthen, of clay.
πηλός, η [peelos] clay || mud, slime, sludge.
πηνίο, το [peeneeo] bobbin, spool || (ηλεκ) coil.
πήξη, η [peeksee] coagulation, congealing || sticking in.
πηρούνι, το [peerounee] fork.
πήχη, η [peehee] measure of length (0.46 m).
πηχτός [peehtos] coagulated, jellied || thick.
πήχυς, ο [peehees] cubit || ell.
πι, το [pee] the letter Π || **στο ~ και φι** in two shakes of a lamb's tail.
πια [pia] not any longer || now, finally, at last, at long last.
πιάνο, το [peeano] piano.
πιάνομαι [peeanome] be caught at, be paralyzed || (τσακώνομαι) quarrel with.
πιάνω [peeano] take hold of, catch || occupy || (συζήτηση) engage || (περιέχω) contain, hold || (λιμάνι) land || ~ **σπίτι** rent a house || ~ **τόπο** come in useful || ~ **κουβέντα** get into conversation || ~ **δουλειά** start a job, find a job.
πιάσιμο, το [peeaseemo] hold, grasp || catching || (αφή) feeling, touch || (φυτού κτλ) taking root || (σώματος) stiffness, paralysis.
πιασμένος [peeasmenos] occupied, taken || (στο σώμα) cramped, (feeling) stiff.

πιατέλα, η [peeatela] large dish, flat dish.
πιατικά, τα [peeateeka] πλ crockery, earthenware.
πιάτσα, η [peeatsa] market || (ταξί) taxi rank.
πιέζω [piezo] press, squeeze, compress || oppress, force.
πίεση, η [piesee] pressure, oppression || (αίματος) blood pressure.
πιεστήριο, το [piesteereeo] press || (ελιών) oil press.
πιεστικός [piesteekos] pressing, oppressive || urgent.
πιέτα, η [pieta] pleat.
πιθαμή, η [peethamee] span of hand.
πιθανός [peethanos] probable, likely.
πιθανότητα, η [peethanoteeta] likelihood, probability.
πιθανώς [peethanos] probably, likely, in all likelihood.
πίθηκος, ο [peetheekos] ape.
πιθάρι, το [peetharee] jar.
πίκα, η [peeka] umbrage, pique || (στα χαρτιά) spade.
πικάντικος [peekanteekos] piquant, spicy.
πίκρα, η [peekra] grief, bitterness, affliction.
πικραίνομαι [peekrenome] be grieved, be embittered.
πικραίνω [peekreno] render bitter || grieve, distress.
πικροδάφνη, η [peekroðafnee] oleander.
πικρός [peekros] bitter || biting, harsh.
πικρόχολος [peekroholos] (μεταφ) touchy, irritable, snappy.
πιλάφι, το [peelafee] pilaf, rice dish.
πιλότος, ο [peelotos] pilot.
πίνακας, ο [peenakas] list, table || (του τείχου) notice board || (σχολείου) blackboard || (περιεχομένων) table of contents.
πινακίδα, η [peenakeeða] nameplate || (αυτοκινήτου) licence plate, number plate.
πινακοθήκη, η [peenakotheekee] picture gallery, art gallery.
πινέζα, η [peeneza] drawing pin.
πινέλο, το [peenelo] artist's paintbrush.
πίνω [peeno] drink, take in || (τσιγάρο) smoke.
πιο [pio] more, greater.
πιοτό, το [pioto] drinking || liquor.
πίπα, η [peepa] pipe || cigarette holder.
πιπεράτος [peeperatos] peppery || biting, caustic, piquant.
πιπέρι, το [peeperee] pepper.
πιπεριά, η [peeperia] pepper || (δένδρο) pepper tree.
πιπιλίζω [peepeeleezo] suck, sip.
πισίνα, η [peeseena] swimming pool.
πισινός [peeseenos] back, posterior || **ο** ~ backside (*col*), arse (*col*), bum (*col*).
πίσσα, η [peesa] pitch, tar, asphalt.
πισσώνω [peesono] tar, pitch.
πίστα, η [peesta] ring || racetrack || (χορού) dance floor.
πιστευτός [peestevtos] trustworthy || credible.
πιστεύω [peestevo] believe, have faith in || suppose, fancy, think.
πίστη, η [peestee] faith, confidence, trust || fidelity || (οικον) credit, trustworthiness.
πιστόλι, το [peestolee] pistol.
πιστοποιητικό, το [peestopieeteeko] certificate.
πιστοποιώ [peestopeeo] certify, guarantee, vouch for.
πιστός [peestos] faithful, loyal, devoted || accurate.
πιστώνω [peestono] (οικον) credit with, give credit.

πίστωση, η [peestosee] credit, trust.

πιστωτής, ο [peestotees] creditor.

πίσω [peeso] behind || back || over again || **πάει ~ το ρολοί** the clock is slow || **κάνω ~** move back || **~ μου** behind me || **~ από** behind, following.

πίτα, η [peeta] kind of cake, pie.

πίτουρο, το [peetouro] bran.

πιτσιλίζω [peetseeleezo] splash, sprinkle, dash (with).

πιτσιρίκος, ό [peetseereekos] small boy || kid (*col*).

πιτυρίδα, η [peeteereeδa] scurf, dandruff.

πιωμένος [piomenos] drunk, tipsy.

πλά(γ)ι, το [pla(y)ee] side || **στο πλάι** close by, near, beside.

πλαγιά, η [playa] slope of hill, hillside.

πλαγιάζω [playazo] go to bed || lie down || put to bed.

πλαγιαστός [playiastos] lying down, reclining.

πλάγιος [playeeos] oblique || indirect || crooked, dishonest.

πλαγίως [playeeos] indirectly || next door.

πλαδαρός [plaδaros] flabby, soft || (προσπάθεια) feeble, ineffective.

πλάζ, η [plaz] bathing beach.

πλάθω [platho] mould, create, fashion.

πλάι [plaee] alongside, next door || **~ ~** side by side || **~ σε** next to, along with.

πλαϊνός [plaeenos] adjoining, next door.

πλαίσιο, το [pleseeo] frame, framework || chassis || (μεταφ) scope, range.

πλαισιώνω [pleseeono] border, surround, frame, encircle.

πλάκα, η [plaka] slab, plate, paving stone || plaque || (σχολική) slate || (σαπούνι) cake || (γραμμοφώνου) record || (φωτογραφική) plate || **σπάσαμε ~** we had a lot of fun || **έχει ~** it's funny, it's hilarious.

πλακάκι, το [plakakee] floor tile, wall tile.

πλακόστρωτος [plakostrotos] paved, laid with tiles.

πλάκωμα, το [plakoma] pressure, crush || unexpected arrival.

πλακώνω [plakono] crush, press down || happen unexpectedly || come suddenly.

πλάνη, η [planee] mistake, delusion || (εργαλείο) plane.

πλανήτης, ο [planeetees] planet.

πλανίζω [planeezo] plane, smooth down.

πλανόδιος [planoδeeos] travelling || **~ έμπορος** pedlar, hawker.

πλαντάζω [plantazo] be furious, fume, be enraged.

πλανώμαι [planome] ramble, wander || (κάνω λάθος) be mistaken, delude o.s.

πλασιέ, ο [plasie] commercial traveller, salesman.

πλάση, η [plasee] foundation, creation || moulding, formation.

πλάσμα, το [plasma] creature, being || invention, fiction || beauty.

πλάστιγγα, η [plasteenga] weighing machine, balance.

πλαστικός [plasteekos] plastic || comely.

πλαστογραφώ [plastografo] counterfeit || falsify.

πλαστός [plastos] false, forged || artificial, fictitious.

πλαταίνω [plateno] βλ **πλατύνω**.

πλάτανος, ο [platanos] plane tree.

πλατεία, η [plateea] town square || (θεάτρου) pit.

πλάτη, η [platee] back || shoulder blade.

πλατιά [platia] widely.

πλάτος, το [platos] width,

broadness, breadth || (γεωγραφικό) latitude.
πλατύνω [plateeno] make wider, stretch, let out || become wider, broaden.
πλατύς [platees] wide, broad, large, ample || (μεταφ) far-reaching.
πλέγμα, το [plegma] network.
πλειοδοτώ [pleeoðoto] make highest offer *or* bid.
πλειονότητα, η [pleeonoteeta] majority.
πλειοψηφία, η [pleeopseefeea] majority (of votes).
πλειστηριασμός, ο [pleesteereeasmos] auction.
πλεκτός [plektos] knitted, plaited, woven.
πλέκω [pleko] plait, weave || (κάλτσες) knit.
πλεμόνι, το [plemonee] lung.
πλένω [pleno] βλ **πλύνω.**
πλέξιμο, το [plekseemo] knitting || braiding || (σε υπόθεση) involvement.
πλεξούδα, η [pleksouða] plait, braid, tress.
πλέον [pleon] more || **επί** ~ in addition || not any longer || moreover || now.
πλεονάζω [pleonazo] abound, be plentiful || exceed, be superfluous.
πλεόνασμα, το [pleonasma] surplus, excess || (βάρους) overweight.
πλεονέκτημα, το [pleonekteema] advantage, benefit || gift, quality, merit.
πλεονέκτης, ο [pleonektees] greedy person, covetous person.
πλεονεκτώ [pleonekto] have the advantage || be greedy.
πλεονεξία, η [pleonekseea] cupidity, greed, avidity.
πλευρά, η [plevra] side || rib || (όρους) slope, declivity || (μεταφ) point of view.
πλευρίζω [plevreezo] (ναυτ) come alongside.
πλευρίτιδα, η [plevreeteeða] pleurisy.
πλευρό, το [plevro] side || rib || (στρατ) flank.
πλεχτό, το [plehto] pullover || knitted article.
πλέω [pleo] navigate, sail || float || (μεταφ) wade, wallow.
πληγή, η [pleeyee] wound, injury, sore || (μεταφ) plague, evil, sore.
πλήγμα, το [pleegma] blow || wound.
πληγώνω [pleegono] wound, injure || offend, hurt.
πλήθη, τα [pleethee] πλ the masses.
πλήθος, το [pleethos] crowd || mass || great number.
πληθυντικός, ο [pleetheenteekos] (γραμμ) plural.
πληθύνω [pleetheeno] multiply, increase || augment.
πληθυσμός, ο [pleetheesmos] population.
πληθώρα, η [pleethora] abundance, excess, plenitude.
πληθωρισμός, ο [pleethoreesmos] inflation || plenitude.
πληκτικός [pleekteekos] boring, tiresome, irksome, dull, trying.
πλήκτρο, το [pleektro] (πιάνο κτλ) key || plectrum || drumstick.
πλημμέλημα, το [pleemeleema] misdemeanour, offence.
πλημμύρα, η [pleemeera] flood, inundation || (μεταφ) plenitude.
πλημμυρίζω [pleemeereezo] inundate, overflow || (μεταφ) swarm.
πλην [pleen] except, save || (επίρ) unless, except that || (συνδ) but || (μαθημ) minus || ~ **τούτου** besides, moreover.
πλήξη, η [pleeksee] tedium, weariness, boredom.

πληρεξούσιο, το [pleereksouseeo] power of attorney.

πληρεξούσιος, ο, η [pleereksouseeos] representative, proxy || plenipotentiary, deputy.

πλήρης [pleerees] full, complete, whole || swarming, teeming, packed.

πληροφορία, η [pleeroforeea] information, report.

πληροφορίες, οι [pleerofories] πλ information.

πληροφορική, η [pleeroforeekee] informatics, computer science.

πληροφορούμαι [pleeroforoume] learn, discover.

πληροφορώ [pleeroforo] inform, notify.

πληρώ [pleero] fill || fulfil, perform.

πλήρωμα, το [pleeroma] crew || fullness || filling, completion.

πληρωμή, η [pleeromee] payment, reward || salary, wages.

πληρώνω [pleerono] pay, settle || (μεταφ) pay up, discharge.

πληρωτής [pleerotees] payer.

πλησιάζω [pleeseeazo] approach, go near, put near, draw near.

πλησιέστερος [pleesiesteros] closer || **ο** ~ the nearest.

πλησίον [pleeseeon] near, close by || **ο** ~ neighbour.

πλήττω [pleeto] strike, hit, wound, afflict || (παθαίνω πλήξη) be bored, be weary.

πλινθόκτιστος [pleenthokteestos] built of bricks.

πλίνθος, η [pleenthos] brick, firebrick.

πλοηγός, ο [ploeegos] (ναυτ) pilot.

πλοιάριο, το [pleeareeo] small boat, launch.

πλοίαρχος, ο [pleearhos] (ναυτ) captain || (εμπορικού) master, skipper.

πλοίο, το [pleeo] ship, vessel, boat.

πλοκάμι, το [plokamee] tress, braid, plait || (χταποδιού) tentacle.

πλοκή, η [plokee] plot (*of play*).

πλους, ο [plous] sailing, passage || navigating.

πλουσιοπάροχος [plouseeoparohos] copious, generous, abundant.

πλούσιος [plouseeos] rich, wealthy || splendid, magnificent.

πλουτίζω [plouteezo] make rich || get rich.

πλούτη, τα [ploutee] πλ riches, wealth.

πλούτος, ο [ploutos] opulence, wealth || richness || (εδάφους) fertility.

πλυντήριο, το [pleenteereeo] laundry room || washing machine.

πλύνω [pleeno] wash, clean || brush || scrub.

πλύσιμο, το [pleeseemo] wash(ing).

πλυσταριό, το [pleestario] laundry room.

πλύστρα, η [pleestra] washerwoman || wash-board.

πλώρη, η [ploree] prow || **βάζω** ~ set sail (for).

πλωτάρχης, ο [plotarhees] lieutenant-commander.

πλωτός [plotos] navigable || floating || (γέφυρα) pontoon bridge.

πνεύμα, το [pnevma] ghost, soul, breath of life || mind || genius, spirit || (γραμμ) breathing || **Άγιο** ~ Holy Ghost.

πνευματικός [pnevmateekos] spiritual || intellectual, mental || pneumatic.

πνευμονία, η [pnevmoneea] pneumonia.

πνεύμονας, ο [pnevmonas] lung.

πνευστός [pnevstos] blown, wind (*instrument*).

πνέω [pneo] blow || ~ **τα λοίσθια** I breathe my last.

πνιγηρός [pneeyeeros] stifling, suffocating, choking.
πνιγμός, ο [pneegmos] suffocation, choking || drowning || throttling.
πνίγω [pneego] drown || stifle, suffocate || choke, throttle.
πνίξιμο, το [pneekseemo] drowning || strangulation.
πνοή, η [pnoee] breath(ing) || (μεταφ) inspiration.
ποδήλατο, το [poδeelato] bicycle.
ποδηλατώ [poδeelato] cycle, pedal.
πόδι, το [poδee] foot, leg || (μέτρο) foot || (ποτηριού) stem || **στο ~** standing || on the go || **σηκώνω στο ~** cause a commotion.
ποδιά, η [poδia] apron, overall || (παραθύρου) windowsill.
ποδόγυρος, ο [poδoyeeros] border, hem.
ποδοπατώ [poδopato] tread on, trample on, trample underfoot.
ποδοσφαιριστής, ο [poδosfereestees] football player.
ποδόσφαιρο, το [poδosfero] game of football.
πόζα, η [poza] pose, affectation.
ποζάρω [pozaro] pose, sit for || put on.
πόθος, ο [pothos] desire, wish, yearning.
ποθώ [potho] desire, long for, wish, be eager for.
ποίημα, το [pieema] poem.
ποίηση, η [pieesee] poetry.
ποιητής, ο [pieetees] poet || creator, maker.
ποιητικός [pieeteekos] poetic.
ποικιλία, η [peekeeleea] variety, diversity, assortment.
ποικίλλω [peekeelo] embellish, adorn || vary, change.
ποικίλος [peekeelos] varied, diverse, different || miscellaneous.
ποιμένας, ο [peemenas] shepherd, herdsman.
ποίμνιο, το [peemneeo] flock, herd, drove || (εκκλ) flock.
ποινή, η [peenee] penalty, punishment, pain.
ποινικός [peeneekos] penal, criminal, felonious.
ποιόν, το [peeon] quality, property, attribute, nature.
ποιος [peeos] who?, which?, what?
ποιότητα, η [peeoteeta] quality, property.
πολεμικό, το [polemeeko] warship.
πολεμικός [polemeekos] warlike, bellicose || of war, martial.
πολέμιος [polemeeos] unfriendly, hostile || **ο ~** enemy, adversary.
πολεμιστής, ο [polemeestees] fighter, warrior, combatant.
πόλεμος, ο [polemos] war, warfare.
πολεμοφόδια, τα [polemofoδeea] πλ munitions, ammunition.
πολεμώ [polemo] fight, make war against || contend, strive (to).
πολεοδομία, η [poleoδomeea] town planning.
πόλη, η [polee] city, town.
πολικός [poleekos] polar.
πολιορκία, η [poleeorkeea] siege, blockade.
πολιορκώ [poleeorko] besiege, surround || invest.
πολιτεία, η [poleeteea] state, government || country, nation || town.
πολίτευμα, το [poleetevma] system of government, regime.
πολιτεύομαι [poleetevome] go into politics, meddle in politics.
πολιτευτής, ο [poleetevtees] politician, statesman.
πολιτικά, τα [poleeteeka] πλ politics.
πολίτης, ο [poleetees] citizen || civilian.
πολιτική, η [poleeteekee] politics || policy.

πολιτικός [poleeteekos] civic, civilian || political || (ουσ) politician.
πολιτισμένος [poleeteesmenos] civilized, cultured.
πολιτισμός, ο [poleeteesmos] civilization, culture.
πολιτογραφώ [poleetografo] naturalize (as citizen).
πολιτοφυλακή, η [poleetofeelakee] militia, civil guard || national guard (*US*).
πολλαπλασιάζω [polaplaseeazo] multiply || propagate, increase.
πολλαπλασιασμός, ο [polaplaseeasmos] multiplication || increase.
πολλαπλάσιο, το [polaplaseeo] multiple.
πολλοί [polee] πλ many.
πόλο, το [polo] polo.
πόλος, ο [polos] pole.
πολτός, ο [poltos] pap || purée || rag pulp.
πολύ [polee] much || numerous, several || great, a lot || **το** ~ at the most.
πολυάνθρωπος [poleeanthropos] populous, crowded.
πολυάριθμος [poleeareethmos] numerous.
πολυάσχολος [poleeasholos] very busy, very occupied.
πολυβόλο, το [poleevolo] machine gun.
πολυγαμία, η [poleegameea] polygamy.
πολύγλωσσος [poleeglosos] polyglot.
πολυγράφος, ο [poleegrafos] duplicator.
πολυέλαιος, ο [polieleos] chandelier.
πολυζήτητος [poleezeeteetos] much sought-after.
πολυθρόνα, η [poleethrona] armchair.
πολυκατοικία, η [poleekateekeea] block of flats, apartment building.
πολυκοσμία, η [poleekosmeea] crowds of people.
πολύκροτος [poleekrotos] causing a commotion.
πολυλογάς, ο [poleelogas] chatterbox, babbler, gossip.
πολυλογία, η [poleeloyeea] loquacity, garrulity, babble.
πολυμελής [poleemelees] having many members, numerous.
πολυμερής [poleemerees] varied, diversified.
πολυμήχανος [poleemeehanos] very ingenious || cunning, crafty.
πολυπληθής [poleepleethees] very numerous, crowded.
πολύπλοκος [poleeplokos] intricate, complicated, very involved.
πολύπους, ο [poleepous] polyp || (ιατρ) polypus.
πολύπτυχος [poleepteehos] with many folds, many-pleated.
πολύς [polees] much, numerous, many, great || (χρόνος) long.
πολυσύνθετος [poleeseenthetos] very complex || compound.
πολυτέλεια, η [poleeteleea] luxury.
πολυτελής [poleetelees] sumptuous, splendid, rich.
πολυτεχνείο, το [poleetehneeo] Polytechnic, National Technical School.
πολύτιμος [poleeteemos] valuable, precious, priceless.
πολυφαγία, η [poleefayeea] gluttony, voracity, greediness.
πολύχρωμος [poleehromos] multicoloured, variegated.
πολύωρος [poleeoros] lasting many hours, long-drawn-out.
Πολωνία, η [poloneea] Poland.
πολωνικός [poloneekos] Polish.
πόμολο, το [pomolo] door knob, handle.

πομπή, η [pompee] procession, parade || shame, stigma.
πομπός, ο [pompos] transmitter.
πομπώδης [pompoðees] pompous, bombastic.
πονεμένος [ponemenos] in distress || sad, hurt.
πονηρεύομαι [poneerevome] employ cunning, use wiles || become suspicious.
πονηρεύω [poneerevo] rouse suspicions of || make suspicious || become cunning.
πονηρία, η [poneereea] ruse, trick, guile || suspicion, slyness.
πονηρός [poneeros] cunning, wily, crafty || suspicious, distrustful || diabolical.
πονόδοντος, ο [ponoðontos] toothache.
πονοκέφαλος, ο [ponokefalos] headache.
πονόλαιμος, ο [ponolemos] sore throat.
πόνος, ο [ponos] suffering, pain || (τοκετού) labour || compassion, pity, sympathy.
ποντάρω [pontaro] punt || back, bet on.
ποντικός, ο [ponteekos] mouse, rat || (ανατ) muscle.
πόντος, ο [pontos] sea || (παιχνιδιού) point || (μέτρο) centimetre || (πλέξιμο) stitch || **Εύξεινος ~** Black Sea.
πονώ [pono] feel compassion for, sympathize with || hurt, pain || (αμετ) feel pain, suffer.
πορδή, η [porðee] fart (*col*).
πορεία, η [poreea] march, route || course, run.
πορεύομαι [porevome] proceed, go, walk, march.
πορθμείο, το [porthmeeo] ferry (boat).
πορθμός, ο [porthmos] strait, sound, channel.
πόρισμα, το [poreesma] deduction, inference, conclusion || finding || (μαθημ) corollary.
πορνείο, το [porneeo] brothel || whorehouse (*US*).
πόρνη, η [pornee] prostitute, whore.
πόρος, ο [poros] passage, ford || (του σώματος) pore || πλ means, income, resources.
πόρπη, η [porpee] buckle, clasp, brooch.
πορσελάνη, η [porselanee] china, porcelain.
πόρτα, η [porta] door, gate, doorway, gateway.
Πορτογαλία, η [portogaleea] Portugal.
πορτογαλικός [portogaleekos] Portuguese.
Πορτογάλος, ο [portogalos] Portuguese man.
πορτοκαλάδα, η [portokalaða] orangeade.
πορτοκάλι, το [portokalee] orange.
πορτοκαλιά, η [portokalia] orange tree.
πορτοφολάς, ο [portofolas] pickpocket.
πορτοφόλι, το [portofolee] wallet.
πορτραίτο, το [portreto] portrait.
πορφύρα, η [porfeera] purple.
πορώδης [poroðees] porous.
πόσιμο [poseemo]: **~ νερό** drinking water.
πόσιμος [poseemos] drinkable.
ποσό, το [poso] quantity, amount || (χρήματος) sum.
πόσο [poso] how much.
πόσος [posos] how much?, how many?, how large?, how great?
ποσοστό, το [pososto] percentage, share, quota.
ποσότητα, η [posoteeta] quantity, amount.
πόστο, το [posto] strategic position.

ποσώς [posos] not at all, in no way, by no means.

ποτάμι, το [potamee], **ποταμός, ο** [potamos] river.

πότε [pote] when? || ~ ~ sometimes, from time to time || ~ ... ~ sometimes... sometimes.

ποτέ [pote] once, formerly || ever || (μετά από αρνητ) never || ~ **πλέον** never again.

ποτήρι, το [poteeree] drinking glass.

πότης, ο [potees] heavy drinker, boozer.

ποτίζω [poteezo] water, irrigate || become damp, become saturated.

πότισμα, το [poteesma] watering, irrigation.

ποτιστήρι, το [poteesteeree] watering can.

ποτό, το [poto] drink, beverage.

πού [pou] where?, whither? || **για** ~; where are you going? || ~ **να ξέρω**; how should I know? || ~ **και** ~ once in a while, now and then.

που [pou] who, whom, which, that || when || (συνδ) that || (επίρ) somewhere, where.

πουγγί, το [poungee] purse, bag || money.

πούδρα, η [pouðra] powder.

πουθενά [pouthena] not anywhere || nowhere.

πουκάμισο, το [poukameeso] shirt.

πουλάκι, το [poulakee] little bird || ~ **μου** my darling, my pet.

πουλάρι, το [poularee] foal, colt.

πουλερικά, τα [poulereeka] πλ poultry.

πούλημα, το [pouleema] βλ **πώληση.**

πουλί, το [poulee] bird.

πούλμαν, το [poulman] (motor) coach.

πουλώ [poulo] βλ **πωλώ.**

πούντα, η [pounda] cold, pleurisy.

πουντιάζω [pounteeazo] cool, chill || feel very cold.

πούπουλο, το [poupoulo] down, plume, feather.

πουρές, ο [poures] purée.

πουρμπουάρ, το [pourbouar] gratuity, tip.

πουρνάρι, το [pournaree] evergreen oak.

πούρο, το [pouro] cigar.

πούσι, το [pousee] mist, fog.

πούστης, ο [poustees] bugger, queen (*col*), queer (*col*).

πουτάνα, η [poutana] whore.

πράγμα, το [pragma] thing, object || matter, business, affair || (προϊόντα) goods || (ύφασμα) cloth.

πράγματι [pragmatee] in fact, actually.

πραγματεύομαι [pragmatevome] deal with, treat, handle || negotiate.

πραγματικός [pragmateekos] real, actual, substantial, authentic.

πραγματικότητα, η [pragmateekoteeta] reality, fact, truth.

πραγματογνώμονας, ο [pragmatognomonas] assessor, valuer || expert.

πραγματοποιώ [pragmatopeeo] carry out, realize, fulfil, work out.

πρακτικά, τα [prakteeka] πλ records, minutes, proceedings.

πρακτικός [prakteekos] useful, practical || vocational.

πρακτορείο, το [praktoreeo] agency, travel agency.

πράκτορας, ο [praktoras] agent || **μυστικός** ~ secret agent.

πραμάτεια, η [pramateea] goods, commodities.

πράξη, η [praksee] action, act || practice, experience || (γεννήσεως κτλ) certificate, registration || (οικον) deal, transaction || (μαθημ) operation.

πραξικόπημα, το [prakseekopeema] coup d'état.
πράος [praos] affable, gentle, kind.
πρασιά, η [prasia] flower bed *or* lawn round house.
πρασινάδα, η [praseenaδa] verdure, greenery || green colour.
πράσινος [praseenos] green, verdant || unripe.
πράσο, το [praso] leek.
πρατήριο, το [prateereeo] specialist shop || ~ **βενζίνης** petrol station.
πράττω [prato] perform, act || do.
πραΰνω [praeeno] appease, calm, soothe, pacify.
πρέζα, η [preza] pinch.
πρέπει [prepee] it is necessary, it is proper that || ~ **να πaω** I must go || **καθώς** ~ decent, honourable, a gentleman.
πρέπων [prepon] suitable, fitting, proper || decent, correct.
πρεσβεία, η [presveea] embassy, legation || delegation.
πρεσβευτής, ο [presvevtees] ambassador, minister || representative.
πρεσβεύω [presvevo] profess, avow, affirm, represent.
πρεσβυωπία, η [presveeopeea] long-sightedness.
πρέφα, η [prefa] card game || **το πήρε** ~ he smelt a rat.
πρήζομαι [preezome] become swollen, swell.
πρήζω [preezo] (μεταφ) infuriate.
πρήξιμο, το [preekseemo] swelling, tumour.
πρίγκηπας, ο [preengkeepas] prince.
πρίζα, η [preeza] plug, socket.
πριν [preen] before, previously, prior to || ~ **από μένα** ahead of me, in front of me || ~ **τον πόλεμο** before the war.
πριόνι, το [preeonee] saw, handsaw, hacksaw.
πριονίζω [preeoneezo] saw.
πρίσμα, το [preesma] prism.
προ [pro] before, in front of, ahead of, in the face of || ~ **ημερών** a few days ago || ~**παντός** especially, above all.
προαγγέλλω [proangelo] predict, prophesy.
προάγω [proago] put forward, promote, advance || speed up, further || **η προαγωγή** (ουσ) advancement, promotion || **ο προαγωγός** (ουσ) pimp, pander.
προαίρεση, η [proeresee] intention, purpose || bent, bias.
προαιρετικός [proereteekos] optional || voluntary.
προαίσθηση, η [proestheesee] presentiment, foreboding.
προάλλες [proales]: **τις** ~ just the other day, recently.
προαναφερθείς [proanaferthees] above-mentioned.
προασπίζω [proaspeezo] defend, protect, guard.
προάστειο, το [proasteeo] suburb.
προαύλιο, το [proavleeo] forecourt, courtyard.
πρόβα, η [prova] fitting of clothes || trial, rehearsal.
προβάδισμα, το [provaδeesma] precedence, priority.
προβαίνω [proveno] advance, move forward || proceed, make || ~ **σε** carry out, make.
προβάλλω [provalo] project, further || (σκιά) cast || (φιλμ) project, show || (αντίσταση) offer resistance || (αντίρρηση) raise || (δικαιολογία) put forward an excuse || (αμετ) appear suddenly in view.
προβάρω [provaro] try on, go for a fitting.
προβατίνα, η [provateena] ewe, lamb.

πρόβατο, το [provato] sheep.
προβιά, η [provia] animal's skin.
προβιβάζω [proveevazo] promote, push forward.
πρόβιος [proveeos] of a sheep.
προβλέπω [provlepo] foresee, forecast || prepare for, provide.
πρόβλεψη, η [provlepsee] forecast, anticipation.
πρόβλημα, το [provleema] problem || (μεταφ) riddle, puzzle.
προβλήτα, η [provleeta] jetty, mole.
προβολέας, ο [provoleas] searchlight, headlight || (σινεμά) projector.
προβολή, η [provolee] projection || (προϊόντος) promotion.
προβοσκίδα, η [provoskeeða] trunk || (εντόμου) proboscis.
προγενέστερος [proyenesteros] anterior, previous, former || (ουσ) precursor.
πρόγευμα, το [proyevma] breakfast.
προγνωστικό, το [prognosteeko] prediction, forecast || tip.
πρόγονος, ο [progonos] ancestor, forefather, forebear.
προγονός, ο, η [progonos] stepson, stepdaughter.
πρόγραμμα, το [programa] programme, plan, schedule.
προγράφω [prografo] proscribe, outlaw.
προγυμνάζω [proyeemnazo] exercise, train || tutor.
προδιαγράφω [proðeeagrafo] prearrange.
προδιάθεση, η [proðeeathesee] predisposition, liability (to), prejudice (against).
προδιαθέτω [proðeeatheto] predispose, forewarn, influence, prejudice.
προδίδω [proðeeðo] reveal, betray || denounce, inform.
προδοσία, η [proðoseea] betrayal || treachery.
προδότης, ο [proðotees] traitor, informer.
πρόδρομος, ο [proðromos] forerunner, precursor || herald.
προεδρεία, η [proeðreea] presidency, chairmanship.
προεδρεύω [proeðrevo] preside, chair.
πρόεδρος, ο, η [proeðros] president, chairman || presiding judge.
προειδοποίηση, η [proeeðopieesee] previous warning, premonition.
προειδοποιώ [proeeðopeeo] let know || warn.
προεισαγωγή, η [proeesagoyee] introduction, preface.
προεκλογικός [proekloyeekos] pre-election.
προέκταση, η [proektasee] extension, prolongation.
προέλαση, η [proelasee] advance, forward movement.
προελαύνω [proelavno] advance, move forward.
προέλευση, η [proelevsee] provenance, place of origin.
προεξέχω [proekseho] jut out, project, protrude.
προεξοφλώ [proeksoflo] (χρέος) pay off in advance || receive in advance || take for granted, rely on.
προεξοχή, η [proeksohee] projection, protrusion, prominence.
προεργασία, η [proergaseea] preliminary work.
προέρχομαι [proerhome] originate, come from, issue from.
προετοιμάζω [proeteemazo] prepare, fit for, train for.
προετοιμασία, η [proeteemaseea] preparation.
προέχω [proeho] jut out || surpass || predominate.

πρόζα, η [proza] prose.
προηγούμαι [proeegoume] surpass, be ahead || precede, come before.
προηγούμενο, το [proeegoumeno] precedent.
προηγούμενος [proeegoumenos] preceding, previous, earlier.
προηγουμένως [proeegoumenos] previously, beforehand.
προθάλαμος, ο [prothalamos] anteroom, antechamber, waiting room.
πρόθεση, η [prothesee] purpose, design, intention || (γραμμ) preposition, prefix.
προθεσμία, η [prothesmeea] time limit, delay, term, option.
προθήκη, η [protheekee] shop window || showcase.
προθυμία, η [protheemeea] eagerness, readiness, alacrity.
πρόθυμος [protheemos] eager, willing, ready || obliging.
πρόθυρα, τα [protheera] πλ gates, approach || (μεταφ) verge, eve, threshold.
προίκα, η [preeka] dowry, marriage portion.
προικίζω [preekeezo] dower || endow (with), equip (with).
προικοθήρας, ο [preekotheeras] fortune hunter, dowry hunter.
προικοσύμφωνο, το [preekoseemfono] marriage contract.
προϊόν, το [proeeon] product, production || proceeds.
προϊόντα, τα [proeeonta] πλ produce, articles, products.
προΐσταμαι [proeestame] direct, manage, supervise.
προϊστάμενος, ο [proeestamenos] superior, chief, supervisor.
πρόκα, η [proka] nail, tack.
προκαλώ [prokalo] challenge || provoke, incite.
προκαταβολή, η [prokatavolee] prepayment, advance payment || deposit.
προκαταβολικώς [prokatavoleekos] in advance, beforehand.
προκαταλαμβάνω [prokatalamvano] forestall, occupy beforehand.
προκατάληψη, η [prokataleepsee] bias, prejudice.
προκαταρκτικός [prokatarkteekos] preliminary, preparatory.
προκατειλημμένος [prokateeleemenos] biased, prejudiced.
προκάτοχος, ο [prokatohos] predecessor || previous holder, previous occupant.
πρόκειται [prokeete] it's a matter of || it's a question of || **περί τίνος ~**; what's it all about? || **~ να έλθω** I am due to come.
προκήρυξη, η [prokeereeksee] proclamation, announcement || manifesto.
πρόκληση, η [prokleesee] affront, challenge || provocation, instigation.
προκλητικός [prokleeteekos] provocative, provoking || seductive.
προκόβω [prokovo] progress, succeed, prosper, make good.
προκομμένος [prokomenos] hard-working, diligent.
προκοπή, η [prokopee] progress || industry || success.
προκρίνω [prokreeno] prefer, choose || predetermine.
προκυμαία, η [prokeemea] quay, pier, jetty.
προκύπτω [prokeepto] arise || result, ensue.
προλαβαίνω [prolaveno] get a start on, forestall || catch, overtake || (σε χρόνο) be on time, manage || have enough time for.

προλεγόμενα, τα [prolegomena] πλ preface, foreword.
προλέγω [prolego] forecast, predict || say previously.
προλετάριος [proletareeos] proletarian.
προληπτικός [proleepteekos] precautionary, preventive || superstitious.
πρόληψη, η [proleepsee] prevention || superstition.
πρόλογος, ο [prologos] prologue, preface, preamble.
προμαντεύω [promantevo] prophesy, foretell, predict.
πρόμαχος, ο [promahos] champion, defender, protector.
προμελέτη, η [promeletee] preliminary study || premeditation || **εκ προμελέτης** deliberately || premeditated.
προμεσημβρία, η [promeseemvreea] forenoon, morning.
προμήθεια, η [promeetheea] supply, provision, supplying, victualling || (ποσοστό) commission, brokerage.
προμηθευτής, ο [promeethevtees] provider, purveyor, supplier.
προμηθεύομαι [promeethevome] get, supply o.s. with.
προμηθεύω [promeethevo] supply, provide, furnish.
προμηνύω [promeeneeo] portend, presage, foretell.
προνοητικός [pronoeeteekos] having foresight, provident, careful.
πρόνοια, η [proneea] care, concern, precaution || providence, welfare.
προνόμιο, το [pronomeeo] privilege, advantage || gift, talent.
προνομιούχος [pronomeeouhos] privileged, favoured.
προνοώ [pronoo] foresee, forecast || provide for, think of.
προξενείο, το [prokseneeo] consulate.
προξενητής, ο [prokseneetees] intermediary, matchmaker.
προξενιά, η [proksenia] matchmaking.
πρόξενος, ο [proksenos] (διπλωμάτης) consul.
προξενώ [prokseno] cause, occasion, inflict, bring about.
προοδευτικός [prooðevteekos] progressive, forward || gradual.
προοδεύω [prooðevo] progress, make headway || develop.
πρόοδος, η [prooðos] advance, progress || development, improvement || (μαθημ) progression.
προοίμιο, το [proeemeeo] preface, prelude, preamble.
προοπτική, η [proopteekee] perspective || prospect in view.
προορίζω [prooreezo] destine, intend, foreordain.
προορισμός, ο [prooreesmos] end, intention || destination.
προπαγάνδα, η [propaganða] propaganda.
προπαρασκευή, η [proparaskevee] preparation || coaching.
προπέλα, η [propela] propeller.
πρόπερσι [propersee] two years ago.
προπέτασμα, το [propetasma] screen || ~ **καπνού** smoke screen.
προπληρώνω [propleerono] pay in advance.
πρόποδες, οι [propoðes] πλ foot of mountain.
προπολεμικός [propolεmeekos] prewar.
προπόνηση, η [proponeesee] training, coaching.
πρόποση, η [proposee] toast (*drink*).

προπύλαια, τα [propeelea] πλ propylaea.

προπύργιο, το [propeeryo] rampart, bulwark, bastion.

προς [pros] towards || (για) for || at || in || ~ **όφελός μου** to my advantage, to my good || ~ **τιμή του** in his honour, for his sake || ~ **το παρόν** for the present || **ένα** ~ **ένα** one by one || **ως** ~ **εμέ** as far as I am concerned || ~ **Θεού!** for God's sake! || ~ **τούτοις** moreover || ~ **δε** in addition, furthermore.

προσάγω [prosago] put forward, exhibit, produce.

προσάναμα, το [prosanama] tinder, firewood || fuel.

προσανατολίζομαι [prosanatoleezome] find one's bearings.

προσανατολίζω [prosanatoleezo] orientate || direct, guide.

προσαράσσω [prosaraso] run aground, be stranded.

προσαρμογή, η [prosarmoyee] adaptation, accommodation || adjustment.

προσαρμόζω [prosarmozo] fit to || adapt, adjust, apply.

προσάρτημα, το [prosarteema] accessory, annexe, addition.

προσάρτηση, η [prosarteesee] annexation.

προσαρτώ [prosarto] append, attach || annex.

προσβάλλω [prosvalo] assail, attack || (υγεία) harm, injure || (δυσαρεστώ) hurt, offend || (διαθήκη) challenge.

προσβλητικός [prosvleeteekos] offensive, abusive, insolent.

προσβολή, η [prosvolee] onset, attack || (υγείας) fit, stroke || offence, insult.

προσγειώνομαι [prosyonome] land.

προσγείωση, η [prosyeeosee] landing, alighting.

προσδίδω [prosðeeðo] lend, add to, give.

προσδιορίζω [prosðeeoreezo] determine, define, fix || allocate, assign.

προσδοκώ [prosðoko] hope, expect, anticipate.

προσεγγίζω [prosengeezo] put near || approach, come near || (κατά προσέγγιση) approximate || (ναυτ) put in at, land at.

προσεκτικός [prosekteekos] attentive, heedful, mindful || careful.

προσέλευση, η [proselevsee] arrival, approach.

προσελκύω [proselkeeo] (προσοχή) attract, win, draw, catch || (υποστηρικτές) gain, win over.

προσέρχομαι [proserhome] attend, present o.s. || apply for.

προσευχή, η [prosevhee] prayer.

προσεύχομαι [prosevhome] pray, say one's prayers.

προσεχής [prosehees] next || forthcoming.

προσέχω [proseho] pay attention to, notice || be attentive, be mindful || (κάποιο) take care of.

προσεχώς [prosehos] shortly, soon, in a short time.

προσηλυτίζω [proseeleeteezo] convert, proselytize.

προσηλωμένος [proseelomenos] attached to, devoted to, absorbed in.

προσηλώνω [proseelono] nail, fix || (μεταφ) look fixedly (at).

πρόσθεση, η [prosthesees] addition, increase.

πρόσθετος [prosthetos] additional, extra.

προσθέτω [prostheto] add, sum up || mix with.

προσθήκη, η [prostheekee] addition, increase.

πρόσθιος [prostheeos] front, fore.

προσιτός [proseetos] attainable, accessible || (τιμή) reasonable, within one's means.

πρόσκαιρος [proskeros] transitory, passing, momentary.

προσκαλώ [proskalo] call, send for || (νομ) summon, subpoena || (σε γεύμα κτλ) invite.

προσκεκλημένος [proskekleemenos] invited.

προσκέφαλο, το [proskefalo] pillow, cushion.

πρόσκληση, η [proskleesee] call, summons || (σε δεξίωση κτλ) invitation || (στρατ) calling up || (εισιτήριο δωρεάν) complimentary ticket.

προσκλητήριο, το [proskleeteereeo] invitation (card) || (στρατ) call, roll call || (ναυτ) muster roll.

προσκόλληση, η [proskoleesee] adherence, attaching || fidelity.

προσκολλώ [proskolo] stick, attach, paste on || second, attach.

προσκομίζω [proskomeezo] bring forward, bring || offer.

πρόσκοπος, ο [proskopos] scout || boy scout.

προσκρούω [proskrouo] crash || strike (against) || be opposed to.

προσκύνημα, το [proskeeneema] adoration || submission || place of pilgrimage.

προσκυνητής, ο [proskeeneetees] pilgrim.

προσκυνώ [proskeeno] adore, worship || pay homage to, yield.

προσλαμβάνω [proslamvano] take on, engage, employ.

προσμένω [prosmeno] wait for, hope for.

πρόσμειξη, η [prosmeeksee] blending, mixing.

πρόσοδος, η [prosoδos] income, revenue || (εμπόριο) profit || yield.

προσοδοφόρος [prosoδoforos] productive, profitable, lucrative.

προσόν, το [proson] aptitude, fitness, qualification || advantage.

προσοχή, η [prosohee] attention, notice || caution, precaution, care.

πρόσοψη, η [prosopsee] façade, front(age).

προσόψι, το [prosopsee] towel.

προσπάθεια, η [prospatheea] endeavour, effort, attempt, labour.

προσπαθώ [prospatho] try, attempt.

προσπερνώ [prosperno] overtake || (μεταφ) surpass.

προσποίηση, η [prospieesee] pretence, sham.

προσποιητός [prospieetos] affected, assumed, feigned.

προσποιούμαι [prospeeoume] affect, put on || pretend.

προσταγή, η [prostayee] order, ordering, command.

προστάζω [prostazo] order, direct, command.

προστακτική, η [prostakteekee] (γραμμ) imperative (mood).

προστασία, η [prostaseea] protection, defence.

προστατευόμενος, ο [prostatevomenos] protégé.

προστατευτικός [prostatevteekos] protecting || condescending.

προστατεύω [prostatevo] defend, protect || extend patronage to.

προστάτης, ο [prostatees] protector, patron || (ανατ) prostate.

προστίθεμαι [prosteetheme] be added, be mixed (with).

πρόστιμο, το [prosteemo] fine, penalty.

προστρέχω [prostreho] rush up, run up || resort to, turn to.

προστριβή, η [prostreevee] friction, rubbing || (μεταφ) dispute.

προστυχιά, η [prosteehia] vulgarity, rudeness, contemptible act.

πρόστυχος [prosteehos] vile, rude, ill-mannered || of bad quality.
προσύμφωνο, το [proseemfono] preliminary agreement, draft agreement.
πρόσφατος [prosfatos] recent, new || (μόδα) modern.
προσφέρομαι [prosferome] offer || be appropriate, be fitting.
προσφέρω [prosfero] offer, present, give.
προσφεύγω [prosfevgo] have recourse to, turn to.
προσφιλής [prosfeelees] dear, loved, precious.
προσφορά, η [prosfora] offer, offering, proposal, bid || thing offered.
πρόσφορος [prosforos] convenient, opportune, suitable.
πρόσφυγας, ο [prosfeegas] refugee.
προσφυγή, η [prosfeeyee] recourse, resort || (νομ) legal redress, appeal.
προσφυής [prosfiees] suitable, well-adapted, fitting.
πρόσχαρος [prosharos] cheerful, lively, merry, gay.
προσχέδιο, το [prosheðeeo] rough draft, sketch.
πρόσχημα, το [prosheema] pretext, excuse.
προσχωρώ [proshoro] join, go over (to) || cleave (to), adhere (to).
προσωδία, η [prosoðeea] prosody.
προσωνυμία, η [prosoneemeea] nickname, name.
προσωπάρχης, ο [prosoparhees] personnel officer, staff manager.
προσωπείο, το [prosopeeo] mask.
προσωπικό, το [prosopeeko] personnel, staff || (σπιτιού) servants.
προσωπικός [prosopeekos] personal.
προσωπικότητα, η [prosopeekoteeta] personality, individuality.
προσωπικώς [prosopeekos] personally.
προσωπίδα, η [prosopeeða] mask.
πρόσωπο, το [prosopo] face, visage || person || (θεάτρου) role, character, part.
προσωπογραφία, η [prosopografeea] portrait painting, portrait.
προσωποποίηση, η [prosopopieesee] personification || impersonation.
προσωρινός [prosoreenos] provisional, passing, fleeting.
πρόταση, η [protasee] proposal, suggestion, offer, motion || (γραμμ) sentence || clause.
προτείνω [proteeno] extend, stretch out, put forward || propose, suggest.
προτελευταίος [protelevteos] last but one.
προτεραιότητα, η [protereoteeta] priority, primacy.
προτέρημα, το [protereema] gift, faculty, advantage, talent.
πρότερος [proteros] earlier, previous to, prior (to).
προτέρων [proteron]: **εκ των ~** beforehand.
προτεσταντισμός, ο [protestanteesmos] Protestantism.
προτίθεμαι [proteetheme] intend, propose, mean, think.
προτίμηση, η [proteemeesee] preference, predilection.
προτιμότερος [proteemoteros] preferable to.
προτιμώ [proteemo] prefer, like better.
προτομή, η [protomee] bust.
προτού [protou] before || previously.
προτρέπω [protrepo] exhort, instigate, incite.

προτροπή, η [protropee] exhortation, prompting.
πρότυπο, το [proteepo] original, pattern, model, example || mould.
πρότυπος [proteepos] model.
προϋπαντώ [proeepanto] go to meet.
προϋπάρχω [proeeparho] pre-exist || (σε χρόνο) come before.
προϋπόθεση, η [proeepothesee] assumption, presumption.
προϋποθέτω [proeepotheto] presuppose, presume.
προϋπολογίζω [proeepoloyeezo] estimate, compute beforehand.
προϋπολογισμός, ο [proeepoloyeesmos] estimate || budget.
προφανής [profanees] obvious, evident, plain, clear.
προφανώς [profanos] obviously, evidently, manifestly.
πρόφαση, η [profasee] pretext, excuse, pretence.
προφέρ(ν)ω [profer(n)o] pronounce, utter, articulate.
προφητεία, η [profeeteea] prophecy, prophetic utterance.
προφητεύω [profeetevo] prophesy, predict.
προφήτης, ο [profeetees] prophet.
προφητικός [profeeteekos] prophetic.
προφθάνω [profthano] anticipate, forestall || catch, overtake, overhaul || (σε χρόνο) be in time for, have the time to.
προφορά, η [profora] pronunciation, accent.
προφτάνω [proftano] βλ **προφθάνω.**
προφυλακή, η [profeelakee] vanguard, outpost.
προφυλακίζω [profeelakeezo] hold in custody, detain.
προφυλακτήρας, ο [profeelakteeras] bumper (*AUT*).
προφυλακτικός [profeelakteekos] wary, careful || precautionary, preventive.
προφύλαξη, η [profeelaksee] precaution, cautiousness.
προφυλάσσομαι [profeelasome] take precautions, protect o.s.
προφυλάσσω [profeelaso] protect, preserve (from), defend.
πρόχειρος [proheeros] ready, handy || impromptu.
προχθές [prohthes] the day before yesterday.
προχωρώ [prohoro] go forward, advance || progress, gain ground.
προωθώ [prootho] impel || push forward, urge on.
πρόωρος [prooros] premature, untimely, hasty.
πρύμ(ν)η, η [preem(n)ee] stern, poop.
πρύτανης, ο [preetanees] head of university, dean.
πρώην [proeen] former, ex-.
πρωθυπουργός, ο [protheepourgos] prime minister, premier.
πρωί [proee] in the morning || (ουσ) morning.
πρώιμος [proeemos] untimely, premature || (για φυτά) precocious, early.
πρωινός [proeenos] morning || rising early.
πρωινό, το [proeeno] morning || (πρόγευμα) breakfast.
πρωκτός, ο [proktos] anus.
πρώρα, η [prora] prow, bows.
πρώτα [prota] first, at first || before, formerly, once.
πρωταγωνιστής, ο [protagoneestees] protagonist, hero.
πρωτάθλημα, το [protathleema] championship.
πρωτάκουστος [protakoustos] unheard-of, unprecedented.

πρωταρχικός [protarheekos] most important.
πρωτεία, τα [proteea] πλ first place, primacy, precedence.
πρωτεργάτης, ο [protergatees] perpetrator, pioneer, cause.
πρωτεύουσα, η [protevousa] capital, metropolis.
πρωτεύω [protevo] be first, lead, surpass, triumph (over).
πρωτοβάθμιος [protovathmeeos] of the first degree.
πρωτοβουλία, η [protovouleea] initiative.
πρωτοβρόχια, τα [protovroheea] πλ first rains in autumn.
πρωτόγονος [protogonos] primitive || (ήθη) rough, rude, unpolished.
πρωτοδικείο, το [protoðeekeeo] court of first instance.
πρωτοετής [protoetees] first-year.
πρωτόκολλο, το [protokolo] register, record || protocol, etiquette.
Πρωτομαγιά, η [protomaya] May Day.
πρωτομηνιά, η [protomeenia] first day of month.
πρώτο [proto] first, firstly, in the first place, to start with.
πρωτοπορεία, η [protoporeea] vanguard.
πρωτοπόρος, ο [protoporos] pioneer, forerunner, innovator.
πρώτος [protos] first, foremost || best, top || initial, elementary || (αριθμός) prime.
πρωτοστατώ [protostato] lead.
πρωτότοκος [prototokos] first-born, oldest.
πρωτοτυπία, η [prototeepeea] originality || eccentricity.
πρωτότυπο, το [prototeepo] original, pattern, model.
πρωτότυπος [prototeepos] original, novel, singular.
πρωτοφανής [protofanees] new, fresh || astonishing.
Πρωτοχρονιά, η [protohronia] New Year's Day.
πρωτύτερα [proteetera] earlier on, at first, before.
πταισματοδικείο, το [ptesmatoðeekeeo] police court.
πτέρυγα, η [ptereega] wing.
πτερύγιο, το [ptereeyo] fin || aileron, wing flap.
πτερωτός [pterotos] winged.
πτηνό, το [pteeno] bird, fowl.
πτηνοτροφία, η [pteenotrofeea] poultry farming.
πτήση, η [pteesee] flight, flying.
πτοώ [ptoo] intimidate, frighten, browbeat.
πτυχή, η [pteehee] fold, pleat || wrinkle || (παντελονιού) crease.
πτυχίο, το [pteeheeo] diploma, certificate.
πτυχιούχος [pteeheeouhos] graduate, holding a diploma.
πτώμα, το [ptoma] corpse, dead body || (ζώου) carcass.
πτώση, η [ptosee] fall, tumble || collapse || drop || (γραμμ) case.
πτώχευση, η [ptohevsee] bankruptcy, failure, insolvency.
πτωχεύω [ptohevo] go bankrupt || become poor.
πτωχοκομείο, το [ptohokomeeo] poorhouse.
πτωχός [ptohos] poor, needy.
πυγμαχία, η [peegmaheea] boxing, pugilism.
πυγμή, η [peegmee] fist || (μεταφ) vigour, determination.
πυγολαμπίδα, η [peegolampeeða] glow-worm, firefly.
πυθμένας, ο [peethmenas] bottom.
πυκνά [peekna] closely, densely, thickly.
πυκνός [peeknos] thick, dense, closely-packed, close || (γένεια) bushy.

πυκνότητα, η [peeknoteeta] density, compactness, thickness || (κυμάτων) frequency.
πυκνώνω [peeknono] thicken, condense, grow thick || make more frequent.
πυκνωτής, ο [peeknotees] (ηλεκ) condenser.
πύλη, η [peelee] gate, gateway.
πυξίδα, η [peekseeδa] (mariner's) compass || box.
πύο, το [peeo] pus, matter.
πυρ, το [peer] fire, firing.
πυρά, η [peera] fire || (μεταφ) sensation of burning
πυρακτώνω [peeraktono] make red-hot, glow.
πυραμίδα, η [peerameeδa] pyramid.
πύραυλος, ο [peeravlos] rocket.
πύργος, ο [peergos] tower || castle, palace || (ναυτ) bridge house.
πυρετός, ο [peeretos] high temperature, fever || (μεταφ) activity, energy.
πυρετώδης [peeretoδees] feverish || (μεταφ) restless, feverish.
πυρήνας, ο [peereenas] stone, pip || centre, core || nucleus.
πυρηνέλαιο, το [peereeneleo] oil from stones || seed oil.
πυρηνικός [peereeneekos] nuclear.
πύρινος [peereenos] burning, fiery, red-hot || (μεταφ) ardent, fervent.
πυρίτης, ο [peereetees] pyrites, flint.
πυρίτιδα, η [peereeteeδa] gunpowder, powder.
πυρκαϊά, η [peerkaeea] fire, burning, conflagration.
πυροβολητής, ο [peerovoleetees] gunner.
πυροβολικό, το [peerovoleeko] artillery.
πυροβολισμός, ο [peerovoleesmos] firing, shot.
πυροβολώ [peerovolo] fire || shoot at || shell.
πυρομαχικά, τα [peeromaheeka] πλ munitions || ammunition.
πυροσβέστης, ο [peerosvestees] fireman.
πυροσβεστική [peerosvesteekee]: ~ **υπηρεσία** fire brigade.
πυροτέχνημα, το [peerotehneema] firework, cracker.
πυρπολικό, το [peerpoleeko] fire ship.
πυρπολώ [peerpolo] set on fire, burn down, consume by fire.
πυρσός, ο [peersos] torch, brand || beacon.
πυρώνω [peerono] get red-hot, heat.
πυτζάμα, η [peedzama] pyjamas.
πυώδης [peeoδees] full of pus.
πωλείται [poleete]: ' ~ ' 'for sale'.
πώληση, η [poleesee] sale, selling.
πωλητής, ο [poleetees] seller || salesman || shop assistant.
πωλήτρια, η [poleetreea] seller || saleswoman.
πωλώ [polo] sell || (μεταφ) sell, betray.
πώμα, το [poma] stopper, plug || (μποτίλιας) cork || lid, cover.
πωρόλιθος, ο [poroleethos] porous stone.
πώρωση, η [porosee] hardening || (μεταφ) insensibility, callousness.
πώς [pos] how?, what? || ~ **όχι;** and why not? || ~! yes, certainly.
πως [pos] that.
πως [pos] somewhat, somehow, in any way.

Ρ, ρ

ραββίνος, ο [raveenos] rabbi.
ραβδί, το [ravδee] cane, stick.
ραβδίζω [ravδeezo] flog, thrash, cane.

ράβδος, η [ravðos] stick, staff || (μαγική) wand || (εκκλ) pastoral staff || (σιδηροδρομική) rail.
ράβδωση, η [ravðosee] stripe || (αρχιτεκτονική) fluting || groove.
ραβδωτός [ravðotos] striped || fluted || lined, ruled.
ράβω [ravo] sew up, sew on || stitch || (κοστούμι) have a suit made.
ραγάδα, η [ragaða] crack, fissure, chink.
ραγδαίος [ragðeos] violent, turbulent || (πτώση) rapid, headlong || (πρόοδος) rapid, speedy.
ραγδαίως [ragðeos] violently, impetuously, swiftly.
ραγίζω [rayeezo] crack, split.
ράγισμα, το [rayeesma] crack, fissure, split.
ραδιενέργεια, η [raðienerya] radioactivity.
ραδιενεργός [raðienergos] radioactive.
ραδίκι, το [raðeekee] chicory, dandelion.
ραδιογραφία, η [raðeeografeea] X-ray photography.
ραδιοθεραπεία, η [raðeeotherapeea] X-ray treatment.
ραδιολογία, η [raðeeoloyeea] radiology.
ράδιο, το [raðeeo] radium.
ραδιοτηλεγράφημα, το [raðeeoteelegrafeema] radiotelegram.
ραδιοτηλεγραφία, η [raðeeoteelegrafeea] radiotelegraphy.
ραδιοτηλεφωνία, η [raðeeoteelefoneea] radiotelephony.
ραδιουργία, η [raðiouryeea] intrigue, machination.
ραδιούργος [raðiourgos] scheming, intriguing, plotting.
ραδιόφωνο, το [raðeeofono] radio.
ράθυμος [ratheemos] languid, listless, lazy.
ραίνω [reno] sprinkle, scatter, spread.
ραΐσμα [raeesma] βλ **ράγισμα.**
ρακένδυτος [rakenðeetos] in rags, tattered.
ρακί, το [rakee] kind of spirit.
ράκος, το [rakos] rag, tatters || (μεταφ) physical wreck.
ράμμα, το [rama] stitch, thread.
ραμμένος [ramenos] sewn.
ραμολής, ο [ramolees] imbecile, half-wit.
ραμφίζω [ramfeezo] peck at, pick up.
ράμφος, το [ramfos] (μεγάλων πουλιών) bill, beak || (μεταφ) burner, jet.
ρανίδα, η [raneeða] drop, blob.
ραντεβού, το [rantevou] meeting, engagement, rendezvous.
ραντίζω [ranteezo] sprinkle, spray, water.
ράντισμα, το [ranteesma] sprinkling, watering.
ραντιστήρι, το [ranteesteeree] watering can || (εκκλ) sprinkler.
ράντσο, το [rantso] campbed.
ραπάνι, το [rapanee] radish.
ραπίζω [rapeezo] slap *or* smack in the face.
ράπισμα, το [rapeesma] clout, slap.
ραπτάδικο, το [raptaðeeko] βλ **ραφτάδικο.**
ράπτης, ο [raptees] tailor.
ραπτικά, τα [rapteeka] πλ fees for tailoring, fees for sewing.
ραπτική, η [rapteekee] βλ **ραφτική.**
ραπτομηχανή, η [raptomeehanee] sewing machine.
ράπτρια, η [raptreea] dressmaker.
ράπτω [rapto] βλ **ράβω.**
ράσο, το [raso] frock, cassock.
ρασοφόρος, ο [rasoforos] priest, monk.

ράτσα, η [ratsa] race, generation, breed || **από** ~ thoroughbred.
ραφείο, το [rafeeo] tailor's shop.
ραφή, η [rafee] dressmaking || stitching, seam.
ράφι, το [rafee] shelf || (τοίχου) bracket || **μένω στο** ~ be left on the shelf, be an old maid.
ραφινάρισμα, το [rafeenareesma] refinement.
ραφινάρω [rafeenaro] refine || purify, polish.
ραφτάδικο, το [raftaðeeko] tailor's shop.
ράφτης [raftees] βλ **ράπτης**.
ραφτικά, τα [rafteeka] βλ **ραπτικά**.
ραφτική, η [rafteekee] dressmaking, sewing, tailoring.
ραχάτι, το [rahatee] lazing about, idling, leisure.
ράχη, η [rahee] back, backbone || (βιβλίου) spine || (βουνού) crest, ridge.
ραχιτικός [raheeteekos] suffering from rickets.
ραχοκοκκαλιά, η [rahokokalia] backbone, spine.
ράψιμο, το [rapseemo] sewing, stitching || tailoring, dressmaking.
ραψωδία, η [rapsoðeea] rhapsody.
ρεαλισμός, ο [realeesmos] realism.
ρεαλιστής, ο [realeestees] realist.
ρεβεγιόν, το [reveyon] midnight supper.
ρεβίθι, το [reveethee] chickpea.
ρέγγα, η [renga] herring.
ρέγουλα, η [regoula] order, regular arrangement || moderation, measure.
ρεζέρβα, η [rezerva] stock || (λάστιχου κτλ) spare wheel.
ρεζιλεύω [rezeelevo] ridicule, make a fool of || humiliate.
ρεζίλι, το [rezeelee] shame, derision, object of ridicule || **γίνομαι** ~ become a laughing stock.
ρεζιλίκι [rezeeleekee] βλ **ρεζίλι**.
ρείθρο, το [reethro] watercourse, rivulet || ditch, gutter (of street).
ρεκλάμα, η [reklama] advertisement || show, display.
ρεκλαμάρω [reklamaro] advertise.
ρεκόρ, το [rekor] record.
ρεμάλι, το [remalee] worthless person.
ρεματιά, η [rematia] ravine, torrent, riverbed.
ρεμβάζω [remvazo] muse, daydream, be in a reverie.
ρεμβασμός, ο [remvasmos] musing, reverie.
ρέμπελος [rembelos] lazy, sluggish || disorderly.
ρεπάνι, το [repanee] radish.
ρεπερτόριο, το [repertoreeo] repertoire.
ρεπό, το [repo] time off, break, rest period, rest.
ρέπω [repo] lean, incline, slope || (μεταφ) tend towards.
ρεσιτάλ, το [reseetal] recital.
ρέστα, τα [resta] πλ change.
ρετάλι, το [retalee] remnant.
ρετσίνα, η [retseena] resinated wine.
ρετσινόλαδο, το [retseenolaðo] castor oil.
ρεύμα, το [revma] current, stream, flow || (αέρος) draught.
ρευματισμός, ο [revmateesmos] rheumatism.
ρεύομαι [revome] belch.
ρεύση, η [revsee] outflow, flowing || emission.
ρευστοποιώ [revstopeeo] liquefy.
ρευστός [revstos] fluid, liquid || (μεταφ) fickle, inconstant, changeable.
ρευστότητα, η [revstoteeta] fluidity || (μεταφ) inconstancy.
ρεφενές, ο [refenes] share, quota.

ρεφορμιστής, ο [reformeestees] reformist.

ρέψιμο, το [repseemo] belching || decay.

ρέω [reo] flow, stream || (σταγόνες) trickle || (δάκρυα) fall.

ρήγας, ο [reegas] (χαρτιά) king.

ρήγμα, το [reegma] crack, breach, fissure, hole || (μεταφ) rupture.

ρήμα, το [reema] word, saying || (γραμμ) verb.

ρημάδι, το [reemaðee] ruin || wreckage, derelict || **κλείσ' το ~** shut the blooming thing!

ρημάζω [reemazo] ruin, destroy || fall into ruins.

ρήξη, η [reeksee] rupture, breach || conflict, quarrel, dispute.

ρητίνη, η [reeteenee] resin.

ρητό, το [reeto] maxim, saying, motto.

ρητορεύω [reetorevo] make speeches, harangue.

ρητορική, η [reetoreekee] oratory.

ρητός [reetos] formal, explicit, flat, positive.

ρήτρα, η [reetra] clause, proviso, provision.

ρήτορας, ο [reetoras] orator.

ρητώς [reetos] explicitly, expressly, flatly.

ρηχά, τα [reeha] πλ shallows.

ρίγα, η [reega] ruler, measuring rule || line, stripe.

ρίγανη, η [reeganee] origanum.

ριγέ [reeye] striped.

ρίγος, το [reegos] shiver || thrill.

ριγώ [reego] shiver, tremble, thrill.

ριγωτός [reegotos] (χάρτης) lined, ruled || (ύφασμα) striped.

ρίζα, η [reeza] root || (βουνού) foot, base || (μεταφ) origin, source, cause.

ριζικό, το [reezeeko] destiny, fortune, lot, fate.

ριζικός [reezeekos] radical, fundamental.

ριζόγαλο, το [reezogalo] rice pudding.

ριζόνερο, το [reezonero] rice water.

ριζοσπάστης, ο [reezospastees] radical.

ριζοσπαστικός [reezospasteekos] radical.

ριζώνω [reezono] become established, become fixed, take root, grow.

ρίμα, η [reema] rhyme.

ρινικός [reeneekos] nasal.

ρινίσματα, τα [reeneesmata] πλ filings.

ρινόκερος, ο [reenokeros] rhinoceros.

ριξιά, η [reeksia] throw, cast(ing) || (**όπλου**) charge || shot, firing.

ρίξιμο, το [reekseemo] casting, throwing || dropping || (**όπλου**) firing, shooting.

ριπή, η [reepee] burst of firing, throwing || (ανέμου) gust, blast.

ρίπτω [reepto] βλ **ρίχνω.**

ρίχνομαι [reehnome] fling o.s., rush || (στο νερό) plunge.

ρίχνω [reehno] throw, fling, cast || (βόμβα) drop || (όπλο) shoot, fire || (ανατρέπω) overthrow, defeat || (τοίχο) pull down, demolish || (δένδρο) hew, fell || **ρίχνει βροχή** it's raining.

ριψοκινδυνεύω [reepsokeenðeenevo] risk, endanger || take risks.

ρόγχος, ο [ronghos] rattle, blowing || death rattle.

ρόδα, η [roða] wheel.

ροδάκινο, το [roðakeeno] peach.

ροδαλός [roðalos] rosy, light pink.

ροδέλα, η [roðela] washer.

ρόδι, το [roðee] pomegranate.

ρόδινος [roðeenos] rosy || (μεταφ) rose-coloured, bright.

ροδίτης, ο [roðeetees] kind of pink grape.

ροδοδάφνη, η [roδoδafnee] oleander.
ροδοκόκκινος [roδokokeenos] ruddy, rose-red.
ρόδο, το [roδo] rose.
ροζ [roz] pink.
ροζιάρικος [rozeeareekos] gnarled.
ρόζος, ο [rozos] knot, node || (δακτύλων) knuckle.
ροή, η [roee] flow, flood || (πύου) discharge, running.
ρόκα, η [roka] distaff || (χόρτο) rocket.
ροκάνα, η [rokana] (παιχνίδι) rattle.
ροκάνι, το [rokanee] plane.
ροκανίδι, το [rokaneeδee] chip, shaving.
ροκανίζω [rokaneezo] plane || (μεταφ) gnaw, crunch.
ροκέτα, η [roketa] rocket.
ρολό, το [rolo] cylindrical roll || shutter.
ρολογάς, ο [rologas] watchmaker, clockmaker.
ρολόι, το [roloee] (τοίχου) clock || (χεριού) watch || (μετρητής) meter || **πάει** ~ it's going smoothly.
ρόλος, ο [rolos] roll || (θεατρικός) part, role || (μεταφ) part || **δεν παίζει ρόλο** it's not important.
ρομάντζο, το [romantzo] romance.
ρομαντικός [romanteekos] romantic.
ρομαντικότητα, η [romanteekoteeta] romanticism.
ρόμβος, ο [romvos] rhombus.
ρόμπα, η [romba] dressing gown.
ρόπαλο, το [ropalo] club.
ροπή, η [ropee] inclination, propensity || (μηχανής) momentum.
ρουζ, το [rouz] rouge.
ρουθούνι, το [routhounee] nostril.
ρουθουνίζω [routhouneezo] snort, sniff, snuffle.
ρουκέτα [rouketa] βλ **ροκέτα**.
ρουλεμάν, το [rouleman] ball bearings, roller bearings.
ρουλέτα, η [rouleta] roulette.
Ρουμανία, η [roumaneea] Rumania.
ρουμανικός [roumaneekos] Rumanian.
Ρουμάνος, ο [roumanos] Rumanian.
ρούμι, το [roumee] rum.
ρουμπίνι, το [roumbeenee] ruby.
ρούπι, το [roupee] measure of length (.08 m) || **δεν το κουνάω** ~ I refuse to move.
ρους, ο [rous] βλ **ροή**.
ρουσφέτι, το [rousfetee] favour, string pulling, political favour.
ρουτίνα, η [routeena] routine.
ρούφη(γ)μα, το [roufee(g)ma] noisy sipping, gulp, sucking in.
ρουφηξιά, η [roufeeksia] mouthful, sip || (πίπας κτλ) puff.
ρουφήχτρα, η [roufeehtra] whirlpool.
ρουφιάνος, ο [roufeeanos] pimp || schemer.
ρουφώ [roufo] draw in, suck up, absorb, sip.
ρουχικά, τα [rouheeka] πλ clothing, garments.
ρούχο, το [rouho] cloth, stuff, material || (φόρεμα) dress, attire.
ρόφημα, το [rofeema] hot drink.
ροχαλητό, το [rohaleeto] snore, snoring.
ροχαλίζω [rohaleezo] snore.
ρόχαλο, το [rohalo] phlegm, spit.
ρυάκι, το [reeakee] stream, brook, rivulet.
ρύγχος, το [reenghos] muzzle, nose, snout || nozzle.
ρύζι, το [reezee] rice.
ρυζόγαλο, το [reezogalo] rice pudding.
ρυθμίζω [reethmeezo] (ρολόι) regulate, set right || (τα του σπιτιού) manage || (υποθέσεις) settle || (λογαριασμούς) close, make up.

ρυθμικός [reethmeekos] rhythmical.
ρύθμιση, η [reethmeesee] regulating, adjusting.
ρυθμιστής, ο [reethmeestees] regulator.
ρυθμός, ο [reethmos] rhythm, rate || (μουσ) cadence || (αρχιτεκτονική) order, style.
ρυμοτομία, η [reemotomeea] street plan, roadmaking.
ρυμούλκα, η [reemoulka] trailer.
ρυμούλκηση, η [reemoulkeesee] towing, dragging.
ρυμουλκό, το [reemoulko] tugboat, steam tug || (τρακτέρ) tractor.
ρυμουλκώ [reemoulko] tow, tug, drag, pull || (μεταφ) drag by the nose.
ρυπαίνω [reepeno] make dirty, soil || (μεταφ) defile, tarnish.
ρύπανση, η [reepansee] dirtying, blemishing, defiling || pollution.
ρύπος, ο [reepos] filth, dirt || (μεταφ) disgrace, shame.
ρυτίδα, η [reeteeδa] wrinkle, seam, line || (της θάλασσας) ripple.
ρυτιδώνω [reeteeδono] wrinkle, line || get wrinkled.
ρω, το [ro] the letter P.
ρώγα, η [roga] nipple.
ρωγμή, η [rogmee] crack, split, cleft, crevice.
ρωμαίικα, τα [romeika] Modern Greek, Demotic Greek || **μίλα ~!** come to the point!
ρωμαϊκός [romaeekos] Roman.
Ρωμαίος, ο [romeos] Roman.
ρωμαλέος [romaleos] robust, strong, vigorous, sturdy.
ρώμη, η [romee] vigour, strength, force, robustness.
Ρώμη, η [romee] Rome.
Ρωμιός, ο [romios] modern Greek.
Ρωμιοσύνη, η [romioseenee] the modern Greek people.
Ρωσία, η [roseea] Russia.
Ρώσος, ο [rosos] Russian (person).
ρωτώ [roto] βλ **ερωτώ**.

Σ, σ

σα [sa] βλ **σαν**.
σάβανο, το [savano] winding sheet, shroud.
σάββατο, το [savato] Saturday.
σαββατοκύριακο, το [savatokeereeako] weekend.
σαβούρα, η [savoura] rubbish, junk, trash || ballast.
σαγανάκι, το [saganakee] frying pan || (φαγητό) dish of fried cheese.
σαγή, η [sayee] harness.
σαγηνεύω [sayeenevo] seduce, charm, attract.
σαγήνη, η [sayeenee] fascination, enchantment.
σαγόνι, το [sagonee] chin.
σαδισμός, ο [saδeesmos] sadism.
σαδιστής, ο [saδeestees] sadist.
σαθρός [sathros] rotted, decayed, rotten || (μεταφ) groundless.
σαιζόν, η [sezon] season.
σαΐτα, η [saeeta] arrow, dart || weaver's shuttle.
σάκα, η [saka] (μαθητική) satchel || (κυνηγού) game pouch, gamebag || briefcase.
σακάκι, το [sakakee] jacket, coat.
σακαράκα, η [sakaraka] (μεταφ) tin lizzie (*col*), old motorcar, old bike.
σακατεύω [sakatevo] cripple, mutilate, maim || (μεταφ) wear out, exhaust.
σακάτης, ο [sakatees] cripple, maimed person.
σακί, το [sakee] sack, bag.
σακίδιο, το [sakeeδeeo] haversack, satchel, small bag.
σακοράφα, η [sakorafa] sack needle, packing needle.

σάκος, ο [sakos] sack, bag, sackful || (ταχυδρομικός) mailbag || kitbag.
σακούλα, η [sakoula] sack, bag || paper bag.
σακούλι, το [sakoulee] sack, small bag.
σακουλιάζω [sakouleeazo] put into a bag, put into a sack, pocket || (για ρούχα) be loose-fitting, not fit well.
σαλάμι, το [salamee] sausage, salami.
σαλαμούρα, η [salamoura] brine.
σαλάτα, η [salata] salad || **τα κάνω ~** make a muddle of it, foul up the works.
σάλεμα, το [salema] moving, stirring, shaking.
σαλεύω [salevo] move, stir, shake || budge.
σάλι, το [salee] shawl.
σάλιαγκας, ο [saleeangas] snail.
σαλιάζω [saleeazo] salivate.
σαλιάρα, η [saleeara] baby's bib.
σαλιαρίζω [saleeareezo] chatter, prattle.
σαλιγκάρι [saleengaree] βλ **σάλιαγκας.**
σάλιο, το [saleeo] saliva, spittle.
σαλιώνω [saleeono] lick, moisten, dampen, wet.
σαλόνι, το [salonee] drawing room || (πλοίου) saloon.
σάλος, ο [salos] swell, surge || (πλοίου) rolling || (μεταφ) disturbance || tumult.
σαλπάρω [salparo] weigh anchor.
σάλπιγκα, η [salpeenga] trumpet, bugle || (ανατ) tube.
σαλπίζω [salpeezo] sound the trumpet.
σάλπισμα, το [salpeesma] trumpet call.
σαλτάρω [saltaro] jump, leap.
σαλτιμπάγκος, ο [salteembangos] fairground acrobat || (μεταφ) charlatan, buffoon.
σάλτος, ο [saltos] jump, leap, bound.
σάλτσα, η [saltsa] gravy, sauce.
σαμάρι, το [samaree] packsaddle.
σαμαρώνω [samarono] saddle, pack.
σαματάς, ο [samatas] (φασαρία) noise, din, roar || fight.
σάματι(ς) [samatee(s)] as though.
σαμπάνια, η [sampaneea] champagne.
σαμποτάζ, το [sampotaz] sabotage.
σαμποτάρω [sampotaro] sabotage.
σαμπρέλα, η [sambrela] inner tube.
σάμπως [sambos] as though || it appears that.
σαν [san] when, as soon as, if || like, as if || **~ σήμερα πέρσυ** about a year ago today || **~ τι;** like what? || **~ να** as though.
σανατόριο, το [sanatoreeo] sanatorium.
σανδάλι, το [sanðalee] sandal.
σανίδα, η [saneeða] board, beam, plank || (σιδερώματος) ironing board.
σανιδώνω [saneeðono] floor, plank, cover with board.
σανός, ο [sanos] hay, fodder.
σαντιγύ, το [santeeyee] chantilly.
σάντουιτς, το [santoueets] sandwich.
σαντούρι, το [santouree] kind of string instrument.
σαπίζω [sapeezo] rot, spoil, decompose, decay.
σαπίλα, η [sapeela] decay, putridity || (μεταφ) corruption, dishonesty.
σάπιος [sapeeos] decomposed, rotten || corrupt, depraved, wicked.
σαπουνάδα, η [sapounaða] soapsuds, lather.
σαπούνι, το [sapounee] soap || (ξυρίσματος) shaving soap.
σαπουνίζω [sapouneezo] soap || lather.

σαπουνόφουσκα, η [sapounofouska] soap bubble.
σαπωνοποιός, ο [saponopeeos] soap manufacturer.
σάρα, η [sara]: **η ~ και η μάρα** rabble.
σαράβαλο, το [saravalo] ruin, wreck || sickly person.
σαράκι, το [sarakee] woodworm || (μεταφ) remorse, prick of conscience.
σαρακοστή, η [sarakostee] Lent.
σαράντα [saranta] forty.
σαρανταποδαρούσα, η [sarantapoðarousa] centipede.
σαρανταριά, η [sarantaria] forty.
σαραντίζω [saranteezo] become forty || be forty days since.
σαράφης, ο [sarafees] moneychanger.
σαρδέλα, η [sarðela] anchovy || sardine.
σαρδόνιος [sarðoneeos] sardonic, sarcastic.
σαρίκι, το [sareekee] turban.
σάρκα, η [sarka] flesh.
σαρκασμός, ο [sarkasmos] derision, raillery, sarcasm.
σαρκαστικός [sarkasteekos] sarcastic, jeering, mocking.
σαρκικός [sarkeekos] carnal, fleshy, sensual.
σαρκοβόρος [sarkovoros], **σαρκοφάγος** [sarkofagos] carnivorous, flesh-eating || **η σαρκοφάγος** sarcophagus.
σαρκώδης [sarkoðees] fleshy || (φρούτο) pulpy.
σάρκωμα, το [sarkoma] sarcoma, fleshy growth.
σάρπα, η [sarpa] scarf.
σάρωμα, το [saroma] sweeping.
σαρώνω [sarono] (δωμάτιο) sweep || (δρόμο) scavenge || (μεταφ) rake.
σας [sas] you || your.
σασ(σ)ί, το [sasee] chassis.
σαστίζω [sasteezo] disconcert, embarrass, confuse || get disconcerted.
σατανάς, ο [satanas] Satan || (μεταφ) devilish person.
σατανικός [sataneekos] devilish, satanical, fiendish.
σατέν, το [saten] satin.
σατράπης, ο [satrapees] satrap || (μεταφ) tyrant.
σάτυρα, η [sateera] satire, skit, lampoon.
σατυρίζω [sateereezo] satirize, ridicule.
σατυρικός [sateereekos] satirical.
σάτυρος, ο [sateeros] satyr || (μεταφ) debauchee.
σαύρα, η [savra] lizard.
σαφήνεια, η [safeeneea] clearness, distinctness, lucidity.
σαφηνίζω [safeeneezo] clarify, elucidate, explain.
σαφής [safees] clear, obvious, plain.
σαφώς [safos] clearly, obviously.
σαχλαμάρα, η [sahlamara] nonsense, rubbish.
σαχλός [sahlos] flat, flabby || stupid.
σβάρνα, η [svarna] harrow.
σβέλτος [sveltos] nimble || slim, slender.
σβέρκος, ο [sverkos] nape of neck, scruff.
σβήνω [sveeno] extinguish, quench, put out || (γράμματα) erase || (διά τριβής) rub out || (με πένα κτλ) strike out || (φωτιά) die out || (χρώμα) fade || (ενθουσιασμός) subside, die down.
σβήσιμο, το [sveeseemo] extinction || erasure, rubbing out.
σβηστός [sveestos] put out, extinguished, switched off.
σβούρα, η [svoura] spinning top.
σβύνω [sveeno] βλ **σβήνω.**
σβώλος, ο [svolos] lump (of earth) || ball, clod.
σγουραίνω [sgoureno] curl || become curly.

σγουρός [sgouros] curly, fuzzy, curled || curly-haired.
σε [se] you || to, at, in.
σέβας, το [sevas], **σεβασμός, ο** [sevasmos] regard, reverence, deference.
σεβάσμιος [sevasmeeos] venerable, respectable, reverend.
σεβαστός [sevastos] respected || respectable, considerable.
σέβη, τα [sevee] πλ respects.
σεβντάς, ο [sevntas] love, yearning.
σέβομαι [sevome] respect, venerate, admire, esteem.
σειρά, η [seera] series, succession || row, line, rank || (στην τάξη) turn || sequence, order || **με τη ~** in turn, in order || **μπαίνω σε ~** settle down.
σειρήνα, η [seereena] siren, enchantress || hooter, buzzer, alarm.
σειρήτι, το [seereetee] stripe, ribbon, braid.
σεισμικός [seesmeekos] seismic.
σεισμογράφος, ο [seesmografos] seismograph.
σεισμόπληκτος [seesmopleektos] struck by earthquake.
σεισμός, ο [seesmos] earthquake.
σείω [seeo] move, shake, wave.
σέλα, η [sela] saddle.
σέλας, το [selas] brightness, brilliance, radiance || **βόρειο ~** northern lights, aurora borealis.
σελάχι, το [selahee] gun belt || (ψάρι) ray.
σελήνη, η [seleenee] moon.
σεληνιασμός, ο [seleeneeasmos] epilepsy.
σεληνόφως, το [seleenofos] moonlight.
σελίδα, η [seleeða] page (of book).
σελίνι, το [seleenee] shilling.
σέλινο, το [seleeno] celery.
σελώνω [selono] saddle.
σεμινάριο, το [semeenareeo] seminary.
σεμνός [semnos] decent, unassuming, modest || (ενδυμασία) simple, plain.
σεμνότητα, η [semnoteeta] dignity, modesty, decency.
σεμνότυφος [semnoteefos] prudish, demure, priggish.
σένα [sena] you.
σεντόνι, το [sentonee] sheet.
σεντούκι, το [sentoukee] linen closet || box, chest.
σέξ, το [seks] sex.
σεξουαλικότητα, η [seksoualeekoteeta] sexual instinct, sexuality.
Σεπτέμβρης, ο [septemvrees], **Σεπτέμβριος, ο** [septemvreeos] September.
σέρα, η [sera] greenhouse, glasshouse.
σερβίρισμα, το [serveereesma] waiting on, serving.
σερβίρω [serveero] wait at table, serve.
σερβιτόρα, η [serveetora] waitress.
σερβιτόρος, ο [serveetoros] waiter.
σερβίτσιο, το [serveetseeo] dinner service || place setting.
σεργιάνι, το [seryanee] walk, promenade.
σερμπέτι, το [sermbetee] sherbet, syrup.
σέρνομαι [sernome] creep, crawl, drag || drag o.s. along.
σέρνω [serno] draw, pull, drag || (βαρύ πράγμα) haul || (χορό) lead || **~ φωνή** scream, shriek, cry out.
σεσημασμένος [seseemasmenos] criminal.
σεφτές, ο [seftes] first sale (of a day).
σήκωμα, το [seekoma] raising, lifting || getting out of bed.

σηκωμός, ο [seekomos] rising, rebellion.
σηκώνομαι [seekonome] rise, stand up, get up || (επαναστατώ) rebel.
σηκώνω [seekono] raise, hoist, pick up, lift up || (μεταφέρω) carry || (αφυπνίζω) get up || (ανέχομαι) bear, tolerate || ~ **το τραπέζι** clear the table || ~ **στο πόδι** incite, rouse, disturb || ~ **κεφάλι** become arrogant, rebel.
σηκώτι, το [seekotee] liver.
σήμα, το [seema] signal, sign, mark, badge || ~ **κατατεθέν** trademark, registration mark.
σημαδεμένος [seemaðemenos] marked || maimed, scarred.
σημαδεύω [seemaðevo] mark || aim at, take aim at.
σημάδι, το [seemaðee] trace, scar, spot || (ένδειξη) sign, mark, indication.
σημαδούρα, η [seemaðoura] buoy.
σημαία, η [seemea] flag, ensign, colours, standard.
σημαίνω [seemeno] mean, be a sign of, signify || (καμπάνα κτλ) ring, strike, sound, signal || (έχων σημασία) matter, be of consequence.
σημαιοφόρος, ο [seemeoforos] standard bearer || (ναυτ) ensign, sub-lieutenant || (μεταφ) leader.
σήμανση, η [seemansee] marking, stamping || noting of details.
σημαντικός [seemanteekos] important, significant || (πρόσωπο) remarkable, considerable || momentous.
σήμαντρο, το [seemantro] stamp, seal || (εκκλ) special monastery bell.
σημασία, η [seemaseea] sense, meaning || importance, gravity, significance.
σημείο, το [seemeeo] sign, mark, proof, indication || (θέση, βαθμός) stage, point || (μαθημ) symbol, sign || ~ **του ορίζοντος** point of the compass.
σημείωμα, το [seemeeoma] written note, memorandum, record.
σημειωματάριο, το [seemeeomatareeo] notebook, agenda, diary.
σημείωση, η [seemeeosee] written note || remark, comment.
σημειωτέος [seemeeoteos] to be noted || noticeable, noteworthy.
σήμερα [seemera] today || ~ **το απόγευμα** this evening, this afternoon.
σήπομαι [seepome] rot, decay, decompose.
σηπτικός [seepteekos] septic.
σήραγγα, η [seeranga] tunnel.
σηψαιμία, η [seepsemeea] septicaemia, blood poisoning.
σήψη, η [seepsee] decay, putrefaction || (ιατρ) sepsis.
σθεναρός [sthenaros] sturdy, strong, vigorous, powerful, robust.
σθένος, το [sthenos] vigour, strength, energy || courage, pluck.
σιαγώνα, η [seeagona] jaw || (ανατ) jawbone.
σιάζω [seeazo] arrange, set in order, straighten, tidy || (επισκευάζω) repair, mend, patch.
σίαλος, ο [seealos] saliva, spittle.
σιάξιμο, το [seeakseemo] tidying.
σιγά [seega] softly, lightly, gently, slowly || ~ ~ carefully, by degrees.
σιγαλός [seegalos] silent, quiet, gentle, still || (επίρ) slowly.
σιγανός [seeganos] βλ **σιγαλός**.
σιγαρέτο, το [seegareto] cigarette.
σιγή, η [seeyee] silence, hush.
σίγμα, το [seegma] the letter Σ.
σιγοβράζω [seegovrazo] simmer.
σίγουρα [seegoura] for certain, for sure.
σίγουρος [seegouros] certain, assured, sure || (φάρμακο) infallible.

σιγώ [seego] keep quiet, remain silent || die down.
σίδερα, τα [seeðera] πλ ironwork || (γραμμές) railway lines || (φυλακή) irons, fetters.
σιδεράς, ο [seeðeras] blacksmith, ironmonger.
σιδερένιος [seeðereneeos] of iron.
σιδερικά, τα [seeðereeka] πλ scrap iron || ironware.
σίδερο, το [seeðero] iron || (σιδερώματος) flatiron || (μαλλιών) curling tongs.
σιδέρωμα, το [seeðeroma] ironing, pressing.
σιδερώνω [seeðerono] iron.
σιδηροδρομικός [seeðeeroðromeekos] of railways.
σιδηροδρομικώς [seeðeeroðromeekos] by rail, by train.
σιδηρόδρομος, ο [seeðeeroðromos] railway, railroad.
σιδηροπυρίτης, ο [seeðeeropeereetees] pyrites.
σίδηρος, ο [seeðeeros] iron.
σιδηροτροχιά, η [seeðeerotrohia] railway track.
σιδηρουργείο, το [seeðeerouryeeo] forge, smithy.
σιδηρουργός, ο [seeðeerourgos] blacksmith.
σιδηρωρυχείο, το [seeðeeroreeheeo] iron mine.
σίελος, ο [sielos] βλ **σίαλος**.
σικ [seek] chic, stylishness || (επίθ) smart, stylish.
σίκαλη, η [seekalee] rye.
σιλό, το [seelo] silo.
σιλουέτα, η [seeloueta] silhouette, figure.
σιμά [seema] near, close by.
σιμιγδάλι, το [seemeegðalee] semolina.
σιμώνω [seemono] approach, draw near.
σινάπι, το [seenapee] mustard, mustard seed.
σινιάλο, το [seeneealo] βλ **σήμα**.
σινικός [seeneekos]: **σινική μελάνη** India ink.
σιντριβάνι, το [seentreevanee] fountain.
σιρόκος, ο [seerokos] south-east wind.
σιρόπι, το [seeropee] syrup.
σιταρένιος [seetareneeos] wheaten, of wheat.
σιτάρι, το [seetaree] wheat, grain.
σιτεύω [seetevo] fatten || (το κρέας) hang, make tender.
σιτηρά, τα [seeteera] πλ cereals.
σιτίζω [seeteezo] feed, nurture, nourish.
σιτοβολώνας, ο [seetovolonas] granary, barn.
σίτος, ο [seetos] βλ **σιτάρι**.
σιφόνι, το [seefonee] siphon.
σιφονιέρα, η [seefoniera] chest of drawers.
σίφουνας, ο [seefounas] waterspout, whirlwind.
σιχαίνομαι [seehenome] loathe, detest, feel disgust for.
σιχαμένος [seehamenos] loathsome, sickening.
σιχαμερός [seehameros] disgusting, repulsive.
σιωπή η [seeopee] silence.
σιωπηλός [seeopeelos] silent, quiet, noiseless.
σιωπηρός [seeopeeros] tacit.
σιωπώ [seeopo] remain silent || hold one's tongue.
σκάβω [skavo] βλ **σκάπτω**.
σκάγι, το [skayee] small shot, pellet.
σκάζω [skazo] burst, open, split, crack || (ξύλο κτλ) split, splinter || (οβίδα) burst, explode || be exasperated, be infuriated (by) || **το ~** make off || **σκάσε!** shut up!

σκαθάρι, το [skatharee] scarab(ee).
σκάκι, το [skakee] chess.
σκάλα, η [skala] stairs, staircase, flight, ladder || (υπηρεσίας) backstairs || (αποβάθρα) wharf, landing stage || (λιμάνι) port || (μουσ) scale || (μαλλιών) wave.
σκαλί, το [skalee] step, flight, rung || grade.
σκαλίζω [skaleezo] hoe, weed, dig || (μέταλλο) chisel || (πέτρα κτλ) sculpture || (ξύλο) carve || (φωτιά) stir, poke || (βιβλιοθήκη κτλ) rummage, seek, search.
σκάλισμα, το [skaleesma] weeding, hoeing || searching || carving, sculpting.
σκαλιστήρι, το [skaleesteeree] hoe, weeding fork.
σκαλιστής, ο [skaleestees] carver, engraver, chiseller.
σκαλιστός, [skaleestos] engraved, carved, chiselled, sculptured.
σκαλοπάτι, το [skalopatee] step, rung.
σκάλωμα, το [skaloma] scaling || (μεταφ) hitch, impediment.
σκαλώνω [skalono] climb, mount || (μεταφ) get held up, meet with an obstacle.
σκαλωσιά, η [skalosia] scaffolding.
σκαμνί, το [skamnee] stool || chair.
σκαμπίλι, το [skambeelee] slap, smack.
σκαμπιλίζω [skambeeleezo] slap.
σκανδάλη, η [skanðalee] trigger.
σκανδαλιάρης, ο [skanðaliarees] unruly *or* muddled *or* mischievous person.
σκανδαλίζομαι [skanðaleezome] be tempted || be shocked.
σκανδαλίζω [skanðaleezo] intrigue, allure || scandalize, shock, offend.
σκάνδαλο, το [skanðalo] scandal || intrigue.
σκανδαλώδης [skanðaloðees] scandalous, disgraceful.
σκαντζόχοιρος, ο [skandzoheeros] hedgehog.
σκαπάνη, η [skapanee] mattock, pickaxe, pick.
σκαπουλάρω [skapoularo] escape from, elude.
σκάπτω [skapto] dig up, scoop out || (τάφρο) excavate || (χαράσσω) engrave, carve, chisel.
σκάρα [skara] βλ **εσχάρα**.
σκαρί, το [skaree] slipway || (μεταφ) character, make-up, idiosyncrasy.
σκαρλατίνα, η [skarlateena] scarlet fever.
σκαρπίνι, το [skarpeenee] lace-up shoe.
σκάρτος [skartos] defective, useless, unserviceable.
σκαρφάλωμα, το [skarfaloma] climbing up, scrambling up.
σκαρφαλώνω [skarfalono] climb, clamber up, scramble up.
σκάρωμα, το [skaroma] (μεταφ) fabrication, invention.
σκαρώνω [skarono] (μεταφ) fabricate, invent.
σκασίλα, η [skaseela] chagrin, spite, vexation, distress || **σκασίλα μου!** I couldn't care less!
σκάσιμο, το [skaseemo] fissure, cracking || (δέρματος) chap || (διαφυγή) desertion, escape || (μαθήματος) playing truant.
σκασμός, ο [skasmos] suffocation || resentment || ~! shut up!, hold your tongue!
σκαστός [skastos] noisy || loud || (στρατ) AWOL || (μαθητής) playing truant.
σκατά, τα [skata] πλ shit (*col*).
σκάφανδρο, το [skafanðro] diving suit.
σκάφη, η [skafee] trough, tub.
σκαφή, η [skafee] digging.

σκάφος, το [skafos] hull || ship, vessel, boat.
σκάψιμο, το [skapseemo] digging, ploughing || carving.
σκάω [skao] βλ **σκάζω.**
σκεβρός [skevros] crooked, warped, deformed.
σκεβρώνω [skevrono] warp, twist || get warped.
σκέλεθρο, το [skelethro], **σκελετός, ο** [skeletos] skeleton || framework, shape || (αυτοκινήτου) chassis.
σκελετώδης [skeletoδees] bony, emaciated.
σκελίδα, η [skeleeδa] clove of garlic.
σκέλος, το [skelos] leg || side.
σκεπάζω [skepazo] cover || protect || hide.
σκεπάρνι, το [skeparnee] adze.
σκέπασμα, το [skepasma] roofing, covering || blanket || lid.
σκεπαστά [skepasta] secretly, on the quiet.
σκεπαστός [skepastos] covered in, veiled, roofed || (μεταφ) secret.
σκέπη, η [skepee] shelter, cover || (μεταφ) protection.
σκεπή, η [skepee] roof.
σκεπτικιστής, ο [skepteekeestees] sceptic, doubtful person.
σκεπτικός [skepteekos] sceptical || pensive, engrossed.
σκέπτομαι [skeptome] think, reflect || contemplate (doing).
σκέρτσα, τα [skertsa] πλ flirtatious ways.
σκέρτσο, το [skertso] charm || jesting, playfulness.
σκέτος [sketos] plain, simple || (καφές) without sugar.
σκεύος, το [skevos] utensil, implement || (εκκλ) vessel.
σκευοφόρος, ο [skevoforos] luggage van, baggage cart.
σκευωρία, η [skevoreea] scheme, machination, intrigue.
σκέψη, η [skepsee] thought, consideration || concern.
σκηνή, η [skeenee] scene, trouble, quarrel || (θεάτρου) action, stage || (τέντα) tent.
σκηνικά, τα [skeeneeka] πλ (stage) scenery.
σκηνικός [skeeneekos] of the stage, theatrical.
σκηνογραφία, η [skeenografeea] stage designing.
σκηνοθεσία, η [skeenotheseea] stage production || (μεταφ) fabrication.
σκηνοθέτης, ο [skeenothetees] stage manager.
σκήπτρο, το [skeeptro] sceptre || (μεταφ) superiority, prevalence.
σκήτη, η [skeetee] small monastery, cloister.
σκιά, η [skia] shade, shadow || phantom.
σκιαγραφώ [skeeagrafo] sketch, line.
σκιάδι, το [skeeaδee] straw hat || sunshade.
σκιάζομαι [skeeazome] be scared, take fright (at).
σκιάζω [skeeazo] shade || conceal the sun || veil, hide || (φοβίζω) frighten || (μεταφ) overshadow.
σκιάχτρο, το [skeeahtro] scarecrow || bogey.
σκιερός [skieros] shady, shadowy.
σκίζομαι [skeezome] struggle.
σκίζω [skeezo] split, cleave, tear, rip || ~ **τα ρούχα μου** I swear I'm innocent.
σκίουρος, ο [skeeouros] squirrel.
σκιρτώ [skeerto] bound, leap, bounce, hop.
σκίσιμο, το [skeeseemo] tear, rent, laceration || crack.
σκίτσο, το [skeetso] sketch, cartoon.

σκιώδης [skeeoδees] βλ **σκιερός**.
σκλαβιά, η [sklavia] servitude, slavery || (μεταφ) obligation, drudgery.
σκλάβος, ο [sklavos] slave || captive.
σκλαβώνω [sklavono] subjugate, enslave || (μεταφ) put under obligation.
σκληραγωγώ [skleeragogo] accustom to hardship, season, toughen.
σκληραίνω [skleereno] harden, make hard || become callous.
σκληρός [skleeros] hard, tough || cruel, heartless.
σκληροτράχηλος [skleerotraheelos] opinionated, headstrong, obstinate.
σκληρύνω [skleereeno] βλ **σκληραίνω**.
σκνίπα, η [skneepa] gnat, midge || (μεταφ) drunk as a lord.
σκοινί, το [skeenee] βλ **σχοινί**.
σκόλη, η [skolee] holiday, feast day.
σκολίωση, η [skoleeosee] scoliosis.
σκολνώ [skolno] repose || get off (work), leave.
σκόνη, η [skonee] dust, powder || (για δόντια) tooth powder.
σκονίζω [skoneezo] coat with dust.
σκοντάφτω [skontafto] knock against, stumble || come up against an obstacle.
σκόντο, το [skonto] discount, deduction.
σκόπελος, ο [skopelos] reef, rock, shoal || (μεταφ) stumbling block, danger.
σκοπευτήριο, το [skopevteereeo] shooting gallery, shooting range.
σκοπεύω [skopevo] take aim at || (με όπλο) take aim || (έχω σκοπό) intend, propose, plan.
σκοπιά, η [skopia] lookout || sentry box || (σιδηροδρομική) signal box.
σκόπιμος [skopeemos] opportune, convenient, expedient || intentional, deliberate.
σκοπίμως [skopeemos] intentionally, deliberately.
σκοποβολή, η [skopovolee] target practice, shooting.
σκοπός, ο [skopos] purpose, intent, intention || aim, goal || (φρουρός) sentinel || (στόχος) mark, target || (ήχος) tune, air.
σκορβούτο, το [skorvouto] scurvy.
σκορδαλιά, η [skorðalia] garlic sauce.
σκόρδο, το [skorðo] garlic.
σκόρος, ο [skoros] moth.
σκοροφαγωμένος [skorofagomenos] moth-eaten.
σκορπίζω [skorpeezo] scatter, disperse || (περιουσία) dissipate, waste || (φως) shed, spread || disintegrate, melt away.
σκόρπιος [skorpeeos] dispersed.
σκορπιός, ο [skorpios] scorpion.
σκορπώ [skorpo] βλ **σκορπίζω**.
σκοτάδι, το [skotaδee] darkness, obscurity || gloom.
σκοτεινιάζω [skoteeneeazo] darken, become overcast || cloud over.
σκοτεινός [skoteenos] dark, dismal, gloomy || (ουρανός) overcast || (νύχτα) murky || (χαρακτήρας) sombre, melancholy || (προθέσεις) underhand, sinister || (λόγια) obscure, abstruse.
σκοτίζομαι [skoteezome] worry, trouble o.s. || care for.
σκοτίζω [skoteezo] darken, obscure || worry, annoy, vex.
σκοτοδίνη, η [skotoδeenee] dizziness, vertigo.
σκότος, το [skotos] darkness, obscurity, gloom.
σκοτούρα, η [skotoura] (μεταφ) care, nuisance || dizziness.
σκοτωμός, ο [skotomos] massacre, killing || (μεταφ) hustle, jostle.

σκοτώνομαι [skotonome] hurt o.s. seriously || (μεταφ) work o.s. to death.

σκοτώνω [skotono] kill || while away (the time), kill time.

σκούζω [skouzo] howl, yell, scream.

σκουλαρίκι, το [skoulareekee] earring.

σκουλήκι, το [skouleekee] worm || maggot, mite.

σκουντουφλώ [skountouflo] stumble, bump against.

σκουντώ [skounto] push, jostle, shove.

σκούπα, η [skoupa] broom.

σκουπιδαριό, το [skoupeeðario] rubbish dump.

σκουπίδι, το [skoupeeðee] rubbish, garbage, refuse.

σκουπιδιάρης, ο [skoupeeðeearees] dustman, garbage collector.

σκουπίζω [skoupeezo] sweep, wipe, mop, dust, clean.

σκούρα [skoura]: **τα βρήκα ~** I found things difficult.

σκουριά, η [skouria] rust || **~ζω** rust, corrode.

σκούρος [skouros] dark-coloured, brown.

σκούφια, η [skoufeea] cap, baby's bonnet.

σκούφος, ο [skoufos] cap, beret, bonnet.

σκύβαλα, τα [skeevala] πλ (μεταφ) grain siftings || refuse.

σκύβω [skeevo] bend, lean, bow, incline.

σκυθρωπός [skeethropos] sullen, sulky, surly || (ύφος) morose.

σκύλα, η [skeela] bitch || (μεταφ) cruel woman.

σκυλί, το [skeelee] dog || **έγινε ~** he got furious.

σκυλιάζω [skeeleeazo] infuriate || become enraged.

σκυλοβρίζω [skeelovreezo] berate rudely.

σκυλολόι, το [skeeloloee] rabble, mob, riffraff.

σκύλος, ο [skeelos] βλ **σκυλί.**

σκυλόψαρο, το [skeelopsaro] dogfish || shark.

σκυταλοδρομία, η [skeetaloðromeea] relay race.

σκυφτός [skeeftos] bending, stooping.

σκωληκοειδίτιδα, η [skoleekoeeðeeteeða] appendicitis.

σμάλτο, το [smalto] enamel.

σμαράγδι, το [smaragðee] emerald.

σμέουρο, το [smeouro] raspberry.

σμηναγός, ο [smeenagos] (αερο) flight lieutenant.

σμήναρχος, ο [smeenarhos] group captain || colonel (*US*).

σμηνίας, ο [smeeneeas] sergeant.

σμηνίτης, ο [smeeneetees] airman.

σμήνος, το [smeenos] swarm || (αερο) flight, squadron || crowd.

σμίγω [smeego] mingle, mix || meet, come face to face with || join.

σμίκρυνση, η [smeekreensee] reduction, diminution, decrease.

σμίλη, η [smeelee] chisel.

σμίξιμο, το [smeekseemo] mixing, meeting, mating, joining.

σμόκιν, το [smokeen] dinner jacket.

σμπαράλια, τα [smbaraleea] πλ tiny pieces.

σμπάρο, το [smbaro] shot.

σμύρη, η [smeeree] emery.

σνομπαρία, η [snombareea] snobbishness.

σοβαρεύομαι [sovarevome] look serious, speak seriously.

σοβαρό [sovaro]: **~ ποσό** a substantial sum.

σοβαρός [sovaros] serious, grave, solemn.

σοβάς, ο [sovas] wall plaster.

σοβατίζω [sovateezo] plaster.
σόδα, η [soδa] soda water || bicarbonate of soda.
σοδειά, η [soδia] βλ **εσοδεία.**
σόι [soee] lineage, breed || sort, kind || **από** ~ from a good family.
σοκάκι, το [sokakee] narrow street, lane, alley.
σοκάρω [sokaro] shock, upset.
σόκιν [sokeen] shocking, suggestive.
σοκολάτα, η [sokolata] chocolate.
σόλα, η [sola] sole (of shoe).
σόλοικος [soleekos] incorrect, ungrammatical || (μεταφ) improper.
σολομός, ο [solomos] salmon.
σόμπα, η [somba] heater, heating stove.
σορός, ο [soros] bier, coffin || the dead (person).
σοσιαλιστής, ο [soseealeestees] socialist.
σου [sou] your.
σούβλα, η [souvla] skewer.
σουβλάκια, τα [souvlakeea] πλ meat on a skewer.
σουβλερός [souvleros] sharp, pointed.
σουβλί, το [souvlee] awl || spit.
σουβλιά, η [souvlia] injury from a pointed object || (πόνος) acute pain.
σουβλίζω [souvleezo] run through, pierce || (ψήνω) skewer || (πονώ) cause pain.
σουγιάς, ο [souyas] penknife.
σούζα [souza]: **στέκομαι** ~ obey blindly || (μεταφ) fawn.
Σουηδία, η [soueeδeea] Sweden.
σουηδικός [soueeδeekos] Swedish.
Σουηδός, ο [soueeδos] Swede.
σουλατσάρω [soulatsaro] wander about, loaf.
σουλούπι, το [souloupee] outline, cut, contour.
σουλτανίνα, η [soultaneena] sort of seedless grape, sultana.
σουλτάνος, ο [soultanos] sultan.
σουμιές, ο [soumies] spring mattress.
σούπα, η [soupa] soup.
σουπιά, η [soupia] cuttlefish || (μεταφ) sneaky person.
σούρα, η [soura] fold, wrinkle, crease, pleat.
σουραύλι, το [souravlee] pipe, reed, flute.
σούρουπο, το [souroupo] dusk, nightfall.
σουρτούκης, ο [sourtoukees] gadabout.
σουρωμένος [souromenos] intoxicated.
σουρώνω [sourono] strain, filter || fold, pleat, crease || (αδυνατίζω) lose weight, grow thin || get drunk.
σουρωτήρι, το [souroteeree] strainer.
σουσάμι, το [sousamee] sesame.
σούσουρο, το [sousouro] noise, din || rustle || (μεταφ) scandal.
σούστα, η [sousta] spring (of seat) || (όχημα) cart || clasp, clip.
σουτ [sout] (επιφ) hush!, shut up!
σουτζουκάκια, τα [soutzoukakeea] πλ meatballs.
σουτιέν, το [soutien] bra(ssiere).
σούφρα, η [soufra] pleat, crease, fold || (μεταφ) theft.
σουφρώνω [soufrono] fold, pleat, crease || (μεταφ) pinch, steal.
σοφία, η [sofeea] wisdom, learning || erudition.
σοφίζομαι [sofeezome] devise.
σοφίτα, η [sofeeta] attic, garret.
σοφός [sofos] wise || learned, lettered.
σπαγγοραμένος [spangoramenos] mean, tight-fisted.
σπάγγος, ο [spangos] twine, string || (μεταφ) mean person.
σπάζω [spazo] break, shatter, smash || ~ **το κεφάλι μου** think hard || ~ **στο ξύλο** beat.

σπαθί, το [spathee] sabre, sword || (στα χαρτιά) spade.
σπαθιά, η [spathia] sword stroke.
σπανάκι, το [spanakee] spinach.
σπάνη, η [spanee] rarity, shortage.
σπανίζω [spaneezo] become rare, be exceptional, be scarce.
σπάνιος [spaneeos] few and far between, uncommon.
σπανιότητα, η [spaneeoteeta] rarity, rareness, scarcity.
σπανίως [spaneeos] rarely.
σπανός [spanos] smooth-faced, beardless || raw, very young.
σπαράγγι, το [sparangee] asparagus.
σπαραγμός, ο [sparagmos] tearing || heartbreak, anguish.
σπαρακτικός [sparakteekos] heartbreaking, agonizing || (θέαμα) harrowing.
σπάραχνα, τα [sparahna] πλ gills.
σπάργανα, τα [spargana] πλ swaddling clothes.
σπαρμένος [sparmenos] spread || strewn, sown.
σπαρτά, τα [sparta] πλ crops.
σπαρταριστός [spartareestos] (ψάρι) fresh || (κορίτσι) beautiful || vivid, very descriptive.
σπαρταρώ [spartaro] throb, palpitate, jump.
σπαρτός [spartos] βλ **σπαρμένος**.
σπάσιμο, το [spaseemo] break, fracture.
σπασμός, ο [spasmos] convulsion, twitching.
σπασμωδικός [spasmoðeekos] spasmodic || hasty.
σπατάλη, η [spatalee] lavishness, extravagance, waste.
σπάταλος [spatalos] wasteful, extravagant.
σπαταλώ [spatalo] waste, lavish, squander.
σπάτουλα, η [spatoula] spatula.
σπείρα, η [speera] coil, spiral || (ομάδα) band, gang, clique.
σπείρω [speero] sow || propagate.
σπεκουλάρω [spekoularo] speculate.
σπέρμα, το [sperma] seed, germ || semen, sperm || (μεταφ) offspring || cause, motive.
σπερμολογία, η [spermologeea] spreading of rumours.
σπέρνω [sperno] βλ **σπείρω**.
σπεύδω [spevðo] hurry, make haste.
σπήλαιο, το [speeleo], **σπηλιά, η** [speelia] cave, cavern, lair.
σπίθα, η [speetha] spark, flash.
σπιθαμή, η [speethamee] span.
σπιθοβολώ [speethovolo] sparkle, spark || gleam, glitter.
σπιθούρι, το [speethouree] pimple.
σπινθήρας, ο [speentheeras] (αυτοκινήτου) ignition spark.
σπιούνος, ο [speeounos] spy || stool pigeon.
σπιρούνι, το [speerounee] spur.
σπιρτάδα, η [speertaða] pungency || (μεταφ) wit, intelligence.
σπίρτο, το [speerto] match || alcohol.
σπιρτόζος [speertozos] witty, clever, ingenious.
σπιτήσιος [speeteeseeos] homemade, domestic.
σπίτι, το [speetee], **σπιτικό, το** [speeteeko] house, home || (μεταφ) family || **από ~** wellborn.
σπιτικός [speeteekos] βλ **σπιτήσιος**.
σπιτονοικοκύρης, ο [speetoneekokeerees] householder, landlord.
σπιτώνω [speetono] lodge, house || (μεταφ) keep (*a woman*).
σπλάχνα, τα [splahna] πλ entrails, innards || (μεταφ) feelings || offspring.
σπλαχνικός [splahneekos] merciful, sympathetic.

σπλάχνο, το [splahno] offspring, child.
σπλήνα, η [spleena] spleen.
σπογγαλιεία, η [spongalieea] sponge fishing.
σπογγίζω [spongeezo] sponge up || mop up, wipe away.
σπόγγος, ο [spongos] sponge.
σπογγώδης [spongoðees] spongy.
σπονδή, η [sponðee] libation.
σπονδυλική [sponðeeleekee]: ~ **στήλη** spine, backbone.
σπονδυλικός [sponðeeleekos] vertebral.
σπόνδυλος, ο [sponðeelos] vertebra || (κίονος) drum.
σπονδυλωτός [sponðeelotos] vertebrate.
σπόρ, το [spor] sport, games, pastime.
σπορά, η [spora] sowing || seed time || (μεταφ) generation.
σποραδικός [sporaðeekos] dispersed, scanty.
σπορέλαιο, το [sporeleo] seed oil.
σπόρια, τα [sporeea] πλ seeds.
σπόρος, ο [sporos] seed, germ || semen.
σπουδάζω [spouðazo] study, attend school.
σπουδαίος [spouðeos] serious, important || exceptional.
σπουδασμένος [spouðasmenos] learned, educated.
σπουδαστής, ο [spouðastees] student.
σπουδή, η [spouðee] haste, keenness || (μελέτη) study.
σπουργίτης, ο [spouryeetees] sparrow.
σπρωξιά, η [sproksia] push, hustle, jostle, shoving.
σπρώξιμο, το [sprokseemo] pushing || encouraging.
σπρώχνω [sprohno] push, thrust, shove || encourage, incite.
σπυρί, το [speeree] grain || (εξάνθημα) pimple || boil.
σπυρωτός [speerotos] granular, granulated.
στάβλος, ο [stavlos] stable || cowshed.
σταγόνα, η [stagona] drop, dash.
σταγονόμετρο, το [stagonometro] dropper || **με το** ~ in small doses, little by little.
σταδιοδρομία, η [staðeeoðromeea] career, course.
στάδιο, το [staðeeo] stadium, athletic ground || (μεταφ) career, vocation.
στάζω [stazo] trickle, dribble, drip, leak.
σταθεροποίηση, η [statheropieesee] stabilization, steadying down.
σταθερός [statheros] stable, firm, steadfast, secure.
σταθμά, τα [stathma] πλ weights.
σταθμάρχης, ο [stathmarhees] station master.
στάθμευση, η [stathmevsee] stopping, waiting, parking || stationing.
σταθμεύω [stathmevo] stop, wait, stand, camp, park.
στάθμη, η [stathmee] level, plumbline || (νερού) water level.
σταθμίζω [stathmeezo] weigh, level || (μεταφ) appreciate, calculate.
σταθμός, ο [stathmos] station, halting place || (αυτοκινήτου) garage || parking lot (*US*) || (ταξί) taxi rank || stop, stay, wait || (στην ιστορία) landmark, stage.
στάκτη, η [staktee] ash, ashes, cinders.
σταλα(γ)ματιά, η [stala(g)matia] drop, dash.
σταλάζω [stalazo] drip, dribble, trickle.
σταλακτίτης, ο [stalakteetees] stalactite.

σταμάτημα, το [stamateema] stop, halting, checking || pause || block.
σταματώ [stamato] stop (working), check.
στάμνα, η [stamna] pitcher, jug.
στάμπα, η [stampa] stamp, seal || impression.
στάνη, η [stanee] sheepfold, pen.
στανιό, το [stanio]: **με το ~** against one's will, involuntarily.
στάξιμο, το [stakseemo] dripping, trickling.
στάση, η [stasee] halt, stop, bus stop, station || (εργασίας) suspension, stoppage || (τρόπος) posture, position || (ιατρ) retention || (εξέγερση) revolt, rebellion || (μεταφ) behaviour, attitude.
στασιάζω [staseeazo] mutiny, rebel.
στασίδι, το [staseeðee] pew, stall.
στάσιμος [staseemos] motionless, stationary || (νερό) stagnant.
στατήρας, ο [stateeras] hundredweight.
στατική, η [stateekee] statics.
στατικός [stateekos] static(al).
στατιστική, η [stateesteekee] statistics.
σταυλάρχης, ο [stavlarhees] stable master.
σταύλος, ο [stavlos] stable || cowshed || (χοίρων) pig sty.
σταυροδρόμι, το [stavroðromee] crossroads || crossing.
σταυροειδής [stavroeeðees] cruciform, crosslike.
σταυροκοπιέμαι [stavrokopieme] cross o.s. over and over again.
σταυρόλεξο, το [stavrolekso] crossword puzzle.
σταυροπόδι [stavropoðee] cross-legged.
σταυρός, ο [stavros] cross, crucifix || stake, pale.
σταυροφορία, η [stavroforeea] crusade.
σταυρώνω [stavrono] crucify || (τα χέρια) cross || (διασταυρούμαι) cross, meet and pass, cut across.
σταυρωτός [stavrotos] crossways, crosswise || (σακάκι) double-breasted.
σταφίδα, η [stafeeða] raisin || (σμυρναίική) sultana || **κορινθιακή ~** currant || **γίνομαι ~** get intoxicated.
σταφυλή, η [stafeelee] grapes || (ανατ) uvula.
σταφύλι, το [stafeelee] grape.
σταφυλόκοκκος, ο [stafeelokokos] staphylococcus.
στάχι, το [stahee] ear of corn, ear of wheat.
στάχτη, η [stahtee] βλ **στάκτη.**
σταχτής [stahtees] ashen, pale.
σταχτόνερο, το [stahtonero] lye.
στεγάζω [stegazo] roof || cover, house, shelter.
στεγανός [steyanos] airtight, hermetical, waterproof.
στέγαση, η [stegasee] housing, sheltering.
στέγασμα, το [steyasma] roof || cover, shelter.
στέγη, η [steyee] roof || (μεταφ) house, dwelling.
στεγνός [stegnos] dry || (μεταφ) skinny, spare.
στεγνώνω [stegnono] dry, become dry.
στείρος [steeros] barren, unproductive || (προσπάθεια) vain.
στέκα, η [steka] billiard cue || (μεταφ) woman as thin as a rake.
στέκει [stekee]: **~ καλά** he is well-off || he is fit and well.
στέκομαι [stekome] stand up || come to a standstill, stop || (μεταφ) prove to be || happen.
στέκω [steko] stand, stand still, come to a stop.
στελέχη, τα [stelehee] πλ cadres, management staff.
στέλεχος, το [stelehos] stalk, stem

|| shank, rod || (τσεκ) counterfoil || (χερούλι) handle.

στέλλω [stelo], **στέλνω** [stelno] send, direct, dispatch, forward.

στέμμα, το [stema] crown, diadem.

στεναγμός, ο [stenagmos] sigh, sighing || moan, groan.

στενάζω [stenazo] sigh, heave a sigh || (μεταφ) moan.

στενεύω [stenevo] narrow down, take in, tighten || shrink, get narrow.

στενογραφία, η [stenografeea] shorthand, stenography.

στενοκέφαλος [stenokefalos] narrow-minded, strait-laced.

στενόμακρος [stenomakros] long and narrow, oblong.

στενό, το [steno] strait || (οροσειράς) pass, gorge.

στενός [stenos] narrow || tight-fitting || (μεταφ) close, intimate || (φίλος) dear.

στενότητα, η [stenoteeta] tightness, closeness || narrowness || ~ **χρήματος** lack of money.

στενοχωρημένος [stenohoreemenos] upset, sad || hard-up || ill at ease.

στενοχώρια, η [stenohoreea] lack of room || (δυσκολία) difficulty, inconvenience, discomfort.

στενόχωρος [stenohoros] narrow, limited, tight || troublesome.

στενοχωρώ [stenohoro] worry, embarrass, annoy.

στενωπός, η [stenopos] narrow street, back street || defile, pass.

στερεά, η [sterea] mainland || ~ **Ελλάδα** central Greece.

στερεοποιώ [stereopeeo] solidify.

στερεός [stereos] firm, compact, well-built || solid, substantial || (χρώμα) fast.

στερεότυπος [stereoteepos] stereotyped, invariable.

στερεύω [sterevo] dry up || stop, cease.

στερέωμα, το [stereoma] consolidation || support, fastening || (ουρανός) firmament.

στερεώνω [stereono] consolidate || make secure || ~ **σε μια δουλειά** settle down to one job.

στερήσεις, οι [stereesees] πλ privation, want, loss.

στέρηση, η [stereesee] deprivation || shortage, absence.

στεριά, η [steria] terra firma.

στερλίνα, η [sterleena] pound sterling.

στέρνα, η [sterna] cistern, tank.

στέρνο, το [sterno] breastbone, chest.

στερνός [sternos] later, last.

στερούμαι [steroume] go without, lack || (φτώχεια) be needy.

στερώ [stero] deprive of, take away.

στέφανα, τα [stefana] πλ marriage wreaths.

στεφάνη, η [stefanee] crown || (αγγείου) brim || (βαρελιού) hoop || (άνθους) corolla || ring, band || (τροχού) tyre.

στεφάνι, το [stefanee] garland, wreath || (βαρελιού) hoop, band.

στεφανώνομαι [stefanonome] marry, get married.

στεφανώνω [stefanono] crown || be the best man at a wedding.

στέψη, η [stepsee] coronation || wedding ceremony.

στηθόδεσμος, ο [steethoðesmos] βλ **σουτιέν**.

στήθος, το [steethos] chest, breast || (γυναικός) bosom.

στηθοσκοπώ [steethoskopo] examine with a stethoscope.

στήλη, η [steelee] staff, pillar, column || (μπαταρία) electric battery || (εφημερίδας) column.

στηλώνω [steelono] prop up, support || bolster up.

στημόνι, το [steemonee] warp.
στήνω [steeno] raise, hold up, erect, put up || ~ **παγίδα** lay a trap.
στήριγμα, το [steereegma] prop, support, stay.
στηρίζομαι [steereezome] lean on, rely on || be based on.
στηρίζω [steereezo] support || prop || base on, reckon on.
στητός [steetos] standing, upright.
στιβαρός [steevaros] strong, robust, steady, firm.
στιβάδα, η [steevaδa] pile, heap, mass.
στίβος, ο [steevos] track, ring, racetrack.
στίγμα, το [steegma] spot, brand, stain, stigma || disgrace || position, fix.
στιγμή, η [steegmee] instant, moment || (τυπογραφικό) dot, point || **τελεία** ~ full stop || **άνω** ~ colon.
στιγμιαίος [steegmieos] instantaneous || momentary, temporary.
στιγμιότυπο, το [steegmeeoteepo] snapshot, snap.
στίλβω [steelvo] shine, glitter, sparkle.
στιλβώνω [steelvono] polish, varnish, burnish.
στιλβωτήριο, το [steelvoteereeo] shoe shine parlour.
στιλέτο, το [steeleto] stiletto, dagger.
στιλπνός [steelpnos] brilliant, polished, bright.
στίξη, η [steeksee] punctuation || dot, spot, speckle.
στιφάδο, το [steefaδo] meat stew with onions.
στίφος, το [steefos] crowd, horde, throng || rabble, gang.
στιχομυθία, η [steehomeetheea] vivid dialogue.
στίχος, ο [steehos] line, row, file || verse.
στιχουργός, ο [steehourgos] rhymester, versifier.
στοά, η [stoa] colonnade, portico, arcade || passage || (ορυχείου) gallery || (μασωνική) (masonic) lodge.
στοίβα, η [steeva] pile, stack, mass.
στοιβάζω [steevazo] stack, pile up || crowd, squeeze.
στοιχεία, τα [steeheea] πλ elements, rudiments || (τυπογραφείου) printing types.
στοιχειό, το [steehio] ghost, phantom.
στοιχείο, το [steeheeo] component, element || (νομ) piece of evidence || (αλφαβήτου) letter || (ηλεκτ) cell || (μεταφ) factor.
στοιχειοθεσία, η [steeheeotheseea] typesetting.
στοιχειώδης [steeheeoδees] elementary, rudimentary || essential, capital.
στοιχειωμένος [steeheeomenos] haunted.
στοιχειώνω [steeheeono] become haunted, haunt.
στοίχημα, το [steeheema] bet, wager || stake || **βάζω** ~ lay a bet, wager.
στοιχηματίζω [steeheemateezo] bet, wager.
στοιχίζω [steeheezo] cost || (μεταφ) pain, grieve.
στοίχος, το [steehos] row, line, rank.
στόκος, ο [stokos] putty, stucco.
στολή, η [stolee] uniform || costume.
στολίδι, το [stoleeδee] jewellery || (στόλισμα) adornment, decoration.
στολίζω [stoleezo] adorn, decorate, deck, trim, embellish.
στολισμός, ο [stoleesmos] ornamenting, decoration, embellishing.
στόλος, ο [stolos] navy, fleet.

στόμα, το [stoma] mouth || lips.
στομάχι, το [stomahee] stomach.
στομαχιάζω [stomaheeazo] suffer from indigestion.
στόμιο, το [stomeeo] mouth, opening, aperture, entrance || muzzle.
στόμφος, ο [stomfos] boast, declamation.
στομώνω [stomono] blunt || temper, harden.
στορ, το [stor], **στόρι, το** [storee] blind, roller blind.
στοργή, η [storyee] affection, tenderness, love.
στουμπώνω [stoumbono] stuff, pad, plug || become stuffed.
στουπί, το [stoupee] oakum, wad, tow || (μεταφ) drunk as a lord.
στουπόχαρτο, το [stoupoharto] blotting paper.
στουρνάρι, το [stournaree] flint, gun flint.
στοχάζομαι [stohazome] think, meditate (on) || consider.
στοχασμός, ο [stohasmos] thought, meditation.
στοχαστικός [stohasteekos] thoughtful || discreet, wise.
στόχαστρο, το [stohastro] front sight (*of gun*).
στόχος, ο [stohos] mark, target, objective || aim, end.
στραβά [strava] obliquely, crookedly || wrongly, amiss || **τόβαλε** ~ he doesn't give a damn.
στραβισμός, ο [straveesmos] squinting.
στραβοκάνης [stravokanees] bandy-legged.
στραβομάρα, η [stravomara] blindness || (κακοτυχία) bad luck, mischance || (μεταφ) blunder, gross mistake, howler.
στραβόξυλο, το [stravokseelo] obstinate person, contrary fellow.
στραβοπάτημα, το [stravopateema] staggering || false step.
στραβός [stravos] crooked, awry, twisted || (λοξός) slanting || (ελαττωματικός) faulty || (τυφλός) blind.
στραβώνομαι [stravonome] go blind.
στραβώνω [stravono] bend, distort || make a mess of || spoil || (τυφλώνω) blind || (λυγίζω) become twisted.
στραγάλια, τα [stragaleea] πλ roasted chickpeas.
στραγγαλίζω [strangaleezo] strangle, throttle || stifle.
στραγγαλιστής, ο [strangaleestees] strangler.
στραγγίζω [strangeezo] drain, filter, press out, wring out || (κουράζομαι) get exhausted.
στραγγιστήρι, το [strangeesteeree] strainer, filter, colander.
στραμπουλίζω [strambouleezo] sprain, twist.
στραπατσάρω [strapatsaro] harm, damage || ruffle || (ταπεινώνω) humiliate.
στραπάτσο, το [strapatso] maltreatment || humiliation.
στράτα, η [strata] way, street, road.
στρατάρχης, ο [stratarhees] (field) marshal.
στράτευμα, το [stratevma] army, troops, forces.
στρατεύματα, τα [stratevmata] πλ troops.
στρατεύομαι [stratevome] serve in the army.
στρατεύσιμος [stratevseemos] subject to conscription.
στρατηγείο, το [strateeyeeo] headquarters.
στρατήγημα το [strateeyeema] stratagem || trick, ruse.
στρατηγία, η [strateeyeea] generalship.

στρατηγική, η [strateeyeekee] strategy.
στρατηγικός [strateeyeekos] strategic.
στρατηγός, ο [strateegos] general.
στρατί, το [stratee] βλ **στράτα**.
στρατιά, η [stratia] army, force.
στρατιώτης, ο [strateeotees] soldier, private || warrior.
στρατιωτικό, το [strateeoteeko] military service.
στρατιωτικός [strateeoteekos] military || ~ **νόμος** martial law.
στρατοδικείο, το [stratoðeekeeo] court-martial.
στρατοκρατία, η [stratokrateea] militarism, military government.
στρατολογία, η [stratoloyeea] conscription, call-up.
στρατόπεδο, το [stratopeðo] camp, encampment || side, party.
στρατός, ο [stratos] army, troops, forces.
στρατόσφαιρα, η [stratosfera] stratosphere.
στρατώνας, ο [stratonas] barracks.
στρεβλός [strevlos] crooked, deformed, twisted || (μεταφ) rough, difficult.
στρείδι, το [streeðee] oyster.
στρέμμα, το [strema] (*approx*) quarter of an acre.
στρέφομαι [strefome] turn, rotate || revolve.
στρέφω [strefo] turn, turn about || rotate, revolve.
στρεψοδικία, η [strepsoðeekeea] chicanery, quibbling, pettifoggery.
στρίβω [streevo] twist, rotate, turn || **το** ~ slip away, slip off.
στρίγ(γ)λα, η [stree(n)gla] witch, sorceress, shrew.
στριγ(γ)λιά, η [stree(n)glia] wickedness, shrewishness || (κραυγή) shrill cry, shriek.
στριμμένος [streemenos] twisted || ill-humoured, wicked, malicious.
στριφογυρίζω [streefoyeereezo] move round, turn round || whirl, spin.
στρίφωμα, το [streefoma] hemming.
στρίψιμο, το [streepseemo] twisting, turning.
στροβιλίζω [stroveeleezo] whirl, turn round, twirl.
στρόβιλος, ο [stroveelos] spinning top, peg top || (άνεμος) whirlwind || (χιόνι) eddying, swirling || (μηχανή) turbine || (σκόνης) whirling cloud.
στρογγυλεύω [strongeelevo] make round || grow plump, get stout.
στρογγυλός [strongeelos] round(ed) || (πρόσωπο) full || (αριθμός) round, even.
στρουθοκάμηλος, η [strouthokameelos] ostrich.
στρουμπουλός [stroumboulos] plump.
στρόφαλος, ο [strofalos] crank, handle || (αυτοκινήτου) starting handle.
στροφή, η [strofee] turn, revolution || (οδού) twist, bend || (κατευθύνσεως) detour, change of direction || (ποίηση) stanza || (μουσ) ritornello.
στρόφιγγα, η [strofeenga] hinge, pivot || tap.
στρυμώ(χ)νω [streemo(h)no] squeeze, crowd, cram || press hard, oppress, annoy.
στρυφνός [streefnos] harsh || peevish || (χαρακτήρας) crabbed || (ύφος κτλ) obscure, difficult || (γεύση) sharp, biting.
στρώμα, το [stroma] couch, bed, mattress || (γεωλογίας) bed, layer, stratum || **στο** ~ ill in bed.
στρώνομαι [stronome] apply o.s. || install o.s.
στρώνω [strono] spread, lay || (κρεβάτι) make || (δρόμο) pave ||

(μεταφ) be well under way || ~ το **κρεβάτι** make the bed.
στρώση, η [strosee] layer || strewing || paving, flooring.
στρωσίδι, το [stroseeδee] carpet || bedding.
στρωτός [strotos] strewn || paved || (ζωή) even, normal, regular.
στύβω [steevo] squeeze, wring, press || (μεταφ) rack one's brains || (στειρεύω) dry up, run dry.
στυγερός [steeyeros] abominable, heinous, horrible.
στυγνός [steegnos] doleful, despondent, gloomy.
στυλό, το [steelo] fountain pen.
στυλοβάτης, ο [steelovatees] pedestal, base || (μεταφ) pillar, founder.
στύλος, ο [steelos] pillar, column, pole || (μεταφ) prop, mainstay, breadwinner.
στυλώνω [steelono] support, prop up || fix.
στυπτικός [steepteekos] binding, styptic.
στυφός [steefos] sour, acrid, bitter.
στύψη, η [steepsee] alum.
στύψιμο, το [steepseemo] squeezing, pressing, wringing.
στωικός [stoeekos] stoic(al).
συ [see] you.
σύγγαμβρος, ο [seengamvros] brother-in-law.
συγγένεια, η [seengeneea] relationship, kinship || affinity, relation, connection.
συγγενής [seengenees] connected, related || (ουσ) relation, kinsman.
συγγενολό(γ)ι, το [seengenolo(y)ee] relations, relatives, kindred.
συγγνώμη, η [seengnomee] pardon, excuse || forgiveness.
σύγγραμμα, το [seengrama] work (of writing), treatise.
συγγραφέας, ο [seengrafeas] author, writer.
συγγράφω [seengrafo] write a work, compose.
συγκαίομαι [seengkeome] be chafed, be galled.
σύγκαλα, τα [seengkala] πλ: **στα ~ μου** normal, in good health.
συγκαλύπτω [seengkaleepto] hide, cloak, hush up, cover.
συγκαλώ [seengkalo] convene, convoke || (πρόσωπα) assemble, call together.
συγκαταβατικός [seengkatavateekos] accommodating || (τιμή) moderate, reasonable.
συγκατάθεση, η [seengkatathesee] assent, consent, acquiescence.
συγκαταλέγω [seengkatalego] include, number among || consider, regard.
συγκατανεύω [seengkatanevo] consent, assent, adhere to.
συγκατοικώ [seengkateeko] cohabit, live together.
συγκεκριμένος [seengkekreemenos] concrete, positive, clear, specific.
συγκεκριμένως [seengkekreemenos] plainly, concretely, actually.
συγκεντρώνομαι [seengkentronome] concentrate.
συγκεντρώνω [seengkentrono] collect, bring togther, concentrate || centralize.
συγκέντρωση, η [seengkentrosee] crowd, gathering, assembly || concentration || centralization.
συγκερασμός, ο [seengkerasmos] mixing, mingling || compromise.
συγκεχυμένος [seengkeheemenos] confused, jumbled || (ήχος) indistinct || (φήμες) vague || (ιδέες)

hazy, dim || (λόγοι) imprecise, obscure.

συγκίνηση, η [seengkeeneesee] emotion, sensation.

συγκινητικός [seengkeeneeteekos] moving, touching, stirring.

συγκινούμαι [seengkeenoume] be excited || be touched.

συγκινώ [seengkeeno] move, affect, touch || excite.

σύγκληση, η [seengkleesee] convocation, calling together.

σύγκλητος, η [seengkleetos] senate.

συγκλίνω [seengkleeno] converge, concentrate.

συγκλονίζω [seengkloneezo] shake, excite, stir up, shock.

συγκοινωνία, η [seengkeenoneea] communications || means of transport.

συγκοινωνώ [seengkeenono] communicate, be connected.

συγκολλώ [seengkolo] glue, join together || (μέταλλα) weld, solder || ~ **σαμπρέλα** mend a puncture.

συγκομιδή, η [seengkomeeðee] harvest, crop.

συγκοπή, η [seengkopee] syncopation || (ιατρ) heart failure || (γραμμ) contraction.

συγκράτηση, η [seengkrateesee] containing, bridling, restraining.

συγκρατούμαι [seengkratoume] control o.s., contain o.s.

συγκρατώ [seengkrato] check || (πάθη) govern || (θυμό) contain, control, suppress || (τα πλήθη) restrain.

συγκρίνω [seengkreeno] compare (with), liken (to).

σύγκριση, η [seengkreesee] comparison, parallel.

συγκριτικός [seengkreeteekos] comparative, compared (to).

συγκρότημα, το [seengkroteema] group, cluster || (κτίρια) complex || (μουσ) group, band.

συγκροτώ [seengkroto] form, compose || convoke, convene.

συγκρούομαι [seengkrouome] bump into, collide || clash, come to blows.

σύγκρουση, η [seengkrousee] collision, clash, fight, engagement.

σύγκρυο, το [seengkreeo] shivering, trembling.

συγκυρία, η [seengkeereea] coincidence, occurrence, chance || (οικον) conjuncture.

συγυρίζω [seeyeereezo] tidy up, arrange || (μεταφ) ill-treat.

συγχαίρω [seenghero] congratulate, compliment.

συγχαρητήρια, τα [seenghareeteereea] πλ congratulations.

συγχέω [seengheo] confound, confuse, perplex.

συγχορδία, η [seenghorðeea] harmony of sounds, accord.

συγχρονίζω [seenghroneezo] modernize, bring up to date.

σύγχρονος [seenghronos] contemporary || simultaneous || contemporaneous.

συγχύζω [seengheezo] get mixed up || worry, confound, harass.

σύγχυση, η [seengheesee] confusion, disorder || chaos, commotion.

συγχωνεύω [seenghonevo] amalgamate, blend, merge.

συγχώρηση, η [seenghoreesee] remission, pardon.

συγχωρητέος [seenghoreeteos] pardonable, excusable.

συ(γ)χωρείτε [see(ng)horeete]: **με** ~ excuse me, I beg your pardon.

συγχωρώ [seenghoro] pardon, forgive, excuse || tolerate, permit.

συζήτηση, η [seezeeteesee]

discussion, debate || **ούτε** ~ it's out of the question.
συζητώ [seezeeto] discuss, argue, debate.
συζυγικός [seezeeyeekos] conjugal, marital.
σύζυγος, ο, η [seezeegos] consort, spouse, husband, wife.
συζώ [seezo] live together, cohabit.
συκιά, η [seekia] fig tree.
σύκο, το [seeko] fig.
συκοφάντης, ο [seekofantees] slanderer.
συκοφαντώ [seekofanto] slander.
συκώτι, το [seekotee] liver.
σύληση, η [seeleesee] spoliation, sacking.
συλλαβή, η [seelavee] syllable.
συλλαλητήριο, το [seelaleeteereeo] mass meeting, demonstration.
συλλαμβάνω [seelamvano] catch, lay hold of, capture, seize, arrest || (ιδέες) conceive.
συλλέγω [seelego] collect, gather.
συλλέκτης, ο [seelektees] collector.
σύλληψη, η [seeleepsee] capture, arrest, seizure || (ιδέας) conception.
συλλογή, η [seeloyee] set, assortment, collection || (σκέψη) thought, concern.
συλλογίζομαι [seeloyeezome] think out, reflect about, consider, reason (out).
συλλογικός [seeloyeekos] collective.
συλλογισμένος [seeloyeesmenos] pensive, thoughtful, absorbed (in).
συλλογισμός, ο [seeloyeesmos] thought, reflection || reasoning, syllogism.
σύλλογος, ο [seelogos] society, club, association.
συλλυπητήρια, τα [seeleepeeteereea] πλ condolences, sympathy.
συλλυπούμαι [seeleepoume] offer condolence || feel sorry for.
συμβαδίζω [seemvaðeezo] keep up with || go together, coexist.
συμβαίνω [seemveno] happen, take place, come about.
συμβάλλομαι [seemvalome] contract, enter into an agreement.
συμβάλλω [seemvalo] contribute to, pay one's share || (ποτάμι) meet, join, unite.
συμβάν, το [seemvan] event, accident, occurrence.
σύμβαση, η [seemvasee] agreement, contract, treaty, pact.
συμβία, η [seemveea] wife, consort.
συμβιβάζομαι [seemveevazome] compromise, agree with || be compatible with.
συμβιβάζω [seemveevazo] reconcile, arrange, adjust.
συμβιβασμός, ο [seemveevasmos] compromise, accommodation, adjustment, settlement.
συμβίωση, η [seemveeosee] living together, cohabitation.
συμβόλαιο, το [seemvoleo] contract, agreement.
συμβολαιογράφος, ο [seemvoleografos] notary public.
συμβολή, η [seemvolee] contribution || (ποταμών) confluence, junction.
συμβολίζω [seemvoleezo] symbolize, represent.
σύμβολο, το [seemvolo] symbol, mark, sign, emblem, token.
συμβουλεύομαι [seemvoulevome] consult, refer to, take advice.
συμβουλεύω [seemvoulevo] advise, recommend.
συμβουλή, η [seemvoulee] advice, counsel.
συμβούλιο, το [seemvouleeo] council, board, committee.
σύμβουλος, ο [seemvoulos] adviser, counsellor || councillor.

συμμαζεύω [seemazevo] tidy up, collect, assemble, gather together || (ελέγχω) restrain, check, hold.
συμμαχία, η [seemaheea] alliance, coalition.
σύμμαχος [seemahos] allied || (ουσ) ally.
συμμερίζομαι [seemereezome] share, have a part (in).
συμμετέχω [seemeteho] participate in, take part in, be a party to.
συμμετοχή, η [seemetohee] participation || sharing.
συμμετρία, η [seemetreea] symmetry, proportion.
συμμετρικός [seemetreekos] symmetrical || well-proportioned.
συμμορία, η [seemoreea] gang, band, body.
συμμορφώνομαι [seemorfonome] comply, conform, agree with, adapt to.
συμμορφώνω [seemorfono] adapt, conform || bring to heel.
συμπαγής [seembayees] solid, firm, compact, close.
συμπάθεια, η [seempatheea] compassion, sympathy || weakness (for) || favourite.
συμπαθής [seempathees] likeable, lovable.
συμπαθητικός [seempatheeteekos] likeable, lovable || sympathetic.
συμπάθιο, το [seempatheeo]: **με το ~** begging your pardon.
συμπαθώ [seempatho] feel compassion for || have a liking for.
σύμπαν, το [seempan] universe || everything, all, everybody.
συμπατριώτης, ο [seempatreeotees] compatriot, fellow countryman.
συμπεθεριά, η [seempetheria] relationship by marriage.
συμπέθεροι, οι [seempetheree] πλ fathers-in-law || relations by marriage.
συμπεραίνω [seempereno] conclude, presume, infer, surmise.
συμπέρασμα, το [seemperasma] conclusion, inference, end.
συμπεριλαμβάνω [seempereelamvano] include, contain, comprise.
συμπεριφέρομαι [seempereeferome] behave, conduct o.s.
συμπεριφορά, η [seempereefora] behaviour, conduct.
συμπίεση, η [seempiesee] compression, squeezing.
συμπίπτω [seempeepto] coincide, concur, converge || happen, change.
σύμπλεγμα, το [seemplegma] tangle || cluster || network.
συμπλέκομαι [seemplekome] come to blows, quarrel || fight.
συμπλέκτης, ο [seemblektees] (μηχαν) clutch.
συμπλήρωμα, το [seempleeroma] complement || supplement, addition.
συμπληρωματικός [seempleeromateekos] complementary, further || supplementary.
συμπληρώνω [seempleerono] complete, complement, finish || (θέση) fill || (φόρμα) fill in.
συμπλήρωση, η [seempleerosee] completion, filling, achievement.
συμπλοκή, η [seemplokee] fight, engagement, clash, brawl.
σύμπνοια, η [seempneea] harmony, agreement, understanding.
συμπολιτεία, η [seempoleeteea] confederation, confederacy.
συμπολίτης, ο [seempoleetees] fellow citizen, fellow countryman.
συμπονώ [seempono] feel compassion for, sympathize with.

συμπόσιο, το [seemposeeo] banquet, feast.
συμποσούμαι [seemposoume] come to, run (to).
σύμπραξη, η [seempraksee] cooperation, contribution.
συμπτύσσομαι [seempteesome] fall back, shorten.
συμπτύσσω [seempteeso] shorten, abridge, abbreviate, cut short.
σύμπτωμα, το [seemptoma] symptom || sign, indication.
σύμπτωση, η [seemptosee] coincidence, accident, chance.
συμπυκνώνω [seempeeknono] condense, compress.
συμπυκνωτής, ο [seempeeknotees] condenser.
συμφέρει [seemferee] it's worth it, it's to one's advantage.
συμφέρον, το [seemferon] advantage, interest, profit, benefit.
συμφεροντολογία, η [seemferontoloyeea] self-interest.
συμφιλιώνω [seemfeeleeono] reconcile, restore friendship, make up.
συμφορά, η [seemfora] calamity, disaster, misfortune.
συμφόρηση, η [seemforeesee] traffic jam, congestion || (ιατρ) stroke.
σύμφορος [seemforos] advantageous, profitable, useful.
συμφύρω [seemfeero] confuse, mingle, mix, jumble.
σύμφωνα [seemfona]: ~ **με** according to, in conformity with.
συμφωνητικό, το [seemfoneeteeko] agreement, deed of contract.
συμφωνία, η [seemfoneea] agreement, convention || accord, consent || (μουσ) symphony.
σύμφωνο, το [seemfono] (γράμμα) consonant || compact, agreement, pact.
σύμφωνος [seemfonos] in accord, in conformity with.
συμφωνώ [seemfono] concur, agree || match, go well together.
συμψηφίζω [seempseefeezo] counterbalance, make up for.
συν [seen] together, with || (μαθημ) plus || ~ **τω χρόνω** in time, gradually, eventually || ~ **τοις άλλοις** moreover, in addition.
συναγερμός, ο [seenayermos] alarm, call to arms, alert || (πολιτικός) rally, mass meeting.
συναγρίδα, η [seenagreeδa] kind of sea bream.
συνάγω [seenago] assemble, collect, bring together || (συμπεραίνω) infer, conclude, deduce.
συναγωγή, η [seenagoyee] collection, gathering, assembly || (εβραίων) synagogue.
συναγωνίζομαι [seenagoneezome] rival, compete || fight together.
συναγωνιστής, ο [seenagoneestees] rival, competitor || (συμπολεμιστής) brother in arms || (ανταγωνιστής) rival.
συνάδελφος, ο [seenaδelfos] colleague, fellow member.
συναινώ [seeneno] consent to, agree to, acquiesce.
συναίρεση, η [seeneresee] (γραμμ) contraction.
συναισθάνομαι [seenesthanome] become aware of, be conscious of, feel.
συναίσθημα, το [seenestheema] sentiment, feeling, sensation.
συναισθήματα, τα [seenestheemata] πλ emotions, feelings.
συναισθηματικός [seenestheemateekos] emotional, sentimental.
συναίσθηση, η [seenestheesee]

feeling, sense, appreciation, consciousness.

συναλλαγή, η [seenalayee] exchange, dealings, trade || **ελεύθερη ~** free trade.

συνάλλαγμα, το [seenalagma] foreign currency || draft, bill || **τιμή συναλλάγματος** rate of exchange.

συναλλαγματική, η [seenalagmateekee] bill of exchange.

συναλλάσσομαι [seenalasome] deal, trade, traffic || (συναναστρέφομαι) associate with.

συνάμα [seenama] together, in one lot, at the same time, at once.

συναναστρέφομαι [seenanastrefome] consort with, mix with.

συναναστροφή, η [seenanastrofee] association, company || party, reception.

συνάντηση, η [seenanteesee] falling in with, meeting || encounter.

συναντώ [seenanto] meet, happen (upon), run across.

συναντώμαι [seenantome] meet, come together.

σύναξη, η [seenaksee] concentration, meeting || collecting, receipts.

συναπτός [seenaptos] consecutive, successive || annexed, tied, appended.

συνάπτω [seenapto] annex, attach || (συμμαχία) contract, form || (δάνειο) incur || (ειρήνη) conclude || (μάχη) join, give battle || **~ σχέσεις** make friends.

συναρμολογώ [seenarmologo] fit together || join || make up, piece together.

συναρπάζω [seenarpazo] carry away, enrapture, entrance.

συνάρτηση, η [seenarteesee] attachment, connection || cohesion.

συνασπισμός, ο [seenaspeesmos] coalition, alliance, league.

συναυλία, η [seenavleea] concert.

συνάφεια, η [seenafeea] connection, link, reference.

συναφής [seenafees] adjacent (to) || linked, connected || like.

συνάχι, το [seenahee] cold (in the head), catarrh.

σύναψη, η [seenapsee] conclusion, arrangement || contraction || joining.

συνδεδεμένος [seenðeðemenos] closely associated with, having ties with.

σύνδεση, η [seenðesee] joining, binding together.

σύνδεσμος, ο [seenðesmos] bond, union || (στρατ) liaison || relationship, affinity || (γραμμ) conjunction.

συνδετήρας, ο [seenðeteeras] clip, paper clip.

συνδετικός [seenðeteekos] joining, connective || (γραμμ) copulative.

συνδέω [seenðeo] bind together, unite || (μεταφ) join, link, bind.

συνδιαλέγομαι [seenðeealegome] converse (with), talk (to).

συνδιάσκεψη, η [seenðeeaskepsee] deliberation || conference.

συνδικάτο, το [seenðeekato] syndicate || (εργατών) trade union.

συνδράμω [seenðramo] support, help || contribute to.

συνδρομή, η [seenðromee] coincidence, conjunction || (βοήθεια) help, assistance || subscription, contribution.

συνδρομητής, ο [seenðromeetees] subscriber.

σύνδρομο, το [seenðromo] syndrome.

συνδυάζομαι [seenðeeazome] harmonize, go together, match.

συνδυάζω [seenðeeazo] unite, combine || match, pair || arrange.
συνδυασμός, ο [seenðeeasmos] combination, arrangement || matching.
συνεδριάζω [seeneðreeazo] meet, be in session.
συνέδριο, το [seeneðreeo] congress, convention, council.
σύνεδρος, ο [seeneðros] delegate || councillor || (δικαστηρίου) judge.
συνείδηση, η [seeneeðeesee] conscience.
συνειδητός [seeneeðeetos] conscious, wilful.
συνειρμός, ο [seeneermos] coherence, order, sequence.
συνεισφέρω [seeneesfero] contribute, subscribe.
συνεκτικός [seenekteekos] cohesive, binding, tenacious.
συνέλευση, η [seenelevsee] meeting, assembly.
συνεννόηση, η [seenenoeesee] understanding, concert, concord, agreement || exchange of views.
συνεννοούμαι [seenenooume] agree, come to an agreement || exchange views.
συνενοχή, η [seenenohee] complicity, abetment, connivance.
συνέντευξη, η [seenentevksee] interview, appointment, rendezvous.
συνενώ [seeneno] unite, join together.
συνεπάγομαι [seenepagome] lead to, involve, have as consequence, call for.
συνεπαίρνω [seeneperno] transport, carry away.
συνέπεια, η [seenepeea] result, outcome, consequence || consistency || **κατά ~** consequently.
συνεπής [seenepees] true, in keeping with, consistent || punctual.
συνεπώς [seenepos] consequently, accordingly.
συνεπτυγμένος [seenepteegmenos] compact, succinct, brief.
συνεργάζομαι [seenergazome] cooperate, collaborate || contribute.
συνεργάτης, ο [seenergatees] collaborator || contributor.
συνεργείο, το [seeneryeeo] workroom, workshop || gang, shift, team of workers || repair shop.
συνεργία, η [seeneryeea] complicity, abetment, confederacy.
σύνεργο, το [seenergo] implement, tool, instrument.
συνεργός, ο [seenergos] accessary, accomplice, abettor, party (to).
συνερίζομαι [seenereezome] heed, take into account, keep up rivalry with.
συνέρχομαι [seenerhome] get over, recover || come together, meet, assemble.
σύνεση, η [seenesee] caution, good sense, prudence, judgment.
συνεσταλμένος [seenestalmenos] shy, modest, timid, circumspect.
συνεταιρισμός, ο [seenetereesmos] cooperative, association.
συνέταιρος, ο [seeneteros] partner, associate, colleague, co-partner.
συνετός [seenetos] wise, discreet, prudent, sensible, cautious.
συνεφέρνω [seeneferno] revive, bring round || come to.
συνέχεια, η [seeneheea] continuity || continuation, outcome || (επίρ) continuously, successively.
συνεχής [seenehees] continuous, incessant, unceasing, continual || successive || adjacent.
συνεχίζω [seeneheezo] continue, keep on, go on.

συνεχώς [seenehos] continually, endlessly.
συνήγορος, ο [seeneegoros] advocate, defender, counsel.
συνήθεια, η [seeneetheea] habit, custom, practice, use.
συνήθης [seeneethees] habitual, customary, usual, common, ordinary.
συνηθίζεται [seeneetheezete] it is usual, it is the fashion.
συνηθίζω [seeneetheezo] accustom to || get accustomed to || be in the habit of.
συνηθισμένος [seeneetheesmenos] accustomed, familiar || habitual, customary.
συνημμένος [seeneemenos] attached, connected, annexed, enclosed.
σύνθεση, η [seenthesee] mixture, composition || collocation || structure, synthesis.
συνθέτης, ο [seenthetees] composer || compositor.
συνθετικό, το [seentheteeko] component, constituent.
συνθετικός [seentheteekos] constituent, component || artificial, synthetic.
σύνθετος [seenthetos] compound, composite || intricate.
συνθέτω [seentheto] compose, make up.
συνθήκες, οι [seentheekes] πλ conditions, circumstances, situation.
συνθήκη, η [seentheekee] treaty, agreement, pact || convention.
συνθηκολογώ [seentheekologo] surrender, capitulate || negotiate a treaty.
σύνθημα, το [seentheema] signal, sign, password, watchword.
συνθηματικός [seentheemateekos] symbolic || in code.
συνθλίβω [seenthleevo] squeeze, compress, crush.
συνίσταμαι [seeneestame] consist of, be composed of.
συνιστώ [seeneesto] advise, recommend || (επιτροπή) establish, set up, form || (γνωρίζω) introduce.
συννεφιά, η [seenefia] cloudy weather || **~ζω** become cloudy || (μεταφ) look sullen.
σύννεφο, το [seenefo] cloud.
συννυφάδα, η [seeneefaδa] wife of one's brother-in-law.
συνοδ(ε)ία η [seenoδeea] escort, retinue, suite, convoy, procession || (μουσ) accompaniment.
συνοδεύω [seenoδevo] accompany, go with, escort || (ναυτ) convoy.
συνοδοιπόρος, ο, η [seenoδeeporos] fellow traveller.
σύνοδος, η [seenoδos] congress, sitting, assembly || (εκκλ) synod.
συνοδός, ο, η [seenoδos] steward, escort || **ιπτάμενη ~** air hostess.
συνοικέσιο, το [seeneekeseeo] arranged marriage, match.
συνοικία, η [seeneekeea] quarter, neighbourhood, ward.
συνοικιακός [seeneekeeakos] local, suburban.
συνοικισμός, ο [seeneekeesmos] settlement || colonization || quarter.
συνολικός [seenoleekos] total, whole.
σύνολο, το [seenolo] total, entirety.
συνομήλικος [seenomeeleekos] of the same age.
συνομιλητής, ο [seenomeeleetees] interlocutor.
συνομιλία, η [seenomeeleea] conversation, chat, talk || interview.
συνομοταξία, η [seenomotakseea] branch, group, class.
συνονόματος [seenonomatos] namesake, having the same name.
συνοπτικός [seenopteekos] summary, brief, synoptic, concise.

σύνορα, τα [seenora] πλ frontier, boundaries.
συνορεύω [seenorevo] have a common frontier, border on.
σύνορο, το [seenoro] boundary, border, frontier.
συνουσία, η [seenouseea] coition, intercourse, copulation.
συνοφρυόνομαι [seenofreeonome] frown, scowl || look sullen.
συνοχή, η [seenohee] coherence, cohesion || (ιδεών) sequence, chain.
σύνοψη, η [seenopsee] summary, compendium, synopsis || (εκκλ) prayer book, breviary.
συνταγή, η [seentayee] formula, prescription || recipe.
σύνταγμα, το [seentagma] constitution, charter || (στρατ) regiment.
συνταγματάρχης, ο [seentagmatarhees] colonel.
συνταγματικός [seentagmateekos] constitutional. .
συντάκτης, ο [seentaktees] author, writer || (εφημερίδας) editor || (συνθήκης) drafter, framer.
συντακτικός [seentakteekos] component, constituent || (εφημερίδας) editorial || (γραμμ) syntactic(al).
σύνταξη, η [seentaksee] compilation || wording, writing || organization || (εφημερίδας) editing, editorial staff || pension || (γραμμ) construction, syntax.
συνταξιούχος, ο, η [seentaksiouhos] pensioner || retired officer.
συνταράσσω [seentaraso] agitate, shake, disturb, trouble || (μεταφ) disconcert.
συντάσσω [seentaso] arrange, compile || write, draft, draw up || (γραμμ) construe || constitute, form, organize || (νόμο) frame || (εφημερίδα) edit.
συνταυτίζω [seentavteezo] identify, regard as the same.
συντείνω [seenteeno] contribute to, concur.
συντέλεια, η [seenteleea]: ~ **του κόσμου** end of the world.
συντελεστής, ο [seentelestees] factor, component, contributor || (μαθημ) coefficient.
συντελώ [seentelo] finish, complete || contribute to, conduce to.
συντεταγμένη, η [seentetagmenee] coordinate.
συντετριμμένος [seentetreemenos] deeply afflicted, crushed.
συντεχνία, η [seentehneea] guild, fellowship, confraternity || trade union.
συντήρηση, η [seenteereesee] preservation, conservation || (μηχανής) maintenance.
συντηρητικός [seenteereeteekos] conservative, preserving.
συντηρώ [seenteero] preserve, conserve || keep up, maintain || (διατρέφω) maintain, support.
σύντομα [seentoma] in short, briefly || soon, at once, immediately.
συντομεύω [seentomevo] shorten, curtail, abridge.
συντομία, η [seentomeea] shortness, brevity || terseness.
σύντομος [seentomos] short, succinct, brief.
συντονίζω [seentoneezo] coordinate, harmonize, tune together.
συντρέχω [seentreho] help || meet, converge || contribute.
συντριβή, η [seentreevee] ruin || crushing, smashing.
συντρίβω [seentreevo] shatter, break, crush, smash || ruin, wear out.

συντρίμια, τα [seentreemeea] πλ debris, fragments, wreckage.
συντριπτικός [seentreepteekos] (μεταφ) crushing, overwhelming.
συντροφιά, η [seentrofia] companionship, company || gathering, society || (επίρ) together.
σύντροφος, ο, η [seentrofos] companion, mate, comrade || (εμπορ) associate, partner.
συνύπαρξη, η [seeneeparksee] coexistence.
συνυπάρχω [seeneeparho] coexist.
συνυπεύθυνος [seeneepevtheenos] jointly liable.
συνυφαίνω [seeneefeno] entwine || (μεταφ) conspire, intrigue.
συνωμοσία, η [seenomoseea] conspiracy, plot.
συνωμοτώ [seenomoto] conspire, plot.
συνώνυμο, το [seenoneemo] synonym.
συνωστισμός, ο [seenosteesmos] jostle, crush, scramble.
σύξυλος [seekseelos] with crew and cargo || **έμεινε ~** he was amazed, he was speechless.
Συρία, η [seereea] Syria.
συριακός [seereeakos] Syrian.
σύριγγα, η [seereenga] pan pipes || syringe, tube.
Σύριος, ο [seereeos] Syrian.
σύρμα, το [seerma] wire.
συρματόπλεγμα, το [seermatoplegma] barbed wire || wire netting.
σύρραξη, η [seeraksee] clash, collision, shock, conflict.
συρρέω [seereo] crowd, throng, flock || flow into.
σύρριζα [seereeza] by the root, root and branch || very closely.
συρροή, η [seeroee] crowd, throng || inflow, influx || abundance, profusion.
συρτάρι, το [seertaree] drawer.
σύρτης, ο [seertees] bolt, bar.
συρτός [seertos] dragged || listless, drawling || (πόρτα) sliding || (ουσ) kind of circular dance.
συρφετός, ο [seerfetos] mob, populace, common people.
σύρω [seero] βλ **σέρνω**.
συσκέπτομαι [seeskeptome] confer, deliberate, take counsel.
συσκευάζω [seeskevazo] pack, box, wrap, parcel.
συσκευασία, η [seeskevaseea] wrapping up, packing || (φαρμακευτική) preparation.
συσκευή, η [seeskevee] apparatus, contrivance.
σύσκεψη, η [seeskepsee] discussion, deliberation || conference, consultation.
συσκοτίζω [seeskoteezo] obscure, darken, black out || (μεταφ) confuse.
συσκότιση, η [seeskoteesee] blackout || confusion.
σύσπαση, η [seespasee] contraction, writhing, shrinking.
συσπειρούμαι [seespeeroume] roll into a ball, coil || (μεταφ) snuggle.
συσσίτιο, το [seeseeteeo] mess, common meal || soup kitchen.
σύσσωμος [seesomos] all together, entire, united, in a body.
συσσωρευτής, ο [seesorevtees] accumulator.
συσσωρεύω [seesorevo] accumulate, collect, pile up || amass.
συσταίνω [seesteno] βλ **συνιστώ**.
συστάδα, η [seestaδa] clump of trees, cluster, grove.
συστάσεις, οι [seestasees] πλ references, advice || recommendation, introductions.
σύσταση, η [seestasee] address.
σύσταση, η [seestasee] composition, structure || (πάχος) consistency || (σχηματισμός) formation, creation, setting up ||

(πρόταση) recommendation, recommending || (συμβουλή) advice, counsel.

συστατικά, τα [seestateeka] πλ component parts, ingredients || references, recommendations.

συστατική [seestateekee]: ~ **επιστολή** letter of introduction, letter of reference.

συστατικός [seestateekos] component, essential, constituent.

συστέλλομαι [seestelome] shrink, contract || feel shy, be timid.

συστέλλω [seestelo] contract, shrink, shrivel.

σύστημα, το [seesteema] method, system, plan || custom, habitude.

συστηματικός [seesteemateekos] systematic, methodical.

συστημένο [seesteemeno]: ~ **γράμμα** registered letter.

συστήνω [seesteeno] βλ **συνιστώ**.

συστολή, η [seestolee] shrinking, contraction || modesty, shame, bashfulness.

συσφίγγω [seesfeengo] tighten, constrict, draw tighter, grasp.

συσχετίζω [seesheteezo] compare, relate, put together.

σύφιλη, η [seefeelee] syphilis.

συχνά [seehna] often, frequently.

συχνάζω [seehnazo] frequent, haunt, resort.

συχνός [seehnos] frequent, repeated.

συχνότητα, η [seehnoteeta] frequency.

συχωράω [seehorao] forgive, tolerate.

σφαγείο, το [sfayeeo] slaughterhouse || butchery, slaughter.

σφαγή, η [sfayee] slaughter, carnage, massacre.

σφάγιο, το [sfayo] victim, animal for slaughter.

σφαδάζω [sfaðazo] writhe, jerk, squirm.

σφάζω [sfazo] slaughter, kill, massacre, murder.

σφαίρα, η [sfera] globe, sphere || ball || (όπλου) bullet || (μεταφ) sphere, field.

σφαλιάρα, η [sfaleeara] slap in the face || smack.

σφαλίζω [sfaleezo] enclose, shut in || (κλείνω) close, lock, bolt.

σφάλλω [sfalo] be wrong, make a mistake || misfire.

σφάλμα, το [sfalma] wrong act, fault || error, blunder, slip.

σφάχτης, ο [sfahtees] twinge, sharp pain.

σφενδόνη, η [sfenðonee] sling.

σφετερίζομαι [sfetereezome] purloin, embezzle || appropriate, usurp.

σφήκα, η [sfeeka] wasp.

σφην, η [sfeen)], **σφήνα, η** [sfeena] wedge.

σφηνώνω [sfeenono] push in, thrust in between || wedge.

σφίγγα, η [sfeenga] sphinx || (μεταφ) enigmatic.

σφίγγομαι [sfeengome] squeeze together || endeavour, try hard.

σφίγγω [sfeengo] squeeze, press || tighten, pull tighter || (σκληρύνω) become tight, stick.

σφίξη, η [sfeeksee] urgency, necessity.

σφίξιμο, το [sfeekseemo] pressing, tightening, squeezing || pressure, squeeze.

σφιχτός [sfeehtos] tight, hard, thick || stingy, tight-fisted.

σφοδρός [sfoðros] violent, wild, strong, severe, sharp.

σφοδρότητα, η [sfoðroteeta] violence, vehemence, wildness.

σφουγγάρι, το [sfoungaree] sponge.

σφουγγαρόπανο, το [sfoungaropano] mop, floorcloth.

σφραγίζω [sfrayeezo] set one's seal to, stamp || (μπουκάλι) cork || (δόντι) fill.

σφραγίδα, η [sfrayeeða] seal, signet, stamp || (μεταφ) impression.

σφρίγος, το [sfreegos] youthful exuberance, vigour, pep.

σφυγμός, ο [sfeegmos] pulse || (μεταφ) caprice, whim.

σφύζω [sfeezo] throb, beat violently, pulsate.

σφύξη, η [sfeeksee] pulsation, throbbing, throb.

σφυρηλατώ [sfeereelato] hammer, batter, forge, pound away || trump up.

σφυρί, το [sfeeree] hammer.

σφύριγμα, το [sfeereegma] whistling, hissing.

σφυρίζω [sfeereezo] whistle, hiss, boo.

σφυρίχτρα, η [sfeereehtra] whistle || (ναυτ) pipe.

σφυροκοπώ [sfeerokopo] hammer || pound away.

σχεδία, η [sheðeea] raft, float.

σχεδιάγραμμα, το [sheðeeagrama] sketch, outline, draft.

σχεδιάζω [sheðeeazo] sketch, outline, design, draw || plan, intend, mean.

σχεδιαστής, ο [sheðeeastees] draughtsman, designer.

σχέδιο, το [sheðeeo] plan, design || sketch, outline || scheme || ~ **πόλεως** town planning.

σχεδόν [sheðon] almost, nearly, all but || not much, scarcely.

σχέση, η [shesee] relation, connection, reference || intercourse, relations.

σχετίζομαι [sheteezome] be intimate with, get acquainted with, make friends with.

σχετίζω [sheteezo] put side by side, connect, compare.

σχετικά [sheteeka] relative to, relatively || ~ **με** with reference to, regarding, referring to.

σχετικός [sheteekos] relative, pertinent.

σχετικότητα, η [sheteekoteeta] relativity.

σχήμα, το [sheema] form, shape || (μέγεθος) format, size || (ιερατικό) cloth || gesture || ~ **λόγου** figure of speech.

σχηματίζω [sheemateezo] form, model, shape || create, produce || constitute.

σχηματισμός, ο [sheemateesmos] forming, formation, fashioning, construction.

σχίζομαι [sheezome] crack, tear || fork.

σχίζω [sheezo] split, cleave || tear, rend, fissure.

σχίσμα, το [sheesma] crack || schism, dissension, breach.

σχισμάδα, η [sheesmaða] crack, split, fissure.

σχισμή, η [sheesmee] crack, fissure, split.

σχιστόλιθος, ο [sheestoleethos] schist, slate.

σχιστός [sheestos] split, slit, torn, open.

σχοινί, το [sheenee] rope, cord || clothes line.

σχοινοβάτης, ο [sheenovatees] acrobat, rope dancer.

σχολάω [sholao] stop work || rest, be on vacation || (από σχολείο) let out || (από εργασία) dismiss, discharge.

σχολαστικός [sholasteekos] pedantic, scholastic.

σχολείο, το [sholeeo] school.

σχολή, η [sholee] school, academy || free time, leisure.

σχολιάζω [sholeeazo] comment on,

pass remarks (on), criticize || annotate, edit.
σχολιαστής, ο [sholeeastees] commentator || editor, annotator, scholiast.
σχολικός [sholeekos] of school, scholastic, educational.
σχόλιο, το [sholeeo] comment, commentary, annotation.
σώβρακο, το [sovrako] pants, drawers.
σώζομαι [sozome] escape || remain in existence.
σώζω [sozo] save, rescue || preserve, keep.
σωθικά, τα [sotheeka] πλ entrails, bowels, intestines, innards.
σωλήνας, ο [soleenas] pipe, tube, conduit || hose.
σωληνάριο, το [soleenareeo] small tube.
σώμα, το [soma] body, corpse || corps || ~ **στρατού** army corps, armed force, army.
σωματείο, το [somateeo] guild, association.
σωματέμπορος, ο [somatemboros] white slaver || pimp.
σωματικός [somateekos] of the body, physical.
σωματοφυλακή, η [somatofeelakee] bodyguard.
σωματώδης [somatoδees] corpulent, stout, portly.
σώνει [sonee]: ~ **και καλά** with stubborn insistence.
σώνω [sono] save, rescue, preserve || use up, consume || attain, reach || be enough, be sufficient.
σώος [soos] safe, entire, whole, unharmed || intact || ~ **κι αβλαβής** safe and sound.
σωπαίνω [sopeno] keep silent, say nothing.
σωριάζομαι [soreeazome] collapse, fall in.
σωρός, ο [soros] heap, mass, pile || a lot of, a stack of.
σωσίας, ο [soseeas] living image, double || stand-in.
σωσίβιο, το [soseeveeo] lifebelt, life jacket.
σώσιμο, το [soseemo] saving || finishing up, eating.
σωστά [sosta]: **με τα ~ του** in his right mind, in earnest.
σωστά [sosta] correctly, precisely, rightly, exactly, absolutely.
σωστός [sostos] correct, just, right || whole, entire || absolute.
σωτήρας, ο [soteeras] saviour, liberator, rescuer.
σωτηρία, η [soteereea] safety, security || salvation, deliverance, saving.
σωφέρ, ο [sofer] chauffeur, driver.
σώφρονας [sofronas] wise, sensible, prudent || moderate, sober, temperate.
σωφρονίζω [sofroneezo] reform, chastise, correct, bring to reason, render wise.
σωφροσύνη, η [sofroseenee] wisdom, prudence, sense, judgment || moderation, composure.

Τ, τ

τα [ta] πλ the || them.
ταβάνι, το [tavanee] ceiling.
ταβέρνα, η [taverna] tavern, inn, eating house.
τάβλα, η [tavla] board, plank || table || ~ **στο μεθύσι** dead drunk.
τάβλι, το [tavlee] backgammon.
ταγάρι, το [tagaree] bag, sack, wallet.
ταγγός [tangos] rancid, rank.
ταγή, η [tayee] fodder.
ταγιέρ, το [tayier] woman's suit.
τάγμα, το [tagma] order || (στρατ) battalion.

ταγματάρχης, ο [tagmatarhees] major.

τάδε [taðe] as follows, the following, this, that || **ο ~** Mr so and so || such.

τάζω [tazo] promise, dedicate, vow.

ταΐζω [taeezo] feed || (μωρό) nurse.

ταινία, η [teneea] band, stretch, strip, ribbon || (κινηματογράφου) strip, film || (μηχανής) tape, ribbon || (ιατρ) tapeworm || (μετρήσεως) tape measure.

ταίρι, το [teree] helpmate, partner, mate || one of two || match, equal.

ταιριάζει [tereeazee]: **δεν ~** it's not fitting, it's not proper.

ταιριάζω [tereeazo] match, pair, suit, harmonize.

ταιριαστός [tereeastos] well-suited, matched.

τάκος, ο [takos] wooden fixing block, stump.

τακούνι, το [takounee] heel.

τακτ, το [takt] tact.

τακτικά [takteeka] regularly, frequently.

τακτική, η [takteekee] tactics, strategy || method, regularity.

τακτικός [takteekos] regular || orderly, settled, quiet || fixed || (αριθμός) ordinal.

τακτοποίηση, η [taktopieesee] arrangement, accommodation || compromise.

τακτοποιώ [taktopeeo] arrange, set in order || settle, fix up.

τακτός [taktos] fixed, appointed, settled.

ταλαιπωρία, η [taleporeea] torment, hardship, pain, adversity.

ταλαίπωρος [taleporos] miserable, wretched, unfortunate.

ταλαιπωρούμαι [taleporoume] suffer, toil, labour.

ταλαιπωρώ [taleporo] harass, pester, torment.

ταλαντεύομαι [talantevome] swing, sway, rock || waver, hesitate.

ταλέντο, το [talento] talent, gift, faculty.

τάλιρο, το [taleero] coin of five drachmas.

τάμα, το [tama] βλ **τάξιμο.**

ταμείο, το [tameeo] cashier's office, booking office, cash desk || treasury, pension fund.

ταμίας, ο [tameeas] cashier, teller, treasurer.

ταμιευτήριο, το [tamievteereeo] savings bank.

ταμπακιέρα, η [tambakiera] cigarette case || snuff box.

ταμπέλα, η [tambela] nameplate, bill || registration plate.

ταμπλό, το [tamblo] painting, picture || (αυτοκινήτου) dashboard || switchboard || instrument panel.

ταμπούρλο, το [tambourlo] drum || (παιδικό) side drum.

τανάλια, τα [tanaleea] πλ pliers, tongs, tweezers.

τανκ, το [tank] (στρατ) tank.

τάξη, η [taksee] order, succession, regularity || class, rank, grade || (σχολείου) form || **εντάξει** O.K., all right || **τάξεις** πλ ranks || **πρώτης τάξεως** first-rate, first-class.

ταξί, το [taksee] taxi (cab).

ταξιάρχης, ο [takseearhees] brigadier || (εκκλ) archangel.

ταξιαρχία η [takseearheea] brigade.

ταξιδεύω [takseeðevo] travel, journey.

ταξίδι, το [takseeðee] trip, journey, travel, voyage.

ταξιδιώτης, ο [takseeðeeotees] traveller.

ταξιθέτρια, η [takseethetreea] theatre attendant, usher.

ταξικός [takseekos] class.

ταξίμετρο, το [takseemetro] taximeter.

τάξιμο, το [takseemo] vow, promise.

ταξινομώ [takseenomo] classify, class, arrange || grade.
τάπα, η [tapa] plug, cork, stopper || ~ **στο μεθύσι** dead drunk.
ταπεινός [tapeenos] modest, humble || abject, vile, base.
ταπεινοφροσύνη, η [tapeenofroseenee] humility, modesty.
ταπεινώνομαι [tapeenonome] be humiliated || lower o.s.
ταπεινώνω [tapeenono] humble, humiliate, mortify, embarrass.
ταπέτο, το [tapeto] carpet, rug.
ταπετσαρία, η [tapetsareea] tapestry, wall covering || upholstery.
ταπητουργία, η [tapeetouryeea] carpet-making.
τάραγμα, το [taragma] agitation, shaking.
ταράζω [tarazo] shake || disturb, upset.
ταραμάς, ο [taramas] preserved roe.
ταραξίας, ο [tarakseeas] rowdy person, agitator, noisy person.
ταράτσα, η [taratsa] flat roof, terrace.
ταραχή, η [tarahee] agitation, disturbance || upset.
ταραχοποιός, ο [tarahopeeos] βλ **ταραξίας**.
ταρίφα, η [tareefa] scale of charges, price list, rates.
ταριχεύω [tareehevo] embalm || preserve, cure, smoke.
ταρσανάς, ο [tarsanas] boatbuilder's yard.
τάρταρα, τα [tartara] πλ bowels of the earth.
τασάκι, το [tasakee] saucer || ashtray.
τάση, η [tasee] tension, strain || (ηλεκτ) voltage || (μεταφ) inclination, proclivity, tendency.
τάσι, το [tasee] shallow bowl, goblet.
τάσσομαι [tasome] place o.s. || (μεταφ) support.
τάσσω [taso] place, put || post, set || marshal || assign, fix.
ταυ, το [tav] the letter Τ.
ταυρομαχία, η [tavromaheea] bullfight.
ταύρος, ο [tavros] bull.
ταύτα [tavta] πλ these || **μετά** ~ afterwards.
ταυτίζω [tavteezo] identify, regard as same.
ταυτόσημος [tavtoseemos] equivalent, synonymous.
ταυτότητα, η [tavtoteeta] identity, sameness || identity card.
ταυτόχρονος [tavtohronos] simultaneous.
ταφή, η [tafee] burial, interment.
τάφος, ο [tafos] grave, tomb, vault.
τάφρος, η [tafros] ditch, trench, drain || (οχυρού) moat.
τάχα(τες) [taha(tes)] perhaps, apparently, supposedly || as if.
ταχεία, η [taheea] express train.
ταχίνι, το [taheenee] ground sesame.
ταχυδακτυλουργία, η [taheeðakteelouryeea] conjuring trick, juggling.
ταχυδρομείο, το [taheeðromeeo] post, mail || post office.
ταχυδρομικώς [taheeðromeekos] by post, by mail.
ταχυδρόμος, ο [taheeðromos] postman.
ταχυδρομώ [taheeðromo] mail, post.
ταχύνω [taheeno] quicken, speed up, accelerate || hasten, push forward.
ταχυπαλμία, η [taheepalmeea] palpitation.
ταχύς [tahees] quick, brisk, rapid, fleet, swift, fast || prompt, speedy.

ταχύτητα, η [taheeteeta] swiftness, speed, rapidity || promptness || velocity, rate.

ταψί, το [tapsee] large shallow baking pan.

τέζα [teza] stretched, spread, tight || **έμεινε** ~ he kicked the bucket (*col*) || ~ **στο μεθύσι** dead drunk.

τεθλασμένη, η [tethlasmenee] zigzag line, broken line.

τεθλασμένος [tethlasmenos] broken.

τεθλιμμένος [tethleemenos] grief-stricken, heartbroken.

τείνω [teeno] tighten, stretch out || strain || tend (to), lead (to), be inclined (to).

τείχος, το [teehos] wall, high wall.

τεκμήριο, το [tekmeereeo] sign, token, mark, clue, indication.

τεκτονισμός, ο [tektoneesmos] freemasonry.

τελάρο, το [telaro] embroidery frame || (θύρας) doorframe || (πίνακα) frame.

τελεία, η [teleea] full stop || **άνω** ~ semicolon.

τελειοποιώ [teleeopeeo] perfect, improve, make better.

τέλειος [teleeos] perfect, faultless || ideal || accomplished.

τελειότητα, η [teleeoteeta] perfection, faultlessness.

τελειόφοιτος [teleeofeetos] final-year (student) || graduate.

τελειωμός, ο [teleeomos] end, finish || **τελειωμό δεν έχει** it is interminable, it is inexhaustible.

τελειώνω [teleeono] exhaust, finish up || end, conclude, finish || (μεταφ) die, be exhausted.

τελείως [teleeos] faultlessly, perfectly || completely, fully, entirely, utterly.

τελειωτικός [teleeoteekos] definitive, decisive, final, conclusive.

τελεσίγραφο, το [teleseegrafo] ultimatum.

τελεσίδικος [teleseeðeekos] final, irrevocable, decisive.

τέλεση, η [telesee] ceremony || perpetration || completion.

τελετάρχης, ο [teletarhees] master of ceremonies.

τελετή, η [teletee] celebration, rite || feast, festival.

τελευταίος [televteos] last || most recent.

τελευταίως [televteos] of late, recently.

τέλι, το [telee] thin wire.

τελικά [teleeka] in the end, finally.

τέλμα, το [telma] swamp, marsh, bog.

τέλος, το [telos] end || (φόρος) tax, duty || expiration, close || ~ **πάντων** after all, at all events, finally || **επί τέλους** at last, at long last || **στο** ~ at the end, finally || **εν τέλει** in the end, finally.

τελούμαι [teloume] happen, take place.

τελωνείο, το [teloneeo] customs house.

τελώνης, ο [telonees] customs officer.

τεμαχίζω [temaheezo] cut into pieces, separate, break up.

τεμάχιο, το [temaheeon] piece, parcel, bit, fragment, chunk.

τέμενος, το [temenos] temple, shrine, mosque, house of worship.

τέμνω [temno] cut, divide, open.

τεμπέλης [tembelees] lazy, indolent, idle.

τεμπελιάζω [tembeleeazo] loaf, get lazy, idle.

τέμπλο, το [templo] iconostasis, reredos.

τενεκεδένιος [tenekeðeneeos] made of tin.

τενεκές, ο [tenekes] tin || large can || (μεταφ) good-for-nothing.

τένις, το [tenees] tennis.
τένοντας, ο [tenontas] tendon.
τενόρος, ο [tenoros] tenor.
τέντα, η [tenta] tent || marquee.
τέντζερες, ο [tendzeres] cooking pot, kettle, casserole.
τεντώνω [tentono] stretch, tighten, bend || (μεταφ) strain.
τέρας, το [teras] monster, abortion, freak || (μεταφ) terror.
τεράστιος [terasteeos] prodigious, enormous, huge, vast.
τερατούργημα, το [teratouryeema] monstrosity || atrocious deed.
τερατώδης [teratoðees] prodigious, monstrous || ugly, frightful.
τέρμα, το [terma] extremity, terminus, end || (αθλητ) goal.
τερματίζω [termateezo] finish, put an end to, terminate, end.
τερματικό, το [termateeko] computer terminal.
τερματοφύλακας, ο [termatofeelakas] goalkeeper.
τερπνός [terpnos] delightful, agreeable, pleasing.
τερτίπι, το [terteepee] trick.
τέρψη, η [terpsee] delight, pleasure, amusement.
τέσσαρα [tessara] four || **με τα ~** on all fours.
τέσσερις [tesserees] four.
τεταμένος [tetamenos] stretched, extended, strained.
τέτανος, ο [tetanos] tetanus.
Τετάρτη, η [tetartee] Wednesday.
τέταρτο, το [tetarto] quarter of an hour || quarto.
τέταρτος [tetartos] fourth.
τετελεσμένος [tetelesmenos] accomplished, achieved, done || **τετελεσμένο γεγονός** fait accompli || **~ μέλλων** (γραμμ) future perfect tense.
τέτοιος [teteeos] similar, alike, such || **ο ~** what's-his-name.
τετραγωνικός [tetragoneekos] square, quadrangular.
τετράγωνο, το [tetragono] (γεωμ) square, quadrangle || (πόλης) block.
τετράγωνος [tetragonos] square || (μεταφ) well-grounded, reasonable.
τετράδιο, το [tetraðeeo] exercise book, copybook.
τετρακόσιοι [tetrakosiee] four hundred.
τετράπαχος [tetrapahos] very stout, very fat, corpulent.
τετραπέρατος [tetraperatos] very clever, shrewd.
τετραπλάσιος [tetraplaseeos] four times as much.
τετράποδο, το [tetrapoðo] quadruped || (μεταφ) beast, brute.
τετράδα, η [tetraða] set of four.
τετράτροχος [tetratrohos] four-wheeled.
τετριμμένος [tetreemenos] worn-out || (μεταφ) hackneyed.
τεύτλο, το [tevtlo] beetroot, beet.
τεύχος, το [tevhos] issue (*of a publication*).
τέφρα, η [tefra] ashes, cinders.
τεφτέρι, το [tefteree] notebook || account book.
τέχνες, οι [tehnes] πλ: **καλές ~** fine arts.
τέχνασμα, το [tehnasma] ruse, artifice, trick, device.
τέχνη, η [tehnee] art || profession || dexterity || (πολεμική) stratagem.
τεχνητός [tehneetos] sham, false, artificial || simulated, affected.
τεχνική, η [tehneekee] technique, means.
τεχνικός [tehneekos] technical, professional || (ουσ) technician.
τεχνίτης, ο [tehneetees] professional, craftsman || technician, mechanic || (μεταφ) specialist, expert.
τεχνολογία, η [tehnoloyeea]

technology || (γραμμ) grammatical analysis.

τεχνοτροπία, η [tehnotropeea] artistic style.

τέως [teos] formerly, former, late || **ο ~ πρόεδρος** the ex-president.

τζάκι, το [dzakee] fireplace || heating range.

τζάμι, το [dzamee] window pane, pane of glass.

τζαμί, το [dzamee] mosque.

τζάμπα [dzamba] free, gratis, for nothing || to no purpose, wantonly.

τζαναμπέτης, ο [dzanambetees] peevish person || wicked person.

τζελατίνα, η [dzelateena] gelatine || celluloid holder.

τζίρος, ο [dzeeros] business turnover.

τζίτζικας, ο [dzeedzeekas] cicada.

τζίφρα, η [dzeefra] cipher || initial, monogram.

τζόγος, ο [dzogos] gambling.

τζόκεϋ, ο [dzokey] jockey.

τήβεννος, η [teevenos] toga || gown, robe.

τηγανητός [teeganeetos] fried.

τηγάνι, το [teeganee] frying pan.

τηγανίζω [teeganeezo] fry.

τήκομαι [teekome] thaw, melt || wither, pine, languish.

τήκω [teeko] melt, thaw.

τηλεβόας, ο [teelevoas] loudhailer, loudspeaker.

τηλεβόλο, το [teelevolo] cannon.

τηλεγράφημα, το [teelegrafeema] telegram, cable.

τηλέγραφος, ο [teelegrafos] telegraph.

τηλεγραφώ [teelegrafo] telegraph, wire.

τηλεόραση, η [teeleorasee] television.

τηλεπάθεια, η [teelepatheea] telepathy.

τηλεπικοινωνία, η [teelepeekeenoneea] telecommunications.

τηλεσκόπιο, το [teeleskopeeo] telescope.

τηλεφώνημα, το [teelefoneema] telephone call.

τηλεφωνητής, ο [teelefoneetees] telephone operator.

τηλέφωνο, το [teelefono] telephone, phone.

τηλεφωνώ [teelefono] telephone, call up.

τήξη, η [teeksee] melting, thawing || casting.

τήρηση, η [teereesee] observance || maintenance, keeping.

τηρώ [teero] keep, observe, follow, maintain.

τι [tee] what || what, how.

τι [tee] something || a bit.

τίγρη, η [teegree] tiger, tigress.

τιθασεύω [teethasevo] tame, domesticate.

τίθεμαι [teetheme] be arranged, be placed, be imposed.

τίλιο, το [teeleeo] infusion of lime flowers.

τιμαλφή, τα [teemalfee] πλ jewellery, jewels.

τιμάριθμος, ο [teemareethmos] cost of living.

τιμή, η [teemee] respect, honour || rate, price || value, worth.

τίμημα, το [teemeema] cost, price || value.

τιμητικός [teemeeteekos] honorary || honouring.

τίμιος [teemeeos] honest, upright || precious, valuable.

τιμιότητα, η [teemeeoteeta] honesty.

τιμοκατάλογος, ο [teemokatalogos] price list, tariff.

τιμολόγιο, το [teemoloyo] invoice, bill.

τιμόνι, το [teemonee] helm, rudder || tiller, wheel || (αυτοκινήτου) steering wheel || (ποδηλάτου) handlebars.

τιμονιέρης, ο [teemonierees] steersman, helmsman.

τιμώ [teemo] honour, respect, venerate, do honour to.

τιμώμαι [teemome] cost, be worth || be honoured.

τιμωρία, η [teemoreea] punishment, chastisement, penalty.

τιμωρώ [teemoro] punish, chastise || fine.

τινάζομαι [teenazome] leap, spring, start || brush one's clothes.

τινάζω [teenazo] shake off, shake || (πετώ) hurl, toss || (φτερουγίζω) flap || ~ **στον αέρα** blow up.

τίποτα [teepota] any, anything || nothing || ~! don't mention it!, forget it!

τιποτένιος [teepoteneeos] mean, trivial, trifling, worthless.

τιράντες, οι [teerantes] πλ pair of braces.

τιρμπουσόν, το [teermbouson] corkscrew.

τίτλος, ο [teetlos] title, right, claim || certificate.

τιτλοφορώ [teetloforo] entitle, confer a title.

τμήμα, το [tmeema] part, segment, section || (υπουργείου) branch, department || (αστυνομίας) police station.

τμηματάρχης, ο [tmeematarhees] chief of a department.

το [to] the || it.

τοιούτος [teeoutos] such || (μεταφ) homosexual.

τοιχογραφία, η [teehografeea] fresco, wall painting.

τοιχοκόλληση, η [teehokoleesee] bill posting, bill sticking.

τοίχος, ο [teehos] wall.

τοίχωμα, το [teehoma] inner wall, partition wall || inner surface.

τοκετός, ο [toketos] childbirth, confinement.

τοκίζω [tokeezo] lend at interest, invest.

τοκογλύφος, ο [tokogleefos] usurer.

τοκομερίδιο, το [tokomereeδeeo] dividend coupon.

τόκος, ο [tokos] interest, rate.

τόλμη, η [tolmee] daring, audacity.

τολμηρός [tolmeeros] bold, courageous, daring, venturesome.

τολμώ [tolmo] dare, risk, hazard.

τομάρι, το [tomaree] hide, skin, leather.

τομέας, ο [tomeas] sector || incisor, chisel.

τομή, η [tomee] cut, gash, incision || (διαγράμματος) section.

τόμος, ο [tomos] volume, tome.

τονίζω [toneezo] accent || accentuate, stress, lay emphasis on || tone up.

τονισμός, ο [toneesmos] accentuation || emphasizing.

τόνος, ο [tonos] ton || (ψάρι) tuna fish || accent, tone || (γραμμ) accent || (μουσ) key || **μιλώ με τόνο** raise one's voice || **δίνω ~ σε** brighten up.

τονώνω [tonono] fortify, invigorate, brace up.

τονωτικός [tonoteekos] bracing, invigorating, tonic.

τοξικομανής, ο, η [tokseekomanees] drug addict.

τοξικός [tokseekos] toxic || poisonous.

τοξοειδής [toksoeeδees] bowed, arched, curved, bow-shaped.

τόξο, το [tokso] bow || (κτιρίου) arch || (γεωμ) arc, curve.

τοπίο, το [topeeo] landscape || site, locality.

τόπι, το [topee] ball || (υφάσματος) roll of cloth || (κανονιού) cannonball.

τοπικός [topeekos] local.
τοπογραφία, η [topografeea] topography.
τοποθεσία, η [topotheseea] location, site, position, place.
τοποθέτηση, η [topotheteesee] putting, placing || (οικον) investment, investing.
τοποθετώ [topotheto] place, set, put || (οικον) invest.
τόπος, ο [topos] place, position, site || (χώρα) country || (χώρος) space, room || (μαθημ) locus || **πιάνω τόπο** have effect, be of use || **έμεινε στον τόπο** he died suddenly.
τοπωνυμία, η [toponeemeea] place name.
τορνευτός [tornevtos] well-turned, turned.
τορνεύω [tornevo] turn a lathe, work a lathe || (μεταφ) give fine shape to.
τόρνος, ο [tornos] lathe.
τορπίλη, η [torpeelee] torpedo.
τορπιλίζω [torpeeleezo] torpedo.
τόσο [toso] so much || ~ ... **όσο** as much ... as, both ... and || **όχι και** ~ not so much.
τόσος [tosos] so big, so large, so great || so much, so many || ~ **δα** very little, very small, only so small || **άλλοι τόσοι** as many again || **κάθε τόσο** every now and again || **εκατόν τόσα** a hundred odd.
τότε [tote] then, at that time || in that case, therefore, thereupon || ~ **που** when.
τουαλέτα, η [toualeta] toilet || (γυναίκας) dress || (αίθουσα) dressing room || (τραπέζι) dressing table || (αποχωρητήριο) lavatory.
τούβλο, το [touvlo] brick || (μεταφ) simpleton.
τουλάχιστον [toulaheeston] at least, at all events.
τούλι, το [toulee] tulle.
τουλίπα, η [touleepa] tulip.
τουλούμι, το [touloumee] goatskin bottle || **βρέχει με το** ~ it's raining cats and dogs.
τούμπα, η [toumba] somersault, fall || mound || **κάνω τούμπες κοωτοω** fall head over heels.
τούμπανο, το [toumbano] drum.
τουμπάρω [toumbaro] overturn, upset || (μεταφ) persuade || reverse.
τουναντίο(ν) [tounanteeo(n)] on the contrary.
τουπέ, το [toupe] cheek, audacity, nerve.
τουρισμός, ο [toureesmos] tourism, touring.
τουρίστας, ο [toureestas] tourist.
Τουρκία, η [tourkeea] Turkey.
τουρκικός [tourkeekos] Turkish.
τουρκοκρατία, η [tourkokrateea] Turkish domination of Greece.
Τούρκος, ο [tourkos] Turk || **γίνομαι** ~ get angry.
τουρλώνω [tourlono] pile up || swell out, become round.
τουρλωτός [tourlotos] piled up || rounded, bulging.
τουρνέ, η [tourne] theatrical tour.
τουρσί, το [toursee] pickle, brine.
τούρτα, η [tourta] gateau, layer cake, tart.
τουρτουρίζω [tourtoureezo] shiver, tremble, shudder.
τούτος [toutos] this one.
τούφα, η [toufa] tuft, bunch, cluster.
τουφέκι, το [toufekee] rifle, musket, gun.
τουφεκιά, η [toufekia] gunshot, rifle shot.
τουφεκίζω [toufekeezo] shoot, fire || execute.
τράβηγμα, το [traveegma] pulling, dragging, tug || (υγρού) drawing off.
τραβώ [travo] pull, drag, heave, haul || ~ **το δρόμο μου** go my own way || (όπλο, χρήματα κτλ) draw || **το τραβάει** he imbibes ||

(απορροφάω) absorb || (τουφεκιά) fire, shoot || (ταχύτητα) reach distance of || (προσελκύω) entice, attract || **δε με τραβάει** it doesn't attract me || (ζητώ) ask for, want || **ο καιρός τραβάει πανωφόρι** the weather calls for a coat || **η καρδιά μου ~ τσιγάρο** I need a smoke || (υποφέρω) undergo, endure, bear || (αμετ) make towards, head for || move on || (συνεχίζω) last, go on || (τσιμπούκι κτλ) suck, draw || **τραβιέμαι** (αμετ) draw back, leave || (εμπόριο) be in demand || (δεν υποφέρεται) it's unbearable.

τραγανίζω [traganeezo] crunch, munch, grind.

τραγανό, το [tragano] cartilage, grist.

τραγανός [traganos] crisp, brittle.

τραγί, το [trayee] kid.

τραγικός [trayeekos] calamitous, tragic || (ποιητής) tragic poet.

τράγος, ο [tragos] goat.

τραγούδι, το [tragouðee] song, air, tune.

τραγουδιστής, ο [tragouðeestees] singer, vocalist.

τραγουδιστός [tragouðeestos] sung || (φωνή) tuneful.

τραγουδώ [tragouðo] sing, chant || (σιγά) hum.

τραγωδία, η [tragoðeea] tragedy.

τραγωδός, ο, η [tragoðos] tragic actor, tragedian, tragic actress.

τραίνο, το [treno] railway train || (επιβατικό) passenger train.

τρακ, το [trak] stage fright.

τρακάρισμα, το [trakareesma] crash, collision || unexpected meeting.

τρακάρω [trakaro] knock against, collide with || meet by accident || (μεταφ) touch for a loan.

τρακατρούκα, η [trakatrouka] firecracker.

τράκο, το [trako], **τράκος, ο** [trakos] collision || (μεταφ) attack, assault.

τρακτέρ, το [trakter] farm tractor.

τραμ, το [tram] tram, tramcar, tramway.

τραμπούκος, ο [tramboukos] out-and-out rascal, scoundrel, rotter.

τρανός [tranos] powerful || large, grand || important, weighty.

τράνταγμα, το [trantagma] jolting, shake, shaking || jolt, jerk.

τραντάζω [trantazo] jolt, shake up and down.

τράπεζα, η [trapeza] table || (εμπορ) bank || **αγία ~** altar.

τραπεζαρία, η [trapezareea] dining room.

τραπέζι, το [trapezee] table || dinner || **στρώνω ~** set the table || **τους είχαμε ~** we invited them to dinner.

τραπεζίτης, ο [trapezeetees] banker || (δόντι) molar.

τραπεζιτικός [trapezeeteekos] banking || (υπάλληλος) bank employee.

τραπεζομάντηλο, το [trapezomanteelo] tablecloth.

τράπουλα, η [trapoula] pack of cards.

τράτα, η [trata] seine || fishing boat.

τρατάρω [trataro] regale || pay for, offer.

τραυλίζω [travleezo] stammer, stutter, lisp.

τραυλός [travlos] stammering, stuttering.

τραύμα, το [travma] wound, hurt, injury || (μεταφ) wound, sore.

τραυματίας, ο [travmateeas] casualty, wounded person.

τραυματίζω [travmateezo] wound, hurt, injure.

τραχεία, η [traheea] trachea, windpipe.

τραχηλιά, η [traheelia] collar, collarette || bib.

τράχηλος, ο [traheelos] neck.
τραχύνω [traheeno] make harsh, make rough || irritate.
τραχύς [trahees] harsh, rough || (στη γεύση) tart, sharp || (στην ακοή) harsh, grating || (χαρακτήρας) sour, crabbed.
τρεις [trees] three.
τρέλα, η [trela] madness, insanity || folly || (ιατρ) mania || (μεταφ) anything pleasing.
τρελαίνομαι [trelenome] go insane || be driven mad || be mad about.
τρελαίνω [treleno] drive mad, bewilder.
τρελοκομείο, το [trelokomeeo] madhouse.
τρελός [trelos] insane, mad || (ουσ) madman || (μωρό) mischievous.
τρεμοσβήνω [tremosveeno] flicker, sparkle.
τρεμούλα, η [tremoula] shivering, trembling || (φωνής) quiver || (από κρύο) shivering || scare.
τρέμω [tremo] tremble || (από κρύο) shiver || (από φόβο) shake || (το φως) flicker, waver || (φωνή) quiver.
τρέξιμο, το [trekseemo] running || (υγρού) flowing || (αίματος) flow, gush.
τρέπω [trepo] change, convert || turn, translate || ~ **δε φυγή** put to flight.
τρέφω [trefo] nourish, nurture || (ελπίδα) cherish, foster || (γένια) grow || support, keep.
τρεχάλα, η [trehala] running || (σαν επίρ) at full speed.
τρεχάματα, τα [trehamata] πλ running about || (μεταφ) cares.
τρεχάμενος [trehamenos] running.
τρεχαντήρι, το [trehanteeree] small sailing boat.
τρεχάτος [trehatos] running, hasty.
τρέχω [treho] run, race, hurry || (για υγρά) flow || leak || **τι τρέχει;** what's happening?, what's the matter?
τρεχούμενος [trehoumenos] (λογαριασμός) current.
τρία [treea] three.
τριάδα, η [treeaða] trinity || trio.
τρίαινα, η [triena] trident.
τριακόσιοι [treeakosiee] three hundred.
τριανδρία, η [treeanðreea] triumvirate.
τριάντα [treeanta] thirty.
τριαντάφυλλο, το [treeantafeelo] rose.
τριάρι, το [treearee] figure 3 || three at cards || (διαμέρισμα) three-room apartment.
τριάδα, η [treeaða] trinity || trio.
τριβή, η [treevee] friction, chafing, rubbing || wear and tear || (μεταφ) practice, use, experience.
τρίβομαι [treevome] wear out || disintegrate || (μεταφ) get experienced, get practice in.
τρίβω [treevo] rub || polish up || grate || (το σώμα) massage.
τριγμός, ο [treegmos] crackling, creaking || (δοντιών) grinding, gnashing.
τριγυρίζω [treeyeereezo], **τριγυρνώ** [treeyeerno] encircle || roam, hang about.
τριγωνικός [treegoneekos] triangular.
τριγωνομετρία, η [treegonometreea] trigonometry.
τρίγωνο, το [treegono] triangle.
τρίδυμα, τα [treeðeema] πλ triplets.
τριετής [trietees] of three years || (ηλικία) three years old || (φοιτητής) third-year.
τρίζω [treezo] crackle, crack, creak, squeak || (δόντια) grind, gnash, grit.
τριήρης, η [trieerees] trireme.
τρικαντό, το [treekanto] three-cornered hat, cocked hat.

τρικλίζω [treekleezo] stagger, totter, wobble, reel.
τρίκλωνος [treeklonos] three-stranded.
τρικούβερτος [treekouvertos] (μεταφ) splendid, terrific, wonderful.
τρικυμία, η [treekeemeea] storm, tempest, hurricane.
τρικυμιώδης [treekeemeeoδees] stormy, tempestuous, rough.
τρίλια, η [treeleea] trill.
τριμελής [treemelees] of three members.
τριμερής [treemerees] tripartite.
τριμηνία, η [treemeeneea] quarter of a year || quarter's rent.
τριμηνιαίος [treemeenieos] of three months, quarterly.
τρίμηνο, το [treemeeno] βλ **τριμηνία**.
τρίμηνος [treemeenos] βλ **τριμηνιαίος**.
τρίμμα, το [treema] fragment, morse, chip, particle.
τριμμένος [treemenos] showing signs of wear and tear || ground.
τρίξιμο, το [treekseemo] gnashing, grinding.
τρίπατος [treepatos] three-storeyed.
τριπλασιάζω [treeplaseeazo] treble, triple, triplicate.
τριπλάσιος [treeplaseeos] threefold, triple, treble.
τριποδίζω [treepoδeezo] trot.
τρίποδο, το [treepoδo] tripod || easel || three-legged support.
τρίπτυχο, το [treepteeho] triptych.
τρισδιάστατος [treesδeeastatos] three-dimensional.
τρισέγγονο, το [treesengono] great-great-grandchild.
τρισκατάρατος [treeskataratos] thrice-cursed || abominable.
Τρίτη, η [treetee] Tuesday.
τρίτο, το [treeto] third || (επίρ) thirdly.
τρίτος [treetos] third || third-party.
τρίφτης, ο [treeftees] grater, rasp.
τριφύλλι, το [treefeelee] clover, trefoil.
τρίχα, η [treeha] hair || bristle || fur || **στην** ~ spruced up || **παρά** ~ nearly.
τρίχες, οι [treehes] πλ nonsense, rubbish.
τριχιά, η [treehia] rope.
τριχοειδής [treehoeeδees] capillary.
τρίχωμα, το [treehoma] fur || (σώματος) hair.
τριχωτός [treehotos] hairy, shaggy.
τρίψιμο, το [treepseemo] chafing, massage, rubbing, friction || (στίλβωμα) polishing || grating, grinding, crushing.
τρίωρος [treeoros] of three hours.
τρόλλεϋ, το [troley] trolley bus.
τρόμαγμα, το [tromagma] fright, scare.
τρομάζω [tromazo] terrify, frighten || get scared.
τρομακτικός [tromakteekos] fearful, awful, frightening || (μεταφ) terrific.
τρομάρα, η [tromara] dread, fright, fear.
τρομερός [tromeros] terrible, dreadful, frightful || (μεταφ) terrific, astonishing.
τρομοκρατία, η [tromokrateea] terrorism || terror.
τρομοκρατώ [tromokrato] terrorize.
τρόμος, ο [tromos] trembling, shaking || dread, fright.
τρόμπα, η [trompa] pump.
τρομπέτα, η [trompeta] trumpet.
τρομπόνι, το [tromponee] trombone.
τρόπαιο, το [tropeo] trophy || triumph.

τροπάριο, το [tropareeo] (εκκλ) hymn || (μεταφ) same old refrain.
τροπή, η [tropee] change || turn || (μαθημ) conversion.
τροπικός [tropeekos] tropical || (γραμμ) of manner.
τροπολογία, η [tropoloyeea] amendment, alteration, change, modification.
τροποποίηση, η [tropopieesee] modification, alteration, change.
τρόποι, οι [tropee] πλ manners, behaviour.
τρόπος, ο [tropos] way, manner, method || behaviour, conduct || (μουσ) mode || ~ **του λέγειν** so to speak.
τρούλλος, ο [troulos] dome, cupola.
τρουλλωτός [troulotos] domed, dome-shaped.
τροφή, η [trofee] food, nutrition || (ζώων) pasture, fodder || sustenance.
τρόφιμα, τα [trofeema] πλ provisions, food, victuals.
τρόφιμος, ο, η [trofeemos] lodger, boarder || paying guest || inmate || (μεταφ) nursling.
τροφοδοσία, η [trofoðoseea] provisioning, supplying || supply.
τροφοδότης, ο [trofoðotees] caterer, purveyor, provider, supplier.
τροφοδοτώ [trofoðoto] feed, provision, keep supplied, supply, serve.
τροχάδην [trohaðeen] hurriedly, hastily, at full speed || (μεταφ) fluently.
τροχαία [trohea]: ~ **κίνηση** traffic || **η** ~ traffic police.
τροχαίο [troheo]: ~ **υλικό** rolling stock.
τροχαίος, ο [troheos] trochee || (επίθ) wheeled, rolling.
τροχαλία, η [trohaleea] pulley, block.
τροχιά, η [trohia] track, groove, rut || (σιδηροδρόμου) track, rail || (δορυφόρου κτλ) orbit, trajectory.
τροχίζω [troheezo] sharpen, whet, grind || (μεταφ) train, exercise.
τρόχισμα, το [troheesma] sharpening, whetting, grinding || (μεταφ) exercising.
τροχονόμος, ο [trohonomos] traffic policeman.
τροχοπέδη, η [trohopeðee] brake, skid, wheel brake.
τροχός, ο [trohos] wheel || grindstone, whetstone.
τροχοφόρο, το [trohoforo] vehicle.
τρυγητής, ο [treeyeetees] grape harvester, vintager.
τρύγητός, ο [treeyeetos] grape harvest, vintage.
τρυγόνι, το [treegonee] turtledove.
τρύγος, ο [treegos] βλ **τρυγητός**.
τρυγώ [treego] gather grapes || (μεταφ) loot, fleece.
τρύπα, η [treepa] hole || (βελόνας) eye || (μεταφ) den, lair.
τρυπάνι, το [treepanee] drill, drilling machine.
τρύπημα, το [treepeema] perforating, boring, piercing || prick, punch.
τρυπητήρι, το [treepeeteeree] awl, punch, drill.
τρυπητό, το [treepeeto] strainer, colander.
τρύπιος [treepeeos] with holes, perforated, holed, riddled.
τρυπητός [treepeetos] perforated, holed, riddled.
τρυπώ [treepo] bore, make a hole, pierce || prick, punch.
τρυπώνω [treepono] hide, conceal || squeeze in || take refuge.
τρυφερός [treeferos] tender, soft || affectionate, affable, mild.

τρυφερότητα, η [treeferoteeta] tenderness, softness || affection, kindness.
τρώγλη, η [troglee] hole, lair, den || hovel, shack.
τρώγομαι [trogome] be edible || (μεταφ) be tolerable || **τρώγονται** they are quarrelling.
τρώγω [trogo] eat, bite || **με τρώει** it itches || ~ **ξύλο** get a beating || ~ **το κόσμο** look everywhere.
τρωκτικό, το [trokteeko] rodent.
τρωτός [trotos] vulnerable.
τρώω [troo] βλ **τρώγω.**
τσαγιέρα, η [tsayera] teapot.
τσαγκάρης, ο [tsangarees] shoemaker.
τσάι, το [tsaee] tea.
τσακάλι, το [tsakalee] jackal.
τσακίζομαι [tsakeezome] strive, struggle || (διπλώνω) fold.
τσακίζω [tsakeezo] break, shatter, smash || (μεταφ) weaken, wear out, enfeeble.
τσάκιση, η [tsakeesee] crease, pleat.
τσάκισμα, το [tsakeesma] breaking, shattering, smashing.
τσακμάκι, το [tsakmakee] tinderbox || cigarette lighter.
τσάκωμα, το [tsakoma] seizing, catching || quarrelling, dispute.
τσακώνομαι [tsakonome] quarrel.
τσακώνω [tsakono] catch in the act.
τσαλαβουτώ [tsalavouto] flounder, wallow, splash about || (μεταφ) do a sloppy job.
τσαλακώνω [tsalakono] crease, crumple, wrinkle.
τσαλαπατώ [tsalapato] trample underfoot, tread over.
τσαμπί, το [tsambee] bunch (of grapes), cluster.
τσάντα, η [tsanta] pouch || handbag || briefcase || (ψωνίσματος) shopping bag || (ταχυδρόμου) satchel.
τσάπα, η [tsapa] hoe, pickaxe.
τσαπατσούλης [tsapatsoulees] untidy in one's work.
τσαπί, το [tsapee] βλ **τσάπα.**
τσάρκα, η [tsarka] walk, promenade, stroll.
τσαρούχι, το [tsarouhee] rustic shoe with pompom.
τσατσάρα, η [tsatsara] comb.
τσαχπινιά, η [tsahpeenia] coquetry, roguery, trickery.
τσεκ, το [tsek] cheque || check (*US*).
τσεκούρι, το [tsekouree] axe, hatchet.
τσέλιγκας, ο [tseleengas] chief shepherd.
τσεμπέρι, το [tsemberee] kerchief, veil.
τσέπη, η [tsepee] pocket || pocketful.
τσεπώνω [tsepono] pocket || (μεταφ) filch, swipe.
τσευδίζω [tsevðeezo] lisp, stammer, falter.
τσευδός [tsevðos] lisping, stammering.
τσεχικός [tseheekos] Czech.
Τσέχος, ο [tsehos] Czech.
Τσεχοσλοβακία, η [tsehoslovakeea] Czechoslovakia.
τσιγαρίζω [tseegareezo] fry lightly, brown, roast brown.
τσιγάρο, το [tseegaro] cigarette.
τσιγαροθήκη, η [tseegarotheekee] cigarette case.
τσιγαρόχαρτο, το [tseegaroharto] tissue paper.
τσιγγάνος, ο [tseenganos] gipsy.
τσιγγούνης [tseengounees] miserly, stingy || (ουσ) miser.
τσιγκέλι, το [tseengelee] meat hook.
τσιγκλώ [tseenglo] goad, prick, spur.
τσίγκος, ο [tseengos] zinc.
τσίκνα, η [tseekna] smell of burning meat.

τσικνίζω [tseekneezo] scorch, burn || have a burnt smell.
τσικουδιά, η [tseekouðia] terebinth || (ποτό) kind of spirit.
τσίμα [tseema]: ~ ~ scarcely || on the brink of.
τσιμέντο, το [tseemento] cement.
τσιμουδιά, η [tseemouðia]: **δεν έβγαλε** ~ he remained speechless || ~! not a word!, mum's the word!
τσίμπημα, το [tseembeema] prick, sting, pinch || bite, peck.
τσιμπιά, η [tseembia] pinch.
τσιμπίδα, η [tseembeeða] nippers, tongs, forceps, pincers.
τσιμπιδάκι, το [tseembeeðakee] tweezers || hairclip.
τσίμπλα, η [tseembla] mucus of eyes.
τσιμπούκι, το [tseemboukee] tobacco pipe.
τσιμπούρι, το [tseembouree] (έντομο) tick || (μεταφ) troublesome *or* bothersome person, pest.
τσιμπούσι, το [tseembousee] spread, repast, regalement, feast.
τσιμπώ [tseembo] prick, pinch, sting || (δαγκώνω) bite, peck || (φαγητό) nibble || (μεταφ) cadge || (συλλαμβάνω) seize, collar.
τσίνορο, το [tseenoro] eyelash.
τσίπα, η [tseepa] thin skin, crust || (μεταφ) shame.
τσιπούρα, η [tseepoura] gilthead.
τσίπουρο, το [tseepouro] kind of spirit.
τσιρίζω [tseereezo] screech, shriek, scream.
τσίρκο, το [tseerko] circus.
τσίρλα, η [tseerla] diarrhoea.
τσίρος, ο [tseeros] dried mackerel || (μεταφ) skinny person.
τσιρότο, το [tseeroto] sticking plaster.
τσίτα [tseeta] very tight || ~ ~ scarcely.
τσιτσίδι [tseetseeðee] stark naked.
τσιτσιρίζω [tseetseereezo] sizzle.
τσιτώνω [tseetono] stretch, tighten, strain.
τσιφλίκι, το [tseefleekee] large country estate, farm, ranch.
τσίχλα, η [tseehla] thrush || (αδύνατος) skinny person.
τσόκαρο, το [tsokaro] wooden shoe.
τσολιάς, ο [tsolias] evzone, kilted soldier.
τσο(μ)πάνης, ο [tso(m)panees] shepherd.
τσοντάρω [tsontaro] join on.
τσουβάλι, το [tsouvalee] sackful || sack.
τσουγκράνα, η [tsoungrana] rake.
τσουγκρανίζω [tsoungraneezo] scratch, rake.
τσουγκρίζω [tsoungreezo] strike against || clink glasses, touch glasses.
τσούζω [tsouzo] smart, sting, hurt.
τσουκάλι, το [tsoukalee] jug, pot || chamberpot.
τσουκνίδα, η [tsoukneeða] nettle.
τσούλα, η [tsoula] loose-living woman, whore.
τσουλάω [tsoulao] slip along, slide along || (όχημα) push.
τσουλούφι, το [tsouloufee] lock of hair.
τσουρέκι, το [tsourekee] bun, brioche.
τσούρμο, το [tsourmo] throng || band, troop.
τσουρουφλίζω [tsouroufleezo] grill brown, scorch.
τσουχτερός [tsouhteros] keen, smart, sharp || (κρύο) biting || harsh.
τσούχτρα, η [tsouhtra] jellyfish.
τσόφλι, το [tsoflee] shell || rind.
τσόχα, η [tsoha] felt.
τυγχάνω [teenghano] happen to be || obtain, attain.
τύλιγμα, το [teeleegma] winding, rolling, coiling, wrapping.

τυλίγω [teeleego] roll up, wind, coil || wrap up, fold round, twist.
τυλώνω [teelono] fill up.
τύμβος, ο [teemvos] grave, tomb.
τύμπανο, το [teembano] drum, tambour || (αυτιού) || eardrum || tympanum.
Τυνησία, η [teeneeseea] Tunisia.
τυνησιακός [teeneeseeakos] Tunisian.
Τυνήσιος, ο [teeneeseeos] Tunisian.
τυπικός [teepeekos] usual, conventional || typical.
τυπικότητα, η [teepeekoteeta] formality.
τυπογραφείο, το [teepografeeo] printing press, printer's.
τυπογραφία, η [teepografeea] printing.
τυπογράφος, ο [teepografos] printer.
τύποι, οι [teepee] πλ conventions, form.
τυποποίηση, η [teepopieesee] standardization.
τύπος, ο [teepos] print, imprint, stamp || (καλούπι) mould, matrix, form || (υπόδειγμα) model, type || (συμπεριφοράς) formality, rule of procedure || (οικίας) type, kind of || (μαθημ) formula || (εφημερίδες) the press || (για άνθρωπο) figure, character.
τυπώνω [teepono] print, stamp.
τυραννία, η [teeraneea] tyranny, oppression || torment, torture.
τύραννος, ο [teeranos] oppressor, tyrant.
τυραννώ [teerano] oppress || torture, harass.
τυρί, το [teeree] cheese.
τυροκομία, η [teerokomeea] cheese-making.
τυρόπιτα, η [teeropeeta] cheese pie || cheesecake.
τύρφη, η [teerfee] peat.
τύφλα, η [teefla] blindness || ~ **στο μεθύσι** dead drunk.
τυφλοπόντικας, ο [teefloponteekas] mole.
τυφλός [teeflos] blind.
τυφλώνομαι [teeflonome] grow blind, blind o.s.
τυφλώνω [teeflono] blind || (φως) dazzle || (μεταφ) deceive, hoodwink.
τύφος, ο [teefos]: **εξανθηματικός** ~ typhus || **κοιλιακός** ~ typhoid fever.
τυφώνας, ο [teefonas] typhoon, hurricane, cyclone.
τυχαίνω [teeheno] βλ **τυγχάνω.**
τυχαίος [teeheos] casual, fortuitous, chance.
τυχαίως [teeheos] by chance, by accident.
τυχερά [teehera] πλ casual profits, tips, perks.
τυχερό, το [teehero] fortune, destiny.
τυχερός [teeheros] fortunate, lucky.
τύχη, η [teehee] destiny, chance, fortune, lot, fate || (καλή) good luck || **στην** ~ haphazard, at random.
τυχοδιώκτης, ο [teehoδeeoktees] adventurer, opportunist.
τυχόν [teehon] by chance || **τα** ~ **έξοδα** incidental expenses.
τυχών [teehon]: **ο** ~ the first comer, anyone.
τύψη, η [teepsee] remorse, prick of conscience.
τώρα [tora] nowadays, at present, now || this minute || at once.
τωρινός [toreenos] present-day, contemporary, of today.

Υ, υ

ύαινα, η [iena] hyena.
υάκινθος, ο [yakeenthos] hyacinth.
ύαλος, η [eealos] glass.

υαλουργία, η [yalouryeea] glassmaking.
υαλουργός, ο [yalourgos] glassmaker.
υάρδα, η [yarða] yard.
ύβος, ο [eevos] hump.
υβρεολόγιο, το [eevreoloyo] volley of abuse, tirade.
υβρίζω [eevreezo] insult, abuse, swear at.
ύβρη, η [eevree] insult, injury || oath.
υβριστικός [eevreesteekos] insulting, rude.
υγεία, η [eeyeea] health.
υγειονομικός [eeyonomeekos] sanitary.
υγιαίνω [eeyeno] be healthy.
υγιεινός [eeyeenos] healthy || wholesome.
υγιής [eeyees] healthy || (μεταφ) sound.
υγραίνω [eegreno] moisten, dampen, wet.
υγρασία, η [eegraseea] moisture, moistness, humidity.
υγροποιώ [eegropeeo] liquefy.
υγρός [eegros] fluid, liquid || humid, damp || watery.
υδαταγωγός, ο [eeðatagogos] water pipe.
υδατάνθρακας, ο [eeðatanthrakas] carbohydrate.
υδατοστεγής [eeðatosteyees] watertight, waterproof.
υδατοφράκτης, ο [eeðatofraktees] dam, weir.
υδραγωγείο, το [eeðragoyeeo] aqueduct.
υδραντλία, η [eeðrantleea] water pump.
υδράργυρος, ο [eeðraryeeros] mercury, quicksilver.
υδρατμός, ο [eeðratmos] vapour, steam.
υδραυλική, η [eeðravleekee] hydraulics.
υδραυλικός [eeðravleekos] hydraulic || (ουσ) plumber.
ύδρευση, η [eeðrevsee] water supply, drawing of water.
υδρόβιος [eeðroveeos] aquatic.
υδρόγειος, η [eeðroyos] earth.
υδρογόνο, το [eeðrogono] hydrogen.
υδρογραφία, η [eeðrografeea] hydrography.
υδροηλεκτρικός [eeðroeelektreekos] hydroelectric.
υδροκέφαλος [eeðrokefalos] hydrocephalous.
υδροκίνητος [eeðrokeeneetos] waterpowered.
υδροκυάνιο, το [eeðrokeeaneeo] prussic acid.
υδρόμυλος, ο [eeðromeelos] water mill.
υδροπλάνο, το [eeðroplano] seaplane.
υδρορρόη, η [eeðroroee] (στη στέγη) gutter.
υδροστάθμη, η [eeðrostathmee] water level.
υδροστατικός [eeðrostateekos] hydrostatic.
υδροστρόβιλος, ο [eeðrostroveelos] water turbine || whirlpool.
υδροφοβία, η [eeðrofoveea] rabies, hydrophobia.
υδροφόρος [eeðroforos] water-carrying || (ουσ) water carrier.
υδροχαρής [eeðroharees] water-loving.
υδροχλωρικός [eeðrohloreekos] hydrochloric.
υδρόχρωμα, το [eeðrohroma] whitewash.
υδρόψυκτος [eeðropseektos] water-cooled.
υδρωπικία, η [eeðropeekeea] dropsy.
ύδωρ, το [eeðor] water.
υιοθεσία, η [yotheseea] adoption.

υιοθετώ [yotheto] adopt, accept, support.
υιός, ο [yos] son.
ύλη, η [eelee] material, matter, stuff.
υλικό, το [eeleeko] material, stuff || element, ingredient.
υλικός [eeleekos] material, real.
υλισμός, ο [eeleesmos] materialism.
υλιστής, ο [eeleestees] materialist.
υλοτομία, η [eelotomeea] woodcutting, timber-felling.
υμένας, ο [eemenas] membrane || tissue, hymen.
ύμνος, ο [eemnos] hymn || anthem.
υμνώ [eemno] celebrate, praise, eulogize.
υνί, το [eenee] ploughshare.
υπάγομαι [eepagome] belong, be dependent || be answerable.
υπαγόρευση, η [eepagorevsee] dictation || (μεταφ) suggestion.
υπαγορεύω [eepagorevo] dictate || (μεταφ) inspire, suggest.
υπάγω [eepago] go || go under, rank.
υπαίθριος [eepethreeos] outdoor, in the open air || field.
ύπαιθρο, το [eepethro] open air, open country.
ύπαιθρος, η [eepethros] (χώρα) countryside.
υπαινιγμός, ο [eepeneegmos] hint, allusion, intimation.
υπαινίσσομαι [eepeneesome] hint at, allude to.
υπαίτιος [eepeteeos] responsible, culpable.
υπακοή, η [eepakoee] obedience || submission.
υπάκουος [eepakouos] obedient || submissive.
υπακούω [eepakouo] obey.
υπάλληλος, ο, η [eepaleelos] employee, clerk || (υπουργείου) official, functionary || **δημόσιος ~** civil servant, government employee.
υπαξιωματικός, ο [eepakseeomateekos] non-commissioned officer.
υπαρκτός [eeparktos] existent || subsisting || real.
ύπαρξη, η [eeparksee] existence || being, life.
υπαρχηγός, ο [eeparheegos] deputy commander.
υπάρχω [eeparho] exist, be || live || **υπάρχει** there is || **τα υπαρχοντά μου** my possessions, my things.
υπασπιστής, ο [eepaspeestees] aide-de-camp || (στρατ) adjutant.
ύπατος, ο [eepatos] consul || (επίθ) highest, supreme.
υπέδαφος, το [eepeðafos] subsoil.
υπεισέρχομαι [eepeeserhome] enter secretly || glide into.
υπεκφεύγω [eepekfevgo] escape, avoid || slip away.
υπεκφυγή, η [eepekfeeyee] escape, subterfuge || evasion.
υπενθυμίζω [eepentheemeezo] remind of, call to mind || allude to.
υπενοικιάζω [eepeneekeeazo] sublet, rent from a tenant.
υπεξαίρεση, η [eepekseresee] pilfering, taking away.
υπέρ [eeper] over, upwards, above || (για) for, on behalf of || **τα ~ και τα κατά** pros and cons, for and against.
υπεραιμία, η [eeperemeea] excess of blood.
υπεραμύνομαι [eeperameenome] defend, support.
υπεράνθρωπος [eeperanthropos] superhuman || (ουσ) superman.
υπεράνω [eeperano] above, beyond, over.
υπερασπίζομαι [eeperaspeezome] defend o.s.
υπερασπίζω [eeperaspeezo] defend, protect || maintain.

υπεράσπιση, η [eeperaspeesee] defence || protection || the defendants.

υπεραστικός [eeperasteekos] long-distance.

υπερβαίνω [eeperveno] cross, surmount || exceed, go beyond, overdo.

υπερβάλλω [eepervalo] surpass, outdo, exceed || exaggerate, overdo, magnify.

υπέρβαση, η [eepervasee] exceeding || (traffic) violation || trespass.

υπερβολή, η [eepervolee] exaggeration || (γεωμ) hyperbola.

υπερβολικός [eepervoleekos] excessive || exaggerated, exaggerating.

υπέργηρος [eeperyeeros] extremely old, very old.

υπερδιέγερση, η [eeperðieyersee] over-excitement.

υπερένταση, η [eeperentasee] overstrain, overstress.

υπερευαίσθητος [eeperevestheetos] over-sensitive, hypersensitive.

υπερέχω [eepereho] excel, surpass, exceed.

υπερήλικος/κη [eepereeleekas] elderly person, very old person.

υπερηφάνεια, η [eepereefaneea] pride || haughtiness.

υπερηφανεύομαι [eepereefanevome] pride o.s. || be proud.

υπερήφανος [eepereefanos] proud || haughty.

υπερθεματίζω [eeperthemateezo] make higher bid || (μεταφ) outdo.

υπερθετικός [eepertheteekos] superlative.

υπερίπταμαι [eepereeptame] fly over, fly above.

υπερισχύω [eepereesheeo] predominate, prevail over || overcome, triumph.

υπεριώδης [eepereeoðees] ultraviolet.

υπερκόπωση, η [eeperkoposee] overwork, breakdown.

υπέρμαχος, ο, η [eepermahos] champion, defender.

υπέρμετρος [eepermetros] excessive, huge.

υπερνικώ [eeperneeko] overcome || subdue, master.

υπέρογκος [eeperongos] colossal, enormous || outrageous.

υπεροπτικός [eeperopteekos] haughty, presumptuous, arrogant.

υπεροχή, η [eeperohee] superiority, predominance.

υπέροχος [eeperohos] superior, excellent, eminent.

υπεροψία, η [eeperopseea] arrogance, disdain, haughtiness.

υπερπέραν, το [eeperperan] the beyond, afterlife.

υπερπηδώ [eeperpeeðo] surmount || jump over.

υπερπόντιος [eeperponteeos] overseas || transmarine.

υπέρταση, η [eepertasee] high blood pressure.

υπέρτατος [eepertatos] highest, greatest, supreme.

υπερτερώ [eepertero] excel, exceed, surpass || outnumber.

υπερτίμηση, η [eeperteemeesee] overestimation || (οικ) rise in price, increase in value.

υπερτιμώ [eeperteemo] overvalue, overestimate || (οικ) raise price of.

υπερτροφία, η [eepertrofeea] (ιατρ) hypertrophy.

υπέρυθροι [eepereethree] πλ: ~ **ακτίνες** infrared rays.

υπέρυθρος [eepereethros] reddish.

υπερύψηλος [eepereepseelos] very high, exceedingly high.

υπερυψώνω [eepereepsono] raise up || exalt.
υπερφυσικός [eeperfeeseekos] supernatural || (μεταφ) extraordinary, prodigious.
υπερωκεάνειο, το [eeperokeaneeo] liner.
υπερωρία, η [eeperoreea] overtime.
υπεύθυνος [eepevtheenos] responsible, answerable.
υπήκοος [eepeekoos] submissive, obedient || (ουσ) subject of state.
υπηκοότητα, η [eepeekooteeta] nationality, citizenship.
υπηρεσία, η [eepeereseea] service, attendance || duty, employ || (οικίας) domestic servant.
υπηρεσιακή [eepeereseeakee]: ~ **κυβέρνηση** caretaker government.
υπηρεσιακός [eepeereseeakos] of service.
υπηρέτης, ο [eepeeretees] servant.
υπηρέτρια, η [eepeeretreea] maid.
υπηρετώ [eepeereto] serve || do one's military service.
υπναλέος [eepnaleos] drowsy, sleepy.
υπναράς, ο [eepnaras] person who enjoys sleeping.
υπνοβάτης, ο [eepnovatees] sleepwalker.
ύπνος, ο [eepnos] sleep.
ύπνωση, η [eepnosee] hypnosis.
υπνωτίζω [eepnoteezo] hypnotize.
υπνωτικό, το [eepnoteeko] soporific drug, sleeping pill.
υπνωτισμός, ο [eepnoteesmos] hypnotism.
υπό [eepo] below, beneath || (μέσο) by, with.
υπόβαθρο, το [eepovathro] base, pedestal, stand.
υποβάλλω [eepovalo] submit, hand in || (υποτάσσω) subject || suggest, propose.
υποβαστάζω [eepovastazo] support, prop up, bear.
υποβιβάζω [eepoveevazo] lower || reduce, diminish || demote.
υποβλέπω [eepovlepo] suspect || cast glances at, leer.
υποβλητικός [eepovleeteekos] evocative.
υποβοηθώ [eepovoeetho] assist, back up, support.
υποβολέας, ο [eepovoleas] prompter || instigator.
υποβολή, η [eepovolee] submission, presentation || prompting, instigation.
υποβόσκω [eepovosko] smoulder || lie hidden.
υποβρύχιο, το [eepovreeheeo] submarine || (μεταφ) kind of sweet.
υπόγειο, το [eepoyo] basement, cellar.
υπόγειος [eepoyos] underground.
υπογραμμίζω [eepogrameezo] underline, emphasize.
υπογραφή, η [eepografee] signature.
υπογράφω [eepografo] sign || (μεταφ) approve, subscribe.
υποδαυλίζω [eepoðavleezo] fan the flame || (μεταφ) foment, excite.
υποδεέστερος [eepoðeesteros] inferior, lower.
υπόδειγμα, το [eepoðeegma] model, example, specimen || sample.
υποδειγματικός [eepoðeegmateekos] exemplary, representative.
υποδεικνύω [eepoðeekneeo] indicate || suggest, propose.
υπόδειξη, η [eepoðeeksee] indication || recommendation.
υποδέχομαι [eepoðehome] receive, welcome, greet.
υποδηλώ [eepoðeelo] convey, indicate, hint at.
υποδηματοποιείο, το

[eepoðeematopieeo] shoemaker's shop.

υποδιαίρεση, η [eepoðieresee] subdivision.

υποδιαιρώ [eepoðiero] subdivide.

υποδιαστολή, η [eepoðeeastolee] decimal point || (γραμμ) comma.

υποδιευθυντής, ο [eepoðieftheendees] assistant director, vice-principal, deputy manager.

υπόδικος, ο [eepoðeekos] the accused.

υπόδουλος [eepoðoulos] enslaved.

υποδουλώνω [eepoðoulono] subjugate, enslave, subdue.

υποδοχή, η [eepoðohee] reception.

υποδύομαι [eepoðeeome] play the part, assume a role.

υποζύγιο, το [eepozeeyo] beast of burden.

υποθάλπω [eepothalpo] foment || protect, maintain || entertain, harbour.

υπόθεση, η [eepothesee] conjecture, supposition || matter, affair, business || (δικαστηρίου) case, action || (θεατρικού έργου κτλ) subject, plot, matter, theme.

υποθετικός [eepotheteekos] hypothetical, speculative || imaginary || (γραμμ) conditional.

υπόθετο, το [eepotheto] suppository.

υποθέτω [eepotheto] suppose, assume.

υποθηκεύω [eepotheekevo] mortgage.

υποθήκη, η [eepotheekee] mortgage.

υποκαθιστώ [eepokatheesto] replace, substitute.

υποκατάσταση, η [eepokatastasee] replacement, substitution.

υποκατάστημα, το [eepokatasteema] branch office || chain store (*US*).

υπόκειμαι [eepokeeme] be subject, be liable || lie under.

υποκειμενικός [eepokeemeneekos] subjective.

υποκείμενο, το [eepokeemeno] subject || individual || scamp.

υποκινώ [eepokeeno] stir up, excite, incite.

υποκλέπτω [eepoklepto] purloin, pilfer.

υποκλίνομαι [eepokleenome] bow, bend || yield.

υπόκλιση, η [eepokleesee] bow, curtsy.

υποκοριστικό, το [eepokoreesteeko] diminutive.

υπόκοσμος, ο [eepokosmos] underworld.

υποκρίνομαι [eepokreenome] act, play the part of, impersonate || dissemble.

υπόκριση, η [eepokreesee] pretending, acting || dissembling.

υποκρισία, η [eepokreeseea] hypocrisy.

υποκριτής, ο [eepokreetees] actor || hypocrite.

υποκριτικός [eepokreeteekos] feigned, insincere.

υπόκρουση, η [eepokrousee] accompaniment.

υποκύπτω [eepokeepto] bend, submit, succumb || yield.

υπόκωφος [eepokofos] hollow, deep || smothered.

υπόλειμμα, το [eepoleema] residue, remnant, rest.

υπολείπομαι [eepoleepome] be left || be inferior to.

υπόληψη, η [eepoleepsee] esteem || credit, reputation.

υπολογίζω [eepoloyeezo] estimate, calculate || consider.

υπολογισμός, ο [eepoloyeesmos] calculation, estimate || account.

υπολογιστής, ο [eepoloyeestees] : (**ηλεκτρονικός**) ~ computer.
υπόλογος [eepologos] responsible, accountable, liable.
υπόλοιπο, το [eepoleepo] remainder, balance.
υπόλοιπος [eepoleepos] remaining, rest of.
υπολοχαγός, ο [eepolohagos] lieutenant.
υπομένω [eepomeno] endure, tolerate.
υπόμνημα, το [eepomneema] memorandum.
υπόμνηση, η [eepomneesee] reminder || suggestion.
υπομονεύω [eepomonevo] be patient || endure.
υπομονή, η [eepomonee] patience, endurance.
υπομονητικός [eepomoneeteekos] patient, enduring.
υπόνοια, η [eeponeea] suspicion || surmise.
υπονομεύω [eeponomevo] undermine, sabotage.
υπόνομος, ο, η [eeponomos] sewer || (στρατ) mine.
υπονοώ [eeponoo] infer, mean.
υποπίπτω [eepopeepto] commit, fall into || come to the notice of.
υποπροϊόν, το [eepoproeeon] by-product.
υποπρόξενος, ο [eepoproksenos] vice-consul.
υποπτεύομαι [eepoptevome] suspect, have an idea.
ύποπτος [eepoptos] suspect, suspicious, suspected.
υποσημείωση, η [eeposeemeeosee] footnote, annotation.
υποσιτισμός, ο [eeposeeteesmos] undernourishment, malnutrition.
υποσκάπτω [eeposkapto] undermine, sabotage.
υποσκελίζω [eeposkeleezo] upset || supplant.
υποστάθμη, η [eepostathmee] dregs, sediment, residue.
υπόσταση, η [eepostasee] existence || foundation, basis || (ιατρ) hypostasis.
υπόστεγο, το [eepostego] shed, hangar || shelter.
υποστέλλω [eepostelo] strike, lower || slow down, reduce.
υποστήριγμα, το [eeposteereegma] support, prop.
υποστηρίζω [eeposteereezo] prop up, support || second, back || maintain.
υποστήριξη, η [eeposteereeksee] prop, support || backing.
υπόστρωμα, το [eepostroma] substratum || saddlecloth.
υποσυνείδητο, το [eeposeeneeðeeto] subconscious.
υπόσχεση, η [eeposhesee] promise, pledge, engagement.
υπόσχομαι [eeposhome] promise, pledge.
υποταγή, η [eepotayee] obedience, subjection, submission.
υποτακτική, η [eepotakteekee] subjective.
υποτακτικός [eepotakteekos] obedient, submissive.
υπόταση, η [eepotasee] low blood pressure.
υποτάσσομαι [eepotasome] submit, give in.
υποτάσσω [eepotaso] subjugate, subdue.
υποτείνουσα, η [eepoteenousa] hypotenuse.
υποτελής [eepotelees] subordinate, tributary, vassal.
υποτίθεμαι [eepoteetheme] be supposed || suppose, consider.
υποτίμηση, η [eepoteemeesee] reduction in price, depreciation || underestimation.

υποτιμώ [eepoteemo] underestimate || lower the price of, depreciate.
υποτροπή, η [eepotropee] relapse, deterioration.
υποτροφία, η [eepotrofeea] scholarship.
υποτυπώδης [eepoteepoðees] sketchy, imperfectly formed.
ύπουλος [eepoulos] shifty, underhand, cunning.
υπουργείο, το [eepouryeeo] ministry.
υπουργικός [eepouryeekos] ministerial.
υπουργός, ο [eepourgos] minister || secretary (*US*).
υποφαινόμενος [eepofenomenos]: **ο** ~ the undersigned.
υποφερτός [eepofertos] tolerable || passable.
υποφέρω [eepofero] bear, support, endure || feel pain, suffer.
υποχθόνιος [eepohthoneeos] infernal, subterranean.
υποχονδρία, η [eepohonðreea] hypochondria || obsession.
υπόχρεος [eepohreos] obliged.
υποχρεώνω [eepohreono] oblige || compel.
υποχρέωση, η [eepohreosee] obligation, duty.
υποχρεωτικός [eepohreoteekos] obligatory || compulsory.
υποχώρηση, η [eepohoreesee] withdrawal, yielding || subsidence.
υποχωρώ [eepohoro] withdraw, give way || fall in, cave in.
υποψήφιος, ο [eepopseefeeos] candidate, applicant.
υποψηφιότητα, η [eepopseefeeoteeta] candidature, application.
υποψία, η [eepopseea] suspicion, misgiving.
υποψιάζομαι [eepopseeazome] suspect, have suspicions.
ύπτιος [eepteeos] lying on one's back.
ύστατος [eestatos] last, final.
ύστερα [eestera] afterwards, then, later || furthermore || ~ **από** after, following (this).
υστέρημα, το [eestereema] shortage, deficiency || small savings.
υστερία, η [eestereea] hysteria.
υστερικός [eestereekos] hysterical.
υστερισμός, ο [eestereesmos] hysteria, hysterics.
υστεροβουλία, η [eesterovouleea] afterthought || deceit.
υστερόγραφο, το [eesterografo] postscript.
ύστερος [eesteros] later || inferior || **εκ των υστέρων** on second thoughts, looking back.
υστερώ [eestero] come after || be inferior || deprive.
υφαίνω [eefeno] weave, spin || (μεταφ) plot.
ύφαλα, τα [eefala] πλ beam || part below waterline.
υφαλοκρηπίδα, η [eefalokreepeeða] continental shelf.
ύφαλος, η [eefalos] reef, shoal.
ύφανση, η [eefansee] weaving || weave.
υφαντός [eefandos] woven.
υφαντουργία, η [eefandouryeea] textile industry, weaving industry.
υφαρπάζω [eefarpazo] obtain by fraud.
ύφασμα, το [eefasma] cloth, fabric, stuff, material || **υφάσματα** textiles.
ύφεση, η [eefesee] decrease, abatement || (βαρομέτρου) depression || (μουσ) flat (note).
υφή, η [eefee] texture, web, weave.
υφηγητής, ο [eefeeyeetees] lecturer || assistant professor (*US*).
υφήλιος, η [eefeeleeos] earth, world, globe.

υφίσταμαι [eefeestame] bear, undergo, sustain || (είμαι) exist, be in force.
υφιστάμενος, το [eefeestamenos] subordinate, inferior.
ύφος, το [eefos] style || air, look, tone.
υφυπουργός, ο [eefeepourgos] undersecretary of state.
υψηλός [eepseelos] high, towering, tall || (μεταφ) lofty, great.
υψηλότητα, η [eepseeloteeta] Highness || **η Αυτού ~** His Royal Highness.
υψηλόφρονας [eepseelofronas] generous || highminded, haughty.
υψικάμινος, η [eepseekameenos] blast furnace.
ύψιλον, το [eepseelon] the letter Y.
υψίπεδο, το [eepseepeðo] plateau.
ύψιστος [eepseestos] highest || (ουσ) God.
υψίφωνος, ο, η [eepseefonos] tenor || soprano.
υψόμετρο, το [eepsometro] altitude.
ύψος, το [eepsos] height, altitude || (μουσ) pitch.
ύψωμα, το [eepsoma] height, elevation || hillock.
υψώνω [eepsono] raise, elevate || increase || hoist.
ύψωση, η [eepsosee] raising, lifting, elevation || rise in price.

Φ, φ

φάβα, η [fava] yellow pea || pea purée.
φαγάς, ο [fagas] glutton, gourmand.
φαγγρί, το [fangree] sea bream.
φαγητό, το [fayeeto] meal, dish, food || dinner.
φαγκότο, το [fangoto] bassoon.
φαγοπότι, το [fagopotee] revel, eating and drinking.
φαγούρα, η [fagoura] itching, irritation.
φάγωμα, το [fagoma] corrosion, disintegration || (τσακωμός) quarrel, dispute, wrangling.
φαγωμάρα, η [fagomara] itch, irritation || (τσακωμός) arguing, dispute.
φαγωμένος [fagomenos] eaten || eroded || **είμαι ~** I've eaten.
φαγώσιμα, τα [fagoseema] πλ provisions, victuals.
φαγώσιμος [fagoseemos] eatable, edible.
φαεινή [faeenee]: **~ ιδέα** brainwave, bright idea.
φαΐ, το [faee] food, meal.
φαιδρός [feðros] merry, cheerful || (μεταφ) ridiculous.
φαίνομαι [fenome] appear, come in sight || seem, look || show o.s. to be.
φαινόμενα, τα [fenomena] πλ: **κατά τα ~** judging by appearances.
φαινομενικώς [fenomeneekos] apparently, outwardly.
φαινόμενο, το [fenomeno] wonder, prodigy || phenomenon.
φάκα, η [faka] mousetrap || snare.
φάκελος, ο [fakelos] envelope || file, cover, dossier, record.
φακή, η [fakee] lentils.
φακίδα, η [fakeeða] freckle.
φακός, ο [fakos] lens || magnifying glass, magnifier.
φάλαγγα, η [falanga] phalanx || (στρατ) column || (στοίχος) row.
φάλαινα, η [falena] whale.
φαλάκρα, η [falakra] baldness || bald head.
φαλακραίνω [falakreno] go bald.
φαλακρός [falakros] bald(-headed) || bare.
φαλλός, ο [falos] phallus.
φάλτσο, το [faltso] wrong note, dissonance || (μεταφ) mistake, fault, error.

φαμίλια, η [fameeleea] family.
φάμπρικα, η [fambreeka] factory || fabrication, device, artifice.
φανάρι, το [fanaree] lamp, light, lantern || (αυτοκινήτου) headlamp || (φάρου) lighthouse.
φαναρτζής, ο [fanardzees] tinsmith || lampmaker.
φανατίζω [fanateezo] make fanatical, fanaticize.
φανατικός [fanateekos] overzealous, fanatical || (ουσ) fanatic, zealot.
φανατισμός, ο [fanateesmos] fanaticism.
φανέλα, η [fanela] flannel || vest || woollen cloth.
φανερός [faneros] clear, plain, evident, certain.
φανερώνω [fanerono] reveal, make plain.
φαντάζομαι [fandazome] imagine, fancy, think || (πιστεύω) believe.
φαντάζω [fandazo] make an impression, stand out || look glamorous.
φαντάρος, ο [fandaros] infantryman.
φαντασία, η [fandaseea] imagination || illusion || (υπερηφάνεια) vanity, pride || (μουσ) fantasia.
φαντασιοπληξία, η [fandaseeopleekseea] extravagant notion || caprice, whim.
φάντασμα, το [fandasma] phantom, ghost, spirit.
φαντασμαγορία, η [fandasmagoreea] phantasmagoria.
φαντασμένος [fandasmenos] presumptuous, vain.
φανταστικός [fandasteekos] illusory, imaginary || fantastic, extravagant.
φανταχτερός [fandahteros] showy, bright || gaudy, glaring.
φάντης, ο [fandees] (στα χαρτιά) knave.
φανφαρόνος, ο [fanfaronos] braggart, boaster, blusterer.
φάπα, η [fapa] slap, box on the ear, smack.
φάρα, η [fara] race, progeny, breed || crew.
φαράγγι, το [farangee] gorge, gully, precipice, ravine.
φαράσι, το [farasee] dustpan.
φαρδαίνω [farðeno] widen, broaden, become wider || stretch, extend.
φάρδος, το [farðos] width, breadth.
φαρδύς [farðees] wide, large, broad, ample.
φαρέτρα, η [faretra] quiver.
φαρμακείο, το [farmakeeo] chemist shop.
φαρμακερός [farmakeros] venomous || spiteful, bitter.
φαρμάκι, το [farmakee] poison || (μεταφ) anything bitter.
φάρμακο, το [farmako] drug, medicine, remedy.
φαρμακοποιός, ο [farmakopeeos] pharmacist, chemist || druggist (*US*).
φαρμακώνω [farmakono] poison || (μεταφ) cause grief || mortify.
φάρος, ο [faros] lighthouse, beacon.
φάρσα, η [farsa] trick, farce || practical joke.
φάρυγγας, ο [fareengas] pharynx, windpipe.
φασαρία, η [fasareea] disturbance || fuss, noise, bustle.
φασιανός, ο [faseeanos] pheasant.
φάση, η [fasee] phase || change, turn || aspect.
φασισμός, ο [faseesmos] fascism.
φασιστικός [faseesteekos] fascist.
φασκιά, η [faskia] swaddling band, swaddling clothes.
φασκόμηλο, το [faskomeelo] sage || sage tea.

φάσκω [fasko]: ~ **και αντιφάσκω** contradict o.s.

φάσμα, το [fasma] ghost, spirit || (φυσική) spectrum.

φασματοσκόπιο, το [fasmatoskopeeo] spectroscope.

φασόλι, το [fasolee] haricot bean, kidney bean.

φασο(υ)λάδα, η [faso(u)laða] bean soup.

φασο(υ)λάκια, τα [faso(u)lakeea] πλ green beans.

φάτνη, η [fatnee] manger, crib, stall.

φατρία, η [fatreea] faction, clique, gang.

φατριάζω [fatreeazo] form factions, be factious.

φάτσα, η [fatsa] face || front || (επίρ) opposite.

φαυλοκρατία, η [favlokrateea] political corruption.

φαύλος [favlos] wicked, depraved || ~ **κύκλος** vicious circle.

φαφλατάς, ο [faflatas] chatterer, mumbler.

Φεβρουάριος, ο [fevrouareeos] February.

φεγγάρι, το [fengaree] moon.

φεγγίτης, ο [fengeetees] skylight, fanlight, garret window.

φεγγοβολώ [fengovolo] shine brightly.

φέγγω [fengo] shine, give light.

φείδομαι [feeðome] save, spare || be sparing of, be stingy.

φειδωλός [feeðolos] sparing, thrifty || stingy, mean, niggardly.

φελλός, ο [felos] cork.

φεουδαρχικός [feouðarheekos] feudal.

φέουδο, το [feouðo] fief.

φερέγγυος [ferengeeos] solvent, trustworthy.

φέρελπις [ferelpees] full of promise || hopeful.

φερετζές, ο [feredzes] veil (of a Moslem woman).

φέρετρο, το [feretro] coffin, bier.

φερμένος [fermenos] arrived, brought, imported.

φερμουάρ, το [fermouar] zip fastener.

φέρνω [ferno] βλ **φέρω.**

φέρομαι [ferome] conduct, behave || be reputed, be held as.

φέρσιμο, το [ferseemo] behaviour, conduct.

φέρω [fero] bring, carry, support || (στέλλω) fetch || (έχω πάνω μου) carry, have || (προξενώ) cause || (παράγω) bear, bring forth, bring in, yield || (φορώ) wear || (κατευθύνω) lead, conduct || ~ **αντιρρήσεις** protest || **φερ' ειπείν** for example.

φέσι, το [fesee] fez || **γίνομαι** ~ get dead drunk.

φέτα, η [feta] slice || (τυρί) kind of white cheese.

φετινός [feteenos] of this year.

φέτος [fetos] this year.

φευγάλα, η [fevgala] flight, escape, stampede.

φευγαλέος [fevgaleos] fleeting.

φευγατίζω [fevgateezo] help to escape.

φευγάτος [fevgatos] gone, fled, run away, left.

φεύγω [fevgo] leave, depart, get away || escape, flee || run away from, shun.

φήμη, η [feemee] report, rumour || reputation || renown, repute || fame.

φημίζομαι [feemeezome] be well-known.

φθάνω [fthano] catch, overtake, attain || (μεταφ) equal, be equal to || arrive, reach || draw near || ~ **σε** reach the point of, be reduced to || **φθάνει να** provided that.

φθαρτός [fthartos] perishable, destructible, liable to decay.

φθείρομαι [ftheerome] decay, wash away || (μεταφ) lose importance.
φθείρω [ftheero] damage, spoil || corrupt, pervert, taint.
φθινόπωρο, το [ftheenoporo] autumn.
φθίνω [ftheeno] pine away || decay || decline, fail.
φθισικός [ftheeseekos] consumptive, tubercular.
φθίση, η [ftheesee] consumption || decline.
φθόγγος, ο [fthongos] voice, sound || (μουσ) note.
φθονερός [fthoneros] envious, jealous.
φθόνος, ο [fthonos] malicious envy, jealousy.
φθονώ [fthono] be envious of, begrudge.
φθορά, η [fthora] deterioration, damage, destruction || decay || loss.
φθορισμός, ο [fthoreesmos] fluorescence.
φι, το [fee] the letter Φ.
φιάλη, η [feealee] bottle, flagon, flask.
φιγούρα, η [feegoura] figure, image || (μεταφ) expression, air || **κάνω ~** cut a fine figure.
φιγουράρω [feegouraro] show off, appear.
φίδι, το [feeðee] snake, serpent.
φιδωτός [feeðotos] winding, twisting.
φίλαθλος, ο, η [feelathlos] sports fan.
φιλαλήθης [feelaleethees] truthful.
φιλάνθρωπος, ο, η [feelanthropos] philanthropist, charitable person.
φιλαράκος, ο [feelarakos] beau || chum, pal || scoundrel, rascal.
φιλάργυρος [feelaryeeros] niggardly, miserly || (ουσ) miser.
φιλάρεσκος [feelareskos] coquettish, spruce.
φιλαρμονική, η [feelarmoneekee] (musical) band.
φιλαρχία, η [feelarheea] love of authority.
φιλάσθενος [feelasthenos] sickly, weakly, puny.
φιλελευθερισμός, ο [feelelevthereesmos] liberalism.
φιλελεύθερος, ο [feelelevtheros] liberal.
φιλέλληνας, ο, η [feeleleenas] philhellene.
φιλενάδα, η [feelenaða] girlfriend || (μεταφ) mistress.
φιλές, ο [feeles] hairnct.
φιλέτο, το [feeleto] fillet of meat.
φιλεύω [feelevo] make a present || entertain.
φίλη, η [feelee] friend.
φιλήδονος [feeleeðonos] sensual, voluptuous.
φίλημα, το [feeleema] kiss.
φιλήσυχος [feeleeseehos] peace-loving, calm, quiet, serene.
φιλί, το [feelee] βλ **φίλημα**.
φιλία, η [feeleea] friendship.
φιλικός [feeleekos] friendly || of a friend.
φίλιππος, ο, η [feeleepos] horse lover || racegoer.
φιλιστρίνι, το [feeleestreenee] porthole.
φιλμ, το [feelm] film.
φίλντισι, το [feelnteesee] mother-of-pearl || ivory.
φιλόδοξος [feeloðoksos] ambitious || pretentious, showy.
φιλοδοξώ [feeloðokso] be ambitious || aspire to, desire strongly.
φιλοδώρημα, το [feeloðoreema] tip || gratuity.
φιλοκερδής [feelokerðees] greedy, covetous, eager for gain.
φιλολογία, η [feeloloyeea] literature || philology.
φιλόλογος, ο [feelologos] man of letters, philologist || scholar.

φιλομαθής [feelomathees] fond of learning.
φιλόμουσος [feelomousos] lover of music || fond of learning.
φιλονικία, η [feeloneekeea] dispute, wrangle.
φιλονικώ [feeloneeko] quarrel,wrangle.
φινοξενία, η [feelokseneea] hospitality.
φιλόξενος [feeloksenos] hospitable.
φιλοξενώ [feelokseno] entertain, give hospitality, receive.
φιλοπατρία, η [feelopatreea] patriotism.
φιλοπόλεμος [feelopolemos] warlike, martial.
φιλόπονος [feeloponos] assiduous, diligent, industrious.
φιλοπονώ [feelopono] prepare assiduously.
φίλος, ο [feelos] friend || (επιθ) dear, friendly.
φιλοσοφία, η [feelosofeea] philosophy.
φιλοσοφικός [feelosofeekos] philosophical.
φιλόσοφος, ο, η [feelosofos] philosopher.
φιλόστοργος [feelostorgos] loving, affectionate.
φιλοτελισμός, ο [feeloteleesmos] philately.
φιλοτέχνημα, το [feelotehneema] work of art.
φιλότεχνος [feelotehnos] art lover || artistic, skilful.
φιλοτιμία, η [feeloteemeea], **φιλότιμο, το** [feeloteemo] sense of honour, pride, self-respect, dignity.
φιλότιμος [feeloteemos] eager to excel || obliging || having a sense of pride and honour || generous.
φιλοτιμούμαι [feeloteemoume] make it a point of honour.
φιλοτιμώ [feeloteemo] put s.o. on his dignity.
φιλοφρόνηση, η [feelofroneesee] compliment, courtesy.
φίλτατος [feeltatos] dearest, most beloved.
φίλτρο, το [feeltro] filter || philtre.
φιλύποπτος [feeleepoptos] distrustful, suspicious.
φιλώ [feelo] kiss, embrace.
φιμώνω [feemono] muzzle, gag || (μεταφ) silence, hush.
φίμωτρο, το [feemotro] muzzle, gag.
Φινλανδία, η [feenlanðeea] Finland.
φινλανδικός [feenlanðeekos] Finnish.
Φινλανδός, ο [feenlanðos] Finn.
φίνος [feenos] fine.
φιόγκος, ο [feeongos] knot, bow.
φίρμα, η [feerma] firm || trade name.
φίσα, η [feesa] filing slip || gambling chip.
φίσκα [feeska] brimming over.
φιστίκι, το [feesteekee] pistachio nut || ~ **αράπικο** monkey nut, peanut.
φιτίλι, το [feeteelee] wick || (δυναμίτιδας) fuse.
φλάμπουρο, το [flambouro] pennon, standard.
φλάουτο, το [flaouto] flute.
φλέβα, η [fleva] vein || (μεταλλεύματος) lode || (μεταφ) talent.
Φλεβάρης, ο [flevarees] February.
φλέγμα, το [flegma] phlegm, mucus || (μεταφ) coolness, unconcern.
φλεγματικός [flegmateekos] phlegmatic || stolid.
φλεγμονή, η [flegmonee] inflammation, soreness.
φλέγομαι [flegome] burn, ignite || (μεταφ) flare up.

φλέγον [flegon]: ~ **ζήτημα** topical problem.
φλερτάρω [flertaro] flirt with.
φλnναφώ [fleenafo] prate, babble, prattle.
φλιτζάνι, το [fleedzanee] cup.
φλόγα, n [floga] flame, blaze || (μεταφ) passion, ardour.
φλογέρα, n [floyera] shepherd's pipe, reed.
φλογερός [floyeros] burning, flaming || (μεταφ) ardent, fervent.
φλογίζω [floyeezo] inflame, kindle.
φλόγωσn, n [flogosee] inflammation, soreness.
φλοιός, ο [fleeos] peel, rind || (φυστικιού) shell || (δένδρου) bark || (γnς) crust.
φλοίσβος, ο [fleesvos] rippling of waves || babbling.
φλοκάτn, n [flokatee] thick blanket, peasant's cape.
φλόκος, ο [flokos] jib.
φλομώνω [flomono] stun || grow wan.
φλούδα, n [flouδa] βλ **φλοιός.**
φλουρί, το [flouree] gold coin.
φλυαρία, n [fleeareea] gossiping, chatter, prattle.
φλύαρος [flearos] talkative.
φλυαρώ [fleearo] chatter, tattle, prattle.
φλυτζάνι, το [fleedzanee] cup.
φοβάμαι [fovame] be afraid.
φοβέρα, n [fovera] threat, menace, intimidation.
φοβερίζω [fovereezo] threaten, menace, intimidate.
φοβερός [foveros] terrible, frightful || amazing, formidable.
φόβnτρο, το [foveetro] scarecrow || bogey || fright.
φοβnτσιάρnς [foveetseearees] fearful, timid, timorous.
φοβία, n [foveea] fear, phobia.
φοβίζω [foveezo] frighten || menace, threaten, intimidate.
φόβος, ο [fovos] fear, dread, fright.
φόδρα, n [foδra] lining.
φοίνικας, ο [feeneekas] palm tree || (καρπός) date || phoenix.
φοίτnσn, n [feeteesee] attendance (at school).
φοιτnτής, ο [feeteetees] student.
φοιτώ [feeto] be a student, attend a course of studies.
φόλα, n [fola] dog poison.
φονεύω [fonevo] murder, kill.
φονιάς, ο [fonias] murderer.
φονικό, το [foneeko] murder, homicide, carnage.
φόνος, ο [fonos] murder, homicide.
φόντο, το [fonto] bottom, base, back || (ζωγραφιάς) background || (κεφάλαιο) capital.
φόρα, n [fora] impulse, impetus || force || **βγάζω στn** ~ bring into the open, uncover.
φορά, n [fora] force || course, run, impetus || (κατεύθυνσn) direction || (ευκαιρία) time || **άλλn** ~ another time || **άλλn μια** ~ once again || **μια** ~ once, only once.
φοράδα, n [foraδa] mare.
φορατζής, ο [foradzees] tax collector.
φορβή, n [forvee] fodder, forage.
φορείο, το [foreeo] stretcher, litter.
φόρεμα, το [forema] dress, garment.
φορεσιά, n [foresia] dress, suit of clothes || attire.
φορέας, ο [foreas] carrier, porter || (οικον) agent, body.
φορnτός [foreetos] portable, easy to carry.
φόρμα, n [forma] form, shape || mould, matrix || (εργάτn) overall || (ντοκουμέντο) form, document || **σε** ~ in good form, in tiptop shape.
φοροδιαφυγή, n [foroδeeafeeyee] tax evasion.
φορολογία, n [foroloyeea] taxation || tax, rate.

φορολογούμενος, ο [forologoumenos] taxpayer, ratepayer.
φορολογώ [forologo] tax, put a tax on.
φόρος, ο [foros] tax, rate, duty.
φορτηγό, το [forteego] lorry || truck (*US*) || (ναυτ) cargo vessel.
φορτίζω [forteezo] charge with electricity.
φορτικός [forteekos] intrusive, importunate || troublesome.
φορτίο, το [forteeo] cargo, load || burden, charge, weight.
φορτοεκφορτωτής, ο [fortoekfortotees] stevedore.
φόρτος, ο [fortos] burden, heavy load.
φορτσάρω [fortsaro] force || intensify || (ανέμου) increase, strengthen.
φόρτωμα, το [fortoma] loading || (μεταφ) burden, care.
φορτώνομαι [fortonome] pester, annoy, bother.
φορτώνω [fortono] load, pile (on) || take on cargo.
φορτωτική, η [fortoteekee] bill of lading.
φορώ [foro] wear || put on, get into || carry.
φουγάρο, το [fougaro] funnel, flue, tall chimney, smokestack.
φουκαράς, ο [foukaras] poor devil || unfortunate fellow.
φουμάρω [foumaro] smoke.
φούμος, ο [foumos] soot || lampblack.
φούντα, η [founta] tassel || tuft, crest.
φουντάρω [fountaro] (ναυτ) sink || cast anchor.
φουντούκι, το [fountoukee] hazelnut.
φουντώνω [fountono] become bushy || stretch out, spread || expand.
φουντωτός [fountotos] bushy, thick.
φούρια, η [foureea] haste.
φούρκα, η [fourka] rage, anger || (κρεμάλα) gallows, gibbet.
φουρκέτα, η [fourketa] hairpin.
φουρκίζω [fourkeezo] vex, harass.
φούρναρης, ο [fournarees] baker.
φουρνέλο, το [fournelo] grid || blasting charge.
φουρνιά, η [fournia] ovenful || (μεταφ) batch.
φούρνος, ο [fournos] oven || bakery || kiln, furnace.
φουρτούνα, η [fourtouna] tempest, storm || rough sea || (μεταφ) calamity, misfortune.
φούσκα, η [fouska] bladder || (παιχνίδι) balloon || blister || soap bubble.
φουσκάλα, η [fouskala] blister || bubble.
φουσκοθαλασσιά, η [fouskothalasia] surge of sea.
φούσκωμα, το [fouskoma] inflation, swelling || swaggering.
φουσκωμένος [fouskomenos] swollen, inflated, puffed up.
φουσκώνω [fouskono] swell, inflate, blow up || (λάστιχο) pump || (μεταφ) exaggerate || (ενοχλώ) irritate || (ζύμη) rise || (αναπνοή) puff, pant || (μεταφ) puff o.s. up.
φουσκωτός [fouskotos] puffed, inflated || curved.
φούστα, η [fousta] skirt.
φουστανέλα, η [foustanela] kind of kilt worn as part of the Greek national costume.
φουστάνι, το [foustanee] gown, dress, frock.
φούχτα, η [fouhta] handful || hollow of hand.
φράγκο, το [frango] franc || drachma.
φραγκοστάφυλο, το [frangostafeelo] redcurrant.

φραγκόσυκο, το [frangoseeko] prickly pear.
φράγμα, το [fragma] enclosure, fence || barrage, dam || barrier.
φραγμός, ο [fragmos] fence, barrier || (στρατ) barrage.
φράζω [frazo] surround, hedge || bar, block up, stop, obstruct.
φράκο, το [frako] dress coat, tails.
φράκτης, ο [fraktees] fence, enclosure, fencing.
φραμπαλάς, ο [frambalas] furbelow.
φράντζα, η [frandza] fringe.
φραντζόλα, η [frandzola] long loaf.
φράξιμο, το [frakseemo] enclosing, fencing || stopping up, blockage.
φράουλα, η [fraoula] strawberry.
φράπα, η [frapa] kind of large citrus fruit, grapefruit.
φρασεολογία, η [fraseoloyeea] phraseology.
φράση, η [frasee] phrase || period.
φράσσω [fraso] βλ **φράζω.**
φράχτης, ο [frahtees] fence, enclosure, fencing, hedge.
φρέαρ, το [frear] well || (μεταλλείο) pit, shaft.
φρεάτιο, το [freateeo] small well.
φρεγάδα, η [fregaδa] frigate.
φρένα, τα [frena] πλ reason, senses || brakes.
φρενάρισμα, το [frenareesma] braking.
φρενάρω [frenaro] brake || (μεταφ) check.
φρένες, οι [frenes] πλ mind, reason, wits || **έξω φρενών** off one's head, enraged || unbelievable.
φρενιάζω [freneeazo] get furious, fret and fume.
φρένο, το [freno] brake.
φρενοβλαβής [frenovlavees] mentally disturbed.
φρενοκομείο, το [frenokomeeo] madhouse, lunatic asylum.
φρενολογία, η [frenoloyeea] phrenology.
φρεσκάδα, η [freskaδa] freshness || coolness, chilliness.
φρεσκάρω [freskaro] freshen, cool || (ο καιρός) become worse.
φρέσκο, το [fresko] fresco || coolness, freshness, chilliness || **στο ~** in prison.
φρέσκος [freskos] fresh, new, recent || cool.
φρικαλέος [freekaleos] horrible, hideous, ghastly.
φρίκη, η [freekee] terror, horror || (επιφ) frightful.
φρικιάζω [freekeeazo] shiver, shudder || be disgusted.
φρικτός [freektos], **φρικώδης** [freekoδees] (θέαμα) horrible, ghastly || (εμφάνιση) hideous || (καιρός) horrid, vile || awful.
φρόκαλο, το [frokalo] sweepings, rubbish || broom.
φρόνημα, το [froneema] opinion, sentiment, morale || **φρονήματα** political convictions.
φρονηματίζω [froneemateezo] inspire self-confidence, render self-confident.
φρόνηση, η [froneesee] prudence, wariness, circumspection.
φρόνιμα [froneema] (επιφ) behave yourself.
φρονιμάδα, η [froneemaδa] wisdom, prudence || moderation || (παιδιού) quietness, good behaviour || (γυναίκας) modesty, chastity.
φρονιμεύω [froneemevo] become prudent, grow wise, be well-behaved.
φρονιμίτης, ο [froneemeetees] wisdom tooth.
φρόνιμος [froneemos] reasonable, sound, well-behaved || virtuous, wise.
φροντίζω [fronteezo] look after, care for || see to.

φροντίδα, η [fronteeða] concern, care, anxiety.
φροντίδες, οι [fronteeðes] πλ things to do, cares.
φροντιστήριο, το [fronteesteereeo] coaching school || prep school.
φρονώ [frono] think, suppose, believe, consider.
φρουρά, η [froura] lookout, guard || garrison.
φρούριο, το [froureeo] fortress, stronghold.
φρουρός, ο [frouros] guard, sentinel, sentry || (μεταφ) guardian.
φρουρώ [frouro] guard, keep watch, stand sentry.
φρούτο, το [frouto] fruit, dessert.
φρυγανιά η [freegania] toast.
φρύδι, το [freeðee] eyebrow.
φταίξιμο, το [ftekseemo] fault, error, mistake, blame.
φταίχτης, ο [ftehtees] person responsible, culprit.
φταίω [fteo] be responsible, be to blame || make a mistake.
φτάνω [ftano] βλ **φθάνω.**
φτέρη, η [fteree] fern.
φτέρνα, η [fterna] heel.
φτερνίζομαι [fterneezome] sneeze.
φτέρνισμα, το [fterneesma] sneeze, sneezing.
φτερό, το [ftero] feather, plume || wing || (ξεσκονίσματος) feather duster || (αυτοκινήτου) mudguard || fender (*US*).
φτερούγα, η [fterouga] wing.
φτερουγίζω [fterouyeezo] flutter, flap.
φτηναίνω [fteeneno] cheapen, become cheaper, go down.
φτήνεια, η [fteeneea] cheapness, low price.
φτηνός [fteenos] cheap.
φτιά(χ)νομαι [fteea(h)nome] make up one's face || look better.
φτιά(χ)νω [fteea(h)no] arrange, tidy up, correct || (κατασκευάζω) make || have made || do.
φτιαχτός [fteeahtos] fabricated, affected.
φτυάρι, το [fteearee] shovel, spade, scoop.
φτύνω [fteeno] spit, expectorate || spit out.
φτύσιμο, το [fteeseemo] spitting.
φτυστός [fteestos]: **~ ο πατέρας του** the spitting image of his father.
φτωχαίνω [ftoheno] impoverish, make poor || become poor.
φτώχεια, η [ftoheea] poverty, destitution.
φτωχεύω [ftohevo] become poor || go bankrupt.
φτωχικό, το [ftoheeko] humble abode.
φτωχικός [ftoheekos] poor, mean, scant || shabby.
φτωχός [ftohos] poor, needy, penniless.
φυγαδεύω [feegaðevo] help to escape.
φυγάδας, ο [feegaðas] runaway, deserter, fugitive, renegade.
φυγή, η [feeyee] escape, fleeing, flight.
φυγοδικία, η [feegoðeekeea] default.
φυγόδικος/κη [feegoðeekos] defaulter.
φυγόκεντρος [feegokentros] centrifugal.
φυγόπονος [feegoponos] lazy || (ουσ) slacker, shirker.
φύκια, τα [feekeea] πλ seaweed.
φυλάγομαι [feelagome] take precautions, take care.
φυλάγω [feelago] guard, protect || mind, tend || (αντικείμενο) keep, lay aside || lie in wait for.
φύλακας, ο [feelakas] keeper, guardian, watchman, guard, caretaker.

φυλακή, η [feelakee] prison, jail.
φυλακίζω [feelakeezo] incarcerate, imprison.
φυλάκιο, το [feelakeeo] guardhouse, post.
φυλάκιση, η [feelakeesee] imprisonment.
φυλακισμένος, ο [feelakeesmenos] prisoner.
φυλαχτό, το [feelahto] talisman, amulet, charm.
φυλετικός [feeleteekos] tribal, racial.
φυλή, η [feelee] race, tribe, line.
φυλλάδα, η [feelaða] booklet, pamphlet, brochure.
φυλλάδιο, το [feelaðeeo] pamphlet || instalment, issue, part.
φυλλοκάρδια, τα [feelokarðeea] πλ bottom of one's heart.
φυλλομετρώ [feelometro] turn pages of, skim over, run through.
φύλλο, το [feelo] leaf || (λουλουδιού) petal || (χαρτιού κτλ) sheet || (σελίδα) page || (πόρτας κτλ) shutter, leaf || (χαρτοπαιξίας) (playing) card || (εφημερίδα) newspaper || ~ **πορείας** marching orders.
φυλλοξήρα, η [feelokseera] phylloxera.
φύλλωμα, το [feeloma] foliage.
φύλο, το [feelo] sex || race.
φυματικός [feemateekos] consumptive, tubercular.
φυματίωση, η [feemateeosee] tuberculosis, consumption.
φύομαι [feeome] grow, bud, sprout.
φύρα, η [feera] loss of weight, waste.
φυραίνω [feereno] shorten, shrink || lose weight, lose volume.
φύραμα, το [feerama] paste, dough || blend || (μεταφ) character, sort.
φύρδην [feerðeen]: ~ **μίγδην** pell-mell, helter-skelter.
φυσαλίδα, η [feesaleeða] bubble || blister.
φυσαρμόνικα, η [feesarmoneeka] accordion || mouth organ.
φυσέκι, το [feesekee] cartridge.
φυσερό, το [feesero] bellows.
φύση, η [feesee] nature.
φύσημα, το [feeseema] breath || puff || breathing.
φυσίγγιο, το [feeseengeeo] cartridge.
φυσικά, τα [feeseeka] πλ physics.
φυσικά [feeseeka] naturally, as a matter of fact.
φυσική, η [feeseekee] physics, natural philosophy.
φυσικό, το [feeseeko] custom, habit.
φυσικός [feeseekos] natural || physical || (ουσ) physicist.
φυσικότητα, η [feeseekoteeta] naturalness, artlessness.
φυσιογνωμία, η [feeseeognomeea] cast of features || countenance || well-known person.
φυσιολάτρης, ο [feeseeolatrees] lover of nature.
φυσιολογία, η [feeseeoloyeea] physiology.
φυσιολογικός [feeseeoloyeekos] physiological || (μεταφ) normal.
φύση, η [feesee] nature || character, temper || **φύσει** by nature.
φυσομανώ [feesomano] rage.
φυσώ [feeso] blow up || puff, blow out || pant || **φυσάει** it's windy.
φυτεία, η [feeteea] plantation || vegetation, bed of vegetables.
φύτεμα, το [feetema] planting.
φυτεύω [feetevo] plant, lay out || (μεταφ) lodge, stick.
φυτικός [feeteekos] vegetable.
φυτοζωώ [feetozoo] live in poverty, scrape through.
φυτοκομία, η [feetokomeea] horticulture.
φυτολογία, η [feetoloyeea] botany.

φυτό, το [feeto] plant, vegetable.
φύτρα, η [feetra] germ, embryo || (μεταφ) lineage, origin.
φυτρώνω [feetrono] grow, germinate, sprout.
φυτώριο, το [feetoreeo] nursery, plantation, seedbed.
φώκια, η [fokeea] seal.
φωλιά, η [foleea] nest, den, lair, hole || (μεταφ) hovel.
φωλιάζω [foleeazo] nestle, nest.
φωνάζω [fonazo] shout, call, summon || cry, scream, shriek.
φωνακλάς, ο [fonaklas] loud talker, noisy talker.
φωνή, η [fonee] sound || voice || cry, shout, scream.
φωνήεν, το [fonien] vowel.
φωνητική, η [foneeteekee] phonetics.
φωνητικός [foneeteekos] vocal || phonetic, phonic.
φως, το [fos] light || (μεταφ) sight || knowledge, illumination.
φωστήρ(ας), το [fosteer(as)] luminary || (μεταφ) learned, erudite person.
φωσφόρος, ο [fosforos] phosphorus.
φώτα, τα [fota] πλ lights || (μεταφ) knowledge, learning || (εκκλ) Epiphany.
φωταγωγός, ο [fotagogos] light well, skylight.
φωταγωγώ [fotagogo] illuminate.
φωταέριο, το [fotaereeo] gas (lighting).
φωταψία, η [fotapseea] illumination.
φωτεινός [foteenos] luminous, light, bright || clear, lucid.
φωτιά, η [fotia] fire || (καπνιστού) light || (μεταφ) great heat || fury || (σε τιμή) costliness.
φωτίζω [foteezo] illuminate, light up, light || enlighten, inform.
φώτιση, η [foteesee] enlightenment || inspiration.
φωτισμός, ο [foteesmos] lighting, illumination.
φωτοβολίδα, η [fotovoleeδa] flare.
φωτογενής [fotogenees] photogenic.
φωτογραφείο, το [fotografeeo] photographic studio.
φωτογραφία, η [fotografeea] photograph || photography.
φωτογραφική, η [fotografeekee] photography || ~ **μηχανή** camera.
φωτογράφος, ο [fotografos] photographer.
φωτόμετρο, το [fotometro] light meter.
φωτοσκίαση, η [fotoskeeasee] shading, light and shade.
φωτοστέφανος, ο [fotostefanos] halo || (μεταφ) glory, prestige.
φωτοτυπία, η [fototeepeea] photocopy.
φωτοχυσία, η [fotoheeseea] illumination.

Χ, χ

χαβάς, ο [havas] tune, air, melody.
χαβιάρι, το [haviaree] caviar.
χαβούζα, η [havouza] cistern, reservoir.
χαγιάτι, το [hayiatee] upper gallery round courtyard.
χάδια, τα [haδeea] πλ petting, cajolery.
χαζεύω [hazevo] gape || idle about, loiter.
χάζι, το [hazee] pleasure, delight || **το κάνω** ~ it entertains me.
χαζός [hazos] stupid, silly, foolish.
χαϊβάνι, το [haeevanee] beast || (μεταφ) jackass.
χάϊδεμα, το [haeeδema] caressing, pat, stroke || (μεταφ) cajolery.
χαϊδευτικός [haeeδevteekos]

caressing, affectionate || (άνεμος) soft.

χαϊδεμένος [haeeðemenos] spoilt.

χαϊδεύομαι [haeeðevome] nuzzle, cuddle || seek attention.

χαϊδεύω [haeeðevo] caress, fondle, pat || pet, spoil || fawn upon.

χαιρέκακος [herekakos] malicious, mischievous.

χαίρετε [herete] (επιφ) hello, good day || be seeing you.

χαιρετίζω [hereteezo] hail, greet || salute.

χαιρέτισμα, το [hereteesma] salute, greeting, salutation, bow.

χαιρετισμός, ο [hereteesmos] βλ **χαιρέτισμα.**

χαιρετώ [hereto] βλ **χαιρετίζω.**

χαίρομαι [herome] be happy || enjoy.

χαίρω [hero] be pleased || ~ **άκρας υγείας** be in tiptop shape.

χαίτη, η [hetee] mane, shock of hair.

χακί, το [hakee] khaki.

χαλάζι, το [halazee] hail.

χαλάλι [halalee]: ~ **σου** you merit it, you can have it.

χαλαρός [halaros] relaxed, slack, loose.

χαλαρώνω [halarono] unbend || (σχοινί) loosen, slacken || (μεταφ) relax || (προσπάθεια) abate, ease up || (ζήλο) cool.

χάλασμα, το [halasma] ruin, demolition || (μηχανής) putting out of order || ruin.

χαλασμένος [halasmenos] rotten, turned bad || broken, not working || damaged, demolished.

χαλασμός, ο [halasmos] demolition, destruction || (μεταφ) disturbance, storm, excitement || catastrophe.

χαλάστρα, η [halastra]: **μου κάνουν** ~ they foiled my plans, they cramped my style.

χαλβάς, ο [halvas] halva || (μεταφ) indolent person, silly fellow.

χαλί, το [halee] carpet, rug.

χάλια, τα [haleea] πλ bad condition, sad plight.

χαλίκι, το [haleekee] pebble, small stone, gravel.

χαλιναγωγώ [haleenagogo] lead by the bridle || (μεταφ) check, curb || (πάθη) control, curb.

χαλινάρι, το [haleenaree] bridle, bit, rein || (μεταφ) curbing, holding back.

χαλκάς, ο [halkas] ring, link.

χάλκινος [halkeenos] of copper.

χαλκογραφία, η [halkografeea] copperplate engraving, art of copperplating.

χαλκομανία, η [halkomaneea] transfer design.

χαλκός, ο [halkos] copper, brass, bronze.

χαλνώ [halno] βλ **χαλώ.**

χάλυβας, ο [haleevas] steel.

χαλύβδινος [haleevðeenos] made of steel.

χαλώ [halo] demolish, break, ruin, spoil || (φθείρω) wear out || (νεύρα) fret || (υγεία) break down || (δαπανώ) spend, consume || (διαφθείρω) corrupt, pervert || (νόμισμα) change || (δόντι) decay || (κρέας) taint, go bad || ~ **τον κόσμο** move heaven and earth, make a fuss.

χαμαιλέοντας, ο [hameleondas] chameleon || (βοτ) thistle.

χαμάλης, ο [hamalees] porter || (μεταφ) vulgar fellow, scoundrel.

χαμάμι, το [hamamee] Turkish bath.

χαμένα [hamena]: **τα έχω** ~ be mixed up, be bewildered.

χαμένος [hamenos] lost, disappeared || (ουσ: στα χαρτιά) loser || (μεταφ) scoundrel, rascal || scatterbrain.

χαμηλός [hameelos] low || (φωνή) gentle, soft, subdued.
χαμηλόφωνα [hameelofona] in an undertone, softly.
χαμηλώνω [hameelono] lower, reduce, bring down || subside.
χαμίνι, το [hameenee] street urchin, mischievous youngster.
χαμόγελο, το [hamoyelo] smile.
χαμογελώ [hamoyelo] smile.
χαμόκλαδο, το [hamoklaðo] shrub.
χαμομήλι, το [hamomeelee] camomile.
χαμός, ο [hamos] loss, destruction, ruin || death.
χάμουρα, τα [hamoura] πλ harness, trappings.
χαμπάρι, το [hambaree] piece of news || **παίρνω** ~ become aware, perceive.
χάμω [hamo] down, on the ground.
χάνι, το [hanee] country inn, lodging house.
χανούμισσα, η [hanoumeesa] Turkish lady.
χαντάκι, το [hantakee] ditch, drain, trench || (οχυρού) moat.
χαντακώνω [hantakono] (μεταφ) destroy, ruin.
χάντρα, η [hantra] bead.
χάνομαι [hanome] lose o.s., get lost || **να χαθείς!** go to hell! || **χάσου** get out of my sight!
χάνω [hano] lose, go astray || (ευκαιρία) let slip || (καιρό) waste time || (τραίνο) lose, miss || become disconcerted, get confused.
χάος, το [haos] chaos, wild disorder || bottomless pit.
χάπι, το [hapee] pill.
χαρά, η [hara] joy || (υπερβολική) delight, glee || pleasure, enjoyment || ~ **θεού** delight || **μια** ~ very well, splendidly || **γεια** ~ so long!, goodbye! || hello! || ~ **στο πράμα** wonderful!, it's nothing! (*ironic*).
χάραγμα, το [haragma] tracing, engraving || incision, cut.
χαράδρα, η [haraðra] ravine, gorge, gully.
χαράζω [harazo] cut, engrave || rule lines || trace || (δρόμο κτλ) mark out, lay out.
χάρακας, ο [harakas] straight edge, ruler.
χαρακιά, η [harakia] scratch, incision, mark || groove || (γραμμή) line, stroke.
χαρακτήρας, ο [harakteeras] character, letter || temper, nature.
χαρακτηρίζω [harakteereezo] define, qualify || characterize.
χαρακτηριστικά, τα [harakteereesteeka] πλ person's features.
χαρακτηριστικός [harakteereesteekos] typical, distinctive, characteristic.
χαράκτης, ο [haraktees] engraver, carver.
χαρακτική, η [harakteekee] art of engraving.
χαράκωμα, το [harakoma] trench || (γραμμών) ruling.
χαραμάδα, η [haramaða] fissure, crack, crevice.
χαράματα, τα [haramata] πλ dawn, daybreak.
χαραματιά, η [haramatia] incision, crack || (επιφάνειας) scratch, trace, engraving.
χαραμίζω [harameezo] waste, spend uselessly.
χάραξη, η [haraksee] engraving, tracing, incision || (δρόμου) laying out.
χαράσσω [harasso] engrave, carve || (γραμμές) rule || map out, trace || (δρόμο) lay out.
χαράτσι, το [haratsee] (μεταφ) oppressive tax.
χαρατσώνω [haratsono] exact money from || tax oppressively.

χαραυγή, η [haravyee] daybreak, dawn.
χαρέμι, το [haremee] harem.
χάρη, η [haree] grace, charm || good point || favour || gratitude || (ποινής) remittance, pardon || **~ σε σένα** thanks to you || **λόγου ~** for instance || **χάριν του** for, on behalf of || **παραδείγματος ~** for example, for instance || **για ~ σου** for your sake, on your behalf.
χαριεντίζομαι [harienteezome] be in a teasing mood, jest || become very charming.
χαρίζω [hareezo] give, donate, present || (χρέος κτλ) remit.
χάρισμα, το [hareesma] talent, gift || accomplishment || (επιρ) free, gratis, for nothing.
χαριστική [hareesteekee]: **~ βολή** coup de grace.
χαριστικός [hareesteekos] prejudiced, partial.
χαριτολογώ [hareetologo] jest, speak wittily, speak amusingly.
χαριτωμένος [hareetomenos] charming, enchanting.
χάρμα, το [harma] delight, source of joy.
χαρμάνι, το [harmanee] mixture, blend.
χαρμόσυνος [harmoseenos] cheerful, glad.
χαροκόπος, ο [harokopos] pleasure-loving person, rake.
χάρος, ο [haros] death.
χαρούμενος [haroumenos] cheerful, joyful, happy.
χαρούπι, το [haroupee] carob.
χαρταετός, ο [hartaetos] kite.
χαρτζιλίκι, το [hardzeeleekee] pocket money.
χάρτης, ο [hartees] paper || (γεωγραφικός) map || (συνταγματικός) charter.
χαρτί, το [hartee] paper || (χαρτοπαιξίας) playing card || **~ υγείας** toilet paper.
χάρτινος [harteenos] of paper.
χαρτοκόπτης, ο [hartokoptees] paper knife.
χαρτόνι, το [hartonee] cardboard, pasteboard.
χαρτονόμισμα, το [hartonomeesma] banknote || bill (*US*) || paper money.
χαρτοπαίκτης, ο [hartopektees] gambler, card player.
χαρτοπαιξία, η [hartopekseea] gambling, card playing.
χαρτοπόλεμος, ο [hartopolemos] confetti throwing.
χαρτοπώλης, ο [hartopolees] stationer, paper merchant.
χαρτόσημο, το [hartoseemo] stamp tax.
χαρτοφύλακας, ο [hartofeelakas] briefcase || (εκκλ) archivist.
χαρτοφυλάκιο, το [hartofeelakeeo] letter-case, briefcase || (μεταφ) portfolio.
χαρωπός [haropos] cheerful, happy.
χασάπης, ο [hasapees] butcher.
χασάπικο, το [hasapeeko] butcher's shop.
χάση, η [hasee]: **στη ~ και στη φέξη** once in a blue moon.
χάσιμο, το [haseemo] loss.
χασίσι, το [haseesee] hashish.
χάσκω [hasko] yawn, gape || stand ajar.
χάσμα, το [hasma] abyss, pit || lacuna, gap.
χασμουρητό, το [hasmoureeto] yawning, yawn.
χασμουριέμαι [hasmourieme] yawn.
χασμωδία, η [hasmoðeea] hiatus || disorder, confusion.
χασομερώ [hasomero] be idle || hang around, linger.
χασούρα, η [hasoura] loss.

χαστούκι, το [hastoukee] slap, smack, clout.
χατίρι, το [hateeree] favour, good turn || **για το ~ σου** for your sake.
χαυλιόδοντας, ο [havleeoðondas] tusk.
χαύνος [havnos] slack, indolent || faint-hearted.
χαφιές, ο [hafies] stool, nark, agent, informer.
χάφτω [hafto] swallow, gobble down || (μεταφ) take in.
χαχανίζω [hahaneezo] burst into laughter, laugh loudly.
χάχας, ο [hahas] moron, idiot.
χαψιά, η [hapsia] mouthful.
χαώδης [haoðees] chaotic, confused.
χέζομαι [hezome] be in a fright, be scared || **χέστηκα** I don't give a damn.
χέζω [hezo] defecate || (μεταφ) send to the devil.
χείλι, το [heelee], **χείλος, το** [heelos] lip || (μεταφ) brink, verge || (ποτηριού) brim, rim.
χείμαρρος, ο [heemaros] torrent, torrent bed.
χειμερινός [heemereenos] winter, wintry.
χειμώνας, ο [heemonas] winter.
χειμωνιάτικος [heemoneeateekos] βλ **χειμερινός**.
χειραφετώ [heerafeto] liberate, emancipate || manumit.
χειραψία, η [heerapseea] shake of the hand.
χειρίζομαι [heereezome] handle, manipulate, manage || (μηχανή) drive.
χειρισμός, ο [heereesmos] manipulation, working, driving || (υποθέσεως) handling, management.
χειριστήρια, τα [heereesteereea] πλ controls of a machine.
χειριστής, ο [heereestees] operator || pilot.
χειροβομβίδα, η [heerovomveeða] grenade.
χειρόγραφο, το [heerografo] manuscript.
χειροκίνητος [heerokeeneetos] hand-operated.
χειροκρότημα, το [heerokroteema] clapping, applause.
χειροκροτώ [heerokroto] applaud, cheer, clap.
χειρομαντεία, η [heeromandeea] palm reading.
χειρονομία, η [heeronomeea] flourish, gesture || gesticulation.
χειροπέδες, οι [heeropeðes] πλ pair of handcuffs.
χειροπιαστός [heeropeeastos] tangible.
χειροπόδαρα [heeropoðara] hand and foot.
χειροποίητος [heeropieetos] handmade.
χειρότερα [heerotera] worse.
χειροτερεύω [heeroterevo] worsen, deteriorate.
χειρότερος [heeroteros] worse || **ο ~** the worst.
χειροτεχνία, η [heerotehneea] handicraft.
χειροτονία, η [heerotoneea] ordination, consecration.
χειρουργείο, το [heerouryeeo] operating theatre.
χειρουργική, η [heerouryeekee] surgery.
χειρουργικός [heerouryeekos] surgical.
χειρουργός, ο [heerourgos] surgeon.
χειροφίλημα, το [heerofeeleema] kissing of the hand.
χειρωνακτικός [heeronakteekos] manual.
χέλι, το [helee] eel.

χελιδόνι, το [heleeðonee] (ζωολ) swallow.
χελώνα, η [helona] tortoise, turtle.
χεράκι, το [herakee] tiny hand.
χέρι, το [heree] hand || arm || (χειρολαβή) handle || (μπογιάς) coat || (στο πλύσιμο) treatment, going-over || ~ ~ hand-in-hand || ~ **με** ~ quickly, directly || **βάζω ένα** ~ give a hand || **βάζω** ~ lay hands on, fondle || **από πρώτο** ~ at first hand.
χερούλι, το [heroulee] handle, haft || (στάμνας) ear.
χερσαίος [herseos] terrestrial || (κλίμα) continental.
χερσόνησος, η [hersoneesos] peninsula.
χέρσος [hersos] uncultivated, fallow, waste.
χέσιμο, το [heseemo] defecation || (μεταφ) fright, terror || volley of abuse.
χημεία, η [heemeea] chemistry.
χημικός [heemeekos] chemical || (ουσ) chemist.
χήνα, η [heena] goose.
χήρα, η [heera] widow.
χηρεύω [heerevo] become widowed || (θέση) be unoccupied, be vacant.
χήρος, ο [heeros] widower.
χθές [hthes] yesterday.
χθεσινός [htheseenos] of yesterday || (πρόσφατος) latest, recent.
χι, το [hee] the letter X.
χιαστί [heeastee] crossways, crosswise, diagonally.
χίλια [heeleea]: ~ **δυο** a thousand and two.
χιλιάδα, η [heeleeaða] thousand.
χιλιάρικο, το [heeleeareeko] thousand-drachma note.
χιλιετηρίδα, η [heelieteereeða], **χιλιετία, η** [heelieteea] millenium.
χιλιόγραμμο, το [heeliogramo] kilogramme.
χίλιοι [heeliee] thousand.
χιλιόμετρο, το [heeleeometro] kilometre.
χιλιοστό, το [heeleeosto] millimetre || thousandth part.
χιλιοστός [heeleeostos] thousandth.
χίμαιρα, η [heemera] chimera || (μεταφ) illusion.
χιμπαντζής, ο [heempandzees] chimpanzee.
χιονάνθρωπος, ο [heeonanthropos] snowman.
χιονάτος [heeonatos] snow-white, snowy.
χιόνι, το [heeonee] snow.
χιονιά, η [heeonia] snowy weather || snowball.
χιονίζει [heeoneezee] it is snowing.
χιονίστρα, η [heeoneestra] chilblain.
χιονοδρομία, η [heeonoðromeea] skiing.
χιονοθύελλα, η [heeonothiela] snowstorm, blizzard.
χιονόνερο, το [heeononero] sleet, melted snow.
χιονοστιβάδα, η [heeonosteevaða] avalanche, snowdrift.
χιούμορ, το [heeoumor] wit, humour || **χιουμοριστικός** humorous, humoristic.
χιτώνας, ο [heetonas] robe, tunic || (ματιού) cornea.
χλαίνη, η [hlenee] greatcoat || (ναυτ) duffel coat || cloak, capote.
χλαμύδα, η [hlameeða] mantle.
χλευάζω [hlevazo] mock, scoff at, make fun of.
χλευαστικός [hlevasteekos] mocking, sarcastic, derisive.
χλιαρός [hleearos] tepid, lukewarm || (άνεμος) mild || (μεταφ) weak, lax.
χλιδή, η [hleeðee] luxury, voluptuousness.
χλιμιντρίζω [hleemeendreezo] neigh, whinny.
χλοερός [hloeros] green, fresh, verdant.

χλόη, η [hloee] grass, turf, lawn || greenness, verdure.
χλωμιάζω [hlomeeazo] (go) pale || blanch.
χλωμός [hlomos] pale, pallid, wan.
χλώριο, το [hloreeo] chlorine, chloride.
χλωρίδα, η [hloreeðα] flora.
χλωρός [hloros] green, unseasoned || fresh.
χλωροφόρμιο, το [hloroformeeo] chloroform.
χλωροφύλλη, η [hlorofeelee] chlorophyll.
χνάρι, το [hnaree] pattern, model || track.
χνούδι, το [hnouðee] down, fuzz, fluff.
χνουδωτός [hnouðotos] downy, fluffy.
χνώτο, το [hnoto] breath.
χόβολη, η [hovolee] embers, burning charcoal.
χοιρινό, το [heereeno] pork.
χοιρομέρι, το [heeromeree] ham, bacon.
χοίρος, ο [heeros] pig, hog, swine.
χολέρα, η [holera] cholera.
χολή, η [holee] bile || (ζώου) gall || (μεταφ) rancour, bitterness.
χολιάζω [holeeazo] get irritated || irritate || lose one's temper.
χολοσκάω [holoskao] afflict, grieve, exasperate || get riled.
χονδρικός [honðreekos] wholesale.
χονδροειδής [honðroeeðees] rough, clumsy, coarse || (ψεύδος) flagrant || vulgar.
χόνδρος, το [honðros] cartilage || grit.
χονδρός [honðros] big, fat, stout, thick || (σε τρόπους) vulgar, unpolished || (αστείο) coarse.
χοντραίνω [hondreno] become fat, make thicker, put on weight.
χοντροκέφαλος [hondrokefalos] stupid, thickheaded || obstinate, headstrong.
χοντροκοπιά, η [hondrokopia] clumsy job of work.
χοντρός [hondros] βλ **χονδρός**.
χορδή, η [horðee] chord, string || (ανατ) cord.
χορευτής, ο [horevtees] dancer || partner.
χορευτικός [horevteekos] for dancing, of dancing.
χορεύω [horevo] dance || dance with.
χορήγηση, η [horeeyeesee] granting, giving, supplying.
χορηγώ [horeego] provide, allocate, supply, grant.
χορογραφία, η [horografeea] choreography.
χοροδιδάσκαλος, ο [horoðeeðaskalos] dancing master.
χοροπηδώ [horopeeðo] leap about, gambol, caper.
χορός, ο [horos] dancing, dance || chorus, choir.
χοροστατώ [horostato] conduct divine service.
χόρτα, τα [horta] πλ green vegetables, wild greens.
χορταίνω [horteno] have enough, satiate || satisfy || (βαριέμαι) get bored with.
χορτάρι, το [hortaree] grass.
χορταρικά, τα [hortareeka] πλ vegetables, greens.
χορτασμός, ο [hortasmos] satisfaction, satiety.
χορταστικός [hortasteekos] satisfying, substantial, filling || abundant.
χορτάτος [hortatos] satisfied, satiated.
χόρτο, το [horto] grass, herb || (άγριο) weed.
χορτοφάγος [hortofagos] vegetarian || (ζώο) herbivorous.

χορωδία, η [horoδeea] choir, chorus.
χουζούρι, το [houzouree] rest, idleness, leisure.
χουρμάς, ο [hourmas] (βοτ) date.
χούφτα, η [houfta] handful || hollow of hand.
χουφτιά, η [houftia] handful.
χρειάζομαι [hreeazome] lack, want, require || be necessary, be useful.
χρεόγραφο, το [hreografo] security, debenture, bond.
χρέος, το [hreos] debt || obligation.
χρεωκοπία, η [hreokopeea] bankruptcy, failure.
χρεωκοπώ [hreokopo] go bankrupt, break.
χρεωλυσία, η [hreoleeseea] amortization, sinking fund.
χρεώνομαι [hreonome] get into debt.
χρεώνω [hreono] debit, charge.
χρεωστάσιο, το [hreostaseeo] moratorium.
χρεώστης, ο [hreostees] debtor.
χρεωστώ [hreosto] be in debt, owe, be indebted (to) || be obliged.
χρήμα, το [hreema] money.
χρηματίζομαι [hreemateezome] take bribes || hoard up money.
χρηματίζω [hreemateezo] serve as, be.
χρηματικός [hreemateekos] of money, monetary.
χρηματιστήριο, το [hreemateesteereeo] stock exchange.
χρηματιστής, ο [hreemateestees] stockbroker.
χρηματοδοτώ [hreematoδoto] finance, invest.
χρηματοκιβώτιο, το [hreematokeevoteeo] safe, strong-box, cash box.
χρήση, η [hreesee] use, usage, employment || enjoyment || application || (οικον) financial year || **προς** ~ for the use || **εν χρήσει** in use, used.
χρησιμεύω [hreeseemevo] be useful || be good for, serve.
χρησιμοποίηση, η [hreeseemopieesee] employment, utilization.
χρησιμοποιώ [hreeseemopeeo] use, utilize, make use of.
χρήσιμος [hreeseemos] useful, handy.
χρησιμότητα [hreeseemoteeta] usefulness, utility, benefit.
χρησμός, ο [hreesmos] oracle, divination.
χρηστός [hreestos] honourable, upright, virtuous.
χρίζω [hreezo] βλ **χρίω.**
χρίσμα, το [hreesma] chrism, unction || anointing.
χριστιανικός [hreesteeaneekos] Christian.
χριστιανισμός, ο [hreesteeaneesmos] Christianity.
χριστιανός, ο [hreesteeanos] Christian.
χριστιανοσύνη, η [hreesteeanoseenee] Christendom.
Χριστός, ο [hreestos] Christ.
Χριστούγεννα, τα [hreestouyena] πλ Christmas.
χρίω [hreeo] anoint || plaster.
χροιά, η [hreea] complexion, colour || shade, tone, nuance.
χρονιά, η [hroneea] year.
χρονικά, τα [hroneeka] πλ annals.
χρονικογράφος, ο [hroneekografos] chronicler.
χρονικό, το [hroneeko] chronicle.
χρονικός [hroneekos] of time, temporal.
χρόνιος [hroneeos] chronic, enduring, lasting.
χρονογράφημα, το [hronografeema] newspaper leader article.

χρονογράφος, ο [hronografos] leader writer.
χρονολογία, η [hronoloyeea] date || chronology.
χρονολογούμαι [hronologoume] date from, be dated.
χρονόμετρο, το [hronometro] chronometer.
χρόνος, ο [hronos] time, duration || age, period || (γραμμ) tense, quantity || **ο ~** year || **προ χρόνων** some years ago || **του χρόνου** next year || **χρόνια πολλά!** happy name day!, happy birthday!, many happy returns!
χρονοτριβώ [hronotreevo] linger, loiter.
χρυσαλλίδα, η [hreesaleeða] chrysalis.
χρυσάνθεμο, το [hreesanthemo] chrysanthemum.
χρυσάφι, το [hreesafee] gold.
χρυσαφικά, τα [hreesafeeka] πλ jewellery.
χρυσή, η [hreesee] jaundice.
χρυσικός, ο [hreeseekos] goldsmith || jeweller.
χρυσόδετος [hreesoðetos] mounted in gold.
χρυσοθήρας, ο [hreesotheeras] gold-digger, prospector.
χρυσόμαλλο [hreesomalo]: **~ δέρας** golden fleece.
χρυσός, ο [hreesos] gold || (επίθ) golden || (μεταφ) kind-hearted, adorable.
χρυσοχοείο, το [hreesohoeeo] jeweller's shop, goldsmith's shop.
χρυσοχόος, ο [hreesohoos] goldsmith || jeweller.
χρυσόψαρο, το [hreesopsaro] goldfish.
χρυσώνω [hreesono] gild, gold-plate.
χρυσωρυχείο, το [hreesoreeheeo] gold mine.
χρώμα, το [hroma] colour, tint, hue || (μπογιά) paint, dye || complexion.
χρωματίζω [hromateezo] colour, paint, dye, tint.
χρωματικός [hromateekos] chromatic || of colour.
χρωματισμός, ο [hromateesmos] colouring, painting.
χρωματιστός [hromateestos] coloured.
χρώμιο, το [hromeeo] chromium, chrome.
χρωστικός [hrosteekos] colouring.
χρωστώ [hrosto] βλ **χρεωστώ**.
χταπόδι, το [htapoðee] octopus.
χτένα, η [htena] βλ **χτένι**.
χτένι, το [htenee] comb.
χτενίζω [hteneezo] comb || (ομιλία κτλ) polish up.
χτένισμα, το [hteneesma] combing || hairstyle.
χτες [htes] βλ **χθές**.
χτεσινός [hteseenos] βλ **χθεσινός**.
χτήμα, το [hteema] βλ **κτήμα**.
χτίζω [hteezo] βλ **κτίζω**.
χτικιό, το [hteekio] tuberculosis || (μεταφ) torture, anguish.
χτίστης, ο [hteestees] bricklayer, builder.
χτυπάω [hteepao] βλ **χτυπώ**.
χτύπημα, το [hteepeema] blow, punch, kick, hit, knock || bruise, wound.
χτυπητός [hteepeetos] beaten || tawdry, garish, loud, striking.
χτυποκάρδι, το [hteepokarðee] rapid beating of the heart.
χτύπος, ο [hteepos] blow, stroke || (καρδιάς) throb, beat || (ρολογιού) tick(ing).
χτυπώ [hteepo] knock, thrash, hit, beat, strike || hurt o.s. || (χέρια) clap || (πόδια) stamp || (χρόνο) beat || (αυγά κτλ) whisk || (ρολογιού κτλ) peal, strike, sound || **χτυπάει άσχημα** it jars, it looks bad || **μου χτυπάει στα νεύρα** it gets on my

nerves || **χτυπιέμαι** come to blows || feel sorry, repent.
χυδαίος [heeδeos] vulgar, trivial, crude, rude, coarse.
χυδαιότητα, η [heeδeoteeta] vulgarity, coarseness, foul language.
χυλόπιτα, ο [heepoleeta] kind of macaroni || (μεταφ) failure in love.
χυλός, ο [heelos] pap, liquid paste.
χύμα [heema] confusedly, pell-mell || loose, unpacked, unbottled.
χυμός, ο [heemos] sap, juice.
χυμώ [heemo] rush upon, charge.
χυμώδης [heemoδees] juicy, sappy.
χύνομαι [heenome] overflow, pour out || flow out || (μεταφ) charge against, rush upon.
χύνω [heeno] spill, tip over, pour out || (δάκρυα) shed || (μέταλλο) cast.
χύσιμο, το [heeseemo] discharge, pouring out, spilling || casting, moulding.
χυτήριο, το [heeteereeo] foundry, smelting works.
χυτός [heetos] moulded, cast || (σκορπισμένος) dispersed, scattered || (μαλλιά) flowing, loose || (ρούχα) tight-fitting.
χυτοσίδηρος, ο [heetoseeδeeros] cast iron.
χύτρα, η [heetra] cooking pot, pot, porridge pot.
χωλ, το [hol] hall.
χωλαίνω [holeno] limp, be lame || (μεταφ) halt, hobble, move slowly.
χώμα, το [homa] soil, dust, earth || ground.
χωματένιος [homateneeos] earthen.
χώνευση, η [honevsee] digestion || (μετάλλων) casting, founding.
χωνευτήριο, το [honevteereeo] crucible, melting pot.
χωνευτικός [honevteekos] digestible, digestive.
χωνεύω [honevo] digest || (μέταλλο) cast, smelt || (μεταφ) tolerate, endure.
χωνί, το [honee] funnel, horn || (παγωτού) cone.
χώνομαι [honome] squeeze in || hide || (μεταφ) interfere.
χώνω [hono] thrust, force || bury || (κρύβω) hide.
χώρα, η [hora] country, place || chief town || (ανατ) region || **λαμβάνω ~** happen.
χωρατεύω [horatevo] joke.
χωρατό, το [horato] joke, jest, witticism.
χωράφι, το [horafee] field, land.
χωράω [horao] βλ **χωρώ**.
χωρητικότητα, η [horeeteekoteeta] volume, capacity || (ναυτ) tonnage.
χώρια [horeea] βλ **χωριστά**.
χωριανός, ο [horeeanos] fellow villager, countryman.
χωριάτης, ο [horeeatees] peasant, villager, countryman || (μεταφ) ill-mannered person, unpolished person.
χωριάτικος [horeeateekos] peasant, of the village || rustic.
χωρίζομαι [horeezome] leave, part from.
χωρίζω [horeezo] separate, disconnect, part, split || (δρόμοι) branch off || (ζεύγος) get a divorce || **~ με** break up with, part from.
χωρικός [horeekos] village, rural, country || (ουσ) peasant, villager.
χωριό, το [horio] village, hamlet || (μεταφ) hometown.
χωρίς [horees] without, apart from || not including || **~ άλλο** without fail || **με ~** without.
χώρισμα, το [horeesma] sorting, separation || (δωματίου) wall, partition || compartment.
χωρισμένος [horeesmenos] divided || separated, divorced.
χωρισμός, ο [horeesmos]

separation || partition || separating || divorce.

χωριστά [horeesta] apart, individually || (προθ) not counting, apart from, not including.

χωριστός [horeestos] separate, different, distinct, isolated.

χωρίστρα, η [horeestra] parting of hair.

χώρος, ο [horos] space, area, room || interval, distance.

χωροφύλακας, ο [horofeelakas] gendarme.

χωροφυλακή, η [horofeelakee] gendarmerie.

χωρώ [horo] fit into, have room || (περιέχω) hold, contain || **δε χωράει αμφιβολία** there's no doubt, undoubtedly.

χώσιμο, το [hoseemo] driving in, burying || hiding.

Ψ, ψ

ψάθα, η [psatha] straw, cane || (χαλί) rush mat || (καπέλο) straw hat || **στη** ~ penniless.

ψάθινος [psatheenos] made of straw.

ψαλίδα, η [psaleeða] shears || centipede.

ψαλίδι, το [psaleeðee] scissors, pruning scissors || curling tongs.

ψαλιδίζω [psaleeðeezo] cut, trim || (μεταφ) reduce, cut down.

ψάλλω [psalo] sing, chant || extol, celebrate.

ψαλμός, ο [psalmos] psalm, chant.

ψαλμωδία, η [psalmoðeea] chanting of psalms || monotonous delivery.

ψάλτης, ο [psaltees] chorister, singer, chanter.

ψάξιμο, το [psakseemo] searching, quest, search.

ψαράδικο, το [psaraðeeko] fishing boat || fishmonger's shop.

ψαράδικος [psaraðeekos] of a fisherman.

ψαράς, ο [psaras] fisherman || fishmonger.

ψάρεμα, το [psarema] fishing, angling, netting.

ψαρεύω [psarevo] fish || sound, fish for information.

ψάρι, το [psaree] fish.

ψαρόβαρκα, η [psarovarka] fishing boat.

ψαροκόκαλο, το [psarokokalo] fish bone || (σχέδιο) herringbone.

ψαρόκολλα, η [psarokola] fish glue.

ψαρομάλλης, ο [psaromalees] grey-haired person.

ψαρονέφρι, το [psaronefree] fillet of meat.

ψαρός [psaros] grey, grizzled.

ψαύση, η [psavsee] touching, feeling, light touch.

ψαχνό, το [psahno] lean meat.

ψάχνομαι [psahnome] look through one's pockets.

ψάχνω [psahno] search for, look for || seek, rummage.

ψαχουλεύω [psahoulevo] search for, grope for, fumble around for.

ψεγάδι, το [psegaðee] fault, failing, shortcoming.

ψέγω [psego] blame, reprove, censure.

ψείρα, η [pseera] louse || vermin.

ψειριάζω [pseereeazo] get lousy.

ψειρίζω [pseereezo] delouse || (μεταφ) examine in great detail.

ψεκάζω [psekazo] spray.

ψεκαστήρας, ο [psekasteeras] spray, vapourizer || scent sprayer.

ψελλίζω [pseleezo] stammer, stutter.

ψέλνω [pselno] βλ **ψάλλω**.

ψέμα, το [psema] lie, falsehood, fib.

ψες [pses] last night.

ψευδαίσθηση, η [psevðestheesee] delusion, hallucination.
ψευδάργυρος, ο [psevðaryeeros] zinc.
ψευδής [psevðees] untrue, false || artificial, sham, fictitious || deceptive.
ψευδίζω [psevðeezo] βλ **ψελλίζω.**
ψευδολογώ [psevðologo] tell lies, tell stories, fib.
ψεύδομαι [psevðome] lie, fib.
ψευδομάρτυρας, ο, η [psevðomarteeras] false witness, perjurer.
ψευδομαρτυρώ [psevðomarteero] give false witness, commit perjury.
ψευδορκία, η [psevðorkeea] perjury.
ψευδορκώ [psevðorko] commit perjury, perjure.
ψευδός [psevðos] lisping, stammering, stuttering.
ψευδώνυμο, το [psevðoneemo] pseudonym, assumed name.
ψεύτης, ο [psevtees] liar, fibber || cheat, impostor.
ψευτιά, η [psevtia] untruth, lie.
ψευτίζω [psevteezo] adulterate || become adulterated.
ψεύτικος [psevteekos] false, untrue || artificial || (σε ποιότητα) inferior.
ψήγμα, το [pseegma] filings, shavings, chips.
ψηλά [pseela] high up, aloft.
ψηλαφώ [pseelafo] feel, touch, finger || (ψάχνω) feel one's way, grope.
ψηλομύτης [pseelomeetees] haughty, overbearing.
ψηλός [pseelos] high, tall, lofty, great.
ψήλωμα, το [pseeloma] eminence, elevation || making taller, growing.
ψηλώνω [pseelono] make taller, make higher || grow taller.
ψήνομαι [pseenome] become very hot || (στη δουλειά) become broken in.
ψήνω [pseeno] bake, roast, cook || (μεταφ) torture, worry, pester.
ψήσιμο, το [pseeseemo] baking, broiling, roasting, cooking, frying.
ψησταριά, η [pseestaria] barbecue apparatus.
ψητό, το [pseeto] roast meat, grilled meat || (μεταφ) the main point.
ψητός [pseetos] roast, baked, roasted.
ψηφιδωτό, το [pseefeeðoto] mosaic.
ψηφίζω [pseefeezo] vote || (νόμο) pass, carry.
ψηφίο, το [pseefeeo] cipher, figure || (αλφαβήτου) letter, character.
ψήφισμα, το [pseefeesma] decree, enactment, edict.
ψηφοδέλτιο, το [pseefoðelteeo] ballot paper.
ψηφοδόχος, η [pseefoðohos] ballot box.
ψηφοθηρώ [pseefotheero] solicit votes, canvass for votes.
ψήφος, ο, η [pseefos] vote, voting, suffrage.
ψηφοφορία, η [pseefoforeea] voting, ballot(ting).
ψι, το [psee] the letter **Ψ.**
ψιθυρίζω [pseetheereezo] mutter, murmur, whisper.
ψιθύρισμα, το [pseetheereesma] whisper(ing), muttering, murmuring.
ψίθυρος, ο [pseetheeros] murmur, whisper, mutter, growl.
ψιλά, τα [pseela] πλ small change || (μεταφ) cash, money.
ψιλικά, τα [pseeleeka] πλ haberdashery || small wares.
ψιλικαντζήδικο, το [pseeleekandzeeðeeko] haberdashery.

ψιλολογώ [pseelologo] examine carefully, sift.
ψιλός [pseelos] fine, slender, thin || shrill.
ψιλοτραγουδώ [pseelotragouðo] hum.
ψίχα, η [pseeha] kernel, crumb || (καρυδιού) edible part of nut || (μεταφ) bit, scrap.
ψιχάλα, η [pseehala] drizzle.
ψιχαλίζει [pseehaleezee] it's drizzling.
ψίχουλο, το [pseehoulo] crumb.
ψόγος, ο [psogos] blame, reproach.
ψοφίμι, το [psofeemee] carcass, carrion.
ψόφιος [psofeeos] (για ζώα) dead || (μεταφ) worn-out || ~ **στην κούραση** dead tired.
ψόφος, ο [psofos] noise, tumult || (θάνατος) death || (μεταφ) freezing cold.
ψοφώ [psofo] die || (μεταφ) ~ **για** yearn for, be mad on.
ψυγείο, το [pseeyeeo] refrigerator, icebox || (αυτοκινήτου) radiator.
ψυκτικός [pseekteekos] cooling.
ψύλλος, ο [pseelos] flea || (μεταφ) trifle.
ψύξη, η [pseeksee] refrigeration || chill, chilling.
ψυχαγωγία, η [pseehagoyeea] recreation, amusement, diversion, entertainment.
ψυχαγωγικός [pseehagoyeekos] recreational, entertaining.
ψυχανάλυση, η [pseehanaleesee] psychoanalysis.
ψυχή, η [pseehee] soul, ghost || heart, core || (θάρρος) energy, spirit.
ψυχιατρείο, το [pseeheeatreeo] mental hospital, asylum.
ψυχιατρική, η [pseeheeatreekee] psychiatry.
ψυχίατρος, ο [pseeheeatros] psychiatrist.
ψυχικό, το [pseeheeko] act of charity || alms, charity.
ψυχικός [pseeheekos] psychical || **ψυχική διάθεση** humour, mood, disposition || **ψυχική οδύνη** mental stress.
ψυχογιός, ο [pseehoyos] adopted son.
ψυχολογία, η [pseeholoyeea] psychology.
ψυχολογικός [pseeholoyeekos] psychological.
ψυχολόγος, ο [pseehologos] psychologist.
ψυχολογώ [pseehologo] read mind of || psychoanalyse.
ψυχομαχώ [pseehomaho] be at the last gasp.
ψυχοπαθής [pseehopathees] psychopath(ic).
ψυχοπαίδι, το [pseehopeðee] adopted child.
ψυχοπόνια, η [pseehoponeea] commiseration, pity.
ψυχορραγώ [pseehorago] βλ **ψυχομαχώ.**
ψύχος, το [pseehos] cold, chilliness.
ψυχοσύνθεση, η [pseehoseenthesee] person's psychological make-up.
ψύχρα, η [pseehra] chilly weather, cold.
ψυχραιμία, η [pseehremeea] self-control, sangfroid, coolness.
ψύχραιμος [pseehremos] cool, cool-headed.
ψυχραίνομαι [pseehrenome] be on bad terms with.
ψυχραίνω [pseehreno] cool, chill, make cold || (μεταφ) cool off.
ψυχρολουσία, η [pseehrolouseea] (μεταφ) telling off, rebuke.
ψυχρός [pseehros] cold || (μεταφ) indifferent, apathetic.
ψυχρότητα, η [pseehroteeta] coldness || indifference.

ψύχω [pseeho] freeze, chill, make cold.
ψύχωση, η [pseehosee] psychosis || craze, complex.
ψωμάκι, το [psomakee] roll, piece of bread.
ψωμάς, ο [psomas] baker.
ψωμί, το [psomee] bread || loaf || (μεταφ) living.
ψωμοζώ [psomozo] eke out one's living, live scantily.
ψωμοτύρι, το [psomoteeree] bread and cheese.
ψώνια, τα [psoneea] πλ provisions, shopping, purchases.
ψωνίζω [psoneezo] buy, purchase || go shopping || **την ~** become queer, go mad.
ψώνιο, το [psoneeo] purchase || (μεταφ) mania.
ψώρα, η [psora] scabies, itch, mange || (μεταφ) pest.
ψωριάζω [psoreeazo] become itchy, be mangy.
ψωριάρης [psoreearees] mangy || (μεταφ) beggar, ragamuffin.
ψωρίαση, η [psoreeasee] psoriasis, itch(ing).
ψωροκώσταινα, η [psorokostena] poverty-stricken Greece, poor Greece.
ψωροπερηφάνεια, η [psoropereefaneea] pretensions, stupid pride.

Ω, ω

ω [o] (επιφ) oh!, ah!, aha!
ωάριο, το [oareeo] ovum.
ωδείο, το [oδeeo] conservatory.
ωδή, η [oδee] ode, song.
ωδική, η [oδeekee] singing lesson || art of singing.
ωδικός [oδeekos] singing, melodious.
ωδίνες, οι [oδeenes] πλ childbirth pains || (μεταφ) difficulties.
ώθηση, η [otheesee] push, pushing, thrust, impulsion.
ωθώ [otho] push, thrust, impel || incite, urge.
ωκεανός, ο [okeanos] ocean.
ωλένη, η [olenee] forearm.
ωμέγα, το [omega] the letter **Ω**.
ωμοπλάτη, η [omoplatee] shoulder blade.
ώμος, ο [omos] shoulder.
ωμός [omos] uncooked, raw || hard, cruel, unrelenting.
ωμότητα, η [omoteeta] cruelty, ferocity.
ωμότητες, οι [omoteetes] πλ outrages, atrocities.
ωοειδής [ooeeδees] oval, egg-shaped.
ωοθήκη, η [ootheekee] ovary || egg cup.
ωοτόκος [ootokos] oviparous, egg-laying.
ώρα, η [ora] hour, time || **με την ~** on the hour || **~ με την ~** any minute || **με τις ώρες** for hours || **στην ~** at the right time, on the dot, on time || **της ώρας** fresh, cooked to order.
ωραία [orea] beautiful || very well, perfectly, good.
ωραίος [oreos] handsome, comely, lovely || fine, good.
ωραιότητα, η [oreoteeta] beauty, good looks.
ωράριο, το [orareeo] working hours, timetable.
ωριαίος [orieos] hourly || lasting an hour.
ωριμάζω [oreemazo] become ripe, mature, mellow.
ωρίμανση, η [oreemansee] ripening, maturity.
ώριμος [oreemos] ripe, mature, mellow.

ωριμότητα, η [oreemoteeta] ripeness, maturity, full growth.

ωροδείκτης, ο [oroðeektees] hour hand.

ωροσκόπιο, το [oroskopeeo] horoscope.

ωρύομαι [oreeome] howl, roar || yell, scream.

ως [os] until, till, down to, up to, as far as || (επίρ) about || ~ **όπου να** until.

ως [os] as, for, like, just as, such as || (συνδ) as, while, as soon as || βλ και **ως.**

ωσότου [osotou] until, by the time.

ώσπου [ospou] until.

ώστε [oste] thus, and so, so, accordingly, therefore || that || **ούτως** ~ thereby.

ωστόσο [ostoso] nevertheless || meanwhile.

ωτακουστής, ο [otakoustees] eavesdropper.

ωτομοτρίς, η [otomotrees] railcar.

ωτορινολαρυγγολόγος, ο [otoreenolareengologos] ear, nose and throat doctor.

ωφέλεια, η [ofeleea] benefit, utility, usefulness, profit, advantage || **είδα** ~ I benefited.

ωφέλημα, το [ofeleema] benefit, gain, particular profit, advantage.

ωφέλιμος [ofeleemos] beneficial, useful, of use, advantageous.

ωφελούμαι [ofeloume] benefit, profit from, turn to good account.

ωφελώ [ofelo] do good to, be useful to, benefit, aid.

ώχρα, η [ohra] ochre.

ωχριώ [ohreeo] become pale, make wan.

ωχρός [ohros] pallid, pale || (μεταφ) indistinct, dim.

ωχρότητα, η [ohroteeta] pallor, paleness.

ENGLISH-GREEK
ΑΓΓΛΙΚΑ-ΕΛΛΗΝΙΚΑ

A

a, an [eɪ,æn] *indefinite article* ένας, μια, ένα.
A.A. *n. abbr of Automobile Association; abbr of Alcoholics Anonymous.*
aback [ə'bæk] *ad:* **to be taken ~** ξαφνιάζομαι, σαστίζω.
abandon [ə'bændən] *vt* εγκαταλείπω, αφήνω.
abash [ə'bæʃ] *vt* ξεφτελίζω, ντροπιάζω.
abate [ə'beɪt] *vi* μειώνομαι, κοπάζω, καταργούμαι.
abbey ['æbɪ] *n* μονή, μοναστήρι.
abbot ['æbət] *n* ηγούμενος, αββάς.
abbreviate [ə'bri:vieɪt] *vt* συντομεύω.
abbreviation [əbri:vɪ'eɪʃən] *n* σύντμηση, συντετμημένη λέξη.
abdicate ['æbdɪkeɪt] *vi* παραιτούμαι, εγκαταλείπω.
abdication [æbdɪ'keɪʃən] *n* παραίτηση.
abdomen ['æbdəmən] *n* κοιλιά.
abduction [æb'dʌkʃən] *n* απαγωγή.
aberration [æbə'reɪʃən] *n* παρέκκλιση, παρεκτροπή.
abet [ə'bet] *vt* υποκινώ, παρακινώ.
abeyance [ə'beɪəns] *n:* **in ~** εκκρεμώ, αχρηστεύομαι.
abhor [əb'hɔ:*] *vt* απεχθάνομαι, σιχαίνομαι || **~rent** *a* απεχθής.
abide [ə'baɪd] *(irreg v) vt* ανέχομαι, αντέχω ♦ *vi* εμμένω, τηρώ || **to ~ by** τηρώ, συμμορφούμαι.
ability [ə'bɪlɪtɪ] *n* ικανότητα, επιδεξιότητα, δύναμη.
ablaze [ə'bleɪz] *a* φλεγόμενος, λάμπων.
able ['eɪbl] *a* ικανός, επιτήδειος.
ably ['eɪblɪ] *ad* επιδέξια, προκομμένα.
abnormal [æb'nɔ:məl] *a* ανώμαλος || **~ity** *n* ανωμαλία || *(BIOL)* τερατωδία, δυσμορφία.
aboard [ə'bɔ:d] *ad:* **to go ~** επιβιβάζομαι || **to be ~** ευρίσκομαι επί.
abode [ə'bəʊd] *n* διαμονή, κατοικία.
abolish [ə'bɒlɪʃ] *vt* καταργώ.
abolition [æbə'lɪʃən] *n* κατάργηση.
abominable [ə'bɒmɪnəbl] *a* αποτρόπαιος, απαίσιος.
abominably [ə'bɒmɪnəblɪ] *ad* απαίσια.
aborigines [æbə'rɪdʒɪni:z] *npl* ιθαγενείς.
abort [ə'bɔ:t] *vt* αποβάλλω, διακόπτω ♦ *vi* αποβάλλομαι, ματαιούμαι.
abortion [ə'bɔ:ʃən] *n* έκτρωση, αποβολή.
abortive [ə'bɔ:tɪv] *a* αποτυχημένος, πρόωρος, ανεπιτυχής.
abound [ə'baʊnd] *vi* αφθονώ, βρίθω.
about [ə'baʊt] *prep* περί, γύρω από, κοντά ♦ *ad* (τρι)γύρω, κοντά || *(estimate)* περίπου || **to be ~ to** μόλις πρόκειται να.

above [ə'bʌv] *prep* πάνω από, πέρα από || *(in rank)* ανώτερος από, μεγαλύτερος από ♦ *ad* επάνω, στους ουρανούς || ~**board** *a* τίμια και ειλικρινή, άψογα || ~ **ground** επιφανειακός.

abrasion [ə'breɪʒən] *n* φθορά, (εκ)τριβή, γδάρσιμο.

abrasive [ə'breɪzɪv] *a* αποξεστικός || ~ **material** μέσον λειάνσεως.

abreast [ə'brɛst] *ad* παραπλεύρως, μαζί.

abridge [ə'brɪdʒ] *vt* συντομεύω, συντέμνω.

abroad [ə'brɔːd] *ad* στο εξωτερικό, στα ξένα.

abrupt [ə'brʌpt] *a* απότομος, ξαφνικός, αγενής.

abscess ['æbsɪs] *n* απόστημα *nt*.

abscond [əb'skɒnd] *vi* φυγοδικώ, δραπετεύω, φεύγω κρυφά.

absence ['æbsəns] *n* απουσία || *(lack of)* έλλειψη, ανυπαρξία || *(of mind)* αφηρημάδα.

absent ['æbsənt] *a* απών, απουσιάζων ♦ [æb'sɛnt] *vt*: **he** ~**ed himself** απουσίαζε || ~**ee** *n* απών *m*, απουσιάζων *m* || ~**eeism** *n* απουσία || ~**-minded** *a* αφηρημένος.

absolute ['æbsəluːt] *a* απόλυτος, τέλειος, απεριόριστος || ~**ly** *ad* τελείως.

absolve [əb'zɒlv] *vt* απαλλάσσω, αθωώνω.

absorb [əb'zɔːb] *vt* απορροφώ.

absorbent [əb'zɔːbənt] *a, n* απορροφητικός || ~ **cotton** *(US) n* απορροφητικό βαμβάκι.

absorbing [əb'zɔːbɪŋ] *a* ενδιαφέρων.

abstain [əb'steɪn] *vi* απέχω, συγκρατούμαι || **to** ~ **from** αποφεύγω.

abstinence ['æbstɪnəns] *n* αποχή, εγκράτεια.

abstract ['æbstrækt] *a* αφηρημένος ♦ *n* το αφηρημένο || *(summary)* περίληψη || *(excerpt)* απόσπασμα *nt* ♦ [æb'strækt] *vt* *(remove)* αφαιρώ.

abstruse [æb'struːs] *a* ασαφής, δυσνόητος.

absurd [əb'sɜːd] *a* γελοίος, παράλογος || ~**ity** *n* παραλογισμός.

abundance [ə'bʌndəns] *n* αφθονία, περίσσευμα *nt*.

abundant [ə'bʌndənt] *a* άφθονος, πλούσιος.

abuse [ə'bjuːz] *vt (misuse)* κακομεταχειρίζομαι, καταχρώμαι || *(speak harshly)* βρίζω ♦ [ə'bjuːs] *n* κακομεταχείριση, κατάχρηση || *(swearing)* βρισιές *fpl*.

abusive [əbjuːsɪv] *a* υβριστικός.

abut [ə'bʌt] *vi* συνορεύω με.

abysmal [ə'bɪzml] *a* φοβερός, απερίγραπτος.

abyss [ə'bɪs] *n* άβυσσος.

academic [ækə'dɛmɪk] *n, a* ακαδημαϊκός.

academy [ə'kædəmɪ] *n* ακαδημία.

accede [æk'siːd] *vi (agree)* συμφωνώ, προσχωρώ || *(to throne)* ανέρχομαι.

accelerate [æk'sɛləreɪt] *vt* επιταχύνω, επισπεύδω ♦ *vi* επιταχύνομαι.

acceleration [æksɛlə'reɪʃən] *n* επιτάχυνση.

accelerator [ək'sɛləreɪtə*] *n (AUT)* γκάζι.

accent ['æksɛnt] *n* τόνος || *(of speech)* προφορά ♦ [æk'sɛnt] *vt* τονίζω || ~**uate** *vt* τονίζω.

accept [ək'sɛpt] *vt (gift etc)* δέχομαι || *(agree)* παραδέχομαι || ~**able** *a* (απο)δεκτός, ευπρόσδεκτος, παραδεκτός || ~**ance** *n* αποδοχή, παραδοχή.

access ['æksɛs] *n (entrance)* είσοδος *f* || *(COMPUT)* πρόσβαση || ~ **time**

(*COMPUT*) χρόνος προσπέλασης || **~ible** *a* προσιτός, ευπρόσιτος.

accessories [æk'sɛsərɪz] *npl* εξαρτήματα *ntpl*, συμπληρώματα *ntpl* || *(toilet)* είδη *ntpl* τουαλέτας.

accessory [æk'sɛsərɪ] *a* συμπληρωματικός ♦ *n (to a crime etc)* συνένοχος || *(part)* εξάρτημα *nt*.

accident ['æksɪdənt] *n (mishap)* δυστύχημα *nt*, ατύχημα *nt* || *(chance)* τύχη || **by ~** κατά τύχη || **~ally** *ad* τυχαία.

acclaim [ə'kleɪm] *vt* επευφημώ, ζητωκραυγάζω, αναφωνώ ♦ *n* ζητωκραυγή.

acclimatize [ə'klaɪmətaɪz] *vt*: **to become ~d to** εγκλιματίζομαι.

accommodate [ə'kɒmədeɪt] *vt (be suitable for)* εξοικονομώ, διευθετώ, προσαρμόζω || *(lodge)* στεγάζω, παρέχω κατάλυμα || *(supply etc)* εξοικονομώ, εφοδιάζω.

accommodating [ə'kɒmədeɪtɪŋ] *a* εξυπηρετικός, πρόθυμος.

accommodation [əkɒmə'deɪʃən] *n (lodging)* κατάλυμα *nt*, στέγαση || *(loan)* δάνειο || *(adjustment)* προσαρμογή.

accompaniment [ə'kʌmpənɪmənt] *n* συνοδεία || (*MUS*) ακομπανιαμέντο.

accompany [ə'kʌmpənɪ] *vt* συνοδεύω, συντροφεύω.

accomplice [ə'kʌmplɪs] *n* συνένοχος, συνεργός.

accomplish [ə'kʌmplɪʃ] *vt* περατώνω, συμπληρώνω || **~ed** *a (skilled)* τέλειος || **~ment** *n (ability)* ικανότητα, προσόντα *ntpl* || *(completion)* εκπλήρωση.

accord [ə'kɔːd] *n* συμφωνία, ομοφωνία || **of my own ~** αυθόρμητα ♦ *vt (grant)* παρέχω, χορηγώ || *(agree with)* συμφωνώ || **~ance** *n* συμφωνία || **in ~ance with** σύμφωνα με || **~ing to** *prep* σύμφωνα με, κατά τον || **~ingly** *ad* επομένως.

accordion [ə'kɔːdɪən] *n* ακορντεόν *nt inv*.

accost [ə'kɒst] *vt* πλησιάζω, πλευρίζω.

account [ə'kaʊnt] *n (bill)* λογαριασμός, υπολογισμός || *(credit)* λογαριασμός || *(story)* αφήγηση, περιγραφή || *(financial report)* ανάλυση, έκθεση || **on no ~** για κανένα λόγο || **on ~ of** εξαιτίας || **to ~ for** *vt* εξηγώ || **to take into ~** λαμβάνω υπόψη || **~able** *a* υπόλογος, υπεύθυνος || *(explicable)* ευεξήγητος.

accountant [ə'kaʊntənt] *n* λογιστής.

accumulate [ə'kjuːmjʊleɪt] *vt* συσσωρεύω, μαζεύω ♦ *vi* συσσωρεύομαι.

accumulation [əkjuːmjʊ'leɪʃən] *n* συσσώρευση, μάζεμα *nt*.

accuracy ['ækjʊrəsɪ] *n* ακρίβεια.

accurate ['ækjʊrɪt] *a* ακριβής, ορθός || **~ly** *ad* με ακρίβεια, σωστά.

accusation [ækjuː'zeɪʃən] *n* κατηγορία.

accuse [ə'kjuːz] *vt* κατηγορώ || **~d** *n* κατηγορούμενος || **~r** *n* ενάγων *m*, μηνυτής, κατήγορος.

accustom [ə'kʌstəm] *vt* συνηθίζω, εθίζω || **~ed** *a* συνηθισμένος.

ace [eɪs] *n* άσσος.

ache [eɪk] *vi* πονώ.

achieve [ə'tʃiːv] *vt* κατορθώνω, επιτυγχάνω, φθάνω || **~ment** *n* κατόρθωμα, επίτευξη.

acid ['æsɪd] *a* οξύς, ξινός ♦ *n (CHEM)* οξύ *nt* || **~ test** *n* αποφασιστική δοκιμασία, τελικό κριτήριο || **~ity** *n (CHEM)* οξύτητα, ξινίλα.

acknowledge [ək'nɒlɪdʒ] *vt (admit)* αναγνωρίζω, παραδέχομαι || *(thank)* είμαι ευγνώμων, απαντώ || **~ment** *n* αναγνώριση, παραδοχή || *(of letter etc)* βεβαίωση.

acne ['æknɪ] *n* ακμή, σπυράκια *ntpl.*

acorn ['eɪkɔːn] *n* βαλανίδι.

acoustic [ə'kuːstɪk] *a* ακουστικός || **~s** *npl* ακουστική.

acquaint [ə'kweɪnt] *vt* γνωρίζω, πληροφορώ || **~ance** *n (person)* γνωριμία, γνωστός/ή *m/f* || *(knowledge)* γνώση, εξοικείωση.

acquiesce [ækwɪ'ɛs] *vi* συναινώ, συγκατατίθεμαι, δέχομαι.

acquire [ə'kwaɪə*] *vt* αποκτώ.

acquisition [ækwɪ'zɪʃən] *n* απόκτημα *nt,* απόκτηση.

acquisitive [ə'kwɪzɪtɪv] *a* πλεονέκτης, αρπακτικός.

acquit [ə'kwɪt] *vt (free from accusation)* απαλλάσσω, αθωώνω || *(conduct o.s.)* εκπληρώ, καταφέρνω || **~tal** *n* αθώωση, απαλλαγή.

acre ['eɪkə*] *n* 4 στρέμματα *ntpl.*

acrobat ['ækrəbæt] *n* ακροβάτης.

across [ə'krɒs] *prep (through)* δια μέσου ♦ *ad (crosswise)* εγκάρσια, λοξά, σταυρωτά || *(distance)* πλάτος, μήκος || **~ the road** (στο δρόμο) απέναντι.

act [ækt] *n (deed)* πράξη, ενέργεια || *(law or decree)* νόμος, νομοθέτημα *nt* || *(of play)* πράξη (έργου) ♦ *vti (take action)* ενεργώ, δρω, πράττω || *(part)* παίζω, παριστάνω, κάνω || *(pretend)* προσποιούμαι, υποκρίνομαι, υποδύομαι || **~ing** *n (THEAT)* ηθοποιία, παίξιμο ♦ *a* αναπληρωματικός.

action ['ækʃən] *n (deed)* πράξη || *(motion)* λειτουργία, ενέργεια || *(battle)* μάχη || **to bring an ~ against** κάνω αγωγή κατά || **naval ~** ναυμαχία || **to take ~** ενεργώ.

active ['æktɪv] *a (lively)* ενεργητικός, ζωηρός || *(working)* δραστήριος, ενεργός || *(GRAM)* ενεργητικός || **on ~ service** εν ενεργεία.

activity [æk'tɪvɪtɪ] *n* δραστηριότητα, δράση.

actor ['æktə*] *n* ηθοποιός.

actress ['æktrɪs] *n* ηθοποιός *f,* θεατρίνα.

actual ['æktjuəl] *a* πραγματικός, αληθινός || **~ly** *ad* πράγματι.

acumen ['ækjumɛn] *n* οξύνοια, ευφυΐα.

acute [ə'kjuːt] *a* οξύς, διαπεραστικός || **~ly** *ad* έντονα || **~ accent** *n* οξεία.

ad [æd] *abbr of* **advertisement.**

A.D. *ad (abbr of Anno Domini)* μ.Χ.

Adam ['ædəm] *n* Αδάμ || **~'s apple** *n* καρύδι του λαιμού.

adamant ['ædəmənt] *a* αμετάπειστος, άκαμπτος.

adapt [ə'dæpt] *vt* προσαρμόζω, εναρμόζω ♦ *vi:* **to ~ to** προσαρμόζομαι || **~able** *a* προσαρμόσιμος, ευάρμοστος || **~ation** *n* προσαρμογή || *(of play etc)* διασκευή || **~er** *n (ELEC)* προσαρμοστής.

add [æd] *vt* προσθέτω, αθροίζω || **to ~ up** *vt* προσθέτω.

adder ['ædə*] *n (snake)* οχιά, όχεντρα.

addict ['ædɪkt] *n:* **drug ~** ναρκομανής ♦ [ə'dɪkt] *vt* αφοσιώνω, παραδίδω || **~ed to** επιρρεπής σε || **~ion** *n* ροπή προς, εθισμός.

adding machine ['ædɪŋməʃiːn] *n* αθροιστική μηχανή.

addition [ə'dɪʃən] *n* πρόσθεση, προσθήκη || **in ~** επί πλέον, επιπροσθέτως || **~al** *a* πρόσθετος.

address [ə'drɛs] *n* διεύθυνση || *(speech)* προσφώνηση, λόγος || *(manners)* συμπεριφορά || *(COMPUT)* διεύθυνση || *vt* απευθύνω || *(speak)* προσφωνώ || *(envelope)* γράφω διεύθυνση.

addressee [ædrɛ'siː] *n* παραλήπτης.
adenoids ['ædɪnɔɪdz] *npl* κρεατάκια.
adept ['ædɛpt] *a:* ~ **at** έμπειρος σε, ικανός σε.
adequate ['ædɪkwɪt] *a* επαρκής, ικανός.
adhere [əd'hɪə*] *vi (stick to)* προσκολλώμαι || *(support)* εμμένω, προσχωρώ || **to** ~ **to** προσχωρώ, εμμένω.
adhesive [əd'hiːzɪv] *a* συγκολλητικός, κολλώδης ♦ *n* κολλητική ουσία || ~ **tape** *n* λευκοπλάστης.
adjacent [ə'dʒeɪsənt] *a* παρακείμενος, γειτονικός, συνορεύων.
adjective ['ædʒɛktɪv] *n* επίθετο.
adjoin [ə'dʒɔɪn] *vi* γειτονεύω, συνορεύω με, συνάπτω || ~**ing** *a* συνεχόμενος, παρακείμενος.
adjourn [ə'dʒɜːn] *vt (postpone)* αναβάλλω ♦ *vi* αναβάλλομαι, διακόπτομαι.
adjudicator [ə'dʒuːdɪkeɪtə*] *n* διαιτητής, δικαστής.
adjust [ə'dʒʌst] *vt (put right)* ρυθμίζω, κανονίζω || *(to fit)* προσαρμόζω, εφαρμόζω || ~**able** *a* ρυθμιζόμενος, ρυθμιστός || ~**ment** *n* ρύθμιση, τακτοποίηση.
adjutant ['ædʒətənt] *n* υπασπιστής.
ad lib [æd'lɪb] *ad* κατά βούληση ♦ **ad-lib** *vi* αυτοσχεδιάζω.
administer [əd'mɪnɪstə*] *vt (manage)* διευθύνω, διαχειρίζομαι, διοικώ || *(dispense)* απονέμω || *(medicine)* παρέχω, δίνω.
administration [ədmɪnɪs'treɪʃən] *n* διοίκηση, διαχείριση, διεύθυνση || ~ **of justice** απονομή δικαιοσύνης.
administrative [əd'mɪnɪstrətɪv] *a* διοικητικός.
administrator [əd'mɪnɪstreɪtə*] *n* διευθυντής, διοικητής || *(of will)* εκτελεστής.
admirable ['ædmərəbl] *a* θαυμαστός, θαυμάσιος.
admiral ['ædmərəl] *n* ναύαρχος.
Admiralty ['ædmərəltɪ] *n* ναυαρχείο.
admiration [ædmə'reɪʃən] *n* θαυμασμός, κατάπληξη.
admire [əd'maɪə*] *vt* θαυμάζω || ~**r** *n* θαυμαστής.
admission [əd'mɪʃən] *n (entrance)* είσοδος *f*, εισαγωγή || *(fee)* τιμή εισιτηρίου || *(confession)* παραδοχή, αναγνώριση.
admit [əd'mɪt] *vt (let in)* επιτρέπω την είσοδο, εισέρχομαι || *(confess)* παραδέχομαι, αναγνωρίζω || *(receive as true)* (επι)δέχομαι || ~**tance** *n* εισδοχή, είσοδος *f* || ~**tedly** *ad* ομολογουμένως.
ado [ə'duː] *n:* **without more** ~ χωρίς περισσότερη φασαρία.
adolescence [ædəʊ'lɛsns] *n* εφηβική ηλικία.
adolescent [ædəʊ'lɛsnt] *a, n* έφηβος.
adopt [ə'dɒpt] *vt* υιοθετώ || *(accept)* παραδέχομαι, αποδέχομαι || ~**ed son** *n* θετός || ~**ion** *n* υιοθεσία || *(of idea etc)* αποδοχή, έγκριση.
adore [ə'dɔː*] *vt* λατρεύω, υπεραγαπώ.
adorn [ə'dɔːn] *vt* κοσμώ, στολίζω, καλλωπίζω.
adrenalin [ə'drɛnəlɪn] *n* αδρεναλίνη.
Adriatic [eɪdrɪ'ætɪk] *n* Αδριατική.
adrift [ə'drɪft] *ad* έρμαιο || *(col)* τα έχω χαμένα.
adult ['ædʌlt] *a, n* ενήλικος, έφηβος || *(LAW)* ενήλικος.
adulterate [ə'dʌltəreɪt] *vt* νοθεύω, αλλοιώνω, νερώνω.
adultery [ə'dʌltərɪ] *n* μοιχεία.
advance [əd'vɑːns] *n* πρόοδος *f*,

προχώρηση || *(money)* προκαταβολή, πίστωση || *(in prices)* αύξηση, ύψωση ♦ *vi* προχωρώ || *(MIL)* προελαύνω || *(price)* ανατιμώμαι, ανεβαίνω || **~d** *a* προχωρημένος || *(ideas)* προοδευτικός || *(study etc)* ανώτερος || **~d ignition** *n* προανάφλεξη || **in ~** προκαταβολικά || **in ~ of** πριν από, (ε)νωρίτερα || **~ booking** *n*: **to make an ~ booking** κλείνω θέση.

advantage [əd'vɑːntɪdʒ] *n* πλεονέκτημα *nt*, προτέρημα *nt* || **to take ~ of** *(profit by)* επωφελούμαι από, εκμεταλλεύομαι || *(misuse)* καταχρώμαι || **~ over** υπεροχή.

advantageous [ædvən'teɪdʒəs] *a* επωφελής, λυσιτελής.

advent ['ædvənt] *n* έλευση, εμφάνιση || *(REL)* σαραντάμερο || **the Second A~** η Δευτέρα Παρουσία.

adventure [əd'ventʃə*] *n* περιπέτεια || *(bold undertaking)* τόλμημα *nt* || **~r** *n* τολμηρός || *(in bad sense)* τυχοδιώκτης.

adventurous [əd'ventʃərəs] *a* ριψοκίνδυνος, τυχοδιωκτικός.

adverb ['ædvɜːb] *n* επίρρημα *nt*.

adversary ['ædvəsərɪ] *n* αντίπαλος, ανταγωνιστής.

adverse ['ædvɜːs] *a* αντίθετος, ενάντιος, δυσμενής.

adversity [əd'vɜːsɪtɪ] *n* ατυχία, αναποδιά.

advertise ['ædvətaɪz] *vt* διαφημίζω, ρεκλαμάρω.

advertisement [əd'vɜːtɪsmənt] *n* διαφήμιση, ρεκλάμα || *(poster)* αφίσα.

advertiser ['ædvətaɪzə*] *n* διαφημιστής.

advertising ['ædvətaɪzɪŋ] *n* διαφήμιση, ρεκλάμα || **~ agency** *n* διαφημιστικό γραφείο.

advice [əd'vaɪs] *n* συμβουλή || *(information)* πληροφορία, είδηση.

advisable [əd'vaɪzəbl] *a* φρόνιμος, σκόπιμος.

advise [əd'vaɪz] *vt* συμβουλεύω, συνιστώ || *(apprise)* ειδοποιώ || **~r** *n* σύμβουλος.

advisory [əd'vaɪzərɪ] *a* συμβουλευτικός.

advocate ['ædvəkɪt] *n (LAW)* δικηγόρος, συνήγορος || *(supporter)* υποστηρικτής ♦ ['ædvəkeɪt] *vt* υποστηρίζω, συνιστώ || *(LAW)* συνηγορώ.

aerial ['ɛərɪəl] *a* εναέριος ♦ *n* κεραία || **~ photograph** *n* εναέριος φωτογραφία.

aeroplane ['ɛərəpleɪn] *n* αεροπλάνο.

aerosol ['ɛərəsɒl] *n* αεροζόλ *nt inv*.

aesthetic [iːs'θetɪk] *a* αισθητικός || *(artistic)* καλαίσθητος.

afar [ə'fɑː*] *ad*: **from ~** από μακριά.

affable ['æfəbl] *a* προσηνής, γλυκομίλητος, καταδεκτικός.

affair [ə'fɛə*] *n* υπόθεση, δουλειά || *(matter)* πράγμα *nt*.

affect [ə'fekt] *vt (influence)* θίγω, επηρεάζω || *(feign)* προσποιούμαι, κάνω τον || **~ation** *n* προσποίηση || **~ed** *a* προσποιητός || *(moved)* συγκινημένος || *(MED)* προσβλημένος.

affection [ə'fekʃən] *n* αγάπη, στοργή || **~ate** *a* φιλόστοργος.

affiliate [ə'fɪlɪeɪt] *vt* εισάγω, συνεργάζομαι.

affinity [ə'fɪnɪtɪ] *n* συγγένεια.

affirmation [æfə'meɪʃən] *n* (δια)βεβαίωση || *(assent)* κατάφαση.

affirmative [ə'fɜːmətɪv] καταφατικός, βεβαιωτικός ♦ *n* κατάφαση || **in the ~** καταφατικά.

affix [ə'fɪks] *vt* επισυνάπτω, προσαρτώ, θέτω.

afflict [ə'flɪkt] *vt* θλίβω, πικραίνω || *(MED)* προσβάλλω || **~ion** *n* θλίψη, λύπη || *(misfortune)* ατύχημα *nt*, συμφορά.

affluence ['æfluəns] *n (abundance)* αφθονία || *(wealth)* πλούτος.
affluent ['æfluənt] *a* πλούσιος.
afford [ə'fɔːd] *vt (have the means)* δύναμαι, έχω τα μέσα || *(provide)* παρέχω, προσφέρω.
affront [ə'frʌnt] *vt* προσβάλλω, ντροπιάζω ♦ *n* προσβολή.
Afghanistan [æf'gænistæn] *n* Αφγανιστάν *nt.*
afield [ə'fiːld] *ad:* **far ~** μακριά.
afloat [ə'fləut] *ad:* **I am ~** επιπλέω.
afraid [ə'freid] *a* έμφοβος, φοβισμένος || **to be ~ of** φοβούμαι || **to be ~ to** δεν τολμώ || **~ that** φοβούμαι ότι.
afresh [ə'freʃ] *ad* από την αρχή, πάλι.
Africa ['æfrikə] *n* Αφρική || **~n** *n* Αφρικανός/η *m/f* ♦ *a* αφρικάνικος.
aft [aːft] *ad* προς την πρύμνη, προς τα πίσω.
after ['aːftə*] *prep* μετά, ύστερα από || *(according to)* κατά ♦ *ad* έπειτα, ύστερα ♦ *a* επόμενος || *cj* αφού || **some time ~** λίγο αργότερα || **what is he ~?** τι ζητά; || τι ψάχνει; || **~ all** τέλος πάντων, επί τέλους || **~ five (o'clock)** περασμένες πέντε || **~ you, sir!** παρακαλώ!, περάστε!
after- ['aːftə*] *(in compds) a* μετά, μέλλων.
aftermath ['aːftəmæθ] *n* συνέπεια, επακόλουθο.
afternoon ['aːftə'nuːn] *n* απόγευμα *nt* || **good ~!** χαίρετε!
afterthought ['aːftəθɔːt] *n* μεταγενεστέρα σκέψη.
afterwards ['aːftəwədz] *ad* αργότερα, στη συνέχεια.
again [ə'gen] *ad* πάλι, ξανά || **~ and ~** επανειλημμένως, πάλι και πάλι.
against [ə'genst] *prep* κατά, εναντίον.
age [eidʒ] *n* ηλικία || *(generation)* γενεά || *(period)* εποχή || *(century)* αιώνας *m* ♦ *vti* γερνώ || *(wine etc)* ωριμάζω || **of ~** ενηλικιωμένος, ενήλικος || **~d** *a* ηλικιωμένος, γέρος || **~d 20 (years)** ηλικίας 20 ετών || **~less** *a* αγέραστος, αιώνιος.
agency ['eidʒənsi] *n, a* (επί)δράση, ενέργεια || *(factor)* παράγοντας, αίτιο || *(intervention)* υπηρεσία, οργανισμός || *(office)* πρακτορείο, αντιπροσωπεία.
agenda [ə'dʒendə] *n* ημερησία διάταξη || *(notebook)* ατζέντα, σημειωματάριο.
agent ['eidʒənt] *n* πράκτορας, αντιπρόσωπος || *(cause)* παράγοντας, συντελεστής.
aggravate ['ægrəveit] *vt* επιδεινώνω, χειροτερεύω || *(provoke)* εντείνω, ερεθίζω.
aggregate ['ægrigit] *n* άθροισμα *nt*, σύνολο ♦ *a* συνολικός.
aggression [ə'greʃən] *n* επίθεση, επιδρομή.
aggressive [ə'gresiv] *a* επιθετικός || *(vigorous)* δραστήριος.
aggrieved [ə'griːvd] *a* θλιμμένος, πικραμένος.
aghast [ə'gaːst] *a* κατάπληκτος, εμβρόντητος.
agile ['ædʒail] *a* ευκίνητος, ελαφρός.
agitate ['ædʒiteit] *vt (set in motion)* (ανα)ταράσσω || *(excite)* ταράσσω, ανησυχώ || *(POL)* κινούμαι, κάνω κίνηση || **to ~ for** δημιουργώ κίνηση για.
agitation [ædʒi'teiʃən] *n* αναταραχή.
agitator ['ædʒiteitə*] *n* υποκινητής, ταραχοποιός.
agnostic [æg'nɔstik] *a, n* αγνωστικός.
ago [ə'gəu] *ad* περασμένος, πριν, από πριν || **long ~** προ πολλού || **some time ~** προ καιρού.
agog [ə'gɔg] *a* ανυπόμονος.

agonizing ['ægənaɪzɪŋ] *a* σπαρακτικός, φρικτός.

agony ['ægənɪ] *n* αγωνία, βάσανο.

agree [ə'griː] *vti (consent)* συγκατατίθεμαι, αποδέχομαι || *(have same opinion)* συμφωνώ, είμαι σύμφωνος || *(of climate etc)* ταιριάζω, ωφελώ || *(come to an agreement)* συμβιβάζομαι || **it does not ~ with me** με πειράζει, με ενοχλεί, δεν μου ταιριάζει || **~d** *a (of persons)* είμαι σύμφωνος || *(of things)* εγκρίνεται!, σύμφωνοι! || **~ment** *n* συμφωνία || *(formal)* σύμβαση, συνθήκη.

agricultural [ægrɪ'kʌltʃərəl] *a* γεωργικός.

agriculture ['ægrɪkʌltʃə*] *n* γεωργία.

aground [ə'graʊnd] *ad (NAUT)* στη στεριά || **to run ~** προσαράσσω, καθίζω, εξοκέλλω.

ahead [ə'hɛd] *ad* εμπρός, προ || **to get ~** προχωρώ, προηγούμαι || **~ of** μπρος από.

A.I. *n (abbr of artificial intelligence)* T.N.

aid [eɪd] *n* βοήθεια, συνδρομή || *(assistant)* βοηθός ♦ *vt* βοηθώ, συντρέχω.

ailment ['eɪlmənt] *n* αδιαθεσία, αρρώστια.

aim [eɪm] *n (point)* σκόπευση || *(target)* στόχος || *(purpose)* σκοπός, αντικείμενο ♦ *vti (throw)* ρίχνω, κτυπώ || *(point)* σκοπεύω || *(intend)* επιδιώκω || **~less** *a* άσκοπος, ασυνάρτητος.

air [ɛə*] *n* αέρας *m* || *(tune)* μέλος *nt*, σκοπός, ήχος || *(appearance)* παρουσιαστικό, αέρας, ύφος ♦ *vt* αερίζω || *(question)* εκθέτω, ανακινώ || *(opinions)* επιδεικνύω, αποκαλύπτω || **~borne** *a* αεροφερόμενος || **~ conditioning** *n* κλιματισμός || **~craft** *n* αεροσκάφος *nt*, αεροπλάνο || **~craft carrier** *n* αεροπλανοφόρο || **~force** *n* (πολεμική) αεροπορία || **~gun** *n* αεροβόλο || **~ hostess** *n* αεροσυνοδός || **~line** *n* αεροπορική γραμμή || **~liner** *n* επιβατικό αεροπλάνο || **~mail** *n*: **by ~mail** αεροπορικώς || **~plane** *n* *(US)* αεροπλάνο || **~ pocket** *n* κενόν *nt* αέρος || **~port** *n* αερολιμήν *m* || **~ raid** *n* αεροπορική επιδρομή || **~tight** *a* αεροστεγής, ερμητικός.

aisle [aɪl] *n* διάδρομος || *(of church)* πτέρυγα.

ajar [ə'dʒɑː*] *ad* μισοανοιγμένος.

akin [ə'kɪn] *a* συγγενεύων.

à la carte [ælæ'kɑːt] *ad* α-λα-κάρτ.

alarm [ə'lɑːm] *n (of danger)* συναγερμός, κραυγή κινδύνου || *(device)* σύστημα ειδοποίησης || *(fright)* φόβος, αναταραχή ♦ *vt* τρομάζω, φοβίζω, ταράσσω || **~ clock** *n* ξυπνητήρι.

Albania [æl'beɪnɪə] *n* Αλβανία || **~n** *n* Αλβανός/ίδα *m/f* ♦ *a* αλβανικός.

album ['ælbəm] *n* λεύκωμα *nt*, άλμπουμ *nt inv*.

alcohol ['ælkəhɒl] *n* αλκοόλ *nt inv*, οινόπνευμα *nt* || **~ic** *a, n* αλκοολικός.

alcove ['ælkəʊv] *n* παστάς, αλκόβα || *(of wall)* σηκός, αχιβάδα.

alderman ['ɔːldəmən] *n* δημοτικός σύμβουλος.

ale [eɪl] *n* μπύρα.

alert [ə'lɜːt] *a* άγρυπνος, προσεκτικός || *(nimble)* ευκίνητος, σβέλτος ♦ *n* επιφυλακή, συναγερμός.

algebra ['ældʒɪbrə] *n* άλγεβρα.

Algeria [æl'dʒɪərɪə] *n* Αλγερία || **Algerian** *a* αλγερίνικος ♦ *n* Αλγερινός/ή *m/f*.

alias ['eɪlɪæs] *ad* άλλως ♦ *n* ψευδώνυμο, πλαστό όνομα *nt*.

alibi ['ælɪbaɪ] *n* άλλοθι || *(col)* δικαιολογία.

alien ['eɪlɪən] *n, a* ξένος, αλλοδαπός || **~ate** *vt (turn away)* αποσπώ, αποξενώ || **~ation** *n* αποξένωση.
alight [ə'laɪt] *a* αναμμένος, φλεγόμενος ♦ *vi* κατέρχομαι, κατεβαίνω || *(of birds)* κάθομαι.
align [ə'laɪn] *vt* ευθυγραμμίζω || **~ment** *n* ευθυγράμμιση.
alike [ə'laɪk] *a* όμοιος, παρόμοιος, ίδιος ♦ *ad* ομοίως, ίδια.
alive [ə'laɪv] *a* ζωντανός || *(lively)* ζωηρός || *(teeming)* βρίθων, γεμάτος.
alkali ['ælkəlaɪ] *n* άλκαλι.
all [ɔːl] *a, pron* πας, όλος, όλοι, πάντες ♦ *n* όλο, σύνολο, ολότητα ♦ *ad* εντελώς, τελείως, όλο || **after ~** στο κατω-κάτω || **~ in ~** στο σύνολο || **above ~** προπαντός.
all- ['ɔːl] *(in compds) a* ολο-, παν-, παντο-, τελείως.
allay [ə'leɪ] *vt* καταπραΰνω, γλυκαίνω || *(lessen)* καθησυχάζω, ανακουφίζω.
allegation [ælɛ'geɪʃən] *n* ισχυρισμός, υπαινιγμός.
allege [ə'lɛdʒ] *vt* ισχυρίζομαι, επικαλούμαι || **~dly** *ad* δήθεν.
allegiance [ə'liːdʒəns] *n* πίστη, υπακοή.
allegory ['ælɪgərɪ] *n* αλληγορία.
allergic [ə'lɜːdʒɪk] *a* αλλεργικός.
allergy ['ælədʒɪ] *n* αλλεργία.
alleviate [ə'liːvɪeɪt] *vt* ελαφρώνω, ανακουφίζω.
alley ['ælɪ] *n* δρομίσκος, πάροδος *f*, δρομάκος.
alliance [ə'laɪəns] *n* συμμαχία || *(marriage)* επιγαμία, συμπεθεριά.
allied ['ælaɪd] *a:* **~ to** συγγενεύω με.
alligator ['ælɪgeɪtə*] *n* αλλιγάτορας.
all-in ['ɔːlɪn] *a (exhausted)* εξαντλημένος.
alliteration [ə'lɪtə'reɪʃən] *n* παρήχηση.
all-night ['ɔːl'naɪt] *a (café etc)* ολονύκτιος, διανυκτερεύων.
allocate ['æləʊkeɪt] *vt* διαθέτω, παραχωρώ || *(for special purpose)* κατανέμω, αναθέτω.
allocation [æləʊ'keɪʃən] *n* εκχώρηση, απονομή.
allot [ə'lɒt] *vt* παραχωρώ, διαθέτω, κατανέμω || **~ment** *n (share)* μερίδιο, τμήμα *nt*.
all-out ['ɔːl'aʊt] *ad* με όλες τις δυνάμεις.
allow [ə'laʊ] *vt* επιτρέπω || *(grant)* παρέχω, δίδω || *(acknowledge)* αναγνωρίζω, (παρα)δέχομαι || **to ~ for** αφήνω περιθώριο για || **~ance** *n* επίδομα *nt*, εισόδημα *nt*.
alloy ['ælɔɪ] *n* κράμα *nt* ♦ *vt* αναμιγνύω, συντήκω || *(fig)* νοθεύω.
all-round ['ɔːl'raʊnd] *a* τελειότατος, αρτιότατος.
all-time ['ɔːl'taɪm] *a* παντοτινός.
allude [ə'luːd] *vi:* **to ~ to** εννοώ, υπονοώ, υπαινίσσομαι.
alluring [ə'ljʊərɪŋ] *a* δελεαστικός, γοητευτικός.
allusion [ə'luːʒən] *n* υπαινιγμός, νύξη.
ally ['ælaɪ] *n* σύμμαχος ♦ [ə'laɪ] *vt* συνδέω, ενώνω ♦ *vi* συμμαχώ, συνδέομαι.
almighty [ɔːl'maɪtɪ] *a:* **the A~** ο Παντοδύναμος.
almond ['ɑːmənd] *n* αμύγδαλο || *(tree)* αμυγδαλιά.
almost ['ɔːlməʊst] *ad* σχεδόν, περίπου.
alms [ɑːmz] *npl* ελεημοσύνη, ψυχικό.
alone [ə'ləʊn] *a* μόνος, μονάχος, μοναχός ♦ *ad* μόνο.
along [ə'lɒŋ] *ad:* **move ~** προχωρώ, βηματίζω || εμπρός!, έλα λοιπόν! ♦ *prep* κατά μήκος || **~side** *ad, prep* πλευρισμένως, πλάι-πλάι || **all ~** από καιρό, απ' την αρχή.

aloof [ə'lu:f] *a, ad* μακριά, σε απόσταση.
aloud [ə'laʊd] *ad* μεγαλοφώνως, φωναχτά, δυνατά.
alphabet ['ælfəbɛt] *n* αλφάβητο || ~**ical** *a* αλφαβητικός.
alpine ['ælpaɪn] *a* αλπικός.
Alps [ælps] *npl*: **the** ~ οι 'Αλπεις.
already [ɔ:l'rɛdɪ] *ad* ήδη, κιόλας.
alright [ɔ:l'raɪt] = **all right** || *see* **right.**
also ['ɔ:lsəʊ] *ad* επίσης, ακόμη και.
altar ['ɒltə*] *n* βωμός, θυσιαστήριο || *(church)* Αγία Τράπεζα.
alter ['ɒltə*] *vt* μεταβάλλω, τροποποιώ, μεταποιώ ♦ *vi* μεταβάλλομαι || ~**ation** *n* μεταβολή, αλλαγή, αλλοίωση.
alternate [ɒl'tɜ:nɪt] *a* εναλλάσσων, εναλλασσόμενος ♦ ['ɒltɜ:neɪt] *vt* εναλλάσσω, χρησιμοποιώ εναλλάξ ♦ *vi* εναλλάσσομαι *(with* με) || ~**ly** *ad* εναλλάξ, αλληλοδιαδόχως.
alternative [ɒl'tɜ:nətɪv] *n* εκλογή, λύση || ~**ly** *ad* εναλλάξ.
alternator ['ɒltɜ:neɪtə*] *n (ELEC)* εναλλάκτης.
although [ɔ:l'ðəʊ] *cj* αν και, μολονότι, καίτοι.
altitude ['æltɪtju:d] *n* ύψος, υψόμετρο.
alto ['æltəʊ] *n (male)* οξύφωνος || *(female)* κοντράλτο.
altogether [ɔ:ltə'gɛðə*] *ad* τελείως, ολοσχερώς, εντελώς.
aluminium [ælju'mɪnɪəm], *(US)* **aluminum** [ə'lu:mɪnəm] *n* αλουμίνιο, αργίλιο.
always ['ɔ:lweɪz] *ad* πάντα, πάντοτε, διαρκώς.
am [æm] *see* **be.**
a.m. *ad (abbr of ante meridiem)* π.μ.
amass [ə'mæs] *vt* συσσωρεύω, μαζεύω.
amateur ['æmətə*] *n* ερασιτέχνης ♦ *a* ερασιτεχνικός.
amaze [ə'meɪz] *vt* εκπλήσσω, καταπλήσσω, θαμπώνω || ~**ment** *n* κατάπληξη, έκπληξη, ξάφνιασμα *nt.*
amazing [ə'meɪzɪŋ] *a* καταπληκτικός, απίστευτος.
ambassador [æm'bæsədə*] *n* πρεσβευτής, πρέσβυς *m.*
ambiguity [æmbɪ'gjuɪtɪ] *n* αμφιλογία, ασάφεια, διφορούμενο.
ambiguous [æm'bɪgjuəs] *a* αμφίλογος, αβέβαιος, ασαφής.
ambition [æm'bɪʃən] *n* φιλοδοξία.
ambitious [æm'bɪʃəs] *a* φιλόδοξος.
amble ['æmbl] *vi* βαδίζω ήρεμα.
ambulance ['æmbjuləns] *n* ασθενοφόρο αυτοκίνητο.
ambush ['æmbuʃ] *n* ενέδρα, καρτέρι ♦ *vt* παρασύρω σε ενέδρα.
amenable [ə'mi:nəbl] *a* υπάκουος, πρόθυμος.
amend [ə'mɛnd] *vt* διορθώνω, τροποποιώ ♦ *vi* διορθώνομαι ♦ *n*: **to make** ~**s** επανορθώνω, αποζημιώνω || ~**ment** *n* τροποποίηση, διόρθωση.
amenity [ə'mi:nɪtɪ] *n* χάρη, ομορφιά, άνεση.
America [ə'mɛrɪkə] *n* Αμερική.
American [ə'mɛrɪkən] *a* αμερικανικός ♦ *n* Αμερικανός/ίδα *m/f.*
amiable ['eɪmɪəbl] *a* ευγενικός, φιλόφρων.
amicable ['æmɪkəbl] *a* φιλικός || ~ **settlement** *n* συμβιβασμός.
amid(st) [ə'mɪd(st)] *prep* ανάμεσα, αναμεταξύ.
amiss [ə'mɪs] *a, ad* εσφαλμένα, κακά, στραβά || **to take** ~ παίρνω στραβά, παρεξηγώ.
ammunition [æmju'nɪʃən] *n* πολεμοφόδια *ntpl,* πυρομαχικά *ntpl.*
amnesia [æm'ni:zɪə] *n* αμνησία.
amnesty ['æmnɪstɪ] *n* αμνηστία.
amok [ə'mɒk] *ad* = **amuck.**

among(st) [ə'mʌŋ(st)] *prep* μεταξύ, μέσα, ανάμεσα.
amoral [æ'mɒrəl] *a* άσχετος με την ηθική.
amorous ['æmərəs] *a* ερωτόληπτος, ερωτιάρης.
amount [ə'maʊnt] *n* ποσό, σύνολο, ποσότητα ♦ *vi* ανέρχομαι, ισοδυναμώ || **to ~ to** ανέρχομαι.
ampere ['æmpεə*] *n* αμπέρ *nt inv.*
amphibious [æm'fɪbɪəs] *a* αμφίβιος.
amphitheatre ['æmfɪθɪətə*] *n* αμφιθέατρο.
ample ['æmpl] *a (enough)* αρκετός, πλήρης || *(big)* ευρύς, πλατύς || *(abundant)* άφθονα, πλούσια.
amplifier ['æmplɪfaɪə*] *n* ενισχυτής.
amputate ['æmpjʊteɪt] *vt* αποκόπτω, ακρωτηριάζω.
amuck [ə'mʌk] *ad*: **to run ~** παθαίνω αμόκ, παραφέρομαι.
amuse [ə'mju:z] *vt* διασκεδάζω, ξεκουράζω || **~ment** *n* διασκέδαση, θέαμα *nt*, αναψυχή.
amusing [ə'mju:zɪŋ] *a* διασκεδαστικός, ξεκαρδιστικός.
an [æn] *see* **a.**
anaemia [ə'ni:mɪə] *n* αναιμία.
anaemic [ə'ni:mɪk] *a* αναιμικός.
anaesthetic [ænɪs'θεtɪk] *n* αναισθητικό.
analgesic [ænæl'dʒi:sɪk] *a, n* αναλγητικός.
analogy [ə'nælədʒɪ] *n* αναλογία.
analyse ['ænəlaɪz] *vt* αναλύω.
analysis [ə'næləsɪs] *n* ανάλυση.
anarchist ['ænəkɪst] *n* αναρχικός.
anarchy ['ænəkɪ] *n* αναρχία.
anatomy [ə'nætəmɪ] *n* ανατομία.
ancestor ['ænsɪstə*] *n* πρόγονος, προπάτορας.
ancestry ['ænsɪstrɪ] *n* καταγωγή.
anchor ['æŋkə*] *n* άγκυρα ♦ *vi* αγκυροβολώ, ρίχνω άγκυρα, αράζω.
anchovy ['æntʃəvɪ] *n* αντσούγια, χαμψί.
ancient ['eɪnʃənt] *a* αρχαίος, παλαιός.
and [ænd, ənd] *cj* και.
anecdote ['ænɪkdəʊt] *n* ανέκδοτο.
anew [ə'nju:] *ad* πάλι, ξανά.
angel ['eɪndʒəl] *n* άγγελος, αγγελούδι.
anger ['æŋgə*] *n* οργή, θυμός, παραφορά ♦ *vt* εξοργίζω, θυμώνω.
angle ['æŋgl] *n* γωνία || *(viewpoint)* άποψη ♦ *vt* ψαρεύω || **~r** *n* ψαράς (με καλάμι).
Anglican ['æŋglɪkən] *n* Αγγλικανός.
angling ['æŋglɪŋ] *n* ψάρεμα *nt.*
Anglo- ['æŋgləʊ] *prefix* αγγλο-.
angrily ['æŋgrɪlɪ] *ad* οργισμένα, θυμωμένα.
angry ['æŋgrɪ] *a* οργισμένος, θυμωμένος.
anguish ['æŋgwɪʃ] *n* αγωνία, αδημονία, πόνος.
angular ['æŋgjʊlə*] *a* γωνιακός, γωνιώδης.
animal ['ænɪməl] *n* ζώο ♦ *a* ζωικός.
animate ['ænɪmɪt] *a* έμψυχος, ζωντανός ♦ ['ænɪmeɪt] *vt* ζωογονώ, δίδω κίνηση || **~d** *a* ζωντανός, ζωηρός.
animosity [ænɪ'mɒsɪtɪ] *n* εχθρότητα, έχθρα.
aniseed ['ænɪsi:d] *n* γλυκάνισο.
ankle ['æŋkl] *n* αστράγαλος.
annex ['ænεks] *n* (*also*: **annexe**) παράρτημα *nt* ♦ [ə'nεks] *vt* προσαρτώ.
annihilate [ə'naɪəleɪt] *vt* εκμηδενίζω, εξαφανίζω.
anniversary [ænɪ'vɜ:sərɪ] *n* επέτειος *f.*
annotate ['ænəʊteɪt] *vt* σχολιάζω.
announce [ə'naʊns] *vt* (αν)αγγέλλω, ανακοινώ || **~ment** *n*

αναγγελία, ανακοίνωση || **~r** *n* εκφωνητής.
annoy [əˈnɔɪ] *vt* ενοχλώ, πειράζω || **~ance** *n* ενόχληση, μπελάς || **~ing** *a* ενοχλητικός, οχληρός.
annual [ˈænjuəl] *a* ετήσιος, χρονιάρικος ♦ *n (book)* επετηρίδα, ημερολόγιο || **~ly** *ad* ετησίως.
annuity [əˈnjuːɪtɪ] *n* πρόσοδος *f*, επίδομα *nt*.
annul [əˈnʌl] *vt* ακυρώνω, διαλύω, καταγγέλλω || **~ment** *n* ακύρωση, κατάργηση.
annum [ˈænəm] *see* **per**.
anoint [əˈnɔɪnt] *vt* χρίω, αλείφω.
anomaly [əˈnɒməlɪ] *n* ανωμαλία.
anonymous [əˈnɒnɪməs] *a* ανώνυμος.
another [əˈnʌðə*] *a, pron* άλλος (ένας), ακόμη (ένας) || **one ~** ο ένας τον άλλο.
answer [ˈɑːnsə*] *n* απάντηση || *(solution)* λύση ♦ *vt* απαντώ || *(suit)* ανταποκρίνομαι || **to ~ for** *vt* εγγυούμαι για || **~able** *a* υπεύθυνος, υπόλογος.
ant [ænt] *n* μυρμήγκι.
antagonist [ænˈtægənɪst] *n* ανταγωνιστής, αντίπαλος || **~ic** *a* εχθρικός, ανταγωνιστικός.
antagonize [ænˈtægənaɪz] *vt* προκαλώ ανταγωνισμό, προκαλώ εχθρότητα.
Antarctic [æntˈɑːktɪk] *a* ανταρκτικός.
antelope [ˈæntɪləʊp] *n* αντιλόπη.
antenatal [ˈæntɪˈneɪtl] *a* πριν τη γέννηση.
antenna [ænˈtɛnə] *n* κεραία.
anthem [ˈænθəm] *n* ύμνος.
anthology [ænˈθɒlədʒɪ] *n* ανθολογία.
anthropologist [ænθrəˈpɒlədʒɪst] *n* ανθρωπολόγος.
anthropology [ænθrəˈpɒlədʒɪ] *n* ανθρωπολογία.
anti-aircraft [ˈæntɪˈɛəkrɑːft] *a* αντιαεροπορικός.
antibiotic [ˈæntɪbaɪˈɒtɪk] *n* αντιβιοτικό.
anticipate [ænˈtɪsɪpeɪt] *vt* προλαμβάνω || *(foresee)* προβλέπω, προσδοκώ.
anticipation [æntɪsɪˈpeɪʃən] *n* πρόληψη, πρόβλεψη || *(expectation)* προσδοκία.
anticlimax [ˈæntɪˈklaɪmæks] *n* αντικλίμακα, κατάπτωση, παρακμή.
anticlockwise [ˈæntɪˈklɒkwaɪz] *ad* αριστεράστροφα.
antics [ˈæntɪks] *npl* κόλπα *ntpl*, αστεία *ntpl*.
anticyclone [ˈæntɪˈsaɪkləʊn] *n* αντικυκλώνας.
antidote [ˈæntɪdəʊt] *n* αντίδοτο.
antifreeze [ˈæntɪˈfriːz] *n* αντιψυκτικό, αντιπηκτικό.
antiquarian [æntɪˈkwɛərɪən] *n* αρχαιοδίφης, αρχαιόφιλος.
antiquated [ˈæntɪkweɪtɪd] *a* αρχαϊκός, απηρχαιωμένος, πεπαλαιωμένος.
antique [ænˈtiːk] *n* αρχαίο, παλιό, αντίκα || **~s** *npl* αρχαιότητες, αντίκες.
antiquity [ænˈtɪkwɪtɪ] *n* αρχαιότητα.
antiseptic [æntɪˈsɛptɪk] *a, n* αντισηπτικό.
antisocial [ˈæntɪˈsəʊʃəl] *a* αντικοινωνικός.
antlers [ˈæntləz] *npl* κέρατα (ελαφιού).
anus [ˈeɪnəs] *n* δακτύλιος, έδρα.
anvil [ˈænvɪl] *n* άκμονας, αμόνι.
anxiety [æŋˈzaɪətɪ] *n* ανησυχία, φόβος.
anxious [ˈæŋkʃəs] *a* ανήσυχος, στενοχωρημένος || *(impatient)* ανυπόμονος || **~ly** *ad* ανήσυχα, ανυπόμονα.
any [ˈɛnɪ] *pron, a* κανείς, καμμιά,

κανένα || *(whosoever)* οποιοσδήποτε, κάθε ♦ *ad* καθόλου, πια || **~body** *pron* κανείς, καμμιά, οποιοσδήποτε, καθένας || **~how** *ad* οπωσδήποτε, όπως κι αν είναι || **~one** *pron* οποιοσδήποτε, καθένας, όλοι || **~thing** *pron* τίποτε, κάτι, οτιδήποτε || **~way** *ad* οπωσδήποτε ♦ *cj* οπωσδήποτε, εν πάση περιπτώσει || **~where** *ad* οπουδήποτε, πουθενά.

apart [ə'pɑːt] *ad* χωριστά, κατά μέρος || **~ from** εκτός του ότι.

apartheid [ə'pɑːteɪt] *n* φυλετική διάκριση.

apartment [ə'pɑːtmənt] *n (flat)* διαμέρισμα *nt.*

apathetic [æpə'θɛtɪk] *a* απαθής, αδιάφορος.

apathy ['æpəθɪ] *n* απάθεια, αδιαφορία.

ape [eɪp] *n* πίθηκος, μαϊμού *f* ♦ *vt* μιμούμαι.

aperitif [ə'pɛrɪtɪv] *n* ορεκτικό.

aperture ['æpətjuə*] *n* άνοιγμα *nt,* οπή, σχισμή.

apex ['eɪpɛks] *n* κορυφή.

apologetic [əpɒlə'dʒɛtɪk] *a* απολογητικός.

apologize [ə'pɒlədʒaɪz] *vi* ζητώ συγγνώμη.

apology [ə'pɒlədʒɪ] *n* απολογία, συγγνώμη.

apostle [ə'pɒsl] *n* απόστολος.

apostrophe [ə'pɒstrəfɪ] *n* απόστροφος.

appal [ə'pɔːl] *vt* τρομάζω, προκαλώ φρίκη || **~ling** *a* τρομερός, φρικτός.

apparatus [æpə'reɪtəs] *n* συσκευή, μηχάνημα *nt.*

apparent [ə'pærənt] *a* φαινόμενος, εμφανής, φανερός || **~ly** *ad* προφανώς, όπως φαίνεται.

apparition [æpə'rɪʃən] *n* φάντασμα *nt.*

appeal [ə'piːl] *n* έκκληση, κλήση προσφυγή || *(LAW)* κλήση, έφεση || *(charm)* γοητευτική, ελκυστική ♦ *vi* προσφεύγω, απευθύνομαι || **~ing** *a* συγκινητικός, συμπαθητικός.

appear [ə'pɪə*] *vi* φαίνομαι, εμφανίζομαι || **~ance** *n* εμφάνιση, παρουσία, παρουσιαστικό || **to put in** *or* **make an ~ance** εμφανίζομαι, παρουσιάζομαι.

appease [ə'piːz] *vt* κατευνάζω, ικανοποιώ.

appendicitis [əpɛndɪ'saɪtɪs] *n* σκωληκοειδίτιδα.

appendix [ə'pɛndɪks] *n* παράρτημα *nt,* εξάρτημα *nt* || *(ANAT)* σκωληκοειδής απόφυση.

appetite ['æpɪtaɪt] *n* όρεξη || **loss of ~** *n* ανορεξία.

appetizing ['æpɪtaɪzɪŋ] *a* ορεκτικός, ελκυστικός.

applaud [ə'plɔːd] *vt* χειροκροτώ, επευφημώ.

applause [ə'plɔːz] *n* χειροκροτήματα *ntpl,* επιδοκιμασία.

apple ['æpl] *n* μήλο || **~ pie** *n* μηλόπιτα || **~ tree** *n* μηλιά.

appliance [ə'plaɪəns] *n* όργανο, μηχάνημα *nt,* εργαλείο.

applicable [ə'plɪkəbl] *a* εφαρμόσιμος, κατάλληλος.

applicant ['æplɪkənt] *n* υποψήφιος, αιτητής.

application [æplɪ'keɪʃən] *n (request)* αίτηση || *(hard work)* επιμέλεια, προσοχή, προσήλωση || *(putting into practice)* εφαρμογή, χρήση.

apply [ə'plaɪ] *vi* εφαρμόζω || *(place on)* επιθέτω, βάζω || *(for job etc)* απευθύνομαι, υποβάλλω αίτηση || **to ~ the brake** πατώ φρένο, φρενάρω || **to ~ o.s.** προσηλούμαι, αφοσιώνομαι.

appoint [ə'pɔɪnt] *vt* (δι)ορίζω, ονομάζω || **~ment** *n* συνάντηση, ραντεβού *nt inv.*

apportion [ə'pɔːʃən] *vt* κατανέμω, διανέμω, μοιράζω.

appreciable [ə'priːʃəbl] *a* υπολογίσιμος, αισθητός.
appreciate [ə'priːʃɪeɪt] *vt* εκτιμώ, υπολογίζω, αποδίδω σημασία ♦ *vi* (*ECON*) ανατιμούμαι, υπερτιμούμαι.
appreciation [əpriːʃɪ'eɪʃən] *n* εκτίμηση || (*ECON*) υπερτίμηση, ανατίμηση.
apprehend [æprɪ'hɛnd] *vt* συλλαμβάνω, αντιλαμβάνομαι.
apprehension [æprɪ'hɛnʃən] *n* (*fear*) φόβος, ανησυχία || (*understanding*) αντίληψη, νόηση || (*arrest*) σύλληψη.
apprehensive [æprɪ'hɛnsɪv] *a* (*worried*) ανήσυχος, φοβισμένος.
apprentice [ə'prɛntɪs] *n* μαθητευόμενος ♦ *vt* τοποθετώ σαν μαθητευόμενο || **~ship** *n* μαθητεία, μαθήτευση.
approach [ə'prəutʃ] *n* προσέγγιση, πλησίασμα *nt* || (*path*) είσοδος *f*, οδός *f* || (*GOLF*) κτύπημα *nt* ♦ *vti* πλησιάζω, προσεγγίζω || **~able** *a* ευπρόσιτος, προσηνής, προσιτός.
appropriate [ə'prəuprɪɪt] *a* κατάλληλος, αρμόδιος, ταιριαστός ♦ [ə'prəuprɪeɪt] *vt* οικειοποιούμαι, ιδιοποιούμαι, παίρνω.
approval [ə'pruːvəl] *n* έγκριση.
approve [ə'pruːv] *vti* εγκρίνω, επιδοκιμάζω, επικυρώνω || **~d** *a* εγκριθείς, εγκεκριμένος.
approximate [ə'prɒksɪmɪt] *a* κατά προσέγγιση ♦ [ə'prɒksɪmeɪt] *vt* προσεγγίζω, πλησιάζω.
approximation [əprɒksɪ'meɪʃən] *n* προσέγγιση, εγγύτητα.
apricot ['eɪprɪkɒt] *n* βερύκκοκο.
April ['eɪprəl] *n* Απρίλιος.
apron ['eɪprən] *n* ποδιά.
apt [æpt] *a* (*suitable*) κατάλληλος, αρμόζων || (*ready*) υποκείμενος σε.
aptitude ['æptɪtjuːd] *n* ικανότητα.
aqualung ['ækwəlʌŋ] *n* συσκευή καταδύσεως, ακουαλάγκ *nt inv*.
aquarium [ə'kwɛərɪəm] *n* ενυδρείο, ακουάριο.
aquatic [ə'kwætɪk] *a* υδρόβιος || **~ sports** *npl* θαλάσσια σπόρ *nt inv*.
aqueduct ['ækwɪdʌkt] *n* υδραγωγείο.
Arab ['ærəb] *a* αραβικός.
Arabia [ə'reɪbɪə] *n* Αραβία || **~n** *a* άραβας, αραβικός ♦ *n* 'Αραβας, Αράπης/ίνα *m/f*.
Arabic ['ærəbɪk] *a* αραβικός ♦ *n* αραβική γλώσσα.
arable ['ærəbl] *a* καλλιεργήσιμος.
arbitrary ['ɑːbɪtrərɪ] *a* αυθαίρετος.
arbitration [ɑːbɪ'treɪʃən] *n* διαιτησία || **~ court** *n* διαιτητικό δικαστήριο.
arbitrator ['ɑːbɪtreɪtə*] *n* διαιτητής.
arc [ɑːk] *n* τόξο.
arcade [ɑː'keɪd] *n* στοά, καμάρα.
arch [ɑːtʃ] *n* αψίδα, καμάρα ♦ *a* (*chief*) αρχι- ♦ *vt* (*bend*) λυγίζω, καμπουριάζω.
archaeologist [ɑːkɪ'ɒlədʒɪst] *n* αρχαιολόγος.
archaeology [ɑːkɪ'ɒlədʒɪ] *n* αρχαιολογία.
archaic [ɑː'keɪɪk] *a* αρχαϊκός.
archbishop ['ɑːtʃ'bɪʃəp] *n* αρχιεπίσκοπος.
archer ['ɑːtʃə*] *n* τοξότης || **~y** *n* τοξοβολία.
archetype ['ɑːkɪtaɪp] *n* αρχέτυπο.
archipelago [ɑːkɪ'pɛlɪgəu] *n* αρχιπέλαγος *nt*.
architect ['ɑːkɪtɛkt] *n* αρχιτέκτονας || **~ural** *a* αρχιτεκτονικός || **~ure** *n* αρχιτεκτονική.
archives ['ɑːkaɪvz] *npl* αρχεία *ntpl*, έγγραφα *ntpl*.
archway ['ɑːtʃweɪ] *n* στοά, αψιδωτή είσοδος.
Arctic ['ɑːktɪk] *a* αρκτικός.

ardent ['ɑːdənt] *a* φλογερός, ζωηρός.
ardour ['ɑːdə*] *n* ζέση, μανία, πόθος.
arduous ['ɑːdjuəs] *a* τραχύς, δύσκολος, κοπιώδης.
are [ɑː*] *see* **be.**
area ['ɛərɪə] *n* περιοχή, έκταση, χώρος || (*MATH*) εμβαδό.
arena [ə'riːnə] *n* παλαίστρα, κονίστρα, αρένα.
aren't [ɑːnt] = **are not** || *see* **be.**
argue ['ɑːgjuː] *vti (discuss)* συζητώ, πραγματεύομαι || *(prove)* (απο)δεικνύω || *(reason)* φέρω επιχειρήματα, παρατάσσω.
argument ['ɑːgjumənt] *n* επιχείρημα *nt*, συζήτηση || *(dispute)* φιλονικία, λογομαχία || *(of play)* σύνοψη, περίληψη || **~ative** *a* συζητητικός.
aria ['ɑːrɪə] *n* σκοπός, άρια.
arid ['ærɪd] *a* ξηρός, άνυδρος.
arise [ə'raɪz] *(irreg v) vi* σηκώνομαι || *(appear)* εμφανίζομαι, απορρέω.
aristocracy [ærɪs'tɒkrəsɪ] *n* αριστοκρατία.
aristocrat ['ærɪstəkræt] *n* αριστοκράτης.
arithmetic [ə'rɪθmətɪk] *n* αριθμητική.
arm [ɑːm] *n* βραχίονας, μπράτσο || *(hand)* χέρι || *(weapon)* όπλο ♦ *vt* (εξ)οπλίζω, αρματώνω || **~s** *npl* όπλα *ntpl* || **~ed forces** *npl* ένοπλες δυνάμεις.
armchair ['ɑːmtʃɛə*] *n* πολυθρόνα.
armful ['ɑːmful] *n* αγκαλιά.
armistice ['ɑːmɪstɪs] *n* ανακωχή.
armour, *(US)* **armor** ['ɑːmə*] *n* θωράκιση || *(panoply)* αρματωσιά || **~ed car** *n* τεθωρακισμένο άρμα μάχης.
armoury ['ɑːmərɪ] *n* οπλοστάσιο, οπλαποθήκη.
armpit ['ɑːmpɪt] *n* μασχάλη.
army ['ɑːmɪ] *n* στρατός || *(of people etc)* πλήθος *nt.*
aroma [ə'rəumə] *n* άρωμα *nt*, μυρωδιά || **~tic** *a* αρωματικός.
around [ə'raund] *ad* (τρι)γύρω, ολόγυρα || *(about)* περίπου ♦ *prep* περί, γύρω.
arouse [ə'rauz] *vt* διεγείρω, αφυπνίζω, ξυπνώ.
arrange [ə'reɪndʒ] *vt* τακτοποιώ, διαρρυθμίζω, διευθετώ, κανονίζω || **~ment** *n* τακτοποίηση, ρύθμιση, διευθέτηση.
arrears [ə'rɪəz] *npl* καθηστερούμενα *ntpl*, εκπρόθεσμος || **in ~** καθυστερούμενα.
arrest [ə'rɛst] *n (making prisoner)* σύλληψη, κράτηση || *(halt)* αναχαίτηση, σταμάτημα *nt* ♦ *vt* σταματώ, αναχαιτίζω || *(LAW)* συλλαμβάνω.
arrival [ə'raɪvəl] *n* άφιξη, ερχομός || **new ~** *n* νεοαφιχθείς/ίσα *m/f* || *(baby)* νεογέννητο.
arrive [ə'raɪv] *vi* αφικνούμαι, φθάνω *(at σε)* || *(at a conclusion)* καταλήγω.
arrogance ['ærəgəns] *n* αλαζονεία, έπαρση, αυθάδεια.
arrogant ['ærəgənt] *a* αλαζόνας, υπερόπτης, αυθάδης.
arrow ['ærəu] *n* βέλος *nt*, σαΐτα.
arsenal ['ɑːsɪnl] *n* οπλοστάσιο.
arsenic ['ɑːsnɪk] *n* αρσενικό.
arson ['ɑːsn] *n* εμπρησμός.
art [ɑːt] *n* τέχνη || **~ gallery** *n* πινακοθήκη.
artery ['ɑːtərɪ] *n* αρτηρία.
artful ['ɑːtful] *a (person)* επιδέξιος, εφευρετικός || *(crafty)* πονηρός, δόλιος.
arthritis [ɑː'θraɪtɪs] *n* αρθρίτιδα.
artichoke ['ɑːtɪtʃəuk] *n* αγκινάρα.
article ['ɑːtɪkl] *n (of agreement etc)* άρθρο, όρος || *(GRAM)* άρθρο ||

(newspaper etc) άρθρο || *(items)* είδος *nt*, αντικείμενο.
articulate [ɑː'tɪkjʊlɪt] *a* αρθρωτός, έναρθρος || *(in expression)* σαφής, ευκρινής || **~d** *a* έναρθρος.
artificial [ɑːtɪ'fɪʃəl] *a* τεχνητός, ψεύτικος || **~ intelligence (A.I.)** (*COMPUT*) τεχνητή νοημοσύνη (Τ.Ν.) || **~ respiration** *n* τεχνητή αναπνοή.
artillery [ɑː'tɪlərɪ] *n* πυροβολικό.
artisan ['ɑːtɪzæn] *n* τεχνίτης, βιοτέχνης, εργάτης.
artist ['ɑːtɪst] *n* καλλιτέχνης/ιδα *m/f* || *(painter)* ζωγράφος || **~ic** *a* καλλιτεχνικός.
artless ['ɑːtlɪs] *a* άτεχνος || *(natural)* απέριττος, φυσικός || *(naive)* αφελής, απονήρευτος.
as [æz, əz] *ad (in main clause)* επίσης, εξίσου, τόσο ... όσο || **~ regards** όσο για || *cj (in subject clause)* όσο, τόσο ... όσο, σαν || *(time)* ενώ, καθώς || *(because)* επειδή || *(manner)* **do ~ you like** κάμετε όπως σας αρέσει || **~ is** όπως είναι.
asbestos [æz'bɛstəs] *n* αμίαντος, άσβεστος.
ascend [ə'sɛnd] *vi* ανέρχομαι, ανεβαίνω.
ascension [ə'sɛnʃən] *n* ανάβαση, άνοδος *f*, ανάληψη || **A ~ Day** *n* της Αναλήψεως.
ascent [ə'sɛnt] *n* άνοδος *f*, ανάβαση || *(incline)* ανήφορος, ανωφέρεια, κλίση.
ascertain [æsə'teɪn] *vt* διαπιστώνω, εξακριβώνω.
ascetic [ə'sɛtɪk] *a* ασκητικός.
ash [æʃ] *n* τέφρα, στάχτη || *(tree)* μελία, φλαμούρι.
ashamed [ə'ʃeɪmd] *a*: **to be ~** είμαι ντροπιασμένος, ντρέπομαι.
ashen ['æʃən] *a* σταχτής || *(person)* ωχρός, κίτρινος.
ashore [ə'ʃɔː*] *ad* στην ξηρά, προσαραγμένος.
ashtray ['æʃtreɪ] *n* σταχτοδοχείο.
Asia ['eɪʃə] *n* Ασία || **~n** *a* ασιατικός || **~tic** *a* ασιατικός || **~ Minor** *n* Μικρά Ασία.
aside [ə'saɪd] *ad* κατά μέρος, πλάι, παράμερα || **~ from** εκτός, πέρα.
ask [ɑːsk] *vt* (ε)ρωτώ, ζητώ, προσκαλώ || **to ~ a question** υποβάλλω ερώτηση.
askance [ə'skɑːns] *ad*: **to look at s.o. ~** κοιτάζω με δυσπιστία.
askew [ə'skjuː] *ad* λοξά, στραβά.
asleep [ə'sliːp] *a, ad* κοιμισμένος || *(foot)* μουδιασμένος || **to fall ~** αποκοιμιέμαι.
asparagus [əs'pærəgəs] *n* σπαράγγι.
aspect ['æspɛkt] *n* θέα, όψη, προσανατολισμός.
asphalt ['æsfælt] *n* άσφαλτος *f* || **~ road** *n* ασφαλτοστρωμένος (δρόμος).
asphyxiate [æs'fɪksɪeɪt] *vt* πνίγω.
aspiration [æspə'reɪʃən] *n* φιλοδοξία, βλέψη || (*GRAM*) δασεία προφορά.
aspire [əs'paɪə*] *vt*: **to ~ to** φιλοδοξώ, αποβλέπω.
aspirin ['æsprɪn] *n* ασπιρίνη.
ass [æs] *n* γάιδαρος.
assailant [ə'seɪlənt] *n* επιτιθέμενος.
assassin [ə'sæsɪn] *n* δολοφόνος || **~ate** *vt* δολοφονώ || **~ation** *n* δολοφονία.
assault [ə'sɔːlt] *n* έφοδος, επίθεση ♦ *vt* επιτίθεμαι, εξορμώ || *(person)* βιάζω.
assemble [ə'sɛmbl] *vt* συγκεντρώνω, συναθροίζω || *(machine etc)* ενώνω, συναρμολογώ ♦ *vi* συγκεντρούμαι, συγκεντρώνομαι.
assembly [ə'sɛmblɪ] *n* συνέλευση, συγκέντρωση || *(machines)*

συναρμολόγηση, συγκρότημα *nt* || ~ **line** *n* τράπεζα συναρμολογήσεως, αλυσίδα.
assent [ə'sɛnt] *n* συγκατάθεση, έγκριση ♦ *vi* συγκατατίθεμαι, συναινώ, επικυρώ.
assert [ə'sɜːt] *vt* επιβάλλω, διεκδικώ || *(ascertain)* βεβαιώ, υποστηρίζω || ~**ion** *n* ισχυρισμός, υποστήριξη.
assess [ə'sɛs] *vt* καταλογίζω, υπολογίζω, επιβάλλω (φόρο) || *(property)* εκτιμώ, φορολογώ || ~**ment** *n* καταλογισμός, εκτίμηση || *(tax)* φόρος || ~**or** *n* ελεγκτής (εφοριακός).
asset ['æsɛt] *n* περιουσιακό στοιχείο || *(qualities)* προσόν *nt*, αξία, ατού *nt inv* || ~**s** *npl* περιουσία || *(ECON)* ενεργητικό.
assiduous [ə'sɪdjuəs] *a* επιμελής, προσεκτικός.
assign [ə'saɪn] *vt* προορίζω, παρέχω, παραχωρώ, δίδω || ~**ment** *n* ανατιθεμένη εργασία.
assimilate [ə'sɪmɪleɪt] *vt* εξομοιώνω || *(food)* αφομοιώνω.
assist [ə'sɪst] *vt* βοηθώ, συντρέχω, μετέχω || ~**ance** *n* βοήθεια, αρωγή || ~**ant** *n* βοηθός *m/f* ♦ *a* βοηθητικός, αναπληρωματικός.
assizes [ə'saɪzɪz] *npl*: **court of** ~ ορκωτό δικαστήριο.
associate [ə'səʊʃɪɪt] *n* εταίρος, συνέταιρος, συνεργάτης ♦ [ə'səʊʃɪeɪt] *vti*: **to** ~ **with** συνδέω, συνεταιρίζω, συνεργάζομαι, συναναστρέφομαι.
association [əsəʊsɪ'eɪʃən] *n (club)* εταιρεία, οργανισμός, σωματείο || *(keeping company)* συναναστροφή, σχέση || ~ **football** *n* ποδόσφαιρο.
assorted [ə'sɔːtɪd] *a* ταιριασμένος.
assortment [ə'sɔːtmənt] *n* συλλογή || *(arrangement)* τακτοποίηση, ταξινόμηση.
assume [ə'sjuːm] *vt (take for granted)* υποθέτω, θεωρώ || *(duty)* αναλαμβάνω, αναδέχομαι || ~**d name** *n* ψευδώνυμο.
assumption [ə'sʌmpʃən] *n (supposition)* υπόθεση, εικασία.
assurance [ə'ʃʊərəns] *n (certainty)* βεβαιότητα || *(confidence)* διαβεβαίωση, υπόσχεση || *(insurance)* ασφάλεια (ζωής).
assure [ə'ʃʊə*] *vt* (δια)βεβαιώ, εξασφαλίζω || ~**d** *a* βέβαιος.
asterisk ['æstərɪsk] *n* αστερίσκος.
astern [ə'stɜːn] *ad* πίσω, προς τα πίσω.
asthma ['æsmə] *n* άσθμα *nt* || ~**tic** *a* ασθματικός.
astonish [ə'stɒnɪʃ] *vt* εκπλήσσω, καταπλήσσω || ~**ment** *n* έκπληξη, κατάπληξη.
astound [ə'staʊnd] *vt* καταπλήσσω.
astray [ə'streɪ] *ad*: **to go** ~ περιπλανώμαι, παραστρατίζω, ξεστρατίζω.
astride [ə'straɪd] *a, prep* καβάλλα, ασεβάλ.
astrologer [əs'trɒlədʒə*] *n* αστρολόγος.
astrology [əs'trɒlədʒɪ] *n* αστρολογία.
astronaut ['æstrənɔːt] *n* αστροναύτης.
astronomer [əs'trɒnəmə*] *n* αστρονόμος.
astronomy [əs'trɒnəmɪ] *n* αστρονομία.
astute [əs'tjuːt] *a* έξυπνος, τετραπέρατος || *(crafty)* πανούργος, πονηρός.
asunder [ə'sʌndə*] *ad* χωριστά, κομματιαστά.
asylum [ə'saɪləm] *n (refuge)* άσυλο, καταφύγιο || *(for insane)* ψυχιατρείο.
at [æt] *prep (of place)* σε || *(of time)* σε, κατά, περί || ~ **six o'clock** στις έξι || ~ **first** στην αρχή || ~ **home** στο

σπίτι || ~ **least** τουλάχιστο || ~ **last** επί τέλους || *(of cause)* για || ~ **all** καθόλου || **not** ~ **all** καθόλου.

ate [eɪt] *pt of* **eat.**

atheist ['eɪθɪɪst] *n* άθεος, αθεϊστής.

athlete ['æθliːt] *n* αθλητής/τρια *m/f.*

athletic [æθ'letɪk] *a* αθλητικός || ~**s** *n* αθλητισμός, σπορ *nt inv.*

Atlantic [ət'læntɪk] *n* Ατλαντικός.

atlas ['ætləs] *n* άτλας.

atmosphere ['ætməsfɪə*] *n* ατμόσφαιρα.

atmospheric [ætməs'ferɪk] *a* ατμοσφαιρικός.

atom ['ætəm] *n* άτομο || ~**ic bomb** *n* ατομική βόμβα || ~**ic energy** *n* ατομική ενέργεια.

atonement [ə'təʊnmənt] *n* έκτιση, επανόρθωση.

atrocious [ə'trəʊʃəs] *a* φρικτός, φρικαλέος.

atrocity [ə'trɒsɪtɪ] *n* αγριότητα, φρίκη (εγκλήματος).

attach [ə'tætʃ] *vt* συνδέω, προσαρτώ, (επι)συνάπτω || **to** ~ **importance to** δίνω σημασία σε || ~**ed** *a* αποπασμένος, προσαρτημένος || ~**ment** *n* προσάρτηση, προσκόλληση || *(devotion to)* αφοσίωση, στοργή.

attaché [ə'tæʃeɪ] *n* ακόλουθος || ~ **case** *n* χαρτοφύλακας.

attack [ə'tæk] *n* επίθεση, προσβολή ♦ *vt* επιτίθεμαι, προσβάλλω || ~**er** *n* επιτιθέμενος.

attain [ə'teɪn] *vt* φθάνω, κατορθώνω || ~**ment** *n* επίτευξη, πραγματοποίηση || *(learning)* γνώση, προσόν *nt.*

attempt [ə'tempt] *n* απόπειρα, προσπάθεια, δοκιμή ♦ *vt* αποπειρώμαι, προσπαθώ.

attend [ə'tend] *vt (be present)* παρευρίσκομαι || *(visit)* επισκέπτομαι, συχνάζω || *(wait on)* υπηρετώ ♦ *vi (listen)* εισακούω || *(look after)* ασχολούμαι || **to** ~ **to** προσέχω, φροντίζω || ~**ance** *n (presence)* συμμετοχή, παρουσία || ~**ant** *n* ακόλουθος, υπηρέτης/τρια *m/f* ♦ *a* συνοδεύων.

attention [ə'tenʃən] *n* προσοχή || *(care)* περιποίηση, φροντίδα.

attentive [ə'tentɪv] *a* προσεκτικός, περιποιητικός.

attest [ə'test] *vt* επικυρώ, βεβαιώ, καταθέτω σαν μάρτυρας.

attic ['ætɪk] *n* σοφίτα.

attitude ['ætɪtjuːd] *n* στάση.

attorney [ə'tɜːnɪ] *n* δικηγόρος, πληρεξούσιος || **district** ~ *n* εισαγγελέας || **A**~ **general** *n* γενικός εισαγγελέας || **power of** ~ *n* πληρεξούσιο.

attract [ə'trækt] *vt* ελκύω, έλκω, τραβώ, γοητεύω || ~**ion** *n (PHYS)* έλξη || *(of person)* γοητεία || *(THEAT)* ατραξιόν *f inv* || ~**ive** *a* ελκυστικός, γοητευτικός.

attribute ['ætrɪbjuːt] *n* χαρακτηριστικό γνώρισμα *nt* || *(GRAM)* επίθετο ♦ [ə'trɪbjuːt] *vt:* **to** ~ **to** αποδίδω (σε).

auburn ['ɔːbən] *a* πυρόξανθος.

auction ['ɔːkʃən] *n* πλειστηριασμός, δημοπρασία ♦ *vt* πλειστηριάζω, βγάζω στο σφυρί || ~**eer** *n* προϊστάμενος δημοπρασιών.

audacious [ɔː'deɪʃəs] *a* τολμηρός, παράτολμος || *(insolent)* θρασύς, αναιδής.

audacity [ɔː'dæsɪtɪ] *n* τόλμη, θάρρος *nt* || *(insolence)* αναίδεια.

audible ['ɔːdɪbl] *a* ακουστός, ακουόμενος.

audience ['ɔːdɪəns] *n (formal interview)* ακρόαση || *(gathering)* ακροατήριο || *(THEAT)* θεατές *mpl.*

audit ['ɔːdɪt] *n* έλεγχος, επαλήθευση ♦ *vt* ελέγχω || ~**or** *n* ελεγκτής || *(student)* ακροατής.

audition [ɔːˈdɪʃən] *n* ακρόαση (τραγουδιστού κτλ).

auditorium [ɔːdɪˈtɔːrɪəm] *n* αίθουσα, θέατρο.

augment [ɔːgˈmɛnt] *vt* (επ)αυξάνω, μεγαλώνω.

augur [ˈɔːgə*] *vi* προοιωνίζομαι, προβλέπω.

August [ˈɔːgəst] *n* Αύγουστος.

aunt [ɑːnt] *n* θεία || **~y, ~ie** *n* θείτσα.

aura [ˈɔːrə] *n* ατμόσφαιρα, φωτοστέφανος.

auspices [ˈɔːspɪsɪz] *npl* αιγίδα || *(omens)* οιωνοί || **under the ~ of** υπό την αιγίδα του.

auspicious [ɔːsˈpɪʃəs] *a* ευνοϊκός, ευοίωνος.

austere [ɒsˈtiːə*] *a* αυστηρός.

austerity [ɒsˈtɛrɪtɪ] *n* αυστηρότητα || *(of habits etc)* λιτότητα.

Australia [ɒsˈtreɪlɪə] *n* Αυστραλία || **~n** *n* Αυστραλός/ίδα *m/f* ♦ *a* αυστραλιακός.

Austria [ˈɒstrɪə] *n* Αυστρία || **~n** *n* Αυστριακός/ή *m/f* ♦ *a* αυστριακός.

authentic [ɔːˈθɛntɪk] *a* αυθεντικός, γνήσιος.

author [ˈɔːθə*] *n* συγγραφέας || *(cause)* δημιουργός, πρωταίτιος.

authoritarian [ɔːθɒrɪˈtɛərɪən] *a* απολυταρχικός.

authority [ɔːˈθɒrɪtɪ] *n* εξουσία, άδεια, εντολή || *(specialist)* αυθεντία || *(POL)* υπηρεσία.

authorize [ˈɔːθəraɪz] *vt* εξουσιοδοτώ, επιτρέπω.

auto [ˈɔːtəʊ] *n (US)* = **automobile.**

autobiography [ɔːtəʊbaɪˈɒgrəfɪ] *n* αυτοβιογραφία.

autograph [ˈɔːtəgrɑːf] *n* αυτόγραφο.

automatic [ɔːtəˈmætɪk] *a* αυτόματος.

automation [ɔːtəˈmeɪʃən] *n* αυτοματοποίηση.

automaton [ɔːˈtɒmətən] *n* αυτόματο.

automobile [ˈɔːtəməbiːl] *n (US)* αυτοκίνητο, αμάξι.

autonomous [ɔːˈtɒnəməs] *a* αυτόνομος.

autopsy [ˈɔːtɒpsɪ] *n* νεκροψία.

autumn [ˈɔːtəm] *n* φθινόπωρο.

auxiliary [ɔːgˈzɪlɪərɪ] *a* βοηθητικός, επικουρικός.

avail [əˈveɪl] *n* χρησιμότητα, ωφέλεια, όφελος ♦ *vti* ωφελώ, βοηθώ, εξυπηρετώ.

availability [əveɪləˈbɪlətɪ] *n* διαθεσιμότητα.

available [əˈveɪləbl] *a* διαθέσιμος, προσιτός.

avalanche [ˈævəlɑːnʃ] *n* χιονοστιβάδα || *(fig)* συρροή, πλημμύρα.

avant-garde [ˈævɑːŋˈgɑːd] *n* προφυλακή.

Ave. *abbr of* **Avenue**.

avenge [əˈvɛndʒ] *vt* εκδικούμαι.

avenue [ˈævənjuː] *n* λεωφόρος *f.*

average [ˈævərɪdʒ] *n* μέσο, μέσος όρος || *(NAUT)* αβαρία ♦ *a* μέσος, μέτριος ♦ *vti* εξάγω το μέσο όρο.

averse [əˈvɜːs] *a* αντίθετος ενάντιος || **to be ~ to** εναντιούμαι σε.

aversion [əˈvɜːʃən] *n* αποστροφή, απέχθεια || *(col)* αντιπάθεια.

avert [əˈvɜːt] *vt* αποστρέφω || *(prevent)* αποτρέπω, απομακρύνω.

aviary [ˈeɪvɪərɪ] *n* πτηνοτροφείο.

aviation [eɪvɪˈeɪʃən] *n* αεροπορία.

avid [ˈævɪd] *a:* **~ for** άπληστος, αχόρταγος για || **~ly** *ad* άπληστα.

avocado [ævəˈkɑːdəʊ] *n* αβοκάντο.

avoid [əˈvɔɪd] *vt* αποφεύγω || **~able** *a* αποφευκτός || **~ance** *n* αποφυγή.

await [əˈweɪt] *vt* αναμένω, περιμένω.

awake [ə'weɪk] *(irreg v) vti* ξυπνώ, αφυπνίζω, εφυπνίζομαι ♦ *a* ξύπνιος, άγρυπνος.
awakening [ə'weɪknɪŋ] *n* αφύπνιση, ξύπνημα *nt.*
award [ə'wɔːd] *n* βραβείο || *(LAW)* διαιτησία ♦ *vt* επιδικάζω || *(reward)* απονέμω.
aware [ə'wɛə*] *a:* ~ **(of)** πληροφορημένος, γνώστης || ~**ness** *n* συνείδηση.
away [ə'weɪ] *ad* μακριά || *(absent)* απουσιάζω, λείπω.
awe [ɔː] *n* φόβος, τρόμος || *(deep respect)* σεβασμός ♦ *vt* τρομάζω || ~**-inspiring** *a* επιβλητικός.
awful ['ɔːfəl] *a (very bad)* τρομερός, φοβερός || ~**ly** *ad* τρομερά, τρομακτικά.
awhile [ə'waɪl] *ad* για λίγο, μια στιγμή.
awkward ['ɔːkwəd] *a* αδέξιος, ανεπιτήδειος.
awning ['ɔːnɪŋ] *n* σκηνή, τέντα.
awoke [ə'wəʊk] *pt, pp of* **awake.**
awry [ə'raɪ] *ad* λοξός, στραβός || **to go** ~ πηγαίνω στραβά.
ax [æks] *(US)* = **axe.**
axe [æks] *n* τσεκούρι ♦ *vt* περιορίζω || *(dismiss)* απολύω.
axiom ['æksɪəm] *n* αξίωμα *nt.*
axle ['æksl] *n* άξονας.
ay(e) [aɪ] *interj (yes)* ναι || **the** ~**es** *npl* τα ναι, τα υπέρ.

B

B.A. *see* **bachelor.**
babble ['bæbl] *n* μωρολογία, τραύλισμα *nt* ♦ *vi* τραυλίζω, φλυαρώ.
babe [beɪb] *n* μωρό, μπέμπης.
baboon [bə'buːn] *n* μπαμπουίνος.
baby ['beɪbɪ] *n* βρέφος *nt,* νήπιο, μωρό || ~ **carriage** *n (US)* καροτσάκι μωρού || ~**ish** *a* μωρουδίστικος || ~**-sit** *vi* μπέιμπισιτ, φυλάω νήπιο, προσέχω μωρό || ~**-sitter** *n* φύλακας νηπίων, μπέιμπισιτερ.
bachelor ['bætʃələ*] *n* άγαμος, εργένης || **B**~ **of Arts (B.A.)** *n* πτυχιούχος πανεπιστημίου (θεωρητικών επιστημών) || **B**~ **of Science (B.Sc.)** *n* πτυχιούχος πανεπιστημίου (θετικών επιστημών).
back [bæk] *n (person, horse)* ράχη, πλάτη, νώτα *ntpl* || *(house etc)* το πίσω μέρος || *(SPORT)* μπάκ *nt inv* ♦ *vt (support)* υποστηρίζω || *(movement)* κάνω πίσω || *(SPORT)* ποντάρω ♦ *vi (go backwards)* οπισθοχωρώ, κάνω πίσω ♦ *a* οπίσθιος, πισινός ♦ *ad* πίσω, προς τα πίσω || *(again)* πάλι || *(in time)* εδώ και λίγα χρόνια || **to** ~ **out** *vi* ανακαλώ, αποσύρομαι || *(col)* το σκάω || **to** ~ **up** *vt (COMPUT)* εξασφαλίζω || ~**biting** *n* κουτσομπολιό || ~**bone** *n* ραχοκοκκαλιά || *(firmness)* θάρρος *nt,* κουράγιο || ~**-cloth** *n* φόντο || ~**er** *n (SPORT)* παίκτης || *(COMM)* χρηματοδότης || ~**fire** *n* πρόωρη έκρηξη || ~**ground** *n (scene)* βάθος *nt,* φόντο || *(information)* προϊστορία, το ιστορικό || *(education etc)* προσόντα *ntpl* || ~**hand** *n (blow)* ανάποδη καρπαζιά || ~**handed** *a* ύπουλος || ~**handed compliment** διφορούμενο κομπλιμέντο, διφορούμενη φιλοφρόνηση || ~**ing** *n* υποστήριξη || *(movement)* οπισθοδρόμηση || ~ **number** *n (newspaper etc)* παλιό φύλλο || ~ **pay** *n* καθυστερούμενος μισθός |||| ~**side** *n (col)* πισινός || ~**up disk** *n (COMPUT)* εφεδρικός δίσκος ~**ward** *a* οπίσθιος, προς τα πίσω || *(child etc)* καθυστερημένο || ~**wards** *ad* προς τα πίσω || *(flow)* αντίθετα || ~ **yard** *n* πίσω αυλή.

bacon ['beɪkən] *n* καπνιστό χοιρινό, μπέικον *nt inv.*
bacteria [bæk'tɪərɪə] *npl* μικρόβια *ntpl.*
bad [bæd] *a* κακός, άσχημος.
badge [bædʒ] *n* διακριτικό, σήμα *nt*, έμβλημα *nt.*
badger ['bædʒə*] *n* ασβός ♦ *vt* παρενοχλώ, βασανίζω.
badly ['bædlɪ] *ad* κακά, άσχημα || ~ **off** σε δύσκολη οικονομική κατάσταση φτωχός.
bad-tempered ['bæd'tɛmpəd] *a* δύστροπος, γκρινιάρης.
baffle ['bæfl] *vt (puzzle)* ματαιώνω, τα χάνω.
bag [bæg] *n* σάκκος, σακκούλα || *(handbag)* τσάντα ♦ *vt* σακκουλιάζω || *(capture etc)* σκοτώνω, πιάνω || ~**ful** *n* σακκουλιά.
baggage ['bægɪdʒ] *n* αποσκευές *fpl*, βαλίτσες *pl.*
bagpipes ['bægpaɪps] *npl* γκάιντα.
bail [beɪl] *n* εγγύηση ♦ *vt (prisoner)* ελευθερώνω με εγγύηση || **to** ~ **out** *(boat)* βγάζω τα νερά, αδειάζω || *see also* **bale.**
bailiff ['beɪlɪf] *n* δικαστικός κλητήρας.
bait [beɪt] *n* δόλωμα *nt* ♦ *vt* δελεάζω, δολώνω || *(harass)* βασανίζω.
bake [beɪk] *vt* ψήνω σε φούρνο ♦ *vi* ψήνομαι || ~**r** *n* φούρναρης || ~**ry** *n* φουρνάρικο.
baking ['beɪkɪŋ] *n* ψήσιμο.
balance ['bæləns] *n* ζυγός, ζυγαριά || *(equilibrium)* ισορροπία || *(of account)* υπόλοιπο || *(ECON)* ισολογισμός ♦ *vt* ζυγίζω, σταθμίζω || *(counterbalance)* ισορροπώ, ισοζυγίζω || ~**d** *a* ισορροπημένος || *(equal)* ίσος, ισοδύναμος || ~ **sheet** *n* ισολογισμός.
balcony ['bælkənɪ] *n* εξώστης, μπαλκόνι.
bald [bɔːld] *a* φαλακρός || *(plain)* γυμνός, ξηρός.
bale [beɪl] *n* δέμα *nt*, μπάλα, κόλος || **to** ~ *or* **bail out** *(AVIAT)* πηδώ με αλεξίπτωτο.
Balkan ['bɔːlkən] *a* Βαλκανικός.
ball [bɔːl] *n* σφαίρα, μπάλα, τόπι || *(dance)* χοροεσπερίδα, χορός.
ballad ['bæləd] *n* μπαλάντα.
ballast ['bæləst] *n* έρμα, σαβούρα.
ball bearing ['bɔːl'bɛərɪŋ] *n* σφαιροτριβέας, ρουλεμάν *nt inv.*
ballerina [bælə'riːnə] *n* μπαλαρίνα.
ballet ['bæleɪ] *n* μπαλέτο.
balloon [bə'luːn] *n* αερόστατο, μπαλόνι.
ballot ['bælət] *n* ψηφοδέλτιο.
ballpoint (pen) ['bɔːlpɔɪnt (pɛn)] *n* στυλό, πένα διαρκείας.
ballroom ['bɔːlrʊm] *n* αίθουσα χορού.
balmy ['bɑːmɪ] *a* γλυκός, κατευναστικός || *(col)* παλαβός.
balustrade [bæləs'treɪd] *n* κιγκλίδωμα *nt*, κάγκελλα *ntpl.*
bamboo [bæm'buː] *n* μπαμπού *nt inv*, καλάμι.
ban [bæn] *n* απαγόρευση || *(church)* αφορισμός ♦ *vt* απαγορεύω.
banal [bə'nɑːl] *a* κοινός, χυδαίος.
banana [bə'nɑːnə] *n* μπανάνα.
band [bænd] *n* δεσμός, δέσιμο, στεφάνι || *(group)* ομάδα, συντροφιά || *(MUS)* ορχήστρα, μπάντα ♦ *vi (+ together)* συνασπίζομαι ♦ *vt (tie)* δένω.
bandage ['bændɪdʒ] *n* επίδεσμος, φασκιά.
bandit ['bændɪt] *n* ληστής.
bandy(-legged) ['bændɪ('lɛgd)] *a* στραβοπόδης, στραβοκάνης.
bang [bæŋ] *n (blow)* κτύπημα *nt* || *(noise)* θόρυβος ♦ *vti* κτυπάω, κρούω.
banish ['bænɪʃ] *vt* εξορίζω, εκτοπίζω.

banister(s) ['bænɪstə*(z)] *n(pl)* κιγκλίδωμα *nt*, κάγκελλα *ntpl*.
banjo ['bændʒəʊ] *n* μπάντζο.
bank [bæŋk] *n* τράπεζα || *(ground)* ανάχωμα *nt*, ύψωμα *nt* || *(of river)* όχθη ♦ *vt (tilt)* κλίνω, στρέφω || *(pile up)* σωριάζω || *(money)* καταθέτω, βάζω || ~ **account** *n* τραπεζιτικός λογαριασμός || ~**er** *n* τραπεζίτης || ~ **holiday** *n* αργία τραπεζών || ~**note** *n* τραπεζογραμμάτιο, μπαγκανότα.
bankrupt ['bæŋkrʌpt] *n* πτωχεύσας, χρεωκοπημένος ♦ *vt* πτωχεύω || ~**cy** *n* πτώχευση, χρεωκοπία.
banner ['bænə*] *n* σημαία, μπαντιέρα.
banns [bænz] *npl* αγγελία γάμου.
banquet ['bæŋkwɪt] *n* συμπόσιο, γλέντι, τσιμπούσι.
baptism ['bæptɪzəm] *n* βάφτισμα *nt*.
baptize [bæp'taɪz] *vt* βαφτίζω.
bar [bɑː*] *n (rod)* ράβδος *f*, κοντάρι || *(of soap etc)* κομμάτι, πλάκα || *(pub)* μπάρ *nt inv*, ποτοπωλείο || *(obstacle)* φραγμός, εμπόδιο || *(in court)* εδώλιο || *(MUS)* μπάρα ♦ *vt (fasten)* κλείνω, αμπαρώνω, κιγκλιδώνω || *(hinder)* φράσσω, εμποδίζω || *(exclude)* απαγορεύω, αποκλείω || **the B**~ δικηγορικό επάγγελμα *nt*.
barbaric [bɑː'bærɪk] *a* βάρβαρος, αγροίκος.
barbarity [bɑː'bærɪtɪ] *n* βαρβαρότητα, αγριότητα.
barbarous ['bɑːbərəs] *a* βάρβαρος.
barbecue ['bɑːbɪkjuː] *n* σχάρα.
barbed wire ['bɑːbd'waɪə*] *n* συρματόπλεγμα *nt*.
barber ['bɑːbə*] *n* κουρέας, μπαρμπέρης.
barbiturate [bɑː'bɪtjʊrɪt] *n* βαρβιτουρικό.
bare [bɛə*] *a* γυμνός || *(living etc)* λιγοστός ♦ *vt* γυμνώνω || *(reveal)* αποκαλύπτω || ~**back** *ad* χωρίς σέλλα || ~**faced** *a* ξεδιάντροπος, αναιδής || ~**foot** *a* ξυπόλητος || ~**ly** *ad* μόλις.
bargain ['bɑːgɪn] *n* συναλλαγή, αγορά || *(bought cheaply)* ευκαιρία || **into the** ~ επί πλέον, από πάνω.
barge [bɑːdʒ] *n* φορτηγίδα, μαούνα || **to** ~ **in** *vi* επεμβαίνω.
baritone ['bærɪtəʊn] *n* βαρύτονος.
bark [bɑːk] *n (tree)* φλοιός, φλούδα || *(dog)* γαύγισμα *nt* ♦ *vi (dog)* γαυγίζω.
barley ['bɑːlɪ] *n* κριθάρι.
barmaid ['bɑːmeɪd] *n* σερβιτόρα του μπαρ.
barman ['bɑːmən] *n* μπάρμαν *m inv*.
barn [bɑːn] *n* (σιτ)αποθήκη || *(US)* σταύλος.
barnacle ['bɑːnəkl] *n* ανατίφη, στρειδόνι.
barometer [bə'rɒmɪtə*] *n* βαρόμετρο.
baron ['bærən] *n* βαρώνος || ~**ess** *n* βαρώνη.
barracks ['bærəks] *npl* στρατώνας, μπαράκα.
barrage ['bærɑːʒ] *n (dam)* φράγμα *nt* || *(MIL)* πυρ *nt* φραγμού, μπαρράζ *nt inv*.
barrel ['bærəl] *n* βυτίο, βαρέλι || *(measure)* βαρέλι || *(gun)* κάννη.
barren ['bærən] *a* στείρος, άγονος.
barricade [bærɪ'keɪd] *n* προπέτασμα *nt* φράγμα *nt* ♦ *vt* φράσσω.
barrier ['bærɪə*] *n* φραγμός || *(obstruction)* εμπόδιο.
barrister ['bærɪstə*] *n* δικηγόρος *m/f*.
barrow ['bærəʊ] *n (cart)* μονότροχο, χειράμαξα.
bartender ['bɑːtɛndə*] *n (US)* = **barman.**
base [beɪs] *n* βάση ♦ *vt* βασίζω,

στηρίζω ♦ *a* ταπεινός, πρόστυχος || *(inferior)* φθηνός || ~**ball** *n* μπέιζ-μπώλ *nt inv* || ~**ment** *n* υπόγειο.
bash [bæʃ] *vt (col)* κτυπώ, τσακίζω.
bashful [ˈbæʃful] *a* ντροπαλός.
basic [ˈbeɪsɪk] *a* βασικός, θεμελιώδης || ~**ally** *ad* βασικά.
basilica [bəˈzɪlɪkə] *n* βασιλική.
basin [ˈbeɪsn] *n* λεκάνη || *(NAUT)* νεωδόχος *f*, δεξαμενή.
basis [ˈbeɪsɪs] *n* βάση.
bask [bɑːsk] *vi* λιάζομαι.
basket [ˈbɑːskɪt] *n* καλάθι, πανέρι || ~**ball** *n* καλαθόσφαιρα, μπάσκετ *nt inv*.
bass [beɪs] *n (MUS)* βαθύφωνος, μπάσος.
bassoon [bəˈsuːn] *n* φαγκότο.
bastard [ˈbɑːstəd] *n* νόθος/η *m/f*, μπάσταρδος.
baste [beɪst] *vt (sewing)* παρραράβω, ξυλίζω, ραβδίζω || *(cooking)* βουτυρώνω.
bastion [ˈbæstɪən] *n (stronghold)* προμαχώνας.
bat [bæt] *n (SPORT)* ρόπαλο, μαγγούρα || *(ZOOL)* νυκτερίδα ♦ *vi* κτυπώ με το ρόπαλο || **off one's own** ~ εξ ιδίας πρωτοβουλίας.
batch [bætʃ] *n* φουρνιά (ψωμί) || *(set)* σωρός, ομάδα.
bath [bɑːθ] *n* λουτρό, μπάνιο || *(tub)* λουτήρας, μπανιέρα ♦ *vt* λούω, μπανιαρίζω || ~**s** *npl* δημόσια λουτρά *ntpl*, μπάνια *ntpl*, χαμάμ *nt inv* || ~**chair** καροτσάκι (αναπήρων), αναπηρική καρέκλα.
bathe [beɪð] *vi* λούομαι, κάνω μπάνιο ♦ *vt* λούω, πλένω || ~**r** *n* κολυμβητής/ήτρια *m/f*, λουόμενος/η *m/f*.
bathing [ˈbeɪðɪŋ] *n* κολύμπι || ~ **cap** *n* σκούφος του μπάνιου || ~ **costume** *n* μπανιερό, μαγιό *nt inv*.
bathmat [ˈbɑːθmæt] *n* ψάθα του μπάνιου.
bathroom [ˈbɑːθrum] *n* λουτρό.
bath towel [ˈbɑːθtauəl] *n* πετσέτα του μπάνιου.
baton [ˈbætən] *n* ράβδος *f* || *(conductor's)* μπαγκέτα || *(truncheon)* γκλώμπ *nt inv*.
battalion [bəˈtælɪən] *n* τάγμα *nt*.
batter [ˈbætə*] *n* κουρκούτι ♦ *vt* κτυπώ, κοπανίζω.
battery [ˈbætərɪ] *n (MIL)* πυροβολαρχία || *(cell)* συστοιχία.
battle [ˈbætl] *n* μάχη ♦ *vi* μάχομαι, πολεμώ || ~**field** *n* πεδίο μάχης || ~**ments** *npl* επάλξεις *fpl*, παραπέτο, πολεμίστρες *fpl* || ~**ship** *n* θωρηκτό.
bawdy [ˈbɔːdɪ] *a* ασελγής, αισχρός.
bawl [bɔːl] *vi* κραυγάζω, σκούζω.
bay [beɪ] *n (of sea)* κόλπος, κόρφος || *(tree)* δάφνη || **at** ~ σε δύσκολη θέση, στα στενά.
bayonet [ˈbeɪənɪt] *n* ξιφολόγχη, μπαγιονέττα.
bay window [ˈbeɪˈwɪndəu] *n* παράθυρο σε προεξοχή τοίχου.
bazaar [bəˈzɑː*] *n* παζάρι || *(for charity)* φιλανθρωπική αγορά.
B.B.C. *abbr of British Broadcasting Corporation.*
B.C. *ad (abbr of before Christ)* π.Χ.
be [biː] *(irreg v) vi (exist)* είμαι, υπάρχω || *(live)* είμαι, ζω, κατοικώ || *(stay)* είμαι, κάνω || *(cost)* είμαι, κοστίζω || *(location)* είμαι, ευρίσκομαι || *(visit)* είμαι, επισκέπτομαι || *(take place)* είμαι, γίνομαι.
beach [biːtʃ] *n* παραλία, ακρογιαλιά ♦ *vt* προσγιαλώ, αράζω || *(run aground)* προσαράσσω.
beacon [ˈbiːkən] *n* φάρος, φανάρι.
bead [biːd] *n* χάντρα, πέρλα || *(perspiration)* σταγονίδι.
beak [biːk] *n* ράμφος *nt*, μύτη.
beaker [ˈbiːkə*] *n* γυάλινο ποτήρι.
beam [biːm] *n* δοκός *f*, δοκάρι || *(of*

balance) ζυγοστάτης, μπράτσο || *(of light)* αχτίδα, δέσμη || *(smile)* λάμψη, ακτινοβολία ♦ *vi* ακτινοβολώ, λάμπω.

bean [biːn] *n (broad)* κουκί || *(kidney)* φασόλι || *(string)* φασολάκι.

bear [bɛə*] *(irreg v) n* αρκούδα ♦ *vt (carry)* φέρω, βαστώ, σηκώνω || *(support)* υποβαστάζω, στηρίζω || *(put up with)* υποφέρω, αντέχω, ανέχομαι || *(produce)* γεννώ, παράγω || **~able** *a* υποφερτός, ανεκτός.

beard [bɪəd] *n* γένι, μούσι || **~ed** *a* με γένεια.

bearing ['bɛərɪŋ] *n (behaviour)* συμπεριφορά, ύφος *nt* || *(relation)* σχέση, έννοια || **~s** *npl*: **I lose my ~s** χάνω τον προσανατολισμό.

beast [biːst] *n* ζώο, κτήνος *nt*, θηρίο || *(person)* ζώο, παλιάνθρωπος || **~ly** *a* κτηνώδης, βρώμικος.

beat [biːt] *(irreg v) n (stroke)* κτύπημα *nt* || *(pulsation)* σφυγμός, παλμός || *(of policeman)* περιπολία || *(MUS)* χρόνος, μέτρο ♦ *vt* κτυπώ, δέρνω, ματσουκώνω || *(defeat)* υπερτερώ, νικώ || **to ~ about the bush** γυρίζω γύρω-γύρω από ένα θέμα || **to ~ time** κρατώ το χρόνο || **to ~ off** *vt* διώχνω, απωθώ || **to ~ up** *vt* σπάζω στο ξύλο || **~en track** *n* πεπατημένη || **~er** *n (for eggs, cream)* κτυπητήρι.

beautiful ['bjuːtɪful] *a* ωραίος, εξαίσιος, υπέροχος || **~ly** *ad* θαυμάσια, υπέροχα.

beauty ['bjuːtɪ] *n* ομορφιά || *(woman)* καλλονή.

beaver ['biːvə*] *n* καστόρι, κάστορας.

because [bɪ'kɒz] *cj* διότι, γιατί, επειδή || **~ of** εξαιτίας *(+ genitive)*.

beckon ['bɛkən] *vt* γνέφω, κάνω νόημα.

become [bɪ'kʌm] *vt (befit)* αρμόζω, ταιριάζω ♦ *vi* γίνομαι, καταντώ.

becoming [bɪ'kʌmɪŋ] *a* αρμόζων || *(dress etc)* ταιριαστός, που πηγαίνει.

bed [bɛd] *n* κρεββάτι || *(of river)* κοίτη || *(foundation)* στρώμα *nt*, στρώση || *(garden)* πρασιά || **~ and breakfast** *n* δωμάτιο με πρωινό || **~clothes** *npl* σεντόνια *ntpl* και κουβέρτες *fpl* || **~ding** *n* στρώματα *ntpl*.

bedlam ['bɛdləm] *n (uproar)* φασαρία, θόρυβος.

bedraggled [bɪ'drægld] *a* κουρελιασμένος.

bedridden ['bɛdrɪdn] *a* κρεββατωμένος, κατάκοιτος.

bedroom ['bɛdrum] *n* υπνοδωμάτιο, κρεββατοκάμαρα.

bed-sitter ['bɛd'sɪtə*] *n* υπνοδωμάτιο.

bee [biː] *n* μέλισσα.

beech [biːtʃ] *n* οξυά.

beef [biːf] *n* βωδινό.

beehive ['biːhaɪv] *n* κυψέλη.

beeline ['biːlaɪn] *n*: **to make a ~ for** πηγαίνω κατ. ευθείαν.

been [biːn] *pp of* **be.**

beer [bɪə*] *n* μπύρα.

beetle ['biːtl] *n* σκαθάρι.

beetroot ['biːtruːt] *n* πατζάρι, κοκκινογούλι.

befall [bɪ'fɔːl] *vti* συμβαίνω, τυχαίνω.

before [bɪ'fɔː*] *prep (in place)* προ, εμπρός, ενώπιον || *(of time)* πριν, προ ♦ *cj* προ, πριν, πριν να ♦ *ad (of place)* εμπρός, προ, μπροστά || *(of time)* πριν, πρωτύτερα, προτού.

befriend [bɪ'frɛnd] *vt* βοηθώ, προστατεύω.

beg [bɛg] *vti* ζητώ, παρακαλώ || *(for alms)* ζητιανεύω.

began [bɪ'gæn] *pt of* **begin.**

beggar ['bɛgə*] *n* ζητιάνος/α *m/f*, επαίτης.

begin [bɪ'gɪn] *(irreg v) vti* αρχίζω, αρχινώ || **to ~ with** πρώτα-πρώτα, πριν ν'αρχίσουμε || **~ner** *n*

αρχάριος/α *m/f*, πρωτάρης/α *m/f* || **~ning** *n* αρχή.
begrudge [bɪ'grʌdʒ] *vt* δίνω με το ζόρι, λυπούμαι.
begun [bɪ'gʌn] *pp of* **begin.**
behalf [bɪ'hɑːf] *n* εκ μέρους, υπέρ || **on ~ of** για λογαριασμό του, εκ μέρους.
behave [bɪ'heɪv] *vi* (συμπερι)φέρομαι.
behaviour, *(US)* **behavior** [bɪ'heɪvjə*] *n* συμπεριφορά, φέρσιμο.
behind [bɪ'haɪnd] *prep* πίσω από || *(time)* καθυστερημένος ♦ *ad* όπισθεν, πίσω από ♦ *n* πισινός.
behold [bɪ'həʊld] *vt* βλέπω, αντικρύζω.
beige [beɪʒ] *a* μπεζ.
being ['biːɪŋ] *n* ύπαρξη, γέννηση || *(person)* ον *nt*, είναι *nt inv.*
belch [bɛltʃ] *vti* ρεύομαι.
belfry ['bɛlfrɪ] *n* καμπαναριό.
Belgian ['bɛldʒɪən] *n* Βέλγοβ/Βελίδα *m/f* ♦ *a* βελγικός.
Belgium ['bɛldʒəm] *n* Βέλγιο.
belie [bɪ'laɪ] *vt* διαψεύδω, ξεγελώ.
belief [bɪ'liːf] *n (trust)* πίστη || *(idea)* γνώμη, δοξασία.
believable [bɪ'liːvəbl] *a* πιστευτός.
believe [bɪ'liːv] *vt* πιστεύω, δέχομαι ♦ *vi* πιστεύω, έχω εμπιστοσύνη || **~r** *n* πιστός/ή *m/f.*
belittle [bɪ'lɪtl] *vt* υποτιμώ, περιφρονώ.
bell [bɛl] *n* καμπάνα || *(in house)* κουδούνι.
belligerent [bɪ'lɪdʒərənt] *a (fig)* καυγατζής.
bellow ['bɛləʊ] *vti* μουγγρίζω, μουγκαρίζω ♦ μουγκρητό.
bellows ['bɛləʊz] *npl* φυσερό.
belly ['bɛlɪ] *n* κοιλιά.
belong [bɪ'lɒŋ] *vi* ανήκω || **it does not ~ here** δεν ανήκει εδώ || **to ~ to** *vt* ανήκω, μετέχω σε || *(a place)* κατάγομαι από || **~ings** *npl* περιουσία, υπάρχοντα *ntpl.*
beloved [bɪ'lʌvɪd] *a* πολυαγαπημένος ♦ *n* αγαπητός.
below [bɪ'ləʊ] *prep* υπό, κάτω από, κάτω θεν ♦ *ad* από κάτω.
belt [bɛlt] *n* ζώνη, ταινία || *(round waist)* ζωνάρι, λουρί ♦ *vt* ζώνω || *(beat)* δέρνω με λουρί.
bench [bɛntʃ] *n* κάθισμα *nt*, πάγκος || *(workshop)* τεζάκι, πάγκος || *(of judge)* έδρα.
bend [bɛnd] *(irreg v) n* καμπή, στροφή, γωνία ♦ *vt* κάμπτω, λυγίζω || *(NAUT)* δένω ♦ *vi (stoop)* σκύβω.
beneath [bɪ'niːθ] *prep* κάτωθεν, χαμηλότερα, υπό ♦ *ad* από κάτω.
benefactor ['bɛnɪfæktə*] *n* ευεργέτης, δωρητής.
beneficial [bɛnɪ'fɪʃəl] *a* ωφέλιμος, χρήσιμος.
benefit ['bɛnɪfɪt] *n* όφελος *nt*, ωφέλεια ♦ *vt* ωφελώ ♦ *vi* επωφελούμαι.
benevolent [bɪ'nɛvələnt] *a* αγαθοεργός, καλοπροαίρετος.
bent [bɛnt] *n (inclination)* κλίση, ροπή ♦ *a:* **to be ~ on** αποφασισμένος να ♦ *pt, pp of* **bend.**
bequeath [bɪ'kwiːð] *vt* κληροδοτώ, αφήνω.
bequest [bɪ'kwɛst] *n* κληροδότημα.
bereaved [bɪ'riːvd] *n (person)* τεθλιμμένος.
bereavement [bɪ'riːvmənt] *n* απώλεια, πένθος *nt.*
beret ['bɛreɪ] *n* μπερέ *nt inv*, σκούφος.
berry ['bɛrɪ] *n* ρόγα, μούρο.
berserk [bə'sɜːk] *a:* **to go ~** γίνομαι έξω φρενών.
berth [bɜːθ] *n (anchoring)* όρμος || *(ship, train)* κλίνη, καμπίνα ♦ *vt* προσορμίζω, πλευρίζω ♦ *vi* αγκυροβολώ, πλευρίζω.

beseech [bɪ'siːtʃ] *(irreg v) vt* ικετεύω, εκλιπαρώ.
beset [bɪ'sɛt] *vt* κυκλώνω, περισφίγγω.
beside [bɪ'saɪd] *prep* πλάι, κοντά, δίπλα || **to be ~ o.s.** είμαι εκτός εαυτού.
besides [bɪ'saɪdz] *prep* εκτός από ♦ *ad* εκτός αυτού, ακόμη, άλλωστε.
besiege [bɪ'siːdʒ] *vt* πολιορκώ.
best [bɛst] *a* καλύτερος ♦ *ad* καλύτερα || **at ~** το καλύτερο, ακόμα και || **to make the ~ of it** όσο μπορώ καλύτερα || **~ man** *n* παράνυφος, κουμπάρος.
bestow [bɪ'stəʊ] *vt* παρέχω, απονέμω.
bestseller ['bɛst'sɛlə*] *n* βιβλίο μεγάλης κυκλοφορίας.
bet [bɛt] *(irreg v) n* στοίχημα *nt* ♦ *vt* στοιχηματίζω, βάζω στοίχημα.
betray [bɪ'treɪ] *vt* προδίδω, αποκαλύπτω || *(be false)* εξαπατώ || **~al** *n* προδοσία.
better ['bɛtə*] *a* καλύτερος ♦ *ad* καλύτερα ♦ *vt* καλυτερεύω, βελτιώνω ♦ *n*: **to get the ~ of** νικώ κάποιο, υπερέχω || **he thought ~ of it** άλλαξε γνώμη || **~ off** *a (richer)* πιο εύπορος, πλουσιότερος.
betting ['bɛtɪŋ] *n* στοίχημα(τα) *nt*.
between [bɪ'twiːn] *prep* μεταξύ, ανάμεσα ♦ *ad* ανάμεσα.
beverage ['bɛvərɪdʒ] *n* ποτό.
beware [bɪ'wɛə*] *vt* προσέχω, φοβούμαι || '**~ of the dog**' 'προσοχή, σκύλος'.
bewildered [bɪ'wɪldəd] *a* ζαλισμένος, χαμένος.
bewitching [bɪ'wɪtʃɪŋ] *a* γοητευτικός, μαγευτικός.
beyond [bɪ'jɒnd] *prep (of place)* πέρα από || *(of time)* πέραν του || *(in addition)* εκτός, πέρα από ♦ *ad* πέρα από, εκεί κάτω.
bias ['baɪəs] *n (slant)* λοξότητα || *(prejudice)* προκατάληψη, συμπάθεια || **~(s)ed** *a* προκατειλημμένος, επηρεασμένος.
bib [bɪb] *n* σαλιάρα, μπούστος.
Bible ['baɪbl] *n* Βίβλος *f*, Ευαγγέλιο.
bibliography [bɪblɪ'ɒgrəfɪ] *n* βιβλιογραφία.
bicker ['bɪkə*] *vi* καυγαδίζω || **~ing** *n* καυγάς.
bicycle ['baɪsɪkl] *n* ποδήλατο.
bid [bɪd] *(irreg v) n* προσφορά || *(CARDS)* δήλωση ♦ *vt (command)* διατάσσω, προστάζω || *(offer)* προσφέρω, πλειοδοτώ || *(greeting)* χαιρετώ || *(goodbye)* αποχαιρετώ || **~der** *n (person)* πλειοδότης || **~ding** *n (order)* εντολή, παραγγελία || *(offer)* πλειοδοσία.
bidet ['biːdeɪ] *n* μπιντέ *nt inv*.
big [bɪg] *a* μεγάλος, σπουδαίος.
bigamy ['bɪgəmɪ] *n* διγαμία.
bigot ['bɪgət] *n* στενοκέφαλος, φανατικός || **~ed** *a* στενοκέφαλος || **~ry** *n* μισαλλοδοξία.
bike [baɪk] *n* ποδήλατο.
bikini [bɪ'kiːnɪ] *n* μπικίνι *nt inv*.
bile [baɪl] *n* χολή.
bilingual [baɪ'lɪŋgwəl] *a* δίγλωσσος.
bill [bɪl] *n (notice)* αγγελία, αφίσα || *(account)* λογαριασμός || *(law)* νομοσχέδιο || *(note)* γραμμάτιο || *(beak)* ράμφος *nt*, μύτη || *(US)* χαρτονόμισμα *nt*.
billet ['bɪlɪt] *n (MIL)* κατάλυμα *nt* || *(job)* θέση.
billfold ['bɪlfəʊld] *n (US)* πορτοφόλι.
billiards ['bɪlɪədz] *n* μπιλιάρδο.
billion ['bɪlɪən] *n (Brit)* τρισεκατομμύριο || *(US)* δισεκατομμύριο.
billy goat ['bɪlɪgəʊt] *n* τράγος.
bin [bɪn] *n* κασέλα, κασόνι, κιβώτιο.
bind [baɪnd] *(irreg v) vt (tie)* δένω || *(together)* προσδένω || *(a book)* δένω || *(oblige)* δεσμεύω, δένω || **~ing** *n*

σύνδεση, δέση, δέσιμο || *(book)* βιβλιοδεσία.
binoculars [bɪˈnɒkjʊləz] *npl* κιάλια *ntpl*.
biochemistry [ˈbaɪəʊˈkɛmɪstrɪ] *n* βιοχημεία.
biography [baɪˈɒgrəfɪ] *n* βιογραφία.
biological [baɪəˈlɒdʒɪkəl] *a* βιολογικός.
biology [baɪˈɒlədʒɪ] *n* βιολογία.
birch [bɜːtʃ] *n (tree)* σημύδα || *(for whipping)* βέργα.
bird [bɜːd] *n* πουλί || **~'s-eye view** *n* θέα από ψηλά.
birth [bɜːθ] *n* γέννα, τοκετός || *(beginning)* γέννηση || **of good ~** καλής καταγωγής || **~ certificate** *n* πιστοποιητικό γεννήσεως || **~ control** *n* έλεγχος γεννήσεων || **~day** *n* γενέθλια *ntpl* || **~place** *n* τόπος γεννήσεως || **~ rate** *n* γεννήσεις *fpl*.
biscuit [ˈbɪskɪt] *n* παξιμάδι, μπισκότο.
bisect [baɪˈsɛkt] *vt* διχοτομώ.
bishop [ˈbɪʃəp] *n* επίσκοπος, δεσπότης.
bit [bɪt] *n (piece)* κομμάτι || *(of tool)* τρυπάνι || *(of horse)* στομίδα, χαβιά, χαλινάρι || *(COMPUT)* bit *nt inv*.
bitch [bɪtʃ] *n (dog)* σκύλα || *(unpleasant woman)* παλιοθήλυκο.
bite [baɪt] *(irreg v) n* δάγκωμα *nt* || *(mouthful)* μπουκιά ♦ *vti* δαγκώνω || *(insect)* τσιμπώ || **a ~ to eat** μπουκιά, λίγο φαγητό.
biting [ˈbaɪtɪŋ] *a* δηκτικός.
bitter [ˈbɪtə*] *a* πικρός || *(feeling)* φαρμακερός, δηκτικός, πικρός ♦ *n (beer)* πικρή μπύρα || **to the ~ end** μέχρι τέλους, μέχρι εσχάτων || **~ness** *n* πικρία, πίκρα || **~sweet** *a* γλυκόπικρος.
bizarre [bɪˈzɑː*] *a* παράξενος, αλλόκοτος.
blab [blæb] *vti* τα λέω όλα, προδίδω.
black [blæk] *a* μαύρος || *(without light)* σκοτεινός ♦ *vt (shoes)* βάφω, λουστράρω || *(eye)* μαυρίζω || **~ and blue** γεμάτος σημάδια, καταμαυρισμένος || **~berry** *n* βατόμουρο || **~bird** *n* κότσυφας || **~board** *n* πίνακας, μαυροπίνακας || **~currant** *n* μαύρο φραγκοστάφυλλο || **~en** *vt* μαυρίζω, λερώνω || **~leg** *n* απεργοσπάστης || **~list** *n* μαύρος πίνακας || **~mail** *vt* εκβιάζω || **~mailer** *n* εκβιαστής || **~ market** *n* μαύρη αγορά || **~out** *n (MIL)* συσκότηση || *(ELEC)* διακοπή ρεύματος || *(faint)* σκοτοδίνη, λιποθυμία || **~smith** *n* σιδεράς.
bladder [ˈblædə*] *n* κύστη || *(of football etc)* σαμπρέλλα.
blade [bleɪd] *n (leaf etc)* φύλλο || *(of tool etc)* λεπίδα, λάμα || *(of oar etc)* πτερύγιο, φτερό.
blame [bleɪm] *n* μομφή, ψόγος, φταίξιμο ♦ *vt* κατηγορώ, ψέγω || **~less** *a* άψογος, ανεύθυνος.
bland [blænd] *a* ήπιος, μειλίχιος.
blank [blæŋk] *a (page)* λευκός, άγραφος || *(vacant)* ανέκφραστος, χαμένα, συγχισμένος ♦ *n* κενό || *(cartridge)* άσφαιρο φυσίγγι.
blanket [ˈblæŋkɪt] *n* κλινοσκέπασμα *nt*, κουβέρτα.
blare [blɛə*] *n* δυνατός ήχος, ούρλιασμα *nt* ♦ *vi* αντηχώ, διασαλπίζω.
blasphemy [ˈblæsfɪmɪ] *n* βλαστήμια.
blast [blɑːst] *n (gust)* φύσημα *nt*, ριπή || *(NAUT)* σφύριγμα *nt* || *(MINING)* φουρνέλο ♦ *vt* βάζω φουρνέλο || **~-off** *n (SPACE)* εκτόξευση.
blatant [ˈbleɪtənt] *a* κραυγαλέος, ολοφάνερος.
blaze [bleɪz] *n (fire)* φλόγα, ανάφλεξη, φωτιά ♦ *vi* παίρνω φωτιά

|| *(person)* εξάπτομαι ♦ *vt:* **to ~ a trail** χαράσσω δρόμο.
blazer ['bleɪzə*] *n* σπορ σακάκι.
bleach [bliːtʃ] *n* άσπρισμα *nt,* μπουγάδα ♦ *vt* ασπρίζω, ξεβάφω || *(hair)* αποχρωματίζω.
bleak [bliːk] *a* ψυχρός, μελαγχολικός.
bleary-eyed ['blɪərɪ'aɪd] *a* με θολωμένα μάτια.
bleat [bliːt] *n* βέλασμα *nt* ♦ *vt* βελάζω.
bled [blɛd] *pt, pp of* **bleed.**
bleed [bliːd] *(irreg v) vi* χύνω αίμα, χάνω αίμα ♦ *vt* φλεβοτομώ, παίρνω αίμα.
bleeding ['bliːdɪŋ] *a* ματωμένος.
blemish ['blɛmɪʃ] *n* ελάττωμα *nt,* κηλίδα ♦ *vt* κηλιδώνω || *(reputation)* καταστρέφω.
blend [blɛnd] *n* χαρμάνι, μίγμα *nt* ♦ *vt* ανακατεύω, συγχωνεύω ♦ *vi (colours etc)* ταιριάζω.
bless [blɛs] *vt* ευλογώ, δοξάζω || **~ing** *n* ευλογία, ευτύχημα *nt.*
blew [bluː] *pt of* **blow.**
blight [blaɪt] *n (disease)* ερυσίβη, συρίκι, συναπίδι || *(fig)* πληγή ♦ *vt* καταστρέφω.
blimey ['blaɪmɪ] *excl (col)* να με πάρει ο διάβολος.
blind [blaɪnd] *a* τυφλός, στραβός || *(alley etc)* αδιέξοδος ♦ *n* τέντα || *(excuse)* πρόσχημα *nt,* υποκρισία ♦ *vt* τυφλώνω, στραβώνω || **~fold** *a* με δεμένα μάτια ♦ *vt* δένω τα μάτια || **~ly** *ad* στα τυφλά, στα στραβά || **~ness** *n* τυφλότητα, στραβομάρα.
blink [blɪŋk] *vti* ανοιγοκλείνω τα μάτια, μισοκλείνω τα μάτια || **~ers** *npl* παρωπίδες *fpl.*
blinking ['blɪŋkɪŋ] *a (col)* = **bloody.**
bliss [blɪs] *n* μακαριότητα, ευδαιμονία.
blister ['blɪstə*] *n (on skin)* φυσαλίδα, φουσκάλα || *(on surfaces etc)* φουσκάλα ♦ *vti* φουσκαλιάζω, φλυκταινούμαι.
blithe [blaɪð] *a* χαρούμενος, εύθυμος.
blitz [blɪts] *n* μπλίτς *nt inv,* βίαιη επίθεση.
blizzard ['blɪzəd] *n* χιονοθύελλα.
bloated ['bləʊtɪd] *a* φουσκωμένος, πρησμένος.
bloc [blɒk] *n (POL)* συνασπισμός, μπλόκ *nt inv.*
block [blɒk] *n (piece)* τεμάχιο, μεγάλο κομμάτι || *(for chopping)* επικόπανο, πικόπι || *(traffic)* συνωστισμός, διακοπή || *(obstacle)* εμπόδιο || *(city)* τετράγωνο ♦ *vt* φράσσω, εμποδίζω || **~ade** *n* αποκλεισμός, μπλόκο ♦ *vt* αποκλείω, μπλοκάρω || **~age** *n* εμπλοκή, μπλοκάρισμα *nt.*
bloke [bləʊk] *n (col)* άνθρωπος.
blond(e) [blɒnd] *a* ξανθός, ξανθή ♦ *n* ξανθός, ξανθιά.
blood [blʌd] *n* αίμα *nt* || *(kinship)* συγγένεια || *(descent)* καταγωγή || **~ donor** *n* αιμοδότης/τρια *m/f* || **~ group** *n* ομάδα αίματος || **~ pressure** *n* πίεση αίματος || **~shed** *n* αιματοχυσία || **~shot** *a* κόκκινος || **~stained** *a* αιματοσταγής, ματωμένος || **~stream** *n* κυκλοφοριακό σύστημα *nt* || **~thirsty** *a* αιμοβόρος || **~ transfusion** *n* μετάγγιση αίματος || **~y** *a (col)* παλιο-, βρωμο- || *(lit)* αιματηρός || **~y-minded** *a* τζαναμπέτης.
bloom [bluːm] *n (flower)* λουλούδι || *(perfection)* άνθηση, ακμή ♦ *vi* ανθίζω || **in ~** στην άνθησή του.
blossom ['blɒsəm] *n* άνθος *nt* ♦ *vi* ανθίζω.
blot [blɒt] *n* λεκές *m* || *(disgrace)* κηλίδα ♦ *vt (stain)* λεκιάζω || *(dry ink)*

στυπώνω, τραβώ || **to ~ out** *vt* εξαφανίζω, σβήνω.

blotchy ['blɒtʃɪ] *a* γεμάτος κοκκινίλες.

blotting paper ['blɒtɪŋpeɪpə*] *n* στυπόχαρτο.

blouse [blauz] *n* μπλούζα.

blow [bləu] *(irreg v) n (with fist)* κτύπημα *nt*, γροθιά || *(with stick)* ραβδισμός || *(of air)* φύσημα *nt* || *(of fate)* πλήγμα *nt* ♦ *vt* φυσάω || *(a fuse)* καίομαι || *(col: squander)* σπαταλάω || **at a single ~** μ'ένα κτύπημα || **to ~ one's top** ξεσπάω || **to ~ over** *vi* περνώ, ξεθυμαίνω || **to ~ up** *vi* σκάω, ανατινάσσω ♦ *vt (tyre)* φουσκώνω || **~lamp** *n* καμινευτήρ || **~ out** *n (AUT)* κλατάρισμα *nt* || **~y** *a* ανεμώδης.

blubber ['blʌbə*] *n* λίπος *nt* φάλαινας.

blue [blu:] *a* γαλάζιος, γαλανός || *(paint)* μπλέ || *(with cold etc)* μελανιασμένος ♦ *n:* **to have the ~s** μελαγχολώ || **~bell** *n* ζιμπούλι || **~bottle** *n* κρεατόμυγα || **~print** *n* κυανοτυπία, σχέδιο.

bluff [blʌf] *n (deception)* μπλόφα, απάτη ♦ *vt* μπλοφάρω, εξαπατώ ♦ *a* ντόμπρος.

blunder ['blʌndə*] *n* μεγάλο λάθος *nt*, χοντροκοπιά ♦ *vi* κάνω γκάφα.

blunt [blʌnt] *a* αμβλύς, στομωμένος || *(person)* μονοκόμματος ♦ *vt* αμβλύνω, στομώνω || **~ly** *ad* απότομα, ντόμπρα.

blur [blɜ:*] *n* θολούρα, θαμπάδα || *(stain)* μουτζούρα ♦ *vti* θολώνω, θαμπώνω.

blurt [blɜ:t]: **to ~ out** *vt* λέω κάτι απερίσκεπτα, αποκαλύπτω.

blush [blʌʃ] *vi* κοκκινίζω ♦ *n* κοκκίνισμα *nt*.

bluster ['blʌstə*] *vi (of wind)* φυσώ δυνατά || *(of person)* κάνω φασαρία, κομπάζω.

boar [bɔ:*] *n* γουρούνι αρσενικό, καπρί.

board [bɔ:d] *n (of wood)* σανίδα, τάβλα || *(notice)* πινακίδα, ταμπλώ *nt inv* || *(of paper)* χαρτόνι || *(meal)* φαΐ || *(of men)* συμβούλιο, επιτροπή ♦ *vt (feed)* δίνω τροφή || *(ship, train)* επιβαίνω, μπαρκάρω || *(with planks)* σανιδώνω || **~ and lodging** φαΐ και ύπνος || **to ~ up** *vt* (περι)φράσσω με σανίδες || **~er** *n* οικότροφος || *(lodger)* ένοικος || **~ing house** *n* πανσιόν *f inv* || **~ing school** *n* σχολή με οικοτροφείο || **~ing school pupil** *n* εσωτερικός.

boast [bəust] *vi* καυχώμαι, κομπορρημονώ ♦ *n* κομπασμός, καυχησιολογία || **~ful** *a* καυχησιάρης, φανφαρόνος.

boat [bəut] *n* βάρκα, καΐκι || *(ship)* καράβι || **~er** *(hat)* ναυτική ψάθα || **~ing** *n* λεμβοδρομία με βάρκα || **~swain** ['bəusən] *n* λοστρόμος.

bob [bɒb] *vi* ανεβοκατεβαίνω.

bobbin ['bɒbɪn] *n* πηνίο, κουβαρίστρα || *(ELEC)* μπομπίνα.

bobsleigh ['bɒbsleɪ] *n* μποπσλέϊ *nt inv*, έλκηθρο.

bodice ['bɒdɪs] *n* στήθος *nt* φορέματος, μπούστος.

bodily ['bɒdɪlɪ] *ad* σωματικά || *(together)* συλλογικά, όλοί μαζί.

body ['bɒdɪ] *n* σώμα *nt*, κορμί || *(legislative etc)* σώμα, σωματείο || *(collection)* μεγάλο πλήθος *nt*, μάζα || *(of car etc)* σώμα, κύριο μέρος *nt* || **~guard** *n* σωματοφύλακας || **~work** *n* καρότσα.

bog [bɒg] *n* έλος *nt* ♦ *vi:* **to get ~ged down** βουλιάζω.

boggle ['bɒgl] *vi* διστάζω.

bogus ['bəugəs] *a* ψεύτικος.

boil [bɔɪl] *vt (potatoes etc)* βράζω ♦ *vi* βράζω, κοχλάζω ♦ *n (MED)* καλόγερος || **to come to the ~** παίρνω βράση || **~er** *n* λέβης, καζάνι || ~**ing point** *n* σημείο βρασμού.

boisterous ['bɔɪstərəs] *a* θορυβώδης, ταραχώδης.

bold [bəʊld] *a* τολμηρός, θαρραλέος || ~**ness** *n* τολμηρότητα, θάρρος *nt.*

bollard ['bɒləd] *n* δέστρα.

bolster ['bəʊlstə*] *n* μαξιλάρα || **to ~ up** *vt* (υπο)στηρίζω.

bolt [bəʊlt] *n (of door etc)* σύρτης, μάνταλο || *(rush away)* εξόρμηση, φυγή ♦ *vt (a door etc)* μανταλώνω, κλειδώνω || *(food)* καταβροχθίζω ♦ *vi (rush away)* φεύγω, εξορμώ || *(escape)* δραπετεύω.

bomb [bɒm] *n* βόμβα ♦ *vt* βομβαρδίζω || ~**ard** [bɒm'bɑːd] *vt* βομβαρδίζω, σφυροκοπώ || ~**ardment** *n* βομβαρδισμός || ~**er** *n (person)* βομβαρδιστής || *(AVIAT)* βομβαρδιστικό || ~**ing** βομβαρδισμός || ~**shell** *n (fig)* κατάπληξη, σαν βόμβα.

bona fide ['bəʊnə'faɪdɪ] *a* καλής πίστεως.

bond [bɒnd] *n (link)* δεσμός, συνάφεια || *(promise)* υπόσχεση, σύμβαση || *(ECON)* ομολογία.

bone [bəʊn] *n* κόκκαλο ♦ *vt* ξεκοκκαλίζω || ~-**dry** *a* εντελώς ξηρός, κατάξερος.

bonfire ['bɒnfaɪə*] *n* φωτιά.

bonnet ['bɒnɪt] *n* γυναικείο καπέλλο || *(child's)* σκουφίτσα || *(cap)* σκούφος, μπερές *m* || *(Brit: of car)* καπό.

bonus ['bəʊnəs] *n* επιμίσθιο, επίδομα *nt.*

bony ['bəʊnɪ] *a* κοκκαλιάρης.

boo [buː] *vt* αποδοκιμάζω, γιουχαΐζω.

book [bʊk] *n* βιβλίο, κιτάπι ♦ *vt (ticket etc)* βγάζω εισιτήριο || *(a room)* κλείνω δωμάτιο || *(person)* πληρώνω, τιμωρούμαι || ~**case** *n* βιβλιοθήκη || ~**ing office** *n* πρακτορείο εισιτηρίων || ~-**keeping** *n* λογιστική || ~**let** *n* φυλλάδιο, βιβλιαράκι || ~**maker** *n (RACING)* μπουκμέικερ *m inv* || ~**seller** *n* βιβλιοπώλης || ~**shop** *n* βιβλιοπωλείο || ~**stall** *n* πάγκος βιβλιοπώλου || ~**store** *n* = ~**shop**.

boom [buːm] *n (noise)* κρότος, βόμβος || *(NAUT)* απώστης || *(port)* φράγμα *nt* || *(busy period)* μπούμ *nt inv*, κύμα *nt* ευημερίας, αιχμή ευημερίας ♦ *vi* ανέρχομαι, ανεβαίνω.

boon [buːn] *n (blessing)* όφελος *nt.*

boorish ['bʊərɪʃ] *a* άξεστος, αγροίκος.

boost [buːst] *n* προώθηση ♦ *vt* προωθώ, ενισχύω.

boot [buːt] *n* μπότα || *(Brit: of car)* πορτμπαγκάζ *nt inv* ♦ *vt (kick)* λακτίζω, κλωτσάω || **to ~** *(in addition)* επί πλέον.

booze [buːz] *n* ποτό ♦ *vi* ξεφαντώνω, μεθοκοπώ.

border ['bɔːdə*] *n (frontier)* σύνορο, μεθόριος *f* || *(edge)* γύρος, σειρίτι, μπορντούρα || *(page etc)* πλαίσιο, βινιέτα || **to ~ on** *vt* συνορεύω με || ~**line** *n (fig)* εγγίζων τα όρια.

bore [bɔː*] *pt of* **bear** || *n (person or thing)* πληκτικός, ενοχλητικός, αφόρητος || *(of gun etc)* διαμέτρημα *nt* ♦ *vt* τρυπώ, ανοίγω τρύπα || *(weary)* πλήττω, λιμάρω || ~**dom** *n* πλήξη, ανία.

boring ['bɔːrɪŋ] *a* ανιαρός, βαρετός.

born [bɔːn] *pp:* **to be ~** γεννιέμαι.

borough ['bʌrə] *n* (διοικητική) περιφέρεια.

borrow ['bɒrəʊ] *vt* δανείζομαι.

bosom ['bʊzəm] *n* στήθος *nt*, κόρφος.

boss [bɒs] *n* κύφωμα *nt*, καμπούρα || *(master)* το αφεντικό ♦ *vt* διευθύνω, κάνω το διευθυντή || ~**y** *a* αυταρχικός.

bosun ['bəusn] *n* = **boatswain** || *see* **boat.**
botanical [bə'tænɪkəl] *a* βοτανικός.
botanist ['bɒtənɪst] *n* βοτανολόγος *m/f.*
botany ['bɒtənɪ] *n* βοτανική.
botch [bɒtʃ] *vt* φτιάνω τσαπατσούλικα, κουτσοφτιάχνω || *(patch)* κουτσομπαλώνω.
both [bəuθ] *a, pron* αμφότεροι, και οι δύο ♦ *ad* και... και || *cj* όχι μόνο... αλλά και....
bother ['bɒðə*] *n* ενόχληση, μπελάς ♦ *vt* ενοχλώ, πειράζω, σκοτίζω ♦ *vi* στενοχωριέμαι, νοιάζομαι.
bottle ['bɒtl] *n* φιάλη, μπουκάλι, μποτίλια ♦ *vt* εμφιαλώνω, μπουκαλάρω, μποτιλιάρω || **~neck** *n (production)* δυσχέρεια || *(traffic)* συνωστισμός || **~-opener** *n* ανοιχτήρι για μπουκάλες.
bottom ['bɒtəm] *n* κάτω μέρος *nt*, βάθος *nt* || *(of sea etc)* πυθμένας, βυθός || *(seat)* πισινός, ποπός || *(ship)* πλοίο || κάτω μέρος *nt*, κάτω-κάτω || *(lowest)* κατώτατος || **~less** *a* απύθμενος.
bough [bau] *n* κλάδος, κλαδί.
bought [bɔːt] *pt, pp of* **buy.**
boulder ['bəuldə*] *n* λίθος, λιθάρι, ογκόλιθος.
bounce [bauns] *n (rebound)* αναπήδηση, γκελ *nt inv* ♦ *vi* κάνω γκελ, αναπηδώ || *(col: person)* μπαίνω-βγαίνω ξαφνικά ♦ *vt* κάνω μπάλα να κάνει γκέλ.
bound [baund] *pt, pp of* **bind** || *n* όριο, σύνορο || *(restriction)* όρια *ntpl* || *(leap)* πήδημα *nt* ♦ *vi (spring, leap)* πηδώ, σκιρτώ || *(limit)* περιορίζω ♦ *a* προοριζόμενος για, κατευθυνόμενος προς.
boundary ['baundərɪ] *n* όριο, σύνορο.
bouquet ['bukeɪ] *n* μπουκέτο.
bout [baut] *n (contest)* γύρος, αγώνας, συνάντηση || *(of illness)* προσβολή.
bow [bəu] *n (curve)* καμπή || *(ribbon)* φιόγκος || *(weapon)* τόξο, δοξάρι || *(MUS)* δοξάρι βιολιού.
bow [bau] *vi* υποκλίνομαι, σκύβω το κεφάλι ♦ *vt* κλίνω, κάμπτω || *(submit)* υποκύπτω, υποτάσσομαι ♦ *n* υπόκλιση, κλίση (της κεφαλής) || *(of ship)* πλώρη.
bowels [bauəlz] *npl* έντερα *ntpl*, σπλάχνα *ntpl* || *(fig)* σπλάχνα *ntpl.*
bowl [bəul] *n (basin)* λεκάνη, γαβάθα || *(of pipe)* λουλάς || *(wooden ball)* σφαίρα ♦ *vti* παίζω μπάλα, ρίχνω μπάλα || **~s** *npl* παιχνίδι της μπάλας.
bow-legged ['bəulɛgɪd] *a* στραβοπόδης, στραβοκάνης.
bowler ['bəulə*] *n* παίκτης της μπάλας || *(hat)* μελόν *nt.*
bowling ['bəulɪŋ] *n (game)* παιχνίδι της μπάλας, μπόλιγκ *nt inv.*
bow tie ['bəu'taɪ] *n* παπιγιόν *nt inv*, πεταλούδα.
box [bɒks] *n* κιβώτιο || *(small)* κουτί || *(THEAT)* θεωρείο ♦ *vt (s.o.'s ears)* καρπαζώνω || *(package)* πακετάρω ♦ *vi* πυγμαχώ, παίζω μποξ || **~er** *n (person)* πυγμάχος, μποξέρ *m inv* || *(dog)* μπόξερ *m inv* || **~ing** *n (SPORT)* πυγμαχία, μπόξ *nt inv* || **~ office** *n* ταμείο (θεάτρου) || **~ room** *n* αποθήκη οικίας.
boy [bɔɪ] *n* αγόρι, παιδί.
boycott ['bɔɪkɒt] *n* μποϋκοτάρισμα ♦ *vt* αποκλείω, μποϋκοτάρω.
boyfriend ['bɔɪfrɛnd] *n* φίλος, αγαπημένος.
boyish ['bɔɪɪʃ] *a* παιδιάστικος, αγορίστικος.
bra [brɑː] *n* σουτιέν *nt inv*, στηθόδεσμος.
brace [breɪs] *n (clamp)* δεσμός || *(pair)* ζευγάρι || *(support)* στύλωμα *nt* || *(tool)* ματικάπι ♦ *vt* συνδέω,

στερεώνω || *(o.s.)* τονώνω, δυναμώνω || ~**s** *npl* τιράντες *fpl*.

bracelet ['breɪslɪt] *n* βραχιόλι.

bracing ['breɪsɪŋ] *a* τονωτικός.

bracken ['brækən] *n* φτέρη.

bracket ['brækɪt] *n (support)* υποστήριγμα *nt*, ωτίδα, κρεμάθρα || *(round)* παρένθεση || *(square)* αγκύλη || *(group)* ομάδα ♦ *vt* βάζω σε παρένθεση || *(associate)* συνδέω.

brag [bræg] *vi* καυχώμαι.

braid [breɪd] *n (of hair)* πλεξίδα, πλεξούδα || *(officer's etc)* σειρήτι, κορδόνι.

Braille [breɪl] *n* Μπράιλ *nt inv*.

brain [breɪn] *n* εγκέφαλος, μυαλό || *(person)* διάνοια || ~**s** *npl* μυαλά *ntpl* || ~**washing** *n* πλύση εγκεφάλου || ~**wave** *n* έμπνευση, επινόηση || ~**y** *a* ευφυής.

braise [breɪz] *vt* ψήνω στην κατσαρόλα.

brake [breɪk] *n (on vehicle)* τροχοπέδη, φρένο ♦ *vti* φρενάρω, πατώ φρένο.

bramble ['bræmbl] *n* βάτος.

branch [brɑːntʃ] *n (of tree)* κλάδος, κλαδί || *(division)* κλάδος || *(office)* υποκατάστημα *nt* ♦ *vi* διακλαδούμαι, χωρίζομαι.

brand [brænd] *n (trademark)* μάρκα || *(on cattle)* σφράγιση με αναμμένο σίδηρο.

brand-new ['brænd'njuː] *a* κατακαίνουργιος, ολοκαίνουργιος, του κουτιού.

brandy ['brændɪ] *n* κονιάκ *nt inv*.

brash [bræʃ] *a* αναιδής, αδιάντροπος.

brass [brɑːs] *n* μπρούτζος || ~ **band** *n* μπάντα, φανφάρα.

brat [bræt] *n* κουτσούβελο, διαβολάκι.

bravado [brə'vɑːdəʊ] *n* παλληκαρισμός.

brave [breɪv] *a* γενναίος || *(show)* περίφημος ♦ *n* ερυθρόδερμος πολεμιστής ♦ *vt* αψηφώ || ~**ry** *n* θάρρος *nt*, ανδρεία.

brawl [brɔːl] *n* καυγάς ♦ *vi* καυγαδίζω.

brawn [brɔːn] *n* μυϊκή δύναμη, δύναμη || *(COOKING)* πηχτή.

brazen ['breɪzn] *a (metal)* μπρούτζινος || *(shameless)* αναιδής, ξετσίπωτος ♦ *vt* : **to ~ it out** καυχώμαι ξετσίπωτα.

brazier ['breɪzɪə*] *n* μαγκάλι, φουφού *f inv*.

Brazil [brə'zɪl] *n* Βραζιλία || ~**ian** *a* βραζιλιανός ♦ *n* Βραζιλιάνος/η *m/f* || ~ **nut** *n* Βραζιλιανό καρύδι.

breach [briːtʃ] *n (gap)* ρήγμα *nt*, τρύπα || *(of trust, duty)* παραβίαση, παράβαση || *(quarrel)* ρήξη, τσάκωμα *nt* ♦ *vt* γκρεμίζω.

bread [brɛd] *n* ψωμί || *(living)* καθημερινό ψωμί || ~ **and butter** *n* μέσα συντηρήσεως || ~**crumbs** *npl* ψίχουλα *ntpl* || ~**winner** *n* στήριγμα *nt* της οικογενείας.

break [breɪk] *(irreg v) vt (crush)* συντρίβω, τσακίζω || *(apart)* σπάω || *(promise)* αθετώ || *(silence etc)* διακόπτω || *(habit)* κόβω || *(the law)* παραβιάζω ♦ *vi* θραύομαι, τσακίζομαι || *(friendship etc)* τα χαλώ || *(dissolve)* διαλύομαι ♦ *n (gap)* ρήξη, άνοιγμα *nt*, χάσμα *nt* || *(rest)* διακοπή, διάλειμμα *nt* || *(chance)* ευκαιρία, τύχη || *(fracture)* ρωγμή || **to ~ free** *or* **loose** *vi* δραπετεύω, απελευθερώνομαι || **to ~ in** *vt (a horse etc)* δαμάζω || *(conversation)* διακόπτω ♦ *vi (burglar)* κάνω διάρρηξη || **to ~ out** *vi* ξεσπώ || *(of prison)* δραπετεύω || **to ~ up** *vi* διαλύομαι ♦ *vt* χωρίζω, συντρίβω, τεμαχίζω || ~**able** *a* εύθραυστος || ~**age** *n* σπάσιμο, ράγισμα *nt* || ~**down** *n (in discussions)* διακοπή || *(of health)* κατάρρευση || *(mental)* χάσιμο του μυαλού || **~er** *n (NAUT)* κύμα *nt.*

breakfast ['brɛkfəst] *n* πρωινό, κολατσιό.

breakthrough ['breɪkθru:] *n* δίοδος *f,* ρήγμα *nt.*

breakwater ['breɪkwɔ:tə*] *n* κυματοθραύστης.

breast [brɛst] *n (of woman)* μαστός, βυζί || *(of man, animal)* στήθος *nt* || **~stroke** *n* απλωτή.

breath [brɛθ] *n* πνοή, αναπνοή || **out of ~** λαχανιασμένος.

breathe [bri:ð] *vti* αναπνέω || **~r** *n* ανάσα.

breathless ['brɛθlɪs] *a* λαχανιασμένος.

bred [brɛd] *pt, pp of* **breed.**

breed [bri:d] *(irreg v) n* γενεά, ράτσα ♦ *vt* γεννώ, φέρνω || *(animals)* τρέφω ♦ *vi* αναπαράγομαι || **~er** *n (person)* αναπαραγωγός *m/f,* κτηνοτρόφος *m/f* || **~ing** *n* ανατροφή.

breeze [bri:z] *n* αύρα, αεράκι.

breezy ['bri:zɪ] *a* ευάερος || *(person)* γεμάτος ζωή.

brevity ['brɛvɪtɪ] *n* βραχύτητα, συντομία.

brew [bru:] *vt (drinks)* παρασκευάζω (μπύρα) αποστάζω || *(tea)* βράζω || *(plot)* μηχανορραφώ ♦ *vi* βράζομαι || *(storm etc)* έρχεται || **~ery** *n* ζυθοποιία, ποτοποιία.

bribe [braɪb] *n* δωροδοκία ♦ *vt* δωροδοκώ, λαδώνω || **~ry** *n* δωροδοκία, μπούκωμα *nt.*

brick [brɪk] *n* πλίνθος, τούβλο || **~layer** *n* τουβλάς || **~work** *n* πλινθοδομή.

bridal ['braɪdl] *a* νυφικός, γαμήλιος.

bride [braɪd] *n* νύφη || **~groom** *n* γαμπρός || **~smaid** *n* παράνυφη.

bridge [brɪdʒ] *n* γεφύρι, γιοφύρι || *(NAUT)* γέφυρα || *(CARDS)* μπριτζ *nt inv* || *(of nose)* ράχη της μύτης ♦ *vt* γεφυρώνω.

bridle ['braɪdl] *n* χαλινάρι, γκέμι ♦ *vt (a horse)* χαλινώνω || *(control)* χαλιναγωγώ.

brief [bri:f] *a* σύντομος, βραχύς ♦ *n (LAW)* δικογραφία, φάκελος ♦ *vt* δίδω οδηγίες, ενημερώνω || **~s** *npl* κοντή κυλόττα || **~case** *n* χαρτοφύλακας || **~ing** *n* καταρτισμός, οδηγίες *fpl.*

brigade [brɪ'geɪd] *n (MIL)* ταξιαρχία || *see* **fire.**

brigadier [brɪgə'dɪə*] *n* ταξίαρχος.

bright [braɪt] *a (as light)* φωτεινός, λαμπερός, γυαλιστερός || *(weather)* φωτεινός, καθαρός || *(clever)* έξυπνος, ευφυής || *(colour)* ζωηρός, λαμπρός || **~en** *vti* ζωηρεύω, φωτίζομαι, αστράφτω.

brilliance ['brɪljəns] *n* λαμπρότητα, εξυπνάδα || *(of surface etc)* φωτεινότητα || *(of style)* ζωηρότητα.

brilliant ['brɪljənt] *a* φωτεινός, λαμπρός || *(person)* σπουδαίος, λαμπρός || *(splendid)* έξοχος.

brim [brɪm] *n (of cup)* χείλος *nt* || *(of hat)* γύρος, μπορ *nt inv* ♦ *vi* ξεχειλίζω || **~ful** *a* ξέχειλος.

brine [braɪn] *n* σαλαμούρα, άρμη.

bring [brɪŋ] *(irreg v) vt* φέρω, φέρνω || **to ~ about** *vt* επιτυγχάνω, καταφέρνω || **to ~ off** *vt* φέρω σε πέρας || **to ~ round** *or* **to** *vt* επαναφέρω, συνεφέρω || **to ~ up** *vt (raise)* ανατρέφω, μεγαλώνω || *(introduce)* προβάλλω, θέτω.

brisk [brɪsk] *a* ζωηρός.

bristle ['brɪsl] *n* γουρουνότριχα ♦ *vi* ανατριχιάζω.

Britain ['brɪtən] *n* Βρεττανία.

British ['brɪtɪʃ] *a* βρετανικός, αγγλικός || **the ~** *npl* οι 'Αγγλοι *mpl* || **~ Isles** *npl* Βρεττανικαί Νήσοι *fpl.*

Briton ['brɪtən] *n* Βρετανός/ίδα *m/f.*

brittle ['brɪtl] *a* εύθραυστος.

broach [brəutʃ] *vt (subject)* θίγω (ζήτημα).

broad [brɔːd] *a* ευρύς, φαρδύς, πλατύς || *(daylight)* το φως της ημέρας || *(general)* απλό, γενικό || *(accent)* χωριάτικη προφορά || ~**cast** *n* εκπομπή ♦ *vti* μεταδίδω ραδιοφωνικώς || ~ **casting** *n* εκπομπή, μετάδοση || ~**en** *vt* ευρύνω, πλαταίνω ♦ *vi* ευρύνομαι, ανοίγω || ~**ly** *ad* ευρέως, πλατειά || ~**-minded** *a* με ανοικτό μυαλό, ανεκτικός, ευρείας αντιλήψεως.

broccoli [ˈbrɒkəli] *n* μπρόκολο.

brochure [ˈbrəuʃjuə*] *n* φυλλάδιο, μπροσούρα.

broke [brəuk] *pt of* **break** ♦ *a* απένταρος || ~**n** *pp of* **break** || ~**n-hearted** *a* με ραγισμένη καρδιά.

broker [ˈbrəukə*] *n* μεσίτης, χρηματιστής.

bronchitis [brɒŋˈkaitis] *n* βρογχίτιδα.

bronze [brɒnz] *n* μπρούντζος || ~**d** *a* πλιοψημένος, μαυρισμένος.

brooch [brəutʃ] *n* καρφίτσα.

brood [bruːd] *n* κλώσσισμα *nt*, γενιά ♦ *vi* κλωσσώ || *(meditate)* μελαγχολώ.

brook [bruk] *n (stream)* ρυάκι, ρέμα *nt*.

broom [brum] *n* σκούπα || ~**stick** *n* σκουπόξυλο.

Bros. *(abbr of Brothers)* Αφοι (Αδελφοί *mpl)*.

broth [brɒθ] *n* ζουμί κρέατος, σούπα.

brothel [ˈbrɒθl] *n* μπορντέλο, οίκος ανοχής.

brother [ˈbrʌðə*] *n* αδελφός || ~**-in-law** *n* γαμπρός, κουνιάδος.

brought [brɔːt] *pt, pp of* **bring.**

brow [brau] *n (forehead)* κούτελο, μέτωπο || *(eyebrow)* φρύδι || *(of hill etc)* χείλος *nt*, φρύδι.

brown [braun] *a* καστανός, καφετής ♦ *n* καφετής ♦ *vti* σκουραίνω, μαυρίζω || *(cooking)* καβουρδίζω || ~**ie** *n (girl guide)* προσκοπίνα.

browse [brauz] *vi (examine casually)* ξεφυλλίζω, βόσκω, τριγυρίζω.

bruise [bruːz] *n* μώλωπας, κτύπημα *nt* ♦ *vti* κτυπώ, κτυπιέμαι.

brunette [bruːˈnet] *n* μελαχροινή.

brunt [brʌnt] *n* ορμή, φόρα.

brush [brʌʃ] *n* βούρτσα || *(paint)* πινέλο || *(fight)* σύγκρουση ♦ *vt* βουρτσίζω || *(lightly)* ξεσκονίζω || **to** ~ **aside** *vt* παραμερίζω || ~**wood** *n* θάμνοι *mpl*, χαμόκλαδα *ntpl*.

brusque [bruːsk] *a* απότομος, τραχύς.

Brussels sprout [ˈbrʌslzˈspraut] *n* (Βελγικό) λαχανάκι, πετί-σού.

brutal [ˈbruːtl] *a* κτηνώδης || ~**ity** *n* κτηνωδία.

brute [bruːt] *n* κτήνος *nt*, θηρίο.

B.Sc. *abbr see* **bachelor.**

bubble [ˈbʌbl] *n* μπουρμπουλήθρα, φουσκάλα ♦ *vi* κοχλάζω || *(river, wine)* αφρίζω || **to** ~ **over** *(fig)* ξεχειλίζω.

buck [bʌk] *n* ελάφι αρσενικό || *(rabbit)* κούνελος ♦ *vt* ενθαρρύνω, δίνω κουράγιο || **to** ~ **up** *vi* ενθαρρύνομαι, (ξανα) παίρνω κουράγιο.

bucket [ˈbʌkit] *n* κουβάς, κάδος.

buckle [ˈbʌkl] *n* πόρπη, φιούμπα ♦ *vt* κουμπώνω, θηλυκώνω || *(bend)* λυγίζω, στραβώνω.

bud [bʌd] *n* μπουμπούκι.

Buddhism [ˈbudizəm] *n* Βουδδισμός.

budding [ˈbʌdiŋ] *a* που μπουμπουκιάζει.

buddy [ˈbʌdi] *n* φιλαράκος.

budge [bʌdʒ] *vti* κινούμαι, υποχωρώ.

budgerigar [ˈbʌdʒəriɡɑː*] *n* παπαγαλάκι.

budget [ˈbʌdʒit] *n* προϋπολογισμός.

buff [bʌf] *a (colour)* σαμουά, κρεατί.

buffalo [ˈbʌfələu] *n* βουβάλι.

buffer ['bʌfə*] *n* αποσβεστήρας, αμορτισέρ *nt inv*.
buffet ['bʌfɪt] *n* πλήγμα *nt*, κτύπημα *nt* || ['bufeɪ] *(bar)* αναψυκτήριο || *(food)* μπουφές *m inv* ♦ *vt* πλήττω, κτυπώ.
buffoon [bə'fuːn] *n* παλιάτσος, καραγκιόζης.
bug [bʌg] *n (insect)* κοριός || *(US)* ζωύφιο || *(spy device)* κρυφό μικρόφωνο || *(COMPUT)* λάθος *nt*, σφάλμα *nt*.
bugle ['bjuːgl] *n* σάλπιγγα.
build [bɪld] *(irreg v) vt* οικοδομώ, χτίζω || **~er** *n* οικοδόμος, κατασκευαστής || **~ing** *n* κτίριο, οικοδομή || **~ing society** *n* οικοδομικός συνεταιρισμός || **~-up** *n* διαφήμιση.
built [bɪlt] *pt, pp of* **build** || **well-~** *a (person)* γεροδεμένος || **~-in** *a (cupboard)* εντοιχισμένος.
bulb [bʌlb] *n (BOT)* βολβός || *(ELEC)* λάμπα, γλόμπος.
Bulgaria [bʌl'gɛərɪə] *n* Βουλγαρία.
bulge [bʌldʒ] *n* διόγκωση, φούσκωμα *nt* ♦ *vti* προεξέχω, εξογκούμαι, φουσκώνω.
bulk [bʌlk] *n* μέγεθος *nt*, όγκος || *(greater part)* μεγαλύτερο μέρος *nt* || **~head** *n* διάφραγμα *nt* || **~y** *a* ογκώδης, χοντρός.
bull [bul] *n* ταύρος || *(rubbish)* ψέματα *ntpl*, αρλούμπες *fpl* || **~dog** *n* μπουλντόγκ *m inv*.
bulldozer ['buldəuzə*] *n* μπουλντόζα.
bullet ['bulɪt] *n* σφαίρα, βόλι.
bulletin ['bulɪtɪn] *n* δελτίο, ανακοινωθέν *nt*.
bullfight ['bulfaɪt] *n* ταυρομαχία.
bullion ['buljən] *n* χρυσός (άργυρος) σε ράβδους.
bullock ['bulək] *n* βόδι, μοσχάρι.
bull's-eye ['bulzaɪ] *n* κέντρο (στόχου).
bully ['bulɪ] *n* τύραννος ♦ *vt* απειλώ, τρομοκρατώ.
bum [bʌm] *n (col)* πισινός || *(tramp)* αλήτης, ακαμάτης || **to ~ around** *vi* κοπροσκυλιάζω.
bump [bʌmp] *n (blow)* κτύπημα *nt*, τίναγμα *nt* || *(bruise)* πρήξιμο, καρούλα, καρούμπαλο ♦ *vti* κτυπώ, σκοντάφτω || **~er** *n (car)* προφυλακτήρας ♦ *a:* **~er harvest** πλούσια (σοδειά).
bumpy ['bʌmpɪ] *a* ανώμαλος (δρόμος).
bun [bʌn] *n* σταφιδόψωμο, κουλουράκι.
bunch [bʌntʃ] *n* μάτσο, φούχτα, χούφτα, δέμα *nt*.
bundle ['bʌndl] *n* δέμα *nt*, μπόγος ♦ *vt* πακετάρω, δένω || *(also:* **~ off)** ξεφορτώνομαι.
bung [bʌŋ] *n* πώμα *nt*, τάπα ♦ *vt (throw)* ρίχνω, χώνω.
bungalow ['bʌŋgələu] *n* μπάγκαλο, εξοχικό σπίτι.
bungle ['bʌŋgl] *vt* τα κάνω θάλασσα, είμαι αδέξιος.
bunion ['bʌnjən] *n* κάλος.
bunk [bʌŋk] *n* κλίνη, κουκέτα.
bunker ['bʌŋkə*] *n* αποθήκη καυσίμων, καρβουνιέρα.
bunny ['bʌnɪ] *n* κουνελάκι.
bunting ['bʌntɪŋ] *n* ύφασμα *nt* για σημαίες, σημαιοστολισμός.
buoy [bɔɪ] *n (NAUT)* σημαδούρα || *(lifebuoy)* σωσσίβιο || **~ant** *a (of person)* εύθυμος, κεφάτος || **to ~ up** *vt* ενισχύω, αναθαρρύνω, ενθαρρύνω.
burden ['bɜːdn] *n* φόρτωμα *nt*, βάρος *nt*, δυσβάστακτο βάρος ♦ *vt* (επι)βαρύνω, φορτώνω.
bureau [bjuə'rəu] *n* γραφείο που κλείνει || *(for information etc)* υπηρεσία πληροφοριών.
bureaucracy [bjuə'rɒkrəsɪ] *n* γραφειοκρατία.

burglar ['bɜːglə*] *n* διαρρήκτης/τρια *m/f* || ~ **alarm** *n* κουδούνι ασφαλείας || ~**ize** *vt (US)* διαρρηγνύω || ~**y** *n* διάρρηξη.
burgle ['bɜːgl] *vt* διαρρηγνύω.
burial ['bɛrɪəl] *n* ταφή || ~ **ground** *n* νεκροταφείο.
burlesque [bɜː'lɛsk] *n* επιθεώρηση, μπυρλέσκ *nt inv.*
burly ['bɜːlɪ] *a* γεροδεμένος.
burn [bɜːn] *(irreg v) n* έγκαυμα *nt* ♦ *vt* καίω ♦ *vi* φλέγομαι || **to** ~ **one's fingers** *(fig)* βρίσκω το μπελά μου || ~**ing question** *n* φλέγον ζήτημα *nt.*
burnt [bɜːnt] *pt, pp of* **burn** ♦ *a* καμένος, ψημένος.
burrow ['bʌrəʊ] *n* φωλιά, τρύπα, λαγούμι ♦ *vti* σκάβω λαγούμι, ανοίγω τρύπα.
burst [bɜːst] *(irreg v) n* έκρηξη, ριπή ♦ *vt (explode)* προκαλώ έκρηξη || *(break)* σπάζω || *(break out)* διαρρηγνύω, σπάω ♦ *vi (tank etc)* διαρρηγνύομαι, σπάζω || *(flower)* σκάζω, ανοίγω || *(into pieces)* γίνομαι κομμάτια.
bury ['bɛrɪ] *vt (inter)* θάβω || *(hide)* κρύβομαι, χώνω, βυθίζομαι.
bus [bʌs] *n* λεωφορείο.
bush [bʊʃ] *n* θάμνος, χαμόκλαδο.
bushy ['bʊʃɪ] *a* δασύς, πυκνός.
busily ['bɪzɪlɪ] *ad* δραστήρια.
business ['bɪznɪs] *n* επιχείρηση, δουλειά || *(concern)* δουλειά || ~**man** *n* επιχειρηματίας.
bus stop ['bʌsstɒp] *n* στάση λεωφορείου.
bust [bʌst] *n (statue)* προτομή, μπούστος || *(of woman)* στήθος *nt.*
bustle ['bʌsl] *n* (θορυβώδης) κίνηση, πάταγος ♦ *vi* πηγαινοέρχομαι, βιάζομαι.
busy ['bɪzɪ] *a* απασχολημένος, πολυάσχολος ♦ *vt* ασχολούμαι, φροντίζω || ~**body** *n* πολυπράγμονας, παπατρέχας.
but [bʌt] *cj (still, yet, besides)* αλλά, μα ♦ *ad (only, except, as)* μόνο, μόλις, δεν... παρά ♦ *prep (except)* εκτός, παρά.
butane ['bjuːteɪn] *n* βουτάνιο.
butcher ['bʊtʃə*] *n* χασάπης || *(savage)* σφαγέας ♦ *vt* σφάζω.
butler ['bʌtlə*] *n* μπάτλερ *m inv,* αρχιυπηρέτης.
butt [bʌt] *n (cask)* βαρέλι, βουτσί || *(target)* στόχος || *(of cigarette)* αποτσίγαρο, γόπα || *(thick end)* χοντρό άκρο ♦ *vt* κτυπώ με το κεφάλι.
butter ['bʌtə*] *n* βούτυρο ♦ *vt* βουτυρώνω || **to** ~ **up** *vt (fig)* κολακεύω, ξεσκονίζω.
butterfly ['bʌtəflaɪ] *n* πεταλούδα.
buttocks ['bʌtəks] *npl* γλουτοί *mpl,* τα οπίσθια *ntpl.*
button ['bʌtn] *n* κουμπί ♦ *vti* κουμπώνω || ~**hole** *n* κουμπότρυπα.
buttress ['bʌtrɪs] *n* αντέρεισμα *nt.*
buy [baɪ] *(irreg v) vt* αγοράζω || **to** ~ **up** *vt* αγοράζω χονδρικώς || ~**er** *n* αγοραστής.
buzz [bʌz] *n* βούισμα *nt* ♦ *vi* βουίζω.
buzzard ['bʌzəd] *n* ικτίνος.
buzzer ['bʌzə*] *n* βομβητής, ψιθυριστής.
by [baɪ] *prep (near, beside)* παρά, πλάι, δίπλα, κοντά || *(through)* διά, από || *(with)* από, με || ~ **and large** κατά κανόνα || ~ **far** κατά πολύ || ~ **name** κατ' όνομα.
by-election ['baɪɪlɛkʃn] *n* αναπληρωματικές εκλογές *fpl.*
bygone ['baɪgɒn] *a* περασμένος, παλιός ♦ *n:* **let** ~**s be** ~**s** περασμένα, ξεχασμένα.
bypass ['baɪpɑːs] *n (MECH)* βοηθητική δίοδος.
byproduct ['baɪprɒdʌkt] *n* υποπροϊόν.
bystander ['baɪstændə*] *n* παριστάμενος.

byte [baɪt] *n (COMPUT)* byte.

C

C. *abbr of* **centigrade.**
cab [kæb] *n* αμάξι, ταξί || *(of train, truck)* θέση οδηγού.
cabaret ['kæbəreɪ] *n* καμπαρέ *nt inv.*
cabbage ['kæbɪdʒ] *n* λάχανο.
cabin ['kæbɪn] *n* καλύβα || *(NAUT)* καμπίνα || ~ **cruiser** *n* θαλαμηγός *f* χωρίς κατάρτια.
cabinet ['kæbɪnɪt] *n* κομό || *(POL)* υπουργικό συμβούλιο || ~**maker** *n* επιπλοποιός.
cable ['keɪbl] *n* καλώδιο || *(message)* τηλεγράφημα *nt* ♦ *vti* τηλεγραφώ || ~ **railway** *n* κρεμαστός σιδηρόδρομος.
cackle ['kækl] *n* κακάρισμα *nt* ♦ *vi* κακαρίζω.
cactus ['kæktəs] *n* κάκτος.
caddie, caddy ['kædɪ] *n* κάντι.
cadet [kə'dɛt] *n (NAUT)* δόκιμος || *(MIL)* εύελπης || *(AVIAT)* ίκαρος.
cadge [kædʒ] *vt* ζητιανεύω, σελεμίζω.
Caesarean [siː'zɛərɪən] *a:* ~ **(section)** καισαρική (τομή).
café ['kæfeɪ] *n* καφενείο || *(with food)* καφεστιατόριο || *(bar)* καφεμπάρ *nt inv.*
cafeteria *n* [kæfɪ'tɪərɪə] *n* καφετηρία.
cage [keɪdʒ] *n* κλουβί ♦ *vt* εγκλουβίζω.
cagey ['keɪdʒɪ] *a (col)* πονηρός.
cajole [kə'dʒəul] *vt* καλοπιάνω.
cake [keɪk] *n* κέικ *nt inv,* γλύκισμα *nt* || *(pie)* πίτα || *(of soap etc)* πλάκα.
calamity [kə'læmɪtɪ] *n* συμφορά, καταστροφή.
calcium ['kælsɪəm] *n* ασβέστιο.
calculate ['kælkjuleɪt] *vti* υπολογίζω, λογαριάζω.
calculating ['kælkjuleɪtɪŋ] *a* υπολογιστικός, εσκεμμένος.
calculation [kælkju'leɪʃən] *n* υπολογισμός.
calculus ['kælkjuləs] *n* λογισμός.
calendar ['kæləndə*] *n* ημερολόγιο.
calf [kaːf] *n (cow)* μοσχάρι || *(skin)* βιδέλο || *(ANAT)* κνήμη, γάμπα.
calibre, *(US)* **caliber** ['kælɪbə*] *n* διαμέτρημα *nt* || *(fig)* αξία ικανότητα.
call [kɔːl] *vt* καλώ, φωνάζω || *(meeting)* συγκαλώ || *(TEL)* κλήση, πρόσκληση ♦ *vi (visit)* επισκέπτομαι, έρχομαι ♦ *n (shout)* φωνή, κραυγή || *(visit)* επίσκεψη || ~**box** *n* τηλεφωνικός θάλαμος || ~**er** *n (visitor)* επισκέπτης/τρια *m/f* || ~ **girl** *n* κοκότα || ~**ing** *n (profession)* επάγγελμα *nt* || **to** ~ **for** *vt* καλώ, έρχομαι || **to** ~ **off** *vt* ακυρώνω, σταματώ, διακόπτω || **to** ~ **on** *vt (visit)* επισκέπτομαι || **to** ~ **up** *vt (MIL)* (επι)στρατεύω || *(TEL)* (προς)καλώ, τηλεφωνώ.
callous ['kæləs] *a* σκληρός, άκαρδος.
calm [kaːm] *n* αταραξία ♦ *vti* καθησυχάζω ♦ *a* ήρεμος, ατάραχος || ~**ness** *n* ησυχία, κάλμα || **to** ~ **down** *vi* καταπραΰνω, καλμάρω ♦ *vt* ηρεμώ, καθησυχάζω.
calorie ['kælərɪ] *n* θερμίδα.
camber ['kæmbə*] *n* καμπυλότητα, κυρτότητα.
came [keɪm] *pt of* **come.**
camel ['kæməl] *n* καμήλα.
cameo ['kæmɪəu] *n* καμέα.
camera ['kæmərə] *n* φωτογραφική μηχανή || ~**man** *n* οπερατέρ *m inv.*
camouflage ['kæməflaːʒ] *n* καμουφλάρισμα *nt* ♦ *vt* καμουφλάρω.
camp [kæmp] *n* κατασκήνωση || *(MIL)* στρατόπεδο ♦ *vi* κατασκηνώνω || *(MIL)* στρατοπεδεύω.

campaign [kæm'peın] *n* εκστρατεία ♦ *vi (also fig)* εκστρατεύω, κάνω καμπάνια.
campbed ['kæmp'bεd] *n* κρεββάτι εκστρατείας, ράντσο.
camper ['kæmpə*] *n* σκηνίτης, εκδρομέας.
camping ['kæmpıŋ] *n*: **to go ~** πηγαίνω σε κατασκήνωση.
campsite ['kæmpsaıt] *n* τόπος κατασκηνώσεως.
can [kæn] *auxiliary v (be able)* δύναμαι, μπορώ || *(be allowed)* επιτρέπεται, μπορώ || *(know how)* γνωρίζω, ξέρω ♦ *n* τενεκές *m*, κουτί ♦ *vt* κονσερβοποιώ.
Canada ['kænədə] *n* Καναδάς.
Canadian [kə'neıdıən] *a* καναδικός ♦ *n* Καναδός/η *m/f*.
canal [kə'næl] *n (waterway)* διώρυγα, κανάλι || *(ANAT)* σωλήνας, πόρος.
canary [kə'nεərı] *n* καναρίνι ♦ *a* καναρινί (χρώμα).
cancel ['kænsəl] *vt (check etc)* ακυρώνω || *(strike out)* διαγράφω || *(MATH)* εξαλείφω || **~lation** *n* ακύρωση, ματαίωση.
cancer ['kænsə*] *n* καρκίνος.
candid ['kændıd] *a* ειλικρινής.
candidate ['kændıdeıt] *n* υποψήφιος/α *m/f*.
candle ['kændl] *n* κερί || **~stick** *n* κηροπήγιο.
candour ['kændə*] *n* ευθύτητα, ντομπροσύνη.
candy ['kændı] *n* καραμέλα.
cane [keın] *n (bamboo etc)* καλάμι || *(stick)* μπαστούνι ♦ *vt (beat)* ραβδίζω.
canine ['kænaın] *a* σκυλήσιος.
canister ['kænıstə*] *n* τενεκεδάκι, κουτί.
cannabis ['kænəbıs] *n* κάνναβη *f*.
canned ['kænd] *a (food)* κονσερβοποιημένο.
cannibal ['kænıbəl] *n* καννίβαλος *m/f*, ανθρωποφάγος *m/f* || **~ism** *n* ανθρωποφαγία.
cannon ['kænən] *n (gun)* πυροβόλο, κανόνι.
cannot ['kænɒt] = **can not** || *see* **can**.
canoe [kə'nu:] *n* μονόξυλο, κανό || **~ing** *n* κανό.
canon ['kænən] *n* κανόνας || *(criterion)* κριτήριο || *(clergyman)* εφημέριος.
can opener ['kænəupnə*] *n* ανοιχτήρι.
canopy ['kænəpı] *n* σκιάδα, προστέγασμα *nt*.
can't [kænt] = **can not** || *see* **can**.
cantankerous [kæn'tæŋkərəs] *a* διεστραμμένος, καυγατζής.
canteen [kæn'ti:n] *n (shop)* καντίνα || *(MIL)* παγούρι.
canter ['kæntə*] *n* τριποδισμός ♦ *vi* καλπάζω ελαφρά.
canvas ['kænvəs] *n* κανναβάτσο || *(NAUT)* πανιά *ntpl* || *(ART)* μουσαμάς || **under ~** σε σκηνές.
canvass ['kænvəs] *vt (election)* ψηφοθηρώ || *(discuss)* συζητώ, ερευνώ.
canyon ['kænjən] *n* φαράγγι, χαράδρα.
cap [kæp] *n (hat)* σκούφος, τραγιάσκα || *(top)* κάλυμμα *nt* ♦ *vt* στέφω, στεφανώνω || *(bottle etc)* πωματίζω, σφραγίζω || *(outdo)* υπερβάλλω.
capability [keıpə'bılətı] *n* ικανότητα.
capable ['keıpəbl] *a* ικανός || **~ of** ικανός να.
capacity [kə'pæsıtı] *n (space)* χωρητικότητα || *(ability)* ικανότητα || *(position)* ιδιότητα.
cape [keıp] *n (garment)* κάπα, μπελερίνα || *(GEOG)* ακρωτήρι.
capital ['kæpıtl] *n (city)* πρωτεύουσα || *(ECON)* κεφάλαιο ||

(letter) κεφαλαίο γράμμα || ~**ism** *n* καπιταλισμός, κεφαλαιοκρατία || ~**ist** *a* καπιταλιστής || ~ **punishment** *n* θανατική ποινή.
capitulate [kə'pɪtjʊleɪt] *vi* συνθηκολογώ.
capitulation [kəpɪtjʊ'leɪʃən] *n* συνθηκολόγηση.
capricious [kə'prɪʃəs] *a* ιδιότροπος, ασταθής.
capsize [kæp'saɪz] *vti* ανατρέπω, μπατάρω.
capstan ['kæpstən] *n* εργάτης.
capsule ['kæpsjuːl] *n (ANAT)* κάψα || *(MED)* καψούλα.
captain ['kæptɪn] *n (leader)* αρχηγός || *(MIL)* λοχαγός || *(NAUT)* πλοίαρχος ♦ *vt* οδηγώ, διευθύνω.
caption ['kæpʃən] *n* επικεφαλίδα || *(of picture)* λεζάντα.
captivate ['kæptɪveɪt] *vt* γοητεύω, σαγηνεύω, δελεάζω.
captive ['kæptɪv] *n, a* αιχμάλωτος.
captivity [kæp'tɪvɪtɪ] *n* αιχμαλωσία.
capture ['kæptʃə*] *vt* συλλαμβάνω, αιχμαλωτίζω || *(fort etc)* κυριεύω ♦ *n* σύλληψη || *(objective)* κατάληψη.
car [kaː*] *n (motor)* αυτοκίνητο, αμάξι || *(railway)* βαγόνι.
carafe [kə'ræf] *n* καράφα.
caramel ['kærəməl] *n* καραμέλα.
carat ['kærət] *n* καράτι.
caravan ['kærəvæn] *n* καραβάνι || *(house on wheels)* τροχόσπιτο.
caraway ['kærəweɪ]: ~ **seed** *n* κύμινο.
carbon ['kaːbən] *n* άνθρακας || *(paper)* καρμπό *nt inv* || ~ **copy** *n* καρμπό *nt inv* || ~ **ribbon** *n* ταινία καρμπόν.
carburettor [kaːbjʊ'rɛtə*] *n* καρμπυρατέρ *nt inv.*
carcass ['kaːkəs] *n* πτώμα *nt,* κουφάρι, ψοφίμι.
card [kaːd] *n (playing)* τραπουλόχαρτο || *(visiting)* επισκεπτήριο || *(general)* δελτάριο || ~**board** *n* χαρτόνι || ~ **game** *n* χαρτοπαιξία.
cardiac ['kaːdɪæk] *a* καρδιακός.
cardigan ['kaːdɪgən] *n* πλεκτή ζακέτα.
cardinal ['kaːdɪnl] *a:* ~ **number** απόλυτος αριθμός.
care [kɛə*] *n (worry, attention)* φροντίδα, μέριμνα, προσοχή ♦ *vi* φροντίζω, με νοιάζει || ~ **of** *(abbr c/o)* φροντίδι του || **to** ~ **about** *vt* με ενδιαφέρει, με νοιάζει || **to take** ~ προσέχω || **to take** ~ **of** *vt* ενδιαφέρομαι για, φροντίζω για || **to** ~ **for** *vt* ενδιαφέρομαι || *(love)* αγαπώ, αρέσω.
career [kə'rɪə*] *n* σταδιοδρομία, καριέρα ♦ *vi* τρέχω, ορμώ.
carefree ['kɛəfriː] *a* αμέριμνος, ξένοιαστος.
careful ['kɛəfʊl] *a* προσεκτικός, επιμελής || ~**ly** *ad* προσεχτικά.
careless ['kɛəlɪs] *a* απρόσεκτος, απερίσκεπτος || ~**ness** *n* απροσεξία, αμέλεια.
caress [kə'rɛs] *n* θωπεία, χάδι ♦ *vt* θωπεύω, χαϊδεύω.
caretaker ['kɛəteɪkə*] *n* επιστάτης.
car-ferry ['kaːfɛrɪ] *n* πορθμείο οχημάτων, φέρρυ-μποτ *nt inv.*
cargo ['kaːgəʊ] *n* φορτίο.
caricature ['kærɪkətjʊə*] *n* γελοιογραφία, καρικατούρα.
carnation [kaː'neɪʃən] *n* γαρύφαλλο.
carnival ['kaːnɪvəl] *n (public celebration)* αποκρηές *fpl,* καρναβάλι.
carol ['kærəl] *n (Christmas)* κάλαντα *ntpl.*
carp [kaːp] *n (fish)* κυπρίνος, σαζάνι || **to** ~ **at** *vt* επικρίνω, κατσαδιάζω, αντιλέγω.
car park ['kaːpaːk] *n* χώρος παρκαρίσματος.

carpenter [ˈkɑːpɪntə*] *n* μαραγκός.
carpentry [ˈkɑːpɪntrɪ] *n* ξυλουργική.
carpet [ˈkɑːpɪt] *n* τάπης, χαλί ♦ *vt* στρώνω με χαλί.
carriage [ˈkærɪdʒ] *n (vehicle)* άμαξα, όχημα *nt* || *(carrying)* μεταφορά || *(fees)* μεταφορικά *ntpl* || *(bearing)* συμπεριφορά, ύφος *nt* || ~ **return** επαναφορά κυλίνδρου || ~**way** *n (part of road)* αμαξιτή οδός.
carrier [ˈkærɪə*] *n* (μετα)φορέας, κομιστής || ~**-bag** *n* μεγάλη χαρτοσακκούλα.
carrot [ˈkærət] *n* καρότο.
carry [ˈkærɪ] *vt (transport, hold)* (μετα)φέρω, βαστάζω, κουβαλώ || *(responsibility)* έχω ευθύνες || **to be carried away** *(fig)* παρασύρομαι || **to ~ on** *vti* συνεχίζω, επιμένω || **to ~ out** *vt (orders)* εκτελώ.
cart [kɑːt] *n* κάρο ♦ *vt* μεταφέρω με κάρο.
cartilage [ˈkɑːtɪlɪdʒ] *n* χόνδρος, τραγανό.
carton [ˈkɑːtən] *n* κουτί από χαρτόνι.
cartoon [kɑːˈtuːn] *n (PRESS)* γελοιογραφία, σκίτσο || *(CINE)* κινούμενες εικόνες *fpl*, μίκυ-μάους *nt inv*.
cartridge [ˈkɑːtrɪdʒ] *n (for gun)* φυσίγγι, φυσέκι.
carve [kɑːv] *vti* σκαλίζω, χαράσσω, κόβω.
carving [ˈkɑːvɪŋ] *n (in wood etc)* γλυπτική, σκάλισμα *nt* || ~ **knife** *n* μαχαίρι για κόψιμο.
car wash [ˈkɑːwɒʃ] *n* πλύσιμο αυτοκινήτου.
cascade [kæsˈkeɪd] *n* καταρράκτης.
case [keɪs] *n (box)* θήκη, κιβώτιο, κασόνι || *(instance)* περίπτωση || *(state)* κατάσταση, ζήτημα *nt* || *(GRAM)* πτώση || *(LAW)* υπόθεση || **in ~** σε περίπτωση που || **in any ~** εν πάσει περιπτώσει.
cash [kæʃ] *n* μετρητά (χρήματα) *ntpl* ♦ *vt* εξαργυρώνω || ~**desk** *n* ταμείο.
cashier [kæˈʃɪə] *n* ταμίας, κασιέρης.
cashmere [kæʃˈmɪə*] *n* κασμήρι.
cash register [ˈkæʃˈrɛdʒɪstə*] *n* μηχανή ταμείου, ταμειακή μηχανή.
casing [ˈkeɪsɪŋ] *n* περίβλημα *nt*, πλαίσιο, θήκη.
casino [kəˈsiːnəʊ] *n* καζίνο.
cask [kɑːsk] *n* βαρέλι.
casket [ˈkɑːskɪt] *n (box)* κουτί, κασετίνα || *(US)* φέρετρο.
casserole [ˈkæsərəʊl] *n (pot)* τσουκάλι, νταβάς || *(meal)* γιουβέτσι.
cassock [ˈkæsək] *n* ράσο.
cast [kɑːst] *(irreg v) vt (throw)* ρίχνω, πετώ || *(shed)* βγάζω, απορρίπτω || *(THEAT)* διανέμω ρόλους, αναθέτω ρόλο || *(metal)* χύνω, καλουπώνω ♦ *n (THEAT)* θίασος || **to ~ off** *vti* βγάζω || *(NAUT)* αποπλέω.
caste [kɑːst] *n* κοινωνική τάξη, κάστα.
cast iron [ˈkɑːstˈaɪən] *n* χυτοσίδηρος.
castle [ˈkɑːsl] *n (fortress)* φρούριο || *(mansion)* πύργος.
castor [ˈkɑːstə*] *n (wheel)* καρούλι, ρόδα || ~ **oil** *n* ρετσινόλαδο || ~ **sugar** *n* ψιλή ζάχαρη.
castrate [kæsˈtreɪt] *vt* μουνουχίζω.
casual [ˈkæʒjʊl] *a (occasional)* τυχαία || *(work, attitude)* τυχαίος, απερίσκεπτος || *(meeting)* τυχαίος || ~**ly** *ad* αδιάφορα.
casualty [ˈkæʒjʊltɪ] *n* τραυματίας.
cat [kæt] *n* γάτα.
catalogue, *(US)* **catalog** [ˈkætəlɒg] *n* κατάλογος ♦ *vt* εγγράφω σε κατάλογο.
catalyst [ˈkætəlɪst] *n* καταλύτης.
catapult [ˈkætəpʌlt] *n* καταπέλτης.
cataract [ˈkætərækt] *n (waterfall)* καταρράκτης || *(MED)* καταρράκτης.

catarrh [kə'tɑː*] *n* κατάρρους *m.*
catastrophe [kə'tæstrəfɪ] *n* καταστροφή, συμφορά.
catch [kætʃ] *(irreg v) n (for window etc)* δόντι, μπετούγια, ασφάλεια || *(SPORT, breath)* πιάσιμο || *(fish)* πιάνω (πολλά ψάρια) || *(HUNT)* θήραμα *nt* || *vt (seize)* πιάνω, αρπάζω || *(surprise)* συλλαμβάνω || *(in time)* (προ)φθάνω, πιάνω στα πράσα || **to ~ a cold** αρπάζω κρύο.
catching ['kætʃɪŋ] *a (MED)* μεταδοτικός, κολλητικός.
catch phrase ['kætʃfreɪz] *n* σύνθημα *nt.*
catchy ['kætʃɪ] *a (tune)* ελκυστικός.
categorical [kætɪ'gɒrɪkəl] *a* κατηγορηματικός.
category ['kætɪgərɪ] *n* κατηγορία, τάξη.
cater ['keɪtə*] *vi (food)* τροφοδοτώ, σερβίρω || **~ing** *n* προμήθεια, τροφοδοσία || **to ~ for** *(fig)* φροντίζω, ικανοποιώ.
caterpillar ['kætəpɪlə*] *n* κάμπια.
cathedral [kə'θiːdrəl] *n* καθεδρικός ναός, μητρόπολη.
catholic ['kæθəlɪk] *a* καθολικός, παγκόσμιος, ευρύς || **C~** *n* καθολικός/η *m/f* ♦ *a (REL)* καθολικός.
cattle ['kætl] *npl* κτήνη *ntpl,* ζώα *ntpl.*
catty ['kætɪ] *a* δηκτικός, πονηρός.
cauliflower ['kɒlɪflaʊə*] *n* κουνουπίδι.
cause [kɔːz] *n (reason)* αιτία, αφορμή, λόγος || *(object)* υπόθεση, χάρη ♦ *vt* προξενώ, κάνω να.
causeway ['kɔːzweɪ] *n* υψωμένος δρόμος.
caustic ['kɔːstɪk] *a (burning)* καυστικός || *(sarcastic)* σαρκαστικός.
caution ['kɔːʃən] *n (care)* προσοχή || *(warning)* προειδοποίηση ♦ *vt* προειδοποιώ.
cautious ['kɔːʃəs] *a* προσεκτικός.
cavalry ['kævəlrɪ] *npl* ιππικό.
cave [keɪv] *n* σπηλιά || **~man** *n* τρωγλοδύτης ♦ **to ~ in** *vi* καταρρέω, σωριάζομαι.
cavern ['kævən] *n* σπηλιά.
caviar(e) ['kævɪɑː*] *n* χαβιάρι.
cavity ['kævɪtɪ] *n* κοίλωμα *nt,* τρύπα.
C.B.I. *abbr of Confederation of British Industry* Συνομοσπονδία Βρεττανών Βιομηχάνων.
cc *abbr of cubic centimetres; carbon copy.*
cease [siːs] *vti* παύω, σταματώ, τελειώνω || **~fire** *n* ανακωχή || **~less** *a* ακατάπαυστος, αδιάκοπος.
cedar ['siːdə*] *n* κέδρος.
ceiling ['siːlɪŋ] *n* ταβάνι || *(fig)* ανώτατο ύψος.
celebrate ['sɛlɪbreɪt] *vt* γιορτάζω || *(wedding etc)* τελώ || **~d** *a* διάσημος.
celebration [sɛlɪ'breɪʃən] *n* γιορτασμός, τελετή.
celebrity [sɪ'lɛbrɪtɪ] *n (person)* διασημότητα.
celery ['sɛlərɪ] *n* σέλινο.
celestial [sɪ'lɛstɪəl] *a* ουράνιος.
cell [sɛl] *n (in monastery)* κελλί || *(in jail)* φυλακή || *(ELEC)* στοιχείο || *(BIOL)* κύτταρο.
cellar ['sɛlə*] *n* υπόγειο, κελλάρι || *(wine)* κάβα.
'cello ['tʃɛləʊ] *n* βιολοντσέλο.
cellophane ['sɛləfeɪn] *n* (R) σελοφάν *nt inv.*
cellular ['sɛljʊlə*] *a* κυτταρικός, κυψελοειδής.
cellulose ['sɛljʊləʊs] *n* κελλουλόζη, κυτταρίνη.
cement [sə'mɛnt] *n* τσιμέντο ♦ *vt (lit)* συγκολλώ με τσιμέντο || *(fig)* στερεώνω, κατοχυρώνω.
cemetery ['sɛmɪtrɪ] *n* νεκροταφείο.
cenotaph ['sɛnətɑːf] *n* κενοτάφιο.
censer ['sɛnsə*] *n* θυμιατήρι, λιβανιστήρι.

censor ['sɛnsə*] *n* λογοκριτής, ελεγκτής || **~ship** *n* λογοκρισία.
censure ['sɛnʃə*] *vt* επικρίνω, ψέγω.
census ['sɛnsəs] *n* απογραφή.
cent [sɛnt] *n* σέντ || *(col)* πεντάρα.
centenary [sɛn'tiːnərɪ] *n* εκατονταετηρίδα.
center ['sɛntə*] *n (US)* = **centre.**
centigrade ['sɛntɪgreɪd] *a* εκατονταβάθμιος.
centilitre, *(US)* **centiliter** ['sɛntɪliːtə*] *n* εκατοστόλιτρο.
centimetre, *(US)* **centimeter** ['sɛntɪmiːtə*] *n* εκατοστόμετρο.
centipede ['sɛntɪpiːd] *n* σαρανταποδαρούσα.
central ['sɛntrəl] *a* κεντρικός || **~ heating** *n* κεντρική θέρμανση || **~ize** *vt* συγκεντρώνω || **~ processing unit (CPU)** *(COMPUT)* κεντρική μονάδα επεξεργασίας (KME).
centre ['sɛntə*] *n* κέντρο.
century ['sɛntjʊrɪ] *n* αιώνας.
ceramic [sɪ'ræmɪk] *a* κεραμικός.
cereal ['sɪərɪəl] *n (any grain)* δημητριακά *ntpl*, σιτηρά *ntpl*.
ceremony ['sɛrɪmənɪ] *n* εθιμοτυπία *(religious)* τελετή.
certain ['sɜːtən] *a (sure)* βέβαιος, σίγουρος, ασφαλής || *(some, one)* ωρισμένος, κάποιος || **for ~** σίγουρα || **~ly** *ad* ασφαλώς, σίγουρα || **~ty** *n* βεβαιότητα, σιγουριά.
certificate [sə'tɪfɪkɪt] *n* πιστοποιητικό, βεβαίωση.
certify ['sɜːtɪfaɪ] *vti* πιστοποιώ, βεβαιώ, κυρώνω.
cf. *abbr* = *compare.*
chafe [tʃeɪf] *vti* τρίβω, ερεθίζομαι, φθείρομαι.
chaffinch ['tʃæfɪntʃ] *n* σπίνος.
chain [tʃeɪn] *n* αλυσίδα, καδένα || *(mountains)* σειρά ♦ *vt (also:* **~ up)** δένω με αλυσίδες, δεσμεύω || **~ reaction** *n* αλυσωτή αντίδραση || **~ store** *n* υποκατάστημα *nt*.
chair [tʃɛə*] *n* καρέκλα || *(UNIV etc)* έδρα ♦ *vt (preside)* προεδρεύω || **~man** *n* πρόεδρος || *(director)* διευθυντής.
chalet ['ʃæleɪ] *n* σαλέ *nt inv*.
chalice ['tʃælɪs] *n* δισκοπότηρο.
chalk [tʃɔːk] *n (GEOL)* ασβεστόλιθος || *(crayon)* κιμωλία.
challenge ['tʃælɪndʒ] *n* πρόκληση ♦ *vt* προκαλώ || *(dispute)* αμφισβητώ || **~r** *n* διεκδικητής.
challenging ['tʃælɪndʒɪŋ] *a* προκλητικός.
chamber ['tʃeɪmbə*] *n (compartment)* δωμάτιο || *(of gun etc)* θαλάμη (όπλου) || **~ of commerce** *n* Εμπορικό Επιμελητήριο || **~maid** *n* καμαριέρα || **~ music** *n* μουσική δωματίου.
chamois ['ʃæmwaː] *n*: **~ leather** *n* σαμουά *nt inv*.
champagne [ʃæm'peɪn] *n* σαμπάνια.
champion ['tʃæmpɪən] *n (SPORT)* πρωταθλητής/τρια *m/f* || *(of cause)* πρόμαχος || **~ship** *n* πρωτάθλημα *nt*.
chance [tʃaːns] *n (opportunity)* ευκαιρία || *(possibility)* ελπίδα, πιθανότητα ♦ *a* τυχαίος ♦ *vt*: **to ~ it** διακινδυνεύω, παίζω στην τύχη || **to take a ~** δοκιμάζω.
chancel ['tʃaːnsəl] *n* ιερό (ναού).
chancellor ['tʃaːnsələ*] *n (UNIV)* πρύτανης *m* || **C~ of the Exchequer** *n* Υπουργός Οικονομικών.
chandelier [ʃændə'lɪə*] *n* πολύφωτο, πολυέλαιος.
change [tʃeɪndʒ] *vt* αλλάζω, τροποποιώ || *(exchange)* ανταλλάσσω || *(trains)* αλλάζω ♦ *vi* αλλάζω, μεταβάλλομαι ♦ *n (alteration)*

αλλαγή, μεταβολή || *(coins)* ψιλά *ntpl* || *(balance)* ρέστα *ntpl* || ~**able** *a* *(weather)* άστατος || ~**over** *n (to new system)* αλλαγή συστήματος.

changing ['tʃeɪndʒɪŋ] *a* ευμετάβλητος, αλλάζων || ~**-room** *n (in shop)* βεστιάριο.

channel ['tʃænl] *n (of stream)* κοίτη || *(of bay etc)* δίαυλος, μπούκα || *(strait)* πορθμός, στενό || *(of communication)* οδός *f*, δρόμος || *(RAD etc)* ζώνη συχνοτήτων || *(TV)* κανάλι ♦ *vt* αυλακώνω || **the (English) C**~ *n* Μάγχη || **C**~ **Islands** *npl* νησιά της Μάγχης.

chant [tʃa:nt] *n* τραγούδι || *(church)* ψαλμός ♦ *vt* τραγουδώ || *(church)* ψάλλω.

chaos ['keɪɒs] *n* χάος *nt*.

chap [tʃæp] *n* ρωγμή, σκάσιμο, τύπος ♦ *vt (skin)* σκάζω από το κρύο.

chapel ['tʃæpəl] *n* παρεκκλήσι.

chaperon ['ʃæpərəun] *n* συνοδός κοριτσιού ♦ *vt* συνοδεύω.

chaplain ['tʃæplɪn] *n* εφημέριος.

chapter ['tʃæptə*] *n (of book)* κεφάλαιο.

char [tʃa:*] *vt (burn)* μαυρίζω με κάψιμο ♦ *n (cleaner)* παραδουλεύτρα.

character ['kærɪktə*] *n (qualities)* χαρακτήρας || *(LITER, THEAT etc)* πρόσωπο, χαρακτήρας || *(peculiar person)* τύπος, χαρακτήρας || *(letter, sign, COMPUT)* χαρακτήρας, στοιχείο, γράμμα || ~**s per second (c.p.s.)** χαρακτήρες *mpl* ανά δευτερόλεπτο (χ.α.δ.) || ~**istic** *a* χαρακτηριστικός ♦ *n* χαρακτηριστικό γνώρισμα *nt*.

charade [ʃə'ra:d] *n* συλλαβόγριφος, φαρσα.

charcoal ['tʃa:kəul] *n* ξυλοκάρβουνο.

charge [tʃa:dʒ] *n (price)* τίμημα *nt*, τιμή || *(accusation)* κατηγορία || *(load for gun)* γόμωση || *(attack)* έφοδος *f*, προσβολή ♦ *vt (fill, load)* γεμίζω, φορτίζω || *(a price)* ζητώ (τιμή), χρεώνω || *(a battery)* επιφορτίζω || *(attack)* εφορμώ || *(accuse)* κατηγορώ ♦ *vi* επιπίπτω, προσβάλλω || **in** ~ **of** φροντίζω, που φροντίζει || **to take** ~ αναλαμβάνω, είμαι υπεύθυνος.

charitable ['tʃærɪtəbl] *a* φιλάνθρωπος, ελεήμονας.

charity ['tʃærɪtɪ] *n (institution)* φιλανθρωπικό ίδρυμα || αγαθοεργία.

charlady ['tʃa:leɪdɪ] *n* παραδουλεύτρα.

charm [tʃa:m] *n (attractiveness)* γοητεία || *(for luck)* φυλαχτό ♦ *vt* μαγεύω, γοητεύω || ~**ing** *a* γοητευτικός.

chart [tʃa:t] *n (of information)* γραφική παράσταση, διάγραμμα *nt* || *(NAUT)* χάρτης.

charter ['tʃa:tə*] *vt* ναυλώνω ♦ *n* καταστατικός χάρτης || ~ **flight** *n* ναυλωμένη πτήση || ~**ed accountant** *n* λογιστής.

charwoman ['tʃa:wumən] *n* = **charlady**.

chase [tʃeɪs] *vt (run after)* κυνηγώ, (κατα)-διώκω ♦ *n (act of chasing)* κυνήγι, καταδίωξη.

chasm ['kæzəm] *n* χάσμα *nt*, κενό.

chassis ['ʃæsɪ] *n* σασσί *nt inv*.

chastity ['tʃæstɪtɪ] *n* αγνότητα, παρθενία.

chat [tʃæt] *vi* κουβεντιάζω ♦ *n (friendly, casual talk)* φιλική κουβεντούλα.

chatter ['tʃætə*] *vi* φλυαρώ || *(of teeth)* τρέμω, κτυπώ ♦ *n* φλυαρία, τερετισμός || ~**box** *n (esp child)* φλύαρος.

chatty ['tʃætɪ] *a (style)* ομιλητικός, πολυλογάς.

chauffeur ['ʃəufə*] *n* οδηγός, σωφέρ *m inv*.

cheap [tʃi:p] *a (joke)* άνοστο (αστείο) || *(poor quality)* φτηνός, πρόστυχος, μικρής αξίας || ~**en** *vt (person)* υποτιμώ, ξευτελίζω || ~**ly** *ad* φτηνά.

cheat [tʃiːt] *vti* (εξ)απατώ, κοροϊδεύω ♦ *n* αγύρτης, κατεργάρης || ~**ing** *n (at cards)* κλέψιμο || *(general)* παγαποντιά.

check [tʃɛk] *vt (examine)* ελέγχω || *(halt)* σταματώ, αναχαιτίζω ♦ *n (examination)* έλεγχος, επαλήθευση || *(restraint)* περιορισμός || *(restaurant bill)* λογαριασμός || *(pattern)* καρρώ *nt inv* || *(US)* = **cheque** || ~**ers** *npl (US)* ντάμα || ~**mate** *n* ματ *nt inv* || ~**point** *n* σημείο ελέγχου || ~**up** *n (MED)* γενική εξέταση.

cheek [tʃiːk] *n* παρειά, μάγουλο || *(impudence)* αναίδεια || ~**bone** *n* μήλο (παρειάς) || ~**y** *a* αναιδής.

cheer [tʃɪə*] *n (joy)* ευθυμία || *(shout)* ζητωκραυγή ♦ *vt (shout)* επευφημώ, ζητωκραυγάζω || *(comfort)* χαροποιώ || *(encourage)* ενθαρρύνω ♦ *vi*: **to ~ up** κάνω κέφι || **good ~** *n* φαγητά *ntpl* || ~**ful** *a* χαρωπός καλόκεφος || ~**fulness** *n* ευθυμία || *(of fireplace etc)* ζεστασιά || ~**ing** *n* ζητοκραυγές *fpl*, χειροκροτήματα *ntpl* ♦ *a* ενθαρρυντικός, προκαλών το κέφι || ~**io** *interj (in departure)* γεια χαρά || *(greeting)* γεια σου || ~**less** *a* μελαγχολικός, κακόκεφος.

cheese [tʃiːz] *n* τυρί.

chef [ʃɛf] *n* αρχιμάγειρας.

chemical [ˈkɛmɪkəl] *a* χημικός.

chemist [ˈkɛmɪst] *n (MED)* φαρμακοποιός *m/f* || *(scientist)* χημικός *m/f* || ~**ry** *n* χημεία || ~**'s (shop)** *n* φαρμακείο.

cheque [tʃɛk] *n* επιταγή || ~ **book** *n* βιβλιάριο επιταγών.

chequered [ˈtʃɛkəd] *a (fig)* περιπετειώδης.

cherish [ˈtʃɛrɪʃ] *vt (a hope)* τρέφω || *(love)* λατρεύω || *(look after)* περιποιούμαι.

cherry [ˈtʃɛrɪ] *n (tree)* κερασιά || *(fruit)* κεράσι.

chess [tʃɛs] *n* σκάκι || ~**board** *n* σκακιέρα || ~**man** *n* πιόνι, πεσσός.

chest [tʃɛst] *n (ANAT)* στήθος *nt* || *(box)* κιβώτιο, μπαούλο || **to get sth off one's ~** ξελαφρώνω || ~ **of drawers** *n* σιφονιέρα, κομό.

chestnut [ˈtʃɛsnʌt] *n* κάστανο || ~ **(tree)** *n* καστανιά.

chew [tʃuː] *vti* μασώ || ~**ing gum** *n* τσίχλα.

chic [ʃiːk] *a* κομψός, σικ.

chick [tʃɪk] *n* πουλάκι.

chicken [ˈtʃɪkɪn] *n (bird, food)* κοτόπουλο.

chickenpox [ˈtʃɪkɪnpɒks] *n* ανεμοβλογιά.

chicory [ˈtʃɪkərɪ] *n* κιχώρι, αντίδι.

chief [tʃiːf] *n* αρχηγός *m/f*, διευθυντής/διευθύντρια *m/f* ♦ *a* κύριος, πρωτεύων, πρώτος || ~**ly** *ad* κυρίως, προπάντων.

chilblain [ˈtʃɪlbleɪn] *n* χιονίστρα.

child [tʃaɪld] *n* παιδί || ~**birth** *n* τοκετός, γέννα || ~**hood** *n* παιδικά χρόνια *ntpl* || ~**ish** *a* παιδαριώδης, παιδιάστικος || ~**like** *a* αφελής, παιδιάστικος || ~**ren** [ˈtʃɪldrən] *npl of* **child** παιδιά, παιδάκια *ntpl*.

chill [tʃɪl] *n (coldness)* ψυχρότητα, κρυάδα || *(cold)* κρυολόγημα *nt* ♦ *a* ψυχρός κρύος || ~**y** *a* ψυχρός, κρύος.

chime [tʃaɪm] *n* κωδωνοκρουσία ♦ *vi* ηχώ αρμονικά.

chimney [ˈtʃɪmnɪ] *n* καπνοδόχος *f*, καμινάδα.

chimpanzee [tʃɪmpænˈziː] *n* χιμπαντζής.

chin [tʃɪn] *n* πηγούνι.

china [ˈtʃaɪnə] *n* πορσελάνη || *(dishes, cups)* πιάτα *ntpl*.

China [ˈtʃaɪnə] *n* Κίνα.

Chinese [ˈtʃaɪˈniːz] *a* κινέζικος ♦ *n*

(person) Κινέζος/α *m/f* || *(language)* κινεζική.
chink [tʃɪŋk] *n (opening)* ρωγμή, σκάσιμο || *(noise)* ήχος (μετάλλου κτλ).
chip [tʃɪp] *n* απόκομμα *nt*, θρύμμα *nt* ♦ *vt* θραύω, θρυμματίζω, αποκόπτω || **to ~ in** *vi (CARDS)* ποντάρω || *(interrupt)* παρεμβαίνω || συνεισφέρω.
chiropodist [kɪ'rɒpədɪst] *n* πεντικιουρίστας.
chirp [tʃɜːp] *n* τερετισμός, τιτίβισμα *nt*, κελάδημα *nt* ♦ *vi* τερετίζω, τιτιβίζω, κελαϊδώ.
chisel ['tʃɪzl] *n* σμίλη.
chit [tʃɪt] *n* σημείωμα *nt*, γραπτή άδεια.
chitchat ['tʃɪttʃæt] *n* κουβέντα.
chloride ['klɔːraɪd] *n* χλωρίδιο.
chlorine ['klɔːriːn] *n* χλώριο.
chloroform ['klɒrəfɔːm] *n* χλωροφόρμιο.
chock [tʃɒk] *n* μόρσος, τάκος.
chocolate ['tʃɒklɪt] *n* σοκολάτα.
choice [tʃɔɪs] *n* εκλογή, προτίμηση || *(variety)* ποικιλία ♦ *a* εκλεκτός.
choir ['kwaɪə*] *n* χορός || **~boy** *n* παιδί χορωδίας.
choke [tʃəʊk] *vi (be unable to breathe)* πνίγομαι ♦ *vt (stop breathing of)* ασφυκτιώ, στραγγαλίζω || *(block)* εμφράσσω ♦ *n (AUT)* διαχύτης, εμφράκτης.
cholera ['kɒlərə] *n* χολέρα.
choose [tʃuːz] *(irreg v) vt* διαλέγω, προτιμώ || *(decide)* αρέσω, προτιμώ.
chop [tʃɒp] *vt (cut with a blow)* κόβω, αποκόβω || *(into pieces)* κατακόβω, διαμελίζω, λιανίζω ♦ *vi*: **to ~ and change** πωλώ και αγοράζω ♦ *n (blow)* κτύπημα *nt* || *(meat)* μπριζολάκι || **~py** *a* ταραγμένος, κυματώδης || **~sticks** *npl* ξυλαράκια *ntpl* (για το πιλάφι), κινέζικο πηρούνι.
choral ['kɔːrəl] *a* χορικός.
chord [kɔːd] *n* χορδή.
chore [tʃɒə*] *n* βαρετή δουλειά.
choreographer [kɒrɪ'ɒgrəfə*] *n* χορογράφος *m/f*.
chortle ['tʃɔːtl] *vi* καγχάζω, κακαρίζω.
chorus ['kɔːrəs] *n (choir etc)* χορός, χορωδία || *(many voices)* τραγούδι εν χορώ || **~ of praise** *n (fig)* συναυλία επαίνων.
chose [tʃəʊz] *pt of* **choose**.
chosen ['tʃəʊzn] *pp of* **choose**.
Christ [kraɪst] *n* Χριστός.
christen ['krɪsn] *vt* βαφτίζω || **~ing** *n* βάπτισμα *nt*.
Christian ['krɪstɪən] *n* Χριστιανός/η *m/f* ♦ *a* χριστιανικό || **~ name** *n* όνομα *nt* || **~ity** *n* χριστιανισμός.
Christmas ['krɪsməs] *n* Χριστούγεννα *ntpl* || **~ card** *n* χριστουγεννιάτικη κάρτα.
chrome [krəʊm] *n* επιχρωμίωση.
chromium ['krəʊmɪəm] *n* χρώμιο.
chronic ['krɒnɪk] *a (MED)* χρόνιος.
chronicle ['krɒnɪkl] *n* χρονικό, χρονογράφημα *nt*.
chronological [krɒnə'lɒdʒɪkəl] *a* χρονολογικός.
chrysanthemum [krɪ'sænθəməm] *n* χρυσάνθεμο.
chubby ['tʃʌbɪ] *a* παχουλός, στρουμπουλός.
chuck [tʃʌk] *vt* πετώ, ρίχνω ♦ *n* σφιγκτήρας, τσόκ *nt inv*.
chuckle ['tʃʌkl] *vi* γελώ χαμηλόφωνα.
chum [tʃʌm] *n* στενός φίλος.
chunk [tʃʌŋk] *n* χοντρό κομμάτι.
church [tʃɜːtʃ] *n (building)* εκκλησία, ναός || **~yard** *n* αυλόγυρος εκκλησίας, νεκροταφείο.
churlish ['tʃɜːlɪʃ] *a* άξεστος, δύστροπος.
churn [tʃɜːn] *n (for butter)* βουτίνα, καρδάρα, ντουρβάνι.

chute [ʃuːt] *n* τσουλήθρα.
chutney ['tʃʌtnɪ] *n* τσάτνυ *nt inv* (αρωματικό).
CID *n (abbr of Criminal Investigation Department)* Ανακριτικό Τμήμα.
cider ['saɪdə*] *n* μηλίτης (οίνος).
cigar [sɪ'gɑː*] *n* πούρο.
cigarette [sɪgə'rɛt] *n* τσιγάρο, σιγαρέττο || ~ **case** *n* τσιγαροθήκη, ταμπακιέρα || ~ **end** *n* γόπα, αποτσίγαρο || ~ **holder** *n* πίπα.
cinder ['sɪndə*] *n* ανθρακιά, θράκα, στάκτη.
cine ['sɪnɪ]: ~**-camera** *n* κινηματογραφική μηχανή || ~**-film** *n* κινηματογραφική ταινία.
cinema ['sɪnəmə] *n (THEAT)* σινεμά *nt inv* || *(motion pictures)* κινηματογράφος.
cinnamon ['sɪnəmən] *n* κανέλα.
cipher ['saɪfə*] *n (zero)* μηδενικό || *(code)* κρυπτογράφηση || *(person)* μηδενικός.
circle ['sɜːkl] *n (ring, figure)* κύκλος, γύρος || *(of friends)* κύκλος, συντροφιά ♦ *vi* περιστρέφομαι, στριφογυρίζω ♦ *vt (surround)* περικυκλώνω ♦ *vi (move in a circle)* κάνω τον κύκλο, κάνω κύκλους.
circuit ['sɜːkɪt] *n (moving around)* κυκλικός δρόμος, περιστροφή || *(tour by judges)* περιοδεία (δικαστού) || *(ELEC)* κύκλωμα *nt* || ~**ous** *a* κυκλικός, έμμεσος.
circular ['sɜːkjʊlə*] *a* κυκλικός || *(in a circle)* κυκλοτερής ♦ *n* εγκύκλιος, διαφημιστικό γράμμα.
circulate ['sɜːkjʊleɪt] *vi* κυκλοφορώ ♦ *vt* θέτω σε κυκλοφορία.
circulation [sɜːkjʊ'leɪʃən] *n* κυκλοφορία.
circumcise ['sɜːkəmsaɪz] *vt* περιτέμνω.
circumference [sə'kʌmfərəns] *n* περιφέρεια.
circumspect ['sɜːkəmspɛkt] *a* προσεκτικός, μετρημένος.
circumstances ['sɜːkəmstənsɪz] *npl (facts connected with sth)* περιστάσεις *fpl*, συνθήκες *fpl*, συμβάντα *ntpl* || *(financial condition)* οικονομική κατάσταση.
circus ['sɜːkəs] *n* τσίρκο.
cistern ['sɪstən] *n* δεξαμενή, ντεπόζιτο.
cite [saɪt] *vt (mention, quote)* αναφέρω, παραπέμπω.
citizen ['sɪtɪzn] *n (city dweller)* αστός/η *m/f* || πολίτης/ισσα *m/f* || ~**ship** *n* πολιτικά δικαιώματα *ntpl*.
citrus fruit ['sɪtrəs 'fruːt] *n* εσπεριδοειδή *ntpl*.
city ['sɪtɪ] *n* πόλη || **the C~** το εμπορικόν κέντρο του Λονδίνου.
civic ['sɪvɪk] *a* αστικός, πολιτικός.
civil ['sɪvl] *a* πολιτικός || *(polite)* ευγενικός || ~ **engineer** *n* πολιτικός μηχανικός *m/f* || ~**ian** *n* πολίτης/ισσα *m/f*, ιδιώτης *m/f* ♦ *a* πολιτικός || ~ **law** *n* αστικόν δίκαιο || ~ **servant** *n* δημόσιος *m/f* υπάλληλος || **C~ Service** *n* Δημόσιες Υπηρεσίες *fpl* || ~ **war** *n* εμφύλιος πόλεμος.
civilization [sɪvɪlaɪ'zeɪʃən] *n* πολιτισμός.
civilized ['sɪvɪlaɪzd] *a* πολιτισμένος.
claim [kleɪm] *vt* απαιτώ, ζητώ, διεκδικώ ♦ *n* αίτηση, απαίτηση, αξίωση || ~**ant** *n* απαιτητής/τήτρια *m/f* || *(LAW)* ενάγων/ουσα *m/f*, δικαιούχος/α *m/f*.
clam [klæm] *n* αχιβάδα.
clamber ['klæmbə*] *vi* σκαρφαλώνω.
clammy ['klæmɪ] *a* ιδρωμένος, κολλώδης.
clamp [klæmp] *n* σφιγκτήρας, σύνδεσμος ♦ *vt* (συσ)σφίγγω.
clang [klæŋ] *n* κλαγγή, κρότος ♦ *vti* αντηχώ, κροτώ.

clap [klæp] *vti* κτυπώ, χειροκροτώ || **~ping** *n* χειροκρότημα *nt*.
claret ['klærət] *n* μαύρο κρασί, μπορντώ *nt inv*.
clarification [klærıfı'keıʃən] *n (fig)* διευκρίνιση.
clarify ['klærıfaı] *vt* διευκρινίζω.
clarinet [klærı'nεt] *n* κλαρίνο.
clarity ['klærıtı] *n* διαύγεια.
clash [klæʃ] *n* σύγκρουση, αντίθεση || *(sound)* δυνατό και πηχρό κτύπημα ♦ *vi* συγκρούομαι.
clasp [klɑːsp] *n* πόρπη, κόπιτσα ♦ *vt* αγκαλιάζω, σφίγγω.
class [klɑːs] *n (rank)* τάξη || *(sort)* τάξη, είδος *nt*, κατηγορία || *(SCH)* τάξη ♦ *vt* ταξινομώ, βαθμολογώ.
classic ['klæsık] *n* κλασσικός ♦ *a (traditional)* κλασσικός || **~al** *a* κλασσικός.
classification [klæsıfı'keıʃən] *n* ταξινόμηση, κατάταξη.
classify ['klæsıfaı] *vt* ταξινομώ, κατατάσσω.
classroom ['klɑːsrυm] *n* αίθουσα παραδόσεων, τάξη.
clatter ['klætə*] *n* θόρυβος, γδούπος ♦ *vi* κροτώ, θορυβώ.
clause [klɔːz] *n (of contract etc)* όρος, άρθρο, διάταξη || *(GRAM)* πρόταση.
claustrophobia [klɔːstrə'fəυbıə] *n* κλειστοφοβία.
claw [klɔː] *n* νύχι || *(of quadrupeds)* χηλή, οπλή ♦ *vt* νυχιάζω, γρατσουνίζω.
clay [kleı] *n* άργιλος, πηλός.
clean [kliːn] *a (free from dirt)* καθαρός, παστρικός || *(guiltless)* καθαρός, τίμιος || *(lines)* καθαρές (γμαμμές), σαφές περίγραμμα ♦ *vt* καθαρίζω, παστρεύω || **~er** *n (person)* καθαριστής/ρια *m/f* || **~ing** *n* κάθαρση, καθάρισμα *nt* || **~liness** *n* καθαριότητα, πάστρα || **~-up** *n* καθαρισμός || **to ~ out** *vt* καθαρίζω || *(col)* ξεπενταρίζω || **to ~ up** *vt* κάνω καθαρισμό, σιάζω || *(col)* κερδίζω.
cleanse [klεnz] *vt* αποκαθαίρω, καθαρίζω, πλένω.
clear [klıə*] *a (water etc)* καθαρός, διαυγής || *(sound)* καθαρός (ήχος) || *(meaning)* σαφής, καθαρός || *(certain)* σαφής || *(road)* ανοικτός ♦ *vt* καθαρίζω, ξεκαθαρίζω ♦ *vi (become clear)* διευκρινίζεται || **~ance** *n (sale)* εκποίηση, ξεπούλημα *nt* || *(free space)* απελευθέρωση, εκκένωση || *(permission)* άδεια || **~-cut** *a* σαφής, συγκεκριμένος || **~ing** *n* καθάρισμα *nt* || **~ly** *ad* σαφώς, προφανώς, ασφαλώς || **~way** *n (Brit)* εθνική οδός χωρίς στάθμευση || **to ~ up** *vi* διαλύω, ξεκαθαρίζω ♦ *vt* τακτοποιώ, στάζω || ξεκαθαρίζω.
clench [klεntʃ] *vt (teeth etc)* σφίγγω.
clergy ['klɜːdʒı] *n* κλήρος, ιερατείο || **~man** *n* κληρικός, ιερωμένος, παπάς.
clerical ['klεrıkəl] *a* κληρικός, ιερατικός || του γραφείο.
clerk [klɑːk, *(US)* klɜːrk] *n (US) (salesman, woman)* υπάλληλος *m/f* || *(in office)* γραφέας *m*.
clever ['klεvə*] *a (with hands)* επιδέξιος, καπάτσος || *(in mind)* ευφυής, σπιρτόζος || **~ly** *ad* ευφυώς, έξυπνα.
cliché ['kliːʃeı] *n* στερεότυπο, κλισέ *nt inv*.
click [klık] *vi* κτυπώ, κάνω τικ-τάκ ♦ *n* κλικ *nt inv*, ξηρός κρότος.
client ['klaıənt] *n* πελάτης/ισσα *m/f* || **~ele** [kliːɑ̃ːn'tεl] *n* πελατεία.
cliff [klıf] *n* γκρεμός.
climate ['klaımıt] *n* κλίμα *nt*.
climax ['klaımæks] *n* αποκορύφωμα *nt*.
climb [klaım] *vti* ανέρχομαι, ανεβαίνω, σκαρφαλώνω ♦ *n* ανέβασμα *nt*, ανηφοριά || **~er** *n (of*

mountains) ορειβάτης *m/f* || ~**ing** *n*: **to go ~ ing** κάνω ορειβασία.
clinch [klɪntʃ] *vt (fig: decide)* συνάπτω, κλείνω.
cling [klɪŋ] *vi* προσκολλιέμαι, πιάνομαι.
clinic ['klɪnɪk] *n* κλινική || ~**al** *a* κλινικός.
clink [klɪŋk] *n* κτύπημα *nt* (ποτηριών) ♦ *vti* κτυπώ, πχώ.
clip [klɪp] *n* συνδετήρας, τσιμπιδάκι ♦ *vt (papers)* συνδέω || *(hair)* κουρέβω, ψαλιδίζω || *(hedge)* κόβω || ~**pers** *npl (instrument)* κουρευτική μηχανή.
clique [kli:k] *n* κλίκα.
cloak [kləuk] *n* πανωφόρι || *(fig)* κάλυμμα *nt*, πέπλο || ~**room** *n (for coats etc)* γκαρνταρόπα || *(W.C.)* αποχωρητήριο, μέρος *nt*, καμπινέτο.
clock [klɒk] *n* ρολόι || ~**wise** *ad* δεξιόστροφος || ~**work** *n* μηχανισμός ρολογιού.
clog [klɒg] *n (shoe)* τσόκαρο ♦ *vti* εμποδίζω, κωλύω, φράσσω.
close [kləus] *a (near)* κοντινός, εγγύς, διπλανός || *(atmosphere etc)* ασφυκτικός, πνιγηρός, στενός || *(mean)* σφιχτός || *(weather)* κλειστός, βαρύς ♦ *ad (near)* κοντά, από κοντά, σφικτά || ~**ly** *ad* προσεκτικά, στενά, κατά πόδας.
close [kləuz] *vt (shut)* κλείνω || *(end)* τελειώνω, τερματίζω ♦ *vi* κλείομαι || *(end)* τερματίζομαι ♦ *n (end)* τέλος *nt* || **to ~ down** *vti* κλείνω, διακόπτω || ~**d** *a (road)* απαγορεύεται η διάβαση || ~**d shop** *n* κλειστό κατάστημα *nt*.
closet ['klɒzɪt] *n* μικρό δωμάτιο || *(store-room)* αποθήκη.
close-up ['kləusʌp] *n* λεπτομέρεια.
closure ['kləuʒə*] *n* κλείσιμο, τερματισμός.
clot [klɒt] *n (esp blood)* θρόμβος, σβώλος ♦ *vi* θρομβούμαι, πήζω.
cloth [klɒθ] *n (material)* ύφασμα *nt*, πανί || *(for cleaning)* πατσαβούρα.
clothe [kləuð] *vt* ντύνω, καλύπτω || ~**s** *npl* ρούχα *ntpl* ~**s brush** *n* βούρτσα || ~**s line** *n* σχοινί απλώματος ρούχων || ~**s peg** *n* μανταλάκι.
clothing ['kləuðɪŋ] *n* = **clothes** || *see* **clothe.**
cloud [klaud] *n* σύννεφο || *(of dust etc)* νέφος *nt*, σύννεφο || ~**burst** *n* μπόρα || ~**y** *a* συνεφιασμένος || *(wine etc)* θολωμένο.
clout [klaut] *n* κτύπημα *nt* ♦ *vt* κτυπώ, καρπαζώνω.
clove [kləuv] *n* γαρύφαλο.
clover ['kləuvə*] *n* τριφύλλι || ~ **leaf** *n* τριφύλλι.
clown [klaun] *n* παλιάτσος, κλάουν *nt inv* ♦ *vi* κάνω τον παλιάτσο.
club [klʌb] *n (stick)* ρόπαλο, ματσούκα || *(society)* λέσχη || *(golf)* κλόμπη *nt inv* || *(CARDS)* σπαθί ♦ *vt* κτυπώ με ρόπαλο, με κλόμπη ♦ *vi*: **to ~ together** συνεισφέρω, βάζω ρεφενέ || ~**house** *n* λέσχη.
cluck [klʌk] *vi* κακαρίζω.
clue [klu:] *n* νύξη, ένδειξη || **he hasn't a ~** δεν έχει ιδέα.
clump [klʌmp] *n* συστάδα (δενδρων), μεγάλο κομμάτι.
clumsy ['klʌmzɪ] *a (person)* αδέξιος, ατζαμής || *(object)* βαρύς, άκομψος.
clung [klʌŋ] *pt, pp of* **cling.**
cluster ['klʌstə*] *n* συστάδα, ομάδα || *(of grapes)* τσαμπί || *(of stars)* σύμπλεγμα *nt* ♦ *vi* συγκεντρώνομαι, μαζεύομαι.
clutch [klʌtʃ] *n (grip, grasp)* άρπαγμα *nt*, σφικτό πιάσιμο || *(AUT)* αμπραγιάζ *nt inv*, συμπλέκτης ♦ *vt* αρπάζω, πιάνω σφικτά.
clutter ['klʌtə*] *vt* παραγεμίζω, κάνω ανωκάτω.
coach [kəutʃ] *n (bus)* λεωφορείο, πούλμαν *nt inv* || *(teacher)*

φροντιστής || *(RAIL)* άμαξα, βαγόνι || *(trainer)* προγυμναστής/άστρια *m/f* || *vt* προγυμνάζω.
coagulate [kəʊ'ægjʊleɪt] *vti* πήζω.
coal [kəʊl] *n* άνθρακας, κάρβουνο, γαιάνθρακας.
coalfield ['kəʊlfiːld] *n* ανθρακοφόρος περιοχή.
coalition [kəʊə'lɪʃən] *n* συνασπισμός.
coalmine ['kəʊlmaɪn] *n* ανθρακωρυχείο.
coarse [kɔːs] *a (lit)* τραχύς, ακατέργαστος || *(fig)* άξεστος, χυδαίος.
coast [kəʊst] *n* παραλία, ακτή || **~al** *a* παράκτιος, παραλιακός || **~er** *n* ακτοπλοϊκό || **~guard** *n* ακτοφυλακή || **~line** *n* ακτή, παραλία.
coat [kəʊt] *n (garment)* σακάκι || *(of animal)* προβιά || *(layer etc)* στρώμα *nt*, χέρι ♦ *vt (with paint etc)* επιχρίω || **~ of arms** *n* οικόσημο || **~ hanger** *n* κρεμαστάρι || **~ing** *n* επίστρωμα *nt*, χέρι.
coax [kəʊks] *vt* καλοπιάνω, καταφέρνω.
cobbler ['kɒblə*] *n* μπαλωματής.
cobble(stone)s ['kɒbl(stəʊn)z] *npl* βότσαλα *ntpl*, καλντερίμι.
cobra ['kəʊbrə] *n* κόμπρα.
cobweb ['kɒbwɛb] *n* ιστός αράχνης, αραχνιά.
cocaine [kə'keɪn] *n (MED)* κοκαΐνη.
cock [kɒk] *n (poultry)* κόκορας, πετεινός || *(bird etc)* αρσενικό πουλί || *(tap, faucet etc)* κρουνός, κάνουλα ♦ *vt* σηκώνω, βάζω στραβά (το καπέλο) || *(a gun)* σηκώνω το λύκο || **~erel** *n* κοκοράκι.
cockle ['kɒkl] *n* κοχύλι.
cockney ['kɒknɪ] *n* Λονδρέζος κατωτέρας τάξης, κόκνυ *inv*.
cockpit ['kɒkpɪt] *n (AVIAT)* θέση χειριστού.
cockroach ['kɒkrəʊtʃ] *n* κατσαρίδα.
cocktail ['kɒkteɪl] *n (drink)* κοκτέιλ *nt inv* || **~ cabinet** *n* μπάρ *nt inv* || **~ party** *n* πάρτυ κοκτέιλ *nt inv*.
cocoa ['kəʊkəʊ] *n* κακάο.
coconut ['kəʊkənʌt] *n* καρύδα.
cocoon [kə'kuːn] *n* κουκούλι.
cod [kɒd] *n* μουρούνα.
code [kəʊd] *n (of laws)* κώδικας || *(signals)* σύστημα *nt* κρυπτογραφίας.
codify ['kəʊdɪfaɪ] *vt* κωδικοποιώ.
coerce [kəʊ'ɜːs] *vt* πιέζω, αναγκάζω.
coercion [kəʊ'ɜːʃən] *n* καταπίεση.
coexistence ['kəʊɪg'zɪstəns] *n* συνύπαρξη.
coffee ['kɒfɪ] *n* καφές *m*.
coffin ['kɒfɪn] *n* φέρετρο, κάσα.
cog [kɒg] *n (of wheel etc)* δόντι.
cognac ['kɒnjæk] *n* κονιάκ *nt inv*.
coherent [kəʊ'hɪərənt] *a (consistent)* συναφής, συνεπής.
coil [kɔɪl] *n* κουλούρα, σπείρωμα *nt* || *(ELEC)* πηνίο ♦ *vt* συσπειρώνω, τυλίγω, κουλουριάζω.
coin [kɔɪn] *n* νόμισμα *nt*, κέρμα *nt* || **~age** *n (system)* νομισματικό σύστημα *nt* || νόμισμα *nt*.
coincide [kəʊɪn'saɪd] *vt* συμπίπτω, συμφωνώ || **~nce** [kəʊ'ɪnsɪdəns] *n* σύμπτωση.
coke [kəʊk] *n* κώκ *nt inv*.
colander ['kʌləndə*] *n* τρυπητό, σουρωτήρι.
cold [kəʊld] *a* ψυχρός, κρύος ♦ *n* ψύχος *nt*, κρύο || *(illness)* κρυολόγημα *nt* || **to have ~ feet** (γ)κιοτέβω || **to give the ~ shoulder** φέρομαι ψυχρά || **~ly** *ad* ψυχρά, κρύα.
coleslaw ['kəʊlslɔː] *n* λαχανοσαλάτα.
colic ['kɒlɪk] *n* κωλικόπονος.
collaborate [kə'læbəreɪt] *vi* συνεργάζομαι.

collaboration [kəlæbə'reɪʃən] *n* συνεργασία.
collapse [kə'læps] *vi* καταρρέω ♦ *n* κατάρρευση.
collapsible [kə'læpsəbl] *a* πτυσσόμενος, διπλωτός.
collar ['kɒlə*] *n (of coat, shirt)* κολλάρο, γιακάς || **~bone** *n* κλειδί του ώμου.
collate [kɒ'leɪt] *vt* (αντι)παραβάλλω.
colleague ['kɒli:g] *n* συνάδελφος *m/f*, συνεργάτης *m/f*.
collect [kə'lɛkt] *vt* συλλέγω, μαζεύω ♦ *vi* συναθροίζομαι || **~ion** *n* συλλογή || *(money)* είσπραξη || **~ive** *a* συλλογικός || *(POL)* κολλεκτίβο.
collector [kə'lɛktə*] *n (of art etc)* συλλέκτης/τρια *m/f* || *(of money)* εισπράκτορας.
college ['kɒlɪdʒ] *n (non-specialized)* κολλέγιο || *(esp Oxford and Cambridge)* πανεπιστήμιο.
collide [kə'laɪd] *vi* συγκρούομαι, τρακάρω.
collision [kə'lɪʒən] *n* σύγκρουση.
colloquial [kə'ləukwɪəl] *a* της καθομιλουμένης.
colon ['kəulən] *n (GRAM)* διπλή στιγμή.
colonel ['kɜ:nl] *n* συνταγματάρχης.
colonial [kə'ləunɪəl] *a* αποικιακός.
colonize ['kɒlənaɪz] *vt* αποικίζω.
colony ['kɒlənɪ] *n* αποικία || *(of immigrants etc)* παροικία.
color ['kʌlə*] *n (US)* = **colour.**
colossal [kə'lɒsl] *a* κολοσσιαίος.
colour ['kʌlə*] *n* χρώμα *nt* || *(paints etc)* βαφή, μπογιά || *(of skin)* χρώμα *nt* ♦ *vt* χρωματίζω, βάφω || *(news)* χρωματίζω, γαρνίρω || **~s** *npl* χρώματα *ntpl* || *(NAUT)* σημαία || **~-blind** *a* δαλτωνικός || **~ed** *a* χρωματιστός, έγχρωμος || *(fig)* εξογκωμένος || **~ film** *n (for camera)* έγχρωμο φίλμ || **~ful** *a* ζωντανός || **~ television** *n* έγχρωμη τηλεόραση.
colt [kəult] *n* πώλος, πουλάρι.
column ['kɒləm] *n (pillar)* κίονας, στύλος, κολώνα || *(of troops)* φάλαγγα || *(of page)* στήλη || **~ist** *n* αρθρογράφος *m/f*.
coma ['kəumə] *n* κώμα *nt*, λήθαργος.
comb [kəum] *n (for hair)* κτένι, χτένα || *(of cock)* λειρί || *(honey)* κηρήθρα ♦ *vt (hair)* κτενίζω || *(search)* ερευνώ, ψάχνω.
combat ['kɒmbæt] *n* πάλη, διαμάχη ♦ *vt* (κατα)πολεμώ.
combination [kɒmbɪ'neɪʃən] *n* συνδυασμός, ένωση.
combine [kəm'baɪn] *vti* συνδυάζω, συνεργάζομαι, ενούμαι ♦ ['kɒmbaɪn] *n* συνδυασμός, εταιρεία, συνδικάτο || **~ harvester** *n* θεριστική και αλωνιστική μηχανή.
combustion [kəm'bʌstʃən] *n* καύση, ανάφλεξη.
come [kʌm] *(irreg v) vi (approach)* έρχομαι, φθάνω || *(reach)* τελειώνω, φθάνω, βρίσκομαι || *(become)* γίνομαι, συμβαίνω || *(result)* καταλήγω || **to ~ about** *vi* συμβαίνω, γίνομαι || **to ~ across** *vt* συναντώ || **to ~ by** *(visit)* περνώ || *(find)* βρίσκω, αποκτώ || **to ~ in for** *vt* έχω μερίδιο, μετέχω || **to ~ into** *vt (enter)* μπαίνω μέσα, εμφανίζομαι || *(inherit)* κληρονομώ || *(fashion)* γίνομαι της μόδας || **to ~ out with** *vt* βγαίνω, βγάζω || **to ~ to** *vt (bill)* φθάνω || *(grief)* μού συμβαίνει δυστύχημα || *(nothing)* αποτυγχάνω || *(notice)* αντιλαμβάνομαι || **to ~ up to** *vt* ανεβαίνω || *(amount)* φθάνω || **to ~ up with** *vt* προφταίνω || **~back** *n* επάνοδος *f*.
comedian [kə'mi:dɪən] *n* κωμικός.

comedown ['kʌmdaun] *n* ξεπεσμός.
comedy ['kɒmɪdɪ] *n* κωμωδία.
comet ['kɒmɪt] *n* κομήτης.
comfort ['kʌmfət] *n (of body)* άνεση || *(of mind)* παρηγοριά ♦ *vt* παρηγορώ || ~**able** *a* αναπαυτικός, άνετος.
comic ['kɒmɪk] *n (actor)* κωμικός || *(magazine)* κόμικς *ntpl inv* ♦ *a (also:* ~**al)** κωμικός, αστείος.
comma ['kɒmə] *n (GRAM)* κόμμα *nt.*
command [kə'mɑːnd] *n (order)* διαταγή || *(control)* εξουσία, κυριαρχία, διοίκηση || *(COMPUT)* εντολή ♦ *vt (order)* διατάζω || *(be in charge)* διοικώ, εξουσιάζω , ελέγχω || *(be able to get)* κατέχω, διαθέτω ♦ *vi* προστάζω || ~**eer** [kɒmən'dɪə*] *vt* επιτάσσω || ~**er** *n (MIL)* διοικητής || *(NAUT)* πλωτάρχης.
commandment [kə'mɑːndmənt] *n* εντολή.
commando [kə'mɑːndəu] *n* κομμάντο *m inv,* καταδρομέας.
commemorate [kə'mɛməreɪt] *vt* γιορτάζω.
commemoration [kəmɛmə'reɪʃən] *n:* **in** ~ **of** εις μνήμην του.
commemorative [kə'mɛmərətɪv] *a* αναμνηστικός.
commence [kə'mɛns] *vti* αρχίζω.
commend [kə'mɛnd] *vt* συνιστώ, επαινώ || ~**ation** [kɒmən'deɪʃən] *n* έπαινος.
commensurate [kə'mɛnʃərɪt] *a* ανάλογος.
comment ['kɒmɛnt] *n* σχόλιο, εξήγηση ♦ *vi (+ on)* σχολιάζω, επεξηγώ || ~**ary** *n (SPORT)* ρεπορτάζ *nt inv* || σχόλιο || ~**ator** *n* σχολιαστής/σχολιάστρια *m/f.*
commerce ['kɒmɜːs] *n* εμπόριο.
commercial [kə'mɜːʃəl] *a* εμπορικός ♦ *n (TV)* διαφήμιση || ~**ize** *vt* εμπορεύομαι.
commiserate [kə'mɪzəreɪt] *vi:* **to** ~ **with** συμπονώ, συλλυπούμαι.
commission [kə'mɪʃən] *n (duty)* εντολή, παραγγελία || *(fee)* προμήθεια || *(MIL)* βαθμός αξιωματικού || *(reporting body)* επιτροπή ♦ *vt* αναθέτω, επιφορτίζω || **out of** ~ εκτός ενεργείας, χαλασμένο || ~**aire** *n* θυρωρός || ~**er** *n* μέλος *nt* επιτροπής, αρμοστής.
commit [kə'mɪt] *vt (a crime)* διαπράττω (έγκλημα) || *(to paper)* καταγράφω || *(to memory)* απομνημονεύω || *(entrust)* εμπιστεύομαι, αναθέτω || ~**ment** *n* δέσμευση, υποχρέωση.
committee [kə'mɪtɪ] *n* επιτροπή.
commodity [kə'mɒdɪtɪ] *n* εμπόρευμα *nt.*
common ['kɒmən] *a (shared)* κοινός || *(knowledge etc)* κοινός, συνήθης || *(ordinary, usual)* συνήθης, συνηθισμένος || *(mean, low)* χυδαίος, πρόστυχος || *(frequent)* συνήθης ♦ *n:* **in** ~ από κοινού || ~**ly** *ad* συνήθως || **C**~ **Market** *n* Κοινή Αγορά || ~**place** *a* κοινοτοπία, πεζός || ~**room** *n* αίθουσα καθηγητών || ~**sense** *n* κοινός νους || **the C**~**wealth** *n* Κοινοπολιτεία.
commotion [kə'məuʃən] ταραχή.
communal [kɒmjuːnl] *a* κοινοτικός.
commune ['kɒmjuːn] *n (group of people living communally)* κοινότητα ♦ [kə'mjuːn] *vi (+ with)* συναναστρέφομαι.
communicate [kə'mjuːnɪkeɪt] *vt (transmit)* ανακοινώνω, μεταδίδω ♦ *vi (connect)* συγκοινωνώ || *(be in touch) (+ with)*επικοινωνώ.
communication [kəmjuːnɪ'keɪʃən] *n* ανακοίνωση, μετάδοση ||

συγκοινωνία, επικοινωνία || **~s** *npl (transport etc)* συγκοινωνία || **~ cord** *n* κώδων *m* κινδύνου.

communion [kə'mju:nıən] *n* κοινότητα || *(REL)* θρησκευτική ομάδα || **(Holy) C~** *n* (Αγία) Μετάληψη.

communiqué [kə'mju:nıkeı] *n* ανακοινωθέν *nt*.

communism ['kɒmjʊnızəm] *n* κομμουνισμός.

communist ['kɒmjʊnıst] *n* κομμουνιστής/ίστρια *m/f* ♦ *a* κομμουνιστικός.

community [kə'mju:nıtı] *n* κοινότητα || *(the public)* κοινωνία, το κοινό || **~ centre** *n* αίθουσα αναψυχής.

commutation ticket [kɒmjʊ'teıʃəntıkıt] *n (US)* εισιτήριο διαρκείας.

compact [kəm'pækt] *a* συμπαγής, σφικτός ♦ ['kɒmpækt] *n (agreement)* σύμβαση, συμφωνία || *(powder)* πουδριέρα.

companion [kəm'pænıən] *n* σύντροφος *m/f*, συνάδελφος *m/f*, ταίρι || **~ship** *n* συντροφιά.

company ['kʌmpənı] *n (business)* εταιρεία || *(of people)* παρέα, συντροφιά || *(MIL)* λόχος || *(guests)* κόσμος || **to keep s.o. ~** κάνω παρέα.

comparable ['kɒmpərəbl] *a* συγκρίσιμος, ανάλογος, παραβλητός.

comparative [kəm'pærətıv] *a* συγκριτικός, σχετικός.

compare [kəm'pɛə*] *vt* συγκρίνω, παραβάλλω || *(+ with)* παρομοιάζω ♦ *vi* συγκρίνομαι.

comparison [kəm'pærısn] *n* σύγκριση || παρομοίωση || **in ~ (with)** συγκρινόμενος (με).

compartment [kəm'pa:tmənt] *n* *(NAUT)* διαμέρισμα *nt* || *(RAIL)* βαγκόν-λι *nt inv*.

compass ['kʌmpəs] *n (instrument)* πυξίδα || **~es** *npl* διαβήτης.

compassion [kəm'pæʃən] *n* ευσπλαχνία, οίκτος || **~ate** *a* φιλεύσπλαχνος.

compatible [kəm'pætıbl] *a* συμβιβάσιμος, σύμφωνος.

compatibility [kəmpætı'bılıtı] *n (COMPUT)* συμβατότητα.

compel [kəm'pɛl] *vt* αναγκάζω, υποχρεώνω.

compendium [kəm'pɛndıəm] *n* σύνοψη, επιτομή.

compensate ['kɒmpɛnseıt] *vt* αποζημιώνω ♦ *vi*: **to ~ for** αντισταθμίζω.

compensation [kɒmpɛn'seıʃən] *n (money)* αποζημίωση || *(satisfaction)* ικανοποίηση.

compere ['kɒmpɛə*] *n* κομπέρ *m/f inv*.

compete [kəm'pi:t] *vi* συναγωνίζομαι, ανταγωνίζομαι || *(for prize)* διαγωνίζομαι.

competence ['kɒmpıtəns] *n* ικανότητα, επιδεξιότητα.

competent ['kɒmpıtənt] *a* ικανός, επιδέξιος || *(office etc)* αρμόδιος.

competition [kɒmpı'tıʃən] *n* άμιλλα || *(rivalry)* ανταγωνισμός, συναγωνισμός.

competitive [kəm'pɛtıtıv] *a* ανταγωνιστικός, συναγωνιστικός.

competitor [kəm'pɛtıtə*] *n* ανταγωνιστής/ίστρια *m/f*, αντίπαλος *m/f*.

compile [kəm'paıl] *vt* συλλέγω, συναθροίζω.

complacency [kəm'pleısnsı] *n* αυταρέσκεια.

complacent [kəm'pleısənt] *a* αυτάρεσκος, ευχαριστημένος.

complain [kəm'pleın] *vi* παραπονιέμαι, γκρινιάζω || **~t** *n*

παράπονο, γκρίνια || *(illness)* αρρώστια.
complement ['kɒmplɪmənt] *n* πληρότητα || *(MATH)* συμπλήρωμα *nt* || *(esp ship's crew etc)* πλήρες πλήρωμα *nt* || **~ary** *a* συμπληρωματικός.
complete [kəm'pli:t] *a* πλήρης, συμπληρωμένος, τέλειος ♦ *vt* συμπληρώνω, αποτελειώνω || **~ly** πλήρως, εντελώς.
completion [kəm'pli:ʃən] *n* συμπλήρωση, αποπεράτωση.
complex ['kɒmplɛks] *a* πολύπλοκος, πολυσύνθετος ♦ *n* *(mental)* σύμπλεγμα *nt*, κόμπλεξ *nt inv* || *(of buildings)* σύμπλεγμα *nt*.
complexion [kəm'plɛkʃən] *n* χρώμα *nt*, χροιά.
complexity [kəm'plɛksɪtɪ] *n* περιπλοκή.
complicate ['kɒmplɪkeɪt] *vt* περιπλέκω || **~d** *a* μπλεγμένος.
complication [kɒmplɪ'keɪʃən] *n* περιπλοκή.
compliment ['kɒmplɪmənt] *n* φιλοφρόνηση, κομπλιμέντο ♦ ['kɒmplɪmɛnt] *vt* κομπλιμεντάρω, συγχαίρω || **~s** *npl* ευχές *fpl*, χαιρετισμοί *mpl* || **~ary** *a* φιλοφρονητικός, κομπλιμεντόζος.
comply [kəm'plaɪ] *vi*: **to ~ with** συμμορφούμαι, ενδίδω, εκπληρώ.
component [kəm'pəʊnənt] *a* συνθετικός, συστατικός ♦ *n* συστατικό || *(PHYS)* συνιστώσα δύναμη.
compose [kəm'pəʊz] *vt* συντάσσω, γράφω || *(MUS)* μελοποιώ, συνθέτω || *(calm)* ηρεμώ || **~d** *a* ατάραχος, ήρεμος || **~r** *n (MUS)* μουσουργός, συνθέτης.
composite ['kɒmpəzɪt] *a* σύνθετος, μικτός.
composition [kɒmpə'zɪʃən] *n* σύνθεση || *(structure)* σύσταση.
compost ['kɒmpɒst] *n (fertilizer)* φουσκί.
composure [kəm'pəʊʒə*] *n* ηρεμία αταραξία.
compound ['kɒmpaʊnd] *n (GRAM)* σύνθετος λέξη || *(enclosure)* κλειστός χώρος || *(CHEM)* ένωση ♦ *a* σύνθετος.
comprehend [kɒmprɪ'hɛnd] *vt* *(understand)* καταλαβαίνω || *(include)* συμπεριλαμβάνω.
comprehension [kɒmprɪ'hɛnʃən] *n* κατανόηση, αντίληψη.
comprehensive [kɒmprɪ'hɛnsɪv] *a* περιεκτικός.
compress [kəm'prɛs] *vt* συμπιέζω ♦ ['kɒmprɛs] *n (MED)* επίθεμα *nt*, κομπρέσσα || **~ion** *n* (συμ) πίεση, σύμπτυξη.
comprise [kəm'praɪz] *vi* αποτελούμαι από.
compromise ['kɒmprəmaɪz] *n* συμβιβασμός ♦ *vt (expose)* εκθέτω ♦ *vi (agree)* συμβιβάζομαι.
compulsion [kəm'pʌlʃən] *n* βία, καταναγκασμός.
compulsory [kəm'pʌlsərɪ] *a* *(obligatory)* υποχρεωτικός.
computer [kəm'pju:tə*] *n* υπολογιστής.
comrade ['kɒmrɪd] *n* σύντροφος/φισσα *m/f*, συνάδελφος *m/f* || **~ship** *n* καμαραντερί.
concave ['kɒn'keɪv] *a* κοίλος, βαθουλός.
conceal [kən'si:l] *vt* (απο) κρύπτω.
concede [kən'si:d] *vt (admit)* παραδέχομαι ♦ *vi (yield)* παραχωρώ.
conceit [kən'si:t] *n* ματαιοδοξία, ξιπασιά || **~ed** *a* φαντασμένος, ξιπασμένος.
conceivable [kən'si:vəbl] *a* διανοητός, δυνατός.
conceive [kən'si:v] *vt (imagine)* φαντάζομαι || *(child)* συλλαμβάνω.
concentrate ['kɒnsəntreɪt] *vi (+*

on) συγκεντρώνομαι ♦ *vt* συγκεντρώνω.
concentration [kɒnsən'treɪʃən] *n* συγκέντρωση || ~ **camp** *n* στρατόπεδο συγκεντρώσεως.
concept ['kɒnsɛpt] *n* ιδέα, έννοια.
conception [kən'sɛpʃən] *n* σύλληψη, αντίληψη.
concern [kən'sɜːn] *n (affair)* ενδιαφέρον, συμφέρον || *(business)* επιχείρηση || *(anxiety)* ανησυχία ♦ *vt* ενδιαφέρομαι, ενδιαφέρω || ~**ed** *a (anxious)* ανήσυχος || ~**ing** *prep* όσο αφορά.
concert ['kɒnsət] *n* συνεννόηση, συμφωνία || *(MUS)* συναυλία || **in** ~ από συμφώνου, μαζί || ~ **hall** *n* αίθουσα συναυλιών.
concertina [kɒnsə'tiːnə] *n* ακορντεό *nt inv.*
concerto [kən'tʃɛətəʊ] *n* κονσέρτο.
concession [kən'sɛʃən] *n* παραχώρηση, εκχώρηση.
conciliation [kənsɪlɪ'eɪʃən] *n* συμφιλίωση.
concise [kən'saɪs] *a* σύντομος, συνοπτικός.
conclude [kən'kluːd] *vt (end)* τελειώνω, περαίνω || *(settle)* συνάπτω, κλείνω || *(decide)* συμπεραίνω, καταλήγω ♦ *vi* τερματίζω.
conclusion [kən'kluːʒən] *n* συμπέρασμα *nt,* τέλος *nt* || **in** ~ εν τέλει.
conclusive [kən'kluːsɪv] *a* αποφασιστικός, πειστικός.
concoct [kən'kɒkt] *vt (drink etc)* κατασκευάζω || *(plan etc)* εφευρίσκω, καταστρώνω.
concrete ['kɒnkriːt] *n* σκυροκονίαμα *nt,* μπετό ♦ *a* συγκεκριμένος.
concur [kən'kɜː*] *vi* συμπίπτω, συμφωνώ.
concurrently [kən'kʌrəntlɪ] *ad* από κοινού.
concussion [kən'kʌʃən] *n* τράνταγμα *nt* || *(MED)* διάσειση.
condemn [kən'dɛm] *vt* καταδικάζω || ~**ation** *n* καταδίκη, μομφή.
condensation [kɒndɛn'seɪʃən] *n* συμπύκνωση.
condense [kən'dɛns] *vi* συμπυκνούμαι ♦ *vt* συμπυκνώνω || ~**d milk** *n* συμπυκνωμένο γάλα.
condescend [kɒndɪ'sɛnd] *vi* καταδέχομαι || ~**ing** *a* καταδεκτικός, ευπροσήγορος.
condition [kən'dɪʃən] *n (state)* κατάσταση, συνθήκη || *(term)* όρος ♦ *vt* ρυθμίζω, καθορίζω || **on** ~ **that** υπό τον όρο να || ~**al** *a* υπό όρους, προϋποθετικός.
condolences [kən'dəʊlənsɪz] *npl* συλλυπητήρια *ntpl.*
condone [kən'dəʊn] *vt* συγχωρώ, παραβλέπω.
conducive [kən'djuːsɪv] *a* συντελεστικός.
conduct ['kɒndʌkt] *n (behaviour)* διαγωγή || *(management)* διεξαγωγή ♦ [kən'dʌkt] *vt (people)* οδηγώ, φέρω || *(affairs)* διευθύνω, εκτελώ || *(MUS)* διευθύνω || ~**ed tour** *n* ξενάγηση || ~**or** *n (orchestra)* μαέστρος || *(bus)* εισπράκτορας || ~**ress** *n (bus)* εισπρακτόρισσα.
cone [kəʊn] *n (MATH)* κώνος || *(ice cream)* παγωτό χωνάκι || *(pine)* κουκουνάρι.
confectioner [kən'fɛkʃənə*] *n* ζαχαροπλάστης || ~**'s (shop)** *n* ζαχαροπλαστείο || ~**y** *n* ζαχαροπλαστείο.
confederation [kənfɛdə'reɪʃən] *n* συνομοσπονδία.
confer [kən'fɜː*] *vt (grant)* απονέμω, παρέχω ♦ *vi (consult)* συζητώ, διασκέπτομαι || ~**ence**

['kɒnfərəns] *n* (συν)διάσκεψη, συμβούλιο.
confess [kən'fɛs] *vti (admit)* (εξ)ομολογώ || *(REL)* εξομολογούμαι || **~ion** *n* ομολογία || *(REL)* εξομολόγηση.
confetti [kən'fɛtɪ] *n* χαρτοπόλεμος, κονφετί *nt inv.*
confide [kən'faɪd] *vi*: **to ~ in** εμπιστεύομαι.
confidence ['kɒnfɪdəns] *n (trust)* εμπιστοσύνη || *(secret)* μυστικό || **~ trick** *n* κόλπο, απάτη.
confident ['kɒnfɪdənt] *a* βέβαιος, σίγουρος || **~ial** *a (secret)* εμπιστευτικός || *(trusted)* της εμπιστοσύνης.
confine [kən'faɪn] *vt* περιορίζω || *(shut up)* εγκλείω || **~d** *a (space)* περιορισμένος || **~ment** *n (limiting)* περιορισμός || *(birth)* λοχεία, τοκετός.
confirm [kən'fɜːm] *vt (report)* επιβεβαιώνω || *(appointment)* επικυρώνω || **~ation** *n (general)* επιβεβαίωση || *(REL)* χρίσμα *nt*, μύρωση || **~ed** *a* έμμονος, αμετάπειστος.
confiscate ['kɒnfɪskeɪt] *vt* δημεύω.
confiscation [kɒnfɪs'keɪʃən] *n* δήμευση.
conflict ['kɒnflɪkt] *n* σύγκρουση, διαμάχη, αντίθεση ♦ [kən'flɪkt] *vi* συγκρούομαι, διαφέρω, αντιμάχομαι || **~ing** *a* αντιφατικός, συγκρουόμενος.
conform [kən'fɔːm] *vi (+ to)* συμμορφώνομαι, προσαρμόζομαι.
confront [kən'frʌnt] *vt* αντιμετωπίζω || **~ation** *n* αντιμετώπιση.
confuse [kən'fjuːz] *vt* συγχύζω, ταράσσω.
confusing [kən'fjuːzɪŋ] *a* συγκεχυμένος.
confusion [kən'fjuːʒən] *n (disorder)* σύγχυση || *(tumult)* αναστάτωση, αναμπουμπούλα || *(embarrassment)* σάστισμα *nt.*
congeal [kən'dʒiːl] *vi* πήζω.
congenial [kən'dʒiːnɪəl] *a* ταιριαστός, ευχάριστος.
congested [kən'dʒɛstɪd] *a (overcrowded)* συνωστισμένος.
congestion [kən'dʒɛstʃən] *n (of traffic etc)* συμφόρηση, συνωστισμός.
conglomeration [kənglɒmə'reɪʃən] *n* σύμφυρμα *nt*, σύμπηγμα *nt.*
congratulate [kən'grætjʊleɪt] *vt (+ on)* συγχαίρω.
congratulations [kəngrætjʊ'leɪʃənz] *npl* συγχαρητήρια *ntpl.*
congregate ['kɒŋgrɪgeɪt] *vi* συναθροίζομαι.
congregation [kɒŋgrɪ'geɪʃən] *n* συνάθροιση, εκκλησίασμα *nt.*
congress ['kɒŋgrɛs] *n* συνέλευση, συνέδριο || *(US)* Κογκρέσσο || **~man** *n (US)* μέλος *nt* του Κογκρέσσου.
conical ['kɒnɪkəl] *a* κωνικός, κωνοειδής.
conifer ['kɒnɪfə*] *n* κωνοφόρο (δένδρο).
conjecture [kən'dʒɛktʃə*] *n* εικασία, συμπερασμός ♦ *vti* εικάζω, συμπεραίνω.
conjugal ['kɒndʒugəl] *a* συζυγικός.
conjunction [kən'dʒʌŋkʃən] *n* σύνδεσμος || **in ~ with** από κοινού με.
conjure ['kʌndʒə*] *vti* πλέκω, μηχανεύω || **to ~ up** *vt* επινοώ, επικαλούμαι || **~r** *n* ταχυδακτυλουργός.
conjuring ['kʌndʒərɪŋ] *n*: **~ trick** *n* ταχυδακτυλουργία.
conk [kɒŋk]: **to ~ out** *vi (col)* σβήνω.

connect [kə'nɛkt] *vti (train)* συνδέω, συνδέομαι, συνδυάζω || **~ion** *n (joining)* σύνδεση, συνάφεια || *(relation)* σχέση, συσχετισμός || **in ~ ion with** σχετικά με.

connexion [kə'nɛkʃən] *n* = **connection** || *see* **connect.**

connoisseur [kɒnə'sɜː*] *n* ειδήμονας, τεχνοκρίτης.

conquer ['kɒŋkə*] *vt (overcome)* υπερνικώ, υποτάσσω || *(by war)* κατακτώ, κυριεύω || **~or** *n* κατακτητής/ήτρια *m/f*, νικητής/ήτρια *m/f*.

conquest ['kɒŋkwɛst] *n* κατάκτηση.

conscience ['kɒnʃəns] *n* συνείδηση.

conscientious [kɒnʃɪ'ɛnʃəs] *a* ευσυνείδητος.

conscious ['kɒnʃəs] *a* συνειδητός, συναισθανόμενος || **~ness** *n* συναίσθηση.

conscript ['kɒnskrɪpt] *n* στρατεύσιμος, κληρωτός || **~ion** [kən'skrɪpʃən] *n* στρατολογία.

consecrate ['kɒnsɪkreɪt] *vt* εγκαινιάζω, χειροτονώ || *(devote)* αφιερώνω.

consecutive [kən'sɛkjutɪv] *a* διαδοχικός.

consensus [kən'sɛnsəs] *n* κοινή συναίνεση, επικρατούσα γνώμη.

consent [kən'sɛnt] *n* συγκατάθεση, συναίνεση ♦ *vi (+ to)* συγκατατίθεμαι.

consequence ['kɒnsɪkwəns] *n (importance)* σπουδαιότητα || *(result, effect)* συνέπεια, επακόλουθο.

consequently ['kɒnsɪkwəntlɪ] *ad* επομένως, συνεπώς.

conservation [kɒnsə'veɪʃən] *n* συντήρηση, διατήρηση.

conservative [kən'sɜːvətɪv] *a* συντηρητικός, μετριοπαθής || **C~** *a (party)* συντηρητικός || *n* Συντηρητικός/ή *m/f*.

conservatory [kən'sɜːvətrɪ] *n (greenhouse)* θερμοκήπιο, σέρρα || *(MUS)* ωδείο.

conserve [kən'sɜːv] *vt* συντηρώ, διατηρώ.

consider [kən'sɪdə*] *vt (think over)* μελετώ || *(take into account)* λαμβάνω υπόψη || *(deem)* θεωρώ.

considerable [kən'sɪdərəbl] *a* σημαντικός, αξιόλογος.

considerate [kən'sɪdərɪt] *a* διακριτικός, αβρός.

consideration [kənsɪdə'reɪʃən] *n (thoughtfulness)* αβροφροσύνη, διακριτικότητα || *(serious thought)* μελέτη, σκέψη || *(reason)* λόγος || *(reward)* αμοιβή.

considering [kən'sɪdərɪŋ] *prep* λαμβανομένου υπόψη.

consign [kən'saɪn] *vt* αποστέλλω, παραδίδω || **~ment** *n* αποστολή.

consist [kən'sɪst] *vi (+ of)* συνίσταμαι, αποτελούμαι.

consistency [kən'sɪstənsɪ] *n (firmness)* συνοχή, συνέπεια, σταθερότητα || *(density)* πυκνότητα, στερεότητα.

consistent [kən'sɪstənt] *a* σταθερός, συνεπής, σύμφωνος.

consolation [kɒnsə'leɪʃən] *n* παρηγοριά.

console [kən'səul] *vt* παρηγορώ || *(COMPUT)* πληκτρολόγιο.

consolidate [kən'sɒlɪdeɪt] *vt* συγχωνεύω, παγιώνω.

consommé [kən'sɒmeɪ] *n* ζωμός κρέατος, κονσομέ *nt inv*.

consonant ['kɒnsənənt] *n (GRAM)* σύμφωνο.

consortium [kən'sɔːtɪəm] *n* κοινοπραξία, κονσόρτιουμ *nt inv*.

conspicuous [kən'spɪkjuəs] *a* καταφανής, περίβλεπτος || *(prominent)* αξιοσημείωτος, σημαντικός.

conspiracy [kən'spɪrəsɪ] *n* συνωμοσία.
conspire [kən'spaɪə*] *vi* συνωμοτώ, συνεργώ.
constable ['kʌnstəbl] *n* αστυφύλακας, χωροφύλακας.
constabulary [kən'stæbjulərɪ] *n* αστυνομία.
constant ['kɒnstənt] *a* σταθερός, συνεχής || **~ly** *ad* σταθερά, συνεχώς.
constellation [kɒnstə'leɪʃən] *n* αστερισμός.
consternation [kɒnstə'neɪʃən] *n* κατάπληξη.
constipated ['kɒnstɪpeɪtɪd] *a* δυσκοίλιος.
constituency [kən'stɪtjuənsɪ] *n* εκλογική περιφέρεια.
constituent [kən'stɪtjuənt] *n* *(elector)* ψηφοφόρος *m/f* || *(essential part)* συστατικό.
constitute ['kɒnstɪtju:t] *vt (amount to)* συνιστώ, αποτελώ.
constitution [kɒnstɪ'tju:ʃən] *n* *(laws)* σύνταγμα *nt* || *(health)* κράση || **~al** *a* συνταγματικός.
constrain [kən'streɪn] *vt* εξαναγκάζω || **~t** *n* εξαναγκασμός || *(feelings)* ταραχή, τράκ *nt inv.*
constrict [kən'strɪkt] *vt* συσφίγγω || **~ion** *n* σύσφιγξη, σφίξιμο.
construct [kən'strʌkt] *vt* κατασκευάζω, οικοδομώ || **~ion** *n* κατασκευή, οικοδόμηση || *(GRAM)* σύνταξη, ερμηνεία || **~ive** *a* εποικοδομητικός, δημιουργικός.
construe [kən'stru:] *vt* ερμηνεύω.
consul ['kɒnsəl] *n* πρόξενος || **~ate** ['kɒnsjulɪt] *n* προξενείο.
consult [kən'sʌlt] *vt* συμβουλεύομαι || **~ant** *n (MED)* ειδικός γιατρός || *(other specialist)* σύμβουλος *m/f* || **~ation** *n* συμβούλιο, συνδιάσκεψη || **~ing room** *n* ιατρείο.
consume [kən'sjum] *vt* καταναλίσκω || **~r** *n* καταναλωτής.
consumption [kən'sʌmpʃən] *n* κατανάλωση || *(MED)* φθίση, φυματίωση.
contact ['kɒntækt] *n* επαφή ♦ *vt* έρχομαι σε επαφή με || **~ lenses** *npl* φακοί *mpl* επαφής.
contagious [kən'teɪdʒəs] *a* μεταδοτικός, κολλητικός.
contain [kən'teɪn] *vt* περιέχω || **to ~ o.s.** συγκρατούμαι || **~er** *n (small)* δοχείο || *(TRANSPORT)* (εμπορευματικό) κιβώτιο.
contaminate [kən'tæmɪneɪt] *vt* μολύνω, μιαίνω.
contamination [kəntæmɪ'neɪʃən] *n* μόλυνση, μίανση.
contemplate ['kɒntempleɪt] *vt* *(look at)* κυττάζω, παρατηρώ || *(meditate)* μελετώ, αναπολώ || *(intend)* σχεδιάζω.
contemplation [kɒntem'pleɪʃən] *n* σκέψη, συλλογή.
contemporary [kɒn'tempərərɪ] *a* σύγχρονος ♦ *n* σύγχρονος/η *m/f*, συνομήλικος/η *m/f*.
contempt [kən'tempt] *n* περιφρόνηση || **~ible** *a* αξιοκαταφρόνητος || **~uous** *a* περιφρονητικός.
contend [kən'tend] *vt (strive)* (συν)αγωνίζομαι || *(argue)* ισχυρίζομαι || **~er** *n (competitor)* ανταγωνιστής/ίστρια *m/f*.
content [kən'tent] *a* ικανοποιημένος, ευχαριστημένος ♦ *vt* ικανοποιώ ♦ ['kɒntent] *n (of article etc)* περιεχόμενο || **~s** *npl (of room)* περιεχόμενα *ntpl* || *(of book)* (πίνακας) περιεχομένων || *(of barrel)* περιεκτικότητα || **~ed** *a* ικανοποιημένος.
contention [kən'tenʃən] *n (dispute)* αγώνας, διαμάχη || *(opinion)* ισχυρισμός.

contentment [kən'tɛntmənt] *n* ικανοποίηση.

contest ['kɒntɛst] *n* αγώνας, πάλη ♦ [kən'tɛst] *vt* διαμφισβητώ, διεκδικώ, αγωνίζομαι || **~ant** *n* αγωνιζόμενος/η *m/f*, διεκδικητής/ήτρια *m/f*.

context ['kɒntɛkst] *n* συμφραζόμενα *ntpl*.

continent ['kɒntɪnənt] *n* ήπειρος *f* || **the C~** Ευρώπη || **~al** *a* ηπειρωτικός.

contingency [kən'tɪndʒənsɪ] *n* ενδεχόμενο, σύμπτωση.

contingent [kən'tɪndʒənt] *n* ενδεχόμενος || (*MIL*) τμήμα στρατού ή ναυτικού ♦ *a* (+ *(up)on*) εξαρτώμενος από.

continual [kən'tɪnjʊəl] *a* (*endless*) συνεχής, αδιάκοπος || (*often repeated*) συχνός || **~ly** *ad* συνεχώς.

continuation [kəntɪnjʊ'eɪʃən] *n* συνέχεια, συνέχιση.

continue [kən'tɪnju:] *vi* συνεχίζομαι || (*remain*) (παρα)μένω || συνεχίζω || (*resume*) εξακολουθώ.

continuity [kɒntɪ'nju:ɪtɪ] *n* συνέχεια.

continuous [kən'tɪnjʊəs] *a* συνεχής, αδιάκοπος.

contort [kən'tɔ:t] *vt* συστρίβω, παραμορφώνω || **~ion** *n* στρίψιμο || (*of face*) μορφασμός || **~ionist** *n* ακροβάτης/ισσα *m/f*.

contour ['kɒntʊə*] *n* (*shape*) περίγραμμα *nt* || (*of map*) ισοϋψείς καμπύλες *fpl*.

contraband ['kɒntrəbænd] *n* λαθρεμπόριο, κοντραμπάντο.

contraception [kɒntrə'sɛpʃən] *n* πρόληψη συλλήψεως.

contraceptive [kɒntrə'sɛptɪv] *n* αντισυλληπτικό.

contract ['kɒntrækt] *n* συμβόλαιο, συμφωνία ♦ [kən'trækt] *vi* (*to do sth*) συμφωνώ, συμβάλλομαι || (*become smaller*) συστέλλομαι, στενεύω || **~ion** *n* συστολή, μάζεμα *nt* || **~or** *n* εργολάβος, προμηθευτής.

contradict [kɒntrə'dɪkt] *vt* (*say the opposite*) αντιλέγω || (*deny*) διαψεύδω || **~ion** *n* (*in terms*) αντίφαση || (*denial*) διάψευση.

contralto [kən'træltəʊ] *n* μεσόφωνος, κοντράλτο.

contraption [kən'træpʃən] *n* μηχανή, μαραφέτι.

contrary ['kɒntrərɪ] *a* (*opposite*) ενάντιος, αντίθετος || (*unfavourable*) αντίθετος, δυσμενής || **on the ~** τουναντίον.

contrast ['kɒntrɑ:st] *n* σύγκριση, αντίθεση ♦ [kən'trɑ:st] *vt* συγκρίνω, αντιπαραβάλλω.

contravene [kɒntrə'vi:n] *vt* (*a rule etc*) παραβαίνω, καταπατώ || (*conflict with*) διαφεύδω, προσκρούω.

contribute [kən'trɪbju:t] *vi* (*help*) συμβάλλω, βοηθώ || (*subscribe*) συνεισφέρω ♦ *vt* καταβάλλω.

contribution [kɒntrɪ'bju:ʃən] *n* συνεισφορά, συνεργασία.

contributor [kən'trɪbjʊtə*] *n* συνεισφέρων/ουσα *m/f* συνεργάτης/ιδα *m/f*.

contrite ['kɒntraɪt] *a* συντριμμένος, μετανοών.

contrive [kən'traɪv] *vt* (*bring about*) καταφέρνω.

control [kən'trəʊl] *vt* (*check*) συγκρατώ, χαλιναγωγώ || (*direct*) διευθύνω, εξουσιάζω ♦ *n* (*check*) έλεγχος, επίβλεψη || (*restraint*) χαλινός || **~s** *npl* χειριστήριο, έλεγχος || **~ key** *n* (*COMPUT*) πλήκτρο ελέγχου.

controversial [kɒntrə'vɜ:ʃəl] *a* συζητήσιμος.

controversy [kən'trɒvəsɪ] *n* συζήτηση, διαφωνία.

convalesce [kɒnvə'lɛs] *vi*

αναρρωνύω || ~**nce** *n* ανάρρωση || ~**nt** *a, n* αναρρωνύων.
convene [kən'viːn] *vti* συγκαλώ, συνέρχομαι.
convenience [kən'viːnɪəns] *n (being convenient)* καταλληλότητα, συμφωνία || *(thing)* ευκολία, άνεση.
convenient [kən'viːnɪənt] *a* κατάλληλος, βολικός, χρήσιμος.
convent ['kɒnvənt] *n* μονή γυναικών.
convention [kən'vɛnʃən] *n (assembly)* συνέδριο, συνέλευση || *(custom)* έθιμο, συνήθεια || ~**al** *a (traditional)* εθιμοτυπικός, συνηθισμένος.
converge [kən'vɜːdʒ] *vi* συγκλίνω.
conversant [kən'vɜːsənt] *a (+ with)* οικείος, γνωστός.
conversation [kɒnvə'seɪʃən] *n* συνδιάλεξη, συνομιλία, κουβέντα || ~**al** *a* ομιλητικός, καθομιλούμενος.
converse [kən'vɜːs] *vi* συνομιλώ, συνδιαλέγομαι ♦ ['kɒnvɜːs] *a* αντίθετος || ~**ly** *ad* αντίστροφα, αντιθέτως.
conversion [kən'vɜːʃən] *n* μετατροπή || *(esp* REL*)* προσηλύτιση || ~ **table** *n* πίνακας μετατροπών.
convert [kən'vɜːt] *vt (change)* μετατρέπω || *(esp* REL*)* προσηλυτίζω ♦ ['kɒnvɜːt] *n* προσήλυτος || ~**ible** *n (*AUT*)* καπριολέ *nt inv.*
convex ['kɒn'vɛks] *a* κυρτός.
convey [kən'veɪ] *vt (carry)* μεταφέρω || *(communicate)* μεταβιβάζω, μεταδίδω || ~**or belt** *n* μεταφορέας.
convict [kən'vɪkt] *vt* καταδικάζω ♦ ['kɒnvɪkt] *n* κατάδικος/η *m/f* || ~**ion** *n (verdict)* καταδίκη || *(belief)* πεποίθηση.
convince [kən'vɪns] *vt* πείθω.
convincing [kən'vɪnsɪŋ] *a* πειστικός.
convoy ['kɒnvɔɪ] *n* συνοδεία, νηοπομπή.
convulse [kən'vʌls] *vt (esp with laughter)* ξεραίνομαι στα γέλια.
convulsion [kən'vʌlʃən] *n* σπασμός.
coo [kuː] *vi (dove)* τερετίζω σαν περιστέρι.
cook [kuk] *vt* μαγειρεύω ♦ *vi* ψήνομαι ♦ *n* μάγειρας || ~**book** *n* βιβλίο μαγειρικής || ~**er** *n* συσκευή μαγειρέματος || ~**ery** *n* μαγειρική || ~**ery book** *n* = **cookbook** || ~**ie** *n (US)* μπισκότο || ~**ing** *n* μαγειρική.
cool [kuːl] *a (fairly cold)* δροσερός || *(calm)* ψύχραιμος || *(unfriendly)* ψυχρός, αδιάφορος || *(impudent)* αναιδής, θρασύς ♦ *vti* δροσίζω, κρυώνω || ~**ness** *n* ψύχρα, ψυχρότητα.
coop [kuːp] *n* κοτέτσι, κλούβα ♦ *vt:* **to ~ up** *(fig)* περιορίζω, κλείνω.
co-op ['kəʊ'ɒp] *n* = **cooperative**.
cooperate [kəʊ'ɒpəreɪt] *vi* συνεργάζομαι.
cooperation [kəʊɒpə'reɪʃən] *n* συνεργασία.
cooperative [kəʊ'ɒpərətɪv] *a* συνεργατικός ♦ *n (farmers)* συνεταιρισμός || ~ **store** *n (retail)* πρατήριο συνεταιρισμού.
coordinate [kəʊ'ɔːdɪneɪt] *vt* συνδυάζω, συντονίζω.
coordination [kəʊɔːdɪ'neɪʃən] *n* συντονισμός.
coot [kuːt] *n* φαλαρίδα, λούφα.
cope [kəʊp] *vi (+ with)* αντιμετωπίζω, αντεπεξέρχομαι.
co-pilot ['kəʊ'paɪlət] *n* δεύτερος χειριστής.
copper ['kɒpə*] *n* χαλκός, μπακίρι || *(coin)* δεκάρα || *(sl: policeman)* αστυφύλακας.
coppice ['kɒpɪs] *n,* **copse** [kɒps] *n* δασύλλιο, λόχμη.

copulate [ˈkɒpjuleɪt] *vi* συνουσιάζομαι, γαμώ.
copy [ˈkɒpɪ] *n (imitation)* αντίγραφο, αντιγραφή || *(of book)* αντίτυπο ♦ *vt* αντιγράφω, απομιμούμαι || *(COMPUT)* αντιγράφω || **~book** *n* τετράδιο || **~cat** *n* μιμητής/τρια *m/f* || **~right** *n* πνευματική ιδιοκτησία || **~right reserved** απαγορεύεται η αναδημοσίευση.
coral [ˈkɒrəl] *n* κοράλλιο || **~ reef** *n* κοραλλιογενές νησί.
cord [kɔːd] *n* σχοινί, χορδή || *see* **vocal.**
cordial [ˈkɔːdɪəl] *a* εγκάρδιος || **~ly** *ad (invite)* εγκάρδια, θερμά.
cordon [ˈkɔːdn] *n (ornamental)* κορδόνι || *(of police etc)* ζώνη.
corduroy [ˈkɔːdərɔɪ] *n* κοτλέ *nt inv.*
core [kɔː*] *n* πυρήνας, καρδιά ♦ *vt* αφαιρώ το πυρήνα.
cork [kɔːk] *n* φελλός || *(of bottle)* πώμα *nt* || **~screw** *n* τιρ-μπουσό *nt inv.*
cormorant [ˈkɔːmərənt] *n* φαλακροκόρακας, καλικατζού *f inv.*
corn [kɔːn] *n* σιτηρά *ntpl*, δημητριακά *ntpl* || *(US: maize)* καλαμπόκι || *(on foot)* κάλος.
cornea [ˈkɔːnɪə] *n* κερατοειδής.
corned [ˈkɔːnd]: **~ beef** *n* βοδινό κρέας σε κονσέρζα.
corner [ˈkɔːnə*] *n (of street)* γωνία || *(of room)* γωνία, κώχη || *(fig)* δύσκολη θέση ♦ *vt* φέρω σε δύσκολη θέση, στριμώχνω || *(ECON)* μονοπωλώ ♦ *vi (turn)* παίρνω στροφή || **~ kick** *n* κόρνερ *nt inv* || **~stone** *n* ακρογωνιαίος λίθος, βάση.
cornet [ˈkɔːnɪt] *n (MUS)* κορνέττα || *(ice cream)* χωνάκι.
cornflour [ˈkɔːnflauə*] *n* καλαμποκάλευρο, κορνφλάουερ *nt inv.*
cornice [ˈkɔːnɪs] *n* κορνίζα.
cornstarch [ˈkɔːnstaːtʃ] *n (US)* = **cornflour**.
corny [ˈkɔːnɪ] *a (joke)* σαχλός.
coronary [ˈkɒrənərɪ] *a* στεφανιαίος ♦ *n* στεφανιαία || **~ thrombosis** *n* θρόμβωση της στεφανιαίας.
coronation [kɒrəˈneɪʃən] *n* στέψη.
coroner [ˈkɒrənə*] *n* ιατροδικαστής *m/f.*
corporal [ˈkɔːpərəl] *n (MIL)* δεκανέας || *(AVIAT)* υποσμηνίας ♦ *a* σωματικός.
corporation [kɔːpəˈreɪʃən] *n* σωματείο || *(esp business)* εταιρεία.
corps [kɔː*] *n* (στρατιωτικό) σώμα *nt.*
corpse [kɔːps] *n* πτώμα *nt*, κουφάρι.
corpulent [ˈkɔːpjulənt] *a* παχύσαρκος.
corpuscle [ˈkɔːpʌsl] *n* σωματίδιο || *(blood corpuscle)* αιμοσφαίριο.
corral [kəˈraːl] *n* μάντρα.
correct [kəˈrɛkt] *a (accurate)* ακριβής, ορθός, διορθωμένος || *(proper)* άψογος, όπως πρέπει ♦ *vt (papers etc)* διορθώνω || *(make right)* επανορθώνω || **~ion** *n* διόρθωση || **~ly** *ad* ορθά, σωστά.
correlate [ˈkɒrɪleɪt] *vt* σχετίζομαι, συσχετίζω.
correlation [kɒrɪˈleɪʃən] *n* συσχετισμός, συσχέτιση.
correspond [kɒrɪsˈpɒnd] *vi (agree with)* ανταποκρίνομαι, ταιριάζω || *(write)* αλληλογραφώ || **~ence** *n (letters)* αλληλογραφία || *(similarity)* αντιστοιχία, ανταπόκριση || **~ence course** *n* μάθημα *nt* αλληλογραφίας || **~ent** *n (reporter)* ανταποκριτής/ίτρια *m/f* || **~ing** *a* αντίστοιχος.
corridor [ˈkɒrɪdɔː*] *n* διάδρομος.
corroborate [kəˈrɒbəreɪt] *vt* επιβεβαιώνω, ενισχύω.
corroboration [kərɒbəˈreɪʃən] *n* επιβεβαίωση, επίρρωση.

corrode [kə'rəud] *vti* διαβρώνω, σκουριάζω.
corrosion [kə'rəuʒən] *n* διάβρωση, σκωρίαση.
corrugated ['kɒrəgeɪtɪd] *a* κυματοειδής || ~ **cardboard** *n* κυματοειδές χαρτόνι || ~ **iron** *n* αυλακωτό έλασμα *nt.*
corrupt [kə'rʌpt] *a* διεφθαρμένος ♦ *vt* διαφθείρω || ~**ion** *n* διαφθορά, δεκασμός.
corset ['kɔːsɪt] *n* κορσές *m.*
cortège [kɔː'teːʒ] *n* νεκρώσιμος πομπή.
cortisone ['kɔːtɪzəun] *n* κορτιζόνη.
cosh [kɒʃ] *n* μαγκούρα, βούρδουλας ♦ *vt* κτυπώ με βούρδουλα.
cosiness ['kəuzɪnɪs] *n* άνεση.
cosmetic [kɒz'metɪk] *n* καλλυντικό.
cosmic ['kɒzmɪk] *a* κοσμικός.
cosmonaut ['kɒzmənɔːt] *n* αστροναύτης, κοσμοναύτης.
cosmopolitan [kɒzmə'pɒlɪtən] *a* κοσμοπολιτικός.
cosmos ['kɒzmɒs] *n* κόσμος, σύμπαν *nt.*
cost [kɒst] *(irreg v) n* κόστος *nt,* τιμή, δαπάνη ♦ *vt* κοστίζω, || **it** ~**s £5** στοιχίζει πέντε λίρες || **it** ~**s too much** στοιχίζει πολλά || **it** ~ **him his life** τού κόστισε τη ζωή || **at all** ~**s** πάση θυσία.
costly ['kɒstlɪ] *a (expensive)* δαπανηρός || *(jewellery etc)* πολύτιμος.
cost price ['kɒstpraɪs] *n* τιμή κόστους.
costume ['kɒstjuːm] *n (style of dress)* ένδυμα *nt,* φορεσιά, μόδα || *(woman's outer clothes)* ενδυμασία, κοστούμι || *(for bathing)* μπανιερό, μαγιώ *nt inv.*
cosy ['kəuzɪ] *a* αναπαυτικός, ζεστός.
cot [kɒt] *n (child's bed)* κρεββατάκι.
cottage ['kɒtɪdʒ] *n* εξοχικό σπιτάκι || ~ **cheese** *n* άσπρο τυρί.
cotton ['kɒtn] *n* βαμβάκι, μπαμπάκι || ~ **wool** *n* ακατέργαστο βαμβάκι.
couch [kautʃ] *n* ντιβάνι, καναπές *m* ♦ *vt* εκφράζω, συγκαλύπτω.
cough [kɒf] *vi* βήχω ♦ *n* βήχας || ~ **drop** *n* παστίλια για το βήχα.
could [kud] *pt of* **can** || ~**n't** = **could not** || *see* **can.**
council ['kaunsl] *n* συμβούλιο || ~**lor** *n* σύμβουλος *m/f.*
counsel ['kaunsəl] *n (LAW)* δικηγόρος *m/f* || *(opinion)* συμβουλή || ~**lor** *n* σύμβουλος.
count [kaunt] *vt (add up)* μετρώ, αριθμώ || *(include)* υπολογίζω, συμπεριλαμβάνω ♦ *vi (be of importance)* υπολογίζομαι, στηρίζομαι ♦ *n (reckoning)* αρίθμηση, μέτρηση, λογαριασμός || *(nobleman)* κόμης || **to** ~ **on** *vt* υπολογίζω, στηρίζομαι σε || **to** ~ **up** *vt* προσθέτω.
counter ['kauntə*] *n* θυρίδα, γκισέ *nt inv* || *(machine that counts)* μετρητής ♦ *vt* αντιτίθεμαι, ανταπαντώ || *ad* εναντίον, αντιθέτως || ~**act** *vt* αντιδρώ, εξουδετερώνω || ~**-attack** *n* αντεπίθεση || ~**balance** *vt* αντισταθμίζω || ~**-espionage** *n* αντικατασκοπεία.
counterfeit ['kauntəfɪt] *a* πλαστός, κίβδηλος ♦ *n* παραποίηση, απάτη ♦ *vt* πλαστογραφώ.
counterfoil ['kauntəfɔɪl] *n* στέλεχος *nt.*
counterpart ['kauntəpaːt] *n* αντίστοιχο, ταίρι.
countess ['kauntɪs] *n* κόμισσα, κοντέσσα.
countless ['kauntlɪs] *a* αναρίθμητος, αμέτρητος.
country ['kʌntrɪ] *n (land)* χώρα || *(of birth)* πατρίδα || *(rural district)* ύπαιθρος *f,* εξοχή, επαρχία || *(region)* περιοχή || ~ **dancing** *n* εθνικός χορός, λαϊκός χορός || ~ **house** *n*

εξοχικό σπίτι || ~**man** *n (national)* (συμ)πατριώτης || *(rural)* επαρχιώτης, χωριάτης || ~**side** *n* ύπαιθρος *f.*
county ['kauntı] *n* κομητεία, επαρχία || ~ **town** *n* πρωτεύουσα κομητείας.
coup [ku:] *n (also:* ~ **d'état***)* πραξικόπημα *nt.*
coupé ['ku:peı] *n* κουπέ *nt inv.*
couple ['kʌpl] *n* ζευγάρι, δύο ♦ *vt* ενώνω, ζευγαρώνω.
couplet ['kʌplıt] *n* δίστοιχο.
coupling ['kʌplıŋ] *n* σύζευξη.
coupon ['ku:pɔn] *n* κουπόνι, απόκομμα *nt.*
courage ['kʌrıdʒ] *n* θάρρος *nt,* γενναιότητα || ~**ous** *a* θαρραλέος.
courier ['kurıə*] *n* αγγελιοφόρος.
course [kɔ:s] *n (path, track)* διαδρομή || *(line of action)* πορεία, δρόμος || *(series, procedure)* μάθημα *nt,* κουρ *nt inv* || *(career, journey)* πορεία || *(part of meal)* φαγητό, πιάτο || **of** ~ φυσικά, και βέβαια || **in the** ~ **of** κατά τη διάρκεια του || **in due** ~ εν καιρώ δεόντι || *see* **golf.**
court [kɔ:t] *n (attendants of sovereign)* αυλή || *(residence of sovereign)* (βασιλική) αυλή || *(of justice)* δικαστήριο ♦ *vt* κορτάρω, προσκαλώ, επιδιώκω || *see* **tennis.**
courteous ['kɜ:tıəs] *a* ευγενής.
courtesy ['kɜ:tısı] *n* ευγένεια.
courthouse ['kɔ:thaus] *n (US)* δικαστικό μέγαρο.
courtier ['kɔ:tıə*] *n* αυλικός.
court-martial ['kɔ:t'ma:ʃəl] *n* στρατοδικείο.
court room ['kɔ:trum] *n* αίθουσα δικαστηρίου.
courtyard ['kɔ:tja:d] *n* αυλή.
cousin ['kʌzn] *n* ξάδελφος/η *m/f.*
cove [kəuv] *n* όρμος.
cover ['kʌvə*] *vt (place over)* καλύπτω, σκεπάζω || *(shield, screen)* καλύπτω, προστατεύω, κρύβω || *(deal with)* καλύπτω, περιλαμβάνω || *(protect)* προστατεύω ♦ *n* κάλυμμα *nt,* σκέπασμα *nt* || ~**age** *n (of news)* ρεπορτάζ *nt inv* || ~ **charge** *n* κουβέρ *nt inv* || ~**ing** *n* κάλυψη, σκέπασμα *nt,* επένδυση || ~**ing letter** *n* επιβεβαιωτική επιστολή.
covet ['kʌvıt] *vt* εποφθαλμιώ.
cow [kau] *n* αγελάδα.
coward ['kauəd] *n* άνανδρος/η *m/f,* δειλός/η *m/f* || ~**ice** *n* δειλία || ~**ly** *a* άνανδρος, δειλός.
cowboy ['kaubɔı] *n* καουμπόι *nt inv.*
cower ['kauə*] *vi* μαζεύομαι, τρέμω.
cowshed ['kauʃɛd] *n* βουστάσιο.
coxswain ['kɒksn] *n (abbr:* **cox***)* πηδαλιούχος.
coy [kɔı] *a* ντροπαλός, σεμνός.
c.p.s. *abbr see* **character**.
CPU *abbr see* **central**.
crab [kræb] *n* κάβουρας || ~ **apple** *n* αγριόμηλο.
crack [kræk] *n (sharp noise)* κρότος, τριγμός || *(of whip)* στράκα || *(split)* ρωγμή, σκάσιμο ♦ *vt (noise)* κροτώ || *(split)* θραύω, ραγίζω ♦ *a* λαμπρός, εκλεκτός || ~**er** *n (firework)* βαρελότο, στράκα || *(biscuit)* παξιμαδάκι, μπισκότο || **to** ~ **up** *vi* κομματιάζω || *(fig)* καταρρέω.
crackling ['kræklıŋ] *n* κροταλισμός, τρίξιμο || *(of pig)* πέσα ψημένου γουρουνιού.
cradle ['kreıdl] *n* κοιτίδα, λίκνο, κούνια.
craft [kra:ft] *n (skill)* τέχνη, χειροτεχνία, επάγγελμα *nt* || *(cunning)* πανουργία, δόλος || *(boat)* σκάφος *nt,* βάρκα || ~**sman** *n* τεχνίτης || ~**smanship** *n* τέχνη || ~**y** *a* πανούργος, πονηρός, πολυμήχανος.
crag [kræg] *n* κατσάβραχο, γκρεμός || ~**gy** *a* απόκρημνος, βραχώδης.
cram [kræm] *vt* μπάζω, χώνω.

cramp [kræmp] *n (MED)* σπασμός, κράμπα ♦ *vt* εμποδίζω, περιορίζω.
crane [kreɪn] *n* γερανός, κρένι.
crank [kræŋk] *n (lever)* (χειρο)στρόφαλος, μανιβέλα || *(person)* ιδιότυπος, εκκεντρικός ♦ *vt* βάζω μπρος με μανιβέλλα || ~**shaft** *n* στροφαλοφόρος (άξωνας).
cranny ['krænɪ] *n* σχισμή, ρωγμή.
crash [kræʃ] *n* κρότος, βρόντος || *(AVIAT)* συντριβή, πτώση || *(AUT)* σύγκρουση || *(ECON)* κράχ *nt inv* ♦ *vti* πέφτω, συντρίβομαι || ~ **helmet** *n* προστατευτικό κράνος || ~ **landing** *n* αναγκαστική προσγείωση.
crate [kreɪt] *n* κασόνι, κοφίνι, καφάσι.
crater ['kreɪtə*] *n* κρατήρας.
cravat(e) [krə'væt] *n* γραβάτα.
crave [kreɪv] *vi (+ for)* εκλιπαρώ, ποθώ.
craving ['kreɪvɪŋ] *n* πόθος, λαχτάρα.
crawl [krɔːl] *vi* έρπω, σέρνομαι ♦ *n* σύρσιμο, βραδυπορία || *(swimming)* κρώουλ *nt inv*.
crayon ['kreɪən] *n* κραγιόνι, παστέλ *nt inv*.
craze [kreɪz] *n* μανία, λόξα.
crazy ['kreɪzɪ] *a (foolish)* ανόητος || *(insane)* παράφρονας, τρελλός, μουρλός.
creak [kriːk] *n* τριγμός ♦ *vi* τρίζω.
cream [kriːm] *n* καϊμάκι, κρέμα, σαντιγί *f inv* || *(polish)* αλοιφή || *(cosmetic)* κρέμα || *(colour)* ιβουάρ *nt inv*, κρεμ || ~ **cake** *n* πάστα, τούρτα || ~**y** *a* καϊμακλίδικος, βουτυράτο.
crease [kriːs] *n* πτυχή, τσάκισμα *nt*, τσαλάκωμα *nt* ♦ *vti* διπλώνω, ζαρώνω, τσαλακώνω.
create [kriː'eɪt] *vt (bring into being)* δημιουργώ || *(cause)* προξενώ || *(COMPUT: file)* δημιουργώ.
creation [kriː'eɪʃən] *n* δημιούργημα *nt*.
creative [kriː'eɪtɪv] *a* δημιουργικός.
creator [krɪ'eɪtə*] *n* δημιουργός.
creature ['kriːtʃə*] *n* πλάσμα *nt*, ον *nt*.
credentials [krɪ'denʃəlz] *npl (papers)* διαπιστευτήρια *ntpl*, πιστοποιητικά *ntpl*.
credibility [kredə'bɪlɪtɪ] *n* αξιοπιστία, (το) πιστευτό.
credible ['kredɪbl] *a* πιστευτός, αξιόπιστος.
credit ['kredɪt] *n* πίστη, πίστωση || *(recognition)* αναγνώριση ♦ *vt* πιστεύω || ~**able** *a* έντιμος, αξιέπαινος || ~ **card** *n* κάρτα πιστώσεως || ~**or** *n* πιστωτής.
creed [kriːd] *n* πίστη, θρήσκευμα *nt*.
creek [kriːk] *n* κολπίσκος || *(US)* ρέμα *nt*.
creep [kriːp] *(irreg v) vi* έρπω, σύρομαι || ~**er** *n (animal)* ερπετό || *(plant)* αναρριχητικό || ~**y** *a (frightening)* ανατριχιαστικός.
cremate [krɪ'meɪt] *vt* αποτεφρώνω, καίω.
cremation [krɪ'meɪʃən] *n* καύση (νεκρού).
crematorium [kremə'tɔːrɪəm] *n* κρεματόριο.
crêpe [kreɪp] *n* κρέπ(ι) *nt inv*.
crept [krept] *pt, pp of* **creep.**
crescent ['kresnt] *n* ημισέληνος *f* || *(esp street)* ημικυκλικός δρόμος.
cress [kres] *n* κάρδαμο.
crest [krest] *n (tuft)* λοφίο, λειρί || *(of wave)* κορυφή || *(badge)* κορωνίδα, οικόσημο || ~**fallen** *a* κατηφής, αποθαρρημένος.
Crete [kriːt] *n* Κρήτη.
crevasse [krɪ'væs] *n* σχισμή.
crevice ['krevɪs] *n* ρωγμή, χαραμάδα.
crew [kruː] *n* πλήρωμα *nt* || ~**-cut** *n* πολύ κοντό μαλλί.

crib [krɪb] *n (child's bed)* παιδικό κρεβάτι || *(copy)* αντιγραφή.
crick [krɪk] *n* πιάσιμο.
cricket ['krɪkɪt] *n (insect)* γρύλλος, τριζόνι || *(game)* κρίκετ *nt inv.*
crime [kraɪm] *n (wicked act)* κακούργημα *nt* || *(lawbreaking)* έγκλημα *nt.*
criminal ['krɪmɪnl] *n* εγκληματίας, κακούργος ♦ *a* εγκληματικός, ποινικός.
crimson ['krɪmzn] *n* πορφυρό, βυσσινί ♦ *a* κατακόκκινος.
cringe [krɪndʒ] *vi* φέρομαι δουλοπρεπώς, σκύβω.
crinkle ['krɪŋkl] *vt* ζαρώνω, τσαλακώνω || *(rustle)* τρίβω.
cripple ['krɪpl] *n* ανάπηρος, χωλός ♦ *vt* τραυματίζω, σακατεύω, παραλύω.
crisis ['kraɪsɪs] *n (time of danger etc)* κρίση.
crisp [krɪsp] *a* τραγανός, αφράτος, φρέσκος ♦ *n* ξεροτηγανισμένη πατάτα.
criss-cross ['krɪskrɒs] *a* σταυρωτός, καφασιτός.
criterion [kraɪ'tɪərɪən] *n* κριτήριο.
critic ['krɪtɪk] *n (THEAT etc)* τεχνοκρίτης, κριτικός || επικριτής || **~al** *a (like a critic)* κριτικός || *(danger)* κρίσιμος || *(severe)* αυστηρός || **~ally** *ad* με κριτική διάθεση, κρίσιμος || **~ism** ['krɪtɪsɪzəm] *n (judgment)* κριτική || *(finding fault)* επίκριση || **~ize** ['krɪtɪsaɪz] *vt* (επι)κρίνω, κατακρίνω.
croak [krəʊk] *vi (crow)* κρώζω || *(frog)* κοάζω ♦ *n (of crow)* κρωγμός || *(of frog)* κοασμός.
crochet ['krəʊʃeɪ] *n* κροσέ *nt.*
crockery ['krɒkərɪ] *n* πήλινα σκεύη *ntpl.*
crocodile ['krɒkədaɪl] *n* κροκόδειλος.
crocus ['krəʊkəs] *n* κρόκος.
crook [krʊk] *n (criminal)* λωποδύτης, απατεώνας || *(of shepherd)* γκλίτσα || **~ed** *a* αγκυλωτός.
crop [krɒp] *n* συγκομιδή, σοδιά || **to ~ up** *vi (fig)* παρουσιάζομαι, προκύπτω.
croquet ['krəʊkeɪ] *n* κροκέ *nt.*
croquette [krəʊ'kɛt] *n* κροκέτα, κεφτές *m.*
cross [krɒs] *n (of Christ)* σταυρός || *(mark)* σταυρός || *(breed)* διασταύρωση || *(misfortune)* εμπόδιο, δυσκολία ♦ *vt (pass over)* διασχίζω, περνώ || *(make sign)* σταυροκοπιέμαι || *(place across)* σταυρώνω || *(mix breeds)* διασταυρώνω || *(cheque)* διαγραμμίζω ♦ *a* θυμωμένος, κακόκεφος || **~-country (race)** *n* ανώμαλος δρόμος || **~-examination** *n* εξέταση κατ'αντιπαράσταση || **~-examine** *vt* εξετάζω κατ'αντιπαράσταση || **~-eyed** *a* αλλοίθωρος || **~ing** *n (road etc)* διάβαση, πέρασμα *nt* || *(sea passage)* διάπλους *m* || *(place for crossing)* διάβαση || **at ~-purposes** παρεξηγημένοι, σε αντίθεση || **~-reference** *n* παραπομπή || **~roads** *n* σταυροδρόμι || **~section** *n* εγκάρσια τομή || **~ wind** *n* πλάγιος άνεμος || **~word (puzzle)** *n* σταυρόλεξο.
crotch [krɒtʃ] *n* διακλάδωση δένδρου, καβάλος του παντελονιού.
crotchet ['krɒtʃɪt] *n* ιδιοτροπία, βίδα.
crotchety ['krɒtʃɪtɪ] *a (person)* ιδιότροπος.
crouch [kraʊtʃ] *vi* σκύβω, μαζεύομαι.
crow [krəʊ] *n* κορώνη, κουρούνα ♦ *vi* κράζω, λαλώ || *(fig)* κομπάζω.
crowbar ['krəʊbɑː*] *n* λοστός.
crowd [kraʊd] *n* πλήθος *nt,* όχλος, συρροή ♦ *vt (fill)* γεμίζω ♦ *vi (flock*

together) συνωθούμαι, συνωστίζομαι || ~**ed** *a* γεμάτος.

crown [kraʊn] *n (royal headdress)* στέμμα *nt*, κορώνα || *(of tooth)* κορώνα || *(top of head etc)* κορυφή, κορφή || *(of flowers)* στεφάνι ♦ *vt (put crown on)* στεφανώνω || *(be at top of)* πάνω απ'όλα, αποκορυφώνω || ~ **jewels** *npl* κοσμήματα του Στέμματος *ntpl* || ~ **prince** *n* διάδοχος του θρόνου.

crucial ['kru:ʃəl] *a* αποφασιστικός, κρίσιμος.

crucifix ['kru:sɪfɪks] *n* εσταυρωμένος || ~**ion** *n* σταύρωση.

crucify ['kru:sɪfaɪ] *vt* σταυρώνω, βασανίζω.

crude [kru:d] *a (unfinished)* ακατέργαστος || *(petroleum)* αργό πετρέλαιο || *(harsh)* ωμός, άξεστος || *(humour)* χοντρό χιούμορ.

cruel ['krʊəl] *a (vicious)* αιμοβόρος, αμείλικτος || *(severe, distressing)* σκληρός, ωμός || *(hard-hearted)* σκληρόκαρδος || ~**ty** *n* σκληρότητα, ασπλαχνία || *(to wife)* κακοποίηση.

cruise [kru:z] *n* περίπλους *m*, κρουαζιέρα ♦ *vi* κάνω κρουαζιέρα, περιπλέω || ~**r** *n* καταδρομικό.

crumb [krʌm] *n* ψίχουλο || *(fig)* απομεινάρι.

crumble ['krʌmbl] *vti* καταρρέω, θρυμματίζομαι.

crumbly ['krʌmblɪ] *a* εύθρυπτος.

crumpet ['krʌmpɪt] *n* είδος τηγανίτας.

crumple ['krʌmpl] *vt* τσαλακώνω, ζαρώνω.

crunch [krʌntʃ] *n* τραγάνισμα *nt* || *(sound)* τρίξιμο ♦ *vt* μασώ, τραγανίζω || ~**y** *a* τραγανιστός.

crusade [kru:'seɪd] *n* σταυροφορία.

crush [krʌʃ] *n* σύνθλιψη, συνωστισμός ♦ *vt* συνθλίβω || *(a rebellion)* συντρίβω, καταβάλλω ♦ *vi (material)* τσαλακώνω || ~**ing** *a* συντριπτικός.

crust [krʌst] *n (of bread)* κόρα || *(of cake etc)* κρούστα || *(of earth etc)* φλοιός, κρούστα.

crutch [krʌtʃ] *n* δεκανίκι, πατερίτσα.

crux [krʌks] *n* ουσία, κεντρικό σημείο.

cry [kraɪ] *vi (sell etc)* διαλαλώ || *(shout)* φωνάζω, βάζω τις φωνές || *(weep)* κλαίω, θρηνώ ♦ *n* φωνή, κλάμα *nt*.

crypt [krɪpt] *n* κρύπτη.

cryptic ['krɪptɪk] *a* μυστικός, δυσνόητος.

crystal ['krɪstl] *n (natural form)* κρύσταλλος || *(clear glass)* κρύσταλλο || ~**-clear** *a* κρυστάλλινος || ~**lize** *vti (lit)* (απο)κρυσταλλώνω || *(fig)* (απο)κρυσταλλούμαι.

cu. *abbr:* ~ **ft.** = *cubic feet*; ~ **in.** = *cubic inches*.

cub [kʌb] *n* νεογνό ζώο.

cube [kju:b] *n (figure)* κύβος.

cubic ['kju:bɪk] *a* κυβικός.

cubicle ['kju:bɪkəl] *n* θαλαμίσκος.

cuckoo ['kʊku:] *n* κούκος.

cucumber ['kju:kʌmbə*] *n* αγγούρι.

cuddle ['kʌdl] *vti* αγκαλιάζω, κουκουλώνομαι ♦ *n* αγκάλιασμα *nt*.

cue [kju:] *n (hint)* νύξη, υπαινιγμός || *(in billiards)* στέκα.

cuff [kʌf] *n (of shirt, coat etc)* μανικέτι || *(US)* = **turn-up** || ~**link** *n* μανικετόκουμπο *ntpl*.

cuisine [kwɪ'zi:n] *n* μαγειρική.

cul-de-sac ['kʌldə'sæk] *n* αδιέξοδο.

culinary ['kʌlɪnərɪ] *a* μαγειρικός.

culminate ['kʌlmɪneɪt] *vi* αποκορυφώνομαι, μεσουρανώ.

culmination [kʌlmɪ'neɪʃən] *n* μεσουράνημα *nt*, κολοφών *m*.

culprit ['kʌlprɪt] *n* ένοχος.

cult [kʌlt] *n (religious)* λατρεία || *(mode)* μόδα, λόξα.

cultivate [ˈkʌltɪveɪt] *vt* καλλιεργώ.
cultivation [kʌltɪˈveɪʃən] *n* καλλιέργεια.
cultural [ˈkʌltʃərəl] *a* πνευματικός, μορφωτικός.
culture [ˈkʌltʃə*] *n (refinement)* καλλιέργεια || *(intellectual development)* ανάπτυξη, κουλτούρα || ~**d** *a* μορφωμένος, καλλιεργημένος.
cumbersome [ˈkʌmbəsəm] *a* ενοχλητικός, βαρύς, δυσκίνητος.
cumulative [ˈkjuːmjʊlətɪv] *a* επισωρευτικός, αθροιστικός.
cunning [ˈkʌnɪŋ] *n* πανουργία, καπατσοσύνη ♦ *a* πονηρός, τετραπέρατος.
cup [kʌp] *n* κούπα, φλυτζάνι || *(prize)* κύπελλο.
cupboard [ˈkʌbəd] *n* ντουλάπι, αρμάρι.
cupful [ˈkʌpfəl] *n* φλυτζανιά.
cupola [ˈkjuːpələ] *n* θόλος, τρούλλος.
curable [ˈkjʊərəbl] *a* ιάσιμος, που γιατρεύεται.
curator [kjʊəˈreɪtə*] *n* έφορος (μουσείου).
curb [kɜːb] *vt* χαλιναγωγώ, ελέγχω ♦ *n* χαλινός, φραγμός || *see* **kerb(stone).**
curfew [ˈkɜːfjuː] *n* απαγόρευση της κυκλοφορίας.
curiosity [kjʊərɪˈɒsɪtɪ] *n* περιέργεια || *(strange object)* περίεργο αντικείμενο.
curious [ˈkjʊərɪəs] *a* (φιλο)περίεργος || *(strange)* περίεργος, παράξενος.
curl [kɜːl] *n* βόστρυχος, μπούκλα || *(of lips etc)* στρίψιμο ♦ *vti (hair etc)* σγουραίνω || *(lips)* στρίβω, στραβώνω || *(wrap)* τυλίγω || ~**er** *n* ρολά *ntpl*, μπικουτί *nt inv.*
curly [ˈkɜːlɪ] *a* κατσαρός, σγουρός.
currant [ˈkʌrənt] *n* Κορινθιακή σταφίδα.
currency [ˈkʌrənsɪ] *n* νόμισμα *nt* || *(of ideas)* κυκλοφορία, πέραση.
current [ˈkʌrənt] *n* ρεύμα *nt*, ροή, ρέμα *nt* ♦ *a* κυκλοφορών, εν χρήσει || ~ **account** *n* τρεχούμενος λογαριασμός || ~ **affairs** *npl* επίκαιρα *ntpl* || ~**ly** *ad* γενικώς, σήμερα.
curriculum [kəˈrɪkjʊləm] *n* κύκλος μαθημάτων || ~ **vitae** *n* περίληψη προσόντων.
curry [ˈkʌrɪ] *n* κάρρι *nt inv* || ~ **powder** *n* σκόνη κάρρι.
curse [kɜːs] *vi* βλαστημώ, υβρίζω ♦ *vt* καταριέμαι, αναθεματίζω ♦ *n* κατάρα, ανάθεμα *nt* || *(bad language)* βλαστήμια.
cursor [ˈkɜːsə*] *n (COMPUT)* δείκτης θέσεως.
cursory [ˈkɜːsərɪ] *a* γρήγορος, βιαστικός.
curt [kɜːt] *a* απότομος, κοφτός.
curtail [kɜːˈteɪl] *vt* περικόπτω, περιορίζω.
curtain [ˈkɜːtn] *n (esp at window)* κουρτίνα || *(THEAT)* αυλαία, παραπέτασμα *nt.*
curtsy [ˈkɜːtsɪ] *n* υπόκλιση ♦ *vi* κάνω υπόκλιση.
curve [kɜːv] *n* καμπή.
cushion [ˈkʊʃən] *n* μαξιλαράκι.
custard [ˈkʌstəd] *n* ψημένη κρέμα.
custodian [kʌsˈtəʊdɪən] *n* φύλακας, επιστάτης.
custody [ˈkʌstədɪ] *n* επιτήρηση, κηδεμονία || *(under arrest)* κράτηση.
custom [ˈkʌstəm] *n (fashion)* έθιμο, συνήθεια || *(business)* πελατεία || ~**ary** *a* συνηθισμένος || ~**-made** *a* καμωμένο επί παραγγελία.
customer [ˈkʌstəmə*] *n* πελάτης/τισσα *m/f.*
customs [ˈkʌstəmz] *n (taxes)* δασμοί

mpl || **C ~** *(place)* τελωνείο || **C ~ officer** *n* τελωνειακός υπάλληλος.
cut [kʌt] *vt (irreg v) (divide)* κόβω, χαράζω || *(wound)* πληγώνω || *(reduce)* κατεβάζω (τιμές) ♦ *n (sharp stroke)* κόψη, κόψιμο || *(wound)* τομή, κόψιμο, πληγή || *(reduction)* περικοπή, μείωση || *(share)* μερίδιο.
cute [kjuːt] *a* χαριτωμένος.
cuticle ['kjuːtɪkl] *n (on nail)* επιδερμίδα.
cutlery ['kʌtlərɪ] *n* μαχαιροπήρουνα *ntpl.*
cutlet ['kʌtlɪt] *n* κοτολέττα.
cutout ['kʌtaʊt] *n (ELEC)* διακόπτης.
cutprice ['kʌtpraɪs] τιμή ελαττωμένη.
cutting ['kʌtɪŋ] *n* αιχμή, κόψη.
cwt *abbr of* **hundredweight(s).**
cyanide ['saɪənaɪd] *n* κυανίδη.
cycle ['saɪkl] *n (bicycle)* ποδήλατο || *(series)* κύκλος, περίοδος *f* || *(of poems etc)* κύκλος ♦ *vi* πηγαίνω με ποδήλατο.
cycling ['saɪklɪŋ] *n* ποδηλατοδρομία, ποδήλατο.
cyclist ['saɪklɪst] *n* ποδηλατιστής.
cyclone ['saɪkləʊn] *n* κυκλώνας.
cygnet ['sɪgnɪt] *n* μικρός κύκνος.
cylinder ['sɪlɪndə*] *n* κύλινδρος || *(of gas etc)* φιάλη, μπουκάλα || **~ block** *n* συγκρότημα *nt* κυλίνδρου || **~ capacity** *n* όγκος κυλίνδρου || **~ head** *n* κεφαλή κυλίνδρου.
cymbals ['sɪmbəlz] *npl* κύμβαλα *ntpl.*
cynic ['sɪnɪk] *n* κυνικός || **~al** *a* κυνικός, δύσπιστος || **~ism** ['sɪnɪsɪzəm] *n* κυνισμός, χοτπροκουβέντα.
cypress ['saɪprɪs] *n* κυπαρίσσι.
Cyprus ['saɪprəs] *n* Κύπρος *f.*
cyst [sɪst] *n* κύστις.
czar [zaː] *n* τσάρος || **~ina** *n* τσαρίνα.
Czech [tʃɛk] *a* τσεχικός || *n* Τσέχος/α *m/f.*
Czechoslavakia ['tʃɛkəʊsləʊ'vækɪə] *n* Τσεχοσλοβακία.

D

dab [dæb] *vt* επαλείφω ♦ *n (tap)* ελαφρό κτύπημα *nt* || *(smear)* μικρή ποσότητα, λίγο.
dad(dy) ['dæd(ɪ)] *n* μπαμπάς, μπαμπάκας || **daddy-long-legs** *n* τιπούλη, αλογατάκι.
daffodil ['dæfədɪl] *n* ασφόδελος.
daft [daːft] *a* ανόητος, τρελλός.
dagger ['dægə*] *n* εγχειρίδιο, στιλέττο.
dahlia ['deɪlɪə] *n* ντάλια.
daily ['deɪlɪ] *a* ημερήσιος ♦ *n* καθημερινή (εφημερίδα).
dainty ['deɪntɪ] *a* κομψός, νόστιμος.
dairy ['dɛərɪ] *n (shop)* γαλακτοπωλείο, γαλατάδικο || *(on farm)* γαλακτοκομείο ♦ *a* γαλακτοκομικό.
daisy ['deɪzɪ] *n* μαργαρίτα || **~ wheel** *n (on printer)* μαργαρίτα || **~ wheel printer** *n* εκτυπωτής μαργαρίτας.
dam [dæm] *n (for water)* φράγμα *nt,* ανάχωμα *nt* ♦ *vt* φράσσω.
damage ['dæmɪdʒ] *n* βλάβη, ζημιά ♦ *vt* βλάπτω, ζημιώνω || **~s** *npl (LAW)* αποζημίωση.
dame [deɪm] *n* κυρία, κυρά.
damn [dæm] *vt* καταδικάζω ♦ *a (col)* διάβολος || **~ it** να πάρει ο διάβολος!, να πάρει η ευχή! || **~ing** *a* καταδικαστικός, επιβαρυντικός.
damp [dæmp] *a* υγρός, νοτερός ♦ *n* υγρασία, υγρότητα ♦ *vt (also:* **~en***)* υγραίνω, μουσκεύω || *(discourage)* μειώνω, ελαττώνω, κόβω || **~ness** *n* υγρασία, υγρότητα.

damson ['dæmzən] *n* δαμάσκηνο.
dance [dɑːns] *n* χορός || *(party)* χορευτική συγκέντρωση, πάρτυ *nt inv* ♦ *vi* χορεύω || **~ hall** *n* χορευτικό κέντρο || **~r** *n* χορευτής, χορεύτρια.
dancing ['dɑːnsɪŋ] *n* χορός.
dandelion ['dændɪlaɪən] *n* αγριοραδίκι.
dandruff ['dændrəf] *n* πιτυρίδα.
dandy ['dændɪ] *n* κομψευόμενος, δανδής.
Dane [deɪn] *n* Δανός/έζα *m/f*.
danger ['deɪndʒə*] *n* κίνδυνος || **~!** *(sign)* προσοχή || **in ~** διατρέχω κίνδυνο || **~ous** *a* επικίνδυνος.
dangle ['dæŋgl] *vti* αιωρούμαι, ταλαντεύομαι, κρέμομαι.
Danish ['deɪnɪʃ] *a* δανικός ♦ *n* Δανική γλώσσα.
dare [dɛə*] *vt* τολμώ ♦ *vi*: **to ~ (to) do sth** τολμώ να κάνω κάτι || **I ~ say** ασφαλώς, πιθανώς.
daring ['dɛərɪŋ] *a* τολμηρός, άφοβος.
dark [dɑːk] *a (dim)* σκοτεινός, μαύρος || *(gloomy)* σκοτεινός, μελαγχολικός || *(colour)* μελαχροινός, μελαψός ♦ *n* σκοτάδι || *(ignorance)* σε άγνοια || **after ~** αφού νυχτώσει || **~en** *vti* σκοτεινιάζω || **~ness** *n* σκότος *nt*, σκοτάδι || **~ room** *n* σκοτεινός θάλαμος.
darling ['dɑːlɪŋ] *n* πολυαγαπημένος.
darn [dɑːn] *n* μαντάρισμα *nt* ♦ *vt* μπαλώνω, καρικώνω.
dart [dɑːt] *n (quick move)* ορμή || *(weapon)* βέλος *nt*, σαΐτα ♦ *vi* εξακοντίζω, ορμώ || **~s** *n* σαΐτα || **~board** *n* στόχος σαΐτας.
dash [dæʃ] *n (rush)* εξόρμηση || *(waves)* χτύπημα *nt*, σπάσιμο || *(mark)* παύλα ♦ *vt (lit)* ρίχνω, χτυπώ, καταστρέφω ♦ *vi* εφορμώ, πέφτω || **~board** *n* ταμπλό *nt inv* || **~ing** *a (person)* ορμητικός, ζωηρός.
data ['deɪtə] *npl* δεδομένα *ntpl*, στοιχεία *ntpl* || **~base** *n* βάση δεδομένων || **~ processing** *n* κατεργασία στοιχείων.
date [deɪt] *n (point in time)* χρονολογία, ημερομηνία || *(with person)* ραντεβού *nt inv* || *(fruit)* χουρμάς ♦ *vt (letter etc)* βάζω ημερομηνία || *(person)* δίνω ραντεβού || **~d** *a* με χρονολογία.
daub [dɔːb] *vt (smear)* πασαλείβω, αλείφω || *(paint badly)* μουντζουρώνω.
daughter ['dɔːtə*] *n* θυγατέρα, κόρη || **~-in-law** *n* νύφη.
dawdle ['dɔːdl] *vi* χασομερώ, τεμπελιάζω.
dawn [dɔːn] *n* αυγή ♦ *vi* υποφώσκω, χαράζω || *(become apparent)* αποκαλύπτω.
day [deɪ] *n* ημέρα, μέρα || *(24 hours)* εικοσιτετράωρο || *(date, time)* ημερομηνία || *(daylight)* φως *nt* της ημέρας || **~ by ~** ημέρα με την ημέρα || **~break** *n* αυγή, χάραμα *nt* || **~dream** *n* ονειροπόλημα *nt*, ρεμβασμός ♦ *vi* ονειροπολώ, ρεμβάζω || **~light** *n* φως *nt* της ημέρας || **~time** *n* ημέρα.
daze [deɪz] *vt* θαμπώνω, ζαλίζω ♦ *n* θάμπωμα *nt*, ζάλη.
dazzle ['dæzl] *vt* θαμπώνω, τυφλώνω ♦ *n* θάμπωμα *nt*, τύφλωμα *nt*.
dead [dɛd] *a* νεκρός, πεθαμένος || *(without feeling)* αναίσθητος || *(exact)* πλήρης, ακριβής ♦ *ad* τελείως, ακριβώς, απολύτως || **the ~** *npl* οι νεκροί *mpl*, οι πεθαμένοι *mpl* || **~en** *vt* νεκρώνω, κατασιγάζω || **~ end** *n* αδιέξοδο || **~ heat** *n* ισοπαλία || **~line** *n* (χρονικό) όριο || **~lock** *n* αδιέξοδο || **~ly** *a* θανατηφόρος, θανάσιμος || *(fig)* αδυσώπητος,

αφόρητος || ~ **pan** *a* (ηθοποιός) χωρίς έκφραση.

deaf [dɛf] *a* κουφός || ~**-aid** *n* ακουστικό κωφών || ~**en** *vt* (ξε)κουφαίνω || ~**ening** *a* εκκωφαντικός || ~**-mute** *n* κωφάλαλος/η *m/f* || ~**ness** *n* κουφαμάρα.

deal [diːl] *(irreg v) n* συμφωνία, δουλειά ♦ *vti (CARDS)* μοιράζω, δίνω || **a great ~ of** ποσότητα, πολύ || **to ~ with** *vt* αντιμετωπίζω, λαμβάνω μέτρα || ~**er** *n* έμπορος, αντιπρόσωπος || *(CARDS)* μοιραστής.

dear [dɪə*] *a (beloved)* αγαπητός, προσφιλής || *(expensive)* ακριβός, δαπανηρός ♦ *n* προσφιλής, αγαπημένος || ~ **me** Θεέ μου || **D~ Sir** αξιότιμε, αγαπητέ κύριε || **D~ John** αγαπητέ Γιάννη || ~**ly** *ad (love)* με αγάπη || *(pay)* ακριβά.

death [dɛθ] *n* θάνατος || ~**bed** *n* νεκροκρέββατο || ~ **certificate** *n* πιστοποιητικό θανάτου || ~ **duties** *npl (Brit)* φόρος κληρονομίας || ~**ly** *a* νεκρικός, ωχρός || ~ **penalty** *n* ποινή θανάτου || ~ **rate** *n* θνησιμότητα.

debase [dɪ'beɪs] *vt* ξεφτελίζω, υποβιβάζω.

debate [dɪ'beɪt] *n* συζήτηση ♦ *vt* συζητώ || *(consider)* σκέφτομαι.

debauchery [dɪ'bɔːtʃərɪ] *n* ακολασία.

debit ['dɛbɪt] *n* δούναι, παθητικό ♦ *vt* χρεώνω.

debris ['dɛbriː] *n* συντρίμματα *ntpl*, μπάζα.

debt [dɛt] *n* χρέος *nt*, οφειλή || **to be in ~** χρωστώ || ~**or** *n* οφειλέτης, χρεώστης.

debug [diː'bʌg] *vt (COMPUT)* αφαιρώ λάθη *or* σφάλματα.

début ['deɪbuː] *n* πρώτη εμφάνιση, ντεμπούτο.

decade ['dɛkeɪd] *n* δεκαετία.

decadence ['dɛkədəns] *n* παρακμή.

decay [dɪ'keɪ] *n* παρακμή, φθορά, κατάπτωση ♦ *vi* παρακμάζω, μαραίνομαι.

decease [dɪ'siːs] *n* θάνατος || ~**d** *n* μακαρίτης/ισα *m/f*.

deceit [dɪ'siːt] *n* απάτη, δόλος || ~**ful** *a* δόλιος, απατηλός.

deceive [dɪ'siːv] *vt* εξαπατώ, κοροϊδεύω.

decelerate [diː'sɛləreɪt] *vti* επιβραδύνω, κόβω ταχύτητα.

December [dɪ'sɛmbə*] *n* Δεκέμβρης, Δεκέμβριος.

decency ['diːsənsɪ] *n (fit behaviour)* ευπρέπεια, σεμνότητα || *(respectability)* κοσμιότητα.

decent ['diːsənt] *a (respectable)* ευπρεπής, συμμαζεμένος || *(pleasant)* αρκετά καλός.

deception [dɪ'sɛpʃən] *n* εξαπάτηση, τέχνασμα *nt*.

deceptive [dɪ'sɛptɪv] *a* απατηλός.

decibel ['dɛsɪbɛl] *n* ντεσιμπέλ *nt inv*.

decide [dɪ'saɪd] *vt (settle)* κρίνω, αποφασίζω ♦ *vi (determine)* αποφασίζω, καταλήγω || **to ~ to do** αποφασίζω να κάνω || ~**d** *a* αποφασισμένος, οριστικός || ~**dly** *ad* αποφασιστικά, βεβαίως.

deciduous [dɪ'sɪdjuəs] *a* φυλλοβόλος.

decimal ['dɛsɪməl] *a* δεκαδικός ♦ *n* δεκαδικό || ~ **point** *n* υποδιαστολή.

decimate ['dɛsɪmeɪt] *vt* αποδεκατίζω.

decipher [dɪ'saɪfə*] *vt* ξεδιαλύνω, βγάζω.

decision [dɪ'sɪʒən] *n* απόφαση.

decisive [dɪ'saɪsɪv] *a* αποφασιστικός.

deck [dɛk] *n (NAUT)* κατάστρωμα *nt*, κουβέρτα || *(of bus)* όροφος || *(of cards)* τράπουλα || ~**chair** *n* σαιζ-λογκ *f inv*.

declaration [dɛklə'reɪʃən] *n* δήλωση, διακήρυξη.
declare [dɪ'klɛə*] *vt (state)* δηλώνω || *(war)* κηρύσσω || *(in customs)* δηλώνω.
decline [dɪ'klaɪn] *n (decay)* παρακμή, πτώση, πέσιμο || *(lessening)* πέσιμο, κατάπτωση ♦ *vt (refuse)* αρνούμαι || *(GRAM)* κλίνω ♦ *vi* φθίνω, εξασθενίζω, αδυνατίζω.
declutch ['diː'klʌtʃ] *vi* ντεμπραγιάρω.
decode ['diː'kəʊd] *vt* αποκρυπτογραφώ.
decompose [diːkəm'pəʊz] *vi (rot)* αποσυντίθεμαι, σαπίζω.
decontaminate [diːkən'tæmɪneɪt] *vt* απολυμαίνω.
décor ['deɪkɔː*] *n* διακόσμηση, ντεκόρ *nt inv*.
decorate ['dɛkəreɪt] *vt (renew paint etc)* χρωματίζω, βάφω || *(adorn)* (δια)κοσμώ, στολίζω || *(give medal etc)* παρασημοφορώ.
decoration [dɛkə'reɪʃən] *n (of house)* διακόσμηση || *(MIL)* παράσημο.
decorator ['dɛkəreɪtə*] *n* διακοσμητής/ήτρια *m/f*.
decoy ['diːkɔɪ] *n* δέλεαρ *nt inv*, δόλωμα *nt*.
decrease [diː'kriːs] *n* μείωση, ελάττωση ♦ *vti* μειώνω, ελαττώνομαι.
decree [dɪ'kriː] *n* διάταγμα *nt*, βούλευμα *nt*.
decrepit [dɪ'krɛpɪt] *a* παραγηρασμένος || *(furniture etc)* ξεχαρβαλωμένος.
dedicate ['dɛdɪkeɪt] *vt* αφιερώνω.
dedication [dɛdɪ'keɪʃən] *n* αφιέρωση.
deduce [dɪ'djuːs] *vt* συμπεραίνω.
deduct [dɪ'dʌkt] *vt* αφαιρώ || **~ion** *n* αφαίρεση, συμπέρασμα *nt* || *(in price etc)* έκπτωση.
deed [diːd] *n* πράξη, έργο || *(LAW)* έγγραφο.
deep [diːp] *a (water)* βαθύς || *(breath)* βαθειά || *(voice)* βαθειά, βαρειά || **in ~ water** σε μεγάλη δυσκολία || **~en** *vt* εμβαθύνω, βαθαίνω || **~-freeze** *n* κατάψυξη || **~-seated** *a* βαθειά ριζωμένος.
deer [dɪə*] *n* ελάφι.
deface [dɪ'feɪs] *vt* παραμορφώνω.
defamation [dɛfə'meɪʃən] *n* δυσφήμηση.
default [dɪ'fɔːlt] *n* παράλειψη, αθέτηση || *(LAW)* απουσία || *(COMPUT)* παράλειψη ♦ *vi* παραλείπω καθήκον, φυγοδικώ || **by ~** ερήμην || **~er** *n* φυγόδικος.
defeat [dɪ'fiːt] *n (overthrow)* ανατροπή, ματαίωση || ήττα, συντριβή ♦ *vt* νικώ, ανατρέπω || **~ist** *a* ηττοπαθής.
defect ['diːfɛkt] *n* ατέλεια, ελάττωμα *nt* ♦ [dɪ'fɛkt] *vi* λιποτακτώ || **~ive** *a* ελλιπής, ελαττωματικός.
defence [dɪ'fɛns] *n (MIL, SPORT)* άμυνα, υπεράσπιση || δικαιολογία || **~less** *a* ανυπεράσπιστος.
defend [dɪ'fɛnd] *vt* υπερασπίζω || **~ant** *n* εναγόμενος || **~er** *n* υπερασπιστής, υπέρμαχος.
defensive [dɪ'fɛnsɪv] *a* αμυντικός ♦ *n* άμυνα.
defer [dɪ'fɜː*] *vt* αναβάλλω.
deference ['dɛfərəns] *n* σεβασμός.
defiance [dɪ'faɪəns] *n* αψηφισιά, περιφρόνηση.
defiant [dɪ'faɪənt] *a* προκλητικός, αψηφών.
deficiency [dɪ'fɪʃənsɪ] *n* έλλειψη, ατέλεια.
deficient [dɪ'fɪʃənt] *a* ατελής, ελλιπής.
deficit ['dɛfɪsɪt] *n* έλλειμμα *nt*.
define [dɪ'faɪn] *vt* (καθ)ορίζω || *(explain)* εξηγώ, καθορίζω.
definite ['dɛfɪnɪt] *a (fixed)*

(καθ)ορισμένος || *(clear)* σαφής || *(GRAM)* οριστικό || **~ly** *ad* σαφώς.
definition [dɛfɪ'nɪʃən] *n* (καθ)ορισμός.
definitive [dɪ'fɪnɪtɪv] *a* οριστικός, τελικός.
deflate [diː'fleɪt] *vt* ξεφουσκώνω || *(currency)* υποτιμώ.
deflation [diː'fleɪʃən] *n (FIN)* υποτίμηση.
deflect [dɪ'flɛkt] *vt* εκτρέπω, παρεκκλίνω.
deform [dɪ'fɔːm] *vt* παραμορφώνω, ασχημίζω || **~ed** *a* δύσμορφος παραμορφωμένος || **~ity** *n* δυσμορφία, παραμόρφωση.
defraud [dɪ'frɔːd] *vt* εξαπατώ, κλέβω.
defrost [diː'frɒst] *vt (fridge)* ξεπαγώνω.
deft [dɛft] *a* επιτήδειος, επιδέξιος.
defunct [dɪ'fʌŋkt] *a* μακαρίτης.
defy [dɪ'faɪ] *vt (challenge)* προκαλώ || *(ignore)* αψηφώ.
degenerate [dɪ'dʒɛnəreɪt] *vi* εκφυλίζομαι ♦ [dɪ'dʒɛnərɪt] *a* εκφυλισμένος.
degradation [dɛgrə'deɪʃən] *n* ξεφτελισμός, υποβιβασμός.
degrading [dɪ'greɪdɪŋ] *a* ξεφτελιστικός, ταπεινωτικός.
degree [dɪ'griː] *n (step, stage)* βαθμός || *(UNIV)* πτυχίο || *(measurement)* μοίρα || **by ~s** βαθμηδόν.
dehydrated [diːhaɪ'dreɪtɪd] *a* αφυδατωμένος.
de-ice [diː'aɪs] *vt (windscreen)* ξεπαγώνω.
deign [deɪn] *vi* καταδέχομαι, ευαρεστούμαι.
deity ['diːɪtɪ] *n* θεότητα.
dejected [dɪ'dʒɛktɪd] *a* κατηφής, άκεφος.
dejection [dɪ'dʒɛkʃən] *n* κατήφεια, ακεφιά.
delay [dɪ'leɪ] *vt* αναβάλλω, καθυστερώ ♦ *vi* βραδύνω, αργώ ♦ *n* αργοπορία, αναβολή, επιβράδυνση || **without ~** χωρίς καθυστέρηση.
delegate ['dɛlɪgɪt] *n* αντιπρόσωπος, απεσταλμένος ♦ ['dɛlɪgeɪt] *vt* εντέλλομαι, εξουσιοδοτώ.
delegation [dɛlɪ'geɪʃən] *n* αντιπροσωπεία.
delete [dɪ'liːt] *vt* αφαιρώ, σβήνω.
deliberate [dɪ'lɪbərɪt] *a (intentional)* εσκεμμένος || *(slow)* αργός, επιφυλακτικός ♦ [dɪ'lɪbəreɪt] *vi* διαλογίζομαι, συνδιασκέπτομαι || **~ly** *ad* εσκεμμένα.
delicacy ['dɛlɪkəsɪ] *n (daintiness)* ευαισθησία, λεπτότητα || *(refinement)* λεπτότητα || *(choice food)* λιχουδιές *fpl.*
delicate ['dɛlɪkɪt] *a (fine)* λεπτός, απαλός || *(fragile)* λεπτός || *(situation)* λεπτός, δύσκολος || *(MED)* λεπτή, ευπαθής.
delicious [dɪ'lɪʃəs] *a* νόστιμος, ευχάριστος.
delight [dɪ'laɪt] *n* ευχαρίστηση, τέρψη ♦ *vt* χαροποιώ, τέρπω || **~ful** *a* γοητευτικός, πολύ ευχάριστος.
delinquency [dɪ'lɪŋkwənsɪ] *n* εγκληματικότητα, αδίκημα *nt.*
delinquent [dɪ'lɪŋkwənt] *n* εγκληματίας, παραπτωματίας ♦ *a* παραπτωματικός || *(ECON)* εκπρόθεσμος.
delirium [dɪ'lɪrɪəm] *n* παραλήρημα *nt.*
deliver [dɪ'lɪvə*] *vt (distribute)* (παρα)δίδω, διανέμω || *(pronounce)* εκφωνώ, μεταδίδω || *(free)* απαλλάσσω, ελευθερώνω, σώζω || **~y** *n* παράδοση, διανομή || *(of speech)* παράδοση, εκφώνηση.
delta ['dɛltə] *n* δέλτα *nt.*
delude [dɪ'luːd] *vt* εξαπατώ.
deluge ['dɛljuːdʒ] *n* κατακλυσμός.

delusion [dɪ'luːʒən] *n* (αυτ)απάτη.
de luxe [dɪ'lʌks] *a* ντε λουξ.
demand [dɪ'maːnd] *vt* απαιτώ, αξιώνω ♦ *n* αξίωση, απαίτηση || *(call for a commodity)* ζήτηση || **in** ~ ζητούμαι || **on** ~ επί τη εμφανίσει || ~**ing** *a* απαιτητικός, διεκδικητικός.
demarcation [diːmaː'keɪʃən] *n* οροθεσία.
demented [dɪ'mɛntɪd] *a* παράφρονας, τρελλός.
demise [dɪ'maɪz] *n* αποβίωση.
demobilization ['diːmɔʊbɪlaɪ'zeɪʃən] *n* αποστράτευση.
democracy [dɪ'mɒkrəsɪ] *n* δημοκρατία.
democrat ['dɛməkræt] *n* δημοκράτης || ~**ic** *a* δημοκρατικός.
demolish [dɪ'mɒlɪʃ] *vt (lit)* κατεδαφίζω, κατακρημνίζω || *(fig)* συντρίβω.
demolition [dɛmə'lɪʃən] *n* κατεδάφιση.
demonstrate ['dɛmənstreɪt] *vt* αποδεικνύω || *(protest)* διαδηλώνω.
demonstration [dɛmən'streɪʃən] *n* απόδειξη, επίδειξη || *(POL)* διαδήλωση.
demonstrator ['dɛmənstreɪtə*] *n* *(POL)* διαδηλωτής.
demoralize [dɪ'mɒrəlaɪz] *vt* εξαχρειώνω, αποθαρρύνω.
demote [dɪ'mɔʊt] *vt* υποβιβάζω.
demure [dɪ'mjʊə*] *a* σοβαρός, μετριόφρονας.
den [dɛn] *n* τρώγλη, φωλιά || *(room)* καμαρούλα.
denial [dɪ'naɪəl] *n* άρνηση.
Denmark ['dɛnmaːk] *n* Δανία.
denomination [dɪnɒmɪ'neɪʃən] *n* *(name)* ονομασία || *(REL)* δόγμα *nt*, θρήσκευμα *nt*.
denote [dɪ'nɔʊt] *vt* δείχνω, εμφαίνω.
denounce [dɪ'naʊns] *vt* καταγγέλω.
dense [dɛns] *a* πυκνός || *(stupid)* βλάκας, αμαθής.
density ['dɛnsɪtɪ] *n* πυκνότητα.
dent [dɛnt] *n* κοίλωμα *nt*, βαθούλωμα *nt* ♦ *vt* κοιλαίνω, βαθουλώνω.
dental ['dɛntl] *a* *(GRAM)* οδοντόφωνος || ~ **surgeon** *n* = **dentist.**
dentist ['dɛntɪst] *n* οδοντίατρος *m/f* || ~**ry** *n* οδοντιατρική.
denture ['dɛntʃə*] *n* οδοντοστοιχία, μασέλα.
deny [dɪ'naɪ] *vt (declare untrue)* διαψεύδω, αρνούμαι || *(disown)* απαρνιέμαι, ανακαλώ || *(refuse)* αρνούμαι.
deodorant [diː'ɔʊdərənt] *n* αποσμητικό.
depart [dɪ'paːt] *vi* αναχωρώ.
department [dɪ'paːtmənt] *n* τμήμα *nt*, υπηρεσία, κλάδος || *(UNIV, SCH)* τμήμα *nt* || *(POL)* διεύθυνση, γραφείο || *(US)* υπουργείο || ~ **store** *n* μεγάλο εμπορικό κατάστημα *nt*.
departure [dɪ'paːtʃə*] *n* αναχώρηση || **new** ~ *n* νέα τάση.
depend [dɪ'pɛnd] *vi*: **it** ~**s** εξαρτάται || **to** ~ **on** *vti* εξαρτώμαι από || ~**able** *a* αξιόπιστος || *(car, machine etc)* απολύτου ασφαλείας || ~**ent** *n (person)* προστατευόμενος ♦ *a (+ on)* εξαρτώμενος από || ~**ence** *n* εξάρτηση || *(trust)* εμπιστοσύνη.
depict [dɪ'pɪkt] *vt* περιγράφω, απεικονίζω.
depleted [dɪ'pliːtɪd] *a* εξηντλημένος.
deplorable [dɪ'plɔːrəbl] *a* θλιβερός, αξιοθρήνητος.
deplore [dɪ'plɔː*] *vt* αποδοκιμάζω, λυπούμαι πολύ.
deploy [dɪ'plɔɪ] *vt* αναπτύσσω.
depopulation ['diːpɒpjʊ'leɪʃən] *n* ελάττωση πληθυσμού.
deport [dɪ'pɔːt] *vt* εκτοπίζω,

απελαύνω || ~**ation** *n* απέλαση, εκτοπισμός || ~**ment** *n* συμπεριφορά.
depose [dɪ'pəuz] *vt* εκθρονίζω.
deposit [dɪ'pɒzɪt] *n* κατάθεση || *(down payment)* προκαταβολή, καπάρο || *(CHEM)* ίζημα *nt*, κατακάθι ♦ *vt (bank)* (παρα)καταθέτω, αποταμιεύω || *(place)* τοποθετώ, βάζω || ~ **account** *n* λογαριασμός καταθέσεως || ~**or** *n* καταθέτης.
depot ['dɛpəu] *n* αποθήκη || *(MIL)* βάση ανεφοδιασμού || *(US: for buses etc)* σταθμός.
depravity [dɪ'prævɪtɪ] *n* αχρειότητα, διαφθορά.
depreciate [dɪ'priːʃɪeɪt] *vt* υποτιμώ ♦ *vi* υποτιμούμαι, πέφτω.
depreciation [dɪpriːʃɪ'eɪʃən] *n* υποτίμηση, πέσιμο.
depress [dɪ'prɛs] *vt (make sad)* συντρίβω, αποθαρρύνω || *(press down)* καταπιέζω, κατεβάζω || ~**ed** *a (person)* μελαγχολικός, αποκαρδιωμένος || *(area)* φτωχός, υποανάπτυκτος || ~**ing** *a* καταθλιπτικός, αποθαρρυντικός || ~**ion** *n (ECON)* ύφεση, κρίση || *(hollow)* κοιλότητα, λακούβα || *(METEOROLOGY)* βαρομετρική ύφεση.
deprivation [dɛprɪ'veɪʃən] *n* στέρηση.
deprive [dɪ'praɪv] *vt (+ of)* στερώ του || ~**d** *a* στερημένος.
depth [dɛpθ] *n* βάθος *nt*, πυθμένας, βαθύτητα || **in the** ~**s of** στην καρδιά του.
deputation [dɛpju'teɪʃən] *n* αποστολή, επιτροπή.
deputize ['dɛpjutaɪz] *vi (+ for)* αναπληρώ, αντιπροσωπεύω.
deputy ['dɛpjutɪ] *a* αναπληρωτικός, βοηθητικός ♦ *n* αναπληρωτής, αντικαταστάτης.
derail [dɪ'reɪl] *vt* εκτροχιάζω || ~**ment** *n* εκτροχίαση.
deranged [dɪ'reɪndʒd] *a* παράφρονας, στριμμένος.
derelict ['dɛrɪlɪkt] *a* εγκαταλελειμμένος.
deride [dɪ'raɪd] *vt* χλευάζω, εμπαίζω.
derision [dɪ'rɪʒən] *n* εμπαιγμός, χλευασμός.
derivative [dɪ'rɪvətɪv] *a* παράγωγος.
derive [dɪ'raɪv] *vt* παράγω, αποκομίζω ♦ *vi* κατάγομαι, παράγομαι.
dermatitis [dɜːmə'taɪtɪs] *n* δερματίτιδα.
derogatory [dɪ'rɒgətərɪ] *a* ξεφτελιστικός, δυσφημιστικός, μειωτικός.
derrick ['dɛrɪk] *n* γερανός || *(of oil well)* ικρίωμα *nt* γεωτρήσεως.
descend [dɪ'sɛnd] *vti* κατεβαίνω || *(rain etc)* πέφτω ♦ *vi*: **to** ~ **from** κατάγομαι || ~**ant** *n* απόγονος.
descent [dɪ'sɛnt] *n (coming down)* κάθοδος *f*, κατέβασμα *nt* || *(origin)* καταγωγή.
describe [dɪs'kraɪb] *vt* περιγράφω.
description [dɪs'krɪpʃən] *n* περιγραφή || *(kind, sort)* είδος *nt*, τύπος.
descriptive [dɪs'krɪptɪv] *a* περιγραφικός.
desecrate ['dɛsɪkreɪt] *vt* βεβηλώνω.
desert ['dɛzət] *n* έρημος *f* ♦ [dɪ'zɜːt] *vt* εγκαταλείπω ♦ *vi (MIL)* λιποτακτώ || ~**er** *n* λιποτάκτης || ~**ion** *n* λιποταξία.
deserve [dɪ'zɜːv] *vt* αξίζω.
deserving [dɪ'zɜːvɪŋ] *a* άξιος, αξιόλογος.
design [dɪ'zaɪn] *n (plan)* σχέδιο, σκοπός, επιδίωξη || *(drawing)* σχέδιο, τύπος || *(the art)* σχέδιο ♦ *vt (plan)* σχεδιάζω || *(purpose)* προορίζω || **to have** ~**s on** έχω βλέψεις σε.

designate [ˈdɛzɪgneɪt] *vt* (προ)ορίζω, διορίζω ♦ [ˈdɛzɪgnɪt] *a* εκλεγείς.
designation [dɛzɪgˈneɪʃən] *n* ορισμός, τίτλος.
designer [dɪˈzaɪnə*] *n (TECH)* μελετητής || *(ART)* σχεδιαστής.
desirable [dɪˈzaɪərəbl] *a* επιθυμητός.
desire [dɪˈzaɪə*] *n* επιθυμία, πόθος ♦ *vt* επιθυμώ, ποθώ || *(ask for)* ζητώ.
desk [dɛsk] *n* γραφείο || *(of student)* θρανίο.
desolate [ˈdɛsəlɪt] *a (barren, dismal)* έρημος.
desolation [dɛsəˈleɪʃən] *n* ερήμωση, καταστροφή.
despair [dɪsˈpɛə*] *n* απόγνωση, απελπισία ♦ *vi (+ of)* απελπίζομαι για.
despatch [dɪsˈpætʃ] = **dispatch.**
desperate [ˈdɛspərɪt] *a (hopeless)* απελπιστικός || *(reckless)* απεγνωσμένος, σκληρός.
desperation [dɛspəˈreɪʃən] *n* απόγνωση.
despicable [dɪsˈpɪkəbl] *a* αηδής, σιχαμερός, αξιοκατοφρόνητος.
despise [dɪsˈpaɪz] *vt* περιφρονώ.
despite [dɪsˈpaɪt] *prep* παρά, σε πείσμα.
despondent [dɪsˈpɒndənt] *a* απελπισμένος, συντριμμένος.
dessert [dɪˈzɜːt] *n* επιδόρπιο || **~spoon** *n* κουταλάκι του γλυκού.
destination [dɛstɪˈneɪʃən] *n* προορισμός.
destiny [ˈdɛstɪnɪ] *n* προορισμός || *(fate)* μοίρα.
destitute [ˈdɛstɪtjuːt] *a* άπορος.
destroy [dɪsˈtrɔɪ] *vt* καταστρέφω || **~er** *n (NAUT)* αντιτορπιλλικό.
destruction [dɪsˈtrʌkʃən] *n* καταστροφή.
destructive [dɪsˈtrʌktɪv] *a* καταστρεπτικός.
detach [dɪˈtætʃ] *vt* αποσπώ, αφαιρώ || **~able** *a* αφαιρούμενος, κινητός || **~ed** *a (attitude)* ανεπηρέαστος || **~ment** *n (MIL)* απόσπασμα *nt* || *(fig)* απόσπαση, αμεροληψία.
detail [ˈdiːteɪl] *n* λεπτομέρεια || *(MIL)* απόσπασμα *nt* ♦ *vt* εκθέτω λεπτομερώς || *(MIL)* ορίζω, αποσπώ || **in ~** λεπτομερώς.
detain [dɪˈteɪn] *vt* κρατώ, εμποδίζω || *(imprison)* φυλακίζω, κρατώ.
detect [dɪˈtɛkt] *vt* ανακαλύπτω, διακρίνω || **~ion** [dɪˈtɛkʃən] *n* ανακάλυψη || **~ive** *n* μυστικός αστυνομικός, ντετέκτιβ *m inv* || **~ive story** *n* αστυνομικό μυθιστόρημα *nt* || **~or** *n* ανιχνευτής.
detention [dɪˈtɛnʃən] *n* κράτηση.
deter [dɪˈtɜː*] *vt* αποτρέπω.
detergent [dɪˈtɜːdʒənt] *n* απορρυπαντικό, καθαρτικό.
deteriorate [dɪˈtɪərɪəreɪt] *vi* επιδεινούμαι, χειροτερεύω.
deterioration [dɪtɪərɪəˈreɪʃən] *n* επιδείνωση.
determination [dɪtɜːmɪˈneɪʃən] *n* απόφαση, αποφασιστικότητα.
determine [dɪˈtɜːmɪn] *vt* (καθ)ορίζω, αποφασίζω || **~d** *a* αποφασιστικός, αποφασισμένος.
deterrent [dɪˈtɛrənt] *n* προληπτικό ♦ *a* αποτρεπτικός.
detest [dɪˈtɛst] *vt* απεχθάνομαι, αποστρέφομαι, σιχαίνομαι || **~able** *a* απεχθής, σιχαμένος.
detonate [ˈdɛtəneɪt] *vti* εκρηγνύω, εκπυρσοκροτώ.
detonator [ˈdɛtəneɪtə*] *n* επικρουστήρας, πυροκροτητής.
detour [ˈdiːtʊə*] *n* απόκλιση, στροφή, λοξοδρόμηση.
detract [dɪˈtrækt] *vi (+ from)* δυσφημώ, μειώνω.
detriment [ˈdɛtrɪmənt] *n*: **to the ~ of** προς βλάβη του || **~al** *a* βλαβερός, επιζήμιος.

devaluation [dɪvælju'eɪʃən] *n* υποτίμηση.
devalue ['diː'væljuː] *vt* υποτιμώ.
devastate ['dɛvəsteɪt] *vt* ερημώνω, καταστρέφω.
devastating ['dɛvəsteɪtɪŋ] *a* εξολοθρευτικός.
develop [dɪ'vɛləp] *vt (make grow)* αναπτύσσω || *(film)* εμφανίζω ♦ *vi (unfold)* αναπτύσσομαι, εκδηλούμαι || *(grow)* αναπτύσσομαι || **~ing** *a (country)* αναπτυσσόμενη || **~ment** *n* ανάπτυξη.
deviate ['diːvɪeɪt] *vi* εκτρέπομαι, παρεκκλίνω.
deviation [diːvɪ'eɪʃən] *n* παρέκκλιση.
device [dɪ'vaɪs] *n* επινόημα *nt*, τέχνασμα *nt*.
devil ['dɛvl] *n* διά(β)ολος, δαίμονας || **~ish** *a* διαβολικός.
devious ['diːvɪəs] *a (means)* έμμεσος, παρεκκλίνων || *(person)* ύπουλος.
devise [dɪ'vaɪz] *vt* επινοώ, μηχανεύομαι.
devoid [dɪ'vɔɪd] *a*: **~ of** στερημένος, χωρίς...
devote [dɪ'vəʊt] *vt* αφιερώνω || **~d** *a* αφοσιωμένος || **~e** *n* λάτρης, οπαδός.
devotion [dɪ'vəʊʃən] *n* αφοσίωση, λατρεία.
devour [dɪ'vaʊə*] *vt* καταβροχθίζω.
devout [dɪ'vaʊt] *a* ευσεβής, θρήσκος.
dew [djuː] *n* δρόσος, δροσιά.
dexterity [dɛks'tɛrɪtɪ] *n* επιδεξιότητα.
diabetes [daɪə'biːtiːz] *n* διαβήτητα.
diabetic [daɪə'bɛtɪk] *a, n* διαβητικός.
diagnose ['daɪəgnəʊz] *vt* κάνω διάγνωση.
diagnosis [daɪəg'nəʊsɪs] *n* διάγνωση.
diagonal [daɪ'ægənl] *a, n* διαγώνιος.
diagram ['daɪəgræm] *n* διάγραμμα *nt*, σχέδιο.
dial ['daɪəl] *n (esp TEL)* δίσκος επιλογής, καντράν *nt inv* ♦ *vt* καλώ, παίρνω || **~ling tone** *n* ένδειξη ελεύθερης γραμμής.
dialect ['daɪəlɛkt] *n* διάλεκτος *f*.
dialogue ['daɪəlɒg] *n* διάλογος.
diameter [daɪ'æmɪtə*] *n* διάμετρος *f*.
diamond ['daɪəmənd] *n* διαμάντι || *(CARDS)* καρρό.
diapers ['daɪəpəz] *npl (US)* πάνες *fpl*.
diaphragm ['daɪəfræm] *n* διάφραγμα *nt*.
diarrhoea [daɪə'riːə] *n* διάρροια.
diary ['daɪərɪ] *n* ημερολόγιο.
dice [daɪs] *npl* ζάρια *ntpl* ♦ *vt (vegetables)* κόβω σε κύβους.
Dictaphone ['dɪktəfəʊn] *n* (R) Dictaphone *nt*.
dictate [dɪk'teɪt] *vt* υπαγορεύω || *(impose)* επιβάλλω ♦ ['dɪkteɪt] *n* πρόσταγμα *nt*, διαταγή.
dictation [dɪk'teɪʃən] *n* υπαγόρευση.
dictator [dɪk'teɪtə*] *n* δικτάτορας.
dictatorship [dɪk'teɪtəʃɪp] *n* δικτατορία.
diction ['dɪkʃən] *n* ύφος λόγου, λεκτικό.
dictionary ['dɪkʃənrɪ] *n* λεξικό.
did [dɪd] *pt of* **do** || **~n't = did not** || *see* **do.**
die [daɪ] *vi* πεθαίνω, τα τινάζω || *(end)* σβήνω || **to ~ away** *vi* εξασθενίζω, σβήνω || **to ~ down** *vi* εξασθενίζω, πέφτω || **to ~ out** *vi* αποθνήσκω, σβήνω.
Diesel ['diːzəl]: **~ engine** *n* ντήζελ *nt inv*.
diet ['daɪət] *n (food)* (δια)τροφή || *(special course)* δίαιτα ♦ *vi* κάνω δίαιτα.
differ ['dɪfə*] *vi* διαφέρω, ξεχωρίζω

|| *(disagree)* διαφωνώ || ~**ence** *n* διαφορά || *(disagreement)* διαφωνία, διαφορά || ~**ent** *a* διάφορος, διαφορετικός || ~**ential** [dɪfə'rɛnʃəl] *n (AUT)* διαφορικό || *(wages)* διαφορική || ~**entiate** *vti* διαφοροποιώ, ξεχωρίζω.

difficult ['dɪfɪkəlt] *a* δύσκολος || ~**y** *n* δυσκολία, δυσχέρεια.

diffidence ['dɪfɪdəns] *n* επιφυλακτικότητα, ντροπαλότητα.

diffident ['dɪfɪdənt] *a* διστακτικός, άτολμος.

diffuse [dɪ'fju:s] *a* διάχυτος ♦ [dɪ'fju:z] *vt* διαχέω, σκορπώ.

dig [dɪg] *(irreg v) vt (hole, garden)* σκάβω || *(nails)* χώνω || *(delve into)* ψάχνω, τρυπώ ♦ *n (prod)* κάρφωμα *nt*, πείραγμα *nt* || *(ARCH)* εκσκαφή || **to ~ up** *vt* εκσκάπτω, ξερριζώνω, ξεθάβω.

digest [daɪ'dʒɛst] *vt* χωνεύω || *(work over)* επεξεργάζομαι ♦ ['daɪdʒɛst] *n* περίληψη, σύνοψη || ~**ion** *n* χώνευση.

digit ['dɪdʒɪt] *n (number)* ψηφίο, αριθμός || *(toe, finger)* δάκτυλος.

dignified ['dɪgnɪfaɪd] *a* αξιοπρεπής.

dignity ['dɪgnɪtɪ] *n* αξιοπρέπεια.

digress [daɪ'grɛs] *vi* εκτρέπομαι, ξεφεύγω || ~**ion** *n* εκτροπή, παρέκβαση.

digs [dɪgz] *npl (Brit col)* δωμάτιο.

dilapidated [dɪ'læpɪdeɪtɪd] *a* σαραβαλιασμένος.

dilate [daɪ'leɪt] *vti* διαστέλλω, πλαταίνω, διαστέλλομαι.

dilemma [daɪ'lɛmə] *n* δίλημμα *nt*.

diligent ['dɪlɪdʒənt] *a* επιμελής.

dilute [daɪ'lu:t] *vt* αραιώνω, νερώνω ♦ *a* αραιός.

dim [dɪm] *a* αμυδρός, μουντός, σκοτεινός || *(stupid)* κουτός ♦ *vt* χαμηλώνω, θολώνω.

dime [daɪm] *n (US)* δέκατο του δολλαρίου.

dimension [dɪ'mɛnʃən] *n* διάσταση, έκταση || ~**s** *npl* διαστάσεις *fpl*.

diminish [dɪ'mɪnɪʃ] *vti* ελαττώνω, ελαττώνομαι.

diminutive [dɪ'mɪnjʊtɪv] *a* υποκοριστικός ♦ *n* υποκοριστικό.

din [dɪn] *n* θόρυβος, πάταγος.

dine [daɪn] *vi* γευματίζω, τρώγω || ~**r** *n* τραπεζαρία τραίνου || *(person)* γευματίζων.

dinghy ['dɪŋgɪ] *n* μικρή βάρκα.

dingy ['dɪndʒɪ] *a* μαυρισμένος, βρώμικος.

dining car ['daɪnɪŋka:*] *n* βαγκόν-ρεστωράν *nt inv*.

dining room ['daɪnɪŋrʊm] *n* τραπεζαρία.

dinner ['dɪnə*] *n* γεύμα *nt*, φαΐ || *(public)* επίσημο γεύμα || ~ **jacket** *n* σμόκιν *nt inv* || ~ **party** *n* τραπέζι || ~ **time** *n* ώρα φαγητού.

diocese ['daɪəsɪs] *n* επισκοπή.

dip [dɪp] *n (slope)* κλίση, πλαγιά || *(bath)* βουτιά ♦ *vt* εμβαπτίζω, βουτώ || *(AUT)* χαμηλώνω || *(flag)* κατεβάζω ♦ *vi (slope)* γέρνω, κατηφορίζω, χαμηλώνω.

diphtheria [dɪf'θɪərɪə] *n* διφθερίτιδα.

diphthong ['dɪfθɒŋ] *n* δίφθογγος *f*.

diploma [dɪ'pləʊmə] *n* δίπλωμα *nt*.

diplomacy [dɪ'pləʊməsɪ] *n* διπλωματία.

diplomat ['dɪpləmæt] *n* διπλωμάτης || ~**ic** *a* διπλωματικός.

dipstick ['dɪpstɪk] *n* βυθομετρική ράβδος *f*.

dire [daɪə*] *a* καταστρεπτικός, τρομερός, έσχατος.

direct [daɪ'rɛkt] *a (straight)* ευθύς, ίσιος || *(immediate)* άμεσος ♦ *vt (manage)* διευθύνω, διοικώ || *(aim)* κατευθύνω, δείχνω.

direction [dɪ'rɛkʃən] *n (control)* διεύθυνση, διαχείρηση || *(of traffic)* ρύθμιση || *(of movement)* κατεύθυνση, φορά || **~s** *npl (for use)* οδηγίες *fpl* || **~al** *a* κατά διεύθυνση.

directly [dɪ'rɛktlɪ] *ad (in straight line)* κατευθείαν, ίσια || *(at once)* αμέσως.

director [dɪ'rɛktə*] *n* διευθυντής/ρια *m/f*, ο γενικός.

directory [dɪ'rɛktərɪ] *n (esp TEL)* (τηλεφωνικός) κατάλογος || *(COMPUT)* κατάλογος.

dirt [dɜːt] *n* ακαθαρσία, βρωμιά, ρύπος *nt* || **~ road** *n (US)* χωματόδρομος || **~y** *a* ρυπαρός λερωμένος, ακάθαρτος || *(mean)* βρώμικος, πρόστυχος ♦ *vt* λερώνω, μουντζουρώνω.

disability [dɪsə'bɪlɪtɪ] *n* ανικανότητα || *(physical)* αναπηρία.

disabled [dɪs'eɪbld] *a* ανίκανος, σακατεμένος, ανάπηρος.

disadvantage [dɪsəd'vaːntɪdʒ] *n* μειονέκτημα *nt*, ελάττωμα *nt* || *(sell at)* ζημιά || **~ous** [dɪsædvaːn'teɪdʒəs] *a* ασύμφορος, δυσμενής.

disagree [dɪsə'griː] *vi* διαφωνώ || **to ~ with** *vt* δεν ταιριάζω, δεν πηγαίνω || *(food)* πειράζω || **~able** *a* δυσάρεστος, αντιπαθητικός || **~ment** *n* διαφωνία, διάσταση, ασυμφωνία.

disallow ['dɪsə'laʊ] *vt* αρνούμαι, απορρίπτω, απαγορεύω.

disappear [dɪsə'pɪə*] *vi* εξαφανίζομαι || **~ance** *n* εξαφάνιση.

disappoint [dɪsə'pɔɪnt] *vt* απογοητεύω, χαλώ, στενοχωρούμαι || **~ing** *a* απογοητευτικός || **~ment** *n* απογοήτευση, λύπη.

disapproval [dɪsə'pruːvəl] *n* αποδοκιμασία.

disapprove [dɪsə'pruːv] *vi (+ of)* αποδοκιμάζω, επικρίνω.

disarm [dɪs'aːm] *vt* αφοπλίζω || **~ament** *n* αφοπλισμός.

disaster [dɪ'zaːstə*] *n* συμφορά, δυστύχημα *nt*.

disastrous [dɪ'zaːstrəs] *a* ολέθριος, καταστρεπτικός.

disband [dɪs'bænd] *vt* απολύω, διαλύω.

disbelief ['dɪsbə'liːf] *n* δυσπιστία.

disc [dɪsk] *n* δίσκος.

discard [dɪs'kaːd] *vt* απορρίπτω, αφήνω.

discern [dɪ'sɜːn] *vt* διακρίνω, ξεχωρίζω || **~ing** *a* οξυδερκής, διακριτικός.

discharge [dɪs'tʃaːdʒ] *vt (unload ship etc)* ξεφορτώνω || *(fire a gun)* πυροβολώ || *(dismiss)* απολύω || *(MIL)* αποστρατεύω || *(perform duties)* εκτελώ, εκπληρώ ♦ *n (MED)* απέκκριμα *nt* || *(MIL)* αποστράτευση || *(flow)* εκκένωση.

disciple [dɪ'saɪpl] *n* μαθητής/ήτρια *m/f*, οπαδός.

discipline ['dɪsɪplɪn] *n* πειθαρχία ♦ *vt* πειθαρχώ, τιμωρώ.

disclaim [dɪs'kleɪm] *vt* απαρνούμαι.

disclose [dɪs'kləʊz] *vt* αποκαλύπτω.

disclosure [dɪs'kləʊʒə*] *n* αποκάλυψη, εκδήλωση.

disco ['dɪskəʊ] *n abbr of* **discothèque.**

discoloured [dɪs'kʌləd] *a* ξεβαμμένο, ξεθωριασμένο.

discomfort [dɪs'kʌmfət] *n* *(uneasiness)* δυσφορία, στενοχωρία || *(lack of comfort)* έλλειψη ανέσεως, κακουχία.

disconcert [dɪskən'sɜːt] *vt* ταράσσω, συγχύζω.

disconnect ['dɪskə'nɛkt] *vt* διασπώ, αποσυνδέω.

discontent ['dɪskən'tɛnt] *n* δυσαρέσκεια || **~ed** *a* δυσαρεστημένος.

discontinue ['dɪskən'tɪnjuː] *vti* διακόπτω, καταργώ.

discord ['dɪskɔːd] *n (quarrelling)* διαφωνία, διχόνοια || *(MUS)*

παραφωνία || **~ant** *a* ασύμφωνος, παράφωνος.
discothèque ['dɪskəutɛk] *n* δισκοθήκη.
discount ['dɪskaunt] *n* έκπτωση, σκόντο || *(bank)* προεξόφληση, υφαίρεση ♦ [dɪs'kaunt] *vt (disbelieve)* περιφρονώ, δεν πιστεύω.
discourage [dɪs'kʌrɪdʒ] *vt (take away confidence)* αποθαρρύνω || *(disapprove)* αποδοκιμάζω, αποτρέπω.
discouraging [dɪs'kʌrɪdʒɪŋ] *a* αποθαρρυντικός.
discourteous [dɪs'kɜːtɪəs] *a* αγενής.
discover [dɪs'kʌvə*] *vt* ανακαλύπτω || **~y** *n* ανακάλυψη.
discredit [dɪs'krɛdɪt] *vt* δυσπιστώ, υποτιμώ.
discreet [dɪs'kriːt] *a* νουνεχής, διακριτικός.
discrepancy [dɪs'krɛpənsɪ] *n* διαφορά, ασυμφωνία.
discretion [dɪs'krɛʃən] *n (prudence)* φρόνηση, σύνεση || *(right to decide)* βούληση.
discriminate [dɪs'krɪmɪneɪt] *vi* κάνω διάκριση, ξεχωρίζω.
discriminating [dɪs'krɪmɪneɪtɪŋ] *a* διακριτικός, μεροληπτικός.
discrimination [dɪskrɪmɪ'neɪʃən] *n* διάκριση, ορθοφροσύνη.
discuss [dɪs'kʌs] *vt* συζητώ || **~ion** *n* συζήτηση.
disdain [dɪs'deɪn] *vt* περιφρονώ || *n* περιφρόνηση || **~ful** *a* υπεροπτικός, περιφρονητικός.
disease [dɪ'ziːz] *n* νόσημα *nt*, ασθένεια.
disembark [dɪsɪm'bɑːk] *vti* αποβιβάζω, αποβιβάζομαι.
disengage [dɪsɪn'geɪdʒ] *vt (AUT)* αποσυμπλέκω.
disentangle ['dɪsɪn'tæŋgl] *vt* διαχωρίζω, ξεμπλέκω.
disfigure [dɪs'fɪgə*] *vt* παραμορφώνω.
disgrace [dɪs'greɪs] *n (general)* δυσμένεια || *(thing)* αίσχος *nt*, ντροπή ♦ *vt* ντροπιάζω, ξεφτελίζω || **~ful** *a* επονείδιστος.
disgruntled [dɪs'grʌntld] *a* δυσαρεστημένος, κατσουφιασμένος.
disguise [dɪs'gaɪz] *vt (change appearance)* μεταμφιέζω || *(hide)* αποκρύπτω ♦ *n* μεταμφίεση, απόκρυψη.
disgust [dɪs'gʌst] *n* αηδία ♦ *vt* αηδιάζω || **~ing** *a* αηδιαστικός, σιχαμερός.
dish [dɪʃ] *n* πιάτο || *(meal)* φαγητό || **to ~ up** *vt* παρουσιάζω, σερβίρω || **~cloth** *n* πιατόπανο.
dishearten [dɪs'hɑːtn] *vt* αποθαρρύνω, απελπίζω.
dishevelled [dɪ'ʃɛvəld] *a* ξεμαλλιασμένος, ανακατωμένος.
dishonest [dɪs'ɒnɪst] *a* ανέντιμος, κακοήθης || **~y** *n* κακοήθεια, ατιμία.
dishonour [dɪs'ɒnə*] *n* αίσχος *nt*, ατιμία.
dishwasher ['dɪʃwɒʃə*] *n* πλυντήριο πιάτων.
disillusion [dɪsɪ'luːʒən] *vt* απογοητεύω.
disinfect [dɪsɪn'fɛkt] *vt* απολυμαίνω || **~ant** *n* απολυμαντικό.
disintegrate [dɪs'ɪntɪgreɪt] *vi* αποσυντίθεμαι, θρυμματίζομαι.
disinterested [dɪs'ɪntrɪstɪd] *a* αφιλοκερδής, αδιάφορος.
disjointed [dɪs'dʒɔɪntɪd] *a* ασυνάρτητος, εξαρθρωμένος.
disk [dɪsk] *n* = **disc.**
diskette [dɪs'kɛt] *n (COMPUT)* δισκέτα.
dislike [dɪs'laɪk] *n* αντιπάθεια, αποστροφή ♦ *vt* αντιπαθώ, απεχθάνομαι.
dislocate ['dɪsləukeɪt] *vt (bone)*

εξαρθρώνω, στραμπουλίζω || ξεχαρβαλώνω, χαλνώ.

dislodge [dɪs'lɒdʒ] *vt* εκτοπίζω, εκδιώκω.

disloyal [dɪs'lɔɪəl] *a* άπιστος.

dismal ['dɪzməl] *a* ζοφερός, μελαγχολικός.

dismantle [dɪs'mæntl] *vt* παροπλίζω, λύω.

dismay [dɪs'meɪ] *n* κατάπληξη, φόβος ♦ *vt (dishearten)* πτοώ, φοβίζω, απογοητεύω.

dismiss [dɪs'mɪs] *vt (discharge)* απολύω, παύω || *(out of mind)* διώχνω, βγάζω || *(send away)* απομακρύνω, διώχνω || *(LAW)* απορρίπτω, απαλλάσσω || **~al** *n* απόλυση, παύση.

disobedience [dɪsə'biːdɪəns] *n* ανυπακοή, παρακοή.

disobedient [dɪsə'biːdɪənt] *a* ανυπάκουος, πεισματάρης.

disobey ['dɪsə'beɪ] *vt* παρακούω, παραβαίνω.

disorder [dɪs'ɔːdə*] *n (confusion)* ακαταστασία, αταξία || *(commotion)* ταραχή, φασαρία || *(MED)* διαταραχή.

disorderly [dɪs'ɔːdəlɪ] *a (untidy)* ακατάστατος || *(unruly)* άτακτος, απείθαρχος.

disown [dɪs'əʊn] *vt* απαρνούμαι, αποκηρύττω.

disparaging [dɪs'pærɪdʒɪŋ] *a* δυσφημιστικό.

disparity [dɪs'pærɪtɪ] *n* ανισότητα, διαφορά.

dispatch [dɪs'pætʃ] *vt (goods)* στέλνω, διεκπεραιώνω ♦ *n* αποστολή, διεκπεραίωση || *(esp MIL)* αναφορά, μήνυμα *nt*.

dispel [dɪs'pɛl] *vt* διασκορπίζω.

dispensary [dɪs'pɛnsərɪ] *n* φαρμακείο.

dispense [dɪs'pɛns] *vt* διανέμω, χορηγώ || **to ~ with** *vt* κάνω χωρίς.

disperse [dɪs'pɜːs] *vt* διασκορπίζω ♦ *vi* διασκορπίζομαι.

displace [dɪs'pleɪs] *vt* εκτοπίζω || **~d person** *n* πρόσφυγας.

display [dɪs'pleɪ] *n (of goods)* έκθεση, επίδειξη || *(of feeling)* εκδήλωση || *(MIL)* επίδειξη ♦ *vt* επιδεικνύω, εκθέτω.

displease [dɪs'pliːz] *vt* δυσαρεστώ.

displeasure [dɪs'plɛʒə*] *n* δυσαρέσκεια.

disposal [dɪs'pəʊzəl] *n (of property)* διάθεση || **at one's ~** στη διάθεση.

dispose [dɪs'pəʊz]: **to ~ of** *vt* απαλλάσσομαι, ξεφορτώνομαι.

disposed [dɪs'pəʊzd] *a* διατεθειμένος.

disposition [dɪspə'zɪʃən] *n (character)* προδιάθεση, χαρακτήρας.

disproportionate [dɪsprə'pɔːʃnɪt] *a* δυσανάλογος.

disprove [dɪs'pruːv] *vt* αναιρώ, ανασκευάζω.

dispute [dɪs'pjuːt] *n* αμφισβήτηση, φιλονεικία ♦ *vt* αμφισβητώ, διεκδικώ.

disqualify [dɪs'kwɒlɪfaɪ] *vt* καθιστώ ακατάλληλο || *(SPORT)* αποκλείω.

disregard ['dɪsrɪ'gɑːd] *vt* παραβλέπω, αγνοώ, περιφρονώ.

disreputable [dɪs'rɛpjʊtəbl] *a* ανυπόληπτος, κακόφημος.

disrespectful [dɪsrɪ'spɛktfʊl] *a* ασεβής.

disrupt [dɪs'rʌpt] *vt* διασπώ, διαλύω || **~ion** *n* διάσπαση.

dissatisfaction ['dɪssætɪs'fækʃən] *n* δυσαρέσκεια.

dissatisfied ['dɪs'sætɪsfaɪd] *a* δυσαρεστημένος.

dissect [dɪ'sɛkt] *vt* κατατέμνω, διαμελίζω.

dissent [dɪ'sɛnt] *n* διχογνωμία, διαφωνία ♦ *vi* διαφωνώ.

dissident ['dɪsɪdənt] *a* διϊστάμενος, διαφωνών.

dissipate ['dɪsɪpeɪt] *vt (waste)* σπαταλώ, ασωτεύω || *(disperse)* (δια)σκορπίζω.

dissociate [dɪ'səuʃɪeɪt] *vt* αποσπώ, διαχωρίζω, απομακρύνω.

dissolute ['dɪsəlu:t] *a* άσωτος, έκλυτος.

dissolve [dɪ'zɒlv] *vt* διαλύω ♦ *vi* διαλύομαι, λυώνω.

dissuade [dɪ'sweɪd] *vt* αποτρέπω, μεταπείθω.

distance ['dɪstəns] *n* απόσταση, διάστημα *nt* || **in the ~** μακρυά.

distant ['dɪstənt] *a (far away)* μακρυά, μακρυνός || απομεμακρυσμένος, επιφυλακτικός.

distaste ['dɪs'teɪst] *n* αποστροφή, απέχθεια || **~ful** *a* δυσάρεστος, απεχθής.

distil [dɪs'tɪl] *vt* αποστάζω, διϋλίζω || **~lery** *n* ποτοποιείο.

distinct [dɪs'tɪŋkt] *a (different)* διαφορετικός || *(clear)* ευδιάκριτος, σαφής || **~ion** *n (difference)* διαφορά || *(honour etc)* διάκριση, τιμή || *(medal etc)* παράσημο || **~ive** *a* διακριτικός, χαρακτηριστικός || **~ly** *ad* ευδιάκριτα, καθαρά.

distinguish [dɪs'tɪŋgwɪʃ] *vt* διακρίνω, ξεχωρίζω, διαφοροποιώ || **~ed** *a (eminent)* διακεκριμένος || **~ing** *a* χαρακτηριστικός, διακριτικός.

distort [dɪs'tɔ:t] *vt (out of shape)* διαστρέφω, στραβώνω || *(fig)* διαστρεβλώνω, παραποιώ || **~ion** *n* παραμόρφωση, διαστρέβλωση.

distract [dɪs'trækt] *vt* αποσπώ, περισπώ || *(drive mad)* περιπλέκω, τρελλαίνω || **~ion** *n (inattention)* περίσπαση, αφηρημάδα || *(distress)* διατάραξη, αναστάτωση || *(diversion)* διασκέδαση.

distraught [dɪs'trɔ:t] *a* ταραγμένος, συγχυσμένος.

distress [dɪs'trɛs] *n (grief)* απελπισία, αγωνία, πίκρα || *(suffering)* αθλιότητα, δυστυχία || *(difficulty)* κίνδυνος, σε δύσκολη θέση ♦ *vt* θλίβω, στενοχωρώ || **~ing** *a* δυσάρεστος, οδυνηρός || **~ signal** *n* σήμα *nt* κινδύνου.

distribute [dɪs'trɪbju:t] *vt (give out)* διανέμω, μοιράζω || *(spread)* εξαπλώνω.

distribution [dɪstrɪ'bju:ʃən] *n* διανομή, κατανομή.

distributor [dɪs'trɪbjutə*] *n (COMM)* διανομέας, αντιπρόσωπος || *(AUT etc)* διανομέας.

district ['dɪstrɪkt] *n (of country)* περιοχή, περιφέρεια || *(of town)* συνοικία || **~ attorney** *n (US)* εισαγγελέας || **~ nurse** *n (Brit)* επισκέπτρια νοσοκόμος.

distrust [dɪs'trʌst] *n* δυσπιστία, υποψία ♦ *vt* δυσπιστώ προς, υποπτεύομαι.

disturb [dɪs'tɜ:b] *vt (upset)* ταράσσω, ενοχλώ || *(agitate)* ταράσσω, κλονίζω || **~ance** *n* διατάραξη, φασαρία || **~ing** *a* ενοχλητικός, ανησυχητικός.

disused ['dɪs'ju:zd] *a* αχρηστευμένος, απηρχαιωμένος.

ditch [dɪtʃ] *n* τάφρος *f*, χαντάκι.

ditto ['dɪtəu] *n* ομοίως.

divan [dɪ'væn] *n (bed)* ντιβάνι.

dive [daɪv] *n (into water)* βουτιά || *(AVIAT)* βύθιση ♦ *vi* βυθίζομαι, βουτώ || **~r** *n (professional)* δύτης.

diverge [daɪ'vɜ:dʒ] *vi* δίισταμαι, αποκλίνω.

diverse [daɪ'vɜ:s] *a* διάφορος, ποικίλος.

diversify [daɪ'vɜ:sɪfaɪ] *vt* διαφοροποιώ, ποικίλλω.

diversion [daɪ'vɜ:ʃən] *n* απόκλιση,

λοξοδρομία || *(of traffic)* διοχέτευση || *(pastime)* διασκέδαση.
diversity [daɪˈvɜːsɪtɪ] *n* ανομοιότητα, ποικιλία.
divert [daɪˈvɜːt] *vt* αποσπώ, εκτρέπω || *(entertain)* διασκεδάζω.
divide [dɪˈvaɪd] *vt* διανέμω, (δια)μοιράζω, χωρίζω ♦ *vi* διαιρώ, χωρίζω.
dividend [ˈdɪvɪdɛnd] *n* μέρισμα *nt*, τοκομερίδιο *(MATH)* διαιρετέος.
divine [dɪˈvaɪn] *a* θείος, θεϊκός.
diving board [ˈdaɪvɪŋbɔːd] *n* εξέδρα για βουτιές.
divinity [dɪˈvɪnɪtɪ] *n* θεότητα || *(study)* θεολογία.
division [dɪˈvɪʒən] *a (dividing)* διανομή, μοιρασιά || *(MATH)* διαίρεση || *(MIL)* μεραρχία || *(part)* τμήμα *nt* || *(of opinion)* διχόνοια, διαίρεση.
divorce [dɪˈvɔːs] *n* διαζύγιο, διάζευξη ♦ *vt* χωρίζω || **~d** *a* χωρισμένος.
divulge [daɪˈvʌldʒ] *vt* αποκαλύπτω, φανερώνω.
dizziness [ˈdɪzɪnɪs] *n* ίλιγγος, ζάλη.
dizzy [ˈdɪzɪ] *a* ζαλισμένος.
do [duː] *(irreg v) vt* κάνω, εκτελώ, εκπληρώ, τελειώνω, ταιριάζω, αρκώ ♦ *vi (act, proceed)* κάνω || *(be suitable)* ταιριάζω, κάνω ♦ *n (party)* πάρτυ *nt inv*.
docile [ˈdəʊsaɪl] *a* πειθήνιος, υπάκουος.
dock [dɒk] *n (NAUT)* νεοδόχος, δεξαμενή || *(court)* εδώλιο ♦ *vi (NAUT)* δεξαμενίζομαι || **~er** *n* φορτοεκφορτωτής, λιμενεργάτης.
docket [ˈdɒkɪt] *n* περιληπτική επιγραφή.
dockyard [ˈdɒkjaːd] *n* ναύσταθμος.
doctor [ˈdɒktə*] *n (MED)* γιατρός *m/f* || *(UNIV)* διδάκτωρ *m/f*.
doctrine [ˈdɒktrɪn] *n* δόγμα *nt*, θεωρία.
document [ˈdɒkjʊmɛnt] *n* έγγραφο || **~ary** [dɒkjʊˈmɛntərɪ] *n (film)* ντοκυμαντέρ *nt inv*.
dodge [dɒdʒ] *n* υπεκφυγή, τέχνασμα *nt* ♦ *vt* ξεφεύγω, αποφεύγω ♦ *vi* εκφεύγω, παραμερίζω, κάνω πλάι.
dog [dɒg] *n* σκυλί || *(human)* παλιάνθρωπος || **~ biscuit** *n* μπισκότο για σκύλους || **~ collar** *n* λαιμοδέτης (σκύλου) || *(col)* κολλάρο κληρικού.
dogged [ˈdɒgɪd] *a* ισχυρογνώμων, πεισματάρης.
dogma [ˈdɒgmə] *n* δόγμα *nt* || **~tic** [dɒgˈmætɪk] *a (stubborn)* κατηγορηματικός, δογματικός.
doings [ˈduːɪŋz] *npl (activities)* πράξεις *fpl*, έργα *ntpl*.
doldrums [ˈdɒldrəmz] *npl*: **in the ~** άκεφος.
dole [dəʊl] *n (Brit: for unemployed)* επίδομα *nt* ανεργίας || **to be on the ~** παίρνω επίδομα ανεργίας || **to ~ out** *vt* διανέμω, μοιράζω.
doleful [ˈdəʊlfʊl] *a* λυπητερός, πένθιμος.
doll [dɒl] *n* κούκλα ♦ *vt*: **to ~ o.s. up** στολίζομαι.
dollar [ˈdɒlə*] *n* δολλάριο, τάληρο.
dolphin [ˈdɒlfɪn] *n* δελφίνι.
dome [dəʊm] *n* θόλος, τρούλλος.
domestic [dəˈmɛstɪk] *a (of the house)* οικιακός, του σπιτιού || *(of the country)* εσωτερικός, εγχώριος || *(tame: of animal)* οικιακός || **~ated** *a* εξημερωμένος.
dominant [ˈdɒmɪnənt] *a* επικρατών, υπερισχύων.
dominate [ˈdɒmɪneɪt] *vt* δεσπόζω, κυριαρχώ.
domination [dɒmɪˈneɪʃən] *n* κυριαρχία.
domineering [dɒmɪˈnɪərɪŋ] *a* δεσποτικός, αυταρχικός.
dominion [dəˈmɪnɪən] *n (rule)* κυριαρχία, εξουσία || *(land)* κτήση (αποικία).

dominoes ['dɒmɪnəuz] *npl* ντόμινο.
donate [dəu'neɪt] *vt* δωρίζω.
donation [dəu'neɪʃən] *n* δωρεά.
done [dʌn] *pp of* **do.**
donkey ['dɒŋkɪ] *n* γάιδαρος, γαϊδούρι.
donor ['dəunə*] *n* δωρητής.
don't [dəunt] = **do not** || *see* **do.**
doom [duːm] *n (fate)* μοίρα || *(death)* θάνατος, καταστροφή ♦ *vt:* **to be ~ed** είμαι καταδικασμένος.
door [dɔː*] *n* πόρτα || **~bell** *n* κουδούνι (της πόρτας) || **~handle** *n* πόμολο, (χειρο)λαβή || **~man** *n* θυρωρός, πορτιέρης || **~mat** *n* ψάθα εξώπορτας || **~step** *n* σκαλοπάτι.
dope [dəup] *n (drug)* ναρκωτικό.
dopey ['dəupɪ] *a (col)* βλάκας || *(doped)* χασικλωμένος.
dormant ['dɔːmənt] *a* λανθάνων, κοιμώμενος.
dormitory ['dɔːmɪtrɪ] *n* υπνοθάλαμος.
dosage ['dəusɪdʒ] *n* δόση.
dose [dəus] *n* δόση ♦ *vt* δίνω φάρμακο.
dot [dɒt] *n* στιγμή || **on the ~** στη στιγμή, στην ώρα.
dote [dəut]: **to ~ on** *vt* αγαπώ τρελλά.
double ['dʌbl] *a* διπλός, διπλάσιος ♦ *ad* διπλά, διπλάσια, δύο-δύο ♦ *n (match)* σωσίας, ταίρι ♦ *vt* διπλασιάζω || *(fold in two)* διπλώνω ♦ *vi* διπλασιάζομαι, διπλώνομαι || **at the ~** τροχάδην || **~s** *npl (TENNIS)* διπλός (αγώνας) || **~ bass** *n* κοντραμπάσσο || **~ bed** *n* διπλό κρεββάτι || **~-breasted** *a* σταυρωτός || **~-cross** *n* προδοσία ♦ *vt* προδίδω, εξαπατώ || **~-decker** *n* διόροφο (λεωφορείο) || **~ room** *n* δίκλινο.
doubly ['dʌblɪ] *ad* διπλάσια.
doubt [daut] *n* αμφιβολία ♦ *vt* αμφιβάλλω, αμφισβητώ || **without ~** χωρίς καμμιά αμφιβολία || **~ful** *a* αμφίβολος || **~less** *ad* αναμφιβόλως.
dough [dəu] *n* ζυμάρι || **~nut** *n* τηγανίτα, λουκουμάς.
dove [dʌv] *n* περιστέρι.
dovetail ['dʌvteɪl] *n* ψαλιδωτή ένωση ♦ *vt* ταιριάζω.
dowdy ['daudɪ] *a* άκομψος, κακοντυμένος.
down [daun] *n (fluff)* πούπουλο, χνούδι ♦ *ad* κάτω, χάμω ♦ *prep* πιο κάτω, προς τα κάτω, χαμηλότερα ♦ *vt* κατεβάζω, ρίχνω κάτω, νικώ || **~ with X!** κάτω ο Χ || **~-and-out** *a* κατεστραμμένος, στην ψάθα || **~-at-heel** *a* μπατήρης || **~cast** *a* κατηφής || **~fall** *n* πτώση, παρακμή || **~hearted** *a* αποθαρρυμένος, κακόκεφος || **~hill** *ad* κατηφορικώς, προς τα κάτω || **~pour** *n* μπόρα || **~right** *a* ευθύς, ειλικρινής, απόλυτος || **~stairs** *ad* κάτω || *a* κάτω, στο κάτω πάτωμα || **~stream** *ad* με το ρεύμα || **~town** *ad* στην πόλη || **~ward** *a* κατηφορικός, κατερχόμενος || **~wards** *ad* προς τα κάτω, και κάτω.
dowry ['dauri] *n* προίκα.
doz. *abbr of* **dozen.**
doze [dəuz] *vi* λαγοκοιμάμαι ♦ *n* υπνάκος.
dozen ['dʌzn] *n* δωδεκάδα.
Dr. *abbr of* **doctor** || *abbr of* **drive** *(n).*
drab [dræb] *a (dull)* μονότονος, ανιαρός.
drachma ['drækmə] *n* δραχμή.
draft [drɑːft] *n (rough copy)* (προ)σχέδιο || *(ECON)* γραμμάτιο, συναλλαγματική || *(US MIL)* στρατολογία ♦ *vt* συντάσσω, ετοιμάζω προσχέδιο || *see* **draught.**
drag [dræg] *vt (pull)* σέρνω || *(NAUT)* βυθοκορώ ♦ *vi* βραδυπορώ,

σέρνομαι ♦ *n (bore)* φορτικός άνθρωπος || **to ~ on** *vi* συνεχίζω ανιαρά.

drain [dreɪn] *n (lit)* οχετός, αγωγός, αυλάκι || *(fig)* φυγή, διαρροή, εξάντληση ♦ *vt (water)* αποχετεύω || *(fig)* αδειάζω, απομυζώ ♦ *vi (of water)* στάζω, στραγγίζω || **~age** *n* αποχέτευση, αποστράγγιση || **~pipe** *n* σωλήνας αποχετεύσεως, υδρορρόη.

dram [dræm] *n* δράμι || *(col)* σταγόνα.

drama ['drɑːmə] *n* δράμα *nt* || **~tic** [drə'mætɪk] *a* δραματικός || **~tist** *n* δραματογράφος, δραματουργός.

drank [dræŋk] *pt of* **drink.**

drape [dreɪp] *vt* κοσμώ με ύφασμα, ντύνω || **~s** *npl (US)* κουρτίνες *fpl* || **~r** *n* υφασματέμπορος.

drastic ['dræstɪk] *a* δραστικός, αποφασιστικός.

draught [drɑːft] *n (air)* ρεύμα *nt* (αέρος) || *(NAUT)* βύθισμα *nt* || **~s** *n (game)* ντάμα, νταμιέρα || **(beer) on ~** (μπύρα) του βαρελιού || **~board** *n* αβάκιο.

draughtsman ['drɑːftsmən] *n* σχεδιαστής.

draughty ['drɑːftɪ] *a* με πολλά ρεύματα.

draw [drɔː] *(irreg v) vt (pull)* σέρνω, τραβώ, σηκώνω || *(attract)* ελκύω, τραβώ || *(a picture)* χαράσσω, σχεδιάζω, ζωγραφίζω || *(take out)* εξάγω, βγάζω, τραβάω ♦ *vi (SPORT)* έρχομαι ισόπαλος ♦ *n (SPORT)* ισοφάριση || *(lottery)* κλήρωση || **to ~ to a close** πλησιάζω στο τέλος || **to ~ out** *vi (train)* ξεκινώ || *(lengthen)* παρατείνω, τραβώ σε μάκρος ♦ *vt (take out)* αποσύρω, τραβώ || **to ~ up** *vi (stop)* φθάνω ♦ *vt (document)* συντάσσω, καταστρώνω || **~back** *n* μειονέκτημα *nt*, ελάττωμα *nt* || **~bridge** *n* κρεμαστή γέφυρα.

drawer [drɔː*] *n* συρτάρι.

drawing ['drɔːɪŋ] *n* σχέδιο, σκίτσο || *(art of drawing)* σχέδιο || **~ pin** *n* πινέζα || **~ room** *n* σαλόνι, σάλα.

drawl [drɔːl] *n* συρτή φωνή ♦ *vi* σέρνω τη φωνή.

dread [drɛd] *n* τρόμος, φόβος, ανησυχία ♦ *vt* φοβούμαι, τρέμω || **~ful** *a* φοβερός, τρομερός.

dream [driːm] *(irreg v) n* όνειρο || *(fancy)* ονειροπόληση ♦ *vi* ονειρεύομαι ♦ *a* ονειρώδης || **~er** *n* ονειροπόλος || **~y** *a* ονειροπόλος, φαντασιόπληκτος, θολός.

dreary ['drɪərɪ] *a* μονότονος, πληκτικός.

dredge [drɛdʒ] *vt* βυθοκορώ, εκβαθύνω || **~r** *n* βυθοκόρος.

dregs [drɛgz] *npl* κατακάθι, μούργα.

drench [drɛntʃ] *vt* καταβρέχω, μουσκεύω.

dress [drɛs] *n* ενδυμασία, ρούχα *ntpl*, ντύσιμο || *(esp woman's)* φόρεμα *nt*, φουστάνι ♦ *vt* ντύνω, στολίζω || *(a wound)* επενδύω || *(food)* ετοιμάζω για μαγείρεμα || **to ~ up** *vi* ντύνομαι || **~ circle** *n* πρώτος εξώστης || **~er** *n (person)* που ντύνεται καλά || *(US)* κομψός || **~ing** *n (MED)* επίδεση || *(for food)* ετοιμασία, σάλτσα || **~ing gown** *n* ρόμπα || **~ing room** *n (THEAT)* καμαρίνι || **~ing table** *n* τουαλέττα (έπιπλο) || **~maker** *n* ράφτρα, μοδίστρα || **~making** *n* ραπτική || **~ rehearsal** *n* τελευταία πρόβα, γενική δοκιμή.

drew [druː] *pt of* **draw.**

dribble ['drɪbl] *vi (trickle)* στάζω ♦ *vt (SPORT)* κάνω τρίπλες.

dried [draɪd] *a* ξηρός, απεξηραμένος, στεγνός.

drift [drɪft] *n (driven by tide etc)* κατεύθυνση, διεύθυνση, ταχύτητα || *(mass of snow etc)* χιονοστιβάδα, συσσώρευση || *(meaning)* έννοια, νόημα *nt* ♦ *vi (off course)* παρασύρομαι, ξεπέφτω || *(aimlessly)* περιφέρομαι άσκοπα || ~**wood** *n* ξύλο που επιπλέει.

drill [drɪl] *n (tool)* τρυπάνι, δράπανο || *(MIL)* γυμνάσια *ntpl*, άσκηση ♦ *vt (bore)* τρυπώ, ανοίγω || *(exercise)* εκπαιδεύω, γυμνάζω ♦ *vi (+ for)* κάνω γεώτρηση.

drink [drɪŋk] *(irreg v) n (liquid)* ποτό, αναψυκτικό || *(alcoholic)* πιοτό ♦ *vti (swallow liquid)* πίνω || ~**er** *n* πότης || ~**ing water** *n* πόσιμο νερό.

drip [drɪp] *n* στάξιμο, σταλαγματιά ♦ *vi* στάζω, σταλάζω || ~**ping** *n* στάξιμο || *(fat)* λίπος ψητού || ~**ping wet** *a* μουσκεμένος.

drive [draɪv] *(irreg v) n (trip in car)* κούρσα, διαδρομή || *(road)* δρόμος πάρκου || *(campaign)* καμπανια, έρανος || *(energy)* ενεργητικότητα, δραστηριότητα || *(SPORT)* κτύπημα *nt* || *(COMPUT: also:* **disk** ~*)* μονάδα δίσκου ♦ *vt (car etc)* οδηγώ, σωφάρω || *(urge)* διώχνω, σπρώχνω || *(nail etc)* καρφώνω, μπάζω || *(operate)* κινώ, βάζω μπρος || *(force)* αναγκάζω, παρακινώ ♦ *vi (at controls)* οδηγώ, χειρίζομαι || *(travel)* πηγαίνω, τρέχω.

driver ['draɪvə*] *n* οδηγός || ~**'s license** *n (US)* άδεια οδηγού.

driving ['draɪvɪŋ] *a (rain)* νεροποντή || ~ **instructor** *n* δάσκαλος οδηγήσεως || ~ **lesson** *n* μάθημα *nt* οδηγήσεως || ~ **licence** *n (Brit)* άδεια οδηγού || ~ **school** *n* σχολή οδηγών || ~ **test** *n* εξέταση για άδεια οδηγού.

drizzle ['drɪzl] *n* ψιχάλισμα *nt* ♦ *vi* ψιχαλίζω.

droll [drəul] *a* αστείος, κωμικός.

dromedary ['drɒmɪdərɪ] *n* κάμηλος *f* η δρομάς.

drone [drəun] *n (bee)* κηφήνας || *(sound)* βόμβος, βουητό ♦ *vi* σαλιαρίζω, μωρολογώ.

droop [druːp] *vi* πέφτω, γέρνω, σκύβω.

drop [drɔːp] *n (of liquid)* σταγόνα, στάλα || *(fall)* πτώση, πέσιμο || *(MED)* σταγόνα ♦ *vt (let fall)* ρίχνω, αφήνω να πέσει || *(lower)* κατεβάζω, χαμηλώνω || *(cease)* εγκαταλείπω, παρατώ, αφήνω ♦ *vi (fall)* πέφτω || **to** ~ **off** *vi (sleep)* αποκοιμιέμαι || **to** ~ **out** *vi (withdraw)* αποσύρομαι.

dross [drɒs] *n* ακαθαρσίες *fpl*, απορρίμματα *ntpl*.

drought [draut] *n* ξηρασία.

drove [drəuv] *pt of* **drive** ♦ *n (crowd)* πλήθος *nt* ανθρώπων, κοπάδι.

drown [draun] *vt* πνίγω || *(flood)* πλημμυρίζω ♦ *vi* πνίγομαι.

drowsy ['drauzɪ] *a* νυσταλέος, νυσταγμένος.

drudgery ['drʌdʒərɪ] *n* μόχθος, αγγαρεία.

drug [drʌg] *n (MED)* φάρμακο || *(narcotic)* ναρκωτικό ♦ *vt* δίνω ναρκωτικό σε, ντοπάρω || ~ **addict** *n* τοξικομανής, πρεζάκιας || ~**gist** *n (US)* φαρμακοποιός *m/f* || ~**store** *n (US)* φαρμακείο.

drum [drʌm] *n (MUS)* τύμπανο, τούμπανο || *(barrel)* βαρέλι || ~**mer** *n* τυμπανιστής.

drunk [drʌŋk] *pp of* **drink** ♦ *n* μέθυσος, μπεκρής || ~**ard** *n* μεθύστακας || ~**en** *a* μεθυσμένος || ~**enness** *n* μέθη, μεθύσι.

dry [draɪ] *a (not wet)* ξηρός, ξερός || *(of well)* στερεμένος || *(rainless)* άνυδρος || *(uninteresting)* ξερός, κρύος || *(wine)* μπρούσκο ♦ *vt* ξηραίνω, στεγνώνω, στίβω ♦ *vi* ξεραίνομαι, στεγνώνω || **to** ~ **up** *vi* ξεραίνομαι || *(of well)* στερεύω || ~**-cleaner** *n* καθαριστήριο || ~**er** *n* στεγνωτής, στεγνωτήριο || ~ **rot** *n* σαράκι.

dual ['djuəl] *a* διπλός, δυϊκός || ~

nationality *n* διπλή υπηκοότητα || **~-purpose** *a* διπλής χρήσεως.

dubbed [dʌbd] *a (CINE)* ντουμπλαρισμένο.

dubious ['dju:biəs] *a* αμφίβολος, αμφιβάλλων, αβέβαιος.

duchess ['dʌtʃis] *n* δούκισσα.

duck [dʌk] *n* πάπια ♦ *vt* βουτώ, σκύβω ♦ *vi* βουτώ || **~ling** *n* παπάκι.

duct [dʌkt] *n* αγωγός, σωλήνας.

dud [dʌd] *n* μη εκραγείσα οβίδα ♦ *a* άχρηστος, τενεκές *m*, αποτυχημένος.

due [dju:] *a (owing)* οφειλόμενος, λήγων || *(deserved)* ανήκων, δίκαιος, σωστός || *(expected)* αναμενόμενος ♦ *ad* κατ'ευθείαν, ίσια προς || **~s** *npl (debt)* τέλη *ntpl*, δασμός || *(balance)* οφειλόμενο, ανήκον || **~ to** οφειλόμενο σε, λόγω.

duel ['djuəl] *n* μονομαχία.

duet [dju:'ɛt] *n* δυωδία, ντουέτο.

dug [dʌg] *pt, pp of* **dig.**

duke [dju:k] *n* δούκας.

dull [dʌl] *a (person)* βραδύνους, κουτός || *(boring)* πληκτικός, ανιαρός || *(weather)* βαρύς, σκοτεινός ♦ *vt (soften, weaken)* εξασθενίζω, ξεθωριάζω.

duly ['dju:li] *ad* δεόντως, εγκαίρως.

dumb [dʌm] *a (lit)* βουβός, μουγγός || *(stupid)* ανόητος, κουτός, ηλίθιος.

dummy ['dʌmi] *n (model)* κούκλα, ανδρείκελο || *(substitute)* ομοίωμα *nt* || *(for baby)* πιπιλίστρα ♦ *a* πλαστός, ψεύτικος, εικονικός.

dump [dʌmp] *n* σκουπιδότοπος || *(storing place)* αποθήκη ♦ *vt* ξεφορτώνω, απορρίπτω || **~ing** *n (COMM)* πουλώ φτηνά || *(rubbish)* ανατροπή, εκφόρτιση.

dumpling ['dʌmpliŋ] *n* κομμάτι ζύμης βρασμένο με κρέας || *(pie)* πίτα.

dunce [dʌns] *n* αμαθής, ντουβάρι.

dune [dju:n] *n* αμμόλοφος.

dung [dʌŋ] *n* κοπριά.

dungarees [dʌŋgə'ri:z] *npl* φόρμα εργάτη.

dungeon ['dʌndʒən] *n* μπουντρούμι, φυλακή.

dupe [dju:p] *n* θύμα *nt*, απάτη, κορόϊδο ♦ *vt* εξαπατώ, κοροϊδεύω.

duplicate ['dju:plikit] *a* διπλός, διπλάσιος ♦ *n* διπλότυπο ♦ ['dju:plikeit] *vt* αντιγράφω || **in ~** εις διπλούν.

durable ['djuərəbl] *a* ανθεκτικός, διαρκής.

duration [djuə'reiʃən] *n* διάρκεια.

during ['djuəriŋ] *prep* κατά τη διάρκεια.

dusk [dʌsk] *n* σούρουπο.

dust [dʌst] *n* σκόνη, κονιορτός, στάκτη ♦ *vt* ξεσκονίζω, πασπαλίζω || **~bin** *n (Brit)* τενεκές *nt* σκουπιδιών || **~er** *n* ξεσκονόπανο || *(feather)* φτερό || **~man** *n (Brit)* οδοκαθαριστής, σκουπιδιάρης || **~y** *a* σκονισμένος.

Dutch [dʌtʃ] *a* ολλανδικός ♦ *n (LING)* Ολλανδικά || **the ~** *npl* οι Ολλανδοί || **~man** *n* Ολλανδέζος || **~woman** *n* Ολλανδέζα.

duty ['dju:ti] *n* καθήκον *nt* || *(job)* καθήκον(τα), υποχρέωση || *(MIL)* υπηρεσία || *(tax)* δασμός, φόρος || **on ~** εν υπηρεσία || **~-free** *a* αφορολόγητος ♦ *n* αφορολόγητα *ntpl.*

dwarf [dwɔ:f] *n* νάνος.

dwell [dwɛl] *(irreg v) vi* διαμένω, κατοικώ || **to ~ on** *vt* εμμένω σε, επιμένω || **~ing** *n* κατοικία.

dwindle ['dwindl] *vi* ελαττώνομαι, μικραίνω.

dye [dai] *n* βαφή, χρωματισμός ♦ *vt* βάφω.

dying ['daiiŋ] *a (man)* ετοιμοθάνατος.

dynamic [daɪˈnæmɪk] *a* δυναμικός || ~**s** *n* δυναμική.
dynamite [ˈdaɪnəmaɪt] *n* δυναμίτιδα.
dynamo [ˈdaɪnəməʊ] *n* γεννήτρια, δυναμό.
dynasty [ˈdɪnəstɪ] *n* δυναστεία.
dysentery [ˈdɪsntrɪ] *n* δυσεντερία.

E

each [iːtʃ] *a* καθένας, κάθε ♦ *pron* κάθε || ~ **other** ο ένας τον άλλο, αλλήλους.
eager [ˈiːgə*] *a* ένθερμος, ανυπόμονος, πρόθυμος.
eagle [ˈiːgl] *n* αετός.
ear [ɪə*] *n* αυτί || *(for music)* λεπτή ακοή || *(of corn)* στάχυ *nt* || ~**ache** *n* ωταλγία, αυτόπονος || ~**drum** *n* τύμπανο.
earl [ɜːl] *n* κόμης, κόντες *m.*
early [ˈɜːlɪ] *a (before the season)* πρώιμος, πρόωρος || *(in the morning)* πρωινός ♦ *ad (in the morning)* πρωί || *(in time)* ενωρίς.
earn [ɜːn] *vt* κερδίζω, βγάζω || *(acquire)* αποκτώ, κατακτώ.
earnest [ˈɜːnɪst] *a* σοβαρός || *(ardent)* διάπυρος, ένθερμος || **in** ~ *ad* στα σοβαρά.
earnings [ˈɜːnɪŋz] *npl* απολαβές *fpl,* αποδοχές *fpl* || *(of a firm)* κέρδη *ntpl.*
earphones [ˈɪəfəʊnz] *npl* ακουστικά *ntpl.*
earring [ˈɪərɪŋ] *n* σκουλαρίκι.
earth [ɜːθ] *n (planet)* γη, κόσμος || *(soil)* γη, έδαφος, χώμα *nt* || *(ELEC)* γη, προσγείωση ♦ *vt (ELEC)* προσγειώνω || ~**enware** *n* πήλινα *ntpl* || ~**quake** *n* σεισμός.
earwig [ˈɪəwɪg] *n (insect)* φορφικούλη, ψαλίδα.
ease [iːz] *n (facility)* ευχέρεια, ευκολία, άνεση || *(comfort)* ανάπαυση, άνεση, ξεκούραση ♦ *vt (reduce pain etc)* ανακουφίζω, καταπραΰνω || *(remove pressure)* καθησυχάζω, ξεφορτώνω || **at** ~! ανάπαυση! || **to** ~ **off** *or* **up** *vi* ελαττώνω, εργάζομαι αργότερα.
easily [ˈiːzɪlɪ] *ad* ήρεμα, εύκολα.
east [iːst] *n (direction)* ανατολή || *(in direction)* ανατολικά *ntpl* ♦ *a* ανατολικός ♦ *ad* προς ανατολάς, ανατολικά || **the E**~ Ανατολή.
Easter [ˈiːstə*] *n* Πάσχα *nt,* Λαμπρή.
eastern [ˈiːstən] *a (from, of the east)* ανατολικός.
eastward(s) [ˈiːstwəd(z)] ad προς ανατολάς.
easy [ˈiːzɪ] *a (not difficult)* ευχερής, εύκολος || *(life)* ξεκούραστος, άνετος || *(manner)* άνετος, αβίαστος || *(yielding)* καλόβολος ♦ *ad* εύκολα, ήρεμα, ήσυχα.
eat [iːt] *(irreg v) vt (swallow)* τρώγω || *(one's words)* καταπίνω || *(consume)* (κατα)τρώγω, υπονομεύω || **to** ~ **away** *vt* κατατρώγω, προσβάλλω || ~**able** *a* φαγώσιμος.
eavesdrop [ˈiːvzdrɒp] *vi (+ on)* κρυφακούω.
ebb [ɛb] *n* άμπωτη || *(fig)* παρακμή, πέσιμο ♦ *vi* κατεβαίνω, πέφτω.
ebony [ˈɛbənɪ] *n* έβενος, αμπανός.
ebullient [ɪˈbʌlɪənt] *a (enthusiastic)* εκδηλωτικός, ενθουσιώδης.
eccentric [ɪkˈsɛntrɪk] *a (odd)* εκκεντρικός, παράξενος ♦ *n (person)* ιδιότροπος.
ecclesiastical [ɪkliːzɪˈæstɪkl] *a* εκκλησιαστικός.
echo [ˈɛkəʊ] *n* ηχώ *f,* αντήχηση, αντίλαλος ♦ *vt* αντηχώ ♦ *vi* αντηχώ, απηχώ, αντιλαλώ.
eclipse [ɪˈklɪps] *n* έκλειψη ♦ *vt* προκαλώ έκλειψη || *(fig)* επισκιάζω.
economic [iːkəˈnɒmɪk] *a* οικονομικός || ~**al** *a* οικονομικός ||

(of person) φειδωλός || **~s** *npl* οικονομικά *ntpl.*
economist [ɪˈkɒnəmɪst] *n* οικονομολόγος *m/f.*
economize [ɪˈkɒnəmaɪz] *vi (+ on)* οικονομώ, κάνω οικονομία σε.
economy [ɪˈkɒnəmɪ] *n* οικονομία.
ecstasy [ˈɛkstəsɪ] *n* έκσταση, μάγευμα *nt.*
ecstatic [ɛkˈstætɪk] *a* εκστατικός.
ecumenical [iːkjuːˈmɛnɪkl] *a* οικουμενικός.
eczema [ˈɛksɪmə] *n* έκζεμα *nt.*
edge [ɛdʒ] *n (boundary)* όχθη, παρυφή, άκρη || *(of garment)* ούγια || *(brink)* ακμή, χείλος, άκρη || *(of knife)* κόψη, ακμή || **on ~ = edgy.**
edgy [ˈɛdʒɪ] *a* εκνευρισμένος.
edible [ˈɛdɪbl] *a* φαγώσιμος.
edict [ˈiːdɪkt] *n* διάταγμα *nt.*
edifice [ˈɛdɪfɪs] *n* οικοδόμημα *nt,* κτίριο.
edit [ˈɛdɪt] *vt* εκδίδω, διευθύνω || *(COMPUT)* συντά σσω επιμελούμαι || **~ion** [ɪˈdɪʃən] *n* έκδοση || **~or** *n (of newspaper)* (αρχι)συντάκτης || *(of book)* εκδότης, επιμελητής εκδόσεως || **~orial** *a* εκδοτικός, συντακτικός ♦ *n* (κύριο) άρθρο.
educate [ˈɛdjʊkeɪt] *vt* εκπαιδεύω, σπουδάζω, μαθαίνω.
education [ɛdjʊˈkeɪʃən] *n (system)* εκπαίδευση || *(schooling)* σπουδές *fpl,* εκπαίδευση, μόρφωση || **~al** *a* εκπαιδευτικός, μορφωτικός.
EEC *N (abbr of European Economic Community)* Ε.Ο.Κ. *f* (ευρωπαϊκή οικονομική Κοινότητα).
eel [iːl] *n* χέλι.
eerie [ˈɪərɪ] *a* μυστηριώδης, παράξενος, τρομακτικός.
effect [ɪˈfɛkt] *n (result)* ενέργεια, επίδραση, επιρροή, αποτέλεσμα *nt* || *(impression)* εντύπωση, αίσθηση ♦ *vt* πραγματοποιώ, επιτυγχάνω || **~s** *npl (sound, visual)* σκηνικά *ntpl* εφφέ || **in ~** πράγματι, πραγματικά || **~ive** *a* αποτελεσματικός, ουσιαστικός.
effeminate [ɪˈfɛmɪnɪt] *a* θηλυπρεπής, γυναικωτός.
effervescent [ɛfəˈvɛsnt] *a* (ανα)βράζων, αεριούχος || *(person)* ζωηρός.
efficiency [ɪˈfɪʃənsɪ] *n* αποτελεσματικότητα, δραστικότητα || *(of machine)* απόδοση.
efficient [ɪˈfɪʃənt] *a* αποτελεσματικός || *(person)* ικανός, επιδέξιος.
effigy [ˈɛfɪdʒɪ] *n* ομοίωμα *nt,* εικόνα.
effort [ˈɛfət] *n* προσπάθεια || **~less** *a* χωρίς προσπάθεια, εύκολος.
effrontery [ɪˈfrʌntərɪ] *n* αυθάδεια, αδιαντροπιά.
e.g. *ad (abbr of exempli gratia)* παραδείγματος χάρη, π.χ.
egalitarian [ɪgælɪˈtɛərɪən] *a* ισοπεδωτικός.
egg [ɛg] *n* αυγό || **to ~ on** *vt* εξωθώ, παρακινώ, σπρώχνω || **~cup** *n* αυγοθήκη || **~plant** *n* μελιτζανιά || **~shell** *n* τσόφλι αυγού.
ego [ˈiːgəʊ] *n* το εγώ.
egotist [ˈɛgəʊtɪst] *n* περιαυτολόγος.
Egypt [ˈiːdʒɪpt] *n* Αίγυπτος || **~ian** [iːˈdʒɪpʃən] *n* Αιγύπτιος ♦ *a* αιγυπτιακός.
eiderdown [ˈaɪdədaʊn] *n (quilt)* πουπουλένιο πάπλωμα *nt.*
eight [eɪt] *num* οκτώ, οχτώ || **~een** *num* δέκα οκτώ || **eighth** *a* όγδοος || **~y** *num* ογδόντα.
Eire [ˈɛərə] *n* Ιρλανδία.
either [ˈaɪðə*] *a* εκάτερος, έκαστος, καθένας ♦ *pron* ή ο ένας ή ο άλλος, έκαστος || *cj* ή ... ή, είτε...είτε ♦ *ad* ούτε...ούτε.
eject [ɪˈdʒɛkt] *vt* εκβάλλω, βγάζω || *(throw out)* διώχνω, βγάζω έξω || **~or seat** *n* εκτοξευόμενο κάθισμα *nt.*
elaborate [ɪˈlæbərɪt] *a* επιμελημένος, εξονυχιστικός,

περίπλοκος ♦ [ɪ'læbəreɪt] *vt* επεξεργάζομαι, δουλεύω, επιμελούμαι.

elapse [ɪ'læps] *vi* παρέρχομαι, περνώ.

elastic [ɪ'læstɪk] *n* ελαστικό, λάστιχο ♦ *a* ελαστικός, εύκαμπτος || ~ **band** *n* λαστιχάκι.

elated [ɪ'leɪtɪd] *a* συνεπαρμένος, έξαλλος.

elation [ɪ'leɪʃən] *n* έπαρση, χαρά, κέφι.

elbow ['ɛlbəʊ] *n* αγκώνας.

elder ['ɛldə*] *a* πρεσβύτερος, μεγαλύτερος ♦ *n* μεγαλύτερος || *(tree)* ακτή, σαμπούκος || ~**ly** *a* ηλικιωμένος.

elect [ɪ'lɛkt] *vt* εκλέγω ♦ *a* εκλεκτός || ~**ion** *n* εκλογή || ~**ioneering** *n* ψηφοθηρία || ~**or** *n* ψηφοφόρος *m/f* || ~**oral** *a* εκλογικός || ~**orate** *n* οι ψηφοφόροι *mpl*.

electric [ɪ'lɛktrɪk] *a (appliance)* ηλεκτρικός || ~**al** *a* ηλεκτρικός || ~ **blanket** *n* θερμοφόρα κουβέρτα || ~ **chair** *n (US)* ηλεκτρική καρέκλα || ~ **cooker** *n* η. κουζινα, μάτι || ~ **current** *n* η. ρεύμα *nt* || ~ **fire** *n* ηλεκτρική σόμπα.

electrician [ɪlɛk'trɪʃən] *n* ηλεκτρολόγος.

electricity [ɪlɛk'trɪsɪtɪ] *n* ηλεκτρισμός.

electrify [ɪ'lɛktrɪfaɪ] *vt* (εξ)ηλεκτρίζω.

electrocute [ɪ'lɛktrəkju:t] *vt* θανατώνω με ηλεκτρισμό, με ηλεκτροπληξία.

electron [ɪ'lɛktrɒn] *n* ηλεκτρόνιο.

electronic [ɛlək'trɒnɪk] *a* ηλεκτρονικός || ~**s** *n* ηλεκτρονική.

elegance ['ɛlɪgəns] *n* κομψότητα.

elegant ['ɛlɪgənt] *a* κομψός.

element ['ɛləmənt] *n (all senses)* στοιχείο || ~**ary** [ɛlɪ'mɛntərɪ] *a* στοιχειώδης.

elephant ['ɛlɪfənt] *n* ελέφαντας.

elevate ['ɛlɪveɪt] *vt* (αν)υψώνω.

elevation [ɛlɪ'veɪʃən] *n (height)* ύψος, ύψωμα *nt*.

elevator ['ɛlɪveɪtə*] *n* ανελκυστήρας, ασανσέρ *nt inv*.

eleven [ɪ'lɛvən] *a* έντεκα ♦ *n (team)* ομάδα έντεκα παικτών || ~**ses** *npl* κολατσό.

elf [ɛlf] *n* έλφα, αγερικό, ξωτικό.

elicit [ɪ'lɪsɪt] *vt* εξάγω, αποσπώ, βγάζω.

eligible ['ɛlɪdʒɪbl] *a* εκλέξιμος, κατάλληλος.

eliminate [ɪ'lɪmɪneɪt] *vt* αποβάλλω, διαγράφω || *(MATH)* εξαλείφω.

elimination [ɪlɪmɪ'neɪʃən] *n* αποκλεισμός, διαγραφή.

elite [ɪ'li:t] *n* εκλεκτή τάξη, αφρόκρεμα.

elm [ɛlm] *n* φτελιά.

elocution [ɛlə'kju:ʃən] *n* ευγλωττία, απαγγελία.

elongated ['i:lɒŋgeɪtɪd] *a* επιμήκης, μακρύς.

elope [ɪ'ləʊp] *vi* απάγομαι, φεύγω εκουσίως κλέβομαι || ~**ment** *n* εκουσία απαγωγή.

eloquence ['ɛləkwəns] *n* ευφράδεια.

eloquent ['ɛləkwənt] *a* ευφραδής, εύγλωττος.

else [ɛls] *ad* οποιοσδήποτε άλλος, επί πλέον, αλλού || *(otherwise)* άλλως, αλλοιώς || ~**where** *ad* αλλού.

elucidate [ɪ'lu:sɪdeɪt] *vt* διευκρινίζω, δι ασαφηνίζω.

elude [ɪ'lu:d] *vt* ξεφεύγω, διαφεύγω.

elusive [ɪ'lu:sɪv] *a* άπιαστος, απατηλός.

emaciated [ɪ'meɪsɪeɪtɪd] *a* αδυνατισμένος, πετσί και κόκκαλο.

emanate ['ɛməneɪt] *vi* απορρέω, προέρχομαι, πηγάζω.

emancipate [ɪ'mænsɪpeɪt] *vt* απελευθερώνω.

emancipation [ɪmænsɪˈpeɪʃən] *n* χειραφέτηση, απελευθέρωση.
embalm [ɪmˈbɑːm] *vt* ταριχεύω, βαλσαμώνω.
embankment [ɪmˈbæŋkmənt] *n* ανάχωμα *nt.*
embargo [ɪmˈbɑːgəʊ] *n* απαγόρευση, περιορισμός.
embark [ɪmˈbɑːk] *vt* επιβιβάζω ♦ *vi* επιβιβάζομαι || **to ~ on** *vt* αρχίζω || **~ation** [ɛmbɑːˈkeɪʃən] *n* μπαρκάρισμα *nt.*
embarrass [ɪmˈbærəs] *vt* φέρω σε αμηχανία, στενοχωρώ || **~ing** *a* *(humiliating)* ενοχλητικός, ξεφτελιστικός || **~ment** *n* στεναχώρια, αμηχανία, μπλέξιμο.
embassy [ˈɛmbəsɪ] *n* πρεσβεία.
embed [ɪmˈbɛd] *vt* χώνω, θάβω.
embellish [ɪmˈbɛlɪʃ] *vt* καλλωπίζω, στολίζω.
embers [ˈɛmbəz] *npl* θράκα.
embezzle [ɪmˈbɛzl] *vt* καταχρώμαι || **~ment** *n* κατάχρηση, σφετερισμός.
embitter [ɪmˈbɪtə*] *vt* πικραίνω.
emblem [ˈɛmbləm] *n (symbol)* σύμβολο || *(badge etc)* έμβλημα *nt.*
embodiment [ɪmˈbɒdɪmənt] *n* ενσάρκωση, προσωποποίηση.
embody [ɪmˈbɒdɪ] *vt (ideas)* ενσαρκώνω, πραγματοποιώ || *(new features)* ενσωματώνω, περιλαμβάνω.
emboss [ɪmˈbɒs] *vt* αναγλύφω, χαράσσω αναγλύφως.
embrace [ɪmˈbreɪs] *vt (clasp)* εναγκαλίζομαι, αγκαλιάζω || *(include)* περιλαμβάνω, περικλείω ♦ *n* εναγκαλισμός, ασπασμός.
embroider [ɪmˈbrɔɪdə*] *vt* κεντώ, κάνω κέντημα || **~y** *n* κέντημα *nt.*
embryo [ˈɛmbrɪəʊ] *n (fig)* έμβρυο.
emerald [ˈɛmərld] *n* σμαράγδι.
emerge [ɪˈmɜːdʒ] *vi* αναδύομαι, (ξε) βγαίνω, ξεπροβάλλω.
emergence [ɪˈmɜːdʒəns] *n* εμφάνιση.
emergency [ɪˈmɜːdʒənsɪ] *n* επείγουσα ανάγκη ♦ *a (action)* έκτακτος || **~ exit** *n* έξοδος *f* κινδύνου.
emery [ˈɛmərɪ] *n*: **~ board** *n* γυαλόχαρτο || **~ paper** *n* σμυριδόχαρτο.
emetic [ɪˈmɛtɪk] *n* εμετικό.
emigrant [ˈɛmɪgrənt] *n* μετανάστης/ρια *m/f* ♦ *a* μεταναστευτικός.
emigrate [ˈɛmɪgreɪt] *vi* μεταναστεύω.
emigration [ɛmɪˈgreɪʃən] *n* μετανάστευση.
eminence [ˈɛmɪnəns] *n (distinction)* ανωτερότητα, διασημότητα || *(ECCL)* εξοχότητα.
eminent [ˈɛmɪnənt] *a* διακεκριμένος, έξοχος, διάσημος.
emission [ɪˈmɪʃən] *n (of gases)* εκπομπή, αποβολή.
emit [ɪˈmɪt] *vt* εκπέμπω, αναδίνω.
emotion [ɪˈməʊʃən] *n* συγκίνηση, (ψυχική) αναταραχή || **~al** *a* *(person)* ευσυγκίνητος, ευαίσθητος || *(scene)* συγκινητικός || **~ally** *ad* με συγκίνηση, συναισθηματικά.
emotive [ɪˈməʊtɪv] *a* συγκινητικός.
emperor [ˈɛmpərə*] *n* αυτοκράτορας.
emphasis [ˈɛmfəsɪs] *n* έμφαση.
emphasize [ˈɛmfəsaɪz] *vt* τονίζω, υπογραμμίζω.
emphatic [ɪmˈfætɪk] *a* εμφατικός.
empire [ˈɛmpaɪə*] *n* αυτοκρατορία.
empirical [ɛmˈpɪrɪkl] *a* εμπειρικός.
employ [ɛmˈplɔɪ] *vt (use)* χρησιμοποιώ, εφαρμόζω || *(hire)* απασχολώ, έχω || **~ee** *n* υπάλληλος *m/f* || **~er** *n* εργοδότης/ρια *m/f* || **~ment** *n (job)* απασχόληση, δουλειά, εργασία || *(jobs collectively)* χρήση, χρησιμοποίηση.
empress [ˈɛmprɪs] *n* αυτοκράτειρα.
emptiness [ˈɛmptɪnɪs] *n* κενό.

empty ['ɛmptɪ] *a* κενός, άδειος ♦ *vt* *(contents)* κενώνω, αδειάζω || *(container)* αδειάζω || ~**-handed** *a* με άδεια χέρια.

emulate ['ɛmjuleɪt] *vt* αμιλλώμαι, μιμούμαι, ακολουθώ.

emulsion [ɛ'mʌlʃən] *n* γαλάκτωμα *nt*.

enable [ɪ'neɪbl] *vt* καθιστώ ικανό, διευκολύνω, επιτρέπω.

enamel [ɪ'næml] *n* βερνίκι, σμάλτο, λάκα || *(of teeth)* σμάλτο.

enamoured [ɪ'næməd] *a (+ of)* ερωτευμένος.

enchant [ɪn'tʃɑːnt] *vt (bewitch)* μαγεύω || *(delight)* γοητεύω || ~**ing** *a* *(delightful)* γοητευτικός.

encircle [ɪn'sɜːkl] *vt* (περι)κυκλώνω, (περι)σφίγγω.

enclose [ɪn'kləuz] *vt (shut in)* περικλείω, (περι)μαντρώνω || *(in a letter etc)* εγκλείω, εσωκλείω.

enclosure [ɪn'kləuʒə*] *n (space)* φράκτης, μαντρότοιχος || *(in a letter)* συνημμένο, εσώκλειστο.

encore ['ɒŋkɔː*] *n* πάλι, μπις.

encounter [ɪn'kauntə*] *n* συνάντηση || *(battle)* σύγκρουση ♦ *vt* *(meet)* συναντώ.

encourage [ɪn'kʌrɪdʒ] *vt* ενθαρρύνω, δίνω κουράγιο || ~**ment** *n* εμψύχωση, ενθάρρυνση.

encroach [ɪn'krəutʃ] *vi (+ (up)on)* καταπατώ.

encyclop(a)edia [ɛnsaɪkləu'piːdɪə] *n* εγκυκλοπαίδεια.

end [ɛnd] *n (finish)* τέρμα *nt*, τέλος *nt* || *(of book, day, rope, street, queue)* άκρη, τέλος *nt*, ουρά || *(purpose)* σκοπός, επιδίωξη ♦ *a* τελικός, ακραίος ♦ *vt* τερματίζω, τελειώνω ♦ *vi* τερματίζομαι, καταλήγω.

endanger [ɛn'deɪndʒə*] *vt* διακινδυνεύω, (εκ)θέτω σε κίνδυνο.

endeavour [ɛn'dɛvə*] *n* προσπάθεια ♦ *vi* προσπαθώ, πασχίζω.

ending ['ɛndɪŋ] *n* τέλος *nt*, κατάληξη.

endless ['ɛndlɪs] *a* ατελείωτος, απέραντος.

endorse [ɪn'dɔːs] *vt (cheque etc)* οπισθογραφώ, θεωρώ || *(approve)* υποστηρίζω, εγκρίνω || ~**ment** *n* οπισθογράφηση || *(of action)* έγκριση.

endow [ɛn'dau] *vt* προικίζω || *(equip)* διωρίζω.

end product ['ɛndprɒdʌkt] *n* τελικό προϊόν.

endurance [ɛn'djuərəns] *n* αντοχή.

endure [ɛn'djuə*] *vt* υπομένω, ανέχομαι ♦ *vi* διαρκώ, αντέχω.

enemy ['ɛnəmɪ] *n* εχθρός ♦ *a* εχθρικός.

energetic [ɛnə'dʒɛtɪk] *a* ενεργητικός, δραστήριος.

energy ['ɛnədʒɪ] *n (of person)* ενέργεια, δύναμη || *(PHYS)* ενέργεια.

enforce [ɛn'fɔːs] *vt* επιβάλλω, εκτελώ, εφαρμόζω.

engage [ɛn'geɪdʒ] *vt (hire)* προσλαμβάνω, παίρνω || *(take part in)* απασχολώ, επισύρω, τραβώ || *(begin fight)* επιτίθεμαι || *(TECH)* συνδέω, βάζω || ~**d** *a (to marry)* αρραβωνιασμένος || *(TEL)* κατειλημμένη, μιλάει || *(in use)* απησχολημένος, πιασμένος || *(person)* είμαι προσκεκλημένος, έχω κλείσει || ~**ment** *n (appointment)* δέσμευση, ραντεβού *nt inv* || *(to marry)* μνηστεία, αρραβώνιασμα *nt* || *(MIL)* συμπλοκή, σύγκρουση || ~**ment ring** *n* βέρα.

engaging [ɛn'geɪdʒɪŋ] *a* θελκτικός, που τραβάει.

engender [ɛn'dʒɛndə*] *vt* γεννώ, προκαλώ.

engine ['ɛndʒɪn] *n (AUT)* μηχανή, κινητήρας, μοτέρ *nt inv* || *(RAIL)* ατμομηχανή, ωτομοτρίς || ~

failure *or* **trouble** *n* βλάβη μηχανής ή κινητήρα.

engineer [ɛndʒɪ'nɪə*] *n* μηχανικός || *(US RAIL)* μηχανοδηγός.

engineering [ɛndʒɪ'nɪərɪŋ] *n* μηχανολογία.

England ['ɪŋglənd] *n* Αγγλία.

English ['ɪŋglɪʃ] *a* αγγλικός ♦ *n* *(LING)* (τα) Αγγλικά || **the ~** *npl* οι 'Αγγλοι *mpl* || **the ~ Channel** *n* η Μάγχη || **~man** *n* 'Αγγλος, Εγγλέζος || **~woman** *n* Αγγλίδα.

engrave [ɛn'greɪv] *vt* χαράσσω.

engraving [ɛn'greɪvɪŋ] *n* χαρακτική.

engrossed [ɛn'grəʊst] *a* απορροφημένος.

engulf [ɛn'gʌlf] *vt* καταβροχθίζω, καταποντίζω.

enhance [ɛn'hɑːns] *vt* εξαίρω, ανυψώ, ανεβάζω.

enigma [ɛ'nɪgmə] *n* α ίνιγμα *nt* || **~tic** [ɛnɪg'mætɪk] *a* αινιγματικός, μυστηριώδης.

enjoy [ɛn'dʒɔɪ] *vt* μου αρέσει, χαίρομαι (κάτι) || *(privileges etc)* απολαμβάνω, κατέχω || **~able** *a* απολαυστικός, ευχάριστος || **~ment** *n* απόλαυση.

enlarge [ɛn'lɑːdʒ] *vt* μεγεθύνω, επεκτείνω || *(PHOT)* μεγεθύνω, μεγαλώνω || **~ment** *n* μεγέθυνση.

enlighten [ɛn'laɪtn] *vt* διαφωτίζω || **~ed** *a* φωτισμένος || **~ment** *n* διαφώτιση.

enlist [ɛn'lɪst] *vt* στρατολογώ, προσλαμβάνω ♦ *vi* στρατολογούμαι, κατατάσσομαι.

enmity ['ɛnmɪtɪ] *n* έχθρα, εχθρότητα.

enormity [ɪ'nɔːmɪtɪ] *n* μέγεθος *nt*, τερατωδία.

enormous [ɪ'nɔːməs] *a* τεράστιος, πελώριος, κολοσσιαίος || **~ly** *ad* πάρα πολύ, καταπληκτικά.

enough [ɛ'nʌf] *n* αρκετός, επαρκής, ικανός ♦ *a* αρκετός ♦ *ad* αρκετά.

enquire [ɛn'kwaɪə*] = **inquire.**

enrich [ɛn'rɪtʃ] *vt* (εμ)πλουτίζω.

enrol [ɛn'rəʊl] *vt (MIL)* στρατολογώ ♦ *vi* εγγράφω, προσλαμβάνω, παίρνω || **~ment** *n* στρατολογία || *(SCH)* αριθμός μαθητών.

ensign ['ɛnsaɪn] *n (flag)* σημαία || *(NAUT)* σημαιοφόρος.

enslave [ɛn'sleɪv] *vt* υποδουλώνω, σκλαβώνω.

ensue [ɛn'sjuː] *vi* έπομαι, επακολουθώ.

ensure [ɪn'ʃʊə*] *vt (make certain)* (εξ)ασφαλίζω.

entail [ɛn'taɪl] *vt* συνεπάγομαι, επιφέρω.

enter ['ɛntə*] *vt (go into)* εισέρχομαι, μπαίνω || *(join)* εισέρχομαι, κατατάσσομαι, γίνομαι || *(write in)* εγγράφω, γράφω ♦ *vi* εισέρχομαι, μπαίνω || **to ~ for** *vt* εγγράφω || **to ~ into** *vt (agreement)* μπαίνω, συνάπτω, μετέχω || *(argument)* μπαίνω || **to ~ upon** *vt* αναλαμβάνω, αρχίζω.

enterprise ['ɛntəpraɪz] *n* τόλμη, θάρρος *nt* || *(COMM)* επιχείρηση.

enterprising ['ɛntəpraɪzɪŋ] *a* τολμηρός.

entertain [ɛntə'teɪn] *vt (as guest)* φιλοξενώ, περιποιούμαι || *(amuse)* διασκεδάζω || **~er** *n* ντιζέρ *m/f inv* || **~ing** *a* διασκεδαστικός || **~ment** *n (amusement)* διασκέδαση || *(show)* θέαμα *nt*.

enthralled [ɪn'θrɔːld] *a* γοητευμένος, κατακτημένος.

enthusiasm [ɪn'θuːzɪæzəm] *n* ενθουσιασμός.

enthusiast [ɪn'θuːzɪæst] *n* θαυμαστής/ρια *m/f*, λάτρης *m/f* || **~ic** [ɪnθuːzɪ'æstɪk] *a* ενθουσιώδης, μανιώδης.

entice [ɪn'taɪs] *vt (tempt)* δελεάζω, ξεμυαλίζω.
entire [ɛn'taɪə*] *a* ολόκληρος, ολάκαιρος, πλήρης || **~ly** *ad* ακέραια, πλήρως || **~ty** *n*: **in its ~ty** συνολικά.
entitle [ɛn'taɪtl] *vt (allow)* εξουσιοδοτώ, δίνω το δικαίωμα, επιτρέπω || *(name)* τιτλοφορώ.
entrance ['ɛntrəns] *n* είσοδος *f*, μπάσιμο ♦ [ɛn'trɑːns] *vt* γοητεύω, μαγεύω || **~ examination** *n* εισαγωγικές εξετάσεις *fpl* || **~ fee** *n* τιμή εισιτηρίου, τιμή εγγραφής.
entrant ['ɛntrənt] *n* αρχάριος/α *m/f*, υποψήφιος/α *m/f*.
entrenched [ɪn'trɛntʃt] *a* οχυρωμένος.
entrust [ɪn'trʌst] *vt (confide)* εμπιστεύομαι || *(put in charge)* επιφορτίζω, αναθέτω.
entry ['ɛntrɪ] *n (place)* είσοδος *f* || *(act)* είσοδος *f*, εμφάνιση || *(in dictionary)* εγγραφή, καταχώριση || **'no ~'** 'απαγορεύεται η είσοδος' || **~ form** *n* αίτηση εγγραφής, δελτίο εγγραφής.
enunciate [ɪ'nʌnsɪeɪt] *vt* προφέρω.
envelop [ɪn'vɛləp] *vt* (περι)καλύπτω, τυλίγω, σκεπάζω.
envelope ['ɛnvələʊp] *n* φάκελλος.
envious ['ɛnvɪəs] *a* ζηλόφθονος, φθονερός, ζηλιάρης.
environment [ɪn'vaɪərənmənt] *n* περιβάλλον || **~al** *a* του περιβάλλοντος.
envoy ['ɛnvɔɪ] *n* απεσταλμένος.
envy ['ɛnvɪ] *n* φθόνος, ζήλεια || *(object of envy)* αντικείμενο ζήλειας ♦ *vt* φθονώ, ζηλεύω.
enzyme ['ɛnzaɪm] *n* ένζυμο.
ephemeral [ɪ'fɛmərəl] *a* εφήμερος.
epic ['ɛpɪk] *n* έπος, επικό ποίημα ♦ *a* επικός.
epidemic [ɛpɪ'dɛmɪk] *n* επιδημία.
epilepsy ['ɛpɪlɛpsɪ] *n* επιληψία.
epileptic [ɛpɪ'lɛptɪk] *a, n* επιληπτικός.
epilogue ['ɛpɪlɒg] *n* επίλογος.
episode ['ɛpɪsəʊd] *n* επεισόδειο.
epistle [ɪ'pɪsl] *n* επιστολή, γράμμα *nt*.
epitome [ɪ'pɪtəmɪ] *n* επιτομή, περίληψη, σύνοψη.
epitomize [ɪ'pɪtəmaɪz] *vt* συνοψίζω, κάνω περίληψη.
epoch ['iːpɒk] *n* εποχή.
equable ['ɛkwəbl] *a* ομοιόμορφος, ίσος.
equal ['iːkwl] *a (same)* ίσος || *(qualified)* αντάξιος, ανταποκρίνομαι προς ♦ *n* ίσος, ομότιμος, όμοιος ♦ *vt* ισούμαι, είμαι ίσος || **~ to** αντάξιος, ανταποκρινόμενος || **without ~** ασυναγώνιστος || **~ity** *n* ισότητα || **~ize** *vt* εξισώνω, αντισταθμίζω || **~izer** *n* εξισωτής, αντισταθμιστής || **~ly** *ad* εξ ίσου, ομοίως || **~(s) sign** *n* σημείο ισότητας.
equanimity [ɛkwə'nɪmɪtɪ] *n* γαλήνη, ηρεμία.
equate [ɪ'kweɪt] *vt* εξισώνω.
equation [ɪ'kweɪʒən] *n* εξίσωση.
equator [ɪ'kweɪtə*] *n* ισημερινός || **~ial** [ɛkwə'tɔːrɪəl] *a* ισημερινός.
equilibrium [iːkwɪ'lɪbrɪəm] *n* ισορροπία.
equinox ['iːkwɪnɒks] *n* ισημερία.
equip [ɪ'kwɪp] *vt* εφοδιάζω, εξοπλίζω || **~ment** *n* εφόδια *ntpl*, εφοδιασμός, υλικά *ntpl*.
equitable ['ɛkwɪtəbl] *a* δίκαιος.
equity ['ɛkwɪtɪ] *n* δίκαιο, τιμιότητα.
equivalent [ɪ'kwɪvələnt] *a* ισότιμος || *(TECH)* ισοδύναμος ♦ *n* αντίστοιχο.
equivocal [ɪ'kwɪvəkl] *a (doubtful)* διφορούμενος, αμφίβολος || *(suspicious)* ύποπτος.
era ['ɪərə] *n* εποχή.
eradicate [ɪ'rædɪkeɪt] *vt* ξεριζώνω.
erase [ɪ'reɪz] *vt* εξαλείφω, σβήνω ||

(COMPUT) διαγράφω || **~r** *n* γομολάστιχα, γόμα.
erect [ɪ'rɛkt] *a* ορθός, όρθιος, στητός, σηκωμένος ♦ *vt* υψώνω, αναγείρω, κτίζω.
erection [ɪ'rekʃən] *n* όρθωση, σήκωμα *nt*, ανέγερση.
ermine ['ɜːmɪn] *n* ερμίνα.
erode [ɪ'rəud] *vt* διαβρώνω, τρώγω.
erosion [ɪ'rəuʒən] *n* διάβρωση.
erotic [ɪ'rɒtɪk] *a* ερωτικός || **~ism** [ɪ'rɒtɪsɪzəm] *n* ερωτισμός.
err [ɜː*] *vi (make mistakes)* σφάλλω, σφάλλομαι || *(sin)* πλανώμαι, αμαρτάνω.
errand ['ɛrənd] *n* παραγγελία, αποστολή || ~ **boy** *n* ο μικρός.
erratic [ɪ'rætɪk] *a* άτακτος, ακανόνιστος, εκκεντρικός.
erroneous [ɛ'rəunɪəs] *a* εσφαλμένος, λανθασμένος.
error ['ɛrə*] *n* σφάλμα *nt*, λάθος *nt*.
erudite ['ɛrjudaɪt] *a* πολυμαθής, διαβασμένος.
erupt [ɪ'rʌpt] *vi* κάνω έκρηξη || **~ion** *n* έκρηξη, ξέσπασμα *nt*.
escalate ['ɛskəleɪt] *vt* ανεβάζω ♦ *vi* ανεβαίνω.
escalator ['ɛskəleɪtə*] *n* κυλιόμενη κλίμακα.
escapade [ɛskə'peɪd] *n* ξέσκασμα *nt*, περιπέτεια.
escape [ɪs'keɪp] *n (getting away)* (δια)φυγή, δραπέτευση, σκάσιμο || *(leakage)* εκφυγή, διαρροή ♦ *vi (get free)* δραπετεύω, (δια)σώζομαι || *(unpunished)* ξεφεύγω, γλυτώνω || *(leak)* διαφεύγω, διαρρέω, τρέχω ♦ *vt (be forgotten)* διαφεύγω, είμαι απαρατήρητος.
escort ['ɛskɔːt] *n (MIL)* συνοδεία, φρουρά || *(of lady)* συνοδός, καβαλιέρος ♦ [ɪs'kɔːt] *vt* συνοδεύω.
Eskimo ['ɛskɪməu] *n* Εσκιμώος/α *m/f*.
especially [ɪs'pɛʃəlɪ] *ad* ειδικώς, ιδιαιτέρως, κυρίως.
espionage ['ɛspɪənaːʒ] *n* κατασκοπεία.
esquire [ɛs'kwaɪə*] *n* (*abbr* **Esq.**): **J. Brown E~** Κύριο J. Brown.
essay ['ɛseɪ] *n (SCH)* έκθεση || *(LITER)* δοκίμιο.
essence ['ɛsns] *n (quality)* ουσία || *(perfume)* άρωμα *nt*, μυρουδιά.
essential [ɪ'sɛnʃl] *a (necessary)* ουσιώδης, ουσιαστικός || *(basic)* βασικός, απαραίτητος ♦ *n* ουσία, το απαραίτητο || **~ly** *ad* ουσιαστικά, κυρίως.
establish [ɛs'tæblɪʃ] *vt (set up)* ιδρύω, θεμελιώνω, εγκαθιστώ || *(prove)* στηρίζω, στερεώνω, αποδεικνύω || **~ment** *n (setting up)* ίδρυση, δημιουργία, επιβολή || *(house of business)* ίδρυμα *nt*, κατάστημα *nt*, οίκος || *(MIL)* σύνθεση (μονάδας) || **the E~ment** το Κατεστημένο.
estate [ɛs'teɪt] *n (landed property)* κτήμα *nt*, ακίνητο || *(property left)* κληρονομία || ~ **agent** *n* κτηματομεσίτης || ~ **car** *n (Brit)* στέισον-βάγκον *nt inv*.
esteem [ɛs'tiːm] *n* εκτίμηση.
estimate ['ɛstɪmɪt] *n (opinion)* εκτίμηση || *(price quoted)* (προ)υπολογισμός, τιμολόγιο ♦ ['ɛstɪmeɪt] *vt* εκτιμώ, υπολογίζω, λογαριάζω.
estimation [ɛstɪ'meɪʃən] *n (judgment)* κρίση, γνώμη || *(esteem)* εκτίμηση, υπόληψη.
estuary ['ɛstjuərɪ] *n* εκβολή.
etching ['ɛtʃɪŋ] *n* χαλκογραφία.
eternal [ɪ'tɜːnl] *a* αιώνιος, ατελείωτος || **~ly** *ad* αιωνίως.
eternity [ɪ'tɜːnɪtɪ] *n* αιωνιότητα.
ether ['iːθə*] *n* αιθέρας.
ethical ['ɛθɪkl] *a* ηθικός.
ethics ['ɛθɪks] *npl* ηθική.
ethnic ['ɛθnɪk] *a* εθνικός.

etiquette [ˈɛtıkɛt] *n* εθιμοτυπία, ετικέτα.
eulogy [ˈjuːlədʒı] *n* εγκώμιο.
euphemism [ˈjuːfəmızəm] *n* ευφημισμός.
euphoria [juːˈfɔːr ıə] *n* ευφορία.
Europe [ˈjʊərəp] *n* Ευρώπη || **~an** *a* ευρωπαϊκός.
euthanasia [juːθəˈneızıə] *n* ευθανασία.
evacuate [ıˈvækjʊeıt] *vt* εκκενώνω, μεταφέρω.
evacuation [ıvækjʊˈeıʃən] *n* εκκένωση, μεταφορά.
evade [ıˈveıd] *vt* αποφεύγω, ξεφεύγω, διαφεύγω.
evaluate [ıˈvæljʊeıt] *vt* εκτιμώ, υπολογίζω.
evangelist [ıˈvændʒəlıst] *n* Ευαγγελιστής.
evaporate [ıˈvæpəreıt] *vi* εξατμίζομαι, ξεθυμαίνω ♦ *vt* εξατμίζω || **~d milk** *n* γάλα *nt* εβαπορέ.
evaporation [ıvæpəˈreıʃən] *n* εξάτμιση.
evasion [ıˈveıʒən] *n* *(avoiding question)* υπεκφυγή, πρόφαση.
evasive [ıˈveısıv] *a* ασαφής, ακαθόριστος.
even [ˈiːvən] *a* ομαλός, επίπεδος, ίσιος || *(score etc)* ισόπαλος, πάτσι || *(number)* άρτιος, ζυγός ♦ *vt* σιάζω, ισώνω, εξισώνω ♦ *ad* ακόμη, και αν, ή ακόμη || *(emphasis)* και αν ακόμα || **~ if** και αν || **to ~ out** *or* **up** *vi* πατσίζω, ανταποδίδω τα ίσα.
evening [ˈiːvnıŋ] *n* *(time)* βράδυ *nt* || *(event)* εσπερίδα, βραδυνή συγκέντρωση || **in the ~** το βράδυ || **~ class** *n* βραδυνό μάθημα || **~ dress** *n* *(man's)* φράκο || *(woman's)* βραδυνή τουαλέτα.
evenly [ˈiːvənlı] *ad* ομοιόμορφα, ομαλά, κανονικά.
event [ıˈvɛnt] *n* *(happening)* γεγονός, περίπτωση, έκβαση || *(SPORT)* άθλημα *nt*, αγώνας, μάτς *nt inv* || **in the ~ of** σε περίπτωση || **~ful** *a* γεμάτος γεγονότα, αλησμόνητος.
eventual [ıˈvɛntʃʊəl] *a* *(final)* οριστικός, αναπόφευκτος, τελικός || **~ity** *n* πιθανότητα || **~ly** *ad* *(at last)* τελικά || *(given time)* πιθανώς.
ever [ˈɛvə*] *ad* ποτέ, καμμιά φορά || *(always)* πάντα, πάντοτε || **~ so big** τόσος δα || **~ so many** τόσοι και τόσοι || **~green** *a* αειθαλής || **~lasting** *a* αιώνιος, διαρκής, άφθαρτος.
every [ˈɛvrı] *a* καθένας, κάθε || **~ other day** μέρα παρά μέρα || **~body** *pron* όλοι, όλος ο κόσμος, καθένας || **~day** *a* *(daily)* κάθε μέρα, καθημερινός || *(commonplace)* συνηθισμένος, κοινός || **~one** = **~body** || **~thing** *pron* τα πάντα, όλα, κάθε τι || **~where** *ad* παντού.
evict [ıˈvıkt] *vt* εκδιώκω, εξώνω, διώχνω || **~ion** *n* έξωση, εκβολή.
evidence [ˈɛvıdəns] *n* *(sign)* σημάδι, σημείο, ένδειξη || *(proof)* απόδειξη, μαρτυρία || **in ~** *(obvious)* διακρίνομαι, ξεχωρίζω.
evident [ˈɛvıdənt] *a* προφανής, κατάδηλος, φανερός || **~ly** *ad* προφανώς, ολοφάνερα.
evil [ˈiːvıl] *a* κακός ♦ *n* το κακό || *(sin)* κακία, αμαρτία.
evocative [ıˈvɒkətıv] *a* επικλητικός.
evoke [ıˈvəʊk] *vt* επικαλούμαι, ξαναφέρνω στο νου.
evolution [iːvəˈluːʃən] *n* εξέλιξη, ανέλιξη.
evolve [ıˈvɒlv] *vt* αναπτύσσω, συνάγω ♦ *vi* εξελίσσομαι, απορρέω.
ewe [juː] *n* προβατίνα.
ex- [ɛks] *a* *(former)* πρώην, τέως.
exact [ɛgˈzækt] *a* ακριβής, σωστός ♦ *vt* *(obedience etc)* απαιτώ, ζητώ || *(payment)* αποσπώ, παίρνω || **~ing** *a*

απαιτητικός, κουραστικός || ~ **ly** *ad* ακριβώς, σωστά.

exaggerate [ɛg'zædʒəreɪt] *vti* υπερβάλλω, μεγαλοποιώ, (παρα)φουσκώνω.

exaggeration [ɛgzædʒə'reɪʃən] *n* υπερβολή, μεγαλοποίηση.

exalt [ɛg'zɔːlt] *vt* εξυμνώ, εκθειάζω, επαινώ.

exam [ɛg'zæm] *n abbr of* **examination.**

examination [ɛgzæmɪ'neɪʃən] *n* (*SCH, UNIV*) εξετάσεις *fpl*, διαγωνισμός || (*MED*) ιατρική εξέταση || (*inquiry*) ανάκριση, εξέταση || (*CUSTOMS*) έλεγχος, έρευνα.

examine [ɛg'zæmɪn] *vt* (*MED, SCH*) εξετάζω || (*consider*) εξετάζω, ερευνώ || (*baggage*) ερευνώ, ελέγχω || ~**r** *n* εξεταστής/ρια *m/f*, επιθεωρητής/ρια *m/f*.

example [ɪg'zaːmpl] *n* δείγμα *nt*, παράδειγμα *nt*, υπόδειγμα *nt* || **for** ~ παραδείγματος χάριν, λόγου χάριν.

exasperate [ɛg'zaːspəreɪt] *vt* εξάπτω, εξαγριώνω.

excavate ['ɛkskəveɪt] *vt* (*hollow out*) σκάπτω, ανοίγω, βαθαίνω || (*unearth*) ανασκάπτω, κάνω ανασκαφές.

excavation [ɛkskə'veɪʃən] *n* ανασκαφή.

excavator ['ɛkskəveɪtə*] *n* εκσκαφέας.

exceed [ɛk'siːd] *vt* (*number*) υπερβαίνω, (ξε)περνώ || (*limit*) υπερβαίνω || (*powers*) υπερβαίνω, εξέρχομαι || (*hopes*) υπερβάλλω || ~**ingly** *ad* υπερβολικά, πολύ.

excel [ɛk'sɛl] *vi* διακρίνομαι, διαπρέπω, ξεχωρίζω ♦ *vt* υπερέχω, υπερτερώ, ξεπερνώ.

excellence ['ɛksələns] *n* αξία, υπεροχή, αρετή.

Excellency ['ɛksələnsɪ] *n*: **His** ~ *n* Αυτού Εξοχότης.

excellent ['ɛksələnt] *a* εξαίρετος, θαυμάσιος, εξαίσιος.

except [ɛk'sɛpt] *prep* (*also*: ~ **for**) εκτός, έξω από, εξαιρουμένου του ♦ *vt* εξαιρώ, αποκλείω || ~**ing** *prep* = **except** || ~**ion** *n* εξαίρεση || **to take** ~**ion to** προσβάλλομαι, αντιλέγω || ~**ional** *a* εξαιρετικός, έξοχος, ασύγκριτος.

excerpt ['ɛksɜːpt] *n* απόσπασμα *nt*.

excess [ɛk'sɛs] *n* υπερβολή, πληθώρα ♦ *a* (*fare, baggage*) υπερβάλλων || ~**ive** *a* υπερβολικός.

exchange [ɛks'tʃeɪndʒ] *n* ανταλλαγή || (*foreign money*) συνάλλαγμα *nt* || (*TEL*) κέντρο ♦ *vt* (*goods*) ανταλλάσσω, αλλάζω || (*greetings, blows*) ανταλλάσσω || *see* **rate.**

exchequer [ɛks'tʃɛkə*] *n* δημόσιο ταμείο, θησαυροφυλάκιο.

excise ['ɛksaɪz] *n* φόρος ♦ [ɛk'saɪz] *vt* φορολογώ.

excitable [ɛk'saɪtəbl] *a* ευερέθιστος, ευέξαπτος.

excite [ɛk'saɪt] *vt* (εξ)ερεθίζω, εξεγείρω, κεντρίζω || ~**d** *a* συγκινημένος, εκνευρισμένος || **to get** ~**d** εξάπτομαι || ~**ment** *n* έξαψη, αναστάτωση.

exciting [ɛk'saɪtɪŋ] *a* συναρπαστικός, συγκινητικός.

exclaim [ɛks'kleɪm] *vi* φωνάζω, αναφωνώ.

exclamation [ɛksklə'meɪʃən] *n* αναφώνηση, κραυγή || ~ **mark** *n* θαυμαστικό.

exclude [ɪks'kluːd] *vt* αποκλείω.

exclusion [ɪks'kluːʒən] *n* απόκλειση.

exclusive [ɪks'kluːsɪv] *a* (*select*) αποκλειστικός, περιορισμένος || (*sole*) αποκλειστικός, μοναδικός || (*news etc*) αποκλειστικός || ~**ly** *ad* αποκλειστικά, μόνο.

excommunicate

[εkskə'mjuːnıkeıt] *vt* αφορίζω, αναθεματίζω.

excrement ['εkskrımənt] *n* αποπάτημα *nt*, σκατά *ntpl*.

excruciating [εks'kruːʃıeıtıŋ] *a* φρικτός, ανυπόφορος.

excursion [εks'kɜːʃən] *n* εκδρομή.

excuse [εks'kjuːs] *n* δικαιολογία, πρόφαση ♦ [εks'kjuːz] *vt (let off)* απαλλάσσω, συγχωρώ || *(overlook)* δικαιολογώ || ~ **me!** συγγνώμη, με συγχωρείτε.

execute ['εksıkjuːt] *vt (perform)* εκτελώ, εκπληρώ, ενεργώ || *(put to death)* εκτελώ, θανατώνω.

execution [εksı'kjuːʃən] *n* εκτέλεση || ~**er** *n* δήμιος, μπόγιας.

executive [εg'zεkjυtıv] *n (COMM)* διευθυντής/ρια *m/f* || *(POL)* εκτελεστική εξουσία ♦ *a* εκτελεστικός.

executor [εg'zεkjυtə*] *n* εκτελεστής.

exemplary [ıg'zεmplərı] *a* υποδειγματικός.

exemplify [ıg'zεmplıfaı] *vt* παραδειγματίζω.

exempt [ıg'zεmpt] *a* απαλλαγμένος, εξαιρεμένος ♦ *vt* εξαιρώ, απαλλάσσω || ~**ion** *n* απαλλαγή.

exercise ['εksəsaız] *n (of duties)* άσκηση || *(physical)* γυμναστική || *(SCH)* σχολική άσκηση, γυμναστική || *(MIL)* άσκηση, γυμνάσια *ntpl* ♦ *vt (muscle)* εξασκώ, γυμνάζω || *(power)* εξασκώ || **to** ~ **patience** εξαντλώ υπομονή, κάνω υπομονή || ~ **book** *n* τετράδιο (μαθητού).

exhaust [ıg'zɔːst] *n (fumes)* εξάτμιση, καυσαέρια *ntpl* || *(pipe)* σωλήνας εξαγωγής ♦ *vt (weary)* εξαντλώ, κατακουράζω || *(use up)* εξαντλώ, στειρεύω || ~**ed** *a* εξαντλημένος || ~**ing** *a* εξαντλητικός, κουραστικός || ~**ion** *n* εξάντληση, αποκάμωμα *nt*, τσάκισμα *nt* || ~**ive** *a* εξαντλητικός, πλήρης.

exhibit [ıg'zıbıt] *n (ART)* έκθεμα *nt*, έκθεση || *(LAW)* τεκμήριο ♦ *vt* εκθέτω, παρουσιάζω, επιδεικνύω || ~**ion** [εksı'bıʃən] *n (ART)* έκθεση || *(of temper etc)* επίδειξη, γελοιοποίηση || ~**ionist** *n* επιδειξίας || ~**or** *n* εκθέτης/ρια *m/f*.

exhilarating [ıg'zıləreıtıŋ] *a* φαιδρυντικός, ευχάριστος.

exhort [εg'zɔːt] *vt* προτρέπω, ενθαρρύνω.

exile ['εksaıl] *n* εξορία || *(person)* εξόριστος.

exist [εg'zıst] *vi* υπάρχω, υφίσταμαι, είμαι, ζω || ~**ence** *n (state of being)* ύπαρξη || *(way of life)* ζωή.

exit ['εksıt] *n* έξοδος *f*.

exotic [ıg'zɒtık] *a* εξωτικός.

expand [ıks'pænd] *vt (spread)* διαστέλλω, ευρύνω, απλώνω || *(operations)* επεκτείνω, αναπτύσσω ♦ *vi* διαστέλλομαι, φουσκώνω.

expanse [εks'pæns] *n* έκταση.

expansion [ıks'pænʃən] *n* επέκταση, ανάπτυξη || *(PHYS)* διαστολή, εκτόνωση.

expatriate [εks'pætrıeıt] *vt* εκπατρίζω, εκπατρίζομαι.

expect [ıks'pεkt] *vt (anticipate)* αναμένω, προσδοκώ, περιμένω || *(require)* απαιτώ, αναμένω || *(suppose)* σκέπτομαι, φρονώ, πιστεύω || *(baby)* περιμένω ♦ *vi*: **to be** ~**ing** περιμένω παιδί || ~**ant** *a (hopeful)* περιμένων, αναμένων || *(mother)* επίτοκος || ~**ation** [εkspεk'teıʃən] *n (hope)* προσδοκία, ελπίδα || ~**ations** *npl* ελπίδες *fpl*.

expedience [εks'piːdıəns] *n*,

expediency [εks'piːdıənsı] *n* σκοπιμότητα, ωφελιμότητα.

expedient [εks'piːdıənt] *a*

σκόπιμος, πρόσφορος, κατάλληλος ♦ *n* μέσο, τρόπος, τέχνασμα *nt.*

expedite ['ɛkspɪdaɪt] *vt* επισπεύδω, επιταχύνω.

expedition [ɛkspɪ'dɪʃən] *n (journey)* αποστολή, εκστρατεία.

expel [ɛks'pɛl] *vt* διώχνω, βγάζω || *(alien)* απελαύνω.

expend [ɛks'pɛnd] *vt (time)* αφιερώνω, διαθέτω || *(money)* δαπανώ, ξοδεύω || *(effort)* δαπανώ, εξαντλώ || **~able** *a* αναλώσιμος || **~iture** *n* δαπάνη, κατανάλωση, έξοδα *ntpl.*

expense [ɛks'pɛns] *n (cost)* δαπάνη, έξοδα *ntpl* || *(high cost)* βάρος, ακρίβεια || **~s** *npl* αποζημίωση, δαπάνες *fpl* || **at the ~ of** με τη θυσία του, εις βάρος του || **~ account** *n* έξοδα *ntpl* παραστάσεως.

expensive [ɛks'pɛnsɪv] *a* πολυδάπανος, δαπανηρός, ακριβός.

experience [ɛks'pɪərɪəns] *n (happening)* δοκιμασία, περιπέτεια || *(knowledge)* πείρα, εμπειρία ♦ *vt* δοκιμάζω, υφίσταμαι, αισθάνομαι || **~d** *a* πεπειραμένος, έμπειρος.

expert ['ɛkspɜːt] *n* ειδικός, εμπειρογνώμων, πραγματογνώμων ♦ *a* έμπειρος, ειδικός || **~ise** *n* πραγματογνωμοσύνη.

expiration [ɛkspɪ'reɪʃən] *n* εκπνοή.

expire [ɛks'paɪə*] *vi (end)* εκπνέω, λήγω, τελειώνω || *(die)* αποθνήσκω, πεθαίνω || *(ticket)* λήγω.

expiry [ɛks'paɪərɪ] *n* εκπνοή, λήξη.

explain [ɛks'pleɪn] *vt (make clear)* εξηγώ, λύω, ερμηνεύω || *(account for)* εξηγούμαι, δικαιολογούμαι || **to ~ away** *vt* εξηγώ, δικαιολογώ.

explanation [ɛksplə'neɪʃən] *n* εξήγηση.

explanatory [ɛks'plænətərɪ] *a* ερμηνευτικός, εξηγητικός.

explicit [ɛks'plɪsɪt] *a* ρητός, σαφής, καθαρός, κατηγορηματικός.

explode [ɛks'pləʊd] *vi* σκάω, ανατινάζομαι.

exploit ['ɛksplɔɪt] *n* κατόρθωμα *nt*, ανδραγάθημα *nt* ♦ [ɪks'plɔɪt] *vt* εκμεταλλεύομαι || **~ation** *n* εκμετάλλευση.

exploration [ɛksplə'reɪʃən] *n* εξερεύνηση, έρευνα.

exploratory [ɛks'plɒrətərɪ] *a (fig)* δοκιμαστικός.

explore [ɛks'plɔː*] *vt (for discovery)* εξερευνώ || *(examine)* εξετάζω, (εξ)ερευνώ || **~r** *n* εξερευνητής.

explosion [ɛks'pləʊʒən] *n (lit)* έκρηξη, εκτόνωση || *(fig)* ξεχείλισμα *nt*, ξέσπασμα *nt.*

explosive [ɛks'pləʊzɪv] *a* εκρηκτικός ♦ *n* εκρηκτική ύλη.

exponent [ɛks'pəʊnənt] *n* ερμηνευτής/ρια *m/f*, υπέρμαχος || *(MATH)* εκθέτης.

export [ɛks'pɔːt] *vt* εξάγω ♦ ['ɛkspɔːt] *n* εξαγωγή ♦ *a (trade)* εξαγωγικός || **~ation** *n* εξαγωγή || **~er** *n* εξαγωγέας.

expose [ɛks'pəʊz] *vt (uncover)* εκθέτω, αποκαλύπτω, ξεσκεπάζω || *(leave unprotected)* αφήνω απροστάτευτο, εκθέτω || *(plot)* αποκαλύπτω.

exposed [ɛks'pəʊzd] *a (position)* εκτεθειμένος.

exposure [ɛks'pəʊʒə*] *n* τράβηγμα *nt*, πόζα, φωτογραφία || *(MED)* έκθεση || **~ meter** *n* φωτόμετρο.

expound [ɛks'paʊnd] *vt* αναπτύσσω, εκθέτω, εξηγώ.

express [ɛks'prɛs] *a (clearly stated)* σαφής, ρητός || *(speedy)* ταχύς ♦ *n (fast train)* ταχεία, εξπρές *nt inv* ♦ *ad (speedily)* γρήγορα, χωρίς σταθμό ♦ *vt (idea)* εκφράζω, διατυπώνω || *(feeling)* εκφράζω, εκδηλώνω || **to ~ o.s.** εκφράζομαι || **~ion** *n (phrase)* φράση, έκφραση, τρόπος εκφράσεως || *(look on face)* έκφραση

|| *(showing)* εκδήλωση || **~ive** *a* εκφραστικός || **~ly** *ad* ρητώς, επίτηδες.

expulsion [ɛks'pʌlʃən] *n* απέλαση, αποβολή.

exquisite [ɛks'kwɪzɪt] *a* άριστος, ευχάριστος, λεπτός.

extend [ɛks'tɛnd] *vt (visit)* παρατείνω || *(building)* επεκτείνω, μεγαλώνω || *(hand)* τείνω, δίνω || **to ~ a welcome** εύχομαι, καλωσορίζω.

extension [ɛks'tɛnʃən] *n (general)* έκταση, επέκταση, άπλωμα *nt* || *(building)* επέκταση, εύρυνση || *(TEL)* εσωτερική γραμμή.

extensive [ɛks'tɛnsɪv] *a* εκτεταμένος, εκτενής, μεγάλος || **~ly** *ad (travel)* ευρέως || *(use)* εκτεταμένα.

extent [ɛks'tɛnt] *n* έκταση, σημασία, μέγεθος *nt*.

exterior [ɛks'tɪərɪə*] *a* εξωτερικός ♦ *n* εξωτερικό, έξω.

exterminate [ɛks'tɜːmɪneɪt] *vt* εξοντώνω, εξολοθρεύω.

extermination [ɛkstɜːmɪ'neɪʃən] *n* εξολόθρευση, εκρίζωση.

external [ɛks'tɜːnl] *a* εξωτερικός.

extinct [ɛks'tɪŋkt] *a (animal etc)* εξαλειμμένος, εξαφανισμένος || **~ion** *n* εξαφάνιση, σβήσιμο.

extinguish [ɛks'tɪŋgwɪʃ] *vt* σβήνω || **~er** *n* πυροσβεστήρας.

extort [ɪks'tɔːt] *vt (+ from)* αποσπώ || **~ion** [ɪks'tɔːʃən] *n* αναγκαστική είσπραξη, απόσπαση || **~ionate** *a* υπερβολικός.

extra ['ɛkstrə] *a* πρόσθετος, έκτακτος, έξτρα ♦ *ad* πέρα από, εξαιρετικά, πολύ ♦ *n* συμπλήρωμα || *(newspaper)* έκτακτος έκδοση || *(THEAT)* κομπάρσος.

extract [ɛks'trækt] *vt (distil)* αποστάζω || *(select)* εξάγω, βγάζω, παίρνω ♦ ['ɛkstrækt] *n (LITER)* απόσπασμα *nt*, εκλογή || *(COOKING)* εκχύλισμα *nt* || **~ion** *n* εξαγωγή, βγάλσιμο || *(origin)* καταγωγή, προέλευση.

extradite ['ɛkstrədaɪt] *vt* εκδίδω (εγκληματία).

extradition [ɛkstrə'dɪʃən] *n* έκδοση (εγκληματία).

extraneous [ɛks'treɪnɪəs] *a* ξένος, άσχετος.

extraordinary [ɛks'trɔːdnrɪ] *a* έκτακτος, εξαιρετικός || *(strange)* παράξενος, αλλόκοτος.

extravagant [ɛks'trævəgənt] *a (lavish)* υπερβολικός, παράλογος || *(wasteful)* σπάταλος, άσωτος.

extreme [ɛks'triːm] *a (last)* ακραίος, έσχατος, μακρυνός || *(very great)* υπερβολικός, μέγιστος || *(not moderate)* των άκρων, εξαιρετικός ♦ *n* άκρο, άκρη || **~s** *npl* άκρα *ntpl* || **~ly** *ad* υπερβολικά, εις το έπακρο.

extremist [ɛks'triːmɪst] *a* αδιάλλακτος, των άκρων ♦ *n* εξτρεμιστής/ρια *m/f*.

extremity [ɛks'trɛmɪtɪ] *n (farthest end)* άκρο, άκρη || *(necessity)* εσχάτη ανάγκη || **extremities** *npl (ANAT)* τα άκρα *ntpl*.

extricate ['ɛkstrɪkeɪt] *vt* εξάγω, βγάζω, ξεμπλέκω.

extrovert ['ɛkstrəʊvɜːt] *a, n* εξωστρεφής.

exuberant [ɪg'zjuːbərənt] *a* διαχυτικός, ζωηρός.

exude [ɪg'zjuːd] *vt* εξιδρώ, εκχύνω.

exult [ɪg'zʌlt] *vi* χαίρομαι, αγάλλομαι, θριαμβεύω.

eye [aɪ] *n (ANAT)* οφθαλμός, μάτι || *(of needle)* μάτι, τρύπα || *(for perception)* καλό μάτι, μάτι ζωγράφου κτλ ♦ *vt* υποβλέπω, εποφθαλμιώ, κοιτάζω || **to keep an ~ on** προσέχω, επιβλέπω, παρακολουθώ || **in the ~s of** ενώπιο, στα μάτια || **(in the public ~)** διάσημος || **up to the**

~**s in** πνιγμένος στο, φορτωμένος με || ~**ball** *n* βολβός οφθαλμού || ~**brow** *n* φρύδι || ~**lash** *n* βλεφαρίδα, ματοτσίνουρο || ~**lid** *n* βλέφαρο || ~**-opener** *n* έκπληξη, αποκάλυψη || ~**shadow** *n* σκιά ματιών || ~**sight** *n* όραση || ~**sore** *n* ασχήμια || ~**witness** *n* αυτόπτης μάρτυρας.

F

F. *abbr of* **Fahrenheit.**
fable [ˈfeɪbl] *n* μύθος, παραμύθι.
fabric [ˈfæbrɪk] *n (cloth)* ύφασμα *nt*, πανί.
fabulous [ˈfæbjʊləs] *a (imaginary)* μυθικός, μυθώδης || *(wonderful)* μυθικός || *(unbelievable)* υπερβολικός.
facade [fəˈsɑːd] *n* πρόσοψη.
face [feɪs] *n (ANAT)* πρόσωπο, φάτσα, μούρη || *(appearance)* φυσιογνωμία || *(grimace)* μορφασμός || *(front)* όψη, εμφάνιση || *(of clock)* καντράν *nt inv* ♦ *vt (look towards)* αντικρύζω, γυρίζω || *(bravely)* αντιμετωπίζω || **in the ~ of** ενώπιο, μπρος από, σε || **to ~ up to** *vt* αντιμετωπίζω || ~ **cream** *n* κρέμα (του προσώπου).
facet [ˈfæsɪt] *n (single part)* μέρος, πλευρά || *(of gem)* έδρα διαμαντιού.
facetious [fəˈsiːʃəs] *a* ευτράπελος, αστείος, περιπαικτικός || ~**ly** *ad* ευτράπελα, πειραχτά.
face to face [ˈfeɪstuːˈfeɪs] *ad* πρόσωπο με πρόσωπο, φάτσα με φάτσα.
face value [ˈfeɪsˈvæljuː] *n* ονομαστική αξία.
facial [ˈfeɪʃəl] *a* του προσώπου, καθάριση, μάσκα.
facile [ˈfæsaɪl] *a (US: easy)* εύκολος.
facilitate [fəˈsɪlɪteɪt] *vt* (δι)ευκολύνω.
facility [fəˈsɪlɪtɪ] *n (ease)* ευχέρεια, ευκολία || **facilities** *npl* ανέσεις *fpl*, ευκολίες *fpl*.
facsimile [fækˈsɪmɪlɪ] *n* πανομοιότυπο || *(also:* ~ **machine***)* τηλεαντιγραφικό.
fact [fækt] *n* γεγονός *nt*, πραγματικότητα || *see* **matter.**
faction [ˈfækʃən] *n* φατρία, κόμμα *nt*.
factor [ˈfæktə*] *n* παράγων, συντελεστής.
factory [ˈfæktərɪ] *n* εργοστάσιο.
factual [ˈfæktjʊəl] *a* πραγματικός.
faculty [ˈfækəltɪ] *n (ability)* ικανότητα, προσόν || *(UNIV)* σχολή || *(US: teaching staff)* διδακτικό προσωπικό.
fade [feɪd] *vt (cause to fade)* ξεθωριάζω, ξεβάφω ♦ *vi (grow dim)* εξασθενίζω, αδυνατίζω, πέφτω || *(lose colour)* ξασπρίζω ξεθωριάζω, ξεβάφω || *(wither)* μαραίνομαι.
fag [fæg] *n* αγγαρεία, μόχθος || *(col: cigarette)* τσιγάρο || ~**ged** *a (exhausted)* εξαντλημένος.
Fahrenheit [ˈfærənhaɪt] *n* Φαρενάιτ *inv*.
fail [feɪl] *vt (exam)* απορρίπτω, αποτυγχάνω ♦ *vi (run short)* λείπω || *(lose power)* εγκαταλείπω, χάνω, εξασθενίζω || *(light)* εξασθενίζω, πέφτω, σβήνω || *(remedy)* αποτυγχάνω || **to ~ to do sth** *(neglect)* παραλείπω κάνω κάτι || *(be unable)* αποτυγχάνω || **without ~** χωρίς άλλο || ~**ing** *n (shortcoming)* ελάττωμα *nt*, αδυναμία ♦ *prep* ελλείψει || ~**ure** *n (person)* αποτυχημένος || *(MECH)* διακοπή, βλάβη.
faint [feɪnt] *a* αδύνατος, ασθενής, αμυδρός, δειλός ♦ *n* λιποθυμία, αναισθησία ♦ *vi* λιποθυμώ || ~**hearted** *a* δειλός, μικρόψυχος, φοβιτσιάρης || ~**ly** *ad* ντροπαλά,

αδύνατα, άτονα, μόλις || ~**ness** *n (of voice)* αδυναμία || *(of light)* αμυδρότητα.

fair [fεɔ*] *a (beautiful)* ωραίος, όμορφος || *(light)* ξανθός, άσπρος || *(weather)* καλός καιρός, καλοκαιριά || *(just, honest)* δίκαιος, έντιμος, τίμιος || *(tolerable)* υποφερτός || *(conditions)* έτσι και έτσι || *(sizeable)* αρκετός, μεγάλος ♦ *ad (play)* τίμια, δίκαια, έντιμα ♦ *n (COMM)* πανήγυρη, έκθεση || *(fun fair)* λούνα-παρκ *nt inv*, πανηγύρι || ~**ly** *ad* έντιμα, δίκαια || *(rather)* αρκετά καλό, σχεδόν, καλούτσικα || ~**ness** *n* τιμιότητα, εντιμότητα.

fairy ['fεɔrı] *n* νεράιδα || ~ **tale** *n* παραμύθι.

faith [feıθ] *n (trust)* εμπιστοσύνη, πίστη || *(REL)* πίστη, θρήσκευμα *nt*, θρησκεία || **in good** ~ με καλή πίστη || ~**ful** *a* πιστός || ~**fully** *ad* πιστά, έντιμα || *(in letter)* υμέτερος.

fake [feık] *n (thing)* ψεύτικο είδος *nt*, απομίμηση || *(person)* απατεώνας ♦ *a* ψεύτικο, πλαστό ♦ *vt* παραποιώ, πλαστογραφώ.

falcon ['fɔːlkɔn] *n* γεράκι.

fall [fɔːl] *(irreg v) n* πτώση, κατέβασμα *nt* || *(drop)* πτώση, πέσιμο || *(of snow)* πτώση || *(US: autumn)* φθινόπωρο ♦ *vi* πέφτω || ~**s** *npl (waterfall)* καταρράκτης || **to** ~ **down** *vi (person)* πέφτω χάμω || *(building)* καταρρέω, γκρεμίζομαι || *(fail)* αποτυγχάνω, πέφτω || **to** ~ **flat** *vi* πάω χαμένο, πέφτω στα κούφια, πέφτω || **to** ~ **for** *vt (trick)* πιάνομαι κορόιδο, πέφτω στην παγίδα || **to** ~ **off** *vi (drop off)* πέφτω || *(diminish)* πέφτω, φθίνω, μειούμαι, ολιγοστεύω || **to** ~ **out** *vi* τσακώνομαι, τα χαλώ || **to** ~ **through** *vi* αποτυγχάνω, γκρεμίζομαι || **to** ~ **under** *vi* υπάγομαι σε.

fallacy ['fælɔsı] *n* σόφισμα *nt*, πλάνη.

fallen ['fɔːlɔn] *pp of* **fall.**

fallible ['fælɔbl] *a* σφαλερός.

fallout ['fɔːlaut] *n* ραδιενεργός σκόνη.

fallow ['fælɔu] *a* χέρσος, ακαλλιέργητος.

false [fɔːls] *a (untrue)* ψεύτικος, λαθεμένος || *(sham)* πλαστός, τεχνητός, κίβδηλος || **under** ~ **pretences** με απάτη || ~ **alarm** *n* αδικαιολόγητος φόβος || ~**ly** *ad* ψεύτικα, απατηλά || ~ **teeth** *npl* μασέλες *fpl*.

falter ['fɔːltɔ*] *vi* διστάζω, κοντοστέκω, κομπιάζω || *(in speech)* τραυλίζω, ψευδίζω || ~**ing** *a* διστακτικός, ασταθής.

fame [feım] *n* φήμη.

familiar [fɔ'mılıɔ*] *a (well-known)* γνωστός, γνώριμος || *(intimate)* οικείος, στενός, φιλικός || **to be** ~ **with** ξέρω, γνωρίζω || ~**ity** *n* οικειότητα, εξοικείωση || ~**ize** *vt* εξοικειούμαι με, συνηθίζω.

family ['fæmılı] *n* οικογένεια, φαμίλια || ~ **allowance** *n* επίδομα *nt* οικογενείας || ~ **business** *n* οικογενειακή επιχείρηση || ~ **doctor** *n* οικογενειακός γιατρός || ~ **life** *n* οικογενειακή ζωή.

famine ['fæmın] *n* λιμός, πείνα.

famished ['fæmıʃt] *a* πεινασμένος.

famous ['feımɔs] *a* διάσημος, περίφημος, φημισμένος.

fan [fæn] *n (folding)* βεντάλια || *(ELEC)* ανεμιστήρας || *(SPORT etc)* φανατικός θαυμαστής/ρια *m/f*, λάτρης *m/f* ♦ *vt* αερίζω, ανεμίζω || **to** ~ **out** *vi* αναπτύσσω, απλώνω.

fanatic [fɔ'nætık] *n* φανατικός || ~**al** *a* φανατικός.

fan belt ['fænbεlt] *n* ιμάντας, ταινία, λουρί.

fancied ['fænsɪd] *a* φανταστικός, φαντασιώδης.

fanciful ['fænsɪful] *a (odd)* παράξενος, ιδιότροπος || *(imaginative)* φανταστικός.

fancy ['fænsɪ] *n (liking)* συμπάθεια, αγάπη, τσίμπημα *nt* || *(imagination)* φαντασία ♦ *a* φαντασιώδης, φανταχτερός, φανταιζί ♦ *vt (like)* συμπαθώ, μου αρέσει || *(imagine)* φαντάζομαι, υποθέτω || **(just) ~ (that)!** για φαντάσου || **~ dress** *n* μεταμφίεση || **~-dress ball** *n* χορός μεταμφιεσμένων, μπάλ μασκέ *nt inv.*

fang [fæŋ] *n* δόντι || *(of snake)* φαρμακερό δόντι.

fantastic [fæn'tæstɪk] *a* παράξενος, φαντασιώδης, αλλόκοτος.

fantasy ['fæntəzɪ] *n* φαντασία, καπρίτσιο.

far [fɑː*] *a* μακρυνός, απώτερος ♦ *ad* μακρυά || *(very much)* κατά πολύ, τόσο πολύ || **~ away, ~ off** πολύ μακρυά || **by ~** ασυγκρίτως, κατά πολύ || **so ~** ως εδώ, μέχρι εδώ || **~away** *a* μακρυνός || **the F~ East** 'Άπω Ανατολή.

farce [fɑːs] *n* κωμωδία, φάρσα.

farcical ['fɑːsɪkəl] *a* γελοίος, κωμικός, σαν φάρσα.

fare [fɛə*] *n* εισιτήριο, ναύλα *ntpl* || *(food)* φαΐ ♦ *vi* τα πάω, πηγαίνω || **~well** *n* αποχαιρετισμός ♦ *excl* αντίο!, χαίρετε!, γειά σου! ♦ *a* αποχαιρετιστήριος.

far-fetched ['fɑː'fɛtʃt] *a* εξεζητημένος, παρατραβηγμένος.

farm [fɑːm] *n* αγρόκτημα *nt*, φάρμα ♦ *vt* καλλιεργώ || **~er** *n* γεωργός *m/f*, αγρότης/ισσα *m/f*, φαρμαδόρος || **~hand** *n* αγροτικός εργάτης || **~house** *n* αγροικία || **~ing** *n* γεωργία, καλλιέργεια || **~land** *n* αγροτική έκταση || **~yard** *n* περίβολος αγροικίας.

far-reaching ['fɑː'riːtʃɪŋ] *a* μεγάλης εκτάσεως, μεγάλης σημασίας.

far-sighted ['fɑː'saɪtɪd] *a* προνοητικός, διορατικός.

fart [fɑːt] *(col) n* πορδή ♦ *vi* πέρδομαι, κλάνω.

farther ['fɑːðə*] *a* μακρυνότερος, απώτερος ♦ *ad* μακρύτερα, περαιτέρω.

farthest ['fɑːðɪst] *a* απώτατος, μακρυνότερος ♦ *ad* μακρύτατα, πιο μακρυά.

fascinate ['fæsɪneɪt] *vt* γοητεύω, μαγεύω.

fascinating ['fæsɪneɪtɪŋ] *a* γοητευτικός, μαγευτικός.

fascination [fæsɪ'neɪʃən] *n* γοητεία, μάγεμα *nt.*

fascism ['fæʃɪzəm] *n* φασισμός.

fascist ['fæʃɪst] *n* φασιστής, φασίστας/ρια *m/f* ♦ *a* φασιστικός.

fashion ['fæʃən] *n (custom)* ράψιμο, μόδα || *(manner)* τρόπος, συνήθεια, μορφή ♦ *vt* σχηματίζω, διαμορφώνω, πλάθω || **in ~** της μόδας || **out of ~** ντεμοντέ || **after a ~** όπως-όπως, έτσι κι έτσι || **~able** *a (clothes)* της μόδας, μοντέρνος || *(place)* κοσμικός || **~ show** *n* επίδειξη μόδας.

fast [fɑːst] *a (swift)* ταχύς, γρήγορος || *(ahead of time)* που τρέχει, που πάει εμπρός || *(steady, firm)* σταθερός, στερεός, σφικτός || *(firmly fixed)* στερεός, γερός ♦ *ad (rapidly)* γρήγορα || *(firmly)* στερεά, γερά ♦ *n* νηστεία ♦ *vi* νηστεύω.

fasten ['fɑːsn] *vt (attach)* στερεώνω, σφίγγω || *(with rope)* δένω || *(coat)* κουμπώνω ♦ *vi* δένομαι, κουμπώνομαι || **~er** *n*, **~ing** *n (on box)* συνδετήρας, ενδέτης || *(on clothes)* αγκράφα, φερμουάρ *nt inv.*

fastidious [fæs'tɪdɪəs] *a* δύσκολος, δύστροπος, στριφνός.

fat [fæt] *a* παχύς, χονδρός, εύσωμος

♦ *n (of person)* ξύγγι, πάχος *nt* || *(on meat)* λίπος *nt*, ξύγγι || *(for cooking)* λίπος *nt*.

fatal ['feɪtl] *a (ending in death)* θανάσιμος || *(disastrous)* μοιραίος, καταστρεπτικός, ολέθριος || **~ism** *n* μοιρολατρεία, φαταλισμός || **~ity** *n (road death etc)* θάνατος, θύμα *nt* || **~ly** *ad* μοιραία, αναπόφευκτα, θανάσιμα.

fate [feɪt] *n (destiny)* μοίρα, πεπρωμένο, το γραφτό || *(death)* μοίρα, θάνατος || **~ful** *a (prophetic)* προφητικός || *(important)* υψίστης σημασίας, αποφασιστικός.

father ['fɑːðə*] *n (parent)* πατέρας || *(priest)* πάτερ, πατήρ || *(early leader)* πατέρας, δημιουργός || **~-in-law** *n* πεθερός || **~ly** *a* πατρικός, σαν πατέρας.

fathom ['fæðəm] *n* οργυιά ♦ *vt (sound)* βυθομετρώ || *(understand)* βολιδοσκοπώ, καταλαβαίνω.

fatigue [fə'tiːg] *n (weariness)* κούραση, κόπωση, κάματος ♦ *vt* κουράζω, καταπονώ.

fatten ['fætn] *vt* παχαίνω, σιτεύω ♦ *vi* παχαίνω, χοντραίνω.

fatty ['fætɪ] *a (food)* παχύς, λιπαρός.

fatuous ['fætjuəs] *a* ανόητος, ηλίθιος, χαζός.

faucet ['fɔːsɪt] *n (US)* κάνουλα, βρύση.

fault [fɔːlt] *n (offence)* σφάλμα *nt*, λάθος *nt* || *(defect)* ελάττωμα *nt* || *(blame)* λάθος *nt*, φταίξιμο || *(GEOL)* ρήγμα *nt*, ρωγμή || **at ~** σφάλλω, λαθεύω, είμαι φταίστης || **~less** *a* άψογος, τέλειος || **~y** *a* ελαττωματικός, λανθασμένος.

fauna ['fɔːnə] *n* πανίδα.

favour, *(US)* **favor** ['feɪvə*] *n (approval)* εύνοια, συμπάθεια || *(kindness)* χάρη, χατήρι ♦ *vt (plan)* προτιμώ, υποστηρίζω, μεροληπτώ || *(in race)* παίζω το φαβορί || **in ~ of** υπέρ || **~able** *a* ευνοϊκός || **~ably** *ad* ευνοϊκά, συμπαθητικά || **~ite** *a* ευνοούμενος, αγαπητός ♦ *n* ευνοούμενος || **~itism** *n* ευνοιοκρατία, ρουσφετολογία.

fawn [fɔːn] *a, n (colour)* πυρόξανθος.

fax [fæks] *n (col)* τηλεαντιγραφικό έντυπο || *(machine)* τηλεαντιγραφικό ♦ *vt* στέλλω με το τηλεαντιγραφικό.

fear [fɪə*] *n* φόβος, τρόμος ♦ *vt* φοβούμαι, τρέμω, ανησυχώ || **no ~!** μη φοβάσαι!, δεν είναι πιθανό! || **~ful** *a (timid)* δειλός, φοβιτσιάρης || *(terrible)* φοβερός, τρομερός || **~less** *a* ατρόμητος, άφοβος.

feasibility [fiːzə'bɪlɪtɪ] *n* (το) πραγματοποιήσιμο.

feasible ['fiːzəbl] *a* δυνατός, κατορθωτός.

feast [fiːst] *n* τραπέζι, φαγοπότι, γλέντι ♦ *vi (+ on)* απολαμβάνω, χορταίνω || **~ day** *n (REL)* γιορτή.

feat [fiːt] *n* κατόρθωμα *nt*.

feather ['feðə*] *n* φτερό.

feature ['fiːtʃə*] *n* χαρακτηριστικό || *(article)* κύριο άρθρο || *(film)* κυρία ταινία ♦ *vti* χαρακτηρίζω, τονίζω, εμφανίζω || **~less** *a* πλαδαρός, ασήμαντος.

February ['fɛbruərɪ] *n* Φεβρουάριος.

fed [fɛd] *pt, pp of* **feed** || **to be ~ up** *vi* βαριέμαι, μπουχτώνω, αηδιάζω.

federal ['fɛdərəl] *a* ομόσπονδος, ομοσπονδιακός.

federation [fɛdə'reɪʃən] *n* ομοσπονδία, συνασπισμός.

fee [fiː] *n (payment)* αμοιβή || *(for entrance)* δίδακτρα *ntpl*, τέλος *nt*.

feeble ['fiːbl] *a (person)* φιλασθενής, αρρωστιάρης || *(excuse)* αδύνατος, αμφίβολος || **~-minded** *a* διανοητικώς ανεπαρκής.

feed [fiːd] *(irreg v) n* τροφή, τάισμα *nt*, τροφοδότηση ♦ *vt* τρέφω, θρέφω || *(machine etc)* τροφοδοτώ ||

to ~ **on** *vt* τρέφω με, τρέφομαι με || ~**back** *n* ανάδραση.

feel [fiːl] *(irreg v) n (touch)* αφή, πιάσιμο || *(feeling)* αίσθηση, αίσθημα *nt* ♦ *vt (touch)* αγγίζω || *(examine)* ψηλαφώ, ψαύω, πιάνω || *(be mentally aware of)* αισθάνομαι, νοιώθω || *(think, believe)* νοιώθω ♦ *vi (give impression)* αισθάνομαι, νοιώθω || ~**er** *n* βολιδοσκόπηση || ~**ing** *n (sensation)* αφή, αίσθημα *nt* || *(emotion)* ευαισθησία, συγκίνηση || *(opinion)* εντύπωση, γνώμη, αίσθημα *nt.*

feet [fiːt] *npl of* **foot.**

feign [feɪn] *vt* προσποιούμαι, υποκρίνομαι || ~**ed** *a* προσποιητός, ψεύτικος.

feint [feɪnt] *n* προσποίηση || *(MIL)* ψευδεπίθεση.

fell [fɛl] *pt of* **fall** ♦ *vt (tree)* κόβω, ρίχνω κάτω ♦ *n (hill)* βραχώδης λόφος.

fellow [ˈfɛləʊ] *n (companion)* σύντροφος, συνάδελφος || *(member of society)* εταίρος, μέλος || *(man)* άνθρωπος, φουκαράς, τύπος || ~ **citizen** *n* συμπολίτης/ρια *m/f* || ~ **countryman** *n* συμπατριώτης || ~ **feeling** *n* συναδελφοσύνη || ~ **men** *npl* συνάνθρωποι || ~**ship** *n (group)* (συν)αδελφότητα, εταιρεία || *(friendliness)* συντροφιά, συντροφικότητα.

felony [ˈfɛlənɪ] *n* κακούργημα *nt.*

felt [fɛlt] *pt, pp of* **feel** ♦ *n* πίλημα *nt,* τσόχα.

female [ˈfiːmeɪl] *n* θηλυκό, γυναίκα ♦ *a* θηλυκός, γυναικείος.

feminine [ˈfɛmɪnɪn] *a (GRAM)* θηλυκό || *(qualities)* θηλυκός, γυναικείος.

feminist [ˈfɛmɪnɪst] *n* φεμινιστής, φεμινίστρια *m/f.*

fence [fɛns] *n* φράγμα *nt,* φράχτης ♦ *vt (also* ~ **in,** ~ **off)** περιφράσσω, (περι) μαντρώνω ♦ *vi* ξιφομαχώ.

fencing [ˈfɛnsɪŋ] *n (swordplay)* ξιφασκία, ξιφομαχία || *(fences)* περίφραξη, φράκτης.

fend [fɛnd] *vi:* **to** ~ **for o.s.** φροντίζω, συντηρούμαι, καταφέρνω.

fender [ˈfɛndə*] *n* κυγκλίδωμα, πυρομάχος || *(US: wing, mudguard)* προφυλακτήρας.

fennel [ˈfɛnl] *n* μάραθο.

ferment [fəˈmɛnt] *vi* ζημούμαι, βράζω ♦ [ˈfɜːmɛnt] *n* ζύμωση, αναβρασμός || ~**ation** *n* ζύμωση, βράσιμο.

fern [fɜːn] *n* φτέρη.

ferocious [fəˈrəʊʃəs] *a* άγριος, θηριώδης.

ferry [ˈfɛrɪ] *n (small)* πέραμα *nt,* πορθμείο || *(large: also* ~**boat)** φέρρυ-μποτ *nt inv* ♦ *vt* διεκπεραιώ, διαπορθμεύω, περνώ.

fertile [ˈfɜːtaɪl] *a (AGR)* εύφορος, γόνιμος || *(BIOL)* γονιμοποιός.

fertility [fəˈtɪlɪtɪ] *n* ευφορία, γονιμότητα.

fertilize [ˈfɜːtɪlaɪz] *vt* γονιμοποιώ || ~**r** *n* λίπασμα *nt.*

fervent [ˈfɜːvənt] *a* θερμός, φλογερός.

festival [ˈfɛstɪvəl] *n (REL etc)* γιορτή, πανηγύρι || *(ART, MUS)* φεστιβάλ *nt inv.*

festive [ˈfɛstɪv] *a* γιορταστικός, γιορτάσιμος || *(person)* εύθυμος, κεφάτος || **the** ~ **season** *(Christmas)* εποχή γιορτών.

fetch [fɛtʃ] *vt* πηγαίνω να φέρω || *(a price)* αποφέρω, πιάνω.

fetching [ˈfɛtʃɪŋ] *a* γοητευτικός, ελκυστικός.

fête [feɪt] *n* γιορτή, πανηγύρι.

fetters [ˈfɛtəz] *npl* δεσμά *ntpl,* αλυσίδες *fpl.*

fetus [ˈfiːtəs] *n (US)* = **foetus.**

feud [fjuːd] *n* έχθρα, έριδα, βεντέτα

♦ *vi* είμαι στα χέρια με || **~al** *a* φεουδαλικός, τιμαριωτικός || **~alism** *n* φεουδαλισμός.
fever ['fi:və*] *n* πυρετός, θέρμη || **~ish** *a (MED)* πυρετώδης || **~ishly** *ad (fig)* πυρετωδώς, με τα μούτρα.
few [fju:] *a* λίγοι, μερικοί || **a ~** μερικοί, λίγοι || **~er** λιγότεροι, σπανιότεροι || **~est** ελάχιστοι, λιγοστοί.
fiancé [fɪ'ɑ̃:ŋseɪ] *n* μνηστήρας, αρραβωνιαστικός || **~e** *n* αρραβωνιαστικιά.
fiasco [fɪ'æskəʊ] *n* φιάσκο, αποτυχία.
fib [fɪb] *n* ψεμματάκι, μπούρδα ♦ *vi* ψεύδομαι.
fibre, *(US)* **fiber** ['faɪbə*] *n* ίνα || **~glass** *n* υαλοβάμβακας.
fickle ['fɪkl] *a* αλλοπρόσαλος, αλαφρομυαλός.
fiction ['fɪkʃən] *n (invention)* φαντασία || *(novels)* μυθιστορήματα *ntpl* || **~al** *a* των μυθιστορημάτων.
fictitious [fɪk'tɪʃəs] *a* φανταστικός.
fiddle ['fɪdl] *n (violin)* βιολί || *(swindle)* κομπίνα ♦ *vt (cheat)* ξεγελώ ♦ *vi* παίζω, μαστορεύω, χάνω (το χρόνο) || **to ~ with** *vt* παίζω, μαστορεύω || **~r** *n* βιολιστής/ρια *m/f.*
fidelity [fɪ'delɪtɪ] *n* πίστη, αφοσίωση, πιστότητα.
fidget ['fɪdʒɪt] *vi* κάνω νευρικές κινήσεις || **~y** *a* αεικίνητος, νευρικός, ανήσυχος.
field [fi:ld] *n (land)* χωράφι, κάμπος, περιοχή || *(SPORT: ground)* γήπεδο || *(SPORT: in race)* τα άλογα *ntpl* || *(range)* έκταση, πεδίο || *(battleground)* πεδίο || *(COMPUT)* πεδίο || **~ marshal** *n* στρατάρχης || **~work** *n (MIL)* έργο εκστρατείας.
fiend [fi:nd] *n* δαίμονας, τέρας *nt* || **~ish** *a* διαβολικός.
fierce [fɪəs] *a* θηριώδης, μανιασμένος.
fiery ['faɪərɪ] *a (of fire)* φλογερός, καφτερός, φλεγόμενος || *(person)* ζωηρός, ορμητικός, ζωντανός.
fifteen [fɪf'ti:n] *num* δέκα πέντε.
fifth [fɪfθ] *a* πέμπτος.
fiftieth ['fɪftɪɪθ] *a* πεντηκοστός.
fifty ['fɪftɪ] *num* πενήντα.
fig [fɪg] *n* σύκο || *(tree)* συκιά.
fight [faɪt] *(irreg v) n (between people)* καυγάς, πιάσιμο || *(campaign)* μάχη, αγώνας, πάλη ♦ *vt* πολεμώ, μάχομαι ♦ *vi (struggle against)* μάχομαι, αγωνίζομαι, παλεύω || **~er** *n* πολεμιστής, μαχητής || *(AVIAT)* καταδιωκτικό || **~ing** *n* μάχη, καυγάς || *(SPORT)* πυγμαχία.
figurative ['fɪgərətɪv] *a* μεταφορικός, παραστατικός.
figure ['fɪgə*] *n (shape)* μορφή, σχήμα *nt* || *(of person)* παράστημα *nt*, κορμοστασιά, σιλουέττα || *(picture)* εικόνα, απεικόνιση || *(person)* πρόσωπο, άνθρωπος || προσωπικότητα || *(MATH)* σχήμα *nt* || *(cipher)* αριθμός, ψηφίο, νούμερο ♦ *vt (US: imagine)* υπολογίζω, λογαριάζω ♦ *vi (appear)* εμφανίζομαι, φαντάζομαι || **to ~ out** *vt* υπολογίζω, λογαριάζω || **~head** *n (NAUT)* ξόανο, γοργόνα || *(fig)* διακοσμητικό πρόσωπο.
filament ['fɪləmənt] *n* νήμα *nt.*
file [faɪl] *n (tool)* ρίνη, λίμα || *(dossier)* φάκελλος, αρχείο || *(folder)* φάκελλος, ντοσιέ *nt inv* || *(row)* στοίχος, γραμμή, αράδα || *(COMPUT)* αρχείο ♦ *vt (wood)* λιμάρω || *(nails)* λιμάρω || *(papers)* ταξινομώ, αρχειοθετώ || *(claim)* καταθέτω, υποβάλλω ♦ *vi*: **to ~ in/out** μπαίνω/βγαίνω ένας-ένας || **in single ~** σε μονή γραμμή.
filing ['faɪlɪŋ] *n (of papers)* ταξινόμηση, αρχειοθέτηση || **~s** *npl* ρινίσματα *ntpl*, λιμαδούρα || **~ cabinet** *n* δελτιοθήκη, αρχειοθήκη.

fill [fɪl] *vt (make full)* πληρώ, γεμίζω || *(occupy completely)* συμπληρώνω, γεμίζω || *(satisfy)* ικανοποιώ, χορταίνω || *(position etc)* κατέχω, γεμίζω ♦ *n* πλησμονή, κορεσμός, γέμισμα *nt* || **to ~ the bill** *(fig)* ανταποκρίνομαι || **to ~ in** *vt (hole)* γεμίζω, βουλώνω || *(form)* συμπληρώνω || **to ~ up** *vt (container)* γεμίζω τελείως || *(form)* συμπληρώνω.

fillet ['fɪlɪt] *n (food)* φιλέτο ♦ *vt* χωρίζω τα φιλέτα.

filling ['fɪlɪŋ] *n (for cakes, pies etc)* γέμισιη || *(for tooth)* σφράγισμα *nt*, βούλωμα *nt* || **~ station** *n* πρατήριο βενζίνης, βενζινάδικο.

fillip ['fɪlɪp] *n (reviver)* αναζωογόνηση, τόνωση.

film [fɪlm] *n (thin layer)* ελαφρό στρώμα *nt*, μεμβράνη || *(PHOT)* (φωτο)ταινία, φίλμ *nt inv*, πλάκα || *(moving picture)* ταινία, φίλμ *nt inv* ♦ *vt (scene)* γυρίζω ταινία, φιλμάρω || **~ star** *n* αστέρας του κινηματογράφου.

filter ['fɪltə*] *n* φίλτρο || *(PHOT)* φίλτρο ♦ *vt* διυλίζω, φιλτράρω, λαμπικάρω ♦ *vi (fig)* διεισδύω, εισχωρώ || **~ tip** *n* επιστόμιο φίλτρου.

filth [fɪlθ] *n (lit)* ακαθαρσίες *fpl*, σκουπίδια *ntpl*, βρώμα || *(fig)* ηθική φθορά, βρωμιά, αισχρολογία || **~y** *a* ακάθαρτος, ρυπαρός, βρώμικος.

fin [fɪn] *n (fish)* πτερύγιο, φτερό.

final ['faɪnl] *a* τελικός, τελευταίος, οριστικός ♦ *n (SPORT)* τελικός (αγώνας) || **~s** *npl (UNIV)* απολυτήριοι εξετάσεις *fpl* || **~e** [fɪ'nɑːlɪ] *n (THEAT)* φινάλε *nt inv* || *(MUS)* φινάλε *nt inv* || **~ist** *n (SPORT)* φιναλιστής || **~ize** *vt* οριστικοποιώ || **~ly** *ad (lastly)* τελικά || *(eventually)* στο τέλος || *(irrevocably)* οριστικά, τελικά.

finance [faɪ'næns] *n* οικονομία ♦ *vt* χρηματοδοτώ || **~s** *npl* οικονομικά *ntpl*.

financial [faɪ'nænʃəl] *a (policy)* οικονομική (πολιτική) || *(year)* οικονομικόν (έτος).

financier [faɪ'nænsɪə*] *n* κεφαλαιούχος, χρηματοδότης.

find [faɪnd] *(irreg v) vt (come across)* βρίσκω || *(discover, get)* ανακαλύπτω, βρίσκω || *(learn)* ανακαλύπτω, διαπιστώνω || *(declare)* αποφαίνομαι, κηρύσσω ♦ *n* ανακάλυψη, εύρημα *nt* || **to ~ out (about)** *vt* ανακαλύπτω, αναζητώ, πληροφορούμαι || **~ings** *npl (LAW)* απόφαση, ετυμηγορία || *(of report)* διαπίστωση, συμπέρασμα *nt*.

fine [faɪn] *a (thin, slender)* λεπτός, ψιλός, ψιλόλιγνος || *(delicate)* λεπτός, φίνος || *(handsome)* ωραίος, όμορφος || *(pure)* καθαρός || *(rainless)* ωραίος, καλός ♦ *ad (well)* θαυμάσια, περίφημα || *(small)* λεπτά, λεπτομερώς, ψιλά ♦ *n (LAW)* ποινική ρήτρα, πρόστιμο ♦ *vt (LAW)* επιβάλλω πρόστιμο || **~ arts** *n* καλές τέχνες *fpl*.

finery ['faɪnərɪ] *n* στολίδια *ntpl*, στόλισμα *nt*.

finesse [fɪ'nɛs] *n* τέχνασμα *nt*, πανουργία, φινέτσα.

finger ['fɪŋgə*] *n* δάκτυλος, δάχτυλο ♦ *vt* ψαύω, ψηλαφώ, πιάνω || **~nail** *n* νύχι || **~print** *n* δακτυλικό αποτύπωμα || **~tip** *n* άκρη του δακτύλου.

finicky ['fɪnɪkɪ] *a* μικρολόγος, λεπτολόγος.

finish ['fɪnɪʃ] *n (end)* τέλος *nt* || *(SPORT)* τερματισμός, τέλος, τέρμα *nt* || *(completion)* τελείωμα *nt*, αποπεράτωση, συμπλήρωμα *nt* ♦ *vt (also:* **~ off, ~ up)** τερματίζω, τελειώνω, αποτελειώνω ♦ *vi (general)* τελειώνω, τερματίζομαι, λήγω || *(SPORT)* τερματίζω || **~ing**

line *n* τέρμα *nt* || ~**ing school** *n* σχολείο γενικής μορφώσεως.

finite [ˈfaɪnaɪt] *a* πεπερασμένος, περιωρισμένος.

Finland [ˈfɪnlənd] *n* Φινλανδία.

Finn [fɪn] *n* Φινλανδός/η *m/f* || ~**ish** *a* φινλανδικός ♦ *n (LING)* φιννική.

fiord [fjɔːd] *n* φιόρδ *nt inv.*

fir [fɜː*] *n* έλατο.

fire [faɪə*] *n (element)* πύρ *nt* || *(in grate)* φωτιά || *(damaging)* πυρκαγιά || *(MIL)* πύρ *nt*, βολή ♦ *vt (cause to burn)* ανάβω, βάζω φωτιά || *(gun etc)* πυροδοτώ, βάλλω, ρίχνω || *(fig: imagination)* ενθουσιάζω, εξάπτω || *(col: dismiss)* απολύω, παύω, διώχνω ♦ *vi (gun)* πυροβολώ || **on** ~ καίομαι, παίρνω φωτιά || ~ **alarm** *n* σειρήνα πυρκαγιάς || ~**arm** *n* (πυροβόλο) όπλο || ~ **brigade** *n* πυροσβεστική (υπηρεσία) || ~ **engine** *n* πυροσβεστική αντλία || ~ **escape** *n* σκάλα πυρκαγιάς || ~ **extinguisher** *n* πυροσβεστήρας || ~**man** *n* πυροσβέστης || *(RAIL)* θερμαστής || ~**place** *n* τζάκι || ~**side** *n* κοντά στο τζάκι || ~ **station** *n* πυροσβεστικός σταθμός || ~**wood** *n* καυσόξυλα *ntpl* || ~**works** *npl (lit)* πυροτεχνήματα *ntpl.*

firing [ˈfaɪərɪŋ] *n (MIL)* βολή, πυροβολισμός, πυρ *nt* || ~ **squad** *n* εκτελεστικό απόσπασμα *nt.*

firm [fɜːm] *a (solid)* στερεός, σφιχτός || *(determined)* αμετακίνητος, σταθερός ♦ *n* οίκος, εταιρεία, φίρμα || ~**ly** *ad* σταθερά, στερεά, γερά.

first [fɜːst] *a (time)* πρώτος || *(place)* πρώτος ♦ *ad (before others)* πρώτος || *(firstly = in the first place)* πρωτίστως, πρώτα-πρώτα || *(sooner = before then)* στην αρχή, μάλλο, καλύτερα ♦ *n (person: in race)* πρώτος || *(UNIV)* λίαν καλώς, άριστα || *(AUT)* πρώτη (ταχύτητα) || **at** ~ κατά πρώτο, στην αρχή || ~ **of all** πριν απ'όλα, κατ'αρχή || ~**-aid kit** *n* σακκίδιο πρώτων βοηθειών || ~**-class** *a* πρώτης τάξης || ~**-hand** *a* από πρώτο χέρι || ~ **lady** *n (US)* πρώτη κυρία || ~**ly** *ad* πρωτίστως, πρώτα-πρώτα || ~ **name** *n* μικρό όνομα || ~ **night** *n* πρώτη, πρεμιέρα || ~**-rate** *a* πρώτης τάξώης.

fiscal [ˈfɪskəl] *a* οικονομικός.

fish [fɪʃ] *n* ψάρι ♦ *vt* ψαρεύω ♦ *vi* ψαρεύω || **to go** ~**ing** πάω για ψάρεμα || ~**erman** *n* ψαράς || ~**ery** *n* αλιεία, ψαρική || ~**ing boat** *n* ψαρόβαρκα || ~**ing line** *n* αρμίδι, πετονιά || ~**ing rod** *n* καλάμι || ~ **market** *n* ιχθυαγορά || ~**monger** *n* ιχθυοπώλης || ~**y** *a (suspicious)* ύποπτος, βρώμικος.

fission [ˈfɪʃən] *n* διάσπαση.

fissure [ˈfɪʃə*] *n* σχισμή, ρωγμή.

fist [fɪst] *n* πυγμή, γροθιά.

fit [fɪt] *a (MED, SPORT)* σε φόρμα, υγιής || *(suitable)* κατάλληλος, αρμόζων, καλός || *(qualified, worthy)* ικανός ♦ *vt (suit)* συμφωνώ, ταιριάζω || *(insert, attach)* πηγαίνω, μπαίνω ♦ *vi (correspond)* εφαρμόζω, πιάνω || *(of clothes)* πηγαίνω, έρχομαι ♦ *n (of clothes)* εφαρμογή, ταίριασμα *nt* || *(MED: mild, of coughing)* παροξυσμός || *(MED: serious, epilepsy)* προσβολή || *(of anger)* ξέσπασμα *nt*, έκρηξη || *(of laughter)* ξέσπασμα *nt* || **to** ~ **in** *vi* συμφωνώ, ταιριάζω ♦ *vt* ενώνω, συνδέω || **to** ~ **out** *vt* εξαρτίζω, εφοδιάζω, ντύνω || **to** ~ **up** *vt* εφαρμόζω, ταιριάζω, μοντάρω || ~**fully, by** ~**s and starts** ακανόνιστα, άστατα || ~**ness** *n (suitability)* ικανότητα, καταλληλότητα || *(MED)* υγεία || ~**ter** *n* εφαρμοστής || *(of clothes)* δοκιμαστής || ~**ting** *a* κατάλληλος, πρέπων, ταιριαστός ♦ *n (of dress)* πρόβα, προβάρισμα *nt* || *(piece of* *equipment)* εφαρμογή, μοντάρισμα *nt* || ~**tings** *npl* επιπλώσεις *fpl*, εξαρτήματα *ntpl*, σύνεργα *ntpl*.

five [faiv] *num* πέντε || ~**r** *n (Brit)* πεντάρι (λίρες).

fix [fiks] *vt (fasten)* τοποθετώ, στερεώνω, καρφώνω || *(determine)* καθορίζω, (προσδι)ορίζω, ρυθμίζω || *(repair)* επισκευάζω, επιδιορθώνω || *(drink)* ετοιμάζω, φτιάχνω ♦ *n*: **in a** ~ σε μπελάδες, σε μπλέξιμο, σε σκοτούρες || ~**ed** *a* σταθερός, αμετάβλητος, στερεωμένος || ~**ture** *n* ακινητοποιημένο έπιπλο, εξάρτημα *nt*.

fizz [fiz] *n* σπίθισμα *nt*, άφρισμα ♦ *vi* σπιθίζω.

fizzle ['fizl] *vi* αφρίζω, τσιρίζω || **to** ~ **out** *vi* σβήνω, αποτυγχάνω.

fizzy ['fizi] *a* αεριούχος, αφρώδης.

fjord [fjɔːd] *n* = **fiord.**

flabbergasted ['flæbəgaːstid] *a* κατάπληκτος, εμβρόντητος.

flabby ['flæbi] *a* πλαδαρός, άτονος.

flag [flæg] *n (banner)* σημαία || *(also*: ~**stone)** πλάκα, πλακόλιθος ♦ *vi (strength)* εξασθενίζω, χαλαρούμαι || *(spirit)* κάμπτομαι, πέφτω, σπάω || **to** ~ **down** *vt* σταματώ.

flagon ['flægən] *n* καράφα.

flagpole ['flægpəul] *n* κοντάρι.

flagrant ['fleigrənt] *a* κατάφωρος, καταφανής.

flair [flεə*] *n* φυσική κλίση, ικανότητα.

flake [fleik] *n (of rust)* λέπι, τρίμα *nt*, φύλλο || *(of snow)* νιφάδα, στούπα ♦ *vi (also*: ~ **off)** ξελεπίζω, ξεφλουδίζομαι.

flame [fleim] *n* φλόγα.

flamingo [flə'miŋgəu] *n* φλαμίγκος.

flange [flændʒ] *n* φλάντζα.

flank [flæŋk] *n (side)* λαγόνα, πλαγιά || *(MIL)* πλευρά ♦ *vt* ευρίσκομαι πλάι.

flannel ['flænl] *n* φανέλα || ~**s** *npl (trousers)* φανελένιο πανταλόνι.

flap [flæp] *n* καπάκι || *(of pocket)* καπάκι (τσέπης) || *(of envelope)* κλείσιμο (φακέλλου) ♦ *vt (of birds)* φτερουγίζω ♦ *vi (sail, flag)* ανεμίζομαι, κυματίζω.

flare [flεə*] *n* φωτοβολίδα || *(in skirt etc)* φάρδεμα *nt* || **to** ~ **up** *vi (into flame)* αστράφτω, ανάβω || *(in anger)* ανάβω, εξάπτομαι.

flash [flæʃ] *n* αναλαμπή, λάμψη || *(news flash)* τελευταία είδηση || *(PHOT)* φλάς *nt inv* ♦ *vt (light)* κάνω να λάμψει, ρίχνω || *(torch)* ρίχνω, ανάβω || *(message)* μεταδίδω ♦ *vi* αστράφτω, γυαλίζω || **in a** ~ στη στιγμή || **to** ~ **by** *or* **past** *vt* περνώ σαν αστραπή || ~**back** *n* αναδρομή || ~ **bulb** *n* λάμπα φλάς || ~**er** *(AUT)* φανάρι του στόπ.

flashy ['flæʃi] *a (pej)* φανταχτερός, χτυπητός.

flask [flaːsk] *n* τσότρα, φλασκί || *(CHEM)* φιάλη || *(vacuum flask)* θερμό.

flat [flæt] *a (level)* επίπεδος, ίσιος || *(dull)* χωρίς προοπτικήές, θαμπό || *(below pitch)* σε ύφεση, μπεμόλ || *(beer)* ξεθυμασμένο || *(tyre)* ξεφουσκωμένο, πεσμένο ♦ *n (rooms)* διαμέρισμα *nt* || *(MUS)* ύφεση || *(AUT)* ξεφουσκωμένο λάστιχο || ~ **broke** *a* απένταρος, πατήρης || ~**footed** *a* με πλατειά πόδια || ~**ly** *ad* σαφώς, κατηγορηματικά || ~**ten** *vt (also*: ~**ten out)** επιπεδώνω, ισώνω.

flatter ['flætə*] *vt* κολακεύω || ~**er** *n* κόλακας || ~**ing** *a* κολακευτικός || ~**y** *n* κολακεία.

flaunt [flɔːnt] *vt* επιδεικνύω, δείχνω.

flavour, *(US)* **flavor** ['fleivə*] *n* γεύση ♦ *vt* καρικεύω, αρωματίζω || ~**ing** *n* καρίκευμα *nt*, άρωμα *nt*.

flaw [flɔː] *n* ελάττωμα *nt* || ~**less** *a* άψογος, τέλειος.

flax [flæks] *n* λινάρι || ~**en** *a* κατάξανθος.

flea [fliː] *n* ψύλλος.
fled [flɛd] *pt, pp of* **flee.**
flee [fliː] *(irreg v) vi* (κατα)φεύγω ♦ *vt* φεύγω.
fleece [fliːs] *n* δορά, δέρμα *nt*, τομάρι ♦ *vt (rob)* ληστεύω, γδέρνω, γδύνω.
fleet [fliːt] *n (NAUT)* στόλος || *(of cars)* συνοδεία, πομπή.
fleeting ['fliːtɪŋ] *a* φευγαλέος, περαστικός.
Flemish ['flɛmɪʃ] *a* Φλαμανδικός ♦ *n (LING)* Φλαμανδική.
flesh [flɛʃ] *n* σάρκα || *(meat)* κρέας *nt* || *(of fruit)* σάρκα.
flew [fluː] *pt of* **fly.**
flex [flɛks] *n* εύκαμπτο καλώδιο ♦ *vt* κάμπτομαι || **~ibility** *n* ευκαμψία || **~ible** *a* εύκαμπτος || *(plans)* ελαστικός.
flick [flɪk] *vt* κτυπώ ελαφρά.
flicker ['flɪkə*] *n (of light)* τρεμούλιασμα *nt*, παίξιμο ♦ *vi* τρέμω, τρεμοσβύνω.
flier ['flaɪə*] *n* ιπτάμενος, αεροπόρος.
flight [flaɪt] *n (flying)* πτήση, πέταμα *nt* || *(of squadron)* σμήνος *nt* || *(journey)* διαδρομή || *(also:* **~ of steps)** σκαλοπάτια *ntpl*, κλίμακα || **to take ~** τρέπομαι σε φυγή || **to put to ~** τρέπω σε φυγή || **~ deck** *n* κατάστρωμα *nt* απογειώσεως.
flimsy ['flɪmzɪ] *a* σαθρός, λεπτός, μικρής αντοχής || *(weak)* αδύνατος, ασθενής, πρόχειρος.
flinch [flɪntʃ] *vi* υποχωρώ, δειλιάζω.
fling [flɪŋ] *(irreg v) vt* ρίχνω, πετώ.
flint [flɪnt] *n (in lighter)* τσακμακόπετρα.
flip [flɪp] *vt* δίνω ελαφρό κτύπημα.
flippant ['flɪpənt] *a* ελαφρός, αφελής.
flirt [flɜːt] *vi* φλερτάρω ♦ *(woman) n* φιλάρεσκη, κοκέτα || **~ation** *n* φλέρτ *nt inv*, φλερτάρισμα *nt*.
flit [flɪt] *vi* πηγαινοέρχομαι.
float [fləʊt] *n* πλωτήρας, φλοτέρ *nt inv* || *(esp in procession)* αποκριάτικο άρμα ♦ *vi* (επι)πλέω || *(swimming)* κολυμπώ ανάσκελα || *(in air)* πλέω ♦ *vt (company)* ιδρύω || *(loan)* εκδίδω δάνειο || *(rumour)* διαδίδω, κυκλοφορώ || **~ing** *a (lit)* επιπλέων || *(fig: population)* κινητός πληθυσμός.
flock [flɒk] *n* ποίμνιο, κοπάδι || *(of people)* πλήθος *nt*, κοπάδι.
flog [flɒg] *vt* μαστιγώνω, ραβδίζω.
flood [flʌd] *n* πλημμύρα, κατακλυσμός ♦ *vt* πλημμυρίζω, κατακλύζω || **~ing** *n* πλημμύρισμα *nt*, ξεχείλισμα || **~light** *n* προβολέας ♦ *vt* φωτίζω με προβολέα.
floor [flɔː*] *n (of room)* δάπεδο, πάτωμα *nt* || *(storey)* όροφος, πάτωμα *nt* ♦ *vt (person)* ρίχνω κάτω || **ground ~** *(Brit)*, **first ~** *(US)* ισόγειο || **first ~** *(Brit)*, **second ~** *(US)* πρώτο πάτωμα || **~board** *n* σανίδα || **~ show** *n* νούμερα *ntpl*.
flop [flɒp] *vi (fail)* αποτυγχάνω, καταρρέω || *(fall)* κάνω πλάφ, σωριάζομαι.
floppy ['flɒpɪ] *a* πλαδαρός || *(COMPUT: also:* **~ disk)** δισκέτα, εύκαμπτος (δίσκος).
flora ['flɔːrə] *npl* χλωρίδα || **~l** *a* ανθικός, λουλουδένιος.
florid ['flɒrɪd] *a* ανθηρός, γεμάτος στολίδια.
florist ['flɒrɪs] *n* ανθοπώλης || **~'s (shop)** *n* ανθοπωλείο.
flounce [flaʊns] *n* βολάν ♦ *vi:* **to ~ in/out** μπαίνω/βγαίνω απότομα.
flounder ['flaʊndə*] *vi* παραπατώ, σπαρταρώ, τσαλαβουτώ.
flour ['flaʊə*] *n* αλεύρι.
flourish ['flʌrɪʃ] *vi (thrive, prosper)* προοδεύω, ανθώ, προκόβω ♦ *vt* κραδαίνω, κουνώ ♦ *n (ornament)* στόλισμα *nt*, κόσμημα *nt*, τζίφρα ||

επίδειξις, φανφάρα || ~**ing** *a (thriving)* ακμαίος.
flout [flaʊt] *vt* αφηγώ, περιφρονώ.
flow [fləʊ] *n (movement)* ροή, ρεύμα *nt* || *(stream: lit, fig)* ρούς *m*, χύση, χείμαρρος || *(of dress)* χυτές γραμμές *fpl*, ντραπέ *nt inv* ♦ *vi* ρέω, χύνομαι || κυγώ || *(traffic, supply)* κυκλοφορώ, κινούμαι || *(robes, hair)* χύνομαι, πέφτω.
flower ['flaʊə*] *n* άνθος *nt*, λουλούδι ♦ *vi* ανθίζω || ~ **bed** *n* παρτέρι, βραγιά || ~**pot** *n* γλάστρα || ~**y** *a* πολυγαρνιρισμένος.
flowing ['fləʊɪŋ] *a (movement)* ρέων || *(hair)* χυτός || *(style)* ρέων, άνετος.
flown [fləʊn] *pp of* **fly.**
flu [flu:] *n* γρίππη.
fluctuate ['flʌktjʊeɪt] *vi* κυμαίνομαι.
fluctuation [flʌktjʊ'eɪʃən] *n* διακύμανση.
fluency ['flu:ənsɪ] *n* ευγλωττία, ευφράδεια.
fluent ['flu:ənt] *a* ευφράδης, στρωτός || ~**ly** *ad* ευχερώς, άνετα.
fluff [flʌf] *n* χνούδι || ~**y** *a* χνουδάτος.
fluid ['flu:ɪd] *n* ρευστό, υγρό ♦ *a (lit)* ρευστός, ρέων || *(fig: plans)* ρευστός, ευμετάβλητος.
fluke [flu:k] *n (col: lucky stroke)* κατά τύχη.
flung [flʌŋ] *pt, pp of* **fling.**
fluorescent [flʊə'rɛsnt] *a* φθορίζων.
fluoride ['flʊəraɪd] *n* φθοριούχο.
flurry ['flʌrɪ] *n (of activity)* αναστάτωση, ταραχή.
flush [flʌʃ] *n (blush)* κοκκίνισμα *nt*, ερύθημα *nt* || *(of excitement)* ξέσπασμα *nt* || (CARDS) χρώμα *nt*, φλας *nt inv* ♦ *vt* ποτίζω, καθαρίζω, τραβώ (το καζανάκι) ♦ *vi (blush)* κοκκινίζω ♦ *a* επίπεδος, λείος, στην ίδια επιφάνεια || ~**ed** *a (blushing)* κόκκινος, ξαναμμένος || *(with anger)* κόκκινος.
fluster ['flʌstə*] *n* αναστάτωση || ~**ed** *a* ταραγμένος.
flute [flu:t] *n* φλογέρα, φλάουτο.
fluted ['flu:tɪd] *a* αυλακωτός.
flutter ['flʌtə*] *n (of wings)* φτερούγισμα *nt* || *(of excitement)* αναστάτωση, συγκίνηση ♦ *vi (of birds)* φτερουγίζω || τρέμω, ταράσσομαι.
flux [flʌks] *n*: **in a state of** ~ σε ρευστή κατάσταση.
fly [flaɪ] *(irreg v) n (insect)* μύγα || *(on trousers: also* **flies***)* μπροστινό άνοιγμα *nt* ♦ *vt (plane)* πετώ, πιλοτάρω || *(passengers)* μεταφέρω αεροπορικώς ♦ *vi (travel by air)* πετώ || *(flee)* φεύγω, τρέχω || *(of flag)* κυματίζω || ~**er** *n* = **flier** || ~**ing** *n (activity)* πτήση, αεροπορία ♦ *a (rapid)* γρήγορος, πεταχτός, σύντομος, βιαστικός || ~**ing saucer** *n* ιπτάμενος δίσκος || ~**ing start** *n* καλή αρχή, ταχύ ξεκίνημα *nt* || ~**over** *n (Brit)* εναέριος *f* διάβαση || ~**past** *n* παρέλαση αεροπλάνων || ~**wheel** *n* σφόνδυλος, βολάν *nt inv.*
foal [fəʊl] *n* πουλάρι.
foam [fəʊm] *n* αφρός || *(plastic etc)* αφρολέξ *nt inv* ♦ *vi* αφρίζω.
fob [fɒb]: **to** ~ **off** *vt* πασσάρω, κοροϊδεύω.
focal ['fəʊkəl] *a* εστιακός.
focus ['fəʊkəs] *n* εστία ♦ *vt* συγκεντρώνω, ρυθμίζω || **in** ~ ρυθμισμένος, ευκρινής || **out of** ~ μη ρυθμισμένος, θαμπός.
fodder ['fɒdə*] *n* φορβή, χόρτο.
foe [fəʊ] *n* εχθρός, αντίπαλος.
foetus ['fi:təs] *n* έμβρυο.
fog [fɒg] *n* ομίχλη ♦ *vt (issue)* θολώνω, περιπλέκω || ~**gy** *a* ομιχλώδης.
foible ['fɔɪbl] *n* αδυναμία.
foil [fɔɪl] *vt* ανατρέπω, προλαμβάνω

♦ *n (of metal)* έλασμα *nt*, φύλλο || *(person)* αντίθεση || *(fencing)* ξίφος *nt*.

fold [fɔuld] *n (bend, crease)* πτυχή, ζάρα, δίπλα ♦ *vt* διπλώνω, πτυχώνω || **to ~ up** *vi (map etc)* τυλίγω, διπλώνω || *(business)* κλείνω το μαγαζί, χρεωκοπώ || **~er** *n (pamphlet)* διαφημιστικό φυλλάδιο || *(portfolio)* φάκελλος, ντοσιέ *nt inv* || **~ing** *a (chair, bed etc)* πτυσσόμενος, τσακιστός.

foliage ['fɔuliidʒ] *n* φυλλωσιά.

folio ['fɔuliɔu] *n* φύλλο.

folk [fɔuk] *n* άνθρωποι *mpl* ♦ *a* λαϊκός || **~s** *npl* άνθρωποι *mpl*, συγγενείς *mpl*, δικοί μου *mpl* || **~lore** *n* λαογραφία || **~song** *n* δημοτικό τραγούδι.

follow ['fɔlɔu] *vt (come after)* (παρ)ακολουθώ || *(obey)* ακολουθώ || *(go along path)* ακολουθώ, παίρνω || *(profession)* ακολουθώ, ασκώ || *(understand)* καταλαβαίνω, παρακολουθώ ♦ *vi (after)* ακολουθώ, συνοδεύω || *(result)* έπομαι, προκύπτω || **to ~ up** *vt* συνεχίζω, εκμεταλλεύομαι || **~er** *n* οπαδός || **~ing** *a* ακολουθών, επόμενος ♦ *n* οπαδοί *mpl*, ακολουθία.

folly ['fɔli] *n* ανοησία, τρέλλα.

fond [fɔnd] *a*: **to be ~ of** *(person)* είμαι αφοσιωμένος, συμπαθώ, αγαπώ || *(thing)* μου αρέσει, τρελλαίνομαι για || **~ness** *n (+ for)* αφοσίωση, συμπάθεια σε || αγάπη για τάση στο.

font [fɔnt] *n* κολυμβήθρα.

food [fu:d] *n* τροφή, τρόφιμα *ntpl*, φαΐ, φαγητό || **~ poisoning** *n* δηλητηρίαση || **~stuffs** *npl* είδη διατροφής.

fool [fu:l] *n (silly person)* πλίθιος, βλάκας, κουτός, χαζός || *(clown)* παλιάτσος ♦ *vt (deceive)* εξαπατώ, ♦ *vi (act like a fool)* κάνω το βλάκα || **~hardy** *a* παράτολμος, απερίσκεπτος || **~ish** *a* παράλογος, γελοίος || **~proof** *a (plan etc)* αλάνθαστος.

foot [fut] *n (of person)* πόδι, ποδάρι || *(of animal)* πόδι || *(base)* πέλμα *nt*, πόδι, κάτω άκρο || *(measure)* αγγλικό πόδι (0.3μ) ♦ *vt (bill)* πληρώνω, κάνω τα έξοδα || **on ~** πεζή, με τα πόδια || **~ball** *n (ball)* μπάλα || *(game)* ποδόσφαιρο || **~baller** *n* ποδοσφαιριστής || **~brake** *n* ποδόφρενο || **~bridge** *n* γέφυρα πεζών || **~hills** *npl* χαμηλοί λόφοι *mpl* || **~hold** *n* πάτημα *nt*, στήριγμα *nt* || **~ing** *n (lit)* σίγουρη θέση, πάτημα *nt* || *(fig)* θέση, κατάσταση || **~lights** *npl* ράμπα, προσκήνιο || **~man** *n (servant)* υπηρέτης, λακές *m* || **~-and-mouth (disease)** *n* αφθώδης πυρετός || **~note** *n* υποσημείωση || **~path** *n* μονοπάτι || **~sore** *a* με πονεμένα πόδια || **~step** *n* βήμα *nt*, πάτημα *nt* || *(trace)* ίχνος *m*, πατησιά || **~wear** *n* παπούτσι.

for [fɔ:*] *prep* για || *(in spite of)* μόλο || *cj* διότι, γιατί || **what ~?** γιατί;, για ποιο λόγο;.

forage ['fɔridʒ] *n* βοσκή, χορτονομή, χόρτο || *vi (col)* ψάχνω για.

foray ['fɔrei] *n* επιδρομή, διαρπαγή.

forbearing [fɔ:'beɔriŋ] *a* υπομονητικός, ανεκτικός.

forbid [fɔ'bid] *(irreg v) vt* απαγορεύω || **~den** *a* απαγορευμένος || **~ding** *a* αποκρουστικός, δυσάρεστος.

force [fɔ:s] *n (strength)* δύναμη, ισχύς *f* || *(compulsion)* εξαναγκασμός, ζόρι || *(body of men)* δύναμη ♦ *vt (compel)* εξαναγκάζω, εκβιάζω || *(break open)* παραβιάζω || **to ~ into** *vt* πιέζω, σπρώχνω, μπάζω || **be in ~** ισχύω || **the F~s** *npl* οι δυνάμεις *fpl*

|| ~**d** a *(smile)* προσποιητός, ψεύτικος || *(landing)* αναγκαστικός || ~**ful** a αποφασιστικός, δραστήριος.

forcibly ['fɔːsəblɪ] *ad* με το ζόρι, αποφασιστικά.

ford [fɔːd] *n* πέραμα ♦ *vt* περνώ.

fore [fɔː*] *a* πρόσθιος, μπροστινός ♦ *n*: **to the ~** στο προσκήνιο, διαπρέπων.

forearm ['fɔːrɑːm] *n* αντιβράχιο.

foreboding [fɔː'bəudɪŋ] *n* κακό προαίσθημα *nt*, κακός οιωνός.

forecast ['fɔːkɑːst] *n* πρόβλεψη, πρόγνωση ♦ *vt* προβλέπω.

forecourt ['fɔːkɔːt] *n* προαύλιο.

forefathers ['fɔːfɑːðəz] *npl* πρόγονοι *mpl*.

forefinger ['fɔːfɪŋgə*] *n* δείκτης.

forefront ['fɔːfrʌnt] *n* πρόσοψη || *(fig)* πρώτη σειρά.

forego [fɔː'gəu] *vt* προηγούμαι || ~**ing** *a* προειρημένος || ~**ne** ['fɔːgɒn] *a (conclusion)* προκαθορισμένος.

foreground ['fɔːgraund] *n* πρώτο πλάνο.

forehead ['fɒrɪd] *n* μέτωπο, κούτελο.

foreign ['fɒrɪn] *a (country)* ξένος, άσχετος || *(trade)* εξωτερικός || *(accent)* ξενικός || *(body)* ξένος || ~**er** *n* ξένος, αλλοδαπός || **~ exchange** *n* συνάλλαγμα *nt* || **F~ Minister** *n* υπουργός εξωτερικών.

foreman ['fɔːmən] *n* προϊστάμενος, εργοδηγός.

foremost ['fɔːməust] *a* πρώτος, πρώτιστος, επί κεφαλής.

forensic [fə'rɛnsɪk] *a*: **~ medicine** *n* ιατροδικαστική.

forerunner ['fɔːrʌnə*] *n* πρόδρομος.

foresee [fɔː'siː] *vt* προβλέπω || ~**able** *a* δυνάμενος να προβλεφθεί.

foresight ['fɔːsaɪt] *n* πρόβλεψη, πρόνοια.

forest ['fɒrɪst] *n* δάσος *nt*, ρουμάνι.

forestall [fɔː'stɔːl] *vt* προλαμβάνω.

forestry ['fɒrɪstrɪ] *n* δασοκομία.

foretaste ['fɔːteɪst] *n* προαίσθηση.

foretell [fɔː'tɛl] *vt* προλέγω, προμηνύω.

forever [fə'rɛvə*] *ad* παντοτεινά, για πάντα.

foreword ['fɔːwɜːd] *n* πρόλογος.

forfeit ['fɔːfɪt] *n* ποινική ρήτρα ♦ *vt* χάνω (δια κατασχέσεως), χάνω.

forge [fɔːdʒ] *n* καμίνι, σιδεράδικο ♦ *vt (falsely)* πλάθω, πλαστογραφώ || *(shape)* σφυρηλατώ || **to ~ ahead** *vi* προηγούμαι, προχωρώ || ~**r** *n (criminal)* πλαστογράφος, παραχαράκτης || ~**ry** *n (activity)* πλαστογράφηση || *(article)* πλαστός, κίβδηλο (αντικείμενο).

forget [fə'gɛt] *vti* λησμονώ, ξεχνώ, παραλείπω || ~**ful** *a* ξεχασιάρης, απρόσεκτος || ~**fulness** *n* απερισκεψία, έλλειψη μνήμης.

forgive [fə'gɪv] *vt* συγχωρώ || ~**ness** *n* συγχώρηση.

forgo [fɔː'gəu] *vt* παραιτούμαι, αποφεύγω, κάνω χωρίς.

fork [fɔːk] *n (for food)* πηρούνι || *(farm tool)* δικράνα, διχάλα || *(branch)* διακλάδωση ♦ *vi (road)* διχάζομαι, χωρίζομαι || **to ~ out** *vti (col: pay)* πληρώνω || ~**ed** *a* διχαλωτός.

form [fɔːm] *n (structure)* μορφή, σχήμα *nt*, φόρμα || *(class)* τάξη || *(bench)* μπάγκος || *(document)* έντυπο, τύπος || *(also: mental, physical condition)* κατάσταση, φόρμα ♦ *vt (shape)* διαμορφώνω, σχηματίζω, φτιάνω || *(make part of)* συγκροτώ, σχηματίζω.

formal ['fɔːməl] *a (according to rule)* επίσημος, εθιμοτυπικός || *(stiff)* τυπικός || *(dress)* επίσημος || ~**ity** *n (of occasion)* τύπος, τυπικότητα ||

~**ly** *ad (ceremoniously)* τυπικά, με διατυπώσεις || *(officially)* επίσημα, τυπικά.

format [ˈfɔːmæt] *n* σχήμα *nt* ♦ *vt (COMPUT)* τρόπος παρουσιάσεως.

formation [fɔːˈmeɪʃən] *n* διαμόρφωση, σχηματισμός || *(forming)* σχηματισμός, διάπλαση || *(group)* σχηματισμός, διάταξη, τάξη.

formative [ˈfɔːmətɪv] *a (years)* διαπλαστικός, μορφωτικός.

former [ˈfɔːmə*] *a* παλαιότερος, προγενέστερος, πρώην, τέως || *(opposite of* **latter***)* πρώτος || ~**ly** *ad* άλλοτε, παλαιότερα.

formidable [ˈfɔːmɪdəbl] *a* φοβερός, τρομερός.

formula [ˈfɔːmjʊlə] *n* τύπος || *(fig)* τύπος, στερεοτυπία, κλισέ *nt inv* || *(MATH)* τύπος || ~**te** [ˈfɔːmjʊleɪt] *vt* διατυπώνω.

forsake [fəˈseɪk] *(irreg v) vt* εγκαταλείπω, αφήνω, αρνούμαι.

fort [fɔːt] *n* φρούριο.

forte [ˈfɔːtɪ] *n* δύναμη, φόρτε *nt inv*.

forth [fɔːθ] *ad* προς τα εμπρός, προς τα έξω || *(in space)* εμπρός, μπροστά || *(in time)* από τώρα και εμπρός || ~**coming** *a* (επ)ερχόμενος, προσεχής.

fortieth [ˈfɔːtɪɪθ] *a* τεσσαρακοστός.

fortification [fɔːtɪfɪˈkeɪʃən] *n (walls etc)* οχύρωμα *nt*, οχύρωση.

fortify [ˈfɔːtɪfaɪ] *vt (strengthen)* ενισχύω, δυναμώνω, τονώνω || *(protect)* οχυρώνω.

fortnight [ˈfɔːtnaɪt] *n* δεκαπενθήμερο || ~**ly** *a* δεκαπενθήμερος ♦ *ad* κάθε δεκαπέντε.

fortress [ˈfɔːtrɪs] *n* φρούριο, κάστρο.

fortunate [ˈfɔːtʃənɪt] *a* ευτυχής, τυχερός, ευμενής || ~**ly** *ad* ευτυχώς.

fortune [ˈfɔːtʃən] *n (chance)* τύχη, σύμπτωση, καλοτυχία || *(wealth)* πλούτος, περιουσία || ~**teller** *n* μάντης, χαρτορίχτρα.

forty [ˈfɔːtɪ] *num* σαράντα.

forward [ˈfɔːwəd] *a (lying ahead)* πρόσθιος, μπροστινός || *(movement)* κίνηση προστά, προοδευτικός || *(advanced)* με πρόωρο ♦ *ad* (προς τα) εμπρός, μπρος || *(SPORT)* κυνηγός ♦ *vt (mail etc)* αποστέλλω, διεκπεραιώνω || *(help)* προωθώ, ευνοώ, προάγω || ~**s** *ad* από τώρα και στο εξής.

fossil [ˈfɒsl] *n* απολίθωμα *nt*.

foster [ˈfɒstə*] *vt* καλλιεργώ, τρέφω || ~ **child** *n* θετό παιδί || ~ **mother** *n* θετή μητέρα, ψυχομάνα.

fought [fɔːt] *pt, pp of* **fight**.

foul [faʊl] *a* ακάθαρτος, ρυπαρός, βρωμερός, μολυσμένος || *(language)* βρωμολόχος, πρόστυχος, αισχρός || *(weather)* κακοκαιρίας ♦ *n (SPORT)* φάουλ *nt inv* ♦ *vt (mechanism)* φράσσω, μπλέκω, πιάνω || *(SPORT)* κάνω φάουλ.

found [faʊnd] *pt, pp of* **find** ♦ *vt (establish)* ιδρύω, θεμελιώνω, κτίζω || ~**ation** *n (act)* ίδρυση, θεμελίωση, θεμέλιο *nt* || *(fig)* ίδρυμα *nt*, κληροδότημα *nt* || ~**ations** *npl (building)* θεμέλια *ntpl*.

founder [ˈfaʊndə*] *n* ιδρυτής ♦ *vi (NAUT)* βυθίζομαι, βουλιάζω.

foundry [ˈfaʊndrɪ] *n* χυτήριο.

fount [faʊnt] *n (source)* πηγή || ~**ain** *n* πηγή || *(jet of water)* συντριβάνι || ~**ain pen** *n* στυλογράφος, στυλό.

four [fɔː*] *num* τέσσερα || **on all** ~**s** με τα τέσσερα || ~**some** *n* διπλή παρτίδα || ~**teen** *num* δέκα τέσσερα || ~**teenth** *a* δέκατος τέταρτος || ~**th** *a* τέταρτος.

fowl [faʊl] *n* πουλί, πουλερικό.

fox [fɒks] *n* αλεπού *f*.

foyer [ˈfɔɪeɪ] *n* φουαγιέ *nt inv*.

fraction [ˈfrækʃən] *n (part)* κομμάτι || *(MATH)* κλάσμα *nt*.

fracture ['fræktʃə*] *n (of bone)* κάταγμα *nt* ♦ *vt* θραύω, τσακίζω, προκαλώ κάταγμα.
fragile ['frædʒaıl] *a* εύθραυστος.
fragment ['frægmənt] *n* θραύσμα *nt*, θρύμμα *nt*, σύντριμμα *nt* || *(part)* κομμάτι, απόκομμα *nt*, απόσπασμα *nt* || ~**ary** *a* αποσπασματικός, τμηματικός.
fragrance ['freıgrəns] *n* άρωμα *nt*, μυρωδιά.
fragrant ['freıgrənt] *a* εύοσμος, μυρωδάτος.
frail [freıl] *a* ευπαθής, ασθενικός.
frame [freım] *n* σκελετός, πλαίσιο || *(border)* πλαίσιο, κορνίζα ♦ *vt (put into frame)* πλαισιώνω, κορνιζάρω || *(put together)* καταστρώνω, διαμορφώνω, κατασκευάζω || *(col: incriminate)* μηχανορραφώ, σκηνοθετώ || ~ **of mind** *n* πνευματική κατάσταση, διάθεση || ~**work** *n* σκελετός, πλαίσιο.
France [fra:ns] *n* Γαλλία.
franchise ['fræntʃaız] *n* προνόμιο.
frank [fræŋk] *a* ειλικρινής || ~**ly** *ad* ειλικρινά, ντόμπρα || ~**ness** *n* ειλικρίνεια.
frantic ['fræntık] *a* έξαλλος, μανιώδης || ~**ally** *ad* μανιασμένα, έξαλλα.
fraternal [frə'tɜ:nl] *a* αδελφικός.
fraternity [frə'tɜ:nıtı] *n (club)* οργάνωση || *(spirit)* αδελφότητα || *(US SCH)* φοιτητική οργάνωση.
fraternize ['frætənaız] *vi (with)* συναδελφώνομαι με.
fraud [frɔ:d] *n (trickery)* δόλος, απάτη || *(trick)* κόλπο, απάτη, παγίδα || *(person)* απατεώνας, κατεργάρης.
fraudulent ['frɔ:djʊlənt] *a* δόλιος, απατηλός.
fray [freı] *n* σύρραξη, καυγάς, σύγκρουση ♦ *vt* τρίβω, ταράζω, ξεφτίζω ♦ *vi* ξεφτίζομαι, τρίβομαι || ~**ed** *a* τριμμένος, φαγωμένος.
freak [fri:k] *n* ιδιοτροπία, καπρίτσιο || *(col)* τέρας *nt* ♦ *a* περίεργο φαινόμενο.
freckle ['frεkl] *n* πανάδα.
free [fri:] *a (at liberty)* ανεξάρτητος, ελεύθερος || *(loose)* ελεύθερος || *(not occupied)* ελεύθερος || *(gratis)* δωρεάν, τζάμπα || *(liberal)* φιλελεύθερος, γενναιόφρων, ανοιχτός ♦ *vt (set free)* (απ)ελευθερώνω || *(unblock)* αποφράσσω, καθαρίζω || ~**dom** *n* ελευθερία, ανεξαρτησία || ~**lance** *a* ανεξάρτητος || ~**ly** *ad* ελεύθερα, αβίαστα || ~**mason** *n* μασώνος || ~ **trade** *n* ελεύθερο εμπόριο || ~**way** *n (US)* αυτοκινητόδρομος || ~**wheel** *vi* πηγαίνω με ελεύθερο τροχό || ~ **will** *n* ελευθέρα θέληση.
freeze [fri:z] *(irreg v) vi (become ice)* ψύχω, καταψύχω, παγώνω || *(feel cold)* κρυώνω ♦ *vt (lit)* (κατα)ψύχω, παγώνω || *(fig)* δεσμεύω, ακινητοποιώ ♦ *n (lit)* (κατά)ψυξη, παγωνιά || *(fig, ECON)* δέσμευση || ~**r** *n* καταψύκτης, ψυγείο καταψύξεως.
freezing ['fri:zıŋ] *a*: ~ **cold** *a* παγερό κρύο || ~ **point** *n* σημείο ψύξεως, πήξεως.
freight [freıt] *n (goods)* φορτίο, εμπορεύματα *ntpl* || *(money charged)* ναύλος || ~ **car** *n (US)* φορτηγό βαγόνι || ~**er** *n (NAUT)* φορτηγό.
French [frεntʃ] *a* γαλλικός ♦ *n (LING)* (τα) Γαλλικά || **the** ~ *npl* οι Γάλλοι || ~ **fried potatoes** *npl* πατάτες τηγανιτές *fpl* || ~**man** *n* Γάλλος || ~ **window** *n* τζαμόπορτα || ~**woman** *n* Γαλλίδα.
frenzy ['frεnzı] *n* φρενίτιδα, τρέλλα, παραλήρημα *nt*.
frequency ['fri:kwənsı] *n* συχνότητα, πυκνότητα || *(PHYS)* συχνότητα.
frequent ['fri:kwənt] *a (happening often)* συχνός, διαδεδομένος,

συνηθισμένος || *(numerous)* άφθονος, πολυάριθμος ♦ [fri:ˈkwɛnt] *vt* συχνάζω || **~ly** *ad* συχνά.

fresco [ˈfrɛskəu] *n* νωπογραφία, φρέσκο.

fresh [frɛʃ] *a (new, additional)* νέος, καινούριος, φρέσκος || *(recent)* νέος, πρωτότυπος || *(not stale)* νωπός, φρέσκος || *(not tired)* ρωμαλαίος, ξεκούραστος, φρέσκος || *(cool)* καθαρός, δροσερός || *(cheeky)* αναιδής, ζωηρός || **~en** *(also:* **~en up**) *vi* φρεσκάρω, συνέρχομαι ♦ *vt* αναζωογονώ, φρεσκάρω || **~ly** *ad* πρόσφατα, νεο-, φρεσκο- || **~ness** *n* φρεσκάδα, δροσερότητα || **~water** *a* του γλυκού νερού.

fret [frɛt] *vi* ταράσσομαι, ανησυχώ, στενοχωριέμαι.

friar [ˈfraɪə*] *n* μοναχός, καλόγηρος.

friction [ˈfrɪkʃən] *n (resistance)* τριβή, τρίψιμο || *(disagreement)* προστριβή, τσάκωμα *nt*.

Friday [ˈfraɪdɪ] *n* Παρασκευή || *see* **good.**

fridge [frɪdʒ] *n* ψυγείο.

fried [fraɪd] *a* τηγανισμένο.

friend [frɛnd] *n* φίλος, γνωστός, γνώριμος || **~liness** *n* φιλία || **~ly** *a (person)* ευμενής, φιλικός || *(attitude)* φιλικός || **~ship** *n* φιλία.

frieze [fri:z] *n (ARCHIT)* διάζωμα *nt*, ζωφόρος.

frigate [ˈfrɪgɪt] *n* φρεγάτα.

fright [fraɪt] *n* τρόμος, φόβος || *(ugly)* άσχημος, σκιάχτρο || **~en** *vt* (κατα)τρομάζω, φοβίζω || **~ening** *a* τρομακτικός, τρομερός || **~ful** *a (col)* τρομερός, φρικτός || **~fully** *ad* τρομερά, τρομακτικά.

frigid [ˈfrɪdʒɪd] *a* ψυχρός, παγερός, κρύος.

frill [frɪl] *n* βολάν *nt inv*.

fringe [frɪndʒ] *n (border)* κροσσός, κρόσι || *(fig)* περιθώριο, παρυφή.

frisky [ˈfrɪskɪ] *a* παιχνιδιάρης, κεφάτος.

fritter [ˈfrɪtə*] *n* τηγανίτα, σβίγγος || **to ~ away** *vt* σπαταλώ.

frivolity [frɪˈvɒlɪtɪ] *n* επιπολαιότητα.

frivolous [ˈfrɪvələs] *a* επιπόλαιος.

frizzy [ˈfrɪzɪ] *a* σγουρός.

fro [frəu] *see* **to.**

frock [frɒk] *n (of monk)* ράσο || *(of woman)* φουστάνι.

frog [frɒg] *n* βάτραχος || **~man** *n* βατραχάνθρωπος.

frolic [ˈfrɒlɪk] *n* παιχνίδι, γλέντι ♦ *vt* διασκεδάζω, παιχνιδίζω.

from [frɒm] *prep* από.

front [frʌnt] *n (of house)* πρόσοψη, μπροστινό, φάτσα || *(MIL)* μέτωπο || *(POL)* μέτωπο || *(meteorology)* μέτωπο || *(fig: appearances)* όψη, μούτρα *ntpl*, αναίδεια ♦ *a (forward)* πρόσθιος, μπροστινός || *(first)* μπροστινός, πρώτος || *(door)* κυρία είσοδος *f*, μπροστινή πόρτα || **~al** *a* μετωπικός || **~ier** *n* σύνορο, μεθόριος *f* || **~-page** *a* της πρώτης σελίδας || **~-wheel drive** *n* κίνηση στους προσινούς τροχούς.

frost [frɒst] *n* παγετός, παγωνιά || **~bite** *n* κρυοπάγημα *nt* || **~ed** *a (glass)* ματ, αδιαφανής || **~y** *a* παγερός, παγωμένος.

froth [frɒθ] *n* αφρός || *(on beer)* κολλάρο.

frown [fraun] *n* συνοφρύωση, κατσούφιασμα *nt* ♦ *vi* συνοφρυούμαι, σκυθρωπάζω || **to ~ upon** *vt* κάνω μούτρα σε.

froze [frəuz] *pt of* **freeze** || **~n** *pp of* **freeze** || *(COMM)* παγωμένος || **~n food** *n* κατεψυγμένος.

frugal [ˈfru:gəl] *a* λιτός, οικονομικός.

fruit [fru:t] *n* φρούτο, καρπός || **~s**

npl καρποί *mpl*, κέρδη *ntpl* || **~ful** *a* καρποφόρος, γόνιμος || **~ion** [fruːˈɪʃən] *n* εκπλήρωση, απόλαυση.
frustrate [frʌsˈtreɪt] *vt* ματαιώνω, εξουδετερώνω, εμποδίζω || **~d** *a* απογοητευμένος.
frustration [frʌsˈtreɪʃən] *n* ματαίωση, απογοήτευση.
fry [fraɪ] *vt* τηγανίζω || **small ~** *npl* οι ανθρωπάκοι *mpl* || **~ing pan** *n* τηγάνι.
ft. *abbr of* **foot, feet.**
fuchsia [ˈfjuːʃə] *n* φούξια.
fudge [fʌdʒ] *n* ζαχαρωτό.
fuel [fjuəl] *n (oil)* καύσιμη ύλη, πετρέλαιο || *(petrol)* καύσιμα *ntpl*, βενζίνη || *(wood)* καυσόξυλα *ntpl* || *(coal)* κάρβουνο || *(gas)* καύσιμο αέριο || **~ oil** *n (diesel fuel)* ακάθαρτο πετρέλαιο || **~ tank** *n* ντεπόζιτο βενζίνης.
fugitive [ˈfjuːdʒɪtɪv] *n* φυγάδας, δραπέτης.
fulfil [fulˈfɪl] *vt (accomplish)* εκπληρώνω || *(obey)* εκτελώ, εισακούω || **~ment** *n* εκπλήρωση, εκτέλεση.
full [ful] *a (box, bottle)* πλήρης, γεμάτος || *(vehicle)* πλήρης, γεμάτος || *(person: satisfied)* χορτάτος, μπουκωμένος || *(session)* ολομέλεια || *(complete)* ολόκληρος || *(moon)* πανσέληνος || *(price)* ολόκληρος || *(speed)* ολοταχώς || *(skirt)* φαρδύς, μπουφάν || **in ~** χωρίς έκπτωση, ολογράφως, στο ακέραιο || **~back** *n* οπισθοφύλακας || **~ stop** *n* τελεία || **~-time** *a (work)* με πλήρες ωράριο ♦ *ad* ακριβώς, τελείως || **~y** *ad* πλήρως, τελείως, απολύτως.
fumble [ˈfʌmbl] *vti* ψαχουλεύω, χειρίζομαι αδέξια.
fume [fjuːm] *vi (smoke)* βγάζω καπνό, καπνίζω || *(be furious)* εξάπτομαι, λυσσάζω || **~s** *npl* ατμοί *mpl*, αναθυμιάσεις *fpl*, καπνιές *fpl*.
fumigate [ˈfjuːmɪgeɪt] *vt* απολυμαίνω.
fun [fʌn] *n* διασκέδαση, κέφι, αστείο, χωρατό || **to make ~ of** κοροϊδεύω, περιπαίζω.
function [ˈfʌŋkʃən] *n (use)* λειτουργία, έργο, λειτούργημα *nt* || *(public occasion)* τελετή, δεξίωση ♦ *vi* λειτουργώ || **~al** *a* λειτουργικός || **~ key** *n (COMPUT)* πλήκτρο λειτουργίας.
fund [fʌnd] *n (capital)* ταμείο, κεφάλαιο, παρακαταθήκη || *(store)* απόθεμα *nt*, πηγή.
fundamental [fʌndəˈmɛntl] *a* θεμελιώδης || **~s** *npl* στοιχεία *ntpl*, βασικές αρχές *fpl* || **~ly** *ad* ουσιαστικά, βασικά.
funeral [ˈfjuːnərəl] *n* κηδεία ♦ *a* νεκρώσιμος, πένθιμος.
fun fair [ˈfʌnfɛə*] *n* λούνα-παρκ *pl inv*.
fungus [ˈfʌŋgəs] *n* μύκητας, μανιτάρι.
funnel [ˈfʌnl] *n* χωνί || *(of ship)* φουγάρο.
funny [ˈfʌnɪ] *a (comical)* αστείος, κωμικός || *(strange)* παράξενος, περίεργος.
fur [fɜː*] *n* γούνα, γουναρικό || **~ coat** *n* γούνινο παλτό.
furious [ˈfjuərɪəs] *a* μαινόμενος, λυσσαλέος, αγριεμένος || **~ly** *ad* άγρια, με μανία.
furlong [ˈfɜːlɒŋ] *n* = 220 υάρδες (201 μέτρα).
furlough [ˈfɜːləu] *n (US)* άδεια.
furnace [ˈfɜːnɪs] *n* κλίβανος, κάμινος, φούρνος.
furnish [ˈfɜːnɪʃ] *vt (with furniture)* επιπλώνω || *(supply)* παρέχω, προμηθεύω, προσφέρω || **~ings** *npl* έπιπλα *ntpl*, επίπλωση.
furniture [ˈfɜːnɪtʃə*] *n* έπιπλα *ntpl*.
furrow [ˈfʌrəu] *n* αυλακώνω.
furry [ˈfɜːrɪ] *a* γούνινος.

further ['fɜːðə*] *comp of* **far** || *a (additional)* νέος, πρόσθετος, μεταγενέστερος || *(more distant)* μακρινότερος ♦ *ad (more)* περαιτέρω, περισσότερο || *(moreover)* άλλωστε, επί πλέον ♦ *vt* προάγω, υποστηρίζω || **~more** *ad* εκτός απ'αυτό, εξάλλου.
furthest ['fɜːðɪst] *superl of* **far.**
furtive ['fɜːtɪv] *a* λαθραίος, κρυμμένος, ύπουλος.
fury ['fjʊərɪ] *n* οργή, θυμός, μανία.
fuse [fjuːz] *n (ELEC)* ασφάλεια || *(cord)* φυτίλι ♦ *vt* τήκω, λειώνω ♦ *vi (ELEC)* τήκομαι, λυώνω || **~ box** *n* κιβώτιο ασφαλειών.
fuselage ['fjuːzəlaːʒ] *n* άτρακτος, σκελετός.
fusion ['fjuːʒən] *n (union)* συγχώνευση, σύμπραξη.
fuss [fʌs] *n (dispute)* φασαρία, θόρυβος, ταραχή || *(bustle)* φασαρία, αναστάτωση, || **~y** λεπτολόγος, ιδιότροπος.
futile ['fjuːtaɪl] *a (useless)* φρούδος, μάταιος || *(unimportant)* ασήμαντος, κούφιος.
futility [fjuː'tɪlɪtɪ] *n* ματαιότητα.
future ['fjuːtʃə*] *a* μέλλων, μελλοντικός ♦ *n* μέλλον || **in (the) ~** στο μέλλον.
futuristic [fjuːtʃə'rɪstɪk] *a* φουτουριστικός.
fuze [fjuːz] *(US)* = **fuse.**
fuzzy ['fʌzɪ] *a (indistinct)* θαμπός || *(from drink)* σουρωμένος.

G

g. *abbr of* **gram(s).**
gabble ['gæbl] *vi* φλυαρώ.
gable ['geɪbl] *n* αέτωμα *nt.*
gadget ['gædʒɪt] *n* μαραφέτι.
gag [gæg] *n* φίμωτρο || *(funny phrase)* αστείο, κασκαρίκα ♦ *vt* φιμώνω, αποστομώνω.
gaiety ['geɪɪtɪ] *n* ευθυμία.
gaily ['geɪlɪ] *ad* εύθυμα, χαρούμενα.
gain [geɪn] *vt (obtain)* αποκτώ, κερδίζω || *(win over)* κερδίζω, παίρνω || *(make progress)* προχωρώ, προηγούμαι ♦ *vi (improve)* κερδίζω, κατακτώ || *(clock etc)* τρέχω μπρος ♦ *n* κέρδος *nt*, αύξηση || **~ful** *a* επικερδής.
gal. *abbr of* **gallon.**
gala ['gaːlə] *n* γιορτή.
galaxy ['gæləksɪ] *n (stars)* γαλαξίας.
gale [geɪl] *n* θύελλα, φουρτούνα || **~ warning** *n* αναγγελία θύελλας.
gallant ['gælənt] *a (fine, brave)* γενναίος, ηρωικός || *(to women)* γαλάντης, περιποιητικός || **~ry** *n* γενναιότητα, λεβεντιά || *(to women)* περιποιητικότητα.
gall-bladder ['gɔːlblædə*] *n* χολυδόχος κύστη.
gallery ['gælərɪ] *n (ART)* πινακοθήκη || *(THEAT)* γαλαρία, εξώστης.
galley ['gælɪ] *n (of ship)* μαγειρείο || *(vessel)* γαλέρα.
gallon ['gælən] *n* γαλόνι (04.54 λχγρ.).
gallop ['gæləp] *n* καλπασμός, γκάλοπ *nt inv* ♦ *vi* καλπάζω.
gallows ['gæləuz] *npl* αγχόνη, κρεμάλα.
gallstone ['gɔːlstəun] *n* χολόλιθος.
gamble ['gæmbl] *vi* παίζω ♦ *vt (risk)* ριψοκινδυνεύω ♦ *n* (τυχερό) παιχνίδι || **~r** *n* (χαρτο)παίκτης.
gambling ['gæmblɪŋ] *n* παιχνίδι, παίξιμο.
game [geɪm] *n (play)* παιχνίδι, διασκέδαση || *(animals)* θήραμα *nt*, κυνήγι ♦ *a* θαρραλέος, τολμηρός || **~keeper** *n* φύλακας κυνηγιού.
gammon ['gæmən] *n* οπίσθια μπούτια *ntpl*, χοιρομέρι.
gang [gæŋ] *n* συμμορία, σπείρα.

gangrene ['gæŋgriːn] *n* γάγγραινα.
gangster ['gæŋstə*] *n* γκάγκστερ *m inv.*
gangway ['gæŋweɪ] *n (of ship)* διαβάθρα, μαδέρι || *(aisle)* διάδρομος.
gaol [dʒeɪl] *n* = **jail.**
gap [gæp] *n (opening)* τρύπα, ρήγμα *nt* || *(empty space)* διάκενο.
gape [geɪp] *vi* χάσκω, χασμουριέμαι.
gaping ['geɪpɪŋ] *a* χαίνων.
garage ['gærɑːʒ] *n* γκαράζ *nt inv.*
garbage ['gɑːbɪdʒ] *n* σκουπίδια *ntpl* || ~ **can** *n (US)* σκουπιδοτενεκές *m.*
garbled ['gɑːbld] *a (story)* παραμορφωμένος, αλλοιωμένος.
garden ['gɑːdn] *n* κήπος, μπαξές *m* ♦ *vi* ασχολούμαι με κηπουρική || ~**er** *n* κηπουρός, περιβολάρης || ~**ing** *n* κηπουρική.
gargle ['gɑːgl] *vi* γαργαρίζω ♦ *n* γαργάρα.
gargoyle ['gɑːgɔɪl] *n* υδρορρόη.
garish ['gɛərɪʃ] *a* φανταχτερός, κακόγουστος.
garland ['gɑːlənd] *n* στέφανος, γιρλάντα.
garlic ['gɑːlɪk] *n* σκόρδο.
garment ['gɑːmənt] *n* φόρεμα *nt.*
garnish ['gɑːnɪʃ] *vt (food)* γαρνίρω ♦ *n* γαρνιτούρα.
garret ['gærɪt] *n* σοφίτα.
garrison ['gærɪsən] *n* φρουρά ♦ *vt* εγκαθιστώ φρουρά.
garrulous ['gærʊləs] *a* φλύαρος, πολυλογάς.
garter ['gɑːtə*] *n* καλτσοδέτα.
gas [gæs] *n* αέριο || *(coal gas)* φωταέριο, γκάζ *nt inv* || *(MED)* αναισθητικό || *(US: gasoline)* βενζίνη ♦ *vt* δηλητηριάζω με αέριο || ~ **cooker** *n* κουζίνα || ~ **cylinder** *n* φιάλη αερίου || ~ **fire** *n* σόμπα του γκαζιού.
gash [gæʃ] *n* εγκοπή, μαχαιριά ♦ *vt* κόβω, πληγώνω.
gasket ['gæskɪt] *n (TECH)* παρένθεμα *nt.*
gasmask ['gæsmɑːsk] *n* αντιασφυξιογόνα μάσκα.
gas meter ['gæsmiːtə*] *n* μετρητής του γκαζιού.
gasoline ['gæsəliːn] *n (US)* βενζίνη.
gasp [gɑːsp] *vi* ασθμαίνω, λαχανιάζω ♦ *n* κομμένη αναπνοή, ρόγχος.
gas ring ['gæsrɪŋ] *n* μάτι του γκαζιού.
gas station ['gæssteɪʃən] *n (US)* βενζινάδικο.
gas stove ['gæs'stəʊv] *n* κουζίνα του γκαζιού.
gassy ['gæsɪ] *a (drink)* αεριούχος.
gastric ['gæstrɪk] *a* γαστρικός.
gastronomy [gæs'trɒnəmɪ] *n* γαστρονομία.
gate [geɪt] *n* πύλη, πόρτα || *(of estate etc)* καγκελόπορτα, αυλόπορτα || ~**crasher** *n (party)* απρόσκλητος επισκέπτης, τζαμπατζής || ~**way** *n* πύλη, είσοδος *f.*
gather ['gæðə*] *vt* συλλέγω, μαζεύω || *(gain)* συμπεραίνω, συνάγω ♦ *vi (assemble)* συγκεντρούμαι, μαζεύομαι || ~**ing** *n* συγκέντρωση, μάζεμα *nt.*
gauche [gəʊʃ] *a* χωρίς τακτ.
gaudy ['gɔːdɪ] *a* επιδεικτικός, φανταχτερός.
gauge [geɪdʒ] *n (of metal)* διάμετρος, διαμέτρημα *nt* || *(RAIL)* πλάτος, μετατρόχιο || *(measure)* μετρητής, (εν)δείκτης ♦ *vt* (δια)μετρώ, εκτιμώ.
gaunt [gɔːnt] *a (lean)* ισχνός, κοκκαλιάρης || *(grim)* άγριος, συντετριμμένος.
gauze [gɔːz] *n* γάζα.
gave [geɪv] *pt of* **give.**
gay [geɪ] *a (merry)* εύθυμος || *(brightly coloured)* λαμπρός, ζωηρός || *(homosexual)* ομοφυλόφιλος.
gaze [geɪz] *n* ατενές βλέμμα *nt* || **to ~ at** *vt* ατενίζω, καρφώνω.

gazelle [gə'zɛl] *n* γαζέλα.
G.B. *abbr see* **great**.
G.C.E. *n abbr of* **General Certificate of Education.**
gear [gɪə*] *n (equipment)* είδη *ntpl* || *(MECH)* μηχανισμός, οδοντωτός τροχός || *(AUT)* γρανάζι || **in ~** κινούμενος, στην ταχύτητα || **out of ~** νεκρό σημείο, εκτός λειτουργίας || **~box** *n* κιβώτιο ταχυτήτων || **~-lever,** *(US)* **~shift** *n* μοχλός ταχυτήτων.
geese [gi:s] *npl of* **goose.**
gelatin(e) ['dʒɛləti:n] *n* ζελατίνη, πηκτή.
gelignite ['dʒɛlɪgnaɪt] *n* ζελινίτης.
gem [dʒɛm] *n* πολύτιμος λίθος, πέτρα.
gender ['dʒɛndə*] *n* γένος *nt.*
general ['dʒɛnərəl] *n* στρατηγός ♦ *a* γενικός || **~ election** *n* γενικές εκλογές *fpl* || **~ization** *n* γενίκευση || **~ize** *vi* γενικεύω, εκλαϊκεύω || **~ly** *ad* γενικά, κατά κανόνα || **~ practitioner (G.P.)** *n* γιατρός *m/f* παθολόγος.
generate ['dʒɛnəreɪt] *vt* παράγω, (επι)φέρω προκαλώ || *(ELEC)* παράγω.
generation [dʒɛnə'reɪʃən] *n (into being)* γέννηση, γένεση || *(descent in family)* γενεά, γενιά || *(of same period)* (σημερινή) γενεά || *(about 30 years)* (μια) γενεά || **third/fourth ~** *a (COMPUT)* τρίτης/τέταρτης γενεάς.
generator ['dʒɛnəreɪtə*] *n* γεννήτρια.
generosity [dʒɛnə'rɒsɪtɪ] *n* γενναιοδωρία, γενναιοψυχία.
generous ['dʒɛnərəs] *a* γενναιόδωρος, μεγαλόψυχος || *(col)* γενναίος, πλούσιος || **~ly** *ad* γενναιόδωρα, μεγαλόψυχα.
genetics [dʒɪ'nɛtɪks] *npl* γενετική.
genial ['dʒi:nɪəl] *a* εύκρατος, ήπιος, προσηνής.
genitals ['dʒɛnɪtlz] *npl* γεννητικά όργανα *ntpl.*
genitive ['dʒɛnɪtɪv] *n* γενική (πτώση).
genius ['dʒi:nɪəs] *n (person)* ιδιοφυΐα, μεγαλοφυΐα || *(ability)* πνεύμα *nt.*
genteel [dʒɛn'ti:l] *a* ευγενής, κομψός.
gentile ['dʒɛntaɪl] *n* εθνικός, μη Ιουδαίος.
gentle ['dʒɛntl] *a* ήπιος, μαλακός, ευγενής.
gentleman ['dʒɛntlmən] *n* ευγενής, κύριος, τζέντλεμαν *m inv.*
gentleness ['dʒɛntlnɪs] *n* λεπτότητα.
gently ['dʒɛntlɪ] *ad* ήρεμα, μαλακά.
gentry ['dʒɛntrɪ] *n* αρχοντολόι.
gents [dʒɛnts] *n* άνδρες *mpl,* κύριοι *mpl.*
genuine ['dʒɛnjʊɪn] *a* γνήσιος, αυθεντικός, αληθινός || **~ly** *ad* ειλικρινά, γνησίως.
geographical [dʒɪə'græfɪkəl] *a* γεωγραφικός.
geography [dʒɪ'ɒgrəfɪ] *n* γεωγραφία.
geological [dʒɪə'lɒdʒɪkəl] *a* γεωλογικός.
geologist [dʒɪ'ɒlədʒɪst] *n* γεωλόγος.
geology [dʒɪ'ɒlədʒɪ] *n* γεωλογία.
geometric(al) [dʒɪə'mɛtrɪk(əl)] *a* γεωμετρικός.
geometry [dʒɪ'ɒmɪtrɪ] *n* γεωμετρία.
geranium [dʒɪ'reɪnɪəm] *n* γεράνι.
germ [dʒɜ:m] *n (of disease)* μικρόβιο || *(bud or seed)* σπέρμα *nt* || *(beginning)* σπέρμα *nt.*
German ['dʒɜ:mən] *a* γερμανικός ♦ *n (person)* Γερμανός || *(LING)* Γερμανικά.
Germany ['dʒɜ:mənɪ] *n* Γερμανία.
germination [dʒɜ:mɪ'neɪʃən] *n* βλάστηση, κύηση.

gesticulate [dʒɛsˈtɪkjuleɪt] *vi* χειρονομώ.
gesture [ˈdʒɛstʃə*] *n* χειρονομία, νεύμα *nt.*
get [gɛt] *(irreg v) vt (fetch)* (πηγαίνω να) φέρω || *(become)* γίνομαι || *(persuade)* πείθω, καταφέρνω || *(catch)* (συλ)λαμβάνω, πιάνω ♦ *vi (reach)* πηγαίνω, φθάνω, γίνομαι || **to ~ along** *vi (of people)* πηγαίνω καλά || *(depart)* προχωρώ, (ώρα) να φύγω || **to ~ at** *vt (facts)* φθάνω, βρίσκω, πλησιάζω || **to ~ away** *vi (leave)* αναχωρώ, αποχωρώ || *(escape)* φεύγω, το σκάω || **to ~ down** *vt* κατεβάζω, γράφω || **to ~ in** *vi (train)* μπαίνω, πιάνω φιλίες || **to ~ on** *vi (well, badly etc)* τα πάω καλά || **to ~ out** *vi* βγάζω, αφαιρώ, βγαίνω || **to ~ over** *vt (illness)* συνέρχομαι, τελειώνω || **to ~ up** *vi (in morning)* σηκώνομαι || **~away** *n* φυγή, δραπέτευση.
geyser [ˈgiːzə*] *n* θερμοπίδακας, γκάιζερ *nt inv* || *(heater)* θερμοσίφωνας.
ghastly [ˈgɑːstlɪ] *a* φρικτός, τρομερός || *(pale)* ωχρός.
gherkin [ˈgɜːkɪn] *n* αγγουράκι.
ghetto [ˈgɛtəʊ] *n* γκέττο.
ghost [gəʊst] *n* φάντασμα *nt* || **~ly** *a* σαν φάντασμα.
giant [ˈdʒaɪənt] *n* γίγαντας ♦ *a* γιγαντιαίος.
gibberish [ˈdʒɪbərɪʃ] *n* αλαμπουρνέζικα *ntpl.*
gibe [dʒaɪb] *n* σκώμμα *nt,* πείραγμα *nt.*
giblets [ˈdʒɪblɪts] *npl* εντόσθια *ntpl* (πουλερικών).
giddiness [ˈgɪdɪnɪs] *n* ίλιγγος, ζάλη.
giddy [ˈgɪdɪ] *a (dizzy)* ζαλισμένος || *(frivolous)* επιπόλαιος.
gift [gɪft] *n* δώρο || *(talent)* προσόν, ταλέντο || **~ed** *a* προικισμένος, με ταλέντο.
gigantic [dʒaɪˈgæntɪk] *a* γιγαντιαίος.
giggle [ˈgɪgl] *vi* χασκογελώ ♦ *n* νευρικό γέλιο.
gild [gɪld] *(irreg v) vt* (επι)χρυσώνω.
gill [dʒɪl] *n (measure* = ¼ *pint)* ⅛ του λίτρου ♦ [gɪl] *n (fish)* βράγχιο, σπάραχνο.
gilt [gɪlt] *pp of* **gild** ♦ *n* επιχρύσωση, χρύσωμα *nt* ♦ *a* (επι)χρυσωμένος.
gin [dʒɪn] *n (liquor)* τζίν *nt inv.*
ginger [ˈdʒɪndʒə*] *n* πιπερόριζα || **~ beer** *n* τζιτζιμπύρα || **~bread** *n* μελόψωμο || **~-haired** *a* κοκκινοτρίχης.
gingerly [ˈdʒɪndʒəlɪ] *ad* προσεκτικά, μαλακά.
gipsy [ˈdʒɪpsɪ] *n* τσιγγάνος, γύφτος.
giraffe [dʒɪˈrɑːf] *n* καμηλοπάρδαλη.
girder [ˈgɜːdə*] *n* δοκός *f.*
girdle [ˈgɜːdl] *n* ζωνάρι ♦ *vt* (περι)ζώνω.
girl [gɜːl] *n (child)* κοριτσάκι, κορίτσι || *(young woman)* νέα, κοπέλα || **~friend** *n (of girl)* φιλενάδα || *(of boy)* φιλενάδα, φίλη || **~ish** *a* κοριτσίστικος.
girth [gɜːθ] *n (measurement)* περιφέρεια, περίμετρος || *(strap)* έποχο, ίγγλα.
gist [dʒɪst] *n* ουσία, έννοια.
give [gɪv] *(irreg v) vt (hand over)* δίνω, χαρίζω || *(supply)* παρέχω, απονέμω ♦ *vi (break)* υποχωρώ, λυγίζω || **to ~ away** *vt (give free)* χαρίζω || *(betray)* καταδίδω, προδίδω || **to ~ back** *vt* αποδίδω, ξαναδίδω, γυρίζω || **to ~ in** *vi (yield, agree)* υποχωρώ, υποκύπτω ♦ *vt (hand in)* παραδίδω || **to ~ up** *vi (surrender)* παραδίδομαι ♦ *vt (post, office)* παραιτούμαι, εγκαταλείπω || **to ~ way** *vi* θραύομαι, υποχωρώ, αντικαθίσταμαι || **~r** *n* δωρητής, δότης.
glacier [ˈglæsɪə*] *n* παγετώνας.

glad [glæd] *a* ευχαριστημένος, ευχάριστος || **~den** *vt* χαροποιώ.
gladly ['glædlı] *ad* ευχαρίστως, με χαρά.
glamorous ['glæmərəs] *a* γοητευτικός, μαγευτικός.
glamour ['glæmə*] *n* γοητεία, μαγεία.
glance [glɑːns] *n* βλέμμα *nt*, ματιά ♦ *vi (+ at) (look)* ρίχνω ματιά || γλιστρώ πλαγίως.
glancing ['glɑːnsıŋ] *a (blow)* πλάγιος.
gland [glænd] *n* αδένας || **~ular** *a* αδενικός.
glare [glεə*] *n (light)* εκτυφλωτική λάμψη || *(fierce stare)* άγριο βλέμμα *nt* ♦ *vi* απαστράπτω, λάμπω || *(angrily)* αγριοκοιτάζω.
glaring ['glεərıŋ] *a (mistake)* έκδηλος, ολοφάνερος.
glass [glɑːs] *n (substance)* γυαλί || *(vessel)* ποτήρι || *(mirror)* καθρέφτης || **~es** *npl* γυαλιά *ntpl* || **~house** *n* (AGR) θερμοκήπιο, σέρρα || **~ware** *n* γυαλικά *ntpl* || **~y** *a (eye)* σαν γυαλί, ανέκφραστος.
glaze [gleız] *vt (furnish with glass)* βάζω τζάμια || *(finish)* βερνικώνω, γυαλίζω ♦ *n* βερνίκι.
glazier ['gleızıə*] *n* τζαμιτζής.
gleam [gliːm] *n* ακτίδα, λάμψη ♦ *vi* ακτινοβολώ, λάμπω || **~ing** *a* αστραφτερός.
glee [gliː] *n* ευθυμία, χαρά || **~ful** *a* εύθυμος, χαρούμενος.
glen [glεn] *n* χαράδρα, δερβένι.
glib [glıb] *a* εύγλωττος, επιπόλαιος || **~ly** *ad* εύκολα, πονηρά.
glide [glaıd] *vi* γλυστρώ, κυλώ ♦ *n* γλίστρημα || **~r** *n (AVIAT)* ανεμόπτερο.
gliding ['glaıdıŋ] *n* ολίσθηση, ανεμοπορία.
glimmer ['glımə*] *n* αμυδρό φως *nt*.
glimpse [glımps] *n* γρήγορη ματιά ♦ *vt* βλέπω φευγαλέα.
glint [glınt] *n* λάμψη ♦ *vi* λάμπω, αστράφτω.
glisten ['glısn] *vi* απαστράπτω, σπιθίζω.
glitter ['glıtə*] *vi* λάμπω, σπινθηροβολώ ♦ *n* λαμποκόπημα *nt*, γυάλισμα *nt*.
gloat [gləʊt] **: to ~ over** *vt* κοιτάζω με χαιρεκακία.
global ['gləʊbl] *a* παγκόσμιος.
globe [gləʊb] *n (light)* γλόμπος, λάμπα || *(earth)* σφαίρα, υδρόγειος σφαίρα.
gloom [gluːm] *n (also:* **~iness)** *(darkness)* σκότος *nt*, σκοτάδι || *(depression)* μελαγχολία, ακεφιά μελαγχολικά, σκυθρωπά || **~y** *a* σκοτεινός, βαρύς, μελαγχολικός.
glorify ['glɔːrıfaı] *vt* εκθειάζω, εξυμνώ, δοξάζω.
glorious ['glɔːrıəs] *a* ένδοξος, δοξασμένος, λαμπρός.
glory ['glɔːrı] *n (splendour)* δόξα, μεγαλείο || *(fame)* τιμή, φήμη, δόξα.
gloss [glɒs] *n (shine)* στιλπνότητα, λούστρο, γυαλάδα.
glossary ['glɒsərı] *n* λεξιλόγιο, γλωσσάριο.
glossy ['glɒsı] *a (surface)* στιλπνός, γυαλιστερός.
glove [glʌv] *n* γάντι.
glow [gləʊ] *vi* πυρακτούμαι, κοκκινίζω || *(look hot)* ζεσταίνομαι, ανάβω || *(with emotion)* αστράφτω, λάμπω ♦ *n (heat)* πυράκτωση || *(colour)* ροδαλότητα, κοκκινάδα || *(feeling)* σφρίγος *nt*, φλόγα.
glower ['glaʊə*] *vi* στραβοκοιτάζω.
glucose ['gluːkəʊs] *n* γλυκόζη.
glue [gluː] *n* κόλλα ♦ *vt* κολλώ.
glum [glʌm] *a* σκυθρωπός, κατσούφης.
glut [glʌt] *n* υπεραφθονία ♦ *vt (ECON)* πλημμυρίζω.

glutton ['glʌtn] *n* λαίμαργος, φαγάς || **~ous** *a* αδηφάγος || **~y** *n* λαιμαργία.
glycerin(e) ['glɪsəriːn] *n* γλυκερίνη.
gm, gms *abbr of* **gram(s).**
gnarled [nɑːld] *a* ροζιάρικος.
gnat [næt] *n* σκνίπα.
gnaw [nɔː] *vt* ροκανίζω, τραγανίζω.
gnome [nəum] *n* νάνος.
go [gəu] *(irreg v) vi (travel)* πηγαίνω, πάω || *(progress)* κινούμαι, πάω || *(function)* πάω, τρέχω, λειτουργώ || *(depart)* αναχωρώ, φεύγω || *(disappear)* χάνομαι || *(be sold) (+ for)* πουλιέμαι για || *(fit, suit)* πηγαίνω, ταιριάζω || *(become)* γίνομαι || *(break etc)* σπάζω, κόβομαι, πωλούμαι ♦ *n (energy)* δραστηριότητα, διάθεση || *(attempt)* δοκιμή, προσπάθεια, απόπειρα || **to ~ ahead** *vi (proceed)* προχωρώ, προοδεύω || **to ~ along with** *vt (agree to support)* συμφωνώ, ταιριάζω || **to ~ away** *vi (depart)* φεύγω || **to ~ back** *vi (return)* επιστρέφω || **to ~ back on** *vt (promise)* παραβαίνω, αθετώ || **to ~ by** *vi (years, time)* περνώ || **to ~ down** *vi (sun)* κατεβαίνω, γέρνω, πέφτω || **to ~ for** *vt (fetch)* πάω για || *(like)* συμπαθώ || **to ~ in** *vi (enter)* εισέρχομαι, μπαίνω || *(fit)* μπαίνω || **to ~ into** *vt (enter)* μπαίνω || *(study)* εξετάζω, μελετώ || **to ~ off** *vi (depart)* εξέρχομαι, φεύγω || *(milk)* ξυνίζω || *(explode)* εκπυρσοκροτώ ♦ *vt (dislike)* ξεθυμαίνω, αντιπαθώ || **to ~ on** *vi (continue)* συνεχίζω, εξακολουθώ || **to ~ out** *vi (fire, light)* σβήνω || *(of house)* βγαίνω || **to ~ over** *vt (examine, check)* εξετάζω, επαναλαμβάνω || **to ~ up** *vi (price)* ανεβαίνω || *(explode)* ανατινάσσομαι || **to ~ without** *vt* περνώ χωρίς.
goad [gəud] *vt* κεντρίζω, προκαλώ ♦ *n* βούκεντρο, κίνητρο.
go-ahead ['gəuəhɛd] *a* δραστήριος.
goal [gəul] *n (purpose)* σκοπός || *(on sports field)* τέρμα *nt* || *(score)* γκώλ *nt inv* || **~keeper** *n* τερματοφύλακας || **~-post** *n* δοκός *f.*
goat [gəut] *n* κατσίκα, γίδα.
gobble ['gɒbl] *vt* καταβροχθίζω.
go-between ['gəubɪtwiːn] *n* μεσάζων, μεσολαβητής.
god [gɒd] *n* θεός || **G~** Θεός || **~child** *n* βαφτιστικός || **~dess** *n* θεά || **~father** *n* νουνός || **~forsaken** *a* εγκαταλειμμένος, καταραμένος || **~mother** *n* νουνά || **~send** *n* θείο δώρο, κελεπούρι.
goggle ['gɒgl] *vi* γουρλώνω || **~s** *npl* προστατευτικά γυαλιά *ntpl.*
going ['gəuɪŋ] *n (condition of ground)* κατάσταση εδάφους ♦ *a (rate)* τρέχουσα (τιμή) || *(concern)* δραστήριος || **~s-on** *npl* συμβάντα *ntpl.*
gold [gəuld] *n* χρυσός, χρυσάφι || **~en** *a* χρυσός, χρυσαφένιος || **~fish** *n* χρυσόψαρο || **~ mine** *n* χρυσορυχείο.
golf [gɒlf] *n* γκόλφ *nt inv* || **~ club** *(society)* λέσχη του γκόλφ || *(stick)* κλώμη *nt inv* || **~ course** *n* γήπεδο του γκόλφ || **~er** *n* παίκτης του γκόλφ.
gondola ['gɒndələ] *n* γόνδολα.
gone [gɒn] *pp of* **go.**
gong [gɒŋ] *n* γκόγκ *nt inv*, κουδούνι.
good [gud] *n (well-being)* το καλό, όφελος || *(goodness)* αρετή, καλό ♦ *a (well-behaved)* καλός, έντιμος || *(virtuous)* τίμιος, αγαθός, καλός || *(well-done)* εξαιρετικός, καλός || *(suitable)* ταιριαστός, που πάει || *(sound)* σε καλή κατάσταση || **~s** *npl* κινητά, αγαθά, είδη || **a ~ deal, a ~ many** αρκετός, πολύς || **~bye!** αντίο! || γειά σου! || στο καλό! || **G~ Friday** *n* Μεγάλη Παρασκευή || **~-looking** *a* όμορφος || **~ morning!**

καλημέρα! || ~**ness** *n* καλωσύνη, αρετή || ~**will** *n* καλή θέληση, κέφι.
goose [gu:s] *n* χήνα.
gooseberry ['guzbəri] *n* φραγκοστάφυλο.
gooseflesh ['gu:sflɛʃ] *n* ανατριχίλα.
gore [gɔ:*] *vt* κερατίζω ♦ *n* πηκτό αίμα *nt*.
gorge [gɔ:dʒ] *n* στενό, φαράγγι ♦ *vti* παρατρώγω.
gorgeous ['gɔ:dʒəs] *a* πολύχρωμος, εξαίσιος.
gorilla [gə'rilə] *n* γορίλλας.
gorse [gɔ:s] *n* σπάρτο.
gory ['gɔ:ri] *a (details)* αιματοβαφής.
go-slow ['gəu'sləu] *n* απεργία κωλυσιεργίας.
gospel ['gɒspəl] *n* ευαγγέλιο.
gossip ['gɒsip] *n (idle talk)* κουβεντολόι || *(person)* κουτσομπόλης ♦ *vi* κουτσομπολεύω, φλυαρώ.
got [gɒt] *pt, pp of* **get** || ~**ten** *(US) pp of* **get**.
gout [gaut] *n* αρθρίτιδα, ποδάγρα.
govern ['gʌvən] *vt (general)* κυβερνώ, διοικώ, διευθύνω || *(GRAM)* συντάσσομαι με.
governess ['gʌvənis] *n* γκουβερνάντα, νταντά.
governing ['gʌvəniŋ] *a* διευθύνων, διοικών, κατευθυντήριος.
government ['gʌvnmənt] *n* κυβέρνηση || *(management)* διοίκηση || ~**al** *a* κυβερνητικός.
governor ['gʌvənə*] *n* κυβερνήτης, διοικητής.
Govt. *abbr of* **government.**
gown [gaun] *n* φόρεμα *nt*, φουστάνι || *(of judge etc)* τήβεννος.
G.P. *n abbr see* **general.**
grab [græb] *vt* αρπάζω, πιάνω ♦ *n* αρπαγή || *(excavator)* αρπάγη.
grace [greis] *n (charm)* χάρη || *(favour, kindness)* εύνοια, χατήρι || *(God's blessing)* θεία χάρη || *(short prayer)* προσευχή ♦ *vt (honour)* τιμώ || *(adorn)* στολίζω, ομορφαίνω || **5 days'** ~ 5 μέρες προθεσμία || ~**ful** *a* χαριτωμένος, κομψός || ~**fully** *ad* χαριτωμένα.
gracious ['greiʃəs] *a (kind, courteous)* καλός, αγαθός, καλόβολος.
gradation [grə'deiʃən] *n* διαβάθμιση.
grade [greid] *n (degree, rank)* βαθμός, τάξη, βαθμίδα || *(slope)* κλίση ♦ *vt (classify)* διαβαθμίζω, ταξινομώ || ~ **crossing** *n (US)* ισόπεδος διάβαση.
gradient ['greidiənt] *n* κλίση.
gradual ['grædjuəl] *a* βαθμιαίος || ~**ly** *ad* βαθμηδόν.
graduate ['grædjuit] *n* πτυχιούχος ♦ ['grædjueit] *vi* αποφοιτώ.
graduation [grædju'eiʃən] *n* αποφοίτηση || *(grade)* διαβάθμιση.
graft [gra:ft] *n (shoot)* μπόλι, κεντρί || *(on humans)* μόσχευμα *nt* || *(unfair means)* δωροδοκία, ρεμούλα ♦ *vt* μπολιάζω || ~**ing** *n* μεταμόσχευση.
grain [grein] *n (seed)* κόκκος, σπυρί || *(crop)* δημητριακά *ntpl* || *(small particle)* ψήγμα *nt*, κόκκος || *(fibre)* κόκκος, υφή.
grammar ['græmə*] *n* γραμματική.
grammatical [grə'mætikəl] *a* γραμματικός.
gram(me) [græm] *n* γραμμάριο.
gramophone ['græməfəun] *n* γραμμόφωνο.
granary ['grænəri] *n* σιταποθήκη.
grand [grænd] *a (fine, splendid)* μεγάλος, μεγαλοπρεπής || *(final)* πλήρης, ολόκληρος || ~**daughter** *n* εγγονή || ~**eur** *n* μεγαλείο || ~**father** *n* παππούς *m* || ~**iose** *a (imposing)* μεγαλοπρεπής || *(pompous)* πομπώδης, φαντασμένος || ~**mother** *n* γιαγιά || ~ **piano** *n* πιάνο με ουρά || ~**son** *n* έγγονος || ~**stand** *n* εξέδρα.

granite [ˈgrænɪt] *n* γρανίτης.
granny [ˈgrænɪ] *n (col)* γιαγιά, γρηούλα.
grant [grɑːnt] *vt (bestow)* απονέμω, δίνω || *(allow)* (απο)δέχομαι ♦ *n* δωρεά, επιχορήγηση.
granule [ˈgrænjuːl] *n* κοκκίδιο, κοκκίο.
grape [greɪp] *n* σταφύλι, ρώγα.
grapefruit [ˈgreɪpfruːt] *n* φράπα, γκρέιπ-φρουτ *nt inv.*
graph [grɑːf] *n* διάγραμμα *nt*, γραφική παράσταση || **~ic** *a (vivid)* ζωηρός, εκφραστικός || *(drawing, writing)* γραφικός.
grapple [ˈgræpl] *vi (+ with)* πιάνομαι, έρχομαι στα χέρια.
grasp [grɑːsp] *vt* πιάνω, σφίγγω, αρπάζω || *(understand)* συλλαμβάνω, κατανοώ ♦ *n (handgrip)* λαβή, πιάσιμο, σφίξιμο || *(possession)* έλεγχος, εξουσία || *(understanding)* αντίληψη, γνώση || **~ing** *a* άπληστος, πλεονέκτης.
grass [grɑːs] *n* χορτάρι, γρασίδι || **~hopper** *n* ακρίδα || **~land** *n* λιβάδι || **~ snake** *n* νερόφιδο || **~y** *a* χορταριασμένος, πράσινος.
grate [greɪt] *n* σχάρα, κάγκελο ♦ *vi (scrape)* ξύνω || *(make harsh sound)* τρίζω || *(irritate)* ενοχλώ ♦ *vt (into small pieces)* τρίβω.
grateful [ˈgreɪtful] *a* ευγνώμονας, ευχάριστος || **~ly** *ad* με ευγνωμοσύνη.
grater [ˈgreɪtə*] *n* ξύστρα, τρίφτης.
gratify [ˈgrætɪfaɪ] *vt* ευχαριστώ, ικανοποιώ.
gratifying [ˈgrætɪfaɪɪŋ] *a* ευχάριστος.
grating [ˈgreɪtɪŋ] *n (iron bars)* κιγκλίδωμα *nt*, κάγκελα *ntpl* ♦ *a (noise)* κακόηχος, στριγκός.
gratitude [ˈgrætɪtjuːd] *n* ευγνωμοσύνη.
gratuity [grəˈtjuːɪtɪ] *n* φιλοδώρημα *nt*.
grave [greɪv] *n* τάφος ♦ *a* βαρύς, σοβαρός, δυσάρεστος || **~digger** *n* νεκροθάφτης.
gravel [ˈgrævəl] *n* χαλίκι.
gravestone [ˈgreɪvstəun] *n* επιτάφιος πλάκα.
graveyard [ˈgreɪvjɑːd] *n* νεκροταφείο.
gravitate [ˈgrævɪteɪt] *vi* έλκομαι, ρέπω προς.
gravity [ˈgrævɪtɪ] *n* βαρύτητα, βάρος *nt* || *(seriousness)* σοβαρότητα.
gravy [ˈgreɪvɪ] *n* είδος *nt* σάλτσας.
gray [greɪ] *a* = **grey.**
graze [greɪz] *vi (feed)* βόσκω ♦ *vt (touch)* ψαύω, εγγίζω || *(scrape)* ξύνω ♦ *n (MED)* ξέγδαρμα *nt*.
grease [griːs] *n (fat)* λίπος *nt*, ξύγγι || *(lubricant)* γράσο, λάδι ♦ *vt* λαδώνω, γρασάρω || **~proof** *a* μη διαπερατός από λάδι.
greasy [ˈgriːsɪ] *a* λιπαρός, λαδωμένος.
great [greɪt] *a (large)* μεγάλος || *(important)* σπουδαίος || *(distinguished)* μεγάλος || **G~ Britain (G.B.)** *n* Μεγάλη Βρεττανία || **~-grandfather** *n* πρόπαππος || **~-grandmother** *n* προμάμη || **~ness** *n* μεγαλείο, μέγεθος *nt*.
Greece [griːs] *n* Ελλάδα.
greed [griːd] *n (also: ~iness)* απληστία, πλεονεξία || **~ily** *ad* άπληστα || **~y** *a* άπληστος, πλεονέκτης || *(gluttonous)* λαίμαργος, αδηφάγος.
Greek [griːk] *n (person)* ˈΕλληνας/νιδα *m/f* || *(LING)* Ελληνικά *ntpl* ♦ *a* ελληνικός.
green [griːn] *a* πράσινος, άγουρος || *(inexperienced)* άπειρος || **~grocer** *n* μανάβης || **~house** *n* θερμοκήπιο.
greet [griːt] *vt* χαιρετίζω || **~ing** *n*

χαιρετισμός || ~**ings!** χαιρετισμούς! *mpl.*
gregarious [grɪ'gɛərɪəs] *a* κοινωνικός.
grenade [grɪ'neɪd] *n* (χειρο)βομβίδα.
grew [gru:] *pt of* **grow.**
grey [greɪ] *a* σταχτής, γκρίζος, ψαρός || *(dismal)* σκοτεινός || ~-**haired** *a* γκριζομάλλης, ψαρομάλλης || ~**hound** *n* λαγωνικό.
grid [grɪd] *n (of bars)* σχάρα, πλέγμα *nt* || *(network)* πλέγμα, δίκτυο || *(of map)* δικτυωτό, τετραγωνισμός || ~**iron** *n* σχάρα.
grief [gri:f] *n* θλίψη, λύπη, ατύχημα *nt.*
grievance ['gri:vəns] *n* παράπονο.
grieve [gri:v] *vi* λυπούμαι, θλίβομαι ♦ *vt* λυπώ, πικραίνω.
grill [grɪl] *n (on cooker)* σχάρα || *(of food)* της σχάρας ♦ *vt* ψήνω στη σχάρα || *(interrogate)* ανακρίνω.
grille [grɪl] *n (on car etc)* γρίλλιες *fpl.*
grim [grɪm] *a* φρικαλέος, απειλητικός, σκληρός.
grimace [grɪ'meɪs] *n* γκριμάτσα ♦ *vi* μορφάζω.
grime [graɪm] *n* ακαθαρσία, λέρα, φούμο.
grimly ['grɪmlɪ] *ad* απαίσια, σκληρά, αυστηρά.
grimy ['graɪmɪ] *a* ακάθαρτος, βρώμικος.
grin [grɪn] *n* χαμόγελο, μειδίαμα *nt* ♦ *vi* χαμογελώ, μορφάζω.
grind [graɪnd] *(irreg v) vt (crush)* τρίβω, αλέθω, κοπανίζω || *(sharpen)* τροχίζω, τορνάρω, λειαίνω || *(teeth)* τρίζω ♦ *n (bore)* αγγαρεία, μαγγανοπήγαδο.
grip [grɪp] *n (firm hold)* σφίξιμο, πιάσιμο || *(handle)* λαβή || *(mastery)* πυγμή, γνώση, επιβολή || *(suitcase)* βαλιτσάκι ♦ *vt* πιάνω, σφίγγω.
gripes [graɪps] *npl (bowel pains)* κωλικόπονοι *mpl.*
gripping ['grɪpɪŋ] *a (exciting)* συγκινητικός, συναρπαστικός.
grisly ['grɪzlɪ] *a* φρικιαστικός, τρομακτικός.
gristle ['grɪsl] *n* χόνδρος, τραγανό.
grit [grɪt] *n (sand)* αμμόλιθος, ακαθαρσίες *fpl* || *(courage)* τόλμη, θάρρος *nt* ♦ *vt (teeth)* τρίζω.
groan [grəʊn] *n* αναστεναγμός ♦ *vi* (ανα)στενάζω.
grocer ['grəʊsə*] *n* μπακάλης || ~**ies** *npl* είδη μπακαλικής.
groggy ['grɒgɪ] *a (dazed, staggering)* κλονιζόμενος, σουρωμένος, ασταθής.
groin [grɔɪn] *n* βουβών *m.*
groom [gru:m] *n* ιπποκόμος || *(bridegroom)* γαμπρός ♦ *vt (o.s.)* ντύνομαι.
groove [gru:v] *n* αυλάκι, διάξυσμα *nt* || *(rut)* ρουτίνα.
grope [grəʊp] *vi* ψηλαφώ, ψάχνω.
gross [grəʊs] *a (coarse)* χονδροειδής, σωματώδης || *(very bad)* χοντρός, καταφανής || *(total)* ολικός, χονδρικός ♦ *n* γρόσσα, δώδεκα δωδεκάδες || ~**ly** *ad* χονδροειδώς, υπερβολικά.
grotesque [grəʊ'tɛsk] *a* αλλόκοτος, παράλογος.
grotto ['grɒtəʊ] *n* σπηλιά, κρύπτη.
ground [graʊnd] *pt, pp of* **grind** ♦ *n (surface)* έδαφος *nt,* γη, χώμα *nt* || *(piece of land)* οικόπεδο, γη || *(generally pl: reason)* λόγος, αιτία, βάση || ~**s** *npl (dregs)* κατακάθι, ίζημα *nt* || *(land)* περιοχή, κήποι *mpl,* πάρκο ♦ *vt (run ashore)* προσαράσσω, εξοκέλλω || *(compel to stay)* καθηλώνω || *(instruct)* διδάσκω εντατικά ♦ *vi* εξοκέλλω || ~**ing** *n (instruction)* οι βάσεις *fpl* || ~**sheet** *n* μουσαμάς εδάφους || ~**work** *n* θεμέλις *ntpl,* βάσις.

group [gruːp] *n* ομάδα, παρέα ♦ *vt* συνδυάζω, συνδέω, συγκεντρώνω.
grouse [graʊs] *n (bird)* χαμωτίδα, αγριόγαλος || *(complaint)* γκρίνια ♦ *vi (complain)* γκρινιάζω.
grove [grəʊv] *n* άλσος *nt*, ασύλιο.
grovel ['grɒvl] *vi (in fear)* σέρνομαι, κυλίομαι || *(abase o.s.)* ταπεινώνομαι, πέφτω στα πόδια.
grow [grəʊ] *(irreg v) vi (in size)* μεγαλώνω, αναπτύσσομαι || *(be produced)* φύομαι || *(become)* καθίσταμαι, γίνομαι ♦ *vt (raise crops etc)* καλλιεργώ || **to ~ up** *vi* μεγαλώνω || **~er** *n* καλλιεργητής || **~ing** *a* αυξανόμενος, που μεγαλώνει.
growl [graʊl] *vi* μουγγρίζω ♦ *n* μούγγρισμα *nt*, βρυχηθμός.
grown-up ['grəʊn'ʌp] *a* ώριμος ♦ *n* ενήλικος.
growth [grəʊθ] *n (development)* ανάπτυξη || *(increase)* αύξηση, μεγάλωμα *nt* || *(what has grown)* καλλιέργεια || *(MED)* σάρκωμα *nt*.
grub [grʌb] *n (larva)* σκουλίκι || *(col: food)* φαγητό || **~by** *a* ακάθαρτος, βρώμικος.
grudge [grʌdʒ] *n* (μνησι)κακία, έχθρα ♦ *vt* ζηλεύω για, δείχνω απροθυμία || **to bear a ~** κρατάω κακία για.
grudging ['grʌdʒɪŋ] *a* απρόθυμος, φειδωλός.
gruelling ['gruəlɪŋ] *a* εξαντλητικός.
gruesome ['gruːsəm] *a* φρικτός, απαίσιος.
gruff [grʌf] *a* τραχύς, απότομος.
grumble ['grʌmbl] *vi* γκρινιάζω, μουγγρίζω ♦ *n* μουγγρητό, γκρίνια.
grumpy ['grʌmpɪ] *a* κατσούφης, γκρινιάρης.
grunt [grʌnt] *n* γρύλλισμα *nt* ♦ *vi* γρυλλίζω.
guarantee [gærən'tiː] *n (of goods)* εγγύηση || *(promise to pay)* εγγύηση, ενέχυρο ♦ *vt* εγγυώμαι.
guard [gɑːd] *n (defence)* φρουρά, προφύλαξη || *(sentry)* σκοπός || *(official)* φύλακας ♦ *vt* φυλάσσω, προστατεύω, φρουρώ || **~ed** *a* υπό φρούρηση || *(words etc)* επιφυλακτικός || **~ian** *n (keeper)* φύλακας, προστάτης || *(of child)* κηδεμόνας.
guerilla [gə'rɪlə] *n* αντάρτης || **~ warfare** *n* ανταρτοπόλεμος.
guess [gɛs] *vti* μαντεύω || *(US)* νομίζω ♦ *n* εικασία, γνώμη.
guest [gɛst] *n* καλεσμένος, ξένος || *(of hotel)* πελάτης || **~ house** *n* πανσιόν *f inv* || **~ room** *n (in private house, for friends)* δωμάτιο των ξένων.
guffaw [gʌ'fɔː] *n* καγχασμός ♦ *vi* ξεσπώ στα γέλια.
guidance ['gaɪdəns] *n (control)* καθοδήγηση || *(advice)* συμβουλές *fpl*, οδηγίες *fpl*.
guide [gaɪd] *n (person)* οδηγός *m/f*, συνοδός *m/f*, ξεναγός *m/f* || *(book etc)* οδηγός ♦ *vt* (καθ)οδηγώ || **girl ~** *n* προσκοπίνα || **~book** *n* οδηγός || **~d missile** *n* κατευθυνόμενο βλήμα *nt* || **~lines** *npl* οδηγός.
guild [gɪld] *n (old: company)* συντεχνία || *(society)* ένωση, σωματείο || **~hall** *n (Brit: town hall)* δημαρχείο.
guile [gaɪl] *n* τέχνασμα *nt*, δόλος || **~less** *a* άδολος.
guillotine ['gɪlətiːn] *n* λαιμητόμος *f*, γκιλοτίνα.
guilt [gɪlt] *n* ενοχή || **~y** *a* ένοχος.
guise [gaɪz] *n (appearance)* μορφή, εμφάνιση.
guitar [gɪ'tɑː*] *n* κιθάρα || **~ist** *n* κιθαριστής.
gulf [gʌlf] *n* κόλπος, κόρφος || *(abyss)* χάσμα *nt*.
gull [gʌl] *n* γλάρος.
gullet ['gʌlɪt] *n* οισοφάγος.

gullible ['gʌlıbl] *a* εύπιστος, αφελής.
gully ['gʌlı] *n* ρεματιά, στενό, υπόνομος.
gulp [gʌlp] *vi (hastily)* καταπίνω, καταβροχθίζω || *(choke)* κομπιάζομαι, πνίγομαι ♦ *n* ρουφηξιά, γουλιά.
gum [gʌm] *n (of teeth)* ούλο || *(for sticking)* γόμα, γόμμι || *(for chewing)* τσίχλα, μαστίχα ♦ *vt* κολλώ, αλείφω με γόμα || ~**boots** *npl* μπότες από καουτσούκ.
gun [gʌn] *n (cannon)* πυροβόλο, κανόνι || *(rifle)* τουφέκι || *(revolver)* πιστόλι || ~**fire** *n* βολή, πύρ *nt*, κανονιοβολισμός || ~**man** *n* ληστής, κακοποιός || ~**ner** *n* πυροβολητής || ~**powder** *n* πυρίτιδα, μπαρούτι || ~**shot** *n* τουφεκιά, κανονιά.
gurgle ['gɜːgl] *n* παφλασμός, κελάρισμα *nt*.
gush [gʌʃ] *n* εκροή, διάχυση, ξέσπασμα *nt* ♦ *vi (out)* εκχύνομαι, αναπηδώ || *(be moved)* συγκινούμαι, αναλύομαι σε.
gusset ['gʌsıt] *n (MECH)* επένθεμα *nt*.
gust [gʌst] *n* ανεμοριπή, μπουρίνι.
gut [gʌt] *n (intestine)* έντερο, σπλάχνο || *(string)* χορδή || ~**s** *npl* θάρρος *nt*.
gutter ['gʌtə*] *n (channel)* λούκι, σούγελο || *(of street)* ρείθρο, χαντάκι.
guttural ['gʌtərəl] *a* λαρυγγικός.
guy [gaı] *n (NAUT)* πρόδρομος, γκάγια *f* || *(effigy)* ανδρείκελο, σκιάχτρο || *(man, fellow)* τύπος, παιδί.
guzzle ['gʌzl] *vi* καταβροχθίζω, ρουφώ.
gym(nasium) [dʒım('neızıəm)] *n* γυμναστήριο.
gymnast ['dʒımnæst] *n* γυμναστής || ~**ics** *n* γυμναστική.
gyn(a)ecologist [gaını'kɔlədʒıst] *n* γυναικολόγος.
gypsy ['dʒıpsı] *n* = **gipsy.**
gyrate [dʒaı'reıt] *vi* περιστρέφομαι.

H

habit ['hæbıt] *n* συνήθεια, έθιμο || *(dress)* φόρεμα *nt*.
habitation [hæbı'teıʃən] *n* κατοικία, διαμονή.
habitual [hə'bıtjuəl] *a* συνήθης, συνηθισμένος || ~**ly** *ad* συνήθως.
hack [hæk] *vt* κατακόβω, πετσοκόβω ♦ *n* άλογο που νοικιάζεται.
hackneyed ['hæknıd] *a* ξεφτελισμένος, φθαρμένος.
had [hæd] *pt, pp of* **have.**
haddock ['hædək] *n* βακαλάος.
haemorrhage, hemorrhage *(US)* ['hɛmərıdʒ] *n* αιμορραγία.
haemorrhoids, hemorrhoids *(US)* ['hɛmərɔıdz] *npl* αιμορροΐδες *fpl*.
haggard ['hægəd] *a* κάτωχρος, χαμένος.
haggle ['hægl] *vi* κάνω παζάρι.
hail [heıl] *n (meteorology)* χαλάζι ♦ *vt (greet)* χαιρετώ ♦ *vi (meteorology)* ρίχνει χαλάζι || **to** ~ **from** *vt* προέρχομαι από || ~**stone** *n* κόκκος χαλάζης.
hair [hɛə*] *n (general)* τρίχα, μαλλιά *ntpl* || *(one hair)* τρίχα || ~**'s breadth** *n* παρά τρίχα || ~**brush** *n* βούρτσα μαλλιών || ~**cut** *n* κούρεμα *nt* || ~**do** *n* κτένισμα *nt* || ~**dresser** *n* κομμωτής/ώτρια *m/f*, κουρέας || ~**drier** *n* στεγνωτήρας || ~**net** δίχτυ *nt* για τα μαλλιά || ~ **oil** *n* λάδι για τα μαλλιά || ~**pin** *n (lit)* φουρκέτα || *(bend)* απότομη στροφή || ~**-raising** *a* τρομακτικός || ~**style** *n* κόμμωση, χτενισιά || ~**y** *a* τριχωτός, μαλλιαρός.
half [hɑːf] *n* μισό ♦ *a* μισός ♦ *ad* κατά το ήμισυ, μισό || ~**-breed,** ~**-caste** *n* μιγάδας || ~**-hearted** *a*

χλιαρός, με μισή καρδιά || **~-hour** *n* ημίωρο, μισή (ώρα) || **~penny** *n* μισή πέννα || **~-price** μισή τιμή, μισό εισιτήριο || **~way** *ad* στο ήμισυ της αποστάσεως, μισοστρατής.

halibut ['hælɪbət] *n* ιππόγλωσσος, είδος γλώσσας.

hall [hɔːl] *n* μεγάλη αίθουσα || *(building, house)* δημόσιο κτίριο || *(dining)* τραπεζαρία || *(entrance)* είσοδος *f*, χώλ *nt inv*.

hallo [hə'ləʊ] *excl* = **hello.**

hallucination [həluːsɪ'neɪʃən] *n* παραίσθηση, αυταπάτη.

halo ['heɪləʊ] *n (of saint)* φωτοστέφανος || *(of sun, moon)* άλως *f*, αλώνι.

halt [hɔːlt] *n* στάση, σταμάτημα *nt* ♦ *vt* σταματώ ♦ *vi* σταθμεύω, σταματώ.

halve [hɑːv] *vt* χωρίζω στα δύο, μοιράζω.

ham [hæm] *n* χοιρομέρι, ζαμπό *nt inv*.

hamburger ['hæmbɜːgə*] *n* μπιφτέκι από κιμά.

hamlet ['hæmlət] *n* χωριουδάκι.

hammer ['hæmə*] *n* σφυρί ♦ *vt* κτυπώ δυνατά, σφυρηλατώ.

hammock ['hæmək] *n* αμάκ *nt inv*, κούνια || *(NAUT)* αιώρα, μπράντα.

hamper ['hæmpə*] *n* καλάθι ♦ *vt* εμποδίζω, παρακωλύω.

hand [hænd] *n* χέρι || *(of clock)* δείκτης || *(worker)* εργάτης || *(help)* βοήθεια ♦ *vt* δίνω || βοηθώ || **~s** *npl (NAUT)* πλήρωμα *nt* || **to ~ down** *vt* μεταβιβάζω || **to ~ over** *vt* παραδίδω || **at ~** κοντά || **in ~** στη διάθεσή μου || υπό τον έλεγχό μου || **~s up** ψηλά τα χέρια || **~bag** *n* τσάντα || **~book** *n* εγχειρίδιο || *(guide)* οδηγός || **~brake** *n* χειρόφρενο || **~cuffs** *npl* χειροπέδες *fpl* || **~ful** *n* φούχτα, φουχτιά.

handicap ['hændɪkæp] *n* εμπόδιο, μειονέκτημα *nt* || *(SPORT)* χάντικαπ *nt inv* ♦ *vt* παρεμποδίζω, δυσχεραίνω || *(SPORT)* βάζω χάντικαπ.

handicraft ['hændɪkrɑːft] *n* χειροτεχνία, τέχνη.

handkerchief ['hæŋkətʃɪf] *n* μαντήλι.

handle ['hændl] *n (of door etc)* πόμολο, (χειρο)λαβή || *(of cup etc)* χερούλι || *(for winding)* χειρολαβή, χερούλι ♦ *vt (use, treat)* μεταχειρίζομαι || *(manipulate)* χειρίζομαι || *(touch)* πιάνω, αγγίζω || *(COMM)* διεκπεραιώνω, διαχειρίζομαι.

hand-luggage ['hændlʌgɪdʒ] *n* αποσκευές *fpl* του χεριού.

handmade ['hændmeɪd] *a* χειροποίητος.

handsome ['hænsəm] *a* ωραίος, όμορφος || *(generous)* σημαντικός, γενναιόδωρος.

handwriting ['hændraɪtɪŋ] *n* γραφή, γράψιμο.

handy ['hændɪ] *a* επιδέξιος || *(useful)* βολικός, χρήσιμος.

handyman ['hændɪmən] *n* πολυτεχνίτης.

hang [hæŋ] *(irreg v) vt* αναρτώ, κρεμώ || *(one's head)* σκύβω || *(wallpaper)* κολλώ ♦ *vi* κρέμομαι || **to ~ about** *vi* περιφέρομαι, τριγυρίζω, τεμπελιάζω.

hangar ['hæŋə*] *n* υπόστεγο.

hanger ['hæŋə*] *n* κρεμάστρα.

hanger-on ['hæŋər'ɒn] *n* κολλιτσίδα.

hangover ['hæŋəʊvə*] *n (MED)* πονοκέφαλος (από μεθύσι).

hanker ['hæŋkə*] *vi*: **to ~ after** ποθώ διακαώς, λαχταρώ.

haphazard [hæp'hæzəd] *a* στην τύχη, τυχαία.

happen ['hæpən] *vi* συμβαίνω, τυγχάνω || **~ing** *n* συμβάν, γεγονός.

happily ['hæpɪlɪ] *ad* ευτυχώς.

happiness [ˈhæpɪnɪs] *n* ευτυχία.
happy [ˈhæpɪ] *a* ευτυχισμένος, τυχερός, επιτυχημένος || ~**-go-lucky** *a* ξένοιαστος.
harass [ˈhærəs] *vt* παρενοχλώ, βασανίζω.
harbour, harbor *(US)* [ˈhɑːbə*] *n* λιμάνι, καταφύγιο ♦ *vt* στεγάζω, παρέχω άσυλο.
hard [hɑːd] *a* σκληρός, στερεός || *(task)* δύσκολος, δυσχερής || *(person etc)* αυστηρός, αλύπητος || *(work)* επίπονος, σκληρός ♦ *ad* δυνατά, σκληρά, δύσκολα || ~ **by** κοντά || ~**-boiled** *a (egg)* σφιχτό || *(person)* σκληρός || ~**en** *vi* σκληραίνω || ~**-hearted** *a* σκληρόκαρδος, αλύπητος.
hardly [hɑːdlɪ] *ad* μόλις.
hardship [ˈhɑːdʃɪp] *n* κακουχία, δοκιμασία, ταλαιπωρία.
hard-up [hɑːdˈʌp] *a* απένταρος.
hardware [ˈhɑːdwɛə*] *n* σιδηρικά *ntpl*, είδη *ntpl*, καγκελαρίας.
hardy [ˈhɑːdɪ] *a* σκληραγωγημένος || *(brave)* τολμηρός, θαρραλέος.
hare [hɛə*] *n* λαγός.
harem [hɑːˈriːm] *n* χαρέμι.
harm [hɑːm] *n* κακό, βλάβη, ζημιά ♦ *vt* βλάπτω, θίγω || ~**ful** *a* επιβλαβής, βλαβερός || ~**less** *a* άκακος, αβλαβής, ακίνδυνος.
harmonica [hɑːˈmɒnɪkə] *n* φυσαρμόνικα.
harmonious [hɑːˈməʊnɪəs] *a* αρμονικός || *(MUS)* μελωδικός.
harmonize [ˈhɑːmənaɪz] *vt* εναρμονίζω || *(agree)* συμφωνώ ♦ *vi* εναρμονίζομαι, ταιριάζω.
harmony [ˈhɑːmənɪ] *n (MUS)* αρμονία || *(agreement)* συμφωνία.
harness [ˈhɑːnɪs] *n* σαγή, χάμουρα *ntpl*, χαμούρωμα *nt* ♦ *vt (horse)* χαμουρώνω.
harp [hɑːp] *n* άρπα || ~**ist** *n* αρπιστής.
harpoon [hɑːˈpuːn] *n* καμάκι.
harrow [ˈhærəʊ] *n* βωλοκόπος, σβάρνα ♦ *vt* βωλοκοπώ.
harrowing [ˈhærəʊɪŋ] *a* θλιβερός, σπαρακτικός.
harsh [hɑːʃ] *a* σκληρός, τραχύς || ~**ly** *ad* σκληρά, απότομα || ~**ness** *n* τραχύτητα, σκληρότητα || *(of taste)* ξυνίλα.
harvest [ˈhɑːvɪst] *n* συγκομιδή, εσοδεία || *(season)* θέρος *nt*, εποχή θερισμού ♦ *vt* θερίζω, μαζεύω.
harvester [ˈhɑːvɪstə*] *n* θεριστική μηχανή.
has [hæz] *see* **have.**
hash [hæʃ] *n* κιμάς ♦ *vt* κατακόπτω, κάνω κιμά.
hashish [ˈhæʃiːʃ] *n* χασίς *nt inv.*
haste [heɪst] *n* βία, βιασύνη, γρηγοράδα || ~**n** *vt* σπεύδω, επιταχύνω ♦ *vi* βιάζομαι, κάνω γρήγορα.
hastily [ˈheɪstɪlɪ] *ad* βιαστικά.
hasty [ˈheɪstɪ] *a* βιαστικός, οξύθυμος.
hat [hæt] *n* καπέλλο.
hatch [hætʃ] *n* καταπακτή, μπουκαπόρτα ♦ *vi* εκκολάπτομαι, βγαίνω, σκάω ♦ *vt* κλωσώ.
hatchet [ˈhætʃɪt] *n* τσεκούρι.
hate [heɪt] *vt* μισώ ♦ *n* μίσος *nt* || ~**ful** *a* μισητός.
hatred [ˈheɪtrɪd] *n* έχθρα, μίσος *nt.*
haughty [ˈhɔːtɪ] *a* υπεροπτικός, αυθάδης.
haul [hɔːl] *n* τράβηγμα *nt* || *(fish)* διχτυά ♦ *vt* έλκω, τραβώ, σύρω || ~**age** *n* μεταφορά εμπορευμάτων.
haunch [hɔːntʃ] *n* ισχίο, γοφός.
haunt [hɔːnt] *n* λημέρι, στέκι ♦ *vt* συχνάζω σε || *(of ghosts)* στοιχειώνω.
have [hæv] *(irreg v) vt* έχω, κατέχω || *(be obliged)* αναγκάζω, έχω να, πρέπει να || *(meal)* λαμβάνω, παίρνω || *(obtain)* παίρνω || *(children etc)* γεννώ, κάνω || **to** ~ **on** *vt* φορώ.

haven ['heɪvən] *n* λιμάνι || *(refuge)* καταφύγιο, άσυλο.

haversack ['hævəsæk] *n* σακκίδιο || *(MIL)* γυλιός.

havoc ['hævək] *n* πανωλεθρία, καταστροφή.

hawk [hɔːk] *n* γεράκι.

hay [heɪ] *n* σανός, άχυρο || ~ **fever** *n* αλλεργικό συνάχι || ~**stack** *n* θημωνιά.

haywire ['haɪwaɪə*] *a (col)* **it's gone** ~ δεν πάει καλά.

hazard ['hæzəd] *n (chance)* τύχη || *(danger)* κίνδυνος ♦ *vt* διακινδυνεύω, ριψοκινδυνεύω || ~**ous** *a* ριψοκίνδυνος.

haze [heɪz] *n* καταχνιά.

hazelnut ['heɪzlnʌt] *n* φουντούκι.

hazy ['heɪzɪ] *a (weather)* καταχνιασμένος || *(vague)* αμυδρός, αόριστος.

he [hiː] *pron* αυτός, εκείνος || αρσενικός.

head [hɛd] *n (ANAT)* κεφάλι || *(leader)* αρχηγός, προϊστάμενος, διευθυντής || *(top)* άκρο ♦ *a* πρωτεύων, κύριος ♦ *vt* ηγούμαι, διευθύνω, διοικώ || **to** ~ **for** *vt* κινούμαι προς, κατευθύνομαι || ~**ache** *n* κεφαλόπονος, πονοκέφαλος || ~**ing** *n* επικεφαλίδα, τίτλος || ~**lamp** *n* προβολέας, φανάρι || ~**land** *n* ακρωτήρι || ~**light** = ~**lamp** || ~**line** *n* επικεφαλίδα, τίτλος || ~**long** *ad* με το κεφάλι, απερίσκεπτος || ~**master** *n* διευθυντής σχολείου || ~**mistress** *n* διευθύντρια (σχολείου) || ~**-on** *a* κατά μέτωπο || ~**quarters (H.Q.)** *npl* αρχηγείο, στρατηγείο || ~**rest** *n* προσκέφαλο || ~**strong** *a* ισχυρογνώμονας, ξεροκέφαλος || ~**waiter** *n* αρχισερβιτόρος, μαίτρ *m inv* || ~**way** *n* πρόοδος *f* || ~**wind** *n* αντίθετος άνεμος, αέρας κόντρα || ~**y** *a* ορμητικός, φουριόζος || *(drink etc)* που ζαλίζει, βαράει στο κεφάλι.

heal [hiːl] *vt* θεραπεύω, γιατρεύω ♦ *vi* επουλώνομαι, γιατρεύομαι.

health [hɛlθ] *n* υγεία || *(toast)* πρόποση || ~**y** *a* υγιής, εύρωστος, γερός.

heap [hiːp] *n* σωρός || πλήθος *nt* ♦ *vt* γεμίζω, συσσωρεύω.

hear [hɪə*] *(irreg v) vt* ακούω || ακροώμαι || *(learn)* ακούω, μαθαίνω || ~**ing** *n (sense)* ακοή || ακρόαση || *(LAW)* (ακροαματική) εξέταση μαρτύρων || ~**ing aid** *n* ακουστικά *ntpl* βαρυκοΐας || ~**say** *n* φήμη, διάδοση.

hearse [hɜːs] *n* νεκροφόρα.

heart [hɑːt] *n (ANAT)* καρδιά || *(centre)* καρδιά || *(courage)* θάρρος *nt* || *(emotion)* ψυχή || *(tenderness)* καρδιά, ψυχή || *(CARDS)* κούπα || ~ **attack** *n* καρδιακή προσβολή || ~**beat** *n* παλμός καρδιάς || ~**breaking** *a* θλιβερός, λυπητερός || ~**broken** *a* περίλυπος, θλιμμένος || ~**burn** *n* καρδιαλγία, καούρα (στομάχου) || ~**felt** *a* εγκάρδιος, γκαρδιακός.

hearth [hɑːθ] *n* τζάκι || πυροστιά.

heartily ['hɑːtɪlɪ] *ad* ειλικρινά, με όρεξη, τελείως.

heartless ['hɑːtlɪs] *a* άκαρδος.

hearty ['hɑːtɪ] *a* εγκάρδιος || *(healthy)* εύρωστος || *(meal)* πλούσιος, θρεπτικός.

heat [hiːt] *n* θερμότητα || *(weather)* ζέστη, κάψα || *(anger)* έξαψη, οργή || *(SPORT)* αγώνας δρόμου, κούρσα ♦ *vt* θερμαίνω, ζεσταίνω || **to** ~ **up** *vi* ανάβω, (υπερι-) θερμαίνομαι || ~**ed** *a* ζεστός, θερμασμένος || ~**er** *n* θερμάστρα, σόμπα.

heath [hiːθ] *n (Brit)* χέρσα γη, ρεικιά || ρείκη.

heathen ['hiːðən] *n* ειδωλολάτρης, εθνικός ♦ *a* ειδωλολατρικός.

heather ['hɛðə*] *n* (ε)ρείκι.
heating ['hiːtɪŋ] *n* θέρμανση.
heatstroke ['hiːtstrəuk] *n* θερμοπληξία.
heatwave ['hiːtweɪv] *n* κύμα *nt* ζέστης, καύσωνας.
heave [hiːv] *(irreg v) vt* σηκώνω, ανυψώνω || *(throw)* ρίχνω ♦ *vi* ανυψούμαι || *(NAUT)* βιράρω ♦ *n* ανύψωση, σήκωμα *nt* || φούσκωμα *nt*.
heaven ['hɛvən] *n* ουρανός || **for ~'s sake!** για όνομα του Θεού! || **good ~s!** Θεέ μου! || **~ly** *a* ουράνιος || *(col)* περίφημος.
heavily ['hɛvɪlɪ] *ad* βαρειά, δυνατά.
heavy ['hɛvɪ] *a* βαρύς || *(difficult)* δύσκολος, δύσβατος || *(abundant)* άφθονος.
Hebrew ['hiːbruː] *n (person)* Εβραίος/α *m/f* || *(LING)* Εβραϊκά *ntpl* ♦ *a* εβραϊκός.
heckle ['hɛkl] *vt* βομβαρδίζω με ενοχλητικές ερωτήσεις.
hectic ['hɛktɪk] *a* πυρετώδης || ταραχώδης.
hedge [hɛdʒ] *n* φράχτης, φραγμός ♦ *vt (surround)* περιφράσσω, φράσσω ♦ *vi* υπεκφεύγω, μασώ τα λόγια μου.
hedgehog ['hɛdʒhɒg] *n* σκαντζόχοιρος.
heed [hiːd] *vt* προσέχω ♦ *n* προσοχή || **~less** *a* απρόσεκτος, αμέριμνος.
heel [hiːl] *n* φτέρνα || *(of shoe)* τακούνι ♦ *vt (shoe)* βάζω τακούνι σε.
hefty ['hɛftɪ] *a* δυνατός, ρωμαλέος.
heifer ['hɛfə*] *n* δαμάλι.
height [haɪt] *n (of person)* ανάστημα *nt*, μπόι || *(of object)* ύψος *nt*, ύψωμα *nt* || ακμή || *(of mountain)* κορυφή || **~en** *vt* υψώνω, αυξάνω.
heir [ɛə*] *n* κληρονόμος || **~ess** *n* κληρονόμος || **~loom** *n* οικογενειακό κειμήλιο.
held [hɛld] *pt, pp of* **hold.**
helicopter ['hɛlɪkɒptə*] *n* ελικόπτερο.
hell [hɛl] *n* κόλαση.
he'll [hiːl] = **he will, he shall** || *see* **will, shall.**
hellish ['hɛlɪʃ] *a* απαίσιος, καταχθόνιος.
hello [hə'ləu] *excl (greeting)* γεια σου! || *(TEL)* αλλό! || *(surprise)* μπα, μπα!
helm [hɛlm] *n* τιμόνι, δοιάκι.
helmet ['hɛlmɪt] *n* κράνος *nt*, κάσκα || περικεφαλαία.
helmsman ['hɛlmzmən] *n* πηδαλιούχος.
help [hɛlp] *n* βοήθεια ♦ *vt* βοηθώ, ενισχύω || *(prevent)* αποφεύγω, εμποδίζω || *(serve food)* σερβίρω || **~er** *n* βοηθός *m/f* || **~ful** *a* χρήσιμος || **~ing** *n* μερίδα || **~less** *a* αβοήθητος, σε αμηχανία.
hem [hɛm] *n* στρίφωμα *nt* || **to ~ in** *vt* περικυκλώνω, στρυμώνω.
hemisphere ['hɛmɪsfɪə*] *n* ημισφαίριο.
hemp [hɛmp] *n* κάνναβη, καννάβι.
hen [hɛn] *n* κότα, θηλυκό πουλί || **~coop** *n* κοτέτσι.
hence [hɛns] *ad* απ'εδώ, από τώρα || *(therefore)* απ'αυτό.
henchman ['hɛntʃmən] *n* πιστός οπαδός, μπράβος.
her [hɜː*] *pron* αυτή ♦ *a* δικός της.
herald ['hɛrəld] *n* κήρυκας, πρόδρομος ♦ *vt* αναγγέλλω, προμηνύω, προαγγέλλω.
heraldry ['hɛrəldrɪ] *n* οικοσημολογία.
herb [hɜːb] *n* βότανο, χόρτο.
herd [hɜːd] *n (general)* κοπάδι.
here [hɪə*] *ad* εδώ ♦ *n* εδώ || **~!** να! || **come ~!** έλα (δω)! || **~after** *ad* στο εξής ♦ *n* μέλλουσα ζωή || **~by** *ad* μ'αυτό, διά του παρόντος.
hereditary [hɪ'rɛdɪtrɪ] *a* κληρονομικός.

heredity [hɪ'redɪtɪ] *n* κληρονομικότητα.
heresy ['herɪsɪ] *n* αίρεση.
heretic ['herətɪk] *n* αιρετικός || **~al** [hɪ'retɪkəl] *a* αιρετικός.
herewith ['hɪə'wɪð] *ad* με το παρόν, μ'αυτό.
heritage ['herɪtɪdʒ] *n* κληρονομία.
hermit ['hɜːmɪt] *n* ερημίτης.
hernia ['hɜːnɪə] *n* κήλη.
hero ['hɪərəʊ] *n* ήρωας, παλικάρι || *(of a story)* πρωταγωνιστής || **~ic** *a* ηρωϊκός.
heroin ['herəʊɪn] *n* ηρωΐνη.
heroine ['herəʊɪn] *n* ηρωΐδα, πρωταγωνίστρια.
heroism ['herəʊɪzm] *n* ηρωϊσμός.
heron ['herən] *n* ερωδιός, τσικνιάς.
herring ['herɪŋ] *n* ρέγγα.
hers [hɜːz] *pron* αυτής, δικός της.
herself [hɜː'self] *pron* η ίδια, τον εαυτό της.
he's [hiːz] = **he is, he has** || *see* **be, have.**
hesitant ['hezɪtənt] *a* διστακτικός.
hesitate ['hezɪteɪt] *vi* διστάζω.
hesitation [hezɪ'teɪʃən] *n* δισταγμός, ενδοιασμός.
het up ['het'ʌp] *a* θυμωμένος, στενοχωρημένος.
hew [hjuː] *(irreg v) vt* κατακόπτω, πελεκώ.
hexagon ['heksəgən] *n* εξάγωνο.
heyday ['heɪdeɪ] *n* ακμή, άνθος *nt*, καλές μέρες *fpl*.
hi [haɪ] *excl* ε!, σου! || *(US)* καλημέρα!, γεια σου!
hibernate ['haɪbəneɪt] *vi* διαχειμάζω.
hiccough, hiccup ['hɪkʌp] *vi* έχω λόξυγγα || **~s** *npl* λόξυγγας.
hid [hɪd] *pt of* **hide.**
hidden ['hɪdn] *pp of* **hide.**
hide [haɪd] *(irreg v) n* δέρμα *nt*, πετσί, τομάρι ♦ *vt* (από) κρύβω ♦ *vi* κρύβομαι || **~-and-seek** *n* κρυφτό.
hideous ['hɪdɪəs] *a* φρικτός, αποκρουστικός, άσχημος.
hiding ['haɪdɪŋ] *n (beating)* σπάσιμο στο ξύλο || **in ~** *(concealed)* κρυμμένος || **~ place** *n* κρυψώνας.
hierarchy ['haɪərɑːkɪ] *n* ιεραρχία.
high [haɪ] *a (far up)* ψηλός || *(tall)* ψηλός || *(rank)* ανώτερος, σπουδαίος || *(class)* ανώτερος || *(price)* μεγάλος, ψηλός || *(pressure etc)* ψηλός, μεγάλος || *(opinion)* μεγάλη εκτίμηση σε ♦ *ad* ψηλά, πλούσια || **~chair** *n* ψηλό καρεκλάκι για μωρά || **~-handed** *a* αυθαίρετα || **~-heeled** *a* με ψηλά τακούνια || **~light** *n (fig)* αποκορύφωμα *nt*, το μεγάλο νούμερο || **~ly** *ad* εξαιρετικά, πάρα πολύ || **~ly strung** *a* ευερέθιστος, νευρικός || **H~ Mass** *n* μεγάλη λειτουργία (των Καθολικών) || **~ness** *n (title)* υψηλότητα || **~-pitched** *a (voice)* διαπεραστικός, οξύς.
high school ['haɪskuːl] *n* γυμνάσιο.
highway ['haɪweɪ] *n* εθνική οδός *f*.
hijack ['haɪdʒæk] *vt* κάνω αεροπειρατία || **~er** *n (AVIAT)* αεροπειρατής.
hike [haɪk] *vi* πεζοπορώ ♦ *n* πεζοπορία || **~r** *n* πεζοπόρος.
hiking ['haɪkɪŋ] *n* πεζοπορία.
hilarious [hɪ'leərɪəs] *a* ιλαρός, εύθυμος.
hilarity [hɪ'lærɪtɪ] *n* ιλαρότητα, ευθυμία.
hill [hɪl] *n* λόφος || **~y** *a* λοφώδης.
hilt [hɪlt] *n* λαβή (ξίφους) || **up to the ~** τελείως.
him [hɪm] *pron* αυτόν, σ'αυτόν.
himself [hɪm'self] *pron* τον εαυτό του, (αυτός) ο ίδιος.
hind [haɪnd] *a* οπίσθιος ♦ *n* έλαφος *f*.
hinder ['hɪndə*] *vt* εμποδίζω, κωλύω.

hindrance ['hındrəns] *n* εμπόδιο.
Hindu ['hın'duː] *n* Ινδός/ή *m/f.*
hinge [hındʒ] *n* άρθρωση, μεντεσές *m* ♦ *vt* κρεμώ σε μεντεσέδες ♦ *vi* *(fig)* εξαρτώμαι.
hint [hınt] *n* νύξη, υπαινιγμός ♦ *vi* υπαινίσσομαι.
hip [hıp] *n* ισχίο, γοφός.
hippopotamus [hıpə'pɒtəməs] *n* ιπποπόταμος.
hire ['haıə*] *n* μίσθωση, ενοικίαση ♦ *vt (worker)* μισθώνω, πληρώνω, προσλαμβάνω || *(rent)* ενοικιάζω || *(car)* νοικιάζω || **'for ~'** 'ελεύθερον', 'ενοικιάζεται' || **~ purchase (H.P.)** *n* με δόσεις.
his [hız] *pron* δικός του ♦ *a* αυτού, (δικός) του.
hiss [hıs] *n* σφύριγμα *nt* ♦ *vi* αποδοκιμάζω, σφυρίζω.
historian [hıs'tɔːrıən] *n* ιστορικός.
historic(al) [hıs'tɒrık(əl)] *a* ιστορικός.
history ['hıstərı] *n* ιστορία.
hit [hıt] *(irreg v) n* κτύπημα *nt* || *(success)* επιτυχία ♦ *vt* κτυπάω, πλήττω || *(target)* ευστοχώ.
hitch [hıtʃ] *n* τίναγμα *nt*, τράβηγμα *nt* || *(bend)* θηλειά || *(fig)* εμπόδιο ♦ *vt* δένω, προσδένω || *(jerk)* τραντάζω.
hitch-hike ['hıtʃhaık] *vi* κάνω ωτοστόπ || **~r** *n* αυτός που κάνει ωτοστόπ.
hive [haıv] *n* κυψέλη.
H.M.S. *abbr of His (Her) Majesty's Ship.*
hoard [hɔːd] *n* θησαυρός, σωρός ♦ *vt* συσσωρεύω, θησαυρίζω, αποκρύπτω.
hoarding ['hɔːdıŋ] *n* αποθησαυρισμός, απόκρυψη.
hoarse [hɔːs] *a* βραχνιασμένος.
hoax [həυks] *n* αστείο, τέχνασμα *nt*, φάρσα.
hobble ['hɒbl] *vi* χωλαίνω, κουτσαίνω.
hobby ['hɒbı] *n* μεράκι, χόμπυ *nt inv.*
hobo ['həυbəυ] *n (US)* αλήτης.
hock [hɒk] *n (wine)* άσπρο κρασί του Ρήνου.
hockey ['hɒkı] *n* χόκεϋ *nt inv.*
hoe [həυ] *n* σκαλιστήρι ♦ *vt* σκαλίζω.
hog [hɒg] *n* γουρούνι.
hoist [hɔıst] *n* ανελκυστήρας || τράβηγμα *nt*, σπρώξιμο *nt* ♦ *vt* ανυψώνω.
hold [həυld] *(irreg v) n* λαβή, πιάσιμο || *(influence)* έχω επιρροή πάνω σε || *(NAUT)* αμπάρι ♦ *vt (grasp)* κρατώ || *(keep)* κρατώ, φέρω || *(contain)* περιέχω || *(keep back)* συγκρατώ, σταματώ || *(meeting etc)* συγκαλώ, κάνω || *(title)* κατέχω, έχω || **to ~ back** *vt* συγκρατώ || *(secret)* αποκρύβω || *(control)* αναχαιτίζω || **to ~ down** *vt* κρατώ || **to ~ out** *vt* εκτείνω || *(resist)* αντέχω || **to ~ up** *vt (support)* υποστηρίζω || *(display)* επιδεικνύω || *(stop)* σταματώ, καθυστερώ || *(rob)* ληστεύω ♦ *vi (withstand pressure)* αντέχω || **~er** *n* κάτοχος *m/f* || *(handle)* λαβή, σφιγκτήρας || **~ing** *n (share)* μετοχή || **~up** *n* καθυστέρηση || *(robbery)* ληστεία.
hole [həυl] *n* τρύπα ♦ *vt* τρυπώ, ανοίγω.
holiday ['hɒlıdeı] *n* γιορτή, αργία || *(annual)* διακοπές *fpl* || **~-maker** *n* παραθεριστής/ρια *m/f.*
holiness ['həυlınıs] *n* αγιότητα.
Holland ['hɒlənd] *n* Ολλανδία.
hollow ['hɒləυ] *a* βαθουλός, κοίλος || *(empty)* κούφιος || *(false)* ψεύτικος ♦ *n* κοίλωμα *nt*, βαθούλωμα *nt*, γούβα || **to ~ out** *vt* βαθουλώνω, σκάβω.
holly ['hɒlı] *n (tree)* πουρνάρι.
holster ['həυlstə*] *n* πιστολιοθήκη.
holy ['həυlı] *a* άγιος, ιερός || *(divine)* θείος.
homage ['hɒmıdʒ] *n* υποταγή.
home [həυm] *n* σπίτι, κατοικία ||

(native country) πατρίδα || *(institution)* άσυλο ♦ *a (country)* πατρίδα || *(local)* εγχώριος, ντόπιος ♦ *ad* στο σπίτι, στην πατρίδα || **at ~** στο σπίτι || *(at ease)* άνετα || **~coming** *n* επάνοδος *f*, επαναπατρισμός || **~less** *a* άστεγος || **~-made** *a* σπιτήσιος, ντόπιος || **~sick** *a* νοσταλγός || **~ward(s)** *ad* προς το σπίτι || **~work** *n* κατ'οίκον εργασία.

homicide ['hɒmɪsaɪd] *n (US)* ανθρωποκτονία.

homogeneous [hɒmə'dʒiːnɪəs] *a* ομοιογενής.

homosexual ['hɒməʊ'sɛksjʊəl] *a* ομοφυλόφιλος ♦ *n* ομοφυλόφιλος, ανώμαλος.

honest ['ɒnɪst] *a* τίμιος, έντιμος, ευθύς || **~ly** *ad* τίμια || **~y** *n* εντιμότητα.

honey ['hʌnɪ] *n* μέλι || **~comb** *n* κερήθρα || **~moon** *n* μήνας του μέλιτος.

honk [hɒŋk] *n (AUT)* κορνάρισμα *nt* ♦ *vi* κορνάρω.

honor ['ɒnə*] *(US)* = **honour.**

honorary ['ɒnərərɪ] *a* τιμητικός || *(degree etc)* επίτιμος.

honour ['ɒnə*] *n* τιμή, υπόληψη ♦ *vt* τιμώ || *(bill)* εξοφλώ, πληρώνω || **~s** *npl (UNIV)* τίτλος, τιμητική διάκριση || **~able** *a* έντιμος || *(title)* εντιμώτατος.

hood [hʊd] *n* κουκούλα, σκούφος || *(cover)* κάλυμμα *nt* || *(US AUT)* καπό || **~wink** *vt* εξαπατώ, κοροϊδεύω.

hoof [huːf] *n* οπλή, πέλμα *nt*, νύχι.

hook [hʊk] *n* αγκίστρι, γάντζος ♦ *vt* αγκιστρώνω, γαντζώνω.

hooligan ['huːlɪgən] *n* ταραχοποιός.

hoop [huːp] *n* στεφάνι, τσέρκι.

hoot [huːt] *n (of owl)* σκούξιμο || *(AUT)* κορνάρισμα *nt* ♦ *vi* γιουχαΐζω, σφυρίζω || **~er** *n (NAUT)* σειρήνα, σφυρίχτρα || *(AUT)* κλάξον *nt inv*, κόρνα.

hop [hɒp] *n* χοροπήδημα *nt*, πήδημα *nt* ♦ *vi* σκιρτώ, πηδώ, χοροπηδώ.

hope [həʊp] *n* ελπίδα ♦ *vt* ελπίζω || **~ful** *a* γεμάτος ελπίδες, ελπιδοφόρος || **~less** *a (without hope)* απελπισμένος || *(useless)* μάταιος.

hops [hɒps] *npl* λυκίσκος.

horde [hɔːd] *n* ορδή, στίφος.

horizon [hə'raɪzn] *n* ορίζοντας || **~tal** [hɒrɪ'zɒntl] *a* οριζόντιος.

hormone ['hɔːməʊn] *n* ορμόνη.

horn [hɔːn] *n* κέρατο || *(insect)* κεραία || *(MUS)* κέρας *nt*, κόρνα || *(AUT)* κλάξον *nt inv* || **~ed** *a* με κέρατα.

hornet ['hɔːnɪt] *n* σφήκα.

horny ['hɔːnɪ] *a* κεράτινος, σκληρός.

horoscope ['hɒrəskəʊp] *n* ωροσκόπιο.

horrible ['hɒrɪbl] *a* φρικτός, φρικώδης, απαίσιος.

horrid ['hɒrɪd] *a* φρικτός, αποτρόπαιος || *(col)* κακός.

horrify ['hɒrɪfaɪ] *vt* τρομάζω || *(shock)* σκανδαλίζω.

horror ['hɒrə*] *n* φρίκη, τρόμος.

hors d'oeuvres [ɒ'dɜːvr] *npl* ορεκτικά *ntpl*, μεζεδάκια *ntpl*, ορντέβρ *nt inv*.

horse [hɔːs] *n* άλογο || **on ~back** καβάλα || **~ chestnut** *n* αγριοκάστανο || **~-drawn** *a* ιπποκίνητο || **~power** *n* **(h.p.)** ιπποδύναμη || **~-racing** *n* ιπποδρομίες *fpl* || **~shoe** *n* πέταλο.

horticulture ['hɔːtɪkʌltʃə] *n* κηπουρική.

hose [həʊz] *n (water)* σωλήνας ποτίσματος || **~pipe** *n* μάνικα, σωλήνας.

hosiery ['həʊʒərɪ] *n* πλεκτά είδη και κάλτσες *pl*.

hospitable [hɒs'pɪtəbl] *a* φιλόξενος.

hospital ['hɒspɪtl] *n* νοσοκομείο.

hospitality [hɒspɪ'tælɪtɪ] *n* φιλοξενία.
host [həʊst] *n* οικοδεσπότης || *(hotel)* ξενοδόχος, χανιτζής || *(large number)* πλήθος *nt*, στρατιά.
hostage ['hɒstɪdʒ] *n* όμηρος.
hostel ['hɒstəl] *n* οικοτροφείο, χάνι.
hostess ['həʊstɛs] *n* οικοδέσποινα.
hostile ['hɒstaɪl] *a* εχθρικός.
hostility [hɒs'tɪlɪtɪ] *n* εχθρότητα || **hostilities** *npl* εχθροπραξίες *fpl*.
hot [hɒt] *a* θερμός, ζεστός || *(fiery)* οξύθυμος, αναμμένος || ~ **dog** *n* λουκάνικο || ~**-water bottle** *n* θερμοφόρα.
hotel [həʊ'tɛl] *n* ξενοδοχείο || *(residential)* πανσιόν *f inv*.
hound [haʊnd] *n* σκυλί, λαγωνικό ♦ *vt* καταδιώκω, παροτρύνω.
hour ['aʊə*] *n* ώρα || ~**ly** *a*, *ad* κάθε ώρα.
house [haʊs] *n* σπίτι, κατοικία || *(PARL)* βουλή || *(THEAT)* ακροατήριο ♦ [haʊz] *vt* στεγάζω || *(store)* αποθηκεύω || ~**boat** *n* πλωτό σπίτι || ~**breaking** *n* διάρρηξη σπιτιού || ~**hold** *n* σπίτι || οικογένεια, σπιτικό || ~**keeper** *n* οικονόμος *m/f* || ~**keeping** *n* νοικοκυριό || ~**wife** *n* νοικοκυρά || ~**work** *n* δουλειές του νοικοκυριού.
housing ['haʊzɪŋ] *n* στέγαση.
hovel ['hɒvl] *n* καλύβα.
hover ['hɒvə*] *vi* μετεωρίζομαι, πλανώμαι || *(between)* διστάζω, ταλαντεύομαι || ~**craft** *n* χόβερκραφτ *nt inv*.
how [haʊ] *ad* πώς, με ποιο τρόπο || *(extent)* πόσο || **and** ~**!** *(US)* και βέβαια!, ασφαλώς! || ~**ever** *ad* όπως κι αν || *(much)* οσοδήποτε, όσο κι αν || *(yet)* ωστόσο, κι όμως.
howl [haʊl] *n* ούρλιασμα *nt*, ουρλιαχτό ♦ *vi* ουρλιάζω, σκούζω.
howler ['haʊlə*] *n* ωρυόμενος || *(mistake)* γκάφα, χοντροκοπιά.
h.p., H.P. *see* **hire; horse**.
H.Q. *abbr of* **headquarters**.
hub [hʌb] *n (of wheel)* αφαλός || *(of activity)* κέντρο.
hubbub ['hʌbʌb] *n* φασαρία, θόρυβος, οχλοβοή.
huddle ['hʌdl] *n* σωρός, κουβάρι ♦ *vi* συσσωρεύω, μαζεύομαι, κουλουριάζομαι.
hue [hju:] *n* χροιά, χρώμα, απόχρωση.
huff [hʌf] *n* παραφορά, θυμός.
hug [hʌg] *n* αγκάλιασμα *nt* ♦ *vt* αγκαλιάζω, σφίγγω || *(NAUT)* **to** ~ **the shore** παραπλέω, πλέω πλάι-πλάι στην ακτή.
huge [hju:dʒ] *a* πελώριος, θεόρατος, τεράστιος.
hulk [hʌlk] *n (NAUT)* ξαρματωμένο πλοίο, σαπιοκάραβο || *(person)* μπατάλης, χοντράνθρωπος || ~**ing** *a* δυσκίνητος, χοντρός, βαρύς.
hull [hʌl] *n* σκάφος *nt*, κουφάρι πλοίου.
hullo [hə'ləʊ] *excl* = **hello.**
hum [hʌm] *n* βόμβος, βουητό, ψίθυρος ♦ *vi* βουίζω, ψιθυρίζω || μουρμουρίζω.
human ['hju:mən] *a* ανθρώπινος ♦ *n* άνθρωπος.
humane [hju:'meɪn] *a* ανθρωπιστικός, φιλάνθρωπος.
humanity [hju:'mænɪtɪ] *n* ανθρωπότητα || *(kindness)* φιλανθρωπιά.
humble ['hʌmbl] *a* ταπεινός, απλός || *(unimportant)* ασήμαντος ♦ *vt* ταπεινώνω, ξευτελίζω.
humbly ['hʌmblɪ] *ad* ταπεινά, απλά.
humdrum ['hʌmdrʌm] *a* μονότονος, ανιαρός, πληκτικός.
humid ['hju:mɪd] *a* υγρός, νοτερός || ~**ity** *n* υγρασία, νότισμα *nt*.
humiliate [hju:'mɪlɪeɪt] *vt* ταπεινώνω, ξευτελίζω, κουρελιάζω.

humiliation [hjuːmɪlɪˈeɪʃən] *n* ταπείνωση, κουρέλιασμα *nt.*

humility [hjuːˈmɪlɪtɪ] *n* ταπεινότητα, μετριοφροσύνη.

humor [ˈhjuːmə*] *(US)*=**humour.**

humorist [ˈhjuːmərɪst] *n* χιουμορίστας.

humorous [ˈhjuːmərəs] *a* γεμάτος χιούμορ, εύθυμος.

humour [ˈhjuːmə*] *n* χιούμορ *nt inv*, κέφι, διάθεση ♦ *vt* κάνω τα χατήρια, κάνω τα κέφια.

hump [hʌmp] *n* καμπούρα.

hunch [hʌntʃ] *n* ύβος, καμπούρα || *(suspicion)* υποψία ♦ *vt* κυρτώνω, καμπουριάζω || ~**back** *n* καμπούρης/α *m/f.*

hundred [ˈhʌndrɪd] *num, n* εκατό || ~**weight** *n (weight = 112 pounds)* στατήρας.

hung [hʌŋ] *pt, pp of* **hang.**

Hungarian [hʌŋˈgɛərɪən] *a* ουγγρικός ♦ *n (person)* Ούγγρος/Ουγγαρέζα *m/f* || *(LING)* (τα) Ουγγρικά.

Hungary [ˈhʌŋgərɪ] *n* Ουγγαρία.

hunger [ˈhʌŋgə*] *n* πείνα || *(desire)* σφοδρή επιθυμία ♦ *vi* πεινώ λοχταρώ.

hungrily [ˈhʌŋgrɪlɪ] *ad* άπληστα, αχόρταγα, πεινασμένα.

hungry [ˈhʌŋgrɪ] *a* πεινασμένος.

hunt [hʌnt] *n* κυνήγι || *(seeking)* αναζήτηση ♦ *vt* κυνηγώ || *(search)* διώχνω ♦ *vi* κυνηγώ || *(seek)* ψάχνω || ~**er** *n* κυνηγός || ~**ing** *n* κυνήγι.

hurdle [ˈhɜːdl] *n (lit)* φράκτης || *(fig)* εμπόδιο.

hurl [hɜːl] *vt* εκσφενδονίζω, ρίχνω.

hurrah [huˈrɑː] *n*, **hurray** [huˈreɪ] *n* ζητωκραυγή.

hurricane [ˈhʌrɪkən] *n* καταιγίδα, λαίλαπας.

hurried [ˈhʌrɪd] *a* βιαστικός || ~**ly** *ad* βιαστικά.

hurry [ˈhʌrɪ] *n* βία, βιασύνη ♦ *vi* βιάζομαι, είμαι βιαστικός ♦ *vt* επισπεύδω, βιάζω.

hurt [hɜːt] *(irreg v) n* κακό || *(wound)* τραύμα *nt*, πληγή || *(damage)* βλάβη, ζημιά ♦ *vt* κτυπώ, τραυματίζω, πληγώνω || *(insult)* προσβάλλω, πειράζω ♦ *vi* πονώ, θίγομαι || ~**ful** *a* βλαβερός.

hurtle [ˈhɜːtl] *vt* εκσφενδονίζω ♦ *vi (rush)* εφορμώ, ρίχνομαι.

husband [ˈhʌzbənd] *n* άνδρας, σύζυγος.

hush [hʌʃ] *n* σιωπή, σιγή ♦ *vt* (καθ)ησυχάζω ♦ *vi* σωπαίνω || ~**!** σιωπή!, σούτ!

husk [hʌsk] *n* φλοιός, φλούδα, τσόφλι.

husky [ˈhʌskɪ] *a (voice)* βραχνός || γεροδεμένος ♦ *n* σκύλος ελκύθρου.

hustle [ˈhʌsl] *n* σπουδή, βιασύνη || *(push)* σπρωξίδι ♦ *vt (push)* σπρώχνω || σκουντώ, βιάζω.

hut [hʌt] *n* καλύβα || *(MIL)* παράπηγμα *nt.*

hutch [hʌtʃ] *n* κλουβ.

hyacinth [ˈhaɪəsɪnθ] *n* υάκινθος.

hybrid [ˈhaɪbrɪd] *n* μιγάδας, μικτογενής, νόθος ♦ *a* νόθος, μπασταρδεμένος.

hydrant [ˈhaɪdrənt] *n* σωλήνας πυρκαϊάς, στόμιο υδροληψίας.

hydraulic [haɪˈdrɔːlɪk] *a* υδραυλικός.

hydroelectric [ˈhaɪdrəʊɪˈlɛktrɪk] *a* υδροηλεκτρικός.

hydrogen [ˈhaɪdrədʒən] *n* υδρογόνο.

hyena [haɪˈiːnə] *n* ύαινα.

hygiene [ˈhaɪdʒiːn] *n* υγιεινή.

hygienic [haɪˈdʒiːnɪk] *a* υγιεινός.

hymn [hɪm] *n* ύμνος, υμνωδία.

hyphen [ˈhaɪfən] *n* ενωτικό σημείο.

hypnosis [hɪpˈnəʊsɪs] *n* ύπνωση.

hypnotism [ˈhɪpnətɪzəm] *n* υπνωτισμός.

hypnotist [ˈhɪpnətɪst] *n* υπνωτιστής.

hypnotize [ˈhɪpnətaɪz] *vt* υπνωτίζω.
hypocrisy [hɪˈpɒkrɪsɪ] *n* υποκρισία.
hypocrite [ˈhɪpəkrɪt] *n* υποκριτής.
hypocritical [hɪpəˈkrɪtɪkl] *a* υποκριτικός.
hypothesis [haɪˈpɒθɪsɪs] *n* υπόθεση.
hypothetic(al) [haɪpəˈθɛtɪk(əl)] *a* υποθετικός.
hysteria [hɪsˈtɪərɪə] *n* υστερία.
hysterical [hɪsˈtɛrɪkl] *a* υστερικός.
hysterics [hɪsˈtɛrɪks] *npl* υστερία.

I

I [aɪ] *pron* εγώ.
ice [aɪs] *n* πάγος || *(refreshment)* παγωτό ♦ *vt (cake)* γκλασάρω ♦ *vi (also* ~ **up***)* παγώνω || ~ **axe** *n* πέλεκυς *m* πάγου || ~**berg** *n* παγόβουνο || ~**box** *n (US)* ψυγείο || ~ **cream** *n* παγωτό || ~**-cold** *a* παγερός, παγωμένος || ~ **hockey** *n* χόκεϋ στον πάγου.
icicle [ˈaɪsɪkl] *n* σταλακτίτης πάγου.
icing [ˈaɪsɪŋ] *n* κρούστα για κέικ, γκλασάρισμα *nt.*
icon [ˈaɪkɒn] *n* εικόνα.
icy [ˈaɪsɪ] *a (slippery)* γλιστερός || *(frozen)* παγετώδης, παγωμένος.
I'd [aɪd] = **I would, I had** || *see* **would, have.**
idea [aɪˈdɪə] *n* ιδέα || *(plan)* σκοπός, ιδέα.
ideal [aɪˈdɪəl] *n* ιδανικό, ιδεώδες *nt* ♦ *a* ιδανικός, ιδεώδης || ~**ist** *n* ιδεαλιστής.
identical [aɪˈdɛntɪkəl] *a* όμοιος, ίδιος, απαράλλακτος.
identification [aɪdɛntɪfɪˈkeɪʃən] *n* εξακρίβωση ταυτότητας, συνταύτιση.
identify [aɪˈdɛntɪfaɪ] *vt (person)* διαπιστώνω, εξακριβώνω || *(regard as same)* ταυτίζω.
identity [aɪˈdɛntɪtɪ] *n* ταυτότητα.
ideology [aɪdɪˈɒlədʒɪ] *n* ιδεολογία.
idiocy [ˈɪdɪəsɪ] *n* ηλιθιότητα.
idiom [ˈɪdɪəm] *n* ιδίωμα *nt* || *(dialect)* διάλεκτος.
idiosyncrasy [ɪdɪəˈsɪŋkrəsɪ] *n* ιδιοσυγκρασία.
idiot [ˈɪdɪət] *n* ηλίθιος, ανόητος || ~**ic** [ɪdɪˈɒtɪk] *a* ηλίθιος.
idle [ˈaɪdl] *a* αργός || *(lazy)* οκνηρός, τεμπέλης || *(useless)* μάταιος, ανωφελής || ~**ness** *n* αργία, τεμπελιά || ~**r** *n* αργόσχολος.
idol [ˈaɪdl] *n* είδωλο || ~**ize** *vt* λατρεύω, θαυμάζω.
idyllic [ɪˈdɪlɪk] *a* ειδυλλιακός.
i.e. *ad (abbr of id est)* δηλ. (δηλαδή).
if [ɪf] *cj (condition)* εάν, αν, όταν || *(whether)* αν.
ignite [ɪgˈnaɪt] *vt* αναφλέγω, ανάβω.
ignition [ɪgˈnɪʃən] *n* ανάφλεξη || ~ **key** *n (AUT)* κλειδί (ξεκινήσεως).
ignorance [ˈɪgnərəns] *n* άγνοια.
ignorant [ˈɪgnərənt] *a* αμαθής, αγνοών.
ignore [ɪgˈnɔː*] *vt* αγνοώ, αψηφώ.
I'll [aɪl] = **I will, I shall** || *see* **will, shall.**
ill [ɪl] *a* άρρωστος || *(evil)* κακός ♦ *n* κακό, ατυχία || ~**-advised** *a* ασύνετος, απερίσκεπτος || ~**-at-ease** *a* στενοχωρημένος, ανήσυχος.
illegal [ɪˈliːgəl] *a* παράνομος || ~**ly** *ad* παράνομα.
illegible [ɪˈlɛdʒəbl] *a* δυσανάγνωστος.
illegitimate [ɪlɪˈdʒɪtɪmɪt] *a* νόθος.
ill-fated [ˈɪlˈfeɪtɪd] *a* κακότυχος.
ill-feeling [ˈɪlˈfiːlɪŋ] *n* κακία, έχθρα.
illicit [ɪˈlɪsɪt] *a* παράνομος, αθέμιτος.
illiterate [ɪˈlɪtərɪt] *a* αγράμματος.
ill-mannered [ˈɪlˈmænəd] *a* κακότροπος, κακομαθημένος.

illness [ˈɪlnɪs] *n* ασθένεια, αρρώστεια.
illogical [ɪˈlɒdʒɪkəl] *a* παράλογος.
ill-treat [ˈɪlˈtriːt] *vt* κακομεταχειρίζομαι.
illuminate [ɪˈluːmɪneɪt] *vt* φωτίζω, φωταγωγώ.
illumination [ɪluːmɪˈneɪʃən] *n* φωτισμός, φωταγώγηση.
illusion [ɪˈluːʒən] *n* αυταπάτη, πλάνη.
illusive [ɪˈluːsɪv] *a*, **illusory** [ɪˈluːsərɪ] *a* απατηλός.
illustrate [ˈɪləstreɪt] *vt* εικονογραφώ.
illustration [ɪləsˈtreɪʃən] *n* εικονογράφηση, εικόνα.
illustrious [ɪˈlʌstrɪəs] *a* ένδοξος, επιφανής.
ill will [ˈɪlˈwɪl] *n* κακοβουλία, κακία.
I'm [aɪm] = **I am** || *see* **be.**
image [ˈɪmɪdʒ] *n (statue)* εικόνα, είδωλο || *(likeness)* ομοίωμα *nt*, αναπαράσταση || *(reflection)* είδωλο || **~ry** *n* ρητορικά σχήματα *ntpl.*
imaginable [ɪˈmædʒɪnəbl] *a* διανοητός.
imaginary [ɪˈmædʒɪnərɪ] *a* φανταστικός.
imagination [ɪmædʒɪˈneɪʃən] *n* φαντασία.
imaginative [ɪˈmædʒɪnətɪv] *a* ευφάνταστος, επινοητικός.
imagine [ɪˈmædʒɪn] *vt* φαντάζομαι, διανοούμαι.
imbalance [ɪmˈbæləns] *n* ανισότητα, ανισορροπία.
imbecile [ˈɪmbəsiːl] *n* βλάκας, ηλίθιος.
imbue [ɪmˈbjuː] *vt* (εμ)ποτίζω, διαποτίζω.
imitate [ˈɪmɪteɪt] *vt* μιμούμαι, αντιγράφω.
imitation [ɪmɪˈteɪʃən] *n* (απο)μίμηση.
imitator [ˈɪmɪteɪtə*] *n* μιμητής.
immaculate [ɪˈmækjulɪt] *a* άσπιλος, άψογος.
immaterial [ɪməˈtɪərɪəl] *a* ασήμαντος, άυλος.
immature [ɪməˈtjuə*] *a* ανώριμος, άγουρος.
immediate [ɪˈmiːdɪət] *a (near)* άμεσος, προσεχής || *(present)* επείγων, άμεσος || *(not separated)* πλησιέστερος || *(instant)* άμεσος, στιγμιαίος || **~ly** *ad (at once)* αμέσως, στη στιγμή.
immense [ɪˈmɛns] *a* απέραντος, άπειρος || **~ly** *ad* απέραντα.
immerse [ɪˈmɜːs] *vt* εμβαπτίζω, βυθίζω, βουτώ.
immigrant [ˈɪmɪgrənt] *n* μετανάστης.
immigration [ɪmɪˈgreɪʃən] *n* μετανάστευση.
imminent [ˈɪmɪnənt] *a* επικείμενος, άμεσος.
immobilize [ɪˈməubɪlaɪz] *vt* ακινητοποιώ.
immoral [ɪˈmɒrəl] *a* ανήθικος, κακοήθης || **~ity** [ɪməˈrælɪtɪ] *n* ανηθικότητα.
immortal [ɪˈmɔːtl] *a* αθάνατος, άφθαρτος ♦ *n* αθάνατος || **~ize** *vt* αποθανατίζω.
immune [ɪˈmjuːn] *a* απρόσβλητος.
immunize [ˈɪmjunaɪz] *vt* ανοσοποιώ.
impact [ˈɪmpækt] *n (lit)* σύγκρουση, κτύπημα *nt* || *(fig)* επίδραση.
impair [ɪmˈpɛə*] *vt* βλάπτω, εξασθενίζω.
impale [ɪmˈpeɪl] *vt* ανασκολοπίζω, παλουκώνω.
impartial [ɪmˈpɑːʃəl] *a* αμερόληπτος || **~ity** *n* αμεροληψία.
impassable [ɪmˈpɑːsəbl] *a* αδιάβατος.
impatience [ɪmˈpeɪʃəns] *n* ανυπομονησία.
impatient [ɪmˈpeɪʃənt] *a*

ανυπόμονος || ~**ly** *ad* ανυπόμονα, βιαστικά.
impeccable [ɪm'pɛkəbl] *a* άψογος, τέλειος.
impede [ɪm'piːd] *vt* εμποδίζω, παρακωλύω.
impediment [ɪm'pɛdɪmənt] *n* κώλυμα *nt*, εμπόδιο.
impending [ɪm'pɛndɪŋ] *a* επικείμενος.
imperative [ɪm'pɛrətɪv] *a* επιτακτικός ♦ *n (GRAM)* προστακτική.
imperceptible [ɪmpə'sɛptəbl] *a* ανεπαίσθητος, αδιόρατος.
imperfect [ɪm'pɜːfɪkt] *a* ελαττωματικός || *(incomplete)* ελλειπής || ~**ion** *n* ατέλεια, ελάττωμα *nt*.
imperial [ɪm'pɪərɪəl] *a* αυτοκρατορικός || *(majestic)* μεγαλοπρεπής.
impersonal [ɪm'pɜːsnl] *a* απρόσωπος.
impersonate [ɪm'pɜːsəneɪt] *vt* προσωποποιώ, υποδύομαι, παριστάνω.
impersonation [ɪmpɜːsə'neɪʃən] *n* προσωποποίηση, ενσάρκωση, μίμηση.
impertinent [ɪm'pɜːtɪnənt] *a* αυθάδης, άσχετος.
impervious [ɪm'pɜːvɪəs] *a* αδιαπέραστος, στεγανός, ανεπηρέαστος.
impetuous [ɪm'pɛtjʊəs] *a* ορμητικός, βίαιος.
impetus ['ɪmpɪtəs] *n* ώθηση, ορμή.
impinge [ɪm'pɪndʒ]: **to** ~ **on** *vt* συγκρούομαι, καταπατώ.
implausible [ɪm'plɔːzəbl] *a* απίθανος.
implement ['ɪmplɪmənt] *n* όργανο, εργαλείο, σύνεργο ♦ ['ɪmplɪmɛnt] *vt* εφαρμόζω.
implicate ['ɪmplɪkeɪt] *vt* εμπλέκω, αναμιγνύω.
implication [ɪmplɪ'keɪʃən] *n* ενοχοποίηση, υπαινιγμός.
implicit [ɪm'plɪsɪt] *a* υπονοούμενος, σιωπηρός || *(complete)* απόλυτος, αμέριστος.
implore [ɪm'plɔː*] *vt* ικετεύω, εκλιπαρώ.
imply [ɪm'plaɪ] *vt* υπονοώ, υπαινίσσομαι, προϋποθέτω.
impolite [ɪmpə'laɪt] *a* αγενής.
imponderable [ɪm'pɒndərəbl] *a* αστάθμητος, ανεξιχνίαστος.
import [ɪm'pɔːt] *vt* εισάγω ♦ ['ɪmpɔːt] *n* εισαγωγή || *(meaning)* σημασία.
importance [ɪm'pɔːtəns] *n* σπουδαιότητα, σοβαρότητα || *(value)* σημασία, αξία.
important [ɪm'pɔːtənt] *a* σημαντικός, σπουδαίος.
importer [ɪm'pɔːtə*] *n* εισαγωγέας.
impose [ɪm'pəʊz] *vt* επιβάλλω, επιτάσσω || *(on s.o.)* επωφελούμαι.
imposing [ɪm'pəʊzɪŋ] *a* επιβλητικός.
impossibility [ɪmpɒsə'bɪlɪtɪ] *n* (το) αδύνατο.
impossible [ɪm'pɒsəbl] *a* αδύνατος, ακατόρθωτος, ανυπόφορος.
impostor [ɪm'pɒstə*] *n* αγύρτης, απατεώνας.
impotence ['ɪmpətəns] *n (esp sexual)* ανικανότητα.
impotent ['ɪmpətənt] *a* ανίκανος, ανίσχυρος.
impound [ɪm'paʊnd] *vt* κατάσχω.
impoverished [ɪm'pɒvərɪʃt] *a* πάμπτωχος, εξαντλημένος.
impracticable [ɪm'præktɪkəbl] *a* ακατόρθωτος, απραγματοποίητος.
impractical [ɪm'præktɪkəl] *a* μη πρακτικός.
impregnable [ɪm'prɛgnəbl] *a* απόρθητος.

impregnate ['ımprɛgneıt] *vt* γονιμοποιώ, εμποτίζω.

impress [ım'prɛs] *vt (influence)* κάνω εντύπωση || *(imprint)* εντυπώνω, εγχαράσσω.

impression [ım'prɛʃən] *n (mark)* αποτύπωση, αποτύπωμα *nt* || *(printed copy)* έκδοση || *(effect)* εντύπωση, αίσθηση || *(belief)* ιδέα, εντύπωση, γνώμη || ~**able** *a* ευαίσθητος, ευσυγκίνητος || ~**ist** *n* ιμπρεσσιονιστής.

impressive [ım'prɛsıv] *a* εντυπωσιακός, συγκινητικός.

imprison [ım'prızn] *vt* φυλακίζω || ~**ment** *n* φυλάκιση.

improbable [ım'prɒbəbl] *a* απίθανος.

impromptu [ım'prɒmptju:] *a* αυτοσχέδιος, εκ του προχείρου ♦ *ad* εκ του προχείρου.

improper [ım'prɒpə*] *a (wrong)* εσφαλμένος || *(unsuitable)* ανάρμοστος || *(indecent)* απρεπής.

impropriety [ımprə'praıətı] *n* απρέπεια, ακαταλληλότητα.

improve [ım'pru:v] *vt* βελτιώνω, κάνω καλύτερο ♦ *vi (become better)* βελτιούμαι, καλυτερεύω || ~**ment** *n* βελτίωση, πρόοδος *f.*

improvisation [ımprəvaı'zeıʃən] *n* αυτοσχεδιασμός.

improvise ['ımprəvaız] *vi* αυτοσχεδιάζω || *vt* κάνω εκ του προχείρου.

impudent ['ımpjʊdənt] *a* αναιδής, αναίσχυντος.

impulse ['ımpʌls] *n (sudden desire)* ορμή, ορμέμφυτο || ώθηση, αυθόρμητη διάθεση.

impulsive [ım'pʌlsıv] *a* αυθόρμητος, ορμέμφυτος.

impunity [ım'pju:nıtı] *n* ατιμωρησία.

impure [ım'pjʊə*] *a* ακάθαρτος || *(bad)* μιαρός, αισχρός.

impurity [ım'pjʊərıtı] *n* ακαθαρσία, ξένο σώμα *nt.*

in [ın] *prep* μέσα σε, εντός, σε || *(made of)* σε || *(expressed in)* σε, με || *(dressed in)* με ♦ *ad* εντός, μέσα || ~**s and outs** *npl* τα μέσα και τα έξω.

in., ins *abbr of* **inch(es).**

inability [ınə'bılıtı] *n* ανικανότητα, αδυναμία.

inaccessible [ınæk'sɛsəbl] *a* απρόσιτος, απλησίαστος.

inaccuracy [ın'ækjʊrəsı] *n* ανακρίβεια.

inaccurate [ın'ækjʊrıt] *a* ανακριβής, εσφαλμένος.

inactivity [ınæk'tıvıtı] *n* αδράνεια, αργία.

inadequacy [ın'ædıkwəsı] *n* ανεπάρκεια, ατέλεια.

inadequate [ın'ædıkwıt] *a* ανεπαρκής, ατελής.

inadvertently [ınəd'vɜ:təntlı] *ad* απρόσεκτα, από αμέλεια.

inadvisable [ınəd'vaızəbl] *a* ασύμφορος.

inane [ı'neın] *a* κενός, ανόητος.

inanimate [ın'ænımıt] *a* άψυχος.

inappropriate [ınə'prəʊprııt] *a* ακατάλληλος, ανάρμοστος.

inapt [ın'æpt] *a* ανεπιτήδειος, αδέξιος || ~**itude** *n* ανικανότητα, αδεξιότητα.

inarticulate [ınɑ:'tıkjʊlıt] *a* άναρθρος, βουβός, ασύνδετος.

inasmuch [ınəz'mʌtʃ]: ~ **as** *ad* επειδή, εφόσον.

inattention [ınə'tɛnʃən] *n* απροσεξία, αφηρημάδα.

inattentive [ınə'tɛntıv] *a* απρόσεκτος, αμελής.

inaudible [ın'ɔ:dəbl] *a* ανεπαίσθητος, ασθενής.

inaugural [ı'nɔ:gjʊrəl] *a* εναρκτήριος.

inaugurate [ı'nɔ:gjʊreıt] *vt* εγκαινιάζω.

inauguration [ɪnɔːgjʊˈreɪʃən] *n* εγκαινιασμός, εγκαίνια *ntpl.*
inborn [ˈɪnˈbɔːn] *a* έμφυτος.
inbred [ˈɪnˈbrɛd] *a* έμφυτος, φυσικός.
Inc. *abbr see* **incorporated.**
incapability [ɪnkeɪpəˈbɪlɪtɪ] *n* ανικανότητα.
incapable [ɪnˈkeɪpəbl] *a* ανίκανος.
incapacitate [ɪnkəˈpæsɪteɪt] *vt* καθιστώ ανίκανο.
incarnate [ɪnˈkɑːnɪt] *a* ενσαρκωμένος.
incarnation [ɪnkɑːˈneɪʃən] *n* ενσάρκωση.
incendiary [ɪnˈsɛndɪərɪ] *a* εμπρηστικός ♦ *n* εμπρηστής.
incense [ˈɪnsɛns] *n* θυμίαμα *nt*, λιβάνι ♦ [ɪnˈsɛns] *vt* εξοργίζω, εξαγριώνω.
incentive [ɪnˈsɛntɪv] *n* κίνητρο, ελατήριο, τονωτικό.
incessant [ɪnˈsɛsnt] *a* αδιάκοπος || **~ly** *ad* αδιάκοπα.
incest [ˈɪnsɛst] *n* αιμομιξία.
inch [ɪntʃ] *n* ίντσα (*.0254* μ.).
incidence [ˈɪnsɪdəns] *n* πρόσπτωση, περίπτωση.
incident [ˈɪnsɪdənt] *n* επεισόδιο, περιπέτεια || **~al** *a* τυχαίος, συμπτωματικός || **~ally** *ad* παρεπιπτόντως.
incinerator [ɪnˈsɪnəreɪtə*] *n* αποτεφρωτήρας.
incision [ɪnˈsɪʒən] *n* εντομή, χαραματιά.
incisive [ɪnˈsaɪsɪv] *a* κοφτερός || *(cutting)* δηκτικός.
incite [ɪnˈsaɪt] *vt* υποκινώ, παροτρύνω.
inclination [ɪnklɪˈneɪʃən] *n* κλίση, τάση, διάθεση.
incline [ˈɪnklaɪn] *n* κλίση ♦ [ɪnˈklaɪn] *vi* κλίνω, γέρνω || *(be disposed)* ρέπω, τείνω.
include [ɪnˈkluːd] *vt* (συμ)περιλαμβάνω, περιέχω.
inclusion [ɪnˈkluːʒən] *n* συμπερίληψη.
inclusive [ɪnˈkluːsɪv] *a* συμπεριλαμβάνων, περιέχων.
incognito [ɪnˈkɒgnɪtəʊ] *ad* ινκόγνιτο.
incoherent [ɪnkəʊˈhɪərənt] *a* ασυνάρτητος.
income [ˈɪnkʌm] *n* εισόδημα *nt* || **~ tax** *n* φόρος εισοδήματος.
incoming [ˈɪnkʌmɪŋ] *a (tide)* ανερχόμενος, εισερχόμενος.
incompatible [ɪnkəmˈpætəbl] *a* ασυμβίβαστος.
incompetence [ɪnˈkɒmpɪtəns] *n* αναρμοδιότητα, ανικανότητα
incompetent [ɪnˈkɒmpɪtənt] *a* ανίκανος, αναρμόδιος.
incomplete [ɪnkəmˈpliːt] *a* ατελής.
incomprehensible [ɪnkɒmprɪˈhɛnsəbl] *a* ακατανόητος, ακατάληπτος.
inconclusive [ɪnkənˈkluːsɪv] *a* μη πειστικός.
incongruous [ɪnˈkɒŋgrʊəs] *a* ασύμφωνος, ανάρμοστος.
inconsequential [ɪnkɒnsɪˈkwɛnʃəl] *a* ανακόλουθος, ασήμαντος.
inconsiderate [ɪnkənˈsɪdərɪt] *a* απερίσκεπτος, αδιάκριτος.
inconsistent [ɪnkənˈsɪstənt] *a* ασυνεπής, αντιφατικός.
inconspicuous [ɪnkənˈspɪkjʊəs] *a* αφανής, απαρατήρητος.
inconstant [ɪnˈkɒnstənt] *a* ευμετάβολος, ασταθής.
incontinent [ɪnˈkɒntɪnənt] *a* ακρατής.
inconvenience [ɪnkənˈviːnɪəns] *n* δυσχέρεια, ενόχληση, μπελάς.
inconvenient [ɪnkənˈviːnɪənt] *a* στενόχωρος, ενοχλητικός, ακατάλληλος.

incorporate [ɪn'kɔːpəreɪt] *vt* ενσωματώνω, συγχωνεύω.
incorporated [ɪn'kɔːpəreɪtɪd] *a* ενσωματωμένος, συγχωνευμένος || ~ **company** *(US, abbr* **Inc.***)* ανώνυμος *(*εταιρεία*)*.
incorrect [ɪnkə'rɛkt] *a* εσφαλμένος, ανακριβής.
incorruptible [ɪnkə'rʌptəbl] *a* αδιάφθορος, ακέραιος, αδέκαστος.
increase ['ɪnkriːs] *n* αύξηση ♦ [ɪn'kriːs] *vt* αυξάνω, μεγαλώνω ♦ *vi* αυξάνομαι.
increasingly [ɪn'kriːsɪŋlɪ] *ad* διαρκώς περισσότερο.
incredible [ɪn'krɛdəbl] *a* απίστευτος.
incredulous [ɪn'krɛdjuləs] *a* δύσπιστος.
increment ['ɪnkrɪmənt] *n* αύξηση.
incriminate [ɪn'krɪmɪneɪt] *vt* ενοχοποιώ.
incubation [ɪnkju'beɪʃən] *n* επώαση, κλώσημα *nt*.
incubator ['ɪnkjubeɪtə*] *n* κλωσομηχανή.
incur [ɪn'kɜː*] *vt* υφίσταμαι, διατρέχω, προκαλώ.
incurable [ɪn'kjuərəbl] *a* ανίατος, αγιάτρευτος.
incursion [ɪn'kɜːʃən] *n* επιδρομή.
indebted [ɪn'dɛtɪd] *a* υποχρεωμένος, υπόχρεος.
indecent [ɪn'diːsnt] *a* απρεπής, άσεμνος.
indecision [ɪndɪ'sɪʒən] *n* αναποφασιστικότητα, αοριστία.
indecisive [ɪndɪ'saɪsɪv] *a* μή αποφασιστικός.
indeed [ɪn'diːd] *ad* πράγματι, πραγματικά, αληθινά.
indefinable [ɪndɪ'faɪnəbl] *a* απροσδιόριστος.
indefinite [ɪn'dɛfɪnɪt] *a* αόριστος || ~**ly** *ad* επ'αόριστον.
indelible [ɪn'dɛləbl] *a* ανεξίτηλος.
indemnify [ɪn'dɛmnɪfaɪ] *vt* αποζημιώνω, εξασφαλίζω.
indentation [ɪndɛn'teɪʃən] *n* *(typing)* οδόντωση, χάραγμα *nt*.
independence [ɪndɪ'pɛndəns] *n* ανεξαρτησία.
independent [ɪndɪ'pɛndənt] *a* ανεξάρτητος.
indescribable [ɪndɪs'kraɪbəbl] *a* απερίγραπτος.
index ['ɪndɛks] *n* ευρετήριο || ~ **finger** *n* δείκτης.
India ['ɪndɪə] *n* Ινδία || ~**n** *n* Ινδός/Ινδή *m/f* || *(of America)* ερυθρόδερμος ♦ *a* ινδικός, ινδιάνικος.
indicate ['ɪndɪkeɪt] *vt* δεικνύω, εμφαίνω, έδηλω.
indication [ɪndɪ'keɪʃən] *n* ενδειξη, σημείο.
indicative [ɪn'dɪkətɪv] *a (GRAM)* οριστική *(*έγκλιση*)*.
indicator ['ɪndɪkeɪtə*] *n (sign)* δείκτης.
indict [ɪn'daɪt] *vt* μηνύω, ενάγω, καταγγέλλω || ~**able** *a* ενακτέος || ~**ment** *n* μήνυση, κατηγορία.
indifference [ɪn'dɪfrəns] *n* αδιαφορία.
indifferent [ɪn'dɪfrənt] *a (not caring)* αδιάφορος || *(unimportant)* αδιάφορος || *(neither good nor bad)* συνηθισμένος, έτσι κι έτσι || *(moderate)* μέτριος, ουδέτερος || *(impartial)* αμερόληπτος.
indigenous [ɪn'dɪdʒɪnəs] *a* γηγενής, ιθαγενής, ντόπιος.
indigestible [ɪndɪ'dʒɛstəbl] *a* δυσκολοχώνευτος.
indigestion [ɪndɪ'dʒɛstʃən] *n* δυσπεψία.
indignant [ɪn'dɪgnənt] *a* αγανακτισμένος.
indignation [ɪndɪg'neɪʃən] *n* αγανάκτηση.

indignity [ɪn'dɪgnɪtɪ] *n* προσβολή, ταπείνωση.
indirect [ɪndɪ'rɛkt] *a* πλάγιος, έμμεσος || ~**ly** *ad* έμμεσα.
indiscreet [ɪndɪs'kriːt] *a* αδιάκριτος, απρόσεκτος.
indiscretion [ɪndɪs'krɛʃən] *n* αδιακρισία, ακριτομύθια.
indiscriminate [ɪndɪs'krɪmɪnɪt] *a* χωρίς διακρίσεις, τυφλός.
indispensable [ɪndɪs'pɛnsəbl] *a* απαραίτητος.
indisposed [ɪndɪs'pəuzd] *a* αδιάθετος, απρόθυμος.
indisputable [ɪndɪs'pjuːtəbl] *a* αναμφισβήτητος, αναμφίβολος.
indistinct [ɪndɪs'tɪŋkt] *a* αδιόρατος, συγκεχυμένος, αμυδρός.
individual [ɪndɪ'vɪdjuəl] *n* άτομο, πρόσωπο ♦ *a* ιδιαίτερος, ατομικός || ~**ist** *n* ατομικιστής || ~**ity** *n* ατομικότητα, προσωπικότητα.
indoctrinate [ɪn'dɒktrɪneɪt] *vt* διδάσκω, κατηχώ, εμποτίζω.
indoctrination [ɪndɒktrɪ'neɪʃən] *n* εμποτισμός, διδασκαλία.
indolent ['ɪndələnt] *a* νωθρός, τεμπέλης.
Indonesia [ɪndəu'niːzɪə] *n* Ινδουησία || ~**n** *n* Ινδουήσιος, ο ♦ *a* ινδουησιακός.
indoor ['ɪndɔː*] *a* του σπιτιού, εσωτερικός || ~**s** *ad* μέσα στο κτίριο.
indubitable [ɪn'djuːbɪtəbl] *a* αναμφίβολος, βέβαιος.
induce [ɪn'djuːs] *vt* πείθω, προτρέπω, προκαλώ || ~**ment** *n* προτροπή, κίνητρο.
indulge [ɪn'dʌldʒ] *vt* ικανοποιώ || *(allow pleasure)* εντρυφώ, παραδίδομαι || ~**nce** *n* επιείκια, διασκέδαση, εντρύφηση || ~**nt** *a* επιεικής, συγκαταβατικός.
industrial [ɪn'dʌstrɪəl] *a* βιομηχανικός || ~**ist** *n* βιομήχανος || ~**ize** *vt* εκβιομηχανίζω.
industrious [ɪn'dʌstrɪəs] *a* φιλόπονος, επιμελής.
industry ['ɪndəstrɪ] *n* βιομηχανία || *(diligence)* φιλοπονία.
inebriated [ɪ'niːbrɪeɪtɪd] *a* μεθυσμένος.
inedible [ɪn'ɛdɪbl] *a* μη φαγώσιμος.
ineffective [ɪnɪ'fɛktɪv] *a*,
ineffectual [ɪnɪ'fɛktjuəl] *a* ατελέσφορος, μάταιος.
inefficiency [ɪnɪ'fɪʃənsɪ] *n* ανικανότητα, ανεπάρκεια.
inefficient [ɪnɪ'fɪʃənt] *a* ανίκανος, ατελέσφορος.
inelegant [ɪn'ɛlɪgənt] *a* άκομψος, άγαρμπος.
ineligible [ɪn'ɛlɪdʒəbl] *a* μη εκλέξιμος, ακατάλληλος.
inept [ɪ'nɛpt] *a* άτοπος, ανόητος.
inequality [ɪnɪ'kwɒlɪtɪ] *n* ανισότητα.
ineradicable [ɪnɪ'rædɪkəbl] *a* αξερρίζωτος.
inert [ɪ'nɜːt] *a* αδρανής.
inertia [ɪ'nɜːʃə] *n* αδράνεια.
inescapable [ɪnɪs'keɪpəbl] *a* αναπόφευκτος.
inessential ['ɪnɪ'sɛnʃəl] *a* μη απαραίτητος.
inestimable [ɪn'ɛstɪməbl] *a* ανεκτίμητος.
inevitable [ɪn'ɛvɪtəbl] *a* αναπόφευκτος.
inexact [ɪnɪg'zækt] *a* ανακριβής.
inexhaustible [ɪnɪg'zɔːstəbl] *a* ανεξάντλητος.
inexorable [ɪn'ɛksərəbl] *a* αδυσώπητος, αμείλικτος.
inexpensive [ɪnɪks'pɛnsɪv] *a* φθηνός, ανέξοδος.
inexperience [ɪnɪks'pɪərɪəns] *n* απειρία || ~**d** *a* άπειρος.
inexplicable [ɪnɪks'plɪkəbl] *a* ανεξήγητος.

inextricable [ɪnɪks'trɪkəbl] *a* αδιέξοδος, άλυτος.
infallibility [ɪnfælə'bɪlɪtɪ] *n* (το) αλάνθαστο.
infallible [ɪn'fæləbl] *a* αλάνθαστος, σίγουρος.
infamous ['ɪnfəməs] *a* κακόφημος.
infamy ['ɪnfəmɪ] *n* ατιμία, κακοήθεια.
infancy ['ɪnfənsɪ] *n* νηπιακή ηλικία || *(early stages)* απαρχές *fpl*, πρώτη περίοδος.
infant ['ɪnfənt] *n* νήπιο, βρέφος *nt* || **~ile** *a* παιδικός, παιδιάστικος || **~ school** *n* κατώτερο δημοτικό σχολείο.
infantry ['ɪnfəntrɪ] *n* πεζικό || **~man** *n* στρατιώτης, φαντάρος.
infatuated [ɪn'fætjʊeɪtɪd] *a* ξεμυαλισμένος, συνεπαρμένος.
infatuation [ɪnfætjʊ'eɪʃən] *n* ξεμυάλισμα *nt*, τρέλα.
infect [ɪn'fɛkt] *vt* μολύνω, μιαίνω, βρωμίζω || *(influence)* επηρεάζω || **~ion** *n* μόλυνση, επίδραση || **~ious** *a* μολυσματικός, μεταδοτικός.
infer [ɪn'fɜː*] *vt* συνάγω, συμπεραίνω, υπονοώ || **~ence** ['ɪnfərəns] *n* συμπέρασμα *nt*, πόρισμα *nt*.
inferior [ɪn'fɪərɪə*] *a* κατώτερος, υποδεέστερος ♦ *n* κατώτερος, υφιστάμενος || **~ity** *n* κατωτερότητα, μειονεκτικότητα || **~ity complex** *n* (σύμ)πλεγμα *nt* κατωτερότητας.
infernal [ɪn'fɜːnl] *a* καταχθόνιος, διαβολικός, απαίσιος.
inferno [ɪn'fɜːnəʊ] *n* κόλαση.
infertile [ɪn'fɜːtaɪl] *a* άγονος, άκαρπος.
infertility [ɪnfɜː'tɪlɪtɪ] *n* (το) άγονο, στειρότητα.
infest [ɪn'fɛst] *vt* λυμαίνομαι, κατακλύζω.
infidelity [ɪnfɪ'dɛlɪtɪ] *n* απιστία.
infiltrate ['ɪnfɪltreɪt] *vti* (δι)εισδύω, εισχωρώ.
infinite ['ɪnfɪnɪt] *a* άπειρος, απέραντος.
infinitive [ɪn'fɪnɪtɪv] *n* απαρέμφατο.
infinity [ɪn'fɪnɪtɪ] *n* άπειρο, απεραντοσύνη.
infirmary [ɪn'fɜːmərɪ] *n* νοσοκομείο, θεραπευτήριο.
infirmity [ɪn'fɜːmɪtɪ] *n* αδυναμία, αναπηρία.
inflame [ɪn'fleɪm] *vt (excite)* εξάπτω, ερεθίζω.
inflammable [ɪn'flæməbl] *a* εύφλεκτος.
inflammation [ɪnflə'meɪʃən] *n* φλόγωση, ερεθισμός.
inflate [ɪn'fleɪt] *vt* φουσκώνω || *(ECON)* προκαλώ πληθωρισμό.
inflation [ɪn'fleɪʃən] *n* πληθωρισμός.
inflexible [ɪn'flɛksəbl] *a* άκαμπτος, αλύγιστος.
inflict [ɪn'flɪkt] *vt* καταφέρω, δίνω, επιβάλλω || **~ion** *n* επιβολή, βάρος *nt*, τιμωρία.
inflow ['ɪnfləʊ] *n* εισροή.
influence ['ɪnfluəns] *n* επίδραση, επιρροή ♦ *vt* επηρεάζω, επιδρώ.
influential [ɪnflu'ɛnʃəl] *a* σημαίνων, με επιρροή.
influenza [ɪnflu'ɛnzə] *n* γρίππη.
influx ['ɪnflʌks] *n* εισροή, διείσδυση.
inform [ɪn'fɔːm] *vt* πληροφορώ, ειδοποιώ.
informal [ɪn'fɔːməl] *a* ανεπίσημος, παράτυπος || **~ity** *n* ανεπισημότητα.
information [ɪnfə'meɪʃən] *n* πληροφορίες *fpl*, είδηση.
informative [ɪn'fɔːmətɪv] *a* κατατοπιστικός, πληροφοριακός.
informer [ɪn'fɔːmə*] *n* καταδότης, χαφιές *m inv*.
infra-red [ɪnfrə'rɛd] *a* υπέρυθρος.

infrequent [ɪn'friːkwənt] *a* σπάνιος.
infringe [ɪn'frɪndʒ] *vt* παραβαίνω, παραβιάζω ♦ *vi* καταπατώ || **~ment** *n* παράβαση.
infuriating [ɪn'fjʊərɪeɪtɪŋ] *a* εξοργιστικός.
ingenious [ɪn'dʒiːnɪəs] *a* οξύνους, πολυμήχανος.
ingenuity [ɪndʒɪ'njuːɪtɪ] *n* ευφυΐα, οξύνοια.
ingot ['ɪŋgət] *n* ράβδος *f*, χελώνα.
ingratiate [ɪn'greɪʃɪeɪt] *vt* αποκτώ εύνοια.
ingratitude [ɪn'grætɪtjuːd] *n* αγνωμοσύνη.
ingredient [ɪn'griːdɪənt] *n* συστατικό.
inhabit [ɪn'hæbɪt] *vt* κατοικώ, μένω || **~ant** *n* κάτοικος *m/f*.
inhale [ɪn'heɪl] *vt* εισπνέω, ρουφώ.
inherent [ɪn'hɪərənt] *a (+ in)* συμφυής, έμφυτος.
inherit [ɪn'herɪt] *vt* κληρονομώ || **~ance** *n* κληρονομία.
inhibit [ɪn'hɪbɪt] *vt* εμποδίζω, αναχαιτίζω, απαγορεύω || **~ion** *n* απαγόρευση, αναχαίτιση.
inhospitable [ɪnhɒs'pɪtəbl] *a* αφιλόξενος.
inhuman [ɪn'hjuːmən] *a* απάνθρωπος.
inimitable [ɪ'nɪmɪtəbl] *a* αμίμητος.
iniquity [ɪ'nɪkwɪtɪ] *n* αδικία, κακοήθεια.
initial [ɪ'nɪʃəl] *a* αρχικός, πρώτος ♦ *n* αρχικό ♦ *vt* μονογράφω || **~ly** *ad* αρχικά, κατ' αρχήν.
initiate [ɪ'nɪʃɪeɪt] *vt* αρχίζω, εισάγω || *(in a society)* μυώ.
initiation [ɪnɪʃɪ'eɪʃən] *n* μύηση.
initiative [ɪ'nɪʃətɪv] *n* πρωτοβουλία.
inject [ɪn'dʒekt] *vt* εγχέω, εισάγω, κάνω ένεση || **~ion** *n* έγχυση, ένεση.
injure ['ɪndʒə*] *vt* βλάπτω, ζημιώνω, πληγώνω.
injury ['ɪndʒərɪ] *n* βλάβη, τραύμα *nt*, ζημιά.
injustice [ɪn'dʒʌstɪs] *n* αδικία.
ink [ɪŋk] *n* μελάνι.
inkling ['ɪŋklɪŋ] *n* υποψία, υπόνοια.
inlaid ['ɪn'leɪd] *a* εμπαιστός.
inland ['ɪnlænd] *a* εσωτερικός, μεσόγειος ♦ *ad* στο εσωτερικό, στα ενδότερα || **~ revenue** *n (Brit)* Τμήμα Εσωτερικών Προσόδων.
in-laws ['ɪnlɔːz] *npl* πεθερικά *ntpl*.
inlet ['ɪnlet] *n* ορμίσκος, είσοδος *f*.
inmate ['ɪnmeɪt] *n* ένοικος/η *m/f*.
inn [ɪn] *n* πανδοχείο, ξενοδοχείο.
innate [ɪ'neɪt] *a* έμφυτος.
inner ['ɪnə*] *a* εσωτερικός.
innocence ['ɪnəsns] *n* αθωότητα, αφέλεια.
innocent ['ɪnəsnt] *a* αθώος, αγνός, αφελής.
innocuous [ɪ'nɒkjʊəs] *a* αβλαβής.
innovation [ɪnəʊ'veɪʃən] *n* καινοτομία, νεωτερισμός.
innuendo [ɪnju'endəʊ] *n* υπαινιγμός.
innumerable [ɪ'njuːmərəbl] *a* αναρίθμητος.
inoculation [ɪnɒkju'leɪʃən] *n* μπόλιασμα *nt*.
inopportune [ɪn'ɒpətjuːn] *a* άκαιρος, άτοπος.
inordinately [ɪ'nɔːdɪnɪtlɪ] *ad* υπερβολικά.
inorganic [ɪnɔː'gænɪk] *a* ανόργανος.
in-patient ['ɪnpeɪʃənt] *n* εσωτερικός (ασθενής).
input ['ɪnput] *n* εισαγωγή ♦ *vt* εισάγω, τροφοδοτώ.
inquest ['ɪnkwest] *n* ανάκριση, έρευνα.
inquire [ɪn'kwaɪə*] *vi* ρωτώ, ζητώ ♦ *vt (price)* ρωτώ την τιμή || **to ~ into** *vt* ερευνώ, εξετάζω.

inquiring [ɪn'kwaɪərɪŋ] *a (mind)* ερευνητικός.

inquiry [ɪn'kwaɪərɪ] *n* ερώτηση || *(search)* έρευνα, ανάκριση || ~ **office** *n* υπηρεσία πληροφοριών.

inquisitive [ɪn'kwɪzɪtɪv] *a* περίεργος, αδιάκριτος.

inroad ['ɪnrəʊd] *n* εισβολή, επιδρομή.

insane [ɪn'seɪn] *a* παράφρονας, τρελός.

insanitary [ɪn'sænɪtərɪ] *a* ανθυγιεινός.

insanity [ɪn'sænɪtɪ] *n* παραφροσύνη, τρέλα.

insatiable [ɪn'seɪʃəbl] *a* ακόρεστος, άπληστος.

inscription [ɪn'skrɪpʃən] *n* επιγραφή, αφιέρωση.

inscrutable [ɪn'skruːtəbl] *a* ανεξιχνίαστος, μυστηριώδης.

insect ['ɪnsɛkt] *n* έντομο, ζουζούνι || ~**icide** *n* εντομοκτόνο.

insecure [ɪnsɪ'kjʊə*] *a* επισφαλής.

insecurity [ɪnsɪ'kjʊərɪtɪ] *n* ανασφάλεια, (το) επισφαλές *nt*.

insensible [ɪn'sɛnsəbl] *a* ανεπαίσθητος, αναίσθητος.

insensitive [ɪn'sɛnsɪtɪv] *a* αναίσθητος, χωρίς ντροπή.

inseparable [ɪn'sɛpərəbl] *a* αχώριστος, αναπόσπαστος.

insert [ɪn'sɜːt] *vt* παρεμβάλλω, καταχωρώ, εισάγω ♦ ['ɪnsɜːt] *n* παρεμβολή, ένθεμα *nt* || ~**ion** *n* παρεμβολή, καταχώρηση, βάλσιμο.

inshore ['ɪn'ʃɔː*] *a, ad* κοντά στην ακτή.

inside ['ɪn'saɪd] *n* (το) μέσα, εσωτερικό (μέρος) ♦ *a* εσωτερικός ♦ *ad* εσωτερικά, μέσα ♦ *prep* εντός, μέσα || ~**-forward** *n (SPORT)* μέσος κυνηγός || ~ **out** *ad* ανάποδα, το μέσα έξω || ~**r** *n* μεμυημένος, γνώστης.

insidious [ɪn'sɪdɪəs] *a* ύπουλος, δόλιος.

insight ['ɪnsaɪt] *n* διορατικότητα, οξύνοια.

insignificant [ɪnsɪg'nɪfɪkənt] *a* ασήμαντος, τιποτένιος.

insincere [ɪnsɪn'sɪə*] *a* ανειλικρινής.

insinuate [ɪn'sɪnjʊeɪt] *vt* αφήνω να εννοηθεί, υπαινίσσομαι.

insinuation [ɪnsɪnjʊ'eɪʃən] *n* υπαινιγμός.

insipid [ɪn'sɪpɪd] *a* ανούσιος, σαχλός.

insist [ɪn'sɪst] *vi (+ on)* επιμένω, εμμένω || ~**ence** *n* επιμονή || ~**ent** *a* επίμονος.

insolence ['ɪnsələns] *n* αναίδεια, θρασύτητα.

insolent ['ɪnsələnt] *a* αναιδής, θρασύς.

insoluble [ɪn'sɒljʊbl] *a* άλυτος, αδιάλυτος.

insolvent [ɪn'sɒlvənt] *a* αφερέγγυος, αναξιόχρεος.

insomnia [ɪn'sɒmnɪə] *n* αϋπνία.

inspect [ɪn'spɛkt] *vt* επιθεωρώ, επιτηρώ, επιβλέπω || ~**ion** *n* επιθεώρηση, επιτήρηση || ~**or** *n* επιθεωρητής/ήτρια *m/f* || *(RAIL)* επιστάτης/άτρια *m/f*, επόπτης/όπτρια *m/f*.

inspiration [ɪnspə'reɪʃən] *n* έμπνευση.

inspire [ɪn'spaɪə*] *vt* εμπνέω.

inspiring [ɪn'spaɪərɪŋ] *a* εμπνέων.

instability [ɪnstə'bɪlɪtɪ] *n* αστάθεια.

install [ɪn'stɔːl] *vt* εγκαθιστώ, μοντάρω || *(in office)* εγκαθιστώ || ~**ation** *n* εγκατάσταση, τοποθέτηση.

instalment, installment *(US)* [ɪn'stɔːlmənt] *n* δόση, παρτίδα.

instance ['ɪnstəns] *n* περίπτωση, παράδειγμα *nt* || **for** ~ παραδείγματος χάρη.

instant [ˈɪnstənt] *n* στιγμή ♦ *a* άμεσος, επείγων || ~ **coffee** *n* στιγμιαίος καφές || ~**ly** *ad* αμέσως, στη στιγμή.

instead [ɪnˈstɛd] *ad* αντί γι' αυτό || ~ **of** αντί.

instigation [ɪnstɪˈgeɪʃən] *n* παρακίνηση, υποκίνηση.

instil [ɪnˈstɪl] *vt* εμποτίζω, βάζω.

instinct [ˈɪnstɪŋkt] *n* ένστικτο, ορμέμφυτο || ~**ive** *a* ενστικτώδης || ~**ively** *ad* ενστικτωδώς.

institute [ˈɪnstɪtjuːt] *n* ίδρυμα *nt*, ινστιτούτο ♦ *vt* θεσπίζω, ιδρύω, εγκαθιστώ.

institution [ɪnstɪˈtjuːʃən] *n (custom)* θεσμός, θέσμιο || *(organization)* ίδρυμα *nt*, οργάνωση || *(beginning)* ίδρυση, σύσταση.

instruct [ɪnˈstrʌkt] *vt (order)* παραγγέλλω, διατάσσω || *(teach)* διδάσκω, μαθαίνω || ~**ion** *n* διδασκαλία || *(direction)* οδηγία || ~**ions** *npl* εντολές *fpl*, οδηγίες *fpl* || ~**ive** *a* διδακτικός, ενημερωτικός || ~**or** *n* δάσκαλος/άλα *m/f*, εκπαιδευτής/εύτρια *m/f* || *(US)* επιμελητής/ήτρια *m/f*.

instrument [ˈɪnstrʊmənt] *n (implement)* εργαλείο, όργανο || *(MUS)* όργανο || ~**al** *a* ενόργανος || *(helpful)* συντελεστικός, συμβάλλων || ~**alist** *n* οργανοπαίκτης || ~ **panel** *n* ταμπλώ *nt inv*.

insubordinate [ɪnsəˈbɔːdənɪt] *a* ανυπότακτος, ανυπάκουος.

insubordination [ˈɪnsəbɔːdɪˈneɪʃən] *n* ανυπακοή, ανυποταξία.

insufferable [ɪnˈsʌfərəbl] *a* ανυπόφορος, αφόρητος.

insufficient [ɪnsəˈfɪʃənt] *a* ανεπαρκής, λειψός || ~**ly** *ad* ανεπαρκώς.

insular [ˈɪnsjələ*] *a (narrow-minded)* με στενές αντιλήψεις.

insulate [ˈɪnsjʊleɪt] *vt* μονώνω || *(set apart)* απομονώνω.

insulating [ˈɪnsjʊleɪtɪŋ]: ~ **tape** *n* μονωτική ταινία.

insulation [ɪnsjʊˈleɪʃən] *n (ELEC)* μόνωση.

insulin [ˈɪnsjʊlɪn] *n (for diabetic)* ινσουλίνη.

insult [ˈɪnsʌlt] *n* προσβολή, βρισιά ♦ [ɪnˈsʌlt] *vt* βρίζω, προσβάλλω || ~**ing** *a* προσβλητικός.

insuperable [ɪnˈsuːpərəbl] *a* ανυπέρβλητος.

insurance [ɪnˈʃʊərəns] *n* ασφάλεια || ~ **agent** *n* πράκτορας ασφαλειών || ~ **policy** *n* ασφαλιστήριο.

insure [ɪnˈʃʊə*] *vt* (εξ)ασφαλίζω.

insurrection [ɪnsəˈrɛkʃən] *n* επανάσταση, εξέγερση.

intact [ɪnˈtækt] *a* άθικτος, απείραχτος.

intake [ˈɪnteɪk] *n (MECH)* εισαγωγή.

intangible [ɪnˈtændʒəbl] *a* ακαθόριστος.

integral [ˈɪntɪgrəl] *a (essential)* αναπόσπαστος || *(complete)* ολοκληρωτικός.

integrate [ˈɪntɪgreɪt] *vti* ολοκληρώνω.

integration [ɪntɪˈgreɪʃən] *n* ολοκλήρωση.

integrity [ɪnˈtɛgrɪtɪ] *n* ακεραιότητα, εντιμότητα.

intellect [ˈɪntɪlɛkt] *n* διάνοια, νόηση, μυαλό || ~**ual** *a* διανοητικός, πνευματικός ♦ *n* διανοούμενος.

intelligence [ɪnˈtɛlɪdʒəns] *n* νοημοσύνη || *(information)* πληροφορία.

intelligent [ɪnˈtɛlɪdʒənt] *a* ευφυής, νοήμων, μυαλωμένος || ~**ly** *ad* ευφυώς, έξυπνα.

intelligible [ɪnˈtɛlɪdʒəbl] *a* (κατα)νοητός, καταληπτός.

intemperate [ɪn'tɛmpərɪt] *a* ακρατής, μέθυσος.
intend [ɪn'tɛnd] *vt (mean)* προτίθεμαι || **to ~ to do sth** σκοπεύω να κάνω κάτι.
intense [ɪn'tɛns] *a* έντονος, ισχυρός || **~ly** *ad* υπερβολικά, έντονα.
intensify [ɪn'tɛnsɪfaɪ] *vt* εντείνω, επιτείνω.
intensity [ɪn'tɛnsɪtɪ] *n* ένταση, σφοδρότητα, ορμή.
intensive [ɪn'tɛnsɪv] *a* εντατικός.
intent [ɪn'tɛnt] *n* πρόθεση || **to all ~s and purposes** ουσιαστικά, πραγματικά.
intention [ɪn'tɛnʃən] *n* πρόθεση || *(plan)* σκοπός || **~al** *a* σκόπιμος, εσκεμμένος || **~ally** *ad* εσκεμμένα, σκόπιμα.
intently [ɪn'tɛntlɪ] *ad* προσεκτικά, έντονα.
inter [ɪn'tɜː*] *vt* ενταφιάζω, θάβω.
inter- ['ɪntə*] *prefix* διά-, μεσ(ο)-, μεταξύ.
interact [ɪntər'ækt] *vi* αλληλεπιδρώ || **~ion** *n* αλληλεπίδραση.
intercede [ɪntə'siːd] *vi* επεμβαίνω, μεσολαβώ, μεσιτεύω.
intercept [ɪntə'sɛpt] *vt* ανακόπτω, συλλαμβάνω, πιάνω || **~ion** *n* σύλληψη, υποκλοπή.
interchange ['ɪntə'tʃeɪndʒ] *n (exchange)* ανταλλαγή || *(roads)* μεταλλαγή ♦ [ɪntə'tʃeɪndʒ] *vt* ανταλλάσσω || **~able** *a* ανταλλάξιμος, εναλλάξιμος.
intercom ['ɪntəkɒm] *n* σύστημα εσωτερικής επικοινωνίας.
interconnect [ɪntəkə'nɛkt] *vi* αλληλοσυνδέω.
intercontinental [ɪntəkɒntɪ'nɛntl] *a* διηπειρωτικός.
intercourse ['ɪntəkɔːs] *n* συναλλαγή, σχέσεις *fpl* || *(sexual)* συνουσία.
interest ['ɪntrɪst] *n (curiosity)* ενδιαφέρον *nt* || *(advantage)* συμφέρον *nt* || *(money paid)* τόκος || *(COMM: stake)* συμφέροντα *ntpl*, συμμετοχή ♦ *vt* ενδιαφέρω, προσελκύω || **~ed** *a* ενδιαφερόμενος || *(attentive)* με ενδιαφέρον || **to be ~ed in** ενδιαφέρομαι για || **~ing** *a* ενδιαφέρων.
interface ['ɪntəfeɪs] *n (COMPUT)* θύρα, υποδοχή.
interfere [ɪntə'fɪə*] *vi* επεμβαίνω || *(+ with)* συγκρούομαι με, ανακατεύομαι || **~nce** *n (general)* επέμβαση, ανάμιξη || *(TV)* παράσιτα *ntpl*.
interim ['ɪntərɪm] *a* προσωρινός ♦ *n*: **in the ~** στο μεταξύ.
interior [ɪn'tɪərɪə*] *n* εσωτερικό || *(inland)* ενδοχώρα ♦ *a* εσωτερικός.
interjection [ɪntə'dʒɛkʃən] *n (GRAM)* επιφώνημα *nt*.
interlock [ɪntə'lɒk] *vi* συνδέομαι ♦ *vt* συνδέω, συμπλέκω.
interloper ['ɪntələʊpə*] *n* παρείσακτος.
interlude ['ɪntəluːd] *n* διάλειμμα *nt* || *(THEAT)* ιντερμέτζο.
intermarry ['ɪntə'mærɪ] *vi* επιμιγνύομαι.
intermediary [ɪntə'miːdɪərɪ] *n* μεσάζων/άζουσα *m/f*, μεσίτης/ίτρια *m/f*.
intermediate [ɪntə'miːdɪət] *a* μεσολαβών, ενδιάμεσος.
intermission [ɪntə'mɪʃən] *n* διάλειμμα *nt*, διακοπή.
intermittent [ɪntə'mɪtənt] *a* διαλείπων || **~ly** *ad* διακεκομμένα.
intern [ɪn'tɜːn] *vt* περιορίζω ♦ ['ɪntɜːn] *n (US)* εσωτερικός γιατρός *m/f*.
internal [ɪn'tɜːnl] *a* εσωτερικός || **~ly** *ad (MED)* εσωτερικά || ~

revenue *n (US)* Τμήμα Εσωτερικών Προσόδων.
international [ɪntəˈnæʃnəl] *a* διεθνής ♦ *n (SPORT)* διεθνής (παίκτης).
internment [ɪnˈtɜːnmənt] *n* εγκάθειρξη, περιορισμός.
interplay [ˈɪntəpleɪ] *n* αλληλεπίδραση.
interpret [ɪnˈtɜːprɪt] *vt* εξηγώ || *(translate)* μεταφράζω || *(THEAT)* ερμηνεύω || **~ation** *n* ερμηνεία, εξήγηση || **~er** *n* διερμηνέας *m/f.*
interrelated [ɪntərɪˈleɪtɪd] *a* αλληλένδετος.
interrogate [ɪnˈterəgeɪt] *vt* ερωτώ, ανακρίνω.
interrogation [ɪnterəˈgeɪʃən] *n* ανάκριση, εξέταση.
interrogative [ɪntəˈrɒgətɪv] *a* ερωτηματικός.
interrogator [ɪnˈterəgeɪtə*] *n* ανακριτής.
interrupt [ɪntəˈrʌpt] *vt* διακόπτω, εμποδίζω || **~ion** *n* διακοπή.
intersect [ɪntəˈsekt] *vt* τέμνω, διακόπτω, κόβω ♦ *vi (roads)* διασταυρώνομαι || **~ion** *n (roads)* διασταύρωση, σταυροδρόμι.
intersperse [ɪntəˈspɜːs] *vt* διασπείρω, αναμιγνύω.
interval [ˈɪntəvəl] *n* διάλειμμα *nt*, διάστημα *nt* || *(MUS)* διάστημα *nt* || **at ~s** κατά διαστήματα.
intervene [ɪntəˈviːn] *vi* μεσολαβώ, παρεμβαίνω, επεμβαίνω.
intervention [ɪntəˈvenʃən] *n* μεσολάβηση, παρέμβαση.
interview [ˈɪntəvjuː] *n (PRESS etc)* συνέντευξη || *(for job)* συνάντηση, ραντεβού *nt inv* ♦ *vt* παίρνω συνέντευξη || **~er** *n* εκείνος που παίρνει συνέντευξη.
intestate [ɪnˈtestɪt] *a* χωρίς διαθήκη.
intestine [ɪnˈtestɪn] *n* έντερο.
intimacy [ˈɪntɪməsɪ] *n* οικειότητα || *(sexual)* συνουσία.
intimate [ˈɪntɪmɪt] *a* ενδόμυχος, ιδιαίτερος || *(familiar)* οικείος, στενός ♦ [ˈɪntɪmeɪt] *vt* υποδηλώ, εκδηλώνω, υπαινίσσομαι || **~ly** *ad* στενά, κατά βάθος.
intimidate [ɪnˈtɪmɪdeɪt] *vt* (εκ)φοβίζω, φοβερίζω.
intimidation [ɪntɪmɪˈdeɪʃən] *n* εκφοβισμός.
into [ˈɪntʊ] *prep (movement)* σε, εντός, μέσα || *(change)* σε.
intolerable [ɪnˈtɒlərəbl] *a* ανυπόφορος, αφόρητος.
intolerance [ɪnˈtɒlərəns] *n* μισαλλοδοξία.
intolerant [ɪnˈtɒlərənt] *a* μισαλλόδοξος, αδιάλλακτος.
intonation [ɪntəʊˈneɪʃən] *n* διακύμανση της φωνής.
intoxicate [ɪnˈtɒksɪkeɪt] *vt* μεθώ, ζαλίζω || **~d** *a* μεθυσμένος.
intoxication [ɪntɒksɪˈkeɪʃən] *n* μεθύσι, παραζάλη.
intractable [ɪnˈtræktəbl] *a* ανυπάκουος, ατίθασος.
intransigent [ɪnˈtrænsɪdʒənt] *a* αδιάλλακτος.
intransitive [ɪnˈtrænsɪtɪv] *a* αμετάβατος.
intravenous [ɪntrəˈviːnəs] *a* ενδοφλέβιος.
intrepid [ɪnˈtrepɪd] *a* ατρόμητος, άφοβος.
intricacy [ˈɪntrɪkəsɪ] *n* περιπλοκή, (το) περίπλοκο.
intricate [ˈɪntrɪkɪt] *a* περίπλοκος || *(of thoughts)* συγκεχυμένος.
intrigue [ɪnˈtriːg] *n* μηχανορραφία ♦ *vt (make curious)* διεγείρω την περιέργεια.
intriguing [ɪnˈtriːgɪŋ] *a (fascinating)* περίεργος, μυστηριώδης.
intrinsic [ɪnˈtrɪnsɪk] *a* ουσιαστικός, πραγματικός.

introduce [ɪntrəˈdjuːs] *vt (person)* συνιστώ, συστήνω || *(sth new)* παρουσιάζω, μπάζω || *(subject)* εισάγω.
introduction [ɪntrəˈdʌkʃən] *n* παρουσίαση, σύσταση || *(book)* εισαγωγή, πρόλογος.
introductory [ɪntrəˈdʌktərɪ] *a* εισαγωγικός.
introspective [ɪntrəʊˈspɛktɪv] *a* ενδοσκοπικός.
introvert [ˈɪntrəʊvɜːt] *a, n* ενδόστροφος.
intrude [ɪnˈtruːd] *vi (+ on)* επιβάλλω, επεμβαίνω || **~r** *n* παρείσακτος.
intrusion [ɪnˈtruːʒən] *n* επέμβαση, διείσδυση.
intuition [ɪntjuːˈɪʃən] *n* διαίσθηση, ενόραση.
intuitive [ɪnˈtjuːɪtɪv] *a* διαισθητικός, ενστικτώδης.
inundate [ˈɪnʌndeɪt] *vt (fig)* κατακλύζω, πλημμυρίζω.
invade [ɪnˈveɪd] *vt* εισβάλλω, καταπατώ || **~r** *n* επιδρομέας, εισβολέας.
invalid [ˈɪnvəlɪd] *n* ασθενής *m/f*, ανάπηρος/η *m/f* ♦ [ɪnˈvælɪd] *a (not valid)* άκυρος || **~ate** *vt* ακυρώνω, αναιρώ.
invaluable [ɪnˈvæljʊəbl] *a* ανεκτίμητος.
invariable [ɪnˈvɛərɪəbl] *a* αμετάβλητος.
invasion [ɪnˈveɪʒən] *n* εισβολή, επιδρομή.
invective [ɪnˈvɛktɪv] *n* βρισιά, λοιδωρία.
invent [ɪnˈvɛnt] *vt* εφευρίσκω || *(make up)* πλάθω || **~ion** *n* εφεύρεση || **~ive** *a* εφευρετικός, δημιουργικός || **~or** *n* εφευρέτης.
inventory [ˈɪnvəntrɪ] *n* απογραφή, κατάλογος.
inverse [ˈɪnˈvɜːs] *n* αντίστροφος, ανάστροφος.
invert [ɪnˈvɜːt] *vt* αντιστρέφω || **~ed commas** *npl* εισαγωγικά *ntpl*.
invertebrate [ɪnˈvɜːtɪbrɪt] *n* ασπόνδυλο.
invest [ɪnˈvɛst] *vt (ECON)* επενδύω || *(control)* παρέχω, αναθέτω.
investigate [ɪnˈvɛstɪgeɪt] *vt* ερευνώ, εξετάζω.
investigation [ɪnvɛstɪˈgeɪʃən] *n* έρευνα, εξέταση.
investigator [ɪnˈvɛstɪgeɪtə*] *n* ερευνητής/ήτρια *m/f*, αναζητητής/ήτρια *m/f*.
investiture [ɪnˈvɛstɪtʃə*] *n* τελετή απονομής αξιώματος.
investment [ɪnˈvɛstmənt] *n* επένδυση.
investor [ɪnˈvɛstə*] *n* κεφαλαιούχος *m/f*, επενδύτης *m/f*.
inveterate [ɪnˈvɛtərɪt] *a (habitual)* φανατικός, αδιόρθωτος.
invigorating [ɪnˈvɪgəreɪtɪŋ] *a* αναζωογονητικός, τονωτικός.
invincible [ɪnˈvɪnsəbl] *a* αήττητος.
inviolate [ɪnˈvaɪəlɪt] *a* απαραβίαστος, απαράβατος.
invisible [ɪnˈvɪzəbl] *a (general)* αόρατος, άδηλος || *(ink)* συμπαθητική μελάνη.
invitation [ɪnvɪˈteɪʃən] *n* πρόσκληση.
invite [ɪnˈvaɪt] *vt* (προς)καλώ || *(attract)* ελκύω, προκαλώ.
inviting [ɪnˈvaɪtɪŋ] *a* δελεαστικός, ελκυστικός.
invoice [ˈɪnvɔɪs] *n* τιμολόγιο ♦ *vt* τιμολογώ.
invoke [ɪnˈvəʊk] *vt* επικαλούμαι, απαιτώ.
involuntarily [ɪnˈvɒləntərɪlɪ] *ad* ακουσίως, αθέλητα.
involuntary [ɪnˈvɒləntərɪ] *a* ακούσιος, αθέλητος.
involve [ɪnˈvɒlv] *vt (include)*

συνεπάγομαι || *(entangle)* (περι)πλέκω, ανακατώνω || **~d** *a* πλεγμένος || **~ment** *n* ανάμιξη, μπλέξιμο.
invulnerable [ɪn'vʌlnərəbl] *a* άτρωτος.
inward ['ɪnwəd] *a* εσωτερικός, προς τα μέσα || **~(s)** *ad* προς τα μέσα || **~ly** *ad* εσωτερικά, μέσα.
iodine ['aɪədiːn] *n* ιώδιο.
iota [aɪ'əutə] *n (fig)* γιώτα *nt*, τίποτε, ελάχιστη ποσότητα.
I O U *n (abbr of I owe you)* γραμμάτιο.
I.Q. *n (abbr of intelligence quotient)* δείκτης ευφυΐας.
Iran [ɪ'rɑːn] *n* Ιράν *nt inv*, Περσία.
Iraq [ɪ'rɑːk] *n* Ιράκ *nt inv*.
irascible [ɪ'ræsɪbl] *a* ευέξαπτος, οξύθυμος.
irate [aɪ'reɪt] *a* θυμωμένος, εξαγριωμένος.
Ireland ['aɪələnd] *n* Ιρλανδία.
iris ['aɪərɪs] *n (ANAT)* ίρδα || *(BOT)* ίρδα, ρίδι.
Irish ['aɪərɪʃ] *a* ιρλανδικός || **the ~** *npl* οι Ιρλανδοί || **~man** *n* Ιρλανδός || **~woman** *n* Ιρλανδή.
irk [ɜːk] *vt* ενοχλώ, στενοχωρώ.
iron ['aɪən] *n* σίδηρος || *(flat iron)* σίδερο || *(golf club)* ρόπαλο του γκόλφ ♦ *a* σιδερένιος ♦ *vt* σιδερώνω || **~s** *npl (chains)* αλυσίδες *fpl*, δεσμά *ntpl* || **to ~ out** *vt (crease)* σιδερώνω || *(difficulties)* εξομαλύνω || **~ curtain** *n* σιδηρούν παραπέτασμα *nt*.
ironic(al) [aɪ'rɒnɪk(əl)] *a* ειρωνικός || **~ally** *ad* ειρωνικά.
ironing ['aɪənɪŋ] *n* σιδέρωμα *nt* || **~ board** *n* σανίδα σιδερώματος.
ironmonger ['aɪənmʌŋgə*] *n* σιδηροπώλης || **~'s (shop)** *n* σιδηροπωλείο.
iron ore ['aɪənɔː*] *n* σιδηρομετάλλευμα *nt*.
ironworks ['aɪənwɜːks] *n* σιδηρουργείο.
irony ['aɪərənɪ] *n* ειρωνεία.
irrational [ɪ'ræʃənl] *a* παράλογος.
irreconcilable [ɪrɛkən'saɪləbl] *a* αδιάλλακτος, ασυμβίβαστος.
irredeemable [ɪrɪ'diːməbl] *a (COMM)* ανεξαγόραστος.
irrefutable [ɪrɪ'fjuːtəbl] *a* ακαταμάχητος, αδιάψευστος.
irregular [ɪ'rɛgjulə*] *a (not regular)* ακανόνιστος, άτακτος || *(not smooth)* ανώμαλος || *(against rule)* αντικανονικός, αντίθετος || **~ity** *n* ανωμαλία.
irrelevance [ɪ'rɛləvəns] *n* (το) άσχετο.
irrelevant [ɪ'rɛləvənt] *a* άσχετος, ξεκάρφωτος.
irreparable [ɪ'rɛpərəbl] *a* ανεπανόρθωτος, αγιάτρευτος.
irreplaceable [ɪrɪ'pleɪsəbl] *a* αναντικατάστατος.
irrepressible [ɪrɪ'prɛsəbl] *a* ακατάσχετος, ακάθεκτος.
irreproachable [ɪrɪ'prəutʃəbl] *a* άμεμπτος, άψογος.
irresistible [ɪrɪ'zɪstəbl] *a* ασυγκράτητος, ακαταμάχητος.
irresolute [ɪ'rɛzəluːt] *a* αναποφάσιστος, διστακτικός.
irrespective [ɪrɪ'spɛktɪv]: **~ of** *prep* ανεξάρτητα από.
irresponsible [ɪrɪs'pɒnsəbl] *a* απερίσκεπτος, ελαφρόμυαλος.
irreverent [ɪ'rɛvərənt] *a* ασεβής, ανευλαβής.
irrevocable [ɪ'rɛvəkəbl] *a* αμετάκλητος, ανέκκλητος.
irrigate ['ɪrɪgeɪt] *vt* αρδεύω, ποτίζω.
irrigation [ɪrɪ'geɪʃən] *n* άρδευση, πότισμα *nt*.
irritable ['ɪrɪtəbl] *a* οξύθυμος, ευέξαπτος.
irritate ['ɪrɪteɪt] *vt (annoy)*

(εξ)ερεθίζω, εκνευρίζω || *(skin etc)* ερεθίζω.

irritation [ɪrɪ'teɪʃən] *n* ερεθισμός, θυμός.

is [ɪz] *see* **be.**

Islam ['ɪzlɑːm] *n* Ισλάμ *nt inv.*

island ['aɪlənd] *n* νησί || **~er** νησιώτης/ιώτισσα *m/f*.

isle [aɪl] *n* νήσος *f*, νησάκι.

isn't ['ɪznt] = **is not** || *see* **be.**

isolate ['aɪsəleɪt] *vt* (απο)μονώνω || **~d** *a* απομονωμένος, απόμερος.

isolation [aɪsə'leɪʃən] *n* απομόνωση.

isotope ['aɪsəutəup] *n* ισότοπο.

Israel ['ɪzreɪl] *n* Ισραήλ *m inv* || **~i** *n* Ισραηλινός/ή *m/f* ♦ *adj* ισραηλινός.

issue ['ɪʃuː] *n (question)* υπόθεση, ζήτημα *nt* || *(giving out)* έκδοση, διανομή, χορήγηση || *(copy)* τεύχος, φύλλο || *(offspring)* απόγονοι *mpl* ♦ *vt (rations)* διανέμω || *(orders)* εκδίδω, δημοσιεύω || *(equipment)* διανέμω, εκδίδω || **at ~** υπό συζήτηση.

isthmus ['ɪsməs] *n* ισθμός.

it [ɪt] *pron* τον, την, το, αυτό.

Italian [ɪ'tælɪən] *a* ιταλικός ♦ *n (person)* Ιταλός/ίδα *m/f* || *(LING)* Ιταλικά *ntpl.*

italic [ɪ'tælɪk] *a* κυρτός, πλάγιος || **~s** *npl* πλάγια γραφή.

Italy ['ɪtəlɪ] *n* Ιταλία.

itch [ɪtʃ] *n (fig)* πόθος, όρεξη || *(MED)* φαγούρα, ψώρα ♦ *vi* έχω φαγούρα || **~ing** *n* φαγούρα.

it'd ['ɪtd] = **it would, it had** || *see* **would, have.**

item ['aɪtəm] *n (on list)* είδος *nt*, κονδύλι, εγγραφή || *(in programme)* νούμερο || *(in agenda)* θέμα *nt* || *(in newspaper)* είδηση || **~ize** *vt* αναλύω.

itinerant [ɪ'tɪnərənt] *a* περιοδεύων.

itinerary [aɪ'tɪnərərɪ] *n* δρομολόγιο.

it'll ['ɪtl] = **it will, it shall** || *see* **will, shall.**

its [ɪts] *poss a* του || *poss pron* δικό του.

it's [ɪts] = **it is, it has** || *see* **be, have.**

itself [ɪt'sɛlf] *pron* τον εαυτό του.

I.T.V. *n (abbr of Independent Television)* Ανεξάρτητο Τηλεοπτικό Κανάλι.

I've [aɪv] = **I have** || *see* **have.**

ivory ['aɪvərɪ] *n* ελεφαντοστούν *nt* || **~ tower** *n (fig)* τόπος μονώσεως.

ivy ['aɪvɪ] *n* κισσός.

J

jab [dʒæb] *vti* κτυπώ, κεντώ, χώνω.

jabber ['dʒæbə*] *vi* φλυαρώ, τραυλίζω.

jack [dʒæk] *n (MECH)* γρύλλος || *(CARDS)* βαλές *m*, φάντης || **to ~ up** *vt* σηκώνω με γρύλλο.

jacket ['dʒækɪt] *n* ζακέτα, σακάκι || *(MECH)* χιτώνιο, πουκάμισο.

jack-knife ['dʒæknaɪf] *n* μεγάλος σουγιάς, κολοκοτρώνης.

jade [dʒeɪd] *n (stone)* νεφρίτης.

jaded ['dʒeɪdɪd] *a* κουρασμένος, τσακισμένος.

jagged ['dʒægɪd] *a* ανώμαλος, οδοντωτός, μυτερός.

jail [dʒeɪl] *n* φυλακή || **~break** *n* δραπέτευση || **~er** *n* δεσμοφύλακας.

jam [dʒæm] *n (fruit)* μαρμελάδα || *(stoppage)* εμπλοκή, φρακάρισμα *nt*, στρίμωγμα *nt* ♦ *vt* σφηνώνω, σφίγγω, στριμώχνω ♦ *vi* σφίγγομαι, φρακάρω, κολλώ.

jangle ['dʒæŋgl] *vti* ηχώ κακόηχα, κουδουνίζω.

janitor ['dʒænɪtə*] *n (caretaker)* θυρωρός *m/f*, επιστάτης/άτρια *m/f*.

January ['dʒænjuərɪ] *n* Ιανουάριος.

Japan [dʒə'pæn] *n* Ιαπωνία || **~ese** *a* ιαπωνικός ♦ *n (LING)* Ιαπωνικά *ntpl.*

jar [dʒɑː*] *n (glass)* βάζο, λαγήνι,

στάμνα ♦ *vi* τραντάζω, συγκρούομαι.
jargon ['dʒɑːgən] *n* επαγγελματική φρασεολογία, αλαμπουρνέζικα *ntpl.*
jasmin(e) ['dʒæzmɪn] *n* γιασεμί.
jaundice ['dʒɔːndɪs] *n* ίκτερος, χρυσή || **~d** *a (attitude)* κακόβουλος, φθονερός.
jaunt [dʒɔːnt] *n* βόλτα, περίπατος || **~y** *a* ζωηρός, ξένοιαστος.
javelin ['dʒævlɪn] *n* ακόντιο, κοντάρι.
jaw [dʒɔː] *n* σαγόνι, μασέλα.
jazz [dʒæz] *n* τζάζ *f inv* || **to ~ up** *vt* ζωηρεύω, επιταχύνω || **~ band** *n* τζάζ-μπαντ *f inv.*
jealous ['dʒeləs] *a (envious)* ζηλιάρης || *(watchful)* ζηλότυπος, προσεκτικός || **~ly** *ad* ζηλότυπα, με επιμέλεια || **~y** *n* ζήλεια.
jeans [dʒiːnz] *npl* ντρίλινο παντελόνι.
jeep [dʒiːp] *n* τζίπ *nt inv.*
jeer [dʒɪə*] *vi (+ at)* κοροϊδεύω, χλευάζω, γιουχαΐζω ♦ *n* εμπαιγμός, γιούχα.
jelly ['dʒelɪ] *n* ζελέ *f* || **~fish** *n* μέδουσα, τσούχτρα.
jeopardize ['dʒepədaɪz] *vt* διακινδυνεύω.
jeopardy ['dʒepədɪ] *n*: **in ~** σε κίνδυνο.
jerk [dʒɜːk] *n* τίναγμα *nt*, τράνταγμα *nt* || *(US: idiot)* χαζός ♦ *vti* τινάζω, τραντάζω.
jerkin ['dʒɜːkɪn] *n* πέτσινο σακκάκι.
jerky ['dʒɜːkɪ] *a* απότομος, κοφτός.
jersey ['dʒɜːzɪ] *n* φανέλα.
jest [dʒest] *n* χωρατό, αστείο ♦ *vi* κάνω αστεία, αστειεύομαι.
jet [dʒet] *n (stream)* πίδακας, αναπήδηση || *(spout)* στόμιο, μπεκ *nt inv* || *(AVIAT)* τζέτ *nt inv* || **~-black** *a* κατάμαυρος || **~ engine** *n* κινητήρας τζέτ.
jettison ['dʒetɪsn] *vt* απορρίπτω.
jetty ['dʒetɪ] *n* μώλος, αποβάθρα.
Jew [dʒuː] *n* Εβραίος.
jewel ['dʒuːəl] *n* κόσμημα *nt* || *(fig)* πολύτιμη, πέτρα || **~ler,** *(US)* **~er** *n* κοσμηματοπώλης || **~(l)er's (shop)** *n* κοσμηματοπωλείο || **~(le)ry** *n* κοσμήματα *ntpl*, διαμαντικά *ntpl.*
Jewess ['dʒuːɪs] *n* Εβραία.
Jewish ['dʒuːɪʃ] *a* εβραϊκός.
jib [dʒɪb] *n (NAUT)* αρτέμων *inv*, φλόκος ♦ *vi* αρνούμαι, κωλώνω, κλωτσώ.
jibe [dʒaɪb] *n* πείραγμα *nt*, αστείο.
jiffy ['dʒɪfɪ] *n (col)*: **in a ~** στη στιγμή, αμέσως.
jigsaw ['dʒɪgsɔː] *n (also:* **~ puzzle)** (παιχνίδι) σοναρμολόγησης.
jilt [dʒɪlt] *vt* διώχνω, στρίβω.
jingle ['dʒɪŋgl] *n* κουδούνισμα *nt*, ♦ *vti* κουδουνίζω.
jinx [dʒɪŋks] *n (col)* γρουσούζης.
jitters ['dʒɪtəz] *npl (col)*: **to get the ~** τρέμω, φοβάμαι.
job [dʒɒb] *n* έργο, εργασία || *(position)* θέση, δουλειά || *(difficult task)* αγγαρεία || **~less** *a* άνεργος.
jockey ['dʒɒkɪ] *n* τζόκεϋ *m inv* ♦ *vi* ελίσσομαι, μανουβράρω.
jocular ['dʒɒkjʊlə*] *a* αστείος, εύθυμος.
jog [dʒɒg] *vt* σπρώχνω, σκουντώ ♦ *vi (move jerkily)* κλυδωνίζω, τραντάζω.
join [dʒɔɪn] *vt (fasten)* ενώνω, συνδέω, ματίζω || *(club)* εγγράφομαι, γίνομαι μέλος ♦ *vi (the army)* κατατάσσομαι ♦ *n* ένωση, ραφή.
joiner ['dʒɔɪnə*] *n* μαραγκός || **~y** *n* ξυλουργική.
joint [dʒɔɪnt] *n (TECH)* αρμός, άρθρωση || *(of meat)* κομμάτι κρέατος || *(col: place)* καταγώγιο, τρώγλη || **~ly** *ad* μαζί.
joist [dʒɔɪst] *n* δοκάρι, πατερό.
joke [dʒəʊk] *n* αστείο, χωρατό, καλαμπούρι ♦ *vi* αστιεύομαι || **~r** *n*

αστειολόγος || *(CARDS)* μπαλαντέρ *m inv.*
jolly ['dʒɒlɪ] *a* εύθυμος, χαρούμενος, κεφάτος ♦ *ad (col)* εξαιρετικά, πολύ.
jolt [dʒəʊlt] *n* τίναγμα *nt*, τράνταγμα *nt* || *(col)* ξάφνιασμα ♦ *vt* τινάζω, κουνώ.
jostle ['dʒɒsl] *vt* σπρώχνω.
jot [dʒɒt] *n*: **not one** ~ ούτε ίχνος, ούτε κατά κεραία || **to** ~ **down** *vt* σημειώνω, γράφω || ~**ter** *n* σημειωματάριο.
journal ['dʒɜːnl] *n* εφημερίδα, περιοδικό || ~**ese** *n* δημοσιογραφικό ύφος || ~**ism** *n* δημοσιογραφία || ~**ist** *n* δημοσιογράφος *m/f*.
journey ['dʒɜːnɪ] *n* ταξίδι, διαδρομή.
joy [dʒɔɪ] *n* χαρά, ευθυμία || ~**ful** *a* περιχαρής, χαρμόσυνος || ~**ous** *a* εύθυμος || ~**ride** *n* περίπατος με αυτοκίνητο.
Jr., Jun., Junr. *abbr of* **junior.**
jubilant ['dʒuːbɪlənt] *a* χαρούμενος, πανηγυρίζων.
jubilation [dʒuːbɪ'leɪʃən] *n* αγαλλίαση, χαρά.
jubilee ['dʒuːbɪliː] *n* γιορτή.
judge [dʒʌdʒ] *n (in court)* δικαστής ♦ *vt* δικάζω, κρίνω ♦ *vi (estimate)* υπολογίζω, θεωρώ || **judg(e)ment** *n (sentence)* δικαστική απόφαση || *(opinion)* κρίση, γνώμη.
judicial [dʒuː'dɪʃəl] *a (LAW)* δικαστικός.
judicious [dʒuː'dɪʃəs] *a* συνετός, γνωστικός, φρόνιμος.
judo ['dʒuːdəʊ] *n* τζούντο *nt inv*.
jug [dʒʌg] *n* κανάτι, στάμνα.
juggle ['dʒʌgl] *vi* ταχυδακτυλουργώ, εξαπατώ || ~**r** *n* ταχυδακτυλουργός.
Jugoslav ['juːgəʊ'slaːv] = **Yugoslav**.
juice [dʒuːs] *n* χυμός, ζουμί.
juicy ['dʒuːsɪ] *a* χυμώδης, ζουμερός.
jukebox ['dʒuːkbɒks] *n* τζουκ μποξ *nt inv*.
July [dʒuː'laɪ] *n* Ιούλιος.
jumble ['dʒʌmbl] *n* ανακάτεμα *nt*, κυκεώνας, μπέρδεμα *nt* ♦ *vt (also:* ~ **up)** ανακατεύω, μπερδεύω.
jumbo ['dʒʌmbəʊ] *attr*: ~ **jet** *n* τζάμπο τζετ *nt inv*.
jump [dʒʌmp] *vi* πηδώ ♦ *vt* πηδώ πάνω από, υπερπηδώ ♦ *n* πήδημα *nt*, άλμα *nt* || ~**ed-up** *a (col)* νεόπλουτος.
jumper ['dʒʌmpə*] *n* μπλούζα, ριχτή ζακέτα.
jumpy ['dʒʌmpɪ] *a* νευρικός.
junction ['dʒʌŋkʃən] *n (road)* διασταύρωση || *(RAIL)* διακλάδωση.
juncture ['dʒʌŋktʃə*] *n*: **at this** ~ στο σημείο αυτό.
June [dʒuːn] *n* Ιούνιος.
jungle ['dʒʌŋgl] *n (tropical)* ζούγκλα.
junior ['dʒuːnɪə*] *a (in age)* νεώτερος || *(in rank)* κατώτερος, υφιστάμενος ♦ *n (US: school)* προτελειόφοιτος/η *m/f*.
junk [dʒʌŋk] *n (rubbish)* σκουπίδια *ntpl*, παλιοπράγματα *ntpl* || *(ship)* τζόγκα || ~**shop** *n* παλιατζίδικο.
jurisdiction [dʒʊərɪs'dɪkʃən] *n* δικαιοδοσία.
jurisprudence [dʒʊərɪs'pruːdəns] *n* νομολογία, νομομάθεια.
juror ['dʒʊərə*] *n* ένορκος *m/f*.
jury ['dʒʊərɪ] *n* ένορκοι *mpl* || *(of contest)* κριτική επιτροπή || ~**man** *n* = **juror.**
just [dʒʌst] *a (fair, right)* δίκαιος, σωστός || *(exact)* ακριβής ♦ *ad (exactly)* ακριβώς || *(barely)* μόλις || ~ **as I arrived** μόλις έφθασα || **I have** ~ **arrived** μόλις ήλθα || ~ **a little** τόσο δα, λίγο || ~ **now** πριν λίγο, μόλις τώρα || ~ **you and me** εμείς μόνο συ κι εγώ.

justice [ˈdʒʌstɪs] *n (fairness)* δικαιοσύνη || *(magistrate)* δικαστικός, δικαστής.
justifiable [dʒʌstɪˈfaɪəbl] *a* δικαιολογήσιμος, εύλογος.
justification [dʒʌstɪfɪˈkeɪʃən] *n* δικαίωση, δικαιολογία.
justify [ˈdʒʌstɪfaɪ] *vt (prove right)* αιτιολογώ || *(defend etc)* δικαιώνω, δικαιολογώ.
justly [ˈdʒʌstlɪ] *ad* δίκαια, ορθά.
justness [ˈdʒʌstnɪs] *n* ορθότητα, το δίκαιο.
jut [dʒʌt] *vi (also:* ~ **out)** προεξέχω.
juvenile [ˈdʒuːvənaɪl] *a* νεανικός, παιδικός ♦ *n* νέος/α *m/f.*
juxtapose [ˈdʒʌkstəpəuz] *vt* (αντι)παραθέτω.

K

K *(abbr of one thousand)* K.
kaleidoscope [kəˈlaɪdəskəup] *n* καλειδοσκόπιο.
kangaroo [kæŋgəˈruː] *n* καγκουρώ *f inv.*
keel [kiːl] *n* τρόπιδα, καρίνα.
keen [kiːn] *a* ζωηρός, επιμελής, θερμός || ~**ness** *n* ζήλος, ενθουσιασμός.
keep [kiːp] *(irreg v) vt (have)* έχω, κρατώ, συντηρώ || *(take care of)* φυλάω, συντηρώ, τρέφω || *(detain)* (κατα)κρατώ, καθυστερώ || *(be faithful)* τηρώ, σέβομαι, μένω πιστός σε ♦ *vi (continue)* συνεχίζω, εξακολουθώ || *(of food)* διατηρούμαι, κρατώ || *(remain: quiet etc)* μένω, στέκομαι ♦ *n* τροφή, συντήρηση, έξοδα *ntpl* συντηρήσεως || *(tower)* (ακρο) πύργος || **to ~ back** *vti* κρατώ, πίσω, απομακρύνομαι, κρύβω || **to ~ on** *vi* συνεχίζω, εξακολουθώ να φορώ || **'~ out'** 'απαγορεύεται η είσοδος' || **to ~ up** *vi (+ with)* διατηρώ, καλλιεργώ || ~**ing** *n (care)* φύλαξη, συντήρηση || **in ~ing with** σύμφωνα με, ανάλογα με.
keg [kɛg] *n* βαρελάκι.
kennel [ˈkɛnl] *n* σπιτάκι σκύλου.
kept [kɛpt] *pt, pp of* **keep**.
kerb(stone) [ˈkɜːb(stəun)] *n* κράσπεδο πεζοδρομίου.
kernel [ˈkɜːnl] *n* πυρήνας, κόκκος, ψύχα.
kerosene [ˈkɛrəsiːn] *n* φωτιστικό πετρέλαιο, παραφίνη.
ketchup [ˈkɛtʃəp] *n* κέτσαπ *nt inv,* σάλτσα τομάτας.
kettle [ˈkɛtl] *n* χύτρα.
key [kiː] *n* κλειδί || *(to problem)* κλείδα || *(set of answers)* κλείδα, λύση || *(lever)* πλήκτρο || *(MUS)* τόνος ♦ *a (position etc)* βασικός, καίριος || **to ~ in** *vt* πληκτρολογώ || ~**board** *n* πλήκτρο, κλαβιέ *nt inv* || *(of computer, typewriter)* πληκτρολόγιο ♦ *vt (COMPUT)* πληκτρολογώ || ~**hole** *n* κλειδαρότρυπα || ~**note** *n* κυρία ιδέα || ~ **ring** *n* κρίκος κλειδιών.
khaki [ˈkaːkɪ] *n, a* χακί.
kick [kɪk] *vt* λακτίζω, κλωτσώ ♦ *vi (col)* παραπονιέμαι, αντιρώ ♦ *n* λάκτισμα *nt,* κλωτσιά || *(thrill)* συγκίνηση || **to ~ around** *vi (col)* σέρνομαι, χαζεύω || **to ~ off** *vi (SPORT)* δίνω την πρώτη κλωτσιά || **~-off** *n (SPORT)* εναρκτήριο λάκτισμα.
kid [kɪd] *n (child)* πιτσιρίκος, παιδάκι || *(goat)* κατσικάκι, ρίφι || *(leather)* σεβρό.
kidnap [ˈkɪdnæp] *vt* απάγω, κλέβω || ~**per** *n* απαγωγέας || ~**ping** *n* απαγωγή.
kidney [ˈkɪdnɪ] *n* νεφρό.
kill [kɪl] *vt (murder)* φονεύω, σκοτώνω || *(destroy)* ξεριζώνω, αφανίζω ♦ *n* κυνήγι || ~**er** *n* φονιάς/φόνισσα *m/f.*

kiln [kɪln] *n* καμίνι, κλίβανος.
kilo ['ki:ləʊ] *n* κιλό || **~gramme, ~gram** *(US) n* χιλιόγραμμο || **~metre, ~meter** *(US) n* χιλιόμετρο || **~watt** *n* κιλοβάτ *nt inv.*
kilt [kɪlt] *n* φουστανέλα.
kimono [kɪ'məʊnəʊ] *n* κιμονό.
kin [kɪn] *n* συγγενείς *mpl,* συγγενολόι.
kind [kaɪnd] *a* καλός, καλοκάγαθος, καλόβολος ♦ *n* είδος *nt* || **a ~ of** ας το πούμε, κάποιος || **two of a ~** του ιδίου φυράματος || **in ~** *(merchandise)* σε είδοσ || *(same way)* με το ίδιο νόμισμα.
kindergarten ['kɪndəgɑ:tn] *n* νηπιαγωγείο.
kindhearted ['kaɪnd'hɑ:tɪd] *a* καλόκαρδος.
kindle ['kɪndl] *vt* ανάβω || *(rouse)* εξάπτω, προκαλώ.
kindly ['kaɪndlɪ] *a* καλός, ευγενικός ♦ *ad* ευγενικά, μαλακά, φιλικά.
kindness ['kaɪndnɪs] *n* αγαθότητα, καλωσύνη.
kindred ['kɪndrɪd] *a* συγγενής, συγγενικός.
king [kɪŋ] *n* βασιλιάς || *(CARDS)* ρήγας || **~dom** *n* βασίλειο || **~fisher** *n* ψαροφάγος, μπιρμπίλι.
kink [kɪŋk] *n* ζάρα, στράβωμα *nt* || **~y** *a (fig)* ιδιότροπος || *(hair)* σγουρός.
kiosk ['ki:ɒsk] *n (TEL)* θάλαμος || *(shop)* κιόσκι, περίπτερο.
kipper ['kɪpə*] *n* καπνιστή ρέγγα.
kiss [kɪs] *n* φιλί, φίλημα *nt* ♦ *vt* φιλώ *nt* ♦ *vi:* **they ~ed** φιλήθηκαν.
kit [kɪt] *n* σύνεργα *ntpl,* ατομικά είδη *ntpl* || **~bag** *n* σάκκος.
kitchen ['kɪtʃɪn] *n* κουζίνα || **~ garden** *n* λαχανόκηπος || **~ sink** *n* νεροχύτης.
kite [kaɪt] *n* (χαρτ)αετός || *(bird)* τσίφτης.
kitten ['kɪtn] *n* γατάκι.
kitty ['kɪtɪ] *n (pool of money)* κοινό ταμείο.
kleptomaniac [klɛptəʊ'meɪnɪæk] *n* κλεπτομανής *m/f.*
knack [næk] *n* επιδεξιότητα, κόλπο.
knapsack ['næpsæk] *n* δισάκκι, γυλιός.
knead [ni:d] *vt* ζυμώνω.
knee [ni:] *n* γόνατο || **~cap** *n* επιγονατίδα.
kneel [ni:l] *(irreg v) vi* γονατίζω.
knell [nɛl] *n* καμπάνισμα *nt,* κωδωνωκρουσία.
knelt [nɛlt] *pt, pp of* **kneel**.
knew [nju:] *pt of* **know**.
knickers ['nɪkəz] *npl* κιλότα.
knife [naɪf] *n* μαχαίρι ♦ *vt* μαχαιρώνω.
knight [naɪt] *n* ιππότης || *(CHESS)* άλογο || **~hood** *n* ιπποτισμός, ο τίτλος του ιππότη.
knit [nɪt] *vt* πλέκω ♦ *vi* συγκολλώ || **~ting** *n* πλέξιμο, πλεκτική || **~ting machine** *n* πλεκτομηχανή || **~ting needle** *n* βελόνα (του πλεξίματος) || **~wear** *n* πλεκτό, τρικό.
knives [naɪvz] *npl of* **knife**.
knob [nɒb] *n (of door)* πόμολο || *(butter etc)* κομμάτι.
knock [nɒk] *vt (criticize)* βρίζω, κακολογώ ♦ *vi* προσκρούω, χτυπώ ♦ *n* κτύπημα *nt* || **to ~ off** *vi (finish)* σταματώ || **to ~ out** *vt* βγάζω, τινάζω, || *(SPORT)* βγάζω νοκ-άουτ || **~er** *n (on door)* κτυπητήρι || **~-kneed** *a* στραβοπόδης, στραβοκάνης || **~out** *n (lit)* νοκ-άουτ *nt inv.*
knot [nɒt] *n (of rope etc)* κόμπος, δεσμός || *(of ribbon)* κόμπος || *(measure)* κόμβος ♦ *vt* δένω κόμπο.
know [nəʊ] *(irreg v) vti (be aware of)* ξέρω || *(recognize)* γνωρίζω, διακρίνω, ξέρω || **to ~ how to do** ξέρω πώς || **~-all** *n* παντογνώστης/τρια *m/f* || **~-how** *n* μέθοδος *f,* τέχνη || **~ing** *a*

έξυπνος, πονηρός || ~**ingly** *ad* σκόπιμας, πονηρά.
knowledge ['nɒlɪdʒ] *n (what one knows)* γνώση, μάθηση || *(information)* είδηση, πληροφορίες *fpl* || ~**able** *a* καλά πληροφορημένος, μορφωμένος.
known [nəʊn] *pp of* **know.**
knuckle ['nʌkl] *n* φάλαγγα, κλείδωση.
K.O. *n abbr of* **knockout**.
koran [kɒ'rɑːn] *n* κοράνιο.

L

l. *abbr of* **litre.**
lab [læb] *n abbr of* **laboratory.**
label ['leɪbl] *n* ετικέτα ♦ *vt* επιγράφω, κολλώ ετικέτα.
labor ['leɪbə*] *n (US)* = **labour.**
laboratory [lə'bɒrətərɪ] *n* εργαστήριο.
laborious [lə'bɔːrɪəs] *a* κοπιώδης, επίπονος.
labour ['leɪbə*] *n* εργασία, μόχθος || *(workmen)* εργάτες *mpl* || ~**er** *n* εργάτης/τρια *m/f* || **L**~ **Party** *n* εργατικό κόμμα.
lace [leɪs] *n* δαντέλα || *(braid)* σειρήτι || *(cord)* κορδόνι ♦ *vt* δένω, πλέκω, βάζω δαντέλες.
lack [læk] *vt* στερούμαι ♦ *n* έλλειψη || **for** ~ **of** λόγω ελλείψεως.
lackadaisical [lækə'deɪzɪkəl] *a* άτονος, νωθρός.
laconic [lə'kɒnɪk] *a* λακωνικός.
lacquer ['lækə*] *n* βερνίκι, λάκα.
lad [læd] *n (boy)* αγόρι || *(young man)* παλληκάρι.
ladder ['lædə*] *n (lit)* σκάλα, ανεμόσκαλα || *(fig)* (κοινωνική) κλίμακα.
laden ['leɪdn] *a* φορτωμένος.
ladle ['leɪdl] *n* κουτάλα.
lady ['leɪdɪ] *n* κυρία || *(title)* λαίδη || **'Ladies'** *(lavatory)* 'Κυριών', 'Γυναικών' || ~**bird,** ~**bug** *(US) n* λαμπρίτσα, πασχαλίτσα || ~**-in-waiting** *n* Κυρία των Τιμών || ~**like** *a* αρχοντικός, ευγενικός.
lag [læg] *n (delay)* καθυστέρηση, επιβράδυνση ♦ *vi (also:* ~ **behind)** βραδυπορώ ♦ *vt (pipes)* επενδύω, φασκιώνω.
lager ['lɑːgə*] *n* ελαφρά μπύρα, λάγκερ *f inv.*
lagging ['lægɪŋ] *n* μονωτική επένδυση.
lagoon [lə'guːn] *n* λιμνοθάλασσα.
laid [leɪd] *pt, pp of* **lay** || **to be** ~ **up** είμαι κρεβατωμένος.
lair [lɛə*] *n* φωλιά, άντρο.
lake [leɪk] *n* λίμνη.
lamb [læm] *n* αρνάκι || *(meat)* αρνί || ~ **chop** *n* παϊδάκι.
lame [leɪm] *a* κουτσός || *(excuse)* μη πειστικός.
lament [lə'mɛnt] *n* θρήνος ♦ *vt* θρηνώ, οδύρομαι || ~**able** *a* αξιοθρήνητος.
laminated ['læmɪneɪtɪd] *a* φυλλωτός.
lamp [læmp] *n* λύχνος, λυχνάρι || *(globe)* λάμπα || *(in street)* φανάρι || ~**post** *n* φανοστάτης || ~**shade** *n* αμπαζούρ *nt inv.*
lance [lɑːns] *n* λόγχη ♦ *vt* εγχειρίζω, ανοίγω || ~ **corporal** *n* υποδεκανέας.
lancet ['lɑːnsɪt] *n* νυστέρι.
land [lænd] *n* γη, στερεά || *(ground)* γη, έδαφος *nt* || *(country)* γη, χώρα || *(estate)* κτήμα *nt* ♦ *vi (from ship)* αποβιβάζομαι || *(AVIAT)* προσγειούμαι || *(fig: arrive, fall)* πέφτω ♦ *vt (obtain)* πιάνω, λαμβάνω || *(passengers, goods)* αποβιβάζω, ξεφορτώνω || ~**ing** *n* απόβαση || *(AVIAT)* προσγείωση || *(platform)* πλατύσκαλο || ~**ing craft** *n* αποβατικό σκάφος || ~**ing stage** *n*

αποβάθρα || **~ing strip** *n* λωρίδα προσγειώσεως || **~lady** *n* σπιτονοικοκυρά || **~locked** *a* μεσόγειος || **~lord** *n* σπιτονοικοκύρης || *(innkeeper)* ξενοδόχος || **~lubber** *n* στεριανός || **~mark** *n* ορόσημο || **~owner** *n* γαιοκτήμονας.

landscape [ˈlændskeɪp] *n* τοπίο || *(painting)* ζωγραφική τοπίων.

landslide [ˈlændslaɪd] *n (GEOG)* (κατ)ολίσθηση || *(POL)* εντυπωσιακή στροφή.

lane [leɪn] *n* δρομίσκος, μονοπάτι || *(of road)* λωρίδα, διάδρομος || *(SPORT)* ατομική πίστα, λωρίδα.

language [ˈlæŋgwɪdʒ] *n* γλώσσα || *(national)* γλώσσα, διάλεκτος *f* || *(style)* γλώσσα, ομιλία.

languid [ˈlæŋgwɪd] *a* νωθρός, αδρανής.

languish [ˈlæŋgwɪʃ] *vi* λυώνω, μαραίνομαι.

lank [læŋk] *a* μακρυά και ίσια || **~y** μακρύς και λεπτός.

lanolin [ˈlænəʊlɪn] *n* λανολίνη.

lantern [ˈlæntən] *n* φανάρι.

lap [læp] *n* ποδιά, γόνατα *ntpl* || *(SPORT)* γύρος, βόλτα ♦ *vt* γλείφω ♦ *vi (of waves)* παφλάζω || **~dog** *n* χαϊδεμένο σκυλάκι.

lapel [ləˈpɛl] *n* πέτο.

lapse [læps] *n* σφάλμα *nt* || *(moral)* παράβαση || *(of time)* παρέλευση, εκπνοή.

larceny [ˈlɑːsənɪ] *n* κλοπή.

lard [lɑːd] *n* λαρδί.

larder [ˈlɑːdə*] *n* αποθήκη τροφίμων, κελλάρι.

large [lɑːdʒ] *a (broad)* ευρύχωρος, εκτενής || *(big, numerous)* μεγάλος || **at ~** *(free)* ελεύθερος || *(extensively)* γενικά || **~ly** *ad* σε μεγάλο βαθμό || **~-scale** *a* σε μεγάλη κλίμακα, μεγάλος.

lark [lɑːk] *n (bird)* κορυδαλός || *(joke)* αστείο, φάρσα || **to ~ about** *vi (col)* αστιεύομαι, κάνω φάρσες.

larva [ˈlɑːvə] *n* νύμφη.

laryngitis [lærɪnˈdʒaɪtɪs] *n* λαρυγγίτιδα.

larynx [ˈlærɪŋks] *n* λαρύγγι.

lash [læʃ] *n (stroke)* καμτσικιά ♦ *vt (beat against)* δέρνω, ξεσπώ, κτυπώ || *(whip)* μαστιγώνω || *(bind)* (προς)δένω || **to ~ out** *vi (with fists)* επιτίθεμαι, εφορμώ || *(spend money)* κάνω σπατάλες.

lass [læs] *n* κορίτσι, κοπέλα.

lasso [læˈsuː] *n* λάσσο ♦ *vt* πιάνω με λάσσο.

last [lɑːst] *a* τελευταίος, τελικός ♦ *ad* τελευταία ♦ *n (person or thing)* τελευταίος, ύστατος || *(for shoe)* καλαπόδι ♦ *vi (continue, hold out)* διαρκώ, παραμένω || *(remain)* συντηρούμαι, διατηρούμαι || **at ~** επί τέλους || **~ night** χθες το βράδυ || **~ week** την περασμένη βδομάδα || **~ing** *a* διαρκείας, που κρατά || **~-minute** *a* της τελευταίας στιγμής.

latch [lætʃ] *n* μάνταλο, σύρτης || *(yale lock)* λουκέτο || **~key** *n* απλό κλειδί, αντικλείδι.

late [leɪt] *a* καθυστερημένος, αργοπορημένος || *(not early)* αργά || *(recent)* παλιός, πρώην, τέως || *(recently dead)* μακαρίτης ♦ *ad* καθυστερημένα, αργά || *(late hour)* αργά || **of ~** πρόσφατα || **~ in the day** αργά το βραδάκι || **~comer** *n* αργοπορημένος || **~ly** *ad* πρόσφατα, τελευταία || **~ness** *n (of person)* αργοπορία || *(of hour)* προχωρημένη ώρα.

latent [ˈleɪtənt] *a* αφανής, κρυφός.

later [ˈleɪtə*] *comp a, comp ad of* **late.**

lateral [ˈlætərəl] *a* πλάγιος, πλευρικός.

latest [ˈleɪtɪst] *sup a, sup ad of* **late** ||

n (news) το νεώτερο || **at the ~** το αργότερο.

lathe [leɪð] *n* τόρνος.

lather ['lɑːðə*] *n* σαπουνάδα ♦ *vt* σαπουνίζω ♦ *vi* κάνω αφρό.

Latin ['lætɪn] *n* Λατινική (γλώσσα) ♦ *a* λατινικός || **~-America** *n* Λατινική Αμερική **~-American** *a* λατινοαμερικανικός ♦ *n* Λατινοαμερικανός/ίδα *m/f*.

latitude ['lætɪtjuːd] *n* γεωγραφικό πλάτος *nt* || *(freedom)* ευρυχωρία, περιθώριο.

latrine [lə'triːn] *n* αποχωρητήριο, μέρος *nt*.

latter ['lætə*] *a (more recent)* ο δεύτερος, άλλος || *(later)* τελευταίος, πρόσφατος ♦ *n (opposite of former)* ο δεύτερος, άλλος || **~ly** *ad* τώρα τελευταία, πρόσφατα.

lattice work ['lætɪswɜːk] *n* δικτυωτό, καφάσι.

laudible ['lɔːdəbl] *a* αξιέπαινος.

laugh [lɑːf] *n* γέλιο ♦ *vi* γελώ || **to ~ at** *vt* διασκεδάζω, περιγελώ, γελώ για || **to ~ off** *vt* γελοιοποιώ || **~able** *a* γελοίος, αστείος, διασκεδαστικός || **~ing stock** *n* περίγελος, κορόιδο || **~ter** *n* γέλιο.

launch [lɔːntʃ] *n (of ship)* καθέλκυση || *(of rocket)* εκτόξευση || *(ship)* άκατος || *(motor)* βενζινάκατος *f* ♦ *vt (ship)* καθελκύω || προβάλλω, βάζω εμπρός || **~ing** *n* καθέλκυση, εκτόξευση || **~(ing) pad** *n* πλατφόρμα εκτόξευσης.

launder ['lɔːndə*] *vt* πλένω και σιδερώνω || **~ette** *n* πλυντήριο αυτοεξυπηρέτησης.

laundry ['lɔːndrɪ] *n (place)* πλυντήριο || *(clothes)* ρούχα *ntpl* για πλύσιμο.

laureate ['lɔːrɪɪt] *a see* **poet.**

laurel ['lɒrəl] *n* δάφνη.

lava ['lɑːvə] *n* λάβα.

lavatory ['lævətrɪ] *n* αποχωρητήριο, τουαλέτα.

lavender ['lævɪndə*] *n* λεβάντα.

lavish ['lævɪʃ] *a* γενναιόδωρος, σπάταλος || *(abundant)* άφθονος, πλούσιος ♦ *vt* κατασπαταλώ, διασπαθίζω || **~ly** *ad* άφθονα, σπάταλα.

law [lɔː] *n* νόμος, νομικά *ntpl* || *(system of laws)* δίκαιο || *(of game etc)* κανόνες *mpl* || **~-abiding** *a* νομοταγής || **~breaker** *n* παραβάτης του νόμου || **~ court** *n* δικαστήριο || **~ful** *a* νόμιμος || **~less** *a* άνομος, παράνομος.

lawn [lɔːn] *n* πρασιά, γρασίδι || **~mower** *n* χορτοκόπτης || **~ tennis** *n* τέννις *nt inv*.

law school ['lɔːskuːl] *n* σχολή νομικής.

law student ['lɔːstjuːdənt] *n* φοιτητής/ήτρια *m/f* νομικής.

lawsuit ['lɔːsuːt] *n* δίκη.

lawyer ['lɔːjə*] *n* νομικός *m/f*, δικηγόρος *m/f*.

lax [læks] *a* χαλαρός || *(morals etc)* έκλυτος, άτακτος.

laxative ['læksətɪv] *n* καθάρσιο.

laxity ['læksɪtɪ] *n* χαλαρότητα.

lay [leɪ] *(irreg v) pt of* **lie** || *a* λαϊκός, μη ειδικός ♦ *vt (put down)* τοποθετώ, θέτω, βάζω || *(lay low)* ξαπλώνω, σωριάζω || *(prepare)* βάζω, στρώνω || *(eggs)* γεννώ, κάνω || **to ~ aside** *vt* θέτω κατά μέρος, βάζω || **to ~ by** *vt* αποταμιεύω, οικονομώ || **to ~ down** *vt* παραδίδω || *(plan)* σχεδιάζω || **to ~ off** *vt (workers)* απολύω || **to ~ on** *vt* επιβάλλω, επιθέτω || **to ~ out** *vt* απλώνω || *(spend)* ξοδεύω || *(plan)* σχεδιάζω || **to ~ up** *vt (store)* αποθηκεύω || *(ship)* παροπλίζω || **~-by** *n* βοηθητική λωρίδα στάθμευσης.

layer ['leɪə*] *n* στρώμα *nt*.

layette [leɪ'ɛt] *n* τα μωρουδιακά *ntpl.*
layman [leɪ'mən] *n* λαϊκός.
layout ['leɪaʊt] *n* σχέδιο.
laze [leɪz] *vi* τεμπελιάζω, χασομερώ || **laziness** ['leɪzɪnɪs] *n* τεμπελιά, χάζεμα *nt* || **lazy** ['leɪzɪ] *a* οκνηρός, τεμπέλης.
lb. *abbr. of* **pound** *(weight).*
lead [lɛd] *n* μόλυβδος || *(of pencil)* μολύβι, γραφίτης.
lead [li:d] *(irreg v) n (front position)* πρώτη θέση, αρχηγία || *(distance, time ahead)* προπορεία || *(example)* καθοδήγηση, παράδειγμα *nt* || *(clue)* υπαινιγμός || *(THEAT)* πρωταγωνιστής/ίστρια *m/f* ♦ *vt* οδηγώ, καθοδηγώ || *(group etc)* ηγούμαι, διευθύνω ♦ *vi* άγω, καταλήγω, πηγαίνω || **to ~ astray** *vt* παραπλανώ || **to ~ away** *vt* (παρα)σύρω || **to ~ back** *vt* επαναφέρω || **to ~ on** *vt* προτρέπω κεντρίζω || **to ~ to** *vt (street)* οδηγώ σε, πηγαίνω σε || *(result in)* καταλήγω || **to ~ up to** *vt* οδηγώ σε || **~er** *n* αρχηγός, ηγέτης || *(newspaper)* κύριο άρθρο || **~ership** *n* ηγεσία, αρχηγία || **~ing** *a* κύριος, ηγετικός, σημαίνων || **~ing lady** *n (THEAT)* πρωταγωνίστρια || **~ing light** *n (person)* ηγετική φυσιογνωμία.
leaf [li:f] *n* φύλλο || *(thin sheet)* φύλλο || *(table)* φύλλο (τραπεζιού).
leaflet ['li:flɪt] *n* φυλλάδιο.
league [li:g] *n* σύνδεσμος, ένωση, συμμαχία || *(measure)* λεύγα.
leak [li:k] *n* διαφυγή, διαρροή || *(hole)* τρύπα ♦ *vt (liquid etc)* διαρρέω (δια)φεύγω || *(NAUT)* κάνω νερά ♦ *vi (of pipe etc)* διαρρέω, τρέχω || **to ~ out** *vi (liquid etc)* διαρρέω || *(information)* διαδίδομαι.
lean [li:n] *(irreg v) a (thin)* λιγνός || *(meat)* άπαχος || *(poor)* ισχνός, φτωχός ♦ *n* άπαχο κρέας *nt* ♦ *vi* κλίνω, γέρνω ♦ *vt* ακουμπώ, στηρίζομαι || **to ~ back** *vi* γέρνω προς τα πίσω || **to ~ forward** *vi* γέρνω προς τα εμπρός || **to ~ on** *vt* στηρίζομαι, ακουμπώ || **to ~ over** *vi* κύπτω || **~ing** *n* κλίση, τάση || **~t** [lɛnt] *pt, pp of* **lean** || **~-to** *n* υπόστεγο.
leap [li:p] *(irreg v) n* πήδημα *nt* ♦ *vi* πηδώ || **by ~s and bounds** αλματωδώς, καλπάζων || **~frog** *n* καβάλες *fpl*, βαρελάκια *ntpl* || **~t** [lɛpt] *pt, pp of* **leap** || **~ year** *n* δίσεκτος χρόνος.
learn [lɜ:n] *(irreg v) vti* μαθαίνω || **~ed** *a* μορφωμένος, πολυμαθής || **~er** *n (also AUT)* μαθητευόμενος, αρχάριος || **~ing** *n* (εκ)μάθηση, μόρφωση.
lease [li:s] *n* εκμίσθωση, ενοικίαση, συμβόλαιο ♦ *vt* εκμισθώνω, ενοικιάζω.
leash [li:ʃ] *n* λουρί, αλυσίδα.
least [li:st] *a* ελάχιστος, μικρότατος, λιγώτερος ♦ *n* (το) λιγώτερο, (το) μικρότερο || **at ~** τουλάχιστο || **not in the ~** καθόλου, ποτέ.
leather ['lɛðə*] *n* δέρμα *nt*, πετσί ♦ *a* δερμάτινος, πέτσινος.
leave [li:v] *(irreg v) vt (go away from)* φεύγω, εγκαταλείπω || *(go without taking)* αφήνω || *(let stay)* αφήνω || *(give by will)* αφήνω ♦ *vi (depart)* φεύγω ♦ *n* άδεια || *(MIL)* άδεια || **on ~** με άδεια || **to take one's ~ of** αποχαιρετώ, φεύγω || **to ~ out** *vt* παραλείπω.
leaves [li:vz] *npl of* **leaf.**
Lebanon ['lɛbənən]: **the ~** ο Λίβανος.
lecherous ['lɛtʃərəs] *a* λάγνος, ασελγής.
lecture ['lɛktʃə*] *n* διάλεξη, μάθημα *nt* ♦ *vi* κάνω διάλεξη, κάνω μάθημα || **~r** *n* ομιλητής/ήτρια *m/f*, υφηγητής/ήτρια *m/f.*

led [lɛd] *pt, pp of* **lead.**
ledge [lɛdʒ] *n* άκρο, χείλος *nt*, ράφι || *(of rock)* ύφαλος, ξέρα.
ledger ['lɛdʒə*] *n* καθολικό (κατάστιχο).
lee [liː] *n (from wind)* προκάλυμμα *nt*.
leek [liːk] *n* πράσο.
leer [lɪə*] *vi* στραβοκοιτάζω.
leeway ['liːweɪ] *n (fig)* χαμός χρόνου, περιθώριο.
left [lɛft] *pt, pp of* **leave** ♦ *a* αριστερός ♦ *n* (το) αριστερό, η αριστερά || **the L~** *(POL)* η αριστερά || **~-handed** *a* αριστερόχειρας || **~-luggage (office)** *n* γραφείο καταθέσεως αποσκευών || **~-overs** *npl* πλεονάσματα *ntpl*, υπολείμματα *ntpl* || **~-wing** *n (POL)* αριστερός.
leg [lɛg] *n* πόδι, γάμπα || *(of table etc)* πόδι || *(on trouser etc)* γάμπα.
legacy ['lɛgəsɪ] *n* κληροδότημα *nt* || *(from ancestors)* κληρονομία.
legal ['liːgəl] *a* νομικός || *(allowed)* νόμιμος || **~ize** *vt* νομιμοποιώ || **~ly** *ad* νόμιμα, νομικώς || **~ tender** *n* νόμισμα *nt* (υποχρεωτικά δεκτό).
legend ['lɛdʒənd] *n* θρύλος, μύθος || **~ary** *a* θρυλικός, μυθικός.
legible ['lɛdʒəbl] *a* ευανάγνωστος.
legion ['liːdʒən] *n* λεγεώνα ♦ *a* *(countless)* αναρίθμητος.
legislate ['lɛdʒɪsleɪt] *vi* νομοθετώ.
legislation [lɛdʒɪs'leɪʃən] *n* νομοθεσία.
legislative ['lɛdʒɪslətɪv] *a* νομοθετικός.
legislature ['lɛdʒɪslətʃə*] *n* νομοθετικό σώμα *nt*.
legitimacy [lɪ'dʒɪtɪməsɪ] *n* νομιμότητα, γνησιότητα.
legitimate [lɪ'dʒɪtɪmɪt] *a* νομικός, λογικός.
leisure ['lɛʒə*] *n* σχόλη, άνεση, ελεύθερες ώρες *fpl* ♦ *a* της σχόλης, της αργίας || **at ~** ελεύθερος, έχων καιρό || **~ly** *a* αβίαστος, αργός, άνετος.
lemon ['lɛmən] *n* λεμόνι || *(colour)* λεμονής || **~ade** *n* λεμονάδα.
lend [lɛnd] *(irreg v) vt* δανείζω || *(dignity etc)* (προς)δίδω || **it ~s itself to** προσφέρεται, κάνει για || **~er** *n* δανειστής/ίσρια *m/f* || **~ing library** *n* δανειστική βιβλιοθήκη.
length [lɛŋθ] *n* μήκος *nt*, μάκρος *nt* || *(of road, pipe etc)* μήκος *nt* || *(of material)* κομμάτι || **at ~** *(finally)* επί τέλους || *(time)* για πολλή ώρα || *(extent)* εν εκτάσει || **~en** *vt* μακραίνω, επιμηκύνω ♦ *vi* επεκτείνομαι, παρατείνομαι || **~ways** *ad* κατά μήκος, στο μάκρος || **~y** *a* μακροσκελής, εκτενής.
leniency ['liːnɪənsɪ] *n* ηπιότητα, επιείκεια.
lenient ['liːnɪənt] *a* ήπιος, επιεικής.
lens [lɛnz] *n* φακός.
lent [lɛnt] *pt, pp of* **lend** || **L~** *n* Σαρακοστή.
lentil ['lɛntl] *n* φακή.
leopard ['lɛpəd] *n* λεοπάρδαλη.
leper ['lɛpə*] *n* λεπρός/η *m/f*.
leprosy ['lɛprəsɪ] *n* λέπρα.
lesbian ['lɛzbɪən] *a* λεσβιακός ♦ *n* λεσβία.
less [lɛs] *a comp of* **little** || λιγότερος ♦ *ad* λιγότερο ♦ *n* λιγότερο.
lessen ['lɛsn] *vi* μειούμαι, μικραίνω, λιγοστεύω ♦ *vt* μειώνω, ελαττώνω, μικραίνω.
lesson ['lɛsn] *n* μάθημα *nt*.
lest [lɛst] *cj* μήπως, μη τυχόν.
let [lɛt] *(irreg v) vt (allow)* αφήνω, επιτρέπω || *(lease)* ενοικιάζω, εκμισθώνω ♦ *n:* **without ~ or hindrance** χωρίς εμπόδιο, ελεύθερα || **~'s go** ας πάμε || **'to ~'** 'ενοικιάζεται' || **to ~ down** *vt* κατεβάζω || *(disappoint)* απογοητεύω, εγκαταλείπω || **to ~ go** *vti* ελευθερώνω, χαλαρώνω || **to ~ off**

vt απαλλάσσω, αφήνω, συγχωρώ, απολύω || **to ~ out** *vt* αφήνω || *(garment)* ανοίγω || *(scream)* αφήνω || **to ~ up** *vi* μειούμαι, ελαττούμαι.
lethal [ˈliːθəl] *a* θανατηφόρος.
lethargic [lɛˈθɑːdʒɪk] *a* ληθαργικός, νυσταλέος.
lethargy [ˈlɛθədʒɪ] *n* λήθαργος, ατονία.
letter [ˈlɛtə*] *n (sign)* γράμμα *nt*, στοιχείο || επιστολή, γράμμα || **~box** *n* γραμματοκιβώτιο || **~ing** *n* γράμματα *ntpl*, μαρκάρισμα *nt*.
lettuce [ˈlɛtɪs] *n* μαρούλι.
let-up [ˈlɛtʌp] *n (col)* μείωση, χαλάρωση.
leukaemia, leukemia *(US)* [luːˈkiːmɪə] *n* λευχαιμία.
level [ˈlɛvl] *a* επίπεδος, οριζόντιος ♦ *ad* οριζοντίως ♦ *n* επίπεδο, επίπεδος επιφάνεια || *(height)* στάθμη ♦ *vt* ισοπεδώνω, οριζοντιώνω || **on the ~** *(lit)* επίπεδος, στο αλφάδι || *(fig: honest)* τίμια, εντάξει || **to ~ off** *or* **out** *vi* εξισώνω || **~ crossing** *n* επίπεδος διάβαση || **~-headed** *a* ισορροπημένος, ψύχραιμος.
lever [ˈliːvə*] *n* μοχλός ♦ *vt* κινώ μοχλό || **~age** *n* ενέργεια μοχλού, μόχλευση.
levity [ˈlɛvɪtɪ] *n* ελαφρότητα, έλλειψη σοβαρότητας.
levy [ˈlɛvɪ] *n (taxes)* είσπραξη || *(MIL)* στρατολογία ♦ *vt* εισπράττω, επιβάλλω || *(MIL)* στρατολογώ.
lewd [luːd] *a* λάγνος, ασελγής.
liability [laɪəˈbɪlɪtɪ] *n (being liable)* ευθύνη, υποχρέωση || *(debt)* υποχρέωση, οφειλή || *(disadvantage)* προδιάθεση, τάση.
liable [ˈlaɪəbl] *a (responsible)* υπεύθυνος || *(likely)* υποκείμενος.
liaison [liːˈeɪzɒn] *n (coordination)* σύνδεσμος.
liar [ˈlaɪə*] *n* ψεύτης.
libel [ˈlaɪbəl] *n* λίβελλος, δυσφήμιση ♦ *vt* διασύρω, δυσφημώ.
liberal [ˈlɪbərəl] *a (generous)* γενναιόδωρος || *(open-minded)* φιλελεύθερος ♦ *n* φιλελεύθερος || **L~ Party** Φιλελεύθερο Κόμμα.
liberate [ˈlɪbəreɪt] *vt* απελευθερώνω.
liberation [lɪbəˈreɪʒən] *n* απελευθέρωση.
liberty [ˈlɪbətɪ] *n* ελευθερία || **at ~** ελεύθερος, εύκαιρος.
librarian [laɪˈbrɛərɪən] *n* βιβλιοθηκάριος *m/f*.
library [ˈlaɪbrərɪ] *n* βιβλιοθήκη.
libretto [lɪˈbrɛtəʊ] *n* λιμπρέττο.
Libya [ˈlɪbɪə] *n* Λιβύη || **~n** *a* λιβυκός ♦ *n (person)* Λίβυος/α *m/f*.
lice [laɪs] *npl of* **louse**.
licence, license *(US)* [ˈlaɪsəns] *n (permit)* άδεια, έγκριση, προνόμιο || *(lack of control)* κατάχρηση || **~ plate** *n (US AUT)* πινακίδα.
license [ˈlaɪsəns] *vt* δίνω άδεια, παρέχω άδεια || **~d** *a (for alcohol: premises)* με άδεια πωλήσεως ποτού || **~e** *n* προνομιούχος.
licentious [laɪˈsɛnʃəs] *a* ακόλαστος.
lichen [ˈlaɪkən] *n* λειχήνα.
lick [lɪk] *vt* γλείφω || *(of flames etc)* παίζω με, εγγίζω, καταβροχθίζω ♦ *n* γλείψιμο || *(small amount)* μικρή ποσότητα.
licorice [ˈlɪkərɪs] *n* γλυκόρριζα.
lid [lɪd] *n* κάλυμμα *nt*, καπάκι.
lido [ˈliːdəʊ] *n (for swimming)* δημόσια πισίνα.
lie [laɪ] *(irreg v) n* ψέμα *nt* ♦ *vi (speak)* λέω ψέματα || *(rest)* είμαι ξαπλωμένος, μένω || *(of object: be situated)* κείμαι, ευρίσκομαι.
lieu [luː] *n*: **in ~ of** αντί του, στη θέση του.
lieutenant [lɛfˈtɛnənt] *n (army)*

υπολοχαγός || [luː'tɛnənt] *(US)* υποσμηναγός.

life [laɪf] *n (being alive)* ζωή || *(way of living)* τρόπος ζωής, ζωή || *(time of life)* ζωή, διάρκεια ζωής, βίος || *(story)* βίος, βιογραφία || *(energy, vigour)* ζωηρότητα, ζωή, κίνηση || ~ **assurance** *n* ασφάλεια ζωής || ~**belt** *n* σωσίβιο || ~**boat** *n* ναυαγοσωστική λέμβος *f* || ~**guard** *n* ναυαγοσώστης || ~ **jacket** *n* σωσίβιο || ~**less** *a (dead)* νεκρός || χωρίς ζωή, χωρίς κέφι || ~**like** *a* ρεαλιστικός, ζωντανός || ~**line** *n (lit)* σωσίβιο σχοινί || ~**long** *a* ισόβιος, ολόκληρης ζωής || ~**-sized** *a* φυσικού μεγέθους || ~ **span** *n* διάρκεια ζωής, μέσος όρος ζωής || ~ **time** *n* ζωή.

lift [lɪft] *vt* (αν)υψώνω, σηκώνω || *(col: steal)* κλέβω ♦ *vi* υψώνομαι, σηκώνομαι ♦ *n* ανύψωση, σήκωμα *nt* || *(AVIAT)* άνωση || *(machine, elevator)* ανελκυστήρας, ασανσέρ *nt inv* || *(free ride)* παίρνω στο αυτοκίνητο.

ligament ['lɪgəmənt] *n* σύνδεσμος.

light [laɪt] *(irreg v) n* φώς *nt* || *(giving light)* φως *nt*, φωτισμός || *(for cigarette)* φωτιά || *(lamp)* φως *nt*, λάμπα || *(brightness)* λάμψη || *(of dawn)* λάμψη || *(information)* διαφώτιση || *(aspect)* φως *nt*, όψη, άποψη ♦ *vt* ανάβω || *(set burning)* ανάβω || *(brighten)* φωτίζω, φέγγω ♦ *a (bright)* φωτεινός || *(colour)* ανοιχτόχρωμος, ξανθός || *(not heavy)* ελαφρός || *(easy to do)* εύκολος || *(delicate)* ελαφρός, απαλός || *(cheerful)* εύθυμος || **to** ~ **up** *vi (lamps)* ανάβω, φωτίζω || *(face)* αστράφτω, λάμπω ♦ *vt (illuminate)* (δια)φωτίζω || ~ **bulb** *n* λάμπα, λαμπτήρας || ~**en** *vi (brighten)* φωτίζομαι || *(flash lightning)* αστράφτω ♦ *vt (give light to)* φωτίζω || *(make less heavy)* ελαφρώνω || ~**er** *n (cigarette lighter)* αναπτήρας || *(boat)* φορτηγίδα || ~**-headed** *a* ζαλισμένος || *(thoughtless)* επιπόλαιος, απερίσκεπτος || ~**-hearted** *a* εύθυμος, χαρούμενος || ~**house** *n* φάρος || ~**ing** *n (on road)* φωτισμός || *(in theatre)* φωτισμός || ~**ly** *ad* ελαφρώς, ελαφρά || ~ **meter** *n (PHOT)* μετρητής φωτός || ~**ness** *n* ελαφρότητα.

lightning ['laɪtnɪŋ] *n* αστραπή, κεραυνός || ~ **conductor** *n* αλεξικέραυνο.

light year ['laɪtjɪə*] *n* έτος φωτός.

like [laɪk] *vt* μου αρέσει, συμπαθώ, προτιμώ ♦ *prep* σαν, όπως, ως ♦ *a (similar)* όμοιος, ίδιος || *(equal)* ίσος, παρόμοιος ♦ *ad* όπως, σαν ♦ *n* όμοιος || ~**able** *a* ευχάριστος, συμπαθητικός.

likelihood ['laɪklɪhʊd] *n* πιθανότητα.

likely ['laɪklɪ] *a* πιθανός, που μπορεί να ♦ *ad* πιθανό, ίσως.

like-minded [laɪk'maɪndɪd] *a* με την αυτή γνώμη.

liken ['laɪkən] *vt* συγκρίνω, παρομοιάζω.

likewise ['laɪkwaɪz] *ad* ομοίως, επίσης, επί πλέον.

liking ['laɪkɪŋ] *n* κλίση, τάση, συμπάθεια, γούστο.

lilac ['laɪlək] *n* πασχαλιά.

lily ['lɪlɪ] *n* κρίνο.

limb [lɪm] *n* μέλος *nt*, άκρο || *(of tree)* κλάδος.

limber ['lɪmbə*]: **to** ~ **up** *vi* γίνομαι ευλύγιστος.

limbo ['lɪmbəʊ] *n*: **to be in** ~ *(fig)* είμαι σε κατάσταση αβεβαιότητας.

lime [laɪm] *n (tree)* γλυκολεμονιά, κίτριο || φιλύρα || *(fruit)* γλυκολέμονο, κίτρο || *(GEOL)* ασβέστης.

limelight ['laɪmlaɪt] *n (fig)* το προσκήνιο, δημοσιότητα.
limestone ['laɪmstəun] *n* ασβεστόλιθος.
limit ['lɪmɪt] *n* όριο, σύνορο, πέρας *nt* ♦ *vt* περιορίζω || **~ation** *n* περιορισμός, ανικανότητα || **~ed** *a* περιωρισμένος, στενός || **~ed company (Ltd.)** *n* εταιρεία περιωρισμένης ευθύνης.
limousine ['lɪməziːn] *n* λιμουζίνα.
limp [lɪmp] *n* χωλότητα ♦ *vi* χωλαίνω, κουτσαίνω ♦ *a* απαλός, πλαδαρός, μαλακός || *(without energy)* λυωμένος, τσακισμένος.
limpet ['lɪmpɪt] *n* πεταλίδα.
line [laɪn] *n (cord, wire, string)* σχοινί, γραμμή, σύρμα *nt* || *(narrow mark)* γραμμή || *(row, series)* σειρά, γραμμή || *(course, direction)* κατεύθυνση, τρόπος, πορεία || *(class of goods)* σειρά, συλλογή, είδος *nt* || *(poetry etc)* στίχος, γραμμή ♦ *vt (coat etc)* φοδράρω || *(border)* χαράσσω || **in ~ with** σύμφωνα με || **to ~ up** *vi* μπαίνω στη γραμμή || σχηματίζω ουρά ♦ *vt* παρατάσσω, βάζω στη γραμμή.
linear ['lɪnɪə*] *a (of length)* του μήκους, γραμμική.
linen ['lɪnɪn] *n* λινό ύφασμα *nt* || *(articles)* ασπρόρουχα *ntpl.*
liner ['laɪnə*] *n* πλοίο γραμμής.
linesman ['laɪnzmən] *n (SPORT)* λάινσμαν *m inv.*
line-up ['laɪnʌp] *n* παράταξη.
linger ['lɪŋgə*] *vi (remain long)* χρονοτριβώ, παρατείνομαι || *(delay)* αργοπορώ, βραδύνω.
lingerie ['lænʒəriː] *n* γυναικεία εσώρουχα *ntpl.*
lingering ['lɪŋgərɪŋ] *a* παρατεταμένος, βραδύς, ανιαρός.
lingo ['lɪŋgəu] *n (col)* γλώσσα, διάλεκτος *f.*
linguist ['lɪŋgwɪst] *n* γλωσσολόγος *m/f*, γλωσσομαθής *m/f.*
linguistic [lɪŋ'gwɪstɪk] *a* γλωσσολογικός || **~s** *n* γλωσσολογία.
lining ['laɪnɪŋ] *n* φόδρα.
link [lɪŋk] *n (of chain)* κρίκος || δεσμός σύνδεσμος ♦ *vt* συνδέω, ενώνω || **~s** *npl* γήπεδο γκόλφ || **~-up** *n (communication)* σύνδεση.
linoleum [lɪ'nəulɪəm] *n* μουσαμάς, δαπέδου.
lion ['laɪən] *n* λιοντάρι || **~ess** *n* λέαινα.
lip [lɪp] *n* χείλι, χείλος *nt* || **to pay ~ service** *(+to)* κάνω ψεύτικες υποσχέσεις || **~stick** *n* κραγιόν *nt inv.*
liqueur [lɪ'kjuə*] *n* λικέρ *nt inv.*
liquid ['lɪkwɪd] *n* υγρό ♦ *a (substance)* υγρός, ρευστός || *(asset)* ρευστός, διαθέσιμος || **~ate** *vt* διαλύω, ξεκαθαρίζω, χρεωκοπώ || **~ation** *n* διάλυση, εξόφληση, χρεωκόπηση..
liquor ['lɪkə*] *n (strong drink)* οινοπνευματώδες ποτό.
lisp [lɪsp] *n* τραυλισμός, ψεύδισμα *nt.*
list [lɪst] *n (of names etc)* κατάλογος || *(on ship)* κλίση, γέρσιμο ♦ *vt (write down)* εγγράφω, καταγράφω ♦ *vi (of ship)* κλίνω, γέρνω.
listen ['lɪsn] *vi* ακούω, προσέχω || **to ~ to** *vt* ακούω || **~er** *n* ακροατής/άτρια *m/f.*
listless ['lɪstlɪs] *a* άτονος, νωθρός, αδιάφορος.
lit [lɪt] *pt, pp of* **light**.
litany ['lɪtənɪ] *n* λιτανεία.
liter ['liːtə*] *n (US)* = **litre**.
literacy ['lɪtərəsɪ] *n* βαθμός μόρφωσης.
literal ['lɪtərəl] *a (word for word)* κατά λέξη || *(usual meaning)* κατά κυριολεξία || **~ly** *ad* κυριολεκτικά.

literary ['lɪtərərɪ] *a* λογοτεχνικός, φιλολογικός.
literate ['lɪtərɪt] *a* εγγράμματος.
literature ['lɪtərɪtʃə*] *n* φιλολογία, λογοτεχνία.
litre ['liːtə*] *n* λίτρο.
litter ['lɪtə*] *n (untidy bits)* σκουπίδια *ntpl* || *(young animals)* γέννα, νεογνά *ntpl* ♦ *vt* κάνω άνω-κάτω, βρωμίζω με σκουπίδια.
little ['lɪtl] *a (small)* μικρός, λίγος, κοντός || *(unimportant)* ασήμαντος ♦ *ad* ελάχιστα, λίγο ♦ *n* λίγο.
liturgy ['lɪtədʒɪ] *n* λειτουργία.
live [lɪv] *vi* ζω || *(pass one's life)* ζω || *(last)* ζω, διαρκώ || *(dwell)* κατοικώ, διαμένω, ζω || **to ~ down** *vt* κάνω να ξεχαστεί, υπερνικώ || **to ~ on** *vt* τρέφομαι με, συντηρούμαι με || **to ~ up to** *vt* εφαρμόζω, τιμώ, εκπληρώνω.
live [laɪv] *a (living)* ζωντανός || *(burning)* αναμμένος || *(wire)* ηλεκτρισμένος με ρεύμα || *(broadcast)* ζωντανό πρόγραμμα.
livelihood ['laɪvlɪhʊd] *n* τα προς το ζην.
lively ['laɪvlɪ] *a* ζωηρός.
liver ['lɪvə*] *n (ANAT)* συκώτι.
livery ['lɪvərɪ] *n* στολή υπηρέτη.
lives [laɪvz] *npl of* **life.**
livestock ['laɪvstɒk] *n* ζώα *ntpl*, κτήνη *ntpl.*
livid ['lɪvɪd] *a (lit)* πελιδνός, ωχρός || *(furious)* φουριόζος.
living ['lɪvɪŋ] *n* τα προς το ζην, βίος ♦ *a* ζωντανός || *(wage)* βασικός μισθός || **~ room** *n* σαλόνι.
lizard ['lɪzəd] *n* σαύρα.
load [ləʊd] *n* φορτίο, φόρτωμα *nt* ♦ *vt* φορτώνω, γεμίζω.
loaf [ləʊf] *n* καρβέλι ♦ *vi* χαζεύω, τεμπελιάζω.
loan [ləʊn] *n* δάνειο, δανεισμός ♦ *vt* δανείζω || **on ~** απεσπασμένος.
loathe [ləʊð] *vt* σιχαίνομαι.
loathing ['ləʊðɪŋ] *n* σιχαμός, αηδία.
loaves [ləʊvz] *npl of* **loaf.**
lobby ['lɒbɪ] *n* προθάλαμος, είσοδος *f* ♦ *vt* επηρεάζω βουλευτές.
lobe [ləʊb] *n* λοβός.
lobster ['lɒbstə*] *n* αστακός.
local ['ləʊkəl] *a* τοπικός, επιτόπιος ♦ *n (pub)* ταβέρνα || **the ~s** *npl* ντόπιοι *mpl* || **~ity** *n* θέση, μέρος, τοποθεσία || **~ly** *ad* τοπικά, επιτόπια.
locate [ləʊ'keɪt] *vt* εντοπίζω || *(establish)* τοποθετώ.
location [ləʊ'keɪʃən] *n* τοποθεσία.
loch [lɒx] *n* λίμνη.
lock [lɒk] *n (of door)* κλειδαριά || *(of canal etc)* υδροφράκτης, φράγμα *nt* || *(of hair)* βόστρυχος, μπούκλα ♦ *vt* κλειδώνω || σφίγγω, στερεώνω ♦ *vi (door etc)* ασφαλίζομαι || *(wheels)* σφηνώνω, μπλοκάρομαι.
locker ['lɒkə*] *n* αρμάρι, ντουλάπι, αποθήκη.
locket ['lɒkɪt] *n* μενταγιόν *nt inv.*
locomotive [ləʊkə'məʊtɪv] *n* ατμάμαξα, ατμομηχανή.
locust ['ləʊkəst] *n* ακρίδα.
lodge [lɒdʒ] *n* εξοχικό σπίτι || *(at gate)* σπιτάκι του φύλακα || *(meeting place)* στοά ♦ *vi* φιλοξενούμαι, διαμένω || *(rent a room)* είμαι νοικάρης || *(stick)* σφηνώνομαι, πιάνομαι ♦ *vt* καταθέτω, υποβάλλω || **~r** *n* ένοικος *m/f.*
lodgings ['lɒdʒɪŋz] *npl* δωμάτια *ntpl.*
loft [lɒft] *n* υπερώο, σοφίτα.
lofty ['lɒftɪ] *a* ψηλός || *(proud)* υπεροπτικός, αγέρωχος.
log [lɒg] *n (of wood)* κούτσουρο || *(of ship etc)* ημερολόγιο.
logarithm ['lɒgərɪθəm] *n* λογάριθμος.
logbook ['lɒgbʊk] *n* ημερολόγιο (πλοίου).
loggerheads ['lɒgəhedz] *n*: **at ~** τσακωμένος, στα μαχαίρια.

logic ['lɒdʒɪk] *n* λογική || **~al** *a* λογικός.
loin [lɔɪn] *n* πλευρό *ntpl*, λαγόνες *mpl*.
loiter ['lɔɪtə*] *vi* χρονοτριβώ, χαζεύω.
loll [lɒl] *vi* ξαπλώνω, χουζουρεύω.
lollipop ['lɒlɪpɒp] *n* γλειφιτζούρι.
London ['lʌndən] *n* Λονδίνο || **~er** *n (person)* Λονδρέζος/α *m/f*.
lone [ləʊn] *a (solitary)* μόνος, μοναχικός || **~liness** *n* μοναξιά, ερημιά || **~ly** *a (sad)* μελαγχολικός, έρημος, ακατοίκητος.
long [lɒŋ] *a* μακρύς, εκτενής || *(length)* μάκρος ♦ *ad (time)* για πολλή ώρα || *(during)* όλη, σ όλη ♦ *vi (+ for)* ποθώ, λαχταρώ || **before ~** σύντομα || **as ~ as** εφ' όσο || **in the ~ run** στο τέλος, τελικά || **~-distance** *a (TEL)* υπεραστικός || *(SPORT)* μεγάλων αποστάσεων || **~-haired** *a* μακρυμάλλης || **~hand** *n* κανονική γραφή || **~ing** *n* πόθος, λαχτάρα ♦ *a* γεμάτος λαχτάρα.
longitude ['lɒŋgɪtju:d] *n* μήκος.
long: ~ jump *n* άλμα εις μήκος || **~-lost** *a* χαμένος προ πολλού || **~-playing record (L.P.)** *n* δίσκος μακράς διαρκείας || **~-range** *a* μεγάλης διαρκείας, μεγάλης ακτίνας || **~-sighted** *a* πρεσβύωπας, οξυδερκής || **~-standing** *a* παλιός, μακροχρόνιος || **~-suffering** *a* υπομονητικός, μακρόθυμος || **~-term** *a* μακροπρόθεσμος, μακροχρόνιος || **~ wave** *n* μακρύ κύμα || **~-winded** *a* ατελείωτος, φλύαρος.
loo [lu:] *n* μέρος *nt*.
loofah ['lu:fə] *n* (ελ)λύφι.
look [lʊk] *vi (see)* κοιτάζω, βλέπω || *(seem)* φαίνομαι || *(face)* βλέπω, αντικρύζω ♦ *n* βλέμμα *nt*, ματιά || **~s** *npl* όψη, εμφάνιση || **to ~ after** *vt* φροντίζω για || **to ~ down on** *vt (fig)* περιφρονώ || **to ~ for** *vt* ψάχνω, ζητώ || *(expect)* προσδοκώ || **to ~ forward to** *vt* προσδοκώ || **to ~ out for** *vt* αναζητώ, ψάχνω, προσέχω || **to ~ to** *vt* φροντίζω για, βασίζομαι σε || **to ~ up** *vt* καλυτερεύω ♦ *vt* επισκέπτομαι, ψάχνω (σε βιβλίο) || **to ~ up to** *vt* σέβομαι || **~out** *n (watch)* προσοχή || *(view)* θέα || *(MIL)* φρούρηση, φρουρός.
loom [lu:m] *n* αργαλειός ♦ *vi* διαφαίνομαι, διακρίνομαι.
loop [lu:p] *n* βρόχος, θηλιά ♦ *vt* κάνω θηλιά, δένω με θηλιά || **~hole** *n (for escape)* υπεκφυγή, διέξοδος *f*.
loose [lu:s] *a* χαλαρός || *(free)* ελεύθερος, λυμένος || *(slack)* απρόσεκτος, απαλός ♦ *vt* λύνω, λασκάρω, χαλαρώνω || **at a ~ end** χωρίς απασχόληση || **~ly** *ad* χαλαρά, ασαφώς || **~n** *vt* λύνω, λασκάρω.
loot [lu:t] *n* λάφυρο, λεία, πλιάτσικο ♦ *vt* λαφυραγωγώ, λεηλατώ || **~ing** *n* λεηλασία.
lop [lɒp] : **to ~ off** *vt* (απο)κόβω, κλαδεύω.
lop-sided ['lɒp'saɪdɪd] *a* ετεροβαρής, που γέρνει.
lord [lɔ:d] *n* άρχοντας, αφέντης || *(Brit)* λόρδος || **the L~** ο Κύριος || **~ly** *a* μεγαλοπρεπής, αγέρωχος || **~ship** *n (title)* εξοχότητα.
lore [lɔ:*] *n* ειδική γνώση, παραδόσεις *fpl*.
lorry ['lɒrɪ] *n* φορτηγό (αυτοκίνητο), καμιόνι || **~ driver** *n* οδηγός φορτηγού.
lose [lu:z] *(irreg v) vt (most senses)* χάνω || *(waste)* σπαταλώ, χάνω || ♦ *vi* χάνω || **~r** *n* νικημένος χαμένος.
loss [lɒs] *n* απώλεια, χάσιμο || *(what is lost)* απώλεια || *(harm)* ζημιά || **to be at a ~** τα έχω χαμένα, βρίσκομαι σε αμηχανία.
lost [lɒst] *pt, pp of* **lose** ♦ *a* χαμένος

|| ~ **property** *n* (γραφείο) απολεσθέντων αντικειμένων.
lot [lɒt] *n (large quantity)* πολύ || *(for prize)* κλήρος || *(group of objects)* σύνολο, σε παρτίδες || **a ~ of** ένα σωρό, πολύ || **~s of** πλήθος, ένα σωρό.
lotion [ˈləʊʃən] *n* λοσιόν *f inv*.
lottery [ˈlɒtərɪ] *n* λαχείο.
loud [laʊd] *a* βροντερός, θορυβώδης, μεγαλόφωνος || *(showy)* κτυπητός ♦ *ad* δυνατά, μεγαλόφωνα || **~ly** *ad* δυνατά, μεγαλόφωνα || **~speaker** *n* μεγάφωνο.
lounge [laʊndʒ] *n* μικρό σαλόνι, χωλ *nt inv* ξενοδοχείου ♦ *vi* περιφέρομαι άσκοπα, χαζεύω || **~ suit** *n* καθημερινό κοστούμι.
louse [laʊs] *n* ψείρα.
lousy [ˈlaʊzɪ] *a (lit)* ψειριάρης || *(fig)* βρωμερός, άθλιος.
lout [laʊt] *n* άξεστος, ντουβάρι.
lovable [ˈlʌvəbl] *a* αξιαγάπητος.
love [lʌv] *n* αγάπη, έρωτας, στοργή || *(person loved)* αγαπημένος, ερωμένος || *(SPORT)* μηδέν ♦ *vt (person)* αγαπώ || *(activity)* λατρεύω, αγαπώ || **to ~ to do** μου αρέσει να κάνω || **to make ~** κάνω έρωτα, φλερτάρω || **~ affair** *n* ερωτική υπόθεση || **~ letter** *n* ερωτικό γράμμα *nt* || **~ life** *n* ερωτική ζωή.
lovely [ˈlʌvlɪ] *a* ωραίος, χαριτωμένος, ευχάριστος.
lovemaking [ˈlʌvmeɪkɪŋ] *n* ερωτοτροπία, κόρτε *nt inv*.
lover [ˈlʌvə*] *n (general)* φιλο- || *(man)* εραστής, φίλος.
lovesong [ˈlʌvsɒŋ] *n* ερωτικό τραγούδι.
loving [ˈlʌvɪŋ] *a* τρυφερός, στοργικός.
low [ləʊ] *a (not tall)* χαμηλός || *(rank)* ταπεινός, κατώτερος || *(common)* χυδαίος, άξεστος || *(not loud)* αδύνατος, χαμηλός || *(weak)* κακόκεφος || *(tide)* άμπωτη ♦ *ad* χαμηλά || *(not loudly)* χαμηλόφωνα, χαμηλά ♦ *n (low point)* ναδίρ *nt inv* || *(meteorology)* βαρομετρικό χαμηλό || **~-cut** *a (dress)* ντεκολτέ.
lower [ˈləʊə*] *vt* κατεβάζω, χαμηλώνω || *(make less)* ελαττώνω.
lowly [ˈləʊlɪ] *a* ταπεινός, μετριόφρονας.
loyal [ˈlɔɪəl] *a* πιστός, αφοσιωμένος || **~ty** *n* πίστη, αφοσίωση.
lozenge [ˈlɒzɪndʒ] *n* παστίλια.
L.P. *n abbr see* **long-playing record.**
Ltd. *abbr see* **limited.**
lubricant [ˈluːbrɪkənt] *n* λιπαντικό, γράσο.
lubricate [ˈluːbrɪkeɪt] *vt* λιπαίνω, λαδώνω, γρασάρω.
lucid [ˈluːsɪd] *a* σαφής, διαυγής || **~ity** *n* σαφήνεια, διαύγεια.
luck [lʌk] *n* τύχη || **~ily** *ad* ευτυχώς || **~y** *a* τυχερός.
lucrative [ˈluːkrətɪv] *a* επικερδής.
ludicrous [ˈluːdɪkrəs] *a* αλλόκοτος, γελοίος, αστείος.
lug [lʌg] *vt* σέρνω με δυσκολία.
luggage [ˈlʌgɪdʒ] *n* αποσκευές *fpl* || **~ rack** *n (in train etc)* δίχτυ *nt* για βαλίτσες.
lukewarm [ˈluːkwɔːm] *a* χλιαρός || *(indifferent)* αδιάφορος.
lull [lʌl] *n* ανάπαυλα, κόπαση ♦ *vt* νανουρίζω || *(calm)* καθησυχάζω, καταπραΰνω.
lullaby [ˈlʌləbaɪ] *n* νανούρισμα *nt*.
lumbago [lʌmˈbeɪgəʊ] *n* οσφυαλγία.
lumber [ˈlʌmbə*] *n (old articles)* παλιατσούρες *fpl* || *(wood)* ξυλεία || **~jack** *n* ξυλοκόπος.
luminous [ˈluːmɪnəs] *a* φωτεινός, φωτισμένος.
lump [lʌmp] *n* (σ)βώλος, μεγάλο κομμάτι || *(swelling)* εξόγκωμα *nt*, καρούμπαλο || *(of sugar)* κομμάτι ♦ *vt*

σβωλιάζω, συσσωρεύω || **a ~ sum** στρογγυλό ποσό, ολική τιμή || **~y** *a* σβωλιασμένος.
lunacy ['lu:nəsı] *n* παραφροσύνη.
lunar ['lu:nə*] *a* σεληνιακός.
lunatic ['lu:nətık] *n* παράφρονας ♦ *a* παράφρονας, τρελός.
lunch [lʌntʃ] *n (also: ~eon)* γεύμα || **~time** *n* μεσημβρινή διακοπή.
lung [lʌŋ] *n* πνεύμονας || **~ cancer** *n* καρκίνος των πνευμόνων.
lunge [lʌndʒ] *vi* μπήγω, κτυπώ ξαφνικά, εφορμώ.
lurch [lɜ:tʃ] *vi* τρικλίζω, ταλαντεύομαι ♦ *n* τρίκλισμα *nt*, μπότζι.
lure [ljʊə*] *n* δελέασμα *nt*, δόλωμα *nt*, έλξη ♦ *vt* δελεάζω, θέλγω.
lurid ['ljʊərıd] *a (shocking)* τρομερός.
lurk [lɜ:k] *vi* παραμονεύω, κρύβομαι.
luscious ['lʌʃəs] *a* γευστικός, χυμώδης, γλυκύτατος.
lush [lʌʃ] *a* γεμάτος χυμούς || *(countryside)* πλούσιος σε βλάστηση.
lust [lʌst] *n* σαρκική επιθυμία ♦ *vi (+ after)* εποφθαλμιώ, ορέγομαι || **~ful** *a* λάγνος.
lustre, luster *(US)* ['lʌstə*] *n* λάμψη, στιλπνότητα.
lusty ['lʌstı] *a* εύρωστος, σφριγηλός.
lute [lu:t] *n* λαούτο.
Luxembourg ['lʌksəmbɜ:g] *n* Λουξεμβούργο.
luxuriant [lʌg'zjʊərıənt] *a* άφθονος, πλούσιος.
luxurious [lʌg'zjʊərıəs] *a* πολυτελής, πλούσιος.
luxury ['lʌkʃərı] *n* πολυτέλεια, λούσο.
lying ['laııŋ] *n* κείμενος || *(not truthful)* ψευδόμενος ♦ *a* ψεύτικος.
lynch [lıntʃ] *vt* λυντσάρω.
lyre ['laıə*] *n* λύρα.
lyric ['lırık] *n* λόγια *ntpl* τραγουδιού ♦ *a* λυρικός || **~al** *a (fig)* ενθουσιώδης, λυρικός.

M

M. *abbr of* **metre, mile, million**.
M. A. *abbr see* **master**.
mac [mæk] *n (raincoat)* αδιάβροχο.
macaroni [mækə'rəʊnı] *n* μακαρόνια *ntpl*.
mace [meıs] *n (spice)* μοσχοκάρυδο.
machine [mə'ʃi:n] *n (general)* μηχανή, μηχάνημα *nt* ♦ *vt (dress etc)* επεξεργάζομαι, κατεργάζομαι || **~ gun** *n* πολυβόλο || **~ry** *n* μηχανές *fpl* || *(parts)* μηχανήματα *ntpl* || *(of government)* μηχανισμός.
machinist [mə'ʃi:nıst] *n* μηχανουργός.
mackerel ['mækrəl] *n* σκουμπρί.
mackintosh ['mækıntɒʃ] *n* αδιάβροχο.
mad [mæd] *a* παράφρονας, τρελός || *(foolish)* παράλογος.
madam ['mædəm] *n* κυρία.
madden ['mædn] *vt* τρελαίνω.
made [meıd] *pt, pp of* **make** || **~-to-measure** *a* κατά παραγγελία.
madly ['mædlı] *ad* τρελά, άγρια.
madman ['mædmən] *n (maniac)* φρενοβλαβής, τρελός.
madness ['mædnıs] *n* παραφροσύνη, τρέλα.
Madonna [mə'dɒnə] *n* Παναγία.
magazine [mægə'zi:n] *n* περιοδικό.
maggot ['mægət] *n* σκουλίκι.
magic ['mædʒık] *n* μαγεία ♦ *a* μαγικός, μαγεμένος || **~al** *a* μαγικός || **~ian** *n* μάγος.
magistrate ['mædʒıstreıt] *n* ειρηνοδίκης.
magnanimous [mæg'nænıməs] *a* μεγαλόψυχος.
magnate ['mægneıt] *n* μεγιστάνας.

magnet [ˈmægnɪt] *n* μαγνήτης || **~ic** *a* μαγνητικός || **~ism** *n* μαγνητισμός.
magnification [mægnɪfɪˈkeɪʃən] *n* μεγέθυνση.
magnificence [mægˈnɪfɪsəns] *n* μεγαλοπρέπεια.
magnificent [mægˈnɪfɪsənt] *a* μεγαλοπρεπής.
magnify [ˈmægnɪfaɪ] *vt* μεγεθύνω, υπερβάλλω || **~ing glass** *n* μεγεθυντικός φακός.
magnitude [ˈmægnɪtjuːd] *n* μέγεθος *nt*, σπουδαιότητα.
magnolia [mægˈnəʊlɪə] *n* μανόλια.
magpie [ˈmægpaɪ] *n* καρακάξα.
mahogany [məˈhɒgənɪ] *n* μαόνι.
maid [meɪd] *n (servant)* υπηρέτρια.
maiden [ˈmeɪdən] *n* κορίτσι, παρθένος *f* ♦ *a (lady)* άγαμος || **~ name** *n* οικογενειακό όνομα || **~ speech** *n* παρθενικός λόγος || **~ voyage** *n* παρθενικό ταξίδι.
mail [meɪl] *n* επιστολές *fpl*, ταχυδρομείο || *(system)* ταχυδρομείο ♦ *vt (US)* ταχυδρομώ || **~box** *n* γραμματοκιβώτιο || **~-order** *n* ταχυδρομική εντολή.
maim [meɪm] *vt* ακρωτηριάζω, σακατεύω.
main [meɪn] *a* κύριος, πρωτεύων ♦ *n (pipe)* κεντρικός αγωγός || **in the ~** γενικά, ως επί το πλείστο || **~frame (computer)** *n* Η/Υ μεγάλου μεγέθους || **~land** *n* στερεά, πειρωτική χώρα || **~ road** *n* κεντρική οδός *f* || **~stay** *n (fig)* κύριο έρεισμα *nt*, στήριγμα *nt*.
maintain [meɪnˈteɪn] *vt (machine)* διατηρώ, συντηρώ || *(support)* συντηρώ, τρέφω || *(traditions)* συντηρώ, συνεχίζω || *(an opinion)* υποστηρίζω.
maintenance [ˈmeɪntɪnəns] *n (TECH)* συντήρηση.
maisonette [meɪzəˈnɛt] *n* διαμέρισμα *nt*, μονοκατοικία.
maize [meɪz] *n* αραποσίτι, καλαμπόκι.
majestic [məˈdʒɛstɪk] *a* μεγαλοπρεπής.
majesty [ˈmædʒɪstɪ] *n* μεγαλείο || **His/Her M~** *n* Αυτού/Αυτή Μεγαλειότης.
major [ˈmeɪdʒə*] *n (MIL)* ταγματάρχης ♦ *a (MUS)* μείζων.
majority [məˈdʒɒrɪtɪ] *n* πλειοψηφία || *(number)* πλειονότητα.
make [meɪk] *(irreg v) vt (build, shape, produce)* κάνω, φτιάχνω, δημιουργώ || *(appoint)* κάνω, ορίζω || *(cause to do)* αναγκάζω, κάνω, υποχρεώνω || *(reach)* φθάνω || *(earn)* κάνω, αποκτώ, κερδίζω, βγάζω || *(do, perform)* κάνω || *(amount to)* κάνω || *(prepare)* φτιάχνω ♦ *n (style)* κατασκευή, τύπος || *(kind)* μάρκα || **to ~ for** *vt (place)* κατευθύνομαι, πηγαίνω || **to ~ out** *vi* επιτυγχάνω, καταφέρνω ♦ *vt (write out)* συντάσσω, βγάζω, ετοιμάζω || *(understand)* καταλήγω, καταλαβαίνω || *(pretend)* προσποιούμαι, παριστάνω || **to ~ up** *vt (make)* συντάσσω, φτιάχνω, πλάθω || *(face)* βάφομαι, μακιγιάρομαι, φτιάχνομαι || *(settle)* ρυθμίζω, συμφιλιώνω, διευθετώ || **to ~ up for** *vt* ανακτώ, αναπληρώνω || **~-believe** *n* προσποίηση, υπόκριση ♦ *a* προσποιητός, ψεύτικος || **~r** *n* κατασκευαστής/άστρια *m/f*, δημιουργός *m/f* || **~shift** *a* προσωρινή λύση || **~-up** *n (cosmetics)* μακιγιάζ *nt inv* || σύσταση || *(THEAT)* μακιγιάζ *nt inv*, βάψιμο.
making [ˈmeɪkɪŋ] *n*: **in the ~** εν εξελίξει.
malaise [mæˈleɪz] *n* αδιαθεσία.
malaria [məˈlɛərɪə] *n* ελονοσία.
Malaysia [məˈleɪzɪə] *n* Μαλαισία.

male [meɪl] *n* άνδρας ♦ *a* αρσενικός.
malevolent [mə'lɛvələnt] *a* κακόβουλος.
malfunction [mæl'fʌŋkʃən] *vi* λειτουργώ ελαττωματικά.
malice ['mælɪs] *n* κακεντρέχεια, έχθρα.
malicious [mə'lɪʃəs] *a* κακόβουλος, μοχθηρός.
malign [mə'laɪn] *vt* δυσφημίζω, κακολογώ.
malignant [mə'lɪgnənt] *a (tumour)* κακοήθης.
malleable ['mælɪəbl] *a* ελάσιμος, μαλακός.
mallet ['mælɪt] *n* ξύλινο σφυρί, κόπανος.
malnutrition [mælnju'trɪʃən] *n* υποσιτισμός.
malpractice [mæl'præktɪs] *n* αδίκημα *nt*, κατάχρηση.
malt [mɔːlt] *n* βύνη.
Malta ['mɔːltə] *n* Μάλτα.
maltreat [mæl'triːt] *vt* κακομεταχειρίζομαι.
mammal ['mæməl] *n* θηλαστικό, μαστοφόρο.
mammoth ['mæməθ] *a* γιγαντιαίος, πελώριος.
man [mæn] *n* άνθρωπος || *(male)* άνδρας || *(race)* ανθρωπότητα ♦ *vt* επανδρώνω.
manage ['mænɪdʒ] *vi (succeed)* καταφέρνω ♦ *vt* χειρίζομαι, διευθύνω, διοικώ || **~able** *a* ευχείριστος || *(person)* εύκολος || **~ment** *n* χειρισμός, διαχείριση || *(directors)* διεύθυνση, διοίκηση || **~r** *n* διευθυντής || **~ress** *n* διευθύντρια || **~rial** *a* διευθυντικός, τεχνοκρατικός.
managing ['mænɪdʒɪŋ] *a*: **~ director** *n* γενικός διευθυντής.
mandarin ['mændərɪn] *n (orange)* μανταρίνι || *(man)* μανδαρίνος.
mandate ['mændeɪt] *n (instruction)* εντολή || *(commission)* εντολή.
mandatory ['mændətərɪ] *a* υποχρεωτικός.
mandolin(e) ['mændəlɪn] *n* μαντολίνο.
mane [meɪn] *n* χαίτη.
maneuver [mə'nuːvə*] *(US)* = **manoeuvre**.
manfully ['mænfəlɪ] *ad* παλληκαρίσια.
mangle ['mæŋgl] *vt* καταξεσκίζω, κατακόβω.
mango ['mæŋgəʊ] *n* μάγγο.
manhandle ['mænhændl] *vt* ξυλοφορτώνω, κακομεταχειρίζομαι.
manhole ['mænhəʊl] *n* ανθρωποθυρίδα, είσοδος *f* υπονόμου.
manhood ['mænhʊd] *n* ανδρικότητα, ανδρική ηλικία.
man-hour ['mæn'aʊə*] *n* ώρα εργασίας.
manhunt ['mænhʌnt] *n* ανθρωποκυνήγι.
mania ['meɪnɪə] *n (craze)* μανία, πάθος *nt* || *(madness)* τρέλα || **~c** *n* μανιακός.
manicure ['mænɪkjʊə*] *n* μανικιούρ *nt inv* ♦ *vt* φτιάχνω τα νύχια || **~ set** *n* κασετίνα του μανικιούρ.
manifest ['mænɪfɛst] *vt* επιδεικνύω, εκδηλώνω ♦ *a* έκδηλος, προφανής || **~ation** *n* εκδήλωση.
manifesto [mænɪ'fɛstəʊ] *n* διακήρυξη, μανιφέστο.
manipulate [mə'nɪpjʊleɪt] *vt* χειρίζομαι, μανουβράρω.
mankind [mæn'kaɪnd] *n* ανθρωπότητα.
manly ['mænlɪ] *a* ανδρικός, ανδροπρεπής, αντρίκιος.
manner ['mænə*] *n* τρόπος || *(custom)* συμπεριφορά, είδος *nt* || **~s** *npl* συμπεριφορά, τρόποι *mpl* ||

~**ism** *n (of person)* ιδιορρυθμία, ιδιοτροπία.
manoeuvre [mə'nuːvə*] *vti* ελίσσομαι, μανουβράρω ♦ *n (MIL)* ελιγμός, άσκηση.
manor ['mænə*] *n* τιμάριο, κτήμα *nt* || ~ **house** *n* αρχοντικό σπίτι.
manpower ['mænpauə*] *n* το εργατικό δυναμικό.
manservant ['mænsɜːvənt] *n* υπηρέτης, καμαριέρης.
mansion ['mænʃən] *n* μέγαρο.
manslaughter ['mænslɔːtə*] *n* ανθρωποκτονία.
mantelpiece ['mæntlpiːs] *n* γείσωμα *nt* τζακιού.
mantle ['mæntl] *n* μανδύας.
manual ['mænjuəl] *a* χειρωνακτικός ♦ *n* εγχειρίδιο.
manufacture [mænju'fæktʃə*] *vt* κατασκευάζω, βιομηχανοποιώ ♦ *n* κατασκευή, βιομηχανία || ~**r** *n* βιομήχανος.
manure [mə'njuə*] *n* κοπριά, λίπασμα *nt.*
manuscript ['mænjuskrɪpt] *n* χειρόγραφο.
many ['menɪ] *a* πολλοί, αρκετοί ♦ *n* αρκετοί, πολλοί, όσοι.
map [mæp] *n* χάρτης ♦ *vt* χαρτογραφώ || **to** ~ **out** *vt* χαράσσω, καθορίζω, κανονίζω.
maple ['meɪpl] *n* σφεντάμι.
mar [maː*] *vt* βλάφτω, χαλώ, παραμορφώνω.
marathon ['mærəθən] *n* μαραθώνιος.
marauder [mə'rɔːdə*] *n* λεηλάτης, ληστής.
marble ['maːbl] *n* μάρμαρο || ~**s** *n (game)* βώλος, μπίλια.
March [maːtʃ] *n* Μάρτιος, Μάρτης.
march [maːtʃ] *vi* βαδίζω, βηματίζω, οδηγώ ♦ *n (tune)* εμβατήριο || *(walk)* πορεία, βάδισμα *nt* || ~**-past** *n* παρέλαση.
mare [meə*] *n* φοράδα.
margarine [maːdʒə'riːn] *n* μαργαρίνη.
margin ['maːdʒɪn] *n (page)* περιθώριο || *(extra amount)* περιθώριο || ~**al** *a* περιθωριακός.
marigold ['mærɪgəuld] *n* κατιφές *m.*
marijuana [mærɪ'waːnə] *n* μαριχουάνα.
marina [mə'riːnə] *n (for boats)* μαρίνα.
marine [mə'riːn] *a* θαλάσσιος, ναυτικός || *(MIL)* πεζοναυτικός ♦ *n (MIL)* πεζοναύτης.
marital ['mærɪtl] *a* συζυγικός.
maritime ['mærɪtaɪm] *a* θαλασσινός, ναυτικός.
marjoram ['maːdʒərəm] *n* μαντζουράνα.
mark [maːk] *n (coin)* μάρκα || *(scar etc)* σημάδι, ίχνος, στίγμα *nt* || *(sign)* σημείο, ένδειξη || *(target)* στόχος, σημάδι || *(grade)* βαθμός ♦ *vt (make a mark)* μαρκάρω, σημαδεύω || *(indicate)* δεικνύω, εκδηλώνω, δείχνω || *(watch etc)* προσέχω, κοιτάζω || *(exam)* διορθώνω, βαθμολογώ || **to** ~ **time** κάνω βήμα σημειωτό || *(make no progress)* δεν προχωρώ || **to** ~ **out** *vt* σημαδεύω || ~**ed** *a* έντονος, σαφής, φανερός, εμφανής || ~**er** *n (sign)* δείκτης.
market ['maːkɪt] *n* αγορά || *(overseas)* αγορά || *(demand)* ζήτηση ♦ *vt (COMM: new product)* πουλώ || *(project)* προβάλλω || ~ **day** *n* ημέρα αγοράς || ~ **garden** *n (Brit)* περιβόλι κηπουρικών || ~**ing** *n* αγορά, πώληση || ~ **place** *n* αγορά, παζάρι.
marksman ['maːksmən] *n* σκοπευτής || ~**ship** *n* σκοπευτική ικανότητα.
marmalade ['maːməleɪd] *n* μαρμελάδα.

maroon [mə'ruːn] *vt (usually passive)* εγκαταλείπω σε έρημη ακτή ♦ *a (colour)* ερυθρόφαιος.

marquee [maː'kiː] *n* μεγάλη τέντα.

marquess, marquis ['maːkwɪs] *n* μαρκήσιος.

marriage ['mærɪdʒ] *n (institution)* παντρειά || *(wedding)* γάμος.

married ['mærɪd] *a (person, life)* έγγαμος.

marrow ['mærəʊ] *n* μυελός, μεδούλι || *(vegetable)* κολοκύθι.

marry ['mærɪ] *vt* νυμφεύω, παντρεύω ♦ *vi (also:* **get married)** νυμφεύομαι, παντρεύομαι.

Mars [maːz] *n* 'Αρης.

marsh [maːʃ] *n* έλος *nt*, βάλτος.

marshal ['maːʃəl] *n (US)* σερίφης ♦ *vt* παρατάσσω, συγκεντρώνω || *see* **field**.

marshy ['maːʃɪ] *a* ελώδης.

martial ['maːʃəl] *a* πολεμικός, στρατιωτικός || ~ **law** *n* στρατιωτικός νόμος.

martyr ['maːtə*] *n* μάρτυρας || *(fig)* βασανιζόμενος || ~**dom** *n* μαρτύριο.

marvel ['maːvəl] *n* θαύμα *nt* ♦ *vi (+ at)* εκπλήσσομαι, θαυμάζω || ~**lous**, *(US)* ~**ous** *a* θαυμάσιος, καταπληκτικός.

Marxism ['maːksɪzəm] *n* μαρξισμός.

Marxist ['maːksɪst] *n* μαρξιστής.

mascara [mæs'kaːrə] *n* μάσκαρα.

mascot ['mæskət] *n* μασκώτ *nt inv*.

masculine ['mæskjʊlɪn] *a* αρσενικός || *(manly)* ανδροπρεπής, ρωμαλέος || *(GRAM)* αρσενικός ♦ *n* το αρσενικό.

masculinity [mæskjʊ'lɪnɪtɪ] *n* αρρενότητα, ανδρικό ύφος.

mashed [mæʃt] *a:* ~ **potatoes** *npl* πατάτες *fpl* πουρέ.

mask [maːsk] *n* προσωπίδα, μάσκα || *(pretence)* προσωπείο ♦ *vt* καλύπτω, αποκρύπτω.

masochist ['mæsəʊkɪst] *n* μαζοχιστής.

mason ['meɪsn] *n (stonemason)* κτίστης || *(freemason)* τέκτονας || ~**ic** [mə'sɒnɪk] *a* τεκτονικός, μασονικός || ~**ry** ['meɪsnrɪ] *n* λιθοδομή, χτίσιμο.

masquerade [mæskə'reɪd] *n* μεταμφίεση ♦ *vi* μεταμφιέζομαι.

mass [mæs] *n (PHYS)* μάζα || *(information, people)* όγκος, μάζα, πλήθος *nt* || *(majority)* το μεγαλύτερο μέρος, η πλειοψηφία || *(REL)* λειτουργία ♦ *vt* συγκεντρώνω, αθροίζω, μαζεύω ♦ *vi* συγκεντρώνομαι, μαζεύομαι.

massacre ['mæsəkə*] *n* σφαγή, μακελειό ♦ *vt* σφάζω.

massage ['mæsaːʒ] *n* μάλαξη, μασσάζ *nt inv* ♦ *vt* μαλάσσω, κάνω μασσάζ.

masseur [mæ'sɜː*] *n* μασσέρ *m inv*.

masseuse [mæ'sɜːz] *n* μασέζ *f inv*.

massive ['mæsɪv] *a* ογκώδης, δυνατός.

mass media ['mæs'miːdɪə] *npl* μέσα *ntpl* μαζικής επικοινωνίας.

mass production ['mæsprə'dʌkʃən] *n* μαζική παραγωγή.

mast [maːst] *n* ιστός, κατάρτι || *(pole)* στήλη, στύλος.

master ['maːstə*] *n* κύριος, αφεντικό || *(teacher)* δάσκαλος, καθηγητής || *(head)* αρχηγός || *(of ship)* καπετάνιος || *(artist)* μεγάλος καλλιτέχνης ♦ *vt* εξουσιάζω, ελέγχω || *(learn)* μαθαίνω τέλεια || ~**ly** *a* έντεχνος, αριστοτεχνικός || ~**mind** *n* εγκέφαλος ♦ *vt* συλλαμβάνω, πραγματοποιώ || **M~ of Arts (M.A.)** *n* ανώτερος πτυχιούχος θετικών επιστημών || ~**piece** *n* αριστούργημα *nt* || ~ **stroke** *n* αριστοτεχνικό κτύπημα *nt* || ~**y** *n* εξουσία, υπεροχή, μαεστρία.

masturbate ['mæstəbeɪt] *vi* μαλακίζομαι.

masturbation [mæstə'beɪʃən] *n* μαλακία.

mat [mæt] *n* ψάθα, χαλάκι || *(material for table)* στρωσίδι τραπεζιού || *(tangled mass)* μπλεγμένα νήματα *ntpl* κτλ ♦ *vti* μπλέκω, μπερδεύω.

match [mætʃ] *n (matchstick)* σπίρτο || *(game)* αγώνας || *(equal)* ταίρι || *(marriage)* συνοικέσιο ♦ *vt (be like)* εναρμονίζω, ταιριάζω || *(equal strength etc)* εξισούμαι με, φθάνω ♦ *vi* συμβιβάζομαι, συμφωνώ, ταιριάζω || ~**box** *n* κουτί σπίρτα || ~**ing** *a* προσαρμογή || ~**less** *a* απαράμιλλος.

mate [meɪt] *n* σύντροφος, συνάδελφος || *(husband, wife)* σύζυγος, ταίρι || *(NAUT)* υποπλοίαρχος ♦ *vi (chess)* κάνω μάτ || *(of animal)* ζευγαρώνομαι.

material [mə'tɪərɪəl] *n* ύλη, υλικό ♦ *a* σημαντικός, ουσιώδης || *(of matter)* υλικός || *(opposite of spirit)* υλικός || ~**s** *npl* υλικά *ntpl*, εφόδια *ntpl* || ~**istic** *a* υλιστικός || ~**ize** *vi* πραγματοποιούμαι, γίνομαι.

maternal [mə'tɜːnl] *a* μητρικός || *(relatives)* από τη μητέρα.

maternity [mə'tɜːnɪtɪ] *n* μητρότητα || ~ **dress** φόρεμα *nt* εγγύου || ~ **hospital** μαιευτήριο.

mathematical [mæθə'mætɪkəl] *a* μαθηματικός.

mathematician [mæθəmə'tɪʃən] *n* μαθηματικός *m/f*.

mathematics [mæθə'mætɪks] *n*, **maths** [mæθs] *n* μαθηματικά *ntpl*.

matinée ['mætɪneɪ] *n* παράσταση (απογευματινή).

mating ['meɪtɪŋ] *n* ζευγάρωμα *nt*, βάτεμα *nt*.

matriarchal [meɪtrɪ'ɑːkl] *a* μητριαρχικός.

matrimonial [mætrɪ'məunɪəl] *a* γαμήλιος, συζυγικός.

matrimony ['mætrɪmənɪ] *n* γάμος, έγγαμη ζωή.

matron ['meɪtrən] *n (MED)* προϊσταμένη || *(SCH)* επιμελήτρια, οικονόμος *f* || ~**ly** *a* σεβάσμιος, ατάραχος.

matt [mæt] *a (paint)* μουντός, μάτ.

matter ['mætə*] *n* ουσία, ύλη || *(affair)* υπόθεση, θέμα *nt*, πράγμα *nt* || *(question, issue etc)* ζήτημα *nt* || *(discharge)* πύο, έμπυο ♦ *vi* έχω σημασία, ενδιαφέρω || **what is the ~?** τι συμβαίνει; || **as a ~ of fact** στην πραγματικότητα || ~**-of-fact** *a* πεζός, πρακτικός.

mattress ['mætrɪs] *n* στρώμα *nt*.

mature [mə'tjuə*] *a* ώριμος ♦ *vi* ωριμάζω.

maturity [mə'tjuərɪtɪ] *n* ωριμότητα.

maul [mɔːl] *vt* κακοποιώ, κοπανίζω.

mauve [məuv] *a (colour)* μώβ.

max. *abbr of* **maximum.**

maxim ['mæksɪm] *n* απόφθεγμα *nt*, γνωμικό.

maximum ['mæksɪməm] *a* ανώτατος, μεγαλύτερος ♦ *n* ανώτατο όριο, μάξιμουμ *nt inv*.

May [meɪ] *n* Μάιος.

may [meɪ] *(irreg v) vi (be possible)* ίσως να || *(have permission)* έχω την άδεια να, μπορώ να.

maybe ['meɪbiː] *ad* ίσως, πιθανό.

May Day ['meɪdeɪ] *n* Πρωτομαγιά.

mayonnaise [meɪə'neɪz] *n* μαγιονέζα.

mayor [mɛə*] *n* δήμαρχος || ~**ess** *n (wife)* κυρία δημάρχου || *(lady mayor)* η δήμαρχος.

maze [meɪz] *n (network)* λαβύρινθος, κυκεώνας.

me [miː] *pron (after prep)* με, εμένα.

meadow ['mɛdəu] *n* λειβάδι.

meagre, meager *(US)* ['mi:gə*] *a* ισχνός, πενιχρός.
meal [mi:l] *n* φαγητό || *(grain)* χοντράλευρο || **~time** *n* ώρα φαγητού.
mean [mi:n] *(irreg v) a* άθλιος, φτωχός, ταπεινός || *(stingy)* φιλάργυρος, τσιγκούνης || *(average)* μέσος, μεσαίος ♦ *vt (signify)* εννοώ, σημαίνω, θέλω να πω || *(intend)* προτίθεμαι, σκοπεύω || *(be resolved)* προορίζω ♦ *n (average)* μέσος όρος, μέσο || **~s** *npl* μέσα *ntpl*, τρόποι *mpl* || *(wealth)* πόροι *mpl*, μέσα *ntpl*, περιουσία || **by ~s of** με τη βοήθεια του/της || **by all ~s** οπωσδήποτε.
meander [mɪ'ændə*] *vi* ελίσσομαι, σχηματίζω μαιάνδρους.
meaning ['mi:nɪŋ] *n (intention)* λόγος, σκοπός || *(sense of word)* έννοια, σημασία, νόημα *nt* || **~ful** *a* με σημασία, που λέει πολλά || **~less** *a* χωρίς νόημα.
meanness ['mi:nnɪs] *n* μικρότητα, μικροπρέπεια.
meant [mɛnt] *pt, pp of* **mean**.
meantime ['mi:ntaɪm] *ad*, **meanwhile** ['mi:nwaɪl] *ad* εν τω μεταξύ, στο μεταξύ.
measles ['mi:zlz] *n* ιλαρά || **German ~** *n* ερυθρά.
measly ['mi:zlɪ] *a (col)* ασήμαντος, ανάξιος, τιποτένιος.
measure ['mɛʒə*] *vt (find size)* μετρώ || *(test)* δοκιμάζω, αναμετρώμαι ♦ *vi (be certain size)* είναι, έχει διαστάσεις ♦ *n (unit)* μέτρο || *(tape measure)* μεζούρα, μέτρο || *(plan)* μέτρο, ενέργεια, πράξη || *(a law)* μέτρο || **~d** *a* μετρημένος || **~ment** *n (way of measuring)* μέτρηση, μέτρημα *nt* || *(amount measured)* μέτρα *ntpl*, διαστάσεις *fpl*.
meat [mi:t] *n (flesh)* κρέας *nt* || **~ pie** *n* κρεατόπιτα || **~y** *a (lit)* σαρκώδης || *(fig)* ουσιαστικός, δεμένος, ζουμερός.
mechanic [mɪ'kænɪk] *n* τεχνίτης, μηχανικός || **~s** *n* μηχανική || **~al** *a* μηχανικός || *(automatically)* μηχανικός, αυτόματος.
mechanism ['mɛkənɪzəm] *n* μηχανισμός.
mechanization [mɛkənaɪ'zeɪʃən] *n* μηχανοποίηση.
medal ['mɛdl] *n* μετάλλιο || **~lion** [mɪ'dælɪən] *n* μενταγιό || **~list, ~ist** *(US) n* κάτοχος μετάλλιου.
meddle ['mɛdl] *vi (+ with)* ανακατεύομαι, επεμβαίνω.
media ['mi:dɪə] *npl (of communication)* μέσα *ntpl*.
mediate ['mi:dɪeɪt] *vi* μεσολαβώ.
mediation [mi:dɪ'eɪʃən] *n* μεσολάβηση.
mediator ['mi:dɪeɪtə*] *n* μεσολαβητής.
medical ['mɛdɪkəl] *a (science)* ιατρικός || *(student)* (φοιτητής) ιατρικής.
medicated ['mɛdɪkeɪtɪd] *a* εμποτισμένος με φάρμακο.
medicinal [mɛ'dɪsɪnl] *a* φαρμακευτικός, ιατρικός, θεραπευτικός.
medicine ['mɛdsɪn] *n* ιατρική || *(drugs)* φάρμακο, γιατρικό || **~ chest** *n* φαρμακείο.
medieval [mɛdɪ'i:vəl] *a* μεσαιωνικός.
mediocre [mi:dɪ'əukə*] *a* μέτριος, της αράδας.
mediocrity [mi:dɪ'ɒkrɪtɪ] *n* μετριότητα.
meditate ['mɛdɪteɪt] *vi (+ on)* μελετώ, σκέπτομαι, συλλογίζομαι.
meditation [mɛdɪ'teɪʃən] *n* συλλογισμός, διαλογισμός.
Mediterranean (Sea) [mɛdɪtə'reɪnɪən(si:)] *n* Μεσόγειος (θάλασσα).

medium ['mi:dıəm] *a* μεσαίος, μέτριος ♦ *n* μέσο, μέσος όρος || *(means)* μέσο, όργανο.
medley ['mɛdlı] *n* σύμφυρμα *nt*, κυκεώνας, μίγμα *nt*.
meek [mi:k] *a* πράος, ήρεμος, πειθήνιος.
meet [mi:t] *vt* συναντώ, απαντώ, ανταμώνω || *(come across)* βρίσκω, απαντώ, διασταυρώνομαι || *(go towards)* προχωρώ, πηγαίνω || *(pay, satisfy)* εκπληρώνω, ανταποκρίνομαι, τιμώ ♦ *vi (by arrangement)* συναντώμαι, βλέπομαι || *(fight)* αντιμετωπίζω || *(join)* συναντώμαι, συναθροίζομαι, συνέρχομαι || **to ~ with** *vt (problems)* συναντώ, αντιμετωπίζω || *(US: people)* συναντώ, γνωρίζω || **~ing** *n* συνάντηση, συνάθροιση, συνέλευση || **~ing place** *n* τόπος συναντήσεως.
megaphone ['mɛgəfəun] *n* μεγάφωνο.
melancholy ['mɛlənkəlı] *n* μελαγχολία, κατήφεια ♦ *a* μελαγχολικός.
mellow ['mɛləu] *a* ώριμος || *(delicate)* απαλός, γλυκός || *(aged)* απαλός ♦ *vi* ωριμάζω, απαλύνομαι.
melodious [mı'ləudıəs] *a* μελωδικός.
melodrama ['mɛləudra:mə] *n* μελόδραμα *nt*.
melody ['mɛlədı] *n* μελωδία.
melon ['mɛlən] *n* πεπόνι.
melt [mɛlt] *vi* τήκομαι, λυώνω || *(disappear)* χάνομαι, διαλύομαι ♦ *vt* τήκω, λυώνω || **to ~ away** *vi* λυώνω, διαλύομαι || **to ~ down** *vt* λυώνω, τήκω || **~ing point** *n* σημείο τήξεως || **~ing pot** *n (fig)* χωνευτήριο, ρευστή κατάσταση.
member ['mɛmbə*] *n* μέλος *nt* || **M~ of Parliament (M.P.)** *n* βουλευτής/ίνα *m/f* || **~ship** *n* μέλη *ntpl*, αριθμός μελών.
membrane ['mɛmbreın] *n* μεμβράνη.
memento [mə'mɛntəu] *n* ενθύμιο, ενθύμηση.
memo ['mɛməu] *n (COMM)* υπόμνημα *nt*, σημείωση.
memoirs ['mɛmwa:z] *npl* απομνημονεύματα *ntpl*.
memorable ['mɛmərəbl] *a* αξιομνημόνευτος, αξέχαστος.
memorandum [mɛmə'rændəm] *n (COMM)* υπόμνημα *nt*, σημείωση.
memorial [mı'mɔ:rıəl] *n* μνημείο ♦ *a* αναμνηστικός, επιμνημόσυνος.
memorize ['mɛməraız] *vt* αποστηθίζω, μαθαίνω απ' έξω.
memory ['mɛmərı] *n* μνήμη, μνημονικό, θυμητικό || *(thing recalled)* ανάμνηση, θύμηση || *(COMPUT)* μνήμη || **in ~ of** εις μνήμην του, εις ανάμνησιν του.
men [mɛn] *npl of* **man.**
menace ['mɛnıs] *n* απειλή, φοβέρα ♦ *vt* απειλώ, φοβερίζω.
menacing ['mɛnısıŋ] *a* απειλητικός.
menagerie [mı'nædʒərı] *n* θηριοτροφείο.
mend [mɛnd] *vt* (επι)διορώνω, βελτιώνω ♦ *vi* αναρρώνω ♦ *n* επιδιόρθωση, επισκευή || **to be on the ~** συνέρχομαι, πάω καλύτερα.
menial ['mi:nıəl] *a* ταπεινός, δουλοπρεπής.
meningitis [mɛnın'dʒaıtıs] *n* μηνιγγίτιδα.
menopause ['mɛnəupɔ:z] *n* εμμηνόπαυση.
menstruation [mɛnstru'eıʃən] *n* εμμηνόρροια, περίοδος *f*.
mental ['mɛntl] *a* διανοητικός, νοερός, πνευματικός || *(col: abnormal)* τρελός || **~ity** *n* νοοτροπία.
mention ['mɛnʃən] *n* μνεία ♦ *vt* αναφέρω || **don't ~ it!** παρακαλώ!

menu [ˈmɛnjuː] *n* (*also* COMPUT) μενού *nt inv.*
mercantile [ˈmɜːkəntaɪl] *a* εμπορικός.
mercenary [ˈmɜːsɪnərɪ] *a* φιλοχρήματος, πλεονέκτης ♦ *n* μισθοφόρος.
merchandise [ˈmɜːtʃəndaɪz] *n* εμπορεύματα *ntpl.*
merchant [ˈmɜːtʃənt] *n* έμπορος ♦ *a* εμπορικός || ~ **navy** *n* εμπορικό ναυτικό.
merciful [ˈmɜːsɪful] *a* εύσπλαχνος.
merciless [ˈmɜːsɪlɪs] *a* ανελέητος, άσπλαχνος.
mercury [ˈmɜːkjurɪ] *n* υδράργυρος.
mercy [ˈmɜːsɪ] *n* ευσπλαχνία, έλεος *nt* || *(blessing)* ευλογία || **at the ~ of** στο έλεος τού.
mere [mɪə*] *a* απλός, τίποτε άλλο από || ~**ly** *ad* απλώς, μόνο.
merge [mɜːdʒ] *vt* απορροφώ, συγχωνεύω || (COMPUT) αναμιγνύω ♦ *vi (become absorbed)* απορροφούμαι, συγχωνεύομαι || ~**r** *n* (COMM) συγχώνευση.
meridian [məˈrɪdɪən] *n* μεσημβρινός.
meringue [məˈræŋ] *n* μαρέγγα.
merit [ˈmɛrɪt] *n* αξία, προσόν ♦ *vt* αξίζω.
mermaid [ˈmɜːmeɪd] *n* γοργόνα.
merriment [ˈmɛrɪmənt] *n* ευθυμία, διασκέδαση.
merry [ˈmɛrɪ] *a* εύθυμος, φαιδρός, χαρωπός || *(col: after drink)* στο κέφι, πιωμένος.
mesh [mɛʃ] *n* θηλειά (δικτύου) ♦ *vti (gears)* εμπλέκω, εμπλέκομαι.
mesmerize [ˈmɛzməraɪz] *vt* μαγνητίζω, υπνωτίζω.
mess [mɛs] *n* σαλάτα, θάλασσα || *(untidy state)* ακαθαρσία, άνω-κάτω || (MIL) συσσίτιο, τραπέζι || *(officers' mess)* λέσχη αξιωματικών || **to ~ about** *vi* χασομερώ || **to ~ about with** *vt* πασπατεύω, σαχλαμαρίζω || **to ~ up** *vt* χαλώ, μπλέκω, περιπλέκω.
message [ˈmɛsɪdʒ] *n* μήνυμα *nt,* διάγγελμα *nt,* είδηση.
messenger [ˈmɛsɪndʒə*] *n* αγγελιαφόρος.
messy [ˈmɛsɪ] *a* ακάθαρτος, ακατάστατος.
met [mɛt] *pt, pp of* **meet.**
metabolism [mɛˈtæbəlɪzəm] *n* μεταβολισμός.
metal [ˈmɛtl] *n* μέταλλο || ~**lic** *a* μεταλλικός || ~**lurgy** *n* μεταλλουργία.
metaphor [ˈmɛtəfɔː*] *n* μεταφορά.
metaphysics [mɛtəˈfɪzɪks] *n* μεταφυσική.
meteor [ˈmiːtɪə*] *n* μετέωρο || ~**ic** *a* μετεωρικός, λαμπρός || ~**ological** *a* μετεωρολογικός || ~**ology** *n* μετεωρολογία.
meter [ˈmiːtə*] *n (instrument)* μετρητής || *(US)* = **metre.**
method [ˈmɛθəd] *n* μέθοδος *f* || ~**ical** *a* μεθοδικός.
Methodist [ˈmɛθədɪst] *a, n* Μεθοδιστής.
methylated spirits [ˈmɛθɪleɪtɪdˈspɪrɪts] *n* (*also:* **meths**) μεθυλικό οινόπνευμα *nt.*
meticulous [mɪˈtɪkjuləs] *a* λεπτολόγος, σχολαστικός.
metre [ˈmiːtə*] *n* μέτρο.
metric [ˈmɛtrɪk] *a* μετρικός.
metronome [ˈmɛtrənəʊm] *n* μετρονόμος.
metropolis [mɪˈtrɒpəlɪs] *n* μητρόπολη.
mews [mjuːz] *n* αδιέξοδο.
Mexican [ˈmɛksɪkən] *a* μεξικανικός ♦ *n* Μεξικανός/ίδα *m/f.*
Mexico [ˈmɛksɪkəʊ] *n* Μεξικό.
mezzanine [ˈmɛzəniːn] *n* ημιόροφος, μέτζο.

miaow [miː'au] *vi* νιαουρίζω.
mice [mais] *npl of* **mouse**.
microbe ['maikrəub] *n* μικρόβιο.
microcomputer ['maikrəukəm'pjuːtə*] *n* μικροϋπολογιστής.
microfilm ['maikrəufilm] *n* μικροφίλμ *nt inv.*
microphone ['maikrəfəun] *n* μικρόφωνο.
microscope ['maikrəskəup] *n* μικροσκόπιο.
microscopic [maikrə'skɒpik] *a* μικροσκοπικός.
mid [mid] *a* μέσος, μεσαίος || **in ~ course** στο μέσο, στην ακμή.
midday ['mid'dei] *n* μεσημέρι.
middle ['midl] *n* μέσο ♦ *a* μέσος, μεσαίος || **~-aged** *a* μεσήλικας || **the M~ Ages** *npl* ο Μεσαίωνας || **~ class** *n* μεσαία τάξη, αστική τάξη || **~-class** *a* αστικός || **M~ East** *n* Μέση Ανατολή || **~man** *n* μεταπωλητής, μεσίτης || **~ name** *n* όνομα *nt* πατρός.
midge [midʒ] *n* σκνίπα.
midget ['midʒit] *n* νάνος, ανθρωπάκι ♦ *a* μικρός, μικροσκοπικός.
midnight ['midnait] *n* μεσάνυκτα *ntpl.*
midst [midst] *n*: **in the ~ of** στο μέσο.
midsummer ['mid'sʌmə*] *n* μεσοκαλόκαιρο.
midway ['mid'wei] *ad (+ between)* στο μέσο ♦ *a* μέσος.
midweek ['mid'wiːk] *ad* στα μέσα της εβδομάδος.
midwife ['midwaif] *n* μαία, μαμμή || **~ry** ['midwifəri] *n* μαιευτική.
midwinter ['mid'wintə*] *n* στο μέσο του χειμώνα, μεσοχείμωνο.
might [mait] *pt of* **may** || *n* ισχύς, δύναμη || **~y** *a* ισχυρός, δυνατός ♦ *ad (col)* πολύ, τρομερά.
migraine ['miːgrein] *n* ημικρανία.
migrant ['maigrənt] *n* μεταναστευτικός, περαστικός ♦ *a* αποδημητικός, μεταναστευτικός.
migrate [mai'greit] *vi (birds)* αποδημώ.
migration [mai'greiʃən] *n* μετανάστευση.
mike [maik] *n (microphone)* μικρόφωνο.
mild [maild] *a (rebuke)* επιεικής, μαλακός || *(warm)* ήπιος, εύκρατος || *(taste)* ελαφρός || *(slight)* ελαφρός ♦ *n (beer)* ελαφριά μπύρα.
mildew ['mildjuː] *n* μούχλα, σείρηκας.
mildness ['maildnis] *n* ηπιότητα, γλύκα, επιείκεια.
mile [mail] *n* μίλι (1609 μ) || **~age** *n* απόσταση σε μίλια || **~stone** *n* μιλιοδείκτης || *(fig)* ιστορικός σταθμός.
militant ['militənt] *n* οπαδός της αμέσου δράσεως ♦ *a* μαχητικός.
military ['militəri] *a* στρατιωτικός ♦ *n* οι στρατιωτικοί *mpl*, στρατός.
militate ['militeit] *vi (+ against)* αντιστρατεύομαι, αντιμάχομαι.
militia [mi'liʃə] *n* εθνοφυλακή.
milk [milk] *n* γάλα *nt* ♦ *vt (cow)* αρμέγω || *(fig)* εκμεταλλεύομαι, μαδώ || **~man** *n* γαλατάς || **M~y Way** *n* Γαλαξίας.
mill [mil] *n* μύλος || *(building)* μύλος || *(factory)* εργοστάσιο ♦ *vt (grind)* αλέθω ♦ *vi (move around)* στριφογυρίζω.
millenium [mi'leniəm] *n* χιλιετηρίδα.
miller ['milə*] *n* μυλωνάς.
millet ['milit] *n* κεχρί, σόργο.
milligram(me) ['miligræm] *n* χιλιοστόγραμμο.
millilitre, milliliter *(US)* ['mililiːtə*] *n* χιλιοστόλιτρο.

millimetre, millimeter *(US)* ['mɪlɪmiːtə*] *n* χιλιοστόμετρο.
milliner ['mɪlɪnə*] *n* καπελλού *f* || **~y** *n* γυναικεία καπέλλα *ntpl.*
million ['mɪljən] *n* εκατομμύριο || **~aire** *n* εκατομμυριούχος.
mime [maɪm] *n* μίμος, μιμόδραμα *nt* ♦ *vti* μιμούμαι, παίζω με μιμική.
mimic ['mɪmɪk] *n* μίμος, μιμητής/ήτρια *m/f* ♦ *vti* μιμούμαι, κοροϊδεύω, αντιγράφω || **~ry** *n* μίμηση, μιμική.
min. *abbr of* **minute(s), minimum.**
mince [mɪns] *vt* ψιλοκόβω, κάνω κιμά || *(words)* μασώ ♦ *vi* βαδίζω με προσποιητή χάρη ♦ *n (meat)* κιμάς || **~meat** *n* μείγμα *nt* με φρούτα και σταφίδες || **~ pie** *n* πίτα με φρούτα και σταφίδες, κρεατόπιτα || **~r** *n* κρεατομηχανή.
mind [maɪnd] *n* νούς *m,* μυαλό || *(intelligence)* σκέψη, γνώμη, ιδέα || *(memory)* μνήμη, ανάμνηση, θύμηση ♦ *vti* φροντίζω, προσέχω || *(be careful)* προσέχω || *(object to)* έχω αντίρρηση, ενοχλούμαι, πειράζομαι || **on my ~** στη σκέψη μου, ανησυχώ || **to my ~** κατά τη γνώμη μου || **out of one's ~** τρελός || **never ~!** δεν πειράζει, άστο, μην ανησυχείς || **to bear** *or* **keep in ~** δεν ξεχνώ, λαμβάνω υπόψη || **to make up one's ~** αποφασίζω || **'~ the step'** 'πρόσεχε το σκαλοπάτι' || **~ful** *a* προσεκτικός || **~less** *a* απερίσκεπτος, αδιάφορος, απρόσεκτος.
mine [maɪn] *poss pron* δικός μου, δική μου, δικό μου ♦ *n* ορυχείο, μεταλλείο || *(NAUT)* νάρκη || *(source)* πηγή ♦ *vt* εξορύσσω || *(NAUT)* ναρκοθετώ ♦ *vi* εκμεταλλεύομαι || **~field** *n* ναρκοπέδιο || **~r** *n* μεταλλωρύχος, ανθρακωρύχος.
mineral ['mɪnərəl] *a* ορυκτός, μεταλλευτικός ♦ *n* ορυκτό, μετάλλευμα *nt* || **~ water** *n* επιτραπέζιο νερό, μεταλλικό νερό.
minesweeper ['maɪnswiːpə*] *n* ναρκαλιευτικό.
mingle ['mɪŋgl] *vt* αναμιγνύω ♦ *vi (+ with)* αναμιγνύομαι.
mingy ['mɪndʒɪ] *a (col)* στριμμένος, γύφτος, μίζερος.
miniature ['mɪnɪtʃə*] *a* μικρογραφικός ♦ *n* μικρογραφία, μινιατούρα || *(model)* μακέτα || **in ~** μικρού σχήματος.
minibus ['mɪnɪbʌs] *n* μικρό λεωφορείο.
minicab ['mɪnɪkæb] *n* μικρό ταξί.
minicomputer ['mɪnɪkəm'pjuːtə:*] *n* μικρο-υπολογιστής.
minimal ['mɪnɪml] *a* ελάχιστος.
minimize ['mɪnɪmaɪz] *vt* ελαττώνω, μικραίνω, περιορίζω.
minimum ['mɪnɪməm] *n* ελάχιστο, κατώτατο όριο, μίνιμουμ *nt inv* ♦ *a* κατώτατος, ελάχιστος.
mining ['maɪnɪŋ] *n* εξόρυξη || *(NAUT)* ναρκοθέτηση ♦ *a* μεταλλευτική, ορυκτική.
miniskirt ['mɪnɪskɜːt] *n* κοντή φούστα, μίνι.
minister ['mɪnɪstə*] *n* υπουργός *m/f* || *(ECCL)* ιερέας || **~ial** [mɪnɪs'tɪərɪəl] *a* υπουργικός, κυβερνητικός.
ministry ['mɪnɪstrɪ] *n (government)* υπουργείο, κυβέρνηση || *(ECCL)* το ιερατείο, κλήρος.
mink [mɪŋk] *n* είδος νυφίτσας ♦ *a:* **~ coat** *n* παλτό από μινκ.
minor ['maɪnə*] *a* μικρότερος, μικρός || *(MUS)* ελάσσων ♦ *n (under 18: Brit)* ανήλικος.
minority [maɪ'nɒrɪtɪ] *n* μειοψηφία, μειονότητα.
minstrel ['mɪnstrəl] *n* ραψωδός, τραγουδιστής.

mint [mɪnt] *n (plant)* δυόσμος || *(sweet)* μέντα || *(for coins)* νομισματοκοπείο ♦ *a (condition)* καινούργιος, κατακαίνουργιος || ~ **sauce** *n* σάλτσα με δυόσμο.

minuet [mɪnjʊˈɛt] *n* μενουέτο.

minus [ˈmaɪnəs] *n* σημείο του πλην ♦ *prep* πλην, μείον.

minute [maɪˈnjuːt] *a* μικροσκοπικός, ελάχιστος || *(detailed)* λεπτομερής ♦ [ˈmɪnɪt] *n* λεπτό (της ώρας) || *(moment)* στιγμή || ~**s** *npl* πρακτικά *ntpl.*

miracle [ˈmɪrəkl] *n (esp* REL*)* θαύμα *nt.*

miraculous [mɪˈrækjʊləs] *a* θαυματουργός, υπερφυσικός, θαυμαστός.

mirage [ˈmɪrɑːʒ] *n* αντικατοπτρισμός, οπτική απάτη.

mirror [ˈmɪrə*] *n* καθρέφτης, κάτοπτρο ♦ *vt* αντικατοπτρίζω, αντανακλώ.

mirth [mɜːθ] *n* ευθυμία, χαρά, κέφι.

misadventure [mɪsədˈvɛntʃə*] *n* κακοτυχία, ατύχημα *nt.*

misapprehension [ˈmɪsæprɪˈhɛnʃən] *n (misunderstanding)* παρεξήγηση.

misbehave [ˈmɪsbɪˈheɪv] *vi* φέρομαι άσχημα.

miscalculate [ˈmɪsˈkælkjʊleɪt] *vt* υπολογίζω λανθασμένα.

miscalculation [ˈmɪskælkjʊˈleɪʃən] *n* λανθασμένος υπολογισμός.

miscarriage [ˈmɪskærɪdʒ] *n* αποτυχία || *(of justice)* δικαστικό λάθος || (MED) αποβολή.

miscellaneous [mɪsɪˈleɪnɪəs] *a* ποικίλος, ανάμικτος.

mischance [mɪsˈtʃɑːns] *n* αποτυχία, ατύχημα *nt.*

mischievous [ˈmɪstʃɪvəs] *a* κατεργάρης, σκανταλιάρης.

misconception [ˈmɪskənˈsɛpʃən] *n* εσφαλμένη αντίληψη.

misconduct [mɪsˈkɒndʌkt] *n* παράπτωμα *nt,* κακή διαγωγή.

miscount [ˈmɪsˈkaʊnt] *vt* μετρώ λανθασμένα.

misdemeanour, misdemeanor *(US)* [mɪsdɪˈmiːnə*] *n (less important offence)* παράπτωμα, πλημμέλημα *nt.*

misdirect [ˈmɪsdɪˈrɛkt] *vt (person, letter)* δίνω λανθασμένες οδηγίες, διευθύνω άσχημα.

miser [ˈmaɪzə*] *n* φιλάργυρος, τσιγκούνης.

miserable [ˈmɪzərəbl] *a* δυστυχισμένος, θλιβερός || *(poor)* άθλιος, ελεεινός, φτωχός.

miserly [ˈmaɪzəlɪ] *a* τσιγκούνικος.

misery [ˈmɪzərɪ] *n* δυστυχία, βάσανο || *(poverty)* αθλιότητα, φτώχια.

misfire [ˈmɪsˈfaɪə*] *vi* ρετάρω, παθαίνω αφλογιστία || *(plan)* πέφτω στο κενό.

misfit [ˈmɪsfɪt] *n (person)* απροσάρμοστος.

misfortune [mɪsˈfɔːtʃən] *n* ατυχία, ατύχημα *nt.*

misgiving [mɪsˈgɪvɪŋ] *n (often pl)* ανησυχία, αμφιβολία, φόβος.

misguided [ˈmɪsˈgaɪdɪd] *a* πλανόμενος, παρασυρόμενος.

mishandle [ˈmɪsˈhændl] *vt (manage badly)* κακομεταχειρίζομαι.

mishap [ˈmɪshæp] *n* ατυχία, αναποδιά.

mishear [ˈmɪsˈhɪə*] *vt (hear wrongly)* παρακούω.

misinform [ˈmɪsɪnˈfɔːm] *vt* πληροφορώ κακώς.

misinterpret [ˈmɪsɪnˈtɜːprɪt] *vt* παρερμηνεύω.

misjudge [ˈmɪsˈdʒʌdʒ] *vt* κρίνω λανθασμένα.

mislay [mɪsˈleɪ] *vt (misplace, lose)* παραπετώ, χάνω.
mislead [mɪsˈliːd] *vt (deceive)* παραπλανώ, εξαπατώ || **~ing** *a* παραπλανητικός.
misnomer [ˈmɪsˈnəʊmə*] *n* λανθασμένη ονομασία.
misogynist [mɪˈsɒdʒɪnɪst] *n* μισογύνης.
misplace [ˈmɪsˈpleɪs] *vt (mislay)* τοποθετώ κατά λάθος, χάνω.
misprint [ˈmɪsprɪnt] *n* τυπογραφικό λάθος.
misread [ˈmɪsˈriːd] *vt* κακοδιαβάζω, παρερμηνεύω.
misrepresent [ˈmɪsrɛprɪˈzɛnt] *vt* διαστρέφω, παραμορφώνω.
miss [mɪs] *vt* αστοχώ, αποτυγχάνω || *(not notice)* δε βλέπω, χάνω || *(train etc)* χάνω || *(omit)* παραλείπω || *(regret absence)* μού λείπει, αποζητώ ♦ *vi* αντιλαμβάνομαι ♦ *n (fall short)* αστοχία || *(failure)* αποτυχία.
Miss [mɪs] *n*: ~ **X** Δεσποινίδα X, Δεσποινίς X, Δις X || ~ **Smith** Δεσποινίδα Σμίθ, Δις Σμίθ.
misshapen [ˈmɪsˈʃeɪpən] *a* παραμορφωμένος.
missile [ˈmɪsaɪl] *n (esp nuclear)* βλήμα *nt*.
missing [ˈmɪsɪŋ] *a (person)* απών, αγνοούμενος || *(thing)* χαμένος.
mission [ˈmɪʃən] *n* αποστολή || *(church)* ιεραποστολή || **~ary** *n* ιεραπόστολος.
misspent [ˈmɪsˈspɛnt] *a (youth)* χαμένα (νειάτα).
mist [mɪst] *n* ομίχλη, καταχνιά ♦ *vi (also:* **~ over, ~ up)** σκεπάζω με ομίχλη, θαμπώνω.
mistake [mɪsˈteɪk] *n* σφάλμα *nt*, λάθος *nt* ♦ *vt* παρανοώ, παρερμηνεύω || *(for another)* παίρνω για άλλο, παραγνωρίζω || **~n** *a (person)* σφάλλω, κάνω λάθος || *(identity)* παραγνωρίζω.
mister [ˈmɪstə*] *n (abbr* **Mr***)* κύριος (Κος) || *see* **Mr**.
mistletoe [ˈmɪsltəʊ] *n* ιξός, γκί.
mistreat [mɪsˈtriːt] *vt* κακομεταχειρίζομαι.
mistress [ˈmɪstrɪs] *n (teacher)* δασκάλα || *(of house)* κυρία, οικοδέσποινα || *(lover)* ερωμένη, μαιτρέσσα || *see* **Mrs**.
mistrust [ˈmɪsˈtrʌst] *vt* δυσπιστώ, υποπτεύομαι.
misty [ˈmɪstɪ] *a* ομιχλώδης, θαμπός, σκοτεινιασμένος.
misunderstand [ˈmɪsʌndəˈstænd] *vti* παρανοώ, παρεξηγώ || **~ing** *n* παρανόηση, παρεξήγηση.
misunderstood [ˈmɪsʌndəˈstʊd] *a (person)* παρεξηγημένος.
misuse [ˈmɪsˈjuːs] *n* κακή χρήση ♦ [ˈmɪsˈjuːz] *vt* κάνω κατάχρηση, χρησιμοποιώ λανθασμένα.
miter [ˈmaɪtə*] *n (US)* = **mitre.**
mitigate [ˈmɪtɪgeɪt] *vt* μετριάζω, καταπραΰνω.
mitre [ˈmaɪtə*] *n* λοξή ένωση, ονυχωτή ένωση || *(ECCL)* μίτρα.
mitt(en) [ˈmɪt(n)] n είδος *nt* γαντιού.
mix [mɪks] *vt* αναμιγνύω, ανακατώνω ♦ *vi* αναμιγνύομαι, ταιριάζω ♦ *n (mixture)* μίξη, μίγμα *nt* || **to ~ up** *vt* ανακατεύω || *(confuse)* μπερδεύω || **~ed** *a (assorted)* ανάμικτος || *(school etc)* μικτός || **~ed-up** *a (confused)* συγχυσμένος, μπερδεμένος || **~r** *n (for food)* μίξερ || *(person)* κοινωνικός || **~ture** *n (assortment)* αμάλγαμα *nt*, ανακάτεμα *nt* || *(MED)* μίγμα *nt* || **~-up** *n (confusion)* σύγχυση, ανακατωσούρα.
moan [məʊn] *n (groan)* γογγυσμός, βογγητό || *(complaint)* γκρίνια, μουρμουρητό ♦ *vi* στενάζω, βογγώ, γογγύζω.
moat [məʊt] *n* τάφρος *f*.

mob [mɒb] *n* όχλος, το πλήθος *nt* ♦ *vt (star etc)* πολιορκώ, κυκλώνω.
mobile ['məubaɪl] *a* ευκίνητος, κινητός, ευμετάβολος.
mobility [məu'bɪlɪtɪ] *n* ευκινησία, κινητικότητα.
mock [mɒk] *vt* εμπαίζω, κοροϊδεύω, περιπαίζω ♦ *a* ψεύτικος, φτιαστός || **~ery** *n (derision)* εμπαιγμός, κοροϊδία || *(object)* περίγελος, κορόϊδο || **~ing** *a (tone)* ειρωνικός, σαρκαστικός || **~-up** *n* υπόδειγμα *nt* || *(model)* μακέτα.
model ['mɒdl] *n* ομοίωμα *nt*, μοντέλο || *(example)* πρότυπο, υπόδειγμα *nt* || *(person)* μοντέλο || *(of clothes)* μανεκέν *nt inv* ♦ *vt* (δια)πλάθω, διαμορφώνω, σχεδιάζω || *(display clothes)* κάνω επίδειξη (ρούχων) ♦ *a (railway: toy)* τραινάκι || *(child)* πρότυπο, ιδεώδης || **~ling, ~ing** *(US) n* σχεδίασμα *nt*, πλάσιμο || *(of styles)* επίδειξη μόδας.
modem ['məudɛm] *n* (COMPUT) modem.
moderate ['mɒdərɪt] *a* μέτριος, μέσος || *(fairly good)* μέτριος, της σειράς ♦ *n* (POL) μετριοπαθής ♦ ['mɒdəreɪt] *vi* προΐσταμαι, προεδρεύω ♦ *vt* μετριάζω, περιορίζω || **~ly** *ad* μετρημένα, συγκρατημένα, μέτρια.
moderation [mɒdə'reɪʃən] *n* μετριασμός, μετριοπάθεια.
modern ['mɒdən] *a* σύγχρονος, μοντέρνος || **~ization** *n* (εκ)συγχρονισμός || **~ize** *vt* συγχρονίζω, ανανεώνω.
modest ['mɒdɪst] *a (attitude)* μετριόφρων, σεμνός || *(meal, home)* ταπεινός, μέτριος || **~y** *n* μετριοφροσύνη, σεμνότητα, ταπεινότητα.
modicum ['mɒdɪkəm] *n*: **with a ~ of** με ελάχιστο, με λίγο.
modification [mɒdɪfɪ'keɪʃən] *n* τροποποίηση, μετριασμός.
modify ['mɒdɪfaɪ] *vt* τροποποιώ, μετριάζω.
module ['mɒdju:l] *n (space)* θαλαμίσκος.
mohair ['məuhɛə*] *n* μαλλί μοχαίρ *nt inv*.
moist [mɒɪst] *a* υγρός, νοτισμένος || **~en** *vt* υγραίνω, μουσκεύω || **~ure** *n* υγρασία.
molar ['məulə*] *n* γομφίος, μυλίτης, τραπεζίτης.
mold [məuld] *(US)* = **mould.**
mole [məul] *n (spot)* κρεατοελιά || *(animal)* τυφλοπόντικας || *(pier)* κυματοθραύστης, μώλος.
molecule ['mɒlɪkju:l] *n* μόριο.
molest [məu'lɛst] *vt* (παρ)ενοχλώ, πειράζω.
molt [məult] *(US)* = **moult.**
molten ['məultən] *a* χυτός, λυωμένος.
moment ['məumənt] *n* στιγμή || *(importance)* βαρύτητα, σπουδαιότητα || **~ary** *a* στιγμιαίος, προσωρινός || **~ous** *a* βαρυσήμαντος, σημαντικός.
momentum [məu'mɛntəm] *n* ορμή, φόρα.
monarch ['mɒnək] *n* μονάρχης || **~y** *n* μοναρχία.
monastery ['mɒnəstrɪ] *n* μοναστήρι.
monastic [mə'næstɪk] *a* μοναχικός, μοναστικός.
Monday ['mʌndɪ] *n* Δευτέρα.
monetary ['mʌnɪtərɪ] *a* νομισματικός, χρηματικός.
money ['mʌnɪ] *n* χρήμα *nt*, νόμισμα *nt*, παράς || *(wealth)* χρήματα *ntpl*, πλούτη *ntpl* || **~lender** *n* τοκιστής, τοκογλύφος || **~ order** *n* ταχυδρομική επιταγή.
mongol ['mɒŋgəl] *n (child)* πάσχων εκ μογγολισμού ♦ *a* μογγολικός.

mongrel ['mʌŋgrəl] *n* μιγάδας ♦ *a* μιγαδικός, μιξιγενής.
monitor ['mɒnɪtə*] *n* παρεναίτης, επιμελητής || *(television monitor)* ελεγκτής || (COMPUT) οθόνη ♦ *vt (broadcasts)* ελέγχω.
monk [mʌŋk] *n* καλόγηρος, μοναχός.
monkey ['mʌŋkɪ] *n* πίθηκος, μαϊμού *f* || ~ **nut** *n* αραποφύστικο || ~ **wrench** *n* γαλλικό κλειδί.
mono- ['mɒnəʊ] *prefix* μον(ο).
monochrome ['mɒnəkrəʊm] *a (TV)* μονόχρωμος.
monocle ['mɒnəkl] *n* μονύελο, μονόκλ *nt inv*.
monogram ['mɒnəgræm] *n* μονόγραμμα *nt*, μονογραφή.
monolithic [mɒnəʊ'lɪθɪk] *a* μονολιθικός.
monologue ['mɒnəlɒg] *n* μονόλογος.
monopoly [mə'nɒpəlɪ] *n* μονοπώλιο.
monorail ['mɒnəʊreɪl] *n* μονόραβδος *f*.
monosyllabic ['mɒnəʊsɪ'læbɪk] *a (person)* μονοσυλλαβικός.
monotone ['mɒnətəʊn] *n* μονοτονία ήχου, μονότονη ομιλία.
monotonous [mə'nɒtənəs] *a* μονότονος.
monotony [mə'nɒtənɪ] *n* μονοτονία.
monsoon [mɒn'suːn] *n* θερινός μουσσώνας.
monster ['mɒnstə*] *n (huge animal)* τέρας *nt*, τερατούργημα *nt* || *(wicked person)* τέρας.
monstrosity [mɒns'trɒsɪtɪ] *n* τερατωδία, κτηνωδία.
monstrous ['mɒnstrəs] *a* τερατώδης, εκτρωματικός.
montage [mɒn'tɑːʒ] *n (picture)* μοντάζ *nt inv*, μοντάρισμα *nt*.
month [mʌnθ] *n* μήνας || ~**ly** *a* μηνιαίος, μηνιάτικος ♦ *ad* μηνιαίως, κάθε μήνα ♦ *n (magazine)* μηνιαίο περιοδικό.
monument ['mɒnjʊmənt] *n* μνημείο || ~**al** *a* μνημειακός || *(work etc)* μνημειώδης.
moo [muː] *vi (cow)* μηκώμαι, μουγκρίζω.
mood [muːd] *n* διάθεση, κέφι || (GRAM) έγκλιση || ~**y** *a* κακόκεφος, κατσούφης, σκυθρωπός, ιδιότροπος.
moon [muːn] *n* σελήνη, φεγγάρι || ~**light** *n* σεληνόφως *nt*, φεγγάρι || ~**lit** *a* φεγγαρόλουστος.
moor [mʊə*] *n (Brit: heath)* έλος *nt*, βάλτος, ρεικότοπος ♦ *vt (ship)* πρυμνοδετώ, δένω (πλοίο) ♦ *vi* πλευρίζω, πέφτω δίπλα.
moorings ['mʊərɪŋz] *npl* πρυμνήσια *ntpl*, πρυμάτσες *fpl*, ναύδετα *ntpl*.
moorland ['mʊələnd] *n* έλος *nt*, βάλτος, ρεικότοπος.
moose [muːs] *n* άλκη η Αμερικανική.
mop [mɒp] *n* πατσαβούρα || *(duster)* ξεσκονιστήρι ♦ *vt* σφουγγαρίζω || ~ **of hair** *n* ξεχτένιστα μαλλιά *ntpl*.
mope [məʊp] *vi* μελαγχολώ, πλήττω.
moral ['mɒrəl] *a* ηθικός, ψυχικός ♦ *n* επιμύθιο, ηθικό δίδαγμα *nt* || ~**s** *npl* ήθη *ntpl* || ~**e** *n* ηθικό || ~**ity** *n* ηθικότητα, ηθικό αίσθημα *nt*.
morass [mə'ræs] *n* έλος *nt* || *(fig)* βόρβορος.
morbid ['mɔːbɪd] *a* νοσηρός, αρρωστιάρικος.
more [mɔː*] *a* περισσότερος ♦ *ad* περισσότερο, πιο πολύ || ~ **or less** σχεδόν, πάνω κάτω || ~ **than ever** περισσότερο παρά ποτέ.
moreover [mɔː'rəʊvə*] *ad* επί πλέον, εκτός τούτου.
morgue [mɔːg] *n* νεκροτομείο.
moribund ['mɒrɪbʌnd] *a* ετοιμοθάνατος.

morning [ˈmɔːnɪŋ] *n* πρωΐ ♦ *a* πρωϊνός || **in the ~** το πρωΐ.
Moroccan [məˈrɒkən] *a, n* Μαροκινός.
Morocco [məˈrɒkəʊ] *n* Μαρόκο.
moron [ˈmɔːrɒn] *n* καθυστερημένος || *(col)* πλίθιος, βλάκας || **~ic** [məˈrɒnɪk] *a* πλίθιος, βλακώδης.
morose [məˈrəʊs] *a* κακότροπος, σκυθρωπός.
morphine [ˈmɔːfiːn] *n* μορφίνη.
Morse [mɔːs]: **~ code** *n* μορσικός κώδικας.
morsel [ˈmɔːsl] *n (of food)* μπουκιά, κομματάκι.
mortal [ˈmɔːtl] *a* θνητός || *(deadly)* θανάσιμος, θανατηφόρος || *(very great)* τρομερός ♦ *n (human being)* θνητός (άνθρωπος) || **~ity** *n* θνητότητα || *(death rate)* θνησιμότητα.
mortar [ˈmɔːtə*] *n* ασβεστοκονίαμα *nt*, πηλός, λάσπη || *(bowl)* λάσπη || *(weapon)* όλμος.
mortgage [ˈmɔːgɪdʒ] *n* υποθήκη.
mortuary [ˈmɔːtjʊərɪ] *n* νεκροθάλαμος.
mosaic [məʊˈzeɪɪk] *n* μωσαϊκό, ψηφιδωτό.
Moscow [ˈmɒskəʊ] *n* Μόσχα.
Moslem [ˈmɒzlɛm] *n* Μουσουλμάνος/α *m/f* ♦ *a* μουσουλμανικός.
mosque [mɒsk] *n* τέμενος *nt*, τζαμί.
mosquito [mɒsˈkiːtəʊ] *n* κουνούπι.
moss [mɒs] *n* βρύο || **~y** *a* βρυώδης, βρυόφυτος.
most [məʊst] *a* περισσότερος, πιο πολύς ♦ *ad* πιο, πιο πολύ ♦ *n* οι περισσότεροι || **at the (very) ~** το πιο πολύ || **to make the ~ of** επωφελούμαι || **~ly** *ad* ως επί το πλείστο, κυρίως, συνήθως.
M.O.T. *n (abbr of Ministry of Transport)*: **the ~ (test)** αναγκαστικός, ετήσιος τεχνικός έλεγχος οχημάτων.
motel [məʊˈtɛl] *n* μοτέλ *nt inv*.
moth [mɒθ] *n* βότριδα, σκώρος || **~ball** *n* ναφθαλίνη (σε μπάλλες) || **~-eaten** *a* σκωροφαγωμένος.
mother [ˈmʌðə*] *n* μητέρα, μάνα ♦ *vt (spoil)* χαϊδεύω, κανακεύω ♦ *a (tongue, country)* μητρική (γλώσσα) || **~hood** *n* μητρότητα || **~-in-law** *n* πεθερά || **~ly** *a* μητρικά, σαν μάνα || **~-to-be** *n* σε ενδιαφέρουσα.
motif [məʊˈtiːf] *n* μοτίφ *nt inv*, θέμα *nt*, μοτίβο.
motion [ˈməʊʃən] *n* κίνηση || *(proposal)* πρόταση ♦ *vi* κάνω νόημα, νεύω || **~less** *a* ακίνητος || **~ picture** *n* ταινία, φιλμ *nt inv*.
motivated [ˈməʊtɪveɪtɪd] *a* αιτιολογούμενος, κινητήριος.
motivation [məʊtɪˈveɪʃən] *n* κίνητρο, ελατήριο.
motive [ˈməʊtɪv] *n* κίνητρο, αίτιο, ελατήριο ♦ *a* κινητήριος.
motley [ˈmɒtlɪ] *a (heterogeneous)* πολύχρωμος, ετερογενής.
motor [ˈməʊtə*] *n* κινητήρας, μηχανή || *(automobile)* αυτοκίνητο ♦ *vi* ταξιδεύω με αυτοκίνητο || **~bike** *n* μοτοσυκλέτα || **~boat** *n* βενζινάκατος *f* || **~car** *n* αυτοκίνητο || **~cycle** *n* = **~bike** || **~cyclist** *n* μοτοσυκλετιστής || **~ing** *n* χρήση του αυτοκινήτου, οδήγηση ♦ *a* του αυτοκινήτου, της οδηγήσεως || **~ist** *n* αυτοκινητιστής || **~ oil** *n* λάδι κινητήρων || **~ racing** *n* αυτοκινητοδρομία || **~ scooter** *n* σκούτερ *nt inv*, βέσπα || **~ vehicle** *n* αυτοκίνητο || **~way** *n (Brit)* αυτοκινητόδρομος.
mottled [ˈmɒtld] *a* διάστικτος, ποικιλόχρωμος.
motto [ˈmɒtəʊ] *n* ρητό, μόττο, αρχή.
mould [məʊld] *n* τύπος, μήτρα, καλούπι || *(shape)* τύπωμα *nt*,

πρότυπο || *(mildew)* μούχλα ♦ *vt* χύνω σε τύπους || *(fig)* διαπλάθω, διαμορφώνω || **~er** *vi (decay)* σαπίζω, φθείρομαι || **~ing** *n (in plaster)* τυποποιία, χυτό αντικείμενο || *(in wood)* κορνίζα || **~y** *a (food etc)* μουχλιασμένος.

moult [məult] *vi* μαδώ.

mound [maʊnd] *n* ανάχωμα *nt*, λοφίσκος, πρόχωμα *nt*.

mount [maʊnt] *n (high hill)* όρος *nt*, βουνό || *(horse)* άλογο || *(for jewel etc)* κορνίζα, υποστήριγμα *nt*, σκελετός ♦ *vt (get on horse)* ανεβάζω, ανεβαίνω στο || *(put in setting)* μοντάρω, δένω, κορνιζάρω || *(exhibition)* ανεβάζω || *(attack)* οργανώνω επίθεση ♦ *vi (also:* **~ up)** ανέρχομαι, ανεβαίνω.

mountain ['maʊntɪn] *n* όρος *nt*, βουνό || *(pile)* σωρός, πλήθος *nt* || **~eer** *n (climber)* ορειβάτης || **~eering** *n* ορειβασία || **to go ~eering** κάνω ορειβασία || **~ous** *a* ορεινός || **~ side** *n* πλευρά βουνού.

mourn [mɔːn] *vt* πενθώ, θρηνώ ♦ *vi (+for)* θρηνώ, κλαίω || **~er** *n* πενθών, πενθοφορών || **~ful** *a* πένθιμος || **~ing** *n* πένθος *nt* || **in ~ing** *(period etc)* έχω πένθος || *(dress)* πένθιμα ρούχα *ntpl*, μαύρα *ntpl*.

mouse [maʊs] *n* ποντικός || (COMPUT) ποντίκι || **~trap** *n* ποντικοπαγίδα, φάκα.

moustache [məs'tɑːʃ] *n* μουστάκι.

mouth [maʊθ] *n (ANAT)* στόμα *nt* || *(opening)* στόμιο || *(entrance)* εκβολή, στόμιο ♦ [maʊð] *vt (words)* ομιλώ με στόμφο || **~ful** *n* μπουκιά || **~ organ** *n* φυσαρμόνικα || **~piece** *n* επιστόμιο || *(speaker)* όργανο, φερέφωνο, εκπρόσωπος || **~wash** *n* γαργάρα || **~-watering** *a* γαργαλιστικός.

movable ['muːvəbl] *a* κινητός.

move [muːv] *n (movement)* κίνηση || *(in game)* κίνηση || *(step)* ενέργεια, βήμα *nt* || *(from house)* μετακόμιση ♦ *vt* (μετα)κινώ, μετατοπίζω || *(stir, rouse)* συγκινώ, γίνομαι (εξωφρενών κλ) ♦ *vi (general)* κινούμαι, κουνιέμαι || *(travel)* μετακινούμαι, φεύγω || *(take action)* ενεργώ || *(go elsewhere)* μετακομίζω || **to get a ~ on** σπεύδω, κάνω γρήγορα || **to ~ house** μετοικώ, μετακομίζω || **to ~ about** *vi* περιφέρομαι, τριγυρίζω || **to ~ away** *vi* απομακρύνομαι, φεύγω || **to ~ back** *vi* υποχωρώ, ξαναγυρίζω πίσω || **to ~ forward** *vi* προχωρώ ♦ *vt* κινώ προς τα εμπρός || **to ~ in** *vi (house)* μετακομίζω (στο νέο σπίτι), εγκαθίσταμαι || **to ~ on** *vi* προχωρώ, τραβώ το δρόμο μου ♦ *vt* κάνω να κυκλοφορεί || **to ~ out** *vi (house)* μετακομίζω (αλλού), αδειάζω || **~ment** *n* κίνηση, μετακίνηση || *(social etc)* κίνημα *nt*, κίνηση || *(MUS)* μέρος *nt*.

movie ['muːvɪ] *n (film)* φιλμ *nt inv* || **the ~s** *(cinema)* σινεμά *nt inv* || **~ camera** *n (amateur)* κινηματογραφική μηχανή.

moving ['muːvɪŋ] *a (lit)* κινούμενος, κινητός || *(stirring)* συνταρακτικός, συγκινητικός || *(touching)* συγκινητικός.

mow [məʊ] *(irreg v) vt* θερίζω || **to ~ down** *vt* θερίζω || **~er** *n (machine)* θεριστική μηχανή.

M.P. *abbr see* **member.**

m.p.g. *(abbr of miles per gallon)* χ.α.λ. (χιλιόμετρα ανά λίτρο).

m.p.h. *(abbr of miles per hour)* χ.α.ω. (χιλιόμετρα ανά ώρα).

Mr ['mɪstə*] *n:* **~ Smith** Εύριος Σμιθ, Κος Σμιθ.

Mrs ['mɪsɪz] *n:* **~ Smith** Κυρία Σμιθ, Κα Σμιθ.

much [mʌtʃ] *a* πολύς ♦ *ad* πολύ, συχνά, σχεδόν ♦ *n* πολλά, πολύ ||

how ~ is it? πόσο κάνει; || **too ~** πάρα πολύ.
muck [mʌk] *n (lit)* κοπριά, βρωμιά || *(fig)* σύγχυση, καταστροφή || **to ~ about** *vi (col)* περιφέρομαι άσκοπα, χαζεύω ♦ *vt (col)* λασπώνω, βρωμίζω || **to ~ up** *vt (col: ruin)* χαλάω μια δουλειά || **~y** *a (dirty)* βρώμικος, βρωμερός.
mud [mʌd] *n* λάσπη.
muddle ['mʌdl] *n* ακαταστασία, σαλάτα, μπέρδεμα *nt* ♦ *vt (also:* **~ up)** μπερδεύω, κάνω άνω-κάτω || **to ~ through** *vi* καταφέρνω κουτσά-στραβά.
muddy ['mʌdɪ] *a* λασπώδης, λασπωμένος.
mudguard ['mʌdgɑːd] *n* φτερό (αυτοκινήτου).
mudpack ['mʌdpæk] *n* μάσκα (από πηλό).
mud-slinging ['mʌdslɪŋɪŋ] *n* συκοφαντία, κακογλωσσιά.
muffle ['mʌfl] *vt* πνίγω (ήχο) || *(wrap up)* κουκουλώνω, σκεπάζω || **~d** *a* υπόκουφος, πνιγμένος.
mug [mʌg] *n (cup)* μεγάλο φλυτζάνι, φλυτζάνα || *(col: face)* μούτρο, φάτσα || *(col: dupe)* χαζός, κορόϊδο ♦ *vt (assault)* κτυπώ από πίσω || **~ging** *n (assault)* επίθεση με ληστεία.
muggy ['mʌgɪ] *a (weather)* βαρύς (καιρός), υγρός.
mule [mjuːl] *n* ημίονος, μουλάρι.
mull [mʌl]: **to ~ over** *vt* γυροφέρνω στο μυαλό.
mulled [mʌld] *a (wine)* ζεστό κρασί με κανέλλα.
multi ['mʌltɪ] *prefix* πολύ-.
multicoloured, multicolored *(US)* ['mʌltɪ'kʌlɛd] *a* πολύχρωμος.
multiple ['mʌltɪpl] *n* πολλαπλάσιο ♦ *a* πολλαπλός || **~ store** *n* κατάστημα *nt* με πολλά υποκαταστήματα.
multiplication [mʌltɪplɪ'keɪʃən] *n* πολλαπλασιασμός.
multiply ['mʌltɪplaɪ] *vt* πολλαπλασιάζω ♦ *vi* πολλαπλασιάζομαι.
multitude ['mʌltɪtjuːd] *n* πλήθος *nt.*
mum [mʌm] *n (col)* μαμά.
mumble ['mʌmbl] *vti* μουρμουρίζω, μασώ ♦ *n* μπερδεμένα λόγια *ntpl,* μουρμούρα.
mummy ['mʌmɪ] *n* μούμια || *(col)* μαμά.
mumps [mʌmps] *n* παρωτίτιδα μαγουλάδες *fpl.*
munch [mʌntʃ] *vti* μασουλίζω, τραγανίζω.
mundane ['mʌn'deɪn] *a* εγκόσμιος, γήινος.
municipal [mjuː'nɪsɪpəl] *a* δημοτικός.
munitions [mjuː'nɪʃənz] *npl* πολεμοφόδια *ntpl.*
mural ['mjʊərəl] *n* τοιχογραφία.
murder ['mɜːdə*] *n* φόνος, δολοφονία || *(fig: col)* φονικό ♦ *vt* φονεύω, σκοτώνω, δολοφονώ || **~er** *n* φονιάς, δολοφόνος || **~erous** *a* (δολο)φονικός || **~ess** *n* φόνισσα.
murky ['mɜːkɪ] *a* σκοτεινός, ζοφερός.
murmur ['mɜːmə*] *n* ψίθυρος, μουρμουρητό ♦ *vi* ψιθυρίζω, μουρμουρίζω, παραπονούμαι.
muscle ['mʌsl] *n* μυς *m.*
muscular ['mʌskjʊlə*] *a* μυϊκός, γεροδεμένος.
Muse [mjuːz] *n* Μούσα.
muse [mjuːz] *vi* ρεμβάζω, ονειροπολώ.
museum [mjuː'zɪəm] *n* μουσείο.
mush [mʌʃ] *n* πολτός.
mushroom['mʌʃrum] *n* μανιτάρι ♦ *vi* ξεφυτρώνω.
mushy ['mʌʃɪ] *a* πολτώδης, μαλακός.

music [ˈmjuːzɪk] *n* μουσική || **to face the ~** ακούω εξάψαλμο || **~al** *n* μουσική παράσταση ♦ *a* μουσικός, φιλόμουσος || **~ian** *n* μουσικός *m/f* || **~ stand** *n* αναλόγιο μουσικού.
muslin [ˈmʌzlɪn] *n* μουσελίνα.
mussel [ˈmʌl] *n* μύδι.
must [mʌst] *auxiliary v (obligation)* **I ~ do it** πρέπει να το κάνω || **I ~ not do it** δεν πρέπει να το κάνω || *(probability)* **he ~ be there by now** πρέπει να είναι εκεί τώρα ♦ *n* γλύκος, μούστος || **it is a ~** είναι αναγκαίο.
mustache [ˈmʌstæʃ] *n (US)* = **moustache.**
mustard [ˈmʌstəd] *n (condiment)* μουστάρδα.
mustn't [ˈmʌsnt] = **must not.**
musty [ˈmʌstɪ] *a* μουχλιασμένος || *(col)* παλιατσούρα, μπαγιάτικος.
mute [mjuːt] *n* βουβός/ή *m/f*, μουγγός/ή *m/f.*
mutilate [ˈmjuːtɪleɪt] *vt* ακρωτηριάζω, σακατεύω.
mutilation [mjuːtɪˈleɪʃən] *n* ακρωτηριασμός, σακάτεμα *nt.*
mutinous [ˈmjuːtɪnəs] *a* στασιαστικός, ανταρτικός.
mutiny [ˈmjuːtɪnɪ] *n* στάση, ανταρσία ♦ *vi* στασιάζω.
mutter [ˈmʌtə*] *vti* μουρμουρίζω.
mutton [ˈmʌtn] *n* αρνήσιο κρέας *nt.*
mutual [ˈmjuːtjuəl] *a* αμοιβαίος, κοινός || **~ly** *ad* αμοιβαίως.
muzzle [ˈmʌzl] *n (mouth and nose)* ρύγχος *nt*, μουσούδα || *(straps)* φίμωτρο || *(of gun)* στόμιο, στόμα *nt* ♦ *vt* φιμώνω.
my [maɪ] *poss a* δικός μου, μου.
myopic [maɪˈɒpɪk] *a* μυωπικός.
myself [maɪˈsɛlf] *pron* εγώ ο ίδιος, τον εαυτό μου.
mysterious [mɪsˈtɪərɪəs] *a* μυστηριώδης.
mystery [ˈmɪstərɪ] *n* μυστήριο.
mystic [ˈmɪstɪk] *n* μυστικός, μυστικιστής || **~al** *a* μυστικιστικός, μυστηριώδης.
mystification [mɪstɪfɪˈkeɪʃən] *n* αμηχανία, απάτη.
mystify [ˈmɪstɪfaɪ] *vt* προκαλώ έκπληξη.
myth [mɪθ] *n* μύθος || **~ical** *a* μυθικός || **~ological** *a* μυθολογικός || **~ology** *n* μυθολογία.

N

nab [næb] *vt* αρπάζω, συλλαμβάνω.
nag [næg] *n (horse)* μικρό άλογο (ιππασίας) || *(person)* γκρινιάρης, καυγατζής ♦ *vti* γκρινιάζω, καυγαδίζω || **~ging** *n* καυγάς, φασαρία.
nail [neɪl] *n* νύχι || *(spike)* καρφί, πρόκα ♦ *vt* καρφώνω || **to ~ down** *vt (fig)* δεσμεύω || **~ brush** *n* βούρτσα των νυχιών || **~ file** *n* λίμα (για νύχια) || **~ polish** *n* βερνίκι των νυχιών, μανό || **~ scissors** *npl* ψαλιδάκι (για νύχια) || **~ varnish** *n* βερνίκι για τα νύχια.
naïve [naɪˈiːv] *a* αφελής.
naked [ˈneɪkɪd] *a* γυμνός || *(uncovered)* εκτεθειμένος, καθαρός || **~ness** *n* γυμνότητα.
name [neɪm] *n* όνομα *nt* || *(reputation)* φήμη, υπόληψη ♦ *vt* ονομάζω || *(call by name)* αναφέρω, κατονομάζω || *(appoint)* ορίζω, διορίζω || **in the ~ of** εξ ονόματός του || *(authority of)* εν ονόματι || **~less** *a* άγνωστος, ανώνυμος || **~ly** *ad* δηλαδή || **~sake** *n* ομώνυμος, συνονόματος.
nanny [ˈnænɪ] *n (for child)* νταντά.
nap [næp] *n (sleep)* υπνάκος || **to have a ~** τον παίρνω λιγάκι.
nape [neɪp] *n* αυχένας, σβέρκος.
napkin [ˈnæpkɪn] *n* πετσέτα

φαγητού || *(Brit)* χαρτοπετσέτα, πάνα (βρέφους).

nappy [ˈnæpɪ] *n (for baby)* πάνα.

narcissus [nɑːˈsɪsəs] *n* νάρκισσος.

narcotic [nɑːˈkɒtɪk] *n* ναρκωτικό *nt.*

nark [nɑːk] *vt (col: annoy)* εξερεθίζω, εξαγριώνω.

narration [nəˈreɪʃən] *n* διήγηση.

narrative [ˈnærətɪv] *n* διήγημα *nt*, αφήγηση ♦ *a* αφηγηματικός.

narrator [nəˈreɪtə*] *n* αφηγητής.

narrow [ˈnærəʊ] *a* στενός, στενόχωρος ♦ *vi* στενεύω || **to ~ down** *vt* περιορίζω || **~ly** *ad (miss)* μόλις, παρά λίγο || **~-minded** *a* στενοκέφαλος.

nasal [ˈneɪzəl] *a* ένρινος, ρινικός, της μύτης.

nastiness [ˈnɑːstɪnɪs] *n* κακία, αχρειότητα, προστυχιά.

nasty [ˈnɑːstɪ] *a (mess)* δυσάρεστος, βρώμικος || *(business)* δύσκολος, επικίνδυνος, φοβερός || *(person)* πρόστυχος, ρεμάλι, κακός.

nation [ˈneɪʃən] *n* έθνος *nt* || **~al** [ˈnæʃənl] *a* εθνικός ♦ *n* υπήκοος *m/f*, πολίτης/ίτισσα *m/f* || **~al anthem** *n* εθνικός ύμνος || **~alism** *n* εθνικισμός || **~alist** *a, n* εθνικιστής/ίστρια *m/f*, εθνικόφρων || **~ality** *n* εθνικότητα || **~alization** *n* εθνικοποίηση || **~alize** *vt* εθνικοποιώ || **~ally** *ad* από εθνικής άποψης || **~wide** *a* πανεθνικό ♦ *ad* σ' ολόκληρη τη χώρα.

native [ˈneɪtɪv] *n* ντόπιος/ια *m/f* || *(non-European)* ιθαγενής *m/f* ♦ *a* εγχώριος || *(country etc)* γενέθλιος, μητρικός || *(inborn)* έμφυτος, φυσικός.

NATO [neɪtəʊ] *n* ΝΑΤΟ (Οργανισμός Βορειοατλαντικού Συμφώνου).

natter [ˈnætə*] *vi (col: chat)* κουβεντιάζω.

natural [ˈnætʃrəl] *a* φυσικός || *(inborn)* έμφυτος, φυσικός || **~ist** *n* φυσιοδίφης || **~ize** *vt* πολιτογραφώ || *(plant etc)* εγκλιματίζω || **~ly** *ad* φυσικά, βέβαια || **~ness** *n* φυσικότητα.

nature [ˈneɪtʃə*] *n* φύση || *(sort, kind)* είδος *nt*, χαρακτήρας || **by ~** εκ φύσης.

naughty [ˈnɔːtɪ] *a (child)* άτακτος, κακός.

nausea [ˈnɔːsɪə] *n* ναυτία, αναγούλα || *(disgust)* αηδία, αποστροφή || **~te** *vt* αηδιάζω (κάτι), προξενώ ναυτία.

nauseating [ˈnɔːsɪeɪtɪŋ] *a* αηδιαστικός, σιχαμερός.

nautical [ˈnɔːtɪkəl] *a* ναυτικός.

naval [ˈneɪvəl] *a* ναυτικός.

nave [neɪv] *n* κλίτος, νάρθηκας.

navel [ˈneɪvəl] *n* ομφαλός, αφαλός.

navigable [ˈnævɪgəbl] *a* πλωτός.

navigate [ˈnævɪgeɪt] *vt (ship etc)* κυβερνώ, διευθύνω ♦ *vi* ναυσιπλοώ, πλέω, ταξιδεύω.

navigation [nævɪˈgeɪʃən] *n* ναυτιλία, πλους *m*, διάπλους *m.*

navigator [ˈnævɪgeɪtə*] *n* ναυτίλος, πλοηγός || *(explorer)* θαλασσοπόρος || *(AVIAT)* αεροναυτίλος.

navy [ˈneɪvɪ] *n* ναυτικό || **~ blue** *n (colour)* σκούρος μπλε, μπλε μαρίν.

nay [neɪ] *ad (no)* όχι || *(also)* τι λέω, ή καλύτερα.

Nazi [ˈnɑːtsɪ] *n* Ναζιστής.

neap tide [ˈniːpˈtaɪd] *a* άμπωτη.

near [nɪə*] *a (close)* εγγύς, κοντινός || *(related)* πλησίον, στενός ♦ *ad (space)* κοντά, πλησίον || *(time)* περί, εγγύς, κοντά ♦ *prep (also: ~ to)* κοντά σε, παρά, || *(space)* παρά, κοντά || *(time)* περί, κοντά ♦ *vt* πλησιάζω || **~by** *a* κοντινός, πλαϊνός ♦ *ad* πολύ κοντά, εγγύτατα || **N~ East** *n* Εγγύς Ανατολή || **~ly** *ad* σχεδόν, περίπου || **~ miss** *n* λίγο έλειψε (να), παρά λίγο (να) ||

~ness *n* εγγύτητα, στενότητα || **~side** *n (AUT)* αριστερή πλευρά.
neat [niːt] *a (tidy)* καθαρός, καλοβαλμένος, κομψός || *(clever)* καλοβαλμένος, επιτυχής, κομψός || *(pure)* καθαρός, αγνός, χωρίς νερό.
nebulous [ˈnɛbjuləs] *a* νεφελώδης.
necessarily [ˈnɛsɪsərɪlɪ] *ad* απαραιτήτως, κατ' ανάγκη.
necessary [ˈnɛsɪsərɪ] *a* αναγκαίος, απαραίτητος.
necessitate [nɪˈsɛsɪteɪt] *vt* κάνω αναγκαίο, υποχρεώνω.
necessity [nɪˈsɛsɪtɪ] *n* ανάγκη.
neck [nɛk] *n* λαιμός, αυχένας, τράχηλος, σβέρκος || *(narrow part)* λαιμός, στένωμα *nt* || **~ and ~** στα ίσια, ισόπαλος πλάι-πλάι.
necklace [ˈnɛklɪs] *n* περιδέραιο, κολιέ *nt inv.*
neckline *n* [ˈnɛklaɪn] λαιμός, ντεκολτέ *nt inv.*
necktie *n* [ˈnɛktaɪ] γραβάτα.
née [neɪ] *a* το γένος.
need [niːd] *n* ανάγκη, χρεία || *(poverty)* ένδεια, φτώχια ♦ *vt (of person)* χρειάζομαι || *(of thing)* απαιτώ, ζητώ (κάτι) || **to ~ to do** έχω ανάγκη να κάνω.
needle [ˈniːdl] *n* βελόνι *nt* || *(knitting)* βελόνα *f* || *(compass etc)* βελόνη *f.*
needless [ˈniːdlɪs] *a* άχρηστος, περιττός.
needlework [ˈniːdlwɜːk] *n* εργόχειρο.
needy [ˈniːdɪ] *a* ενδεής, άπορος.
negation [nɪˈgeɪʃən] *n* άρνηση.
negative [ˈnɛgətɪv] *n (PHOT)* αρνητικό ♦ *a* αρνητικός.
neglect [nɪˈglɛkt] *vt* παραμελώ ♦ *n* αμέλεια, παραμέληση.
negligée [ˈnɛglɪʒeɪ] *n* νυχτικό.
negligence [ˈnɛglɪdʒəns] *n* αμέλεια.
negligent [ˈnɛglɪdʒənt] *a* αμελής, απρόσεκτος || **~ly** *ad* απρόσεκτα, αμελώς.
negligible [ˈnɛglɪdʒəbl] *a* αμελητέος.
negotiable [nɪˈgəʊʃɪəbl] *a (cheque)* εμπορεύσιμος, μετατρεπτός, μεταβιβάσιμος.
negotiate [nɪˈgəʊʃɪeɪt] *vi* διαπραγματεύομαι ♦ *vt (treaty)* διαπραγματεύομαι || *(difficulty)* διαβαίνω, ξεπερνώ.
negotiation [nɪgəʊʃɪˈeɪʃən] *n* διαπραγμάτευση.
negotiator [nɪˈgəʊʃɪeɪtə*] *n* διαπραγματευτής.
Negress [ˈniːgrɛs] *n* νέγρα, μαύρη.
Negro [ˈniːgrəʊ] *n* νέγρος, μαύρος.
neighbour, neighbor *(US)* [ˈneɪbə*] *n* γείτονας/γειτόνισσα *m/f* || **~hood** *n* γειτονιά, περιοχή || **~ing** *a* γειτονικός || **~ly** *a* καλός γείτονας, γειτονικός.
neither [ˈnaɪðə*] *a* ούτε ο ένας ούτε ο άλλος, κανένας || *cj* ούτε ... ούτε, ούτε (και) ♦ *pron* κανένας.
neo- [ˈniːəʊ] *prefix* νεο-.
neon [ˈniːɒn] *n* νέο || **~ light** *n* φως με νέο.
nephew [ˈnɛvjuː] *n* ανεψιός.
nerve [nɜːv] *n* νεύρο || *(courage)* σθένος *nt*, θάρρος *nt* || *(impudence)* θράσος *nt* || **~-racking** *a* εκνευριστικός.
nervous [ˈnɜːvəs] *a* νευρικός || *(timid)* ντροπαλός, νευρικός, δειλός || **~ breakdown** *n* νευρικός κλονισμός || **~ly** *ad* δειλά, φοβισμένα || **~ness** *n* νευρικότητα, δειλία.
nest [nɛst] *n* φωλιά.
nestle [ˈnɛsl] *vi* φωλιάζω, κουλουριάζομαι.
net [nɛt] *n* δίκτυο, δίχτυ *nt* || *(hair)* φιλές *m*, δίχτυ *nt* ♦ *a* καθαρός.
Netherlands [ˈnɛðələndz] *npl* Ολλανδία.

netting ['nɛtɪŋ] *n* δικτύωμα *nt*, πλέγμα *nt*.
network ['nɛtwɜːk] *n* δίκτυο.
neurotic [njʊə'rɒtɪk] *a* νευρωτικός ♦ *n* νευροπαθής.
neuter ['njuːtə*] *a* ουδέτερος ♦ *n* ουδέτερο.
neutral ['njuːtrəl] *a* ουδέτερος || **~ity** *n* ουδετερότητα.
never ['nɛvə*] *ad* ποτέ || **~-ending** *a* ατελείωτος || **~theless** *ad* εντούτοις, παρ' όλα αυτά.
new [njuː] *a* νέος, καινούργιος || *(clothes etc)* καινουργής, καινούργιος || *(modern)* σύγχρονος, μοντέρνος || *(at work etc)* αρχάριος, άπειρος || **~born** *a* νεογέννητος || **~comer** *n* φρεσκοφερμένος/νη *m/f*, νεοφερμένος/νη *m/f* || **~ly** *ad* τελευταία, πρόσφατα || **~ moon** *n* καινούργιο φεγγάρι || **~ness** *n* νεότητα, φρεσκάδα.
news [njuːz] *n* νέα *ntpl*, ειδήσεις *fpl* || **~agent** *n* πράκτορας εφημερίδων || **~ flash** *n* έκτακτη είδηση || **~letter** *n* δελτίο ειδήσεων || **~paper** *n* εφημερίδα || **~reel** *n* ταινία επικαίρων.
New Year [njuː'jɪə*] *n* Νέο 'Ετος || **~'s Day** *n* Πρωτοχρονιά || **~'s Eve** *n* παραμονή της Πρωτοχρονιάς.
New Zealand [njuː'ziːlənd] *n* Νέα Ζηλανδία.
next [nɛkst] *a* πλησιέστερος, γειτονικός, πλαϊνός || *(in time)* προσεχής, επόμενος ♦ *ad* έπειτα, κατόπιν, μετά ♦ *prep:* **~ to** κοντά σε, σχεδόν || **the ~ day** την άλλη μέρα, την επομένη || **~ year** επόμενο έτος *nt*, άλλος χρόνος, του χρόνου || **~ of kin** *n* πλησιέστερος συγγενής.
N.H.S. *abbr of National Health Service.*
nibble ['nɪbl] *vt* δαγκώνω, μασουλίζω, τρώγω σιγά-σιγά.
nice [naɪs] *a* ευχάριστος, καλός, ωραίος || *(exact)* λεπτός, ευαίσθητος || **~-looking** *a* ωραίος, όμορφος || **~ly** *ad* ωραία, ευχάριστα.
nick [nɪk] *n (cut)* χαραγή, εγκοπή || **in the ~ of time** στην κατάλληλη στιγμή.
nickel ['nɪkl] *n* νικέλιο || *(US)* πεντάρα (5 σέντς).
nickname ['nɪkneɪm] *n* παρατσούκλι.
nicotine ['nɪkətiːn] *n* νικοτίνη.
niece [niːs] *n* ανεψιά.
niggling ['nɪglɪŋ] *a* ασημαντολόγος.
night [naɪt] *n* νύχτα, βράδυ || **good ~** καλή νύχτα || **at** *or* **by ~** τη νύκτα || **~cap** *n (drink)* νυκτερινό ρόφημα *nt* || **~ club** *n* νυκτερινό κέντρο || **~dress** *n* νυχτικό || **~fall** *n* σούρουπο || **~ life** *n* νυχτερινή ζωή || **~ly** *a* νυχτερινός, βραδυνός ♦ *ad* κάθε νύχτα, κάθε βράδυ || **~mare** *n* εφιάλτης || **~ school** *n* βραδυνή σχολή || **~-time** *n* νύχτα || **~ watchman** *n* νυκτοφύλακας.
nightingale ['naɪtɪŋgeɪl] *n* αηδόνι.
nil [nɪl] *n* μηδέν, τίποτε.
nimble ['nɪmbl] *a* εύστροφος, ευκίνητος.
nine [naɪn] *num* εννέα, εννιά || **~teen** *num* δεκαεννιά || **~ty** *num* ενενήντα.
ninth [naɪnθ] *a* ένατος.
nip [nɪp] *vt (pinch etc)* τσιμπώ, δαγκώνω ♦ *n* τσίμπημα *nt*, δάγκωμα *nt*.
nipple ['nɪpl] *n (ANAT)* θηλή, ρώγα.
nitrogen ['naɪtrədʒən] *n* άζωτο.
no [nəʊ] *a* κανείς, καθόλου ♦ *ad* όχι, καθόλου, μη ♦ *n* άρνηση, αρνητική ψήφος *f*.
nobility [nəʊ'bɪlɪtɪ] *n (social class)* ευγενείς *mpl*.
noble ['nəʊbl] *a* ευγενής, μεγαλοπρεπής ♦ *n* ευγενής, ευπατρίδης.

nobody [ˈnəubədɪ] *pron* κανείς, κανένας, ♦ *n (unimportant person)* μηδαμινότητα, τιποτένιος.
nod [nɒd] *vi* νεύω, νέφω, κάνω νόημα || *(droop with sleep)* νυστάζω, κουτουλώ ♦ *n* νεύμα *nt*, νόημα *nt*, κουτούλισμα *nt*.
noise [nɔɪz] *n* κρότος, βοή || *(unpleasant)* θόρυβος.
noisily [ˈnɔɪzɪlɪ] *ad* θορυβωδώς, με φασαρία.
noisy [ˈnɔɪzɪ] *a* θορυβώδης.
nomad [ˈnəumæd] *n* νομάδας || **~ic** *a* νομαδικός.
nominal [ˈnɒmɪnl] *a* ονομαστικός, εικονικός.
nominate [ˈnɒmɪneɪt] *vt* προτείνω, ονομάζω || *(appoint)* διορίζω.
nomination [nɒmɪˈneɪʃən] *n* πρόταση, υποψηφιότητα, διορισμός.
nominee [nɒmɪˈniː] *n* υποψήφιος/ήφια *m/f*.
non- [nɒn] *prefix* μη-, αντι-, αν-, α- || **~alcoholic** *a* χωρίς οινόπνευμα.
nonchalant [ˈnɒnʃələnt] *a* ψύχραιμος, αδιάφορος.
nondescript [ˈnɒndɪskrɪpt] *a* ακαθόριστος, αχαρακτήριστος.
none [nʌn] *a* κανένας ♦ *pron* κανένας, καμμιά, κανένα ♦ *ad* καθόλου.
nonentity [nɒˈnentɪtɪ] *n* μηδαμινότητα, ασήμαντος άνθρωπος.
nonplussed [ˈnɒnˈplʌst] *a* (τα έχω) χαμένα, βρίσκομαι σε αμηχανία.
nonsense [ˈnɒnsəns] *n* ανοησία, παραλογισμός.
non-stop [ˈnɒnˈstɒp] *a* χωρίς σταθμό.
noodles [ˈnuːdlz] *npl* φιδές *m*.
noon [nuːn] *n* μεσημέρι.
no one [ˈnəuwʌn] *pron* = **nobody**.
noose [nuːs] *n* βρόχος, θηλειά.
nor [nɔː*] *cj* ούτε, μήτε.
norm [nɔːm] *n* κανόνας, τύπος, μέτρο.
normal [ˈnɔːməl] *a* κανονικός, συνηθισμένος, ομαλός || **~ly** *ad* κανονικά.
north [nɔːθ] *n* βορράς, βοριάς || *(of country etc)* τα βόρεια ♦ *a* βόρειος ♦ *ad* βορείως, προς βορρά || **~-east** *a* βορειοανατολικός || **~ern** *a* βόρειος, βορεινός || **N~ Pole** *n* Βόρειος Πόλος || **N~ Sea** *n* Βόρειος Θάλασσα || **~ward(s)** *ad* προς βορρά || **~-west** *a* βορειοδυτικός.
Norway [ˈnɔːweɪ] *n* Νορβηγία.
Norwegian [nɔːˈwiːdʒən] *a* νορβηγικός ♦ *n* Νορβηγός/Νορβηγίδα *m/f*.
nose [nəuz] *n* μύτη || *(smell)* όσφρηση, μύτη || **~bleed** *n* ρινορραγία, μάτωμα *nt* της μύτης || **~-dive** *n* κάθετη εφόρμηση || **~y** *a* περίεργος, αδιάκριτος.
nostalgia [nɒsˈtældʒɪə] *n* νοσταλγία.
nostalgic [nɒsˈtældʒɪk] *a* νοσταλγικός.
nostril [ˈnɒstrɪl] *n* ρουθούνι.
not [nɒt] *ad* δεν, μη, όχι.
notable [ˈnəutəbl] *a* αξιοσημείωτος, σημαντικός.
notch [nɒtʃ] *n* εγκοπή, χαραγή, οδόντωση.
note [nəut] *n* νότα, τόνος, πλήκτρο || *(short letter)* γραμματάκι, σημείωμα *nt* || *(remark)* σημείωση, υπόμνημα *nt* || *(reputation)* φήμη διάκριση ♦ *vt* σημειώνω, παρατηρώ || *(write down)* σημειώνω, (κατα)γράφω **~book** *n* σημειωματάριο, καρνέ *nt inv* || **~-case** *n* πορτοφόλι || **~d** *a* σημαίνων, διακεκριμένος, διάσημος || **~paper** *n* χαρτί αλληλογραφίας.
nothing [ˈnʌθɪŋ] *n* μηδέν, τίποτε || **for ~** *(free)* δωρεάν, τζάμπα.
notice [ˈnəutɪs] *n (announcement)* αγγελία, αναγγελία || *(attention)*

προσοχή, παρατήρηση || *(warning)* ειδοποίηση, προειδοποίηση ♦ *vt (observe)* παρατηρώ, αντιλαμβάνομαι, προσέχω || **~able** *a* αξιοσημείωτος, αξιοπρόσεκτος || **~ board** *n (Brit)* ενοικιαστήριο, πίνακας ανακοινώσεων.

notification [nəutɪfɪ'keɪʃən] *n* (αν)αγγελία, ανακοίνωση, δήλωση, γνωστοποίηση.

notify ['nəutɪfaɪ] *vt* πληροφορώ, ειδοποιώ, γνωστοποιώ.

notion ['nəuʃən] *n* αντίληψη, ιδέα || *(fancy)* γνώμη, ιδέα, σκέψη.

notorious [nəu'tɔːrɪəs] *a* περιβόητος, πασίγνωστος.

notwithstanding [nɒtwɪθ'stændɪŋ] *ad* παρ', όλα αυτά, εντούτοις, όμως.

nougat ['nuːgaː] *n* μαντολάτο.

nought [nɔːt] *n (zero)* μηδέν || τίποτε, μηδέν.

noun [naun] *n* όνομα, ουσιαστικό.

nourish ['nʌrɪʃ] *vt* (δια)τρέφω || **~ing** *a* θρεπτικός.

novel ['nɒvəl] *n* μυθιστόρημα *nt* ♦ *a* νέος, πρωτότυπος || **~ist** *n* μυθιστοριογράφος *m/f* || **~ty** *n* νεωτερισμός.

November [nəu'vembə*] *n* Νοέμβριος.

novice ['nɒvɪs] *n* αρχάριος, μαθητευόμενος.

now [nau] *ad* τώρα, λοιπόν || **right ~** αμέσως, στη στιγμή || **~ and then** κάπου-κάπου, καμμιά φορά, || **~ and again** κάθε τόσο, μερικές φορές, που και που || **~adays** *ad* σήμερα.

nowhere ['nəuweə*] *ad* πουθενά.

nozzle ['nɒzl] *n* στόμιο (σωλήνα), προφύσιο, ακροφύσιο.

nuclear ['njuːklɪə*] *a (energy etc)* πυρηνικός.

nucleus ['njuːklɪəs] *n* πυρήνας.

nude [njuːd] *a* γυμνός, γδυτός ♦ *n (ART)* γυμνό.

nudge [nʌdʒ] *vt* αγκωνίζω, σκουντώ.

nudist ['njuːdɪst] *n* γυμνιστής/γυμνίστρια *m/f*.

nudity ['njuːdɪtɪ] *n* γυμνότητα.

nuisance ['njuːsns] *n* ενόχληση, μπελάς.

null [nʌl] *a* άκυρος.

numb [nʌm] *a* ναρκωμένος, μουδιασμένος ♦ *vt* ναρκώνω, μουδιάζω.

number ['nʌmbə*] *n* αριθμός, ψηφίο, νούμερο || *(sum)* αριθμός, σύνολο, άθροισμα *nt* || *(quantity)* πολλοί *mpl*, πλήθος *nt* || *(GRAM)* αριθμός || *(issue)* αριθμός (τεύχους) ♦ *vt* (απ)αριθμώ, μετρώ || *(amount to)* ανέρχομαι, φθάνω, αριθμώ || **~ plate** *n (Brit AUT)* πινακίδα κυκλοφορίας αυτοκινήτου.

numeral ['njuːmərəl] *n* αριθμός.

numerical [njuː'merɪkəl] *a (order)* αριθμητικός.

numerous ['njuːmərəs] *a* πολυάριθμος.

nun [nʌn] *n* μοναχή, καλόγρια.

nurse [nɜːs] *n* νοσοκόμος/νοσοκόμα *m/f* || *(for children)* παραμάνα, τροφός *f* ♦ *vt (patient, invalid)* περιποιούμαι, νοσηλεύω || *(fig)* φροντίζω, επιμελούμαι, συγκρατώ.

nursery ['nɜːsərɪ] *n* παιδικός σταθμός, βρεφοκομείο || *(plants)* φυτώριο || **~ rhyme** *n* παιδικό τραγουδάκι || **~ school** *n* νηπιαγωγείο.

nursing ['nɜːsɪŋ] *n (profession)* επάγγελμα *nt* νοσοκόμου || **~ home** *n* (ιδιωτική) κλινική.

nut [nʌt] *n* περικόχλιο, παξιμάδι || *(fruit)* καρύδι, ξηρός καρπός || **~s** *a (col: crazy)* τρελός.

nutcracker ['nʌtkrækə*] *n* καρυοθραύστης.

nutmeg ['nʌtmɛg] *n* μοσχοκάρυδο.
nutrient ['nju:triənt] *n* θρεπτικό, τρόφιμο.
nutritious [nju:'triʃəs] *a* θρεπτικός.
nutshell ['nʌtʃɛl] *n*: **in a ~** σύντομος, με λίγα λόγια.
nylon ['nailɒn] *a, n* νάυλον *nt inv.*

O

oaf [əuf] *n* αδέξιος, άξεστος.
oak [əuk] *n* δρύς, βαλανιδιά ♦ *a* δρύινος.
O.A.P. *abbr see* **old.**
oar [ɔ:*] *n* κώπη, κουπί.
oasis [əu'eisis] *n* όαση.
oath [əuθ] *n* όρκος || *(swearword)* βλαστήμια.
oats [əuts] *npl* βρώμη.
obedience [ə'bi:diəns] *n* υπακοή, ευπείθεια.
obedient [ə'bi:diənt] *a* υπάκουος.
obesity [əu'bi:siti] *n* παχυσαρκία.
obey [ə'bei] *vti* υπακούω.
obituary [ə'bitjuəri] *n* νεκρολογία.
object ['ɒbdʒikt] *n* αντικείμενο || *(target)* στόχος, σκοπός, αντικείμενο || *(GRAM)* αντικείμενο ♦ [əb'dʒɛkt] *vi (+ to) (proposal)* αντιτίθεμαι, αποδοκιμάζω || *(a noise etc)* αποκρούω, επικρίνω || **~ion** *n* αντίρρηση, αντιλογία || *(obstacle)* εμπόδιο, δυσκολία || **~ionable** *a* απαράδεκτος, ανεπιθύμητος || **~ive** *n* αντικειμενικός σκοπός ♦ *a (impartial)* αντικειμενικός || **~or** *n* αντιρρησίας, αντιλέγων.
obligation [ɒbli'geiʃən] *n* υποχρέωση.
obligatory [ɒ'bligətəri] *a* υποχρεωτικός.
oblige [ə'blaidʒ] *vt* υποχρεώνω, επιβάλλω || *(do a favour)* εξυπηρετώ, υποχρεώνω.
obliging [ə'blaidʒiŋ] *a* υποχρεωτικός, εξυπηρετικός.
oblique [ə'bli:k] *a* λοξός, πλάγιος.
obliterate [ə'blitəreit] *vt* εξαλείφω, σβήνω, καταστρέφω.
oblivious [ə'bliviəs] *a (+ of)* επιλήσμων, ξεχασιάρης.
oblong ['ɒblɒŋ] *n* επίμηκες σχήμα *nt,* ορθογώνιο ♦ *a* επιμήκης, μακρουλός.
obnoxious [əb'nɒkʃəs] *a* απεχθής, δυσάρεστος.
oboe ['əubəu] *n* όμποε *nt.*
obscene [əb'si:n] *a* αισχρός, πρόστυχος.
obscenity [əb'sɛniti] *n* αισχρότητα, αχρειότητα.
obscure [əb'skjuə*] *a* σκοτεινός, σκούρος || *(unnoticed)* άσημος, ταπεινός ♦ *vt* συσκοτίζω, σκεπάζω.
obscurity [əb'skjuəriti] *n* σκοτάδι, αφάνεια.
obsequious [əb'si:kwiəs] *a* δουλοπρεπής.
observance [əb'zɜ:vəns] *n* τήρηση, τύπος.
observant [əb'zɜ:vənt] *a* παρατηρητικός, προσεκτικός.
observation [ɒbzə'veiʃən] *n* παρατήρηση, παρακολούθηση.
observatory [əb'zɜ:vətri] *n* αστεροσκοπείο.
observe [əb'zɜ:v] *vt (the law etc)* τηρώ, κρατώ || *(study)* παρατηρώ, κοιτάζω || *(understand)* διακρίνω, αντιλαμβάνομαι || **~r** *n* παρατηρητής, τηρητής.
obsess [əb'sɛs] *vt* κατέχω, βασανίζω || **~ion** *n* έμμονη ιδέα || **~ive** *a* καταθλιπτικός, βασανιστικός.
obsolescence [ɒbsə'lɛsns] *n* τάση πρός αχρηστία, παλαίωμα *nt.*
obsolete ['ɒbsəli:t] *a* απαρχαιωμένος.
obstacle ['ɒbstəkl] *n* εμπόδιο,

πρόσκομμα || ~ **race** *n* δρόμος μετ' εμποδίων.
obstetrics [ɒb'stɛtrɪks] *n* μαιευτική.
obstinate ['ɒbstɪnɪt] *a* επίμονος, πεισματάρης || ~**ly** *ad* επίμονα.
obstruct [əb'strʌkt] *vt* φράσσω, εμποδίζω || ~**ion** *n* κωλυσιεργία, εμπόδιο.
obtain [əb'teɪn] *vt* παίρνω, αποκτώ, επιτυγχάνω || ~**able** *a* επιτευκτός, εφικτός.
obtrusive [əb'tru:sɪv] *a* ενοχλητικός, φορτικός.
obvious ['ɒbvɪəs] *a* προφανής, ευνόητος || ~**ly** *ad* προφανώς, φανερά.
occasion [ə'keɪʒən] *n (time)* ευκαιρία, φορά || *(event)* αφορμή, περίσταση || *(reason)* λόγος, αιτία ♦ *vt* προξενώ || ~**al** *a* σποραδικός, τυχαίος || *(drink)* που και που || ~**ally** *ad* κάπου-κάπου.
occult [ɒ'kʌlt] *n*: **the** ~ οι απόκρυφες επιστήμες.
occupant ['ɒkjʊpənt] *n* κάτοχος *m/f* || *(of house)* ένοικος *m/f.*
occupation [ɒkjʊ'peɪʃən] *n* απασχόληση, ασχολία, επάγγελμα *nt* || *(of country)* κατάληψη, κτήση || ~**al** *a (hazard)* επαγγελματικός.
occupier ['ɒkjʊpaɪə*] *n (of house)* ένοικος/η *m/f.*
occupy ['ɒkjʊpaɪ] *vt (take possession)* κατέχω, κατακτώ || *(live in)* κατοικώ || *(hold)* κατέχω || *(employ)* απασχολώ.
occur [ə'kɜ:*] *vi* συμβαίνω, γίνομαι, λαμβάνω χώρα || *(be found)* συναντώμαι, εμφανίζομαι || *(+to)* παρουσιάζεται στη σκέψη || **it** ~**s to me** μου έρχεται || ~**rence** *n* γεγονός *nt,* συμβάν *nt.*
ocean ['əʊʃən] *n* ωκεανός || ~-**going** *a* υπερωκεάνειος.
ochre ['əʊkə*] *n* ώχρα.
o'clock [ə'klɒk] *ad*: **it is 5** ~ είναι πέντε η (ώρα).
octagonal [ɒk'tægənl] *a* οκταγώνιος.
octane ['ɒkteɪn] *n* οκτάνιο.
octave ['ɒktɪv] *n* οχτάβα.
October [ɒk'təʊbə*] *n* Οκτώβριος.
octopus ['ɒktəpəs] *n* χταπόδι.
odd [ɒd] *a (number)* περιττός, μονός || *(not part of set)* μονός, παράταιρος || *(with some left over)* αυτός που περισσεύει || *(strange)* περίεργος, παράξενος || *(casual)* τυχαίος || ~**ity** *n* παραδοξότητα || *(person)* παράξενος άνθρωπος || ~**ly** *ad* περιέργως, περίεργα || ~**ments** *npl* υπολείμματα *ntpl* || ~**s** *npl* ανισότητα, διαφορά || *(advantage)* πλεονέκτημα *nt,* πιθανότητες *fpl* || *(chances)* πιθανότητες *fpl* || *(at racetrack)* στοίχημα *nt,* πoντάρισμα *nt* || **at** ~**s** διαφωνώ, είμαι τσακωμένος || ~**s and ends** *npl* απομεινάρια *ntpl,* μικροπράγματα *ntpl.*
ode [əʊd] *n* ωδή.
odious ['əʊdɪəs] *a* απεχθής, μισητός.
odour, odor *(US)* ['əʊdə*] *n* οσμή, μυρουδιά || ~**less** *a* άοσμος.
of [ɒv, əv] *prep* από, περί, παρά.
off [ɒf] *ad (absent)* μακριά || *(of switch)* κλειστό || *(milk)* όχι φρέσκος, χαλασμένος ♦ *prep* από, μακριά από, λιγώτερο από.
offal ['ɒfəl] *n* εντόσθια *ntpl.*
off-colour, off-color *(US)* ['ɒf'kʌlə*] *a (ill)* χλωμός.
offence [ə'fɛns] *n (crime)* παράπτωμα *nt,* αδίκημα *nt* || *(insult)* προσβολή.
offend [ə'fɛnd] *vt* προσβάλλω || ~**er** *n* παραβάτης *m/f* || ~**ing** *a* προσβλητικός, πειρακτικός.
offense [ə'fɛns] *n (US)* = **offence.**
offensive [ə'fɛnsɪv] *a* προσβλητικός, δυσάρεστος || *(weapon)* επιθετικός.
offer ['ɒfə*] *n* προσφορά ♦ *vt*

προσφέρω, προτείνω || ~**ing** *n (esp REL)* θυσία, προσφορά.
offhand ['ɒf'hænd] *a* αυθόρμητος, απότομος ♦ *ad* στη στιγμή, απότομα.
office ['ɒfɪs] *n (position)* γραφείο || ~**r** *n (MIL)* αξιωματικός, αξιωματούχος || ~ **work** *n* εργασία γραφείου.
official [ə'fɪʃəl] *a (authorized)* επίσημος, υπηρεσιακός ♦ *n* υπάλληλος *m/f* (δημόσιος) || ~**ly** *ad* επίσημα.
officious [ə'fɪʃəs] *a* αυταρχικός, ενοχλητικός.
offing ['ɒfɪŋ] *n*: **in the** ~ εν όψει, στα ανοιχτά.
off line [ɒf'laɪn] *a (COMPUT)* έμμεση σύνδεση και προπέλαση || *(switched off)* αποσυνδεδεμένος.
off-season ['ɒfsiːzn] *a* μη εποχιακός, εκτός εποχής, νεκρή εποχή.
offset ['ɒfsɛt] *vt* αντισταθμίζω, αποζημιώνω.
offshore ['ɒf'ʃɔː*] *ad* στα ανοιχτά ♦ *a* χερσαίος, στεριανός.
offside ['ɒf'saɪd] *a (AUT)* έξω πλευρά, δεξιά πλευρά ♦ *n (SPORT)* οφσάιντ.
offspring ['ɒfsprɪŋ] *n* απόγονος, βλαστός.
often ['ɒfən] *ad* συχνά, πολλές φορές.
oh [əʊ] *excl* ω!, αχ!
oil [ɔɪl] *n* πετρέλαιο, λάδι ♦ *vt* λαδώνω || ~**can** *n* λαδωτήρι || ~**field** *n* πετρελαιοφόρος περιοχή || ~**-fired** *a* καίων πετρέλαιο || ~ **painting** *n* ελαιογραφία || ~ **refinery** *n* διυλιστήριο || ~**skins** *npl* μουσαμάς || ~ **tanker** *n* δεξαμενόπλοιο || ~ **well** *n* πετρελαιοπηγή || ~**y** *a* ελαιώδης, λαδερός.
ointment ['ɔɪntmənt] *n* αλοιφή.
O.K., okay ['əʊ'keɪ] *excl* πολύ καλά, εντάξει ♦ *n* έγκριση ♦ *vt* εγκρίνω.
old [əʊld] *a* γέροντας, γέρος, ηλικιωμένος || *(of age)* της ηλικίας, χρονών || *(worn)* παλιός || *(former)* παλιός, πρώην, τέως || *(friend)* παλιός (σύντροφος) || ~ **age** *n* (βαθειά) γεράματα *ntpl* || ~ **age pensioner (O.A.P.)** *n* συνταξιούχος *m/f* || ~**en** *a (old)* παλιό, του παλιού || ~**-fashioned** *a* οπαδός του παλιού καιρού || *(out of date)* απαρχαιωμένος, παλιάς μόδας || ~ **maid** *n* γεροντοκόρη.
olive ['ɒlɪv] *n (fruit)* ελιά, ελαία ♦ *a (colour)* λαδής, ελαιόχρους || ~ **oil** *n* ελαιόλαδο, λάδι.
Olympic [əʊ'lɪmpɪk] *a* Ολυμπιακός || ~ **Games** *npl (also:* ~**s)** Ολυμπιακοί αγώνες *mpl*.
omelet(te) ['ɒmlɪt] *n* ομελέτα.
omen ['əʊmɛn] *n* οιωνός, σημάδι.
ominous ['ɒmɪnəs] *a* δυσοίωνος, δυσμενής.
omission [əʊ'mɪʃən] *n* παράλειψη, παραδρομή.
omit [əʊ'mɪt] *vt* παραλείπω.
on [ɒn] *prep* πάνω σε, σε, κατά, περί ♦ *ad* εμπρός, προς τα εμπρός, σε λειτουργία || ~ **and off** κάπου-κάπου || ~ **the left** αριστερά, στ, αριστερά || ~ **Friday** την Παρασκευή.
once [wʌns] *ad* μια φορά, άλλοτε, κάποτε || *cj* μόλις, από τη στιγμή που, μια και || **at** ~ αμέσως, στη στιγμή || *(same time)* ταυτόχρονα, σύγχρονα || **all at** ~ *(suddenly)* εντελώς ξαφνικά || *(speaking etc)* όλοι μαζί || ~ **more** ακόμη μια φορά || **more than** ~ πολλές φορές || ~ **and for all** μια και καλή || ~ **upon a time** μια φορά (και ένα καιρό).
oncoming ['ɒnkʌmɪŋ] *a (traffic)* επερχόμενος, προσεγγίζων.

one [wʌn] *a* ένας, μία, ένα || *(only)* μόνος, μοναδικός ♦ *n* ένα, ένας, μια ♦ *pron* ένας, αυτός, κανείς, τέτοιος || **this** ~ αυτός εδώ || **that** ~ αυτός εκεί || ~ **by** ~ ένας-ένας || ~ **another** αλλήλους || ~**-man** *a* *(business)* (δουλειά) για έναν άνθρωπο || ~**self** *pron* εαυτό || ~**-way** *a (street, traffic)* μονής κατευθύνσεως.

onion ['ʌnjən] *n* κρεμμύδι.

on line [on'laın] *a* (*COMPUT*) άμεση σύνδεση και προσπέλαση || *(switched on)* συνδεδεμένος.

onlooker ['ɒnlʊkə*] *n* θεατής.

only ['əʊnlı] *ad* μόνο ♦ *a* μόνος.

onset ['ɒnsɛt] *n (beginning)* απαρχή.

onshore ['ɒnʃɔː*] *a, ad* προς την ακτή.

onslaught ['ɒnslɔːt] *n* εφόρμηση, επίθεση.

onto ['ɒntʊ] *prep*=**on to.**

onus ['əʊnəs] *n* βάρος *nt*, ευθύνη, καθήκον *nt*.

onwards ['ɒnwədz] *ad (place)* προς τα εμπρός, και πέρα || *(time)* και στο εξής.

ooze [uːz] *vi (liquid)* στάζω, εκρέω, διεισδύω.

opaque [əʊ'peık] *a* αδιαφανής, θαμπός.

open ['əʊpən] *a* ανοιχτός || *(unlimited)* ανοικτός, απεριόριστος || *(without cover)* ακάλυπτος, ξέσκεπος || *(clear)* φανερός, έκδηλος || *(question)* φανερός, έκδηλος || *(free)* ελεύθερος, ανοιχτός || *(sincere)* ειλικρινής, απροκάλυπτος ♦ *vt* ανοίγω || *(letter)* αποσφραγίζω, ανοίγω || *(box)* λύνω, ανοίγω ♦ *vi* αρχίζω, ανοίγω || *(shop)* ανοίγω || *(play)* αρχίζω || **to** ~ **out** *vt* ανοίγω, ξεδιπλώνω || **to** ~ **up** *vt (route)* ανοίγω, χαράσσω, διανοίγω || ~**-air** *a* υπαίθριος || ~**er** *n (for cans)* ανοικτήρι || ~**ing** *n* άνοιγμα *nt*, ρωγμή || *(beginning)* έναρξη || *(good chance)* ευκαιρία || ~**ly** *ad* φανερά, ειλικρινά, δημόσια || ~**-minded** *a* απροκάλυπτος με ανοιχτό μυαλό || ~**-necked** *a* ανοιχτό || (φόρεμα) ντεκολτέ.

opera ['ɒpərə] *n* μελόδραμα *nt*, όπερα || ~ **house** *n* λυρική σκηνή, όπερα.

operate ['ɒpəreıt] *vt (machine)* ενεργώ, κινώ, διευθύνω ♦ *vi* λειτουργώ, δρώ, ενεργώ || *(MED)* (+ *on)* χειρουργώ, εγχειρίζω.

operation [ɒpə'reıʃən] *n* λειτουργία, δράση || *(MED)* εγχείρηση || *(MIL)* επιχείρηση.

operative ['ɒpərətıv] *a* ενεργός, ισχύων, χειρουργικός.

operator ['ɒpəreıtə*] *n (of machine)* χειριστής, οπερατέρ *m inv* || *(TEL)* τηλεφωνήτρια.

operetta [ɒpə'rɛtə] *n* οπερέττα.

opinion [ə'pınjən] *n* γνώμη, ιδέα, δοξασία.

opium ['əʊpıəm] *n* όπιο.

opponent [ə'pəʊnənt] *n* αντίπαλος.

opportune ['ɒpətjuːn] *a* επίκαιρος, εύθετος, κατάλληλος.

opportunist [ɒpə'tjuːnıst] *n* καιροσκόπος.

opportunity [ɒpə'tjuːnıtı] *n* ευκαιρία.

oppose [ə'pəʊz] *vt* αντιτάσσω, αντικρούω, καταπολεμώ || ~**d** *a* (+ *to)* αντίθετος (προς), αντιτιθέμενος.

opposing [ə'pəʊzıŋ] *a (side)* αντίθετος, αντίπαλος.

opposite ['ɒpəzıt] *a* αντίθετος, αντικρυνός || *(direction)* αντίθετος ♦ *ad* απέναντι, αντίκρυ ♦ *prep* απέναντι ♦ *n* αντίστοιχο, αντίθετο || ~ **number** *n (person)* αντίστοιχος.

opposition [ɒpə'zıʃən] *n* αντίσταση, αντίθεση || *(party)* αντιπολίτευση.

oppress [ə'prɛs] *vt* καταπιέζω, καταδυναστεύω || *(heat etc)*

καταθλίβω, βασανίζω || **~ion** *n* καταπίεση, στενοχώρια || **~ive** *a* καταθλιπτικός, πνιγηρός.
opt [ɒpt] *vi:* **to ~ for** διαλέγω, επιλέγω.
optical [ˈɒptɪkəl] *n* οπτικός.
optician [ɒpˈtɪʃən] *n* οπτικός.
optimism [ˈɒptɪmɪzəm] *n* αισιοδοξία.
optimist [ˈɒptɪmɪst] *n* αισιόδοξος || **~ic** *a* αισιόδοξος.
optimum [ˈɒptɪməm] *a* ευνοϊκός, άριστος.
option [ˈɒpʃən] *n* εκλογή || *(right to choose)* δικαίωμα *nt* εκλογής || **~al** *a* προαιρετικός.
opulent [ˈɒpjʊlənt] *a* πλούσιος, άφθονος.
or [ɔː*] *cj* ή.
oracle [ˈɒrəkl] *n* χρησμός, μαντείο.
oral [ˈɔːrəl] *a* προφορικός ♦ *n (exam)* προφορικές (εξετάσεις) *fpl.*
orange [ˈɒrɪndʒ] *n* πορτοκάλι || *(colour)* πορτοκαλλί.
oration [ɔːˈreɪʃən] *n* λόγος.
orbit [ˈɔːbɪt] *n* τροχιά ♦ *vt (earth)* περιστρέφομαι.
orchard [ˈɔːtʃəd] *n* οπωρόκηπος, περιβόλι.
orchestra [ˈɔːkɪstrə] *n* ορχήστρα || **~l** [ɔːˈkɛstrəl] *a* ορχηστρικός.
orchid [ˈɔːkɪd] *n* ορχεοειδές φυτό.
ordain [ɔːˈdeɪn] *vt* (προ)ορίζω, θεσπίζω διορίζω || *(ECCL)* χειροτονώ.
ordeal [ɔːˈdiːl] *n* βασανιστήριο.
order [ˈɔːdə*] *n (arrangement)* τάξη, σειρά, διαδοχή || *(instruction)* διαταγή, εντολή, διάταγμα *nt* || *(rank, class)* τάξη || *(ECCL)* βαθμός ιερωσύνης || *(MIL)* τάγμα *nt* || *(decoration)* παράσημο || *(COMM)* επιταγή, παραγγελία ♦ *vt* διατάσσω || διευθετώ, ταξινομώ || *(COMM)* παραγγέλλω || **~ form** *n* έντυπο εντολής || **~ly** *n* αγγελιαφόρος, ορτινάντσα ♦ *a* φρόνιμος, τακτικός, ήσυχος || *(tidy)* συγυρισμένος, τακτικός.
ordinary [ˈɔːdnrɪ] *a* συνήθης, συνηθισμένος || *(commonplace)* της αράδας, κοινός.
ore [ɔː*] *n* ορυκτό, μετάλλευμα *nt.*
organ [ˈɔːgən] *n (all senses)* όργανο || **~ic** [ɔːˈgænɪk] *a* οργανικός, ενόργανος.
organism [ɔːgənɪzəm] *n* οργανισμός.
organist [ˈɔːgənɪst] *n* οργανοπαίκτης.
organization [ɔːgənaɪˈzeɪʃən] *n* οργάνωση, οργανισμός.
organize [ˈɔːgənaɪz] *vt* οργανώνω || **~r** *n* (δι)οργανωτής.
orgasm [ˈɔːgæzəm] *n* οργασμός, παροξυσμός.
orgy [ˈɔːdʒɪ] *n* όργιο.
Orient [ˈɔːrɪənt] *n:* **the ~** Ανατολή, 'Απω Ανατολή.
oriental [ɔːrɪˈɛntəl] *a* ανατολικός, ασιατικός ♦ *n* Ασιάτης.
orientate [ˈɔːrɪenteɪt] *vt* προσανατολίζω.
origin [ˈɒrɪdʒɪn] *n* αρχή, γένεση, καταγωγή.
original [əˈrɪdʒɪnl] *a (first)* αρχικός || *(new)* πρωτότυπος || *(individual)* ιδιότυπος, πρωτότυπος ♦ *n* πρωτότυπο || **~ity** [ərɪdʒɪˈnælɪtɪ] *n* πρωτοτυπία || **~ly** *ad* αρχικά, εξ αρχής.
originate [əˈrɪdʒɪneɪt] *vi* κατάγομαι, προέρχομαι ♦ *vt* γεννώ, δημιουργώ.
originator [əˈrɪdʒɪneɪtə*] *n* δημιουργός, εγκαινιαστής.
ornament [ˈɔːnəmənt] *n* κόσμημα *nt,* στολίδι || **~al** *a* (δια)κοσμητικός.
ornate [ɔːˈneɪt] *a* διακοσμημένος, φανταχτερός.
ornithology [ɔːnɪˈθɒlədʒɪ] *n* ορνιθολογία.
orphan [ˈɔːfən] *n* ορφανός/ή *m/f* ♦

vt ορφανεύω || ~**age** *n* ορφανοτροφείο.
orthodox [ɔːθədɒks] *a* ορθόδοξος || *(conventional)* καθιερωμένος.
orthopaedic, orthopedic *(US)* [ɔːθəʊ'piːdɪk] *a* ορθοπεδικός.
ostensibly [ɒs'tɛnsəblɪ] *ad* κατά τα φαινόμενα, δήθεν.
ostentatious [ɒstɛn'teɪʃəs] *a* επιδεικτικός, φιγουρατζής, φανταχτερός.
ostracize ['ɒstrəsaɪz] *vt* εξοστρακίζω.
ostrich ['ɒstrɪtʃ] *n* στρουθοκάμηλος *f.*
other ['ʌðə*] *a* άλλος || *(additional)* άλλος, επιπρόσθετος || *(opposite)* άλλος, απέναντι ♦ *pron* άλλος ♦ *ad:* ~ **than** διαφορετικός από, εκτός από || ~**wise** *ad* αλλιώς, αλλιώτικα || *(in other ways)* κατά τα άλλα || *(or else)* διαφορετικά, αλλιώς, ειδεμή.
otter ['ɒtə*] *n* ενυδρίδα.
ought [ɔːt] *auxiliary v* πρέπει, θα έπρεπε || **I** ~ **to do it** πρέπει να το κάνω || **you** ~ **to go** πρέπει να φύγεις || **he** ~ **to win** πρέπει να κερδίσει.
ounce [aʊns] *n* ουγγιά.
our [aʊə*] *poss a* δικός μας || ~**s** *poss pron* δικός μας || ~**selves** *pron* εμείς οι ίδιοι.
oust [aʊst] *vt* διώχνω, εκτοπίζω.
out [aʊt] *ad* έξω || *(not indoors)* εκτός || *(not alight)* σβησμένος || *(open)* που βγήκε, βγαλμένος || *(made known)* γνωστός, που αποκαλύφθη || *(in reckoning)* σε λάθος, έξω || ~ **of** *prep* έξω από || *(from among)* από || *(without)* χωρίς || **made** ~ **of wood** καμωμένος από ξύλο || ~**-of-bounds** *a* απαγορευμένος || ~**-of-date** *a* ξεπερασμένος || ~ **of doors** *ad* έξω, στο ύπαιθρο || ~ **of order** *a* χαλασμένος || ~**-of-the-way** *a* παράμερος, απόμερος || *(unusual)* ασυνήθης, ασυνήθιστος.
outboard (motor) ['aʊtbɔːd('məʊtə*)] *n* εξωλέμβιος (κινητήρας).
outbreak ['aʊtbreɪk] *n* έκρηξη, ξέσπασμα *nt,* έναρξη.
outburst ['aʊtbɜːst] *n* έκρηξη, ξέσπασμα *nt.*
outcast ['aʊtkaːst] *n* απόβλητος.
outcome ['aʊtkʌm] *n* έκβαση, πέρας *nt.*
outcry ['aʊtkraɪ] *n* (κατα)κραυγή.
outdated ['aʊt'deɪtɪd] *a* παλιωμένος, ξεπερασμένος.
outdo [aʊt'duː] *vt* υπερβαίνω, υπερέχω.
outdoor ['aʊtdɔː*] *a* υπαίθριος, εξωτερικός.
outdoors ['aʊt'dɔːz] *ad* στο ύπαιθρο.
outer ['aʊtə*] *a* εξωτερικός || ~ **space** *n* διάστημα *nt.*
outfit ['aʊtfɪt] *n* εξοπλισμός, εργαλεία *ntpl,* απαιτούμενα *ntpl.*
outgoings ['aʊtgəʊɪŋz] *npl (expenses)* έξοδα *ntpl,* πληρωμές *fpl.*
outgrow [aʊt'grəʊ] *vt* γίνομαι ψηλότερος από, ξεπερνώ.
outing ['aʊtɪŋ] *n* εκδρομή.
outlaw ['aʊtlɔː] *n* ληστής, παράνομος ♦ *vt* βάζω εκτός νόμου.
outlay ['aʊtleɪ] *n* δαπάνη, έξοδα *ntpl.*
outlet ['aʊtlɛt] *n* διέξοδος *f,* άνοιγμα *nt.*
outline ['aʊtlaɪn] *n* περίμετρος *f,* περίγραμμα *nt* || *(summary)* περίληψη.
outlive [aʊt'lɪv] *vt* επιζώ.
outlook ['aʊtlʊk] *n (prospect)* πρόβλεψη.
outlying ['aʊtlaɪɪŋ] *a* απόκεντρος, απόμερος.
outmoded [aʊt'məʊdɪd] *a* ντεμοντέ.

outnumber [aʊt'nʌmbə*] *vt* υπερτερώ αριθμητικά.
outpatient ['aʊtpeɪʃənt] *n* εξωτερικός ασθενής *m/f*.
outpost ['aʊtpəʊst] *n (people, also place)* προφυλακή, φυλάκιο.
output ['aʊtpʊt] *n* παραγωγή, απόδοση, προϊόν *nt* ♦ *vt* (COMPUT) εκτυπώνω.
outrage ['aʊtreɪdʒ] *n* προσβολή, κατάφωρο αδίκημα *nt* ♦ *vt* προσβάλλω, πληγώνω, ταράζω || **~ous** *a* σκανδαλώδης, τερατώδης, αχρείος.
outright ['aʊtraɪt] *ad* απερίφραστα, ωμά, ξάστερα || *(once and for all)* τελείως, εντελώς ♦ *a* τέλειος, οριστικός.
outset ['aʊtsɛt] *n* αρχή, ξεκίνημα *nt*.
outside ['aʊt'saɪd] *n* εξωτερικό ♦ *a* εξωτερικός, πιθανός ♦ *ad* απ' έξω, έξω ♦ *prep* έξω από, εκτός, από, πέραν του || **~r** *n (in race etc)* χωρίς πιθανότητες *fpl* || *(independent)* ξένος/η *m/f*, θεατής.
outsize ['aʊtsaɪz] *a* μεγάλων διαστάσεων.
outskirts ['aʊtskɜːts] *npl* προάστια *ntpl*, περίχωρα *ntpl*.
outspoken [aʊt'spəʊkən] *a* ειλικρινής, ντόμπρος.
outstanding [aʊt'stændɪŋ] *a* προέχων, κύριος, σημαντικός || *(person)* διακεκριμένος, σπουδαίος, διαπρεπής || *(unsettled)* εκκρεμής, απλήρωτος.
outstay [aʊt'steɪ] *vt (welcome)* μένω περισσότερο από.
outstretched ['aʊstrɛtʃt] *a (hand)* απλωμένος, με ανοιχτές αγκάλες.
outward ['aʊtwəd] *a (sign)* εξωτερικός || *(journey)* προς τα έξω, έξω || **~ly** *ad* εξωτερικά, φαινομενικά.
outwit [aʊt'wɪt] *vt* ξεγελώ.
oval ['əʊvəl] *a* ωοειδής, ελλειψοειδής ♦ *n* ωοειδές σχήμα *nt*.
ovary ['əʊvərɪ] *n* ωοθήκη.
ovation [əʊ'veɪʃən] *n* επευφημία.
oven ['ʌvn] *n* κλίβανος, φούρνος.
over ['əʊvə*] *ad (above)* από πάνω, πάνω από || *(across)* απέναντι, πέρα || *(finished)* περασμένος, τελειωμένος || *(too much)* πέραν του δέοντος, επί πλέον || *(again)* φορές (συνέχεια), πάλι ♦ *prep (above)* από πάνω, πάνω || *(across)* απέναντι || *(in rank)* υπεράνω, ανώτερος || *(about)* περί, για || **all ~** *(everywhere)* παντού, σ' όλο || *(finished)* τελειωμένος, περασμένος || **~ and ~** πολλές φορές, επανειλημμένα || **~ and above** πέρα από.
over- ['əʊvə*] *prefix* υπέρ-, παρά-.
overall ['əʊvərɔːl] *n (Brit: for woman etc)* ποδιά || **~s** *npl (industrial etc)* φόρμα.
overbalance [əʊvə'bæləns] *vi* ανατρέπω, υπερέχω.
overbearing [əʊvə'bɛərɪŋ] *a* αυταρχικός, δεσποτικός, υπεροπτικός.
overboard ['əʊvəbɔːd] *ad* στη θάλασσα (από πλοίο).
overcast ['əʊvəkaːst] *a* συννεφιασμένος, σκοτεινιασμένος.
overcharge [əʊvə'tʃaːdʒ] *vt (price)* παίρνω πολλά, πουλώ σε, υπερβολική τιμή.
overcoat ['əʊvəkəʊt] *n* επανωφόρι, παλτό.
overcome [əʊvə'kʌm] *vt* νικώ, καταβάλλω.
overcrowded [əʊvə'kraʊdɪd] *a* υπερπλήρες, παραγεμισμένο.
overdo [əʊvə'duː] *vt (cook)* παραψήνω || *(exaggerate)* υπερβάλλω, μεγαλοποιώ, παρακάνω.
overdose ['əʊvədəʊs] *n* υπερβολική δόση.

overdraft ['əuvədrɑːft] *n* ανάληψη χωρίς αντίκρισμα.
overdrawn [əuvə'drɔːn] *a (account)* *see* **overdraft.**
overdrive ['əuvədraɪv] *n (AUT)* οβερντράιβ.
overdue ['əuvədjuː] *a* καθυστερημένος, εκπρόθεσμος.
overestimate ['əuvər'ɛstɪmeɪt] *vt* υπερεκτιμώ, υπερτιμώ.
overexcited ['əuvərɪk'saɪtɪd] *a* υπερδιεγειρόμενος.
overexpose ['əuvərɪks'pəuz] *vt (PHOT)* υπερεκθέτω, υπερφωτίζω.
overflow [əuvə'fləu] *vi* ξεχειλίζω ♦ ['əuvəfləu] *n* υπερχείληση, ξεχείλισμα *nt.*
overgrown ['əuvə'grəun] *a (garden)* κατάφυτος, γεμάτος από, σκεπασμένος με.
overhaul [əuvə'hɔːl] *vt (repair)* εξετάζω, επιθεωρώ, ελέγχω ♦ ['əuvəhɔːl] *n* προσεκτική εξέταση, επιθεώρηση, επισκευή.
overhead ['əuvəhɛd] *a* εναέριος, γενικός ♦ ['əuvə'hɛd] *ad* επάνω, υπεράνω, ψηλά || **~s** *npl* γενικά έξοδα *ntpl.*
overhear [əuvə'hɪə*] *vt* ακούω τυχαία, κρυφακούω.
overjoyed [əuvə'dʒɔɪd] *a* περιχαρής, γεμάτος χαρά.
overland ['əuvəlænd] *a* χερσαίος, στεριανός ♦ [əuvə'lænd] *ad (journey)* διά ξηράς.
overlap [əuvə'læp] *vi* καβαλικεύω, σκεπάζω μερικώς ♦ ['əuvəlæp] *n* επικάλυψη, καβαλίκεμα *nt.*
overleaf ['əuvə'liːf] *ad* στο πίσω μέρος (της σελίδας).
overload ['əuvə'ləud] *vt* παραφορτώνω, υπερφορτίζω.
overlook [əuvə'luk] *vt* κοιτάζω πάνω από, δεσπόζω || *(not notice)* παραβλέπω, παραμελώ || *(pardon)* παραβλέπω, συγχωρώ.
overnight ['əuvə'naɪt] *a* ολονύκτιος, ξενυχτισμένος ♦ *ad* όλη τη νύκτα, ξενύχτι.
overpass ['əuvəpɑːs] *n (road)* ανυψωμένη διάβαση.
overpower [əuvə'pauə*] *vt* καταβάλλω, συντρίβω, καταπνίγω || **~ing** *a* συντριπτικός, αποπνικτικός.
overrate ['əuvə'reɪt] *vt* υπερτιμώ.
override [əuvə'raɪd] *vt (invalidate)* υπερβαίνω, ανατρέπω.
overriding [əuvə'raɪdɪŋ] *a* πρωταρχικός, δεσπόζων.
overrule [əuvə'ruːl] *vt* ανατρέπω, αγνοώ, αναιρώ.
overseas ['əuvə'siːz] *ad* στο εξωτερικό ♦ *a (trade)* εξωτερικός.
overshadow [əuvə'ʃædəu] *vt* επισκιάζω.
overshoot ['əuvə'ʃuːt] *vt (runway)* προσγειώνομαι μακριά.
oversight ['əuvəsaɪt] *n* παράβλεψη, παραδρομή.
oversleep ['əuvə'sliːp] *vi* παρακοιμάμαι.
overstate ['əuvə'steɪt] *vt (case)* μεγαλοποιώ, υπερβάλλω || **~ment** *n* υπερβολή, μεγαλοποίηση.
overt [əu'vɜːt] *a* έκδηλος, καταφανής, φανερός.
overtake [əuvə'teɪk] *vt* προσπερνώ, ξεπερνώ ♦ *vi* συμβαίνω σε, τυχαίνω σε.
overtaking [əuvə'teɪkɪŋ] *n* ξεπέρασμα *nt.*
overthrow [əuvə'θrəu] *vt* ανατρέπω || *(vanquish)* συντρίβω.
overtime ['əuvətaɪm] *n* υπερωρία.
overture ['əuvətjuə*] *n (MUS)* εισαγωγή, ουβερτούρα.
overturn [əuvə'tɜːn] *vt* ανατρέπω, αναποδογυρίζω ♦ *vi* ανατρέπομαι.
overweight ['əuvə'weɪt] *a* με βάρος ανώτερο του κανονικού.
overwhelm [əuvə'wɛlm] *vt* συντρίβω, κατακλύζω, καταβάλλω ||

~**ing** *a* συντριπτικός, ακαταμάχητος.
overwork ['əuvə'wɜːk] *n* καταπόνηση, υπερκόπωση ♦ *vt* παραφορτώνω, παρακουράζω ♦ *vi* εργάζομαι υπερβολικά, παρακουράζομαι.
overwrought ['əuvə'rɔːt] *a* σε υπερένταση, παρακουρασμένος.
owe [əu] *vt* οφείλω, χρωστώ.
owing to ['əuɪŋtuː] *prep* λόγω, ένεκα, συνεπεία, εξ αιτίας.
owl [aul] *n* κουκουβάγια.
own [əun] *vt* (κατ)έχω, είμαι κύριος ♦ *a* δικός (μου) ♦ *n* δικός (μου), ιδιαίτερος || **all my** ~ μου ανήκει, όλο δικό μου || **on one's** ~ ανεξάρτητα, μόνος (μου) || **to** ~ **up** *vi (confess)* ομολογώ || ~**er** *n* ιδιοκτήτης/ήτρία *m/f*, κύριος/ία *m/f* || ~**ership** *n* κυριότητα, ιδιοκτησία.
ox [ɒks] *n* βόδι.
oxide ['ɒksaɪd] *n* οξείδιο.
oxygen ['ɒksɪdʒən] *n* οξυγόνο || ~ **mask** *n* μάσκα οξυγόνου || ~ **tent** *n* ασκός οξυγόνου.
oyster ['ɔɪstə*] *n* στρείδι.
oz. *abbr of* **ounce(s).**
ozone ['əuzəun] *n* όζον nt.

P

p [piː] *abbr of* **penny, pence**.
p.a. *abbr of* **per annum**.
pace [peɪs] *n* βήμα *nt*, βάδισμα *nt* || *(speed)* ταχύτητα ♦ *vi* βαδίζω, βηματίζω, περπατώ || **to keep** ~ **with** συμβαδίζω || ~**maker** *n* προπονητής || *(MED)* βηματοδότης.
Pacific (Ocean) [pə'sɪfɪk('əuʃən)] *n* Ειρηνικός (Ωκεανός).
pacifist ['pæsɪfɪst] *n* ειρηνόφιλος/η *m/f*.
pacify ['pæsɪfaɪ] *vt* ειρηνεύω, καθησυχάζω.
pack [pæk] *n (bundle)* δέμα *nt*, πακέτο || *(wolves)* αγέλη, κοπάδι || *(cards)* δεσμίδα, τράπουλα || *(gang)* συμμορία ♦ *vt (case)* συσκευάζω, πακετάρω, κάνω δέμα || *(bags)* μαζεύω (τα ρούχα μου).
package ['pækɪdʒ] *n* δέμα *nt*.
packet ['pækɪt] *n* δεματάκι, πακέτο.
pack ice ['pækaɪs] *n* σωρός πάγων, ογκόπαγοι *mpl*.
packing ['pækɪŋ] *n (action)* πακετάρισμα *nt* || *(material)* συσκευασία || ~ **case** *n* κιβώτιο συσκευασίας, κασόνι.
pact [pækt] *n* συμφωνία, συνθήκη.
pad [pæd] *n (pillow)* μαξιλαράκι || *(notebook)* μπλόκ *nt inv* || *(for inking)* ταμπόν *nt inv* ♦ *vt* (παρα)γεμίζω.
paddle ['pædl] *n (oar)* κουπί, αναδευτήρας ♦ *vt (boat)* κωπηλατώ, τραβώ κουπί ♦ *vi (in sea)* κωπηλατώ ήρεμα, τσαλαβουτώ.
paddling pool ['pædlɪŋpuːl] *n* λιμνούλα (για παιδιά).
paddock ['pædək] *n* περίβολος, μάντρα (για άλογα).
paddy ['pædɪ] *n*: ~ **field** *n* ορυζοφυτεία.
padlock ['pædlɒk] *n* λουκέτο.
padre ['pɑːdrɪ] *n* παπάς.
paediatrics [piːdɪ'ætrɪks] *n* παιδιατρική.
pagan ['peɪgən] *a* ειδωλολατρικός.
page [peɪdʒ] *n (of book)* σελίδα || *(boy servant)* νεαρός υπηρέτης, γκρούμ *m inv* || *(wedding)* ακόλουθος, παράνυμφος ♦ *vt (in hotel etc)* στέλνω μικρό να φωνάξει (κάποιον).
pageant ['pædʒənt] *n* φαντασμαγορικό θέαμα *nt*, επιβλητική πομπή.
paid [peɪd] *pt, pp of* **pay.**
pail [peɪl] *n* κάδος, κουβάς.
pain [peɪn] *n* πόνος || ~**s** *npl (efforts)* κόπος || ~**ed** *a (expression)*

θλιμμένος, πικραμένος, πονεμένος || **~ful** *a* οδυνηρός || *(physically)* που πονεί || *(difficult)* επίπονος || **~killing drug** *n* παυσίπονο || **~less** *a* ανώδυνος || **painstaking** *a* φιλόπονος, προσεκτικός.

paint [peɪnt] *n* χρώμα *nt*, μπογιά ♦ *vt* ζωγραφίζω, απεικονίζω || *(house etc)* μπογιατίζω, χρωματίζω || **~brush** *n* χρωστήρας, πινέλο || **~er** *n* (ART) ζωγράφος *m/f* || *(decorator)* χρωματιστής, μπογιατζής || **~ing** *n* *(action)* ζωγραφική || *(picture)* πίνακας, ζωγραφιά.

pair [pɛə*] *n* ζευγάρι || *(of shoes)* ζεύγος *nt* || **~ of scissors** *n* ψαλίδι || **~ of trousers** *n* πανταλόνι.

pajamas [pə'dʒɑːməz] *npl (US)* πυτζάμες *fpl*.

pal [pæl] *n (col)* σύντροφος, φίλος.

palace ['pælɪs] *n* ανάκτορο, παλάτι.

palatable ['pælətəbl] *a* εύγευστος, νόστιμος.

palate ['pælɪt] *n* υπερώα, ουρανίσκος || *(taste)* γεύση.

pale [peɪl] *a (face)* ωχρός, χλωμός || *(colour)* ανοιχτός.

palette ['pælɪt] *n* παλέτα.

palisade [pælɪ'seɪd] *n* φράκτης από πασσάλους.

pall [pɔːl] *n (of smoke)* σύννεφο ♦ *vi* κουράζω, βαριέμαι.

pally ['pælɪ] *a (col)* που πιάνει εύκολα φιλίες.

palm [pɑːm] *n (tree)* φοίνικας || *(of hand)* παλάμη || **~ist** *n* χειρομάντης/ισσα *m/f* || **P~ Sunday** *n* Κυριακή των Βαΐων || **~ tree** *n* φοινικιά, χουρμαδιά.

palpable ['pælpəbl] *a (obvious)* φανερός, καταφανής.

palpitation [pælpɪ'teɪʃən] *n* παλμός, σπαρτάρισμα *nt*.

paltry ['pɔːltrɪ] *a* μηδαμινός, τιποτένιος, άθλιος.

pamper ['pæmpə*] *vt* (παρα)χαϊδεύω.

pamphlet ['pæmflɪt] *n* φυλλάδιο.

pan [pæn] *n* τηγάνι, κατσαρόλα ♦ *vi* *(+ out)* επιτυγχάνω, αποδίδω.

panacea [pænə'sɪə] *n (fig)* πανάκεια.

pancake ['pænkeɪk] *n* τηγανίτα.

panda ['pændə] *n* πάντα.

pandemonium [pændɪ'məunɪəm] *n* πανδαιμόνιο.

pander ['pændə*] *vi (+ to)* κάνω το ρουφιάνο, κολακεύω πρόστυχα.

pane [peɪn] *n* τζάμι.

panel ['pænl] *n (of wood)* φάτνωμα *nt*, φύλλο || *(of people)* επιτροπή || **~ling, ~ing** *(US)* *n* ξυλεπένδυση.

pang [pæŋ] *n* δυνατός πόνος || *(pain)* αγωνία.

panic ['pænɪk] *n* πανικός ♦ *a* *(reaction)* πανικόβλητος ♦ *vi* πανικοβάλλομαι || **~ky** *a (person)* πανικόβλητος, έντρομος, φοβισμένος.

pannier ['pænɪə*] *n* κοφίνι, πανέρι.

panorama [pænə'rɑːmə] *n* πανόραμα *nt*.

pansy ['pænzɪ] *n (flower)* πανσές *m*.

pant [pænt] *vi* λαχανιάζω.

panther ['pænθə*] *n* πάνθηρας.

panties ['pæntɪz] *npl (woman's)* κυλότα.

pantomime ['pæntəmaɪm] *n* παντομίμα.

pantry ['pæntrɪ] *n* κελάρι || *(butler's)* κάβα.

pants [pænts] *npl (woman's)* κυλότα || *(man's)* σώβρακο || *(US: trousers)* παντελόνι.

papal ['peɪpəl] *a* παπικός.

paper ['peɪpə*] *n (material)* χαρτί || *(newspaper)* εφημερίδα || *(essay)* μελέτη, διατριβή, υπόμνημα *nt* ♦ *a* χάρτινος ♦ *vt* σκεπάζω με χαρτί, στολίζω με χαρτί || **~s** *npl (identity)* πιστοποιητικά *ntpl* || *(documents)* έγγραφα *ntpl* || **~back** *n* χαρτόδετο

(βιβλίο) || ~ **bag** *n* χαρτοσακούλα || ~ **clip** *n* συνδετήρας || ~**weight** *n* πρες παπιέ *nt inv* || ~ **work** *n* γραφική εργασία.
papier-mâché ['pæpɪeɪ'mæʃeɪ] *n* πεπιεσμένο χαρτί.
par [pɑː*] *n (COMM)* ισοτιμία, άρτιο, ισότητα || **on a ~ with** ίσος με, ίση αξία με.
parable ['pærəbl] *n* παραβολή.
parachute ['pærəʃuːt] *n* αλεξίπτωτο ♦ *vi* πεφτω με αλεξίπτωτο.
parade [pə'reɪd] *n (procession)* παρέλαση || *(review)* παράταξη, παρέλαση ♦ *vt* επιδεικνύω, κάνω παρέλαση ♦ *vi* παρελαύνω.
paradise ['pærədaɪs] *n* παράδεισος.
paradox ['pærədɒks] *n* παράδοξο, παραδοξολογία || ~**ical** *a* παράδοξος.
paraffin ['pærəfɪn] *n* παραφίνη.
paragraph ['pærəgrɑːf] *n* παράγραφος *f.*
parallel ['pærəlel] *a* παράλληλος || *(similar)* όμοιος, παράλληλος, ανάλογος ♦ *n* παράλληλος.
paralysis [pə'ræləsɪs] *n* παράλυση.
paralyze ['pærəlaɪz] *vt* παραλύω.
paramount ['pærəmaʊnt] *a* ύψιστος, υπέρτατος, εξαίρετος.
paranoia [pærə'nɔɪə] *n* παράνοια.
paraphernalia [pærəfə'neɪlɪə] *n* διάφορα *ntpl,* καλαμπαλίκια *ntpl.*
paraphrase ['pærəfreɪz] *vt* παραφράζω.
paraplegic [pærə'pliːdʒɪk] *a* παραπληγικός.
parasite ['pærəsaɪt] *n* παράσιτο.
parasol [pærə'sɒl] *n* ομπρέλα του ήλιου.
paratrooper ['pærətruːpə*] *n* αλεξιπτωτιστής.
parcel ['pɑːsl] *n* δέμα *nt,* πακέτο ♦ *vt (also:* ~ **up)** πακετάρω.
parch [pɑːtʃ] *vt* ξηραίνω, καψαλίζω, ψήνω || ~**ed** *a* ξηρός, στεγνός, άνυδρος.
parchment ['pɑːtʃmənt] *n* περγαμηνή.
pardon ['pɑːdn] *n* συγγνώμη, συγχώρηση ♦ *vt (free from punishment)* δίνω χάρη σε || ~**!** συγγνώμη! || ~ **me!** με συγχωρείτε! || **I beg your ~ !** συγγνώμη! || **I beg your ~?** παρακαλώ;.
parent ['pɛərənt] *n* γονέας || ~**al** *a* πατρικός, μητρικός.
parenthesis [pə'rɛnθɪsɪs] *n* παρένθεση.
parish ['pærɪʃ] *n* ενορία, κοινότητα || ~**ioner** *n* ενορίτης/ισσα *m/f.*
park [pɑːk] *n* πάρκο || *(cars)* χώρος σταθμεύσεως ♦ *vti* σταθμεύω, παρκάρω || ~**ing** *n* στάθμευση, παρκάρισμα *nt,* πάρκιγκ *nt inv* || **'no ~ing'** 'απαγορεύεται η στάθμευση' || ~**ing lot** *n (US)* χώρος σταθμεύσεως || ~**ing meter** *n* παρκόμετρο || ~**ing place** *n* θέση σταθμεύσεως.
parliament ['pɑːləmənt] *n* κοινοβούλιο || *(in Britain)* κοινοβούλιο, βουλή || ~**ary** *a* κοινοβουλευτικός.
parody ['pærədɪ] *n* παρωδία.
parole [pə'rəʊl] *n*: **on ~** ελεύθερος (προσωρινά) επί λόγου.
parquet ['pɑːkeɪ] *n* παρκέτο.
parrot ['pærət] *n* παπαγάλος || ~ **fashion** *ad (learn)* παπαγαλίστικα.
parry ['pærɪ] *vt* αποκρούω, αποφεύγω, ξεφεύγω.
parsimonious [pɑːsɪ'məʊnɪəs] *a* φειδωλός, σφιχτός, τσιγγούνης || ~**ly** *ad* με φειδωλότητα, μετρημένα.
parsley ['pɑːslɪ] *n* μαϊντανός.
parsnip ['pɑːsnɪp] *n* δαυκί.
parson ['pɑːsn] *n* εφημέριος, παπάς.
part [pɑːt] *n* μέρος *nt,* κομμάτι || *(in play)* ρόλος || *(of machine)* τμήμα *nt,*

μέρος *nt*, εξάρτημα *nt*, κομμάτι ♦ *a* μερικό, ημι-, μισο- ♦ *ad* = **partly** ♦ *vt* χωρίζω, διαιρώ, κόβω ♦ *vi (people)* χωρίζομαι || *(roads)* παρεκκλίνω, χωρίζομαι || **for my ~** όσο για μένα || **for the most ~** ως επί το πλείστον || **to ~ with** *vt* εγκαταλείπω, παραδίδω || **~ial** [ˈpɑːʃəl] *a* μερικός || *(favouring)* μεροληπτικός || *(+to)* έχω συμπάθεια σε, έχω προτίμηση σε || **~ially** *ad* μερικά, εν μέρει.

participate [pɑːˈtɪsɪpeɪt] *vi (+in)* συμμετέχω, παίρνω μέρος.

participation [pɑːtɪsɪˈpeɪʃən] *n* συμμετοχή.

participle [ˈpɑːtɪsɪpl] *n* μετοχή.

particular [pəˈtɪkjʊlə*] *a* συγκεκριμένος || *(single)* ιδιαίτερος || *(hard to please)* ιδιότροπος, ακριβολόγος ♦ *n* λεπτομέρεια, ιδιομορφία || **~s** *npl (details)* χαρακτηριστικά *ntpl*, περιγραφή || **~ly** *ad* ιδιαίτερα, ειδικά, συγκεκριμένα.

parting [ˈpɑːtɪŋ] *n (separation)* αναχώρηση, χωρισμός || *(of hair)* χωρίστρα ♦ *a* διαχωριστικός.

partisan [pɑːtɪˈzæn] *n* οπαδός, παρτιζάνος ♦ *a* μεροληπτικός.

partition [pɑːtɪʃən] *n (wall)* χώρισμα *nt*, μεσότοιχος.

partly [ˈpɑːtlɪ] *ad* εν μέρει.

partner [ˈpɑːtnə*] *n* εταίρος, συνέταιρος || *(in dance etc)* καβαλιέρος, ντάμα ♦ *vt* συνεταιρίζομαι, συμπράττω || **~ship** *n* συνεταιρισμός, συνεργασία.

partridge [ˈpɑːtrɪdʒ] *n* πέρδικα.

part-time [ˈpɑːtˈtaɪm] *ad* για λίγες ώρες, μερικώς απασχολούμενος.

party [ˈpɑːtɪ] *n (POL)* κόμμα *nt* || *(group)* ομάδα, συντροφιά || *(lawsuit)* διάδικος || μέτοχος || *(agreement)* πρόσωπο || *(celebration)* πάρτυ *nt inv* ♦ *a (dress)* του πάρτυ, της διασκεδάσεως || *(POL)* του κόμματος, κομματικός.

pass [pɑːs] *vt* περνώ, διαβαίνω || *(surpass)* υπερβαίνω, ξεπερνώ, προσπερνώ || *(move one to another)* μεταβιβάζω, διαβιβάζω, δίνω || *(spend time)* περνώ || *(be successful)* επιτυγχάνω, περνώ || *(approve)* εγκρίνω ♦ *vi* μεταβαίνω, διαβαίνω, διέρχομαι ♦ *n (passage)* στενό, πέρασμα *nt* || *(permission)* άδεια || *(success)* περνώ || *(SPORT)* πάσα || **to ~ away** *vi (die)* πεθαίνω || *(disappear)* εξαφανίζομαι || **to ~ by** *vi* περνώ || παραμελώ || **to ~ for** *vt* περνώ για || **to ~ out** *vi (faint)* λιποθυμώ || **~able** *a* διαβατός || *(fairly good)* υποφερτός, καλούτσικος.

passage [ˈpæsɪdʒ] *n (corridor)* διάδρομος || *(part of book etc)* απόσπασμα *nt*, κομμάτι || *(crossing)* διάβαση, δίοδος *f*, διάβα *nt* || **~way** *n* δίοδος *f*, πέρασμα *nt* || *(sidestreet)* πάροδος *f*.

passenger [ˈpæsɪndʒə*] *n* επιβάτης/ρια *m/f*.

passer-by [ˈpɑːsəˈbaɪ] *n* διαβάτης, περαστικός.

passing [ˈpɑːsɪŋ] *n (death)* θάνατος ♦ *a (car)* διερχόμενος, διαβατικός || **in ~** παρεμπιπτόντως.

passion [ˈpæʃən] *n* πάθος *nt*, θέρμη, μανία || *(love)* έρωτας, πάθος *nt* || **~ate** *a* σφοδρός, φλογερός, βίαιος || **~ately** *ad* παράφορα, θερμά.

passive [ˈpæsɪv] *a (GRAM)* παθητικός.

Passover [ˈpɑːsəʊvə*] *n* Λαμπρή, Πάσχα *nt*.

passport [ˈpɑːspɔːt] *n* διαβατήριο.

password [ˈpɑːswɜːd] *n* σύνθημα *nt*, παρασύνθημα *nt*.

past [pɑːst] *ad, prep (beyond)* πέρα, πέρα από || *(with numbers)* περασμένος || *(with time)* μετά, περασμένα ♦ *a (years)* περασμένος, τον παλιό καιρό || *(president etc)* τέως, πρώην.

paste [peɪst] *n (for paper)* κόλλα || *(for cooking)* πάστα, ζυμάρι.

pastel [ˈpæstəl] *a (colour)* παστέλ.

pasteurized [ˈpæstəraɪzd] *a* παστεριωμένος.

pastille [ˈpæstɪl] *n* παστίλια.

pastime [ˈpaːstaɪm] *n* διασκέδαση, παιχνίδι.

pastor [ˈpaːstə*] *n* πάστορας, παπάς.

pastry [ˈpeɪstrɪ] *n* ζύμη, πάστα || *(pies, tarts etc)* γλυκό.

pasture [ˈpaːstʃə*] *n (ground)* βοσκοτόπι.

pasty [ˈpæstɪ] *n* κρεατόπιτα ♦ [ˈpeɪstɪ] *a* ζυμαρένιος, ωχρός.

pat [pæt] *n* ελαφρό κτύπημα *nt*, χάδι ♦ *vt* κτυπώ ελαφρά, χαϊδεύω.

patch [pætʃ] *n* μπάλωμα *nt* || *(stain)* λεκές *m* ♦ *vt* μπαλώνω || ~**work** *n* σύρραμα *nt*, συνονθύλευμα *nt* || ~**y** *a (irregular)* ανομοιόμορφος.

patent [ˈpeɪtənt] *n* προνόμιο, πατέντα ♦ *vt* πατεντάρω ♦ *a* προφανής, απλός, προνομιακός, πρωτότυπος || ~ **leather** *n* λουστρίνι.

paternal [pəˈtɜːnl] *a* πατρικός.

path [paːθ] *n* δρομάκος, μονοπάτι || *(of sun etc)* διαδρομή, πορεία γραμμή.

pathetic [pəˈθetɪk] *a* συγκινητικός, αξιολύπητος || ~**ally** *ad* παθητικά, συγκινητικά.

pathologist [pəˈθɒlədʒɪst] *n* παθολόγος.

pathology [pəˈθɒlədʒɪ] *n* παθολογία.

pathos [ˈpeɪθɒs] *n* πάθος *nt*, συγκίνηση.

pathway [ˈpaːθweɪ] *n* μονοπάτι, πέρασμα *nt*.

patience [ˈpeɪʃəns] *n* υπομονή.

patient [ˈpeɪʃənt] *n* νοσηλευόμενος/η *m/f*, άρρωστος/η *m/f* ♦ *a* υπομονητικός.

patio [ˈpætɪəʊ] *n* πλακόστρωτη αυλή.

patriotic [pætrɪˈɒtɪk] *a* πατριωτικός.

patrol [pəˈtrəʊl] *n* περίπολος *f*, περιπολία ♦ *vti* περιπολώ || **on** ~ σε περιπολία || ~ **car** *n* περιπολικό || ~**man** *n (US)* αστυφύλακας.

patron [ˈpeɪtrən] *n* πάτρωνας, προστάτης/ρια *m/f*, υποστηρικτής/ίκτρια *m/f* || *(COMM)* τακτικός πελάτης || ~**age** [ˈpætrənɪdʒ] *n* προστασία, υποστήριξη || ~**ize** [ˈpætrənaɪz] *vt* υποστηρίζω || *(manner)* μεταχειρίζομαι συγκαταβατικά || ~**izing** *a (attitude)* συγκαταβατικός || ~ **saint** *n* προστάτης/ρια *m/f*, άγιος/α *m/f*.

patter [ˈpætə*] *n (sound)* ελαφρά συνεχή χτυπήματα *ntpl* || *(sales talk)* φλυαρία, κορακίστικα *ntpl* ♦ *vi* χτυπώ ελαφρά και συνεχώς.

pattern [ˈpætən] *n* υπόδειγμα *nt*, πρότυπο, μοντέλο || *(design)* σχέδιο, τύπος, μοντέλο.

paunch [pɔːntʃ] *n* κοιλιά.

pauper [ˈpɔːpə*] *n* άπορος/η *m/f*, πτωχός/ή *m/f*.

pause [pɔːz] *n* παύση, διακοπή, ανάπαυλα, διάλειμμα *nt* ♦ *vi* σταματώ, διστάζω, κοντοστέκομαι.

pave [peɪv] *vt* επιστρώνω || **to ~ the way for** ανοίγω το δρόμο, προετοιμάζω το έδαφος.

pavement [ˈpeɪvmənt] *n (Brit)* πεζοδρόμιο.

pavilion [pəˈvɪlɪən] *n (building)* περίπτερο, υπόστεγο.

paving [ˈpeɪvɪŋ] *n* στρώσιμο.

paw [pɔː] *n* πέλμα *nt* ζώου, πόδι ♦ *vt*

χτυπώ με το πόδι || *(person)* πασπατεύω.

pawn [pɔːn] *n* ενέχυρο ♦ *vt* ενεχυριάζω, βάζω ενέχυρο || ~**broker** *n* ενεχυροδανειστής || ~**shop** *n* ενεχυροδανειστήριο.

pay [peɪ] *(irreg v) n* πληρωμή, μισθός ♦ *vt* πληρώνω, καταβάλλω, ξοδεύω || *(be profitable to)* συμφέρω, αποδίδω ♦ *vi* πληρώνομαι, είναι συμφέρον || **to** ~ **attention (to)** προσέχω || **to** ~ **for** *vt* πληρώνω, κερνώ || **to** ~ **up** *vi* εξοφλώ || ~**able** *a* πληρωτέος || ~ **day** *n* μέρα πληρωμής || ~**ee** *n* δικαιούχος || ~**ing** *a* επικερδής, αποδοτικός || ~**ment** *n* πληρωμή || *(compensation)* αποζημίωση, ανταπόδοση || ~**roll** *n* μισθοδοτική κατάσταση.

p.c. *abbr of* **per cent**.

pea [piː] *n (seed)* μπιζέλι.

peace [piːs] *n* ειρήνη, ησυχία || ~**ful** *a* γαλήνιος, ήσυχος || ~ **offering** *n* δώρο συμφιλιώσεως.

peach [piːtʃ] *n* ροδάκινο.

peacock [ˈpiːkɒk] *n* παγώνι.

peak [piːk] *n* κορυφή || *(of cap)* γείσος.

peal [piːl] *n* κωδωνοκρουσία, κτύπημα *nt*.

peanut [ˈpiːnʌt] *n* αράπικο φυστίκι.

pear [pɛə*] *n* απίδι, αχλάδι.

pearl [pɜːl] *n* μαργαριτάρι.

peasant [ˈpɛzənt] *n* χωρικός/ή *m/f*, χωριάτης/ισσα *m/f*, αγρότης/ισσα *m/f*.

peat [piːt] *n* τύρφη, ποάνθρακας.

pebble [ˈpɛbl] *n* χαλίκι.

peck [pɛk] *vti* ραμφίζω, τσιμπώ ♦ *n (with beak)* ραμφισμός, τσίμπημα *nt* || *(kiss)* φιλάκι.

peckish [ˈpɛkɪʃ] *a (col)*: **to feel** ~ νοιώθω το στομάχι άδειο.

peculiar [pɪˈkjuːlɪə*] *a (interest)* ειδικός, ιδιαίτερος || *(+ to)* ιδιαίτερο χαρακτηριστικό, ιδιάζων || ~**ity** *n* ιδιομορφία, ιδιορρυθμία || *(oddness)* παραξενιά.

pedal [ˈpɛdl] *n* ποδωστήριο, πεντάλ *nt inv* ♦ *vti* χρησιμοποιώ πεντάλ, ποδηλατώ.

pedantic [pɪˈdæntɪk] *a* σχολαστικός.

peddle [ˈpɛdl] *vt* κάνω το μικροπωλητή, πουλώ στους δρόμους.

pedestal [ˈpɛdɪstl] *n* βάθρο, βάση αγάλματος.

pedestrian [pɪˈdɛstrɪən] *n* πεζός, διαβάτης ♦ *a* με τα πόδια, πεζός || *(humdrum)* μονότονος, πεζός || ~ **crossing** *n* διάβαση πεζών.

pediatrics [piːdɪˈætrɪks] *n (US)* = **paediatrics.**

pedigree [ˈpɛdɪgriː] *n* γενεαλογικό δέντρο, καταγωγή ♦ *a (animal)* καθαρόαιμος.

pee [piː] *(col) n* ούρα *ntpl* ♦ *vi* κατουρώ, κάνω πιπί.

peek [piːk] *n* ματιά ♦ *vi* κρυφοκοιτάζω, ξεπροβάλλω.

peel [piːl] *n* φλούδα ♦ *vi (paint etc)* ξεφλουδίζομαι, φεύγω.

peep [piːp] *n (look)* φευγαλέο βλέμμα *nt*, ματιά || *(sound)* τιτίβισμα *nt*, σκούξιμο, τσίριγμα *nt* ♦ *vi (look)* κρυφοκοιτάζω.

peer [pɪə*] *vi* κοιτάζω με προσοχή || *(+ at)* κοιτάζω προσεκτικά || *(peep)* κρυφοκοιτάζω ♦ *n (nobleman)* λόρδος, ευγενής || *(equal)* ισάξιος, ίσος, ταίρι || ~**age** *n* τάξη ευγενών || ~**less** *a* απαράμιλλος, ασύγκριτος.

peeve [piːv] *vt (col)* εκνευρίζω || ~**d** *a* εκνευρισμένος.

peevish [ˈpiːvɪʃ] *a* ευερέθιστος, δύστροπος.

peg [pɛg] *n* γόμφος, πάσσαλος, κρεμάστρα || **to buy clothes off the** ~ αγοράζω έτοιμα ρούχα.

pekinese [piːkɪˈniːz] *n* πεκινουά *nt inv*.

pelican ['pelıkən] *n* πελεκάνος.
pellet ['pelıt] *n (of paper, bread etc)* σφαιρίδιο, σβώλος || *(pill)* δισκίο.
pelt [pelt] *vt* πετροβολώ, πετώ, κτυπώ ♦ *vi (fall heavily)* πέφτω με δύναμη ♦ *n* δορά, δέρμα *nt*, προβειά.
pelvis ['pelvıs] *n* λεκάνη.
pen [pen] *n (for writing)* γραφίδα, πένα, στυλό || *(for sheep)* μάντρα.
penal ['pi:nl] *a* ποινικός || **~ize** *vt* επιβάλλω ποινή σε, τιμωρώ || **~ty** ['penəltı] *n* ποινή, τιμωρία || **~ty kick** *n* πέναλτυ *nt inv*.
penance ['penəns] *n* αυτοτιμωρία, μετάνοια.
pence [pens] *npl* πένες *fpl*.
pencil ['pensl] *n* μολύβι || *(of light)* δέσμη || **~ sharpener** *n* ξύστρα.
pendant ['pendənt] *n* κρεμαστό κόσμημα *nt*.
pending ['pendıŋ] *prep* κατά τη διάρκεια του, μέχρι ♦ *a* εκκρεμής.
pendulum ['pendjuləm] *n* εκκρεμές *nt*.
penetrate ['penıtreıt] *vt* εισχωρώ σε, διεισδύω || *(pierce)* διαπερνώ, τρυπώ || **penetrating** *a* διαπεραστικός, οξύς.
penetration [penı'treıʃən] *n (lit)* διείσδυση.
penfriend ['penfrend] *n* φίλος από αλληλογραφία.
penguin ['peŋgwın] *n* πιγκουίνος.
penicillin [penı'sılın] *n* πενικιλίνη.
peninsula [pı'nınsjulə] *n* χερσόνησος *f*.
penis ['pi:nıs] *n* πέος *nt*.
penitence ['penıtəns] *n* μετάνοια.
penitent ['penıtənt] *a* μετανοημένος.
penitentiary [penı'tenʃərı] *n (US)* σωφρονιστήριο.
penknife ['pennaıf] *n* σουγιάς.
pen name ['penneım] *n* ψευδώνυμο (φιλολογικό).
pennant ['penənt] *n* τριγωνικό σημαία.
penniless ['penılıs] *a* απένταρος.
penny ['penı] *n* πένα.
pension ['penʃən] *n (from job)* σύνταξη || **~er** *n* συνταξιούχος.
pensive ['pensıv] *a* σκεπτικός, συλλογισμένος.
pentagon ['pentəgən] *n* πεντάγωνο.
Pentecost ['pentıkɒst] *n* Πεντηκοστή.
penthouse ['penthaus] *n* ρετιρέ *nt inv*, υπόστεγο.
pent-up ['pentʌp] *a (feelings)* συγκρατημένη συγκίνηση.
penultimate [pı'nʌltımıt] *a* προτελευταίος.
people ['pi:pl] *n* άνθρωποι *mpl*, κόσμος || *(nation)* λαός, έθνος *nt* ♦ *vt* κατοικώ, οικίζω.
pep [pep] *n (col)* κέφι, ζωή || **to ~ up** *vt* ενθαρρύνω, δίνω κέφι σε.
pepper ['pepə*] *n* πιπέρι || *(green)* πιπεριά ♦ *vt (pelt)* κοπανίζω, βομβαρδίζω || **~mint** *n (plant)* δυόσμος, μέντα || *(sweet)* μέντα (καραμέλα).
per [pɜ:*] *prep* κατά, ανά, διά || **~ cent** τοις εκατό || **~ annum** το χρόνο.
perceive [pə'si:v] *vt* διακρίνω, βλέπω || *(understand)* αντιλαμβάνομαι, καταλαβαίνω.
percentage [pə'sentıdʒ] *n* ποσοστό, τοις εκατό.
perception [pə'sepʃən] *n* αντίληψη, αίσθηση.
perceptive [pə'septıv] *a* αντιληπτικός.
perch [pɜ:tʃ] *n* κούρνια, ξύλο || *(fish)* πέρκα ♦ *vi* κουρνιάζω, τοποθετώ ψηλά.
percolator ['pɜ:kəleıtə*] *n* καφετιέρα με φίλτρο.
percussion [pɜ:'kʌʃən] *n (MUS)* κρουστά όργανα *ntpl*.

peremptory [pə'rɛmptəri] *a* τελικός, αμετάκλητος, αποφασιστικός.

perennial [pə'rɛnɪəl] *a* αιώνιος, μόνιμος, πολυετής ♦ *n* πολυετές φυτό.

perfect ['pɜːfɪkt] *a* τέλειος, πλήρης, τελειωμένος || *(GRAM)* τετελεσμένος ♦ *n (GRAM)* παρακείμενος ♦ [pə'fɛkt] *vt* τελειοποιώ, συμπληρώνω || **~ion** [pə'fɛkʃən] *n* τελειότητα, εντέλεια, τελειοποίηση || **~ly** *ad* εντελώς, τέλεια.

perforate ['pɜːfəreɪt] *vt* διατρυπώ, διαπερνώ || **~d** *a* διάτρητος.

perforation [pɜːfə'reɪʃən] *n* διάτρηση, τρύπα.

perform [pə'fɔːm] *vt* εκτελώ, εκπληρώ, επιτελώ || *(THEAT)* παριστάνω, παίζω ♦ *vi (THEAT)* παίζω || **~ance** *n* εκτέλεση, κατόρθωμα *nt* || *(THEAT)* παράσταση || **~er** *n* εκτελεστής, ηθοποιός *m/f* || **~ing** *a (animal)* γυμνασμένο (ζώο).

perfume ['pɜːfjuːm] *n* οσμή, μυρωδιά || *(scent)* άρωμα *nt*, μυρωδικό.

perhaps [pə'hæps] *ad* ίσως.

peril ['pɛrɪl] *n* κίνδυνος || **~ous** *a* επικίνδυνος || **~ously** *ad* επικίνδυνα.

perimeter [pə'rɪmɪtə*] *n* περίμετρος *f*.

period ['pɪərɪəd] *n* εποχή, περίοδος *f* || *(stop)* τελεία || *(MED)* στάδιο, φάση, περίοδος *f* ♦ *a (costume)* της εποχής || **~ic** *a* περιοδικός || **~ical** *a* περιοδικός ♦ *n* περιοδικό || **~ically** *ad* κατά περιόδους.

peripheral [pə'rɪfərəl] *a* περιφερειακός, περιμετρικός ♦ *n (COMPUT)* περιφερειακή μονάδα.

periphery [pə'rɪfərɪ] *n* περιφέρεια, περίμετρος *f*.

periscope ['pɛrɪskəʊp] *n* περισκόπιο.

perish ['pɛrɪʃ] *vi* χάνομαι, αφανίζομαι, πεθαίνω || **~able** *a* φθαρτός || **~ing** *a (col: cold)* τρομερό κρύο.

perjury ['pɜːdʒərɪ] *n* επιορκία, ψευδομαρτυρία.

perk [pɜːk]: **to ~ up** *vi* ξανακάνω κέφι, ξαναζωντανεύω || **~y** *a (cheerful)* ζωηρός, εύθυμος.

perm [pɜːm] *n* περμανάντ *f inv*.

permanent ['pɜːmənənt] *a* μόνιμος, διαρκής || **~ly** *ad* μόνιμα.

permissible [pə'mɪsəbl] *a* επιτρεπόμενος, ανεκτός.

permission [pə'mɪʃən] *n* άδεια, έγκριση.

permissive [pə'mɪsɪv] *a* επιτρεπτικός.

permit ['pɜːmɪt] *n* άδεια ♦ [pə'mɪt] *vt* επιτρέπω.

permutation [pɜːmjʊ'teɪʃən] *n* (αντι)μετάθεση, αντιμετάταξη.

pernicious [pɜː'nɪʃəs] *a* ολέθριος, καταστρεπτικός.

perpendicular [pɜːpən'dɪkjʊlə*] *a* κάθετος, κατακόρυφος.

perpetrate ['pɜːpɪtreɪt] *vt* διαπράττω.

perpetual [pə'pɛtjʊəl] *a* αδιάκοπος, συνεχής, παντοτεινός.

perpetuate [pə'pɛtjʊeɪt] *vt* διαιωνίζω, αποθανατίζω.

perplex [pə'plɛks] *vt* περιπλέκω, φέρνω σε αμηχανία, μπερδεύω || **~ed** *a* σε αμηχανία || **~ing** *a* μπερδεμένος || **~ity** *n* αμηχανία, παραζάλη, δίλημμα *nt*.

persecute ['pɜːsɪkjuːt] *vt (oppress)* καταδιώκω, διώκω.

persecution [pɜːsɪ'kjuːʃən] *n* διωγμός, καταδίωξη.

perseverance [pɜːsɪ'vɪərəns] *n* καρτερία, εμμονή, επιμονή.

persevere [pɜːsɪ'vɪə*] *vi* εμμένω, επιμένω.

Persia ['pɜːʃə] *n* Περσία || **~n** *a*

περσικός ♦ *n (person)* Πέρσης/ίδα *m/f* || *(LING)* Περσικά *ntpl* || **~n Gulf** *n* Περσικός Κόλπος.

persist [pə'sɪst] *vi* επιμένω, μένω, σταθερός || *(keep saying)* επιμένω, εμμένω || **~ence** *n* επιμονή, εμμονή || **~ent** *a* επίμονος, διαρκής.

person ['pɜːsn] *n* πρόσωπο, άνθρωπος, άτομο || **~able** *a* ευπαρουσίαστος, ωραίος || **~al** *a* προσωπικός, ατομικός || *(of body)* σωματικός || **~ality** *n* προσωπικότητα || **~ally** *ad* προσωπικά || **~ify** *vt* προσωποποιώ.

personnel [pɜːsə'nɛl] *n* προσωπικό || **~ manager** *n* διευθυντής προσωπικού.

perspective [pə'spɛktɪv] *n* προοπτική || *(view)* άποψη, θέα.

perspex ['pɜːspɛks] *n (R)* άθραυστο γυαλί, περσπέξ *nt inv.*

perspiration [pɜːspə'reɪʃən] *n* εφίδρωση, ιδρώτας.

perspire [pəs'paɪə*] *vi* ιδρώνω.

persuade [pə'sweɪd] *vt* πείθω, καταφέρνω.

persuasion [pə'sweɪʒən] *n* πειθώ *f*, πειστικότητα || *(belief)* πεποίθηση, θρήσκευμα *nt.*

persuasive [pə'sweɪsɪv] *a* πειστικός.

pert [pɜːt] *a* αναιδής, αυθάδης, τσαχπίνης.

pertaining [pɜː'teɪnɪŋ]: **~ to** *prep* σχετικά με.

pertinent ['pɜːtɪnənt] *a* σχετικός, κατάλληλος, σωστός.

perturb [pə'tɜːb] *vt* διαταράσσω, προκαλώ ανησυχία.

perusal [pə'ruːzəl] *n* ανάγνωση, διάβασμα *nt.*

pervade [pɜː'veɪd] *vt* εμποτίζω, διαπερνώ, επικρατώ.

perverse [pə'vɜːs] *a* διεστραμμένος, κακότροπος.

perversion [pə'vɜːʃən] *n* διαστροφή, ανωμαλία.

pervert ['pɜːvɜːt] *n* διεστραμμένος, ανώμαλος τύπος, εκφυλισμένος ♦ [pə'vɜːt] *vt* διαστρέφω, στρεβλώνω, διαφθείρω.

pessimism ['pɛsɪmɪzəm] *n* απαισιοδοξία.

pessimist ['pɛsɪmɪst] *n* απαισιόδοξος/η *m/f* || **~ic** *a* απαισιόδοξος.

pest [pɛst] *n* επιβλαβές φυτό (ή έντομο) || *(fig: person, thing)* ενοχλητικός/ή *m/f*, πληγή.

pester ['pɛstə*] *vt* ενοχλώ, πειράζω.

pestle ['pɛsl] *n* κόπανος, γουδοχέρι.

pet [pɛt] *n* χαϊδεμένος/η *m/f* || *(animal)* ζώο του σπιτιού ♦ *vt* χαϊδεύω.

petal ['pɛtl] *n* πέταλο.

peter ['piːtə*]: **to ~ out** *vi* εξαφανίζομαι, σβήνω.

petition [pə'tɪʃən] *n* αίτηση, αναφορά.

petrified ['pɛtrɪfaɪd] *a* απολιθωμένος.

petrol ['pɛtrəl] *n (Brit)* βενζίνη || **~ engine** *n* βενζινομηχανή.

petroleum [pɪ'trəulɪəm] *n* πετρέλαιο.

petrol: ~ pump *n (in car)* αντλία βενζίνης || **~ station** *n* πρατήριο βενζίνης || **~ tank** *n* δεξαμενή || *(car)* ρεζερβονάρ *nt inv* βενζίνης.

petticoat ['pɛtɪkəut] *n* μεσοφόρι.

petty ['pɛtɪ] *a* μικρός, ασήμαντος, κατώτερος || *(mean)* μικρόνους, στενοκέφαλος || **~ cash** *n* μικροέξοδα *ntpl*, πρόχειρο ταμείο || **~ officer** *n* υπαξιωματικός, υποκελευστής.

petulant ['pɛtjulənt] *a* οξύθυμος, ευερέθιστος.

pew [pjuː] *n* στασίδι.

pewter ['pjuːtə*] *n* κράμα *nt* κασσιτέρου και μολύβδου.

phantom [ˈfæntəm] *n* φάντασμα *nt.*
Pharaoh [ˈfɛərəʊ] *n* Φαραώ *m.*
pharmacist [ˈfɑːməsɪst] *n* φαρμακοποιός *m/f.*
pharmacy [ˈfɑːməsɪ] *n (shop)* φαρμακείο || *(science)* φαρμακευτική.
phase [feɪz] *n* φάση.
Ph.D. *(abbr = Doctor of Philosophy)* = διδακτορικό δίπλωμα *nt.*
pheasant [ˈfɛznt] *n* φασιανός.
phenomenon [fɪˈnɒmɪnən] *n* φαινόμενο.
philanthropist [fɪˈlænθrəpɪst] *n* φιλάνθρωπος.
philately [fɪˈlætəlɪ] *n* φιλοτελισμός.
philosopher [fɪˈlɒsəfə*] *n* φιλόσοφος.
philosophical [fɪləˈsɒfɪkəl] *a* φιλοσοφικός.
philosophy [fɪˈlɒsəfɪ] *n* φιλοσοφία.
phlegm [flɛm] *n* φλέγμα *nt.*
phobia [ˈfəʊbɪə] *n* φοβία, φοβοπάθεια.
phone [fəʊn] *(abbr of* **telephone***) n* τηλέφωνο ♦ *vt* τηλεφωνώ.
phonetics [fəʊˈnɛtɪks] *n* φωνολογία, φωνητική.
phon(e)y [ˈfəʊnɪ] *(col) a* ψεύτικος ♦ *n* απατεώνας.
phosphate [ˈfɒsfeɪt] *n* φωσφορικό αλάτι.
phosphorus [ˈfɒsfərəs] *n* φωσφόρος.
photo [ˈfəʊtəʊ] *n* φωτογραφία.
photocopier [ˈfəʊtəʊˈkɒpɪə*] *n* φωτοτυπική μηχανή.
photocopy [ˈfəʊtəʊkɒpɪ] *n* φωτοαντίτυπο, φωτοτυπία ♦ *vt* κάνω φωτοτυπία.
photogenic [fəʊtəʊˈdʒɛnɪk] *a* φωτογενής.
photograph [ˈfəʊtəʊgræf] *n* φωτογραφία ♦ *vt* φωτογραφίζω, βγάζω φωτογραφίες || **~er** [fəˈtɒgrəfə*] *n* φωτογράφος || **~ic** *a* φωτογραφικός || **~y** *n* φωτογραφική τέχνη, φωτογράφιση.
photostat [ˈfəʊtəʊstæt] *n* φωτοστατικό αντίτυπο.
phrase [freɪz] *n* φράση ♦ *vt* διατυπώνω || **~ book** *n* συλλογή εκφράσεων.
physical [ˈfɪzɪkəl] *a* φυσικός || *(of the body)* σωματικός || **~ly** *ad* φυσικά, σωματικά.
physician [fɪˈzɪʃən] *n* γιατρός *m/f.*
physicist [ˈfɪzɪsɪst] *n* φυσικός *m/f.*
physics [ˈfɪzɪks] *n* φυσική.
physiology [fɪzɪˈɒlədʒɪ] *n* φυσιολογία.
physiotherapy [fɪzɪəˈθɛrəpɪ] *n* φυσιοθεραπεία.
physique [fɪˈziːk] *n* σωματική διάπλαση.
pianist [ˈpɪənɪst] *n* πιανίστας/ρια *m/f.*
piano [ˈpjɑːnəʊ] *n* πιάνο.
pick [pɪk] *n (tool)* αξίνα, κασμάς, σκαπάνη || *(choice)* εκλογή || *(best)* ότι εκλεκτό, αφρόκρεμα ♦ *vti* μαζεύω, κόβω, συλλέγω || *(choose)* εκλέγω, διαλέγω || **I ~ a pocket** βουτώ από την τσέπη, κλέβω το πορτοφόλι || **to ~ out** *vt* διαλέγω || **to ~ up** *vi (improve)* βελτιώνομαι ♦ *vt (arrest)* συλλαμβάνω, πιάνω || *(from ground)* σηκώνω, μαζεύω || *(in car etc)* παίρνω || **~axe** *n* σκαπάνη, κασμάς.
picket [ˈpɪkɪt] *n (stake)* πάσσαλος, παλούκι || *(strikers)* σκοπός απεργών ♦ *vt* βάζω σκοπούς.
pickle [ˈpɪkl] *n (also:* **~s:** *as condiment)* τουρσί, άλμη ♦ *vt* διατηρώ σε άλμη, παστώνω.
pickpocket [ˈpɪkpɒkɪt] *n* πορτοφολάς.
pickup [ˈpɪkʌp] *n (on record player)* φωνολήπτης, πικάπ *nt inv* || *(small truck)* μικρό φορτηγό || *(casual acquaintance)* ψάρεμα *nt,* τσίμπημα *nt* πελάτου.

picnic ['pɪknɪk] *n* εκδρομή, πικνίκ *nt inv* ♦ *vi* τρώγω στην εξοχή || **~ker** *n* εκδρομέας.
pictorial [pɪk'tɔːrɪəl] *a* εικονογραφικός || *(graphic)* γραφικός || *(illustrated)* εικονογραφημένος.
picture ['pɪktʃə*] *n* εικόνα, ζωγραφιά, προσωποποίηση ♦ *vt* ζωγραφίζω, απεικονίζω, φαντάζομαι || **the ~s** *npl* κινηματογράφος || **~ book** *n* βιβλίο με εικόνες.
picturesque [pɪktʃə'rɛsk] *a* γραφικός.
pie [paɪ] *n* πίτα.
piece [piːs] *n* κομμάτι || **in ~s** *(broken)* (σε) κομματάκια || *(taken apart)* σε κομμάτια || **~meal** *ad* λίγο-λίγο, κομματιαστά || **~work** *n* εργασία με το κομμάτι.
pier [pɪə*] *n (landing place)* προκυμαία, αποβάθρα.
pierce [pɪəs] *vt* τρυπώ, διεισδύω, εισχωρώ.
piercing ['pɪəsɪŋ] *a (cry)* διαπεραστικός.
piety ['paɪətɪ] *n* ευσέβεια, θρησκοληψία.
pig [pɪg] *n* γουρούνι || *(person)* παλιάνθρωπος, γουρούνι.
pigeon ['pɪdʒən] *n* περιστέρι || **~hole** *n (compartment)* θυρίδα, γραμματοθήκη ♦ *vt* βάζω στο αρχείο.
piggy bank ['pɪgɪbæŋk] *n* κουμπαράς.
pigheaded ['pɪg'hɛdɪd] *a* πεισματάρης, ξεροκέφαλος.
piglet ['pɪglɪt] *n* γουρουνόπουλο.
pigment ['pɪgmənt] *n* χρώμα *nt*, βαφή.
pigmy ['pɪgmɪ] *n* = **pygmy.**
pigskin ['pɪgskɪn] *n* γουρουνόδερμα *nt.*
pigsty ['pɪgstaɪ] *n* χοιροστάσιο.
pigtail ['pɪgteɪl] *n* κοτσίδα.
pilchard ['pɪltʃəd] *n* μεγάλη σαρδέλα.
pile [paɪl] *n (of books)* σωρός, στοίβα || *(in ground)* πάσσαλος, παλούκι, κολώνα || *(on carpet)* τρίχα, χνούδι ♦ *vti (also: ~ up)* συσσωρεύω, στοιβάζω.
piles [paɪlz] *npl* αιμορροΐδες *fpl*, ζοχάδες *fpl.*
pilfer ['pɪlfə*] *vt* κλέβω, βουτώ, σουφρώνω.
pilgrim ['pɪlgrɪm] *n* προσκυνητής/ήτρια *m/f* || **~age** *n* προσκύνημα *nt.*
pill [pɪl] *n* χάπι || **the P~** *n* χάπι αντισυλληπτικό.
pillage ['pɪlɪdʒ] *vt* λεηλατώ.
pillar ['pɪlə*] *n* κίονας, κολώνα, στύλος || *(fig)* στύλος || **~ box** *n (Brit)* ταχυδρομικό κουτί.
pillion ['pɪljən] *n* πισινό κάθισμα *nt.*
pillory ['pɪlərɪ] *vt* διαπομπεύω, στηλιτεύω.
pillow ['pɪləʊ] *n* προσκέφαλο, μαξιλάρι || **~case** *n* μαξιλαροθήκη.
pilot ['paɪlət] *n* πλοηγός, πιλότος || *(AVIAT)* χειριστής, πιλότος ♦ *vt (AVIAT)* οδηγώ, πιλοτάρω || **~ light** *n* καυστήρας (θερμάστρας φωταερίου).
pimp [pɪmp] *n* μαστρωπός, ρουφιάνος.
pimple ['pɪmpl] *n* εξάνθημα *nt*, σπυρί.
pin [pɪn] *n* καρφίτσα || *(peg)* περόνη ♦ *vt* καρφιτσώνω || *(hold fast)* καρφώνω, πλακώνομαι || **(on) ~s and needles** στα κάρβουνα || **to ~ down** *vt (fig: person)* καθηλώνω.
pinafore ['pɪnəfɔː*] *n* ποδιά.
pincers ['pɪnsəz] *npl* τανάλια.
pinch [pɪntʃ] *n* μικρή ποσότητα, πρέζα || *(nip)* τσίμπημα *nt*, τσιμπιά ♦ *vt (with fingers)* τσιμπώ || *(col: steal)* αποσπώ, σουφρώνω, βουτώ ♦ *vi*

(shoe) στενεύω, σφίγγω || **at a ~** στην ανάγκη, σε ώρα ανάγκης.
pincushion ['pɪnkʊʃən] *n* μαξιλαράκι για καρφίτσες.
pine [paɪn] *n (also: ~ tree)* πεύκο ♦ *vi*: **to ~ for** ποθώ, μαραζώνω.
pineapple ['paɪnæpl] *n* ανανάς.
ping [pɪŋ] *n (noise)* σφύριγμα *nt*, κουδούνισμα *nt* || **~-pong** *n* πιγκ-πογκ *nt inv*.
pink [pɪŋk] *n (plant)* γαρουφαλιά || *(pale red)* ρόζ ♦ *a* ρόζ, ρόδινος.
pin money ['pɪnmʌnɪ] *n* χαρτζιλίκι.
pinnacle ['pɪnəkl] *n (highest point)* κορυφή, κολοφώνας.
pinpoint ['pɪnpɔɪnt] *vi* υποδεικνύω ακριβώς.
pint [paɪnt] *n* πίντα (.567 λ.).
pioneer [paɪə'nɪə*] *n* πρωτοπόρος/α *m/f*.
pious ['paɪəs] *a* ευσεβής, θρήσκος.
pip [pɪp] *n (seed)* κουκούτσι || *(on uniform)* άστρο (επωμίδας).
pipe [paɪp] *n* σωλήνας, οχετός || *(smoking)* πίπα, τσιμπούκι || *(instrument)* αυλός || *(of bird)* κελάδημα *nt* || **to ~ down** *vi (be quiet)* το βουλώνω || **~ dream** *n* μάταιη ελπίδα || **~line** *n* αγωγός || **~r** *n* αυλητής, παίκτης γκάιντας || **~ tobacco** *n* καπνός πίπας.
piping ['paɪpɪŋ] *ad*: **~ hot** καυτερός, ζεματιστός, αχνιστός.
piquant ['piːkənt] *a* πικάντικος.
pique [piːk] *n* μνησικακία, φούρκα.
piracy ['paɪərəsɪ] *n* πειρατεία.
pirate ['paɪərɪt] *n* πειρατής || **~ radio** *n* πειρατικός σταθμός.
pirouette [pɪrʊ'ɛt] *n* πιρουέτα ♦ *vi* κάνω πιρουέτες, περιστρέφομαι.
pissed [pɪst] *a (col)* μεθυσμένος.
pistol ['pɪstɪl] *n* πιστόλι.
piston ['pɪstən] *n* έμβολο, πιστόνι.
pit [pɪt] *n* λάκκος, ανθρακωρυχείο ♦ *vt* σημαδεύω, κόβω || *(put to test)* έχω κάποιον σαν αντίπαλο.
pitch [pɪtʃ] *n (way of throwing)* βολή, ριξιά || *(ground)* γήπεδο || *(degree)* βαθμός, κλίση || *(of note)* ύψος τόνου, διαπασών *nt* || *(tar)* πίσσα, κατράμι ♦ *vt (throw)* πετώ || *(tent)* στήνω (σκηνή) ♦ *vi (fall headlong)* πέφτω || *(of ship)* σκαμπανευάζω || **~-black** *a* μαύρος σαν κατράμι || **~ed battle** *n* μάχη εκ του συστάδην.
pitcher ['pɪtʃə*] *n* στάμνα, κανάτα.
pitchfork ['pɪtʃfɔːk] *n* δίκρανο, τσουγκράνα, φούρκα ♦ *vt* φορτώνω με δικράνι.
pitfall ['pɪtfɔːl] *n (trap)* παγίδα.
pith [pɪθ] *n (essence)* ουσία, σθένος *nt*.
pithy ['pɪθɪ] *a (concise)* με ουσία, ουσιαστικός.
pitiable ['pɪtɪəbl] *a* αξιολύπητος, αξιοθρήνητος, οικτρός.
pitiful ['pɪtɪfʊl] *a* αξιολύπητος || *(mean)* ελεεινός || **~ly** *ad* θλιβερά, ελεεινά.
pitiless ['pɪtɪlɪs] *a* ανελέητος, άσπλαχνος, άκαρδος || **~ly** *ad* σκληρά, ανελέητα.
pittance ['pɪtəns] *n* εξευτελιστικός μισθός.
pity ['pɪtɪ] *n* έλεος, οίκτος, λύπηση || *(of regret)* κρίμα *nt* || **what a ~!** τι κρίμα!
pivot ['pɪvət] *n* άξονας, κέντρο περιστροφής, κεντρικό σημείο ♦ *vi (turn)* περιστρέφομαι.
pixie ['pɪksɪ] *n* ξωτικό, νεράιδα.
placard ['plækaːd] *n* τοιχοκόλληση, ταμπέλα, πινακίδα.
placate [plə'keɪt] *vt* κατευνάζω.
place [pleɪs] *n* τόπος, μέρος *nt*, τοποθεσία || *(position)* σημείο, μέρος *nt* || *(location)* τοποθεσία || *(town etc)* τόπος || *(employment, rank)* θέση, υπηρεσία, βαθμός || *(seat)* θέση, κάθισμα *nt* ♦ *vt (object)* τοποθετώ, βάζω || *(order)* τοποθετώ, πουλώ || *(in*

race) έρχομαι πλασέ || **in** ~ στη σωστή θέση || **out of** ~ άτοπος || **in the first** ~ εν πρώτοις.

placid ['plæsɪd] *a* γαλήνιος, ήρεμος, ατάραχος.

plagiarism ['pleɪdʒərɪzəm] *n* λογοκλοπή, λογοκλοπία.

plague [pleɪg] *n* πληγή, μάστιγα, λοιμός, πανούκλα.

plaice [pleɪs] *n* γλώσσα (φάρι).

plaid [plæd] *n* καρώ ύφασμα *nt.*

plain [pleɪn] *a (clear)* σαφής, φανερός || *(simple)* απλός, λιτός || *(not beautiful)* κοινός, όχι ωραίος ♦ *ad* καθαρά, ευδιακρίτως, ειλικρινά ♦ *n* πεδιάδα, κάμπος || **in** ~ **clothes** *(police)* με πολιτικά || ~**ly** *ad* προφανώς, ολοφάνερα || *(simply)* απλά.

plaintiff ['pleɪntɪf] *n* ενάγων/ουσα *m/f,* μηνυτής/ύτρια *m/f.*

plait [plæt] *n* πλόκαμος, πλεξούδα ♦ *vt* πλέκω.

plan [plæn] *n* σχέδιο, προσχέδιο, πρόγραμμα *nt* || *(of house etc)* σχέδιο, πλάνο, σχεδιάγραμμα *nt* || *(POL, ECON)* σχέδιο ♦ *vt (holiday etc)* σχεδιάζω ♦ *vi (make a plan)* καταστρώνω, σχεδιαγραφώ.

plane [pleɪn] *n (tree)* πλάτανος || *(tool)* πλάνη, ροκάνι, πλάνια || *(level)* επίπεδο, επίπεδος (επιφάνεια) || *(AVIAT)* αεροπλάνο ♦ *a* επίπεδος ♦ *vt (with tool)* ροκανίζω, πλανίζω.

planet ['plænɪt] *n* πλανήτης.

plank [plæŋk] *n* σανίδα, μαδέρι.

planner ['plænə*] *n* προγραμματιστής *m/f,* σχεδιαστής/άστρια *m/f.*

planning ['plænɪŋ] *n* χάραξη (σχεδίου), κατάστρωση, προγραμματισμός.

plant [plɑːnt] *n* φυτό || *(factory)* εγκατάσταση, εργοστάσιο, μηχανήματα *ntpl* ♦ *vt* φυτεύω || *(set firmly)* καρφώνω, εγκαθιστώ.

plantation [plæn'teɪʃən] *n* φυτεία.

plaque [plæk] *n (on wall)* πλάκα (αναμνηστική) || *(on teeth)* πέτρα.

plasma ['plæzmə] *n* πλάσμα *nt,* πρωτόπλασμα *nt.*

plaster ['plɑːstə*] *n* σουβάς, κονίαμα *nt,* γύψος || *(for wounds)* έμπλαστρο, τσιρότο ♦ *vt* σοβατίζω || φορτώνω, σκεπάζω || **in** ~ *(leg etc)* σε γύψο || ~**ed** *a (col)* μεθυσμένος || ~**er** *n* σουβατζής.

plastic ['plæstɪk] *n* πλαστική ύλη ♦ *a* πλαστικός || *(easily shaped)* εύπλαστος || **P**~**ine** *n (R)* πλαστισίνη || ~ **surgery** *n* πλαστική εγχείρηση.

plate [pleɪt] *n* πιάτο, δίσκος || *(table utensils)* χρυσά ή αργυρά επιτραπέζια σκεύη *ntpl,* ασημικά *ntpl* || *(flat sheet)* πλάκα, λάμα, φύλλο.

plateau ['plætəʊ] *n* υψίπεδο, οροπέδιο.

plateful ['pleɪtfʊl] *n* πιάτο γεμάτο.

plate glass ['pleɪt'glɑːs] *n* κρύσταλλο, υαλοπίνακας.

platform ['plætfɔːm] *n (at meeting)* εξέδρα, βήμα *nt* || *(RAIL)* αποβάθρα, εξέδρα.

platinum ['plætɪnəm] *n* λευκόχρυσος, πλατίνη.

platitude ['plætɪtjuːd] *n* κοινοτοπία.

platoon [plə'tuːn] *n* διμοιρία, ουλαμός.

platter ['plætə*] *n* πιατέλα.

plausible ['plɔːzəbl] *a* εύλογος, πιθανός.

play [pleɪ] *n* παιχνίδι, διασκέδαση || *(stage)* έργο || *(of shadows etc)* παίξιμο || *(MECH)* ανοχή, παίξιμο ♦ *vt* παίζω, διασκεδάζω || *(trick)* παιχνιδιάζω, κάνω αστείο || *(part)* παίζω, υποδύομαι ρόλο, ερμηνεύω || *(instrument)* παίζω ♦ *vi (amuse o.s.)* διασκεδάζω, παίζω || *(of light etc)* σπιθοβολώ, παίζω, χοροπηδώ || ~**boy** *n* γλεντζές *m,* έκλυτος νέος ||

~ed-out *a* εξαντλημένος, αποκαμωμένος || **~er** *n* παίκτης/ρια *m/f*, ηθοποιός *m/f* || **~ful** *a* παιχνιδιάρικος, παιχνιδιάρης || **~ground** *n* προαύλιο, τόπος διασκεδάσεως || **~ing card** *n* τραπουλόχαρτο || **~ing field** *n* γήπεδο || **~mate** *n* συμπαίκτης, σύντροφος στο παιχνίδι || **~thing** *n* παιχνίδι, παιχνιδάκι || **~wright** *n* θεατρικός συγγραφέας *m/f*.

plea [pliː] *n (LAW)* έκκληση, αγωγή.

plead [pliːd] *vt* επικαλούμαι, προβάλλω ♦ *vi* παρακαλώ, ικετεύω || *(LAW)* υποστηρίζω, υπερασπίζω, απολογούμαι.

pleasant ['plɛznt] *a* ευχάριστος || **~ry** *n* ευθυμία, κέφι, χιούμορ.

please [pliːz] *vt* αρέσω, ευχαριστώ || **~!** παρακαλώ! || **my bill, ~** το λογαριασμό, παρακαλώ || **~ yourself!** κάνε το κέφι σου! || **~d** *a (happy, glad)* ευχαριστημένος, ικανοποιημένος.

pleasing ['pliːzɪŋ] *a* ευχάριστος.

pleasurable ['plɛʒərəbl] *a* ευχάριστος, τερπνός.

pleasure ['plɛʒə*] *n* τέρψη, ευχαρίστηση, χαρά || *(amusement)* απολαύσεις *fpl*, ηδονές *fpl*, χαρές || **it's a ~!** χαίρομαι!, παρακαλώ!

pleat [pliːt] *n* πτυχή, πιέτα.

plebs [plɛbz] *npl* λαουτζίκος.

plectrum ['plɛktrəm] *n* πλήκτρο.

pledge [plɛdʒ] *n* ενέχυρο, δεσμευτική υπόσχεση, τεκμήριο ♦ *vi* δίνω το λόγο μου, υπόσχομαι.

plentiful ['plɛntɪful] *a* άφθονος, πλουσιοπάροχος.

plenty ['plɛntɪ] *n* αφθονία, πλήθος *nt* || *(enough)* αρκετό ♦ *ad (col)* πάρα πολύ || **~ of** άφθονα, με το τσουβάλι.

plethora ['plɛθərə] *n* πληθώρα.

pleurisy ['pluərɪsɪ] *n* πλευρίτιδα.

pliable ['plaɪəbl] *a* εύκαμπτος, ευλύγιστος.

pliers ['plaɪəz] *npl* τανάλια, λαβίδα.

plight [plaɪt] *n* κατάσταση, θέση.

plinth [plɪnθ] *n* πλίνθος, πλινθίο.

plod [plɒd] *vi* περπατώ βαρειά, σέρνομαι || **~der** *n* φιλόπονος, ευσυνείδητος.

plot [plɒt] *n (conspiracy)* συνωμοσία || *(of story)* πλοκή, υπόθεση || *(land)* οικόπεδο, χωράφι ♦ *vt* χαράσσω, σχεδιάζω ♦ *vt (plan secretly)* συνωμοτώ, μηχανορραφώ.

plough, plow *(US)* [plaʊ] *n* άροτρο, αλέτρι ♦ *vt (earth)* αροτριώ, αλετρίζω || *(col: exam candidate)* απορρίπτω (μαθητή) || **to ~ back** *vt (COMM)* επενδύω (τα κέρδη) στην ίδια επιχείρηση || **to ~ through** *vt (book)* διαβάζω με κόπο || **~ing** *n* άροση, αλέτρισμα *nt*.

pluck [plʌk] *vt (fruit)* κόβω || *(feathers)* μαδώ ♦ *n (col)* κουράγιο, θάρρος *nt* || **to ~ up courage** παίρνω κουράγιο || **~y** *a* θαρραλέος, παληκάρι.

plug [plʌg] *n (for hole)* πώμα *nt*, βούλωμα *nt*, τάπα || *(wall socket)* πρίζα || *(col: publicity)* διαφήμιση, προβολή || *(AUT)* μπουζί ♦ *vt (hole)* βουλώνω, ταπώνω || *(col: advertise)* διαφημίζω, προβάλλω.

plum [plʌm] *n (fruit)* δαμάσκηνο ♦ *a (choice)* εκλεκτό πράμα, καλύτερη θέση.

plumage ['pluːmɪdʒ] *n* φτέρωμα *nt*, φτερά *ntpl*.

plumb [plʌm] *a* κατακόρυφος || πλήρης, αληθής ♦ *ad (exactly)* ακριβώς || *(wholly)* τελείως ♦ *vt* βυθομετρώ, σταθμίζω.

plumber ['plʌmə*] *n* υδραυλικός.

plumbing ['plʌmɪŋ] *n (craft)* υδραυλική τέχνη || *(piping)* σωληνώσεις *fpl*, υδραυλικά *ntpl*.

plume [pluːm] *n* λοφίο, φτερό.

plump [plʌmp] *a* στρογγυλός, παχουλός, αφράτος ♦ *vi* σωριάζομαι, πέφτω βαριά ♦ *vt* πετώ απότομα || **to ~ for** *vt (col: choose)* υποστηρίζω, ψηφίζω υπέρ.

plunder ['plʌndə*] *n* λεία, λεηλασία, πλιάτσικο ♦ *vt* λεηλατώ, λαφυραγωγώ.

plunge [plʌndʒ] *n* κατάδυση, βουτιά ♦ *vt* (κατα)βυθίζω, βουτώ, χώνω ♦ *vi* καταδύομαι, βουτώ.

plunging ['plʌndʒɪŋ] *a (neckline)* μεγάλο (ντεκολτέ).

pluperfect ['pluː'pɜːfɪkt] *n* υπερσυντέλικος.

plural ['plʊərəl] *a* πληθυντικός, πολλαπλός ♦ *n* πληθυντικός.

plus [plʌs] *prep* πλέον, συν, μαζί με ♦ *a* θετικός.

plush [plʌʃ] *a (col: luxurious)* πολυτελής, πλούσιος.

ply [plaɪ] *n (layer)* φύλλο, φλοίωμα *nt* || **three-~ wool** τρίκλωνο μαλλί ♦ *vt (with questions)* ταλαιπωρώ (με ερωτήσεις) || **to ~ a trade** ασκώ επάγγελνα ♦ *vi* ταξιδεύω, εκτελώ γραμμή || **~wood** *n* κοντραπλακέ *nt inv.*

P.M. *abbr see* **prime.**

p.m. *ad (abbr of post meridiem)* μ.μ. (μετά το μεσημέρι).

pneumatic [njuː'mætɪk] *a* πνευματικός, του πεπιεσμένου αέρα.

pneumonia [njuː'məʊnɪə] *n* πνευμονία.

P.O. *abbr see* **post office.**

poach [pəʊtʃ] *vt (cook)* βράζω ξεφλουδισμένο αυγό, ποσάρω || *(steal)* κλέβω ♦ *vi* λαθροθηρώ || **~ed** *a (egg)* (αυγό) ποσέ || **~er** *n* λαθροθήρας || **~ing** *n* λαθροθηρία, κλοπή.

pocket ['pɒkɪt] *n* τσέπη || *(hollow)* θύλακας, λάκκος || *(of resistance)* νησίδα αντιστάσεως ♦ *vt* τσεπώνω, βάζω στην τσέπη || **out of ~** ζημιωμένος, βγαίνω χαμένος || **~book** *n (US: wallet)* πορτοφόλι || *(notebook)* σημειωματάριο (της τσέπης) || *(small book)* βιβλίο τσέπης || **~ful** *n* όσο χωρεί μια τσέπη || **~ knife** *n* σουγιάς (της τσέπης) || **~ money** *n* χαρτζιλίκι.

pod [pɒd] *n* περικάρπιο.

podgy ['pɒdʒɪ] *a* κοντόχονδρος, χοντρός.

poem ['pəʊɪm] *n* ποίημα *nt.*

poet ['pəʊɪt] *n* ποιητής/ήτρια *m/f* || **~ic** [pəʊ'etɪk] *a* ποιητικός || **~ laureate** *n* επίσημος ποιητής || **~ry** *n* ποίηση.

poignant ['pɔɪnjənt] *a* οξύς, δριμύς, τσουχτερός, δυνατός.

point [pɔɪnt] *n (sharp end)* ακίδα, άκρα, αιχμή, μύτη || *(dot)* στίξη, σημείο || *(moment)* στιγμή, σημείο || *(detail)* λεπτομέρεια, στοιχείο, σημείο || *(headland)* ακρωτήριο || *(RAIL)* κλειδί, διασταύρωση || *(of compass)* ρόμβος πυξίδας, κάρτα || *(degree)* βαθμός, σημείο || *(decimal point)* κόμμα *nt* ♦ *vt* στρέφω, κατευθύνω, δείχνω || *(gun etc)* σκοπεύω με, σημαδεύω ♦ *vi* δείχνω, δακτυλοδεικτώ || **~s** *npl* κλειδί || **~ of view** *n* άποψη || **what's the ~?** τι το όφελος; || **to ~ out** *vt* δείχνω,επισύρω την προσοχή, υπογραμμίζω || **to ~ to** *vt* δείχνω, δακτυλοδεικτώ || **~-blank** *ad* κατ' ευθείαν, απερίστροφος || **~ duty** *n* υπηρεσία τροχαίας || **~ed** *a (shape)* αιχμηρός, μυτερός || *(remark)* δηκτικός, καυστικός, τσουχτερός || **~er** *n* δείκτης || **~less** *a* άσκοπος, μάταιος.

poise [pɔɪz] *n* παρουσιαστικό, κορμοστασιά ♦ *vti* ισορροπώ, σταθμίζω.

poison ['pɔɪzn] *n* δηλητήριο ♦ *vt*

δηλητηριάζω, μολύνω || **~ous** *a* δηλητηριώδης, φαρμακερός.
poke [pəʊk] *vt (stick into)* κτυπώ, χώνω || *(fire)* συδαυλίζω, σκαλίζω ♦ *n (jab)* κτύπημα *nt*, σπρωξιά || **to ~ one's nose into** ανακατεύομαι σε || **to ~ about** *vi* ψηλαφώ, ψάχνω || **~r** *n* σκαλιστήρι || *(CARDS)* πόκερ *nt inv.*
poky ['pəʊkı] *a* μικρός, στενόχωρος.
Poland ['pəʊlənd] *n* Πολωνία.
polar ['pəʊlə*] *a* πολικός || **~ bear** *n* πολική άρκτος || **~ize** *vt* πολώνω ♦ *vi* πολούμαι.
pole [pəʊl] *n (of wood)* στύλος, ιστός, κοντάρι || *(ELEC)* στύλος || *(GEOG)* πόλος || **~cat** *n (US)* είδος νυφίτσας || **~ star** *n* πολικό αστέρι || **~ vault** *n* άλμα *nt* επί κοντώ.
police [pə'liːs] *n* αστυνομία ♦ *vt* αστυνομεύω, ελέγχω, τηρώ (την τάξη) || **~ car** *n* αστυνομικό (αυτοκίνητο) || **~man** *n* αστυφύλακας, αστυνομικός, πολισμάνος || **~ state** *n* αστυνομικό κράτος *nt* || **~ station** *n* αστυνομικό τμήμα *nt* || **~woman** *n n* αστυνομικός, αστυνομικίνα.
policy ['pɒlısı] *n* πολιτική || *(prudence)* φρόνηση || *(insurance)* ασφαλιστήριο.
polio ['pəʊlıəʊ] *n* πολυομυελίτιδα.
Polish ['pəʊlıʃ] *a* πολωνικός ♦ *n (LING)* Πολωνικά *ntpl.*
polish ['pɒlıʃ] *n* βερνίκι || *(surface)* γυαλάδα, στιλπνότητα, λούστρο || *(fig: refinement)* ευγένεια, καλοί τρόποι *mpl* ♦ *vt* στιλβώνω, γυαλίζω, λουστράρω || *(refine)* εξευγενίζω || **to ~ off** *vt (work)* τελειώνω βιαστικά || *(food)* αδειάζω, κατεβάζω, καθαρίζω || **~ed** *a (fig)* ευγενικός, λεπτός || εκλεπτισμένος.
polite [pə'laıt] *a* ευγενής, φιλόφρονας || **~ness** *n* ευγένεια, λεπτότητα.
politic ['pɒlıtık] *a (wise)* συνετός, προνοητικός || **~al** [pə'lıtıkəl] *a* πολιτικός || **~ian** [pɒlı'tıʃən] *n* πολιτικός, πολιτικάντης || **~s** *npl* (n) πολιτική || *(US)* πολιτικολογία.
polka ['pɒlkə] *n* πόλκα || **~ dot** (φόρεμα) με πίκες *fpl*, με βούλες *fpl.*
poll [pəʊl] *n* ψηφοφορία, αριθμός ψήφων ♦ *vt* συγκεντρώνω ψήφους, ψηφίζω.
pollen ['pɒlən] *n* γύρη (λουλουδιού).
pollination [pɒlı'neıʃən] *n* επικονίαση, γονιμοποίηση.
polling booth ['pəʊlıŋbuːð] *n* απομονωτήριο εκλογικού τμήματος.
polling day ['pəʊlıŋdeı] *n* μέρα εκλογών.
polling station ['pəʊlıŋsteıʃən] *n* εκλογικό τμήμα *nt.*
pollute [pə'luːt] *vt* μολύνω, βρωμίζω.
pollution [pə'luːʃən] *n* μίανση, μόλυνση.
polo ['pəʊləʊ] *n* πόλο *nt inv.*
poly- ['pɒlı] *prefix* πολυ-.
polygamy [pɒ'lıgəmı] *n* πολυγαμία.
polytechnic [pɒlı'tɛknık] *n* πολυτεχνείο.
polythene ['pɒlıθiːn] *n* πολυθένιο.
pomegranate ['pɒməgrænıt] *n* ρόδι.
pommel ['pʌml] *vt* γρονθοκοπώ, κοπανίζω.
pomp [pɒmp] *n* λαμπρότητα, επίδειξη.
pompous ['pɒmpəs] *a* πομπώδης, φανφαρόνος || **~ly** *ad* με επιδεικτικότητα, με στόμφο.
ponce [pɒns] *n (col)* σωματέμπορος.
pond [pɒnd] *n* δεξαμενή, λιμνούλα.
ponder ['pɒndə*] *vti* ξανασκέφτομαι, μελετώ, ζυγίζω || **~ous** *a* βαρύς, βραδύς, ανιαρός.
pontificate [pɒn'tıfıkeıt] *vi (fig)* μιλώ με ύφος ποντιφηκό.

pontoon [pɒn'tuːn] *n* πλωτό στήριγμα *nt* γέφυρας || *(CARDS)* είκοσι ένα.

pony ['pəʊnɪ] *n* αλογάκι || **~tail** *n* αλογοουρά.

poodle ['puːdl] *n* σγουρόμαλλο σκυλάκι.

pool [puːl] *n (of liquid)* λιμνούλα, νερόλακκος || *(at cards)* πόστα, πότ || *(billiards)* μπάτσικα || **~s** *(football)* προ-πο *nt inv* ♦ *vt (money etc)* ενώνω, συγκεντρώνω.

poor [pʊə*] *a* φτωχός, δυστυχισμένος || *(feeble)* αδύνατος, άθλιος || *(pitied)* κακόμοιρος, αξιολύπητος ♦ *n*: **the ~** οι φτωχοί *mpl* || **~ly** *ad* φτωχικά, άθλια ♦ *a* αδιάθετος.

pop [pɒp] *n (noise)* ξηρός κρότος || *(MUS)* μουσική ποπ || *(col US: father)* μπαμπάς ♦ *vt (put suddenly)* θέτω απότομα ♦ *vi (explode)* κάνω ποπ, κροτώ || *(come suddenly)* μπαίνω ξαφνικά, βγαίνω || **~ concert** *n* λαϊκή συναυλία (ποπ) || **~corn** *n* ψημένο καλαμπόκι, ποπ-κορν *nt inv.*

Pope [pəʊp] *n* Πάπας.

poplar ['pɒplə*] *n* λεύκη.

poppy ['pɒpɪ] *n* παπαρούνα.

populace ['pɒpjʊlɪs] *n* λαός, το πλήθος.

popular ['pɒpjʊlə*] *a* δημοφιλής, κοσμοαγάπητος || *(of the people)* λαϊκός || **~ity** *n* δημοτικότητα, δημοφιλία || **~ize** *vt* εκλαϊκεύω.

populate ['pɒpjʊleɪt] *vt* (συν)οικίζω, κατοικώ.

population [pɒpjʊ'leɪʃən] *n* πληθυσμός.

porcelain ['pɔːslɪn] *n* πορσελάνη.

porch [pɔːtʃ] *n* προστέγασμα *nt* || *(US)* βεράντα.

porcupine ['pɔːkjʊpaɪn] *n* ακανθόχοιρος.

pore [pɔː*] *n* πόρος || **to ~ over** *vt* προσηλώνομαι.

pork [pɔːk] *n* χοιρινό.

pornographic [pɔːnə'græfɪk] *a* πορνογραφικός.

pornography [pɔː'nɒgrəfɪ] *n* πορνογραφία.

porous ['pɔːrəs] *a* πορώδης.

porpoise ['pɔːpəs] *n* φώκαινα.

porridge ['pɒrɪdʒ] *n* χυλός (βρώμης).

port [pɔːt] *n* λιμένας, λιμάνι || *(town)* πόρτο || *(COMPUT)* σύνδεση εισόδου/εξόδου || *(NAUT: left side)* αριστερή πλευρά || *(wine)* πορτό, οίνος Πορτογαλίας.

portable ['pɔːtəbl] *a* φορητός.

portal ['pɔːtl] *n* είσοδος, πύλη.

portcullis [pɔːt'kʌlɪs] *n* καταραχτή θύρα, καταραχτή.

portent ['pɔːtɛnt] *n* κακός οιωνός || *(good)* θαυμάσιο πράγμα *nt*, οιωνός.

porter ['pɔːtə*] *n* αχθοφόρος, χαμάλης || *(doorkeeper)* θυρωρός.

porthole ['pɔːthəʊl] *n (NAUT)* φινιστρίνι.

portion ['pɔːʃən] *n* μερίδα, μερίδιο.

portly ['pɔːtlɪ] *a* παχύς, επιβλητικός.

portrait ['pɔːtrɪt] *n* προσωπογραφία, πορτραίτο.

portray [pɔː'treɪ] *vt (describe)* περιγράφω || **~al** *n* απεικόνιση, περιγραφή.

Portugal ['pɔːtjʊgəl] *n* Πορτογαλία.

Portuguese ['pɔːtjʊ'giːz] *a* πορτογαλικός ♦ *n (person)* Πορτογάλος/ίδα *m/f* || *(LING)* Πορτογαλικά *ntpl.*

pose [pəʊz] *n (position)* στάση || *(affectation)* προσποίηση, πόζα ♦ *vi (take up attitude)* ποζάρω || *(assume false pose)* εμφανίζομαι, παριστάνω ♦ *vt (put question)* θέτω || **~r** *n (problem)* δύσκολο πρόβλημα *nt.*

posh [pɒʃ] *a (col)* πλούσιος.

position [pə'zɪʃən] *n* θέση, στάση || *(place)* θέση, σειρά || *(location)* τοποθεσία || *(attitude)* θέση, πρόταση

|| *(rank)* θέση, βαθμός || *(job)* θέση, εργασία.

positive ['pɒzɪtɪv] *a* θετικός, καταφατικός || *(confident)* βέβαιος, σίγουρος || *(real)* πραγματικός, αληθινός || *(character)* θετικός.

posse ['pɒsɪ] *n (US)* απόσπασμα *nt* (αστυνομικών).

possess [pə'zɛs] *vt* (κατ)έχω, διατηρώ || **~ion** *n* κατοχή, κτήμα *nt* || *(owning)* κατοχή || **~ive** *a* κτητικός, παθολογικά στοργικός || *(GRAM)* κτητικό.

possibility [pɒsə'bɪlɪtɪ] *n (chance)* πιθανότητα || *(event)* δυνατότητα.

possible ['pɒsəbl] *a* δυνατός, ενδεχόμενος, λογικός || **if ~** αν μπορώ, αν είναι δυνατό.

possibly ['pɒsəblɪ] *ad* κατά το δυνατό, πιθανό, ίσως.

post [pəʊst] *n (pole)* στύλος, πάσσαλος, κολώνα || *(mail)* ταχυδρομείο || *(man)* ταχυδρόμος || *(station)* θέση, φυλακή, πόστο || *(job)* θέση, πόστο ♦ *vt (notice)* τοιχοκολλώ || *(letters)* ταχυδρομώ || *(station)* εγκαθιστώ, τοποθετώ || **~age** *n* ταχυδρομικά *ntpl*, γραμματόσημα *ntpl* || **~al** *a* ταχυδρομικός || **~al order** *n* ταχυδρομική επιταγή || **~box** *n* ταχυδρομικό κουτί || **~card** *n* καρτποστάλ *f inv*, κάρτα.

postdate ['pəʊst'deɪt] *vt (cheque)* μεταχρονολογώ, επιχρονολογώ.

poster ['pəʊstə*] *n* διαφήμιση, αφίσα.

poste restante [pəʊst'rɛstɑ̃:nt] *n* ποστ-ρεστάντ.

posterior [pɒs'tɪərɪə*] *n (col)* ο πισινός, κώλος.

posterity [pɒs'tɛrɪtɪ] *n* (οι) μεταγενέστεροι.

postgraduate ['pəʊst'grædjʊɪt] *n* μεταπτυχιακός σπουδαστής.

posthumous ['pɒstjʊməs] *a (works)* κατάλοιπα *ntpl*.

postman ['pəʊstmən] *n* ταχυδρόμος.

postmark ['pəʊstmɑ:k] *n* ταχυδρομική σφραγίδα.

postmaster ['pəʊstmɑ:stə*] *n* διευθυντής ταχυδρομείου.

post-mortem ['pəʊst'mɔ:tɛm] *n (examination)* νεκροψία.

post office ['pəʊstɒfɪs] *n* ταχυδρομείο || **~ box (P.O. Box)** *n* ταχυδρομική θυρίδα (Τ.Θ.), ταχδγρομικό κιβώτιο.

postpone [pəʊst'pəʊn] *vt* αναβάλλω.

postscript ['pəʊsskrɪpt] *n* υστερόγραφο.

postulate ['pɒstjʊleɪt] *vt* απαιτώ, αξιώνω.

posture ['pɒstʃə*] *n* στάση, θέση, κατάσταση ♦ *vi* τοποθετώ, στήνω, ποζάρω.

postwar ['pəʊst'wɔ:*] *a* μεταπολεμικός.

posy ['pəʊzɪ] *n* μπουκέτο (από λουλούδια), ανθοδέσμη.

pot [pɒt] *n (for cooking)* χύτρα, δοχείο, γλάστρα || *(sl: marijuana)* ναρκωτικά *ntpl* ♦ *vt (plant)* βάζω σε γλάστρα, φυτεύω σε γλάστρα.

potash ['pɒtæʃ] *n* ποτάσσα.

potato [pə'teɪtəʊ] *n* πατάτα.

potent ['pəʊtənt] *a* ισχυρός, πειστικός.

potential [pəʊ'tɛnʃəl] *a* δυνητικός, λανθάνων, πιθανός, δυνατός ♦ *n* δυναμικό || **~ly** *ad* ενδεχομένως, πιθανώς.

pothole ['pɒthəʊl] *n* πηγάδι, σπήλαιο || *(in road)* λακκούβα, λάκκος.

potholing ['pɒthəʊlɪŋ] *n* σπηλαιολογία.

potion ['pəʊʃən] *n* δόση (φαρμάκου).

potted ['pɒtɪd] *a (food)* διατηρημένος || *(plant)* στη γλάστρα, της γλάστρας.
potter ['pɒtə*] *n* κεραμοποιός, τσουκαλάς ♦ *vi* χασομερώ, ψευδοδουλεύω || ~**y** *n* αγγειοπλαστική, κεραμεική || *(place)* κεραμοποιείο.
potty ['pɒtɪ] *a (mad)* λοξός, τρελός ♦ *n (child's)* δοχείο (μωρού).
pouch [pautʃ] *n (ZOOL)* θύλακας || *(tobacco)* ταμπακιέρα.
poultice ['pəultɪs] *n* κατάπλασμα *nt*.
poultry ['pəultrɪ] *n* πουλερικά *ntpl* || ~ **farm** *n* ορνιθοτροφείο.
pounce [pauns] *vi (+ on)* εφορμώ, πηδώ πάνω σε, χυμώ ♦ *n* πήδημα *nt*, εφόρμηση.
pound [paund] *n (weight)* λίμπρα (435 γρ), λίβρα, λίτρα || *(sterling)* λίρα (Αγγλίας) || *(area)* περίβολος, μάντρα ♦ *vt* κτυπώ, κοπανίζω || *(crush to powder)* λειοτριβώ, κονιοποιώ, κοπανίζω || ~**ing** *n* σφυροκόπημα *nt*.
pour [pɔː*] *vt (cause)* χύνω ♦ *vi* μπαίνω σαν ποτάμι, τρέχω, χύνομαι || **to** ~ **away** *or* **off** *vt* χύνω (έξω), ξεχύνομαι || **to** ~ **in** *vi (people)* μπαίνω κατά κύματα || ~**ing rain** *n* βροχή με το τουλούμι, καταρρακτώδης βροχή.
pout [paut] *n* κατσούφιασμα *nt* ♦ *vi* κατσουφιάζω, στραβομουριάζω.
poverty ['pɒvətɪ] *n* φτώχεια || ~-**stricken** *a* φτωχός, άπορος.
powder ['paudə*] *n* σκόνη || *(medicine)* σκόνη || *(cosmetic)* πούδρα ♦ *vt (make into powder)* κονιοποιώ, τρίβω || *(put on powder)* πουδράρω || **to** ~ **one's nose** πουδράρομαι || *(fig)* πάω στη τουαλέτα || ~ **room** *n* τουαλέτα || ~**y** *a* κονιώδης, σαν σκόνη.
power [pauə*] *n (ability to act)* εξουσία, δύναμη, ικανότητα || *(strength)* δύναμη || *(mighty nation)* (μεγάλη) δύναμη || *(mental)* ικανότητα, ιδιοφυΐα, ταλέντο || *(ELEC)* ενέργεια, δύναμη || *(POL: of party or leader)* εξουσία, επιρροή, ισχύς ♦ *vt* παρέχω ενέργεια σε, κινώ || ~ **cut** *n* διακοπή ρεύματος || ~**ful** *a (person)* ρωμαλέος, μεγάλος, δυνατός || *(government)* ισχυρός || *(engine)* ισχυρός, αποδοτικός || ~**less** *a* ανίσχυρος, αδύναμος || ~ **line** *n* γραμμή μεταφοράς || ~ **station** *n* εργοστάσιο παραγωγής ρεύματος.
p.p. *abbr:* ~ **P. Smith** Δια τον κον Π. Σμιθ.
P.R. *abbr of* **public relations**.
practicable ['præktɪkəbl] *a* δυνατός, κατορθωτός, εφαρμόσιμος.
practical ['præktɪkəl] *a* πρακτικός, θετικός, εφαρμόσιμος || ~ **joke** *n* βαρύ αστείο, φάρσα || ~**ly** *ad (almost)* σχεδόν, ουσιαστικά.
practice ['præktɪs] *n* άσκηση, εξάσκηση || *(habit)* συνήθεια, έθιμο || *(business)* άσκηση, εξάσκηση || *(clients)* πελατεία || **in** ~ *(in reality)* στην πραγματικότητα || **to be out of** ~ *(SPORT)* ξεσυνηθίζω, δεν είμαι σε φόρμα.
practicing ['præktɪsɪŋ] *a (US)* = **practising.**
practise, practice *(US)* ['præktɪs] *vt* ασκώ, εφαρμόζω, ακολουθώ, συνηθίζω || *(SPORT)* εκγυμνάζω || *(piano)* μελετώ, κάνω ασκήσεις || *(profession)* επαγγέλλομαι, (εξ)ασκώ.
practising ['præktɪsɪŋ] *a (Christian etc)* που ασκεί τα θρησκευτικά του καθήκοντα.
practitioner [præk'tɪʃənə*] *n* επαγγελματίας.
pragmatic [præg'mætɪk] *a* πρακτικός, πραγματικός.
prairie ['prɛərɪ] *n* λιβάδι, κάμπος.

praise [preɪz] *n* έπαινος, εγκώμιο ♦ *vt* επαινώ, εξυμνώ || *(worship)* δοξάζω || **~worthy** *a* αξιέπαινος.
pram [præm] *n* καροτσάκι μωρού.
prance [prɑːns] *vi* ανασκιρτώ, αναπηδώ || *(strut)* κορδώνομαι, καμαρώνω.
prank [præŋk] *n* ζαβολία, κατεργαριά, κόλπο.
prattle ['prætl] *vi* φλυαρώ.
prawn [prɔːn] *n* είδος *nt* γαρίδας.
pray [preɪ] *vi* προσεύχομαι, παρακαλώ || **~er** *n* προσευχή || *(praying)* παράκληση || **~er book** *n* ευχολόγιο, προσευχητήριο.
pre- [priː] *prefix* προ-.
preach [priːtʃ] *vi* κηρύσσω || **~er** *n* ιεροκήρυκας.
preamble [priː'æmbl] *n* προοίμιο, εισαγωγή.
prearranged ['priːə'reɪndʒd] *a* προκαθορισμένος, συμφωνημένος από πριν.
precarious [prɪ'kɛərɪəs] *a* επισφαλής, επικίνδυνος, αβέβαιος.
precaution [prɪ'kɔːʃən] *n* προφύλαξη.
precede [prɪ'siːd] *vti* προηγούμαι, προπορεύομαι || **~nt** ['prɛsɪdənt] *n* προηγούμενο.
preceding [prɪ'siːdɪŋ] *a* προηγούμενος.
precept ['priːsɛpt] *n* κανόνας, δίδαγμα *nt*, διαταγή.
precinct ['priːsɪŋkt] *n* περίβολος, περιοχή.
precious ['prɛʃəs] *a* πολύτιμος || *(affected)* επιτηδευμένος, προσποιητός.
precipice ['prɛsɪpɪs] *n* γκρεμός.
precipitate [prɪ'sɪpɪtɪt] *a (hasty)* βιαστικός, εσπευσμένος || **~ly** *ad* βιαστικά.
precipitous [prɪ'sɪpɪtəs] *a (steep)* κρημνώδης || **~ly** *ad* απότομα.
precise [prɪ'saɪs] *a* ακριβής, ορισμένος, συγκεκριμένος || *(careful)* ακριβολόγος, τυπικός.
preclude [prɪ'kluːd] *vt* αποκλείω, προλαμβάνω.
precocious [prɪ'kəʊʃəs] *a* πρόωρος.
preconceived ['priːkən'siːvd] *a* *(idea)* προκαταληπτικός.
precondition [priːkən'dɪʃən] *n* προϋπόθεση.
precursor [priː'kɜːsə*] *n* πρόδρομος.
predator ['prɛdətə*] *n* ληστής, αρπακτικό || *(animal)* ζώο.
predecessor ['priːdɪsɛsə*] *n* προκάτοχος.
predestination [priːdɛstɪ'neɪʃən] *n* προκαθορισμός.
predetermine ['priːdɪ'tɜːmɪn] *vt* προκαθορίζω, προαποφασίζω.
predicament [prɪ'dɪkəmənt] *n* δύσκολη θέση, δυσχέρεια.
predicate ['prɛdɪkɪt] *n* βεβαιώνω, υποδηλώ.
predict [prɪ'dɪkt] *vt* προλέγω, προφητεύω || **~ion** *n* πρόβλεψη, προφητεία.
predominance [prɪ'dɒmɪnəns] *n* επικράτηση, υπεροχή.
predominant [prɪ'dɒmɪnənt] *a* υπερισχύων, επικρατών.
predominate [prɪ'dɒmɪneɪt] *vi* επικρατώ, υπερισχύω.
pre-eminent [priː'ɛmɪnənt] *a* διαπρεπής, υπερέχων.
pre-empt [priː'ɛmpt] *vt* αποκτώ πρώτος.
preen [priːn] *vt*: **to ~ o.s.** στολίζομαι, καμαρώνω.
prefabricated ['priː'fæbrɪkeɪtɪd] *a* προκατασκευασμένος.
preface ['prɛfɪs] *n* πρόλογος, εισαγωγή, προοίμιο.
prefect ['priːfɛkt] *n (of school)* επιμελητής/ήτρια *m/f*.
prefer [prɪ'fɜː*] *vt* προτιμώ,

υποβάλλω, προάγω || **~able** [ˈprɛfərəbl] *a (+to)* προτιμότερος, καλύτερος (από) || **~ence** *n* προτίμηση || **~ential** *a* προνομιακός, προνομιούχος.
prefix [ˈpriːfɪks] *n* πρόθεμα *nt.*
pregnancy [ˈprɛgnənsɪ] *n* εγκυμοσύνη.
pregnant [ˈprɛgnənt] *a* έγκυος || *(of ideas)* γόνιμος (σε), γεμάτος συνέπειες.
prehistoric [ˈpriːhɪsˈtɒrɪk] *a* προϊστορικός.
prehistory [ˈpriːˈhɪstərɪ] *n* προϊστορία.
prejudice [ˈprɛdʒʊdɪs] *n* προκατάληψη, πρόληψη || *(harm)* ζημιά, βλάβη ♦ *vt* ζημιώνω, επηρεάζω || **~d** *a* προκατειλημμένος, προδιατεθειμένος.
prelate [ˈprɛlɪt] *n* ιεράρχης.
preliminary [prɪˈlɪmɪnərɪ] *a* προκαταρκτικός.
prelude [ˈprɛljuːd] *n* πρόλογος, προοίμιο || *(MUS)* προανάκρουσμα *nt,* πρελούντιο.
premarital [ˈpriːˈmærɪtl] *a* προγαμιαίος.
premature [ˈprɛmətʃʊə*] *a* πρόωρος || **~ly** *ad* πρόωρα.
premeditated [priːˈmɛdɪteɪtɪd] *a* προεσκεμμένος, εκ προμελέτης.
premier [ˈprɛmɪə*] *a* πρώτος, κύριος ♦ *n (head of country)* πρωθυπουργός *m/f* || **~e** [prɛmɪˈɛə*] *n* πρεμιέρα.
premise [ˈprɛmɪs] *n* πρόταση || **~s** *npl* οίκημα *nt,* κτίριο.
premium [ˈpriːmɪəm] *n (insurance)* ασφάλιστρο.
premonition [priːməˈnɪʃən] *n* προαίσθημα *nt.*
preoccupied [priːˈɒkjʊpaɪd] *a* απορροφημένος, αφηρημένος.
prep [prɛp] *n (SCH: study)* βραδυνή, μελέτη.
preparation [prɛpəˈreɪʃən] *n* προπαρασκευή, προετοιμασία.
preparatory [prɪˈpærətərɪ] *a (SCH)* προπαρασκευαστικός, προεισαγωγικός.
prepare [prɪˈpɛə*] *vt* προετοιμάζω, προπαρασκευάζω ♦ *vi* προετοιμάζομαι, προπαρασκευάζομαι || **~d for** είμαι έτοιμος για || **~d to** είμαι διατεθειμένος να.
preponderance [prɪˈpɒndərəns] *n* υπεροχή, επικράτηση.
preposition [prɛpəˈzɪʃən] *n* πρόθεση.
preposterous [prɪˈpɒstərəs] *a* παράλογος, γελοίος.
prerequisite [priːˈrɛkwɪzɪt] *n* προϋπόθεση, αναγκαίος όρος.
prerogative [prɪˈrɒgətɪv] *n* προνόμιο.
Presbyterian [prɛzbɪˈtɪərɪən] *a, n* Πρεσβυτεριανός.
preschool [ˈpriːˈskuːl] *a* προσχολικός.
prescribe [prɪsˈkraɪb] *vt* ορίζω, παραγγέλλω || *(medicine)* δίνω συνταγή.
prescription [prɪsˈkrɪpʃən] *n (for medicine)* συνταγή.
presence [ˈprɛzns] *n* παρουσία || *(bearing)* ύφος *nt,* παρουσιαστικό, εμφάνιση || **~ of mind** ψυχραιμία, ετοιμότητα πνεύματος.
present [ˈprɛznt] *a* παρών || *(time)* σημερινός ♦ *n (time)* το παρόν, το σήμερα || *(gift)* δώρο || *(GRAM)* ενεστώτας ♦ [prɪˈzɛnt] *vt* παρουσιάζω, παρουσιάζομαι || *(introduce)* συστήνω, παρουσιάζω || *(offer, give)* καταθέτω, προσφέρω, δίνω || **at ~** τώρα, προς το παρόν || **~able** *a* παρουσιάσιμος || **~ation** *n* παρουσίαση, παράσταση || **~-day** *a*

σημερινός || ~**ly** *ad (soon)* σε λίγο, αμέσως, σύντομα || *(at present)* τώρα.

preservation [prɛzə'veɪʃən] *n* διατήρηση, διαφύλαξη.

preservative [prɪ'zɜːvətɪv] *n* συντηρητικό ♦ *a* α διατηρητικός.

preserve [prɪ'zɜːv] *vt* διαφυλάσσω || *(keep up)* συντηρώ ♦ *n* μέρος *nt* διατηρήσεως ζώων || *(jam)* γλυκό κουταλιού, μαρμελάδα.

preside [prɪ'zaɪd] *vi* προεδρεύω.

presidency ['prɛzɪdənsɪ] *n* προεδρία.

president ['prɛzɪdənt] *n* πρόεδρος || *(of university)* πρύτανης || *(of a country)* πρόεδρος || ~**ial** *a* προεδρικός.

press [prɛs] *n (machine)* πιεστήριο, πρέσσα || *(printing house)* (τυπογραφικό) πιεστήριο, τυπογραφείο || *(newspapers)* τύπος, εφημερίδες *fpl* || *(journalists)* τύπος, δημοσιογράφοι *mpl* ♦ *vt* πιέζω, συνθλίβω || *(urge)* πιέζω, επιμένω || *(clothes)* σιδερώνω ♦ *vi* πιέζομαι, σφίγγομαι || **to be ~ed for** δεν έχω αρκετό, πιέζομαι για || **to ~ for** αξιώνω, επιμένω σε, ασκώ πίεση για || **to ~ on** *vi* σπεύδω, επισπεύδω, συνεχίζω || ~ **agency** *n* πρακτορείο ειδήσεων || ~ **conference** *n* δημοσιογραφική συνέντευξη || ~ **cutting** απόκομμα *nt* εφημερίδας || ~**ing** *a (urgent)* επείγων || *(persistent)* επίμονος, πιεστικός || ~ **stud** *n* κουμπί με πίεση.

pressure ['prɛʃə*] *n* πίεση || ~ **cooker** *n* χύτρα ταχύτητας, κατσαρόλα ταχύτητας || ~ **gauge** *n* θλιβόμετρο, πιεζόμετρο, μανόμετρο || ~ **group** *n* ομάδα με ισχυρή επιρροή.

pressurized ['prɛʃəraɪzd] *a* πιεζόμενος, υπό πίεσ.

prestige [prɛs'tiːʒ] *n* γόητρο.

presumably [prɪ'zjuːməblɪ] *ad* κατά το φαινόμενο, πιθανώς.

presume [prɪ'zjuːm] *vti* υποθέτω, προϋποθέτω || *(venture)* τολμώ, παίρνω το θάρρος.

presumption [prɪ'zʌmpʃən] *n* υπόθεση, παραδοχή || *(impudence)* αναίδεια.

presuppose [priːsə'pəuz] *vt* προϋποθέτω.

pretence [prɪ'tɛns] *n* προσποίηση || *(false excuse)* πρόσχημα *nt*, πρόφαση.

pretend [prɪ'tɛnd] *vt (feign)* προσποιούμαι, υποκρίνομαι ♦ *vi* προσποιούμαι.

pretense [prɪ'tɛns] *n (US)* = **pretence.**

pretension [prɪ'tɛnʃən] *n (claim to merit)* αξίωση, απαίτηση.

pretentious [prɪ'tɛnʃəs] *a* απαιτητικός, επιδεικτικός.

pretext ['priːtɛkst] *n* πρόφαση, πρόσχημα *nt*.

pretty ['prɪtɪ] *a* χαριτωμένος, ωραίος.

prevail [prɪ'veɪl] *vi* επικρατώ, υπερισχύω || *(succeed)* επιβάλλω, πείθω || ~**ing** *a (current)* επικρατών, ισχύων.

prevalent ['prɛvələnt] *a* διαδεδομένος, επικρατών.

prevent [prɪ'vɛnt] *vt* αποτρέπω, προλαμβάνω || *(hinder)* εμποδίζω, (παρα)κωλύω || ~**able** *a* αποφεύξιμος || ~**ative** *n* προληπτικό (φάρμακο) || ~**ion** *n* πρόληψη, εμπόδιση || ~**ive** *a* προληπτικός, προφυλακτικός.

preview ['priːvjuː] *n* προκαταρκτική προβολή, δοκιμαστική προβολή.

previous ['priːvɪəs] *a* προηγούμενος || ~**ly** *ad* προηγουμένως, πρωτύτερα.

prewar ['priː'wɔː*] *a* προπολεμικός.

prey [preɪ] *n* λεία, βορά, θύμα *nt* || **to ~ on** *vt (chase)* κυνηγώ || *(eat)* τρώγω || *(mind)* βασανίζω.
price [praɪs] *n* τιμή, τίμημα *nt* || *(value)* αξία ♦ *vt* διατιμώ, καθορίζω τιμή || **~less** *a* ανεκτίμητος.
prick [prɪk] *n* τσίμπημα *nt* ♦ *vt* τσιμπώ, κεντρώ, τρυπώ.
prickle ['prɪkl] *n* αγκάθι.
prickly ['prɪklɪ] *a (lit)* αγκαθωτός, τσουχτερός || *(fig: person)* δύσκολος.
pride [praɪd] *n (self-respect)* φιλότιμο || *(something to be proud of)* υπερηφάνεια, καμάρι || *(conceit)* αλαζονεία, υπεροψία || **to ~ o.s. on sth** υπερηφανεύομαι, καμαρώνω για κάτι.
priest [pri:st] *n* ιερέας, παπάς || **~ess** *n* ιέρεια || **~hood** *n* ιερωσύνη, ιερείς *mpl*.
prig [prɪg] *n* φαντασμένος, ξιππασμένος.
prim [prɪm] *a* ακριβής, τυπικός, μαζεμένος.
primarily ['praɪmərɪlɪ] *ad* πρωτίστως, κυρίως || *(at first)* αρχικά, πρώτα-πρώτα.
primary ['praɪmərɪ] *a* πρώτος, αρχικός || *(basic)* βασικός || *(first in importance)* πρωτεύων, κύριος, ουσιώδης || *(education)* στοιχειώδης || *(election)* προκριματική εκλογή || **~ colours** *npl* πρωτεύοντα χρώματα *ntpl* || **~ school** *n* δημοτικό σχολείο.
primate ['praɪmɪt] *n* αρχιεπίσκοπος, πριμάτος || ['praɪmeɪt] *(ZOOL)* πρωτεύον θηλαστικό.
prime [praɪm] *a* πρώτος, πρώτιστος, κύριος || *(excellent)* εξαίρετος, πρώτης ποιότητας ♦ *vt* κατηχώ, δασκαλεύω || *(gun, pump)* γεμίζω || **~ minister** *n* πρωθυπουργός *m/f* || **~r** *n* αλφαβητάριο, πρώτον βιβλίο.
primeval [praɪ'mi:vəl] *a* πρωτόγονος, αρχέγονος.
primitive ['prɪmɪtɪv] *a* πρωτόγονος.
primrose ['prɪmrəuz] *n* πράνθεμο, δακράκι, πασχαλούδα.
primula ['prɪmjulə] *n* πριμούλη.
primus (stove) ['praɪməs(stəuv)] *n (R)* γκαζιέρα.
prince [prɪns] *n (of royal family)* πρίγκηπας, βασιλόπουλο || **~ss** *n* πριγκήπισσα.
principal ['prɪnsɪpəl] *a* κύριος, κυριότερος ♦ *n (capital)* κεφάλαιο || *(of school)* προϊστάμενος/η *m/f*, διευθυντής/ύντρια *m/f* || **~ly** *ad* κυρίως, προπαντός, κατά το πλείστον.
principle ['prɪnsəpl] *n* αρχή.
print [prɪnt] *n* σφραγίδα, τύπος || *(fingerprint)* αποτύπωμα *nt* || *(PHOT)* αντίτυπο, κόπια || *(picture)* εικόνα || *(pattern)* εμπριμέ *nt inv* ♦ *vt* τυπώνω, εκτυπώνω || **to ~ out** *(text)* τυπώνω || **~ed matter** *n* έντυπα *ntpl* || **~er** *n* τυπογράφος || **~ing** *n* (εκ)τύπωση, τυπογραφία || **~ing press** *n* πιεστήριο (τυπογραφείου).
prior ['praɪə*] *a* προγενέστερος, προηγούμενος ♦ *n (ECCL)* ηγούμενος.
priority [praɪ'ɒrɪtɪ] *n* προτεραιότητα.
priory ['praɪərɪ] *n* μοναστήρι, κοινόβιο.
prise [praɪz] *vt*: **to ~ open** ανοίγω με μοχλό.
prism ['prɪzəm] *n* πρίσμα *nt*.
prison ['prɪzn] *n* φυλακή || **~er** *n* φυλακισμένος/η *m/f*, υπόδικος/η *m/f*, κατάδικος *m/f* || *(of war)* αιχμάλωτος/η *m/f*.
pristine ['prɪstaɪn] *a* πρωτόγονος, αρχικός.
privacy ['prɪvəsɪ] *n* μοναξιά || *(secrecy)* μυστικότητα.
private ['praɪvɪt] *a* ιδιωτικός, ιδιαίτερος || *(secret)* μυστικός ♦ *n*

(*MIL*) φαντάρος || '~' (*sign*) 'ιδιωτικό', 'ιδιαίτερον' || **in ~** ιδιαιτέρως, μυστικά || **~ eye** *n* ιδιωτικός αστυνομικός || **~ly** *ad* ιδιωτικά || (*in confidence*) εμπιστευτικά.

privet ['prɪvɪt] *n* λιγούστρο, αγριομυρτιά.

privilege ['prɪvɪlɪdʒ] *n* προνόμιο || **~d** *a* προνομιούχος.

privy ['prɪvɪ] *a*: **~ council** ανακτοβούλιο.

prize [praɪz] *n* βραβείο, έπαθλο ♦ *a* (*example*) λαμπρό υπόδειγμα || (*idiot*) υπόδειγμα ηλιθίου ♦ *vt* εκτιμώ, τιμώ || **~ fight** *n* πυγμαχικός αγώνας || **~giving** *n* βράβευση || **~winner** *n* βραβευμένος/η *m/f*.

pro- [prəʊ] *prefix* (*in favour*) υπέρ-, αντί- || **the pros and cons** τα υπέρ και τα κατά.

pro [prəʊ] *n* (*professional*) επαγγελματίας.

probability [prɒbə'bɪlɪtɪ] *n* πιθανότητα.

probable ['prɒbəbl] *a* ενδεχόμενος, πιθανός.

probably ['prɒbəblɪ] *ad* πιθανώς, πιθανόν.

probation [prə'beɪʃən] *n* δοκιμασία || (*in court etc*) αστυνομική επιτήρηση || **on ~** υπό δοκιμασία || **~er** *n* δόκιμος.

probe [prəʊb] *n* (*MED*) καθετήρας, μήλη || (*enquiry*) εξερεύνηση, διερεύνηση ♦ *vti* (εξ)ερευνώ, διερευνώ.

probity ['prəʊbɪtɪ] *n* τιμιότητα, ακεραιότητα.

problem ['prɒbləm] *n* πρόβλημα *nt* || **~atic** *a* προβληματικός.

procedure [prə'si:dʒə*] *n* διαδικασία, μέθοδος *f*.

proceed [prə'si:d] *vi* προχωρώ, συνεχίζω || (*begin*) προβαίνω || **~ings** *npl* συζητήσεις *fpl*, πρακτικά *ntpl* || (*LAW*) δικαστική ενέργεια, δίκη || **~s** ['prəʊsi:dz] *npl* εισπράξεις *fpl*.

process ['prəʊsɛs] *n* πορεία, εξέλιξη || (*method*) μέθοδος *f*, τρόπος ♦ *vt* επεξεργάζω, κατεργάζω.

procession [prə'sɛʃən] *n* πομπή, παρέλαση || (*orderly progress*) παράταξη, σειρά, συνοδεία.

proclaim [prə'kleɪm] *vt* κηρύσσω, ανακηρύσσω, αναγορεύω || (*show*) φανερώνω, δείχνω.

procure [prə'kjʊə*] *vt* προμηθεύω, προμηθεύομαι.

prod [prɒd] *vt* σκαλίζω, κεντρίζω, εξάπτω ♦ *n* (*push, jab*) μπήξιμο, κέντρισμα *nt*.

prodigal ['prɒdɪgəl] *a* άσωτος.

prodigious [prə'dɪdʒəs] *a* τεράστιος, καταπληκτικός.

prodigy ['prɒdɪdʒɪ] *n* φαινόμενο, θαύμα *nt*.

produce ['prɒdju:s] *n* (*AGR*) προϊόν, καρπός ♦ [prə'dju:s] *vt* (*show*) παρουσιάζω, δείχνω || (*make*) παράγω, γεννώ, προξενώ || (*play*) ανεβάζω, παρουσιάζω || **~r** *n* παραγωγός || (*THEAT*) σκηνοθέτης, παραγωγός.

product ['prɒdʌkt] *n* προϊόν || (*result*) αποτέλεσμα *nt*.

production [prə'dʌkʃən] *n* παραγωγή, κατασκευή || (*THEAT*) σκηνοθέτηση, παράσταση, ανέβασμα *nt* || **~ line** *n* γραμμή παραγωγής.

productive [prə'dʌktɪv] *a* παραγωγικός || (*fertile*) γόνιμος.

productivity [prɒdʌk'tɪvɪtɪ] *n* παραγωγικότητα || (*fertility*) γονιμότητα.

profane [prə'feɪn] *a* βέβηλος || (*language*) βλάσφημος.

profess [prə'fɛs] *vt* διακηρύττω || (*confess*) ομολογώ || (*claim*) προσποιούμαι.

profession [prə'fɛʃən] *n* επάγγελμα

nt || *(declaration)* ομολογία, διακήρυξη || ~**al** *n* επαγγελματίας ♦ *a* επαγγελματικός || ~**alism** *n* επαγγελματισμός.

professor [prəˈfɛsə*] *n* καθηγητής/ήτρια *m/f.*

proficient [prəˈfɪʃənt] *a* ικανός, ειδικός.

profile [ˈprəʊfaɪl] *n (of face)* κατατομή, προφίλ *nt inv* || *(fig report)* σύντομη βιογραφία.

profit [ˈprɒfɪt] *n* κέρδος *nt,* όφελος *nt,* ωφέλεια ♦ *vi (+ by, from)* ωφελούμαι (από) επωφελούμαι || ~**able** *a* επικερδής, επωφελής || ~**ably** *ad* επωφελώς, επικερδώς, ωφέλιμα.

profiteering [prɒfɪˈtɪərɪŋ] *n* κερδοσκοπία.

profound [prəˈfaʊnd] *a* βαθύς || *(mysterious)* μυστηριώδης.

profuse [prəˈfjuːs] *a* άφθονος, γενναιόδωρος.

programing [ˈprəʊgræmɪŋ] *n* = **programming.**

programme, program *(US, COMPUT)* [ˈprəʊgræm] *n* πρόγραμμα *nt.*

programmer [ˈprəʊgræmə*] *n* προγραμματιστής *m/f.*

programming [ˈprəʊgræmɪŋ] *n* προγραμματισμός || ~ **language** *n* γλώσσα προγραμματισμού.

progress [ˈprəʊgrɛs] *n* πρόοδος *f,* εξέλιξη ♦ [prəˈgrɛs] *vi* προοδεύω, προχωρώ, εξελίσσομαι || **to make** ~ σημειώνω πρόοδο, προκόβω || ~**ion** *n* πρόοδος *f* || ~**ive** *a* προοδευτικός.

prohibit [prəˈhɪbɪt] *vt* απαγορεύω || ~**ion** *n* απαγόρευση || *(US: of alcohol)* ποταπαγόρευση || ~**ive** *a (price etc)* απαγορευτικός, απλησίαστος.

project [ˈprɒdʒɛkt] *n (plan)* σχέδιο || *(study)* μελέτη ♦ [prəˈdʒɛkt] *vt (throw)* εκτοξεύω, εξακοντίζω || *(extend)* προεκτείνω || *(film etc)* προβάλλω ♦ *vi* (προ)εξέχω, προβάλλω.

projectile [prəˈdʒɛktaɪl] *n* βλήμα *nt.*

projection [prəˈdʒɛkʃən] *n* προεξοχή, προβολή.

projector [prəˈdʒɛktə*] *n (film)* προβολέας, μηχάνημα *nt* προβολής.

proletariat [prəʊləˈtɛərɪət] *n* προλεταριάτο.

proliferate [prəˈlɪfəreɪt] *vi* πολλαπλασιάζομαι.

prolific [prəˈlɪfɪk] *a* γόνιμος || *(plentiful)* άφθονος.

prologue [ˈprəʊlɒg] *n* πρόλογος.

prolong [prəˈlɒŋ] *vt* παρατείνω || *(extend)* προεκτείνω.

prom [prɒm] *n abbr of* **promenade** || *abbr of* **promenade concert** || *(US: college ball)* συναυλία με λαϊκές τιμές.

promenade [prɒmɪˈnɑːd] *n* περίπατος || *(place)* τόπος περιπάτου || ~ **concert** *n* συναυλία || ~ **deck** *n (NAUT)* κατάστρωμα *nt* περιπάτου.

prominent [ˈprɒmɪnənt] *a* περίφημος, διακεκριμένος.

promiscuity [prɒmɪsˈkjuːɪtɪ] *n* σμίξιμο, ανακάτεμα *nt,* ελεύθερες ερωτικές σχέσεις.

promise [ˈprɒmɪs] *n* υπόσχεση, τάξιμο || *(hope)* υπόσχεση ♦ *vti* υπόσχομαι, δίνω υποσχέσεις, προμηνύω.

promising [ˈprɒmɪsɪŋ] *a* γεμάτος υποσχέσεις, ενθαρρυντικός.

promote [prəˈməʊt] *vt* προάγω, προβιβάζω || *(support)* υποστηρίζω || ~**r** *n* υποστηρικτής, υποκινητής || *(organiser)* διοργανωτής.

promotion [prəˈməʊʃən] *n (of sales etc)* διαφήμιση, προαγωγή || *(in rank)* προαγωγή, προβιβασμός.

prompt [prɒmpt] *a* άμεσος, σύντομος, πρόθυμος, ταχύς ♦ *ad (punctually)* στην ώρα ♦ *vt* παρακινώ

|| *(remind)* υποβάλλω || ~**er** *n (THEAT)* υποβολέας || ~**ness** *n* ταχύτητα, ετοιμότητα, προθυμία.

prone [prəun] *a* πεσμένος μπρούμυτα || *(inclined)* (+ *to)* επιρρεπής (τιρος), αυτός που έχει τάση (τιρος).

prong [prɒŋ] *n* δόντι πηρουνιού, πηρούνα, διχάλα.

pronoun ['prəunaun] *n* αντωνυμία.

pronounce [prə'nauns] *vt (GRAM)* προφέρω || *(LAW)* εκδίδω, επιβάλλω, γνωματεύω || ~**d** *a (marked)* έντονος, ζωηρός.

pronto ['prɒntəu] *ad (col)* αμέσως, γρήγορα.

pronunciation [prənʌnsɪ'eɪʃən] *n* προφορά.

proof [pruːf] *n* απόδειξη, τεκμήριο || *(test)* δοκιμή, δοκιμασία || *(copy)* δοκίμιο ♦ *a* αδιαπέραστος, στεγανός || *(resistant)* ανθεκτικός.

prop [prɒp] *n* στήριγμα *nt*, έρεισμα *nt*, υποστήριγμα *nt* || *(THEAT)* βοηθητικά *ntpl*, αξεσουάρ *nt inv* ♦ *vt (also:* ~ **up)** (υπο)στηρίζω, στηλώνω.

propaganda [prɒpə'gændə] *n* προπαγάνδα.

propagation [prɒpə'geɪʃən] *n (of plants)* αναπαραγωγή, πολλαπλασιασμός || *(of knowledge)* διάδοση.

propel [prə'pɛl] *vt* προωθώ || ~**ler** *n* έλικας, προπέλα.

proper ['prɒpə*] *a* πρέπων, αρμόζων || ~**ly** *ad* καλά, καταλλήλως, σωστά || ~ **noun** *n* κύριο όνομα *nt*.

property ['prɒpətɪ] *n* ιδιοκτησία, περιουσία || *(quality)* ιδιότητα, χαρακτηριστικό || *(THEAT)* βοηθητικό, αξεσουάρ *nt inv* || *(land)* κτήμα *nt*, ακίνητο || ~ **owner** *n* ιδιοκτήτης/ρια *m/f*.

prophecy ['prɒfɪsɪ] *n (prediction)* προφητεία.

prophesy ['prɒfɪsaɪ] *vt* προφητεύω, προλέγω.

prophet ['prɒfɪt] *n* προφήτης || ~**ic** *a* προφητικός.

proportion [prə'pɔːʃən] *n* σχέση, αναλογία || *(share)* μέρος, τμήμα *nt* ♦ *vt* ρυθμίζω, μοιράζω κατ' αναλογία || ~**al** *a* ανάλογος, συμμετρικός, αναλογικός || ~**ate** *a* ανάλογος.

proposal [prə'pəuzl] *n* πρόταση, εισήγηση || *(of marriage)* πρόταση γάμου.

propose [prə'pəuz] *vt* προτείνω, σκοπεύω ♦ *vi (marriage)* κάνω πρόταση γάμου.

proposition [prɒpə'zɪʃən] *n* πρόταση, σχέδιο, υπόθεση.

proprietary [prə'praɪətərɪ] *a* της ιδιοκτησίας, της κυριότητας.

proprietor [prə'praɪətə*] *n* ιδιοκτήτης/τρια *m/f*.

propulsion [prə'pʌlʃən] *n* (προ)ώθηση.

prorata [prəu'rɑːtə] *ad* κατ' αναλογία.

prosaic [prəu'zeɪɪk] *a (ordinary)* πεζός.

prose [prəuz] *n* πεζός λόγος, πεζογραφία, πρόζα.

prosecute ['prɒsɪkjuːt] *vt* υποβάλλω μήνυση.

prosecution [prɒsɪ'kjuːʃən] *n* (ποινική) δίωξη || *(people bringing action)* κατηγορία, μηνυτής.

prosecutor ['prɒsɪkjuːtə*] *n* εισαγγελέας.

prospect ['prɒspɛkt] *n (expectation)* προσδοκία || *(hope)* ελπίδα || ~**ing** *n (for minerals)* αναζήτηση (μεταλλευμάτων) || ~**ive** *a* πιθανός, μελλοντικός || ~**or** *n* μεταλλοδίφης || *(for gold)* χρυσοθήρας.

prospectus [prə'spɛktəs] *n* αγγελία, πρόγραμμα *nt*.

prosper [ˈprɒspə*] *vi* ευδοκιμώ, ακμάζω, ευημερώ || ~**ity** *n* ευημερία, ευδαιμονία || ~**ous** *a* ευημερών, ακμάζων || *(successful)* επιτυχής.

prostitute [ˈprɒstɪtjuːt] *n* πόρνη, πουτάνα.

prostrate [ˈprɒstreɪt] *a (lying flat)* πρηνής, μπρούμυτος.

protagonist [prəʊˈtægənɪst] *n* πρωταγωνιστής/ίστρια *m/f*.

protect [prəˈtɛkt] *vt* προστατεύω, προφυλάσσω, υπερασπίζω, καλύπτω || ~**ion** *n* προστασία, υπεράσπιση, άμυνα || *(shelter)* σκέπαστρο, προστατευτικό μέσο || ~**ive** *a* προστατευτικός || ~**or** *n* προστάτης, προφυλακτήρας.

protégé [ˈprɒtɛʒeɪ] *n* προστατευόμενος || ~**e** προστατευόμενη

protein [ˈprəʊtiːn] *n* πρωτεΐνη.

protest [ˈprəʊtɛst] *n* διαμαρτυρία ♦ [prəˈtɛst] *vi (+ against)* διαμαρτύρομαι.

Protestant [ˈprɒtɪstənt] *a, n* Διαμαρτυρόμενος, Προτεστάντης.

protocol [ˈprəʊtəkɒl] *n* πρωτόκολλο.

prototype [ˈprəʊtəʊtaɪp] *n* πρωτότυπο.

protractor [prəˈtræktə*] *n* μοιρογνωμόνιο.

protrude [prəˈtruːd] *vi* προεξέχω, βγαίνω έξω.

proud [praʊd] *a* περήφανος || *(snobbish)* φαντασμένος || *(condescending)* ακατάδεκτος.

prove [pruːv] *vt (show)* αποδεικνύω, επαληθεύω || *(turn out)* δείχνομαι.

proverb [ˈprɒvɜːb] *n* παροιμία.

provide [prəˈvaɪd] *vt* προμηθεύω, χορηγώ || ~**d** *cj* εφόσον, αρκεί να.

province [ˈprɒvɪns] *n* επαρχία || *(fig)* αρμοδιότητα.

provincial [prəˈvɪnʃəl] *a* επαρχιακός.

provision [prəˈvɪʒən] *n (supply)* προμήθεια || *(condition)* όρος || ~**s** *npl (food)* τρόφιμα *ntpl* || *(equipment)* εφόδια *ntpl* || ~**al** προσωρινός.

provocation [prɒvəˈkeɪʃən] *n* πρόκληση.

provocative [prəˈvɒkətɪv] *a* προκλητικός, ερεθιστικός.

provoke [prəˈvəʊk] *vt* προκαλώ, διεγείρω, εξερεθίζω.

prow [praʊ] *n* πρώρα, πλώρη.

prowess [ˈpraʊɪs] *n* γενναιότητα || *(bravery)* ανδρεία, παλληκαριά.

prowl [praʊl] *vt (streets)* περιφέρομαι, τριγυρίζω ♦ *n*: **on the** ~ ψάχνω διαρκώς || ~**er** *n* νυχτοπάτης, τριγυριστής.

proximity [prɒkˈsɪmɪtɪ] *n* εγγύτητα, αμεσότητα.

proxy [ˈprɒksɪ] *n* πληρεξούσιος, αντιπρόσωπος || **by** ~ δι' αντιπροσώπου.

prudent [ˈpruːdənt] *a* συνετός, φρόνιμος.

prudish [ˈpruːdɪʃ] *a* σεμνότυφος || ~**ness** *n* σεμνοτυφία.

prune [pruːn] *n* ξερό δαμάσκηνο ♦ *vt* κλαδεύω.

pry [praɪ] *vi (+ into)* ψάχνω, χώνω τη μύτη (σε).

psalm [sɑːm] *n* ψαλμός.

pseudo- [ˈsjuːdəʊ] *prefix* ψεύτικος, κίβδηλος || *(in compds)* ψευδο-.

pseudonym [ˈsjuːdəunɪm] *n* ψευδώνυμο.

psyche [ˈsaɪkɪ] *n (soul, mind, intelligence)* ψυχή.

psychiatric [saɪkɪˈætrɪk] *a* ψυχιατρικός.

psychiatrist [saɪˈkaɪətrɪst] *n* ψυχίατρος *m/f*.

psychiatry [saɪˈkaɪətrɪ] *n* ψυχιατρική.

psychic(al) [ˈsaɪkɪk(əl)] *a* ψυχικός.

psychoanalyst [saikəʊ'ænəlist] *n* ψυχαναλυτής/ύτρια *m/f.*
psychological [saikə'lɒdʒikəl] *a* ψυχολογικός || **~ly** *ad* ψυχολογικά.
psychologist [sai'kɒlədʒist] *n* ψυχολόγος *m/f.*
psychology [sai'kɒlədʒi] *n* ψυχολογία.
psychopath ['saikəʊpæθ] *n* ψυχοπαθής *m/f.*
psychosomatic ['saikəʊsəʊ'mætik] *a* ψυχοσωματικός.
psychotherapy ['saikəʊ'θerəpi] *n* ψυχοθεραπεία.
psychotic [sai'kɒtik] *a, n* ψυχοτικός.
p.t.o. *abbr of please turn over.*
pub [pʌb] *n (Brit)* = **public house** || *see* **public.**
puberty ['pju:bəti] *n* ήβη, εφηβεία.
public ['pʌblik] *a* δημόσιος || *(generally known)* πασίγνωστος ♦ *n (also:* **the general ~***)* το κοινό || **~ house** *n* ταβέρνα.
publican ['pʌblikən] *n (innkeeper)* ταβερνιάρης, κάπελας.
publication [pʌbli'keiʃən] *n (something published)* δημοσίευση, έκδοση || *(making known)* κοινοποίηση, δημοσίευση.
publicity [pʌb'lisiti] *n* δημοσιότητα || *(advertising)* διαφήμιση.
publicly ['pʌblikli] *ad* δημόσια, ολοφάνερα.
public: ~ opinion *n* κοινή γνώμη || **~ relations** *n* δημόσιες σχέσεις *fpl* || **~ school** *n (Brit)* ιδιωτικό σχολείο (Αγγλίας) || **~-spirited** *a* ενδιαφερόμενος για το κοινό καλό.
publish ['pʌbliʃ] *vt* εκδίδω, δημοσιεύω || *(figures etc)* αναγγέλω, δημοσιεύω || **~er** *n* εκδότης/ρια *m/f* || **~ing** *n* έκδοση, δημοσίευση.
pucker ['pʌkə*] *vt* ζαρώνω.
pudding ['pudiŋ] *n* πουτίγγα.
puddle ['pʌdl] *n (pool)* λακκούβα, λιμνούλα.
puff [pʌf] *n* ξεφύσημα *nt*, φύσημα *nt* ♦ *vt* ξεφυσώ, βγάζω καπνό ♦ *vi* φυσώ, λαχανιάζω || **~ed** *a (col: out of breath)* λαχανιασμένος.
puff pastry ['pʌf'peistri] *n*, **puff paste** *(US)* ['pʌf'peist] *n* γλύκισμα με φύλλο.
puffy ['pʌfi] *a* φουσκωμένος, φουσκωτός.
pull [pul] *n (tug)* έλξη, τράβηγμα *nt* || *(fig)* επιρροή, μέσο ♦ *vt (trolley)* σύρω, έλκω, τραβώ, σέρνω || *(hair)* τραβώ || *(trigger)* πατώ, τραβώ ♦ *vi (on rope etc)* τραβώ, σύρω || **'~'** *(sign)* 'σύρατε' || **to ~ a face** κάνω μούτρα, μορφάζω || **to ~ to pieces** τραβώ και κομματιάζω, κάνω κομμάτια || **to ~ o.s. together** συνέρχομαι || **to ~ apart** *vt (break)* σχίζω στα δυο, αποχωρίζω || *(dismantle)* λύω || **to ~ down** *vt (house)* κατεδαφίζω, γκρεμίζω || **to ~ in** *vi (RAIL)* μπαίνω (στο σταθμό) || **to ~ off** *vt (deal etc)* επιτυγχάνω (κάτι) || **to ~ out** *vi* φεύγω, ξεκινώ, αναχωρώ || *(vehicle)* βγαίνω από τη λωρίδα ♦ *vt* αφαιρώ, βγάζω, τραβώ || **to ~ round** *or* **through** *vi* συνέρχομαι, γλυτώνω || *(from illness)* αναρρώνω || **to ~ up** *vi* σταματώ.
pulley ['puli] *n* τροχαλία.
pullover ['puləʊvə*] *n* πουλόβερ *nt inv.*
pulp [pʌlp] *n* πολτός, σάρκωμα *nt.*
pulpit ['pulpit] *n* άμβωνας.
pulsate [pʌl'seit] *vi* πάλλομαι, πάλλω, σφύζω.
pulse [pʌls] *n* σφυγμός, παλμός || *(vegetable)* όσπρια *ntpl.*
pulverize ['pʌlvəraiz] *vt* κάνω σκόνη, κονιοποιώ.
pummel ['pʌml] *vt* γρονθοκοπώ.
pump [pʌmp] *n* αντλία || *(bicycle)*

τρόμπα ♦ *vt* αντλώ || **to ~ up** *vt* *(tyre)* φουσκώνω (λάστιχο).
pumpkin ['pʌmpkɪn] *n* κολοκύθα.
pun [pʌn] *n* λογοπαίγνιο.
punch [pʌntʃ] *n* τρυπητήρι, ζουμπάς || *(blow)* γροθιά || *(drink)* πώντς *nt inv*, πόντσι ♦ *vt* γρονθοκοπώ, δίνω μια γροθιά || *(a hole)* τρυπώ, ανοίγω.
punctual ['pʌŋktjuəl] *a* ακριβής.
punctuate ['pʌŋktjueɪt] *vt* στίζω || *(fig)* τονίζω, υπογραμμίζω.
punctuation [pʌŋktju'eɪʃən] *n* στίξη.
puncture ['pʌŋktʃə*] *n* (παρα)κέντηση || *(tyre)* σκάσιμο, τρύπημα σε λάστιχο ♦ *vt* παρακεντώ, τρυπώ, σπάζω.
pungent ['pʌndʒənt] *a* δριμύς, σουβλερός, οξύς.
punish ['pʌnɪʃ] *vt* τιμωρώ, δέρνω || *(in boxing etc)* δίνω άγριο ξύλο, μαστιγώνω || **~able** *a* αξιόποινος, τιμωρητέος || **~ment** *n* τιμωρία.
punitive ['pju:nɪtɪv] *a* τιμωρητικός || *(MIL)* **~ expedition** *n* εκστρατεία αντιποίνων.
punt [pʌnt] *n* πλοιάρι, ρηχή βάρκα.
punter ['pʌntə*] *n (gambler)* παίκτης.
puny ['pju:nɪ] *a* μικροκαμωμένος, αδύνατος, ασήμαντος.
pup [pʌp] *n* σκυλάκι, κουτάβι.
pupil ['pju:pl] *n* μαθητής/ήτρια *m/f* || *(of eye)* κόρη (οφθαλμού).
puppet ['pʌpɪt] *n* μαριονέτα || *(person)* ανδρείκελο.
puppy ['pʌpɪ] *n* σκυλάκι.
purchase ['pɜ:tʃɪs] *n* ψώνισμα, ψώνιο || *(buying)* αγορά, ψώνισμα *nt* ♦ *vt* αγοράζω, ψωνίζω || **~r** *n* αγοραστής.
pure [pjʊə*] *a* καθαρός || *(innocent)* άδολος, αγνός || *(unmixed)* αμιγής, ανόθευτος.
purée ['pjʊəreɪ] *n* πουρές *m inv.*
purge [pɜ:dʒ] *n* καθάρσιο || *(POL)* εκκαθάριση ♦ *vt* (εκ)καθαρίζω.
purify ['pjʊərɪfaɪ] *vt* καθαρίζω, εξαγνίζω.
purist ['pjʊərɪst] *n*: **Greek language ~** καθαρευουσιάνος, καθαρολόγος.
puritan ['pjʊərɪtən] *n* πουριτανός || **~ical** *a* πουριτανικός.
purity ['pjʊərɪtɪ] *n* καθαρότητα || *(authenticity)* γνησιότητα.
purl [pɜ:l] *n* ανάποδη βελονιά ♦ *vt* πλέκω ανάποδες.
purple ['pɜ:pl] *(colour) a* πορφυρός ♦ *n* πορφύρα, πορφυρό (χρώμα).
purpose ['pɜ:pəs] *n* σκοπός, πρόθεση || **on ~** σκόπιμα || **~ful** *a* (προ)εσκεμμένος, σκόπιμος || **~ly** *ad* επίτηδες, σκόπιμα.
purr [pɜ:*] *vi (of cat)* ρουθουνίζω, κάνω ρονρό ♦ *n* γουργούρισμα.
purse [pɜ:s] *n* πορτοφόλι ♦ *vt* ζαρώνω.
purser ['pɜ:sə*] *n* λογιστής (πλοίου).
pursue [pə'sju:] *vt* (κατα)διώκω, κυνηγώ || *(carry on)* συνεχίζω, ακολουθώ || **~r** *n* διώκτης.
pursuit [pə'sju:t] *n* (κατα)δίωξη, κυνήγημα *nt* || *(occupation)* επιδίωξη, επάγγελμα *nt.*
purveyor [pɜ:'veɪə*] *n* προμηθευτής (τροφίμων).
pus [pʌs] *n* πύο.
push [pʊʃ] *n* ώθηση, σκούντημα *nt*, σπρωξιά || *(MIL)* προώθηση ♦ *vt* σπρώχνω, σκουντώ || *(forward)* προχωρώ, προοδεύω ♦ *vi* σπρώχνω, ωθώ, ασκώ πίεση || *(make one's way)* προχωρώ (με δυσκολία) || **'~'** *(sign)* 'ωθήσετε' || **at a ~** *(if necessary)* στην ανάγκη || **to ~ aside** *vt* απωθώ, παραμερίζω || **to ~ off** *vi* *(col)* φεύγω, ξεκινώ || **to ~ on** *vi* *(continue)* προχωρώ, συνεχίζω, επισπεύδω || **to ~ through** *vt*

(measure) περνώ (νομοσχέδιο κτλ) || ~ **chair** *n* καροτσάκι, παιδικό αμαξάκι || ~**ing** *a* δραστήριος, επίμονος || ~**over** *n (col)* εύκολο πράμα *nt*, εύκολη κατάκτηση.

puss [pus] *n (also:* **pussy cat***)* γατάκι, ψιψίνα.

put [put] *(irreg v) vt* θέτω, τοποθετώ, βάζω || *(express)* εκφράζω, εξηγώ, υποβάλλω || **to ~ about** *vi* στρέφομαι, αναστρέφω ♦ *vt* διαδίδω, θέτω σε κυκλοφορία || **to ~ across** *vt (succeed)* επιτυγχάνω, βγάζω πέρα || *(meaning)* δίνω να καταλάβει || **to ~ away** *vt (store)* βάζω κατά μέρος, φυλάω || **to ~ back** *vt (replace)* βάζω πίσω || *(postpone)* αναβάλλω || **to ~ by** *vt (money)* αποταμιεύω || **to ~ down** *vt (lit)* κατεβάζω || *(in writing)* γράφω, σημειώνω || **to ~ forward** *vt (idea)* αναπτύσσω, εισηγούμαι, προτείνω || *(date)* αναβάλλω || **to ~ off** *vt (postpone)* αναβάλλω || *(discourage)* μεταπείθω, εμποδίζω, αποθαρρύνω || **to ~ on** *vt (clothes etc)* φορώ || *(light etc)* ανάβω || *(play etc)* ανεβάζω || *(brake)* φρενάρω || *(false air)* προσποιούμαι || **to ~ out** *vt (hand etc)* εκτείνω, απλώνω || *(news, rumour)* διαδίδω || *(light etc)* σβήνω || *(person: inconvenience)* στενοχωρώ, ενοχλώ || **to ~ up** *vt (raise)* σηκώνω, υψώνω || *(guest)* φιλοξενώ || **to ~ up with** *vt* ανέχομαι.

putrid ['pju:trid] *a* σαπρός, σάπιος.

putt [pʌt] *vt* σέρνω (τη μπάλα) ♦ *n* συρτό χτύπημα *nt*, πάτιγκ *nt inv.*

putty ['pʌti] *n* στόκος.

put-up ['putʌp] *a*: ~ **job** δουλειά σκαρωμένη, στημένη μηχανή.

puzzle ['pʌzl] *n* αίνιγμα *nt*, δύσκολο πρόβλημα *nt*, μπέρδεμα *nt* || *(toy)* παιχνίδι συναρμολογήσεως, γρίφος ♦ *vt (perplex)* περιπλέκω, συγχίζω ♦ *vi* σπάζω το κεφάλι μου.

puzzling ['pʌzliŋ] *a* πολύπλοκος, δύσκολος, μπλεγμένος.

pygmy ['pigmi] *n* πυγμαίος.

pyjamas [pi'dʒa:məz] *npl* πυζάμες *fpl.*

pylon ['pailən] *n* στύλος.

pyramid ['pirəmid] *n* πυραμίδα.

python ['paiθən] *n* πύθωνας.

Q

quack [kwæk] *n* κραυγή πάπιας || *(dishonest person)* κομπογιαννίτης.

quad [kwɒd] *n abbr of* **quadrangle, quadruple, quadruplet.**

quadrangle ['kwɒdræŋgl] *n (court)* τετράγωνη αυλή.

quadruped ['kwɒdruped] *n* τετράποδο.

quadruple ['kwɒdrupl] *a* τετραπλός, τετραπλάσιος, τετράδιπλος ♦ [kwɒ'dru:pl] *vti* τετραπλασιάζω, τετραπλασιάζομαι.

quadruplet [kwɒ'dru:plit] *n* τετράδυμο.

quaint [kweint] *a* παράξενος, αλλόκοτος.

quake [kweik] *vi* τρέμω, σείομαι || **Q~r** *n* Κουάκερος.

qualification [kwɒlifi'keiʃən] *n* ικανότητα, προσόν *nt* || *(reservation)* επιφύλαξη, όρος, περιορισμός.

qualified ['kwɒlifaid] *a* έχων τα προσόντα, κατάλληλος || *(reserved)* επιφυλακτικός, περιωρισμένος, μετριασμένος.

qualify ['kwɒlifai] *vt* καθιστώ κατάλληλο, αποκτώ τα προσόντα || *(limit)* τροποποιώ, προσδιορίζω ♦ *vi (acquire degree)* λαμβάνω δίπλωμα.

quality ['kwɒliti] *n (kind)* ποιότητα || *(of person)* ιδιότητα, χαρακτηριστικό ικανότητα ♦ *a* καλής ποιότητας.

qualm [kwa:m] *n (misgiving)* τύψη, ενδοιασμός.

quandary [ˈkwɒndərɪ] *n* αμηχανία, δίλημμα *nt.*
quantity [ˈkwɒntɪtɪ] *n* ποσότητα || *(large amount)* μεγάλη ποσότητα, πολύ, με το σωρό.
quarantine [ˈkwɒrəntiːn] *n* καραντίνα.
quarrel [ˈkwɒrəl] *n (argument)* φιλονεικία, διένεξη, καυγάς, τσακωμός ♦ *vi (argue)* φιλονεικώ, τσακώνομαι || **~some** *a* ευέξαπτος, καυγατζής.
quarry [ˈkwɒrɪ] *n (of stone)* λατομείο || *(animal)* θήραμα *nt,* κυνήγι.
quart [kwɔːt] *n* τέταρτο του γαλονιού.
quarter [ˈkwɔːtə*] *n* τέταρτο || *(of year)* τριμηνία ♦ *vt* κόβω στα τέσσερα || *(MIL)* στρατωνίζω || **~s** *npl (esp MIL)* κατάλυμα *nt,* στρατώνας || *(accommodation)* στέγαση || **~ of an hour** ένα τέταρτο (της ώρας) || **~ past three** τρεις και τέταρτο || **~ to three** τρεις παρά τέταρτο || **~-deck** *n* πρυμναίο κατάστρωμα *nt,* κάσαρο || **~ly** *a* τριμηνιαίος || **~master** *n (NAUT)* υποναύκληρος || *(MIL)* επιμελητής.
quartet(te) [kwɔːˈtɛt] *n* τετραφωνία, κουαρτέτο.
quartz [kwɔːts] *n* χαλαζίας.
quash [kwɒʃ] *vt (verdict)* αναιρώ, ακυρώνω.
quasi [ˈkwaːzɪ] *a* σαν, σχεδόν, τρόπον τινά.
quaver [ˈkweɪvə*] *n (MUS)* όγδοο ♦ *vi* τρέμω, κάνω τρίλιες.
quay [kiː] *n* αποβάθρα, προκυμαία.
queasy [ˈkwiːzɪ] *a* ευαίσθητος, αηδιαστικός.
queen [kwiːn] *n* βασίλισσα || *(CARDS)* ντάμα || **~ mother** *n* βασιλομήτωρ *f.*
queer [kwɪə*] *a* αλλόκοτος, παράξενος ♦ *n (col: homosexual)* 'τοιούτος'.
quell [kwɛl] *vt* καταπνίγω, καταβάλλω, κατευνάζω.
quench [kwɛntʃ] *vt* κόβω (τη δίψα μου), κατευνάζω || *(fire etc)* σβήνω.
query [ˈkwɪərɪ] *n* ερώτηση, ερώτημα *nt* ♦ *vt* ερωτώ, ερευνώ.
quest [kwɛst] *n* αναζήτηση, έρευνα.
question [ˈkwɛstʃən] *n* ερώτηση, ερώτημα *nt* || *(problem)* ζήτημα *nt,* θέμα *nt* || *(doubt)* αμφιβολία, αμφισβήτηση ♦ *vt* ρωτώ, εξετάζω || *(doubt)* αμφισβητώ || **beyond ~** αναμφισβήτητα || **out of the ~** εκτός συζητήσεως, απαράδεκτος || **~able** *a* αμφίβολος, αμφισβητήσιμος || **~er** *n* εξεταστής, ανακριτής || **~ing** *a* ερώτηση, ανάκριση || **~ mark** *n* ερωτηματικό.
questionnaire [kwɛstʃəˈnɛə*] *n* ερωτηματολόγιο.
queue [kjuː] *n (line)* ουρά ♦ *vi* μπαίνω στην ουρά, σχηματίζω ουρά.
quibble [ˈkwɪbl] *n (petty objection)* υπεκφυγή.
quick [kwɪk] *a (fast)* ταχύς, γρήγορος, γοργός || *(impatient)* βιαστικός, ευέξαπτος || *(keen)* ζωηρός, ζωντανός, έξυπνος ♦ *ad* γρήγορα ♦ *n (ANAT)* ευαίσθητο σημείο, σάρκα, κρέας *nt* || *(old: the living)* οι ζωντανοί || **~en** *vt (hasten)* επιταχύνω || *(rouse)* (ανα)ζωογονώ, ζωντανεύω ♦ *vi* (ξανα)ζωντανεύω, αναζωπυρούμαι || **~ly** *ad* γρήγορα || **~sand** *n* κινητή άμμος *f* || **~step** *n (MUSIC)* ταχύς ρυθμός || **~-witted** *a* ξύπνιος, ατσίδα.
quid [kwɪd] *n (Brit col: £1)* λίρα (Αγγλίας).
quiet [ˈkwaɪət] *a (without noise)* σιωπηλός, ήσυχος, αθόρυβος || *(still)* ήρεμος, γαλήνιος, ήσυχος || *(peaceful)* ήρεμος, ατάραχος ♦ *n* ησυχία, ηρεμία || **~en** *vti (also:* **~en down)** (καθ)ησυχάζω, καλμάρω || **~ly** *ad* ήρεμα, απαλά, σιγαλά,

σιωπηλά || ~**ness** *n* ηρεμία, γαλήνη, κάλμα.

quill [kwɪl] *n (pen)* πένα από φτερό.

quilt [kwɪlt] *n* πάπλωμα *nt*, εφάπλωμα *nt*.

quin [kwɪn] *n abbr of* **quintuplet.**

quince [kwɪns] *n* κυδώνι.

quinine [kwɪ'niːn] *n* κινίνη.

quintet(te) [kwɪn'tɛt] *n* κουιντέτο.

quintuplet [kwɪn'tjuːplɪt] *n* πεντάδυμο.

quip [kwɪp] *n* ευφυολόγημα *nt*, πείραγμα *nt*, σαρκασμός ♦ *vi* ευφυολογώ.

quit [kwɪt] *(irreg v) vt* εγκαταλείπω, φεύγω ♦ *vi (give up)* παραιτούμαι, εγκαταλείπω.

quite [kwaɪt] *ad* τελείως, εντελώς || *(fairly)* μάλλον, πολύ || ~ **(so)!** σωστά!, σύμφωνοι!

quits [kwɪts] *ad* στα ίσια, πάτσι.

quiver ['kwɪvə*] *vi* τρέμω, τρεμουλιάζω ♦ *n (for arrows)* φαρέτρα, σαϊτοθήκη.

quiz [kwɪz] *n* στραβοκοίταγμα *nt* || *(test)* προφορική εξέταση ♦ *vt (question)* εξετάζω || ~**zical** *a* αινιγματώδης, ερωτηματικός.

quorum ['kwɔːrəm] *n* απαρτία.

quota ['kwəʊtə] *n* ανάλογο μερίδιο, μερίδα.

quotation [kwəʊ'teɪʃən] *n (from book)* απόσπασμα *nt* || *(price)* προσφορά || ~ **marks** *npl* εισαγωγικά *ntpl*.

quote [kwəʊt] *n (quotation)* απόσπασμα *nt* ♦ *vti (price)* καθορίζω, δίνω τιμή || *(cite)* παραθέτω, αναφέρω.

quotient ['kwəʊʃənt] *n* πηλίκο *nt*.

R

rabbi ['ræbaɪ] *n* ραββίνος.

rabbit ['ræbɪt] *n* κουνέλι || ~ **hutch** *n* κλουβί κουνελιού.

rabble ['ræbl] *n* όχλος.

rabid ['ræbɪd] *a (fig)* μανιασμένος, αδιάλλακτος.

rabies ['reɪbiːz] *n* λύσσα.

R.A.C. *abbr of Royal Automobile Club.*

race [reɪs] *n (people)* ράτσα, φυλή || *(generation)* γενιά || *(animals)* ράτσα || *(competition)* αγώνας δρόμου || *(rush)* βία, γρηγοράδα ♦ *vt* κάνω αγώνα δρόμου ♦ *vi* τρέχω || *(compete)* συναγωνίζομαι || ~**course** *n (for horses)* ιππόδρομος || ~**horse** *n* άλογο ιπποδρομιών || ~ **meeting** *n (for horses)* ιπποδρομία || ~ **relations** *npl* φυλετικές σχέσεις *fpl* || ~**track** *n (for cars etc)* πίστα (αγώνων).

racial ['reɪʃəl] *a* φυλετικός || ~**ism** *n* φυλετισμός, ρα(τ)σισμός || ~**ist** *a* ρα(τ)σιστικός.

racing ['reɪsɪŋ] *n* αγώνες *mpl*, συμμετοχή σε αγώνες || ~ **car** *n* αυτοκίνητο αγώνων || ~ **driver** *n* οδηγός αυτοκινήτου αγώνων.

racist ['reɪsɪst] *a* ρατσιστής.

rack [ræk] *n (clothes etc)* κρεμάστρα ♦ *vt* βασανίζω || ~ **and ruin** καταστροφή, κατά διαβόλου.

racket ['rækɪt] *n* θόρυβος, φασαρία || *(dishonest scheme)* κομπίνα || *(for tennis)* ρακέτα.

racquet ['rækɪt] *n* ρακέτα.

racy ['reɪsɪ] *a (spirited)* ζωηρός, κεφάτος.

radar ['reɪdɑː*] *n* ραντάρ *nt inv*.

radiant ['reɪdɪənt] *a* λαμπερός || *(giving out rays)* ακτινοβόλος.

radiate ['reɪdɪeɪt] *vt (of heat)* ακτινοβολώ, εκπέμπω ♦ *vi (lines)* εκτείνω ακτινοειδώς.

radiation [reɪdɪ'eɪʃən] *n* ακτινοβολία.

radiator ['reɪdɪeɪtə*] *n* σώμα *nt* καλοριφέρ || *(AUT)* ψυγείο.

radical ['rædɪkəl] *a* ριζικός || *(POL)* ριζοσπαστικός.
radio ['reɪdɪəʊ] *n* ραδιόφωνο.
radio... ['reɪdɪəʊ] *prefix:* **~active** *a* ραδιενεργός || **~activity** *n* ραδιενέργεια || **~grapher** *n* ακτινογράφος || **~telephone** *n* ασύρματο τηλέφωνο || **~ telescope** *n* ραδιοτηλεσκόπιο || **~therapist** *n* ακτινολόγος ιατρός.
radish ['rædɪʃ] *n* ρεπανάκι.
radium ['reɪdɪəm] *n* ράδιο.
radius ['reɪdɪəs] *n* ακτίνα.
raffia ['ræfɪə] *n* ραφία.
raffle ['ræfl] *n* λαχείο, λοταρία.
raft [rɑːft] *n* σχεδία.
rafter ['rɑːftə*] *n* δοκάρι, καδρόνι.
rag [ræg] *n (of cloth)* ράκος *nt*, κουρέλι || *(col: newspaper)* εφημερίδα ♦ *vt* κάνω φάρσα, κάνω καζούρα || **~bag** *n (fig)* κακοντυμένη γυναίκα.
rage [reɪdʒ] *n (fury)* λύσσα, μανία || *(fashion)* μανία της μόδας ♦ *vi (person)* μαίνομαι, είμαι έξω φρενών || *(storm)* μαίνομαι, είμαι αγριεμένος.
ragged ['rægɪd] *a (edge)* τραχύς, απότομος.
raging ['reɪdʒɪŋ] *a* μαινόμενος, αγριεμένος.
raid [reɪd] *n (MIL)* επιδρομή || *(invasion)* εισβολή || *(criminal)* επιδρομή, γιουρούσι || *(by police)* επιδρομή, μπλόκος ♦ *vt* εισβάλλω σε, κάνω μπλόκο || **~er** *n* επιδρομέας.
rail [reɪl] *n (on stair)* κάγκελο, κιγκλίδωμα *nt* || *(of ship)* κουπαστή, || *(RAIL)* σιδηροτροχιά, γραμμή || **~s** *npl (RAIL)* τροχιά, γραμμές *fpl* || **by ~** σιδηροδρομικώς, με τραίνο || **~ings** *npl* κάγκελα *ntpl*, φράχτης || **~road** *n (US)*, **~way** *n (Brit)* σιδηρόδρομος, σιδηροδρομική γραμμή || **~road** *or* **~way station** *n* σιδηροδρομικός σταθμός.
rain [reɪn] *n* βροχή ♦ *vti* βρέχω || **~bow** *n* ουράνιο τόξο || **~coat** *n* αδιάβροχο || **~drop** *n* σταγόνα βροχής || **~storm** *n* καταιγίδα || *(flood)* κατακλυσμός || **~y** *a (region)* βροχερός || *(day)* βροχερή (μέρα) || *(fig)* ώρα ανάγκης || *(season)* εποχή των βροχών.
raise [reɪz] *n (esp US: increase)* αύξηση (μισθού) ♦ *vt (build)* κτίζω, στήνω || *(lift)* σηκώνω, υψώνω, ανεβάζω || *(a question)* προβάλλω, θέτω || *(doubts)* προκαλώ, γεννώ || *(collect)* μαζεύω, συλλέγω || *(bring up)* ανατρέφω, τρέφω.
raisin ['reɪzən] *n* σταφίδα.
rake [reɪk] *n* τσουγκράνα || *(dissolute person)* έκλυτος, ακόλαστος ♦ *vt (AGR)* μαζεύω με τσουγκράνα, σκαλίζω || *(with shots)* γαζώνω || *(search keenly)* εξετάζω, ερευνώ || **to ~ in** *or* **together** *etc vt* μαζεύω.
rally ['rælɪ] *n (POL etc)* συγκέντρωση, συναγερμός || *(AUT)* ράλλυ *nt inv* || *(improvement)* ανάκτηση, βελτίωση ♦ *vt* συναθροίζω, συγκεντρώνω ♦ *vi (health)* συνέρχομαι, αναρρώνω || **to ~ round** *vti* συσπειρώνομαι.
ram [ræm] *n* κριάρι || *(beam)* έμβολο, κριός ♦ *vt* εμβολίζω, μπήγω || *(strike)* κτυπώ || *(stuff)* παραγεμίζω, χώνω.
ramble ['ræmbl] *n* περίπατος, περιπλάνηση ♦ *vi* κάνω βόλτες, περιφέρομαι || *(be delirious)* μιλώ ασυνάρτητα.
rambling ['ræmblɪŋ] *a (plant)* αναρριχητικός || *(speech)* ασύνδετος, ασυνάρτητος.
ramification [ræmɪfɪ'keɪʃən] *n* διακλάδωση.
ramp [ræmp] *n (incline)* κεκλιμένο επίπεδο, ανωφέρεια.
rampage [ræm'peɪdʒ] *n*: **to be on the ~** *vi (also: ~)* συμπεριφέρομαι βίαια.
rampant ['ræmpənt] *a (unchecked)*

αχαλίνωτος, ξαπλωμένος || *(on hind legs)* όρθιος.

rampart ['ræmpɑːt] *n* έπαλξη, προμαχώνας, ντάπια.

ramshackle ['ræmʃækl] *a* ετοιμόρροπος, ερειπωμένος, ρημάδι.

ran [ræn] *pt of* **run.**

ranch [rɑːntʃ] *n* αγρόκτημα *nt*, ράντσο.

rancid ['rænsɪd] *a* ταγγός, τσαγγός.

rancour, rancor *(US)* ['ræŋkə*] *n* μνησικακία, έχθρα.

random ['rændəm] *a* τυχαίος ♦ *n*: **at** ~ στην τύχη, στα κουτουρού.

randy ['rændɪ] *a (col)* ασελγής, λάγνος.

rang [ræŋ] *pt of* **ring.**

range [reɪndʒ] *n (row, line)* σειρά, οροσειρά || *(extent, series)* έκταση, σειχά, περιοχή || *(of gun)* βεληνεκές *nt*, εμβέλεια || *(for shooting)* πεδίο βολής, σκοπευτήριο || *(cooking stove)* κουζίνα, μαγειρική συσκευή ♦ *vt* παρατάσσω, βάζω στη σειρά || *(roam)* περιπλανώμαι, περιφέρομαι ♦ *vi (extend)* εκτείνομαι, απλώνομαι || ~**r** *n (of forest)* δασάρχης, δασονόμος.

rank [ræŋk] *n (row, line)* στοίχος, γραμμή || *(social position)* (κοινωνική) τάξη || *(high position)* ανώτερη θέση, βαθμός ♦ *vi (of place)* κατατάσσομαι, έρχομαι ♦ *a (bad smelling)* δύσοσμος, τσαγγός || *(extreme)* πλήρης, τέλειος, απόλυτος || **the** ~**s** *npl (MIL)* οι στρατιώτες, φαντάροι *mpl* || **the** ~ **and file** *(fig)* ο απλός λαός.

ransack ['rænsæk] *vt* λεηλατώ, κάνω άνω-κάτω, ψάχνω καλά.

ransom ['rænsəm] *n* λύτρα *ntpl* || **to hold to** ~ ζητώ λύτρα.

rant [rænt] *vi* κομπάζω || ~**ing** *n* στόμφος.

rap [ræp] *n* κτύπημα *nt*, κτύπος, κρότος ♦ *vt* κρούω, κτυπώ.

rape [reɪp] *n* βιασμός ♦ *vt* βιάζω.

rapid ['ræpɪd] *a* ταχύς, γρήγορος || ~**s** *npl* μικρός καταρράκτης || ~**ly** *ad* γρήγορα, γοργά.

rapist ['reɪpɪst] *n* βιαστής.

rapture ['ræptʃə*] *n* έκσταση, μεγάλη χαρά.

rapturous ['ræptʃərəs] *a* εκστατικός, ενθουσιασμένος.

rare [rɛə*] *a* σπάνιος, ασυνήθιστος || αραιός || *(air)* αραιός || *(especially good)* θαυμάσιος, σπουδαίος || *(in cooking)* μισοψημένος.

rarity ['rɛərɪtɪ] *n* σπάνιο πράγμα *nt* || *(scarcity)* σπανιότητα.

rascal ['rɑːskəl] *n* παλιάνθρωπος, μασκαράς.

rash [ræʃ] *a* παράτολμος, απερίσκεπτος ♦ *n* εξάνθημα *nt*.

rasher ['ræʃə*] *n* ψιλή φέτα μπέικον.

raspberry ['rɑːzbərɪ] *n* σμέουρο, φραμπουάζ *nt inv*, βατόμουρο.

rasping ['rɑːspɪŋ] *a (noise)* οξύς, στριγγιός.

rat [ræt] *n (animal)* αρουραίος, μεγάλος ποντικός.

ratable ['reɪtəbl] *a*: ~ **value** φορολογήσιμο τεκμαρτό ενοίκιο (ακινήτου).

ratchet ['rætʃɪt] *n* οδοντωτός τροχός, καστάνια *ntpl*.

rate [reɪt] *n (proportion)* αναλογία, ανάλογο ποσό, ανάλογος αριθμός || *(price)* ποσοστό, τόκος || *(speed)* ρυθμός, ταχύτητα ♦ *vt* εκτιμώ, ταξινομώ || ~**s** *npl (Brit)* τοπικός φόρος || **at any** ~ οπωσδήποτε, εν πάσει περιπτώσει || **at this** ~ έτσι || ~ **of exchange** *n* τιμή συναλλάγματος || ~**payer** *n* φορολογούμενος || *see* **first**.

rather ['rɑːðə*] *ad* μάλλον,

καλύτερα, παρά || *(somewhat)* λίγο, κάπως, μάλλον, σχετικά.
ratify ['rætɪfaɪ] *vt* επικυρώνω, εγκρίνω.
rating ['reɪtɪŋ] *n (classification)* εκτίμηση, τάξη || *(NAUT)* μέλος πληρώματος, ειδικότητα.
ratio ['reɪʃɪəʊ] *n* λόγος, αναλογία.
ration ['ræʃən] *n* μερίδα || *(usually pl, food)* σιτηρέσιο, τροφή ♦ *vt* περιορίζω, επιβάλλω μερίδες.
rational ['ræʃənl] *a* λογικός || **rationale** [ræʃə'nɑːl] *n* λογική εξήγηση, λογική βάση || **~ize** *vt* ορθολογίζομαι, οργανώνω ορθολογικά.
rationing ['ræʃnɪŋ] *n* καθορισμός μερίδων, διανομή με δελτίο.
rattle ['rætl] *n* κρότος, κροταλισμός || *(toy)* ροκάνα, κρόταλο ♦ *vi* κροταλίζω, κροτώ || **~snake** *n* κροταλίας.
raucous ['rɔːkəs] *a* βραχνός.
ravage ['rævɪdʒ] *vt* ερημώνω, αφανίζω, ρημάζω || **~s** *npl (of time etc)* φθορά του χρόνου.
rave [reɪv] *vi* παραληρώ, παραμιλώ || *(rage)* μαίνομαι, ουρλιάζω.
raven ['reɪvn] *n* κοράκι, κόρακας.
ravenous ['rævənəs] *a (hungry)* πεινασμένος, λιμασμένος.
ravine [rə'viːn] *n* φαράγγι.
raving ['reɪvɪŋ] *a*: **~ lunatic** μανιακός, παράφρονας.
ravioli [rævɪ'əʊlɪ] *n* ραβιόλια *ntpl.*
ravish ['rævɪʃ] *vt* απάγω, κλέβω || *(rape)* βιάζω || **~ing** *a* γοητευτικός, μαγευτικός.
raw [rɔː] *a (uncooked)* ωμός, άψητος || *(not manufactured)* ακατέργαστος || *(tender)* ευαίσθητος, ματωμένος || *(inexperienced)* άξεστος, ατζαμής || **~ material** *n* πρώτες ύλες *fpl.*
ray [reɪ] *n* αχτίδα.
raze [reɪz] *vt* ισοπεδώνω, κατεδαφίζω, γκρεμίζω.
razor ['reɪzə*] *n* ξυράφι || **~ blade** *n* ξυριστική λεπίδα.
Rd *abbr of* **road.**
re- [riː] *prefix* αντι-, ανά-, ξανά-.
reach [riːtʃ] *n* έκταση, άπλωμα *nt*, τέντωμα *nt* (χεριού) || *(distance)* εντός βολής, κοντά ♦ *vt* απλώνω, τεντώνω || *(arrive at)* φθάνω ♦ *vi* (επ)εκτείνομαι || **to ~ out** *vi* απλώνω (το χέρι).
react [riː'ækt] *vi* αντιδρώ || **~ion** *n* αντίδραση || **~ionary** *a* αντιδραστικός.
reactor [riː'æktə*] *n* αντιδραστήρας.
read [riːd] *(irreg v) n* ανάγνωση, διάβασμα *nt* ♦ *vti* διαβάζω || *(aloud)* διαβάζω δυνατά || *(understand)* ερμηνεύω, δείχνω || *(find in book)* διαβάζομαι || *(COMPUT)* διαβάζω || **~able** *a* αναγνώσιμος, που διαβάζεται || **~er** *n* αναγνώστης/ρια *m/f* || *(book)* αναγνωστικό || **~ership** *n (of newspaper etc)* αναγνωστικό κοινό.
readily ['rɛdɪlɪ] *ad* πρόθυμα, αδίστακτα, εύκολα.
readiness ['rɛdɪnɪs] *n* προθυμία || *(being ready)* ετοιμότητα.
reading ['riːdɪŋ] *n* ανάγνωση, διάβασμα *nt* || **~ lamp** *n* λάμπα του τραπεζιού || **~ room** *n* αναγνωστήριο.
readjust ['riːə'dʒʌst] *vt* αναπροσαρμόζω, διορθώνω, σιάζω.
ready ['rɛdɪ] *a* έτοιμος || *(willing)* πρόθυμος, διατεθειμένος || *(condition)* έτοιμος || *(quick, facile)* γρήγορος, εύκολος || *(available)* πρόχειρος ♦ *ad* τελείως ♦ *n*: **at the ~** έτοιμος || **~-made** *a* έτοιμος.
real [rɪəl] *a* πραγματικός, αληθινός || **~ estate** *n* ακίνητος περιουσία, οικόπεδα *ntpl* || **~ism** *n* πραγματισμός, ρεαλισμός || **~ist** *n*

πραγματιστής, ρεαλιστής/ίστρια *m/f* || ~**istic** *a* ρεαλιστικός.
reality [riː'ælɪtɪ] *n* πραγματικότητα, αλήθεια || **in** ~ πράγματι, πραγματικά.
realization [rɪəlaɪ'zeɪʃən] *n* συνειδητοποίηση || *(fulfilment)* πραγματοποίηση.
realize ['rɪəlaɪz] *vt (understand)* κατλνοώ, αντιαμβάνομαι, καταλαβαίνω || *(bring about)* πραγματοποιώ.
really ['rɪəlɪ] *ad* πραγματικά, αληθινα, όχι δα.
realm [rɛlm] *n* σφαίρα, δικαιοδοσία || *(kingdom)* βασίλειο.
reap [riːp] *vt* θερίζω || *(harvest)* συγκομίζω, μαζεύω || ~**er** *n (machine)* θεριστική μηχανή.
reappear ['riːə'pɪə*] *vi* επανεμφανίζομαι, ξαναφαίνομαι || ~**ance** *n* επανεμφάνιση, επάνοδος *f.*
reapply ['riːə'plaɪ] *vi (+ to, for)* ξαναϋποβάλλω (αίτηση).
reappoint ['riːə'pɔɪnt] *vt* επαναδιορίζω.
rear [rɪə*] *a* οπίσθιος, πισινός ♦ *n* νώτα *ntpl,* οπίσθια *ntpl,* οπισθοφυλακή ♦ *vt (bring up)* (ανα)τρέφω ♦ *vi* ανορθούμαι, σηκώνομαι σούζα || ~**guard** *n* οπισθοφυλακή.
rearm [rɪ'ɑːm] *vti* επανεξοπλίζω, επανεξοπλίζομαι || ~**ament** *n* επανεξοπλισμός.
rearrange ['riːə'reɪndʒ] *vt* τακτοποιώ πάλι, αναδιαρρυθμίζω.
rear-view ['rɪəvjuː] *a:* ~ **mirror** καθρέφτης οδήγησης.
reason ['riːzn] *n (cause)* λόγος, αιτία || *(ability to think)* λογικό, λογική || *(judgment)* κρίση ♦ *vi* σκέφτομαι, συλλογίζομαι, συμπεραίνω || ~**able** *a* λογικός || *(fair)* μετριοπαθής, μέτριος || ~**ably** *ad* λογικά || ~**ed** *a (argument)* αιτιολογημένος, δικαιολογημένος || ~**ing** *n* συλλογισμός, επιχείρημα *nt.*
reassert ['riːə'sɜːt] *vt* επαναβεβαιώνω.
reassure [riːə'ʃʊə*] *vt* ενθαρρύνω καθησυχάζω.
reassuring [riːə'ʃʊərɪŋ] *a* καθησυχαστικός || *(encouraging)* ενθαρρυντικός.
rebate ['riːbeɪt] *n* έκπτωση.
rebel ['rɛbl] *n* αντάρτης/ισσα *m/f,* επαναστάτης/ρια *m/f* ♦ *a* επαναστατημένος, ανταρτικός || ~**lion** [rɪ'bɛlɪən] *n* ανταρσία || ~**lious** *a* ανταρτικός, ανυπότακτος.
rebirth ['riː'bɜːθ] *n* αναγέννηση.
rebound [rɪ'baʊnd] *vi* αναπηδώ ♦ ['riːbaʊnd] *n* αναπήδηση.
rebuff [rɪ'bʌf] *n* απόκρουση, άρνηση ♦ *vt* αποκρούω, αρνούμαι.
rebuild [riː'bɪld] *vt* ανοικοδομώ || ~**ing** *n* ανοικοδόμηση.
rebuke [rɪ'bjuːk] *n* επίπληξη, μομφή ♦ *vt* επιπλήττω, επιτιμώ.
recalcitrant [rɪ'kælsɪtrənt] *a* ανυπάκουος, δύστροπος.
recall [rɪ'kɔːl] *vt (call back)* ανακαλώ || *(remember)* ξαναθυμίζω, ξαναθυμάμαι || *(withdraw)* ανακαλώ.
recant [rɪ'kænt] *vi* ανακαλώ, αναιρώ, αναθεωρώ.
recap ['riːkæp] *vti* ξαναβουλώνω.
recede [rɪ'siːd] *vi* αποσύρομαι, υποχωρώ, τραβιέμαι.
receipt [rɪ'siːt] *n* απόδειξη παραλαβής || *(receiving)* λήψη, παραλαβή || ~**s** *npl* εισπράξεις *fpl,* έσοδα *ntpl.*
receive [rɪ'siːv] *vt* λαμβάνω || *(welcome)* (υπο)δέχομαι || ~**r** *n (TEL)* ακουστικό.
recent ['riːsnt] *a* πρόσφατος, νέος || ~**ly** *ad* τελευταία, πρόσφατα.
receptacle [rɪ'sɛptəkl] *n* δοχείο.
reception [rɪ'sɛpʃən] *n (welcome)*

υποδοχή || *(party)* δεξίωση || *(at hotel etc)* γραφείο υποδοχής || **~ist** *n* υπάλληλος *m/f* επί της υποδοχής.

receptive [rɪ'sɛptɪv] *a* δεκτικός.

recess [rɪ'sɛs] *n (interval)* διακοπή, διάλειμμα *nt* || *(in wall)* εσοχή, βαθούλωμα *nt* || *(inner place)* μυστικό μέρος *nt*.

recharge ['riː'tʃɑːdʒ] *vt (battery)* αναφορτίζω, ξαναγεμίζω.

recipe ['rɛsɪpɪ] *n* συνταγή.

recipient [rɪ'sɪpɪənt] *n* δέκτης, λήπτης, παραλήπτης.

reciprocal [rɪ'sɪprəkəl] *a* αμοιβαίος, αντίστροφος.

recital [rɪ'saɪtl] *n (MUS)* ρεσιτάλ *nt inv*.

recite [rɪ'saɪt] *vt* απαγγέλλω, αποστηθίζω || *(tell one by one)* εξιστορώ, απαριθμώ.

reckless ['rɛklɪs] *a* αδιάφορος, απρόσεκτος, απερίσκεπτος || **~ly** *ad* απερίσκεπτα, παράτολμα.

reckon ['rɛkən] *vt (count)* υπολογίζω, λογαριάζω, μετρώ || *(consider)* εκτιμώ, λογαριάζω ♦ *vi* υπολογίζω || **to ~ on** *vt* στηρίζομαι σε, υπολογίζω σε || **~ing** *n* υπολογισμός.

reclaim [rɪ'kleɪm] *vi (land)* εκχερσώνω, αποξηραίνω.

recline [rɪ'klaɪn] *vi* ξαπλώνω, πλαγιάζω, ακουμπώ.

reclining [rɪ'klaɪnɪŋ] *a* πλαγιαστός, ξαπλωμένος.

recluse [rɪ'kluːs] *n* ερημίτης.

recognition [rɛkəg'nɪʃən] *n* αναγνώριση.

recognize ['rɛkəgnaɪz] *vt* αναγνωρίζω || *(admit)* ομολογώ, παραδέχομαι.

recoil [rɪ'kɔɪl] *vi* οπισθοδρομώ, μαζεύομαι || *(spring)* αναπηδώ.

recollect [rɛkə'lɛkt] *vt* θυμούμαι, αναπολώ || **~ion** *n* ανάμνηση || *(memory)* μνημονικό.

recommend [rɛkə'mɛnd] *vt* συνιστώ || **~ation** *n* σύσταση || *(qualification)* προσόν *nt*.

recompense ['rɛkəmpɛns] *n* ανταμοιβή, αποζημίωση ♦ *vt* ανταμείβω, αποζημιώνω.

reconcile ['rɛkənsaɪl] *vt (make agree)* συμβιβάζω || *(make friendly)* συμφιλιώνω.

reconciliation [rɛkənsɪlɪ'eɪʃən] *n* συμφιλίωση, συμβιβασμός.

reconditioned ['riːkən'dɪʃənd] *a* επισκευασμένος, ανακαινισθείς.

reconnoitre, reconnoiter *(US)* [rɛkə'nɔɪtə*] *vti* κάνω αναγνώριση, εξερευνώ.

reconsider ['riːkən'sɪdə*] *vti* αναθεωρώ, επανεξετάζω.

reconstitute [riː'kɒnstɪtjuːt] *vt* επαναφέρω στη φυσική κατάσταση.

reconstruct ['riːkən'strʌkt] *vt* ανοικοδομώ, ανασυγκροτώ || **~ion** *n* ανοικοδόμηση, ανασυγκρότηση.

record ['rɛkɔːd] *n* αναγραφή, καταγραφή, σημείωση || *(disc)* δίσκος, πλάκα || *(best performance)* πρωτάθλημα *nt*, ρεκόρ *nt inv*, επίδοση || *(COMPUT)* εγγραφή ♦ *a (time)* με μεγάλη ταχύτητα, σε διάστημα του σημειώνει ρεκόρ ♦ [rɪ'kɔːd] *vt (set down)* καταγράφω, αναγράφω || *(music etc)* πχογραφώ, εγγράφω || **~ed** *a (music)* πχογραφημένος || **~er** *n* μηχάνημα *nt* εγγραφής || *(tape recorder)* μαγνητόφωνο || **~ holder** *n (SPORT)* πρωταθλητής/ήτρια *m/f* || **~ing** *n (music)* πχογράφηση || **~ player** *n* πικάπ *nt inv*.

recount [rɪ'kaʊnt] *vt (tell in detail)* αφηγούμαι, εξιστορώ.

re-count ['riːkaunt] *n* νέα καταμέτρηση ♦ [riː'kaunt] *vt* ξαναμετρώ.

recoup [rɪ'kuːp] *vt* αποζημιώνω, ξαναπέρνω.

recourse [rɪˈkɔːs] *n* καταφυγή, προσφυγή.

recover [rɪˈkʌvə*] *vt* ανακτώ, ξαναβρίσκω ♦ *vi* ανακτώ (την υγεία μου), θεραπεύομαι || **~y** *n* ανάκτηση, ανεύρεση || *(from illness)* ανάρρωση.

recreation [rɛkrɪˈeɪʃən] *n* αναψυχή, διασκέδαση || **~al** *a* διασκεδαστικός.

recrimination [rɪkrɪmɪˈneɪʃən] *n* αντέγκληση, αντικατηγορία.

recruit [rɪˈkruːt] *n* νεοσύλλεκτος ♦ *vt* στρατολογώ || **~ment** *n* στρατολογία.

rectangle [ˈrɛktæŋgl] *n* ορθογώνιο.

rectangular [rɛkˈtæŋgjulə*] *a* ορθογώνιος.

rectify [ˈrɛktɪfaɪ] *vt* επανορθώνω, διορθώνω.

rectory [ˈrɛktərɪ] *n (ECCL)* πρεσβυτέριο, εφημερείο.

recuperate [rɪˈkuːpəreɪt] *vi* αναλαμβάνω, αναρρώνω.

recur [rɪˈkɜː*] *vi* επανέρχομαι, ξανασυμβαίνω || **~rence** *n* επανάληψη.

red [rɛd] *n (colour)* κόκκινο || *(Communist)* κομουνιστής/ίστρια *m/f*, αριστερός/ή *m/f* ♦ *a* κόκκινος, ερυθρός || **to be in the ~** έχω έλλειμα *nt* || **R~ Cross** *n* Ερυθρός Σταυρός || **~den** *vti* κοκκινίζω || **~dish** *a* κοκκινωπός.

redeem [rɪˈdiːm] *vt* αντισταθμίζω, εξοφλώ, εξαγοράζω.

red-haired [ˈrɛdˈhɛəd] *a* κοκκινομάλλης.

red-handed [ˈrɛdˈhændɪd] *a* επ' αυτοφώρω, στα πράσα.

redhead [ˈrɛdhɛd] *n* κοκκινομάλλα.

red herring [ˈrɛdˈhɛrɪŋ] *n (fig)* ξεγέλασμα *nt*, άσχετο θέμα *nt*.

red-hot [ˈrɛdˈhɒt] *a* ερυθροπυρωμένος || *(fig)* φανατικός, ένθερμος.

redirect [riːdaɪˈrɛkt] *vt (mail)* απευθύνω σε νέα διεύθυνση.

rediscovery [ˈriːdɪsˈkʌvərɪ] *n* εκ νέου ανακάλυψη.

red-letter [ˈrɛdˈlɛtə*] *a*: **~ day** μέρα ευτυχισμένων γεγονότων, αξιομνημόνευτη μέρα.

redness [ˈrɛdnɪs] *n* κοκκινίλα, κοκκινάδα.

redo [ˈriːˈduː] *vt* ξανακάνω.

redouble [riːˈdʌbl] *vt* αναδιπλασιάζω.

red tape [ˈrɛdˈteɪp] *n* γραφειοκρατία.

reduce [rɪˈdjuːs] *vt (decrease)* ελαττώνω, μικραίνω , περιορίζω || *(in strength)* αδυνατίζω || *(lower)* υποβιβάζω, κατεβάζω || *(change state)* μεταβάλλω || **~d** *a (price)* μειωμένη (τιμή).

reduction [rɪˈdʌkʃən] *n* ελάττωση || *(in size)* σμίκρυνση || *(in price)* έκπτωση.

redundancy [rɪˈdʌndənsɪ] *n* περίσσευμα *nt*, πλεόνασμα *nt*.

redundant [rɪˈdʌndənt] *a* πλεονάζων, περιττός.

reed [riːd] *n* καλάμι || *(of clarinet etc)* γλωσσίδι.

reef [riːf] *n (at sea)* ύφαλος, ξέρα.

reek [riːk] *vi* αναδίδω κακή μυρωδιά, βρομάω.

reel [riːl] *n (for rope)* ανέμη || *(for cotton, film etc)* πηνίο, καρούλι, μασούρι || *(dance)* ζωηρός (σκωτικός) χορός ♦ *vt* τυλίγω || *(stagger)* τρικλίζω, ζαλίζομαι.

re-election [riːɪˈlɛkʃən] *n* επανεκλογή.

re-entry [riːˈɛntrɪ] *n* επάνοδος *f*, ξαναμπάσιμο.

re-examine [ˈriːɪgˈzæmɪn] *vt* επανεξετάζω.

ref [rɛf] *n (col: abbr of* **referee***)* διαιτητής.
refectory [rɪ'fɛktərɪ] *n* τραπεζαρία μοναστηριού ή κολλεγίου.
refer [rɪ'fɜː*] *vt* παραπέμπω || **to ~ to** *vt* αναφέρομαι σε || *(consult)* συμβουλεύομαι.
referee [rɛfə'riː] *n* διαιτητής || *(for job application)* υπέγγυος, εγγυητής ♦ *vt (SPORT)* διαιτητεύω.
reference ['rɛfrəns] *n* αναφορά || *(in book etc)* παραπομπή || *(of character)* πιστοποιητικό, σύσταση || *(person referred to)* αυτός που δίνει τη σύσταση, ο εγγυητής || *(allusion)* μνεία, υπαινιγμός || **~ book** *n* βιβλίο οδηγός, σύμβουλος.
referendum [rɛfə'rɛndəm] *n* δημοψήφισμα *nt.*
refill ['riːfɪl] *n (for pen etc)* ανταλλακτικό.
refine [rɪ'faɪn] *vt* καθαρίζω, διυλίζω, ραφινάρω || *(make finer)* εκλεπτύνω, εξευγενίζω || **~d** *a (person)* λεπτός, καλλιεργημένος || **~ment** *n* εξευγενισμός, λεπτή διάκριση || **~ry** *n* διϋλιστήριο.
reflect [rɪ'flɛkt] *vt* αντανακλώ ♦ *vi (meditate)* σκέφτομαι, συλλογίζομαι, μελετώ || **~ion** *n* αντανάκλαση || *(thought)* σκέψη || **~or** *n* ανακλαστήρας, καθρέφτης.
reflex ['riːflɛks] *a (involuntary)* αντανακλαστικός || **~ive** *a (GRAM)* αυτοπαθής.
reform [rɪ'fɔːm] *n* μεταρρύθμιση, αποκατάσταση, ανασχηματισμός ♦ *vt* μεταρρυθμίζω, αποκαθιστώ, αναμορφώνω.
reformat [riː'fɔːmæt] *vt (COMPUT)* ανασχηματίζω.
refrain [rɪ'freɪn] *vi (+from)* απέχω, συγκρατούμαι.
refresh [rɪ'frɛʃ] *vt* αναζωογονώ, δροσίζω, φρεσκάρω || **~er course** επανάληψη, μετεκπαίδευση || **~ing** *a* ευχάριστος, ζωογόνος, δροσιστικός || **~ments** *npl (food, drink)* αναψυκτικά *ntpl.*
refrigerator [rɪ'frɪdʒəreɪtə*] *n* ψυγείο.
refuel ['riː'fjuəl] *vti* ανεφοδιάζομαι (με καύσιμα).
refuge ['rɛfjuːdʒ] *n* καταφύγιο, καταφυγή, προστασία || **refugee** [rɛfjʊ'dʒiː] *n* πρόσφυγας.
refund ['riːfʌnd] *n* επιστροφή χρημάτων, απόδοση ♦ [rɪ'fʌnd] *vt* επιστρέφω (χρήματα).
refurbish [riː'fɜːbɪʃ] *vt (decorate)* ανακαινίζω, φρεσκάρω.
refusal [rɪ'fjuːzəl] *n* άρνηση.
refuse ['rɛfjuːs] *n* απορρίμματα *ntpl,* σκουπίδια *ntpl* ♦ [rɪ'fjuːz] *vti* αρνούμαι, απορρίπτω.
refute [rɪ'fjuːt] *vt* ανασκευάζω, ανατρέπω.
regain [rɪ'geɪn] *vt* επανακτώ.
regal ['riːgəl] *a* βασιλικός.
regard [rɪ'gɑːd] *n (respect)* εκτίμηση, σεβασμός ♦ *vt (consider)* θεωρώ || **~s** *npl (greetings)* χαιρετισμοί *mpl,* χαιρετίσματα *ntpl* || **~ing, as ~s** όσον αφορά, σχετικά με || **as ~s, with ~ to** ως προς, όσο για || **~less** *a (+of)* αδιάφορος, άσχετος ♦ *ad* αδιάφορος, αδιαφορώντας.
regatta [rɪ'gætə] *n* λεμβοδρομία.
régime [reɪ'ʒiːm] *n* καθεστώς *nt.*
regiment ['rɛdʒɪmənt] *n* σύνταγμα *nt* || **~al** *a* του συντάγματος.
region ['riːdʒən] *n* περιοχή || **~al** *a* τοπικός, περιφερειακός.
register ['rɛdʒɪstə*] *n* κατάλογος, ληξιαρχικό βιβλίο, μητρώο ♦ *vt* καταγράφω, εγγράφω || *(write down)* σημειώνω ♦ *vi (at hotel)* εγγράφομαι || *(make impression)* δείχνω || **~ed** *a (design)* κατατεθειμένος || *(letter)* συστημένο γράμμα.

registrar [rɛdʒɪs'trɑː*] *n* ληξίαρχος, γραμματέας *m/f.*
registration [rɛdʒɪs'treɪʃən] *n (act)* καταγραφή, εγγραφή || *(number)* αριθμός εγγραφής.
registry ['rɛdʒɪstrɪ] *n* ληξιαρχείο || ~ **office** *n (for civil marriage)* ληξιαρχείο.
regret [rɪ'grɛt] *n* λύπη, μετάνοια ♦ *vt* λυπούμαι, μετανοώ || ~**fully** *ad* με λύπη, με πόνο || ~**table** *a* δυσάρεστος, λυπηρός.
regular ['rɛgjʊlə*] *a* τακτικός, κανονικός, συνηθισμένος || *(not varying)* ομαλός ♦ *n (client etc)* τακτικός (πελάτης) || ~**ity** *n* κανονικότητα, ομαλότητα.
regulate ['rɛgjʊleɪt] *vt* κανονίζω, τακτοποιώ, ρυθμίζω.
regulation [rɛgjʊ'leɪʃən] *n* κανονισμός || *(control)* ρύθμιση.
rehabilitation ['riːəbɪlɪ'teɪʃən] *n* αποκατάσταση, παλινόρθωση.
rehash ['riː'hæʃ] *vt (col)* ξαναδουλεύω, διασκευάζω.
rehearsal [rɪ'hɜːsəl] *n* δοκιμή, πρόβα.
rehearse [rɪ'hɜːs] *vt (practise)* κάνω δοκιμές, κάνω πρόβα.
reign [reɪn] *n (period)* βασιλεία ♦ *vi* βασιλεύω.
reimburse [riːɪm'bɜːs] *vt* επιστρέφω (χρήματα), αποζημιώνω.
rein [reɪn] *n* ηνία *ntpl,* χαλινάρι.
reindeer ['reɪndɪə*] *n* τάρανδος.
reinforce [riːɪn'fɔːs] *vt* ενισχύω, δυναμώνω || ~**d concrete** *n* μπετό αρμέ *nt inv* || ~**ment** *n* ενίσχυση || ~**ments** *npl (MIL)* ενισχύσεις *fpl.*
reinstate ['riːɪn'steɪt] *vt* επαναφέρω στη θέση του, αποκαθιστώ, επανεγκαθιστώ.
reiterate [riː'ɪtəreɪt] *vt* επαναλαμβάνω.
reject [rɪ'dʒɛkt] *vt* απορρίπτω, αποκρούω ♦ ['riːdʒɛkt] *n* απόρριμμα *nt,* σκάρτο || ~**ion** *n* απόρριψη.
rejoice [rɪ'dʒɔɪs] *vi* χαίρομαι, χαίρω.
relapse [rɪ'læps] *n* υποτροπή.
relate [rɪ'leɪt] *vt* διηγούμαι, εξιστορώ || *(connect)* συσχετίζω || ~**d** *a (subjects)* σχετιζόμενος, σχετικά με || *(people) (+ to)* συγγενής.
relating [rɪ'leɪtɪŋ] *prep:* ~ **to** σχετικός με, ότι αφορά.
relation [rɪ'leɪʃən] *n (of family)* συγγενής *m/f* || *(connection)* σχέση, συγγένεια || ~**ship** *n* συγγένεια, σχέση.
relative ['rɛlətɪv] *n* συγγενής *m/f* ♦ *a* αναφορικός, σχετικός || ~**ly** *ad* σχετικά || ~ **pronoun** *n* αναφορική αντωνυμία.
relax [rɪ'læks] *vi* χαλαρώνω, λασκάρω || *(rest)* ανακουφίζω ♦ *vt* χαλαρούμαι, αναπαύομαι, ξεκουράζομαι || ~**ation** *n* αναψυχή, διασκέδαση || ~**ed** *a* χαλαρός, λάσκος || ~**ing** *a* ξεκουραστικός.
relay ['riːleɪ] *n (SPORT)* σκυταλοδρομία ♦ *vt (message)* αναμεταδίδω.
release [rɪ'lɪs] *n (relief)* απαλλαγή, απόλυση || *(from prison)* αποφυλάκιση || *(device)* διακόπτης ♦ *vt* απελευθερώνω || *(prisoner)* απολύω, αποφυλακίζω || *(grip)* χαλαρώνω, λασκάρω, απομπλέκω || *(report, news)* θέτω σε κυκλοφορία, επιτρέπω δημοσίευση.
relegate ['rɛlɪgeɪt] *vt (put down)* υποβιβάζω.
relent [rɪ'lɛnt] *vi* κάμπτομαι, μαλακώνω || ~**less** *a* αδιάλλακτος, αμείλικτος, ανελέητος.
relevant ['rɛləvənt] *a* σχετικός
reliable [rɪ'laɪəbl] *a* αξιόπιστος.
reliably [rɪ'laɪəblɪ] *ad* μ'εμπιστοσύνη, σίγουρα.
reliance [rɪ'laɪəns] *n* εμπιστοσύνη, πεποίθηση.

relic [ˈrɛlɪk] *n* απομεινάρι, ενθύμιο || *(of saint)* λείψανο.
relief [rɪˈliːf] *n (from pain etc)* ανακούφιση, ξελάφρωμα *nt* || *(help)* βοήθεια || *(from duty)* αντικατάσταση, αλλαγή || *(design)* ανάγλυφο || *(distinctness)* προβολή, ευδιακρισία.
relieve [rɪˈliːv] *vt (pain etc)* ανακουφίζω, ξαλαφρώνω || *(bring help)* βοηθώ, περιθάλπω || *(take place of)* αντικαθιστώ, απαλλάσσω || **to ~ of** παίρνω, απαλλάσσω.
religion [rɪˈlɪdʒən] *n* θρησκεία, θρήσκευμα *nt.*
religious [rɪˈlɪdʒəs] *a* θρησκευτικός || *(pious)* ευσεβής.
relinquish [rɪˈlɪŋkwɪʃ] *vt* παραιτούμαι, εγκαταλείπω.
relish [ˈrɛlɪʃ] *n (sauce)* καρύκευμα *nt,* σάλτσα ♦ *vt* απολαμβάνω, τρώγω ευχάριστα.
relive [ˈriːˈlɪv] *vt* ξαναζώ.
reluctant [rɪˈlʌktənt] *a* απρόθυμος || **~ly** *ad* με το ζόρι, με το στανιό.
rely [rɪˈlaɪ] : **to ~ on** *vt* βασίζομαι, στηρίζομαι, εμπιστεύομαι.
remain [rɪˈmeɪn] *vi (be left)* απομένω || *(stay)* παραμένω, μένω || **~der** *n* υπόλοιπο || **~ing** *a* υπόλοιπος || **~s** *npl* υπολείμματα *ntpl* || *(corpse)* λείψανα *ntpl.*
remand [rɪˈmaːnd] *n* : **on ~** παραπομπή (κατηγορουμένου) ♦ *vt:* **to ~ in custody** προφυλακίζω.
remark [rɪˈmaːk] *n* παρατήρηση, σημείωση ♦ *vt (say)* λέγω || *(notice)* παρατηρώ || **~able** *a* αξιοσημείωτος || *(unusual)* ασυνήθιστος || **~ably** *ad* αξιόλογα, εξαιρετικά.
remarry [ˈriːˈmærɪ] *vi* ξαναπαντρεύομαι.
remedial [rɪˈmiːdɪəl] *a* θεραπευτικός.
remedy [ˈrɛmədɪ] *n* θεραπεία || *(MED)* φάρμακο, γιατρικό ♦ *vt* θεραπεύω, διορθώνω.
remember [rɪˈmɛmbə*] *vt* θυμούμαι || *(give regards)* δίνω χαιρετισμούς σε.
remembrance [rɪˈmɛmbrəns] *n* ανάμνηση, μνήμη.
remind [rɪˈmaɪnd] *vt* υπενθυμίζω, θυμίζω || **~er** *n* κάτι που θυμίζει, ενθύμημα *nt.*
reminisce [rɛmɪˈnɪs] *vi* αναπολώ, ξαναθυμάμαι.
reminiscences [rɛmɪˈnɪsnsɪz] *npl* αναμνήσεις *fpl,* απομνημονεύματα *ntpl.*
reminiscent [rɛmɪˈnɪsnt] *a (+ of)* που θυμίζει κάτι.
remission [rɪˈmɪʃən] *n (from sins)* άφεση, ελάττωση || *(release)* χάρη, μείωση (ποινής).
remit [rɪˈmɪt] *vt (send money)* εμβάζω, μεταβιβάζω || **~tance** *n* έμβασμα *nt* (χρηματικό).
remnant [ˈrɛmnənt] *n* υπόλειμμα *nt.*
remorse [rɪˈmɔːs] *n* τύψη, μεταμέλεια || **~ful** *a* γεμάτος τύψεις, μετανοιωμένος || **~less** *a* άσπλαγχνος, αμετανόητος.
remote [rɪˈməʊt] *a* μακρινός, απομονωμένος, απόμερος || *(slight)* αμυδρός, ελαφρός || *(vague)* αόριστος || **~ control** *n* τηλερρυθμιστής || **~ly** *ad* αόριστα, μακριά.
remould [ˈriːˈməʊld] *vt (tyre)* ξαναφορμάρω.
removable [rɪˈmuːvəbl] *a* μεταθέσιμος, κινητός, φορητός.
removal [rɪˈmuːvəl] *n* αφαίρεση, βγάλσιμο || *(from house)* μετακόμιση, μετακίνηση || *(from office)* απόλυση, ανάκληση || **~ van** *n* φορτηγό μετακομίσεων.
remove [rɪˈmuv] *vt* αφαιρώ, βγάζω, μεταφέρω || *(dismiss)* απολύω, απομακρύνω || **~r** *(for paint etc)* εξαλειπτικό μέσο || **~rs** *npl*

(company) εταιρεία μεταφορών οικοσκευών.
remuneration [rɪmjuːnə'reɪʃən] *n* αμοιβή, πληρωμή.
rend [rɛnd] *(irreg v) vt* σχίζω, αποσπώ.
render ['rɛndə*] *vt (make)* καθιστώ, κάνω || *(translate)* μεταφράζω || **~ing** *n (MUS)* ερμηνεία, απόδοση.
rendezvous ['rɒndɪvuː] *n* συνάντηση, ραντεβού *nt inv.*
renew [rɪ'njuː] *vt (make new)* ανανεώνω || *(begin again)* ανασυνδέω, ξαναπιάνω || *(negotiations)* επαναλαμβάνω || **~al** *n* ανανέωση, ανασύνδεση.
renounce [rɪ'naʊns] *vt (give up)* εγκαταλείπω, αποκηρύσσω || *(disown)* αρνούμαι, αποποιούμαι.
renovate ['rɛnəʊveɪt] *vt* ανακαινίζω || *(repair)* επισκευάζω.
renovation [rɛnəʊ'veɪʃən] *n* ανακαίνιση || *(repair)* επισκευή.
renown [rɪ'naʊn] *n* φήμη || **~ed** *a* φημισμένος, ονομαστός.
rent [rɛnt] *n (of dwelling)* ενοίκιο || *(hiring)* μίσθωμα, νοίκι ♦ *vt* ενοικιάζω || *(hire)* μισθώνω || *(AUT etc)* ενοικιάζω (αυτοκίνητο) || **~al** *n* μίσθωμα, νοίκι.
renunciation [rɪnʌnsɪ'eɪʃən] *n* απάρνηση.
reorganize ['riː'ɔːgənaɪz] *vt* αναδιοργανώνω.
rep [rɛp] *n (COMM: abbr of* **representative***)* αντιπρόσωπος || *(THEAT: abbr of* **repertory***)* ρεπερτόριο.
repair [rɪ'pɛə*] *n* επισκευή, επιδιόρθωση || *(in good condition)* σε καλή κατάσταση ♦ *vt* επισκευάζω, επιδιορθώνω || **~ kit** *n* σύνεργα *ntpl* επισκευή || **~man** *n* επισκευαστής, επιδιορθωτής.
repartee [rɛpɑː'tiː] *n* ετοιμολογία, εύστοχη απάντηση.
repay [riː'peɪ] *vt (pay back)* ανταποδίδω || *(money)* ξεπληρώνω || **~ment** *n* ανταπόδοση.
repeal [rɪ'piːl] *n* ανάκληση, ακύρωση ♦ *vt* ανακαλώ, ακυρώνω.
repeat [rɪ'piːt] *n (RAD, TV)* επανάληψη ♦ *vt* επαναλαμβάνω || **~edly** *ad* επανειλημμένα, πολλές φορές.
repel [rɪ'pɛl] *vt* αποκρούω, απωθώ || **~lent** *a* αποκρουστικός, απωθητικός ♦ *n*: **insect ~lent** εντομοαπωθητική λοσιόν *f inv.*
repent [rɪ'pɛnt] *vi* μετανοιώνω, μεταμελούμαι || **~ance** *n* μετάνοια, μεταμέλεια.
repercussion [riːpə'kʌʃən] *n* *(effect)* αντίδραση, αντίκτυπος.
repertoire ['rɛpətwaː*] *n* δραματολόγιο, ρεπερτόριο.
repertory ['rɛpətərɪ] *n (THEAT)* ρεπερτόριο.
repetition [rɛpɪ'tɪʃən] *n* επανάληψη.
repetitive [rɪ'pɛtɪtɪv] *a* επαναληπτικός.
replace [rɪ'pleɪs] *vt* αντικαθιστώ || *(put back)* ξαναβάζω || **~ment** *n* αντικατάσταση || *(person)* αντικαταστάτης.
replenish [rɪ'plɛnɪʃ] *vt* ξαναγεμίζω, συμπληρώνω.
replica ['rɛplɪkə] *n* πανομοιότυπο, αντίγραφο έργου τέχνης.
reply [rɪ'plaɪ] *n* απάντηση ♦ *vi* απαντώ, αποκρίνομαι.
report [rɪ'pɔːt] *n (account)* έκθεση, εξιστόρηση, αναφορά || *(bang)* κρότος, πυροβολισμός || *vt* αναφέρω || *(give account of)* εξιστορώ || *(news)* κάνω ρεπορτάζ ♦ *vi (make a report)* εκθέτω, αναφέρω, κάνω αναφορά || *(present o.s.)* παρουσιάζομαι || **~er** *n* δημοσιογράφος.

reprehensible [rɛprɪ'hɛnsɪbl] *a* αξιόμεμπτος.
represent [rɛprɪ'zɛnt] *vt (describe)* παριστάνω, παρουσιάζω || *(act)* αντιπροσωπεύω || **~ation** *n* παράσταση, αναπαράσταση || *(in parliament)* αντιπροσώπευση, αντιπροσωπεία || **~ative** *n* αντιπρόσωπος ♦ *a* αντιπροσωπευτικός, παραστατικός.
repress [rɪ'prɛs] *vt* καταβάλλω, καταστέλλω, καταπνίγω || **~ion** *n* καταστολή, κατάπνιξη || **~ive** *a* κατασταλτικός, καταπιεστικός.
reprieve [rɪ'priːv] *n* αναστολή (θανατικής ποινής), αναβολή ♦ *vt* αναστέλλω, ανακουφίζω.
reprimand ['rɛprɪmaːnd] *n* επιτίμηση, επίπληξη ♦ *vt* επιτιμώ, επιπλήττω.
reprint ['riːprɪnt] *n* ανατύπωση ♦ [riː'prɪnt] *vt* ανατυπώνω.
reprisal [rɪ'praɪzəl] *n* αντεκδίκηση, αντίποινο.
reproach [rɪ'prəutʃ] *n* επίπληξη, μομφή ♦ *vt* επιπλήττω, μέμφομαι, ψέγω.
reproduce [riːprə'djuːs] *vt* αναπαράγω || *(make copy)* ανατυπώνω ♦ *vi* αναπαράγομαι, πολλαπλασιάζομαι.
reproduction [riːprə'dʌkʃən] *n (copy)* αναπαράσταση, αντίγραφο || *(breeding)* αναπαραγωγή.
reproductive [riːprə'dʌktɪv] *a* αναπαραγωγικός.
reproving [rɪ'pruːvɪŋ] *a* επικριτικός, επιτιμητικός.
reptile ['rɛptaɪl] *n* ερπετό.
republic [rɪ'pʌblɪk] *n* δημοκρατία || **~an** *a* δημοκρατικός || *(party: US)* ρεπουμπλικανικός ♦ *n* δημοκράτης || *(US)* ρεπουμπλικάνος.
repudiate [rɪ'pjuːdɪeɪt] *vt* απαρνούμαι, αποκρούω, αποκηρύσσω.
repugnant [rɪ'pʌgnənt] *a* απεχθής, ανδιαστικός, σιχαμερός.
repulse [rɪ'pʌls] *vt* απωθώ, αποκρούω || *(reject)* αποκρούω, απορρίπτω.
repulsive [rɪ'pʌlsɪv] *a* αποκρουστικός, σιχαμερός.
reputable ['rɛpjutəbl] *a* έντιμος, αξιοπρεπής.
reputation [rɛpju'teɪʃən] *n* φήμη, υπόληψη || *(good name)* όνομα *nt*.
repute [rɪ'pjuːt] *n* εκτίμηση, υπόληψη || **~d** *a* φημισμένος, υποτιθέμενος || **~dly** *ad* κατά την κοινή γνώμη.
request [rɪ'kwɛst] *n* αίτηση, παράκληση || *(demand)* ζήτηση ♦ *vt* ζητώ, παρακαλώ.
requiem ['rɛkwɪɛm] *n* μνημόσυνο.
require [rɪ'kwaɪə*] *vt* ζητώ, απαιτώ || *(oblige)* χρειάζομαι || **~ment** *n* απαίτηση, ανάγκη.
requisite ['rɛkwɪzɪt] *n* απαιτούμενο πράγμα *nt*, προϋπόθεση ♦ *a* απαιτούμενος.
requisition [rɛkwɪ'zɪʃən] *n* επίταξη, απαίτηση ♦ *vt* απαιτώ, επιτάσσω.
reroute ['riː'ruːt] *vt* χαράσσω νέα πορεία, κάνω άλλο δρόμο.
resale ['riː'seɪl] *n* μεταπώληση, ξαναπούλημα *nt*.
rescue ['rɛskjuː] *n* διάσωση, απολύτρωση ♦ *vt (save)* σώζω, λυτρώνω || **~r** *n* σωτήρας, λυτρωτής.
research [rɪ'sɜːtʃ] *n* έρευνα ♦ *vi (+ into)* κάνω έρευνα ♦ *vt* ερευνώ || **~er** *n* ερευνητής.
resemblance [rɪ'zɛmbləns] *n* ομοιότητα.
resemble [rɪ'zɛmbl] *vt* μοιάζω.
resent [rɪ'zɛnt] *vt* φέρω βαρέως, θίγομαι από || **~ful** *a* μνησίκακος, πειραγμένος || **~ment** *n* μνησικακία, έχθρα, πίκρα.
reservation [rɛzə'veɪʃən] *n*

επιφύλαξη || *(place)* εξασφάλιση, κλείσιμο || *(doubt)* επιφύλαξη.

reserve [rɪ'zɜːv] *n* απόθεμα *nt*, αποθεματικό || *(self-restraint)* επιφύλαξη, συντηρητικότητα || *(area of land)* επιφυλασσόμενη περιοχή || *(SPORT)* εφεδρικός παίκτης ♦ *vt (seats etc)* κρατώ, αγκαζάρω, κλείνω || **~s** *npl (MIL)* εφεδρείες *fpl* || **in ~** κατά μέρος, για ρεζέρβα || **~d** *a* επιφυλακτικός, συγκρατημένος || **'~d'** *(notice)* 'κλεισμένος', 'κρατημένος'.

reservoir ['rɛzəvwaː*] *n* δεξαμενή, ντεπόζιτο, ρεζερβουάρ *nt inv* || *(store)* απόθεμα *nt*.

reshape ['riː'ʃeɪp] *vt* μεταπλάθω, τροποποιώ, αναπλάθω.

reshuffle ['riː'ʃʌfl] *n (POL)* ανασχηματισμός.

reside [rɪ'zaɪd] *vi* διαμένω, ανήκω || **residence** ['rɛzɪdəns] *n* κατοικία, σπίτι || *(living)* διαμονή, παραμονή || **resident** *n* κάτοικος ♦ *a* εγκατεστημένος || **residential** *a* της μονίμου διαμονής, με ιδιωτικές κατοικίες.

residue ['rɛzɪdjuː] *n* υπόλοιπο, υπόλειμμα *nt*, κατάλοιπο.

resign [rɪ'zaɪn] *vt* παραιτούμαι || *(submit)* υποτάσσομαι, εγκαταλείπομαι || **resignation** [rɛzɪg'neɪʃən] *n* παραίτηση || *(submission)* υποταγή, υπομονή || **~ed** *a* ανεχόμενος, υποτακτικός.

resilient [rɪ'zɪlɪənt] *a* ελαστικός.

resin ['rɛzɪn] *n* ρητίνη, ρετσίνη.

resist [rɪ'zɪst] *vt* ανθίσταμαι σε, αντιδρώ κατά || **~ance** *n* αντίσταση.

resolute ['rɛzəluːt] *a* αποφασιστικός, σταθερός.

resolution [rɛzə'luːʃən] *n* αποφασιστικότητα || *(decision)* απόφαση.

resolve [rɪ'zɒlv] *n* απόφαση ♦ *vt* αναλύω, διαλύω, λύω ♦ *vi* διαλύομαι, αναλύομαι || *(decide)* αποφασίζω || **~d** *a* αποφασισμένος.

resonant ['rɛzənənt] *a* αντηχών, αντηχητικός.

resort [rɪ'zɔːt] *n* τόπος διαμονής, θέρετρο || *(help)* καταφυγή, μέσο, βοήθεια ♦ *vi (+ to)* προσφεύγω, καταφεύγω (σε) || **in the last ~** σαν τελευταία λύση.

resound [rɪ'zaʊnd] *vi* αντηχώ, απηχώ || **~ing** *a* απηχών, ηχηρός.

resource [rɪ'sɔːs] *n* καταφύγιο, μέσο, βοήθημα *nt* || **~s** *npl (of fuel)* πλούτος (σε καύσιμα) || *(of a country etc)* οι πόροι *mpl*, πλούτος || **~ful** *a* εφευρετικός.

respect [rɪs'pɛkt] *n* σεβασμός || *(way)* αναφορά ♦ *vt* σέβομαι || *(treat with consideration)* προσέχω || **~s** *npl (greetings)* σέβη *ntpl*, χαιρετίσματα *ntpl* || **with ~ to** όσον αφορά || **in ~ of** σχετικά με || **in this ~** ως προς αυτό το σημείο || **~able** *a* έντιμος, ευυπόληπτος || *(fairly good)* υποφερτός, αρκετά καλός || **~ed** *a* σεβαστός || **~ful** *a* γεμάτος σεβασμό || **~ive** *a* σχετικός, αμοιβαίος, αντίστοιχος || **~ively** *ad* αντιστοίχως.

respiration [rɛspɪ'reɪʃən] *n* αναπνοή.

respite ['rɛspaɪt] *n* ανάπαυλα, διακοπή.

resplendent [rɪs'plɛndənt] *a (bright)* λαμπρός || *(magnificient)* μεγαλοπρεπής.

respond [rɪs'pɒnd] *vi* απαντώ, αποκρίνομαι || *(act in answer)* ανταποκρίνομαι, ανταποδίδω.

response [rɪs'pɒns] *n* απάντηση, ανταπόκριση.

responsibility [rɪspɒnsə'bɪlɪtɪ] *n* ευθύνη.

responsible [rɪs'pɒnsəbl] *a* υπεύθυνος, υπόλογος || *(reliable)* αξιόπιστος.

responsive [rɪs'pɒnsɪv] *a* ευαίσθητος, που ανταποκρίνεται.
rest [rɛst] *n* ανάπαυση, ξεκούραση || *(pause)* πτώση, ανάπαυλα || *(remainder)* υπόλοιπο ♦ *vi* αναπαύομαι, ξεκουράζομαι || *(be supported)* στηρίζομαι, ακουμπώ || *(remain)* στηρίζομαι, βασίζομαι || **the ~ of them** οι υπόλοιποι.
restaurant ['rɛstərɔ̃ːŋ] *n* εστιατόριο || **~ car** *n* βαγκόν-ρεστωράν *nt inv.*
rest cure ['rɛstkjuə*] *n* θεραπεία αναπαύσεως.
restful ['rɛstful] *a* ξεκούραστος, ήσυχος, αναπαυτικός.
rest home ['rɛsthəum] *n* πρεβαντόριο, αναρρωτήριο.
restive ['rɛstɪv] *a* ατίθασος, ανήσυχος.
restless ['rɛstlɪs] *a* ανήσυχος, αεικίνητος, άυπνος || **~ly** *ad* ανήσυχα, νευρικά, ταραγμένα.
restore [rɪs'tɔː*] *vt* επιστρέφω, αποκαθιστώ || *(repair)* επισκευάζω, αναστηλώνω.
restrain [rɪs'treɪn] *vt* αναχαιτίζω, συγκρατώ || **~ed** *a (style etc)* ήρεμος, συγκρατημένος, μετρημένος || **~t** *n* περιορισμός, περιστολή || *(self-control)* συγκράτηση.
restrict [rɪs'trɪkt] *vt* περιορίζω || **~ed** *a* περιορισμένος || **~ion** *n* περιορισμός || **~ive** *a* περιοριστικός.
rest room ['rɛstrum] *n (US)* αποχωρητήριο, τουαλέτα.
result [rɪ'zʌlt] *n* αποτέλεσμα *nt,* συνέπεια || *(of test)* αποτέλεσματα *ntpl* ♦ *vi (+ in)* καταλήγω, απολήγω.
resume [rɪ'zjuːm] *vt* επαναρχίζω, ξαναρχίζω.
résumé ['reɪzjuːmeɪ] *n* περίληψη.
resumption [rɪ'zʌmpʃən] *n* (επ)ανάληψη, συνέχιση.
resurgence [rɪ'sɜːdʒəns] *n* αναζωογόνηση, ανανέωση || *(uprising)* ξεσήκωμα *nt.*
resurrection [rɛzə'rɛkʃən] *n* ανάσταση, ανανέωση.
resuscitate [rɪ'sʌsɪteɪt] *vt* ανασταίνω, επαναφέρω στη ζωή.
resuscitation [rɪsʌsɪ'teɪʃən] *n* αναζωογόνηση, ανάσταση.
retail ['riːteɪl] *n* λιανική πώληση ♦ *a* λιανικός ♦ [riː'teɪl] *vt* πουλώ λιανικά || **~er** *n* μεταπωλητής, λιανέμπορος || **~ price** *n* τιμή λιανικής πωλήσεως.
retain [rɪ'teɪn] *vt* διατηρώ, συγκρατώ, κρατώ || **~er** *n* υπηρέτης || *(fee)* προκαταβολή δικηγόρου.
retaliate [rɪ'tælɪeɪt] *vi* αντεκδικούμαι, ανταποδίδω.
retarded [rɪ'tɑːdɪd] *a* καθυστερημένος.
retention [rɪ'tɛnʃən] *n* διατήρηση, συγκράτηση.
retentive [rɪ'tɛntɪv] *a* συνεκτικός, ισχυρός.
rethink [riː'θɪŋk] *vt* ξανασκέπτομαι.
reticent ['rɛtɪsənt] *a* λιγομίλητος, επιφυλακτικός.
retina ['rɛtɪnə] *n* αμφιβληστροειδής (χιτών).
retinue ['rɛtɪnjuː] *n* ακολουθία, συνοδεία.
retire [rɪ'taɪə*] *vi* αποχωρώ, γίνομαι συνταξιούχος || *(withdraw, retreat)* υποχωρώ, αποσύρομαι || *(go to bed)* πάω για ύπνο || **~d** *a (person)* συνταξιούχος || **~ment** *n* αποχώρηση, συνταξιοδότηση.
retiring [rɪ'taɪərɪŋ] *a* επιφυλακτικός, ακοινώνητος || *(shy)* ντροπαλός.
retort [rɪ'tɔːt] *n (reply)* οξεία απάντηση, έξυπνη απάντηση ♦ *vi* ανταπαντώ, αποκρίνομαι.
retrace [rɪ'treɪs] *vt* ανατρέχω, ξαναγυρίζω.

retract [rɪˈtrækt] *vti* ανακαλώ, παίρνω πίσω || **~able** *a (aerial)* εισελκόμενος.

retread [riːˈtrɛd] *vt (AUT: tyre)* ανεπιστρώνω, ξαναφορμάρω.

retreat [rɪˈtriːt] *n* υποχώρηση, οπισθοχώρηση || *(escape)* καταφύγιο ♦ *vi* υποχωρώ, οπισθοχωρώ.

retribution [rɛtrɪˈbjuːʃən] *n* τιμωρία, ανταπόδοση, εκδίκηση.

retrieve [rɪˈtriːv] *vt* επανακτώ, αποδίδω || *(rescue)* επανορθώνω, σώζω || **~r** *n* κυνηγετικός σκύλος, ριτρίβερ.

retrograde [ˈrɛtrəʊgreɪd] *a (step, action)* οπισθοδρομικός, παλινδρομικός.

retrospect [ˈrɛtrəʊspɛkt] *n*: **in ~** σε ανασκόπηση, όταν το σκέφτομαι || **~ive** *a (LAW)* αναδρομικός.

return [rɪˈtɜːn] *n* επιστροφή, επάνοδος *f*, γύρισμα || *(arrival)* ερχομός || *(profits)* κέρδος, εισπράξεις *fpl* || *(rail ticket etc)* εισιτήριο μετ' επιστροφής || *(journey)* ταξίδι επιστροφής || *(match)* αγώνας ανταποδόσεως || **~s** *npl (report)* έκθεση, δήλωση || *(statistics)* στατιστική ♦ *vi* επιστρέφω, γυρίζω, επανέρχομαι ♦ *vt (give back)* επιστρέφω, δίνω πίσω, γυρίζω || *(pay back)* επιστρέφω, πληρώνω || *(elect)* εκλέγω || **~able** *a (bottle etc)* επιστρεφόμενος, επιστρεπτός || **~ key** *n (COMPUT)* πλήκτρο επαναφοράς.

reunion [riːˈjuːnjən] *n* συνάντηση, συγκέντρωση.

reunite [ˈriːjuːˈnaɪt] *vt* ξανασμίγω, συναντώμαι.

rev [rɛv] *n (AUT)* στροφές *fpl* ♦ *vti (also:* **~ up***)* φουλάρω.

reveal [rɪˈviːl] *vt* αποκαλύπτω, φανερώνω || **~ing** *a* αποκαλυπτικός.

reveille [rɪˈvælɪ] *n* εγερτήριο σάλπισμα *nt*.

revel [ˈrɛvl] *vi (+ in)* διασκεδάζω, γλεντώ.

revelation [rɛvəˈleɪʃən] *n* αποκάλυψη.

reveller [ˈrɛvlə*] *n* γλεντζές *m*.

revelry [ˈrɛvlrɪ] *n* διασκέδαση, γλέντι.

revenge [rɪˈvɛndʒ] *n* εκδίκηση ♦ *vt* εκδικούμαι.

revenue [ˈrɛvənjuː] *n* πρόσοδος *f*, έσοδα *ntpl*, εισόδημα *nt*.

reverberate [rɪˈvɜːbəreɪt] *vi* αντηχώ, αντανακλώμαι.

revere [rɪˈvɪə*] *vt* σέβομαι, τιμώ || **~nce** [ˈrɛvərəns] *n* σέβας *nt*, σεβασμός || **the R~nd Smith** ο αιδεσιμώτατος Σμιθ || **~nt** *a* ευσεβής.

reversal [rɪˈvɜːsəl] *n* αντιστροφή, αναστροφή.

reverse [rɪˈvɜːs] *n* αντίστροφο || *(defeat)* ήττα || *(misfortune)* ατυχία || *(AUT: gear)* όπισθεν *f inv* ♦ *a (order, direction)* αντίθετος, αντίστροφος ♦ *vt (put upside down)* αναστρέφω || *(change)* αντιστρέφω ♦ *vi* βάζω την όπισθεν.

revert [rɪˈvɜːt] *vi* επανέρχομαι, επιστρέφω.

review [rɪˈvjuː] *n* επιθεώρηση || *(of critic)* κριτική (βιβλίου) || *(magazine)* επιθεώρηση, περιοδικό ♦ *vt (look back on)* ανασκοπώ, εξετάζω || *(troops)* επιθεωρώ || *(a book)* γράφω κριτική || **~er** *n (critic)* κριτικογράφος, κριτικός.

revise [rɪˈvaɪz] *vt* αναθεωρώ, ξανακοιτάζω || *(correct)* διορθώνω.

revision [rɪˈvɪʒən] *n* αναθεώρηση || *(correct)* επανεξέταση.

revitalize [riːˈvaɪtəlaɪz] *vt* αναζωογονώ.

revival [rɪˈvaɪvəl] *n* αναγέννηση || *(of play)* επανάληψη.

revive [rɪ'vaɪv] *vt* αναζωογονώ, ανασταίνω, ξαναζωντανεύω ♦ *vi* αναζωογονούμαι, ξαναζωντανεύω, αναζωπυρούμαι.
revoke [rɪ'vəuk] *vt* ανακαλώ, ακυρώνω.
revolt [rɪ'vəult] *n* στάση, επανάσταση ♦ *vi* επαναστατώ || **~ing** *a* αηδιαστικός, σκανδαλώδης.
revolution [rɛvə'lu:ʃən] *n (of wheel)* περιστροφή || *(change, POL)* επανάσταση || **~ary** *a* επαναστατικός, ανατρεπτικός ♦ *n* επανάσταση || **~ize** *vt* αλλάζω οριστικά.
revolve [rɪ'vɒlv] *vi* περιστρέφομαι.
revolver [rɪ'vɒlvə*] *n* περίστροφο.
revue [rɪ'vju:] *n* επιθεώρηση (θεατρική).
revulsion [rɪ'vʌlʃən] *n* μεταστροφή.
reward [rɪ'wɔ:d] *n* (αντ)αμοιβή ♦ *vt* ανταμείβω || **~ing** *a* ανταμειπτικός || *(fig)* που αξίζει τον κόπο.
rewind ['ri:'waɪnd] *vt* ξανατυλίγω, ξανακουρδίζω.
rewire ['ri:'waɪə*] *vt (house)* αλλάζω τα σύρματα (σπιτιού).
reword ['ri:'wɜ:d] *vt* ανασυντάσσω, ξαναγράφω με άλλες λέξεις.
rewrite ['ri:'raɪt] *vt* ξαναγράφω.
rhapsody ['ræpsədɪ] *n* ραψωδία.
rhetoric ['rɛtərɪk] *n* ρητορική, ρητορία || **~al** *a* ρητορικός.
rheumatic [ru:'mætɪk] *a* ρευματικός.
rheumatism ['ru:mətɪzəm] *n* ρευματισμός.
rhinoceros [raɪ'nɒsərəs] *n* ρινόκερως *m.*
rhododendron [rəudə'dɛndrən] *n* ροδόδεντρο.
rhubarb ['ru:bɑ:b] *n* ραβέντι, ρουμπάρμπαρο.
rhyme [raɪm] *n* ομοιοκαταληξία, ρίμα.
rhythm ['rɪðəm] *n* ρυθμός, μέτρο || **~ic(al)** *a* ρυθμικός || **~ically** *ad* ρυθμικά, με ρυθμό.
rib [rɪb] *n* πλευρά, πλευρό ♦ *vt (mock)* εμπαίζω, κοροϊδεύω.
ribald ['rɪbəld] *a* αισχρός, πρόστυχος, σόκιν.
ribbed [rɪbd] *a* ραβδωτός, με νευρώσεις.
ribbon ['rɪbən] *n* ταινία, κορδέλα.
rice [raɪs] *n* ρύζι || **~ pudding** *n* ρυζόγαλο.
rich [rɪtʃ] *a* πλούσιος || *(fertile)* εύφορος, πλούσιος, γόνιμος || *(splendid)* πολυτελής, λαμπρός, υπέροχος || *(of food)* παχύς, από εκλεκτά συστατικά || **the ~** οι πλούσιοι || **~es** *npl* πλούτη *ntpl*, αφθονία || **~ly** *a* πλούσια || **~ness** *n* πλούτος || *(abundance)* αφθονία.
rickety ['rɪkɪtɪ] *a (unsteady)* που τρέμει, σαθρός, σαραβαλιασμένος.
rickshaw ['rɪkʃɔ:] *n* δίτροχη άμαξα συρόμενη από άνθρωπο.
ricochet ['rɪkəʃeɪ] *n* εποστρακισμός ♦ *vi* εποστρακίζω, αναπηδώ.
rid [rɪd] *(irreg v) vt* απαλλάσσω, ελευθερώνω || **to get ~ of** απαλλάσσομαι από || **good riddance!** καλά ξεκουμπίδια!, ας πάει στο καλό!
riddle ['rɪdl] *n (puzzle)* αίνιγμα *nt* ♦ *vt (esp passive)* κάνω κόσκινο.
ride [raɪd] *(irreg v) n* διαδρομή, περίπατος, ταξίδι ♦ *vt* τρέχω, διασχίζω || *(horse, bicycle)* καβαλικεύω ♦ *vi* πάω καβάλα, καβαλικεύω, πηγαίνω με αμάξι || *(NAUT)* είμαι αγκυροβολημένος || **~r** ιππέας, καβαλάρης || *(in contract etc)* προσθήκη, παράρτημα *nt*, συμπληρωματική διάταξη.
ridge [rɪdʒ] *n (hill)* κορυφογραμμή, ράχη || *(of roof)* κολοφώνας,

καβελαριά, κορφιάς || *(narrow raised strip)* πτυχή, ζάρα, προεξοχή.
ridicule ['rɪdɪkju:l] *n* περίγελος, εμπαιγμός, κοροϊδία ♦ *vt* κοροϊδεύω, γελοποιώ.
ridiculous [rɪ'dɪkjʊləs] *a* γελοίος.
riding ['raɪdɪŋ] *n*: **to go ~** πηγαίνω ιππασία || **~ school** *n* σχολή ιππασίας.
rife [raɪf] *a*: **~ with** μεστός, γεμάτος από.
riffraff ['rɪfræf] *n* αλητεία, σκυλολόι.
rifle ['raɪfl] *n* όπλο, τουφέκι ♦ *vt (rob)* αδειάζω, διαρπάζω || **~ range** *n* πεδίο βολής, σκοπευτήριο.
rift [rɪft] *n* σχισμή, ρωγμή.
rig [rɪg] *n (outfit)* φορεσιά, στόλισμα *nt* || *(oil rig)* γεωτρύπανο ♦ *vt (election etc)* νοθεύω τις εκλογές || **~ging** *n* ξάρτια *ntpl* || **to ~ out** *vt* ντύνω, στολίζω || **to ~ up** *vt* στήνω, μαντάρω.
right [raɪt] *a (correct, proper)* ορθός, σωστός, κανονικός || *(just, good)* ευθύς, δίκαιος, έντιμος || *(on right side)* στα δεξιά ♦ *n (what is just or true)* το δίκαιο, η δικαιοσύνη || *(title, claim)* δικαίωμα *nt*, προνόμιο || *(not left)* δεξιά (πλευρά), το δεξιό || *(POL)* η Δεξιά ♦ *ad (straight)* κατευθείαν, ίσια || *(completely, thoroughly)* ακριβώς, κατευθείαν, τελείως ♦ *vt* ανορθώνω, ισορροπώ, ξαναφέρνω στα ίσια ♦ *excl* σωστά!, σύμφωνοι!, έχεις δίκιο! || **to be ~** έχω δίκαιο || **all ~!** εντάξει! || **~ now** αμέσως || **by ~s** δικαιωματικά, νομίμως || **on the ~** στα δεξιά || **~ angle** *n* ορθή γωνία || **~eous** *a* ευθύς, ηθικός || **~eousness** *n* ορθότητα, τιμιότητα || **~ful** *a* νόμιμος, δίκαιος || **~-hand drive** *a* με δεξιό τιμόνι || **~-handed** *a* δεξιόχειρας, δεξιόστροφος || **~-hand man** *n* το δεξί χέρι || **~-hand side** *n* τα δεξιά || **~ly** *ad* δίκαια, ορθά || **~-minded** *a* λογικός, ορθοφρονών || **~ of way** *n* η προτεραιότητα || **~-winger** *n* δεξιός.
rigid ['rɪdʒɪd] *a* άκαμπτος, αλύγιστος || *(strict)* αυστηρός || **~ity** *n* ακαμψία, αλυγισία || **~ly** *ad* άκαμπτα, αλύγιστα, αυστηρά.
rigmarole ['rɪgmərəʊl] *n* ασυναρτησίες *fpl*, κουραφέξαλα *ntpl*.
rigor ['rɪgə*] *n (US)* = **rigour.**
rigorous ['rɪgərəs] *a* αυστηρός, τραχύς.
rigour ['rɪgə*] *n* αυστηρότητα, δριμύτητα.
rim [rɪm] *n* στεφάνη, χείλος *nt* || *(of wheel)* στεφάνη, ζάντα || **~less** *a* χωρίς σκελετό, χωρίς γείσο || **~med** *a* με στεφάνη, με σκελετό.
rind [raɪnd] *n* φλοιός, φλούδα.
ring [rɪŋ] *(irreg v) n* δακτύλιος, δακτυλίδι || *(of people)* συντροφιά, φατρία, συμμορία || *(arena)* παλαίστρα, στίβος, πίστα, αρένα, ρίγκ *nt inv* || *(TEL)* τηλεφώνημα *nt*, κτύπημα *nt* τηλεφώνου ♦ *vt* κτυπώ το κουδούνι ♦ *vi (TEL) (also:* **~ up)** τηλεφωνώ || *(resound)* αντηχώ, κτυπώ || *(bell)* κουδουνίζω || **to ~ off** *vi* διακόπτω τη συνομιλία, κλείνω το τηλέφωνο || **~leader** *n (of gang)* αρχηγός συμμορίας.
ringlets ['rɪŋlɪts] *npl (hair)* μπούκλες *fpl*.
ring road ['rɪŋrəʊd] *n* περιφερειακή οδός *f*.
rink [rɪŋk] *n* πίστα πατινάζ.
rinse [rɪns] *n* ξέπλυμα *nt* ♦ *vt* ξεπλένω, ξεβγάζω.
riot ['raɪət] *n* στάση, οχλαγωγία ♦ *vi* οχλαγωγώ, θορυβώ || **~ous** *a* ταραχώδης, οχλαγωγικός, οργιαστικός.
rip [rɪp] *n* σχισμή, σχίσιμο ♦ *vti* σχίζω, ξεσχίζω.

ripcord ['rɪpkɔːd] *n* σχοινί ανοίγματος.
ripe [raɪp] *a* ώριμος, γινομένος || **~n** *vti* ωριμάζω, γίνομαι || **~ness** *n* ωριμότητα.
ripple ['rɪpl] *n* κυματισμός, ρυτίδα ♦ *vti* κυματίζω, ρυτιδώνω.
rise [raɪz] *(irreg v) n* ύψωμα *nt*, ανήφορος, κλίση || *(esp in wages)* αύξηση, άνοδος *f* ♦ *vi (from chair)* σηκώνομαι όρθιος || *(from bed)* ξυπνώ, σηκώνομαι || *(sun)* ανατέλλω, βγαίνω || *(smoke, prices)* υψώνομαι, ανεβαίνω || *(mountain)* υψώνομαι || *(ground)* ανηφορίζω, υψώνομαι || *(revolt)* εξεγείρομαι, ξεσηκώνομαι, επαναστατώ || **to give ~ to** προκαλώ || **to ~ to the occasion** φαίνομαι αντάξιος των περιστάσεων.
risk [rɪsk] *n* κίνδυνος, ριψοκινδύνευση ♦ *vt* ριψοκινδυνεύω || **~y** *a* επικίνδυνος, ριψοκίνδυνος.
risqué ['riːskeɪ] *a* τολμηρό.
rissole ['rɪsəʊl] *n* κεφτές *m*, κροκέτα.
rite [raɪt] *n* ιεροτελεστία, εκκλησιαστική τελετή.
ritual ['rɪtjʊəl] *n* τυπικό, λειτουργικό ♦ *a* τυπικός, καθιερωμένος.
rival ['raɪvəl] *n, a* αντίπαλος, αντίζηλος, ανταγωνιστής ♦ *vt* ανταγωνίζομαι, συναγωνίζομαι || **~ry** *n* ανταγωνισμός, συναγωνισμός.
river ['rɪvə*] *n* ποταμός, ποτάμι || **~bank** *n* όχθη (ποταμού) || **~bed** *n* κοίτη ποταμού || **~side** *n* όχθη ♦ *a* της όχθης.
rivet ['rɪvɪt] *n* κοινωμάτιο, καρφί ♦ *vt* καθηλώνω, καρφώνω || *(fix)* προσηλώνω, καρφώνω.
Riviera [rɪvɪ'ɛərə] *n*: **the ~** n Ριβιέρα.
R.N. *abbr of Royal Navy.*
road [rəʊd] *n* οδός *f*, δρόμος || **~block** *n* οδόφραγμα *nt* || **~hog** *n* κακός οδηγός || **~map** *n* οδικός χάρτης || **~side** *n* άκρη του δρόμου, δίπλα στο δρόμο ♦ *a* στο δρόμο, του δρόμου || **~sign** *n* πινακίδα δρόμου || **~way** *n* αμαξιτή οδός || **~worthy** *a* κατάλληλος για κυκλοφορία.
roam [rəʊm] *vi* περιπλανώμαι, περιφέρομαι ♦ *vt* διασχίζω, διατρέχω, τριγυρίζω.
roar [rɔː*] *n* βρυχηθμός, μουγκρητό ♦ *vi* βρυχώμαι, ωρύομαι || **~ing** *a (fire)* γερή (φωτιά), δυνατή (φωτιά) || *(trade)* ακμάζον (εμπόριο), καλές (δουλειές).
roast [rəʊst] *n* ψητό κρέας *nt*, ψητό ♦ *vt* ψήνω || *(coffee beans)* καβουρντίζω.
rob [rɒb] *vt* κλέβω, ληστεύω, αποστερώ || **~ber** *n* ληστής, κλέφτης || **~bery** *n* ληστεία.
robe [rəʊb] *n* ρόμπα, φόρεμα *nt* || *(of office)* στολή, τήβεννος ♦ *vt* περιβάλλω, ντύνω.
robin ['rɒbɪn] *n* κοκκινολαίμης, κομπογιάννης.
robot ['rəʊbɒt] *n* αυτόματο, ρομπότ *nt inv.*
robust [rəʊ'bʌst] *a* εύρωστος, ρωμαλέος.
rock [rɒk] *n* βράχος || *(GEOL)* πέτρωμα *nt* || *(candy)* είδος καραμέλας ♦ *vti* λικνίζω, κουνώ, κουνιέμαι || **on the ~s** *(drink)* με πάγο, χωρίς νερό || *(ship)* πέφτω στα βράχια || *(marriage etc)* υπό διάλυση, σε δύσκολη θέση || **~-bottom** *n (fig)* κατώτερο σημείο || **~ climber** *n* ορειβάτης βράχων || **~ery** *n* τεχνητοί βράχοι *mpl.*
rocket ['rɒkɪt] *n* ρουκέτα, πύραυλος, βολίδα.

rock fall [ˈrɒkfɔːl] *n* πτώση βράχων.

rocking chair [ˈrɒkɪŋtʃɛə*] *n* κουνιστή πολυθρόνα.

rocking horse [ˈrɒkɪŋhɔːs] *n* αλογάκι (παιδικό).

rocky [ˈrɒkɪ] *a* βραχώδης.

rod [rɒd] *n (bar)* ράβδος *f*, βέργα.

rode [rəud] *pt of* **ride.**

rodent [ˈrəudənt] *n* τρωκτικό.

rodeo [ˈrəudɪəu] *n* διαγωνισμός (καουμπόιδων).

roe [rəu] *n (deer)* δορκάδα, ζαρκάδι || *(of fish)* αυγά *ntpl* ψαριών.

rogue [rəug] *n* παλιάνθρωπος || *(mischievous)* κατεργάρης, πειραχτήριο, πονηρός.

roguish [ˈrəugɪʃ] *a (playful)* κατεργάρικος, τσαχπίνικος || *(cheating)* δόλιος, πανούργος.

role [rəul] *n* ρόλος.

roll [rəul] *n (paper, meat etc)* κύλινδρος, ρολό, τόπι || *(bread)* φραντζολάκι, κουλουράκι || *(list)* κατάλογος, λίστα || *(of drum)* συνεχής τυμπανοκρουσία ♦ *vt (over)* περιστρέφω, κυλώ || *(wind round)* τυλίγω, κάνω ρολό || *(smooth out)* ισοπεδώνω, πατώ, στρώνω ♦ *vi (swing)* στριφογυρίζω, κουνώ || *(make deep sound)* πχώ, βροντώ || **to ~ by** *vi (time)* περνώ γρήγορα || **to ~ in** *vi (mail)* φθάνω σε μεγάλες ποσότητες || **to ~ over** *vi* ανατρέπομαι, κυλιέμαι || **to ~ up** *vi (arrive)* φθάνω, κουβαλιέμαι ♦ *vt (carpet)* τυλίγω || **~ call** *n* ονομαστική κλήση, προσκλητήριο || **~ed** *a (umbrella)* τυλιγμένος || **~er** *n* κύλινδρος, τροχός || **~er skates** *npl* πατίνια *ntpl* με ρόδες.

rolling [ˈrəulɪŋ] *a (landscape)* ανώμαλο έδαφος || **~ pin** *n* πλάστης (για άνοιγμα φύλλου) || **~ stock** *n* τροχαίο υλικό.

roly-poly [ˈrəulɪˈpəulɪ] *n (pudding)* πουτίγγα ρολό με φρούτα.

ROM *abbr of read only memory* μνήμη ROM, μνήμη που μόνο διαβάζεται.

Roman [ˈrəumən] *a* ρωμαϊκός ♦ *n* Ρωμαίος || **~ Catholic** *a, n* ρωμαιοκαθολικός.

romance [rəuˈmæns] *n* ρομάντζο || *(story)* ρομαντική ιστορία ♦ *vi* υπερβάλλω, φαντασιολογώ.

Romanesque [rəuməˈnɛsk] *a* ρωμανικός (ρυθμός).

romantic [rəuˈmæntɪk] *a* ρομαντικός.

romp [rɒmp] *n* εύθυμο παιχνίδι, φασαρία ♦ *vi (also:* **~ about)** θορυβώ, κάνω φασαρία, ατακτώ || **~ers** *npl* μπλούζα, ποδιά παιδιών, φόρμα.

rondo [ˈrɒndəu] *n (MUS)* ροντώ *nt inv*, ρόντο *nt inv.*

roof [ruːf] *n* στέγη, σκεπή || *(of car etc)* σκεπή || *(of mouth)* ουρανίσκος ♦ *vt* στεγάζω, σκεπάζω || **~ garden** *n* κήπος σε ταράτσα || **~ing** *n* στέγαση, ταβάνωμα.

rook [ruk] *n (bird)* κορώνη, κουρούνα, χαβαρώνι || *(thief)* κλέφτης, λωποδύτης ♦ *vt (cheat)* κλέβω.

room [rum] *n (in house)* δωμάτιο, κάμαρα || *(space)* χώρος, τόπος || *(opportunity)* περιθώριο || **~s** *npl (flat)* δωμάτια *ntpl*, διαμέρισμα *nt* || *(lodgings)* δωμάτια *ntpl* με φαγητό || **~iness** *n* ευρυχωρία || **~ing house** *n* οικία ενοικιάζουσα επιπλωμένα δωμάτια || **~mate** *n* συγκάτοικος || **~ service** *n* υπηρεσία || **~y** *a* ευρύχωρος.

roost [ruːst] *n* κούρνια, κοτέτσι ♦ *vi* κουρνιάζω.

root [ruːt] *n* ρίζα || *(source)* πηγή, αιτία, ρίζα ♦ *vt* ριζώνω || **to ~ abou** *vi (fig)* ψάχνω || **to ~ for** *vt* υποστηρίζω, ενθαρρύνω || **to ~ out** *vt* ξεριζώνω.

rope [rəup] *n* σχοινί ♦ *vt* δένω με σχοινί || **to ~ in** *vt* περικλείω, προσηλυτίζω, παρασύρω || **to know the ~s** ξέρω τη δουλειά μου, είμαι μπασμένος || **~ ladder** *n* ανεμόσκαλα.

rosary ['rəuzərı] *n* κομβολόι.

rose [rəuz] *pt of* **rise** || *(flower) n* τριαντάφυλλο, ρόδο ♦ *a* ροδόχρους, ρόζ.

rosé ['rəuzeı] *n (wine)* κοκκινέλι.

rosebed ['rəuzbεd] *n* ροδωνιά, βραγιά με τριανταφυλλιές.

rosebud ['rəuzbʌd] *n* μπουμπούκι τριανταφύλλου.

rosebush ['rəuzbuʃ] *n* τριανταφυλλιά.

rosemary ['rəuzmərı] *n* δενδρολίβανο.

rosette [rəu'zεt] *n* ροζέττα.

roster ['rɒstə*] *n* κατάλογος, κατάσταση.

rostrum ['rɒstrəm] *n* άμβωνας, βήμα *nt*.

rosy ['rəuzı] *a (colour)* ροδόχρους, ρόδινος, ρόζ || *(hopeful)* ρόδινα.

rot [rɒt] *n* σήψη, σαπίλα, σάπισμα *nt* || *(nonsense)* ανοησία, μπούρδα ♦ *vti* αποσυντίθεμαι, σαπίζω.

rota ['rəutə] *n* κατάλογος, πίνακας.

rotary ['rəutərı] *a* περιστροφικός.

rotate [rəu'teıt] *vt (two or more things in order)* εναλλάσσω, εκτελώ εκ περιτροπής ♦ *vi* περιστρέφομαι, γυρίζω (γύρω από).

rotating [rəu'teıtıŋ] *a* περιστρεφόμενος, περιστροφικός.

rotation [rəu'teıʃən] *n* περιστροφή.

rotor ['rəutə*] *n* στροφείο, ρώτωρ *m inv*, ρότορ *m inv*.

rotten ['rɒtn] *a* σαθρός, σάπιος, σαπισμένος || *(dishonest)* πρόστυχος, κακής ποιότητας.

rotund [rəu'tʌnd] *a* στρογγυλός, παχουλός.

rouble ['ru:bl] *n* ρούβλι.

rouge [ru:ʒ] *n* κοκκινάδι, βαφή.

rough [rʌf] *a (uneven)* ανώμαλος, τραχύς || *(violent, coarse)* χονδροειδής, πρόστυχος, τραχύς, απότομος || *(stormy, wild)* άγριος, σφοδρός, τρικυμιώδης || *(without comforts)* πρόχειρος, στοιχειώδης || *(unfinished drawing)* πρόχειρο, του προσχέδιο || *(stones)* ακατέργαστος || *(makeshift)* βιαστικός, πρόχειρος || *(approximate)* κατά προσέγγιση ♦ *n (uncut grass)* ψηλό χορτάρι || *(violent person)* μάγκας, κουτσαβάκης ♦ *vt* **to ~ it** στερούμαι τις ανέσεις, αντιμετωπίζω δυσκολίες || **to play ~** παίζω σκληρό παιχνίδι || **to ~ out** *vt (draft)* προσχεδιάζω, κάνω πρόχειρα || **~en** *vt* τραχύνω || **~ly** *ad* δυνατά || *(draft)* πρόχειρα || *(approximately)* περίπου || **~ness** τραχύτητα, σκληρότητα.

roulette [ru:'lεt] *n* ρουλέτα.

Roumania [ru:'meınıə] *n* Ρουμανία || **~n** *n (person)* Ρουμάνος/α *m/f* ♦ *a* ρουμανικός.

round [raund] *a* στρογγυλός, σφαιρικός, κυκλικός || *(rough)* στρογγυλός ♦ *ad* γύρω, τριγύρω ♦ *prep* γύρο από, περί ♦ *n* κύκλος, γύρος || *(duty)* γύρος, βόλτα, περιοδεία, καθημερινή δουλειά || *(SPORT)* γύρος ♦ *vt (corner)* κάμπτω, στρίβω, κάνω στροφή, παίρνω τη στροφή || **to ~ off** *vt* στρογγυλεύω, τελειώνω || **to ~ up** *vt* συγκεντρώνω, μαζεύω, πιάνω, περικυκλώνω || **~ of ammunition** *n* φυσίγγι || **~ of applause** *n* ομοβροντία χειροκροτημάτων || **~ of drinks** *n* ένας γύρος ποτών || **~about** *n* κυκλική διασταύρωση δρόμων || *(merry-go-round)* περιστρεφόμενα ξύλινα αλογάκια *ntpl* ♦ *a* κυκλικός, περιφερειακός || ~**ed** *a* στρογγυλεμένος || ~**ly** *ad* *(fig)* τέλεια, ολοσχερώς, πλήρως || ~-**shouldered** *a* με κυρτούς ώμους, σκυφτός || ~**up** *n* περιμάζεμα *nt*.

rouse [rauz] *vt* σηκώνω || *(stir up)* προκαλώ, διεγείρω, ξεσηκώνω.

rousing [ˈrauzɪŋ] *a (welcome)* θορυβώδης, ζωηρός.

rout [raut] *n* φυγή, άτακτη φυγή ♦ *vt* κατατροπώνω, τρέπω σε φυγή.

route [ruːt] *n* δρομολόγιο, δρόμος, πορεία || ~ **map** *n* οδικός χάρτης.

routine [ruːˈtiːn] *n* ρουτίνα, στερεότυπη πορεία ♦ *a* κανονικός, τακτικός.

roving [ˈrəuvɪŋ] *a* περιφερόμενος, περιπλανώμενος.

row [rəu] *n (line)* σειρά, στοίχος, γραμμή, αράδα ♦ *vt (boat)* κινώ με κουπί, μεταφέρω με τα κουπιά ♦ *vi (in boat)* κωπηλατώ, τραβώ κουπί ♦ [rau] *n (noise)* θόρυβος, φασαρία, σαματάς || *(dispute)* φιλονεικία, καυγάς, σκηνή || *(scolding)* επίπληξη, κατσάδα, λούσιμο ♦ *vi* φιλονεικώ, καυγαδίζω, αρπάζομαι.

rowdy [ˈraudɪ] *a* θορυβώδης, που κάνει σαματά ♦ *n (person)* θορυβοποιός, καυγατζής.

rowing [ˈrəuɪŋ] *n* κωπηλασία, κουπί || ~ **boat** *n* βάρκα με κουπιά.

rowlock [ˈrɒlək] *n* σκαλμός.

royal [ˈrɔɪəl] *a* βασιλικός || ~**ist** *n* βασιλόφρων *m*, βασιλικός ♦ *a* βασιλικός.

royalty [ˈrɔɪəltɪ] *n (royal family)* βασιλική οικογένεια || *(payment: to inventor)* δικαιώματα *ntpl* εφευρέτου || *(: to author)* συγγραφικά δικαιώματα *ntpl*.

r.p.m. *abbr (= revs per minute)* στρ./λεπ., σ.α.λ. (στροφές ανά λεπτό).

R.S.V.P. *abbr (= répondez s'il vous plaît)* R.S.V.P.

Rt. Hon. *abbr (= Right Honourable)* Εντιμότατος.

rub [rʌb] *n (polish, with cloth)* τρίψιμο, σφούγγισμα *nt* ♦ *vt* τρίβω, επαλείφω, προστρίβω || *(clean)* στεγνώνω, σκουπίζω || **to ~ off** *vi* τρίβω, σβήνω.

rubber [ˈrʌbə*] *n (substance)* καουτσούκ *nt inv* || *(Brit)* γομμολάστιχα || ~ **band** *n* λάστιχο || ~ **plant** *n* εβέα, δέντρο καουτσούκ || ~ **stamp** *n (lit)* σφραγίδα || *(fig)* ο εγκρίνων τυφλά.

rubbish [ˈrʌbɪʃ] *n* σκουπίδια *ntpl*, απορρίμματα *ntpl* || *(nonsense)* ανοησίες *fpl*, κολοκύθια *ntpl* || ~ **dump** *n* τόπος απορρίψεως σκουπιδιών || ~**y** *a* άχρηστος, της πεντάρας.

rubble [ˈrʌbl] *n* χαλίκι, σκύρο.

ruble [ˈruːbl] *n (US)* = **rouble.**

ruby [ˈruːbɪ] *n* ρουμπίνι ♦ *a* κόκκινο, ρουμπινί.

rucksack [ˈrʌksæk] *n* σακκίδιο.

rudder [ˈrʌdə*] *n* πηδάλιο, τιμόνι.

ruddy [ˈrʌdɪ] *a (colour)* ροδοκόκκινος, ερυθρωπός || *(col: bloody)* τρομερός.

rude [ruːd] *a (vulgar)* πρόστυχος || *(impolite)* βάναυσος, απολίτιστος, αγενής || *(rough)* τραχύς, πρωτόγονος || ~**ly** *ad* πρωτόγονα, απότομα || ~**ness** *n* χοντροκοπιά, αγένεια.

rudiment [ˈruːdɪmənt] *n* στοιχείο, υποτυπώδης αρχή || ~**ary** *a* στοιχειώδης.

ruff [rʌf] *n* τραχηλιά.

ruffian [ˈrʌfɪən] *n* παλιάνθρωπος, κακούργος.

ruffle [ˈrʌfl] *vt* ρυτιδώνω, τσαλακώνω, ανακατεύω.

rug [rʌg] *n* τάπης, χαλί || *(for knees)* κουβέρτα, χράμι.

rugby [ˈrʌgbɪ] *n* ράγκμπυ *nt inv*.

rugged [ˈrʌgɪd] *a* τραχύς || *(surface)* ανώμαλος.
rugger [ˈrʌgə*] *n* ράγκμπυ *nt inv.*
ruin [ˈruːɪn] *n* καταστροφή, συμφορά, αφανισμός ♦ *vt* καταστρέφω, αφανίζω || **~s** *npl* ερείπια *ntpl* || **~ation** *n* καταστροφή, όλεθρος, ρήμαγμα *nt.*
rule [ruːl] *n (guide)* κανόνας || *(what is usual)* συνήθεια, το κανονικό || *(government)* εξουσία, αρχή, κυριαρχία || *(stick)* κανόνας ♦ *vt* κυβερνώ, διοικώ || *(pervade)* διέπω || *(lines)* χαρακώνω || **as a ~** κατά κανόνα, συνήθως || **~d** *a (paper)* ριγωτός, χαρακωμένος || **~r** *n* κυβερνήτης, άρχοντας || *(straight edge)* χάρακας, ρίγα, μέτρο.
ruling [ˈruːlɪŋ] *a (party)* άρχοντας, διευθύνων, κυβερνών || *(class)* άρχουσα (τάξη).
rum [rʌm] *n* ρούμι ♦ *a (col)* παράξενος, αλλόκοτος.
rumble [ˈrʌmbl] *n* υπόκωφος βοή, βροντή ♦ *vi* βροντώ, βουίζω, γουργουρίζω.
rummage [ˈrʌmɪdʒ] *n* έρευνα, ψάξιμο ♦ *vt* ερευνώ, ψάχνω.
rumour, rumor *(US)* [ˈruːmə*] *n* φήμη, διάδοση ♦ *vt:* **it is ~ed that** λέγεται ότι, διαδίδεται ότι, φημολογείται ότι.
rump [rʌmp] *n* γλουτός, οπίσθια *ntpl* || **~steak** *n* κόντρα φιλέτο.
rumpus [ˈrʌmpəs] *n* θόρυβος, ταραχή || *(col)* καυγάς, σαματάς.
run [rʌn] *(irreg v) n (running)* δρόμος, τρέξιμο || *(AUT)* διαδρομή, βόλτα || *(series)* σειρά, συνέχεια || *(sudden demand)* ζήτηση || *(enclosed space)* χώρος κλειστός || *(ski run)* πίστα του σκί, κατήφορος για σκι ♦ *vt (cause to run)* κατευθύνω, λειτουργώ || *(train, bus)* κυκλοφορώ, κάνω διαδρομή || *(manage)* διευθύνω || *(compete in race)* τρέχω σε αγώνα || *(stand for election)* βάζω υποψηφιότητα || *(force)* περνώ || *(pass: hand, eye)* περνώ || *(COMPUT: program)* τρέχω ♦ *vi (move quickly)* τρέχω, το βάζω στα πόδια || *(in election)* θέτω υποψηφιότητα || *(in race)* τρέχω σε αγώνες || *(machine)* λειτουργώ || *(flow)* ρέω, κυλώ, τρέχω || *(colours)* ξεβάφω, βγαίνω, τρέχω || **on the ~** σε φυγή || **to ~ riot** οργιάζω || **to ~ a risk** ριψοκινδυνεύω || **to ~ about** *vi (children)* τρέχω εδώ και κει || **~ to ~ across** *vt (find)* συναντώ τυχαία || **to ~ away** *vi* δραπετεύω || **to ~ down** *vi (clock)* ξεκουρδίζω ♦ *vt (run over)* κτυπώ, πατώ (κάποιον), πλακώνω || *(talk against)* δυσφημώ, κατηγορώ || **to be ~-down** είμαι εξαντλημένος, είμαι τσακισμένος || **to ~ off** *vi* φεύγω, τρέπομαι σε φυγή, το σκάω || **to ~ out** *vi (person)* βγαίνω τρέχοντας || *(liquid)* χύνομαι, τρέχω, στάζω || *(lease)* λήγω || *(money)* τελειώνω, εξαντλούμαι || **to ~ out of** *vt* εξαντλώ, τελειώνω, μένω από || **to ~ over** *vt* κτυπώ, πλακώνω, πατώ || *(read)* ρίχνω μια ματιά || **to ~ through** *vt (instructions)* διαβάζω γρήγορα, εξετάζω βιαστικά || **to ~ up** *vt (debt)* αφήνω να ανέβει, χρεώνομαι περισσότερα || *(dress)* ράβω γρήγορα-γρήγορα || **to ~ up against** *vt (difficulties)* συναντώ, αντιμετωπίζω || **~about** *n (small car)* αυτοκίνητο δύο θέσεων || **~away** *a (horse)* αφηνιασμένο (άλογο) || *(person)* ο δραπέτης.
rung [rʌŋ] *pp of* **ring** ♦ *n* βαθμίδα || *(of rope ladder)* σκαλί ανεμόσκαλας.
runner [ˈrʌnə*] *n (messenger)* αγγελιαφόρος || *(of sleigh)* πατίνι || **~-up** *n* ο επιλαχών, ο δεύτερος (νικητής).
running [ˈrʌnɪŋ] *n (of business)* διεύθυνση || *(of machine)* λειτουργία, κίνηση ♦ *a (water)* τρεχούμενος || ~

commentary *n* σύγχρονη περιγραφή, (ραδιο) ρεπορτάζ *nt inv*.

run-of-the-mill [ˈrʌnəvðəˈmɪl] *a* κοινός, συνηθισμένος.

runt [rʌnt] *n* κοντοστούμπης.

run-through [ˈrʌnθruː] *n* γρήγορο διάβασμα *nt*, γρήγορη επανάληψη.

runway [ˈrʌnweɪ] *n* διάδρομος απογειώσεως.

rupture [ˈrʌptʃə*] *n (MED)* ρήξη, διάρρηξη ♦ *vt*: **to ~ o.s.** πάσχω από κήλη.

rural [ˈrʊərəl] *a* αγροτικός, υπαίθριος.

ruse [ruːz] *n* τέχνασμα *nt*, πανουργία, κόλπο.

rush [rʌʃ] *n (dash)* βιασύνη || *(sudden demand)* μεγάλη ζήτηση || *(current)* εκτόξευση, εισροή ♦ *vt* ορμώ, τρέχω επειγόντως || *(attack)* κάνω έφοδο || *(col: overcharge)* γδέρνω ♦ *vi (dash)* (εξ)ορμώ, εφορμώ, σπεύδω, τρέχω || **~es** *npl (BOT)* βούρλο, σπάρτο || **~ hour** *n* ώρα συνωστισμού, ώρα πολλής δουλειάς.

rusk [rʌsk] *n* παξιμάδι.

Russia [ˈrʌʃə] *n* Ρωσία || **~n** *n* Ρώσος/ίδα *m/f* ♦ *a* ρωσικός, ρούσικος.

rust [rʌst] *n* σκωριά, σκουριά ♦ *vi* σκουριάζω.

rustic [ˈrʌstɪk] *a (of the country)* αγροτικός, χωριάτικος || *(roughly made)* χοντροκαμωμένος.

rustle [ˈrʌsl] *n* ψίθυρος, τρίξιμο, μουρμούρισμα *nt* ♦ *vi* θροΐζω, μουρμουρίζω ♦ *vt (US: animals)* κλέβω, είμαι ζωοκλέπτης.

rustproof [ˈrʌstpruːf] *a* ανοξείδωτος.

rusty [ˈrʌstɪ] *a* σκουριασμένος.

rut [rʌt] *n (track)* αυλάκι, τροχιά, ροδιά || *(routine)* ρουτίνα, μονοτονία.

ruthless [ˈruːθlɪs] *a* ανελέητος, άσπλαχνος, ωμός || **~ly** *ad* χωρίς οίκτο, αλύπητα || **~ness** *n* ασπλαχνία, σκληρότητα.

rye [raɪ] *n* σίκαλη || **~ bread** *n* ψωμί από σίκαλη.

S

sabbath [ˈsæbəθ] *n (Jewish)* Σάββατο || *(Christian)* Κυριακή.

sabbatical [səˈbætɪkəl] *a*: **~ year** άδεια ενός χρόνου (καθηγητού).

saber [ˈseɪbə*] *n (US)* = **sabre.**

sabotage [ˈsæbətɑːʒ] *n* σαμποτάζ *nt inv*.

sabre [ˈseɪbə*] *n* σπαθί.

saccharin(e) [ˈsækərɪn] *n* σακχαρίνη.

sack [sæk] *n* σάκος, τσουβάλι || *(dismissal)* απόλυση ♦ *vt* απολύω || *(town)* λεηλατώ || **~ful** *n* σακιά, τσουβάλι || **~ing** *n (material)* σακόπανο || *(dismissal)* απόλυση, παύση.

sacrament [ˈsækrəmənt] *n* μυστήριο, μετάληψη.

sacred [ˈseɪkrɪd] *a* ιερός, άγιος || *(duty etc)* απαραβίαστος.

sacrifice [ˈsækrɪfaɪs] *n* θυσία ♦ *vt* θυσιάζω.

sacrilege [ˈsækrɪlɪdʒ] *n* ιεροσυλία || βεβήλωση.

sacrosanct [ˈsækrəʊsæŋkt] *a* ιερός και απαραβίαστος.

sad [sæd] *a* λυπημένος, θλιμένος || *(dull)* θλιβερός || **~den** *vt* λυπώ, θλίβω.

saddle [ˈsædl] *n* σέλα ♦ *vt (burden)* φορτώνω || **~bag** *n* δισάκι.

sadism [ˈseɪdɪzəm] *n* σαδισμός.

sadist [ˈseɪdɪst] *n* σαδιστής/ίστρια *m/f* || **~ic** [səˈdɪstɪk] *a* σαδιστικός.

sadness [ˈsædnɪs] *n* θλίψη, μελαγχολία.

safari [səˈfɑːrɪ] *n* σαφάρι.

safe [seɪf] *a* ασφαλής, σώος ||

(cautious) προσεκτικός, σίγουρος || *(sure)* ασφαλής, ακίνδυνος ♦ *n* χρηματοκιβώτιο || **~guard** *n* εξασφάλιση, προστασία ♦ *vt* προστατεύω || **~keeping** *n* ασφάλεια || **~ly** *ad* ασφαλώς, σίγουρα.

safety [ˈseɪftɪ] *n* ασφάλεια, σιγουριά || **~ belt** *n* ζώνη ασφαλείας || **~ curtain** *n* αυλαία ασφαλείας || **~ pin** *n* παραμάνα.

sag [sæg] *vi* κάμπτομαι, βουλιάζω.

sage [seɪdʒ] *n (herb)* φασκομηλιά, αλιφασκιά || *(man)* σοφός.

sago [ˈseɪgəʊ] *n (food)* σάγος.

said [sɛd] *pt, pp of* **say** || *a* λεγόμενος, λεχθείς.

sail [seɪl] *n* ιστίο, πανί || *(trip)* ταξίδι, απόπλους ♦ *vt* κυβερνώ (πλοίο) ♦ *vi* πλέω, πάω με το πανί || *(depart)* αποπλέω || *(fig: cloud etc)* τρέχω, περνώ || **~boat** *n (US)* βάρκα με πανί || **~ing** *n (SPORT)* ιστιοδρομία || **to go ~ing** κάνω ιστιοδρομίες || **~ing ship** *n* ιστιοφόρο πλοίο || **~or** *n* ναύτης, ναυτικός.

saint [seɪnt] *n* άγιος/α *m/f.*

sake [seɪk] *n*: **for the ~ of** για χάρη του || **for your ~** για το καλό σου.

salad [ˈsæləd] *n* σαλάτα || **~ dressing** *n* είδος *nt* μαγιονέζας || **~ oil** *n* λάδι για σαλάτα.

salary [ˈsælərɪ] *n* μισθός.

sale [seɪl] *n* πώληση, πούλημα *nt* || *(for short periods)* ξεπούλημα *ntpl,* εκπτώσεις *fpl* || **~room** *n* δημοπρατήριο || **salesman** *n* πωλητής || **saleswoman** *n* πωλήτρια.

salient [ˈseɪlɪənt] *a* προεξέχων, εντυπωσιακός.

saliva [səˈlaɪvə] *n* σάλιο.

sallow [ˈsæləʊ] *a* ωχρός, χλωμός.

salmon [ˈsæmən] *n* σολομός.

salon [ˈsælɔ̃ːŋ] *n* κομμωτήριο.

saloon [səˈluːn] *n (AUT)* κλειστό (αυτοκίνητο) || *(ship's lounge)* σαλόνι.

salt [sɔːlt] *n* άλας *nt,* αλάτι || *(CHEM)* άλας *nt* ♦ *vt (cure)* αλατίζω, παστώνω || *(flavour)* αλατίζω || **~cellar** *n* αλατιέρα || **~y** *a* αλμυρός.

salutary [ˈsæljʊtərɪ] *a* ωφέλιμος, σωτήριος.

salute [səˈluːt] *n (MIL)* χαιρετισμός ♦ *vt (MIL)* χαιρετίζω, αποδίδω χαιρετισμό.

salvage [ˈsælvɪdʒ] *n* διάσωση || *(property saved)* διασωθέν, υλικό ♦ *vt* διασώζω.

salvation [sælˈveɪʃən] *n* σωτηρία || **S~ Army** *n* ο Στρατός της Σωτηρίας.

salver [ˈsælvə*] *n* δίσκος.

salvo [ˈsælvəʊ] *n* κανονιοβολισμός, ομοβροντία.

same [seɪm] *a* ίδιος || **all the ~** παρ' όλα αυτά.

sample [ˈsaːmpl] *n* δείγμα *nt* ♦ *vt (test)* δοκιμάζω.

sanatorium [sænəˈtɔːrɪəm] *n* σανατόριο.

sanctimonious [sæŋktɪˈməʊnɪəs] *a* ψευτοθεοφοβούμενος, υποκριτής.

sanction [ˈsæŋkʃən] *n (POL, ECON)* (επι)κύρωση.

sanctity [ˈsæŋktɪtɪ] *n* αγιότητα, αγιοσύνη || *(sacredness)* ιερότητα, το απαραβίαστο.

sanctuary [ˈsæŋktjʊərɪ] *n* ιερό, άδυτο || *(for fugitive)* άσυλο || *(refuge)* καταφύγιο.

sand [sænd] *n* άμμος *f* ♦ *vt* στρώνω με άμμο || **~s** *npl* αμμουδιά.

sandal [ˈsændl] *n* σανδάλι, πέδιλο.

sandbag [ˈsændbæg] *n* σάκος άμμου.

sand dune [ˈsænddjuːn] *n* αμμόλοφος.

sandpaper [ˈsændpeɪpə*] *n* γυαλόχαρτο.

sandpit [ˈsændpɪt] *n (for children)* αμμόκουτο.

sandstone ['sændstəun] *n* ψαμμίτης, ψαμμόλιθος.
sandwich ['sænwɪdʒ] *n* σάντουιτς ♦ *vt* παρεμβάλλω, στριμώχνω.
sandy ['sændɪ] *a (with sand)* αμμώδης, αμμουδερός || *(colour)* πυρόξανθος.
sane [seɪn] *a* συνετός || *(sensible)* λογικός.
sang [sæŋ] *pt of* **sing.**
sanitarium [sænɪ'tɛərɪəm] *n (US)* = **sanatorium.**
sanitary ['sænɪtərɪ] *a* υγιεινός || *(protective)* υγιειονομικός || ~ **napkin** *(US)*, ~ **towel** *n* πετσέτα υγείας.
sanitation [sænɪ'teɪʃən] *n* υγιεινή.
sanity ['sænɪtɪ] *n* πνευματική υγεία, υγιής νούς || *(good sense)* λογική.
sank [sæŋk] *pt of* **sink.**
Santa Claus [sæntə'klɔːz] *n* 'Aη Βασίλης.
sap [sæp] *n (of plants)* χυμός, οπός ♦ *vt (wear away)* υπονομεύω, υποσκάπτω.
sapling ['sæplɪŋ] *n* δενδρύλιο.
sapphire ['sæfaɪə*] *n* σάπφειρος.
sarcasm ['sɑːkæzəm] *n* σαρκασμός.
sarcastic [sɑː'kæstɪk] *a* σαρκαστικός.
sardine [sɑː'diːn] *n* σαρδέλα.
sash [sæʃ] *n (MIL)* ζώνη αξιωματικών.
sat [sæt] *pt, pp of* **sit.**
Satan ['seɪtn] *n* Σατανάς || ~**ic** [sə'tænɪk] *a* σατανικός.
satchel ['sætʃəl] *n (SCH)* τσάντα, σάκα.
satellite ['sætəlaɪt] *n* δορυφόρος ♦ *a* δορυφορικός.
satin ['sætɪn] *n* σατέν *nt inv* ♦ *a* σατινέ, από σατέν.
satire ['sætaɪə*] *n* σάτυρα.
satirical [sə'tɪrɪkəl] *a* σατυρικός.
satisfaction [sætɪs'fækʃən] *n* ικανοποίηση || ευχαρίστηση.
satisfactory [sætɪs'fæktərɪ] *a* ικανοποιητικός.
satisfy ['sætɪsfaɪ] *vt* ικανοποιώ || *(convince)* πείθω, διαβεβαιώ || ~**ing** *a* ικανοποιητικός.
saturate ['sætʃəreɪt] *vt* διαβρέχω, διαποτίζω, μουσκεύω.
Saturday ['sætədɪ] *n* Σάββατο.
sauce [sɔːs] *n* σάλτσα || ~**pan** *n* κατσαρόλα.
saucer ['sɔːsə*] *n* πιατάκι.
saucy ['sɔːsɪ] *a* αναιδής, αυθάδης.
saunter ['sɔːntə*] *vi* σουλατσάρω, περπατώ άσκοπα ♦ *n* βόλτα.
sausage ['sɒsɪdʒ] *n* λουκάνικο || ~ **roll** *n* λουκάνικο με ζύμη.
savage ['sævɪdʒ] *a* άγριος, θηριώδης || *(uncivilized)* απολίτιστος, βάρβαρος ♦ *n* άγριος ♦ *vt (fig)* επιτίθεμαι άγρια || ~**ry** *n* αγριότητα, βαρβαρότητα.
save [seɪv] *vt* σώζω, γλυτώνω || *(store up)* (εξ)οικονομώ, αποταμιεύω, μαζεύω || *(avoid using up)* αποφεύγω || *(COMPUT)* φυλάω ♦ *prep, cj* εκτός από εκτός, εξαιρουμένου.
saving ['seɪvɪŋ] *a (redeeming)* σωτήριος ♦ *n* οικονομία || ~**s** *npl* αποταμιεύσεις *fpl*, καταθέσεις *fpl*, οικονομίες *fpl* || ~**s bank** *n* ταμιευτήριο.
saviour ['seɪvjə*] *n* σωτήρας.
savour, savor *(US)* ['seɪvə*] *n* ουσία, γεύση, γούστο ♦ *vt* γεύομαι || *(enjoy)* απολαμβάνω || ~**y** *a* γευστικός, νόστιμος, ορεκτικός.
saw [sɔː] *(irreg v) n (tool)* πριόνι ♦ *vt* πριονίζω || *pt of* **see** || ~**dust** *n* πριονίδια *ntpl* || ~**mill** *n* πριονιστήριο.
saxophone ['sæksəfəun] *n* σαξόφωνο.
say [seɪ] *(irreg v) n* λόγος ♦ *vt (tell)* λέγω || *(suppose)* υποθέτω || ~**ing** *n* ρητό.

scab [skæb] *n* κάρκαδο || *(pej: industry)* απεργοσπάστης.
scabby ['skæbɪ] *a* ψωριάρης.
scaffold ['skæfəld] *n* ικρίωμα *nt* || **~ing** *n* σκαλωσιά.
scald [skɔːld] *n* ζεμάτισμα *nt* ♦ *vt* ζεματίζω.
scale [skeɪl] *n (of fish)* λέπι || *(MUS)* κλίμακα, σκάλα || *(for measuring)* κλίμακα, διαβάθμιση || *(on map)* κλίμακα || *(size)* κλίμακα ♦ *vt (climb)* αναρριχώμαι, σκαρφαλώνω || **~s** *npl (balance)* ζυγός, ζυγαριά || **on a large ~** σε μεγάλη κλίμακα || **~ drawing** *n* σχέδιο υπό κλίμακα.
scallop ['skɒləp] *n (shellfish)* χτένι.
scalp [skælp] *n* τριχωτό δέρμα *nt* κεφαλής ♦ *vt* γδέρνω το κρανίο.
scalpel ['skælpəl] *n* νυστέρι.
scamper ['skæmpə*] *vi* τρέχω τρελά, το στρίβω.
scan [skæn] *vt* εξονυχίζω, διερευνώ || *(POET)* διαβάζω μετρικά.
scandal ['skændl] *n* σκάνδαλο || *(gossip)* κακολογία, κουτσομπολιό || **~ize** *vt* σκανδαλίζω || **~ous** *a* σκανδαλώδης.
Scandinavia [skændɪ'neɪvɪə] *n* Σκανδιναβία || **~n** *a* σκανδιναβικός ♦ *n* Σκανδιναβός/ή *m/f*.
scant [skænt] *a* πενιχρός, ανεπαρκής, λιγοστός || **~y** *a* ανεπαρκής, λιγοστός.
scapegoat ['skeɪpgəʊt] *n* αποδιοπομπαίος τράγος.
scar [skɑː*] *n* ουλή, σημάδι ♦ *vt* αφήνω σημάδι.
scarce [skɛəs] *a* σπάνιος || **~ly** *ad* μόλις, σχεδόν καθόλου || **~ness** *n* σπανιότητα έλλειψη.
scarcity ['skɛəsɪtɪ] *n* σπανιότητα, έλλειψη.
scare [skɛə*] *n* εκφόβιση, τρομάρα ♦ *vt* φοβίζω, τρομάζω || **~crow** *n* σκιάχτρο.
scarf [skɑːf] *n* σάρπα, κασκόλ *nt inv.*
scarlet ['skɑːlɪt] *a (colour)* κατακόκκινος ♦ *n* κτυπητό κόκκινο || **~ fever** *n* οστρακιά, σκαρλατίνα.
scarves [skɑːvz] *npl of* **scarf.**
scathing ['skeɪðɪŋ] *a* καυστικός, δηκτικός.
scatter ['skætə*] *n* διασπορά, σκόρπισμα *nt* ♦ *vt (sprinkle)* σκορπίζω || *(an enemy)* διασκορπίζω ♦ *vi* διαλύομαι, σκορπίζω || **~brained** *a* άμυαλος, ξεμυαλισμένος || **~ing** *n* μικρή ποσότητα, σκόρπισμα *nt.*
scavenger ['skævɪndʒə*] *n (animal)* ζώο που τρώει ψοφίμια.
scene [siːn] *n (of accident etc)* τόπος, θέατρο || *(of play)* σκηνή || *(division of play)* σκηνή || *(view)* τοπείο, άποψη, θέα || *(fuss)* σκηνή, φασαρία, επεισόδιο || *(incident)* σκηνή || **on the ~** στον τόπο, επί σκηνής || **~ry** *n* σκηνικό, σκηνογραφία, σκηνή || *(view)* τοπίο, θέα.
scenic ['siːnɪk] *a* σκηνικός, θεαματικός.
scent [sɛnt] *n* οσμή, άρωμα *nt*, μυρουδιά || *(sense of smell)* όσφρηση ♦ *vt (make fragrant)* αρωματίζω, μοσχοβολώ.
scepter ['sɛptə*] *n (US)* = **sceptre.**
sceptic ['skɛptɪk] *n* σκεπτικιστής || **~al** *a* σκεπτικός, δύσπιστος || **~ism** *n* σκεπτικισμός.
sceptre ['sɛptə*] *n* σκήπτρο.
schedule ['ʃɛdjuːl, *(US)* 'skɛdjuːl] *n* πρόγραμμα, *nt* || *(of trains)* δρομολόγιο || *(of prices)* κατάλογος ♦ *vt* καταγράφω, προγραμματίζω || **on ~** στην ώρα || σύμφωνα με το πρόγραμμα || **behind ~** καθυστερημένος.
scheme [skiːm] *n* διάταξη || *(plan)* σχέδιο || *(plot)* μηχανορραφία, δολοπλοκία ♦ *vti (plot)* μηχανορραφώ || *(plan)* σχεδιάζω.

scheming [ˈskiːmɪŋ] *a* δολοπλόκος, κομπιναδόρος.
schism [ˈsɪzəm] *n* σχίσμα *nt.*
schizophrenic [skɪtsəʊˈfrɛnɪk] *a* σχιζοφρενικός.
scholar [ˈskɒlə*] *n* μελετητής, μορφωμένος || *(with scholarship)* υπότροφος || **~ly** *a* μορφωμένος || **~ship** *n* υποτροφία || *(learning)* μόρφωση.
school [skuːl] *n* σχολείο || *(group)* σχολή || *(department)* σχολή ♦ *attr a* σχολικό, του σχολείου ♦ *vt* διδάσκω, γυμνάζω, μορφώνω || **~book** *n* σχολικό βιβλίο || **~boy** *n* μαθητής || **~days** *npl* σχολικά χρόνια *ntpl* || **~girl** *n* μαθήτρια || **~ing** εκπαίδευση, μόρφωση δάσκαλος, καθηγητής || **~mistress** *n* δασκάλα, καθηγήτρια || **~teacher** *n* δημοδιδάσκαλος/ισσα *m/f.*
schooner [ˈskuːnə*] *n (ship)* σκούνα || *(glass for sherry etc)* ποτηράκι.
sciatica [saɪˈætɪkə] *n* ισχιαλγία.
science [ˈsaɪəns] *n* επιστήμη.
scientific [saɪənˈtɪfɪk] *a* επιστημονικός.
scientist [ˈsaɪəntɪst] *n* επιστήμονας *m/f.*
scintillating [ˈsɪntɪleɪtɪŋ] *a* σπινθοβόλος, αστραφτερός.
scissors [ˈsɪzəz] *npl (also:* **a pair of ~***)* ψαλίδι.
scoff [skɒf] *vt (eat)* τρώγω, καταβροχθίζω ♦ *vi (mock) (+at)* σκόπτω, κοροϊδεύω.
scold [skəʊld] *vt* επιπλήττω, μαλώνω.
scone [skɒn] *n* είδος *nt* κέικ.
scoop [skuːp] *n* φτυάρι, σέσουλα ♦ *vt:* **to ~ out** αδειάζω || **to ~ up** *vt* βγάζω.
scooter [ˈskuːtə*] *n (motorcycle)* βέσπα || *(child's toy)* πατίνι.
scope [skəʊp] *n* αντίληψη, γνώση || *(opportunity)* ευκαιρία || *(margin)* περιθώριο.
scorch [skɔːtʃ] *n* καψάλισμα *nt,* κάψιμο ♦ *vt* καψαλίζω, τσουρουφλίζω || *(wither)* ψήνω, ξεραίνω || **~ing** *a* καφτερός.
score [skɔː*] *n (points)* σκορ *nt inv* || *(MUS)* παρτιτούρα || *(reason)* σημείο || *(twenty)* εικοσάρα, εικοσαριά ♦ *vt (win points)* σημειώνω, κάνω πόντους || *(mark)* χαράσσω, χαρακώνω ♦ *vi (keep record)* κρατώ σκόρ || **~board** *n* πίνακας των σκορ || **~r** *n (player)* ο επιτυχών τέρμα || *(recorder)* μαρκαδόρος.
scorn [ˈskɔːn] *n* περιφρόνηση ♦ *vt* περιφρονώ.
scorpion [ˈskɔːpɪən] *n* σκορπιός.
Scot [skɒt] *n* Σκωτσέζος/α *m/f* || **Scotch** *n (whisky)* (σκωτσέζικο) ουίσκυ.
scotch [skɒtʃ] *vt (terminate)* αποτρέπω, καταπνίγω.
Scotland [ˈskɒtlənd] *n* Σκωτία.
Scots [skɒts] *npl* Σκωτσέζοι *mpl* ♦ *a* σκωτσέζος || **~man** *n* Σκωτσέζος || **~woman** *n* Σκωτίδα, Σκωτσέζα.
Scottish [ˈskɒtɪʃ] *a* σκωτικός, σκωτσέζικος.
scoundrel [ˈskaʊndrəl] *n* παλιάνθρωπος.
scour [ˈskaʊə*] *vt (search)* διατρέχω, ερευνώ || *(clean)* καθαρίζω || **~er** *n (for pans)* σύρμα *nt.*
scourge [skɜːdʒ] *n (plague)* πληγή.
scout [skaʊt] *n* ανιχνευτής || *(boy scout)* πρόσκοπος ♦ *vi (reconnoitre)* ανιχνεύω, κάνω αναγνώριση.
scowl [skaʊl] *n* συνοφρύωση, σκυθρωπότητα ♦ *vi* συνοφρυούμαι, κατσουφιάζω.
scraggy [ˈskrægɪ] *a* ισχνός, κοκκαλιάρης.
scram [skræm] *vi (col)* στρίβω, το βάζω στα πόδια || **~!** στρίβε!, δίνε του!
scramble [ˈskræmbl] *n* σκαρφάλωμα *nt* || *(struggle)* αγώνας,

πάλη ♦ *vi*: **to ~ for** αγωνίζομαι || **~d eggs** *npl* αυγά χτυπητά *ntpl.*

scrap [skræp] *n* κομματάκι, απόρριμμα *nt*, ψίχουλο || *(fight)* συμπλοκή, καυγάς || *(scrap iron)* παλιοσίδερα *ntpl* ♦ *a* για πέταμα, άχρηστος ♦ *vt* πετώ σαν άχρηστο, απορρίπτω ♦ *vi (fight)* πιάνομαι στα χέρια || **~s** *npl (waste)* απομεινάρια *ntpl*, απορρίμματα *ntpl* || **~book** *n* λεύκωμα *nt* αποκομμάτων.

scrape [skreɪp] *n* απόξεση, ξύσιμο || *(awkward position)* αμηχανία, μπελάς ♦ *vt* ξύνω, ξεγδέρνω || *(clean)* καθαρίζω, τρίβω ♦ *vi* ξύνω || **~r** *n* ξύστρα, ξυστήρι.

scrap heap ['skræphiːp] *n* σωρός παλιοσιδερικών.

scrap merchant ['skræpmɜːtʃənt] *n* έμπορος παλιοσιδερικών.

scrappy ['skræpɪ] *a* ασύνδετος, ασυνάρτητος, ανακατεμένος.

scratch ['skrætʃ] *n* νυχιά, αμυχή, γρατσουνιά || *(itch)* ξύσιμο ♦ *a* πρόχειρος ♦ *vt* ξύνω, τρίβω || *(wound)* γρατσουνίζω, ξεγδέρνω ♦ *vi (rub)* ξύνομαι.

scrawl [skrɔːl] *n* ορνιθοσκαλίσματα *ntpl* ♦ *vti* κακογράφω, ορνιθοσκαλίζω.

scream [skriːm] *n* κραυγή, ξεφωνητό, στριγγλιά ♦ *vi* ξεφωνίζω || *(speak loudly)* στριγγλίζω.

screech [skriːtʃ] *n* κραυγή, στριγγλιά ♦ *vi* σκούζω, στριγγλίζω, ουρλιάζω.

screen [skriːn] *n* παραπέτασμα *nt*, προπέτασμα *nt*, παραβάν *nt inv* || *(for films)* οθόνη, πανί || *(church)* κιγκλίδωμα *nt* ♦ *vt* προφυλάσσω, προστατεύω || *(film)* κινηματογραφώ, γυρίζω.

screw [skruː] *n* κοχλίας, βίδα || *(NAUT)* έλικας, προπέλα ♦ *vt* βιδώνω, σφίγγω || *(col)* καταπιέζω || **~driver** *n* κατσαβίδι || **~y** *a (col)* μουρλός, ξεβιδωμένος.

scribble ['skrɪbl] *n* κακογραφία ♦ *vt* γράφω βιαστικά, ορνιθοσκαλίζω.

script [skrɪpt] *n* χειρόγραφο || *(of play)* κείμενο, σενάριο.

Scripture ['skrɪptʃə*] *n* η Αγία Γραφή.

scriptwriter ['skrɪptraɪtə*] *n* σεναριογράφος.

scroll [skrəʊl] *n* κύλινδρος, ρόλος (περγαμηνής) ♦ *vt (COMPUT)* μετακινώ τα περιεχόμενα της οθόνης πάνω/κάτω.

scrounge [skraʊndʒ] *vt (col)* διακονεύω ♦ *n*: **on the ~** πάω τσάρκα.

scrub [skrʌb] *n (clean)* τριβή, τρίψιμο, βούρτσισμα *nt* || *(countryside)* χαμόκλαδα *ntpl*, αγριμιά ♦ *vt* πλένω, βουρτσίζω, τρίβω || *(erase)* ακυρώνω, σβήνω.

scruff [skrʌf] *n* σβέρκο.

scrum(mage) ['skrʌm(ɪdʒ)] *n* συμπλοκή.

scruple ['skruːpl] *n* ενδοιασμός, δισταγμός της συνείδησης.

scrupulous ['skruːpjʊləs] *a* ευσυνείδητος || **~ly** *ad* ευσυνείδητα.

scrutinize ['skruːtɪnaɪz] *vt* εξετάζω προσεκτικά, διερευνώ.

scrutiny ['skruːtɪnɪ] *n* αυστηρός έλεγχος, διερεύνηση.

scuff [skʌf] *vt (shoes)* σέρνω.

scuffle ['skʌfl] *n* συμπλοκή, καυγάς.

scullery ['skʌlərɪ] *n* πλυντήριο μαγειρίου, λάντσα.

sculptor ['skʌlptə*] *n* γλύπτης/τρια *n/f.*

sculpture ['skʌlptʃə*] *n* γλυπτική || *(statue)* γλυπτό.

scum [skʌm] *n* βρώμικος αφρός, βρωμιά || *(people)* κατακάθια *ntpl*, αποβράσματα *ntpl.*

scurrilous ['skʌrɪləs] *a* υβριστικός, αχρείος, βρώμικος.
scurry ['skʌrɪ] *vi* τρέχω, σπεύδω.
scurvy ['skɜːvɪ] *n* σκορβούτο.
scuttle ['skʌtl] *vt (plans)* εγκαταλείπω, υποχωρώ ♦ *vi (scamper)* τρέχω βιαστικά, το στρίβω.
scythe [saɪð] *n* δρεπάνι.
sea [siː] *n* θάλασσα || *(broad stretch)* ωκεανός, θάλασσα ♦ *a* θαλασσινός, της θάλασσας || ~ **bird** *n* θαλασσοπούλι || ~**board** *n* ακτή, παραλία || ~ **breeze** *n* θαλασσινή αύρα, μπάτης || ~**farer** *n* θαλασσινός, θαλασσοπόρος || ~**food** *n* θαλασσινά *ntpl* || ~ **front** *n* παραλία, προκυμαία || ~**going** *a* ποντοπόρος || ~**gull** *n* γλάρος.
seal [siːl] *n (animal)* φώκια || *(stamp)* σφραγίδα, βούλα || *(impression)* σφραγίδα ♦ *vt* σφραγίζω || *(close)* κλείνω, σφραγίζω, βουλώνω.
sea level ['siːlɛvl] *n* επιφάνεια της θάλασσας.
sealing wax ['siːlɪŋwæks] *n* βουλοκέρι.
sea lion ['siːlaɪən] *n* είδος φώκιας.
seam [siːm] *n* ραφή || *(joining)* ένωση, ραφή || *(of coal etc)* φλέβα.
seaman ['siːmən] *n* ναυτικός, ναύτης.
seamy ['siːmɪ] *a* ανάποδος, άσχημος.
seaport ['siːpɔːt] *n* λιμάνι.
search [sɜːtʃ] *n* έρευνα, αναζήτηση ♦ *vt* ερευνώ, αναζητώ || *(COMPUT)* διερευνώ || ~**ing** *a* ερευνητικός, προσεκτικός || ~**light** *n* προβολέας || ~ **party** *n* απόσπασμα *nt* έρευνας.
seashore ['siːʃɔː*] *n* ακτή, παραλία.
seasick ['siːsɪk] *a* αυτός που έχει ναυτία || ~**ness** *n* ναυτία.
seaside ['siːsaɪd] *n* παραλία, γιαλός.
season ['siːzn] *n* εποχή ♦ *vt* αρτύω, καρυκεύω || ~**al** *a* εποχιακός || ~**ing** *n* καρύκευμα, άρτυμα *nt*, μπαχαρικό || ~ **ticket** *n* διαρκές εισιτήριο.
seat [siːt] *n* κάθισμα *nt*, καρέκλα || *(PARL etc)* έδρα || *(manner of sitting)* κάθισμα *nt*, θέση || *(bottom)* πισινός, οπίσθια *ntpl* ♦ *vt* καθίζω || **it ~s 20 people** είναι 20 θέσεων || ~ **belt** *n* ζώνη ασφαλείας.
sea water ['siːwɔːtə*] *n* θαλασσινό νερό.
seaweed ['siːwiːd] *n* φύκι, φύκια *ntpl*.
seaworthy ['siːwɜːðɪ] *a* πλόιμος, ικανός να πλεύσει.
sec. *abbr of* **second(s)**.
secluded [sɪ'kluːdɪd] *a* παράμερος, απομονωμένος.
seclusion [sɪ'kluːʒən] *n* απομόνωση.
second ['sɛkənd] *a* δεύτερος ♦ *ad (in second position)* δεύτερος || *(RAIL)* δεύτερη (θέση) ♦ *n (of time)* δευτερόλεπτο || *(COMM: imperfect)* δεύτερο χέρι ♦ *vt* υποστηρίζω, βοηθώ || ~**ary** *a* δευτερεύων, ασήμαντος || ~**ary education** μέση εκπαίδευση || ~**ary school** *n* σχολείο μέσης εκπαιδεύσεως || ~**er** *n* υποστηρικτής/ίκτρια *m/f* || ~**hand** *a* μεταχειρισμένος, δεύτερο χέρι || *(not original)* μη πρωτότυπος || ~**ly** *ad* κατά δεύτερο λόγο || ~**-rate** *a* μέτριος, δευτέρας ποιότητας || ~ **thoughts** *npl* δεύτερες σκέψεις *fpl*.
secrecy ['siːkrəsɪ] *n* μυστικότητα, εχεμύθεια.
secret ['siːkrɪt] *n* μυστικό ♦ *a* μυστικός, κρυφός, απόρρητος.
secretariat [sɛkrə'tɛərɪət] *n* γραμματεία.
secretary ['sɛkrətrɪ] *n* γραμματέας *m/f* || *(minister etc)* υπουργός *m/f*.
secretive ['siːkrətɪv] *a* κρυψίνους.
sect [sɛkt] *n* αίρεση || ~**arian** *a* αιρετικός, στενοκέφαλος, κομματικός.

section [ˈsɛkʃən] *n* χωρισμός, κόψιμο || *(piece)* τμήμα *nt*, μέρος *nt*, τομή || **~al** *a* τμηματικός, τοπικός.
sector [ˈsɛktə*] *n (private or public sector)* τομέας.
secular [ˈsɛkjʊlə*] *a* λαϊκός, κοσμικός.
secure [sɪˈkjʊə*] *a* βέβαιος, ακίνδυνος || *(fixed)* ασφαλής ♦ *vt (fix)* στερεώνω, σφίγγω || *(obtain)* εξασφαλίζω.
security [sɪˈkjʊərɪtɪ] *n* ασφάλεια, σιγουριά || *(bond)* εγγύηση, χρεώγραφο || *(national security)* ασφάλεια || *see* **social.**
sedate [sɪˈdeɪt] *a* ατάραχος, ήρεμος.
sedation [sɪˈdeɪʃən] *n (MED)* καταπράυνση.
sedative [ˈsɛdətɪv] *n* καταπραϋντικό ♦ *a* καταπραϋντικός.
sedentary [ˈsɛdntrɪ] *a* αδρανής, καθιστικός.
sediment [ˈsɛdɪmənt] *n* κατακάθι, ίζημα.
seduce [sɪˈdjuːs] *vt (general)* δελεάζω, παρασύρω || *(sexually)* διαφθείρω, αποπλανώ.
seduction [sɪˈdʌkʃən] *n* αποπλάνηση, δελεασμός.
seductive [sɪˈdʌktɪv] *a* γοητευτικός, αποπλανητικός.
see [siː] *(irreg v) vt* βλέπω || *(find out)* κοιτάζω || *(understand)* καταλαβαίνω || *(make sure)* φροντίζω || *(accompany)* συνοδεύω || *(visit)* πηγαίνω, βλέπω, επισκέπτομαι ♦ *vi (understand)* αντιλαμβάνομαι ♦ *n (bishop's)* επισκοπή || **to ~ through** *vt* φροντίζω μέχρι τέλους, παρακολουθώ || **to ~ to** *vt* φροντίζω για || **to ~ off** *vt* συνοδεύω, ξεπροβοδίζω.
seed [siːd] *n* σπόρος || *(grain)* κόκκος, σπειρί || **~ling** *n* νεαρό φυτό || **~y** *a (ill)* αδιάθετος, τσακισμένος || *(shabby)* κουρελιασμένος.
seeing [ˈsiːɪŋ] *cj*: **~ (that)** εφόσον, αφού, δεδομένου ότι.
seek [siːk] *(irreg v) vt* αναζητώ, ψάχνω, ζητώ.
seem [siːm] *vi* φαίνομαι, μοιάζω || **~ingly** *ad* φαινομενικά, κατά τα φαινόμενα.
seen [siːn] *pp of* **see.**
seep [siːp] *vi* διαρρέω, περνώ από.
seesaw [ˈsiːsɔː] *n (plank)* τραμπάλα.
seethe [siːð] *vi (be agitated)* αναταράσσομαι, βράζω.
segment [ˈsɛgmənt] *n* τμήμα *nt.*
segregate [ˈsɛgrɪgeɪt] *vt* απομονώνω, χωρίζω.
segregation [sɛgrɪˈgeɪʃən] *n* απομόνωση, χωρισμός.
seismic [ˈsaɪzmɪk] *a* σεισμικός.
seize [siːz] *vt* αρπάζω, πιάνω || *(take possession)* κατάσχω || *(understand)* αντιλαμβάνομα, συλλαμβάνω || **to ~ up** *vi (MECH)* σφηνώνομαι, μαγκώνω, κολλώ.
seizure [ˈsiːʒə*] *n (illness)* απότομη προσβολή.
seldom [ˈsɛldəm] *ad* σπανίως, σπάνια.
select [sɪˈlɛkt] *a* εκλεκτός, διαλεχτός ♦ *vt* εκλέγω, διαλέγω || **~ion** *n* εκλογή, διαλογή, επιλογή || **~ive** *a* εκλεκτικός || **~or** *n (person)* επιλογέας, εκλέκτωρ *m* || *(TECH)* επιλογέας.
self [sɛlf] *n* εαυτός, το πρόσωπο, το άτομο || **~-appointed** *a* αυτοδιορισμένος || **~-assured** *a* επηρμένος, γεμάτος αυτοπεποίθηση || **~-confidence** *n* αυτοπεποίθηση || **~-conscious** *a* δειλός, ενσυνείδητος || **~-contained** *a* αυτοτελής, ανεξάρτητος || *(reserved)* επιφυλακτικός || **~-defence** *n* αυτοάμυνα || **~-evident** *a* αυταπόδεικτος || **~-indulgent** *a* αυτεντρύφηλος, τρυφηλός || **~-**

interest *n* ιδιοτέλεια || ~**ish** *a* εγωϊστικός, ιδιοτελής || ~**ishness** *n* εγωϊσμός, ιδιοτέλεια || ~**lessly** *ad* αλτρουϊστικά || ~-**portrait** *n* αυτοπροσωπογραφία || ~-**reliant** *a* ανεξάρτητος || ~-**respect** *n* αυτοσεβασμός || ~-**righteous** *a* υποκριτικός || ~-**satisfied** *a* αυτάρεσκος, ικανοποιημένος από τον εαυτό του || ~-**service** *a* αυτοσερβίρισμα || ~-**sufficient** *a* αυτάρκης || ~-**supporting** *a (FIN)* αυτοσυντήρητος, αυτάρκης.

sell [sɛl] *(irreg v) vt* πουλώ ♦ *vi (COMM)* πωλούμαι || ~**er** *n* πωλητής/τρια *m/f* || ~**ing price** *n* τιμή πωλήσεως.

selves [sɛlvz] *pl of* **self.**

semaphore ['sɛməfɔː*] *n (system)* σηματοφόρος.

semi ['sɛmɪ] *prefix* ημι- || ~**circle** *n* ημικύκλιο || ~**colon** *n* άνω τελεία || ~-**conscious** *a* ημιαναίσθητος || ~**detached house** *n* οριζόντιος διπλοκατοικία || ~**final** *n* ημιτελικός.

seminar ['sɛmɪnɑː*] *n* σεμινάριο.

semitone ['sɛmɪtəʊn] *n (MUS)* ημιτόνιο.

semolina [sɛmə'liːnə] *n* σιμιγδάλι.

senate ['sɛnɪt] *n* σύγκλητος *f* || *(US)* γερουσία.

senator ['sɛnɪtə*] *n* γερουσιαστής.

send [sɛnd] *(irreg v) vt* πέμπω, στέλνω, αποστέλλω || *(col: inspire)* ενθουσιάζω, τρελαίνω || **to ~ away** *vt* απολύω, διώχνω || **to ~ back** *vt* στέλνω πίσω, επιστρέφω || **to ~ for** *vt* στέλνω να φωνάξω, καλώ || **to ~ off** *vt (goods)* αποστέλλω, στέλνω || *(player)* αποβάλλω || **to ~ out** *vi (invitation)* στέλνω || **to ~ up** *vt (general)* ανεβάζω, στέλνω, ανυψώνω || ~**er** *n* αποστολέας || ~-**off** *n* αποχαιρετισμός.

senile ['siːnaɪl] *a* γεροντικός.

senility [sɪ'nɪlɪtɪ] *n* γεράματα *ntpl*, ξεμωράματα *ntpl.*

senior ['siːnɪə*] *a* μεγαλύτερος, πρεσβύτερος || *(rank)* αρχαιότερος, ανώτερος ♦ *n* πρεσβύτερος, γηραιότερος, μεγαλύτερος || *(US)* τελειόφοιτος/η *m/f* || ~**ity** *n* αρχαιότητα (βαθμού).

sensation [sɛn'seɪʃən] *n* αίσθηση, αίσθημα *nt* || *(state of excitement)* αίσθηση, εντύπωση || ~**al** *a* εντυπωσιακός.

sense [sɛns] *n* αίσθηση || *(understanding)* λογική, λογικό || *(meaning)* έννοια, νόημα *nt* || *(feeling)* (συν)αίσθημα *nt* ♦ *vt* (δι)αισθάνομαι || ~**less** *a* ανόητος, παράλογος || *(unconscious)* αναίσθητος.

sensibility [sɛnsɪ'bɪlɪtɪ] *n* ευαισθησία, ευπάθεια.

sensible ['sɛnsəbl] *a* λογικός.

sensitive ['sɛnsɪtɪv] *a (+ to)* ευαίσθητος, ευπαθής || *(easily hurt)* ευσυγκίνητος, εύθικτος.

sensitivity [sɛnsɪ'tɪvɪtɪ] *n* ευαισθησία, ευπάθεια.

sensual ['sɛnsjʊəl] *a* αισθησιακός, σαρκικός, φιλήδονος.

sensuous ['sɛnsjʊəs] *a* ηδυπαθής, αισθησιακός.

sent [sɛnt] *pt, pp of* **send.**

sentence ['sɛntəns] *n (GRAM)* πρόταση || *(LAW)* απόφαση, ποινή.

sentiment ['sɛntɪmənt] *n* αίσθημα *nt*, αισθηματικότητα || *(thought)* γνώμη, άποψη || ~**al** *a* αισθηματικός || ~**ality** *n* αισθηματισμός.

sentry ['sɛntrɪ] *n* σκοπός, φρουρός.

separate ['sɛprɪt] *a* χωριστός ♦ ['sɛpəreɪt] *vt* χωρίζω, ξεχωρίζω || ~**ly** *ad* ξεχωριστά.

separation [sɛpə'reɪʃən] *n* χωρισμός, διαχώριση.

September [sɛp'tɛmbə*] *n* Σεπτέμβριος.

septic ['sɛptɪk] *a* σηπτικός.
sequel ['siːkwəl] *n* συνέπεια, αποτέλεσμα *nt* || *(continuation)* συνέχεια.
sequence ['siːkwəns] *n* διαδοχή, συνέχεια, ακολουθία.
sequin ['siːkwɪn] *n* πούλι *nt*.
serenade [sɛrə'neɪd] *n* σερενάτα ♦ *vt* κάνω σερενάτα.
serene [sə'riːn] *a* γαλήνιος, ατάραχος || **~ly** *ad* ήρεμα, γαλήνια.
serenity [sɪ'rɛnɪtɪ] *n* γαλήνη, ηρεμία.
sergeant ['sɑːdʒənt] *n* λοχίας || *(police)* ενωμοτάρχης.
serial ['sɪərɪəl] *n* ιστορία σε συνέχειες || ~ **number** *n* αύξοντας αριθμός || **~ize** *vt* δημοσιεύω σε συνεχείες.
series ['sɪərɪz] *n* σειρά.
serious ['sɪərɪəs] *a* σοβαρός || **~ly** *ad* σοβαρά || **~ness** *n* σοβαρότητα.
sermon ['sɜːmən] *n* κήρυγμα *nt*, ομιλία.
serrated [sɛ'reɪtɪd] *a* οδοντωτός, πριονωτός.
serum ['sɪərəm] *n* ορός.
servant ['sɜːvənt] *n* υπηρέτης/έτρια *m/f* || *see* **civil**.
serve [sɜːv] *vt* υπηρετώ || *(do work of)* εξυπηρετώ, εκτελώ || *(supply)* προμηθεύω ♦ *vi (be useful)* χρησιμεύω για || *(in army)* υπηρετώ || *(wait at table, tennis)* σερβίρω ♦ *n (tennis)* σερβίρισμα *nt* || **it ~s him right** καλά να πάθει || **to ~ out** *or* **up** *vt (food)* σερβίρω, διανέμω.
service ['sɜːvɪs] *n* υπηρεσία || *(work done)* εξυπηρέτηση || *(government department)* υπηρεσία || *(civil etc)* υπηρεσία, εργασία || *(help)* διάθεση, χρησιμότητα || *(REL)* λειτουργία || *(set of dishes)* σερβίτσιο || *(tennis)* σερβίς *nt inv* || *(AUT: maintenance)* συντήρηση, επισκευή ♦ *vt (AUT, MECH)* συντηρώ, επισκευάζω || **the S~s** *npl (armed forces)* τα όπλα *ntpl*, οι ένοπλες δυνάμεις *fpl* || **~able** *a* εύχρηστος, ανθεκτικός, χρήσιμος || **~men** *npl (soldier etc)* άντρες των ενόπλων δυνάμεων || ~ **station** *n* γκαράζ *nt inv*.
serviette [sɜːvɪ'ɛt] *n* πετσέτα (φαγητού).
servile ['sɜːvaɪl] *a* δουλικός, δουλοπρεπής.
session ['sɛʃən] *n* συνεδρίαση, συνεδρία.
set [sɛt] *(irreg v) n (of things)* σειρά, συλλογή || *(RAD, TV)* συσκευή || *(tennis)* γύρος, σέτ *nt inv* || *(group of people)* ομάδα, κατηγορία, συντροφιά, κόσμος || *(CINE)* συσκευή || *(THEAT)* διάκοσμος, σκηνικό ♦ *a (specified)* καθωρισμένος || *(determined)* αποφασισμένος ♦ *vt* θέτω, τοποθετώ, βάζω || *(arrange)* κανονίζω || *(adjust)* ρυθμίζω, βάζω, κανονίζω || *(exam)* δίδω τα θέματα ♦ *vi (of sun)* δύω, βασιλεύω || *(fix)* σκληρύνομαι, σφίγγω, πιάνω || **to ~ on fire** καίω, πυρπολώ, βάζω φωτιά || **to ~ free** ελευθερώνω || **to ~ going** ξεκινώ || **to ~ sail** αποπλέω || **to ~ about** *vt (task)* αρχίζω || **to ~ aside** *vt* ξεχωρίζω, βάζω κατά μέρος, απορρίπτω || **to ~ back** *vt (in time)* επιβραδύνω, καθυστερώ || *(cost)* κοστίζω || **to ~ off** *vi* ξεκινώ, φεύγω ♦ *vt (explode)* εκτοξεύω, ρίχνω, εκρηγνύω || *(show up well)* εξαίρω, αναδεικνύω, τονίζω, υπογραμμίζω || **to ~ out** *vi* ξεκινώ, φεύγω ♦ *vt (arrange)* ρυθμίζω, κανονίζω, σιάζω || *(state)* (καθ)ορίζω || **to ~ up** *vt (organization)* ιδρύω, οργανώνω || **~back** *n (reverse)* αποτυχία, ατυχία, αναποδιά.
settee [sɛ'tiː] *n* καναπές *m*.
setting ['sɛtɪŋ] *n (scenery)* τοποθεσία, πλαίσιο || *(MUS)* μελοποίηση, μουσική τραγουδιού.

settle ['sɛtl] *vt (MED: calm)* καθησυχάζω, καταπραΰνω || *(pay)* εξοφλώ, πληρώνω || *(agree)* ρυθμίζω κανονίζω ♦ *vi (also:* ~ **down***)* εγκαθίσταμαι || *(person)* σοβαρεύω || ~**ment** *n (payment)* εξόφληση || *(colony)* εποικισμός || ~**r** *n* άποικος.
setup ['sɛtʌp] *n (arrangement)* τοποθέτηση, οργάνωση || *(situation)* κατάσταση.
seven ['sɛvn] *num* επτά || ~**teen** *num* δεκαεπτά || ~**th** *a* έβδομος || ~**ty** *num* εβδομήντα.
sever ['sɛvə*] *vt* κόβω || *(fig)* διακόπτω.
several ['sɛvrəl] *a* διάφορος, ξεχωριστός ♦ *pron* μερικοί.
severance ['sɛvərəns] *n* διαχωρισμός || *(fig)* (δια)κοπή.
severe [sɪ'vɪə*] *a* αυστηρός, σκληρός || *(serious)* σοβαρός || *(hard, rigorous)* δριμύς, σκληρός, άγριος || *(unadorned)* αυστηρός, απέριττος, λιτός || ~**ly** *ad* αυστηρά, σκληρά.
severity [sɪ'vɛrɪtɪ] *n* αυστηρότητα, σκληρότητα, δριμύτητα.
sew [səu] *(irreg v) vti* ράβω || **to** ~ **up** *vt* ράβω.
sewage ['sju:ɪdʒ] *n* ακαθαρσίες *ftpl* υπονόμων, βρωμόνερα *ntpl.*
sewer ['sjuə*] *n* οχετός, υπόνομος.
sewing ['səuɪŋ]*n* ράψιμο || ~ **machine** *n* ραπτομηχανή.
sewn [səun] *pp of* **sew.**
sex [sɛks] *n* φύλο, σεξ *nt inv* || *(activity)* γενετήσια ορμή || ~ **act** *n* συνουσία.
sexual ['sɛksjuəl] *a* γενετήσιος, σεξουαλικός || ~**ly** *ad* σεξουαλικά.
sexy ['sɛksɪ] *a* ελκυστικός, σεξουαλικός.
shabby ['ʃæbɪ] *a* κουρελιασμένος, σαραβαλιασμένος || *(mean)* μικροπρεπής, αχρείας.
shack [ʃæk] καλύβα.
shackles ['ʃæklz] *npl* δεσμά, χειροπέδες *fpl.*
shade [ʃeɪd] *n* σκιά, ίσκιος || *(for lamp)* αμπαζούρ *nt inv* || *(of colour)* απόχρωση || *(small quantity)* ίχνος *m,* μικρή ποσότητα ♦ *vt* σκιάζω.
shadow ['ʃædəu] *n* σκιά, σκοτάδι ♦ *vt (follow)* παρακολουθώ || ~**y** *a* σκιερός, σκιασμένος || *(dim)* ασαφής, θαμπός.
shady ['ʃeɪdɪ] *a* σκιερός || *(dubious)* ύποπτος.
shaft [ʃa:ft] *n* κοντάρι, στέλεχος, λαβή || *(of mine)* φρέαρ *nt* || *(of machine)* άξονας, άτρακτος *f* || *(of light)* αχτίδα.
shaggy ['ʃægɪ] *a* τραχύς, τριχωτός.
shake [ʃeɪk] *(irreg v) vt* σείω, κουνώ, τινάζω || *(fist etc)* απειλώ με τη γροθιά μου || *(rock)* (συγ)κλονίζω, κουνώ, τραντάζω || *(weaken)* κλονίζω || *(alarm)* συγκλονίζω, αναστατώνω ♦ *vi* τρέμω, κλονίζομαι, τραντάζομαι ♦ *n* τίναγμα *nt,* κούνημα *nt,* δόνηση || **to** ~ **off** *vt* τινάζω || *(fig)* απαλλάσομαι από || **to** ~ **up** *vt (lit)* ταράζω, κουνώ || *(fig)* ξυπνώ || ~**-up** *n* πρόχειρο πράμα.
shaky ['ʃeɪkɪ] *a* ασταθής, τρεμουλιαστός || *(weak)* κλονισμένος, αδύνατος.
shall [ʃæl] *auxiliary v:* **I** ~ **go** θα φύγω, θα πάω || **you** ~ **do it!** θα το κάμεις.
shallot [ʃə'lɒt] *n* μικρό κρεμμύδι.
shallow ['ʃæləu] *a (lit)* ρηχός || *(fig)* επιπόλαιος.
sham [ʃæm] *n* προσποίηση, απομίμηση, ψευτιά ♦ *a* προσποιητός, ψεύτικος.
shambles ['ʃæmblz] *n sing* χάος *nt.*
shame [ʃeɪm] *n* ντροπή || *(disgrace)* αίσχος *nt* || *(pity)* ντροπή, αμαρτία, κρίμα *nt* ♦ *vt (humiliate)* ντροπιάζω || **what a** ~**!** τι κρίμα! || ~**faced** *a* ντροπιασμένος || ~**ful** *a*

ντροπιασμένος || **~less** *a* αναίσχυντος, αδιάντροπος.
shampoo [ʃæm'puː] *n* σαμπουάν *nt inv* ♦ *vt* λούζω (τα μαλλία μου).
shamrock ['ʃæmrɒk] *n* τριφύλλι.
shandy ['ʃændɪ] *n (beer and lemonade)* μπύρα με λεμονάδα.
shan't [ʃaːnt] = **shall not** || *see* **shall.**
shanty ['ʃæntɪ] *n* καλύβα, παράγγα || **~ town** *n* παραγγούπολη.
shape [ʃeɪp] *n* σχήμα *nt*, μορφή, φόρμα, καλούπι ♦ *vt* σχηματίζω, διαμορφώνω, διαπλάθω || **to take ~** διαμορφούμαι, παίρνω μορφή || **~less** *a* άμορφος, ακανόνιστος || **~ly** *a* καλοσχηματισμένος, όμορφος.
share [ʃɛə*] *n (thing received)* μερίδιο || *(contribution)* μετοχή, μερίδιο || *(FIN)* μετοχή, τίτλος, αξία ♦ *vt* μοιράζω, διανέμω || *(in common)* (συμ)μετέχω || **~holder** *n* μέτοχος.
shark [ʃaːk] *n (fish)* σκυλόψαρο, καρχαρίας.
sharp [ʃaːp] *a (razor, knife)* κοφτερός || *(distinct)* ξεχωριστός, έντονος, καθαρός || *(biting)* δριμύς, διαπεραστικός || *(quick-witted)* οξύνους, έξυπνος || *(unscrupulous)* πονηρός, κατεργάρης ♦ *n (MUS)* δίεση ♦ *ad* ακριβώς, εντονα, καθαρά || **look ~!** κάνε γρήγορα!, κουνήσου! || **~en** *vt* ακονίζω, τροχίζω, ξεμυτίζω || **~ener** *n* ξύστρα || **~-eyed** *a* που κόβει το μάτι του || **~ness** *n* κόψη || **~-witted** *a* οξύνους, ευφυής.
shatter ['ʃætə*] *vt* θρυμματίζω, σπάζω, κάνω κομμάτια || *(fig)* συντρίβω, κλονίζω ♦ *vi* συντρίβομαι, σπάω.
shave [ʃeɪv] *(irreg v) n* ξύρισμα *nt* ♦ *vt* ξυρίζω || *(fig)* περνώ ξυστά ♦ *vi* ξυρίζομαι || **~r** *n (ELEC)* ξυριστική μηχανή.
shaving ['ʃeɪvɪŋ] *n (action)* ξύρισμα *nt* || **~s** *npl (of wood etc)* ροκανίδια *ntpl*, ρινίσματα *ntpl* || **~ brush** *n* πινέλο του ξυρίσματος || **~ cream** *n* κρέμα ξυρίσματος.
shawl [ʃɔːl] *n* σάλι.
she [ʃiː] *pron* αυτή ♦ *a* θηλυκός.
sheaf [ʃiːf] *n* δέσμη, δεμάτι.
shear [ʃɪə*] *(irreg v) vt (sheep etc)* κουρεύω || **to ~ off** *vt* κόβω || **~s** *npl (for hedge)* ψαλίδα.
sheath [ʃiːθ] *n* θήκη, κολεός, θηκάρι.
shed [ʃɛd] *(irreg v) n* υπόστεγο ♦ *vt* αποβάλλω, βγάζω || *(pour out)* χύνω.
she'd [ʃiːd] = **she had, she would** || *see* **have, would.**
sheep [ʃiːp] *n* πρόβατο || **~dog** *n* τσοπανόσκυλο || **~ish** *a* δειλός, ντροπαλός || **~skin** *n* προβιά.
sheer [ʃɪə*] *a* καθαρός πραγματικός, γνήσιος || *(steep)* κατακόρυφος, απότομος || *(almost transparent)* διαφανής, λεπτός ♦ *ad* τελείως, πλήρως, απολύτως.
sheet [ʃiːt] *n* σεντόνι || *(thin piece)* έλασμα *nt*, φύλλο, λαμαρίνα || *(paper)* φύλλο, κόλλα.
sheik(h) [ʃeɪk] *n* σεΐχης.
shelf [ʃɛlf] *n* ράφι.
she'll [ʃiːl] = **she will, she shall** || *see* **will, shall.**
shell [ʃɛl] *n* κέλυφος *nt*, τσόφλι, φλοιός || *(explosive)* οβίδα, βλήμα *nt* || *(of building)* σκελετός ♦ *vt* ξεφλουδίζω || *(MIL)* βομβαρδίζω.
shellfish ['ʃɛlfɪʃ] *n (ZOOL)* οστρακοειδές *nt* || *(as food)* θαλασσινά *ntpl.*
shelter ['ʃɛltə*] *n* καταφύγιο || *(protection)* προστασία ♦ *vt* προφυλάσσω, προστατεύω, στεγάζω ♦ *vi* προφυλάσσομαι, φυλάγομαι || **~ed** *a (life)* αποτραβηγμένος, περιορισμένος || *(spot)* προφυλαγμένος, προστατευμένος.

shelve [ʃɛlv] *vt (put aside)* βάζω στο ράφι || ~**s** *npl of* **shelf.**

shepherd [ˈʃɛpəd] *n* ποιμένας, βοσκός ♦ *vt (guide)* οδηγώ, συνοδεύω || ~**ess** *n* βοσκοπούλα || ~**'s pie** *n κιμάς σκεπασμένος με πουρέ και ψημένος στο φούρνο.*

sheriff [ˈʃɛrɪf] *n* σερίφης.

sherry [ˈʃɛrɪ] *n* σέρν *nt inv.*

she's [ʃiːz] = **she is, she has** || *see* **be, have.**

shield [ʃiːld] *n* ασπίδα, σκουτάρι || *(protection)* προστατευτικό κάλυμμα *nt* ♦ *vt* προασπίζω, προστατεύω || καλύπτω.

shift [ʃɪft] *n (change)* αλλαγή || *(group of workers, period)* βάρδια ♦ *vt* μετατοπίζω, μεταθέτω, μετακινώ || *(remove)* αλλάζω, μεταβάλλω ♦ *vi* μετακινούμαι, μετατοπίζομαι || ~**y** *a* πονηρός, ύπουλος.

shilling [ˈʃɪlɪŋ] *n (old)* σελίνι.

shimmer [ˈʃɪmə*] *n* ανταύγεια, μαρμαρυγή ♦ *vi* σπιθοβολώ, λαμπυριζω, γυαλίζω.

shin [ʃɪn] *n* αντικνήμιο, καλάμι (ποδιού).

shine [ʃaɪn] *(irreg v) n (gleam)* γυάλισμα *nt*, στιλπνότητα, γυαλάδα ♦ *vt (polish)* στίλβω, λουστράρω, γυαλίζω || *(torch)* ακτινοβολώ, λάμπω ♦ *vi* λάμπω, αστράφτω, γυαλίζω || *(excel)* διακρίνομαι, ξεπροβάλλω.

shingle [ˈʃɪŋgl] *n* ξυλοκέραμος, ταβανοσάνιδο || *(on beach)* βότσαλα *ntpl*, κροκάλες *fpl* || ~**s** *npl (MED)* έρπης, ζωστήρ *m.*

shiny [ˈʃaɪnɪ] *a* λαμπερός, γυαλιστερός.

ship [ʃɪp] *n* πλοίο, σκάφος *nt* ♦ *vt* επιβιβάζω, μπαρκάρω || *(transport as cargo)* φορτώνω, αποστέλλω || ~**building** *n* ναυπηγική || ~**ment** *n* φόρτωση || *(goods)* φορτίο, εμπόρευμα *nt* || ~**per** *n (sender)* αποστολέας || ~**ping** *n (act)* φόρτωση || *(ships)* πλοία *ntpl*, ναυτιλία || *(ships of country)* εμπορική ναυτιλία || ~**shape** *a* περίφημος, εξαιρετικός || ~**wreck** *n* ναυάγιο || ~**yard** *n* ναυπηγείο.

shire [ˈʃaɪə*] *n* κομητεία.

shirk [ʃɜːk] *vt* αποφεύγω, ξεφεύγω, φυγοπονώ.

shirt [ʃɜːt] *n (man's shirt)* πουκάμισο.

shiver [ˈʃɪvə*] *n* ρίγος *nt*, τρεμούλα ♦ *vi (with cold)* τρέμω, τουρτουρίζω.

shoal [ʃəʊl] *n (of fish)* κοπάδι (ψαριών).

shock [ʃɒk] *n* δόνηση, σύγκρουση, τίναγμα *nt* || *(ELEC)* ηλεκτρικό σόκ *nt inv*, ηλεκτροπληξία || *(emotional)* συγκλονισμός, ταραχή || *(MED)* καταπληξία, σόκ ♦ *vt* σκανδαλίζω, σοκάρω || ~ **absorber** *n* αποσβεστήρας κρούσεων, αμορτισέρ *nt inv* || ~**ing** *a* σκανδαλώδης || συγκλονιστικός || ~**proof** *a (watch)* προφυλαγμένος από δόνηση.

shod [ʃɒd] *pt, pp of* **shoe.**

shoddiness [ˈʃɒdɪnɪs] *n* κακή ποιότητα.

shoddy [ˈʃɒdɪ] *a* κακής ποιότητας, της πεντάρας.

shoe [ʃuː] *(irreg v) n* υπόδημα *nt*, παπούτσι || *(of horse)* πέταλο ♦ *vt* πεταλώνω (άλογο) || ~**brush** *n* βούρτσα των παπουτσιών || ~**horn** *n* κόκκαλο των παπουτσιών || ~**lace** *n* κορδόνι || ~**shop** *n* παπουτσάδικο υποδηματοποιείο.

shone [ʃɒn] *pt, pp of* **shine.**

shook [ʃʊk] *pt of* **shake.**

shoot [ʃuːt] *(irreg v) n (branch)* βλαστός, βλαστάρι ♦ *vt (gun)* πυροβολώ, εκκενώνω || *(kill)* σκοτώνω || *(film)* τραβώ, γυρίζω (ταινία) ♦ *vi (move swiftly)* (εξ)ορμώ, τρέχω, πετώ || *(let off gun)* πυροβολώ, κτυπώ || **to** ~ **down** *vt (plane)* καταρρίπτω || ~**ing** *n (shots)* πυροβολισμός, πόλεμος || *(hunting)* κυνήγι || **~ing star** *n* διάττων αστέρας.

shop [ʃɒp] *n* κατάστημα *nt*, μαγαζί || *(workshop)* εργαστήριο, μαγαζί *nt* ♦ *vi (also:* **go ~ping***)* ψωνίζω || **~ assistant** *n* υπάλληλος *m/f* καταστήματος || **~keeper** *n* καταστηματάρχης, μικροέμπορος || **~lifter** *n* κλέφτης καταστημάτων || **~lifting** *n* κλοπή καταστημάτων || **~per** *n* πελάτης/τρια *m/f*, αγοραστής/άστρια *m/f* || **~ping** *n* αγορές *fpl*, ψώνια *ntpl* || **~ping bag** *n* τσάντα για τα ψώνια || **~ping centre, ~ping center** *(US) n* αγορά, εμπορικό κέντρο || **~soiled** *a* στραπατσαρισμένος || **~ steward** *n (industry)* αντιπρόσωπος του συνδικάτου || **~ window** *n* προθήκη, βιτρίνα || *see* **talk.**

shore [ʃɔː*] *n (of sea, lake)* ακτή, παραλία ♦ *vt*: **to ~ up** υποστηρίζω, στηλώνω.

shorn [ʃɔːn] *pp of* **shear.**

short [ʃɔːt] *a* βραχύς, κοντός || *(not tall)* κοντός || *(soon finished)* βραχύς, σύντομος || *(curt)* απότομος, κοφτός || *(in measure)* λιποβαρής, ελλειπής, λειψός || *(ELEC: short-circuit)* βραχύς (βραχυκύκλωμα *nt*) ♦ *ad* απότομα || **~ of** εκτός ♦ *vti (ELEC)* βραχυκυκλώνω, βραχυκυκλούμαι || **to cut ~** τερματίζω απότομα, συντομεύω, διακόπτω || **to fall ~** πέφτω κοντά, δεν πετυχαίνω || **to stop ~** σταματώ ξαφνικά || **~age** *n* ανεπάρκεια, έλλειψη || **~bread** *n* είδος *nt* κέικ || **~-circuit** *n* βραχυκύκλωμα *nt* ♦ *vi* βραχυκυκλούμαι || **~coming** *n* ελάττωμα *nt*, ατέλεια, μειονέκτημα *nt* || **~ cut** *n* συντομώτερος δρόμος || **~en** *vt* μικραίνω, κονταίνω || **~hand** *n* στενογραφία || **~hand typist** *n* στενοδακτυλογράφος *m/f* || **~-lived** *a* βραχύβιος, εφήμερος || **~ly** *ad (soon)* προσεχώς, σύντομα, σε λίγο || **~ness** *n* βραχύτητα, συντομία || **~-sighted** *a (lit)* μυωπικός || *(fig)* μη προνοητικός, κοντόφθαλμος || **~ story** *n* διήγημα *nt* || **~-tempered** *a* απότομος, ευέξαπτος || **~-term** *a (FIN)* βραχυπρόθεσμος || **~wave** *n (RAD)* βραχύ κύμα *nt*.

shot [ʃɒt] *pt, pp of* **shoot** ♦ *n (firing etc)* πυροβολισμός, τουφεκιά || *(person)* σκοπευτής || *(attempt)* δοκιμή, προσπάθεια, απόπειρα || *(injection)* ένεση || *(PHOT)* λήψη φωτογραφίας || **like a ~** *(very readily)* αμέσως, πρόθυμα || **~gun** *n* κυνηγετικό όπλο.

should [ʃʊd] *auxiliary v*: **I ~ go now** πρέπει να φύγω τώρα || **he ~ be there now** πρέπει να έχει φθάσει τώρα || **I ~ like** θα ήθελα.

shoulder [ˈʃəʊldə*] *n* ώμος ♦ *vt* επωμίζομαι || **~ blade** *n* ωμοπλάτη.

shouldn't [ˈʃʊdnt] = **should not** || *see* **should.**

shout [ʃaʊt] *n* κραυγή, φωνή ♦ *vt* κραυγάζω ♦ *vi* κραυγάζω, φωνάζω || **~ing** *n* φωνές *fpl*, κραυγές *fpl*.

shove [ʃʌv] *n* ώθηση, σπρωξιά, σπρώξιμο ♦ *vt* σπρώχνω || **to ~ off** *vi (NAUT)* απωθώ || *(fig, col)* φεύγω, ξεκινώ.

shovel [ˈʃʌvl] *n* φτυάρι ♦ *vt* φτυαρίζω.

show [ʃəʊ] *(irreg v) n* επίδειξη, προβολή || *(appearance)* εμφάνιση, όψη || *(exhibition)* έκθεση, θέαμα *nt* || *(THEAT, CINE)* θέατρο, σινεμά *nt inv*, παράσταση ♦ *vt* δείχνω, οδηγώ || *(demonstrate)* παρουσιάζω, αποδεικνύω || *(explain)* δείχνω, εξηγώ || *(give)* δείχνω ♦ *vi (be visible)* εμφανίζομαι, φαίνομαι, ξεπροβάλλω || **to ~ in** *vi* πες να μπει || **to ~ out** *vi* συνοδεύω στην έξοδο || **to ~ off**

vi (pej) επιδεικνύομαι, καμαρώνω ♦ *vt (display)* επιδεικνύω, δείχνω, διαφημίζω || **to ~ up** *vi (appear)* εμφανίζομαι, παρουσιάζομαι ♦ *vt* δείχνω || **~down** *n* αναμέτρηση, διακήρυξη προθέσεων.
shower ['ʃauə*] *n* μπόρα || *(stones etc)* βροχή από πέτρες κτλ || *(shower bath)* ντους *nt inv* ♦ *vt (fig only)* δίνω άφθονα || **~y** *a (weather)* βροχερός.
showing ['ʃəuɪŋ] *n (of film)* εμφάνιση, προβολή.
shown [ʃəun] *pp of* **show.**
show-off ['ʃəuɒf] *n (col: person)* κορδωμένος.
showroom ['ʃəurum] *n* αίθουσα εκθέσεων.
shrank [ʃræŋk] *pt of* **shrink.**
shrapnel ['ʃræpnl] *n* βολιδοφόρο βλήμα *nt.*
shred [ʃrɛd] *n (generally pl)* κομμάτι, λουρίδα, κουρέλι ♦ *vt* κομματιάζω, σχίζω σε λουρίδες || **in ~s** ξεσχισμένος, κουρελιασμένος.
shrewd [ʃruːd] *a* διορατικός, επιδέξιος || **~ness** *n* ευφυΐα, εξυπνάδα.
shriek [ʃriːk] *n* ξεφωνητό, στριγγλιά ♦ *vti* ξεφωνίζω, στριγγλίζω.
shrill [ʃrɪl] *a* οξύς, διαπεραστικός.
shrimp [ʃrɪmp] *n* γαρίδα.
shrine [ʃraɪn] *n* λειψανοθήκη, βωμός, ιερός τόπος.
shrink [ʃrɪŋk] *(irreg v) vi* συστέλλομαι, μαζεύομαι ♦ *vt (make smaller)* ζαρώνω, συστέλλω, κάνω να μαζέψει || **~age** *n* συστολή, μπάσιμο, μάζεμα *nt.*
shrivel ['ʃrɪvl] *vti (also: ~* **up)** μαραίνομαι, ζαρώνω, ξεραίνομαι.
shroud [ʃraud] *n* σάβανο ♦ *vt* σκεπάζω, καλύπτω.
Shrove Tuesday ['ʃrəuv'tjuːzdɪ] *n* Καθαρή Τρίτη.
shrub [ʃrʌb] *n* θάμνος, χαμόδενιρο || **~bery** *n* θαμνώνας, λόγγος.
shrug [ʃrʌg] *n* σήκωμα *nt* των ώμων || **to ~ off** *vt* αφηφώ, απορρίπτω.
shrunk [ʃrʌŋk] *pp of* **shrink.**
shudder ['ʃʌdə*] *n* ρίγος *nt,* φρικίαση, τρεμούλα ♦ *vi* τρέμω.
shuffle ['ʃʌfl] *n (CARDS)* ανακάτεμα *nt* (τράπουλας) ♦ *vt* ανακατεύω ♦ *vi* σέρνω τα πόδια.
shun [ʃʌn] *vt* αποφεύγω.
shush [ʃuʃ] *excl (col)* σουτ!
shut [ʃʌt] *(irreg v) vt* κλείνω ♦ *vi* κλείομαι, κλείνω || **to ~ down** *vti* κλείνω, σταματώ εργασίες || **to ~ off** *vt (supply)* διακόπτω, αποκόπτω, αποκλείω || **to ~ up** *vi (keep quiet)* σωπαίνω, βουλώνω ♦ *vt (close)* κλείνω καλά, κλειδώνω || *(silence)* αποστομώνω, κλείνω το στόμα || **~ up!** σκασμός! || **~ter** *n* παραθυρόφυλλο, παντζούρι || *(of camera)* φωτοφράκτης.
shuttlecock ['ʃʌtlkɒk] *n* φτερωτή σφαίρα, βολάν *nt inv.*
shy [ʃaɪ] *a* ντροπαλός, δειλός || **~ly** *ad* ντροπαλά, δειλά || **~ness** *n* δειλία, ντροπαλότητα.
Siamese [saɪə'miːz] *a:* **~ cat** Σιαμαία γάτα.
sick [sɪk] *a* ασθενής, άρρωστος || *(inclined to vomit)* έχω τάση προς εμετό || *(disgusting)* αηδιαστικός, σιχαμερός || **~ bay** *n* νοσοκομείο πλοίου || **~en** *vt* αρρωσταίνω, αηδιάζω ♦ *vi* αηδιάζω || **~ening** *a (fig)* αηδιαστικός.
sickle ['sɪkl] *n* δρεπάνι.
sick leave ['sɪkliːv] *n* αναρρωτική άδεια.
sickly ['sɪklɪ] *a* αρρωστιάρης, ωχρός, ασθενικός || *(nauseating)* που προκαλεί αναγούλα.
sickness ['sɪknɪs] *n* ασθένεια, αρρώστεια, νόσος *f* || *(vomiting)* ναυτία, αναγούλα, εμετός.
sick pay ['sɪkpeɪ] *n* επίδομα *nt* ασθενείας.

side [saɪd] *n* πλευρά, πλευρό, μέρος *nt*, μεριά || *(of body)* πλευρά, μεριά || *(of lake)* όχθη || *(aspect)* πλευρά, όψη, άποψη ♦ *a (door, entrance)* πλαγία (είσοδος), πλαϊνή (είσοδος *f*) ♦ *vi*: **to ~ with** πάω με, παίρνω το μέρος του || **by the ~ of** στο πλευρό του, σε σύγκριση με || **on all ~s** από παντού || **to take ~s (with)** υποστηρίζω, μεροληπτώ || **~board** *n* μπουφές *m inv* || **~boards, ~burns** *npl (whiskers)* φαβορίτες *fpl* || **~ effect** *n (MED)* παρενέργεια || **~light** *n (AUT)* πλευρικός φανός || **~line** *n (RAIL)* δευτερεύουσα γραμμή || *(fig: hobby)* πάρεργο || **~ road** *n* πάροδος *f* || **~ show** *n* δευτερεύον θέαμα *nt* || **~track** *vt (fig)* παραμερίζω || **~walk** *n (US)* πεζοδρόμιο || **~ways** *ad* πλάγια, λοξά.

siding [ˈsaɪdɪŋ] *n* πλευρική διακλάδωση.

sidle [ˈsaɪdl] *vi*: **to ~ up** πλησιάζω δειλά και πλάγια.

siege [siːdʒ] *n* πολιορκία.

sieve [sɪv] *n* κόσκινο ♦ *vt* κοσκινίζω.

sift [sɪft] *vt* κοσκινίζω || *(examine)* ξεχωρίζω, εξονυχίζω.

sigh [saɪ] *n* αναστεναγμός ♦ *vi* (ανα)στενάζω.

sight [saɪt] *n* όραση || *(scene)* θέα, θέαμα *nt* || *(of rifle)* κλισιοσκόπιο, στόχαστρο ♦ *vt* αντικρύζω, βλέπω, παρατηρώ || **in ~** φαίνομαι, γίνομαι ορατός || **out of ~** δε φαίνομαι || **~seeing** *n* επίσκεψη αξιοθέατων || **to go ~seeing** επισκέπτομαι τα αξιοθέατα.

sign [saɪn] *n (with hand)* νεύμα *nt*, νόημα *nt* || *(indication)* ένδειξη, σημάδι || *(notice, road etc)* σήμα *nt*, ταμπέλα, πινακίδα || *(written symbol)* σημείο, σημάδι ♦ *vt* υπογράφω || **to ~ off** *vi* ξεμπαρκάρω || **to ~ up** *vti (MIL)* κατατάσσομαι.

signal [ˈsɪgnl] *n* σύνθημα *nt*, σημείο, σήμα *nt* ♦ *vt* σηματοδοτώ, στέλνω με σήματα.

signature [ˈsɪgnətʃə*] *n* υπογραφή.

significance [sɪgˈnɪfɪkəns] *n* σημασία, έννοια, νόημα *nt* || *(importance)* σπουδαιότητα, σημαντικότητα.

significant [sɪgˈnɪfɪkənt] *a* με σημασία, σημαντικός || *(important)* σημαντικός, σπουδαίος, σημαίνων || **~ly** *ad* με έννοια, με σημασία.

signify [ˈsɪgnɪfaɪ] *vt* σημαίνω, εννοώ || *(express)* είμαι ένδειξη, (εκ)δηλώνω.

sign language [ˈsaɪnlæŋgwɪdʒ] *n* γλώσσα με νεύματα.

signpost [ˈsaɪnpəʊst] *n* σήμα *nt* κυκλοφορίας, πινακίδα της τροχαίας.

silence [ˈsaɪləns] *n* σιγή, σιωπή, ησυχία ♦ *vt* σωπαίνω, ησυχάζω || **~r** *n* σιγαστήρας, σιλανσιέ *nt inv*.

silent [ˈsaɪlənt] *a* σιωπηλός, αθόρυβος, σιγαλός || *(saying nothing)* άφωνος, αμίλητος.

silhouette [sɪluːˈɛt] *n (outline)* σιλουέτα ♦ *vt* διαγράφομαι σα σιλουέτα.

silk [sɪlk] *n* μετάξι ♦ *a* μεταξωτός || **~y** *a* μεταξένιος, απαλός, στιλπνός.

silliness [ˈsɪlɪnɪs] *n* μωρία, ανοησία, χαζομάρα.

silly [ˈsɪlɪ] *a* ανόητος, μωρός.

silt [sɪlt] *n* βόρβορος, λάσπη.

silver [ˈsɪlvə*] *n* άργυρος, ασήμι *ntpl* || *(coins)* αργυρά νομίσματα *ntpl* || *(objects)* ασημικά *ntpl* ♦ *a* αργυρός, ασημένιος || **~ paper** *n* ασημόχαρτο || **~-plated** *a* επάργυρος || **~smith** *n* αργυροχόος || **~y** *a* ασημένιος.

similar [ˈsɪmɪlə*] *a (+ to)* όμοιος (με) || **~ity** *n* ομοιότητα || **~ly** *ad* παρόμοια, όμοια.

simile [ˈsɪmɪlɪ] *n* παρομοίωση.

simmer ['sɪmə*] *vi* σιγοβράζω.

simple ['sɪmpl] *a (easy)* απλός, εύκολος || *(natural)* απλός, απλοϊκός || *(plain)* απλός, απλοϊκός || *(of one kind)* απλός || *(weak-minded)* αφελής, μωρόπιστος || **~-minded** *a* αφελής, απλοϊκός.

simplicity [sɪm'plɪsɪtɪ] *n* απλότητα.

simplify ['sɪmplɪfaɪ] *vt* απλουστεύω, απλοποιώ.

simulation [sɪmjʊ'leɪʃən] *n (imitation)* απομίμηση, προσποίηση.

simultaneous [sɪməl'teɪnɪəs] *a* ταυτόχρονος || **~ly** *ad* ταυτόχρονα, σύγχρονα με.

sin [sɪn] *n* αμάρτημα *nt*, αμαρτία ♦ *vi* αμαρτάνω.

since [sɪns] *ad* έκτοτε, από τότε ♦ *prep* από ♦ *cj (time)* αφότου, από τότε που || *(because)* αφού, εφόσον.

sincere [sɪn'sɪə*] *a* ειλικρινής || **~ly** *ad* ειλικρινά.

sincerity [sɪn'serɪtɪ] *n* ειλικρίνεια.

sinful ['sɪnfʊl] *a* αμαρτωλός.

sing [sɪŋ] *(irreg v) vt (song)* τραγουδώ ♦ *vi (gen)* τραγουδώ || *(bird)* κελαηδώ || *(ears)* βουίζω.

singe [sɪndʒ] *vt* τσουρουφλίζω, καψαλίζω.

singer ['sɪŋə*] *n* αοιδός *m/f*, τραγουδιστής/ίστρια *m/f*.

singing ['sɪŋɪŋ] *n* τραγούδι.

single ['sɪŋgl] *a* μόνος, μοναδικός || *(bed, room)* μονό (κρεββάτι, δωμάτιο) || *(unmarried)* άγαμος || *(ticket)* απλό (εισιτήριο) || *(one part)* απλός, ένας ♦ *n (ticket)* απλό εισιτήριο || **~s** *npl (tennis)* απλό παιχνίδι, σίγκλ *nt inv* || **to ~ out** *vt* διαλέγω, επιλέγω, ξεχωρίζω || **in ~ file** κατ' άνδρα, στη γραμμή, ένας-ένας || **~-handed** *a* ολομόναχος, αβοήθητος, μόνος || **~-minded** *a* που έχει ένα μόνο σκοπό || **~-sided disk** *n (COMPUT)* δίσκος μιας όψεως.

singlet ['sɪŋglɪt] *n* φανελίτσα.

singular ['sɪŋgjʊlə*] *a* ενικός || *(odd)* παράξενος, σπάνιος, μοναδικός ♦ *n (GRAM)* ενικός αριθμός.

sinister ['sɪnɪstə*] *a* απαίσιος, δυσοίωνος, μοχθηρός.

sink [sɪŋk] *(irreg v) n* νεροχύτης ♦ *vt (put under)* καταβυθίζω, βουλιάζω || *(dig)* σκάβω, ανοίγω ♦ *vi (fall slowly)* καταβυθίζομαι, βουλιάζω, καθίζω || **to ~ in** *vi (news etc)* χαράσσομαι στο μυαλό || **~ing** *a (feeling)* απογοητευτικός || **with ~ing heart** με σφιγμένη καρδιά.

sinner ['sɪnə*] *n* αμαρτωλός.

sinus ['saɪnəs] *n (ANAT)* κόλπος.

sip [sɪp] *n* ρουφηξιά, γουλιά ♦ *vt* πίνω γουλιά-γουλιά, ρουφώ.

siphon ['saɪfən] *n* σιφόνι || **to ~ off** *vt* αναρροφώ, σιφωνίζω.

sir [sɜː*] *n* κύριε || *(title)* κύριος || **yes S~** μάλιστα, κύριε.

siren ['saɪərən] *n* σειρήνα.

sirloin ['sɜːlɔɪn] *n* κόντρα φιλέτο.

sister ['sɪstə*] *n* αδελφή || *(MED)* αρχινοσοκόμος || *(nun)* μοναχή, καλογρηά, αδελφή || **~-in-law** *n* κουνιάδα, νύφη.

sit [sɪt] *(irreg v) vi* κάθομαι || *(at session)* συνεδριάζω ♦ *vt (exam)* δίνω εξετάσεις, εξετάζομαι || **to ~ tight** δεν το κουνώ, βάζω τα δυνατά μου || **to ~ down** *vi* καθομαι || **to ~up** *vi ((after lying)* ανασηκώνομαι || *(at night)* αγρυπνώ, ξενυχτώ.

site [saɪt] *n* τοποθεσία, θέση ♦ *vt* τοποθετώ, εγκαθιστώ.

sit-in ['sɪtɪn] *n (demonstration)* καταλαμβάνω σαν ένδειξη διαμαρτυρίας.

sitting ['sɪtɪŋ] *n* συνεδρίαση || **~ room** *n* σαλόνι.

situated ['sɪtjʊeɪtɪd] *a* κείμενος, ευρισκόμενος.

situation [sɪtjʊ'eɪʃən] *n (state of affairs)* κατάσταση || *(place)* τοποθεσία, θέση || *(post)* θέση, εργασία, δουλειά.

six [sɪks] *num* έξι || ~**teen** *num* δεκαέξι || ~**th** *a* έκτος || ~**ty** *num* εξήντα.

size [saɪz] *n* μέγεθος, διάσταση, έκταση, όγκος || *(glue)* κόλλα || *(of clothing)* νούμερο || **to ~ up** *vt (assess)* εκτιμώ (το μέγεθος), σχηματίζω γνώμη για || ~**able** *a* αρκετά μεγάλος, μεγαλούτσικος.

sizzle ['sɪzl] *n* σφύριγμα *nt*, τσιτσίρισμα *nt* ♦ *vi* τσιτσιρίζω, σφυρίζω.

skate [skeɪt] *n* πέδιλο, πατίνι ♦ *vi* πατινάρω, παγοδρομώ || ~**r** *n* πατινέρ *m/f inv*, παγοδρόμος.

skating ['skeɪtɪŋ] *n*: **to go ~** πηγαίνω για πατινάζ || ~ **rink** *n* παγοδρόμιο, αίθουσα πατινάζ.

skeleton ['skɛlɪtn] *n* σκελετός.

skeptic ['skɛptɪk] *n (US)* = **sceptic.**

sketch [skɛtʃ] *n* σκαρίφημα *nt*, σκιαγραφία || *(play)* σκίτσο, σκέτς *nt inv* ♦ *vt* σκιαγραφώ, σκιτσάρω || ~**book** *n* σημειωματάριο || ~ **pad** *n* καρνέ *nt inv* για σκίτσα || ~**y** *a* ατελής, ασαφής, ακαθόριστος.

skewer ['skjʊə*] *n* σούβλα.

ski [skiː] *n* σκι ♦ *vi* κάνω σκι || ~ **boot** *n* παπούτσι του σκι.

skid [skɪd] *n (skid-pan)* τροχοπέδη ♦ *vi* γλυστρώ πλαγίως, ντεραπάρω.

skidmark ['skɪdmaːk] *n* ίχνη *ntpl* ντεραπαρίσματος.

skier ['skiːə*] *n* σκιέρ *m/f inv.*

skiing ['skiːɪŋ] *n*: **to go ~** πάω για σκι.

skijump ['skiːdʒʌmp] *n* πήδημα *nt* με σκι.

skilful ['skɪlful] *a* ικανός, επιδέξιος, επιτήδειος.

skill [skɪl] *n* ικανότητα, επιδεξιότητα || ~**ed** *a* επιδέξιος || *(trained)* ειδικευμένος.

skim [skɪm] *vt* ξαφρίζω, βγάζω || *(read)* ξεφυλλίζω || *(glide over)* περνώ ξυστά.

skimp [skɪmp] *vt* τσιγγουνεύομαι || *(do carelessly)* εκτελώ γρήγορα και επιπόλαια || ~**y** *a (work, dress)* ανεπαρκής || *(meal)* φτωχός.

skin [skɪn] *n* δέρμα *nt*, πετσί, τομάρι || *(peel, rind)* φλοιός, φλούδα || *(on milk)* πέτσα ♦ *vt* γδέρνω, ξεφλουδίζω || ~**-deep** *a* επιπόλαιος, επιφανειακός || ~ **diving** *n* υποβρύχιο κολύμπι || ~**ny** *a* αδύνατος, κοκκαλιάρης, τσίρος || ~**tight** *a (dress etc)* (φόρεμα) εφαρμοστό.

skip [skɪp] *n* (ανα)πήδημα *nt*, σκίρτημα *nt* ♦ *vi* σκιρτώ, πηδώ, πετάγομαι ♦ *vt* παραλείπω, πηδώ.

ski pants ['skiː'pænts] *npl* παντελόνι του σκι.

skipper ['skɪpə*] *n (NAUT, SPORT)* καπετάνιος.

skipping rope ['skɪpɪŋrəʊp] *n* σχοινάκι.

skirmish ['skɜːmɪʃ] *n* αψιμαχία.

skirt [skɜːt] *n* φούστα ♦ *vt* περιτρέχω, φέρνω βόλτα.

skit [skɪt] *n* ευθυμογράφημα *nt*, παρωδία, νούμερο.

skittle ['skɪtl] *n (one pin)* τσούνι || ~**s** *n (game)* τσούνια.

skull [skʌl] *n* κρανίο.

skunk [skʌŋk] *n* μεφίτη, είδος ασβού.

sky [skaɪ] *n* ουρανός || ~**-blue** *a* ανοιχτό μπλε || ~ **blue** *n* ουρανί (χρώμα) || ~**light** *n* φεγγίτης || ~**scraper** *n* ουρανοξύστης.

slab [slæb] *n* πλάκα.

slack [slæk] *a* χαλαρός, λάσκος || *(slow, dull)* πεσμένος, νεκρή (εποχή) || *(careless)* αμελής, αδρανής ♦ *vi* ατονώ, τεμπελιάζω ♦ *n (in rope etc)* χαλαρότητα || ~**s** *npl* σπορ παντελόνι || ~**en** *(also:* ~**en off)** *vi* χαλαρούμαι, μειούμαι, πέφτω ♦ *vt* χαλαρώνω, μετριάζω, επιβραδύνω, λασκάρω.

slag [slæg] *n* σκουριά || ~ **heap** *n* σωρός σκουριάς.

slam [slæm] *n* κρότος, κτύπημα *nt* πόρτας ♦ *vt (door)* κλείνω απότομα, κτυπώ || *(throw down)* πετάω με δύναμη ♦ *vi* κλείνω με κρότο.

slander ['slɑːndə*] *n* κακολογία, διαβολή, συκοφαντία ♦ *vt* συκοφαντώ, κακολογώ, διαβάλλω || ~**ous** *a* συκοφαντικός.

slang [slæŋ] *n* μάγκικη γλώσσα, λαϊκό, ιδίωμα *nt*.

slant [slɑːnt] *n (lit)* κλίση, γέρσιμο || *(fig)* άποψη, αντίληψη ♦ *vti* κλίνω, γέρνω || ~**ing** *a* λοξός, πλάγιος.

slap [slæp] *n* κτύπημα *nt*, χαστούκι, μπάτσος, καρπαζιά ♦ *vt* ραπίζω, μπατσίζω, καρπαζώνω ♦ *ad (directly)* κατευθείαν || ~**dash** *ad* ξένοιαστα, απρόσεκτα || ~**stick** *n (comedy)* φάρσα.

slash [slæʃ] *n* δυνατό κτύπημα *nt*, σχίσιμο ♦ *vt* κόβω, σχίζω, πετσοκόβω.

slate [sleɪt] *n* σχιστόλιθος || *(piece of slate)* αβάκιο, πλάκα ♦ *vt (criticize)* επικρίνω, κουρελιάζω.

slaughter ['slɔːtə*] *n* σφαγή, σφάξιμο ♦ *vt* σφάζω.

Slav [slɑːv] *n (person)* Σλάβος/α *m/f* ♦ *a* σλαβικός.

slave [sleɪv] *n* σκλάβος, δούλος ♦ *vi* δουλεύω σκληρά, μοχθώ || ~**ry** *n* δουλεία, σκλαβιά.

slavish ['sleɪvɪʃ] *a* δουλικός || ~**ly** *ad* δουλικά.

sledge [slɛdʒ] *n* έλκηθρο || ~**hammer** *n* βαριά, μεγάλο σφυρί.

sleek [sliːk] *a* λείος, απαλός, προσποιητός.

sleep [sliːp] *(irreg v) n* ύπνος ♦ *vi* κοιμούμαι, πλαγιάζω || **to go to** ~ αποκοιμούμαι || **to** ~ **in** *vi (late)* ξυπνώ αργά || ~**er** *n* υπναράς || *(RAIL)* κλινάμαξα || ~**ily** *ad* κοιμισμένα || ~**iness** *n* υπνηλία, νυσταγμός, νύστα || ~**ing bag** *n* σάκκος ύπνου || ~**ing car** *n* κλινάμαξα, βαγκόν-λι *nt inv* || ~**ing pill** *n* υπνωτικό χάπι || ~**lessness** *n* αϋπνία, αγρυπνία || ~**walker** *n* υπνοβάτης/άτρια *m/f* || ~**y** *a* νυσταλέος, νυσταγμένος.

sleet [sliːt] *n* χιονόνερο.

sleeve [sliːv] *n* μανίκι || ~**less** *a (garment)* χωρίς μανίκια.

sleigh [sleɪ] *n* έλκηθρο.

sleight [slaɪt] *n*: ~ **of hand** ταχυδακτυλουργία.

slender ['slɛndə*] *a* λεπτός, λιγνός || *(small)* ισχνός, ασθενής.

slept [slɛpt] *pt, pp of* **sleep.**

slice [slaɪs] *n (of bread)* φέτα || *(of cake, cheese etc)* κομμάτι ♦ *vt* τεμαχίζω, κόβω σέ φέτες.

slick [slɪk] *a (smart)* γλυστερός, δόλιος, επιτήδειος.

slid [slɪd] *pt, pp of* **slide.**

slide [slaɪd] *(irreg v) n* τσουλήθρα, ολισθητήριο, στίβος || *(PHOT: transparency)* διαφάνεια, σλάιντ *nt inv* || *(brooch)* τσιμπιδάκι || *(fall in prices)* πτώση τιμών ♦ *vt* παρακάμπτω, ξεφεύγω ♦ *vi* γλυστρώ.

sliding ['slaɪdɪŋ] *a (door)* συρτή (πόρτα).

slight [slaɪt] *a* λεπτός || *(trivial)* ελαφρός, ασήμαντος || *(small)* μικροκαμωμένος, μικρούλης ♦ *n* υποτίμηση, περιφρόνηση ♦ *vt (offend)* προσβάλλω, θίγω || ~**ly** *ad* ελαφρά, κάπως, λιγάκι.

slim [slɪm] *a* λεπτός, μικρός ♦ *vi* κάνω δίαιτα.

slime [slaɪm] *n* λάσπη, βούρκος.

slimming ['slɪmɪŋ] *n* αδυνάτισμα *nt*.

slimy ['slaɪmɪ] *a* βορβορώδης, γλοιώδης.

sling [slɪŋ] *(irreg v) n (bandage)* ανωμίτης, κρεμαστάρι ♦ *vt* εκσφενδονίζω, ρίχνω.

slip [slɪp] *n (slipping)* ολίσθημα *nt*, γλύστρημα *nt* || *(petticoat)* μισοφόρι || *(of paper)* φύλλο, χαρτί ♦ *vt* γλυστρώ αθόρυβα, μπαίνω || *(escape from)* ξεφεύγω από ♦ *vi (lose balance)* γλυστρώ || *(move smoothly)* κινούμαι αθόρυβα || *(make mistake)* κάνω γκάφα, σφάλλω || *(decline)* παρεκτρέπομαι, παραστρατώ || **to ~ away** *vi* γλιστρώ, φεύγω απαρατήρητα || **to ~ in** *vt* βάζω, χώνω || **to ~ out** *vi* βγαίνω (κρυφά).

slipper ['slɪpə*] *n* παντούφλα.

slippery ['slɪpərɪ] *a* ολισθηρός, γλυστερός || *(tricky)* πανούργος, πονηρός.

slipshod ['slɪpʃɒd] *a* ακατάστατος, απρόσεκτος.

slip-up ['slɪpʌp] *n (mistake)* σφάλμα *nt*, γκάφα.

slipway ['slɪpweɪ] *n* ναυπηγική κλίνη.

slit [slɪt] *(irreg v) n* σχίσιμο, σχισμή ♦ *vt* κόβω, σχίζω, σχίζομαι.

slither ['slɪðə*] *vi* σέρνομαι, γλιστρώ.

slob [slɒb] *n (col: unpleasant person)* ατζαμής.

slog [slɒg] *n (great effort)* αγγαρεία, βαρειά δουλειά ♦ *vi (work hard)* δουλεύω σκληρά.

slogan ['sləʊgən] *n (catchword)* σύνθημα *nt*.

slop [slɒp] *vi* ξεχειλίζω, χύνομαι ♦ *vt* χύνω.

slope [sləʊp] *n* κατηφοριά, πλαγιά || *(slant)* κλίση ♦ *vi*: **to ~ down** κατηφορίζω || **to ~ up** *vi* ανηφορίζω.

sloping ['sləʊpɪŋ] *a* λοξός, πλάγιος.

sloppy ['slɒpɪ] *a* λασπωμένος, λασπώδης || *(untidy)* πρόχειρος, ακατάστατος || *(weak, silly)* άτονος, σαχλός.

slot [slɒt] *n* σχισμή, χαραμάδα ♦ *vt*: **to ~ in** βάζω, τοποθετώ || **~ machine** *n* αυτόματος πωλητής || μηχάνημα τυχερών παιχνιδιών.

slouch [slaʊtʃ] *vi* κινούμαι αδέξια.

slovenly ['slʌvnlɪ] *a* ακατάστατος, απρόσεκτος.

slow [sləʊ] *a* βραδύς, αργός || *(of clock)* πάω, πίσω || *(stupid)* βραδύνους, χοντροκέφαλος ♦ *ad* σιγά, αργά || '**~**' *(roadsign)* 'αργά' || **to ~ down** *vi* επιβραδύνω, μειώνω, κόβω (ταχύτητα) ♦ *vt* επιβραδύνω || **to ~ up** *vi* σταματώ, φρενάρω ♦ *vt* επιβραδύνω || **~ly** *ad* σιγά, αργά || **in ~ motion** σε αργό ρυθμό, ρελαντί.

sludge [slʌdʒ] *n* λάσπη, βούρκος.

slug [slʌg] *n* γυμνοσάλιαγκας || *(bullet)* μικρή σφαίρα || **~gish** *a* αδρανής, τεμπέλης, νωθρός || **~gishly** *ad* νωθρά, τεμπέλικα || **~gishness** *n* νωθρότητα, βραδύτητα.

sluice [slu:s] *n* υδροφράκτης, φράγμα *nt*.

slum [slʌm] *n* φτωχογειτονιά.

slumber ['slʌmbə*] *n* γαλήνιος ύπνος.

slump [slʌmp] *n* πτώση, ελάττωση ζητήσεως ♦ *vi* πέφτω απότομα.

slung [slʌŋ] *pt, pp of* **sling**.

slur [slɜ:*] *n* βιαστική προφορά, τραύλισμα *nt* || *(insult)* στίγμα *nt* προσβολή ♦ *vt (also*: **~ over)** κακοπροφέρω, τραυλίζω.

slush [slʌʃ] *n* λασπωμένο χιόνι || **~y** *a (lit)* λασπωμένος || *(fig: sentimental)* σαχλός, γλυκανάλατος.

slut [slʌt] *n* τσούλα, παλιοθήλυκο.

sly [slaɪ] *a* πονηρός, πανούργος, ύπουλος.

smack [smæk] *n (slap)* κτύπημα *nt*, χαστούκι, μπάτσος ♦ *vt (slap)* ρανίζω, καρπαζώνω || **to ~ one's lips** κτυπώ τα χείλη.

small [smɔːl] *a* μικρός, λίγος || **~holding** *n* μικρό κτήμα *nt* || **~ hours** *npl* πολύ πρωϊνές ώρες *fpl* || **~ish** *a* μάλλον μικρός, μικρούτσικος || **~pox** *n* ευλογιά, βλογιά || **~ talk** *n* φλυαρία.

smart [smaːt] *a (well-dressed)* κομψός, μοντέρνος || *(clever)* έξυπνος, επιδέξιος || *(sharp, quick)* σβέλτος, γρήγορος, ζωηρός ♦ *vi* πονώ, τσούζω, υποφέρω || **to ~en up** *vi* ζωηρεύω, κάνω κέφι || κομψεύομαι ♦ *vt* επισπεύδω.

smash [smæʃ] *n (collision)* σύγκρουση ♦ *vt* τσακίζω, θρυμματίζω, κομματιάζω || *(destroy)* καταστρέφω, συντρίβω ♦ *vi* θραύομαι, κομματιάζομαι || **~ing** *a (col)* σπουδαίος, περίφημος.

smattering ['smætərɪŋ] *n* επιπόλαια γνώση, πασάλειμα *nt*.

smear [smɪə*] *n* κηλίδα, λεκές *m* || επίχρισμα *nt* ♦ *vt* λερώνω, μουντζουρώνω.

smell [smɛl] *(irreg v) n* όσφρηση || *(odour)* οσμή, μυρωδιά ♦ *vt (breathe in)* μυρίζω ♦ *vi* μυρίζω, παίρνω μυρωδιά || *(give out smell)* μυρίζω, βρωμάω || **~y** *a (unpleasant)* δύσοσμος, βρωμερός.

smile [smaɪl] *n* χαμόγελο ♦ *vi* χαμογελώ.

smiling ['smaɪlɪŋ] *a* χαμογελαστός, γελαστός.

smirk [smɜːk] *n* ψεύτικο χαμόγελο ♦ *vi* χαμογελώ ψεύτικα.

smith [smɪθ] *n* σιδηρουργός, σιδεράς || **~y** ['smɪðɪ] *n* σιδηρουργείο, σιδεράδικο.

smock [smɒk] *n* μπλούζα, φόρμα.

smoke [sməʊk] *n* καπνός, καπνίλα || *(tobacco)* κάπνισμα *nt*, τσιγάρο ♦ *vt (puff)* καπνίζω || *(dry food)* καπνίζω ♦ *vi* αναδίδω καπνούς, καπνίζω || *(of cigarette)* καπνίζω || **~d** *a (bacon etc)* καπνιστός || **~r** *n (person)* καπνιστής || *(RAIL)* όχημα *nt* καπνιστών.

smoking ['sməʊkɪŋ] *n* κάπνισμα *nt* || **'no ~'** *(sign)* 'απαγορεύεται το κάπνισμα'.

smoky ['sməʊkɪ] *a* γεμάτος καπνό, καπνισμένος.

smolder ['sməʊldə*] *vi (US)* = **smoulder.**

smooth [smuːð] *a (in consistency)* απαλός || *(wine)* γλυκόπιοτος || *(movement)* ομαλός, μαλακός, αθόρυβος || *(person)* γλυκομίλητος, γαλίφης ♦ *vt (also: ~ out)* λειαίνω, εξομαλύνω, ισιώνω.

smother ['smʌðə*] *vt* πνίγω, καταπνίγω.

smoulder ['sməʊldə*] *vi* σιγοκαίω, υποβόσκω.

smudge [smʌdʒ] *n* κηλίδα, λεκές *m*, βρωμιά ♦ *vt* λεκιάζω, λερώνω, βρωμίζω.

smug [smʌg] *a* αυτάρεσκος, καμαρωτός.

smuggle ['smʌgl] *vt* κάνω λαθρεμπόριο, περνώ λαθραία || **~r** *n* λαθρέμπορος, κοντραμπαντζής.

smuggling ['smʌglɪŋ] *n* λαθρεμπόριο, κοντραμπάντο.

smutty ['smʌtɪ] *a (fig: obscene)* αισχρός, βρώμικος, πρόστυχος.

snack [snæk] *n* ελαφρό φαγητό, κολατσό || **~ bar** *n* σνακ-μπαρ *nt inv*.

snag [snæg] *n (obstacle)* εμπόδιο, κώλυμα *nt* || *(in stocking)* τράβηγμα *nt* κλωστής.

snail [sneɪl] *n* σαλιγκάρι.

snake [sneɪk] *n* φίδι.

snap [snæp] *n (sound)* ψαλιδιά, κράκ *nt inv*, ξηρός κρότος || *(photograph)* στιγμιότυπο, ενσταντανέ *nt inv*, φωτογραφία ♦ *a* βιαστικός || *(unexpected)* απροσδόκητος ♦ *vt (make sound)* κροταλίζω || *(break)* θραύω, σπάζω, τσακίζω || *(photograph)* φωτογραφίζω, τραβώ, πέρνω ♦ *vi (break)* σπάω || **to ~ off** *vt (break)* σπάω || **to ~ up** *vt* αρπάζω, βουτώ || **~py** *a* δηκτικός, απότομος, ζωηρός || **~shot** *n* φωτογραφία ενσταντανέ.

snare [snɛə*] *n* παγίδα ♦ *vt* παγιδεύω, πιάνω.

snarl [snaːl] *n* γρυλισμός, μούγγρισμα *nt* ♦ *vi (also person)* γρυλίζω.

snatch [snætʃ] *n* άρπαγμα *nt* || *(small amount)* κομμάτι ♦ *vt* αρπάζω, βουτώ.

sneak [sniːk] *vi* κινούμαι κρυφά.

sneer [snɪə*] *n* καγχασμός, σαρκασμός ♦ *vi* κοροϊδεύω, σαρκάζω, χλευάζω.

sneeze [sniːz] *n* φτέρνισμα *nt* ♦ *vi* φτερνίζομαι.

sniff [snɪf] *n* εισπνοή, ρούφηγμα *nt* ♦ *vi* ξεφυσώ, είμαι συναχωμένος ♦ *vt (smell)* μυρίζω, ρουφώ.

snigger ['snɪgə*] *n* πνιχτό γέλιο, πονηρό γέλιο ♦ *vi* κρυφογελώ, ξερογελώ.

snip [snɪp] *n* ψαλίδισμα *nt*, κομματάκι || *(bargain)* ευκαιρία, καλή δουλειά ♦ *vt* ψαλιδίζω, κόβω.

sniper ['snaɪpə*] *n (marksman)* ελεύθερος σκοπευτής.

snippet ['snɪpɪt] *n* κομματάκι, απόσπασμα *nt*.

snivelling ['snɪvlɪŋ] *a (whimpering)* κλαψιάρικος.

snob [snɒb] *n* σνόμπ *m inv*, ψωροπερήφανος/η *m/f* || **~bery** *n* σνομπισμός || **~bish** *a* σνόμπ, φαντασμένος, ποζάτος.

snooker ['snuːkə*] *n* είδος *nt* μπιλιάρδο.

snoop [snuːp] *vi*: **to ~ about** χώνω τη μύτη, παραφυλάω.

snooty ['snuːtɪ] *a (col: snobbish)* υπερόπτης, ψηλομύτης.

snooze [snuːz] *n* υπνάκος ♦ *vi* παίρνω έναν υπνάκο, μισοκοιμάμαι.

snore [snɔː*] *vi* ροχαλίζω.

snorkel ['snɔːkl] *n* αναπνευστικός σωλήνας.

snort [snɔːt] *n* φρίμασμα *nt*, ξεφύσημα *nt*, ρουθούνισμα *nt* ♦ *vi* ρουθουνίζω, φριμάζω, ξεφυσώ.

snout [snaʊt] *n* ρύγχος *nt*, μουσούδα, μύτη.

snow [snəʊ] *n* χιόνι ♦ *vi* χιονίζω, ρίχνω χιόνι || **~ball** *n* μπάλα χιόνι, χιονόσφαιρα || **~bound** *a* (απο)κλεισμένος από τα χιόνια || **~drift** *n* χιονοστιβάδα || **~drop** *n* γάλανθος ο χιονώδης || **~fall** *n* χιονόπτωση || **~flake** *n* νιφάδα || **~man** *n* χιονάνθρωπος || **~plough, ~plow** *(US) n* εκχιονιστήρας || **~storm** *n* χιονοθύελλα.

snub [snʌb] *vt* αποκρούω, προσβάλλω, κόβω ♦ *n* επίπληξη, προσβολή, κατσάδα.

snuff [snʌf] *n* ταμπάκο, πρέζα.

snug [snʌg] *a* άνετος, βολικός, ζεστός, αναπαυτικός.

so [səʊ] *ad (extent)* τόσο(ν) || *(in such manner)* έτσι || *(thus)* μ' αυτόν τον τρόπο || *(to such an extent)* τόσο ♦ *cj* επομένως, γι αυτό, έτσι λοιπόν || **or ~** περίπου, πάνω κάτω || **~ long!** *(goodbye)* γεια σου!, αντίο! || **~ many, ~ much** τόσος || **~ that** ούτως ώστε.

soak [səʊk] *vt* διαβρέχω, μουσκεύω || *(leave in liquid)* διαποτίζω, μουσκεύω || **to ~ in** *vi* διεισδύω, διαποτίζω, ποτίζω.

soap [səʊp] *n* σαπούνι || **~flakes** *npl* τριμμένο σαπούνι || **~powder** *n* σαπούνι σε σκόνη || **~y** *a* γεμάτος σαπούνι.

soar [sɔː*] *vi* πετώ ψηλά, ανυψώνομαι.

sob [sɒb] *n* λυγμός, αναφυλλητό ♦ *vi* κλαίω με αναφιλητά.

sober [ˈsəʊbə*] *a* νηφάλιος, ξεμέθυστος || *(calm)* σοβαρός, εγκρατής, ήρεμος || **to ~ up** *vi* συνέρχομαι, ξεμεθάω.

Soc. *abbr of* **society.**

so-called [ˈsəʊˈkɔːld] *a* δήθεν, λεγόμενος.

soccer [ˈsɒkə*] *n* ποδόσφαιρο.

sociable [ˈsəʊʃəbl] *a* κοινωνικός, φιλικός, ομιλητικός.

social [ˈsəʊʃəl] *a* κοινωνικός || **~ism** *n* σοσιαλισμός || **~ist** *n* σοσιαλιστής/ίστρια *m/f* ♦ *a* σοσιαλιστικός || **~ly** *ad* κοινωνικώς || **~ science** *n* κοινωνική επιστήμη || **~ security** *n* κοινωνική ασφάλεια || **~ work** *n* κοινωνική εργασία || **~ worker** *n* κοινωνικός λειτουργός *m/f.*

society [səˈsaɪətɪ] *n (people and customs)* κοινωνία || *(club)* εταιρεία || *(fashionable life)* κοσμική ζωή, καλός κόσμος.

sociologist [səʊsɪˈɒlədʒɪst] *n* κοινωνιολόγος.

sociology [səʊsɪˈɒlədʒɪ] *n* κοινωνιολογία.

sock [sɒk] *n* (κοντή) κάλτσα ♦ *vt (hit)* δίνω γροθιά.

socket [ˈsɒkɪt] *n* ντουί, πρίζα.

sod [sɒd] *n (of earth)* χορταριασμένο χώμα || *(col: term of abuse)* παλιάνθρωπος.

soda [ˈsəʊdə] *n (CHEM)* νάτριο, σόδα || *(drink)* σόδα || **~ water** *n* αεριούχο νερό, σόδα.

sodden [ˈsɒdn] *a* βρεγμένος, μουσκεμένος || *(moist and heavy)* λασπωμένος.

sofa [ˈsəʊfə] *n* σοφάς, καναπές *m.*

soft [sɒft] *a* μαλακός, απαλός || *(not loud)* απαλός, γλυκός, ελαφρός || *(kind)* τρυφερός, καλός || *(weak, silly)* ανόητος, χαζός || **~ drink** *n* αναψυκτικό || **~en** *vt* μαλακώνω ♦ *vi* μαλακώνω, γίνομαι μαλακός || **~-hearted** *a* ευαίσθητος, με τρυφερή καρδιά || **~ly** *ad* απαλά, μαλακά, αθόρυβα || **~ness** *n* μαλακότητα, απαλότητα.

soggy [ˈsɒgɪ] *a* υγρός, μουσκεμένος.

soil [sɔɪl] *n (earth)* έδαφος *nt*, χώμα *nt* ♦ *vt* λερώνω || **~ed** *a* λερωμένος, ακάθαρτος.

solar [ˈsəʊlə*] *a* ηλιακός.

sold [səʊld] *pt, pp of* **sell.**

solder [ˈsəʊldə*] *vt* (συγ)κολλώ ♦ *n* συγκόλληση || *(material)* καλάι.

soldier [ˈsəʊldʒə*] *n* στρατιώτης.

sole [səʊl] *n* πέλμα *nt*, πατούσα || *(of shoe)* σόλα || *(fish)* γλώσσα ♦ *a* μόνος, μοναδικός || **~ly** *ad (only)* μόνο, μοναδικά.

solemn [ˈsɒləm] *a* σοβαρός || *(formal)* επίσημος, σεμνός.

solicitor [səlɪsɪtə*] *n* δικηγόρος *m/f*, σύμβουλος, συνήγορος.

solid [ˈsɒlɪd] *a* στερεός, συμπαγής || *(hard)* στερεός, γερός, σκληρός || *(reliable)* σοβαρός, βάσιμος || *(meal)* γερός, ολόκληρος ♦ *n* στερεό || **~arity** *n* ενότητα, αλληλεγγύη || **~ify** [səˈlɪdɪfaɪ] *vi* στερεοποιούμαι, πήζω ♦ *vt* στερεοποιώ, πήζω, παγιώνω || **~ity** *n* στερεότητα.

solitaire [sɒlɪˈtɛə*] *n (game)* πασιέντσα || *(gem)* μονό διαμάντι, μονόπετρο.

solitary [ˈsɒlɪtərɪ] *a* μόνος || *(lonely)* ολομόναχος, μοναχικός.

solitude [ˈsɒlɪtjuːd] *n* μοναξιά, ερημιά.

solo [ˈsəʊləʊ] *n* σόλο || **~ist** *n* σολίστας *m*, σολίστ *m/f.*

soluble [ˈsɒljubl] *a* διαλυτός, ευδιάλυτος || *(able to be solved)* επιδεικτικός λύσεως.

solution [səˈluːʃən] *n* λύση, λύσιμο || *(explanation)* λύση, εξήγηση || *(in liquid)* διάλυση, διάλυμα *nt.*

solve [sɒlv] *vt* λύω, εξηγώ.

solvent ['sɒlvənt] *a* αξιόχρεος.

sombre, somber *(US)* ['sɒmbə*] *a* σκοτεινός, μελαγχολικός || **~ly** *ad* μελαγχολικά.

some [sʌm] *a (uncertain number)* λίγος, λίγοι, μερικοί || *(indefinite)* κάποιος || *(remarkable)* σπουδαίος, περίφημος || *(partitive)* μερικός ♦ *pron* μερικοί, κάτι ♦ *ad* περίπου || **~body** *pron* κάποιος ♦ *n* κάποιος || **~day** *ad* (μιά) κάποια μέρα || **~how** *ad* κάπως, κατά κάποιο τρόπο || **~one** *pron* = **somebody** || **~place** *ad (US)* = **somewhere.**

somersault ['sʌməsɔːlt] *n* τούμπα, κουτρουβάλα ♦ *vi* κάνω τούμπα.

something ['sʌmθɪŋ] *pron* κάτι, οτιδήποτε.

sometime ['sʌmtaɪm] *ad* κάποτε || **~s** *ad* μερικές φορές, κάπου-πάπου.

somewhat ['sʌmwɒt] *ad* κάπως.

somewhere ['sʌmwɛə*] *ad* κάπου.

son [sʌn] *n* γιός.

song [sɒŋ] *n* τραγούδι || **~writer** *n* (μουσικο)συνθέτης.

sonic ['sɒnɪk] *a* ηχητικός.

son-in-law ['sʌnɪnlɔː] *n* γαμπρός.

sonnet ['sɒnɪt] *n* σονέτο.

soon [suːn] *ad* γρήγορα || *(early)* σύντομα, νωρίς || **as ~ as possible** το συντομότερο δυνατό || **~er** *ad (time)* γρηγορότερα || *(of preference)* καλύτερα, κάλιο.

soot [sʊt] *n* αιθάλη, φούμο, καπνιά.

soothe [suːð] *vt* καταπραΰνω, παρηγορώ.

sophisticated [sə'fɪstɪkeɪtɪd] *a (person)* κοσμικός, μοντέρνος || *(machinery)* πιο σύγχρονος.

soporific [sɒpə'rɪfɪk] *a* υπνωτικός, ναρκωτικός.

sopping ['sɒpɪŋ] *a (very wet)* καταβρεγμένος, μουσκεμένος.

soppy ['sɒpɪ] *a (col: sentimental)* δακρύβρεκτος, σαχλός.

soprano [sə'prɑːnəʊ] *n* υψίφωνος *f*, σοπράνο *f*.

sordid ['sɔːdɪd] *a* ακάθαρτος, ρυπαρός || *(mean)* άθλιος, χυδαίος.

sore [sɔː*] *a* πονεμένος, ερεθισμένος *nt* || *(offended)* πειραγμένος, θυμωμένος ♦ *n* πληγή, τραύμα || **~ly** *ad (tempted)* βαθειά, σοβαρά.

sorrow ['sɒrəʊ] *n* λύπη, θλίψη, μετάνοια || **~ful** *a* θλιμμένος, λυπημένος.

sorry ['sɒrɪ] *a* λυπημένος, πονεμένος || *(pitiable)* άθλιος, αξιολύπητος.

sort [sɔːt] *n* είδος, τάξη ♦ *vt* (*COMPUT*) ταξινομώ || (*also*: **~ out**) *(papers)* ταξινομώ, ξεκαθαρίζω || *(problems)* τακτοποιώ, (ξε)χωρίζω.

so-so ['səʊsəʊ] *ad* έτσι κι έτσι.

soufflé ['suːfleɪ] *n* σουφλέ *nt inv*.

sought [sɔːt] *pt, pp of* **seek.**

soul [səʊl] *n* ψυχή || **~-destroying** *a* ψυχοφθόρος, αποκτηνωτικός || **~ful** *a* αισθηματικός, συγκινητικός || **~less** *a* άψυχος, άκαρδος.

sound [saʊnd] *a (healthy)* υγιής, γερός || *(safe)* στερεός, ασφαλής, σίγουρος || *(reasonable)* λογικός || *(deep, hearty)* γερός ♦ *n (noise)* ήχος, θόρυβος || (*GEOG*) στενό, πορθμός ♦ *vt (alarm)* κτυπώ ♦ *vi (find depth)* βυθομετρώ || *(seem)* φαίνομαι, μοιάζω || **to ~ out** *vt (opinions)* βολιδοσκοπώ || **~ barrier** *n* φράγμα του ήχου || **~ing** *n (NAUT etc)* βυθομέτρηση, βολιδοσκόπηση || **~ly** *ad (sleep)* βαθειά, καλά, ήσυχα || *(beat)* γερά, τελείως || **~proof** *a (room)* ηχομονωτικός ♦ *vt* κάνω αδιαπέραστο από ήχο || **~track** *n (of film)* ηχητική ζώνη (ταινίας).

soup [suːp] *n* σούπα, ζωμός || **in the ~** σε δύσκολη θέση || **~spoon** *n* κουτάλι της σούπας.

sour ['sauə*] *a* ξυνός || *(milk)* ξυνός || *(bad-tempered)* στριφνός, γκρινιάρης.

source [sɔːs] *n* πηγή, προέλευση.

south [sauθ] *n* νότος ♦ *a* νότιος ♦ *ad* προς νότο, νοτίως || **~-east** *n* το νοτιοανατολικό || **~-easterly** *a* νοτιοανατολικός || **~ern** *a* νότιος, μεσημβρινός || **S~ Pole** *n* Νότιος Πόλος || **~ward(s)** *ad* πρός νότο || **~-west** *n* το νοτιοδυτικό.

souvenir [suːvə'nɪə*] *n* ενθύμιο, σουβενίρ *nt inv.*

sovereign ['sɒvrɪn] *n* μονάρχης βασιλέας ♦ *a (independent)* κυρίαρχος || **~ty** *n* ηγεμονία, κυριαρχία.

soviet ['səuvɪət] *a* σοβιετικός.

sow [sau] *n* γουρούνα || [səu] *(irreg v) vt* σπέρνω || *(spread abroad)* ενσπείρω.

soya bean ['sɔɪə'biːn] *n* σόγια.

spa [spɑː] *n* ιαματική πηγή || *(place)* λουτρόπολη.

space [speɪs] *n* χώρος, τόπος || *(distance)* απόσταση || *(length of time)* διάστημα *nt* || *(universe)* διάστημα *nt* || **to ~ out** *vt* αραιώνω, τοποθετώ κατ' αποστάσεις || **~craft** *n* διαστημόπλοιο || **~man** *n* κοσμοναύτης.

spacing ['speɪsɪŋ] *n* αραίωση.

spacious ['speɪʃəs] *a* ευρύς, ευρύχωρος, απλόχωρος.

spade [speɪd] *n (tool)* φτυάρι, τσάπα, τσαπί || **~s** *npl (CARDS)* μπαστούνι, πίκα.

spaghetti [spə'getɪ] *n* σπαγέτο, μακαρονάδα.

Spain [speɪn] *n* Ισπανία.

span [spæn] *n (of arch)* άνοιγμα *nt*, απόσταση || *(of time)* διάρκεια (ζωής) ♦ *vt* συνδέω, καλύπτω.

Spaniard ['spænjəd] *n* Ισπανός.

spaniel ['spænjəl] *n* σπάνιελ *nt inv.*

Spanish ['spænɪʃ] *n (LING)* Ισπανικά *ntpl* ♦ *a* ισπανικός.

spank [spæŋk] *vt* δέρνω (στον πισινό).

spanner ['spænə*] *n* κλειδί (υδραυλικού).

spare [spεə*] *a* περίσσιος, λιτός, ισχνός || *n* = **~ part** || *vt (do without)* οικονομώ, φυλάγω || *(save from hurt)* λυπούμαι, χαρίζω, φείδομαι || *(lend, give)* περισσεύω, δίνω, παραχωρώ, διαθέτω || **to ~** περισσεύω || **~ part** *n* ανταλλακτικό, εξάρτημα *nt* || **~ wheel** *n* ρεζέρβα || **~ time** *n* ελεύθερες ώρες.

spark [spɑːk] *n* σπινθήρας, σπίθα || *(fig)* ίχνος, σπίθα || **~ plug** *n* σπινθηριστής, μπουζί *nt inv.*

sparkle ['spɑːkl] *n* σπινθήρας, σπίθα, λάμψη || *(gaiety)* σπιρτάδα ♦ *vi* σπινθηρίζω, σπιθοβολώ, αστράφτω.

sparkling ['spɑːklɪŋ] *a (lit)* αστραφτερός, σπινθηροβόλος || *(wine)* αφρώδης || *(conversation)* πνευματώδης (ομιλία).

sparrow ['spærəu] *n* σπουργίτης.

sparse [spɑːs] *a* αραιός, σποραδικός.

spasm ['spæzəm] *n* σπασμός, σπαρτάρισμα *nt* || *(short spell)* κρίση, έξαψη || **~odic** [-'mɔdɪk] *a* σπασμωδικός, σπαστικός.

spastic ['spæstɪk] *n* σπαστικός.

spat [spæt] *pt, pp of* **spit.**

spate [speɪt] *n (fig)* πλημμύρα, πλημμύρισμα *nt* || **in ~** *(river)* φουσκωμένος, πλημμυρισμένος.

spatter ['spætə*] *n* πιτσίλισμα *nt*, ράντισμα *nt* ♦ *vt* πιτσιλίζω, ραντίζω ♦ *vi* αναπηδώ, (ξε)πετιέμαι, στάζω.

spatula ['spætjulə] *n* σπάτουλα.

spawn [spɔːn] *vt* αφήνω αυγά || *(fig)* γεννώ.

speak [spiːk] *(irreg v) vt* λέγω, προφέρω, εκφράζω || *(truth)* λέγω, λέω || *(language)* μιλώ ♦ *vi (+ to)* μιλώ (σε) || μιλώ, συζητώ || *(make speech)* αγορεύω, μιλώ || **to ~ for** *vt* συνηγορώ, μιλώ για || **to ~ up** *vi* υψώνω τη φωνή μιλώ σε κάποιο || **~er** *n* ομιλητής/ήτρια *m/f*, συνομιλητής/ήτρια *m/f* || *(chairman)* πρόεδρος || *(loudspeaker: on record player)* μεγάφωνο.

spear [spɪə*] *n* ακόντιο, δόρυ *nt*, κοντάρι ♦ *vt* τρυπώ με κοντάρι, πιάνω με κοντάρι.

special ['spɛʃəl] *a* ειδικός, ίδιος || *(particular kind)* εξαιρετικός, ασυνήθιστος || *(particular purpose)* ιδιαίτερος, ξεχωριστός ♦ *n (RAIL)* ειδική αμαξοστοιχία || *(cooking)* ειδικός, ιδιαίτερος || **~ist** *n* ειδικός || **~ity** *n* ειδικότητα || *(food)* σπεσιαλιτέ *nt inv* || **~ize** *vi (+ in)* ειδικεύομαι σε || **~ly** *ad* ειδικά, ιδιαίτερα, προ παντός, πάνω απ' όλα.

species ['spiːʃiːz] *n* είδος *nt*.

specific [spə'sɪfɪk] *a* ειδικός, ορισμένος, ακριβής, σαφής || **~ally** *ad* ειδικά, συγκεκριμένα || **~ation** [spɛsɪfɪ'keɪʃən] *n* περιγραφή, καθορισμός, προδιαγραφή.

specify ['spɛsɪfaɪ] *vt* καθορίζω, προσδιορίζω.

specimen ['spɛsɪmɪn] *n* δείγμα *nt*.

speck [spɛk] *n* κηλίδα, σταγόνα || *(particle)* κόκκος, μόριο.

speckled ['spɛkld] *a* διάστικτος, πιτσιλισμένος.

specs [spɛks] *npl (col)* γυαλιά *ntpl*.

spectacle ['spɛktəkl] *n* θέαμα *nt* || **~s** *npl* ματογυάλια *ntpl*, γυαλιά *ntpl*.

spectacular [spɛk'tækjʊlə*] *a* θεαματικός.

spectator [spɛk'teɪtə*] *n* θεατής.

spectre, *(US)* **specter** ['spɛktə*] *n* φάντασμα *nt*, σκιάχτρο.

spectrum ['spɛktrəm] *n* φάσμα *nt*.

speculate ['spɛkjʊleɪt] *vi* κάνω υποθέσεις || *(FIN)* κερδοσκοπώ.

speculation [spɛkjʊ'leɪʃən] *n (FIN)* κερδοσκοπία.

sped [spɛd] *pt, pp of* **speed.**

speech [spiːtʃ] *n* λόγος, λαλιά || *(talk)* λόγος, αγόρευση, ομιλία || **~ day** *n (SCH)* απονομή των πτυχίων || **~less** *a* άλαλος, βουβός, άφωνος || **~ therapy** *n* θεραπευτική αγωγή λόγου.

speed [spiːd] *(irreg v) n* ταχύτητα, σπουδή || *(gear)* ταχύτητα ♦ *vi* σπεύδω, κάνω γρήγορα, τρέχω || **to ~ up** *vi* επιταχύνω ♦ *vt* επισπεύδω, επιταχύνω || **~boat** *n* εξωλέμβιος || **~ily** *ad* γρήγρα, εσπευσμένα, βιαστικά || **~ing** *n* υπερβολική ταχύτητα || **~ limit** *n* όριο ταχύτητας || **~ometer** *n* ταχύμετρο, κοντέρ *nt inv* || **~way** *n* αυτοκινητόδρομος || **~y** *a* ταχύς, γρήγορος.

spell [spɛl] *(irreg v) n (magic)* γοητεία, μαγεία, μάγια *ntpl* || *(period of time)* διάστημα *nt*, χρονική περίοδος ♦ *vt* ορθογραφώ || *(word)* συλλαβίζω || *(mean)* σημαίνω || **~bound** *a* γοητευμένος, μαγεμένος || **~ing** *n* συλλαβισμός, ορθογραφία.

spelt [spɛlt] *pt, pp of* **spell.**

spend [spɛnd] *(irreg v) vt* ξοδεύω, δαπανώ || *(use up)* εξαντλώ, χρησιμοποιώ.

spent [spɛnt] *pt, pp of* **spend** ♦ *a (patience)* εξαντλημένος.

sperm [spɜːm] *n (BIOL)* σπέρμα *nt*.

spew [spjuː] *vt* ξερνώ, κάνω εμετό.

sphere [sfɪə*] *n* σφαίρα, υδρόγειος.

spherical ['sfɛrɪkəl] *a* σφαιρικός.

sphinx [sfɪŋks] *n* σφίγγα.

spice [spaɪs] *n* καρύκευμα *nt*, μπαχαρικό ♦ *vt* καρυκεύω.

spicy ['spaɪsɪ] *a* αρωματισμένος, πικάντικος.

spider ['spaɪdə*] *n* αράχνη || **~y** *a* αράχνινος.

spike [spaɪk] *n* αιχμή, καρφί, στάχυ *nt*, πάσσαλος.
spill [spɪl] *(irreg v) vt (upset)* ανατρέπω, αναποδογυρίζω || *(pour out)* χύνω ♦ *vi (flow over)* χύνομαι.
spin [spɪn] *(irreg v) n (revolution of wheel)* περιστροφή, στριφογύρισμα || *(trip in car)* περίπατος, βόλτα || *(AVIAT)* σπινάρισμα *nt* ♦ *vt (wool etc)* κλώθω, γνέθω || *(turn)* γυρίζω ♦ *vi* περιστρέφομαι, (στριφο)γυρίζω || **to ~ out** *vi (of money etc)* οικονομώ (τα λεφτά μου) ♦ *vt* παρατείνω, παρατραβώ.
spinach ['spɪnɪdʒ] *n* σπανάκι.
spinal ['spaɪnl] *a* νωτιαίος, ραχιαίος, σπονδυλικός || **~ cord** *n* νωτιαίος μυελός.
spindly ['spɪndlɪ] *a* λιγνός.
spin-drier ['spɪn'draɪə*] *n* στεγνωτήριο.
spine [spaɪn] *n* σπονδυλική στήλη, ραχοκοκκαλιά || *(thorn)* αγκάθι || **~less** *a (fig)* δειλός, άβολος.
spinning ['spɪnɪŋ] *n (of thread)* κλώσιμο, στρίψιμο || **~ wheel** *n* ροδάνι, ανέμη.
spinster ['spɪnstə*] *n* γεροντοκόρη.
spiral ['spaɪərəl] *n* σπείρα, έλικα ♦ *a* ελικοειδής, σπειροειδής ♦ *vi* κινούμαι σπειροειδώς || **~ staircase** *n* γυριστή σκάλα, στριφτή σκάλα.
spire ['spaɪə*] *n* κορυφή κωδωνοστασίου.
spirit ['spɪrɪt] *n* πνεύμα *nt*, ψυχή || *(ghost)* φάντασμα *nt* || *(humour, mood)* διάθεση, κέφι || *(courage)* κουράγιο, θάρρος *nt* || *(alcoholic)* οινοπνευματώδες ποτό, σπίρτο || **in good ~s** κεφάτος, καλόκεφος || **~ed** *a* ζωηρός, έντονος, θαρραλέος || **~ level** *n* αλφάδι.
spiritual ['spɪrɪtjuəl] *a* πνευματικός, ψυχικός ♦ *n* θρησκευτικό τραγούδι || **~ism** *n* πνευματισμός.
spit [spɪt] *(irreg v) n (for roasting)* σούβλα || *(saliva)* φτύσιμο, σάλιο ♦ *vi* φτύνω || *(of motor)* ρετάρω.
spite [spaɪt] *n* μίσος, έχθρα, κακία ♦ *vt* ενοχλώ, πεισμώνω, φουρκίζω || **in ~ of** παρά το, παρ' όλα || **~ful** *a* μοχθηρός, εκδικητικός.
splash [splæʃ] *n* πιτσίλισμα *nt*, πλατσούλισμα *nt*, λεκές || *(of colour)* πολυχρωμία ♦ *vti* πλατσουλίζω, πιτσιλίζω.
spleen [spliːn] *n* σπλήνα.
splendid ['splɛndɪd] *a* λαμπρός, μεγαλοπρεπής || *(fine)* εξαίσιος, περίφημος.
splendour, *(US)* **splendor** ['splɛndə*] *n* λαμπρότητα, λάμψη || *(glory)* μεγαλοπρέπεια.
splint [splɪnt] *n* νάρθηκας.
splinter ['splɪntə*] *n* θραύσμα *nt* ♦ *vi* θραύομαι, σπάζω.
split [splɪt] *(irreg v) n* σχισμή, σχίσιμο, ρωγμή, διαίρεση ♦ *vt* σχίζω, θραύω, σπάζω ♦ *vi (divide)* διασπώ || *(col: depart)* αναχωρώ || **to ~ up** *vi* διαιρούμαι ♦ *vt* διαιρώ, χωρίζω, διασπώ.
splutter ['splʌtə*] *vi* τραυλίζω || *(of motor)* ρετάρω.
spoil [spɔɪl] *(irreg v) vt* χαλώ || **~s** *npl* λεία, λάφυρα *ntpl* || **~sport** *n* αυτός που χαλάει το κέφι.
spoke [spəuk] *n* ακτίνα (τροχού) || *pt of* **speak** || **~n** *pp of* **speak** || **~sman** *n* εκπρόσωπος.
sponge [spʌndʒ] *n* σφουγγάρι ♦ *vt* πλένω, σφουγγίζω ♦ *vi (+ on)* ζω σε βάρος κάποιου || **~ bag** *n* σάκκος για σφουγγάρι || **~ cake** *n* παντεσπάνι.
spongy ['spʌndʒɪ] *a* σπογγώδης.
sponsor ['spɒnsə*] *n* ανάδοχος, εγγυητής/ήτρια *m/f*, εισηγητής/ήτρια *m/f* ♦ *vt*

υποστηρίζω, εισηγούμαι || ~**ship** *n* υποστήριξη.

spontaneous [spɒn'teɪnɪəs] *a* αυτόματος || *(natural)* αυθόρμητος.

spool [spuːl] *n* καρούλα, μασούρι.

spoon [spuːn] *n* κουτάλι || ~**-feed** *vt (lit)* ταΐζω με το κουτάλι || *(fig)* επιχορηγώ || ~**ful** *n* κουταλιά.

sporadic [spə'rædɪk] *a* σποραδικός.

sport [spɔːt] *n (games)* αθλητισμός, σπόρ *nt inv* || *(fun)* διασκέδαση, παιχνίδι || *(good-humoured person)* καλός άνθρωπος || ~**ing** *a (fair)* τίμιος || ~**s car** *n* αυτοκίνητο σπόρ || ~**(s) coat** *n*, ~**(s) jacket** *n* σακκάκι σπόρ || ~**sman** *n* φίλαθλος, τίμιος παίκτης || ~**smanship** *n* τιμιότητα στο σπορ || ~**swear** *n* είδη *ntpl* αθλητισμού || ~**swoman** *n* αθλήτρια.

spot [spɒt] *n* στίγμα *nt*, κηλίδα, λεκές *m* || *(place)* τόπος, μέρος *nt*, τοποθεσία || *(small amount)* στάλα, λίγο ♦ *vt (notice)* διακρίνω, σημειώνω || *(make spots on)* λεκιάζω || ~ **check** *n* αιφνιδιαστικός έλεγχος || ~**less** *a* άσπιλος, ακηλίδωτος, καθαρός || ~**light** *n* προβολέας θεάτρου || *(position)* το προσκήνιο, κέντρο || ~**ted** *a* διάστικτος, πιτσιλωτός || ~**ty** *a (face)* με πανάδες, με σπειριά.

spouse [spauz] *n* σύζυγος *m/f*.

spout [spaut] *n* στόμιο, σωλήνας || *(jet)* εκροή, πίδακας ♦ *vi* ξεπηδώ, αναπηδώ, ξεχύνομαι.

sprain [spreɪn] *n* διάστρεμμα *nt*, στραμπούλισμα *nt* ♦ *vt* στραμπουλίζω.

sprang [spræŋ] *pt of* **spring.**

sprawl [sprɔːl] *vi* εκτείνομαι, ξαπλώνομαι.

spray [spreɪ] *n (sprinkle)* πιτσιλίσματα *ntpl* || *(of sea)* αφρός || *(instrument)* ψεκαστήρας, βαποριζατέρ *nt inv* || *(branch)* κλωνάρι ♦ *vt* ψεκάζω, καταβρέχω.

spread [sprɛd] *(irreg v) n (extent)* επέκταση, διάδοση || *(col)* τραπέζι, πλούσιο γεύμα *nt* ♦ *vt* απλώνω, στρώνω || *(scatter)* σκορπίζω, στρώνω, διαδίδω || *(smear)* αλείφω, χύνω.

spree [spriː] *n* διασκέδαση, ξεφάντωμα *nt*, γλέντι.

sprightly ['spraɪtlɪ] *a* ζωηρός, κεφάτος.

spring [sprɪŋ] *(irreg v) n (leap)* πήδημα *nt* || *(of water)* πηγή || *(coil)* ελατήριο || *(season)* άνοιξη ♦ *vi* (ανα)πηδώ, ξεπετάγομαι || **to** ~ **up** *vi (problem)* δημιουργούμαι, εμφανίζομαι || ~**board** *n* βατήρας, τραμπλέν *nt inv* || ~**-clean** *n* γενικός καθαρισμός ♦ *vt* κάνω γενικό καθαρισμό || ~**-cleaning** *n* γενικός καθαρισμός (ανοιξιάτικος) || ~**iness** *n* ελαστικότητα || ~**time** *n* άνοιξη || ~**y** *a* ελαστικός, εύκαμπτος.

sprinkle ['sprɪŋkl] *n* ράντισμα *nt* ♦ *vt* ραντίζω, ραίνω.

sprint [sprɪnt] *n* δρόμος ταχύτητας ♦ *vi* τρέχω σε δρόμο ταχύτητας || ~**er** *n* δρομέας ταχύτητας.

sprite [spraɪt] *n* ξωτικό, στοιχειό.

sprout [spraut] *vi* βλαστάνω, φυτρώνω || *see* **Brussels sprout.**

spruce [spruːs] *n* έλατο ♦ *a* κομψός, περιποιημένος.

sprung [sprʌŋ] *pp of* **spring.**

spry [spraɪ] *a* ζωηρός, ενεργητικός.

spun [spʌn] *pt, pp of* **spin.**

spur [spɜː*] *n* σπηρούνι || *(fig)* κίνητρο, ελατήριο ♦ *vt (also:* ~ **on**) κεντρίζω, παρακινώ || **on the** ~ **of the moment** χωρίς σκέψη, αυθόρμητα.

spurn [spɜːn] *vt* περιφρονώ, αποκρούω.

spurt [spɜːt] *n (effort)* σφίξιμο,

φουλάρισμα *nt*, ξέσπασμα *nt* || *(jet)* ανάβλυση, πίδακας ♦ *vti* ξεχύνομαι, φουλάρω.

spy [spaɪ] *n* κατάσκοπος *m/f* ♦ *vi* κατασκοπεύω ♦ *vt* διακρίνω, βλέπω, παρατηρώ || **~ing** *n (espionage)* κατασκοπεία.

sq. *(MATH)*, **Sq.** *(in address) abbr of* **square.**

squabble ['skwɒbl] *n* φιλονεικία, καυγάς ♦ *vi* φιλονεικώ, καυγαδίζω, πιάνομαι (με).

squad [skwɒd] *n (MIL)* απόσπασμα *nt*, ουλαμός || *(police)* υπηρεσία διώξεως.

squadron ['skwɒdrən] *n* μοίρα.

squalid ['skwɒlɪd] *a* βρώμικος, βρωμερός, άθλιος.

squall [skwɔːl] *n (scream)* κραυγή, στριγγλιά.

squalor ['skwɒlə*] *n* ακαθαρσία, βρώμα, αθλιότητα.

squander ['skwɒndə*] *vt* σπαταλώ.

square [skwεə*] *n (figure)* τετράγωνο || *(of town)* πλατεία || *(instrument)* γωνία, γνώμονας || *(product)* τετράγωνο || *(col: person)* ανιαρός, αταίριαστος ♦ *a* τετραγωνικός || *(honest)* τίμιος, καθαρός, δίκαιος || *(ample)* ικανοποιητικός, άφθονος ♦ *ad (exactly)* ακριβώς, κάθετα ♦ *vt (arrange)* ρυθμίζω, κανονίζω, τακτοποιώ || *(MATH)* τετραγωνίζω ♦ *vi (agree)* (+ with) συμφωνώ, συμβιβάζομαι || **all ~** στα ίσια, πάτσι || **2 metres ~** 4 τετραγωνικά μέτρα || **1 ~ metre** 1 τετραγωνικό μέτρο || **~ly** *ad* τίμια, ντόμπρα.

squash [skwɒʃ] *n (drink)* χυμός (φρούτων) ♦ *vt* συνθλίβω, ζουλώ, στυβω.

squat [skwɒt] *a* κοντόχοντρος ♦ *vi* κάθομαι σταυροπόδι || **~ter** *n* σφετεριστής γης.

squawk [skwɔːk] *n* κράξιμο, βραχνή κραυγή ♦ *vi* κράζω, φωνάζω, κραυγάζω.

squeak [skwiːk] *n* τσιριχτή φωνή, σκούξιμο ♦ *vi* σκούζω, τσιρίζω, τρίζω.

squeal [skwiːl] *n* διαπεραστικός ήχος, κραυγή, στριγγλιά ♦ *vi* στριγγλίζω, σκούζω.

squeamish ['skwiːmɪʃ] *a* ευαίσθητος, με τάση στον εμετό || *(easily shocked)* σιχασιάρης, δύστροπος.

squeeze [skwiːz] *n (lit)* σύνθλιψη, σφίξιμο, στρίμωγμα *nt* || *(ECON)* πίεση ♦ *vt* συνθλίβω, σφίγγω, στύβω || **to ~ out** *vt* στύβω.

squid [skwɪd] *n* σουπιά.

squint [skwɪnt] *n* αλλοιθωρισμός, στραβισμός ♦ *vi* αλλοιθωρίζω, στραβοκοιτάζω.

squirm [skwɜːm] *vi* συστρέφω το σώμα, στενοχωριέμαι, ντρέπομαι.

squirrel ['skwɪrəl] *n* σκίουρος.

squirt [skwɜːt] *n* εκτόξευση, πιτσίλισμα *nt*, ριπή ♦ *vi* αναβλύζω, πετάγομαι, εκτοξεύω.

Sr *abbr of* **senior.**

St *abbr of* **saint, street.**

stab [stæb] *n (blow)* κτύπημα *nt*, μπαμπεσιά || *(col: try)* **to have a ~** δοκιμάζω.

stability [stə'bɪlɪtɪ] *n* σταθερότητα.

stabilize ['steɪbəlaɪz] *vt* σταθεροποιώ || **~r** *n* ζυγοσταθμιστής, σταθεροποιητής.

stable ['steɪbl] *n* στάβλος ♦ *vt* σταβλίζω ♦ *a* σταθερός, μόνιμος.

stack [stæk] *n* θημωνιά, σωρός ♦ *vt* συσσωρεύω, στοιβάζω.

stadium ['steɪdɪəm] *n* στάδιο.

staff [stɑːf] *n (stick)* ράβδος *f*, μπαστούνι, κοντάκι || *(people)* προσωπικό, επιτελείο ♦ *vt (with people)* καταρτίζω προσωπικό.

stag [stæg] *n* ελάφι.

stage [steɪdʒ] *n (theatre)* σκηνή ||

(actors) θέατρο || *(degree)* στάδιο ♦ *vt (play)* ανεβάζω, σκηνοθετώ || *(demonstration)* οργανώνω, σκηνοθετώ || **in ~s** βαθμηδόν, κατά στάδια || **~coach** *n* ταχυδρομική άμαξα || **~ door** *n* είσοδος *f* ηθοποιών || **~ manager** *n* σκηνοθέτης.

stagger ['stægə*] *vi* κλονίζομαι, τρικλίζω, παραπατώ ♦ *vt (person)* ζαλίζω, συγκλονίζω, κάνω να τα χάσει || *(hours)* κλιμακώνω (τις ώρες) || **~ing** *a (amazing)* καταπληκτικός, συγκλονιστικός.

stagnant ['stægnənt] *a* στάσιμος, λιμνασμένος || *(dull)* αδρανής, άγονος.

stagnate [stæg'neɪt] *vi* είμαι στάσιμος, αδρανώ.

staid [steɪd] *a* θετικός, σοβαρός.

stain [steɪn] *n* λεκές *m*, κηλίδα || *(colouring)* χρώμα *nt*, βαφή, μπογιά ♦ *vt* λεκιάζω, λερώνω || **~ed glass** *n* χρωματιστό γυαλί || **~less** *a (steel)* ανοξείδωτος.

stair [stɛə*] *n (one step)* σκαλοπάτι, σκαλί || **~case** *n* κλίμακα, σκάλα || **~s** *npl* σκάλα || **~way** *n* σκάλα.

stake [steɪk] *n* πάσσαλος, παλούκι || *(gambling)* στοίχημα *nt*, μίζα, ποντάρισμα *nt* ♦ *vt* ποντάρω || *(fig)* παίζω.

stalactite ['stæləktaɪt] *n* σταλακτίτης.

stalagmite ['stæləgmaɪt] *n* σταλαγμίτης.

stale [steɪl] *a* μπαγιάτικος || **~mate** *n* αδιέξοδο.

stalk [stɔːk] *n* κοτσάνι, στέλεχος *nt*, μίσχος ♦ *vt* παρακολουθώ αθέατος ♦ *vi (walk stiffly)* βαδίζω με μεγάλα βήματα.

stall [stɔːl] *n* παράπηγμα *nt* στάβλου, παχνί || *(stand)* μπάγκος, περίπτερο ♦ *vt (AUT)* κολλώ, μπλοκάρω ♦ *vi (AUT)* κολλώ || *(delay)* αναβάλλω, χρονοτριβώ || **~s** *npl (THEAT)* καθίσματα *ntpl* (ορχήστρας).

stallion ['stælɪən] *n* επιβήτορας, βαρβάτο αλογο.

stalwart ['stɔːlwət] *a* ρωμαλέος, σταθερός ♦ *n* παλληκάρι.

stamina ['stæmɪnə] *n* σφρίγος *nt*, ζωτική δύναμη.

stammer ['stæmə*] *n* τραύλισμα *nt*, τσέβδισμα *nt* ♦ *vi* τραυλίζω, ψευδίζω, ψελλίζω.

stamp [stæmp] *n (postage)* γραμματόσημο || *(official)* ένσημο || *(of foot)* κτύπημα *nt* του ποδιού, ποδοβολητό || *(on document)* σφραγίδα, βούλα, στάμπα ♦ *vi* χτυπώ το πόδι, περπατώ βαρειά ♦ *vt (make mark)* σφραγίζω, μαρκάρω, σταμπάρω || *(fix postage)* κολλώ γραμματόσημο || **~ album** *n* συλλογή γραμματοσήμων || **~ collecting** *n* φιλοτελισμός.

stampede [stæm'piːd] *n* εσπευσμένη φυγή, πανικός.

stance [stæns] *n (posture)* στάση.

stand [stænd] *(irreg v) n (position)* στάση || *(MIL)* αντίσταση || *(rest)* υποστήριγμα *nt*, πόδι, στήριγμα *nt* || *(seats)* εξέδρα ♦ *vi (erect)* στέκομαι || *(rise)* σηκώνομαι || *(place, set)* κείμαι, βρίσκομαι, είμαι || *(halt, stop)* σταματώ, στέκομαι ♦ *vt (place)* τοποθετώ, βάζω, κουμπώ (όρθιο) || *(endure)* υποφέρω, αντέχω, υπομένω || **to make a ~** αντιστέκομαι, αντιτάσσομαι || **it ~s to reason** είναι λογικό || **to ~ by** *vi (be ready)* είμαι έτοιμος, είμαι σε επιφυλακή ♦ *vt (opinion)* μένω πιστός σε || **to ~ for** *vt (defend)* υπερασπίζομαι, υποστηρίζω || *(signify)* αντιπροσωπεύω || *(permit, tolerate)* υπομένω, ανέχομαι || **to ~ in for** *vt* αντικαθιστώ || **to ~ out** *vi (be prominent)* (προ)εξέχω, ξεχωρίζω || **to**

~ **up** *vi (rise)* σηκώνομαι || **to ~ up for** *vt* υποστηρίζω.

standard ['stændəd] *n (measure)* υπόδειγμα *nt*, κανόνας, μέτρο || *(flag)* σημαία, λάβαρο ♦ *a (size etc)* πρότυπος, κανονικός, συνηθισμένος || **~ize** *vt* τυποποιώ || **~ of living** *n* βιωτικό επίπεδο.

standby ['stændbaɪ] *n (person)* αντικαταστάτης/τρια *m/f*.

stand-in ['stændɪn] *n* αντικαταστάτης/τρια *m/f*, αναπληρωτής/ώτρια *m/f*.

standing ['stændɪŋ] *a* όρθιος || *(lasting)* μόνιμος, διαρκής ♦ *n* διάρκεια || *(reputation)* κοινωνική θέση, υπόληψη || **~ orders** *npl (MIL)* μόνιμες διατάξεις *fpl*, κανονισμοί *mpl* || **~ room only** μόνο όρθιοι.

stand-offish ['stænd'ɒfɪʃ] *a* υπεροπτικός.

standpoint ['stændpɔɪnt] *n* άποψη, σκοπιά.

standstill ['stændstɪl] *n*: **at a ~** στασιμότητα, νεκρό σημείο || **to come to a ~** καταλήγω σε αδιέξοδο, σταματώ.

stank [stæŋk] *pt of* **stink.**

stanza ['stænzə] *n* στροφή, στάντσα.

staple ['steɪpl] *n* άγκιστρο, συνδετήρας || *(product)* κύριο προϊόν ♦ *a* κύριος, πρωτεύων ♦ *vt* στερεώνω, συνδέω || **~r** *n* συνδετήρας.

star [stɑː*] *n* άστρο, αστέρι || *(actor)* αστέρας, πρωταγωνιστής/ίστρια *m/f*, στάρ *m/f inv* || *(shape)* αστέρι ♦ *vi (in film)* πρωταγωνιστώ, παίζω σε ταινία ♦ *vt (to star an actor)* παρουσιάζω σαν πρωταγωνιστή.

starboard ['stɑːbəd] *n* δεξιά πλευρά, ♦ *a* δεξιά.

starch [stɑːtʃ] *n* άμυλο || **~ed** *a (collar)* κολλαριστός || **~y** *a* αμυλώδης, αμυλούχος || *(formal)* υπεροπτικός, ποζάτος.

stardom ['stɑːdəm] *n* θέση αστέρα.

stare [stɛə*] *n* ατενές βλέμμα *nt*, καρφωτή ματιά ♦ *vi (+ at)* ατενίζω, καρφώνω με το μάτι.

starfish ['stɑːfɪʃ] *n* αστερίας.

stark [stɑːk] *a* ψυχρός, σκληρός ♦ *ad*: **~ naked** ολόγυμνος, θεόγυμνος, τσίτσιδος.

starlight ['stɑːlaɪt] *n* αστροφεγγιά.

starling ['stɑːlɪŋ] *n* ψαρόνι, καραβέλι.

starry ['stɑːrɪ] *a* έναστρος, αστερόφεγγος, λαμπερός || **~-eyed** *a (innocent)* ονειροπαρμένος αφελής.

start [stɑːt] *n* αρχή, σημείο εκκινήσεως, εκκίνηση || *(beginning)* αρχή, αρχίνισμα *nt* || *(sudden movement)* ξάφνιασμα *nt*, ανατίναγμα *nt* ♦ *vt (set going)* αρχίζω, ανοίγω, βγάζω ♦ *vi (begin journey)* αρχίζω, ξεκινώ || *(make sudden movement)* αναπηδώ, ξαφνίζομαι || **to ~ doing** αρχίζω με, πιάνομαι με || **to ~ off** *vi (begin)* αρχίζω, ξεκινώ || **to ~ up** *vi* βάζω μπρος || **~er** *n (AUT)* εκκινητήρας, μίζα || *(for race)* αφέτης || **~ing point** *n* αφετηρία, σημείο εκκινήσεως.

startle ['stɑːtl] *vt* ξαφνιάζω, φοβίζω, εκπλήσσω.

startling ['stɑːtlɪŋ] *a* καταπληκτικός, εντυπωσιακός, χτυπητός.

starvation [stɑː'veɪʃən] *n* λιμός, λιμοκτονία, ασιτία, πείνα.

starve [stɑːv] *vi (die of hunger)* πεθαίνω από πείνα || *(suffer from hunger)* ψοφώ της πείνας, πεινώ ♦ *vt (keep without food)* στερώ τροφής.

starving ['stɑːvɪŋ] *a* πεινασμένος, λιμασμένος, ψόφιος της πείνας.

state [steɪt] *n* κατάσταση, θέση || *(government)* κράτος *nt*, πολιτεία || *(anxiety)* αναστάτωση ♦ *vt* δηλώνω, λέγω, ανακοινώνω || **~ly** *a* μεγαλοπρεπής, αξιοπρεπής || **~ment** *n* δήλωση, έκθεση || **~sman** *n* πολιτικός.

static ['stætɪk] *n* στατική ♦ *a* ακίνητος, αδρανής || *(PHYS)* στατικός || **~ electricity** *n* στατικός ηλεκτρισμός.

station ['steɪʃən] *n (RAIL)* σταθμός || *(post)* σταθμός, θέση || *(position in life)* κοινωνική θέση, βαθμός ♦ *vt* τοποθετώ, βάζω.

stationary ['steɪʃənərɪ] *a* στάσιμος, ακίνητος.

stationer ['steɪʃənə*] *n* χαρτοπώλης || **~'s (shop)** *n* χαρτοπωλείο || **~y** *n* χαρτικά είδη *ntpl.*

station master ['steɪʃənmɑːstə*] *n* σταθμάρχης.

station wagon ['steɪʃənwægən] *n (US AUT)* στέισον-βάγκον *nt inv.*

statistic [stə'tɪstɪk] *n* στατιστικό (στοιχείο) || **~al** *a* στατιστικός || **~s** *npl* στατιστική.

statue ['stætjuː] *n* άγαλμα *nt.*

stature ['stætʃə] *n* ανάστημα *nt.*

status ['steɪtəs] *n* θέση, κατάσταση || **the ~ quo** *n* καθεστώς *nt*, στάτους κβο *nt inv.*

statute ['stætjuːt] *n* νόμος, θέσπισμα *nt.*

statutory ['stætjutərɪ] *a* νομοθετημένος, θεσπισμένος.

staunch [stɔːntʃ] *a* αξιόπιστος, πιστός, δυνατός.

stave [steɪv] *vt*: **to ~ off** *(attack)* αποκρούω, απωθώ || *(threat)* αποτρέπω, αποφεύγω.

stay [steɪ] *n* διαμονή, παραμονή ♦ *vi* (παρα)μένω || *(at place)* διαμένω || **to ~ put** μένω στην ίδια θέση || **to ~ with friends** μένω με φίλους || **to ~ the night** μένω το βράδυ || **to ~ behind** *vi* παρακολουθώ από πίσω || μένω πίσω || **to ~ in** *vi (at home)* μένω (στο σπίτι) || **to ~ on** *vi (continue)* παραμένω || **to ~ out** *vi (of house)* μένω έξω, δεν επιστρέφω || **to ~ up** *vi (at night)* αγρυπνώ, ξενυχτώ.

STD *n (abbr of Subscriber Trunk Dialling)* τηλεφωνικός κώδικας (Τηλ. Κωδ.).

steadfast ['stɛdfəst] *a* σταθερός.

steadily ['stɛdɪlɪ] *ad* σταθερά.

steady ['stɛdɪ] *a* σταθερός, στερεός || *(regular)* κανονικός, συνεχής, σταθερός || *(reliable)* σταθερός, συνεπής, τακτικός ♦ *vt* σταθεροποιώ, στερεώνω || **to ~ o.s.** σταθεροποιούμαι, καθησυχάζω.

steak [steɪk] *n (meat)* μπριζόλα, μπιφτέκι || *(fish)* φέτα.

steal [stiːl] *(irreg v) vt* κλέβω, βουτώ, σουφρώνω ♦ *vi* φεύγω κλεφτά || **~th** ['stɛlθ] *n*: **by ~th** κρυφά, κλεφτά, μυστικά || **~thy** *a* κρυφός, φευγαλέος, προσεκτικός.

steam [stiːm] *n* ατμός ♦ *vt* βράζω στον ατμό ♦ *vi* αναδίνω ατμό, αχνίζω || *(ship)* κινούμαι, πλέω (με ατμό) || **~ engine** *n* ατμομηχανή || **~er** *n* ατμόπλοιο, βαπόρι || **~roller** *n* οδοστρωτήρας || **~y** *a* θολός, γεμάτος ατμούς.

steel [stiːl] *n* χάλυβας, ατσάλι ♦ *a* χαλύβδινος, ατσάλινος || **~works** *n* χαλυβδουργείο.

steep [stiːp] *a* απότομος, απόκρημνος || *(price)* εξωφρενική ♦ *vt* διαποτίζω, μουσκεύω, βουτώ.

steeple ['stiːpl] *n* κωδωνοστάσιο || **~chase** *n* ιπποδρομία με εμπόδια || **~jack** *n* επιδιορθωτής καπνοδόχων.

steeply ['stiːplɪ] *ad* απότομα, κατηφορικά.

steepness ['stiːpnɪs] *n* το απότομο, το απόκρημνο.

steer [stɪə*] *n* μικρός ταύρος ♦ *vt (car)* οδηγώ || *(boat)* πηδαλιουχώ ♦ *vi* κατευθύνομαι, βάζω πλώρη για ||

~**ing** *n (AUT)* σύστημα *nt* διεύθυνσης || ~**ing wheel** *n* βολάν *nt inv*, τιμόνι.

stem [stɛm] *n* στέλεχος *nt*, κορμός ♦ *vt* σταματώ, ανακόπτω || **to ~ from** *vt* προέρχομαι από.

stench [stɛntʃ] *n* δυσοσμία, δυσωδία.

stencil ['stɛnsl] *n* μεμβράνη ♦ *vt* γράφω μεμβράνες, πολυγραφώ.

stenographer [stɛ'nɒgrəfə*] *n* στενογράφος *m/f*.

step [stɛp] *n* βήμα *nt*, πάτημα *nt* || *(stair)* βαθμίδα, σκαλοπάτι, σκαλί || *(action)* διάβημα *nt*, ενέργεια || *(sound)* βήμα *nt*, βάδισμα *nt* ♦ *vi* βηματίζω, βαδίζω || ~**s** *npl* = **stepladder** || **to ~ down** *vi (fig)* παραιτούμαι || **to ~ up** *vt* αυξάνω, ανεβάζω || ~**brother** *n* ετεροθαλής αδελφός || ~**child** *n* προγονός, προγονή *m/f* || ~**father** *n* πατρυιός || ~**ladder** *n* σκάλα (φορητή) || ~**mother** *n* μητρυιά.

stepping stone ['stɛpɪŋstəʊn] *n* σκαλοπάτι, ενδιάμεσος σταθμός.

stereo ['stɪərɪəʊ] *n (RAD)* στερεοφωνικό ραδιόφωνο || ~**phonic** *a* στερεοφωνικό || ~**type** *n* στερεοτυπία ♦ *vt* τυπώνω διά στερεοτυπίας.

sterile ['stɛraɪl] *a* στείρος, άγονος, άκαρπος || *(free from germs)* αποστειρωμένος.

sterility [stɛ'rɪlɪtɪ] *n* στειρότητα, αγονία.

sterilization [stɛrɪlaɪ'zeɪʃən] *n* αποστείρωση.

sterilize ['stɛrɪlaɪz] *vt* στειρώνω || *(from germs)* αποστειρώνω.

sterling ['stɜːlɪŋ] *a* στερλίνα || *(top quality)* αμιγής, καλής ποιότητας.

stern [stɜːn] *a* αυστηρός, βλοσυρός ♦ *n* πρύμνη, πρύμη.

stethoscope ['stɛθəskəʊp] *n* στηθοσκόπιο.

stevedore ['stiːvɪdɔː*] *n* φορτοεκφορτωτής.

stew [stjuː] *n* κρέας *nt* με χορταρικά ♦ *vt* κάνω κρέας στην κατσαρόλα ♦ *vi* σιγοβράζω.

steward ['stjuːəd] *n (AVIAT, NAUT, RAIL, in club etc)* φροντιστής, οικονόμος, καμαρότος || ~**ess** *n (AVIAT)* αεροσυνοδός.

stick [stɪk] *(irreg v)* *n* βέργα, ράβδος *f* || *(cane)* μπαστούνι ♦ *vt* μπήγω, χώνω, καρφώνω || *(gum)* κολλώ || *(col: tolerate)* ανέχομαι, υποφέρω ♦ *vi (stop)* πιάνομαι, κολλώ, φρακάρω || *(hold fast)* κολλιέμαι, κολλώ || **to ~ out** *vi (project)* κρατώ μέχρι τέλους, επιμένω || **to ~ up** *vi (project)* υψώνομαι, στήνω || **to ~ up for** *vt (defend)* υπερασπίζομαι, παίρνω το μέρος || ~**er** *n* ετικέτα.

stickler ['stɪklə*] *n (+ for)* άκαμπτος, στενοκέφαλος (σε).

stick-up ['stɪkʌp] *n (col: robbery)* ληστεία.

sticky ['stɪkɪ] *a* κολλώδης, γλοιώδης.

stiff [stɪf] *a* δύσκαμπτος, σκληρός, άκαμπτος || *(examination etc)* δύσκολος || *(paste)* σκληρός, σφιχτός || *(formal)* επιτηδευμένος, τυπικός, ψυχρός || *(strong)* ισχυρός, δυνατός || ~**en** *vt* σκληραίνω, δυναμώνω ♦ *vi* σκληραίνομαι, γίνομαι άκαμπτος || ~**ness** *n* σκληρότητα, πιάσιμο.

stifle ['staɪfl] *vt (keep back)* καταπνίγω, συγκρατώ.

stifling ['staɪflɪŋ] *a (atmosphere)* αποπνυκτικός, ασφυκτικός.

stigma ['stɪgmə] *n* στίγμα *nt*, κηλίδα.

stile [staɪl] *n* στύλος.

still [stɪl] *a* ακίνητος, αθόρυβος, σιωπηλός ♦ *ad (yet)* ακόμη || *(even)* ακόμη (περισσότερα) || ~**born** *a* θνησιγενής || ~ **life** *n* νεκρή φύση.

stilt [stɪlt] *n* ξυλοπόδαρο.
stilted ['stɪltɪd] *a* άκαμπτος, τυπικός, τεχνητός.
stimulant ['stɪmjʊlənt] *n* διεγερτικό, τονωτικό.
stimulate ['stɪmjʊleɪt] *vt* διεγείρω, εξάπτω.
stimulating ['stɪmjʊleɪtɪŋ] *a* διεγερτικός, τονωτικός.
stimulation [stɪmjʊ'leɪʃən] *n* διέγερση, τόνωση.
stimulus ['stɪmjʊləs] *n* κίνητρο.
sting [stɪŋ] *(irreg v) n* δήγμα *nt*, κέντρισμα *nt* ♦ *vt* κεντρίζω, τσιμπώ.
stingy ['stɪndʒɪ] *a* φιλάργυρος, τσιγγούνης, σφιχτοχέρης.
stink [stɪŋk] *(irreg v) n* δυσοσμία, βρώμα ♦ *vi* βρωμώ, βρωμάω || **~ing** *a (fig)* τρομερός.
stint [stɪnt] *n* όριο, καθήκον ♦ *vt* στερώ, περιορίζω.
stipend ['staɪpɛnd] *n (to vicar etc)* μισθός, επίδομα *nt*.
stipulate ['stɪpjʊleɪt] *vt* αποφαίνομαι, συμφωνώ, συνομολογώ.
stipulation [stɪpjʊ'leɪʃən] *n* όρος, διάταξη, συμφωνία.
stir [stɜː*] *n* ταραχή, σάλεμα *nt*, κούνημα *nt*, κίνηση ♦ *vt (mix)* ανακατώνω, αναδεύω ♦ *vi (move)* κουνιέμαι, σαλεύω || **to ~ up** *vt* υποκινώ, υποδαυλίζω || **~ring** *a* συγκλονιστικός, συγκινητικός.
stirrup ['stɪrəp] *n* αναβολέας, σκάλα.
stitch [stɪtʃ] *n* βελονιά, ραφή || *(sudden pain)* σουβλιά πόνου, σουβλιά ♦ *vt* ράβω, κάνω βελονιές.
stock [stɒk] *n (supply)* απόθεμα *nt*, στοκ *nt inv*, προμήθεια || *(trader's goods)* εμπορεύματα *ntpl*, στοκ *nt inv* || *(farm animals)* κτήνη *ntpl*, ζώα *ntpl* || *(liquid)* ζωμός, κονσομέ *nt inv* || *(ECON)* χρεώγραφο, τίτλος, αξία ♦ *a* της σειράς, κανονικός, συνηθισμένος ♦ *vt* εφοδιάζω, έχω παρακαταθήκη από || **to take ~** κάνω απογραφή || *(+ of)* κρίνω, εκτιμώ || **to ~ up with** *vt* αποθηκεύω.
stockade [stɒ'keɪd] *n* πασσαλόπηγμα *nt*, φράκτης.
stockbroker ['stɒkbrəʊkə*] *n* χρηματομεσίτης, χρηματιστής.
stock exchange ['stɒkɪkstʃeɪndʒ] *n* χρηματιστήριο.
stocking ['stɒkɪŋ] *n* κάλτσα.
stock market ['stɒkmaːkɪt] *n* αγορά χρεωγράφων.
stockpile ['stɒkpaɪl] *n* αποθέματα *ntpl* ♦ *vt* δημιουργώ αποθέματα.
stocktaking ['stɒkteɪkɪŋ] *n (COMM)* απογραφή.
stocky ['stɒkɪ] *a* κοντόχοντρος.
stodgy ['stɒdʒɪ] *a* βαρύς, ανιαρός.
stoical ['stəʊɪkəl] *n a* στωικός.
stoke [stəʊk] *vt* τροφοδοτώ φωτιά, διατηρώ φωτιά.
stole [stəʊl] *pt of* **steal** ♦ *n (fur)* γούνα, σάρπα || **~n** *pp of* **steal** ♦ *a* κλεμμένος.
stomach ['stʌmək] *n* στομάχι || *(inclination)* όρεξη, διάθεση ♦ *vt* ανέχομαι, χωνεύω || **~ ache** *n* στομαχόπονος.
stone [stəʊn] *n* λίθος, πέτρα || *(gem)* πολύτιμος λίθος, πετράδι, κόσμημα *nt* || *(of fruit)* πυρήνας, κουκούτσι || *(weight)* βάρος 14 λιβρών ♦ *a* από λίθους, πέτρινος ♦ *vt* βγάζω κουκούτσια από || **~-cold** *a* κρύος σαν μάρμαρο || **~-deaf** *a* θεόκουφος || **~work** *n* λιθοδομή.
stony ['stəʊnɪ] *a* πετρώδης, γεμάτος πέτρες.
stood [stʊd] *pt, pp of* **stand.**
stool [stuːl] *n* σκαμνί.
stoop [stuːp] *vi* σκύβω.
stop [stɒp] *n* στάση || *(punctuation)* σημείο στίξεως ♦ *vt (prevent)* σταματώ || *(bring to end)* διακόπτω,

σταματώ ♦ *vi (cease)* παύω, σταματώ, διακόπτομαι || *(remain)* παραμένω, πηγαίνω || **to ~ doing sth** παύω να κάνω κάτι, σταματώ || **~ it!** σταμάτα!, φτάνει! || **to ~ dead** *vi* σταματώ απότομα || **to ~ in** *vi (at home)* περνώ από, επισκέπτομαι || **to ~ off** *vi* κατεβαίνω, διακόπτω το ταξίδι μου ♦ *vt (hole)* φράζω, βουλώνω, κλείνω || **~lights** *npl* (*AUT*) κόκκινα φανάρια *ntpl*, κόκκινα φώτα *npl* || **~over** *n (on journey)* σταθμός, στάθμευση.

stoppage [ˈstɒpɪdʒ] *n* σταμάτημα *nt*, παύση, διακοπή.

stopper [ˈstɒpə*] *n* πώμα *nt*, βούλωμα *nt*.

stopwatch [ˈstɒpwɒtʃ] *n* χρονόμετρο.

storage [ˈstɔːrɪdʒ] *n* (εν)αποθήκευση, αποθήκη.

store [stɔː*] *n* παρακαταθήκη, εφόδιο || *(place)* αποθήκη || *(large shop)* κατάστημα *nt*, μαγαζί ♦ *vt* εφοδιάζω, αποθηκεύω || (*COMPUT*) αποθηκεύω || **to ~ up** *vt* συσσωρεύω, συγκεντρώνω, μαζεύω || **~room** *n* αποθήκη, κελάρι.

storey [ˈstɔːrɪ] *n (Brit)* όροφος, πάτωμα *nt*.

stork [stɔːk] *n* πελαργός, λελέκι.

storm [stɔːm] *n* θύελλα, καταιγίδα, φουρτούνα || *(disturbance)* θύελλα, καταιγισμός ♦ *vi* μαίνομαι ♦ *vt (attack)* εξαπολύω έφοδο || **to take by ~** *(lit)* καταλαμβάνω με έφοδο || *(fig)* κατακτώ, παρασύρω || **~ cloud** *n* μαύρο σύννεφο || **~y** *a (weather)* θυελλώδης.

story [ˈstɔːrɪ] *n (account)* ιστορία, αφήγηση, διήγημα *nt* || *(lie)* παραμύθι, ψέμα *nt* || *(US: storey)* όροφος, πάτωμα *nt* || **~book** *n* βιβλίο διηγημάτων || **~teller** *n* αφηγητής, παραμυθάς.

stout [staut] *a (bold)* δυνατός, γερός, θαρραλέος || *(too fat)* χονδρός, σωματώδης, παχύς ♦ *n* είδος μπύρας.

stove [stəuv] *n (for cooking)* κουζίνα, συσκευή μαγειρεύματος || *(for heating)* θερμάστρα, σόμπα.

stow [stəu] *vt* στοιβάζω, αποθηκεύω || **~away** *n* λαθρεπιβάτης.

straddle [ˈstrædl] *vt* κάθομαι καβαλικευτά, καβαλικεύω.

straggle [ˈstrægl] *vi* σκορπίζω, βραδυπορώ || **~r** *n* παραπλανημένος, ο βραδυπορών.

straight [streɪt] *a* ευθύς, ευθύγραμμος, ίσιος || *(honest)* δίκαιος, ευθύς, τίμιος, ντόμπρος || *(in order)* τακτικός, τακτοποιημένος, σιαγμένος ♦ *ad* ίσια, κατευθείαν, αμέσως || *(drink)* σκέτο ♦ *n* ευθεία || **~ away** *ad (at once)* αμέσως || **~ off** *ad (without stopping)* στη στιγμή, αυτοστιγμεί || **~en** *vt (also: ~ out)* ισιώνω || *(fig)* τακτοποιώ || **~forward** *a (simple)* χωρίς περιστροφές, ντόμπρος, ειλικρινής.

strain [streɪn] *n (mental)* ένταση, κούραση || *(streak, trace)* φυσική διάθεση, κλίση, τάση ♦ *vt (stretch)* εντείνω, τεντώνω || *(filter)* διυλίζω, φιλτράρω ♦ *vi (make effort)* μοχθώ, κοπιάζω, εντείνω || **~s** *npl (MUS)* τόνος, ύφος *nt* || **~ed** *a (laugh)* βιασμένος, ψεύτικος || *(relations)* τεταμένος || **~er** *n* σουρωτήρι, φίλτρο, τρυπητό.

strait [streɪt] *n (GEOG)* στενό, πορθμός || **~ jacket** *n* ζουρλομανδύας || **~-laced** *a* ηθικολόγος, σεμνότυφος.

strand [strænd] *n (thread)* κλώνος, κλωνί, κλωστή ♦ *vt* εξοκέλλω || **~ed** *a* εγκαταλειμμένος, αφισμένος πίσω.

strange [streɪndʒ] *a* ξένος || *(unusual)* ασυνήθιστος, παράξενος || **~ness** *n* το περίεργο, παράξενο || **~r** *n* ξένος/η *m/f*, άγνωστος/η *m/f* ||

|| *(new to a place)* νεοαφιχθείς/είσα *m/f*, καινούργιος/α *m/f*.

strangle ['stræŋgl] *vt* στραγγαλίζω, πνίγω, καταπνίγω.

strangulation [stræŋgjʊ'leɪʃən] *n* στραγγαλισμός.

strap [stræp] *n* λωρίδα, λουρί ♦ *vt* δένω με λουρί || *(beat)* δέρνω με λουρί || **~ping** *a* γεροδεμένος.

strata ['strɑːtə] *npl of* **stratum.**

stratagem ['strætɪdʒəm] *n* στρατήγημα *nt*, κόλπο.

strategic [strə'tiːdʒɪk] *a* στρατηγικός || **~ally** *ad* στρατηγικά.

strategy ['strætɪdʒɪ] *n* στρατηγική, τέχνασμα *nt*.

stratum ['strɑːtəm] *n* στρώμα *nt*.

straw [strɔː] *n (AGR)* άχυρο, ψάθα || *(drinking straw)* καλάμι, καλαμάκι ♦ *a (hat, basket)* ψάθινος, αχυρένιος.

strawberry ['strɔːbərɪ] *n* φράουλα.

stray [streɪ] *n* χαμένος, ζώο που έχει ξεκόψει από το κοπάδι ♦ *vi* περιπλανώμαι, απομακρύνομαι ♦ *a (animal)* περιπλανώμενος, αδέσποτος || *(thought)* ξεκάρφωτος, σκόρπιος, ξεκόλλητος.

streak [striːk] *n* γραμμή, λωρίδα, ρίγα || *(strain)* δόση ♦ *vt* χαράσσω, ριγώνω, σχηματίζω ραβδώσεις || **~y** *a* ραβδωτός, γραμμωτός, ριγωτός.

stream [striːm] *n* ποτάμι, ρυάκι, ρέμα *nt* || *(flow)* ροή, ρούς *m*, χείμαρρος || *(crowd)* κύματα *ntpl*, αδιάκοπη σειρά ♦ *vi* ρέω, τρέχω, κυλώ.

streamer ['striːmə*] *n* σερπαντίνα, ταινία, σημαία.

streamlined ['striːmlaɪnd] *a* αεροδυναμικός.

street [striːt] *n* οδός *f*, δρόμος || **~car** *n (US: tram)* τράμ *nt inv* || **~ lamp** *n* φανοστάτης.

strength [streŋθ] *n (lit)* δύναμη, ισχύς *f* || *(fig)* **on the ~of** βασιζόμενος σε, στηριζόμενος σε || **~en** *vt* ενισχύω, δυναμώνω.

strenuous ['strenjʊəs] *a* κουραστικός, δραστήριος || *(requiring effort)* επίπονος, σκληρός.

stress [stres] *n (force, pressure)* πίεση, καταναγκασμός || *(mental strain)* ένταση || *(accent)* τόνος ♦ *vt* τονίζω.

stretch [stretʃ] *n (area)* έκταση ♦ *vt* τεντώνω, απλώνω ♦ *vi* εκτείνομαι, πλαταίνω || **at a ~** *(continuously)* χωρίς διακοπή || **to ~ out** *vi* επεκτείνομαι, αραιώνω ♦ *vt* τείνω, απλώνω || **~er** *n* φορείο.

stricken ['strɪkən] *a (person)* χτυπημένος, λιμμένος || *(city, country)* χτυπημένος.

strict [strɪkt] *a* ακριβής, αυστηρός || δριμύς || **~ly** *ad* αυστηρά, ακριβώς || **~ly speaking** κυριολεκτικώς, για να πούμε την αλήθεια || **~ness** *n* αυστηρότητα.

stride [straɪd] *(irreg v) n* μεγάλο βήμα *nt*, δρασκελιά ♦ *vi* δρασκελίζω, βηματίζω.

strident ['straɪdənt] *a* οξύς, στριγγός, στρίγγλικος.

strife [straɪf] *n* αγώνας, πάλη, σύγκρουση.

strike [straɪk] *(irreg v) n* απεργία || *(discovery)* ανακάλυψη, συνάντηση || *(attack)* επιχείρηση, πλήγμα *nt* ♦ *vt* κτυπώ, προσκρούω, σκουντώ || *(come into mind)* έρχομαι (στο μυαλό), μου φαίνεται || *(find gold)* ανακαλύπτω, βρίσκω ♦ *vi (stop work)* κηρύσσω απεργία, απεργώ || *(attack)* χτυπώ || *(clock)* πχώ, χτυπώ, σημαίνω || **to ~ down** *vt (lay low)* ρίχνω χάμω || **to ~ out** *vt (cross out)* εξαλείφω, διαγράφω, σβήνω || **to ~ up** *vt (music)* αρχίζω (να παίζω) || *(friendship)* πιάνω φιλία || **~r** *n* απεργός.

striking ['straɪkɪŋ] *a* κτυπητός,

ελκυστικός, ενδιαφέρων || ~**ly** *ad* εντυπωσιακά, χτυπητά.

string [strɪŋ] *n* σπάγγος, κορδόνι || *(series)* σειρά || *(MUS)* χορδή || *(COMPUT)* διατεταγμένη σειρά χαρακτήρων || ~ **bean** *n* φρέσκο φασολάκι.

stringent ['strɪndʒənt] *a* αυστηρός, στενός.

strip [strɪp] *n* λουρίδα, ταινία ♦ *vt* γυμνώνω, γδύνω, βγάζω || *(machine etc)* αποσυνδέω ♦ *vi* γδύνομαι, γυμνώνομαι || ~ **cartoon** *n* σειρά εύθυμων σκίτσων.

stripe [straɪp] *n* γραμμή, λουρίδα, ράβδωση || ~**d** *a* ραβδωτός, ριγωτός.

stripper ['strɪpə*] *n* στριπτηζέ *f inv.*

striptease ['strɪpti:z] *n* στριπτήζ *nt inv.*

strive [straɪv] *(irreg v) vi (+ for)* αγωνίζομαι (για), προσπαθώ || ~**n** ['strɪvn] *pp of* **strive.**

strode [strəud] *pt, pp of* **stride.**

stroke [strəuk] *n* κτύπημα *nt*, πλήγμα *nt* || *(TECH)* κίνηση, διαδρομή, ρυθμός || *(sudden attack)* προσβολή || *(caress)* θωπεία, χάδι, χάιδεμα *nt* ♦ *vt* χαϊδεύω, τρίβω, σιάζω || **at a** ~ μ' ένα κτύπημα, με μιας || **on the** ~ **of 5** στις 5 ακριβώς.

stroll [strəul] *n* περίπατος, βόλτα ♦ *vi* κάνω περίπατο, κάνω βόλτες.

strong [strɒŋ] *a* δυνατός, ισχυρός, γερός || *(firm)* στερεός, γερός || *(flavour)* δυνατός, έντονος || *(protest)* έντονος || *(wind)* ισχυρός, δυνατός || **they are 50** ~ δυνάμεως 50 ανδρών || ~**hold** *n* φρούριο, οχυρό, προπύργιο || ~**ly** *ad* δυνατά, γερά || ~**room** *n* αίθουσα χρηματοκιβωτίων.

strove [strəuv] *pt of* **strive.**

struck [strʌk] *pt, pp of* **strike.**

structural ['strʌktʃərəl] *a* δομικός.

structure ['strʌktʃə*] *n* κατασκευή, δομή || *(building)* οικοδόμημα *nt*, κτίριο, κτίσμα *nt.*

struggle ['strʌgl] *n* αγώνας, πάλη, σκληρή προσπάθεια ♦ *vi (+ to)* αγωνίζομαι, παλεύω.

strum [strʌm] *vt (guitar)* παίζω αδέξια, παίζω άτεχνα.

strut [strʌt] *n (support)* στήριγμα *nt*, υποστήριγμα *nt* ♦ *vi* περιφέρομαι καμαρωτός, κορδώνομαι.

stub [stʌb] *n (cigarette etc)* υπόλειμμα *nt*, γόπα.

stubble ['stʌbl] *n* καλαμιά, ρίζες *fpl* || *(on face)* γένια *ntpl* ημερών.

stubborn ['stʌbən] *a* επίμονος, πεισματάρης, ξεροκέφαλος || ~**ly** *ad* πεισματικά, επίμονα.

stubby ['stʌbɪ] *a* κοντόχοντρος.

stuck [stʌk] *pt, pp of* **stick** || ~**-up** *a* υπεροπτικός, φαντασμένος.

stud [stʌd] *n* πλατυκέφαλο καρφί || *(of shirt)* κουμπί, ξενόκουμπο || *(of horses)* σταύλος αλόγων, ιπποστάσιο ♦ *vt* διαστίζω, κοσμώ με καρφιά.

student ['stju:dənt] *n* φοιτητής/ήτρια *m/f*, σπουδαστής/άστρια *m/f*, μελετητής.

studio ['stju:dɪəu] *n* εργαστήριο, ατελιέ *nt inv* || *(also TV)* στούντιο.

studious ['stju:dɪəs] *a* μελετηρός, φιλομαθής || *(careful)* προσεκτικός || ~**ly** *ad (carefully)* επιμελώς.

study ['stʌdɪ] *n* σπουδή, μελέτη || *(something studied)* μελέτη, έρευνα || *(room)* σπουδαστήριο, αναγνωστήριο ♦ *vt* σπουδάζω, μελετώ || *(examine)* μελετώ, παρατηρώ ♦ *vi* επιμελούμαι, μελετώ.

stuff [stʌf] *n* ύλη, υλικό, ουσία ♦ *vt* (παρα)γεμίζω || ~**ing** *n* παραγέμισμα *nt*, γέμιση || *(of fowl etc)* γέμισμα *nt* || ~**y** *a (room)* πνιγηρός, χωρίς αέρα || *(ideas: old-fashioned)* σεμνότυφος.

stumble ['stʌmbl] *vt* σκοντάφτω,

προσκρούω || **to ~ on** *vt* ανακαλύπτω αναπάντεχα.
stumbling block ['stʌmblɪŋblɒk] *n* εμπόδιο.
stump [stʌmp] *n* κούτσουρο, στέλεχος *nt* ♦ *vt (puzzle)* μπερδεύω, τα χάνω.
stun [stʌŋ] *vt* ζαλίζω, ταράζω.
stung [stʌŋ] *pt, pp of* **sting.**
stunk [stʌŋk] *pp of* **stink.**
stunning ['stʌnɪŋ] *a* εξαίσιος, καταπληκτικός.
stunt [stʌnt] *n* εκπληκτική παράσταση, άθλος ♦ *vt* περιστέλλω, εμποδίζω την ανάπτυξη || **~ed** *a* κατσιασμένος.
stupefy ['stju:pɪfaɪ] *vt* καταπλήσσω.
stupendous [stju:'pɛndəs] *a* τεράστιος, πελώριος, καταπληκτικός || **~ly** *ad* καταπληκτικά.
stupid ['stju:pɪd] *a* ηλίθιος, βλάκας, κουτός || **~ity** *n* βλακεία, κουταμάρα || **~ly** *ad* ηλίθια, βλακωδώς.
stupor ['stju:pə*] *n* νάρκη, λήθαργος, χαύνωση.
sturdy ['stɜ:dɪ] *a* δυνατός, σθεναρός, γεροδεμένος.
stutter ['stʌtə*] *n* ψέλλισμα *nt*, τραύλισμα *nt* ♦ *vi* τραυλίζω, τσεβδίζω.
sty [staɪ] *n* χοιροστάσιο, γουρνοστάσι.
stye [staɪ] *n* χαλάζιο, κριθαράκι.
style [staɪl] *n* στύλ *nt inv*, τεχνοτροπία, ύφος *nt* || *(fashion)* ρυθμός, στύλ *nt inv*, μόδα || *(distinction)* επιδεξιότητα, μεγαλοπρέπεια.
stylish ['staɪlɪʃ] *a* μοντέρνος, κομψός || **~ly** *ad* κομψά, με σικ.
stylus ['staɪləs] *n* στύλος, γραφίδα.
suave [swɑ:v] *a* ευγενικός, απαλός, ευχάριστος.
sub- [sʌb] *prefix* υπο-.
subconscious ['sʌb'kɒnʃəs] *a* υποσυνείδητος ♦ *n*: **the ~** το υποσυνείδητο.
subdivide ['sʌbdɪ'vaɪd] *vt* υποδιαιρώ.
subdivision ['sʌbdɪvɪʒən] *n* υποδιαίρεση.
subdue [səb'dju:] *vt* κατακτώ, υποτάσσω, μαλακώνω || **~d** *a* συντριμμένος, μαλακωμένος.
subject ['sʌbdʒɪkt] *n* υπήκοος *m/f* || *(theme)* θέμα *nt*, αντικείμενο || *(GRAM)* υποκείμενο ♦ [səb'dʒɛkt] *vt*: **to ~ s.o. to sth** υποβάλλω κάποιον σε κάτι || **to be ~ to** υπόκειμαι σε, εξαρτώμαι από || **~ion** *n* καθυπόταξη, υποταγή || **~ive** *a* υποκειμενικός || **~ matter** *n* θέμα *nt*, περιεχόμενο.
sublet ['sʌb'lɛt] *vt* υπενοικιάζω.
sublime [sə'blaɪm] *a* θείος, ανώτερος, υπέροχος, έξοχος.
submarine [sʌbmə'ri:n] *n* υποβρύχιο.
submerge [səb'mɜ:dʒ] *vt* βυθίζω, χώνω στο νερο ♦ *vi* καταδύομαι, βυθίζομαι, βουλιάζω.
submission [səb'mɪʃən] *n* υποταγή, υπακοή || *(presentation)* υποβολή.
submit [səb'mɪt] *vt* υποβάλλω ♦ *vi* υποτάσσομαι, υποβάλλομαι.
subnormal ['sʌb'nɔ:məl] *a* κάτω του κανονικού.
subordinate [sə'bɔ:dnɪt] *a* κατώτερος, εξαρτημένος ♦ *n* υφιστάμενος.
subpoena [səb'pi:nə] *n* κλήση (μορτύρων) ♦ *vt* καλώ, αποστέλλω κλήση.
subscribe [səb'skraɪb] *vi (pay contribution)* εγγράφομαι, συνεισφέρω || *(+ to)* επιδοκιμάζω, αποδέχομαι, παραδέχομαι || **~r** *n* *(to periodical, TEL)* συνδρομητής/ήτρια *m/f*.
subscription [səb'skrɪpʃən] *n* συνεισφορά, συνδρομή.

subsequent ['sʌbsɪkwənt] *a* επακόλουθος, μεταγενέστερος || ~**ly** *ad* έπειτα, αργότερα.
subside [səb'saɪd] *vi* κατακαθίζω, υποχωρώ, κοπάζω || ~**nce** *n* καθίζηση, κόπαση.
subsidiary [səb'sɪdɪərɪ] *a* βοηθητικός, δευτερεύων ♦ *n* θυγατρική εταιρεία.
subsidize ['sʌbsɪdaɪz] *vt* επιχορηγώ, επιδοτώ.
subsidy ['sʌbsɪdɪ] *n* επιχορήγηση, βοήθημα *nt*, επίδομα *nt*.
subsistence [səb'sɪstəns] *n* ύπαρξη, συντήρηση, επιβίωση.
substance ['sʌbstəns] *n* ουσία || *(wealth)* περιουσία, αξία.
substandard ['sʌb'stændəd] *a* κάτω του μέσου όρου, κακής ποιότητας.
substantial [səb'stænʃəl] *a (strong)* στερεός, γερός || *(important)* σημαντικός, ουσιώδης || ~**ly** *ad* ουσιαστικά, πραγματικά.
substantiate [səb'stænʃɪeɪt] *vt* επαληθεύω, αποδεικνύω, αιτιολογώ.
substitute ['sʌbstɪtjuːt] *n* αντικαταστάτης, υποκατάστατο ♦ *vt* υποκαθιστώ, αντικαθιστώ.
substitution [sʌbstɪ'tjuːʃən] *n* αντικατάσταση, υποκατάσταση.
subterfuge ['sʌbtəfjuːdʒ] *n* υπεκφυγή, τέχνασμα *nt*, πρόφαση.
subterranean [sʌbtə'reɪnɪən] *a* υπόγειος.
subtitle ['sʌbtaɪtl] *n (CINE)* υπότιτλος.
subtle ['sʌtl] *a (faint)* λεπτός, διακριτικός || *(clever, sly)* έξυπνος, πανούργος || ~**ty** *n* λεπτότητα.
subtly ['sʌtlɪ] *ad* διακριτικά, με λεπτότητα.
subtract [səb'trækt] *vt* αφαιρώ || ~**ion** *n* αφαίρεση.
subtropical ['sʌb'trɒpɪkəl] *a* υποτροπικός.
suburb ['sʌbɜːb] *n* προάστειο || ~**an** *a* των προαστείων.
subversive [səb'vɜːsɪv] *a* ανατρεπτικός.
subway ['sʌbweɪ] *n (US)* υπόγειος σιδηρόδρομος.
succeed [sək'siːd] *vi* επιτυγχάνω, πετυχαίνω ♦ *vt* διαδέχομαι || ~**ing** *a (following)* επόμενος, μελλοντικός.
success [sək'sɛs] *n* επιτυχία, ευτυχής έκβαση || *(person)* επιτυχημένος άνθρωπος || ~**ful** *a* επιτυχής, επιτυχημένος || ~**fully** *ad* επιτυχώς, με επιτυχία.
succession [sək'sɛʃən] *n* διαδοχή.
successive [sək'sɛsɪv] *a* διαδοχικός, συνεχής, αλλεπάλληλος.
successor [sək'sɛsə*] *n* διάδοχος.
succinct [sək'sɪŋkt] *a* σύντομος και σαφής.
succulent ['sʌkjʊlənt] *a* εύχυμος, ζουμερός, νόστιμος.
succumb [sə'kʌm] *vi (+ to)* υποκύπτω, υποτάσσομαι, ενδίδω.
such [sʌtʃ] *a (of that kind)* τέτοιος, τέτοιου είδους || *(so great etc)* τόσος ♦ *pron* αυτός, αυτοί, τέτοιος.
suck [sʌk] *vt (toffee)* πιπιλίζω || ~**er** *n (col)* κορόιδο.
suction ['sʌkʃən] *n* αναρρόφηση, άντληση.
sudden ['sʌdn] *a* ξαφνικός, αιφνίδιος || **all of a** ~ αιφνιδίως, ξαφνικά || ~**ly** *ad* ξαφνικά.
sue [suː] *vt* ενάγω, κάνω αγωγή.
suede [sweɪd] *n* καστόρι, σουέντ *nt inv.*
suet [sʊɪt] *n* λίπος *nt*, ξύγγι.
suffer ['sʌfə*] *vt (death)* θανατούμαι, εκτελούμαι || *(permit)* υποφέρω, ανέχομαι, δέχομαι ♦ *vi* υποφέρω, πάσχω || ~**er** *n* υποφέρων, πάσχων || ~**ing** *n* πόνος, βάσανα *ntpl*, πάθη *ntpl*.

suffice [sə'faɪs] *vi* (επ)αρκώ, φθάνω.
sufficient [sə'fɪʃənt] *a* επαρκής, αρκετός || **~ly** *ad* αρκετά.
suffix ['sʌfɪks] *n* κατάληξη, πρόσφυμα *nt.*
suffocate ['sʌfəkeɪt] *vi* πνίγομαι, ασφυκτιώ.
suffocation [sʌfə'keɪʃən] *n* ασφυξία, πνίξιμο.
sugar ['ʃʊgə*] *n* ζάχαρη ♦ *vt* ζαχαρώνω, βάζω ζάχαρη || **~ beet** *n* ζαχαρότευτλο || **~ cane** *n* ζαχαροκάλαμο || **~y** *a* ζαχαρένιος, ζαχαρωμένος, γλυκύτατος.
suggest [sə'dʒɛst] *vt* εισηγούμαι, προτείνω || *(show indirectly)* υπαινίσσομαι, υπονοώ || *(propose)* προτείνω, υποβάλλω, υποδεικνύω || **~ion** *n* πρόταση, υποβολή || **~ive** *a* υπαινισσόμενος, υποβλητικός, με υπονοούμενα.
suicidal [sʊɪ'saɪdl] *a* της αυτοκτονίας.
suicide ['sʊɪsaɪd] *n* αυτοκτονία || *(person)* αυτόχειρας.
suit [suːt] *n (of clothes)* κοστούμι || *(in cards)* τα τέσσερα χρώματα ♦ *vt* ταιριάζω, πηγαίνω || *(satisfy)* ικανοποιώ, βολεύω || *(adapt)* προσαρμόζω || **~able** *a* κατάλληλος, αρμόζων, ταιριαστός || **~ably** *ad* καταλλήλως, όπως πρέπει.
suitcase ['suːtkeɪs] *n* βαλίτσα.
suite [swiːt] *n (of rooms)* διαμέρισμα *nt*, σουίτα || *(MUS)* σουίτα.
sulfur ['sʌlfə*] *n (US)* = **sulphur.**
sulk [sʌlk] *vi* κάνω μούτρα, κατσουφιάζω || **~y** *a* κακόκεφος, κατσούφης.
sullen ['sʌlən] *a (gloomy)* κατηφής, μελαγχολικός || *(bad-tempered)* κακόκεφος, κατσούφης.
sulphur ['sʌlfə*] *n* θείο, θειάφι.
sultan ['sʌltən] *n* σουλτάνος || **~a** *n* σουλτάνα || *(raisin)* σουλτανίνα.
sultry ['sʌltrɪ] *a* αποπνικτικός, πνιγηρός.
sum [sʌm] *n (total)* σύνολο || *(calculation)* άθροισμα *nt* || *(of money)* ποσό (χρημάτων) || **to ~ up** *vt* συνοψίζω, ανακεφαλαιώνω ♦ *vi* κρίνω, εκτιμώ.
summarize ['sʌməraɪz] *vt* συνοψίζω, συγκεφαλαιώνω.
summary ['sʌmərɪ] *n* (συνοπτική) περίληψη, σύνοψη.
summer ['sʌmə*] *n* καλοκαίρι ♦ *attr a (clothing)* καλοκαιρινός || **~house** *n (in garden)* περίπτερο κήπου || **~time** *n* καλοκαίρι, θερινή ώρα.
summit ['sʌmɪt] *n* κορυφή || **~ conference** *n* συνεδρίαση κορυφής.
summon ['sʌmən] *vt* (συγ)καλώ, προσκαλώ || *(gather up)* συγκεντρώνω, μαζεύω || **~s** *n* κλήση ♦ *vt* κλητεύω, καλώ.
sump [sʌmp] *n* λεκάνη αποστραγγίσεως, κάρτερ *nt inv.*
sumptuous ['sʌmptjʊəs] *a* πολυτελής, πολυδάπανος.
sun [sʌn] *n* ήλιος || *(sunshine)* λιακάδα || **~bathe** *vi* κάνω ηλιοθεραπεία || **~burn** *n* έγκαυμα *nt* από τον ήλιο || **~burnt** *a* ηλιοκαμμένος, μαυρισμένος.
Sunday ['sʌndɪ] *n* Κυριακή.
sundial ['sʌndaɪəl] *n* ηλιακό ρολόι.
sundry ['sʌndrɪ] *a* διάφορος || **sundries** *npl* διάφορα είδη *ntpl.*
sunflower ['sʌnflaʊə*] *n* ήλιος, ηλίανθος.
sung [sʌŋ] *pp of* **sing.**
sunglasses ['sʌnglaːsɪz] *npl* γυαλιά *ntpl* του ήλιου.
sunk [sʌŋk] *pp of* **sink.**
sunlight ['sʌnlaɪt] *n* ηλιακό φώς, λιακάδα.
sunlit ['sʌnlɪt] *a* ηλιόλουστος.

sunny ['sʌnɪ] *a* ευήλιος, ηλιόλουστος || *(cheerful)* χαρωπός, γελαστός.
sunrise ['sʌnraɪz] *n* ανατολή του ηλίου.
sunset ['sʌnsɛt] *n* ηλιοβασίλεμα *nt*.
sunshade ['sʌnʃeɪd] *n (over table)* αλεξήλιο, ομπρέλα του ήλιου.
sunshine ['sʌnʃaɪn] *n* λιακάδα.
sunspot ['sʌnspɒt] *n* ηλιακή κηλίδα.
sunstroke ['sʌnstrəʊk] *n* ηλίαση.
suntan ['sʌntæn] *n* μαύρισμα *nt* από τον ήλιο.
super ['suːpə*] *a (col)* υπέροχος, περίφημος, σπουδαίος || *prefix* υπερ-.
superannuation [suːpərænju'eɪʃən] *n* συνταξιοδότηση.
superb [suː'pɜːb] *a* υπέροχος, έξοχος, εξαίσιος || **~ly** *ad* υπέροχα, έξοχα, λαμπρά.
supercilious [suːpə'sɪlɪəs] *a* αγέρωχος, υπεροπτικός.
superficial [suːpə'fɪʃəl] *a* επιφανειακός || *(shallow)* επιπόλαιος, επιφανειακός.
superfluous [sʊ'pɜːflʊəs] *a* περιττός.
superhuman [suːpə'hjuːmən] *a (effort)* υπεράνθρωπος.
superimpose ['suːpərɪm'pəʊz] *vt* βάζω από πάνω, υπερθέτω.
superintendent [suːpərɪn'tɛndənt] *n (police)* αξιωματικός της αστυνομίας.
superior [sʊ'pɪərɪə*] *a* ανώτερος, υπέρτερος, εξαιρετικός || *(proud)* υπεροπτικός, ακατάδεχτος ♦ *n* προϊστάμενος, ανώτερος || **~ity** *n* υπεροχή, ανωτερότητα.
superlative [sʊ'pɜːlətɪv] *a* ανώτατος, υπερθετικός ♦ *n* (το) υπερθετικό.
superman ['suːpəmæn] *n* υπεράνθρωπος.
supermarket ['suːpəmɑkɪt] *n* σουπερμάρκετ *f inv*, υπεραγορά.
supernatural [suːpə'nætʃərəl] *a* υπερφυσικός.
superpower ['suːpəpaʊə*] *n (POL)* υπερδύναμη.
supersede [suːpə'siːd] *vt* αντικαθιστώ, παραμερίζω.
supersonic ['suːpə'sɒnɪk] *a* υπερηχητικός.
superstition [suːpə'stɪʃən] *n* δεισιδαιμονία, πρόληψη.
superstitious [suːpə'stɪʃəs] *a* δεισιδαίμονας, προληπτικός.
supertanker ['suːpətæŋkə*] *n* υπερδεξαμενόπλοιο.
supervise ['suːpəvaɪz] *vt* επιβλέπω, εποπτεύω, διευθύνω.
supervision [suːpə'vɪʒən] *n* εποπτεία, επιθεώρηση, διεύθυνση.
supervisor ['suːpəvaɪzə*] *n* επιθεωρητής/ήτρια *m/f*, επόπτης/όπτρια *m/f*, επιστάτης/άτρια *m/f*.
supper ['sʌpə*] *n* δείπνο.
supple ['sʌpl] *a* εύκαμπτος, ευλύγιστος, λυγερός.
supplement ['sʌplɪmənt] *n* συμπλήρωμα *nt* || *(newspaper)* παράρτημα *nt* ♦ [sʌplɪ'mɛnt] *vt* συμπληρώνω || **~ary** *a* συμπληρωματικός, πρόσθετος.
supplier [sə'plaɪə*] *n* προμηθευτής.
supply [sə'plaɪ] *vt* παρέχω, εφοδιάζω, προμηθεύω ♦ *n* εφόδιο, απόθεμα *nt*, προμήθεια || *(supplying)* εφοδιασμός, τροφοδότηση || **supplies** *npl (food)* τρόφιμα *ntpl* || *(MIL)* εφόδια *ntpl* || **~ and demand** προσφορά και ζήτηση.
support [sə'pɔːt] *n (moral, financial etc)* υποστήριξη, ενίσχυση || *(TECH)* στήριγμα *nt*, υποστήριγμα *nt*, έρεισμα *nt* ♦ *vt* (υπο)στηρίζω, ενισχύω || *(provide for)* συντηρώ, κρατώ || *(speak for)* υποστηρίζω,

ενισχύω || *(endure)* υπομένω, υποφέρω || ~**er** *n (POL etc)* οπαδός, υπερασπιστής/ίστρια *m/f* || *(SPORT)* οπαδός, υποστηρικτής/ίκτρια *m/f* || ~**ing** *a (programme, role)* βοηθητικός, δευτερεύων.

suppose [sə'pəuz] *vti* υποθέτω, προϋποθέτω || *(think, imagine)* φαντάζομαι, νομίζω || ~ **he comes** ... αν έρθει ... || ~**dly** *ad* υποθετικά, δήθεν.

supposing [sə'pəuzɪŋ] *cj* εάν, ας υποθέσουμε ότι.

supposition [sʌpə'zɪʃən] *n* υπόθεση, γνώμη.

suppress [sə'prɛs] *vt* καταπνίγω, καταστέλλω || *(hold back)* συγκρατώ, σκεπάζω || ~**ion** *n* κατάπνιξη, συγκράτηση, απόκρυψη.

supremacy [su'prɛməsɪ] *n* υπεροχή, ανώτατη εξουσία.

supreme [su'priːm] *a* υπέρτατος, ανώτατος, ύψιστος.

surcharge ['sɜːtʃɑːdʒ] *n* πρόσθετη επιβάρυνση.

sure [ʃuə*] *a* βέβαιος, ασφαλής, σίγουρος ♦ *ad* βεβαίως, ασφαλώς || ~! *(of course)* βέβαια!, ασφαλώς! || **to make** ~ **of** βεβαιώνω || ~**-footed** *a* με σίγουρο πόδι || ~**ly** *ad* ασφαλώς, βεβαίως || *(firmly)* αναμφίβολα || *(gladly)* βεβαίως, μετά χαράς.

surf [sɜːf] *n* κύμα *nt*, αφρός.

surface ['sɜːfɪs] *n (top side)* επιφάνεια || *(outward appearance)* εξωτερικό, εμφάνιση ♦ *vt (roadway)* επιστρώνω, στρώνω ♦ *vi* βγαίνω στην επιφάνεια || ~ **mail** *n* τακτικό ταχυδρομείο.

surfboard ['sɜːfbɔːd] *n* σανίδα κυματοδρομίας, σέρφμπορντ *nt inv*.

surfeit ['sɜːfɪt] *n* υπεραφθονία, πληθώρα, κόρος.

surge [sɜːdʒ] *n* μεγάλο κύμα *nt* || *(fig)* μεγάλη αύξηση ♦ *vi* ορμώ, ξεχύνομαι.

surgeon ['sɜːdʒən] *n* χειρούργος.

surgery ['sɜːdʒərɪ] *n* χειρουργική || *(room)* ιατρείο, χειρουργείο.

surgical ['sɜːdʒɪkəl] *a* χειρουργικός.

surly ['sɜːlɪ] *a* αγροίκος, κατσούφης, αγενής.

surmise [sɜː'maɪz] *vt* εικάζω, υποθέτω, μαντεύω.

surmount [sɜː'maunt] *vt (difficulty)* υπερνικώ, ξεπερνώ.

surname ['sɜːneɪm] *n* επώνυμο.

surpass [sɜː'pɑːs] *vt* υπερτερώ, υπερβαίνω, ξεπερνώ.

surplus ['sɜːpləs] *n* περίσσευμα *nt*, πλεόνασμα *nt* ♦ *a* πλεονάζων, υπεράριθμος.

surprise [sə'praɪz] *n* έκπληξη, κατάπληξη, ξάφνισμα *nt* ♦ *vt* αιφνιδιάζω || *(astonish)* εκπλήσσω, καταπλήσσω, ξαφνίζω.

surprising [sə'praɪzɪŋ] *a* εκπληκτικός, καταπληκτικός.

surrender [sə'rɛndə*] *n* παράδοση, εγκατάλειψη ♦ *vi* παραδίδομαι, παραδίδω, παραχωρώ.

surreptitious [sʌrəp'tɪʃəs] *a* λαθραίος, κρυφός.

surround [sə'raund] *vt* περιβάλλω, περικυκλώνω || ~**ing** *a (countryside)* περιβάλλων, εξοχικός || ~**ings** *npl* περιβάλλον, περίχωρα *ntpl*.

surveillance [sɜː'veɪləns] *n (observation)* επιτήρηση, εποπτεία.

survey ['sɜːveɪ] *n (inquiry)* επισκόπηση || *(of land)* χωρογράφηση, τοπογράφηση ♦ [sɜː'veɪ] *vt* επισκοπώ, εξετάζω || *(measure land)* χωρογραφώ, τοπογραφώ || ~**ing** *n (of land)* χωρογράφηση, τοπογραφία || ~**or** *n (of land)* τοπογράφος.

survival [sə'vaɪvəl] *n* επιβίωση || *(from past)* υπόλειμμα, επιβίωμα *nt*.

survive [sə'vaɪv] *vi* επιζώ ♦ *vt*

επιζώ || *(a shipwreck etc)* σώζομαι, γλυτώνω.
survivor [sə'vaivə*] *n* επιζών, διασωθείς.
susceptible [sə'sɛptəbl] *a (+ to)* επιδεκτικός, τρωτός.
suspect ['sʌspɛkt] *n* ύποπτος ♦ *a* ύποπτος ♦ [səs'pɛkt] *vt* υποπτεύομαι, υποψιάζομαι || *(think likely)* υποψιάζομαι, φαντάζομαι.
suspend [səs'pɛnd] *vt* αναστέλλω, διακόπτω || *(hang up)* αναρτώ, κρεμώ || **~ers** *npl* καλτσοδέτες *fpl* || *(US)* τιράντες *fpl.*
suspense [səs'pɛns] *n* εκκρεμότητα, ανησυχία, αβεβαιότητα.
suspension [səs'pɛnʃən] *n* αναστολή, ανακοπή || *(being suspended)* απόλυση || *(AUT)* ανάρτηση || ~ **bridge** *n* κρεμαστή γέφυρα.
suspicion [səs'pɪʃən] *n* υποψία, υπόνοια || *(small amount)* μικρή δόση.
suspicious [səs'pɪʃəs] *a* ύποπτος, καχύποπτος || **~ly** *ad* ύποπτα, δύσπιστα.
sustain [səs'teɪn] *vt* υποστηρίζω, στηρίζω, βαστάζω || *(confirm)* αποδέχομαι || *(injury)* υφίσταμαι, παθαίνω, δέχομαι || **~ed** *a (effort)* επίμονος, συνεχής.
sustenance ['sʌstɪnəns] *n* συντήρηση, τροφή.
swab [swɒb] *n (pad)* ξέστρο.
swagger ['swægə*] *vi* περπατώ καμαρωτός, επιδεικνύομαι.
swallow ['swɒləʊ] *n (bird)* χελιδόνι || *(of food etc)* μπουκιά ♦ *vt* καταπίνω, χάφτω || **to ~ up** *vt* καταπίνω, καταβροχθίζω.
swam [swæm] *pt of* **swim.**
swamp [swɒmp] *n* έλος *nt*, βάλτος ♦ *vt (overwhelm)* συντρίβω, σαρώνω.
swan [swɒn] *n* κύκνος.
swap [swɒp] *n (exchange)* ανταλλαγή ♦ *vt (+ for)* ανταλλάσσω, αλλάζω.
swarm [swɔːm] *n (of bees)* σμήνος *nt*, πλήθος *nt* || *(of insects)* σύννεφο || *(of people)* μπουλούκι, τσούρμο ♦ *vt (crowd)* συρρέω, συγκεντρώνομαι.
swarthy ['swɔːðɪ] *a* μελαψός, μελαχροινός.
swastika ['swɒstɪkə] *n* αγκυλωτός σταυρός.
swat [swɒt] *vt* κτυπώ, βαρώ.
sway [sweɪ] *vi* ταλαντεύομαι, κουνιέμαι, τρικλίζω ♦ *vt* ταλαντεύω, κουνώ || *(influence)* διευθύνω, επηρεάζω, παρασύρω.
swear [swɛə*] *(irreg v) vi* ορκίζομαι || *(curse)* βλαστημώ, βρίζω || **to ~ to** ορκίζομαι σε, βεβαιώ || **~word** *n* βλαστήμια, βρισιά.
sweat [swɛt] *n* ιδρώτας || *(MED)* ίδρωμα *nt* ♦ *vi* ιδρώνω || *(toil)* μοχθώ, σπάω στη δουλειά.
sweater ['swɛtə*] *n* πουλόβερ *nt inv.*
sweaty ['swɛtɪ] *a* ιδρωμένος.
Swede [swiːd] *n* Σουηδός/ή *m/f.*
swede [swiːd] *n (turnip)* ραπίτσα.
Sweden ['swiːdn] *n* Σουηδία.
Swedish ['swiːdɪʃ] *a* σουηδικός ♦ *n (LING)* Σουηδικά *ntpl.*
sweep [swiːp] *(irreg v) n* σκούπισμα *nt*, σάρωμα *nt* || *(wide curve)* κυκλική κίνηση, καμπή || *(range)* άνοιγμα *nt*, ευρύτητα || *(of chimney)* καπνοδοχοκαθαριστής ♦ *vt* σκουπίζω, καθαρίζω, σαρώνω ♦ *vi (move in curve)* εκτείνομαι, απλώνομαι || προχωρώ μεγαλόπρεπα || **to ~ away** *vt* σκουπίζω, σαρώνω || **to ~ past** *vi* περνώ γρήγορα || **to ~ up** *vi* φθάνω, ανεβαίνω ♦ *vt* σκουπίζω, μαζεύω || **~ing** *a (gesture)* πλατειά (χειρονομία) || *(statement)* γενικός, ριζικός.
sweet [swiːt] *n* γλυκό || *(candy)*

ζαχαρωτό, καραμέλα ♦ *a* γλυκός || *(fresh)* δροσερός, φρέσκος || *(gentle, pretty)* χαριτωμένος, γλυκός, συμπαθητικός || ~**breads** *npl* γλυκάδια *ntpl* || ~**en** *vt* γλυκαίνω || ~**heart** *n* αγαπητικός, αγαπημένος || ~**ly** *ad* γλυκά, μελωδικά, ευχάριστα || ~**ness** *n* γλυκύτητα, γλύκα || ~ **pea** *n* λάθυρος, μοσχομπίζελο || ~ **tooth** *n* αδυναμία για γλυκά.

swell [swɛl] *(irreg v) n (wave)* μεγάλο κύμα *nt* ♦ *a (col: excellent)* εξαιρετικός, πρώτης τάξης ♦ *vt (numbers)* εξογκώνω, αυξάνω ♦ *vi (also:* ~ **up)** εξογκούμαι, φουσκώνω || *(become louder)* δυναμώνω || *(MED)* πρήζομαι || ~**ing** *n* εξόγκωση, πρήξιμο.

sweltering ['swɛltərɪŋ] *a* ιδρωμένος, αποπνυκτικός.

swept [swɛpt] *pt, pp of* **sweep.**

swerve [swɜːv] *n* παρέκκλιση, παρατιμονιά ♦ *vti* παρεκκλίνω, παραστρατίζω, στρίβω.

swift [swɪft] *n (bird)* κλαδευτήρα, πετροχελίδονο ♦ *a* ταχύς, γρήγορος, άμεσος.

swig [swɪg] *n (col: of drink)* μεγάλη ρουφηξιά.

swill [swɪl] *n (for pigs)* τροφή χοίρων ♦ *vt (also:* ~ **out,** ~ **down)** ξεπλένω.

swim [swɪm] *(irreg v) n* κολύμπι ♦ *vi (person)* κολυμπώ || *(be flooded)* πλημμυρίζω, είμαι πλημμυρισμένος || *(feel dizzy)* ιλιγγιώ, ζαλίζομαι ♦ *vt (cross by swimming)* περνώ κολυμπώντας || ~**mer** *n* κολυμβητής/ήτρια *m/f* || ~**ming** *n* κολύμπι || **to go** ~**ming** πάω κολύμπι || ~**ming baths** *npl* κολυμβητικές δεξαμενές *fpl* || ~**ming cap** *n* σκουφί || ~**ming costume** *n* μαγιό || ~**ming pool** *n* πισίνα || ~**suit** *n* μαγιό.

swindle ['swɪndl] *n* απάτη ♦ *vt* (εξ)απατώ || ~**r** *n* απατεώνας, κατεργάρης.

swine [swaɪn] *n* χοίρος, γουρούνι || *(person)* γουρούνι, παλιάνθρωπος.

swing [swɪŋ] *(irreg v) n* κούνια || *(swinging)* αιώρηση, ταλάντευση || *(music)* ρυθμός ♦ *vt* ταλαντεύω, κουνώ || *(move round)* περιστρέφω, στρέφω ♦ *vi* αιωρούμαι, κουνιέμαι || *(move round)* στρέφομαι, κάνω μεταβολή || **in full** ~ σε πλήρη δράση || ~ **bridge** *n* περιστρεφόμενη γέφυρα || ~ **door** *n* περιστρεφόμενη πόρτα.

swipe [swaɪp] *n* δυνατό κτύπημα *nt* ♦ *vt (hit)* κτυπώ δυνατά || *(col: steal)* κλέβω, βουτώ.

swish [swɪʃ] *a (col: smart)* κομψός, μοντέρνος ♦ *vt* θροΐζω.

Swiss [swɪs] *a* ελβετικός ♦ *n (person)* Ελβετός/ίδα *m/f.*

switch [swɪtʃ] *n (for light, radio etc)* διακόπτης || *(change)* αλλαγή ♦ *vti* διακόπτω || *(turn)* γυρίζω απότομα || **to** ~ **off** *vt* τραίνο που ανεβοκατεβαίνει διακόπτω, σβήνω || **to** ~ **on** *vt* ανάβω, ανοίγω || ~**back** *n (at fair)* σε λούνα παρκ || ~**board** *n* πίνακας διανομής, τηλεφωνικό κέντρο.

Switzerland ['swɪtsələnd] *n* Ελβετία.

swivel ['swɪvl] *vti (also:* ~ **round)** (περι)στρέφομαι, στρέφω.

swollen ['swəulən] *pp of* **swell** ♦ *a (ankle etc)* πρησμένος, διογκωμένος.

swoon [swuːn] *vi* λιποθυμώ.

swoop [swuːp] *n (esp by police)* ξαφνική επίθεση, εφόρμηση ♦ *vi (also:* ~ **down)** εφορμώ, πέφτω.

swop [swɒp] = **swap.**

sword [sɔːd] *n* ξίφος *nt*, σπαθί || ~**fish** *n* ξιφίας.

swore [swɔː*] *pt of* **swear.**

sworn [swɔːn] *pp of* **swear.**

swum [swʌm] *pp of* **swim.**
swung [swʌŋ] *pt, pp of* **swing.**
sycamore ['sɪkəmɔː*] *n* συκομουριά.
syllable ['sɪləbl] *n* συλλαβή.
syllabus ['sɪləbəs] *n* διδακτέα ύλη.
symbol ['sɪmbəl] *n* σύμβολο, σημείο || **~ic(al)** [sɪm'bɒlɪk(əl)] *a* συμβολικός || **~ism** *n* συμβολισμός || **~ize** *vt* συμβολίζω, παριστάνω.
symmetrical [sɪ'mɛtrɪkəl] *a* συμμετρικός.
symmetry ['sɪmɪtrɪ] *n* συμμετρία.
sympathetic [sɪmpə'θɛtɪk] *a* συμπαθητικός || *(agreeing)* ευνοϊκός με.
sympathize ['sɪmpəθaɪz] *vi (+ with)* συμπάσχω με, συμπονώ, συμπαθώ || **~r** *n* οπαδός.
sympathy ['sɪmpəθɪ] *n* συμπάθεια, συμπόνια.
symphony ['sɪmfənɪ] *n (composition)* συμφωνία || **~ orchestra** *n* συμφωνική ορχήστρα.
symposium [sɪm'pəʊzɪəm] *n (meeting for discussion)* συγκέντρωση, συμπόσιο.
symptom ['sɪmptəm] *n* σύμπτωμα *nt* || **~atic** *a* συμπτωματικός.
synagogue ['sɪnəgɒg] *n* συναγωγή.
synchronize ['sɪŋkrənaɪz] *vt* συγχρονίζω ♦ *vi (+ with)* γίνομαι ταυτοχρόνως.
syndicate ['sɪndɪkɪt] *n* συνδικάτο.
syndrome ['sɪndrəʊm] *n (MED)* σύνδρομο.
synonym ['sɪnənɪm] *n* συνώνυμο || **~ous** [sɪ'nɒnɪməs] *a* συνώνυμος.
synopsis [sɪ'nɒpsɪs] *n* σύνοψη, περίληψη.
syntax ['sɪntæks] *n* σύνταξη, συντακτικό || **~ error** *n (COMPUT)* συντακτικό λάθος *nt.*
synthesis ['sɪnθəsɪs] *n* σύνθεση.
synthetic [sɪn'θɛtɪk] *a (artificial)* συνθετικός.
syphilis ['sɪfɪlɪs] *n* σύφιλη.
syphon ['saɪfən] = **siphon**.
syringe [sɪ'rɪndʒ] *n* σύριγγα.
syrup ['sɪrəp] *n* σιρόπι || **~y** *a* σιροπιασμένος.
system ['sɪstəm] *n* σύστημα *nt* || *(railway etc)* δίκτυο || *(method)* σύστημα *nt,* μέθοδος *f* || **~atic** *a* συστηματικός, μεθοδικός.

T

tab [tæb] *n* θηλειά.
tabby ['tæbɪ] *n (cat)* γάτα.
table ['teɪbl] *n* τραπέζι || *(list)* πίνακας.
tablecloth ['teɪblklɒθ] *n* τραπεζομάντηλο.
table d'hôte ['tɑːbl'dəʊt] *a* ταμπλ ν' τοτ.
table lamp ['teɪbllæmp] *n* πορτατίφ *nt inv.*
tablemat ['teɪblmæt] *n* ψάθα για ζεστά πιάτα.
tablespoon ['teɪblspuːn] *n* κουτάλι του σερβιρίσματος || **~ful** *n* κουταλιά του σερβιρίσματος.
tablet ['tæblɪt] *n* πλάκα || *(notebook)* σημειωματάριο || *(pellet)* δισκίο, χάπι.
table tennis ['teɪbltɛnɪs] *n* πιγκ πογκ *nt inv.*
table wine ['teɪblwaɪn] *n* επιτραπέζιο κρασί.
taboo [tə'buː] *n* ταμπού *nt inv* ♦ *a* απαγορευμένος, ταμπού.
tacit ['tæsɪt] *a* σιωπηρός, υπονοούμενος.
taciturn ['tæsɪtɜːn] *a* σιωπηλός, λιγόλογος.
tack [tæk] *n* πινέζα || *(stitch)* μεγάλη βελονιά, τρύπωμα *nt* || *(NAUT)* αναστροφή, διαδρομή || *(course)* πορεία.
tackle ['tækl] *n (for lifting)* πτροχαλία, παλάγκο || **fishing ~**

σύνεργα *ntpl* ψαρικής ♦ *vt* αντιμετωπίζω, καταπιάνομαι με || *(a player)* κάνω τάκελ.

tacky ['tækɪ] *a* κολλώδης.

tact [tækt] *n* τάκτ *nt inv*, λεπτότητα || **~ful** *a* με τάκτ, διακριτικός.

tactical ['tæktɪkəl] *a* τακτικός.

tactics ['tæktɪks] *npl* τακτική.

tactless ['tæktlɪs] *a* στερούμενος τάκτ, αδέξιος.

tadpole ['tædpəʊl] *n* γυρίνος.

taffeta ['tæfɪtə] *n* ταφτάς.

tag [tæg] *n (label)* ετικέτα.

tail [teɪl] *n* ουρά || **to ~ off** *vi (in size, quality etc)* ελαττώνομαι, αραιώνω || **~ end** *n* τελευταίο τμήμα *nt*, ουρά, τέλος *nt*.

tailor ['teɪlə*] *n* ράφτης || **~ing** *n* ραπτική || **~-made** *a* καμωμένο ειδικά.

tailwind ['teɪlwɪnd] *n* ούριος άνεμος.

tainted ['teɪntɪd] *a* μολυσμένος, χαλασμένος.

take [teɪk] *(irreg v) vt* παίρνω, βγάζω || *(seize)* πιάνω, παίρνω, καταλαμβάνω || *(require)* απαιτώ, χρειάζομαι || *(hire)* παίρνω, νοικιάζω || *(understand)* δέχομαι, παραδέχομαι, συμπεραίνω || *(choose)* διαλέγω || *(PHOT)* φωτογραφίζω, φωτογραφίζομαι || **to ~ part in** συμμετέχω || **to ~ place** συμβαίνω || **to ~ after** *vt* μοιάζω || **to ~ back** *vt (return)* φέρνω πίσω, παίρνω πίσω || **to ~ down** *vt* κατεβάζω, ξεκρεμώ || *(demolish)* κατεδαφίζω || *(write)* σημειώνω καταγράφω || **to ~ in** *vt (deceive)* εξαπατώ, ξεγελώ || *(understand)* καταλαβαίνω, αντιλαμβάνομαι || *(include)* περιλαμβάνω || **to ~ off** *vi (aeroplane)* απογειούμαι, ξεκινώ ♦ *vt (remove)* αφαιρώ, βγάζω, παίρνω || *(imitate)* μιμούμαι, παρωδώ || **to ~ on** *vt (undertake)* αναλαμβάνω || *(engage)* μισθώνω, προσλαμβάνω || *(accept as opponent)* δέχομαι την πρόσκληση || **to ~ out** *vt (licence etc)* βγάζω, κάνω || *(stain)* βγάζω || **to ~ over** *vt* αναλαμβάνω || *(succeed)* διαδέχομαι || **to ~ to** *vt (person)* συμπαθώ || *(sport, hobby)* επιδίδομαι σε, μ' αρέσει να || **to ~ up** *vt (raise)* σηκώνω, μαζεύω || *(occupy)* καταλαμβάνω, πιάνω || *(absorb)* απορροφώ, τραβώ || *(engage in)* απασχολούμαι σε || **~off** *n (AVIAT)* απογείωση || *(imitation)* μίμηση || **~over** *n (COMM)* ανάληψη επιχειρήσεως, κτήση.

takings ['teɪkɪŋz] *npl (COMM)* εισπράξεις *fpl*.

talc [tælk] *n (also:* **~um powder)** τάλκ *nt inv*.

tale [teɪl] *n* αφήγηση, παραμύθι, ιστορία.

talent ['tælənt] *n* ταλέντο || **~ed** *a* με ταλέντο.

talk [tɔːk] *n* συζήτηση, συνομιλία, κουβέντα || *(rumour)* φλυαρία, διάδοση || *(speech)* λόγος, ομιλία || **to ~ shop** συζητώ για την εργασία μου || **to ~ over** *vt* συζητώ || **~ative** *a* φλύαρος.

tall [tɔːl] *a* ψηλός || **~boy** *n (furniture)* ψηλό κομμό, ψηλός καθρέφτης || **~ story** *n* μπούρδα, αρλούμπα.

tally ['tælɪ] *n (account)* λογαριασμός ♦ *vi* συμφωνώ, αντιστοιχώ.

tambourine [tæmbə'riːn] *n* ντέφι.

tame [teɪm] *a* ήμερος, δαμασμένος || *(dull)* άτονος || **~ness** ημερότητα.

tamper ['tæmpə*]: **to ~ with** *vt* ανακατεύομαι με || *(falsify)* παραποιώ.

tan [tæn] *n (colour) (also:* **sun ~)** μελαχροινό χρώμα, μαύρισμα *nt* ♦ *a (colour)* φαιοκίτρινος, καφέ.

tandem [ˈtændəm] *n* διπλό ποδήλατο.
tang [tæŋ] *n* οξεία γεύση, δυνατή οσμή.
tangent [ˈtændʒənt] *n* εφαπτομένη.
tangerine [tændʒəˈriːn] *n* μανταρίνι.
tangible [ˈtændʒəbl] *a* απτός, ψηλαφητός || *(real)* πραγματικός, αισθητός.
tangle [ˈtæŋgl] *n* μπέρδεμα *nt*, ανακάτωμα *nt* || *(complication)* περιπλοκή ♦ *vti* μπερδεύομαι || *(complicate)* περιπλέκω.
tango [ˈtæŋgəu] *n* ταγκό *nt inv*.
tank [tæŋk] *n* δεξαμενή, ντεπόζιτο || (MIL) τάνκ *nt inv*, άρμα μάχης.
tankard [ˈtæŋkəd] *n* κύπελλο, μαστραπάς.
tanker [ˈtæŋkə*] *n (ship)* δεξαμενόπλοιο, τάνκερ *nt inv* || *(truck)* βυτιοφόρο.
tankful [ˈtæŋkful] *n* γεμάτο δοχείο.
tantalizing [ˈtæntəlaɪzɪŋ] *a* προκλητικός, βασανιστικός.
tantrum [ˈtæntrəm] *n* έκρηξη οργής, ξέσπασμα *nt*, παραφορά.
tap [tæp] *n* βρύση || *(on barrel)* κάνουλα || *(gentle blow)* ελαφρό κτύπημα *nt* ♦ *vt (strike)* κτυπώ ελαφρά || *(supply)* παίρνω, τροφοδοτώ, ανοίγω.
tap-dance [ˈtæpdaːns] *vi* χορεύω με κλακέτες.
tape [teɪp] *n* ταινία || **magnetic ~** μαγνητοταινία ♦ *vt (to record)* μαγνητογραφώ, ηχογραφώ || **~ measure** *n* μετρική ταινία, μέτρο.
taper [ˈteɪpə*] *n* λαμπάδα, κερί ♦ *vi* λεπτύνομαι, λιγοστεύω.
tape recorder [ˈteɪprɪkɔːdə*] *n* μαγνητόφωνο.
tapestry [ˈtæpɪstrɪ] *n* ταπέτο τοίχου, ταπετσαρία.
tar [taː*] *n* πίσσα.
tardy [ˈtaːdɪ] *a* βραδύς, αργός.
target [ˈtaːgɪt] *n* στόχος.
tariff [ˈtærɪf] *n (list of charges)* τιμολόγιο || *(duty)* δασμός, δασμολόγιο.
tarmac [ˈtaːmæk] *n* (AVIAT) διάδρομος απογειώσεως.
tarnish [ˈtaːnɪʃ] *vt (lit)* θαμπώνω, σκοτεινιάζω || *(fig)* μαυρίζω, κηλιδώνω.
tarpaulin [taːˈpɔːlɪn] *n* κηρόπανο, μουσαμάς.
tart [taːt] *n (pie)* τούρτα, τάρτα || *(col: low woman)* τσούλα ♦ *a* ξυνός, οξύς, δριμύς.
tartan [ˈtaːtən] *n* σκωτσέζικο ύφασμα *nt*.
tartar [ˈtaːtə*] *n* τρυγία, πουρί.
task [taːsk] *n* καθήκον, έργο, δουλειά, αποστολή.
tassel [ˈtæsəl] *n* θύσανος, φούντα.
taste [teɪst] *n* γεύση, γούστο || *(preference)* προτίμηση ♦ *vti* γεύομαι, δοκιμάζω || **~ful** *a* κομψός, με γούστο, καλαίσθητος || **~less** *a* άγευστος, άνοστος || *(bad taste)* χωρίς γούστο, κακόγουστος.
tasty [ˈteɪstɪ] *a* γευστικός, νόστιμος.
tatters [ˈtætəz] *npl*: **in ~** *(also*: **tattered***)* κουρελιασμένος.
tattoo [təˈtuː] *n* (νυκτερινή) στρατιωτική επίδειξη || *(on skin)* δερματοστιξία, τατουάζ *nt inv* ♦ *vt* διαστίζω, τατουάρω.
tatty [ˈtætɪ] *a (col: cheap, of poor quality)* φτηνός, πρόστυχος.
taught [tɔːt] *pt, pp of* **teach.**
taunt [tɔːnt] *n* χλευασμός, λοιδορία, κοροϊδία ♦ *vt* χλευάζω, κοροϊδεύω.
taut [tɔːt] *a* τεντωμένος, τεταμένος.
tavern [ˈtævən] *n* ταβέρνα.
tawdry [ˈtɔːdrɪ] *a* φανταχτερός, φτηνός, τιποτένιος.
tawny [ˈtɔːnɪ] *a* φαιοκίτρινος.
tax [tæks] *n* φόρος ♦ *vt* φορολογώ || *(burden)* εξαντλώ, βάζω σε δοκιμασία || **~ation** *n* φορολογία ||

~ **collector** *n* εισπράκτορας φόρων || ~**-free** *a* αφορολόγητος.
taxi ['tæksɪ] *n* ταξί ♦ *vi* *(AVIAT)* τροχοδρομώ || ~ **driver** *n* οδηγός ταξί, ταξιτζής || ~ **rank** *n*, ~ **stand** *n* στάση ταξί, πιάτσα.
taxpayer ['tækspeɪə*] *n* φορολογούμενος.
T.B. *abbr of* **tuberculosis.**
tea [tiː] *n* τέιο, τσάι || *(drink)* τσάι || *(meal)* απογευματινό τσάι, γεύμα *nt* με τσάι || ~ **bag** *n* σακκουλάκι τσαγιού || ~ **break** *n* διάλειμμα *nt* για τσάι.
teach [tiːtʃ] *(irreg v) vti* διδάσκω, μαθαίνω || ~**er** *n* δάσκαλος/δασκάλα *m/f* || ~**ing** *n* διδασκαλία.
tea cosy ['tiːkəʊzɪ] *n* σκέπασμα *nt* τσαγιέρας.
teacup ['tiːkʌp] *n* φλυτζάνι τσαγιού.
teak [tiːk] *n* τικ, τεκ ♦ *a* από τικ.
tea leaves ['tiːliːvz] *npl* φύλλα *ntpl* τσαγιού.
team [tiːm] *n* ομάδα, συνεργείο || *(of animals)* ζευγάρι || ~**work** *n* ομαδικό παίξιμο, συνεργασία.
tea party ['tiːpaːtɪ] *n* δεξίωση με τσάι.
teapot ['tiːpɒt] *n* τσαγιέρα.
tear [tɛə*] *n (rip)* σχίσιμο, σχισμή δάκρυ *nt* ♦ *(irreg v) vt* ανοίγω τρύπα || *(pull apart)* σχίζω, σπαράσσω ♦ *vi* *(become torn)* σχίζομαι || *(rush)* τρέχω, ορμώ ♦ ['tɪə*] *n (cry)* δάκρυ || **in** ~**s** δακρυσμένος, βουτηγμένος στα δάκρυα || ~**ful** *a* δακρυσμένος, κλαμένος || ~ **gas** *n* δακρυγόνο αέριο.
tearoom ['tiːrum] *n* αίθουσα τεϊου.
tease [tiːz] *n* πειραχτήριο, πείραγμα *nt* ♦ *vt* πειράζω, κοροϊδεύω.
tea set ['tiːsɛt] *n* σερβίτσιο τσαγιού.
teaspoon ['tiːspuːn] *n* κουταλάκι του τσαγιού || ~**ful** *n* κουταλιά του τσαγιού.
tea strainer ['tiːstreɪnə*] *n* σουρωτήρι του τσαγιού.
teat [tiːt] *n* θηλή, ρώγα.
teatime ['tiːtaɪm] *n* ώρα του τσαγιού.
technical ['tɛknɪkəl] *a* τεχνικός || ~**ity** *n* τεχνική λεπτομέρεια.
technician [tɛk'nɪʃən] *n (craftsman)* τεχνίτης, τεχνικός || *(specialist)* ειδικός.
technique [tɛk'niːk] *n* τεχνική, ειδική μέθοδος *f.*
technological [tɛknə'lɒdʒɪkəl] *a* τεχνολογικός.
technology [tɛk'nɒlədʒɪ] *n* τεχνολογία.
teddy (bear) ['tɛdɪ(bɛə*)] *n* αρκουδάκι (παιχνίδι).
tedious ['tiːdɪəs] *a* ανιαρός, βαρετός.
tedium ['tiːdɪəm] *n* ανιαρότητα, μονοτονία, ανία.
tee [tiː] *n* υψωματάκι, σωρός (άμμου).
teem [tiːm] *vi* βρίθω, αφθονώ || *(pour)* πέφτω καταρρακτωδώς.
teenage ['tiːneɪdʒ] *a* εφηβικός, μεταξύ 13 και 20 || ~**r** *n* έφηβος.
teens [tiːnz] *npl* ηλικία μεταξύ 13 και 20 χρονών.
teeth [tiːθ] *npl of* **tooth.**
teethe [tiːð] *vi* βγάζω δόντια.
teething ring ['tiːðɪŋrɪŋ] *n* ροδέλα μωρού (για οδοντοφυΐα).
teetotal ['tiː'təʊtl] *a* αντιαλκοολικός || ~**ler**, ~**er** *(US) n* απέχων από οινοπνευματώδη ποτά.
telecommunication ['tɛlɪkəmjuːnɪ'keɪʃən] *n* τηλεπικοινωνία.
telegram ['tɛlɪgræm] *n* τηλεγράφημα *nt.*
telegraph ['tɛlɪgraːf] *n* τηλέγραφος || ~**ic** *a (address)*

τηλεγραφικός || ~ **pole** *n* τηλεγραφικός στύλος.
telepathic [tɛlɪˈpæθɪk] *a* τηλεπαθητικός.
telepathy [tɪˈlɛpəθɪ] *n* τηλεπάθεια.
telephone [ˈtɛlɪfəʊn] *n* τηλέφωνο ♦ *vt* τηλεφωνώ || ~ **booth,** ~ **box** *n* τηλεφωνικός θάλαμος || ~ **call** *n* τηλεφώνημα *nt,* κλήση || ~ **directory** *n* τηλεφωνικός κατάλογος || ~ **exchange** *n* κέντρο || ~ **number** *n* αριθμός τηλεφώνου.
telephonist [tɪˈlɛfənɪst] *n* τηλεφωνήτρια.
telephoto [ˈtɛlɪˈfəʊtəʊ] *a:* ~ **lens** τηλεφακός.
teleprinter [ˈtɛlɪprɪntə*] *n* τηλέτυπο.
telescope [ˈtɛlɪskəʊp] *n* τηλεσκόπιο ♦ *vt (compress)* συμπτύσσω.
telescopic [tɛlɪsˈkɒpɪk] *a* τηλεσκοπικός.
televise [ˈtɛlɪvaɪz] *vt* μεταδίδω τηλεοπτικά.
television [ˈtɛlɪvɪʒən] *n* τηλεόραση || ~ **set** *n* δέκτης τηλεοράσεως.
telex [ˈtɛlɛks] *n* τέλεξ *nt inv,* τηλέτυπος ♦ *vt* στέλλω με τον τηλέτυπο.
tell [tɛl] *(irreg v) vt* λέγω, λέω || *(make known)* αφηγούμαι, γνωστοποιώ || *(order)* διατάσσω, παραγγέλλω, λέω σε || *(person of sth)* λέω κάτι, ανακοινώνω ♦ *vi (have effect)* αποφέρω, συνεπάγομαι, έχω || **to** ~ **on** *vt (inform against)* καταδίδω, προδίδω || **to** ~ **off** *vt* μαλώνω, κατσαδιάζω || ~**er** *n (in bank)* ταμίας || ~**ing** *a* αποτελεσματικός || ~**tale** *a* μαρτυριάρης, κουτσουμπόλης.
telly [ˈtɛlɪ] *n (col) abbr of* **television.**
temerity [tɪˈmɛrɪtɪ] *n* θάρρος *nt,* τόλμη.
temper [ˈtɛmpə*] *n (disposition)* διάθεση, τεμπεραμέντο || *(burst of anger)* οργή, θυμός ♦ *vt (moderate)* απαλύνω, μαλακώνω, συγκρατώ.
temperament [ˈtɛmprəmənt] *n* διάθεση, ιδιοσυγκρασία, τεμπεραμέντο || ~**al** *a (moody)* ιδιότροπος || *(fig)* γεμάτος βίδες.
temperance [ˈtɛmpərəns] *n (in drinking)* αποφυγή οινοπνευματωδών ποτών || *(moderation)* εγκράτεια, μετριοπάθεια.
temperate [ˈtɛmpərɪt] *a* μετριοπαθής, εύκρατος.
temperature [ˈtɛmprətʃə*] *n* θερμοκρασία.
tempered [ˈtɛmpəd] *a (steel)* εσκληρυμένος, βαμμένος.
tempest [ˈtɛmpɪst] *n* θύελλα, τρικυμία, φουρτούνα.
temple [ˈtɛmpl] *n (building)* ναός || *(ANAT)* κρόταφος, μηλίγγι.
tempo [ˈtɛmpəʊ] *n* ρυθμός, τέμπο || *(of movement)* ρυθμός, μέτρο.
temporal [ˈtɛmpərəl] *a (of time)* χρονικός, του χρόνου || *(worldly)* εγκόσμιος, κοσμικός.
temporarily [ˈtɛmpərərɪlɪ] *ad* προσωρινά, για λίγο.
temporary [ˈtɛmpərərɪ] *a* προσωρινός, πρόσκαιρος.
tempt [tɛmpt] *vt (persuade)* παροτρύνω, προτρέπω || *(attract)* δελεάζω || ~**ation** *n* πειρασμός, δελεασμός || ~**ing** *a* δελεαστικός.
ten [tɛn] *num* δέκα.
tenable [ˈtɛnəbl] *a* υπερασπίσιμος, υποστηρίξιμος, λογικός.
tenacious [təˈneɪʃəs] *a* εμμένων, επίμονος.
tenacity [təˈnæsɪtɪ] *n* εμμονή, επιμονή.
tenancy [ˈtɛnənsɪ] *n* ενοικίαση, μίσθωση.
tenant [ˈtɛnənt] *n* ενοικιαστής/ενοικιάστρια *m/f,* μισθωτής/μισθώτρια *m/f*

tend [tεnd] *vt (look after)* περιποιούμαι ♦ *vi* τείνω, ρέπω, κλίνω.

tendency [ˈtεndənsɪ] *n* τάση, κλίση, ροπή.

tender [ˈtεndə*] *a* τρυφερός, μαλακός || *(delicate)* λεπτός, ευπαθής, τρυφερός || *(loving)* στοργικός, ευαίσθητος, πονετικός ♦ *n (COMM: offer)* προσφορά || **~ness** *n* τρυφερότητα, λεπτότητα, στοργικότητα.

tendon [ˈtεndən] *n* τένων *m.*

tenement [ˈtεnɪmənt] *n* λαϊκή πολυκατοικία.

tenet [ˈtεnət] *n* αρχή, αξίωμα *nt*, δόγμα *nt.*

tennis [ˈtεnɪs] *n* τένις *nt inv*, αντισφαίριση || **~ ball** *n* μπάλα του τένις || **~ court** *n* γήπεδο του τένις || **~ racket** *n* ρακέτα του τένις.

tenor [ˈtεnə*] *n (male voice)* οξύφωνος, τενόρος || *(singer)* τενόρος.

ense [tεns] *a (fig)* σε υπερένταση, τεταμένος || *(taut)* τεντωμένος ♦ *n* χρόνος || **~ness** *n* ένταση, τεταμένη κατάσταση.

ension [ˈtεnʃən] *n* ένταση || *(stretching)* τάση, τέντωμα *nt.*

ent [tεnt] *n* σκηνή, τέντα.

entacle [ˈtεntəkl] *n* κεραία, λόκαμος.

ntative [ˈtεntətɪv] *a* οκιμαστικός, προσωρινός.

nterhooks [ˈtεntəhʊks] *npl:* **on** ~ ανήσυχος, ανυπόμονος.

nth [tεnθ] *a* δέκατος, δέκατο.

nt peg [ˈtεntpεg] *n* πάσσαλος κηνής.

nt pole [ˈtεntpəʊl] *n* ορθοστάτης κηνής.

nuous [ˈtεnjʊəs] *a* λεπτός, ραιός, ελαφρός.

nure [ˈtεnjʊə*] *n* κατοχή, κτήση.

pid [ˈtεpɪd] *a* χλιαρός.

term [ˈtɜːm] *n* όριο || *(fixed time)* περίοδος *f*, διάρκεια, χρόνος || *(word)* όρος, έκφραση, λέξη ♦ *vt* ονομάζω, καλώ || **~s** *npl* όροι *mpl*, διατάξεις *fpl* || *(relationship)* σχέσεις *fpl.*

terminal [ˈtɜːmɪnl] *a* τελικός, άκρος ♦ *n (ELEC)* ακροδέκτης, πόλος || *(for oil, ore etc)* ακραίος σταθμός || *(COMPUT)* τερματικό.

terminate [ˈtɜːmɪneɪt] *vi (+ in)* τερματίζω, τελειώνω.

termination [tɜːmɪˈneɪʃən] *n* τερματισμός, περάτωση, κατάληξη.

terminology [tɜːmɪˈnɒlədʒɪ] *n* ορολογία.

terminus [ˈtɜːmɪnəs] *n* ακραίος, σταθμός, τέρμα *nt.*

termite [ˈtɜːmaɪt] *n* τερμίτης.

terrace [ˈtεrəs] *n* σειρά σπιτιών || *(in garden etc)* επιπέδωμα *nt*, ταράτσα || **~d** *a (garden)* σε βαθμίδες, κλιμακωτός || *(house)* ίδιου ρυθμού.

terrain [tεˈreɪn] *n* έδαφος *nt*, πεδίο, έκταση.

terrible [ˈtεrəbl] *a (causing fear)* τρομερός, τρομακτικός, φοβερός || *(inferior)* φοβερός, κατώτερος || *(very great)* απερίγραπτος, υπερβολικός.

terribly [ˈtεrəblɪ] *ad* τρομερά, φρικτά, τρομακτικά.

terrier [ˈtεrɪə*] *n* σκυλί τεριέ.

terrific [təˈrɪfɪk] *a* τρομερός, καταπληκτικός.

terrify [ˈtεrɪfaɪ] *vt* τρομάζω, τρομοκρατώ.

territorial [tεrɪˈtɔːrɪəl] *a* εδαφικός, τοπικός, κτηματικός.

territory [ˈtεrɪtərɪ] *n* γη, περιοχή, έδαφος *nt.*

terror [ˈtεrə*] *n* τρόμος, φρίκη, φόβος, τρομάρα || **~ism** *n* τρομοκρατία || **~ist** *n* τρομοκράτης || **~ize** *vt* τρομοκρατώ.

terse [tɜːs] *a* σύντομος, βραχύς || *(concise)* περιληπτικός.

test [tɛst] *n* δοκιμή, δοκιμασία || *(examination)* εξέταση, ανάλυση ♦ *vt* δοκιμάζω || *(examine)* εξετάζω.

testament ['tɛstəmənt] *n* διαθήκη.

testicle ['tɛstɪkl] *n* όρχις *m*, αρχίδι.

testify ['tɛstɪfaɪ] *vi* καταθέτω (ενόρκως).

testimonial [tɛstɪ'məʊnɪəl] *n* πιστοποιητικό, βεβαίωση || *(gift)* δώρο ευγνωμοσύνης.

testimony ['tɛstɪmənɪ] *n* μαρτυρία, κατάθεση || *(proof)* απόδειξη.

test match ['tɛstmætʃ] *n (cricket, rugby)* μεγάλη διεθνής συνάντηση.

test pilot ['tɛstpaɪlət] *n* πιλότος δοκιμών.

test tube ['tɛsttjuːb] *n* δοκιμαστικός σωλήνας.

testy ['tɛstɪ] *a (short-tempered)* ευέξαπτος, δύστροπος.

tetanus ['tɛtənəs] *n* τέτανος.

tether ['tɛðə*] *vt* δένω.

text [tɛkst] *n* κείμενο || ~**book** *n* εγχειρίδιο, διδακτικό βιβλίο.

textiles ['tɛkstaɪlz] *npl* υφαντά *ntpl*, υφάσματα *ntpl*.

texture ['tɛkstʃə*] *n (of surface)* υφή.

than [ðæn] *prep, cj* ή, παρά, από.

thank [θæŋk] *vt* ευχαριστώ || ~**ful** *a* ευγνώμων || ~**fully** *ad* με ευγνωμοσύνη || ~**less** *a* αχάριστος || ~**s** *excl* ευχαριστώ || *(gratitude)* ευγνωμοσύνη, ευχαριστίες *fpl* || **T**~**sgiving** *n (US: festival)* Ημέρα των Ευχαριστιών.

that [ðæt] *a* αυτός, εκείνος ♦ *pron* εκείνος, ο οποίος, που ♦ *cj* ότι, ώστε, διότι, να ♦ *ad* πόσο, έτσι.

thatched [θætʃt] *a (cottage)* αχυροστρωμένος.

thaw [θɔː] *n* τήξη, λυώσιμο ♦ *vi* τήκομαι, λυώνω.

the [ðiː, ðə] *definite article* ο, η, το || *(pl)* οι, τα.

theatre, theater *(US)* ['θɪətə*] *n* θέατρο || *(drama)* θεατρική τέχνη, δραματική τέχνη || *(MED)* αμφιθέατρο || ~**goer** *n* θεατρόφιλος.

theatrical [θɪ'ætrɪkəl] *a* θεατρικός, θεαματικός || *(showy)* θεατρινίστικος, προσποιητός.

theft [θɛft] *n* κλοπή, κλεψιά.

their [ðɛə*] *poss a* δικός τους, δική τους || ~**s** *poss pron* δικός τους, δικοί τους.

them [ðɛm, ðəm] *pron* αυτούς, αυτές, αυτά.

theme [θiːm] *n* θέμα *nt*, υπόθεση || *(melody)* θέμα, μοτίβο || ~ **song** *n (of film etc)* κύρια μελωδία.

themselves [ðəm'sɛlvz] *pl pron* τους εαυτούς τους || *(they themselves)* αυτοί οι ίδιοι.

then [ðɛn] *ad* τότε || *(next)* κατόπιν, έπειτα || *cj* λοιπόν, τότε, επί πλέον ♦ *n* τότε.

theological [θɪə'lɒdʒɪkəl] *a* θεολογικός.

theology [θɪ'ɒlədʒɪ] *n* θεολογία.

theorem ['θɪərəm] *n* θεώρημα *nt*.

theoretical [θɪə'rɛtɪkəl] *a* θεωρητικός.

theorize ['θɪəraɪz] *vi* κάνω θεωρίες.

theory ['θɪərɪ] *n* θεωρία || *(idea)* ιδέα.

therapeutic(al) [θɛrə'pjuːtɪk(l)] θεραπευτικός.

therapist ['θɛrəpɪst] *n* θεραπευτής/ύτρια *m/f*.

therapy ['θɛrəpɪ] *n* θεραπεία.

there [ðɛə*] *ad* εκεί, να, έλα ♦ *n* εκείνος εκεί || *(interj)* να || *(never mind)* έλα, έλα || ~ **is** υπάρχει || ~ **are** υπάρχουν || ~**abouts** *ad* εκεί κοντά, περίπου || ~**after** *ad* έπειτα, κατόπιν || ~**fore** *ad* γι'αυτό το λόγο, επομένως || ~**'s** = **there is, there has.**

Thermos ['θɜːməs] *n (R) (flask)* θέρμο(ς).

thermostat ['θɜːməstæt] *n* θερμοστάτης.

thesaurus [θɪ'sɔːrəs] *n* θησαυρός, συλλογή λέξεων.
these [ðiːz] *pl pron* αυτοί, αυτές, αυτά.
thesis ['θiːsɪs] *n* θέμα, θέση || *(UNIV)* διατριβή.
they [ðeɪ] *pl pron* αυτοί, αυτές, αυτά.
thick [θɪk] *a* χοντρός, παχύς, πυκνός, πηχτός || *(person: slow, stupid)* κουτός, χοντροκέφαλος ♦ *n:* **in the ~ of** στη φούρια, στο οξύτερο σημείο || **~en** *vi (fog)* πυκνώνω, γίνομαι πυκνότερο ♦ *vt (sauce etc)* πήζω, πυκνώνω, δένω || **~ness** *n (of object)* πάχος, πυκνότητα || *(of voice)* βραχνάδα || **~set** *a* κοντόχοντρος || **~skinned** *a* παχύδερμος, χοντρόπετσος.
thief [θiːf] *n* κλέφτης, λωποδύτης.
thieves [θiːvz] *npl of* **thief.**
thieving ['θiːvɪŋ] *n* κλοπή, κλεψιά.
thigh [θaɪ] *n* μηρός, μπούτι.
thimble ['θɪmbl] *n* δακτυλήθρα.
thin [θɪn] *a* λεπτός, ψιλός, αδύνατος || *(not abundant)* αραιός, διεσπαρμένος || *(person)* ισχνός, λιγνός, αδύνατος || *(crowd)* αραιός, λιγοστός.
thing [θɪŋ] *n* πράγμα *nt,* αντικείμενο.
think [θɪŋk] *(irreg v) vi* σκέπτομαι || *(believe)* νομίζω || *(have in mind)* σκοπεύω || **to ~ over** *vt* σκέπτομαι, συλλογίζομαι || **to ~ up** *vt* σκέπτομαι, καταστρώνω.
thinly ['θɪnlɪ] *ad (disguised)* μόλις.
thinness ['θɪnnɪs] *n* λεπτότητα, αδυναμία || *(of liquids, crowds)* αραιότητα.
third [θɜːd] *a* τρίτος ♦ *n* τρίτος, τρίτο || **~ly** *ad* κατά τρίτο λόγο, τρίτο || **~-party insurance** *n* ασφάλιση τρίτων || **~-rate** *a* τρίτης τάξεως, κακής ποιότητας.
thirst [θɜːst] *n* δίψα || *(strong desire)* δυνατή επιθυμία, πόθος || **~y** *a* διψασμένος.
thirteen [θɜː'tiːn] *num* δεκατρία.
thirty ['θɜːtɪ] *num* τριάντα.
this [ðɪs] *pron, a* αυτός, αυτή, αυτό || *(this much)* τόσος.
thistle ['θɪsl] *n* γαϊδουράγκαθο.
thorn [θɔːn] *n* αγκάθι || *(plant)* ακανθώδης θάμνος, αγκάθι || **~y** *a* αγκαθωτός || *(problem)* ακανθώδης.
thorough ['θʌrə] *a* πλήρης, τέλειος || *(accurate)* λεπτομερής, εξονυχιστικός || **~bred** *n* καθαρόαιμος, από ράτσα ♦ *a* καθαρόαιμος || **~fare** *n* οδός *f,* διάβαση, αρτηρία || *(main street)* κεντρική λεωφόρος || **~ly** *ad* τέλεια, πλήρως, κατά βάθος.
those [ðəuz] *pl pron* αυτές, αυτοί, αυτά ♦ *a* τούτοι, εκείνοι.
though [ðəu] *cj* άνκαι, μολονότι ♦ *ad* παρ' όλα αυτά, ωστόσο.
thought [θɔːt] *n* ιδέα, σκέψη || *(thinking)* σκέψη, συλλογισμός || *pt, pp of* **think** || **~ful** *a* σοβαρός, σκεπτικός || *(also kind)* διακριτικός, ευγενικός || **~less** *a* απερίσκεπτος, απρόσεκτος, αδιάκριτος.
thousand ['θauzənd] *num* χίλιοι, χίλιες, χίλια || **~th** *a* χιλιοστός.
thrash [θræʃ] *vt (lit)* κτυπώ, δέρνω, ξυλοφορτώνω || *(fig)* νικώ.
thread [θrɛd] *n (of cotton, silk etc)* νήμα *nt,* κλωστή || *(of screw)* σπείρωμα *nt,* βήμα *nt* || *(of story)* συνέχεια, ειρμός ♦ *vt (needle)* βάζω κλωστή σε, περνώ ♦ *vi (pick one's way)* περνώ με δυσκολία || **~bare** *a* ξεφτισμένος, παλιός.
threat [θrɛt] *n* φοβέρα, φοβέρισμα *nt* || *(sign of danger)* απειλή || **~en** *vti (person)* απειλώ, φοβερίζω || *(storm)* απειλώ.
three [θriː] *num* τρείς, τρία || **~-dimensional** *a* τρισδιάστατος || **~fold** *a* τριπλός, τρίδιπλος || **~-piece suit** *n (clothes)* τρουαπιές *nt inv* || **~-ply** *a (wool)* τρίκλωνος.

thresh [θrɛʃ] *vt* αλωνίζω.
threshold [ˈθrɛʃhəuld] *n (beginning)* κατώφλι, αρχή || *(doorway)* κατώφλι.
threw [θruː] *pt of* **throw.**
thrift [θrɪft] *n (economy)* οικονομία, αποταμίευση || **~y** *a* οικονόμος, μετρημένος.
thrill [θrɪl] *n* ρίγος *nt*, ανατριχίλα, σύγκρυο, τρεμούλα ♦ *vt* προκαλώ ρίγος σε, συγκινώ, ηλεκτρίζω ♦ *vi* φρικιώ, ριγώ, τρέμω. αγωνιώ || **~er** *n* μυθιστόρημα *nt* αγωνίας.
thrive [θraɪv] *vi (+ on) (plants)* ευδοκιμώ || *(business)* ευημερώ || *(children)* αναπτύσσομαι.
thriving [ˈθraɪvɪŋ] *a* ακμαίος, ρωμαλέος, ακμάζων || *(successful)* επιτυχής.
throat [θrəut] *n* λαιμός || *(internal passages)* φάρυγγας, λάρυγγας, λαρύγγι.
throb [θrɒb] *n* κτύπημα *nt*, παλμός, δόνηση ♦ *vi* κτυπώ, πάλλομαι.
throes [θrəuz] *npl* οδύνες *fpl*, πόνοι *ntpl* || **in the ~ of** αγωνιζόμενος με.
thrombosis [θrəmˈbəusɪs] *n* θρόμβωση.
throne [θrəun] *n* θρόνος.
throttle [ˈθrɒtl] *n* ρυθμιστική βαλβίδα μηχανής, δικλείδα ♦ *vt (choke)* στραγγαλίζω.
through [θruː] *prep* διαμέσου, καθόλην τη διάρκεια του || *(because of)* λόγω του, εξαιτίας του ♦ *ad* εξ ολοκλήρου, κατευθείαν, από την αρχή μέχρι το τέλος ♦ *a (without a stop)* κατευθείαν || *(end to end)* πέρα για πέρα || *(ticket)* ολοκλήρου διαδρομής (εισιτήριο) || *(finished)* τελειωμένος || **~out** *prep* σε ολόκληρο, σ' όλο, παντού ♦ *ad* παντού, ολόκληρα.
throw [θrəu] *(irreg v) n* ρίξη, ρίξιμο, πέταγμα *nt*, βολή ♦ *vt* ρίχνω, πετώ || **to ~ out** *vt (lit)* πετώ έξω || *(reject)* απορρίπτω, αποκρούω || **to ~ up** *vi (vomit)* ξερνώ, κάνω εμετό || **~-in** *n (SPORT)* δίνω επιπλέον.
thru [θruː] *(US)* = **through.**
thrush [θrʌʃ] *n* κίχλη, τσίχλα.
thrust [θrʌst] *(irreg v) n (TECH)* ώθηση, σπρωξιά ♦ *vti* σπρώχνω, μπήγω || *(push one's way)* διαπερνώ, διασχίζω, περνώ.
thud [θʌd] *n* γδούπος.
thug [θʌg] *n* γκάγκστερ *m inv*, μπράβος.
thumb [θʌm] *n* αντίχειρας ♦ *vt (book)* φυλλομετρώ || **to ~ a lift** κάνω ωτοστόπ || **~tack** *n (US)* πινέζα.
thump [θʌmp] *n* βαρύ κτύπημα *nt*, γροθιά ♦ *vti* κτυπώ δυνατά, γρονθοκοπώ.
thunder [ˈθʌndə*] *n* βροντή ♦ *vi* βροντώ, βροντοφωνώ || **~storm** *n* καταιγίδα, θύελλα || **~struck** *a* εμβρόντητος, κατάπληκτος || **~y** *a (weather, sky)* θυελλώδης.
Thursday [ˈθɜːzdɪ] *n* Πέμπτη.
thus [ðʌs] *ad* έτσι || *(therefore)* έτσι, λοιπόν.
thwart [θwɔːt] *vt* ματαιώνω, ανατρέπω, εμποδίζω.
thyme [taɪm] *n* θυμάρι.
thyroid [ˈθaɪrɔɪd] *n* θυρεοειδής (αδένας).
tiara [tɪˈɑːrə] *n* διάδημα *nt*, τιάρα.
tic [tɪk] *n (nervous)* τικ, σπάσμα *nt*, σπασμός.
tick [tɪk] *n* τικ (ρολογιού), λεπτό || *(small mark)* σημείο ελέγχου, τσεκάρισμα ♦ *vi* κτυπώ, κάνω τικ ♦ *vt* σημειώνω, τσεκάρω.
ticket [ˈtɪkɪt] *n (for travel etc)* εισιτήριο, δελτίο || *(label)* σημείωση, ετικέτα || **~ collector** *n* ελεγκτής εισιτηρίων || **~ holder** *n* κάτοχος εισιτηρίου || **~ office** *n* γραφείο εκδόσεως εισιτηρίων.
tickle [ˈtɪkl] *n* γαργάλισμα *nt* ♦ *vt*

γαργαλίζω, γαργαλώ || *(amuse)* διασκεδάζω.

ticklish ['tɪklɪʃ] *a* που γαργαλιέται εύκολα || *(difficult)* λεπτός, δύσκολος.

tidal ['taɪdl] *a* παλιρροιακός.

tide [taɪd] *n* παλίρροια, ρεύμα *nt* || *(season)* εποχή.

tidiness ['taɪdɪnɪs] *n* τάξη, συγύρισμα.

tidy ['taɪdɪ] *a* συγυρισμένος, τακτοποιημένος, σιαγμένος ♦ *vt* τακτοποιώ, σιάζω, συγυρίζω.

tie [taɪ] *n (necktie)* γραβάτα, λαιμοδέτης || *(connection)* δεσμός || *(SPORT)* ισοπαλία ♦ *vt* προσδένω, δένω || *(into knot)* δένω, κάνω κόμπο ♦ *vi* έρχομαι ισόπαλος, ισοψηφώ || **to ~ down** *vt (lit)* στερεώνω, δένω καλά || *(fig)* δεσμεύω || **to ~ up** *vt (dog)* προσδένω, δένω || *(boat)* δένω.

tier [tɪə*] *n* σειρά.

tiff [tɪf] *n* μικροτσακωμός, καυγαδάκι.

tiger ['taɪgə*] *n* τίγρη.

tight [taɪt] *a* σφικτός, στερεός || *(stretched)* τεντωμένος || *(close)* στεγανός, ερμητικός || *(col)* πιωμένος, σκνίπα || *(miserly)* τσιγγούνης || **~s** *npl* καλτσόν *nt inv* || **~en** *vti* σφίγγω, σφίγγομαι || **~-fisted** *a* σφιχτοχέρης, σπαγγοραμμένος || **~ly** *ad* σφιχτοκλεισμένα, σφιχτά, γερά || **~rope** *n* τεντωμένο σχοινί.

ile [taɪl] *n (in roof)* κεραμίδι || *(on wall or floor)* πλακάκι || **~d** *a (roof)* με κεραμίδια.

ill [tɪl] *n* συρτάρι ταμείου ♦ *vt* καλλιεργώ ♦ *prep* ως, μέχρι ♦ *cj* έως ότου, ως που.

lt [tɪlt] *vti* γέρνω, κλίνω.

mber ['tɪmbə*] *n* ξυλεία || *(trees)* άσος *nt*, ψηλά δέντρα *ntpl*.

me [taɪm] *n* χρόνος || *(period)* αιρός || *(hour)* ώρα || *(point in time)* στιγμή, φορά || *(occasion)* καιρός, εποχή || *(rhythm, speed)* χρόνος, ρυθμός ♦ *vt* ρυθμίζω, χρονομετρώ || **in ~** έγκαιρα || *(MUS)* μέτρο, χρόνος || **on ~** στην ώρα || **five ~s** πέντε φορές || **local ~** τοπική ώρα || **what ~ is it?** τι ώρα είναι; || **~keeper** *n (SPORT)* χρονομετρητής || **~less** *a (beauty)* αιώνιος, άφθαρτος || **~ limit** *n* χρονικό όριο, προθεσμία || **~ly** *a* έγκαιρος, επίκαιρος || **~ switch** *n* χρονοδιακόπτης || **~table** *n (travel)* δρομολόγιο || *(schools)* ωρολόγιο πρόγραμμα *nt* || **~ zone** *n* άτρακτος χρόνου, ωριαία ζώνη.

timid ['tɪmɪd] *a* δειλός, φοβιτσιάρης.

timing ['taɪmɪŋ] *n* ρύθμιση, χρονισμός, χρονομέτρηση.

timpani ['tɪmpənɪ] *npl* τύμπανα *ntpl*.

tin [tɪn] *n* κασσίτερος, καλάι || *(container)* τενεκές *m*, κουτί κονσέρβας || **~foil** *n* ασημόχαρτο, αλουμινόχαρτο, χρυσόχαρτο.

tinge [tɪndʒ] *n* χροιά, απόχρωση, δόση ♦ *vt* χρωματίζω, βάφω.

tingle ['tɪŋgl] *n* τσούξιμο, έξαψη ♦ *vi* τσούζω, τσιμπώ.

tinker ['tɪŋkə*] *n* γανωματάς || **to ~ with** *vt* σκαλίζω, φτιάχνω αδέξια.

tinkle ['tɪŋkl] *vi* κουδουνίζω, ηχώ.

tinned [tɪnd] *a (food)* κονσέρβα, του κουτιού.

tin opener ['tɪnəʊpnə*] *n* ανοιχτήρι.

tinsel ['tɪnsəl] *n* γυαλιστερές κορδέλες *fpl* μετάλλου, ασημένια βροχή.

tint [tɪnt] *n* χροιά, απόχρωση.

tiny ['taɪnɪ] *a* μικροσκοπικός, μικρούτσικος.

tip [tɪp] *n* άκρη, άκρο, μύτη || *(for protection)* σιδηρά άκρα *ntpl*, σίδερο, πετσάκι || *(of money)* φιλοδώρημα *nt*, πουρμπουάρ *nt inv* || *(useful hint)* υπαινιγμός, μυστική πληροφορία ♦

vt (put end on) προσθέτω άκρη σε || *(tip over)* γέρνω αναποδογυρίζω || *(waiter)* φιλοδωρώ, δίνω πουρμπουάρ || **~-off** *n (hint)* πληροφορία, υπαινιγμός || **~ped** *a (cigarette)* με φίλτρο.

tipsy ['tɪpsɪ] *a* μεθυσμένος, πιωμένος.

tiptoe ['tɪptəʊ] *n*: **on ~** ακροποδητί, στα νύχια.

tiptop ['tɪp'tɒp] *a*: **in ~ condition** σε καλή φόρμα, πρώτης τάξεως.

tire ['taɪə*] *n (US)* = **tyre** ♦ *vti* κουράζω, εξαντλώ, κουράζομαι, βαριέμαι || **~d** *a* κουρασμένος, εξαντλημένος || **~d of** βαριέμαι || **~dness** *n* κόπωση, κούραση || **~less** *a* ακούραστος, ακαταπόνητος.

tiring ['taɪərɪŋ] *a* κουραστικός || *(boring)* πληκτικός, ανιαρός.

tissue ['tɪʃuː] *n (BIOL)* ιστός, υφή || *(paper handkerchief)* χαρτομάντηλο || **~ paper** *n* τσιγαρόχαρτο.

tit [tɪt] *n (bird)* αιγίθαλος, || *(col: breast)* βυζί, μαστός || **~ for tat** οφθαλμό αντί οφθαλμού.

titbit ['tɪtbɪt] *n* μεζές *m*.

title ['taɪtl] *n* τίτλος, επικεφαλίδα || *(rank etc)* τίτλος || *(legal)* τίτλος, δικαίωμα *nt* || *(SPORT)* (παγκόσμιος) τίτλος || **~ deed** *n* τίτλος κυριότητας, τίτλος ιδιοκτησίας || **~ role** *n* πρώτος ρόλος, ρόλος που δίνει το τίτλο του έργου.

titter ['tɪtə*] *vi* γελώ ανόητα, κρυφογελώ.

titular ['tɪtjʊlə*] *a* επίτιμος.

to [tuː, tə] *prep (towards)* προς, στο || *(as far as)* μέχρι || *(comparison)* προς το, έναντι || *(for infin)* για να || **~ and fro** πάνω κάτω, πηγαινοέλα, ανεβοκατέβασμα.

toad [təʊd] *n* φρύνος, βάτραχος || *(fig)* μπούφος || **~stool** *n* βωλήτης ο δηλητηριώδης (μανιτάρι).

toast [təʊst] *n* φρυγανιά || *(drink)* πρόποση ♦ *vt (drink)* κάνω πρόποση || *(brown)* ψήνω, φρυγανίζω || *(warm)* ζεσταίνω || **~er** *n* φρυγανιέρα.

tobacco [tə'bækəʊ] *n* καπνός || **~nist** *n* καπνοπώλης || **~nist's (shop)** *n* καπνοπωλείο.

toboggan [tə'bɒgən] *n* έλκηθρο, τόμπογκαν *nt inv*.

today [tə'deɪ] *n* το σήμερα ♦ *ad* σήμερα || *(present time)* σήμερα, τώρα.

toddy ['tɒdɪ] *n (warm, alcoholic drink)* ζεστό γκρόγκ *nt inv*.

toe [təʊ] *n* δάκτυλο του ποδιού ♦ *vt*: **to ~ the line** *(fig)* υπακούω, υποτάσσομαι || **~nail** *n* νύχι του ποδιού.

toffee ['tɒfɪ] *n* καραμέλα με βούτυρο || **~ apple** *n* ζαχαρωμένο μήλο.

together [tə'gɛðə*] *ad* μαζί, μόνοι, ο ένας με τον άλλο || *(at the same time)* μαζί, συγχρόνως || **~ness** *n* πνεύμα συνεργασίας.

toggle switch ['tɒglswɪtʃ] *n (COMPUT)* διακόπτης με σκαλμίσκο.

toil [tɔɪl] *n* μόχθος, κόπος, σκληρή δουλειά ♦ *vi* μοχθώ, εργάζομαι σκληρά.

toilet ['tɔɪlɪt] *n (lavatory)* αποχωρητήριο, μέρος *nt* ♦ *a* τουαλέτα || **~ paper** *n* χαρτί τουαλέτας, χάρτης υγείας || **~ries** *npl* είδη *ntpl* τουαλέτας || **~ roll** *n* ρολό χαρτιού τουαλέτας || **~ wate[r]** *n* κολώνια.

token ['təʊkən] *n* ένδειξη, τεκμήριο σημείο.

told [təʊld] *pt, pp of* **tell.**

tolerable ['tɒlərəbl] *a* ανεκτός, υποφερτός || *(moderate)* καλούτσικος.

tolerance ['tɒlərəns] *n* ανοχή, ανεκτικότητα || *(engineering)* ανοχή

tolerant ['tɒlərənt] *a* ανεκτικός.

tolerate ['tɒləreɪt] *vt* ανέχομαι, υποφέρω.

toleration [tɒlə'reɪʃən] *n* ανοχή, ανεκτικότητα.

toll [təʊl] *n (tax, charge)* διόδια, φόρος ♦ *vi (bell)* κτυπώ (καμπάνα), καμπανίζω || ~**bridge** *n* γέφυρα με διόδια *ntpl.*

tomato [tə'mɑːtəʊ] *n* ντομάτα.

tomb [tuːm] *n* τύμβος, τάφος.

tomboy ['tɒmbɔɪ] *n* αγοροκόριτσο.

tombstone ['tuːmstəʊn] *n* επιτύμβιος λίθος.

tomcat ['tɒmkæt] *n* γάτος.

tomorrow [tə'mɒrəʊ] *n* αύριο, αυριανή μέρα ♦ *ad* αύριο.

ton [tʌn] *n* τόνος (2240 λίμπρες) || *(US)* τόνος (2000 λίμπρες) || ~**s of** *(col)* μεγάλη ποσότητα, πολλές φορές.

tone [təʊn] *n* τόνος, ήχος || *(character)* τόνος, πνεύμα *nt*, τάση || *(colour)* τόνος, απόχρωση ♦ *vi* συντονίζομαι, ταιριάζω ♦ *vt* τονίζω, τονώνω, ρυθμίζω || **to ~ down** *vt* απαλύνω, μαλακώνω, μετριάζω.

tongs [tɒŋz] *npl* λαβίδα, τσιμπίδα, μασιά.

tongue [tʌŋ] *n* γλώσσα || *(ox tongue: food)* βοδινή γλώσσα || **with ~ in cheek** ειρωνικά || ~**-tied** *a* άφωνος, βουβός (από κατάπληξη) || ~**-twister** *n* γλωσσοδέτης.

tonic ['tɒnɪk] *n* τονωτικό, δυναμωτικό || *(MUS)* τονική, βασική νότα || ~ **water** *n* τόνικ.

tonight [tə'naɪt] *n* σήμερα το βράδυ ♦ *ad* απόψε.

tonnage ['tʌnɪdʒ] *n* χωρητικότητα, τοννάζ *nt inv.*

tonsil ['tɒnsl] *n* αμυγδαλή || ~**litis** *n* αμυγδαλίτιδα.

too [tuː] *ad* πολύ, πάρα πολύ, υπερβολικά || *(also)* επίσης.

took [tʊk] *pt of* **take.**

tool [tuːl] *n* εργαλείο || ~**box** *n* κιβώτιο εργαλείων.

toot [tuːt] *n* κορνάρισμα *nt* ♦ *vi* κορνάρω.

tooth [tuːθ] *n* δόντι || *(on gearwheel)* δόντι || ~**ache** *n* πονόδοντος, οδοντόπονος || ~**brush** *n* οδοντόβουρτσα || ~**paste** *n* οδοντόπαστα || ~**pick** *n* οδοντογλυφίδα.

top [tɒp] *n* κορυφή, κορφή, απάνω (μέρος) || *(at school)* πρώτος, καλύτερος || *(spinning toy)* σβούρα ♦ *a* ανώτερος, ψηλότερος ♦ *vt (list)* είμαι επικεφαλής, είμαι πρώτος || **from ~ to toe** από την κορυφή ως τα νύχια || ~ **coat** *n* παλτό || ~ **hat** *n* ψηλό καπέλο || ~**-heavy** *a* ασταθής, βαρύς στην κορυφή.

topic ['tɒpɪk] *n* θέμα *nt*, ζήτημα *nt* || ~**al** *a* επίκαιρος.

top-level ['tɒp'lɛvl] *a* υψηλού επιπέδου.

topmost ['tɒpməʊst] *a* υψηλότερτος, κορυφαίος, ύψιστος.

topple ['tɒpl] *vti* κλονίζομαι, πέφτω || *(overturn)* αναποδογυρίζω.

topsy-turvy ['tɒpsɪ'tɜːvɪ] *a, ad* άνω κάτω.

torch [tɔːtʃ] *n (electric)* φακός, φανάρι || *(Olympic)* πυρσός, λαμπάδα, δαυλί.

tore ['tɔː*] *pt of* **tear.**

torment ['tɔːmɛnt] *n* βασανιστήριο, μαρτύριο ♦ [tɔː'mɛnt] *vt* ενοχλώ, πειράζω || *(distress)* βασανίζω, τυραννώ.

torn [tɔːn] *pp of* **tear** || *a (undecided) (between)* ταλαντευόμενος, αναποφάσιστος.

tornado [tɔː'neɪdəʊ] *n* ανεμοστρόβιλος, λαίλαπα.

torpedo [tɔː'piːdəʊ] *n* τορπίλη.

torrent ['tɒrənt] *n* χείμαρρος || ~**ial** *a* χειμαρρώδης.

torso ['tɔːsəʊ] *n* κορμός, τόρσο.

tortoise [ˈtɔːtəs] *n* χελώνα.
tortuous [ˈtɔːtjuəs] *a* ελικοειδής, στρεβλός || *(deceitful)* ανέντιμος, δόλιος.
torture [ˈtɔːtʃə*] *n* βασανιστήριο, βασανισμός, μαρτύριο ♦ *vt* βασανίζω.
Tory [ˈtɔːrɪ] *n* συντηρητικός ♦ *a* συντηρητικός.
toss [tɒs] *vt* πετώ, τραντάζω || *(in the air)* ρίχνω, πετώ ♦ *n (of coin to decide)* στρίψιμο || **to ~ a coin, to ~ up for** ρίχνω κορώνα-γράμματα.
tot [tɒt] *n* ποτηράκι, γουλιά || *(child)* παιδάκι, μωρό, μπέμπης.
total [ˈtəʊtl] *n* σύνολο, όλο, άθροισμα *nt*, σούμα ♦ *a* (συν)ολικός, ολόκληρος, τλήρης ♦ *vt* προσθέτω, αθροίζω || *(amount to)* ανέρχομαι σε, φθάνω.
totem pole [ˈtəʊtəmpəʊl] *n* στήλη του τότεμ.
totter [ˈtɒtə*] *vi* παραπατώ, τρικλίζω.
touch [tʌtʃ] *n* αφή, επαφή, άγγιγμα *nt* || *(sense)* επαφή, αφή || *(small amount)* μικρή δόση, ίχνος *nt*, υποψία || *(style)* πινελιά, μολυβιά, ύφος *nt* ♦ *vt* αγγίζω || *(come against)* εφάπτομαι, ακουμπώ || *(move)* θίγω, συγκινώ || **in ~ with** σ' επαφή με, διατηρώ επαφή || **to ~ on** *vt (topic)* θίγω (θέμα) || **to ~ up** *vt (paint)* ρετουσάρω, επισκευάζω || **~-and-go** *a* επικίνδυνος, αβέβαιος, επισφαλής || **~down** *n* προσγείωση || **~ing** *a* συγκινητικός || **~line** *n* γραμμή του τέρματος || **~y** *a* ευαίσθητος, εύθικτος.
tough [tʌf] *a* σκληρός, στερεός || *(difficult)* δυσχερής, σκληρός, δύσκολος || *(meat)* σκληρός ♦ *n (gangster etc)* κακοποιός, μπράβος || **~en** *vti* σκληραίνω, σκληρύνομαι || **~ness** *n* σκληρότητα || *(resilience)* αντοχή.
toupee [ˈtuːpeɪ] *n (wig)* περούκα.
tour [ˈtʊə*] *n* περιοδεία, περιήγηση ♦ *vi* περιηγούμαι, περιοδεύω || **~ing** *n* περιοδεία.
tourism [ˈtʊərɪzəm] *n* τουρισμός.
tourist [ˈtʊərɪst] *n* τουρίστας/τουρίστρια *m/f*, περιηγητής/περιηγήτρια *m/f* || **~ office** *n* τουριστικό γραφείο.
tournament [ˈtʊənəmənt] *n* πρωτάθλημα *nt*, τουρνουά *nt inv*.
tousled [ˈtaʊzld] *a (hair)* αναστατωμένος, ξεχτένιστος.
tow [təʊ] *n (pull)* ρυμούλκηση ♦ *vt (pull)* ρυμουλκώ.
toward(s) [təˈwɔːd(z)] *prep* προς, κατά, για.
towel [ˈtaʊəl] *n* πετσέτα.
tower [ˈtaʊə*] *n* πύργος || **~ing** *a* πανύψηλος || *(rage)* βίαιος, άγριος.
town [taʊn] *n* πόλη, πολιτεία, χώρα || **~ clerk** *n* γραμματέας δημαρχίας || **~ hall** *n* δημαρχείο || **~ planning** *n* πολεοδομία.
towrope [ˈtəʊrəʊp] *n* σχοινί ρυμούλκησης.
toxic [ˈtɒksɪk] *a* τοξικός.
toy [tɔɪ] *n* παιχνίδι, παιχνιδάκι || **to ~ with** *vt* παίζω με, σκέπτομαι να.
trace [treɪs] *n* ίχνος *nt* || *(small amount)* ίχνος *nt*, υπόλειμμα *nt*, τεκμήριο ♦ *vt* παρακολουθώ || *(find out)* ανιχνεύω, διακρίνω || *(copy)* χαράσσω, αντιγράφω, ξεσηκώνω.
track [træk] *n* ίχνη *ntpl*, πέρασμα *nt*, πατημασιές *fpl* || *(path)* μονοπάτι || *(road)* δρομάκος || *(racing)* διάδρομος αγώνων, στίβος, πίστα || *(RAIL)* (σιδηροδρομική) γραμμή ♦ *v* παρακολουθώ || *(persecute)* καταδιώκω || **to keep ~ of** παρακολουθώ, βρίσκομαι σε επαφ με || **to ~ down** *vt* ανακαλύπτω, βρίσκω || **~er dog** *n* κυνηγόσκυλο.
tract [trækt] *n* περιοχή, έκταση || *(book)* φυλλάδιο.

tractor ['træktə*] *n* ελκυστήρας, τρακτέρ *nt inv.*
trade [treɪd] *n* εμπόριο || *(business)* επάγγελμα *nt*, δουλειά || *(people)* συντεχνία, κλάδος ♦ *vi (+ in)* εμπορεύομαι, συναλλάσσομαι, κάνω δουλειές || **~mark** *n* σήμα *nt* (κατατεθέν) || **~ name** *n* εμπορική επωνυμία, φίρμα || **~r** *n* έμπορος || **~sman** *n* καταστηματάρχης, λιανέμπορος || *(skilled workman)* τεχνίτης || **~ union** *n* εργατική ένωση, συνδικάτο.
trading ['treɪdɪŋ] *n* εμπόριο.
tradition [trə'dɪʃən] *n* παράδοση || **~al** *a* παραδοσιακός, πατροπαράδοτος.
traffic ['træfɪk] *n* κίνηση, κυκλοφορία || *(esp in drugs)* εμπόριο, συναλλαγή ♦ *vt (esp drugs)* εμπορεύομαι (κάτι) || **~ circle** *n* *(US: roundabout)* κυκλοφοριακός δρόμος || **~ jam** *n* μποτιλιάρισμα || **~ lights** *npl* φανάρια *ntpl*, φώτα *ntpl* κυκλοφορίας.
tragedy ['trædʒɪdɪ] *n* τραγωδία, δράμα *nt.*
tragic ['trædʒɪk] *a* τραγικός.
trail [treɪl] *n* ίχνος *nt* || *(footsteps)* πατήματα *ntpl* || *(something trailing)* γραμμή (κάποιου), ουρά || *(rough road)* μονοπάτι ♦ *vi (follow)* σέρνομαι πίσω || *(hang loosely)* σέρνομαι, σέρνω || **to ~ behind** *vi* σέρνομαι πίσω || **~er** *n (truck)* ρυμουλκούμενο όχημα *nt* || *(film)* απόσπασμα *nt* ταινίας || *(US: caravan)* τροχόσπιτο.
train [treɪn] *n* συρμός αμαξοστοιχίας, τραίνο || *(of gown)* ουρά || *(series)* σειρά, αλληλουχία, ειρμός ♦ *vt* εκπαιδεύω, διδάσκω, μαθαίνω || *(plant)* κατευθύνω, οδηγώ || *(point gun)* σκοπεύω ♦ *vi (exercise)* προπονώ, προγυμνάζω || **~ed** *a* γυμνασμένος, εξασκημένος || **~ee** *n* ασκούμενος μαθητής || **~er** *n* εκπαιδευτής || *(sport)* προπονητής, γυμναστής/ γυμνάστρια *m/f* || **~ing** *n* εκπαίδευση, εξάσκηση || *(sport)* προπόνηση || **in ~ing** σε φόρμα || **~ing college** *n* παιδαγωγική ακαδημία.
traipse [treɪps] *vi (wander)* σέρνομαι εδώ και κει, τριγυρίζω κουρασμένα.
trait [treɪt] *n* χαρακτηριστικό.
traitor ['treɪtə*] *n* προδότης/τρια *m/f.*
tram(car) ['træm(kɑː*)] *n* τράμ *nt inv.*
tramp [træmp] *n (vagabond)* αλήτης/αλήτισσα *m/f* ♦ *vi* περπατώ βαρειά, βηματίζω βαρειά || *(by foot)* πεζοπορώ, πηγαίνω πεζή.
trample ['træmpl] *vt* ποδοπατώ, καταπατώ.
trampoline ['træmpəliːn] *n* τραμπολίνο.
trance [trɑːns] *n* έκσταση, ύπνωση, όραμα *nt.*
tranquil ['træŋkwɪl] *a* ήρεμος, ήσυχος || **~lity** *n* ηρεμία || **~lizer** *n (drug)* καταπραϋντικό.
transact [træn'zækt] *vt* εκτελώ, διεξάγω, διεκπεραιώνω || **~ion** *n* διεκπεραίωση, διεξαγωγή, συναλλαγή.
transatlantic ['trænzət'læntɪk] *a* υπερατλαντικός.
transcend [træn'send] *vt* υπερέχω, υπερβαίνω.
transcript ['trænskrɪpt] *n* αντίγραφο, αντιγραφή || **~ion** *n* αντιγραφή, αντίγραφο.
transept ['trænsept] *n* πτέρυγα ναού, εγκάρσιο κλίτος *nt.*
transfer ['trænsfə*] *n* μεταφορά, *(job)* μετάθεση || *(legal)* μεταβίβαση, εκχώρηση, μεταγραφή || *(design)* χαλκομανία, στάμπα, αντιγραφή || *(SPORT)* μεταβίβαση, μεταφορά ♦ [træns'fɜː*] *vt* μεταφέρω, μεταθέτω,

αλλάζω || **~able** *a* μεταβιβάσιμος, μεταφερτός || **'not ~able'** *(on ticket)* 'προσωπικό'.

transform [træns'fɔːm] *vt* μετασχηματίζω, μεταβάλλω, μεταμορφώνω || **~ation** *n* μετασχηματισμός, μεταβολή, μεταμόρφωση || **~er** *n (ELEC)* μετασχηματιστής.

transfusion [træns'fjuːʒən] *n* μετάγγιση.

transient ['trænzɪənt] *a* παροδικός.

transistor [træn'zɪstə*] *n* κρυσταλλικός πολλαπλασιαστής || *(radio)* τρανσίστορ *nt inv*, φορητό ραδιόφωνο.

transit ['trænzɪt] *n*: **in ~** κατά τη μεταφορά, υπό μεταφορά.

transition [træn'zɪʃən] *n* μετάβαση, μεταβολή, αλλαγή || **~al** *a* μεταβατικός.

transitive ['trænzɪtɪv] *a* μεταβατικό (ρήμα).

transitory ['trænzɪtərɪ] *a* παροδικός, βραχύς, εφήμερος.

translate [trænz'leɪt] *vt* μεταφράζω.

translation [trænz'leɪʃən] *n* μετάφραση.

translator [trænz'leɪtə*] *n* μεταφραστής/άστρια *m/f*.

transmission [trænz'mɪʃən] *n (of information)* μεταβίβαση, διαβίβαση || *(AUT)* μετάδοση || *(RAD)* εκπομπή, μετάδοση.

transmit [trænz'mɪt] *vt* μεταδίδω, μεταβιβάζω, διαβιβάζω || **~ter** *n* πομπός.

transparency [træns'pɛərənsɪ] *n (PHOT: slide)* διαφάνεια, σλάιντ *nt inv*.

transparent [træns'pɛərənt] *a* διαφανής, διαυγής || *(clear)* καθαρός.

transplant [træns'plɑːnt] *vt* μεταφυτεύω, μεταφέρω ♦ ['trænsplɑːnt] *n (also MED)* μεταφύτευση, μεταμόσχευση.

transport ['trænspɔːt] *n* μεταφορά ♦ [træns'pɔːt] *vt* μεταφέρω || **~able** *a* μετακομιστός, φορητός || **~ation** *n* μεταφορά.

transverse ['trænzvɜːs] *a* εγκάρσιος.

trap [træp] *n (trick)* παγίδα, απάτη || *(snare)* παγίδα, φάκα || *(carriage)* δίτροχη άμαξα || *(col: mouth)* στόμα *nt* ♦ *vt* παγιδεύω, πιάνω στην παγίδα || **~door** *n* καταπακτή.

trapeze [trə'piːz] *n* τραπέζιο.

trappings ['træpɪŋz] *npl* διακόσμηση, στολίδια *ntpl*.

trash [træʃ] *n* σκουπίδια *ntpl*, χωρίς αξία || *(nonsense)* μπούρδες *fpl*, τρίχες *fpl* || **~ can** *n (US)* σκουπιδοτενεκές *m*.

trauma ['trɔːmə] *n* τραύμα *nt* || **~tic** *a* τραυματικός.

travel ['trævl] *n* ταξίδι, περιήγηση ♦ *vi* ταξιδεύω, κάνω ταξίδια ♦ *vt (distance)* πηγαίνω, βαδίζω, προχωρώ, μετακινούμαι || **~ler, ~er** *(US) n* ταξιδιώτης/τισσα *m/f* || *(salesman)* πλασιέ *m inv*, αντιπρόσωπος || **~ler's cheque, ~er's check** *(US) n* ταξιδιωτική επιταγή, τράβελερς τσεκ *nt inv* || **~ling, ~ing** *(US) n* τα ταξίδια ♦ *attr a* ταξιδιωτικός, του ταξιδιού || ~ **sickness** *n* ναυτία.

traverse ['trævəs] *vt* διασχίζω, διαβαίνω, περνώ.

travesty ['trævɪstɪ] *n* διακωμώδηση, παρωδία.

trawler ['trɔːlə*] *n* αλιευτικό, τράτα.

tray [treɪ] *n* δίσκος.

treacherous ['tretʃərəs] *a (person)* δόλιος, ύπουλος || *(road: dangerous, icy etc)* επικίνδυνος, άστατος.

treachery ['tretʃərɪ] *n* δολιότητα, προδοσία, απιστία.

treacle ['triːkl] *n* μελάσσα, πετιμέζι.

tread [trɛd] *(irreg v) n* περπάτημα *nt* || *(way of walking)* βήμα *nt*, βηματισμός || *(stair, tyre)* βαθμίδα, πάτημα *nt*, πέλμα *nt* ελαστικού ♦ *vi* βαδίζω, περπατώ || **to ~ on** *vt* (ποδο)πατώ.

treason ['triːzn] *n* προδοσία.

treasure ['trɛʒə*] *n* θησαυρός ♦ *vt* αποθησαυρίζω || *(value highly)* εκτιμώ, θεωρώ πολύτιμο || **~ hunt** *n* θησαυροθηρία || **~r** *n* ταμίας.

treasury ['trɛʒərɪ] *n* θησαυροφυλάκειο, ταμείο.

treat [triːt] *n* ευχαρίστηση, απόλαυση ♦ *vt* μεταχειρίζομαι, φέρομαι || *(entertain)* κερνώ, προσφέρω.

treatise ['triːtɪz] *n* πραγματεία, διατριβή.

treatment ['triːtmənt] *n* μεταχείρηση, περιποίηση || *(MED)* κούρα, θεραπεία.

reaty ['triːtɪ] *n* συνθήκη.

reble ['trɛbl] *a* τριπλός, τριπλάσιος ♦ *vt* τριπλασιάζω ♦ *n* πρίμο || *(voice)* υψίφωνος, σοπράνο *f inv*.

ree [triː] *n* δέντρο || **~ trunk** *n* κορμός δέντρου.

rek [trɛk] *n* ταξίδι, μετανάστευση ♦ *vi (migrate)* μετοικώ, μεταναστεύω.

rellis ['trɛlɪs] *n* δικτυωτό πλέγμα *nt*, καφασωτό πλαίσιο.

remble ['trɛmbl] *vi* τρέμω, δονούμαι.

embling ['trɛmblɪŋ] *n* τρόμος, ρεμούλα ♦ *a* τρεμάμενος, ρεμουλιάρης.

emendous [trə'mɛndəs] *a (vast)* ελώριος, τρομερός.

emor ['trɛmə*] *n* τρεμούλιασμα

ench [trɛntʃ] *n* τάφρος *f*, αυλάκι, ντάκι || *(of war)* χαράκωμα *nt*.

nd [trɛnd] *n* τάση, πορεία ♦ *vi* ίνω.

trepidation [trɛpɪ'deɪʃən] *n* φόβος, ανυσηχία, τρεμούλα.

trespass ['trɛspəs] *vi* καταπατώ.

tress [trɛs] *n* βόστρυχος, πλεξούδα, κοτσίδα, μπούκλα.

trestle ['trɛsl] *n* υπόβαθρο, υποστήριγμα *nt*, καβαλέτο || **~ table** *n* τραπέζι σε καβαλέτο.

trial ['traɪəl] *n (in court)* δίκη, κρίση || *(test)* δοκιμή || *(hardship)* δοκιμασία, βάσανο || **by ~ and error** με τη μέθοδο της δοκιμής και πλάνης, εμπειρικά.

triangle ['traɪæŋgl] *n* τρίγωνο.

triangular [traɪ'æŋgjʊlə*] *a* τριγωνικός.

tribal ['traɪbəl] *a* φυλετικός.

tribe [traɪb] *n* φυλή || **~sman** *n* μέλος *m* φυλής.

tribulation [trɪbjʊ'leɪʃən] *n* δοκιμασία, συμφορά, πάθημα *nt*.

tribunal [traɪ'bjuːnl] *n* δικαστήριο.

tributary ['trɪbjʊtərɪ] *n* παραπόταμος.

tribute ['trɪbjuːt] *n (respect)* φόρος τιμής.

trice [traɪs] *n*: **in a ~** στη στιγμή.

trick [trɪk] *n* τέχνασμα *nt*, κόλπο, κατεργαριά || *(clever act)* δεξιοτεχνία, ταχυδακτυλουργία || *(habit)* συνήθεια || *(CARDS)* κόλπο, πιάσιμο, λεβέ *nt inv* ♦ *vt* εξαπατώ || **~ery** *n* απάτη, κοροϊδία.

trickle ['trɪkl] *n* λεπτή ροή, στάξιμο, στάλα (νερού) ♦ *vi* σταλάζω, στάζω.

tricky ['trɪkɪ] *a (problem, situation)* περίπλοκος, δύσκολος.

tricycle ['traɪsɪkl] *n* τρίκυκλο.

trifle ['traɪfl] *n* είδος *nt* τούρτας || *(of little importance)* μικροπράγματα *ntpl*, ασήμαντο γεγονός, μηδαμινό ποσό.

trifling ['traɪflɪŋ] *a* ασήμαντος, τιποτένιος.

trigger ['trɪgə*] *n* σκανδάλη.

trigonometry [trɪgəˈnɒmɪtrɪ] *n* τριγωνομετρία.

trim [trɪm] *a* κομψός, ευπρεπής ♦ *n* τάξη, φόρμα, ευπρεπής κατάσταση || *(haircut etc)* κόψιμο, φρεσκάρισμα *nt* (μαλλιών) ♦ *vt* κόβω, κουρεύω, κλαδεύω || *(decorate)* γαρνίρω || ~**mings** *npl* γαρνιτούρες *fpl*.

Trinity [ˈtrɪnɪtɪ] *n*: **the** ~ *(REL)* Αγία Τριάδα.

trinket [ˈtrɪŋkɪt] *n* μικρό κόσμημα *nt*, μπιμπελό *nt inv*.

trio [ˈtrɪəʊ] *n* τριάδα || *(MUS)* τρίο.

trip [trɪp] *n* εκδρομή, ταξίδι || *(stumble)* παραπάτημα *nt*, τρικλοποδιά ♦ *vi* περπατώ ελαφρά, αλαφροπατώ || *(stumble)* σκοντάφτω, παραπατώ || **to** ~ **up** *vi* ανεβαίνω ελαφροπατώντας ♦ *vt* βάζω τρικλοποδιά σε.

tripe [traɪp] *n (food)* πατσάς || *(rubbish)* ανοησίες *fpl*, μπούρδες *fpl*.

triple [ˈtrɪpl] *a* τριπλός, τρίδιπλος.

triplets [ˈtrɪplɪts] *npl* τρίδυμα *ntpl*.

triplicate [ˈtrɪplɪkɪt] *n*: **in** ~ σε τριπλούν.

tripod [ˈtraɪpɒd] *n* τρίποδο.

trite [traɪt] *a* τριμμένος, κοινός, συνηθισμένος.

triumph [ˈtraɪʌmf] *n* θρίαμβος ♦ *vi* θριαμβεύω || ~**ant** *a* θριαμβευτικός.

trivial [ˈtrɪvɪəl] *a* ασήμαντος, τιποτένιος || ~**ity** *n* ασημαντότητα, κοινοτοπία.

trod [trɒd] *pt of* **tread** || ~**den** *pp of* **tread.**

trolley [ˈtrɒlɪ] *n (small truck)* καροτσάκι || ~ **bus** *n* τρόλλεϋ *nt inv*.

trombone [trɒmˈbəʊn] *n* τρομπόνι.

troop [truːp] *n* ομάδα, όμιλος || ~**s** *npl* στρατεύματα *ntpl* || **to** ~ **in/out** *vi* μπαίνω/βγαίνω ομαδικά || ~**er** *n* ιππέας, έφιππος αστυνομικός.

trophy [ˈtrəʊfɪ] *n* τρόπαιο, έπαθλο.

tropic [ˈtrɒpɪk] *n* τροπικός || ~**al** *a* τροπικός.

trot [trɒt] *n* τριποδισμός, ελαφρό τρέξιμο ♦ *vi* τρέχω σιγά.

trouble [ˈtrʌbl] *n* στενοχώρια, ανησυχία, σκοτούρα || *(effort, care)* κόπος ♦ *vt* ενοχλώ, ανησυχώ || ~**d** *a* ανήσυχος, ταραγμένος || ~**-free** *a* χωρίς σκοτούρες || ~**maker** *n* ταραχοποιός, ταραξίας || ~**some** *a* ενοχλητικός, δύσκολος.

trough [trɒf] *n* σκάφη, ποτίστρα || *(channel)* τάφρος *f* || *(meteorology)* σφήνα υφέσεως.

troupe [truːp] *n* θίασος.

trousers [ˈtraʊzəz] *npl* παντελόνι.

trousseau [ˈtruːsəʊ] *n* προίκα (ασπρόρουχα και φορέματα).

trout [traʊt] *n* πέστροφα.

trowel [ˈtraʊəl] *n* μυστρί.

truant [ˈtrʊənt] *n*: **to play** ~ το σκάω, απουσιάζω αδικαιολόγητα.

truce [truːs] *n* ανακωχή.

truck [trʌk] *n* φορτηγό αμάξι, καμιόνι || *(RAIL)* φορείο || *(barrow)* χειράμαξα αχθοφόρου || ~ **driver** οδηγός φορτηγού || ~ **farm** *n (US)* αγρόκτημα *nt* λαχανικών, περιβόλι.

truculent [ˈtrʌkjʊlənt] *a* βίαιος, άγριος, επιθετικός.

trudge [trʌdʒ] *vi* βαδίζω με δυσκολία, σέρνομαι.

true [truː] *a* αληθινός || *(precise)* ακριβής || *(genuine)* πραγματικός, αυθεντικός, γνήσιος || *(friend)* πιστός, τίμιος, αληθινός.

truffle [ˈtrʌfl] *n* τρούφα.

truly [ˈtruːlɪ] *ad* ειλικρινά, πιστά, αληθινά || *(exactly)* με ακρίβεια, ακριβώς, ορθά || **yours** ~ όλως υμέτερος.

trump [trʌmp] *n (CARDS)* ατού *nt in*[v] || ~**ed-up** *a* ψεύτικος, σκαρωμένος.

trumpet [ˈtrʌmpɪt] *n* σάλπιγα, τρουμπέτα.

truncheon [ˈtrʌntʃən] *n* ρόπαλο αστυνομικό γκλόμπ *nt inv*.

trundle [ˈtrʌndl] *vti:* **to ~ along** κυλώ, τρέχω, τσουλώ.
trunk [trʌŋk] *n* κορμός, κούτσουρο || *(body)* κορμός, τόρσο *nt inv* || *(box)* κιβώτιο, μπαούλο || *(of elephant)* προβοσκίδα || **~s** *npl* μαγιό || **~ call** *n* υπεραστική κλήση.
truss [trʌs] *n (MED)* κοιλεπίδεσμος, ζώνη.
trust [trʌst] *n* πίστη, εμπιστοσύνη || *(property)* καταπίστευμα *nt* ♦ *vt* εμπιστεύομαι σε || **~ed** *a* έμπιστος, της εμπιστοσύνης || **~ee** *n* επίτροπος, κηδεμόνας, έφορος || **~ful** *a* γεμάτος εμπιστοσύνη, ευκολόπιστος || **~ing** *a* πλήρης εμπιστοσύνης || **~worthy** *a* αξιόπιστος || **~y** *a* πιστός, αξιόπιστος.
truth [truːθ] *n* αλήθεια || **~ful** *a* φιλαλήθης, αληθινός || **~fully** *ad* αληθινά, ειλικρινά, πιστά || **~fulness** *n* φιλαλήθεια, ειλικρίνεια.
try [traɪ] *(irreg v) n* προσπάθεια || *(test)* δοκιμή, απόπειρα ♦ *vt* δοκιμάζω, κάνω δοκιμή || *(in court)* δικάζω || *(strain)* κουράζω ♦ *vi (attempt)* προσπαθώ, ζητώ να || **to ~ on** *vt* δοκιμάζω, προβάρω || **to ~ out** *vt* δοκιμάζω || **~ing** *a* δύσκολος, κουραστικός, σκληρός.
tsar [zɑː*] *n* τσάρος.
T-shirt [ˈtiːʃɜːt] *n* φανέλα (αθλητική).
tub [tʌb] *n* μεγάλη λεκάνη, σκάφη, κάδος.
tuba [ˈtjuːbə] *n* μεγάλη κορνέτα, κοντραμπάσο.
tubby [ˈtʌbɪ] *a (fat)* στρογγυλός σαν βαρέλι, κοντοπύθαρος.
tube [tjuːb] *n* σωλήνας, αγωγός, αυλός || *(also for toothpaste etc)* σωληνάριο || *(in London)* υπόγειος σιδηρόδρομος || *(AUT: for tyre)* σαμπρέλα || **~less** *a (AUT)* χωρίς σαμπρέλα.
tuber [ˈtjuːbə*] *n* βολβός, γογγύλι.
tuberculosis [tjʊbɜːkjʊˈləʊsɪs] *n* φυματίωση.
tube station [ˈtjuːbsteɪʃən] *n* σταθμός του υπόγειου τραίνου.
tubing [ˈtjuːbɪŋ] *n* σωλήν(ωση).
tubular [ˈtjuːbjʊlə*] *a (steel, furniture)* σωληνοειδής, σωληνωτός.
TUC *n (abbr of Trades Union Congress)* Συμβούλιο Αγγλικών Εργατικών Συνδικάτων.
tuck [tʌk] *n (pleat)* πιέτα, πτυχή ♦ *vt (gather)* διπλώνω, μαζεύω || **to ~ away** *vt* χώνω || **to ~ in** *vt* μαζεύω, χώνω ♦ *vi (food)* πέφτω με τα μούτρα στο φαΐ || **to ~ up** *vt (child)* σκεπάζω, τακτοποιώ.
Tuesday [ˈtʃuːzdɪ] *n* Τρίτη.
tuft [tʌft] *n* θύσανος, φούντα.
tug [tʌg] *n* απότομο τράβηγμα *nt* || *(steamship)* ρυμουλκό (πλοίο) ♦ *vti* σύρω, τραβώ δυνατά || **~-of-war** *n* διελκυστίνδα.
tuition [tjʊˈɪʃən] *n* διδασκαλία || *(fees)* δίδακτρα *ntpl.*
tulip [ˈtjuːlɪp] *n* τουλίπα.
tumble [ˈtʌmbl] *n* πέσιμο, τούμπα, κουτρουβάλα ♦ *vi* πέφτω, τουμπάρω || *(somersault)* κάνω τούμπες, αναποδογυρίζω ♦ *vt (toss about)* κατρακυλώ, σωριάζομαι || **to ~ to** *vt* συλλαμβάνω, αντιλαμβάνομαι || **~down** *a* ετοιμόρροπος, σαραβαλιασμένος || **~r** *n (acrobat)* ακροβάτης/τρια *m/f* || *(glass)* ποτήρι.
tummy [ˈtʌmɪ] *n (col: stomach, belly)* στομάχι, κοιλιά.
tumour [ˈtjuːmə*] *n* όγκος.
tumult [ˈtjuːmʌlt] *n* θόρυβος, σαματάς, φασαρία || **~uous** *a* θορυβώδης, ταραχώδης, θυελλώδης.
tuna [ˈtjuːnə] *n* τόνος.
tune [tjuːn] *n* μελωδία, σκοπός || *(pitch)* τόνος, συντονισμός ♦ *vt*

κουρδίζω, συντονίζω || *(motorcar)* ρυθμίζω, εναρμονίζω, || **in ~** μελωδικός, συντονισμένος || **out of ~** παραφωνία, έξω από το τόνο || **to ~ up** *vi (MUS)* συντονίζομαι, βρίσκω τον τόνο || **~ful** *a* μελωδικός, αρμονικός.

tunic ['tjuːnɪk] *n* χιτώνιο, αμπέχονο.

tuning ['tjuːnɪŋ] *n (RAD)* συντονισμός || *(AUT)* ρύθμιση.

Tunisia [tjuˈnɪzɪə] Τυνησία || **~n** *a* τψησιακός ♦ *n* Τυνήσιος.

tunnel ['tʌnl] *n* σήραγγα, τουνέλι ♦ *vi* ανοίγω σήραγγα.

tunny ['tʌnɪ] *n* τόνος.

turban ['tɜːbən] *n* σαρίκι, τουρμπάνι.

turbine ['tɜːbaɪn] *n* στρόβιλος, τουρμπίνα.

turbulence ['tɜːbjʊləns] *n (AVIAT)* στροβιλισμός, αναταραχή.

turbulent ['tɜːbjʊlənt] *a* ταραγμένος, βίαιος, άτακτος.

turf [tɜːf] *n* χλόη, γρασίδι || *(sod)* χορταριασμένος βώλος.

turgid ['tɜːdʒɪd] *a (pompous)* στομφώδης, πομπώδης.

Turk [tɜːk] *n* Τούρκος.

turkey ['tɜːkɪ] *n* γαλοπούλα, ινδιάνος || **T~** *n* Τουρκία.

Turkish ['tɜːkɪʃ] *a* τουρκικός || *(LING)* Τουρκική || **~ bath** *n* χαμάμ *nt inv.*

turmoil ['tɜːmɔɪl] *n* αναταραχή, αναστάτωση, πατιρντί.

turn [tɜːn] *n* περιστροφή, γύρισμα *nt* || *(turning)* στροφή || *(performance)* σειρά || *(shape, manner)* νοοτροπία, διάθεση || *(chance)* σειρά || *(MED)* κρίση ♦ *vt* (περι)στρέφω, γυρίζω, στρίβω || *(change position)* αλλάζω, γυρίζω || *(of colour)* αλλάζω χρώμα *nt* ♦ *vi* περιστρέφομαι, γυρίζω || *(change direction)* στρέφομαι, στρίβω || *(become sour)* ξυνίζω || **to ~ back** *vti* γυρίζω πίσω || **to ~ down** *vt (refuse)* απορρίπτω || *(fold down)* διπλώνω, τσακίζω || **to ~ in** *vi (go to bed)* πάω για ύπνο ♦ *vt (fold)* γυρίζω (μέσα), στριφώνω || **to ~ off** *vi (from road)* αλλάζω δρόμο, στρίβω ♦ *vt (light)* κλείνω, σβήνω || *(RAD)* κλείνω, σβήνω || **to ~ on** *vt (light)* ανοίγω, ανάβω || *(RAD)* ανοίγω || **to ~ out** *vt* εξελίσσομαι, πάω || *(extinguish)* κλείνω, σβήνω || **to ~ up** *vi (person)* εμφανίζομαι, φθάνω ξαφνικά || *(lost object)* ξαναβρίσκω ♦ *vt (collar)* σηκώνω, ανασηκώνω || *(RAD: increase volume)* ανεβάζω, δυναμώνω || **~ing** *n (in road)* καμπή, στροφή || **~ing point** *n* κρίσιμο σημείο, αποφασιστικό σημείο.

turnip ['tɜːnɪp] *n* γογγύλι.

turnout ['tɜːnaʊt] *n* συνάθροιση, ακροατήριο.

turnover ['tɜːnəʊvə*] *n* τζίρος.

turnpike ['tɜːnpaɪk] *n (US: toll highway)* οδός *f* με διόδια.

turnstile ['tɜːnstaɪl] *n* περιστροφική είσοδος *f.*

turntable ['tɜːnteɪbl] *n* περιστροφική εξέδρα, περιστροφική βάση.

turn-up ['tɜːnʌp] *n (on trousers)* ρεβέρ *nt inv.*

turpentine ['tɜːpəntaɪn] *n* νέφτι.

turquoise ['tɜːkwɔɪz] *n* τουρκουάζ *nt inv* ♦ *a (colour)* κυανοπράσινος.

turret ['tʌrɪt] *n* πυργίσκος.

turtle ['tɜːtl] *n* χελώνα.

tusk [tʌsk] *n* χαυλιόδοντο.

tussle ['tʌsl] *n* τσακωμός, καυγάς.

tutor ['tjuːtə*] *n* ιδιαίτερος καθηγητής, οικοδιδάσκαλος || *(at college)* υφηγητής || **~ial** *n (UNIV)* ιδιαίτερο μάθημα από καθηγητή.

TV [tiːˈviː] *n (abbr of* **television***)* TV *f*, τηλεόραση.

twaddle ['twɒdl] *n (col)* μωρολογία, φλυαρία, μπούρδες *fpl.*

twang [twæŋ] *n* οξύς ήχος χορδής

ένρινος τόνος, σβούρισμα *nt* ♦ *vti* αφήνω τεντωμένη χορδή, αντηχώ, κρούω.
tweed [twiːd] *n* τουήντ *nt inv.*
tweezers [ˈtwiːzəz] *npl* τσιμπίδα.
twelfth [twɛlfθ] *a* δωδέκατος || **T~ Night** *n* παραμονή των Φώτων.
twelve [twɛlv] *num* δώδεκα.
twentieth [ˈtwɛntıιθ] *a* εικοστός.
twenty [ˈtwɛntı] *num* είκοσι.
twerp [twɜːp] *n (col: fool)* βλάκας.
twice [twaıs] *ad* δυό φορές, διπλάσιος.
twig [twıg] *n* κλαδί, κλωνάρι ♦ *vt (understand, realize)* αντιλαμβάνομαι, μπαίνω, πιάνω.
twilight [ˈtwaılaıt] *n* λυκόφως *nt*, λυκαυγές *nt*.
twin [twın] *n* δίδυμος ♦ *a* δίδυμος.
twine [twaın] *n* σπάγγος, χοντρή κλωστή ♦ *vi* τυλίγομαι.
twinge [twındʒ] *n* δυνατός πόνος, σουβλιά.
twinkle [ˈtwıŋkl] *n* σπινθηρισμός, σπίθισμα *nt* ♦ *vi* σπινθηροβολώ, σπιθίζω || *(star)* τρεμοσβήνω.
twirl [twɜːl] *n* περιστροφή, στρίψιμο ♦ *vti* περιστρέφω, στρίβω.
twist [twıst] *n* συστροφή, στρίψιμο, στραμπούληγμα *nt* ♦ *vt* συστρέφω, πλέκω, στρίβω || *(distort)* στρεβλώνω, στραβώνω || *(cheat)* εξαπατώ ♦ *vi* συστρέφομαι, στρίβομαι || *(curve)* στρίβω.
twit [twıt] *n (col: fool)* κορόϊδο, βλάκας.
twitch [twıtʃ] *n* σύσπαση, τίναγμα *nt* ♦ *vi* συσπώμαι νευρικά.
two [tuː] *num* δύο, δυο || **~-door** *a (AUT)* με δύο πόρτες || **~-faced** *a (pej: person)* διπρόσωπος || **~fold** *ad* δύο φορές, διπλά ♦ *a* διπλός || **~-piece** *a (suit)* ντεπιές || *(swimsuit)* κοστούμι μπάνιου ντεπιές || **~-seater** *n (plane)* διθέσιο || *(car)* διθέσιο || **~some** *n* ζευγάρι || **~-way** *a (traffic)* διπλής κυκλοφορίας.
tycoon [taıˈkuːn] *n* μεγιστάνας των επιχειρήσεων.
type [taıp] *n* τύπος || *(example)* είδος *nt*, τάξη || *(printing)* χαρακτήρες *mpl*, στοιχεία *ntpl* ♦ *vt* δακτυλογραφώ || **~face** *n* τύπος γραφής || **~script** *n* δακτυλογραφημένο κείμενο || **~writer** *n* γραφομηχανή || **~written** *a* δακτυλογραφημένο.
typhoid [ˈtaıfɔıd] *n* τυφοειδής.
typhoon [taıˈfuːn] *n* τυφώνας.
typhus [ˈtaıfəs] *n* τύφος.
typical [ˈtıpıkəl] *a* τυπικός, χαρακτηριστικός.
typify [ˈtıpıfaı] *vt* αντιπροσωπεύω, συμβολίζω.
typing [ˈtaıpıŋ] *n* δακτυλογράφηση.
typist [ˈtaıpıst] *n* δακτυλογράφος *m/f.*
tyranny [ˈtırənı] *n* τυραννία.
tyrant [ˈtaırənt] *n* τύραννος.
tyre [ˈtaıə*] *n (AUT)* ρόδα, λάστιχο.

U

udder [ˈʌdə*] *n* μαστός, μαστάρι.
UFO [ˈjuːfəʊ] *n (abbr of unidentified flying object)* αντικείμενο αγνώστου ταυτότητας.
ugliness [ˈʌglınıs] *n* ασχήμια.
ugly [ˈʌglı] *a* άσχημος, άσκημος || *(bad)* άσχημος, κακός || *(dangerous)* δυσάρεστος, επικίνδυνος, άσχημος.
UHF *abbr of ultra-high frequency* υπερηψηλή συχνότητα, UHF.
UK *n abbr see* **united.**
ulcer [ˈʌlsə*] *n (in mouth, stomach)* έλκος *nt.*
ulterior [ʌlˈtıərıə*] *a (hidden)* υστερόβουλος, κρυφός.
ultimate [ˈʌltımıt] *a* τελευταίος, τελικός, ύστατος, βασικός || **~ly** *ad* τελικά, βασικά.

ultimatum [ʌltɪ'meɪtəm] *n* τελεσίγραφο.
ultraviolet ['ʌltrə'vaɪəlɪt] *a:* ~ **light** υπεριώδες φώς *nt.*
umbilical [ʌmbɪ'laɪkəl] *a:* ~ **cord** ομφάλιος λώρος, ομφάλιος.
umbrella [ʌm'brɛlə] *n* ομπρέλα.
umpire ['ʌmpaɪə*] *n* διαιτητής ♦ *vti* διαιτητεύω.
umpteen ['ʌmptiːn] *num (col)* ένα σωρό, δεν ξέρω πόσοι.
UN *abbr see* **united.**
unable [ʌn'eɪbl] *a* ανίκανος, μη δυνάμενος.
unaccompanied [ʌnə'kʌmpənɪd] *a (child, lady)* ασυνόδευτος, μόνος.
unaccountably [ʌnə'kaʊntəblɪ] *ad* ανεξήγητα.
unaccustomed [ʌnə'kʌstəmd] *a* ασυνήθιστος || *(+ to)* ασυνήθιστος (σε, να).
unaided [ʌn'eɪdɪd] *a* χωρίς βοήθεια, αβοήθητος.
unanimous [juː'nænɪməs] *a* ομόθυμος, ομόφωνος || ~**ly** *ad* ομόφωνα, παμψηφεί.
unattached [ʌnə'tætʃt] *a (single)* ελεύθερος, εργένης.
unattended [ʌnə'tɛndɪd] *a* χωρίς συνοδεία, παραμελυμένος.
unattractive [ʌnə'træktɪv] *a* μη συμπαθητικός.
unauthorized [ʌn'ɔːθəraɪzd] *a* χωρίς άδεια, μη εξουσιοδοτημένος.
unavoidable [ʌnə'vɔɪdəbl] *a* αναπόφευκτος.
unaware [ʌnə'wɛə*] *a* ανίδεος, αγνοών || ~**s** *ad* ξαφνικά, χωρίς προειδοποίηση.
unbalanced [ʌn'bælənst] *a* μη ισορροπημένος, ανισόρροπος.
unbearable [ʌn'bɛərəbl] *a* ανυπόφορος, αφόρητος.
unbeatable [ʌn'biːtəbl] *a (team)* αήττητος, ακατανίκητος.
unbeaten [ʌn'biːtn] *a (team, record)* αήττητος, αχτύπητο ρεκόρ.
unbeknown [ʌnbɪ'nəʊn] *ad (+ to)* εν αγνοία του.
unbelievable [ʌnbɪ'liːvəbl] *a* απίστευτος.
unbend [ʌn'bɛnd] *vi* ευθυγραμμίζομαι, σιάζω ♦ *vt* χαλαρώνω, ξετεντώνω.
unbounded [ʌn'baʊndɪd] *a* απεριόριστος, απέραντος.
unbreakable [ʌn'breɪkəbl] *a* άθραυστος.
unbridled [ʌn'braɪdld] *a* αχαλίνωτος, ασυγκράτητος.
unbroken [ʌn'brəʊkən] *a (inviolate)* άθραυστος, άσπαστος || *(undisturbed)* απαράβατος, αδιατάρακτος.
unburden [ʌn'bɜːdn] *vt:* **to** ~ **o.s.** ανακουφίζω, ξαλαφρώνω.
unbutton [ʌn'bʌtn] *vt* ξεκουμπώνω.
uncalled-for [ʌn'kɔːldfɔː*] *a* άκαιρος, αδικαιολόγητος.
uncanny [ʌn'kænɪ] *a* παράξενος, αφύσικος, μυστηριώδης.
unceasing [ʌn'siːsɪŋ] *a* ακατάπαυστος.
uncertain [ʌn'sɜːtn] *a* αβέβαιος, αμφίβολος || *(weather etc)* ασταθής || *(vague)* ακαθόριστος || ~**ty** *n* αβεβαιότητα, αμφιβολία, αστάθεια.
unchanged [ʌn'tʃeɪndʒd] *a* αμετάβλητος.
uncharitable [ʌn'tʃærɪtəbl] *a* άσπλαγχνος, αφιλάνθρωπος.
uncharted [ʌn'tʃaːtɪd] *a* ανεξερεύνητος.
unchecked [ʌn'tʃɛkt] *a (unhindered)* ανεμπόδιστος, ασταμάτητος || *(not confirmed)* ανεξέλεγκτος.
uncivil [ʌn'sɪvɪl] *a* αγενής, άξεστος, κακότροπος.
uncle ['ʌŋkl] *n* θείος, μπάρμπας.
uncomfortable [ʌn'kʌmfətəbl] *a* *(uneasy)* ανήσυχος, δυσάρεστος.

unconscious [ʌn'kɒnʃəs] *a* ασυνείδητος || *(not aware)* αναίσθητος ♦ *n:* **the ~** το ασυνείδητο || **~ly** *ad* ασυνείδητα, χωρίς να το καταλάβω.

uncontrollable [ʌnkən'trəʊləbl] *a* αχαλίνωτος, ακατάσχετος, ασυγκράτητος.

uncouth [ʌn'kuːθ] *a* αδέξιος, άξεστος.

uncover [ʌn'kʌvə*] *vt* ξεσκεπάζω || *(expose)* αποκαλύπτω, εκθέτω.

undecided [ʌndɪ'saɪdɪd] *a* αναποφάσιστος || *(pending)* εκκρεμής.

undeniable [ʌndɪ'naɪəbl] *a* αναμφισβήτητος.

under ['ʌndə*] *prep* υπό, κάτω από || *(in time of)* επί, στην εποχή του ♦ *ad* κάτω, από κάτω || **~ age** *a* ανήλικος || **~ repair** υπό επισκευή.

undercarriage ['ʌndəkærɪdʒ] *n,* **undercart** ['ʌndəkɑːt] *n* σύστημα *nt,* προσγειώσεως.

underclothes ['ʌndəkləʊðz] *npl* εσώρουχα *ntpl.*

undercoat ['ʌndəkəʊt] *n (paint)* βασικό χρώμα *nt.*

undercover ['ʌndəkʌvə] *a* μυστικός, κρυφός.

undercurrent ['ʌndəkʌrənt] *n* ρεύμα *nt,* κάτω από την επιφάνεια.

undercut ['ʌndəkʌt] *n (cooking)* φιλέτο κρέατος ♦ *vt* πουλώ φθηνότερα από.

underdeveloped ['ʌndədɪ'vɛləpt] *a (country)* υποανάπτυκτος.

underdog ['ʌndədɒg] *n* ο πιο αδύνατος.

underdone [ʌndə'dʌn] *a (cooking)* μισοψημένος.

underestimate [ʌndər'ɛstɪmeɪt] *vt* υποτιμώ.

underfed [ʌndə'fɛd] *a* υποσιτιζόμενος.

underfoot [ʌndə'fʊt] *ad* κάτω από τα πόδια.

undergo [ʌndə'gəʊ] *vt* υφίσταμαι, παθαίνω.

undergraduate [ʌndə'grædjʊɪt] *n* φοιτητής/τήτρια *m/f.*

underground ['ʌndəgraʊnd] *n* υπόγειος σιδηρόδρομος ♦ *a (press etc)* μυστικός, κρυφός || *(movement)* της αντιστάσεως.

undergrowth ['ʌndəgrəʊθ] *n* θάμνοι *mpl,* χαμόκλαδα.

underhand ['ʌndəhænd] *a* πανούργος, ύπουλος.

underlie [ʌndə'laɪ] *vt* υπόκειμαι, είμαι η βάση.

underline [ʌndə'laɪn] *vt* υπογραμμίζω || *(draw attention to)* υπογραμμίζω, τονίζω.

underling ['ʌndəlɪŋ] *n* υφιστάμενος, παραγιός, υποτακτικός.

undermine [ʌndə'maɪn] *vt* υπονομεύω, υποσκάβω.

underneath [ʌndə'niːθ] *ad* κάτω από, από κάτω ♦ *prep* κάτω από, υπό.

underpaid [ʌndə'peɪd] *a* κακοπληρωμένος.

underpass ['ʌndəpɑːs] *n* υπόγεια διάβαση.

underprivileged [ʌndə'prɪvɪlɪdʒd] *a* με μειωμένα προνόμια, αδικημένος.

underrate [ʌndə'reɪt] *vt* υποτιμώ.

underside ['ʌndəsaɪd] *n* κάτω πλευρά, το αποκάτω.

underskirt ['ʌndəskɜːt] *n* κομπιναιζόν *nt inv,* μεσοφόρι.

understand [ʌndə'stænd] *vt* αντιλαμβάνομαι || *(know)* γνωρίζω, καταλαβαίνω || *(hear, believe)* μαθαίνω, πιστεύω, νομίζω || *(GRAM)* υπονοώ || **~able** *a* (κατα) νοητός, καταληπτός, ευνόητος || **~ing**

συνενόηση, κατανόηση || *(agreement)* συμφωνία.
understatement ['ʌndəsteɪtmənt] *n* δήλωση κάτω από την πραγματικότητα.
understudy ['ʌndəstʌdɪ] *n* αντικαταστάτης/τρια *m/f.*
undertake [ʌndə'teɪk] *vt* αναλαμβάνω || **~r** *n* εργολάβος κηδειών.
undertaking [ʌndə'teɪkɪŋ] *n* επιχείρηση || *(promise)* δέσμευση, υποχρέωση.
underwater [ʌndə'wɔːtə*] *ad* υποβρυχίως ♦ *a* υποβρύχιος.
underwear ['ʌndəwɛə*] *n* εσώρουχα *ntpl.*
underweight [ʌndə'weɪt] *a* λιποβαρής, αδύνατος.
underworld ['ʌndəwɜːld] *n (of crime)* υπόκοσμος.
underwriter ['ʌndəraɪtə*] *n (insurance)* ασφαλιστής.
undesirable [ʌndɪ'zaɪərəbl] *a* ανεπιθύμητος.
undies ['ʌndɪz] *npl (col)* εσώρουχα (γυναικεία).
undisputed [ʌndɪs'pjuːtɪd] *a* αδιαφιλονίκητος, αδιαμφισβήτητος.
undo [ʌn'duː] *vt* λύνω, ξεκουμπώνω, ανοίγω || *(work)* καταστρέφω, χαλώ || **~ing** *n* καταστροφή, αφανισμός.
undoubted [ʌn'dautɪd] *a* αναμφισβήτητος, αναμφίβολος || **~ly** *ad* αναμφισβήτητα.
undress [ʌn'drɛs] *vti* γδύνομαι, γδύνω.
undue [ʌn'djuː] *a* υπερβολικός, αδικαιολόγητος.
undulating ['ʌndjuleɪtɪŋ] *a* κυμαινόμενος, ταλαντευόμενος.
unduly [ʌn'djuːlɪ] *ad* υπερβολικά, άπρεπα.
unearth [ʌn'ɜːθ] *vt* ξεθάβω, ανακαλύπτω || **~ly** *a* υπερφυσικός, απόκοσμος.
uneasy [ʌn'iːzɪ] *a* ανήσυχος, στενοχωρημένος.
uneconomic(al) ['ʌniːkə'nɒmɪ(əl)] *a* ανοικονομικός, σπάταλος, ασύμφορος.
uneducated [ʌn'ɛdjukeɪtɪd] *a* ασπούδαστος, αμόρφωτος.
unemployed [ʌnɪm'plɔɪd] *a* άνεργος, αχρησιμοποίητος || *npl:* **the ~** οι άνεργοι.
unemployment [ʌnɪm'plɔɪmənt] *n* ανεργία.
unending [ʌn'ɛndɪŋ] *a* ατελείωτος.
unerring [ʌn'ɜːrɪŋ] *a* αλάνθαστος, ακριβής.
uneven [ʌn'iːvən] *a (surface)* ανώμαλος || *(quality)* άνισος, ακανόνιστος.
unfair [ʌn'fɛə*] *a (unkind, unreasonable)* άδικος || **~ly** *ad* άδικα, άτιμα.
unfaithful [ʌn'feɪθful] *a (to spouse)* άπιστος.
unfasten [ʌn'fɑːsn] *vt* λύνω || *(clothes)* ξεκουμπώνω || *(open)* ξεκλειδώνω.
unfavourable, *(US)* **unfavorable** [ʌn'feɪvərəbl] *a* δυσμενής, δυσοίωνος.
unfeeling [ʌn'fiːlɪŋ] *a* σκληρόκαρδος, αναίσθητος.
unfinished [ʌn'fɪnɪʃt] *a* ατέλειωτος, ασυμπλήρωτος.
unfit [ʌn'fɪt] *a (in health)* ανίκανος, αδιάθετος || *(+ for)* ακατάλληλος (για).
unflagging [ʌn'flægɪŋ] *a* ακλόνητος, ακατάπαυστος, αλύγιστος.
unfold [ʌn'fəuld] *vt* ξεδιπλώνω, ξετυλίγω, απλώνω || *(reveal)* αποκαλύπτω || *(develop)* αναπτύσσω | *(explain)* εξηγώ ♦ *vi (develop)* αναπτύσσομαι, εκτυλίσσομαι.
unforeseen ['ʌnfɔː'siːn] *a* απρόβλεπτος, απροσδόκητος.

unforgivable [ʌnfə'gɪvəbl] *a* ασυγχώρητος.
unfortunate [ʌn'fɔːtʃnɪt] *a* άτυχος, κακότυχος || **~ly** *ad* δυστυχώς.
unfounded [ʌn'faʊndɪd] *a (rumour)* αβάσιμος.
unfriendly [ʌn'frɛndlɪ] *a* δυσμενής, εχθρικός.
unfurnished [ʌn'fɜːnɪʃt] *a (flat)* χωρίς έπιπλα.
ungainly [ʌn'geɪnlɪ] *a* αδέξιος.
unhappiness [ʌn'hæpɪnɪs] *n* δυστυχία, στενοχώρια.
unhappy [ʌn'hæpɪ] *a* δυστυχισμένος, στενοχωρημένος.
unharmed [ʌn'hɑːmd] *a* σώος, αβλαβής, απείραχτος.
unhealthy [ʌn'hɛlθɪ] *a (lit)* ανθυγιεινός, αρρωστιάρης || *(fig)* νοσηρός.
unheard-off [ʌn'hɜːdɒv] *a* πρωτάκουστος, ανήκουστος.
unhurt [ʌn'hɜːt] *a* χωρίς τραύμα, σώος και αβλαβής.
unidentified [ʌnaɪ'dɛntɪfaɪd] *a* μη αναγνωρισθείς, άγνωστος.
uniform ['juːnɪfɔːm] *n* στολή ♦ *a* ομοιόμορφος, ίδιος || **~ity** *n* ομοιομορφία.
unify ['juːnɪfaɪ] *vt* ενοποιώ.
unilateral [juːnɪ'lætərəl] *a* μονόπλευρος.
unintentional [ʌnɪn'tɛnʃənl] *a* ακούσιος, αθέλητος.
union ['juːnjən] *n* ένωση || *(alliance)* ένωση || *(agreement)* συμφωνία || *(of workers)* εργατικό σωματείο, συνδικάτο || **U~ Jack** *n* Αγγλική σημαία.
unique [juː'niːk] *a* μοναδικός, ιδιόρρυθμος, ασυνήθιστος.
unison ['juːnɪsn] *n*: **in ~** ομόφωνα, από κοινού || *(MUS)* αρμονία, μονοφωνία, ομοηχία.
unit ['juːnɪt] *n* μονάδα || *(team, squad)* ομάδα, συγκρότημα *nt*.
unite [juː'naɪt] *vt* ενώνω ♦ *vi* ενώνομαι (με) || **~d** *a* ενωμένος, συνδυασμένος || **U~d Kingdom (UK)** *n* Ηνωμένο Βασίλειο (Η.Β) || **U~d Nations (UN)** *npl* Ηνωμένα 'Εθνη (Ο.Η.Ε.) *m* || **U~d States (of America) (US, USA)** *npl* Ηνωμένες Πολιτείες (Αμερικής) (Η.Π.Α.) *fpl*.
unity ['juːnɪtɪ] *n* ενότητα, αρμονία, σύμπνοια, μονάδα.
universal [juːnɪ'vɜːsəl] *a* οικουμένικός, καθολικός || *(general)* γενικός || *(of the world)* παγκόσμιος.
universe ['juːnɪvɜːs] *n* σύμπαν *nt*, οικουμένη.
university [juːnɪ'vɜːsɪtɪ] *n* πανεπιστήμιο.
unjust [ʌn'dʒʌst] *a* άδικος.
unkempt [ʌn'kɛmpt] *a* ατημέλητος, ακτένιστος.
unkind [ʌn'kaɪnd] *a* αγενής, άστοργος, σκληρός.
unknown [ʌn'nəʊn] *a (+ to)* άγνωστος (σε), αγνοούμενος από.
unladen [ʌn'leɪdn] *a (col: weight)* χωρίς φορτίο, κενός.
unleash [ʌn'liːʃ] *vt* λύνω, ελευθερώνω.
unless [ən'lɛs] *cj* εκτός εάν, εκτός αν.
unlike [ʌn'laɪk] *a* ανόμοιος, διαφορετικός από.
unlimited [ʌn'lɪmɪtɪd] *a* απεριόριστος.
unload [ʌn'ləʊd] *vt* εκφορτώνω, ξεφορτώνω.
unlock [ʌn'lɒk] *vt* ξεκλειδώνω.
unmarried [ʌn'mærɪd] *a* άγαμος.
unmask [ʌn'mɑːsk] *vt (expose)* αποκαλύπτω || αφαιρώ προσωπείο από.
unmistakable [ʌnmɪs'teɪkəbl] *a* αλάθητος, ολοφάνερος, σαφής.
unmitigated [ʌn'mɪtɪgeɪtɪd] *a* αμετρίαστος, απόλυτος.

unnecessary [ʌn'nɛsɪsərɪ] *a* περιττός, άσκοπος, μάταιος.
unobtainable [ʌnəb'teɪnəbl] *a* ανεπίτευκτος.
unoccupied [ʌn'ɒkjupaɪd] *a (seat etc)* ελεύθερος, διαθέσιμος.
unorthodox [ʌn'ɔːθədɒks] *a* ανορθόδοξος.
unpack [ʌn'pæk] *vti* ξεπακετάρω, βγάζω από βαλίτσες.
unparalleled [ʌn'pærəlɛld] *a* απαράμιλλος.
unpleasant [ʌn'plɛznt] *a* δυσάρεστος.
unplug [ʌn'plʌg] *vt* ξεβουλώνω || *(ELEC)* βγάζω την πρίζα.
unpopular [ʌn'pɒpjulə*] *a* αντιδημοτικός.
unprecedented [ʌn'prɛsɪdəntɪd] *a* χωρίς προηγούμενο.
unqualified [ʌn'kwɒlɪfaɪd] *a* αναρμόδιος, ακατάλληλος || *(success)* αμετρίαστος, απόλυτος.
unravel [ʌn'rævəl] *vt* ξεφτώ, ξηλώνω, ξετυλίγω || *(clarify)* διευκρινίζω || *(solve)* λύνω, διαλύω.
unreal [ʌn'rɪəl] *a* απατηλός, φανταστικός.
unreasonable [ʌn'riːznəbl] *a (unfair)* παράλογος.
unrelenting [ʌnrɪ'lɛntɪŋ] *a* αδυσώπητος, ανελέητος.
unrelieved [ʌnrɪ'liːvd] *a (monotony)* χωρίς ποικιλία, μονότονος.
unrepeatable [ʌnrɪ'piːtəbl] *a (offer)* που δεν επαναλαμβάνεται.
unrest [ʌn'rɛst] *n (discontent, trouble)* ανησυχία, ταραχή.
unroll [ʌn'rəul] *vt* ξετυλίγω.
unruly [ʌn'ruːlɪ] *a* ανυπότακτος, ατίθασος, άτακτος.
unsafe [ʌn'seɪf] *a* επικίνδυνος, ανασφαλής.
unsaid [ʌn'sɛd] *a*: **to leave sth ~** αποσιωπώ κάτι.
unsatisfactory ['ʌnsætɪs'fæktərɪ] *a* μη ικανοποιητικός, ανεπαρκής.
unsavoury, *(US)* **unsavory** [ʌn'seɪvərɪ] *a (of bad character)* ύποπτος, σκοτεινός.
unscrew [ʌn'skruː] *vt* ξεβιδώνω.
unscrupulous [ʌn'skruːpjuləs] *a* ασυνείδητος, ανενδοίαστος.
unsettled [ʌn'sɛtld] *a* ανήσυχος, αβέβαιος || *(weather)* ευμετάβλητος, αβέβαιος.
unshaven [ʌn'ʃeɪvn] *a* αξύριστος.
unsightly [ʌn'saɪtlɪ] *a* άσχημος, δύσμορφος.
unskilled [ʌn'skɪld] *a (workman)* ανειδίκευτος.
unspeakable [ʌn'spiːkəbl] *a* απερίγραπτος, ανείπωτος, ανέκφραστος || *(very bad)* αποκρουστικός, αηδιαστικός, σιχαμερός.
unstuck [ʌn'stʌk] *a*: **to come ~** ξεκολλώ || *(lit)* ξεκολλώ, ξεκολλιέμαι || *(fig)* καταρρέω, γκρεμίζομαι.
unsuitable [ʌn'suːtəbl] *a* ακατάλληλος.
unsuspecting [ʌnsəs'pɛktɪŋ] *a* ανυποψίαστος.
unswerving [ʌn'swɜːvɪŋ] *a (loyalty)* σταθερός, πιστός.
untangle [ʌn'tæŋgl] *vt* ξεχωρίζω, ξεμπλέκω.
untapped [ʌn'tæpt] *a (resources)* ανεκμετάλλευτος.
unthinkable [ʌn'θɪŋkəbl] *a* ασύλληπτος, πολύ απίθανος.
untidy [ʌn'taɪdɪ] *a* ακατάστατος.
untie [ʌn'taɪ] *vt* λύνω.
until [ən'tɪl] *prep* μέχρι, έως || *cj* μέχρις ότου, έως ότου.
untimely [ʌn'taɪmlɪ] *a (death)* πρόωρος.
untold [ʌn'təuld] *a (countless)* αμέτρητος, ανυπολόγιστος.
untoward [ʌntə'wɔːd] *a* δυσάρεστος, δυσμενής.

unused [ʌn'juːzd] *a* αμεταχείριστος.
unusual [ʌn'juːʒuəl] *a* ασυνήθιστος, σπάνιος || ~**ly** *ad* εξαιρετικά, αφάνταστα, ασυνήθιστα.
unveil [ʌn'veɪl] *vt* αποκαλύπτω, ξεσκεπάζω.
unwell [ʌn'wɛl] *a* αδιάθετος, άρρωστος.
unwieldy [ʌn'wiːldɪ] *a* δυσκίνητος, βαρύς, αδέξιος.
unwilling [ʌn'wɪlɪŋ] *a* απρόθυμος, ακούσιος.
unwind [ʌn'waɪnd] *vt (lit)* ξετυλίγω, ξεκουρδίζω ♦ *vi (relax)* χαλαρώνομαι.
unwitting [ʌn'wɪtɪŋ] *a* χωρίς πρόθεση, ακούσιος.
unwrap [ʌn'ræp] *vt* ξετυλίγω.
unwritten [ʌn'rɪtn] *a (law)* άγραφος, προφορικός.
up [ʌp] *prep* προς τα πάνω, αντίθετα με το ρεύμα ♦ *ad* επάνω, άνω, τελείως || **it is ~ to you** εξαρτάται από σένα || **what is he ~ to?** τι επιδιώκει; τι θέλει; || **he is not ~ to it** δεν έχει την ικανότητα (να) || **~-and-coming** *a* εξαιρετικά δραστήριος, ανερχόμενος ♦ *n*: **~s and downs** διακυμάνσεις *fpl*, μεταβολές *fpl* της τύχης.
upbringing ['ʌpbrɪŋɪŋ] *n* ανατροφή.
update [ʌp'deɪt] *vt* ενημερώνω, εκσυγχρονίζω.
upheaval [ʌp'hiːvəl] *n (violent disturbance)* αναστάτωση, αναταραχή.
uphill [ʌp'hɪl] *a* ανηφορικός ♦ *ad* προς τα άνω.
uphold [ʌp'həʊld] *vt (maintain)* υποστηρίζω.
upholstery [ʌp'həʊlstərɪ] *n* ταπετσαρία.
upkeep ['ʌpkiːp] *n* συντήρηση, έξοδα *ntpl* συντηρήσεως.
upon [ə'pɒn] *prep* πάνω, σε.
upper ['ʌpə*] *a* ανώτερος, άνω, από πάνω || **the ~ class** *n* η ανωτέρα τάξη, η καλή κοινωνία || **~-class** *a* της ανωτέρας τάξεως || **~most** *a* υπέρτατος, ανώτατος.
upright ['ʌpraɪt] *a* όρθιος, κατακόρυφος, κάθετος || *(honest)* ευθύς, δίκαιος, τίμιος ♦ *n* ορθοστάτης.
uprising [ʌp'raɪzɪŋ] *n* εξέγερση, ξεσήκωμα *nt*.
uproar ['ʌprɔː*] *n* θόρυβος, φασαρία, αναστάτωση.
uproot [ʌp'ruːt] *vt* ξεριζώνω.
upset ['ʌpsɛt] *n* αναστάτωση, ανατροπή, αναποδογύρισμα *nt* ♦ [ʌp'sɛt] *vt (overturn)* ανατρέπω, αναποδογυρίζω || *(distress)* ταράσσω, αναστατώνω.
upshot ['ʌpʃɒt] *n* αποτέλεσμα *nt*, έκβαση, κατάληξη.
upside ['ʌpsaɪd]: **~ down** *ad* άνω-κάτω, ανάποδα, φύρδην-μύγδην.
upstairs ['ʌp'stɛəz] *ad* στο επάνω πάτωμα *nt* ♦ *a (room)* επάνω, του άνω ορόφου ♦ *n* επάνω.
upstart ['ʌpstɑːt] *n* νεόπλουτος, αναιδής άνθρωπος.
upstream [ʌp'striːm] *ad* αντίθετα με το ρεύμα.
uptake ['ʌpteɪk] *n* αντίληψη || **to be quick, (slow) on the ~** (δέν) παίρνω, (δέν) αρπάζω.
up-to-date ['ʌptə'deɪt] *a* σύγχρονος, μοντέρνος || *(fashionable)* της μόδας.
upturn ['ʌptɜːn] *n (in luck)* βελτίωση, άνοδος *f*.
upward ['ʌpwəd] *a* προς τα άνω || **~(s)** *ad* προς τα άνω.
uranium [juə'reɪnɪəm] *n* ουράνιο.
urban ['ɜːbən] *a* αστικός.
urbane [ɜː'beɪn] *a* ευγενικός, αβρός, ραφιναρισμένος.

urchin [ˈɜːtʃɪn] *n (boy)* αλητάκι || **sea ~** αχινός.
urge [ɜːdʒ] *n (desire)* επίμονη επιθυμία, ώθηση ♦ *vt (entreat)* παροτρύνω.
urgency [ˈɜːdʒənsɪ] *n* επείγουσα ανάγκη, επιμονή, πίεση.
urgent [ˈɜːdʒənt] *a* επείγων, πιεστικός, άμεσος || **~ly** *ad* επειγόντως.
urinal [ˈjuərɪnl] *n* ουρητήριο.
urine [ˈjuərɪn] *n* ούρα *ntpl.*
urn [ɜːn] *n* υδρία, δοχείο, αγγείο || *(teapot)* σαμοβάρι.
us [ʌs] *pron* εμάς, μας.
US, USA *n abbr see* **united.**
usage [ˈjuːzɪdʒ] *n* μεταχείρηση, έθιμο, συνήθειο || *(esp* LING*)* χρήση.
use [juːs] *n* χρήση || *(custom)* συνήθεια, έθιμο || *(employment)* χρήση, χρησιμοποίηση || *(value)* χρησιμότητα ♦ [juːz] *vt* χρησιμοποιώ, μεταχειρίζομαι || *(make most of)* χρησιμεύω || **in ~** εν χρήσει || **out of ~** εν αχρηστία || **~d to** συνηθίζω να || **she ~d to do it** συνήθιζε να το κάνει || **to ~ up** *vt* καταναλίσκω, εξαντλώ || **~d** *a (car)* μεταχειρισμένος, δεύτερο χέρι || **~ful** *a* χρήσιμος || **~less** *a* άχρηστος || **~r** *n* χρήστης.
usher [ˈʌʃə*] *n (at wedding)* παράνυμφος || **~ette** *n (at cinema)* ταξιθέτρια.
USSR *n*: **the ~** Ε.Σ.Σ.Δ (ˈΕνωση Σοσιαλιστικών Σοβιετικών Δημοκρατιών).
usual [ˈjuːʒuəl] *a* συνηθισμένος || **~ly** *ad* συνήθως.
usurp [juːˈzɜːp] *vt* σφετερίζομαι, αρπάζω.
utensil [juːˈtɛnsl] *n* σκεύος *nt,* εργαλείο.
uterus [ˈjuːtərəs] *n* μήτρα.
utilitarian [juːtɪlɪˈtɛərɪən] *a* κοινωφελής, ωφελιμιστικός.
utility [juːˈtɪlɪtɪ] *n* χρησιμότητα, ευχρηστία || *(useful thing)* χρήσιμο πράγμα *nt* || *(also public utility: electricity supply industry)* δημοσία υπηρεσία, κοινωφελής επιχείρηση.
utilize [ˈjuːtɪlaɪz] *vt* χρησιμοποιώ, εκμεταλλεύομαι.
utmost [ˈʌtməust] *a* ακρότατος, απότατος, έσχατος || *n*: **to do one's ~** κάνω ότι μπορώ.
utter [ˈʌtə*] *a* πλήρης, ολοσχερής ♦ *vt* αρθρώνω, εκστομίζω, προφέρω, λέω || **~ly** *ad* τελείως, εξ ολοκλήρου.
U-turn [ˈjuːˈtɜːn] *n (*AUT*)* στροφή 180 μοιρών.

V

v. *(abbr of verse)* ποιητ. (ποιητικός) || *abbr of* **versus** || *(abbr of vide)* βλ (βλέπετε) || *abbr of* **volt.**
vacancy [ˈveɪkənsɪ] *n* κενό, κενή θέση || *(room)* δωμάτιο.
vacant [ˈveɪkənt] *a* κενός || *(not occupied)* άδειος, ελεύθερος || *(stupid)* αφηρημένος, ανέκφραστος || **'~'** *(on door)* 'δωμάτια'.
vacate [vəˈkeɪt] *vt* εκκενώνω, αδειάζω, εγκαταλείπω.
vacation [vəˈkeɪʃən] *n* διακοπή, αργία.
vaccinate [ˈvæksɪneɪt] *vt* εμβολιάζω, μπολιάζω.
vaccination [væksɪˈneɪʃən] *n* εμβολιασμός, μπόλιασμα *nt.*
vaccine [ˈvæksiːn] *n* εμβόλιο, βατσίνα.
vacuum [ˈvækjum] *n* κενό || **~ bottle** *n (US)* φιάλη κενού, θερμός *n* || **~ cleaner** *n* ηλεκτρική σκούπα || **~ flask** *n (Brit)* φιάλη κενού, θερμός *nt.*
vagina [vəˈdʒaɪnə] *n* κόλπος (γυναίκας).

vagrant ['veɪgrənt] *n* περιπλανώμενος, αλήτης.
vague [veɪg] *a* ασαφής, αμυδρός, ακαθόριστος || **~ly** *ad* αόριστα, ασαφώς.
vain [veɪn] *a* μάταιος, άκαρπος || *(conceited)* ματαιόδοξος || **in ~** μάταια.
vale [veɪl] *n* κοιλάδα, λαγκαδιά.
valid ['vælɪd] *a* έγκυρος, βάσιμος, νόμιμος, λογικός || **~ity** *n* εγκυρότητα, ισχύς *f.*
valise [və'liːz] *n (suitcase)* βαλίτσα.
valley ['vælɪ] *n* κοιλάδα, λαγκάδι.
valuable ['væljuəbl] *a* πολύτιμος || **~s** *npl* αντικείμενα αξίας *ntpl.*
valuation [vælju'eɪʃən] *n* εκτίμηση, αξία.
value ['væljuː] *n* αξία, τιμή, σημασία, έννοια ♦ *vt* εκτιμώ || **~ added tax (VAT)** *n* Φόρος Προστιθέμενης Αξίας (Φ.Π.Α.) *m* || **~d** *a (appreciated)* εκτιμώμενος.
valve [vælv] *n* βαλβίδα, δικλείδα, λυχνία.
vampire ['væmpaɪə*] *n* βρυκόλακας.
van [væn] *n* φορτηγό, σκευοφόρος.
vandal ['vændəl] *n* βάνδαλος || **~ism** *n* βανδαλισμός.
vanilla [və'nɪlə] *n* βανίλια ♦ *attr a (ice cream)* παγωτό.
vanish ['vænɪʃ] *vi* εξαφανίζομαι, χάνομαι.
vanity ['vænɪtɪ] *n* ματαιοδοξία, εγωισμός || **~ case** *n* γυναικείο τσαντάκι.
vantage ['vaːntɪdʒ] *n*: **~ point** *(good viewpoint)* πλεονεκτική θέση.
vapour, *(US)* **vapor** ['veɪpə*] *n* αχνός, πάχνη || *(gas)* ατμός, υδρατμός.
variable ['vɛərɪəbl] *a* μεταβλητός, ευμετάβλητος.
variance ['vɛərɪəns] *n*: **at ~** σε διάσταση, σε διαφωνία.
variation [vɛərɪ'eɪʃən] *n* παραλλαγή, παρέκκλιση, μεταβολή.
varicose ['værɪkəʊs] *a*: **~ veins** κιρσώδες φλέβες *fpl.*
varied ['vɛərɪd] *a* διάφορος, ποικίλος, μεταβαλλόμενος.
variety [və'raɪətɪ] *n* ποικιλία, διαφορά || *(varied collection)* ποικιλία, πολλά και διάφορα || *(kind)* ποικιλία || **~ show** *n (THEAT)* επιθεώρηση.
various ['vɛərɪəs] *a* ποικίλος, διάφορος.
varnish ['vaːnɪʃ] *n* βερνίκι, στιλβωμένη επιφάνεια ♦ *vt* βερνικώνω, στιλβώνω.
vary ['vɛərɪ] *vt* διαφοροποιώ, ποικίλω ♦ *vi* αλλάζω, μεταβάλλομαι, διαφέρω || **~ing** *a* μεταβαλλόμενος, μεταβλητός, ποικίλος.
vase [vaːz] *n* βάζο, αγγείο.
vast [vaːst] *a* πελώριος, εκτεταμένος, απέραντος.
vat [væt] *n* κάδος, βούτα, δεξαμενή.
VAT [væt] *n abbr see* **value.**
Vatican ['vætɪkən] *n*: **the ~** το Βατικανό.
vault [vɔːlt] *n* θόλος, καμάρα || *(cellar)* υπόγειο || *(tomb)* θολωτός τάφος || *(leap)* πήδημα *nt*, άλμα *nt* ♦ *vt* πηδώ, κάνω άλμα επί κοντώ.
VD *n abbr see* **venereal.**
VDU *n abbr see* **visual.**
veal [viːl] *n* μοσχάρι.
veer [vɪə*] *vi* στρέφω, αλλάζω κατεύθυνση, γυρίζω.
vegetable ['vɛdʒɪtəbl] *n* φυτό, λαχανικό, χορταρικό.
vegetarian [vɛdʒɪ'tɛərɪən] *a, n (people)* χορτοφάγος || *(animal)* φυτοφάγος.
vegetate ['vɛdʒɪteɪt] *vi* φυτοζωώ.
vegetation [vɛdʒɪ'teɪʃən] *n* βλάστηση.
vehement ['viːɪmənt] *a* βίαιος, ορμητικός.
vehicle ['viːɪkl] *n* όχημα *nt*, αμάξι.

veil [veɪl] *n* πέπλος, βέλο || *(fig)* κάλυμμα *nt* ♦ *vt* καλύπτω, κρύβω.
vein [veɪn] *n* φλέβα || *(of ore)* φλέβα, στρώμα *nt* || *(streak)* διάθεση, ταλέντο || *(mood)* πνεύμα *nt*, διάθεση, κέφι.
velocity [vɪ'lɒsɪtɪ] *n* ταχύτητα.
velvet ['vɛlvɪt] *n* βελούδο.
vendetta [vɛn'dɛtə] *n* βεντέτα, εκδίκηση.
vending machine ['vɛndɪŋməʃiːn] *n* μηχάνημα *nt* πωλήσεως.
vendor ['vɛndɔː*] *n* πωλητής.
veneer [və'nɪə*] *n (lit)* καπλαμάς, επίστρωση, επένδυση || *(fig)* επίχρισμα *nt*, επίστρωμα *nt* || *(lustre)* λούστρο.
venerable ['vɛnərəbl] *a* αξιοσέβαστος, σεβάσμιος.
venereal [vɪ'nɪərɪəl] *a (disease)* αφροδίσιος || ~ **disease (VD)** *n* αφροδίσιο νόσημα.
venetian [vɪ'niːʃən] *a*: ~ **blind** παντζούρι.
vengeance ['vɛndʒəns] *n* εκδίκηση.
venison ['vɛnɪsn] *n* κρέας *nt* ελαφιού.
venom ['vɛnəm] *n* δηλητήριο, φαρμάκι || ~**ous** *a* φαρμακερός.
vent [vɛnt] *n* τρύπα εξαερισμού, διέξοδος *f*, άνοιγμα *nt* ♦ *vt* ξεσπώ, ξεθυμαίνω.
ventilate ['vɛntɪleɪt] *vt* αερίζω.
ventilation [vɛntɪ'leiʃən] *n* (εξ)αερισμός.
ventilator ['vɛntɪleɪtə*] *n* εξαεριστήρας, ανεμιστήρας.
ventriloquist [vɛn'trɪləkwɪst] *n* εγγαστρίμυθος.
venture ['vɛntʃə*] *n* τόλμημα *nt*, εγχείρημα *nt* || *(COMM)* επιχείρηση ♦ *vt* ριψοκινδυνεύω, ρισκάρω ♦ *vi* αποτολμώ, τολμώ.
venue ['vɛnjuː] *n* τόπος συναντήσεως, τόπος δίκης.
veranda(h) [və'rændə] *n* βεράντα.
verb [vɜːb] *n* ρήμα *nt* || ~**al** *a* λεκτικός, προφορικός.
verbose [vɜː'bəʊs] *a* πολύλογος, μακροσκελής.
verdict ['vɜːdɪkt] *n* κρίση, γνώμη || *(of jury)* ετυμηγορία, απόφαση.
verge [vɜːdʒ] *n (of road)* άκρη (του δρόμου) || **on the ~ of doing** έτοιμος να ♦ *vi*: **to ~ on** πλησιάζω, τείνω προς.
verger ['vɜːdʒə*] *n* νεωκόρος.
verify ['vɛrɪfaɪ] *vt* επιβεβαιώνω, αποδεικνύω.
vermin ['vɜːmɪn] *npl* βλαβερά ζωύφια *ntpl*.
vermouth ['vɜːməθ] *n* βερμούτ *nt inv*.
vernacular [və'nækjulə*] *n* τοπική διάλεκτος *f*, κοινή γλώσσα.
versatile ['vɜːsətaɪl] *a* πολύπλευρος, εύστροφος.
verse [vɜːs] *n* ποίηση, ποιήματα *ntpl* || *(line)* στίχος || *(of poem, song)* στροφή || *(of Bible)* εδάφιο || ~**d** *a (+ in)* μυημένος, πεπειραμένος, μορφωμένος.
version ['vɜːʃən] *n (account)* έκδοση, ερμηνεία.
versus ['vɜːsəs] *prep* κατά, εναντίον.
vertebra ['vɜːtɪbrə] *n* σπόνδυλος, ραχοκόκκαλο.
vertebrate ['vɜːtɪbrɪt] *a* σπονδυλωτός.
vertical ['vɜːtɪkəl] *a* κάθετος, κατακόρυφος.
vertigo ['vɜːtɪgəʊ] *n* ίλιγγος, ζάλη.
very ['vɛrɪ] *ad* πολύ || *(precisely)* ακριβώς ♦ *a (identical)* ίδιος || *(mere)* και μόνο.
vespers ['vɛspəz] *npl* εσπερινός.
vessel ['vɛsl] *n* πλοίο, σκάφος *nt* || *(container)* αγγείο, σκεύος *nt*.
vest [vɛst] *n* φανελάκι || *(US: waistcoat)* γιλέκο ♦ *vt* περιβάλλω,

παραχωρώ, παρέχω || **~ed** *a (interest)* κεκτημένος.

vestibule [ˈvɛstɪbjuːl] *n (of house)* προθάλαμος, χώλ *nt inv.*

vestige [ˈvɛstɪdʒ] *n* υπόλειμμα *nt*, ίχνος *nt.*

vestry [ˈvɛstrɪ] *n* ιεροφυλάκειο, σκευοφυλάκιο, βεστιάριο.

vet [vɛt] *n (abbr of veterinary surgeon)* κτηνίατρος ♦ *vt* εξετάζω.

veteran [ˈvɛtərən] *n* παλαίμαχος, βετεράνος ♦ *a* του παλαιμάχου, πεπειραμένος.

veterinary [ˈvɛtərɪnərɪ] *a* κτηνιατρικός || **~ surgeon** *n* κτηνίατρος.

veto [ˈviːtəʊ] *n* δικαίωμα *nt* αρνησικυρίας, βέτο || *(prohibition)* απαγόρευση ♦ *vt* προβάλλω βέτο (σε).

vex [vɛks] *vt* ενοχλώ, ερεθίζω, ταράσσω || **~ed** *a* θυμωμένος, πειραγμένος.

VHF *n (abbr of very high frequency)* πολύ υψηλή συχνότητα (Λ.Υ.Σ.).

via [ˈvaɪə] *prep* μέσω, διά μέσου.

viable [ˈvaɪəbl] *a* βιώσιμος.

viaduct [ˈvaɪədʌkt] *n* οδογέφυρα, αψιδωτή γέφυρα.

vibrate [vaɪˈbreɪt] *vi* πάλλομαι, δονούμαι, ταλαντεύομαι || *(resound)* ηχώ.

vibration [vaɪˈbreɪʃən] *n* ταλάντευση, δόνηση, κούνημα *nt.*

vicar [ˈvɪkə*] *n* εφημέριος || **~age** *n* πρεσβυτέριο, οικία εφημερίου.

vice [vaɪs] *n (evil)* εκφυλισμός, ακολασία, αμάρτημα *nt* || *(TECH)* μέγγενη.

vice- [vaɪs] *prefix* αντί-, υπό || **~chairman** *n* αντιπρόεδρος.

vice versa [ˈvaɪsɪˈvɜːsə] *ad* αντίστροφα.

vicinity [vɪˈsɪnɪtɪ] *n* γειτονιά, εγγύτητα, περιοχή.

vicious [ˈvɪʃəs] *a (also cruel)* κακός, κακοήθης.

victim [ˈvɪktɪm] *n* θύμα *nt* || **~ization** *n* καταπίεση, αντίποινα *ntpl* || **~ize** *vt* κατατρέχω, μεταχειρίζομαι σαν θύμα.

victor [ˈvɪktə*] *n* νικητής/ήτρια *m/f.*

Victorian [vɪkˈtɔːrɪən] *a* βικτωριανός.

victorious [vɪkˈtɔːrɪəs] *a* νικηφόρος, θριαμβευτής.

victory [ˈvɪktərɪ] *n* νίκη.

video [ˈvɪdɪəʊ] *n* βίντεο.

vie [vaɪ] *vi (compete) (+ with)* αμιλλώμαι, ανταγωνίζομαι.

view [vjuː] *n* όψη, ματιά, βλέμμα *nt* || *(scene)* θέα, προοπτική, όψη || *(opinion)* άποψη, έκθεση || *(intention)* πρόθεση, βλέψη, σκοπός ♦ *vt (situation)* κυττάζω, επιθεωρώ, εξετάζω || **~er** *n (viewfinder)* σκόπευτρο || *(PHOT: small projector)* μικρό μηχάνημα *nt* προβολής || *(TV)* θεατής || **~finder** *n* σκόπευτρο, εικονοσκόπιο || **~point** *n* σημείο με καλή θέα || *(attitude)* άποψη.

vigil [ˈvɪdʒɪl] *n* αγρυπνία, ξενύχτι, ολονυχτία || **~ant** *a* άγρυπνος, προσεκτικός.

vigor [ˈvɪgə*] *n (US)* = **vigour.**

vigorous [ˈvɪgərəs] *a* ρωμαλέος, σθεναρός, ζωηρός || **~ly** *ad* γερά, δυνατά.

vigour [ˈvɪgə*] *n* σθένος *nt*, σφρίγος *nt*, ζωτικότητα, ζωηρότητα.

vile [vaɪl] *a* ανήθικος, αχρείος, αισχρός || *(foul)* ακάθαρτος, βρωμερός, σιχαμερός.

villa [ˈvɪlə] *n* έπαυλη, βίλα.

village [ˈvɪlɪdʒ] *n* χωριό || **~r** *n* χωριάτης/άτισσα *m/f.*

villain [ˈvɪlən] *n* ο κακός, παλιάνθρωπος.

vindicate [ˈvɪndɪkeɪt] *vt* δικαιώνω, υπερασπίζω.

vindictive [vɪn'dɪktɪv] *a* εκδικητικός.
vine [vaɪn] *n* αμπέλι, κλήμα *nt.*
vinegar ['vɪnɪgə*] *n* ξύδι.
vineyard ['vɪnjəd] *n* αμπελώνας, αμπέλι.
vintage ['vɪntɪdʒ] *n (wine)* κρασί ωρισμένου έτους || *(gathering)* τρυγητός, τρύγος.
vinyl ['vaɪnl] *n* βινύλιο.
viola [vɪ'əulə] *n (MUS)* βιόλα.
violate ['vaɪəleɪt] *vt (break promise)* αθετώ, καταπατώ || *(disturb)* παραβιάζω || *(desecrate)* βεβηλώνω.
violation [vaɪə'leɪʃən] *n* παραβίαση, παράβαση, αθέτηση.
violence ['vaɪələns] *n* σφοδρότητα, ένταση || *(rough treatment)* βία, βιαιότητα.
violent ['vaɪələnt] *a* βίαιος, ορμητικός || *(extreme)* ζωηρός, έντονος, οξύς, ισχυρός || **~ly** *ad* βίαια, απότομα, εξαιρετικά, πολύ.
violet ['vaɪəlɪt] *n* βιολέτα, μενεξές *m* ♦ *a* μενεξεδένιος, μώβ.
violin [vaɪə'lɪn] *n* βιολί.
VIP *n (abbr of very important person)* Επίσημος/η *m/f.*
viper ['vaɪpə*] *n* έχιδνα, οχιά.
virgin ['vɜːdʒɪn] *n* παρθένα ♦ *a* παρθένος, παρθενικός, καθαρός || **~ity** *n* παρθενία.
virile ['vɪraɪl] *a* ανδρικός, δυνατός, σθεναρός.
virility [vɪ'rɪlɪtɪ] *n* ανδρισμός, ανδροπρέπεια, αρρενωπότητα.
virtually ['vɜːtjuəlɪ] *ad (in fact)* ουσιαστικά || *(almost)* σχεδόν.
virtue ['vɜːtjuː] *n* αρετή || *(good quality)* ικανότητα, δραστικότητα || **by ~ of** δυνάμει, συνεπεία, λόγω, εξαιτίας.
virtuoso [vɜːtju'əuzəu] *n* δεξιοτέχνης μουσικός, βιρτουόζος.
virtuous ['vɜːtjuəs] *a* ενάρετος.
virulent ['vɪrulənt] *a* τοξικός, θανατηφόρος || *(bitter)* εχθρικός, κακεντρεχής, φαρμακερός.
virus ['vaɪərəs] *n* ιός, μικρόβιο.
visa ['viːzə] *n* θεώρηση, βίζα.
vis-à-vis ['viːzəviː] *prep* απέναντι, αντίκρυ.
viscount ['vaɪkaunt] *n* υποκόμης.
visibility [vɪzɪ'bɪlɪtɪ] *n* ορατότητα.
visible ['vɪzəbl] *a* ορατός, εμφανής, φαλερός || **visibly** *ad* καταφανώς, προφανώς, ολοφάνερα.
vision ['vɪʒən] *n* όραση || *(imagination)* διορατικότητα || *(dream)* όραμα *nt,* οπτασία || **~ary** *n* οραματιστής, ονειροπόλος.
visit ['vɪzɪt] *n* επίσκεψη ♦ *vt* επισκέπτομαι || *(stay with)* κάνω βίζιτα, φιλοξενούμαι || **~or** *n* επισκέπτης/ρια *m/f* || **~ors' book** *n* βιβλίο επισκεπτών.
visor ['vaɪzə*] *n* προσωπίδα.
vista ['vɪstə] *n* θέα, άνοιγμα *nt,* προοπτική, άποψη.
visual ['vɪzjuəl] *a* οπτικός, ορατός, πραγματικός || **~ display unit (VDU)** *n* μονάδα οφόνης βίντεο || **~ize** *vt* φαντάζομαι, οραματίζομαι.
vital ['vaɪtl] *a* ουσιώδης, κεφαλαιώδης, ζωτικός || *(necessary to life)* ζωτικός, ουσιώδης || **~ity** *n* ζωτικότητα, ανθεκτικότητα, ζωή.
vitamin ['vɪtəmɪn] *n* βιταμίνη.
vivacious [vɪ'veɪʃəs] *a* ζωηρός, εύθυμος, κεφάτος.
vivid ['vɪvɪd] *a* ζωντανός, ζωηρός || *(bright, clear)* ζωηρός, λαμπρός.
vivisection [vɪvɪ'sɛkʃən] *n* ζωοτομία.
vocabulary [vəu'kæbjulərɪ] *n* λεξιλόγιο.
vocal ['vəukəl] *a* φωνητικός, ηχητικός || **~ cord** *n* φωνητική χορδή || **~ist** *n* αοιδός *m/f,* τραγουδιστής/ίστρια *m/f.*
vocation [vəu'keɪʃən] *n (calling)*

προορισμός, κλήση || *(profession)* επάγγελμα *nt*, τέχνη.
vociferous [vəʊ'sɪfərəs] *a* κραυγαλέος, φωνακλάς.
vodka ['vɒdkə] *n* βότκα.
vogue [vəʊg] *n* μόδα || *(popularity)* δημοτικότητα.
voice [vɔɪs] *n* φωνή || *(right of opinion)* ψήφος, γνώμη || *(GRAM)* φωνή (του ρήματος) ♦ *vt* εκφράζω || **with one ~** ομόφωνα.
void [vɔɪd] *n* κενό ♦ *a (of meaning)* κενός, άδειος.
volatile ['vɒlətaɪl] *a* άστατος, ευμετάβολος, ασταθής || *(evaporating quickly)* πτητικός.
volcanic [vɒl'kænɪk] *a* ηφαιστειώδης, εκρηκτικός.
volcano [vɒl'keɪnəʊ] *n* ηφαίστειο.
volition [və'lɪʃən] *n*: **of one's own ~** με τη θέλησή μου.
volley ['vɒlɪ] *n* ομοβροντία || *(shower)* καταιγισμός, θύελλα || *(TENNIS)* βολλέ *nt inv*, κατευθείαν κτύπημα *nt* || **~ball** *n* χειροσφαίρηση, βόλλεϋ-μπωλ *nt inv*.
volt [vəʊlt] *n* βόλτ || **~age** *n* τάση, βολτάζ *nt inv*.
volume ['vɒlju:m] *n* τόμος βιβλίων || *(amount)* μεγάλη ποσότητα || *(space)* όγκος || *(loudness of sound)* ένταση, όγκος.
voluntarily ['vɒləntərɪlɪ] *ad* εκουσίως, αυθόρμητα, εθελοντικά.
voluntary ['vɒləntərɪ] *a* εθελοντικός, εκούσιος.
volunteer [vɒlən'tɪə*] *n* εθελοντής/όντρια *m/f* ♦ *vi* προσφέρομαι.
voluptuous [və'lʌptjuəs] *a* φιλήδονος, ηδυπαθής.
vomit ['vɒmɪt] *n* εμετός, ξέρασμα *nt* ♦ *vti* κάνω εμετό, ξερνώ.
vote [vəʊt] *n* ψηφοφορία, ψήφος || *(right)* δικαίωμα *nt* ψήφου || *(result)* αποτέλεσμα *nt* ψηφοφορίας ♦ *vt* ψηφίζω, ♦ *vi* ψηφίζω || **~r** *n* ψηφοφόρος *m/f*, εκλογέας.
voting ['vəʊtɪŋ] *n* ψηφοφορία.
vouch [vaʊtʃ]: **to ~ for** *vt* υποστηρίζω, εγγυώμαι για.
voucher ['vaʊtʃə*] *n* απόδειξη πληρωμής, δικαιολογητικό.
vow [vaʊ] *n* όρκος, τάξιμο, τάμα *nt* ♦ *vt* ορκίζομαι, διακηρύττω.
vowel ['vaʊəl] *n* φωνήεν *nt*.
voyage ['vɔɪɪdʒ] *n* ταξίδι.
vulgar ['vʌlgə*] *a* χυδαίος, πρόστυχος, άξεστος || *(of common people)* κοινός, λαϊκός || **~ity** *n* χυδαιότητα, προστυχιά.
vulnerable ['vʌlnərəbl] *a* τρωτός, εύτρωτος, ευπρόσβλητος.
vulture ['vʌltʃə*] *n* γύπας, όρνιο.

W

wad [wɒd] *n (bundle)* δέσμη, μάτσο.
wade [weɪd] *vi* βαδίζω στο νερό.
wafer ['weɪfə*] *n* λεπτό μπισκότο.
waffle ['wɒfl] *n (food)* είδος *nt* τηγανίτα || *(col: empty talk)* φλυαρία ♦ *vi (col)* φλυαρώ.
waft [wa:ft] *vti* μεταφέρω, σκορπίζω.
wag [wæg] *vti* κινώ, κουνώ, κινούμαι.
wage [weɪdʒ] *n* ημερομίσθιο, μισθός, αμοιβή, μεροκάματο ♦ *vt* διεξάγω, διενεργώ || **~s** *npl* μισθός || **~ earner** *n* μισθωτός || **~ freeze** *n* παγίωση μισθών.
wager ['weɪdʒə*] *n* στοίχημα *nt*.
waggle ['wægl] *vti (tail)* κουνώ, ταλαντεύομαι.
wag(g)on ['wægən] *n (road, rail)* άμαξα, βαγόνι.
wail [weɪl] *n* θρήνος, ολοφυρμός ♦ *vi* θρηνώ, κλαίω, ολοφύρομαι.
waist [weɪst] *n* μέση, ζώνη || **~coat** *n* γιλέκο || **~line** *n* μέση.
wait [weɪt] *n* αναμονή, στάση ♦ *vi* περιμένω, αναμένω, σερβίρω || **to ~**

for *vt* περιμένω, αναμένω, καρτερώ || **~er** *n* σερβιτόρος, γκαρσόνι || **~ing room** *n* αίθουσα αναμονής, προθάλαμος || **~ress** *n* σερβιτόρα.

wake [weɪk] *(irreg v) vt* ξυπνώ ♦ *vi* αγρυπνώ, είμαι άυπνος ♦ *n* ξενύχτι νεκρού || **~n** *vt* αφυπνίζω, ξυπνώ.

Wales [weɪlz] *n* Ουαλία.

walk [wɔːk] *n* περπάτημα *nt*, βόλτα, περίπατος || *(way of walking)* βάδισμα *nt*, περπατησιά || *(path, route)* περίπατος, δρόμος, πεζοδρόμιο || *(walk of life)* επάγγελμα *nt* ♦ *vi* περπατώ, βαδίζω || **~er** *n* πεζοπόρος/α *m/f*, περπατητής *m/f* || **~ie-talkie** *n* φορητός ασύρματος || **~ing** *n* πεζοπορία, περπάτημα *nt* ♦ *attr a (holiday)* με τα πόδια || **~ing shoes** παπούτσια *ntpl* πεζοπορίας || **~ing stick** *n* μπαστούνι || **~out** *n (of workers)* απεργία || **~over** *n (col)* εύκολη νίκη, εύκολη δουλειά.

wall [wɔːl] *n (of house)* τοίχος || *(of city)* τείχος *nt*.

wallet [ˈwɒlɪt] *n* πορτοφόλι.

wallop [ˈwɒləp] *n* δυνατό χτύπημα.

wallow [ˈwɒləʊ] *vi (+in)* κυλιέμαι (σε), πλέω (σε) || *(in money)* κολυμπώ στο χρήμα.

wallpaper [ˈwɔːlpeɪpə*] *n* τοιχόχαρτο, χαρτί ταπετσαρίας.

walnut [ˈwɔːlnʌt] *n* καρύδι || *(tree)* καρυδιά.

walrus [ˈwɔːlrəs] *n* θαλάσσιος ίππος.

waltz [wɔːlts] *n* βάλς *nt inv* ♦ *vi* χορεύω βάλς.

wand [wɒnd] *n* ράβδος *f*, ραβδί.

wander [ˈwɒndə*] *vi* περιπλανώμαι, περιφέρομαι, τριγυρίζω || **~ing** *a* πλανόδιος, περιπλανώμενος.

want [wɒnt] *vt* θέλω, επιθυμώ || *(need)* χρειάζομαι, έχω ανάγκη ♦ *n*: **for ~ of** ελλείψει || **~s** *npl (needs)* ανάγκες *fpl*.

wanton [ˈwɒntən] *a* ακόλαστος, λάγνος.

war [wɔː*] *n* πόλεμος.

ward [wɔːd] *n (division)* περιφέρεια, συνοικία || *(hospital)* θάλαμος ♦ *vt*: **to ~ off** αποκρούω, αποφεύγω.

warden [ˈwɔːdn] *n* διευθυντής, φύλακας.

warder [ˈwɔːdə*] *n* φύλακας, δεσμοφύλακας.

wardrobe [ˈwɔːdrəʊb] *n* ντουλάπα || *(clothing)* γκαρνταρόμπα, τα ρούχα *ntpl*.

warehouse [ˈwεəhaus] *n* αποθήκη.

wares [wεəz] *npl* εμπορεύματα *ntpl*.

warfare [ˈwɔːfεə*] *n* πόλεμος.

warhead [ˈwɔːhed] *n* κώνος βλήματος.

warily [ˈwεərɪlɪ] *ad* προσεκτικά, επιφυλακτικά.

warlike [ˈwɔːlaɪk] *a* πολεμικός, πολεμοχαρής, φιλοπόλεμος.

warm [wɔːm] *a* θερμός || *(fire)* ζεστός || *(welcome)* θερμός, ζωηρός || **to ~ up** *vti* ζεσταίνω, ζωηρεύω, ενθουσιάζομαι || **~-hearted** *a* με ζεστή καρδιά, συμπονετικός || **~ly** *ad* θερμά, ενθουσιωδώς || **~th** *n* θερμότητα, ζεστασιά, ενθουσιασμός.

warn [wɔːn] *vt* προειδοποιώ || **~ing** *n* προειδοποίηση || *(caution)* ειδοποίηση.

warp [wɔːp] *vt* σκεβρώνω ♦ *n* παραμόρφωση || *(in meaning)* στημόνι.

warrant [ˈwɒrənt] *n (police)* ένταλμα *nt*.

warranty [ˈwɒrəntɪ] *n* εξουσιοδότηση, εγγύηση.

warrior [ˈwɒrɪə*] *n* πολεμιστής.

warship [ˈwɔːʃɪp] *n* πολεμικό πλοίο.

wart [wɔːt] *n* κρεατοελιά.

wartime [ˈwɔːtaɪm] *n* πολεμική εποχή, πολεμική περίοδος *f*.

wary [ˈwɛərɪ] *a* προσεκτικός, πονηρός, επιφυλακτικός.

was [wɒz, wəz] *pt of* **be.**

wash [wɒʃ] *n* πλύση, πλύσιμο || *(face, hands)* νίψιμο || *(clothes)* μπουγάδα ♦ *vt* πλένω ♦ *vi* πλένομαι || **to ~ away** *vt* παρασύρω, παίρνω || **~able** *a* που πλένεται || **~basin** *n* λεκάνη (νιπτήρα) || **~er** *n* ροδέλα || *(person)* πλύστρα || **~ing** *n (linen etc)* ρούχα *ntpl* για πλύσιμο, πλύση, πλύσιμο || **~ing machine** *n* πλυντήριο || **~ing powder** *n* σκόνη πλυσίματος || **~ing-up** *n* πλύσιμο των πιάτων || **~-out** *n (col)* αποτυχία, φιάσκο || **~room** *n* τουαλέτα.

wasn't [ˈwɒznt] = **was not** || *see* **be.**

wasp [wɒsp] *n* σφήκα.

wastage [ˈweɪstɪdʒ] *n* σπατάλη.

waste [weɪst] *n* σπατάλη || *(what is wasted)* άχρηστα υλικά *ntpl*, σκουπίδια *ntpl*, απορρίμματα *ntpl* || *(wilderness)* έρημος *f* ♦ *a* άχρηστος || *(land)* χέρσος, ερημωμένος ♦ *vt (object)* σπαταλώ, καταστρέφω || *(time)* σπαταλώ, χάνω ♦ *vi*: **to ~ away** φθίνω, αδυνατίζω || **~ful** *a* σπάταλος || **~paper basket** *n* κάλαθος αχρήστων.

watch [wɒtʃ] *n* επίβλεψη, επιτήρηση || *(vigilance)* επαγρύπνηση || *(guard)* φυλακή, φρουρός || *(NAUT)* φυλακή, βάρδια || *(timepiece)* ρολόι ♦ *vt* παρατηρώ, παρακολουθώ ♦ *vi* αγρυπνώ, προσέχω, φρουρώ || **~dog** *n (fig)* επιστάτης/ρια *m/f*, φύλακας || **~ful** *a* άγρυπνος, προσεκτικός || **~maker** *n* ωρολογοποιός, ρολογάς || **~man** (νυκτο)φύλακας || **~ strap** *n* λουρίδα ρολογιού.

water [ˈwɔːtə*] *n* νερό ♦ *vt* ποτίζω || *(wet)* βρέχω, καταβρέχω || *(soak)* διαβρέχω || **to ~ down** *vt* απαλύνω (έκφραση), εξασθενίζω || **~ closet** *n* αποχωρητήριο, απόπατος, μέρος *nt* || **~colour,** *(US)* **~color** *n* πίνακας με νερομπογιά, ακουαρέλα || *(paint)* υδρόχρωμα *nt*, νερομπογιά || **~cress** *n* νεροκάρδαμο || **~fall** *n* καταρράκτης || **~ hole** *n* νερόλακκος || **~ing can** *n* ποτιστήρι || **~ lily** *n* νούφαρο || **~line** *n* ίσαλος (γραμμή) || **~logged** *a* πλημμυρισμένος, διάβροχος, μουσκεμένος || **~melon** *n* καρπούζι || **~proof** *a* αδιάβροχος, υδατοστεγής || **~shed** *n* γραμμή διαχωρισμού υδάτων || **~-skiing** *n* θαλάσσιο σκί || **~tight** *a* υδατοστεγής, στεγανός, αδιάβροχος || **~works** *npl* μηχανοστάσιο υδρεύσεως || **~y** *a (colour)* ξεπλυμένος, άτονος.

watt [wɒt] *n* βάτ(τ) *nt inv.*

wave [weɪv] *n* κύμα *nt* || *(of hand)* κούνημα *nt* του χεριού || *(RAD)* κύμα *nt* || *(in hair)* κυμάτωση, κατσάρωμα *nt* ♦ *vt (hand)* χαιρετώ με το χέρι, κουνώ το χέρι || *(shape in curves)* κατσαρώνω ♦ *vi (flag)* κυματίζω, ανεμίζω || **~length** *n* μήκος *nt*, κύματος.

waver [ˈweɪvə*] *vi* ταλαντεύομαι, κυμαίνομαι || *(weaken)* κλονίζομαι.

wavy [ˈweɪvɪ] *a* κυματώδης, κυματιστός.

wax [wæks] *n* κερί ♦ *vt (floors)* κερώνω, παρκετάρω ♦ *vi (moon)* μεγαλώνω, γίνομαι.

way [weɪ] *n* οδός *f*, δρόμος || *(manner)* τρόπος || *(direction)* κατεύθυνση, δρόμος || *(habit)* τρόπος, συνήθεια, έθιμο || **in the ~** φράζω, εμποδίζω, κόβω (το δρόμο) || **by the ~** με την ευκαιρία || **'~ in'** 'είσοδος' || **'~ out'** 'έξοδος'.

waylay [weɪˈleɪ] *vt* ενεδρεύω, καιροφυλακτώ.

wayward [ˈweɪwəd] *a* δύστροπος, πεισματάρης.

W.C. ['dʌblju'siː] *n* τουαλέτα.

we [wiː] *pl pron* εμείς.

weak [wiːk] *a* αδύνατος, ασθενικός || *(not powerful)* ανίσχυρος || *(diluted)* αδύνατος, ελαφρός || **~en** *vti* εξασθενίζω, αδυνατίζω, εξασθενώ || **~ling** *n* αδύνατος άνθρωπος, ασθενικό πλάσμα *nt* || **~ness** *n* αδυναμία || *(fault)* ελάττωμα *nt* || *(fondness)* προτίμηση, αδυναμία.

wealth [wɛlθ] *n* πλούτος || *(abundance)* αφθονία || *(things having value)* περιουσία || **~y** *a* πλούσιος.

wean [wiːn] *vt* απογαλακτίζω, αποκόβω.

weapon ['wɛpən] *n* όπλο.

wear [wɛə*] *(irreg v) n* ρούχα *ntpl*, ρουχισμός, φόρεμα *nt* || *(use)* χρήση || *(decay)* φθορά ♦ *vt* φέρω, φορώ || *(show)* δείχνω, κρατιέμαι || *(use)* φθείρω, λυώνω ♦ *vi (last long)* αντέχω, διατηρούμαι || **~ and tear** φθορά, χρήσεως || **to ~ away** *vti* φθείρω, φθείρομαι, τρώγω, τρίβω || **to ~ down** *vt* φθείρω, τρώγω || **to ~ off** *vi* εξαφανίζω, περνώ || **to ~ out** *vt* φθείρω, τρίβω, λυώνω || **~er** *n* φορών.

weariness ['wɪərɪnɪs] *n* κόπωση, κούραση.

weary ['wɪərɪ] *a* κουρασμένος, αποκαμωμένος || *(tiring)* κουραστικός, πληκτικός, ανιαρός ♦ *vti* κουράζω, κουράζομαι.

weasel ['wiːzl] *n* νυφίτσα, κουνάβι.

weather ['wɛðə*] *n* καιρός ♦ *vt* αντιμετωπίζω || *(season)* εκθέτω στον καιρό || **~-beaten** *a* ανεμοδαρμένος, ηλιοκαμμένος, μαυρισμένος || **~cock** *n* ανεμοδείκτης || **~ forecast** *n* πρόβλεψη καιρού.

weave [wiːv] *(irreg v) vt* υφαίνω, πλέκω, συνθέτω || **~r** *n* υφαντής/άντρια *m/f*.

weaving ['wiːvɪŋ] *n* ύφανση, πλέξιμο.

web [wɛb] *n* ύφασμα *nt*, μεμβράνη || *(of spider)* ιστός αράχνης || **~bed** *a* μεμβρανώδης || **~bing** *n* ύφασμα *nt* λωρίδων || *(for reinforcement)* ενισχυτική ταινία.

wed [wɛd] *vt* νυμφεύω, νυμφεύομαι, παντρεύομαι.

we'd [wiːd] = **we had, we would** || *see* **have, would.**

wedding ['wɛdɪŋ] *n* γάμος, παντρειά || **~ day** *n* μέρα των γάμων, επέτειος *f* των γάμων || **~ present** *n* γαμήλιο δώρο || **~ ring** *n* αρραβώνας, βέρα.

wedge [wɛdʒ] *n* σφήνα || *vt* ενσφηνώνω, χώνω, μπήγω || *(pack tightly)* σφηνώνω, στριμώγνω.

Wednesday ['wɛnzdɪ] *n* Τετάρτη.

wee [wiː] *a (Scottish col)* μικρούλης, λιγάκι, τόσος δα.

weed [wiːd] *n* ζιζάνιο, αγριόχορτο ♦ *vt* ξεχορταριάζω, σκαλίζω, βγάζω, καθαρίζω || **~-killer** *n* ζιζανιοκτόνο.

week [wiːk] *n* βδομάδα || **~day** καθημερινή || **~end** *n* Σαββατοκύριακο || **~ly** *ad* εβδομαδιαίως ♦ *a* εβδομαδιαίος.

weep [wiːp] *(irreg v) vi* κλαίω, χύνω δάκρυα, δακρύζω.

weigh [weɪ] *vt* σταθμίζω, ζυγίζω || *(have weight)* ζυγίζω ♦ *vi (be important)* ζυγίζω || **to ~ down** *vt* (υπερ)φορτώνω, βαραίνω, πιέζω || **to ~ up** *vt* εκτιμώ, ζυγίζω || **~bridge** *n* γεφυροπλάστιγγα.

weight [weɪt] *n* βαρύτητα || *(something used on scales)* σταθμό, μέτρο, ζύγι || *(load)* βάρος *nt*, φορτίο || *(importance)* κύρος *nt*, επιρροή, αξία || **~ lifting** *n* άρση βαρών || **~y** *a* βαρύς.

weir [wɪə*] *n* φράγμα *nt* ποταμού.

weird [wɪəd] *a* υπερφυσικός, παράξενος.
welcome ['wɛlkəm] *n* υποδοχή || *(reception)* δεξίωση ♦ *vt* καλωσορίζω, (υπο) δέχομαι.
welcoming ['wɛlkəmɪŋ] *a* καλής υποδοχής.
weld [wɛld] *n* συγκόλληση, κόλληση ♦ *vt* (συγ)κολλώ, ενώνω || **~er** *n* συγκολλητής.
welfare ['wɛlfɛə*] *n* ευημερία, κοινωνική πρόνοια || **~ state** *n* κράτος *nt* κοινωνικής πρόνοιας.
well [wɛl] *n* πηγάδι, πηγή, πετρελαιοπηγή ♦ *ad* καλά || *(to considerable extent)* αρκετά, σχεδόν || *(thoroughly)* καλά, τελείως ♦ *a* υγιής, καλά || *(satisfactory)* καλός, καλά || *interj (beginning conversation)* λοιπόν, ίσως, καλά || *(surprise)* αδύνατο, μπά || **as ~** *(also)* επίσης, ομοίως.
we'll [wiːl] = **we will, we shall** || *see* **will, shall.**
well-behaved ['wɛlbɪ'heɪvd] *a* φρόνιμος, πειθαρχημένος.
well-being ['wɛlbiːɪŋ] *n* ευημερία.
well-earned ['wɛl'ɜːnd] *a (rest)* δίκαιος, καλοκερδισμένος.
wellingtons ['wɛlɪŋtənz] *npl* ψηλές μπότες *fpl.*
well-known ['wɛl'nəʊn] *a (person)* πασίγνωστος, φημισμένος.
well-meaning ['wɛl'miːnɪŋ] *a* καλοπροαίρετος.
well-off ['wɛl'ɒf] *a* εύπορος, πλούσιος.
well-read ['wɛl'rɛd] *a* μορφωμένος, πολυδιαβασμένος.
well-to-do ['wɛltə'duː] *a* εύπορος.
well-wisher ['wɛlwɪʃə*] *n* καλοθελητής/ήτρα *m/f.*
Welsh [wɛlʃ] *a* ουαλικός ♦ *n (LING)* Ουαλικά || **~man** *n* Ουαλαός.
went [wɛnt] *pt of* **go.**
wept [wɛpt] *pt, pp of* **weep.**
were [wɜː*] *pt, pl of* **be.**
we're [wɪə*] = **we are** || *see* **be.**
weren't ['wɜːnt] = **were not** || *see* **be.**
west [wɛst] *n* δύση || *(country)* δύση, δυτικά ♦ *a* δυτικός ♦ *ad* δυτικά, προς δυσμάς || **the W~** *n* n Δύση || **~erly** *a* δυτικός (άνεμος) || **~ern** *a* δυτικός ♦ *n (CINE)* ταινία με καουμπόυς || **W~ Indies** *npl* Οι Αντίλλες || **~ward(s)** *ad* προς τα δυτικά.
wet [wɛt] *a* υγρός, βρε(γ)μένος, μουσκεμένος || *(rainy)* βροχερός || **'~ paint'** 'προσοχή χρώμα' || **~ blanket** *n (fig)* άνθρωπος που χαλάει το κέφι, κρύος.
we've [wiːv] = **we have** || *see* **have.**
whack [wæk] *vt* κτυπώ, δέρνω στα ψαχνά.
whale [weɪl] *n* φάλαινα.
wharf [wɔːf] *n* αποβάθρα, προκυμαία.
what [wɒt] *a (relative)* ότι, όσος || *(quantity)* όσος, πόσος || *(interrogative)* τι, πώς; ποιος || *interj* τι, πώς; || **~ever** *a* όποιος...και, ό τι... και, οποιοσδήποτε.
wheat [wiːt] *n* σιτάρι, στάρι.
wheel [wiːl] *n* τροχός, ρόδα ♦ *vt* (περι)στρέφω, σπρώχνω ♦ *vi* περιστρέφομαι, γυρίζω γύρω-γύρω || **~barrow** *n* χειράμαξα || **~chair** *n* αναπηρική καρέκλα.
wheeze [wiːz] *vi* αναπνέω δύσκολα, ασθμαίνω, σφυρίζω.
when [wɛn] *ad* πότε || *(relative)* όταν || *cj* όταν, που || **~ever** *ad* οποτεδήποτε.
where [wɛə*] *ad* πού; || *(relative)* (εκεί) που, όπου || **~abouts** *ad* πού; || (λοιπόν) || πού περίπου; ♦ *n* θέση, διαμονή, κατατόπια *ntpl* || **~as** *cj* εφόσον, ενώ.
wherever [wɛə'ɛvə*] *ad* οπουδήποτε.

whet [wɛt] *vt (appetite)* διεγείρω, ανοίγω (την όρεξη).
whether ['wɛðə*] *cj* εάν, αν, είτε.
which [wɪtʃ] *a* ποιος ♦ *pron (interrogative)* ποιο || *(relative)* ο' οποίος, στο οποίο, του οποίου || **~ever** *a* όποιος, απ' όπου ♦ *pron* οποσδήποτε.
whiff [wɪf] *n* πνοή, φύσημα *nt*, ρουφηξιά.
while [waɪl] *n* χρονική περίοδος *f*, καιρός, χρόνος || *cj* ενώ.
whim [wɪm] *n* παραξενιά, ιδιοτροπία, καπρίτσιο.
whimper ['wɪmpə*] *vi* κλαυθμηρίζω, βογγώ.
whimsical ['wɪmzɪkəl] *a* ιδιότροπος, παράξενος.
whine [waɪn] *vi* κλαυθμηρίζω, μεμψιμοιρώ.
whip [wɪp] *n* μαστίγιο, καμτσίκι || *(PARL)* κοινοβουλευτικός ηγέτης ♦ *vt* μαστιγώνω, δέρνω, κτυπώ || *(snatch)* κινώ απότομα, αρπάζω || **~-round** *n* έρανος, συνεισφορά.
whirl [wɜːl] *n* στροβιλισμός, στριφογύρισμα *nt*, γύρισμα *nt* ♦ *vti* στροβιλίζω, στριφογυρίζω, περιστρέφομαι || **~pool** *n* δίνη, ρουφήχτρα || **~wind** *n* ανεμοστρόβιλος.
whirr [wɜː*] *vi* βουίζω, σβουρίζω.
whisk [wɪsk] *n (for eggs)* χτυπητήρι ♦ *vt (cream etc)* κτυπώ, ανακατεύω.
whisker ['wɪskə*] *n* φαβορίτα || *(of cat)* μουστάκι.
whisk(e)y ['wɪskɪ] *n* ουίσκυ.
whisper ['wɪspə*] *n* ψίθυρος, θρόισμα *nt*, ψιθύρισμα *nt* ♦ *vi* ψιθυρίζω, μουρμουρίζω ♦ *vt (secretly)* ψιθυρίζω, σφυρίζω.
whist [wɪst] *n* ουίστ *nt inv*.
whistle ['wɪsl] *n* σφύριγμα *nt* || *(instrument)* σφυρίχτρα ♦ *vi* σφυρίζω.
white [waɪt] *n* λευκό, άσπρο || *(of egg, eye)* λεύκωμα *nt*, ασπράδι ♦ *a* λευκός, άσπρος || *(with fear)* άσπρος, χλωμός || **~-collar worker** *n* υπάλληλος *m/f* σε γραφείο || **~ lie** *n* αθώο ψέμα *nt* || **~wash** *n (paint)* ασβεστόνερο, ασβεστόχρωμα *nt* ♦ *vt* ασβεστώνω, ασπρίζω || *(fig)* αποκαθιστώ, δικαιολογώ.
Whitsun ['wɪtsn] *n (also Whit Sunday)* Πεντηκοστή.
whittle ['wɪtl] *vt*: **to ~ away** *or* **down** ελαττώνω, περιορίζω.
whizz [wɪz] *vi* σφυρίζω, περνώ γρήγορα || **~ kid** *n (col)* σπουδαίο παιδί.
who [huː] *pron* ποιος || *(relative)* όποιος, που || **~ever** *pron* οποιοσδήποτε, οιοσδήποτε.
WHO *n (abbr of World Health Organization)* Παγκόσμιος Οργανισμός Υγείας (WHO).
whole [həul] *a (complete)* ολόκληρος, όλος, πλήρης || *(uninjured)* αβλαβής, σώος ♦ *n* σύνολο || *(not broken)* σύνολο, ακέραιο || **~hearted** *a* ολόψυχος || **~sale** *n* χοντρική πώληση, χοντρεμπόριο || *attr a (trade)* χοντρικός || *(destruction)* ολοκληρωτικός || **~saler** *n* χοντρέμπορος, κατάστημα *nt* χοντρικής πωλήσεως || **~some** *a* υγιεινός, υγιής.
wholly ['həulɪ] *ad* πλήρως, τελείως.
whom [huːm] *pron (object)* ποιον.
whooping cough ['huːpɪŋkɒf] *n* κοκκύτης.
whore ['hɔː*] *n* πόρνη, πουτάνα.
whose [huːz] *pron* ποιου, τίνος ποιανού || *(of whom)* του οποίου.
why [waɪ] *ad* γιατί || *(relative)* που, γιατί || *interj* μπα || ε.
wick [wɪk] *n* φυτίλι.
wicked ['wɪkɪd] *a* κακός, διεστραμμένος, κακοήθης.
wicker ['wɪkə*] *n* λυγαριά.

wicket ['wɪkɪt] *n (cricket)* φράκτης, στυλίσκοι *mpl* του κρίκετ.
wide [waɪd] *a* ευρύς, πλατύς, φαρδύς, εκτενής || *(mouth)* ορθάνοικτος || *(in firing)* έξω (από το στόχο) άστοχος ♦ *ad (opening)* διάπλατα || ~**-angle lens** *n* ευρυγώνιος φακός || ~**-awake** *a* εντελώς ξύπνιος || ~**ly** *ad* ευρύτατα, πλατειά || ~**n** *vt (road)* ευρύνω, πλαταίνω, διευρύνω || ~ **open** *a (lit)* ορθάνοιχτος, ακάλυπτος || ~**spread** *a* εκτεταμένος || *(rumour etc)* διαδεδομένος, γενικός.
widow ['wɪdəʊ] *n* χήρα || ~**ed** *a* χηρεύσας, χηρεύσασα || ~**er** *n* χήρος.
width [wɪdθ] *n* εύρος *nt*, πλάτος *nt*, φάρδος *nt*.
wield [wiːld] *vt* χειρίζομαι, ελέγχω, εξασκώ.
wife [waɪf] *n* η σύζυγος, γυναίκα.
wig [wɪg] *n* περούκα.
wiggle ['wɪgl] *vti* κινώ νευρικά, κουνώ, κουνιέμαι.
wild [waɪld] *a* άγριος || *(not cultivated)* σε άγρια κατάσταση || *(excited)* αχαλίνωτος, ξετρελαμένος, τρελός || ~**erness** ['wɪldənɪs] *n* έρημος, αγριότοπος || ~**-goose chase** *n* μάταιη αναζήτηση, άσκοπη επιχείρηση || ~**life** *n* άγρια ζώα *ntpl* || ~**ly** *ad* άγρια, σαν τρελός.
wilful ['wɪlfʊl] *a* εσκεμμένος, εκ προμελέτης || *(obstinate)* ξεροκέφαλος, πεισματάρης.
will [wɪl] *auxiliary v*: **he** ~ **come** θα έρθει || **I** ~ **do it!** θα το κάνω! ♦ *n* βούληση, θέληση || *(purpose)* απόφαση, βούληση, θέλημα *nt* || *(inheritance)* διαθήκη ♦ *vt* θέλω, αποφασίζω || ~**ing** *a* πρόθυμος.
willow ['wɪləʊ] *n* ιτιά.
will power ['wɪlpaʊə*] *n* θέληση, αυτοέλεγχος.
wilt [wɪlt] *vi* μαραίνομαι.
wily ['waɪlɪ] *a* πανούργος.
win [wɪn] *(irreg v) n* νίκη, επιτυχία ♦ *vt* νικώ, κερδίζω ♦ *vi* επιτυγχάνω || **to** ~ **over** *vt* κατακτώ, αποκτώ.
wince [wɪns] *n* σύσπαση, τρεμούλιασμα *nt* ♦ *vi* μορφάζω, σφίγγομαι.
winch [wɪntʃ] *n* βαρούλκο, βίντσι.
wind [waɪnd] *(irreg v) vt (wrap)* τυλίγω || *(tighten)* σφίγγω, κουρδίζω ♦ *vi* στρέφω, στρέφομαι, ελίσσομαι, τυλίγομαι || **to** ~ **up** *vt (clock)* κουρδίζω || *(debate)* κλείνω, τερματίζω.
wind [wɪnd] *n* άνεμος, αέρας || *(MED)* αέρια *ntpl*, τυμπανισμός || ~**fall** *n* *(good luck)* κελεπούρι.
winding ['waɪndɪŋ] *a (road)* ελισσόμενος, φιδίσιος, με κορδέλες, στριφτός.
wind instrument ['wɪndɪnstrʊmənt] *n (MUS)* πνευστό (όργανο).
windmill ['wɪndmɪl] *n* ανεμόμυλος.
window ['wɪndəʊ] *n* παράθυρο, βιτρίνα || *(COMPUT)* παράθυνρο || ~ **box** *n* κιβώτιο λουλουδιών || ~ **cleaner** *n (man)* καθαριστής παραθύρων || ~ **frame** *n* πλαίσιο παραθύρου, κούφωμα *nt* || ~ **ledge** *n* περβάζι παραθύρου || ~ **pane** *n* τζάμι || ~**sill** *n* περβάζι παραθύρου.
windpipe ['wɪndpaɪp] *n* τραχεία, λαρύγγι.
windscreen ['wɪndskriːn], *(US)* **windshield** ['wɪndʃiːld] *n* παρμπρίζ *nt inv* || ~ **wiper** *n* υαλοκαθαριστήρας.
windswept ['wɪndswept] *a* ανεμοδαρμένος.
windy ['wɪndɪ] *a* ανεμώδης, εκτεθειμένος στους ανέμους.
wine [waɪn] *n* οίνος, κρασί || ~ **cellar** *n* κάβα || ~**glass** *n* ποτήρι του κρασιού || ~ **list** *n* κατάλογος κρασιών || ~ **merchant** *n*

κρασέμπορος || ~ **tasting** *n* δοκιμή κρασιών || ~ **waiter** *n* σερβιτόρος για τα κρασιά.

wing [wɪŋ] *n (of bird, plane)* φτερούγα, φτερό || *(of building)* πτέρυγα (κτιρίου) || *(MIL* πτέρυγα || ~**s** *npl (THEAT)* παρασκήνια *ntpl.*

wink [wɪŋk] *n* ανοιγοκλείσιμο του ματιού, νεύμα *nt* ♦ *vi* κλείνω το μάτι, νεύω.

winner ['wɪnə*] *n* νικητής/ήτρια *m/f.*

winning ['wɪnɪŋ] *a (team)* κερδίζων, νικήτρια (ομάδα) || *(goal)* κερδίζων γκόλ || ~**s** *npl* κέρδη *ntpl* || ~ **post** *n* τέρμα *nt.*

winter ['wɪntə*] *n* χειμώνας ♦ *attr a (clothes)* χειμωνιάτικα ♦ *vi* περνώ το χειμώνα (σε) || ~ **sports** *npl* χειμωνιάτικα σπόρ *nt inv.*

wintry ['wɪntrɪ] *a* χειμωνιάτικος, ψυχρός.

wipe [waɪp] *n* σκούπισμα *nt,* στέγνωμα *nt,* σφούγγισμα *nt* ♦ *vt* σκουπίζω, στεγνώνω, σφουγγίζω || **to** ~ **out** *vt (debt)* σβήνω, εξοφλώ || *(destroy)* εξολοθρεύω, σαρώνω.

wire ['waɪə*] *n* σύρμα *nt* || *(cable)* τηλεγράφημα *nt* ♦ *vt* ενώνω με σύρμα, τοποθετώ τα καλώδια.

wireless ['waɪəlɪs] *n* ασύρματος || *(radio)* ραδιόφωνο.

wiry ['waɪərɪ] *a* σαν σύρμα, νευρώδης, δυνατός.

wisdom ['wɪzdəm] *n* σοφία, φρόνηση || *(good judgment)* σωφροσύνη || *(prudence)* φρονιμάδα, γνώση || ~ **tooth** *n* φρονιμίτης.

wise [waɪz] *a* σοφός, φρόνιμος, συνετός || **-wise** *suffix* κατά κάποιο τρόπο, σαν || ~**crack** *n* ευφυολόγημα *nt,* καλαμπούρι.

wish [wɪʃ] *n (desire)* επιθυμία, ευχή ♦ *vt (desire)* εύχομαι, επιθυμώ || **with best** ~**es** με τις καλύτερες ευχές || **to** ~ **good-bye** εύχομαι καλό ταξίδι || **to** ~ **to do** επιθυμώ, θέλω να || ~**ful thinking** *n* ευσεβείς πόθοι *mpl.*

wisp [wɪsp] *n (of hair)* τσουλούφι, τολύπη.

wistful ['wɪstful] *a* συλλογισμένος, πικραμένος.

wit [wɪt] *n (sense)* αντίληψη, κατανόηση, νους *m,* μυαλό || *(cleverness)* πνεύμα *nt,* ευφυΐα || *(person)* πνευματώδης άνθρωπος, ευφυής, σπίρτο || ~**s** *npl* μυαλό, εξυπνάδα.

witch [wɪtʃ] *n* μάγισσα || ~**craft** *n* μαγεία.

with [wɪð, wɪθ] prep μετά, μαζί, με || *(by means of)* με, από || *(concerning)* μαζί με, μετά || *(notwithstanding)* παρά, παρ όλο.

withdraw [wɪθ'drɔː] *vt* αποσύρω, σύρω, τραβώ, σέρνω ♦ *vi* αποσύρομαι, αποτραβιέμαι, τραβιέμαι || ~**al** *n* αποχώρηση, ανάκληση.

wither ['wɪðə*] *vi* μαραίνομαι, ξεραίνομαι || ~**ed** *a* μαραμένος.

withhold [wɪθ'həuld] *vt* αναστέλλω, κατακρατώ.

within [wɪð'ɪn] *prep* εντός, μέσα σε.

without [wɪð'aut] *prep* εκτός, χωρίς, δίχως.

withstand [wɪθ'stænd] *vt* αντιστέκομαι σε, αντέχω σε.

witness ['wɪtnɪs] *n* μαρτυρία || *(LAW)* μάρτυρας ♦ *vt (see)* παρίσταμαι μάρτυς, βλέπω || *(sign documents)* επικυρώνω, βεβαιώνω, υπογράφω || ~ **box,** *(US)* ~ **stand** *n* θέση του εξεταζόμενου μάρτυρα.

witticism ['wɪtɪsɪzəm] *n* ευφυολογία, ευφυολόγημα *nt,* εξυπνάδα, αστείο.

wittily ['wɪtɪlɪ] *ad* πνευματωδώς, έξυπνα, σπιρτόζικα.

witty ['wɪtɪ] *a* πνευματώδης, σπιρτόζικος, έξυπνος.

wives [waɪvz] *npl of* **wife.**
wizard [ˈwɪzəd] *n* μάγος.
wk *abbr of* **week.**
wobble [ˈwɒbl] *vi* παραπατώ, ταλαντεύομαι, τρέμω.
woe [wəʊ] *n* συμφορά, δυστυχία, λύπη, θλίψη.
woke [wəʊk] *pt, pp of* **wake.**
wolf [wʊlf] *n* λύκος.
wolves [wʊlvz] *npl of* **wolf.**
woman [ˈwʊmən] *n* γυναίκα ♦ *attr a (doctor)* (η) γιατρός.
womb [wuːm] *n* μήτρα.
women [ˈwɪmɪn] *npl of* **woman.**
won [wʌn] *pt, pp of* **win.**
wonder [ˈwʌndə*] *n* θαύμα *nt* || *(feeling)* θαυμασμός, κατάπληξη ♦ *vi (want to know)* απορώ, διερωτώμαι || **~ful** *a* θαυμάσιος, εκπληκτικός.
won't [wəʊnt] = **will not** || *see* **will.**
wood [wʊd] *n* ξύλο, ξυλεία || *(forest)* δάσος *nt*, δρυμός, άλσος *nt* || **~ carving** *n* ξυλογλυπτική || **~en** *a* ξύλινος || *(stiff)* αδέξιος, άκαμπτος || **~pecker** *n* δρυοκολάπτης || **~wind** *n* ξύλινα πνευστά *ntpl* **~work** *n* ξυλουργική || **~worm** *n* σκουλήκι του ξύλου.
wool [wʊl] *n* μαλλί || *(material)* μάλλινο ύφασμα *nt* || **~len,** *(US)* **~en** *a* μάλλινος || *(industry)* υφαντουργική || **~ly,** *(US)* **~y** *a* σαν μαλλί, σκεπασμένος με μαλλί.
word [wɜːd] *n* λέξη || *(talk, speech)* λόγος, παρατήρηση || *(news)* είδηση, ειδοποίηση, μήνυμα *nt*, νέο || *(promise)* λόγος ♦ *vt* διατυπώνω, εκφράζω με λέξεις || **~ing** *n* διατύπωση, φρασεολογία || **~ processing** *n* επεξεργασία κειμένου || **~ processor** *n* επεξεργαστής κειμένου.
wore [wɔː*] *pt of* **wear.**
work [wɜːk] *n* έργο || *(task)* εργασία, δουλειά, απασχόληση || *(ART, LITER)* έργο, προϊόν εργασίας ♦ *vi* εργάζομαι, δουλεύω || *(have occupation)* εργάζομαι, ασχολούμαι με, δουλεύω ♦ *vt (cause to act)* λειτουργώ, επιτυγχάνω || **~s** *n (factory)* εργοστάσιο || **to ~ on** *vt* συνεχίζω || *(influence)* επηρεάζω || **to ~ out** *vi (sum)* υπολογίζομαι, ανέρχομαι σε ♦ *vt (problem)* λύνω, αναπτύσσω || *(plan)* επεξεργάζομαι || **to ~ up to** *vt* ανέρχομαι || **to get ~ed up** εξάπτομαι, θυμώνω || **~able** *a* επεξεργάσιμος, εκμεταλλεύσιμος, εφαρμόσιμος || **~er** *n* εργάτης/ρια *m/f*, εργαζόμενος/η *m/f* || **~ing class** *n* εργατική τάξη, εργαζόμενοι *mpl* || **~ing-class** *a* της εργατικής τάξη || **~ing man** *n* εργάτης, δουλευτής || **~man** *n* εργάτης, τεχνίτης || **~manship** *n* εκτέλεση, δούλεμα *nt*, επεξεργασία || **~shop** *n* εργαστήριο.
world [wɜːld] *n* σύμπαν *nt*, υφήλιος *f*, κόσμος || *(the earth)* γη, κόσμος || *(mankind)* κόσμος, ανθρωπότητα || *(society)* κοινωνία, κόσμος || *(sphere)* κόσμος || *attr a (champion)* παγκόσμιος, διεθνής || **out of this ~** απίστευτος, περίφημος || **~-famous** *a* παγκοσμίου φήμης || **~ly** *a* εγκόσμιος, του κόσμου || **~-wide** *a* παγκόσμιος, διεθνής.
worm [wɜːm] *n* σκουλήκι.
worn [wɔːn] *pp of* **wear** || *a* εφθαρμένος, φορεμένος || **~-out** *a (object)* τριμμένος, φαγωμένος || *(person)* εξαντλημένος, τσακισμένος.
worried [ˈwʌrɪd] *a* στενοχωρημένος, ανήσυχος.
worry [ˈwʌrɪ] *n* ανησυχία, σκοτούρα ♦ *vt* βασανίζω, στενοχωρώ ♦ *vi* ανησυχώ, στενοχωρούμαι || **~ing** *a* ενοχλητικός, βασανιστικός.
worse [wɜːs] *a comp of* **bad** ♦ *ad comp of* **badly** ♦ *n* κάτι χειρότερο,

πιο κακό || ~**n** *vt* επιδεινώνω, χειροτερεύω ♦ *vi* επιδεινούμαι.

worship [ˈwɜːʃɪp] *n* λατρεία, προσκύνηση || *(religious service)* λατρεία, εκκλησίασμα *nt* || *(title)* *n* αυτού εντιμότης ♦ *vt* λατρεύω || *(adore)* αγαπώ, λατρεύω.

worst [wɜːst] *a sup of* **bad** ♦ *ad sup of* **badly** ♦ *n* ο χειρότερος, ο πιό κακός.

worsted [ˈwustɪd] *n* υφάσματα πενιέ, μαλλί πενιέ.

worth [wɜːθ] *n* αξία ♦ *a* άξιος || ~**less** *a* χωρίς αξία || *(useless)* άχρηστος || ~**while** *a* αξιόλογος.

worthy [ˈwɜːðɪ] *a* άξιος || *(+ of)* αντάξιος.

would [wud] *auxiliary v*: **she ~ come** ερχότανε || **if you asked he ~ come** άν παρακαλούσες θα 'ρχότανε || **~ you like a drink?** θέλεις κανένα ποτό; || ~**-be** *a* δήθεν || ~**n't** = ~ **not.**

wound [waund] *pt, pp of* **wind** ♦ [wuːnd] *n* τραύμα *nt*, πληγή ♦ *vt* τραυματίζω, πληγώνω.

wove [wəuv] *pt of* **weave** || ~**n** *pp of* **weave.**

wpm *n (abbr of words per minute)* λεξ/λεπ., λ.α.λ. (λέξεις ανά λεπτό).

wrangle [ˈræŋgl] *n* καυγάς, τσακωμός, λογομαχία ♦ *vi* καυγαδίζω, λογομαχώ, τσακώνομαι.

wrap [ræp] *n* σκέπασμα *nt*, σάλι ♦ *vt* *(also:* ~ **up)** τυλίγω, περιβάλλω, καλύπτω || ~**per** *n* περιτύλιγμα *nt*, κάλυμμα *nt* || *(gown)* ρόμπα || ~**ping paper** *n* χαρτί περιτυλίγματος.

wreath [riːθ] *n* στεφάνι.

wreck [rɛk] *n* ερείπιο, καταστροφή || *(NAUT)* ναυάγιο || *(ruin)* καταστροφή ♦ *vt* καταστρέφω || *(NAUT)* προκαλώ ναυάγιο || ~**age** *n* ναυάγιο, συντρίμματα *ntpl*.

wren [rɛn] *n* τρόχιλος, τρυποκαρύδα.

wrench [rɛntʃ] *n* (γαλλικό) κλειδί || *(violent twist)* βίαιη κίνηση στρέψεως, στρέβλωση ♦ *vt* στρεβλώνω, στραμπουλίζω.

wrestle [ˈrɛsl] *vi (+ with)* αγωνίζομαι || *(SPORT)* παλεύω.

wrestling [ˈrɛslɪŋ] *n* πάλη, πάλεμα *nt* || ~ **match** *n* αγώνισμα *nt* πάλης.

wretched [ˈrɛtʃɪd] *a* πολύ δυστυχισμένος άθλιος || *(bad, poor)* άθλιος, θλιβερός, αξιοθρήνητος.

wriggle [ˈrɪgl] *n* συστροφή στριφογύρισμα ♦ *vi* συστρέφομαι, σπαρταρώ στριφογυρίζω, γλιστρώ.

wring [rɪŋ] *(irreg v)* *vt* συστρέφω, στρίβω.

wrinkle [ˈrɪŋkl] *n (on face)* ρυτίδα || *(in cloth)* πτυχή ♦ *vt* ρυτιδώνω, ζαρώνω ♦ *vi* ρυτιδούμαι, ζαρώνω.

wrist [rɪst] *n* καρπός (του χεριού) || ~ **watch** *n* ρολόι του χεριού.

writ [rɪt] *n (LAW)* δικαστική πράξη, ένταλμα *nt*.

write [raɪt] *(irreg v)* *vt* γράφω || *(book)* συντάσσω, γράφω ♦ *vi (send letter)* γράφω, στέλνω γράμμα || **to ~ down** *vt* διατυπώνω, (κατα) γράφω, σημειώνω, περιγράφω || **to ~ off** *vt (dismiss)* ακυρώνω, διαγράφω, ξεγράφω || **to ~ out** *vt* καθαρογράφω, αντιγράφω, συντάσσω || **to ~ up** *vt (report)* συντάσσω, γράφω || ~**-off** *n (smashed car)* τελείως καταστρεμμένο || ~**r** *n* συγγραφέας, συντάκτης.

writing [ˈraɪtɪŋ] *n* γράψιμο, γραφή || *(books etc)* λογοτεχνικό έργο || ~ **paper** *n* κόλλα, χαρτί γραψίματος.

written [ˈrɪtn] *pp of* **write.**

wrong [rɔŋ] *a* κακός, άδικος || *(incorrect)* ανακριβής, λανθασμένος || *(to be mistaken)* κάνω λάθος.

wrote [rəut] *pt of* **write.**

wrought [rɔːt] *a*: ~ **iron** κατεργασμένος σίδηρος.

wrung [rʌŋ] *pt, pp of* **wring.**
wry [raɪ] *a* στρεβλός, στριμμένος, στραβός.
wt. *abbr of* **weight.**

X

Xmas ['ɛksməs] *n (col: Christmas)* Χριστούγεννα *ntpl.*
X-ray ['ɛks'reɪ] *n* ακτινογραφία, ακτινοσκόπηση.
xylophone ['zaɪləfəun] *n* ξυλόφωνο.

Y

yacht [jɒt] *n* θαλαμηγός *f,* γιώτ *nt inv,* κότερο || **~ing** *n* ενασχόληση με γιωτ, γιώτιγκ *nt inv* || **~sman** *n* άνθρωπος ασχολούμενος με γιώτ.
Yank [jænk] *n (col: American)* Αμερικάνος, Γιάγκης.
yap [jæp] *vi (dog)* γαυγίζω.
yard [ja:d] *n (of house etc)* αυλή, προαύλιο, μάντρα || *(measure)* υάρδα *(0.914 μ).*
yarn [ja:n] *n* νήμα *nt,* κλωστή || *(tale)* ιστορία φανταστική.
yawn [jɔ:n] *n* χασμούρημα *nt,* χασμουρητό ♦ *vi* χασμουριέμαι.
yd. *abbr of* **yard(s).**
year ['jɪə*] *n* έτος *nt,* χρόνος || **~ly** *a* ετήσιος ♦ *ad* ετησίως, κάθε χρόνο.
yearn [jɜ:n] *vi (+ for)* ποθώ, λαχταρώ || **~ing** *n* πόθος, λαχτάρα.
yeast [ji:st] *n* προζύμι, μαγιά.
yell [jɛl] *n* κραυγή, σκούξιμο ♦ *vi* ωρύομαι, φωνάζω δυνατά, σκούζω.
yellow ['jɛləu] *a* κίτρινος ♦ *n* κίτρινο.
yelp [jɛlp] *vi* γαυγίζω.
yes [jɛs] *ad* ναι, μάλιστα.
yesterday ['jɛstədeɪ] *ad* χθες, χτες.
yet [jɛt] *ad (by now)* ακόμη, τώρα || *(still)* ακόμη || *(by that time)* κι όμως, παρ' όλα αυτά || *cj* κι όμως, εντούτοις.
yew [ju:] *n* τάξος.
Yiddish ['jɪdɪʃ] *n (LING)* γερμανοεβραϊκά.
yield [ji:ld] *n* παραγωγή, απόδοση ♦ *vt* αποδίδω, αποφέρω ♦ *vi (surrender)* υποτάσσομαι, παραδίδομαι.
yodel ['jəudl] *vi* τραγουδώ (τυρολέζικα).
yoga ['jəugə] *n* γιόγκα *nt inv.*
yogurt ['jəugət] *n* γιαούρτι *nt.*
yoke [jəuk] *n* ζυγός, ζευγάρι || *(servitude)* ζυγός.
yolk [jəuk] *n* κρόκος, κροκάδι.
you [ju:] *pron* (ε)σείς, (ε)σύ.
you'd [ju:d] = **you had, you would** || *see* **have, would.**
you'll [ju:l] = **you will, you shall** || *see* **will, shall.**
young [jʌŋ] *a* νέος, νεαρός, μικρός || **the ~** οι νέοι *mpl,* η νεολαία || **~ish** *a* μάλλον νέος, νεούτσικος || **~ster** *n* νεαρός, νέος, αγόρι.
your ['juə*] *poss a* σου, σας.
you're ['juə*] = **you are** || *see* **be.**
yours ['juəz] *poss pron* (δικός) σου, (δικός) σας || **~ faithfully** υμέτερος || **~ sincerely** όλως υμέτερος.
yourself [jə'sɛlf] *pron* συ (ο ίδιος), τον εαυτόν σας, χωρίς βοήθεια.
yourselves [jə'sɛlvz] *pron pl* σεις (οι ίδιοι), μόνοι σας.
youth [ju:θ] *n* νεότητα, νιάτα, νιότη || *(young man)* νέος, νεαρός, έφηβος || *(young people)* νέοι *mpl,* νεολαία || **~ful** *a* νεανικός, νεαρός || **~ hostel** *n* ξενώνας νεότητας.
you've [ju:v] = **you have** || *see* **have.**
Yugoslav ['ju:gəu'sla:v] *a* γιουγκοσλαβικός ♦ *n (person)* Γιουγκοσλάβος/α *m/f* || *(LING)*

Γιουγκοσλαβικά *ntpl* || **~ia** *n* Γιουγκοσλαβία.

Z

zany [ˈzeɪnɪ] *a* ηλίθιος, βλάκας.
zeal [ziːl] *n* ζήλος || **~ous** *a* γεμάτος ζήλο.
zebra [ˈziːbrə] *n* ζέβρα || **~ crossing** *n* διάβαση (πεζών).
zero [ˈzɪərəʊ] *n* μηδέν *nt*, μηδενικό || **~ hour** *n* ώρα μηδέν, ώρα (επιθέσεως).
zest [zɛst] *n* ζέση, ενθουσιασμός, όρεξη.
zigzag [ˈzɪgzæg] *n* ζιγκ-ζαγκ *nt inv* ♦ *vi* κάνω ζιγκ-ζαγκ.
zinc [zɪŋk] *n* ψευδάργυρος, τσίγκος.
Zionism [ˈzaɪənɪzəm] *n* σιωνισμός.
zip [zɪp] *n (also:* **~ fastener, ~per)** φερμουάρ *nt inv* ♦ *vt (also:* **~ up)** κλείνω (με φερμουάρ).
zodiac [ˈzəʊdɪæk] *n* ζωδιακός κύκλος.
zone [zəʊn] *n* ζώνη.
zoo [zuː] *n* ζωολογικός κήπος || **~logical** *a* ζωολογικός || **~logist** *n* ζωολόγος || **~logy** *n* ζωολογία.
zoom [zuːm] *vi* βομβώ, βουίζω || **~ lens** *n* φακός μεταβλητής εστιακής αποστάσεως, ζούμ *nt inv.*

ΑΓΓΛΙΚΑ ΑΝΩΜΑΛΑ ΡΗΜΑΤΑ

present	pt	pp
arise	arose	arisen
awake	awoke	awaked
be (am, is, are; being)	was, were	been
bear	bore	born(e)
beat	beat	beaten
become	became	become
befall	befell	befallen
begin	began	begun
behold	beheld	beheld
bend	bent	bent
beseech	besought	besought
beset	beset	beset
bet	bet, betted	bet, betted
bid	bid	bid
bind	bound	bound
bite	bit	bitten
bleed	bled	bled
blow	blew	blown
break	broke	broken
breed	bred	bred
bring	brought	brought
build	built	built
burn	burnt, burned	burnt, burned
burst	burst	burst
buy	bought	bought
can	could	(been able)
cast	cast	cast
catch	caught	caught
choose	chose	chosen
cling	clung	clung
come	came	come
cost	cost	cost
creep	crept	crept
cut	cut	cut

present	pt	pp
deal	dealt	dealt
dig	dug	dug
do (3rd person; he/she/it/does)	did	done
draw	drew	drawn
dream	dreamed, dreamt	dreamed, dreamt
drink	drank	drunk
drive	drove	driven
dwell	dwelt	dwelt
eat	ate	eaten
fall	fell	fallen
feed	fed	fed
feel	felt	felt
fight	fought	fought
find	found	found
flee	fled	fled
fling	flung	flung
fly	flew	flown
forbid	forbade	forbidden
forego	forewent	foregone
foresee	foresaw	foreseen
foretell	foretold	foretold
forget	forgot	forgotten
forgive	forgave	forgiven
forsake	forsook	forsaken
freeze	froze	frozen
get	got	got, (*US*) gotten
give	gave	given
go (goes)	went	gone
grind	ground	ground
grow	grew	grown
hang	hung, hanged	hung, hanged

present	pt	pp
have	had	had
hear	heard	heard
hide	hid	hidden
hit	hit	hit
hold	held	held
hurt	hurt	hurt
keep	kept	kept
kneel	knelt, kneeled	knelt, kneeled
know	knew	known
lay	laid	laid
lead	led	led
lean	leant, leaned	leant, leaned
leap	leapt, leaped	leapt, leaped
learn	learnt, learned	learnt, learned
leave	left	left
lend	lent	lent
let	let	let
lie (lying)	lay	lain
light	lit, lighted	lit, lighted
lose	lost	lost
make	made	made
may	might	—
mean	meant	meant
meet	met	met
mistake	mistook	mistaken
mow	mowed	mown, mowed
must	(had to)	(had to)
pay	paid	paid
put	put	put
quit	quit, quitted	quit, quitted
read	read	read
rend	rent	rent
rid	rid	rid

present	pt	pp
ride	rode	ridden
ring	rang	rung
rise	rose	risen
run	ran	run
saw	sawed	sawn
say	said	said
see	saw	seen
seek	sought	sought
sell	sold	sold
send	sent	sent
set	set	set
shake	shook	shaken
shall	should	—
shear	sheared	shorn, sheared
shed	shed	shed
shine	shone	shone
shoot	shot	shot
show	showed	shown
shrink	shrank	shrunk
shut	shut	shut
sing	sang	sung
sink	sank	sunk
sit	sat	sat
slay	slew	slain
sleep	slept	slept
slide	slid	slid
sling	slung	slung
slit	slit	slit
smell	smelt, smelled	smelt, smelled
sow	sowed	sown, sowed
speak	spoke	spoken
speed	sped, speeded	sped, speeded
spell	spelt, spelled	spelt, spelled
spend	spent	spent
spill	spilt, spilled	spilt, spilled

present	pt	pp	present	pt	pp
spin	spun	spun	**take**	took	taken
spit	spat	spat	**teach**	taught	taught
split	split	split	**tear**	tore	torn
spoil	spoiled, spoilt	spoiled, spoilt	**tell**	told	told
			think	thought	thought
spread	spread	spread	**throw**	threw	thrown
spring	sprang	sprung	**thrust**	thrust	thrust
stand	stood	stood	**tread**	trod	trodden
steal	stole	stolen	**wake**	woke, waked	woken, waked
stick	stuck	stuck			
sting	stung	stung	**waylay**	waylaid	waylaid
stink	stank	stunk	**wear**	wore	worn
stride	strode	stridden	**weave**	wove, weaved	woven, weaved
strike	struck	struck, stricken	**wed**	wedded, wed	wedded, wed
strive	strove	striven			
swear	swore	sworn	**weep**	wept	wept
sweep	swept	swept	**will**	would	—
swell	swelled	swollen, swelled	**win**	won	won
			wind	wound	wound
swim	swam	swum	**wring**	wrung	wrung
swing	swung	swung	**write**	wrote	written

ΑΠΟΛΥΤΑ		CARDINAL NUMBERS
μηδέν	0	zero
ένας, μία (μια), ένα	1	one
δύο	2	two
τρεις, τρία	3	three
τέσσερις, τέσσερα	4	four
πέντε	5	five
έξι	6	six
επτά (εφτά)	7	seven
οκτώ (οχτώ)	8	eight
εννέα (εννιά)	9	nine
δέκα	10	ten
έντεκα	11	eleven
δώδεκα	12	twelve
δεκατρείς, δεκατρία	13	thirteen
δεκατέσσερις, δεκατέσσερα	14	fourteen
δεκαπέντε	15	fifteen
δεκαέξι	16	sixteen
δεκαεπτά (δεκαεφτά)	17	seventeen
δεκαοκτώ (δεκαοχτώ)	18	eighteen
δεκαεννέα (δεκαεννιά)	19	nineteen
είκοσι	20	twenty
είκοσι ένας, μία, ένα	21	twenty-one
είκοσι δύο	22	twenty-two
είκοσι τρεις, τρία	23	twenty-three
τριάντα	30	thirty
σαράντα	40	forty
πενήντα	50	fifty
εξήντα	60	sixty
εβδομήντα	70	seventy
ογδόντα	80	eighty
ενενήντα	90	ninety
εκατό	100	one hundred
εκατόν ένας, εκατό μία, εκατόν ένα	101	one hundred and one
εκατόν πενήντα έξι	156	one hundred and fifty-six
διακόσιοι,ες,α	200	two hundred
τριακόσιοι,ες,α	300	three hundred
τετρακόσιοι,ες,α	400	four hundred
πεντακόσιοι,ες,α	500	five hundred
εξακόσιοι,ες,α	600	six hundred
επτακόσιοι,ες,α (εφτακόσιοι,ες,α)	700	seven hundred
οκτακόσιοι,ες,α (οχτακόσιοι,ες,α)	800	eight hundred
εννιακόσιοι,ες,α	900	nine hundred
χίλιοι, χίλιες, χίλια	1,000	one thousand
δύο χιλιάδες	2,000	two thousand
τρεις χιλιάδες	3,000	three thousand
ένα εκατομμύριο	1,000,000	one million
ένα δισεκατομμύριο	1,000,000,000	one billion

TAKTIKA

ORDINAL NUMBERS

πρώτος, πρώτη, πρώτο	**1st**	first
δεύτερος	**2nd**	second
τρίτος	**3rd**	third
τέταρτος	**4th**	fourth
πέμπτος	**5th**	fifth
έκτος	**6th**	sixth
έβδομος	**7th**	seventh
όγδοος	**8th**	eighth
ένατος	**9th**	ninth
δέκατος	**10th**	tenth
ενδέκατος (εντέκατος)	**11th**	eleventh
δωδέκατος	**12th**	twelfth
δέκατος τρίτος	**13th**	thirteenth
δέκατος τέταρτος	**14th**	fourteenth
δέκατος πέμπτος	**15th**	fifteenth
δέκατος έκτος	**16th**	sixteenth
δέκατος έβδομος	**17th**	seventeenth
δέκατος όγδοος	**18th**	eighteenth
δέκατος ένατος	**19th**	nineteenth
εικοστός	**20th**	twentieth
εικοστός πρώτος	**21st**	twenty-first
εικοστός δεύτερος	**22nd**	twenty-second
εικοστός τρίτος	**23rd**	twenty-third
τριακοστός	**30th**	thirtieth
τεσσερακοστός	**40th**	fortieth
πεντηκοστός	**50th**	fiftieth
εξηκοστός	**60th**	sixtieth
εβδομηκοστός	**70th**	seventieth
ογδοηκοστός	**80th**	eightieth
ενενηκοστός	**90th**	ninetieth
εκατοστός	**100th**	(one) hundredth
διακοσιοστός	**200th**	two hundredth
τριακοσιοστός	**300th**	three hundredth
τετρακοσιοστός	**400th**	four hundredth
πεντακοσιοστός	**500th**	five hundredth
εξακοσιοστός	**600th**	six hundredth
επτακοσιοστός (εφτακοσιοστός)	**700th**	seven hundredth
οκτακοσιοστός (οχτακοσιοστός)	**800th**	eight hundredth
εννιακοσιοστός	**900th**	nine hundredth
χιλιοστός	**1,000th**	(one) thousandth
εκατομμυριοστός	**1,000,000th**	millionth
δισεκατομμυριοστός	**1,000,000,000th**	billionth

THE TIME

what time is it?	τι ώρα είναι;
it is ...	είναι ...
at what time?	τι ώρα;
at 8	στις οκτώ
at midnight	τα μεσάνυχτα
at one p.m.	στη μία μετά το μεσημέρι

00.00	**midnight**	μεσάνυχτα, δώδεκα τα μεσάνυχτα
00.10	**ten past midnight, ten past twelve a.m.**	δώδεκα και δέκα μετά τα μεσάνυχτα
00.15	**a quarter past midnight, twelve fifteen a.m.**	δώδεκα και τέταρτο μετά τα μεσάνυχτα, δώδεκα και δεκαπέντε π.μ.
00.30	**half past twelve, twelve thirty a.m.**	δώδεκα και μισή, δώδεκα και τριάντα π.μ.
01.10	**ten past one, one ten**	μία (μια) και δέκα
01.15	**a quarter past one, one fifteen**	μία (μια) και τέταρτο, μία και δεκαπέντε
01.30	**half past one, one thirty**	μία (μια) και μισή, μία και τριάντα
01.45	**a quarter to two, one forty-five**	δύο παρά τέταρτο, μία και σαράντα πέντε
01.50	**ten to two, one fifty**	δύο παρά δέκα, μία και πενήντα
12.00	**midday**	μεσημέρι, δώδεκα το μεσημέρι
12.30	**half past twelve, twelve thirty p.m.**	δώδεκα και μισή, δώδεκα και τριάντα μ.μ.
13.00	**one (o'clock) (in the afternoon), one p.m.**	μία (μια) η ώρα (το απόγευμα ή μ.μ.)
19.00	**seven (o'clock) (in the evening), seven p.m.**	επτά η ώρα (το βράδυ ή μ.μ.)
21.30	**nine thirty (p.m.** *or* **at night)**	εννέα και μισή (μ.μ. ή το βράδυ)
23.45	**a quarter to twelve, eleven forty-five p.m.**	δώδεκα παρά τέταρτο, έντεκα και σαράντα πέντε μ.μ.

in 20 minutes	σε είκοσι λεπτά
20 minutes ago	πριν από είκοσι λεπτά
wake me up at 7	ξυπνήστε με στις επτά
20 km.p.h.	είκοσι χιλιόμετρα την ώρα

DATES AND NUMBERS

1. The date

what's the date today?	τι ημερομηνία είναι σήμερα;
it's the ...	είναι η ...
1st of February	πρώτη Φεβρουαρίου
2nd of February	δευτέρα Φεβρουαρίου
28th of February	εικοστή ογδόη Φεβρουαρίου
he's coming on the 7th of May	θα φθάσει στις επτά Μαΐου
I was born in 1945	γεννήθηκα το χίλια εννιακόσια σαράντα πέντε
I was born on the 15th of July 19 ...	γεννήθηκα στις δεκαπέντε Ιουλίου χίλια εννιακόσια...
during the sixties	στη δεκαετία του εξήντα
in the twentieth century	στον εικοστό αιώνα
in May	το Μάιο
on Monday (the 15th)	τη Δευτέρα (στις δεκαπέντε)
on Mondays	κάθε Δευτέρα
next/last Monday	την επόμενη/την περασμένη Δευτέρα
in 10 days' time	σε δέκα μέρες

2. Telephone numbers

I would like Athens 24 35 56

θα ήθελα Αθήνα είκοσι τέσσερα/ τριάντα πέντε/ πενήντα έξι

could you get me Athens 22 00 79, extension 2233

μπορείτε να μου πάρετε Αθήνα είκοσι δύο/ μηδέν μηδέν/ εβδομήντα εννέα, εσωτερική γραμμή είκοσι δύο/ τριάντα τρία

the Athens prefix is 01

ο κωδικός της Αθήνας είναι μηδέν ένα

3. Using numbers

he lives at number 10	μένει στον αριθμό δέκα
it's in chapter 7, on page 7	είναι στο έβδομο κεφάλαιο, στη σελίδα επτά
he lives on the 3rd floor	μένει στο τρίτο πάτωμα
he came in 4th	ήρθε τέταρτος
a share of one seventh	μερίδιο ένα έβδομο
scale 1:25,000	κλίμακα ένα στις είκοσι πέντε χιλιάδες